中国人口普查
CHINA POPULATION CENSUS

中国2020年人口普查科学讨论会论文集

国家统计局人口和就业统计司
中国人口学会 编

中国统计出版社
China Statistics Press

图书在版编目(CIP)数据

中国2020年人口普查科学讨论会论文集 / 国家统计局人口和就业统计司，中国人口学会编. —— 北京 ：中国统计出版社，2024.9

ISBN 978－7－5230－0313－8

Ⅰ. ①中… Ⅱ. ①国… ②中… Ⅲ. ①人口普查－中国－学术会议－文集 Ⅳ. ①C924.25－53

中国国家版本馆CIP数据核字(2023)第207937号

中国2020年人口普查科学讨论会论文集

作　　者/国家统计局人口和就业统计司，中国人口学会
责任编辑/张　怡
封面设计/李雪燕
出版发行/中国统计出版社有限公司
通信地址/北京市丰台区西三环南路甲6号　邮政编号/100073
电　　话/邮购(010)63376909　书店(010)68783171
网　　址/http://www.zgtjcbs.com
印　　刷/河北鑫兆源印刷有限公司
经　　销/新华书店
开　　本/787×1092mm　1/16
字　　数/1120千字
印　　张/33.25
版　　别/2024年9月第1版
版　　次/2024年9月第1次印刷
定　　价/380.00元

中国2020年人口普查科学讨论会论文集

编委会

前　言

习近平总书记指出，2020年第七次全国人口普查是新时代开展的一次重大国情国力调查，是党和国家工作中的一件大事。第七次全国人口普查创新普查内容和普查方式，并实行严格的质量控制制度，是一次高质量的人口普查，全面查清了我国人口数量、结构、分布等方面情况，准确掌握了当前人口变化的趋势性特征，获得了大量宝贵、真实可信的信息资源。

人口问题始终是我国面临的全局性、长期性、战略性问题。为做好人口普查资料的分析研究和开发利用，使人口普查资料能够发挥更大的社会效益，2022年10月，国务院第七次全国人口普查领导小组办公室和中国人口学会共同发布《关于第七次全国人口普查科学讨论会征文的通知》，来自有关部委、大专院校、科研单位的专家、学者以及各省、自治区、直辖市各级人口普查办公室的业务骨干参与本次征文。

本次征文共收到290余篇论文。这些论文是充分利用第七次全国人口普查资料，从人口高质量发展、生育水平与模式、人口老龄化、人口健康、人口流动与城镇化、婚姻与家庭、民族人口、人口与就业、普查技术与方法等主题进行分析研究的成果。展现在读者面前的这本论文集，是中国人口学会组织了专家进行分组评议和集中评议后，经国务院人口普查办公室评审，最终选出的72篇论文。

希望这些成果能为社会各界了解我国人口变动趋势、各级政府完善人口发展战略和政策体系、制定经济社会发展规划、以人口高质量支撑中国式现代化提供准确统计信息支持，在发挥人口普查的社会效益上起到积极的推动作用。

本论文集在编辑过程中得到了各省、自治区、直辖市人口普查办公室、高校科研单位和社会各界的支持，在此我们表示衷心的感谢。

编辑过程中存在的不足之处恳请读者批评指正。

目　录

专题一
人口发展与数据质量

专题二
婚姻家庭与生育死亡

专题三
人口老龄化

专题四
区域和民族研究

专题五
人口迁移研究

专题六
人口资源环境

专题一

人口发展与数据质量

“七普”实践与经验：普查数据质量是如何保障和提高的？

第七次全国人口普查（后文简称“七普”）主要数据公报发布后，引起社会各界的广泛关注。根据事后质量抽查结果，这次人口普查漏报率仅为0.05%，属于国际上公认的低水平。为提高普查数据质量，这次普查深入总结历次人口普查及抽样调查经验，广泛征求专家学者、基层统计工作者及调查人员意见，深入开展各类试点，在此基础上按照科学与可行、需要与可能、继承与创新的原则，兼顾往年经验与新技术手段，在普查内容、普查方法、工作流程、数据处理等多方面进行了大胆创新，实现了查准人口、摸清底数的目标，为政府部门在新的经济社会和技术条件下开展各类重大国情国力调查提供了重要参考。

1 “七普”面临的主要挑战

作为在新冠疫情背景下开展的重大国情国力调查，“七普”面临着疫情防控和现场登记两手抓、组织管理难度大、普查对象复杂多变、顶层设计难度大等难题，普查数据质量面临前所未有的挑战。

1.1 新冠疫情对普查组织实施造成不利影响

突如其来的新冠疫情给“七普”带来前所未有的挑战。对入户登记来说，疫情大大增加了普查的难度，使“七普”面临众多不确定性风险。在中高风险地区，普查员只能采取电话访问、户外设站登记、网络自主填报等无接触方式开展普查登记。在低风险地区，普查员入户也要时刻做好各种防护措施，确保疫情防控安全。

1.2 普查人员数量庞大，多层级组织管理难度大

“七普”设立了省、市、县、乡、村5级普查机构，在全国选聘了约700万名普查员和普查指导员（后文简称“两员”），要保证各项工作要求及时且不变形、不走样地从国家传达至每一级工作人员，确保各级普查工作人员步调统一、标准统一地开展现场登记，对14亿多人口进行逐门逐户登记，动员广大住户支持配合普查，难度可想而知。同时，普查设定了普查区域划分与绘图、户口整顿、摸底调查、入户登记、比对复查等多个工作环节，每一阶段工作效果都与下一阶段环环相扣，任何一个环节出现差错都会影响整个普查工作的顺利开展，进而影响最终的普查数据质量。

1.3 人户分离现象突出，普查对象复杂多变

随着我国经济社会活动更加复杂多样，人户分离现象越来越突出，人口流动十分活跃，一户多房等现象更加普遍。此外，多数全职家庭早出晚归，部分人口受限于工作性质出入无规律，甚至一些人口无固定住所。在现场登记期间，有的普查对象找不到，有的自我保护意识过强，对普查工作配合度不高；对个别出入时间不固定且无规律的住户，普查员只能采用“蹲守”等方式开展登记；还会遇到个别住户和个人不配合登记、不如实申报普查信息等现象。

1.4 地区差异明显，顶层设计难度大

我国地域广阔，管理需求差异较大，在“七普”开展顶层设计时，既需要考虑对全国统一要求，也必须充分考虑各地行政管理力量和运行的实际情况，在不同地域的差异化管理模式中寻找平衡点，这增加了顶层设计的难度，极大地考验着“七普”方案设计者的智慧与经验。例如，为保证普查结果反映的每个人的状况都是同一时点的，避免因人口变化产生的偏差，“七普”标准时点设定为2020年11月1日零时，这个时间适用于全国绝大部分地区，但新疆、青海等个别偏远地区却面临因气候原因难以在统一时点开展普查登记的问题。另外，部分地区仍然存在网络盲区，无法完全依托信息化技术手段开展普查。这就要求普查方案设计者充分考虑可能存在的各种问题，并有针对性地制定工作预案，应对种种特殊情况的发生。

2 多措并举确保“七普”数据质量

人口普查是一项十分庞大、十分复杂的社会系统工程，上述种种困难使“七普”数据质量的提高面临极

大挑战。为了克服这些困难，获得高质量的普查数据，"七普"在坚持依法普查、广泛开展宣传动员的同时，从方案设计、前期准备、信息化技术应用、质量控制等各个环节层层发力，全面保障和提高普查数据质量。

2.1 科学设计普查方案

普查方案是组织实施普查工作的总纲和基础，是对普查各项工作的规范。在内容上，普查方案从普查表内容与填写、指标解释、业务流程、主要工作时间安排、各环节工作标准等方面，对整个普查工作做出总说明。对于人口普查这样一个庞大而复杂的系统性工程，制定一个完备周全的方案，对保证各项工作有序进行、提高数据质量、确保普查成功至关重要。

"七普"方案的制定紧紧围绕普查的主要目的，坚持科学与可行、需要与可能、继承与创新的原则。充分借鉴了国内外开展普查、抽样调查的丰富经验，对普查指标进行规范设计，力求调查内容易于理解，填报说明通俗易懂，指标解释简洁明了，既便于普查员掌握和使用，也符合普查对象自主填报的需要。同时，顺应当前经济社会发展，特别是移动互联网技术及云技术快速发展、部门行政记录不断完善等有利条件，本次普查提出利用信息技术，充分应用行政记录和大数据，在普查方法和数据采集、传输手段上进行了大胆革新。

"七普"方案从起草到印发历时一年半，人口普查业务工作者在前期准备工作中做了大量深入细致的研究。进行普查技术业务研讨，组织业内专家、业务骨干成立工作专班，对新条件、新要求下的普查重点、难点问题展开深入分析，广泛听取专家学者、基层普查人员意见。组织开展了包括大数据应用、区域划分与绘图、数据比对复查、港澳台和外籍人员登记以及住房调查 5 次专项试点和 1 次综合试点。专项试点在全国范围内选择典型区域，围绕具体问题、特定环节和新的方法等内容开展，5 次专项试点为制定和完善普查方案提供了充分依据。综合试点于普查正式开始前的 2020 年 4～7 月开展。综合试点是对正式普查登记的一次全方位实战演练，在工作流程、调查方法等方面与正式普查保持一致，既对普查工作的全流程进行了全面检验，也为普查方案的再优化提供了新经验。

2.2 高标准做好前期准备

各级普查机构制定应急工作预案，在疫情防控期间及时调整工作进度，改变工作方式，统筹做好疫情防控和普查各项工作。作为一项全面调查，为了准确查清分布在全国每一地块的每一个人，人口普查区域必须全面覆盖。"七普"前期准备工作的一个重要环节就是明确各级工作区域，为此，国务院人普办专门开发了普查区域划分和建筑物标绘系统，运用数字化地理影像资料开展普查区域划分和建筑物标绘，省、市、县、乡、村逐级认定区域边界，明确责任分工。全国共划分了 600 多万个普查小区，并据此开展"两员"选聘和培训工作。登记工作开始后，普查员根据责任分工认领工作区，通过实地勘查，摸清小区内建筑物、房屋和住户的数量、分布，形成建筑物列表和住户清单，为普查登记提供完整准确的名录，为扎实开展普查登记奠定了坚实基础。

一支业务素质高、责任心强、人员稳定的普查员队伍，对提高普查数据质量至关重要。"七普"在全国选聘了约 700 万名"两员"，其中，村居委会工作人员 308 万人，占比 44%，社会招聘人员 133 万人，占比 19%。此外，网格员占 7%，志愿者占 7%，单位借调人员占 6%，物业人员占 3%，在校学生占 1%，其他人员占 12%。为确保"两员"能够胜任普查工作，"七普"专门搭建了"两员"管理平台，强化岗前业务培训，组织"两员"在线学习、测试，考试合格后统一制发工作证件持证上岗。同时，不同地区根据工作实际制定了质量约束措施，将"两员"劳务报酬直接与数据质量挂钩。

2.3 充分运用信息化技术手段

"七普"充分运用信息化技术手段，实现全面电子化技术应用，有效减少了源头数据差错，提升了数据采集效能，实现"人不错项"。

普查员使用个人的智能手机入户登记短表，利用采集程序内设置的约 800 条逻辑审核规则当场审核并实时上传数据到全国统一的云平台，避免中间环节对数据信息的干扰；选择自主填报的住户通过微信扫描二维码联网实时填报短表；国家平台自动抽取长表户并推送长表任务，普查指导员同样使用手机登记并上报长表信息；普查指导员利用手机端程序查看普查员工作进度，检查数据质量。

同时，"七普"还通过数据处理平台的实时汇总设置了大数审核规则，对趋势性和系统性的偏差进行实时监测和预警，各级工作人员通过该平台对登记阶段数据质量予以监督，一旦发现可能存在问题的数据点，第一时间通知基层工作人员及时核实有关信息。另外，平台还专门制定了普查行为分析规则，通过对普查员位置、声音、登记时间和内容等工作行为的分析，判断异常工作状态，有效避免不规范的现场操作以及随意更改数据等行为的发生。

2.4 实行全过程质量控制

质量控制工作贯穿“七普”全过程，对普查区域划分与绘图、“两员”选聘与培训、摸底、登记、比对复查等各个阶段进行全方位的质量控制。下一阶段工作开始前，上一级普查机构要通过抽查方式完成对下一级普查机构工作的质量验收，如验收不合格则必须返工，直至达到规定的质量标准才能进入下一阶段工作，确保普查各阶段工作质量。同时，建立普查数据的追溯问责机制，严肃查处各地普查造假、弄虚作假的行为。

3 行政记录和大数据应用于数据比对核查的工作创新

3.1 工作背景

人口的重漏报是世界各国人口普查面临的普遍问题。与其他国家相比，我国的人口普查在1990年前人口流动相对较少的社会背景下，依靠强大的社会动员能力以及较为完善的户籍资料，实现了较低的人口重漏报比例。到2000年第五次全国人口普查(后文简称“五普”)时，由于人户分离人口数量大幅增加，继续采取由普查员先判定常住人口再进行登记的方式，对普查员的业务素质要求较高，漏报概率较高。从“五普”的事后质量抽查结果看，人口净漏报率显著提升到1.81%。为解决人口漏报问题，2010年第六次全国人口普查(后文简称“六普”)采取了户籍地和现住地同时登记，再根据居住时间等信息确定常住地的方式有效减少了人口漏报，漏报率下降到0.12%。但由于缺乏判断人口唯一性的指标，增加了人户分离人口重复计算的可能。“六普”结束后，国务院人普办对人口重漏报情况进行了测算，发现0～9岁人口以漏报为主，漏报率约为7.56%，而20～45岁人口登记信息有重也有漏，但总体上表现出重报多于漏报，净重复登记了约604万人，占该年龄组人口的1.1%。

“七普”将公民身份号码纳入指标体系，为普查数据与行政记录数据进行比对以及数据排重提供了基础，但仍然面临两方面困难：一是对于经过行政记录比对未登记的公民身份号码所对应的人口，如何判断其属于漏登还是本不属于普查对象①，以及如何进行补登；二是对于重复登记的人口，如何甄别出真实准确的信息，进而剔除无效错误的登记信息。

为解决上述问题，2019年下半年国家统计局人口和就业统计司专门组织开展了数据比对和复查专项试点，这也是“七普”正式开展前规模最大的一次试点，覆盖人口约12万人。通过对试点发现问题的细致归纳与总结，基本厘清了“七普”开展比对复查可能面临的困难，并在此基础上，对数据核查处理方案进行了重新调整，组织试点工作人员对发现的错误进行再次核查，以便估计数据核查处理方案的实用性，评估正式普查工作中大面积组织核查的难度。

3.2 设计思路

数据比对和复查专项试点发现的问题和获取的经验为“七普”数据处理设计提供了基本思路，即通过普查登记数据与行政记录数据的比对，发现可能存在的人口漏报；通过普查登记数据的内部比对，发现可能存在的人口重报和错报；利用大数据技术辅助开展数据核查，减少现场核查工作量。

结合试点经验，国务院人普办确定了比对核查与数据排重的4项基本原则：一是要确保每一公民身份号码都被登记；二是所有公民身份号码对应的人口都要确定为某地常住人口；三是所有重复登记的公民身份号码所对应的人口，只能确定为一个地区的常住人口；四是没有公民身份号码的人口，以登记信息为准，确定其常住地。根据这4项基本原则，配套制定了行政记录比对和数据排重确定常住地的基本流程：第一步，通过行政记录比对，对人口的漏报和错报进行筛查、补登和改正；第二步，依据公民身份号码对普查登记信息进行排重，确定有效信息，并据此判断唯一常住地。

3.2.1 行政记录比对流程

“七普”应用的行政记录资料主要包括户口整顿和出生医学证明等信息。与行政记录进行比对的主要目的是核查普查登记的错报、漏报问题，并有针对性地进行现场核查，而不是以行政记录信息代替普查登记信息。

在这一过程中，首先，通过公民身份号码将普查采集的信息与行政记录进行比对。对于双方一致的信

---

① 例如，已经去世但因尚未销户而仍然留存在户籍人口资料库中的人口。

息，将直接存入普查数据库；对于普查登记有而行政记录中没有记录的个体记录，反馈现场核查，若经核查为普查登记错误，则在修改后上报正确信息或者删除错误信息，核查无误则确认上报；对于行政记录中有记录而普查未登记的人信息，也将反馈现场核查，若经核查该公民身份号码对应的人口漏登，则需补齐相应信息后上报，若经核查该公民身份号码对应的人口为非普查对象，则注明原因上报备查（见图 1）。例如，经核实，该公民身份号码对应的人口已去世，不应被登记，普查员需在予以说明后将该公民身份号码另行上报。

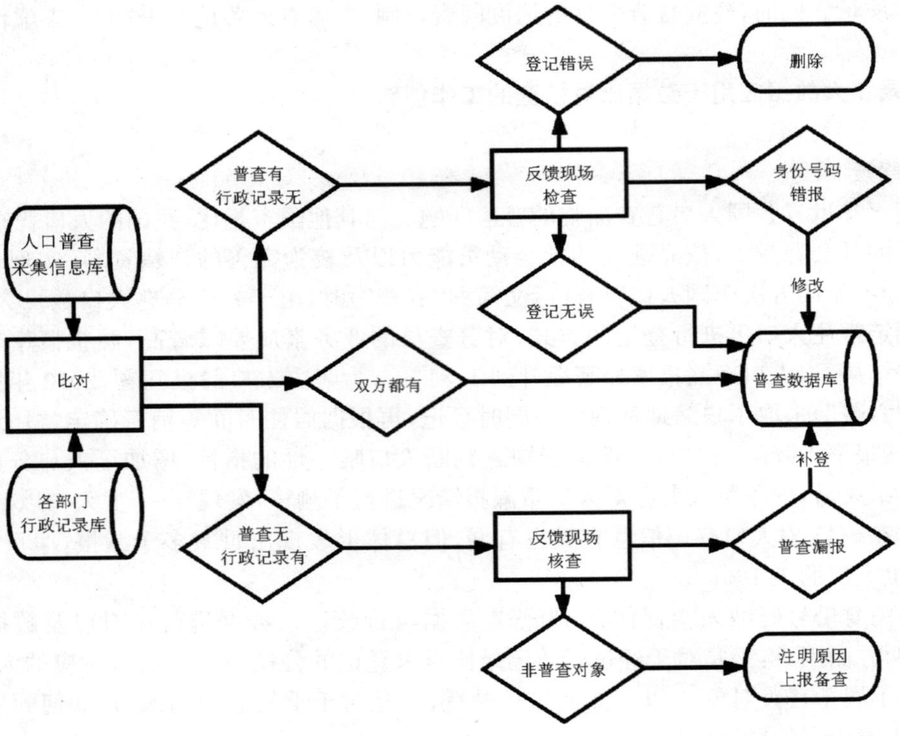

图 1　“七普”行政记录比对流程

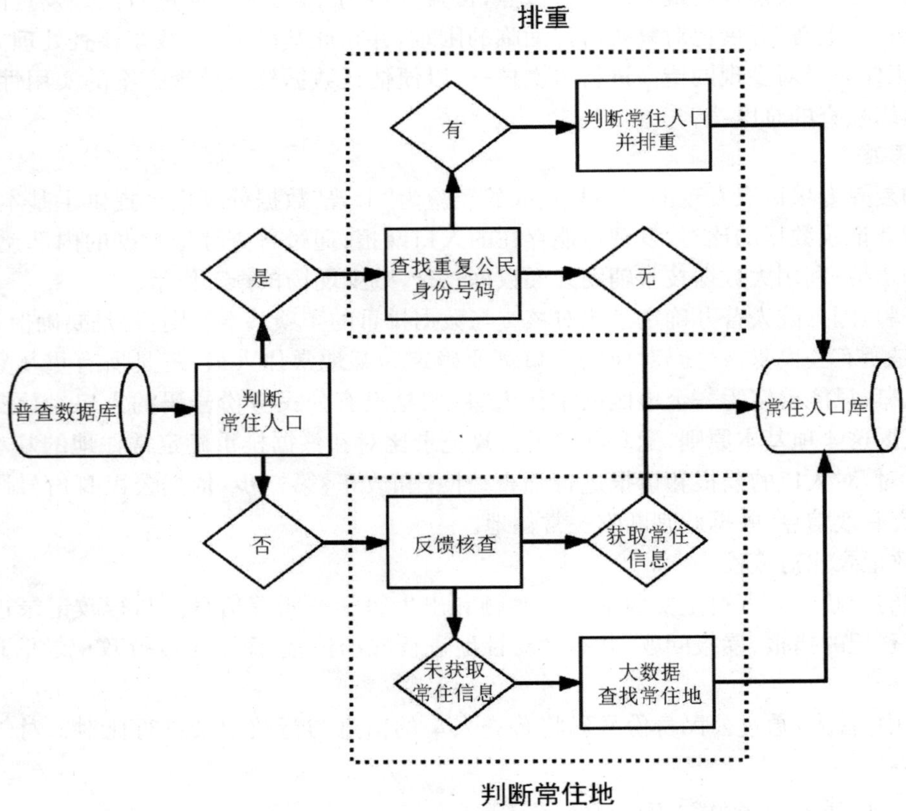

图 2　“七普”数据排重确定常住地流程

3.2.2 数据排重确定常住地流程

在行政记录比对完成后，要对所有经比对无误的公民身份号码进行排重，以保证每一公民身份号码对应的人口在户籍地和居住地最多各被登记一次，且登记信息保持一致并能够判断常住地。在实际操作中，为提高工作效率、便于后期核查且更利于实现，首先，判断普查登记的个体记录是否有常住地信息，对于有常住地信息的，利用公民身份号码排重并进行唯一常住地判断；对于没有常住地信息的，则反馈现场进行核查，或者结合大数据进行查找（见图 2）。

3.2.3 大数据在人口普查工作中的应用

“七普”广泛应用大数据技术，进一步提高了普查数据质量。一是利用网络运营商的位置大数据，模拟常住人口分布，与普查登记数据进行比较，进而判断人口的分布情况，核查普查数据登记质量。二是借助电力大数据，对住房内是否有人居住进行快速研判，有效解决了因轻易认定无人居住而造成的人口漏报问题。三是根据通信大数据，辅助确定流动人口的常住地。

通过上述工作，有效解决了总人口的重报、漏报及错报问题，切实提高了普查数据质量。“七普”全面查清了我国人口数量、结构、分布等方面的情况，准确反映了当前我国人口变化的趋势性特征，获得了大量宝贵的信息资源，为推动经济高质量发展、有针对性地制定人口相关战略和政策、促进人口长期均衡发展提供了强有力的统计信息支持。

4 经验与启示

与前六次全国人口普查相比，“七普”的社会环境和条件都发生了巨大变化，普查对象更加复杂，出现了许多新情况、新问题，普查工作难度空前加大。特别是在新冠肺炎疫情的不利影响之下，普查工作得以顺利推进、圆满完成，不仅得益于各种新技术的应用，更在于全国上下各级工作人员的辛苦付出。为提高数据质量，“七普”开展了大量的实践和探索，进行了大胆革新，获取了高质量的普查结果，也为今后的人口统计工作积累了宝贵经验。

首先，逐步优化的普查方案为普查顺利开展奠定了基础。“七普”早在 2018 年就成立了相关研究团队，专门围绕以往普查面临的重点问题组织了多项试点，寻找破解难题的有效途径和方法，规范普查各环节的技术要求和流程，借助新技术并适应基层工作实际建立严格的质量控制措施。在此基础上，成立多部门联合的领导机构，明确工作任务，分解各级任务清单，为普查期间开展广泛的工作配合打下了基础。

其次，信息化水平的提升有力提高了“七普”工作效率。云技术应用极大提升了数据传输、处理效能，实现了海量数据的实时上报、实时计算、实时比对和实时反馈，为提高数据质量提供了技术支撑。借助信息化技术有针对性地切中问题、创新工作手段是这次普查的一个重要特点。通过普查前的测试广泛收集工作建议，不断优化相关功能，实现了普查数据直接从住户到全国数据库的传输，既减少了工作环节、减轻了各级普查机构的工作压力，又有效避免了数据干扰，为普查顺利开展提供了技术保障。

再次，行政记录和大数据的应用显著提升了普查数据质量。行政记录和大数据虽不能代替普查，却能够有效地辅助提升普查数据质量。尽管面临着统计标准差异较大、数据共享障碍较多、数据时效难以统一、信息覆盖面不全和成本较高等诸多困难，但“七普”在充分考虑成本和风险的基础上，在行政记录和大数据应用方面做出了有益尝试，为提升普查数据质量提供了可靠抓手，有效解决了以往普查补漏难、排重难等问题，也为日后的广泛应用提供了重要参考。普查结束后，相关成功经验可在年度人口统计工作中进一步应用并不断改进，从而积累更多实践经验，获取更加精准的数据，为下次全国人口普查奠定良好基础。

国家统计局人口和就业统计司　李睿　刘慧　权少伟　李姝
山东省统计局　张强

中国劳动年龄人口净重报特征与影响因素

——基于“六普”与“七普”数据的分析①

1 研究背景与文献回顾

劳动年龄人口是促进国家社会经济发展的中坚力量。基于第七次全国人口普查(“七普”)数据分析当前中国劳动年龄人口存量以及未来变动趋势,将为我们认识未来劳动力供给,及时调整经济发展方式及社会保障模式提供重要依据。基于第六次全国人口普查(“六普”)与历年人口抽样调查数据,2010 年至 2019 年间,中国 15—64 岁劳动年龄人口规模变化相对平稳,先从 2010 年末的 9.99 亿人上升至 2013 年末的 10.10 亿人,后逐步下降至 2019 年末的 9.96 亿人②。然而,根据“七普”成果,2020 年末中国劳动年龄人口与 2019 年相比骤降 2681 万人,与 2010—2019 年的劳动年龄人口统计结果相比存在直观落差。

从我国人口变动的实际状况来看,“七普”劳动年龄人口统计数字的反常“骤降”现象不是中国人口过程演进的结果。与 2019 年相比,2020 年时退出劳动年龄的 65 岁人口对应了 1955 年时的出生队列。通过第一次生育高峰时期的中国出生人口统计可知,1949—1957 年中国历年出生人口始终处于超出 1900 万的相对高位(陈友华,2008),这意味着 2014—2020 年间中国劳动年龄人口规模不会因对应队列退出而产生剧烈变化。从进入劳动年龄人口的队列进行分析,与 2019 年相比,2020 年时进入劳动年龄人口的 15 岁年龄组人口对应了 2005 年时的出生队列。根据历年国民经济和社会发展统计公报③,2003—2006 年间出生人口数基本稳定在 1600 万上下,因此队列进入也不会引发劳动年龄人口数量的骤降。此外,考虑到 2010—2020 年中国人口相对稳定的死亡水平(李婷与董隽含,2023),超额死亡也不会是造成劳动年龄人口下降的主因。

在人口普查中,重报与漏报问题往往难以避免,这也使得控制人口重报率与漏报率成为保证普查数据质量的重要目标(乔晓春,2002)。其中,人口重报问题是劳动年龄人口在普查中的常见问题(张广宇与顾宝昌,2018),其可能会导致对人口年龄结构以及潜在劳动力规模的估计误差。现有研究多以人口存活分析思路与年龄误报堆积思路对中国历次人口普查数据质量展开评估。在针对劳动年龄人口数量质量评估研究中,王广州(2003)运用第三次全国人口普查、第四次全国人口普查(“四普”)的高质量人口普查数据,运用存活分析方法发现中国第五次全国人口普查(“五普”)中,18—60 岁人口重报数量可能超过 1400 万人。李波与姜全保(2010)则基于“五普”数据对“四普”数据质量进行分析,发现“四普”15—18 岁人口重报与漏报现象兼具。王金营与戈艳霞(2013)利用质量较高的“四普”中 10—29 岁人口数进行存活分析,发现“六普”30—49 岁人口存在较大程度的净重报。基于相同思路,崔红艳等(2013)基于“五普”数据进行存活分析,发现“六普”中 20—45 岁人口登记兼有重报与漏报,但重报状况多于漏报。陶涛与张现苓(2013)进一步指出,“六普”16—21 岁青年组人口可能存在重报,且以女性为主。靳永爱与赵梦晗(2013)发现“六普”20 岁人口存在较大堆积,可能为人口重报与误报叠加的结果。翟振武与刘雯莉(2021)在解读“七普”成果时也指出,“七普”劳动年龄人口减少可能与“六普”劳动年龄人口的重报问题相关。张现苓与明艳(2022)结合先前几次普查信息,根据系列指标发现“七普”10—40 岁队列存活率异常,并指出其原因主要为“六普”青年组重报。

现有研究已经对中国人口普查劳动年龄人口的重报与漏报问题进行了一定讨论,达成了一定共识。然而,现有研究仍存在待改进之处:第一,当前研究多未考虑普查中死亡漏报因素对人口重报评估的影响。考虑到历次人口普查的死亡漏报问题(李婷与董隽含,2023),有必要在修正死亡率的前提下进行人口登记质

---

① 本文受国务院第七次全国人口普查领导小组办公室委托课题“我国人口长期均衡发展问题研究”(RKPCWT03)与阐释党的十九届五中全会精神国家社科基金重大项目“发展多层次、多支柱养老保险体系研究”(21ZDA101)的资助。

② 数据来源:《中国统计年鉴 2021》。

③ 信息来源:http://www.stats.gov.cn/sj/tjgb/ndtjgb/qgndtjgb/

量评价。第二,当前研究针对某些典型年龄的重报问题进行探索,缺乏对于劳动年龄人口这一整体口径下净重报问题的系统评估。具体表现为当前研究对多集中于青年人口的净重报问题,而中年人口的净重报问题以及劳动年龄人口总体净重报水平仍需要进一步探讨。第三,当前研究较少考虑国际迁移流动因素对净重报结果评估的影响。随着跨国人口流动格局变化,国际人口流迁也应被考虑在人口留存过程中。最后,当前研究对“六普”劳动年龄人口重报分析多基于“四普”“五普”数据,而这一问题仍有待基于最新的“七普”数据重新审视。“七普”的身份证号码校核去重流程保证了调查结果的高质量,从而能够更客观地对“六普”人口净重报问题进行评估。因此,从“六普”人口重报的视角剖析“七普”劳动年龄人口骤降的潜在原因,对正确认识中国 2010—2020 年间劳动年龄人口规模的真实变动状况具有重要意义。由于在“六普”劳动年龄人口统计中,重报是主要问题,漏报是次要问题,本文将通过净重报视角,基于“七普”数据来重新评估“六普”劳动年龄人口调查质量。综上探讨,本文旨在回答以下三个研究问题:(1)“六普”数据中,中国劳动年龄人口是否存在净重报现象?其净重报率是否存在性别与年龄差异?(2)如何从生命历程视角解释人口净重报产生的潜在原因?(3)中国劳动年龄人口在 2010 年至 2020 年间实际发生了怎样的变动趋势?未来又将呈现怎样的变动趋势?

2 研究思路与方法

为了分析“六普”中存在的劳动年龄人口净重报特征,本研究将基于“七普”数据成果,通过人口逆预测模型重估“六普”劳动年龄人口,并在通过考虑国际迁移因素的情况下比较反映“六普”中劳动年龄人口重报与漏报的净差值,评估分年龄、分性别“六普”劳动年龄人口净重报程度。

为了排除人口普查中死亡漏报因素,研究运用发展中国家三参数模型生命表法(DCMD)对“六普”与“七普”中国死亡模式进行修正(Li et al.,2018)[①]。DCMD 模型形式如下:

$$\ln(m_x)=\hat{a}_x+b_x\cdot\ln({}_5q_0)+c_x\cdot[\ln({}_5q_0)]^2+v_x\cdot k \tag{1}$$

$$\hat{a}_x=\begin{cases}a_x, x<60\\ a_x+\ln\left[\dfrac{\ln(1-{}_{15}\hat{q}_{60})}{\ln(1-{}_{15}\hat{q}_{60})}\right], x\geqslant 60\end{cases} \tag{2}$$

基于 IGME 数据库的儿童死亡率、IHME 数据库的成人死亡率,以及 Variable—r 模型、存活模型与两参数模型测度的老年死亡率,研究构建三参数模型生命表并完成 2010 与 2020 年中国死亡模式修正,并求得 2010—2020 年中国平均死亡模式以及劳动年龄队列存活比。基于留存分析思路(米红与杨明旭,2016),运用“七普”25—74 岁人口数量,对“六普”15—64 岁人口规模进行封闭条件下的逆预测,并结合“六普”数据测算分年龄、分性别劳动年龄人口净重报率。劳动年龄人口逆预测公式如下:

$${}_{x+n}P_x^{2010}={}_{x+10+n}P_{x+10}^{2020}\times\frac{{}_{x+n}L_x^{2010-2020}}{{}_{x+10+n}L_{x+10}^{2010-2020}} \tag{3}$$

在得到封闭净重报率的基础上,利用联合国 International Migrant Stock 2019 数据库与教育部《2019 年度出国留学人员情况统计》数据,将国际移民与出国留学生规模考虑在净重报规模中。留学生存量数据与净移民数量数据可能并不独立,但为了检验“六普”净重报率,本文采取最极端的国际移民假定,假定出国留学生与国际移民彼此独立;且 1978 年以来的出国未回国留学生均在“六普”时点前出国;且 2010—2019 年间的国际移民全部在“六普”时点前发生。通过假定国际移民与出国留学生均匀分布在 15—44 岁的中青年组,本文进一步测算开放条件下“六普”劳动年龄人口净重报率。

最后,基于“六普”劳动年龄人口净重报率与 2011—2020 年年末劳动年龄人口调查值信息,本文重建了 2010—2020 年间的劳动年龄人口规模,并基于队列要素法对未来中国劳动年龄人口变动趋势进行预测展望。

① 注:本文的 DCMD 模型生命表基于一带一路沿线国家模型生命表指标群智能生成软件 V1.0(2023SR0225304)运行得出。

3 研究结果分析

基于人口逆预测，本文对“六普”分年龄一性别的劳动年龄人口进行了重估计，并将其与“六普”劳动年龄人口调查值进行对比。如表1所示，基于“七普”估计的“六普”劳动年龄人口比“六普”调查值高出了1254万人，存在着较大规模的净重报。从年龄组来看，15—44岁组的中青年劳动年龄人口重估计值基本大于普查值，45—64岁组中老年劳动年龄人口重估计值基本小于普查值，这意味着15—44岁组总体呈现为人口重报，45—64岁组总体呈现为人口漏报。其中，15—19岁组与30—34岁组的净重报规模较大，分别达到753万人与318万人。考虑潜在的人口漏报，这两个年龄组实际人口重报规模可能会更大。从性别视角来看，女性净重报规模显著高于男性，其中15—39岁女性净重报规模高达1174万人。此外，考虑到现役军人数量从“六普”的230万人下降至“七普”的200万人①，男性劳动年龄人口的净重报规模可能会高于表1汇报值。

表1 封闭条件下“六普”劳动年龄人口数量重估计值

单位：万人

年龄组（岁）	2010年重估计值			2010年普查值			净重报规模		
	总体	男性	女性	总体	男性	女性	总体	男性	女性
15—19	9236	4859	4377	9989	5190	4798	753	332	421
20—24	12491	6448	6043	12741	6401	6340	250	−47	298
25—29	9975	5149	4826	10101	5084	5018	126	−65	191
30—34	9396	4835	4561	9714	4952	4762	318	118	200
35—39	11620	5954	5666	11803	6039	5763	183	85	97
40—44	12466	6344	6122	12475	6361	6115	10	17	−7
45—49	10631	5410	5221	10559	5378	5182	−71	−32	−39
50—54	7917	4071	3846	7875	4036	3839	−42	−35	−7
55—59	8316	4205	4110	8131	4108	4023	−184	−97	−87
60—64	5956	2997	2959	5867	2983	2883	−89	−14	−75
总计	98003	50272	47730	99256	50533	48723	1254	261	993

数据来源：2010年普查值来源于中国第六次人口普查数据。

以上估计结果并未考虑国际移民与出国留学生因素对“六普”劳动年龄人口净重报带来的影响。由于中国人口普查对象不包括外籍人员，所以国际移民因素对人口普查质量的影响仅体现在源自中国的国际移民(Immigration)上。2010年，中国出国移民存量为873.32万，2019年提升至1073.23万人，10年间净移民165.68万人②。针对出国留学生，1978至2019年度，各类出国留学人员累计达656.06万人，423.17万人在完成学业后选择回国发展③。由此可知，2019年前，中国仍有232.89万名出国留学生未回国。通过将国际移民与留学生规模填补到“六普”重估计值中，本文重新估计了“六普”劳动年龄人口净重报率。从表2可知，在分别考虑了国际移民与留学生因素后，“六普”劳动年龄人口净重报率下降至1.10%与0.86%。虽然数值有所下降，但是其仍反映了即使考虑国际人口迁移因素，“六普”劳动年龄人口仍存在较大规模重报的事实。

表2 多情景下“六普”15—64岁劳动年龄人口净重报率估计值

指标	静止人口重报率	考虑国际移民重报率	考虑国际移民与留学生重报率
DCMD	1.2630%	1.0960%	0.8614%
WPP	1.1819%	1.0150%	0.7803%

注：DCMD指基于DCMD三参数生命表测算的结果；WPP指基于联合国《世界人口展望》估计的中国生命表测算的结果。

考虑到中国的死亡漏报问题会对净重报率估计结果产生影响，因此，本文在DCMD模型修正死亡漏报

① 数据来源：《中国2010年人口普查资料》与《中国人口普查年鉴2020》。

② 数据来源：联合国人口司 International Migrant Stock 2019 数据库。

③ 数据来源：http://www.moe.gov.cn/jyb_xwfb/gzdt_gzdt/s5987/202012/t20201214_505447.html

的基础上，又利用联合国《世界人口展望2022》中估计的中国人口死亡模式重新计算了上述结果，作为存活比参数的敏感性检验。基于联合国生命表的测算结果也于表2汇报。由于DCMD生命表结果与WPP生命表相比，15岁男性的期望寿命略高而15岁女性的期望寿命略低，结合女性较高的净重报规模，使得WPP生命表求得的净重报率偏低。但总体而言，这一结果仍印证了中国15—64岁劳动年龄人口存在大量重报。

本文试图从修正后的净重报率年龄分布状况，从生命历程视角分析劳动年龄人口净重报背后的潜在原因。如图1所示。可见，在考虑国际移民与留学生的条件下，15—19岁组以及30—34岁组的劳动年龄人口净重报率均显著高于其他年龄组。特别是15—19岁组，净重报率高达6.87%，成为造成"六普"劳动年龄人口重报问题的最主要原因。人口重报现象与我国大规模的人口流动的关系(张现苓与明艳，2022)。为了降低漏报，"六普"采取"见人就登，登记后在户籍地和现居住地之间核查，去掉重复"的原则统计人口(翟振武与刘雯莉，2021)。而在生命历程中，15—19岁的青少年正处于高中教育以及大学教育初期阶段，经历高考从高中到大学的转变，求学历程也伴随着常住地的剧烈变化，常住地与户籍地分离的比例较高，极有可能被重复登记。登记去重过程中的复杂情况和技术难度很可能使得最终调查结果高估我国15—19岁组人口数量。针对30—34岁中青年，其正处于家庭形成与成长以及就业逐步稳定的阶段。此年龄段虽然并人口年龄别流动率最大的阶段，但却是2020年中国流动人口存量最大的年龄段(周皓，2023)。因此，30—34岁组作为成家立业与家业稳定间的过渡阶段，可能因就业、婚姻与家属随迁产生人口流动，进而造成人口重报问题。而在45岁及以上的中老年阶段，由于居住状况稳定，人口重报率会有所降低。但随着健康状况的逐渐下降，入院治疗等因素可能会导致人口漏报问题，从而呈现出净重报率为负，即净漏报的评估结论。

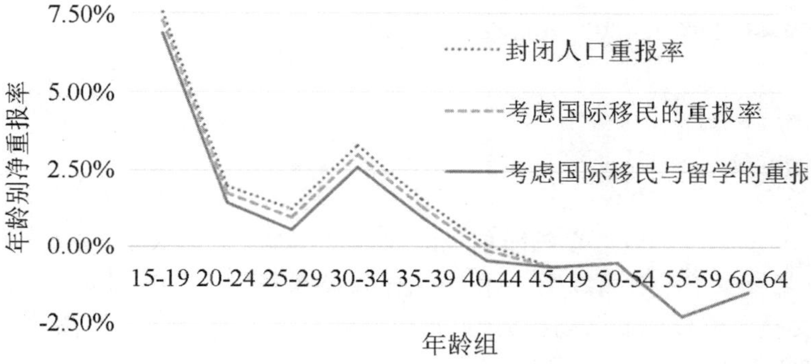

图1 "六普"中国劳动年龄人口净重报率年龄组分布

考虑到用于测算净重报率的分年龄—性别的人口数不包括现役军人以及难以确定常住地的人口，且时点为普查时点，为了重建中国2010—2020年间年末劳动年龄人口变动趋势，本文利用前文测算的净重报率结果，以2010年末劳动年龄人口规模为基准推算了扣减净重报人数后的劳动年龄人口规模。图2可见，在剔除净重报因素的影响后，2010—2020年间劳动年龄人口变动趋势逐渐平稳，且在2019—2020年间劳动年龄人口的降幅从调查公布的2681万修正为1823万，呈现出更为合理的劳动年龄人口变动趋势。

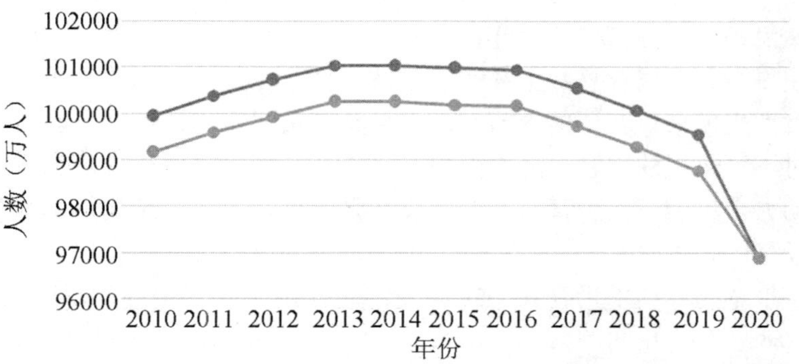

图2 2010—2020年中国15—64岁劳动年龄人口重估计

图 3 展示了未来中国劳动年龄人口的变动趋势。受到 1962 年前后“三年严重困难”时期出生人口数量下降的影响，2021 年至 2026 年间，中国 15－64 岁劳动年龄人口数量将呈现出整体上升的水平，且于 2026 年达到 9.74 亿人的峰值。随后，中国 15－64 岁劳动年龄人口数量将呈现出阶段性下降趋势。受到人口负惯性的影响，育龄女性的下降使得即使未来生育水平有所提升，未来中国 15－64 岁劳动年龄人口数量仍将呈现较为稳定的下行区间。在 2040 年后，“全面三孩”政策对于提升劳动年龄人口数量的预期效果可能会呈现。

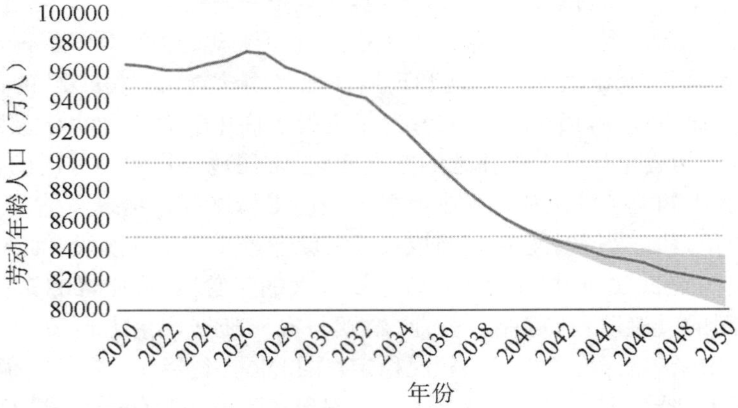

图 3　2020－2050 年中国 15－64 岁劳动年龄人口预测

注：灰色阴影部分代表了未来不同生育水平设定下劳动年龄人口变动区间。

4　讨论

本文通过构建 DCMD 模型生命表，在开放人口条件下，基于“七普”数据对“六普”劳动年龄人口进行逆预测，发现“六普”15－19 岁组存在较严重的净重报问题，这一发现与先前文献基于“四普”、“五普”数据的推断较为一致（王金营与戈艳霞，2013；崔红艳等，2013），一定程度印证了本文结论的合理性。此外，本文从性别视角发现劳动年龄女性净重报率显著高于男性，这也与现有研究对于“六普”育龄女性重报大于男性的发现相一致（张现苓与明艳，2022）。

本文在现有研究基础上提出了两个新的发现：一是“六普”劳动年龄人口总体呈现出净重报特征，且除了 15－19 岁组外，30－34 岁组也存在较为严重的净重报问题，这一发现为中国劳动年龄人口的重报研究提供了经验参考；二是“六普”45－64 岁组存在一定净漏报问题。当前学界对我国人口漏报的研究更多集中于低龄组。本文对于“六普”中老年组净漏报率的测算结果与翟振武与刘雯莉（2021）提到的老年人口同样存在漏报的观点一致，对于我国人口普查的人口漏报研究提供了一定边际贡献。由于中高年龄组人口重报、漏报与死亡漏报现象混合存在，本文在修正死亡漏报后，仍然发现“六普”45－64 岁劳动年龄人口存在净漏报。

本文对考虑国际移民条件下“六普”劳动年龄人口净重报的研究发现还具有以下实践意义：第一，对育龄女性的重报可能会使得“六普”调查总和生育率水平被低估。在人口负增长与第二次人口转变背景下，基于净重报修正的育龄女性规模来重新评估中国生育水平具有重要意义。第二，国际人口迁移因素已成为评估人口普查数据质量时不可忽视的因素。随着中国“一带一路”建设与国际交流增强，国际人口迁移强度的提升会对未来中国劳动力市场、教育、生育与养老等公共服务事业等产生结构性影响。因此，未来研究需要进一步加强国际人口迁移的相关研判。

本文对“六普”净重报率测算结果仍存在一定局限：第一，由于缺乏国际移民与留学生的年龄别信息与流量信息，本文假定 1978－2019 年间的留学生以及 2010－2019 年间的国际移民全部在“六普”时点前出国，这一反事实使得本文估计的劳动年龄人口重报率是被低估的。此外，即使假定全部国际移民与留学生均集中于 15－19 岁女性，也仍无法改变“六普”学龄段劳动年龄人口重报的基本事实。第二，本文的逆预测基于“七普”结果完全准确的假定来进行。然而，即使是“七普”也无法做到完全避免重报与漏报发生。“七普”潜在的数据质量问题也可能对本文的测算结果产生一定影响。

5　结论与对策建议

本文通过“七普”成果分析“六普”劳动年龄人口的净重报特征，得出了以下结论：

(1)在封闭人口条件下，“六普”劳动年龄人口净重报率为 1.26%；在考虑国际移民与留学生因素的开放条件下，“六普”劳动年龄人口净重报率为 0.86%，反映了人口重报现象的存在。

(2)“六普”劳动年龄人口净重报存在年龄与性别差异。15—44 岁中青年整体呈现出人口重报，45—64 岁中老年整体呈现出人口漏报。15—19 岁组与 30—34 岁组的重报状况相对严重。劳动年龄女性净重报率显著高于男性。

(3)从生命历程视角出发，青少年的升学流迁可能是造成“六普”劳动年龄人口重报的重要因素。中青年的就业、婚姻与随迁也可能是导致劳动年龄人口重报的原因。

(4)修正净重报后，2010 年至 2020 年年末劳动年龄人口规模下降 2206 万人，低于修正前下降 3067 万人的数值。未来中国劳动年龄人口规模将于 2026 年达到 9.74 亿的峰值，随后长期阶段性下降。

基于“六普”数据质量的评估，本文对中国今后的人口普查过程提出以下两点对策建议：

(1)重点加强人口普查登记过程中学龄人口的去重问题。学龄人口由于户籍分布复杂、常住地与户籍地分离的比例较高，在人口普查时容易产生重复登记而未有效去重的问题。因此，建议未来人口普查登记去重过程中综合比对在校人员信息以及户籍信息、常住信息、身份信息，充分利用有效信息降低学龄人口重报率。

(2)重视人口普查登记过程中对中老年人口群体的校核补漏。中年人口由于短期流动相对频繁，容易同时出现重报与漏报问题。建议今后在普查过程中沿用“七普”部分流程，根据身份信息对存在漏登的中老年人口进行校核与补漏，降低这一群体的漏登与重登率。

浙江大学公共管理学院　李逸超

浙江大学 非传统安全与和平发展研究中心　米红

“七普”死亡数据质量评估以及区域死亡差异分析

一、引言

数据质量是统计调查的命脉，数据的不准确将导致统计分析结果失实。随着第七次人口普查数据的公布，“七普”数据质量的评估成为人口学界共同关心的问题，其中死亡数据作为关系到人口健康、医疗资源使用等方面的分析前提，对其的评估工作尤其重要。

由于我国普查死亡数据仍是基于调查法，即依靠受访者的记忆间接地对死者信息进行统计，其准确性会受到诸多社会因素的影响。因此，人口学界对死亡数据有着持续的、大量的讨论，普遍认为，除第三次人口普查具备较高质量外，历次普查的死亡数据均存在不同程度的漏报（黄荣清，2005；李树茁，1994；任强等，2004；王金营，2013），近期有研究使用多种评估方法，进一步指出，尽管“七普”因全面使用了电子化数据采集，基础人口信息质量有显著提升（翟振武和刘雯莉，2021），但全国各年龄段死亡数据仍有较高的漏报率（李婷等，2022）。

在这一近期研究基础上，我们获得了对“七普”全国真实死亡水平的大致理解，但我们对“七普”分省的真实死亡水平了解仍然不足，这要求我们对各省死亡数据质量有进一步的评估。这一评估不仅有益于我们理解“七普”截面的各省真实死亡水平差异，也为理解我国分区域的、纵向的变化提供了进一步讨论空间，换言之，一个亟待推进的工作是，相较于“六普”而言，“七普”的区域死亡水平是否发生了什么变化？因此，本文将尤其致力于两个方面的工作，其一，推进“七普”省级死亡数据质量的评估；其二，推进“七普”分区域死亡水平差异的描述与相应讨论。

二、数据与方法

（一）数据来源

为实现本文研究目的，我们收集整理了“六普”以来的全国及分省、分性别、分年龄别死亡率数据，在实际分析中，我们使用了“七普”全国分性别原始生命表 2 张，及“六普”以来分省、分性别原始生命表 124 张[①]。上述数据全部来自国家统计局所公布的历次全国及分省人口普查资料。

（二）“七普”全国及分省死亡数据质量的评估方法

就死亡数据质量的评估方法而言，目前使用较广的模型生命表方法可以被总结如表 1 所示，这些方法各有优缺点。但最近研究认为，新近发展的模型生命表，在依赖的基础数据、数理方法上均进行了重要革新，更能反映现代死亡水平（张震等，2017）。

因此，本文就“七普”的死亡数据质量评估，以新近模型生命表 Wilmoth 法对全国及各省、自治区、直辖市的死亡数据作统一调整。这一选取的主要考虑是，就“七普”数据而言，各新近模型生命表的修订结果并没有显著差异[②]，且 Wilmoth 法的应用尤其广泛。因此，选取 Wilomth 法不仅规避了经典模型生命表可能对婴幼儿死亡概率的高估，亦便于学术界后续对本文工作的复制或检验。本文的经验拟合数据，调取自人类死亡数据库（Human Mortality Database）中 39 个国家或地区自 1751 年至 2007 年间的分性别生命表共 719 张。

---

① 本文的生命表计算方法，就 ${}_na_x$ 而言，0 岁组使用了 Keyfitz & Flieger（1968）经验值，高龄开口组为 $\frac{1}{{}_nm_x}$，其余年龄组为存活人年数按区间中点；就 ${}_nq_x$ 而言，${}_nm_x$ 与 ${}_nq_x$ 的转换公式为 ${}_nq_x = \frac{n \times {}_nm_x}{1+(n-{}_na_x)\times {}_nm_x}$。

② 本文对“七普”分省死亡数据同时使用了 Murray 模型（2003）、Clark-Sharrow 模型（2011）、Wilmoth 模型（2012）估计，其中 Wilmoth 模型所得到的估计值为三种生命表模型估计值的中间值。

表 1　主要模型生命表概览

<table>
<tr><th rowspan="2"></th><th rowspan="2">代表</th><th rowspan="2">构造方法</th><th colspan="2">按实际应用</th></tr>
<tr><th>分区</th><th>不分区</th></tr>
<tr><td rowspan="6">纵向</td><td>寇尔—德曼(Coale-Demeny)表(1966)</td><td>回归分析</td><td rowspan="4">死亡模式离散参数（如已有模式选择）死亡水平连续参数（如 $_5q_0$ 或e_0 ）</td><td rowspan="4"></td></tr>
<tr><td>1982 联合国发展中国家表(1982)</td><td>主成份分析</td></tr>
<tr><td>蒋正华中国表(1990)</td><td>最优 k 均值法</td></tr>
<tr><td>Clark-Sharrow 表(2011)</td><td>高斯混合模型聚类</td></tr>
<tr><td>Clark 表(2019)</td><td>奇异值分解法</td><td rowspan="3"></td><td rowspan="3">死亡模式连续参数，死亡水平连续参数。</td></tr>
<tr><td>Wilmoth 表(2018)、DCMD(改进 Wilmoth)表(2017)</td><td>对数二次模型</td></tr>
<tr><td>横向</td><td>布拉斯(Brass-Logit)表(1971)、Murray(改进 Brass)表(2003)</td><td>两生命表函数变换</td></tr>
</table>

资料来源：本文根据胡松波(2015)、张震等(2017)、李成等(2018)整理。

表 2　“七普”各省模型生命表修订的参数估计值

地区	五岁及以下儿童死亡概率(‰)		预期寿命(岁)		地区	五岁及以下儿童死亡概率(‰)		预期寿命(岁)	
	男性	女性	男性	女性		男性	女性	男性	女性
北京	3.54	1.78	80.43	84.62	湖北	4.16	3.26	75.73	80.53
天津	3.78	2.58	79.32	83.40	湖南	5.02	3.92	75.36	80.75
河北	6.16	4.66	75.20	80.52	广东	3.18	2.64	76.75	82.22
山西	5.78	4.60	75.64	80.47	广西	4.13	3.41	74.64	81.98
内蒙古	4.54	4.04	74.98	80.45	海南	6.08	5.36	75.83	82.84
辽宁	4.94	3.86	75.96	81.54	重庆	5.34	4.04	75.86	81.64
吉林	6.14	4.26	75.62	81.40	四川	8.05	6.55	75.01	80.93
黑龙	6.77	5.63	75.33	81.42	贵州	8.02	6.92	72.09	78.71
上海	2.31	2.59	80.39	84.87	云南	7.50	6.28	70.98	77.55
江苏	4.19	3.19	77.02	81.83	西藏	12.19	10.55	70.27	74.75
浙江	3.01	2.65	78.09	82.58	陕西	5.21	3.45	75.59	80.24
安徽	5.36	4.34	75.52	80.72	甘肃	4.96	4.18	73.64	77.85
福建	3.85	3.21	75.81	81.55	青海	10.45	7.71	71.72	76.43
江西	7.35	5.93	78.08	80.52	宁夏	5.32	5.60	74.89	78.40
山东	5.16	3.98	76.46	82.11	新疆	6.02	5.44	73.66	77.89
河南	3.87	5.47	74.59	80.84					

资料来源：各省各来源政府报告、2021 年《中国人口和就业统计年鉴》等

就 Wilmoth 法所需要的具体参数而言，本文主要使用了五岁及以下儿童死亡概率($_5q_0$)与 0 岁预期寿命(e_0)。各级政府文件也披露了其他的低龄组死亡水平指标，如婴儿死亡率($_1q_0$)，但婴儿死亡率可能存在较高的漏报情况，且存有误差堆积等问题(Aleshina & Redmond, 2005)，因此 $_5q_0$ 作为参数相对稳健。就更具体的参数值而言：其一，在全国层面，本文沿用了李婷等(2022)所收集的数据，即以全国妇幼卫生监测点的数据为主，同时广泛参考了外部估计数据后所取的平均数，其中男性参数值为 $_5q_0$=8.10‰、e_0=74.72；女性参数值为 $_5q_0$=6.90‰、e_0=80.18。其二，在省级层面，本文综合了国家统计局发布《中国人口和就业统计年鉴 2021》的各地区人口平均预期寿命，各省《“十四五”卫生健康发展规划》《“十四五”医疗卫生服务体系规划》及《中国妇女儿童发展纲要》等政府材料披露的各省五岁及以下儿童死亡概率，以“七普”数据所呈现的两性死亡规律为基准①，整理为如表 2 所示的“七普”各省参数估计值。

① 以男性为例，本文近似公式为 $_5q_0^m = \frac{2_5q_0}{_5q_0^m + _5q_0^f} \times {}_5q_0^m$，其中右上角标 m 为男性、f 为女性。

（三）“六普”以来区域死亡差异的分析方法

最后，由于“六普”省级参数值较难获得，本文在评估“六普”“七普”的区域死亡水平差异时，为保证两次人口普查调整后数据的可比，就模型生命表估计所需要的双参数，均采用了《中国人口和就业统计年鉴》中提供的两次人口普查中各省 e_0 与两次普查数据中漏报相对较少的成人死亡概率（${}_{45}q_{15}$）原始值。

由此，本文进一步引入了绝对 β 收敛模型，以定量化最近十年区域间死亡水平差异是收敛或发散的基本情况，该模型在讨论区域间死亡水平差异的相关研究中已得到较为广泛地应用（张震，2022；Janssen et al.，2016），其一般表达式如下：

$$\frac{\ln(Y_{t_{i+n},j})-\ln(Y_{t_i,j})}{T}=\alpha+\beta\times Y_{t_i,j}+e_j$$

就上式而言，可将 j 视为某地区，t_i 表示不同时期，$Y_{t_i,j}$ 表示 t_i 时期 j 地区的死亡水平情况，T 则表示为两时期间隔。以婴儿死亡率作为 $Y_{t_i,j}$ 为例，通过拟合得到婴儿死亡率的系数 β。如果 β 小于 0，则意味着婴儿死亡率是收敛的，即随着时间的增长，婴儿死亡水平更高地区相对于水平更低的地区，有更快的下降速度，地区间婴儿死亡率水平趋于一致，β 大于 0 则相反，意味着婴儿死亡率是发散的。如进一步假定，区域内同质性更强、区域间差异性更大，将全国各地区划分为四个区域，即东部、中部、西部及东北，则可通过排除性分析讨论区域间差异，其基本思路是每次删除一个区域的所有样本，观察相应系数是否发生显著变化，如果系数更大了，就表明该区域的该项死亡指标起到了缩小区域间差异的作用，如果系数更小了则相反（Pesando 和 GFC team，2019）。

三、“七普”全国及分省死亡数据质量评估

在本节，我们将着重报告基于 Wilomth 法得到的死亡数据质量修订结果，同时，因本节模型生命表校订中统一采用的是 ${}_5q_0$ 与 e_0 双参数，我们将主要报告修订后的婴儿死亡率（${}_1q_0$）与中低龄老年死亡概率（${}_{20}q_{60}$）。当然，成人与高龄老年死亡水平的降低，作为流行病转变的重要环节亦十分重要，但由于这两个年龄段的漏报率相对较低①，受篇幅限制，本文不作重点讨论。

（一）“七普”全国死亡数据质量评估

首先，就全国的死亡水平而言，对比经 Wilomth 法修订后的死亡数据与原始死亡数据，可以认为“七普”仍有显著漏报，特别是对于婴幼儿和中低龄老人。就修订后的全国死亡数据而言：

在婴儿死亡数据方面，男婴死亡率为 6.65‰、死亡漏报率为 75.04%；女婴死亡率为 5.67‰、死亡漏报率为 75.66%。显示仍有较高的婴儿死亡漏报。在老年死亡数据方面，老年男性死亡概率为 51.93%、死亡漏报率为 26.79%，女性的死亡概率为 34.75%、死亡漏报率为 29.51%。显示老年死亡漏报相对好于婴儿死亡漏报情况。由于已有研究对全国死亡数据质量进行了详细讨论（李婷等，2022），本节将更多地讨论省级死亡数据质量。

（二）“七普”分省死亡数据质量评估

其次，就各省死亡水平而言，对比经 Wilmoth 法修订后的死亡数据与原始死亡数据，如图 1 所示。各省老年死亡漏报率表现略好于婴儿死亡率的漏报情况，这与全国层面的漏报情况一致。具体而言：

在婴儿死亡数据方面，陕西省漏报最为严重，其男婴、女婴死亡漏报率分别为 84.15%、84.01%，西藏自治区漏报最轻，其男婴、女婴死亡漏报率分别为 9.30%、14.27%；在老年死亡数据方面，海南省漏报最为严重，其老年男性、老年女性死亡漏报率分别为 41.17%、44.97%，湖南省男婴漏报最轻，为 11.12%，湖北省女婴漏报最轻，为 3.42%。

可以发现，各省死亡漏报率与修订后婴儿死亡率之间呈现了微弱的负相关，即婴儿死亡概率越低的省份，其漏报率反而越高，这可能是因为在低死亡水平下，尽管漏报的绝对数量更少，但漏报率会有更大的反映。在这方面，西藏自治区的男婴、女婴死亡漏报率仅为 9.30%和 14.27%，但上海的男婴、女婴死亡漏报率则为 51.90%和 47.66%。当然，死亡漏报率的大小也与各地区在数据收集执行、被访者的文化素质、地区风

---

① 以成年男性、80 岁至 100 岁高龄男性死亡为例，按 Wilmoth 法，以 ${}_5q_0$ 与 e_0 双参数修订得到的漏报率分别为 23.78%、4.13%。

俗习惯等因素相关，如上海市男婴、女婴死亡率要显著低于陕西省，但陕西省反而有很高的死亡漏报率。

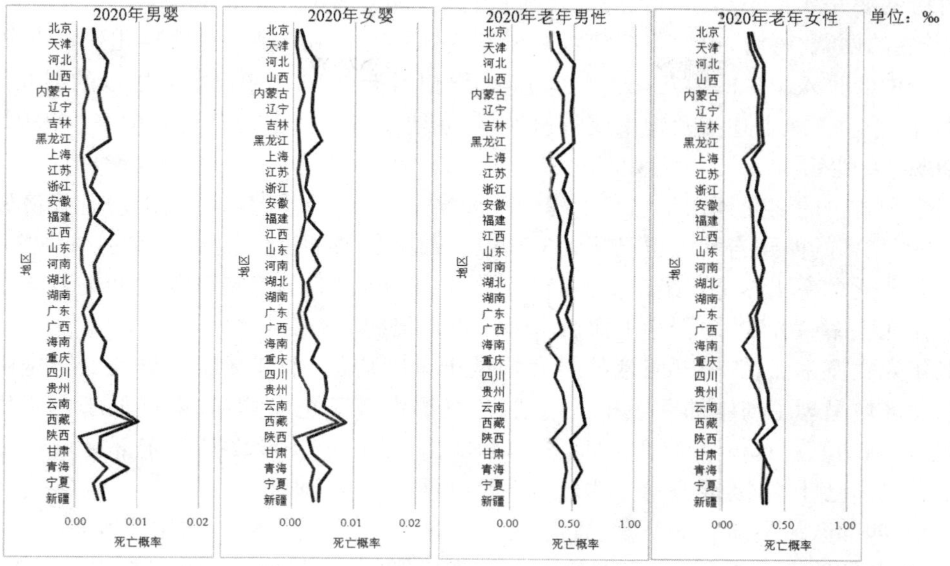

图 1 "七普"省域婴儿死亡率、老年死亡概率修订结果

资料来源：基于七次人口普查计算原始值（灰线）与基于 HMD 数据计算估计值（黑线）整理

与婴儿死亡率相对，老年死亡漏报率的情况要好很多。老年男性、老年女性的死亡漏报率的全国均值仅为 20.43%、17.66%，远低于婴儿死亡漏报率。此外，各省估计中甘肃省一省的老年女性显示可能有轻微重报问题（−0.38%），但考虑到老年死亡很少出现重报情况，本文更倾向认为这一轻微重报是由误差导致的，换言之，估计值显示了甘肃省老年女性的死亡数据质量实际是较好的。

总体而言，我国的全国及分省死亡数据仍然存在一定漏报，且分省漏报情况不一，未来仍然需要对省级死亡数据做更多、更细致的交叉估计。

四、"七普"死亡水平的区域差异及近十年收敛情况

基于上述修订工作，本文进一步考察"七普"分省、分区域的死亡水平差异，为深入理解区域间差异，亦补充了各省死亡水平在国际社会中的相对位置。同时，本节将与"六普"数据进行对比，以讨论我国死亡水平的区域差异在最近十年发生了哪些变化。

（一）"七普"死亡水平的区域差异

首先，我们就前文按 $_5q_0$ 与 e_0 双参数修订的"七普"分省、分区域死亡水平差异作简要讨论，如表 3 所示。

第一，就预期寿命而言，东部区域男女均高于全国均值，中部、东北区域男性高于均值、女性低于均值，西部区域男女均低于全国均值。具体到省级层面，按世界银行所公布的 2020 年同期数据①，东部区域最发达的上海、北京、天津，其预期寿命水平已达到高收入国家预期寿命水平（81.08 岁），但西部区域滞后的西藏、青海、云南、贵州、甘肃及新疆，其预期寿命仅略高于中低收入国家预期寿命水平（69.29 岁）。除上述已提及的地市或省份外，我国其余的绝大多数省份介于二者之间，大致处于中高收入国家预期寿命水平（76.10 岁），与我国当前的实际经济水平相近。

因此，从预期寿命的分布来看，我国各省份预期寿命仍然呈东高西低态势，这与已往研究一致，西部区域的预期寿命水平略滞后于我国中高收入国家的经济情况；从预期寿命的极差来看，我国各省份预期寿命差值仍较大，如北京、上海与西藏的预期寿命差值，男性和女性分别为 10.16 岁与 10.12 岁。

第二，就婴儿死亡率而言，东部、中部区域的男女均低于全国均值，东北、西部区域男女均高于全国均值。具体到省级层面，按世界银行所公布的 2020 同期年数据，东部区域的绝大多数地市或省如上海、浙江、

① 资料来源：https://data.worldbank.org/indicator/SP.DYN.LE00.MA.IN

广东、北京、天津、福建、江苏，中部区域少部分地市或省如河南、湖北，西部区域极少部分地市或省如广西、内蒙古，上述省份的婴儿死亡率均已达到高收入国家的婴儿死亡率（男性 4.50‰，女 3.80‰）。同时，即便是西部区域中最滞后的西藏、青海，男性婴儿死亡率分别为 8.05‰、10.20‰，女性婴儿死亡率分别为 6.90‰、8.77‰，也远低于中低收入国家的婴儿死亡率水平，大致相当于 2019 年中高收入国家的婴儿死亡率水平（男性 10.3‰，女性 8.7‰）。除上述提及地市或省份外，其余地市与省份也均已达到中高收入国家婴儿死亡率水平（男性 9.90‰，女性 8.40‰）。

因此，我国多数省份的婴儿死亡率已经下降到较低水平，符合乃及超前于我国现有经济发展水平，即便呈现出较高婴儿死亡率的西藏自治区也已达到中高收入国家 2019 年的婴儿死亡率水平。但是，与其他死亡指标相近，我国婴儿死亡率仍然呈现出东低西高的不均衡分布，最高值与最低值之间的差异十分显著，以男婴为例，西藏婴儿死亡率（10.20‰）仍为上海（1.70‰）近六倍。

第三，就老年死亡概率而言，东部区域的男女均低于全国均值，中部区域的男性低于全国均值、女性高于全国均值，东北区域呈现了与中部区域相反的情况，其男性高于全国均值、女性低于全国均值，西部区域的男女则均高于全国均值。具体到省级层面，按 WHO 的 2020 年公布数据①，东部区域最发达的北京、上海、天津、浙江、广东，已十分接近高收入国家老年男性的死亡概率（36.56%）、老年女性的死亡概率（23.20%）。但是，西部区域最滞后的西藏、青海、云南、贵州，则介于中低收入国家与低收入国家的死亡水平之间。除上述提及的地市或省份外，我国绝大多数省份则持平或低于中高收入国家老年男性死亡概率（49.49%）、老年女性死亡概率（33.72%）

因此，我国老年死亡水平整体呈现了落后于婴幼儿死亡水平的发展状况；且老年死亡水平同样呈现出东低西高的分布表现。我国老年死亡水平符合一般规律，即老年女性的死亡水平优于老年男性，但大多数省份的老年女性死亡概率集中在较低水平，老年男性死亡概率的极差则更大，最低值已跌破中低收入国家的死亡率下限（如西藏自治区男女两性的老年死亡概率分别为 60.79%、34.12%），呈现出脆弱的生存面貌。

表 3 “七普”各区域各死亡指标均值情况

区域	预期寿命（岁）		婴儿死亡率（‰）		老年死亡概率（%）	
	男性	女性	男性	女性	男性	女性
全国	75.50	80.70	4.47	3.69	48.65	30.99
东部	77.53	82.65	3.24	2.56	43.69	26.81
中部	75.82	80.64	4.20	3.69	48.02	31.49
西部	73.61	78.90	5.54	4.62	52.97	34.34
东北	75.64	81.45	4.80	3.68	49.15	30.55

资料来源：本文按 Wilmoth 法修订的“七普”各省估计值汇总

（二）“六普”以来的区域死亡水平收敛差异

最后，我们进一步观察“六普”以来，上述区域差异是否发生了变化。换言之，区域间死亡水平的不均呈现了更缩小，还是更扩大的趋势。

首先，本文报告了表 4 所示的各死亡指标的均值变幅情况，可以看到，尽管东部区域平均预期寿命更高，但中、西部区域的预期寿命增幅显著高于全国均值，体现了内陆地区公共事业的快速发展。

表 4 “六普”至“七普”间各区域各死亡指标均值变幅情况

区域	预期寿命（%）		婴儿死亡率（%）		老年死亡概率（%）	
	男性	女性	男性	女性	男性	女性
全国	3.95	4.15	−40.66	−46.50	−11.44	−19.12
东部	3.19	3.49	−30.19	−48.60	−11.91	−21.08
中部	4.76	4.14	−58.22	−52.38	−14.02	−20.14
西部	4.64	4.90	−37.11	−43.52	−10.48	−17.34
东北	2.32	3.49	−43.41	−49.36	−8.72	−19.37

资料来源：本文按 Wilmoth 法修订的“七普”各省估计值汇总

① 资料来源：https://www.who.int/data/gho/data/themes/topics/indicator-groups/indicator-group-details/GHO/gho-ghe-global-health-estimates-life-tables

其次，就区域间不均是否缩小，本文按绝对贝塔收敛模型，拟合了各死亡指标如表5所示。数据显示，近十年预期寿命、婴儿死亡率仍然呈现了快速收敛趋势，即死亡水平高的地区，比死亡水平低的地区，有更快的下降速度；但成人死亡概率、老年死亡概率，有一定发散的趋势。排除性分析显示，扣除东部区域后，婴儿死亡率从收敛转为发散、成人死亡概率、老年死亡概率的发散趋势则被部分削弱，与之相对，扣除西部区域后，婴儿死亡率更为收敛、成人死亡概率、老年死亡概率则更为发散。上述相反的变动结果说明，东部区域缩小了区域间成人、老年死亡水平差异，而西部区域缩小了区域间婴儿死亡水平差异。

各区域在不同年龄段所呈现的不同趋势，事实上体现了区域间健康转变的阶段差异，这背后是不同阶段受不同技术、社会经济发展的影响。在死亡转变后期，慢性病等衰退型疾病成为主要死亡原因，老年死亡水平的下降更加依赖个体对健康知识的吸纳以及医疗科技的创新（Soares，2007），因此，东部区域显然比西部区域具有更大的优势，这也反映在表4的均值下降幅度，东部区域明明有更低的老年死亡水平，但降幅较西部区域更大。

表5 "六普"至"七普"间各区域各死亡指标依时间维度收敛情况

死亡指标	全国	排除性分析			
		东部	中部	西部	东北
e0	－0.5323 ＊＊＊	－0.4626 ＊＊	－0.5881 ＊＊＊	－0.2622	－0.5817 ＊＊＊
q0_1	－0.0427	0.0927	0.0791	－0.3240 ＊	－0.0394
q15_45	0.2762 ＊	0.1620	0.2508 ＋	0.5493 ＊＊＊	0.2523 ＋
q60_20	0.7609 ＊＊＊	0.7130 ＊＊＊	0.8557 ＊＊＊	0.7145 ＊＊＊	0.7574 ＊＊＊

注：① ＊＊＊ p＜.001. ＊＊ p＜.01. ＊ p＜.05. ＋ p ＜.1. ② 系数为标准化系数

五、结论与讨论

因此，本文结论如下。第一，对"七普"死亡数据质量的评估显示，我国死亡数据质量仍存在较高的漏报，这主要是因为调查法依靠受访者记忆，可能有较大误差，同时，各省漏报情况不一，婴儿死亡漏报率以陕西省最高，中低龄老年死亡漏报率以海南省最高。第二，区域死亡差异分析显示，多数省份的预期寿命、婴儿死亡率已下降到较低水平，符合甚至超前于我国现有经济发展水平，但老年死亡水平相对滞后于经济发展水平。最近十年，区域间预期寿命、婴幼儿死亡水平差异持续缩小，区域间老年死亡水平差异则持续扩大，这体现了区域间健康转变的阶段差异。

本文建议：第一，数据方面。由于"七普"死亡数据仍有较高漏报率，参考国际经验，我国应尽快明确政府内不同部门职责、统一统计口径，以减少部门间重复、矛盾的死亡统计信息，同时可将疾控、殡葬等系统与死亡登记系统对接，加快数据更新速度，以提高数据准确性（黄润龙，2016）。第二，政策方面。"七普"死亡数据显示了区域间客观存在的健康转变阶段差异，区域不平衡仍然存在，在东部区域，老年死亡水平下降日益成为主要力量，这需要关注老年人群医护需求，从医护比、每千人口护理人数来看，我国在世界各国家中仍处较低水平。同时，西部各省的婴儿死亡水平下降仍有较大空间，在未来很长一段时间，对婴幼儿死亡水平下降起显著作用的卫生财政投入，仍应在统筹规划上对西部予以适当倾斜（毛文琳和卫龙宝，2020）。

中国人民大学人口与发展研究中心　李婷
中国人民大学社会与人口学院　闫誉腾

“七普”“意料之外”的数据对做好流动人口调查的启示

1 意料之外

第七次全国人口普查(后文简称“七普”)的主要数据已经公布。应当说,这些数据中的绝大部分与多年来许多相关调查的结果并无二致,“七普”数据所呈现的我国人口的基本情况和变动趋势并未超出学者们已做出的判断。例如,人口总量增长趋缓、人口老龄化持续发展、人口城镇化稳步推进、劳动年龄人口总量减少、人口受教育水平提高等。大部分“七普”数据可谓在“意料之中”。

令学者们感到“出乎意料”的是“七普”有关流动人口的数据。不只是“出乎意料”,甚至令人感到有点“震惊”:2020 年全国流动人口总数为 3.76 亿人,较之“六普”增加了 69.73%,比国家统计局发布的 2019 年流动人口总数 2.36 亿人增加了 59.32%。如此大的总量和增长幅度似乎与近年来一些政策推进的结果相背离。例如,“十三五”期间,国家“推动一亿非户籍人口在城市落户”,这使得原本从农村“流动”到城市的“流动人口”由于落户城市而不再“流动”,由此,流动人口的数量理应相应减少。近些年国家统计局根据每年人口变动抽样调查发布的流动人口总数也的确显示出逐年减少的趋势(见图 1)。“七普”的流动人口数据与历年人口变动抽样调查的流动人口数据不仅差距很大,甚至还呈现出完全不同的变动趋势。此外,“七普”的流动人口数据与其他相关调查的流动人口数据也“不一致”。例如,《2020 年农民工监测调查报告》显示,2020 年全国农民工总数为 2.86 亿人,比 2019 年减少了 517 万人,下降 1.8%。近些年沿海地区产业结构调整、就业形势变化,导致不少农民工“返乡就业”,外出农民工是流动人口的主体,农民工总数减少而“七普”得到的流动人口总数反而增加也令人感到“意外”。

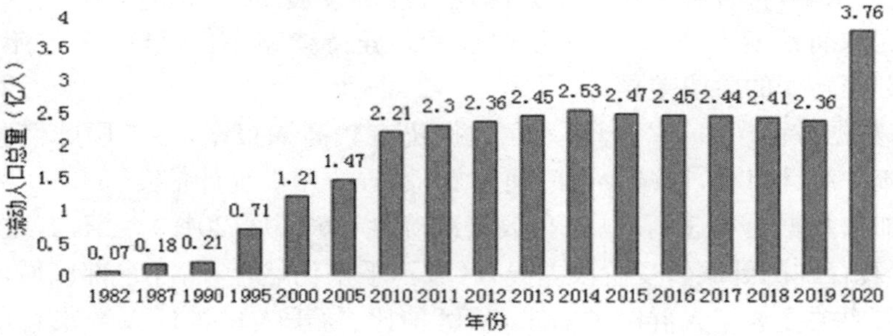

图 1 国家统计局发布的历年流动人口总数

资料来源:国家统计局

注:2020 年为“七普”数据。

2 情理之中

如前文所述,是不是可以质疑“七普”流动人口数据的准确性呢?本文认为并非如此。相反,从以下 4 个方面来看,“七普”有关流动人口的数据质量相当好。

第一,“七普”坚持依法开展,进行了广泛的宣传动员,实行严格的质量控制制度,加强普查员的培训和管理,注重运用新方法、新手段现场采集数据,利用多部门行政记录和大数据对普查数据进行比对核查。这一系列措施显著提高了此次普查的效率和质量,使“七普”漏报率仅为 0.05%,数据质量远超第五次和第六次全国人口普查(后文简称“五普”“六普”)。“七普”整体的数据质量很高,其中有关流动人口的数据质量应该也很可靠。

第二,2020 年,在疫情防控的形势下,各基层社区对于本辖区内各类人口(户籍人口、外来人口、外出人口)信息的掌控能力较疫情发生前大为提升,能够做到全面、准确,与以往各种人口调查相比,“七普”遗漏现有人口的可能性大为下降。

第三,近年来的许多调查表明,流动人口在流入地稳定居住的时间越来越长,各地政府持续推进基本公共服务均等化取得明显成效,外来的流动人口是主要受益人群。在这样的背景下,流动人口大多愿意主动、积极地在现居住地参与、配合普查登记工作,这非常有利于采集流动人口数据。

第四,信息化技术的应用使得各地区、各层级辨识流动人口的能力大大提升。“五普”“六普”时期,影响调查质量的主要是漏报,尤其是低年龄组人口的漏报,各地为了提高本地调查登记的质量,首先要保证人口总量“达标”,已经“在册”的本地户籍人口自然不能被“随便漏掉”。无论哪个地方,调查登记本地户籍人口总是比调查登记外来人口更容易,而调查登记流动人口则可能需要经过反复的协查、确认,因此,对于离开户籍地流动到外地的人,相比于由流入地登记为“流动人口”,仍然被户籍地登记为“户籍人口”的可能性更大。现如今由于信息技术的应用,“七普”在流入地和户籍地两地进行流动人口信息比对和协查更加便捷、可靠,经过“辨识”的流动人口数据理应更加接近真实情况。

在充分肯定“七普”的一系列组织措施的实施、技术手段的应用卓有成效,能够保证流动人口数据接近真实情况的同时,我们还可以根据目前国家统计局公布的有限的涉及流动人口的“七普”数据,并结合近年来国家一系列重大政策的推进和经济社会发展状况,对流动人口数量的大幅度增长做出“合理的解释”。

首先,近年来国家大力推进新型城镇化战略,实施脱贫攻坚计划,易地搬迁的扶贫政策把贫困人口大部分安置在城镇,这意味着更多的农村人口“流入”城市。“七普”数据显示,10 年间常住人口城镇化率提高了 14.21 个百分点,于 2020 年达到 63.89%,超过“十三五”规划中 60%的目标。尽管一亿人落户城镇的任务如期完成,但户籍城镇化率仅达到 45.4%。就全国而言,约 19%的人口虽生活在城镇却没有城镇户口,仅此一项就涉及约 2.6 亿农村流动人口。

其次,国际经验表明,在工业化和后工业化时期,个人及家庭因生命事件、商务活动和休闲旅游所产生的迁移流动会更加活跃,在乡城迁移流动式微后,各城市之间和城市内部的人口迁移流动会更加频繁。我国的经济社会发展恰好处于这个时期。“七普”数据显示,2020 年人户分离人口为 4.93 亿人,其中,市内人户分离人口为 1.17 亿人,后一个数据较之“六普”增长了 192.66%,大大超过流动人口总数的增长幅度(69.73%)。据了解,由于住房条件的改善,一户多套住房的情况增多,从而导致人户分离(实际上是居住分离)的情况更加普遍,一个家庭户的人口“分房”登记的情况并不稀奇。虽然按照人口普查的口径,这种市内的人户分离人口没有被认定为“流动人口”,但其足以反映近年来我国人口“流动”的新特点。

再次,所谓流动人口“返乡”其实并不是回到家乡的农村,而是回到家乡所在的县城,这属于县域内跨乡镇的流动人口,而这一人群仍然被计入流动人口总数。

此外,我国目前在校大学生有 3000 多万,多数人的户籍并没有随迁,由此也形成了一个数量庞大的“流动人口”。

2020 年上半年的疫情防控对于人口流动的影响究竟有多大,还缺乏相关数据支撑和分析。但下半年疫情防控工作的常态化和经济社会活动的恢复,引起了人口流动一定程度的反弹是不争的事实。

有了上述一系列“合情合理”的解释,再结合“七普”已经公布的流动人口数据,段成荣等学者依然坚持近年来对于我国流动人口基本趋势和特征的判断:第一,人口流动保持着大规模、高流动性的趋势;第二,城镇对流动人口的吸引力度进一步加强,流动人口仍呈现向城镇聚集的趋势;第三,流动人口已成为城镇人口增长的主导因素;第四,城城流动人口的规模持续增长;第五,流动人口仍向东部沿海城市和特大城市聚集。

至于为什么近些年年度人口变动抽样调查得到的流动人口总数出现“下降”趋势,而“七普”得到的流动人口总数却“暴增”,确实值得深入探究。本文认为,“问题”恐怕出在年度人口变动抽样调查(包括农民工监测调查)上。对比分析“七普”和年度人口变动抽样调查的制度方法和具体组织实施过程能够发现,后者不是全面调查,全国大部分地区不是样本点,没有直接参与调查工作(包括配合进行流动人口的信息比对)。被抽中的样本点上如果“遗漏”了外来的流动人口很难被发现,特别是每年新进入的流动人口,而这种“遗漏”可能会逐年积累,最终导致年度人口变动抽样调查得到的流动人口总数低于真实情况。

3　关于今后开展流动人口调查的启示

面对“意料之外”的“七普”流动人口数据，固然要做出“情理之中”的解释与分析，但无论如何，我们不能被既有的经验和以往的数据所束缚，而要努力从新数据中捕捉人口迁移流动的新变化，研究新问题，发现新特点，做出新判断。目前，“七普”公布的流动人口数据只是初步的，上述“情理之中”的分析也是初步的，我们需要借助更多更详尽的资料，特别是更丰富的“七普”数据，对已有分析做出补充、完善乃至修正。从这个意义上讲，“七普”数据对于新一轮流动人口分析工作至关重要。

不仅如此，为了今后更好、更及时地捕捉人口迁移流动的新变化，研究新问题，发现新特点，做出新判断，我们更应该总结近年来流动人口的各类调查和“七普”的成功经验，进一步做好今后的流动人口调查工作。本文据此提出以下 4 个建议。

第一，尽管此次“七普”的流动人口数据与近些年年度人口变动抽样调查的流动人口数据差距很大，甚至可以说“七普”数据“颠覆”了以往历年的数据，但绝不能据此认为 10 年一次的普查可以代替年度的人口变动抽样调查。对于人口的迁移流动，统计部门的年度人口变动抽样调查非常必要。人口的迁移流动是随时发生的，不能每 10 年算一次“总账”。如同从夏季到冬季，虽然天气变冷是总趋势，人们可以在进入冬季以后测量半年内气温下降的总幅度，但这毕竟不能代替每天的天气预报，更何况某些迁移流动现象具有时期特性，不及时调查就时过境迁了，例如每年春节前后农民工返乡过节又返回工作地的流动情况，这是 10 年一次的人口普查无法反映的。要深入分析年度人口变动抽样调查的缺陷，针对流动人口调查的特点加以改进。特别是要利用“七普”形成的人口数据库，在确定样本点、抽取被调查户乃至每个被调查人（尤其是流动人口）时，使年度人口变动抽样调查与“七普”乃至未来的第八次全国人口普查有机地衔接起来。

第二，要充分利用各部门日常掌握的人口行政记录和大数据所反映的人口移动轨迹记录。掌握人口的迁移流动情况不能仅仅依赖少数被抽中样本点的现场调查登记，那样很容易发生遗漏流动人口的情况。平时，基层社区要随时掌握本区域内人口的动态变化，一旦本社区被抽中为抽样调查的样本点，那么日常的人口登记信息和其他的人口大数据就应该成为抽样调查信息的重要比对和补充。

第三，各部门、各地区都要做好人口迁移流动的调查。人口迁移流动涉及的领域和问题非常广泛，而且各地区人口迁移流动的特点差异很大，统计系统组织的全国性人口流动调查固然重要，但还不够充分。要支持和鼓励各地区、各相关部门组织开展有关流动人口的各类调查。这些调查不仅直接获得了本部门或本地区所关注的部分流动人口群体（如农民工群体或某个城市的流动人口）的相关数据，可以直接针对这些流动人口展开分析，同时也有助于全面认识、研究全国人口迁移流动的特点和规律。原国家人口计生委（卫生计生委）流动人口司在 2009～2018 年间每年都组织实施一次全国流动人口动态监测调查，除了解年度的人口迁移流动基本情况外，还重点调查流动人口（不限于农民工）在城市获得各项基本公共服务（尤其是卫生健康服务）的情况，在一些城市还深入调查了流动人口的社会融合情况。

第四，要做好调查数据的开放、共享。关键是及时。反映人口迁移流动的数据是“鲜活产品”，如果不及时进行分析和研究，一旦时过境迁，数据价值将大打折扣。因此，要及时开放数据供各方充分开发利用，尤其是政府部门，更应该带头推动人口迁移流动调查数据的开放、共享。对流动人口调查数据及时进行分析和研究，也有助于及时发现人口流动的新情况、新问题，有助于及时改进和不断完善流动人口的调查工作。

中国社会工作联合会　王谦

基于事后分层复合加权调整法修订天津市“七普”总体就业人数

1 引言

长短表技术是指在人口普查中将普查表分为长表和短表两种进行调查。长表通过抽取10%的户填报，包括所有短表项目和人口的经济活动、婚姻生育等情况的项目。但受限于抽样实施过程，长表数据往往存在抽样偏差。为了保证统计数据的准确性和可靠性，数据修订已然成为国内外统计工作者的重要研究内容(Eurostats，2013；文兼武和王少平，2010；周平等，2022)。合理修订数据有利于及时了解居民经济、就业等重点问题的发展态势，能为政策制定提供精准数据支撑。

现有我国人口调查方面数据修订方法的相关文献大致分两类，第一类是以事后分层为主的权数调整方法。代表文献如下：胡英(1997)将事后分层方法用于人口抽样调查数据分析中，对调查样本按已知的总体进行修正，能降低抽样误差、提高估计精度。胡英(2002)对人口普查长短表技术、长表抽样方法以及长表抽样误差分析和数据评估的讨论，对人口抽样调查及长表数据推算总体提供了可续有效的方法。亓昕(2003)结合实例论述了如何利用已知信息对获得样本和变量加权的方法以解决抽样误差。金勇进等(2007)提出样本结构性偏差的校准估计，基于事后分层的加权调整估计，解决大规模调查样本与总体存在结构性偏差的问题。金勇进和张喆(2014)系统阐述了抽样调查分析中权数的获取过程，以及如何对初始权数进行调整，提出权效应方法对权数进行评估。第二类是通过构建模型对数据进行修订。杨贵军等(2016)建立省域人口增长率的固定效应模型，以此刻画中国省域人口总数的变化趋势，基于拟合模型和普查数据提出中国省域人口总数修订方法。第一类方法旨在调整样本数据的代表性问题，第二类方法重点在于通过数据的趋势变化修订数据。

考虑天津市“七普”长短表存在的样本结构性偏差，本文在胡英的事后分层调整法基础上，对长表就业人数进行事后分层的复合加权调整，使得分层调整后的样本尽可能与总体结构保持一致。文章最后借鉴杨贵军的数据修订思路，根据“六普”和“七普”的各年龄组的就业率，建立就业比例与年份间的统计模型，修订非普查年份的就业人数。

2 “七普”长表的样本结构性偏差分析

本节通过对比“七普”长表和短表数据①，分析长表的样本结构性偏差。

2.1 基于城乡因素的样本结构性偏差分析

天津市抽取调查样本(长表)量为1221778人，其中城镇人口为1019186人，占总样本量的83.42%；乡村人口为202592人，占总样本量的16.58%。与“七普”总体(短表)数据对比样本中城镇人口的比重偏高，乡村人口的比重偏低(见表1)。

① 短表数据来源：天津市人口普查年鉴—2020(上册)：表1—1各地区户数、人口数和性别比、表1—1a各地区户数、人口数和性别比(城市)、表1—1b各地区户数、人口数和性别比(镇)、表1—1c各地区户数、人口数和性别比(乡村)。长表数据来源：天津市人口普查年鉴—2020(中册)：表1—1各地区户数、人口数和性别比、表1—1a各地区户数、人口数和性别比(城市)、表1—1b各地区户数、人口数和性别比(镇)、表1—1c各地区户数、人口数和性别比(乡村)。

表 1　城乡加权总体人口与短表人口的对比

城乡	短表人口(人)	长表人口(人)	实际抽样比(%)	加权总体	总体误差	误差率
城镇	11744440	1019186	8.68	10191860	1552580	0.13
乡村	2121569	202592	9.55	2025920	95649	0.05

普查长表按 10%抽样比从总体中抽取,但实际并不能保证子总体抽样比都达到 10%,即表 1 第四列的实际抽样比并不等于 10%。

$$实际抽样比 = \frac{长表人口}{短表人口} \times 100\%$$

表 1 的其他数值计算公式如下：

$$加权总体 = 长表人口 \times 权数^{①}$$

$$总体误差 = 短表人口 - 加权部体$$

$$误差率 = \frac{总体误差}{短表人口}$$

对比加权总体与短表人口,发现城乡的最大误差达到 13%,因此,有理由认为“七普”天津市抽取的样本在城乡维度上存在结构性偏差。

2.2　基于户别因素的样本结构性偏差分析

天津市长表家庭户人口为 1139381 人,占样本量的 93.26%;集体户人口为 82397 人,占样本量的 6.74%。短表家庭户人口为 11668540 人,占总人口的 84.15%;集体户人口为 2197469 人,占总人口的 15.85%。长短表户别数据对比表为表 2(表 2—表 4 中各数值计算与表 1 同)。

表 2　户别加权总体人口与短表人口的比较

户别	短表人口(人)	长表人口(人)	实际抽样比(%)	加权总体	总体误差	误差率
家庭户	11668540	1139381	9.76	11393810	274730	0.02
集体户	2197469	82397	3.75	823970	1373499	0.63

样本中家庭户人口比重偏高,集体户人口比重偏低。集体户实际抽样比 3.75%远远小于 10%,且加权总体与短表人口相比较,集体户误差达到 63%,显然“七普”抽取的样本在户别维度上存在严重结构性偏差。

接着,从城乡和户别两因素的交叉组来分析。长表城镇人口中,家庭户人口占比 92.15%、集体户人口占比 7.85%;乡村人口中,家庭户人口占比 98.84%、集体户占比 1.16%。与短表数据对比表为表 3。

表 3　城乡各户别加权总体人口与短表人口的比较

户别	短表人口(人)	长表人口(人)	实际抽样比(%)	加权总体	总体误差	误差率
城镇家庭户	9638812	939137	9.74	9391370	247442	0.03
城镇集体户	2105628	80049	3.80	800490	1305138	0.62
乡村家庭户	2029728	200244	9.87	2002440	27288	0.01
乡村集体户	91841	2348	2.56	23480	68361	0.74

据表 3 可得,样本中城乡家庭户人口的比重均偏高,城乡集体户人口特别是乡村集体户人口的比重极低。城镇家庭户和乡村家庭户的实际抽样比接近 10%。城镇集体户和乡村集体户的实际抽样比较小,均不超过 4%,且城镇集体户和乡村集体户的误差率也相对较大。城乡和户别两因素交叉组的结构性偏差较为明显。

2.3　基于年龄结构因素的样本结构性偏差分析

根据就业信息将人口划分为 0—15 岁、16—19 岁、……、65 岁及以上[②]。与总体(短表)年龄结构数据[③]对比样本各年龄人口比重比较平均(见表 4),实际抽样比在 8—9.5%之间,误差率相对低于城乡和户别的误

① 抽样比为 10%,权数为抽样比的倒数,取 10。

② 天津市人口普查年鉴—2020(中册):表 1—4 全市分年龄、性别的人口

③ 天津市人口普查年鉴—2020(上册):表 3—1 全市分年龄、性别的人口

差率。

表 4　各年龄加权总体人口与短表人口的比较

分组(岁)	短表人口(人)	长表人口(人)	实际抽样比(%)	加权总体	总体误差	误差率
0—15	1972953	170440	8.64	1704400	268553	0.14
16—19	514870	45369	8.81	453690	61180	0.12
20—24	830196	68243	8.22	682430	147766	0.18
25—29	938851	76106	8.11	761060	177791	0.19
30—34	1385308	120143	8.67	1201430	183878	0.13
35—39	1191700	107811	9.05	1078110	113590	0.10
40—44	940846	83997	8.93	839970	100876	0.11
45—49	998788	86252	8.64	862520	136268	0.14
50—54	1027939	89915	8.75	899150	128789	0.13
55—59	1061870	96757	9.11	967570	94300	0.09
60—64	956996	90790	9.49	907900	49096	0.05
65 及以上	2045692	185955	9.09	1859550	186142	0.09

综上所述,长表与短表在城乡、户别、年龄结构上均存在结构性偏差,不能简单地使用长表抽样比推算总体,需要考虑对样本进行事后分层加权调整。

3　基于家庭户和集体户修订"七普"就业总人数

N_{ij} 表示由人口普查资料得到的总体人口,其中,家庭户总体人口为 N_1、集体户总体人口为 N_2。n_{ij} 表示按户别划分的各层年龄样本人口数($i=1,2$ 分别代表家庭户和集体户,$j=1,2,\cdots\cdots,11$ 代表 16—19 岁、……、65 岁以上共 11 个年龄层)①,其中,家庭户样本合计人口为 n_1、集体户样本合计人口为 n_2。a_{ij} 表示按户别划分的各层年龄样本就业人口数,其中,家庭户样本合计就业人口为 a_1、集体户样本合计就业人口为 a_2。

3.1　家庭户总体就业推算

由于样本数据存在结构性偏差,故需要计算各年龄层的调整因子②,对估计指标进行加权。具体符号表示和计算公式如下:

$$\text{理论频率 } f_{ij}^{E}=\frac{\text{总体各年龄层人数 } N_{ij}}{\text{总体合计人数 } N_i}$$

$$\text{实际频率 } f_{ij}^{v}=\frac{\text{样本各年龄层人数 } n_{ij}}{\text{样本合计人数 } n_i}$$

$$\text{调整因子 } g_{ij}=\frac{\text{理论频率 } f_{ij}^{E}}{\text{实际频率 } f_{ij}^{v}}$$

f_{ij}^{E} 代表理论频率,f_{ij}^{v} 代表实际频率,计算各年龄层的调整因子 g_{ij}。e_{ij} 表示各年龄层就业率,A_{ij} 和 A_{ij}^{*} 分别表示修订总体就业人数和加权总体就业人数。

$$\text{各年龄层就业率 } e_{ij}=\frac{\text{各年龄层样本就业人数 } a_{ij}}{\text{各年龄层样本人数 } n_{ij}}$$

推算总体就业人数 A_{ij} = 各年龄层总体人数 N_{ij} × 各年龄层就业率 e_{ij}

加权总体就业人数 A_{ij}^{*} = 修订总体就业人数 A_{ij} × 调整因子 g_{ij}

依据上述计算公式得到:推算的家庭户总体就业人数为 5123188 人,加权后总体就业人数为 5765026 人。

3.2　集体户总体就业推算

在本节,类似 3.1 节计算过程,推算集体户总体就业人数为 1215308 人,加权后总体就业人数为

① 计算各年龄层的就业率时,仅考虑 16 岁及以上的年龄结构人口。

② 调整因子为理论频率与实际频率之比。

1723877 人。合计家庭户和集体户得到推算总体就业人数为 6338495 人，加权后总体就业人数为 7488902 人(见表 5)。

表 5　推算总体就业合计

户别	推算总体就业(人)	加权总体就业(人)
家庭户($i=1$)	5123188	5765026
集体户($i=2$)	1215308	1723877
合计	6338495	7488902

接下来根据城乡和户别双因素事后分层的集体户加权数据，计算各年龄层就业率及推算总体就业人数。

3.2.1　基于城乡单因素事后分层的集体户权数计算

按照“七普”长表抽样比 0.1，权数 10，加权推算的天津市总人口为 12217780 人①，其中，城镇人口为 10191860 人、乡村人口为 2025920 人②。

为了便于分析，m_h 表示集体户样本量，城镇人口为 $m_1=1019186$、乡村人口为 $m_2=202592$，合计样本量为 $m_s=1221778$；M_h 表示由人口普查资料得到的总人口，城镇人口为 $M_1=11744440$、乡村人口为 $M_2=2121569$，总体人口为 $M_s=13866009$；M_h^* 表示样本推算的加权总体，城镇人口为 $M_1^*=10191860$、乡村人口为 $M_2^*=2025920$，加权总人口为 $M_s^*=12217780$，与已知总体人口数存在偏差。

ω_0 表示抽样设计权数，原则上城镇和乡村抽样比相同，城镇权数与乡村权数也相同，即 $\omega_0=10$。

ω_h' 表示修正权数，城镇修正权数为 ω_1'、乡村修正权数为 ω_2'，由已知总体与加权总体的比值计算得出：

$$\omega_1'=\frac{M_1}{M_1^*}=\frac{11744440}{10191860}=1.1523 \qquad \omega_2'=\frac{M_2}{M_2^*}=\frac{2121569}{2025920}=1.0472$$

ω_h 表示事后分层权数，设城镇和乡村事后分层总权数分别为 ω_1、ω_2；由修正权数与抽样权数的乘积计算得出：

$$\omega_1=\omega_0\times\omega_1'=10\times1.1523=11.523 \qquad \omega_2=\omega_0\times\omega_2'=10\times1.0472=10.472$$

用事后分层总权数 ω_1、ω_2 分别乘以城镇样本和乡村样本，得到事后分层修订的城镇和乡村总体人口数：

$$城镇人口=\omega_1\times m_1=11.523\times1019189=11744440$$

$$乡村人口=\omega_2\times m_2=10.472\times202592=2121569$$

$$总人口=\omega_1\times m_1+\omega_2\times m_2=11.523\times1019189+10.472\times202592=13866009$$

ω_h^* 表示标准化权数(也称一次加权权数)，其中城镇权数为 ω_1^*、乡村权数为 ω_2^*；

m_h^* 表示一次加权后的样本，其中城镇一次加权样本人口为 m_1^*、乡村一次加权样本人口为 m_2^*。标准化权数计算如下：

$$\omega_1^*=\omega_1\times\frac{\mathrm{m}_s}{\omega_1\times\mathrm{m}_1+\omega_2\times m_2}=11.523\times\frac{12217780}{13866009}=1.0154$$

$$\omega_2^*=\omega_2\times\frac{\mathrm{m}_s}{\omega_1\times\mathrm{m}_1+\omega_2\times m_2}=10.472\times\frac{12217780}{13866009}=0.9227$$

3.2.2　基于城乡和户别双因素事后分层的集体户复合权数计算

类似上一节考虑城乡因素的事后分层处理过程，本节在城乡因素事后分层的基础上，进一步考虑户别因素的事后分层处理过程。本节使用的样本均为乘以一次加权权数 ω_h^* 后的加权样本。

m_{hi} 表示调查样本量，城镇家庭户人口为 $m_{11}=953561$、集体户人口为 $\mathrm{m}_{12}=81278$，合计城镇样本量 $\mathrm{m}_{1s}=1034839$；乡村家庭户人口为 $m_{21}=184771$、集体户人口为 $m_{22}=2166$，合计乡村样本量为 $m_{2s}=186938$。

M_{hi} 表示由人口普查资料得到的总人口，城镇家庭户人口 $M_{11}=9638812$、城镇集体户人口 $M_{12}=2105628$；乡村家庭户人口 $M_{21}=2029728$、乡村集体户人口 $M_{22}=91841$。M_{hi}^* 表示一次加权样本推算的加权总体，城镇家庭户人口 $M_{11}^*=9535613$、城镇集体户人口 $M_{12}^*=812785$；乡村家庭户人口 $M_{21}^*=1847716$、乡

① 122117780=12211778 * 10，长表登记常住人口 1221778 乘以权数 10 得推算的总体人口数。

② 10191860=1019186 * 10，2025920=202592 * 10，用长表登记的城镇人口和乡村人口分别乘权数 10 得到。

村集体户人口 $M_{22}^*=21666$，均与已知总体人口数存在偏差。

ω_{hi}' 表示修正权数，分别计算城镇家庭户修正权数 ω_{11}'、城镇集体户修正权数 ω_{12}'、乡村家庭户修正权数 ω_{21}' 和乡村集体户修正权数 ω_{22}'，即：

$$\omega_{11}'=\frac{M_{11}}{M_{11}^*}=\frac{9638812}{9535613}=1.0108 \qquad \omega_{12}'=\frac{M_{12}}{M_{12}^*}=\frac{2105628}{812785}=2.5906$$

$$\omega_{21}'=\frac{M_{21}}{M_{21}^*}=\frac{2029728}{1847716}=1.0985 \quad \omega_{22}'=\frac{M_{22}}{M_{22}^*}=\frac{91841}{21666}=4.2390$$

ω_{hi} 表示事后分层权数，分别计算出城镇家庭户修正权数 $\omega_{11}=10.108$、城镇集体户修正权数 $\omega_{12}=25.906$、乡村家庭户修正权数 $\omega_{21}=10.985$、乡村集体户修正权数为 $\omega_{22}=42.390$。进而得到事后分层修订的总体城乡各户别人口数：

$$\text{城镇家庭户人口}=\omega_{11}\times m_{11}=10.108\times 953561=9638812$$

$$\text{城镇集体户人口}=\omega_{12}\times m_{12}=25.906\times 81278=2105628$$

$$\text{乡村家庭户人口}=\omega_{21}\times m_{21}=10.985\times 184771=2029728$$

$$\text{乡村集体户人口}=\omega_{22}\times m_{22}=42.390\times 2166=91841$$

$$\text{总人口}=\omega_{11}\times m_{11}+\omega_{12}\times m_{12}+\omega_{21}\times m_{21}+\omega_{22}\times m_{22}=13866009$$

对事后分层的各样本进行二次加权，用 $\omega_{hi}^*=\omega_{hi}\times\dfrac{m_{hs}}{\sum_i \omega_{hi}\times m_{hi}}$ 分别计算二次加权权数得到：城镇家庭户权数 $\omega_{11}^*=0.8907$、城镇集体户权数 $\omega_{12}^*=2.2827$、乡村家庭户权数 $\omega_{21}^*=0.9679$、乡村集体户权数 $\omega_{22}^*=3.7351$。

根据计算，得到基于城乡和户别双因素事后分层的集体户复合权数(见表 6)。

表 6　城乡和户别双因素复合加权权数

加权次别	城镇集体	乡村集体	城镇家庭	乡村家庭
一次加权权数 ω_h^*	1.0154	0.9227	1.0154	0.9227
二次加权权数 ω_{hi}^*	2.2827	3.7351	0.8907	0.9679

3.2.3　事后分层复合加权的集体户总体就业推算

将加权后的城镇集体人数和乡村集体人数之和作为样本数据。即：

加权样本人数 n_{2j}^* = 样本人数 n_{2j} × 一次加权权数 ω_h^* × 二次加权权数 ω_{hi}^*

基于双因素事后分层推算的集体户总体就业人数为 1216224 人，加权后总体就业人数为 1706445 人。

3.3　天津市“七普”就业人数推算结果

通过计算各年龄层的调整因子，对估计指标进行加权。合计家庭户和集体户得到推算总体就业人数为 6339411 人，加权后总体就业人数为 7471471 人(见表 7)。

表 7　推算总体就业合计

户别	推算总体就业	加权总体就业	就业率	一般就业率
家庭户($i=1$)	5123188	5765026	0.4941	0.5849
集体户($i=2$)	1216224	1706445	0.7765	0.8381
合计	6339411	7471471	0.5388	0.6282

其中，就业率为加权总体就业人口数与全部人口数的比率，一般就业率为加权总体就业人口数与 16 岁以上人口数的比率。

4　对天津市“七普”就业率变动的结构因素分析

本节从年龄组就业率和各年龄组人口数两方面来考虑对天津市就业率变动的影响。将“六普”“七普”分别视为基期和报告期。e_{0j} 表示基期就业率；e_{1j} 表示报告期就业率；N_{0j} 表示基期总体人口数；N_{1j} 表示报告期总体人口数；e_0 表示基期总平均就业率；e_1 表示报告期总平均就业率。

$$\text{基期总平均就业率 } e_0 = \frac{\sum e_{0j} N_{0j}}{\sum N_{0j}} = \frac{6634011}{11570002} = 0.5734$$

$$\text{报告期总平均就业率 } e_1 = \frac{\sum e_{1j} N_{1j}}{\sum N_{1j}} = \frac{7471471}{11893056} = 0.6282$$

$$\text{假定的总平均就业率 } \frac{\sum e_{0j} N_{1j}}{\sum N_{1j}} = \frac{6264153}{11893056} = 0.5267$$

(1)总平均就业率的指数,它反映总平均指标的变动程度,是报告期总平均就业率与基期总平均就业率之比。即:

$$\text{总平均就业率指数 } I_e = \frac{e_1}{e_0} = \frac{0.6282}{0.5734} = 109.56\%$$

$$\text{总平均就业率变动绝对量} = 0.6282 - 0.5734 = 0.0548$$

(2)年龄组就业率指数 I_{e_j}。它反映各年龄组就业率的平均变动程度及其对总平均就业率变动的影响程度。即:

$$I_{e_j} = \frac{\sum e_{1j} N_{1j}}{\sum N_{1j}} \div \frac{\sum e_{0j} N_{1j}}{\sum N_{1j}} = \frac{\sum e_{1j} \dfrac{N_{1j}}{\sum N_{1j}}}{\sum e_{0j} \dfrac{N_{1j}}{\sum N_{1j}}}$$

$$\text{年龄组就业率指数 } I_{e_j} = \frac{0.6282}{0.5267} = 119.27\%$$

$$\text{年龄组就业率变动的影响量} = 0.6282 - 0.5267 = 0.1015$$

(3)年龄组人口结构影响指数 I_{N_j}。它反映年龄人口结构变动对总平均就业率变动的影响程度。即:

$$I_{N_j} = \frac{\sum e_{0j} N_{1j}}{\sum N_{1j}} \div \frac{\sum e_{0j} N_{0j}}{\sum N_{0j}} = \frac{\sum e_{0j} \dfrac{N_{1j}}{\sum N_{1j}}}{\sum e_{0j} \dfrac{N_{0j}}{\sum N_{0j}}}$$

$$\text{年龄人口结构影响指数 } I_{N_j} = \frac{0.5267}{0.5734} = 91.86\%$$

$$\text{年龄人口结构变动的影响量} = 0.5267 - 0.5734 = -0.0467$$

$$\text{三者的数量关系为:} 109.56\% = 119.27\% \times 91.86\%$$

$$0.0548 = 0.1015 + (-0.0467)$$

计算结果表明,天津市"七普"的总平均就业率较"六普"增加了 9.56%(109.56%-100%),即增加了 0.0548。其中,由于"七普"30-60 岁各年龄组就业率普遍高于"六普"就业率使得总平均就业率增加了 19.27%(119.27%-100%),即增加了 0.1015;由于"七普"老龄人口增加引起年龄组人口结构变动使总平均就业率下降了 8.14% (100%-91.86%),即下降了 0.0467。

5 基于"六普"和"七普"数据修订非普查年的就业人数

基于"六普"和"七普"的就业年龄结构数据,采用线性内推加权法修订 2011-2019 非普查年的就业人数。考虑人口队列的年龄变化,利用"六普""七普"数据正推和反推非普查年的适龄劳动人口的年龄结构,并对其进行加权调整。通过建立就业率有关统计模型拟合各年各年龄组的就业率,得到各年龄组的就业人口后汇总非普查年就业总人数。

第一步,整理"六普"和"七普"的年龄结构数据,提取 16 岁以上的年龄人口数据。

第二步,考虑人口队列模型中的队列变化。队列(cohort)指同一时期发生某一人口事件的一批人,比如,同一年出生的一批人就是出生队列。出生队列随着时间推移、年龄在不断增长,人数由于死亡而减少、由于迁入而增加、由于迁出而减少①。例如，2010 年 16 岁的一批人，在 2011—2019 年时则为 17、18……25 岁。类似的，2020 年 59 岁的一批人，在 2019—2011 年时则为 58、57……50 岁，因此，用 2010 年和 2020 年的劳动年龄结构人口数据正向、反向推算 2011－2019 年各年龄结构的人口队列数据。

第三步，基于内推加权调整法调整非普查年各年龄结构人口数据。公式如下：

$$y_{t,j}^{r} = \frac{2020-t}{10} y_{t,j}^{10} + \frac{t-2010}{10} y_{t,j}^{20}$$

其中，$y_{t,j}^{10}$、$y_{t,j}^{20}$ 分别表示利用 2010、2020 年年龄结构数据正推、反推得到的第 t 年第 j 年龄组的人口数。$y_{t,j}^{r}$ 表示内推加权调整后的第 t 年第 j 年龄组的人口数。

第四步，汇总各年龄组的 2011－2019 年的人口数（见表 8）

表 8　非普查年各年龄组人口数

单位：人

年龄组（岁）	2011	2012	2013	2014	2015	2016	2017	2018	2019
16－19	575972	501499	471190	474235	488282	530101	573447	596847	567998
20－24	1597177	1434838	1258611	1051268	870306	794274	760241	758034	781273
25－29	1372844	1389106	1422759	1484796	1532375	1447430	1308112	1179119	1041452
30－34	1078950	1184247	1222762	1239828	1266707	1296902	1308268	1330130	1365322
35－39	1007269	959296	951184	971886	988260	1024162	1118896	1151721	1164938
40－44	1092679	1137517	1114111	1085674	1022174	981155	933160	920271	934588
45－49	1157519	1117030	1037055	1021243	1047968	1069917	1111851	1088545	1060683
50－54	928308	914298	1008901	1064041	1079490	1141378	1102399	1021969	1004999
55－59	961728	1004049	1033441	1000689	977826	908830	894960	989615	1044644
60－64	627806	685229	753289	823453	889630	933840	977849	1008612	978727
65 及以上	1094539	1147868	1193410	1255480	1331856	1417636	1526912	1638862	1769609

第五步，建立就业率与年份间的统计模型。采用线性内插法，公式如下：

$$r_{tj} = r_{2010,j} + \alpha_j \times t, t = \{2011, 2012, \cdots\cdots, 2019\}$$

其中，r_{ij} 表示第 t 年的第 j 年龄组的就业率，$\alpha_j = \dfrac{r_{2020,j} - r_{2010,j}}{2020-2010}$ 表示第 j 年龄组就业率的增长率。计算得到 2011－2019 年各年龄组的就业率。

第六步，依据表 5.1 和各年各年龄组就业人口计算非普查年各年龄组人口数（见表 9）。

表 9　非普查年各年龄组就业人口数

单位：人

年龄组（岁）	2011	2012	2013	2014	2015	2016	2017	2018	2019
16－19	147696	117080	99181	88929	80347	75052	68017	57082	41276
20－24	786050	664617	546552	426079	327539	275931	242099	219451	203561
25－29	1135109	1186102	1253294	1348076	1432694	1392398	1293735	1198032	1086308
30－34	928501	1048911	1113790	1160529	1217559	1279212	1323339	1378920	1449753
35－39	850427	823824	830640	862802	891658	938890	1041949	1089206	1118585
40－44	910420	969619	971059	967119	930178	911689	885009	890454	922252
45－49	866195	859376	819647	828616	872329	913089	972247	974748	972095
50－54	519750	534846	615500	675836	712733	782232	783178	751679	764412
55－59	393982	420014	441259	435940	434448	411664	413131	465396	500322
60－64	129071	143405	160428	178409	196030	209217	222686	233413	230109
65 及以上	70105	74382	78228	83238	89301	96116	104670	113573	123961
合计	6737306	6842176	6929578	7055573	7184816	7285490	7350060	7371954	7412634

① 为了便于方法演示，这里假定：法定劳动年龄的劳动人口死亡、迁入迁出引起的人口数变化忽略不计。

非普查年的推算就业人数与统计年鉴的就业人数①对比结果见表10。可看出，推算结果与年鉴就业人数存在一定偏差，相对偏差在0－12%之间。在数据充分可用的条件下，利用家庭户和集体户在城乡结构、年龄结构等更为精细的人口数据，推算的就业人口数应该更为精准。

表10 非普查年推算就业人口数与年鉴就业人口数对比

指标	2011	2012	2013	2014	2015	2016	2017	2018	2019
年鉴就业人数	677	693	711	718	718	705	684	672	659
推算就业人数	674	684	693	706	718	729	735	737	741
偏差	3	9	18	12	0	－24	－51	－65	－82
相对偏差	0.0044	0.013	0.0253	0.0167	0	－0.034	－0.0746	－0.0967	－0.1244

6 小结

受样本结构性偏差的影响，天津市“七普”长表数据直接推算总体与实际短表数据存在一定的偏差，为尽可能准确地推算目标总体，本文采用事后分层复合加权调整法修订天津市“七普”总体就业人数。

(1)利用事后分层复合加权权数对天津市有关调查数据进行重新分层，修订后天津市“七普”总就业人数为7471471人，总人口就业率为0.6282。其中，家庭户5765026人、家庭户人口就业率为0.5849；集体户1706445人，集体户人口就业率为0.8381。

(2)通过天津市“六普”和“七普”数据对就业率进行因素分析。“七普”天津市人口就业率0.6282，较“六普”就业率0.5734有所提高。各年龄组就业率的变动使得总平均就业率有所增加，各年龄组人数的结构变动使得总平均就业率有所下降。但综合来看，“七普”人口的就业率高于“六普”人口的就业率。

(3)根据“六普”和“七普”就业人数修订非普查年份的就业人数。修订结果与真实数据存在一定偏差，但本文所采用的方法对于人口普查数据修订具有重要参考价值，同时，也为政府部门其他方面的数据修订提供了可借鉴经验。

天津财经大学 孙玲莉 杨贵军
天津市统计局人口处 梁振华

① 数据来源：《天津统计年鉴2020》。

中国人口未来趋势:2020—2100 年

二十大报告指出中国式现代化的首要特征是人口规模巨大的现代化。纵观 200 多年人类社会的现代化进程,18 世纪下半叶英国开启现代化时的人口规模是千万量级的,20 世纪之后美国在上亿量级的人口规模上领跑现代化,而中国要实现的是在人口规模逾 10 亿、目前处于 14 多亿巨量级的现代化,开辟人类历史上前所未有的现代化道路。

在人口规模巨大的现代化进程中,中国人口将经历重大的结构性变化。中国的老年人口规模也是巨大的,而且将长期位居世界第一。本文将通过第七次全国人口普查数据和人口预测方法,对 21 世纪中国人口发展趋势进行预测分析,描绘在中国现代化进程中的基本人口学形态。

1. 数据与方法

本研究的基础数据是“七普”数据,包括分年龄性别人口、生育率、死亡率。预测方法是队列要素法。为了简化预测,按照以往中国人口预测中的惯常做法,将国际迁移设为 0。联合国的数据显示,中国目前的国际净迁移为−35 万人左右,相对于中国总人口来说几乎可以忽略不计。基于 2020 年的年龄性别分布数据,对未来人口发展进行多情景预测分析。

对于人口预测中的死亡参数,本研究使用“七普”死亡率数据编制生命表,其中男性平均预期寿命为 75.37 岁,女性平均预期寿命为 80.88 岁。然后,参照联合国关于不同阶段预期寿命下增长速度模型中的高增长模式预测中国未来两性平均预期寿命。到 21 世纪末,中国男性平均预期寿命将达到 87.61 岁,女性平均预期寿命将达到 95.83 岁。

对于人口预测中的生育率参数,未来生育率无疑将继续保持低迷,但是在三孩政策及其配套措施支持下,也存在一定的变数。从低生育率国家的经验看,支持和鼓励生育的诸多措施在多数国家都收效甚微,但是不同文化的社会也存在差异。本研究对中国未来生育率的假设将根据低生育率国际经验的差异性设定高中低三种方案。美国本是发达国家中生育率最高的,长期以来在更替水平附近波动,但是近年来发生明显下降,已经接近甚至低于一些西北欧国家。根据世界银行数据,较高低生育率的西北欧国家、澳大利亚、新西兰等,目前总和生育率处于 1.8—1.9,而且它们也是长期在波动中处于这一水平。据此,我们将中国未来达到的生育率高方案设为 1.85。

韩国是世界上生育率最低的国家,自 2018 年总和生育率跌破 1,近年来继续下降,2021 年已降到 0.81(STATISTICS KOREA,2022)。实际上,中国一些省份的总和生育率也长期处于 0.7—0.8 的水平。上海和北京“五普”“六普”都在 0.7 左右,“七普”略有上升。东北三省“五普”降到 1 以下,“六普”与上海、北京接近,“七普”在 0.9 左右。考虑到“五普”“六普”的生育数据有一定程度漏报,生育率可能会更高一点。综合考虑这些结果,我们将中国未来生育率的低方案设为 0.85。然后,中国未来生育率变化的中方案就是取高低方案的平均值,即 1.35。因此,中国未来生育率的高中低方案水平分别相差 0.5 个孩子。

2. 未来中国人口变化趋势

2.1 2021 年中国人口达到峰值,从此进入负增长时代

人口负增长是人口转变和持续低生育率的必然结果。历史上偶然的人口负增长,是外在因素冲击造成的,可称之为外生性负增长。而长期低生育率导致的负增长是人口系统内部形成的机制所决定,可称之为内生性负增长。内生性负增长将是低生育率国家未来普遍面临的人口发展趋势。

在新中国历史上,也曾经出现过人口负增长,是在三年困难时期出现的。1960 年和 1961 年相继出现过人口减少的情况,分别减少 1000 万和 348 万。这是灾害事件冲击下产生的人口减少,是一种外生性人口负

增长。自然灾害过后，中国人口就又出现大幅度增长。1962—1973 年中国人口年增长率高达 2—2.8%，年均人口增量达 2000 万左右。随着 1970 年代初计划生育政策的全面推行，中国人口增长率出现迅速、长期下降趋势。1974 年人口增长率降到 2%以下，1998 年降到 1%以下，2009 年又降到 0.5%以下。2000 年中国人口年增量降到 1000 万以下，2019 年降到 500 万以下，2021 年人口增量仅 48 万。2021 年中国人口达到峰值，2022 年进入负增长时代。这种内生性负增长在 21 世纪内将难以逆转。

表 1　中国人口变化趋势：2020—2100 年

年份	规模(亿人)							比例(%)					
	总人口	0—14	15—59	15—64	60+	65+	80+	0—14	15—59	15—64	60+	65+	80+
2020	14.121	2.528	8.953	9.687	2.640	1.906	0.358	17.90	63.40	68.60	18.70	13.50	2.54
2021	14.126	2.467	8.986	9.654	2.674	2.006	0.379	17.46	63.61	68.34	18.93	14.20	2.68
2022	14.122	2.400	8.933	9.640	2.789	2.082	0.385	17.00	63.25	68.26	19.75	14.74	2.73
2023	14.115	2.325	8.844	9.654	2.946	2.135	0.393	16.47	62.66	68.40	20.87	15.13	2.79
2024	14.104	2.247	8.783	9.693	3.074	2.164	0.404	15.93	62.27	68.73	21.80	15.34	2.86
2025	14.089	2.168	8.716	9.732	3.206	2.190	0.416	15.39	61.86	69.07	22.75	15.54	2.95
2026	14.073	2.081	8.661	9.775	3.331	2.217	0.433	14.79	61.54	69.46	23.67	15.75	3.07
2027	14.053	1.985	8.622	9.746	3.447	2.323	0.452	14.12	61.35	69.35	24.53	16.53	3.22
2028	14.031	1.896	8.541	9.667	3.594	2.467	0.475	13.51	60.87	68.90	25.61	17.59	3.38
2029	14.006	1.808	8.469	9.613	3.729	2.585	0.504	12.91	60.47	68.64	26.62	18.45	3.60
2030	13.979	1.732	8.377	9.543	3.870	2.704	0.533	12.39	59.93	68.27	27.68	19.34	3.81
2031	13.952	1.647	8.309	9.488	3.995	2.817	0.566	11.80	59.56	68.01	28.64	20.19	4.06
2032	13.923	1.566	8.247	9.438	4.110	2.919	0.607	11.25	59.23	67.79	29.52	20.97	4.36
2033	13.893	1.513	8.165	9.329	4.215	3.051	0.648	10.89	58.77	67.15	30.34	21.96	4.66
2034	13.862	1.474	8.084	9.217	4.304	3.171	0.693	10.64	58.32	66.49	31.05	22.87	5.00
2035	13.830	1.460	7.997	9.076	4.374	3.295	0.733	10.55	57.82	65.62	31.63	23.83	5.30
2040	13.650	1.483	7.563	8.448	4.604	3.719	0.824	10.86	55.41	61.89	33.73	27.24	6.04
2045	13.403	1.538	7.033	7.988	4.832	3.876	1.095	11.48	52.48	59.60	36.05	28.92	8.17
2050	13.024	1.504	6.298	7.484	5.221	4.035	1.402	11.55	48.36	57.46	40.09	30.98	10.77
2055	12.500	1.354	5.924	6.796	5.223	4.350	1.558	10.83	47.39	54.37	41.78	34.80	12.46
2060	11.910	1.160	5.707	6.427	5.042	4.323	1.536	9.74	47.92	53.96	42.34	36.29	12.89
2065	11.331	1.028	5.436	6.144	4.867	4.159	1.593	9.07	47.97	54.22	42.96	36.71	14.06
2070	10.782	0.982	4.962	5.794	4.838	4.006	1.853	9.11	46.02	53.74	44.87	37.15	17.19
2075	10.234	0.977	4.400	5.280	4.856	3.976	1.832	9.55	43.00	51.59	47.45	38.86	17.91
2080	9.672	0.954	3.971	4.713	4.748	4.005	1.691	9.86	41.05	48.73	49.09	41.41	17.49
2085	9.131	0.880	3.801	4.293	4.450	3.958	1.608	9.64	41.63	47.01	48.73	43.35	17.61
2090	8.627	0.785	3.661	4.122	4.181	3.720	1.696	9.10	42.43	47.78	48.47	43.12	19.66
2095	8.132	0.704	3.474	3.955	3.955	3.473	1.843	8.66	42.72	48.63	48.63	42.71	22.66
2100	7.628	0.662	3.207	3.725	3.760	3.241	1.849	8.67	42.04	48.83	49.29	42.49	24.24

表 1 和图 1 表明，三种生育率方案的预测都显示，中国人口将在 2022 年进入负增长时代。2021 年总人口 14.126 亿可能已成为中国人口的峰值。低中高三种方案下的总人口到 2035 年分别是 13.54 亿、13.83 亿和 14.13 亿，每种方案之间相差 3000 万左右；到 2050 年总人口分别是 12.17 亿、13.02 亿和 13.88 亿，每种方案之间相差 8000 多万；到 21 世纪末，总人口分别是 5.09 亿、7.63 亿和 11.06 亿，每种方案之间相差 2 亿多人。与 2021 年人口峰值相比，中国人口到 21 世纪末将分别减少 3 亿人(高方案)、6.5 亿人(中方案)和 9 亿人(低方案)。

可以看出，尽管未来人口负增长是不可避免的，但是不同生育率方案下中国人口负增长速度是有较大差异的。这种差异当然是由不同生育率方案下的出生人数差异导致的，死亡人数因只有一种平均预期寿命方案而差别极小。总的来看，未来出生人口在波动中下降，生育率越低其下降趋势越明显。低方案下，2023年出生人口将下降到1000万以下。中高方案下，出生人口保持在1000万以上的时间延长。中方案下，出生人口到2047年降到1000万以下，而高方案下一直到21世纪末出生人口都保持在1000万以上。到2035年低中高方案下的出生人口分别是645万、1024万和1403万；到2050年分别是531万、849万和1183万；到21世纪末分别是111万、427万和1059万。

需要指出的是，在高生育率方案下，虽然生育率是在不断上升的，但是总人口依然是在下降的，但是下降到2030年后又出现轻微上升，到2039年后便是呈现长期下降趋势。因为高方案生育率依然低于更替水平，所以，人口负增长是不可避免的。如果2022年生育率提升到更替水平并保持不变，中国人口就会避免负增长吗？答案是否定的。负增长会推迟出现，但是依然会出现40年（2045—2085年）的负增长。只有将2022年的生育率提升到2.3以上并保持不变，才不会出现人口负增长。可见生育水平对人口增长的影响具有长期性和累积性。

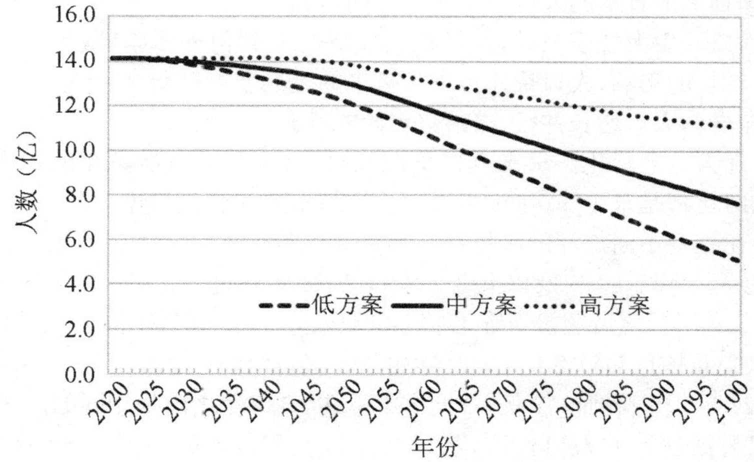

图1　中国人口变化趋势：2020—2100年

尽管未来中国总人口规模变动趋势非常平滑，但是负增长的速度有较大的波动性（图2）。这种波动性主要取决于以往生育率产生的队列规模效应，而不是未来生育率的变化。总的看来，中国未来人口负增长速度呈现两大阶段性特征。大致以2050年为分界线，之前负增长速度在波动中不断增强，之后负增长速度在波动中减缓并维持高水平。如果与中国未来的发展阶段相联系，那么在中国实现社会主义现代化强国的阶段中将经历人口负增长不断加速的过程，而在进一步实现中华民族伟大复兴的进程中将经历高位的人口负增长态势。这是中国未来发展所面临的基本人口学社会形态。

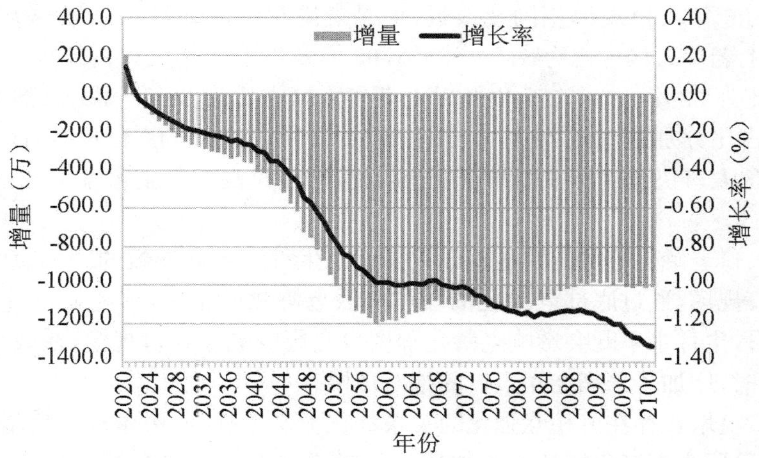

图2　中国人口年增长率和增长量变化趋势：2020—2100年

与其他低生育率国家相比，中国的人口负增长将可能是最快的之一。已经经历人口负增长的国家有欧洲的人口大国，如德国、意大利，乌克兰等，也有一些人口小国，如葡萄牙、匈牙利、保加利亚等。它们陆续自1970年代以来进入人口负增长，但是一方面它们的生育率转变较为缓慢，生育率下降没有创造强大的负增长惯性，另一方面它们一直以来都有大量国际净迁入人口，因此它们的人口负增长过程表现为人口减少和增加交替前行，很少有几十年里一直在经历持续负增长的情况，即使在持续经历负增长，负增长率也不高。而且一些曾经生育率下降到1.1—1.3的国家又出现了生育率较大幅度回升。

欧洲之外经历人口持续负增长的国家只有日本，从2010年开始进入人口负增长。中日是东亚邻国，地理位置相近，文化相似，生育率转变和人口负增长历程也具有相似性。联合国的人口预测表明，中国人口负增长晚于日本20年，日本将经历近60年的加速负增长后稳定下来，而中国将经历近50年的加速负增长后稳定下来，两国都将稳定在相似较高的负增长水平（United Nations，2019）。不过，联合国对中国未来生育率的假设要明显高于日本。本研究表明，中国的人口负增长不仅要早于而且也将大大快于联合国的人口预测，也将明显快于联合国预测的日本的人口负增长。中国作为世界上人口最多的国家和全球最大的发展中国家，一旦十亿量级的人口开始大规模缩减，经济社会发展将受到何种影响，既无历史参照，也没有国际经验。相对于人口快速正增长的影响，人口快速负增长带来的挑战会更复杂、更严峻。

2.2　总人口减少与老年人口增长并行，老龄化台阶式跃升

人口负增长往往伴随人口老龄化。未来人口负增长时代，中国人口老龄化的程度将不断加深，老年人口规模将不断增长。老龄化将是未来30年中国人口结构最重大的变化趋势。老年人口将持续增长至21世纪50年代后期，而老龄化程度不断加深的趋势将一直贯穿于整个二十一世纪。老年人口规模将快速上升，到21世纪后半叶转而缓慢下降。60岁及以上老年人口2024年超过3亿，2032年超过4亿，2048年超过5亿，2052年达到峰值为5.26亿，之后缓慢下降，到21世纪末降到3.8亿，不同方案下在2082年之前是相同的。65岁及以上老年人口目前已超过2亿，2033年超过3亿，2050年超过4亿，2057年达到峰值4.37亿，2085年降到4亿以下，21世纪末降到3.2亿，不同方案下在2087年之前是相同的。

本研究利用“七普”数据进行的人口预测，与以往人口预测最大的不同是60岁及以上老年人口将于2048年超过5亿，一直到2061年都保持在5亿以上（见表1）。以往的各种预测都不会超过5亿，到2100年达到3.3亿—4.2亿，老年人口峰值有也比以往预测多出4000万—5000万。同样，以往的人口预测中65岁及以上老年人口也不会超过4亿，但是本次预测表明2050—2070年该规模超过4亿，2071—2085年在4亿左右，之后持续下降，到2100年为3.0亿—3.5亿。

从老龄化程度看，三种方案都显示65岁及以上老年人口占比将经历三个台阶而不断攀升。中方案结果显示，2030—2040年跃升第一个台阶，其占比达到30%，上升超过10个百分点；后面两个台阶分别是2050—2060年和2070—2080年，其占比各上升6个百分点，分别达到37%和43%。2085年后在高位稳定，有轻微下降。

尽管不同方案下的老年人口规模相同或接近，但是老龄化程度却显示越来越大的差异。预测结果表明，2035年60岁及以上老年人口占比为31%—32%，65岁及以上老年人口占比为23%—24%；2050年60岁及以上老年人口占比为38%—43%，65岁及以上老年人口占比为29%—33%；到2100年高中低方案下60岁及以上老年人口占比分别达到近40%、50%和超过60%，65岁及以上老年人口占比分别超过30%、40%和接近60%。中国人口快速经历中度和重度老龄化，即使是高方案生育率下，21世纪后半叶老龄化也将一直处于较高水平。

不同预测方案下人口老龄化趋势的明显差异主要就是生育率差异导致的。从短期来看，虽然生育水平提高可以增加少儿人口规模，通过底部老龄化的缓和降低老龄化的水平，但实质上并没有改变老年人口的实际规模。从长期来看，生育水平既会影响老龄化程度也会影响老年人口规模，在减小老龄化程度（老年人占总人口的比例）的同时，增加了未来老年人口的绝对规模。

人口老龄化与人口负增长存在着相互强化的关系。在上文中提到，中国人口负增长存在两大阶段性特征。实际上，在第一大阶段中人口负增长不断加速正是对应于老龄化提升的前两个台阶，老龄化加速和人口负增长加速并行推进。而人口负增长处于高位水平的第二大阶段也是对应于老龄化提升的第三个台阶，老龄化和人口负增长处于双重高位运行。由于老年人口死亡率较高，老年人口规模增加必然带来死亡率上升，因而会加重人口负增长。老年人口规模增加既是过去高生育率产生的队列效应，也受预期寿命不断延长的影响。

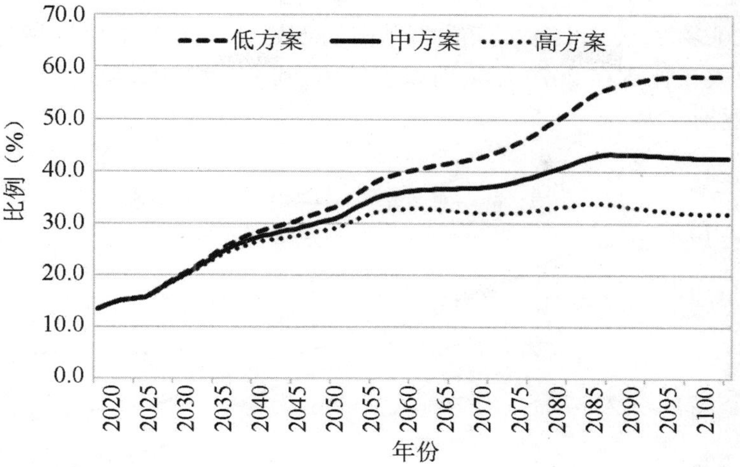

图3　中国人口老龄化(65＋占比)趋势:2020－2100年

在老龄化进程逐渐推进的过程中，中国老年人口内部结构也处于不断变化中。在总人口老龄化的同时，老年人群内部年龄结构也在不断老化，高龄老年人所占比例明显增加，这意味着在中国人口老龄化的同时，高龄化趋势愈发明显(表1)。高龄化趋势主要表现在两个方面：一是80岁及以上高龄老年人口规模增长迅速。2020年，中国高龄老人的数量为3580万，至2044年将增长至1亿人以上21世纪70年代前期和21世纪90年代后期都超过1.8亿。高龄老年人口成为各年龄段中增长最快的群体。二是高龄老人占全部老年人口的比例明显增加。2020年，中国65岁及以上老年人口中高龄老人所占比重不足五分之一(18.78%)，随后逐年上涨，在2035年达到22.26%，2050年达34.75%，其后高龄老人占比在波动起伏中上升，2093年后超过50%，意味着届时中国老年人群中有超过一半是高龄老人。高龄老人在总人口的占比也持续上升，目前不到3%，而到21世纪末几乎占到总人口的四分之一。

不同于人口负增长，人口老龄化更早出现，受到的关注和研究也更多。虽然人口老龄化往往被认为对经济社会发展带来消极影响，但是多国的实证研究并没有取得一致性的结论。人口老龄化是人口的结构性变化，结构性变化背后也是规模的消长变化，既通过生产和消费过程直接影响经济增长，又通过投资、储蓄、人力资本、技术进步与创新等对经济发展产生间接影响，存在着复杂的影响机制。由于人口老龄化有着更长时期的国际经验，规律性和差异性的系统研究都很有必要。另外，近年来西方学者对基于老年年龄动态界定的老龄化趋势探讨对于重新审视全球和世界各国的老龄化进程，给理论和政策都带来新的启示。鉴于庞大的老年人口规模和快速的老龄化进程，以新的视角考量中国的老龄化趋势及其影响具有重要意义。

2.3　劳动力年龄人口比总人口更早、更快缩减

在总人口负增长出现之前，劳动力年龄人口更早出现下降。实际上由生育率下降和低生育率导致的人口负增长是从低年龄组不断扩散到高年龄组的，首先少儿人口出现负增长，然后递进到劳动年龄人口负增长，最后会发生老年人口负增长。0—14岁少儿人口1997年开始下降，15—64岁劳动年龄人口负增长也几乎要比总人口负增长早10年时间。2013年中国劳动年龄人口达到峰值101041万，此后开始下降。不过，在2028年之前，下降趋势并不明显，劳动年龄人口基本维持在9.7亿左右(见图4)。到2035年劳动年龄人口都在9亿以上。所以，近期内中国劳动年龄人口规模依然非常庞大。

未来劳动年龄人口将经历与总人口下降相似的过程，但是其负增长速度比总人口负增长更快。进入21世纪30年代之后，中国劳动年龄人口的规模开始进入明显缩减的时期，生育水平对劳动力的影响也开始逐渐显现出来(目前在不同生育水平下出生的人口逐渐进入劳动年龄，导致不同方案下未来劳动年龄人口数量在30年代后期出现差异，并且这种差异在未来将逐渐拉大)。中方案下中国劳动年龄人口在2036年降到9亿以下，又分别于2045年、2054年、2068年、2078年和2094年开始降到8亿以下、7亿以下、6亿以下、5亿以下和4亿以下。在总人口中的比重目前接近70%，到2030年稳定在68%，2044年降到60%以下，2078年降到50%以下，并保持48%左右。

虽然三种方案下劳动年龄人口缩减都是单调不可逆的，但是不同生育水平下，中国劳动年龄人口未来

规模差异非常明显，高生育水平对未来劳动年龄人口的缩减趋势具有非常明显的缓和作用，而低生育水平则强化其缩减趋势(图 4)。不同方案下自 2037 年起劳动年龄人口差异不断扩大，2050 年为 7.2 亿－7.8 亿，各方案之间相差 2000 多万。21 世纪末，低方案下劳动年龄人口仅有 1.9 亿，高方案下近 6 亿。不同方案下劳动年龄人口占总人口比重在 2070 年之前差别较小，到 21 世纪末，低方案、高方案下的占比分别为 37.9%和 54.1%，差距逐渐扩大。

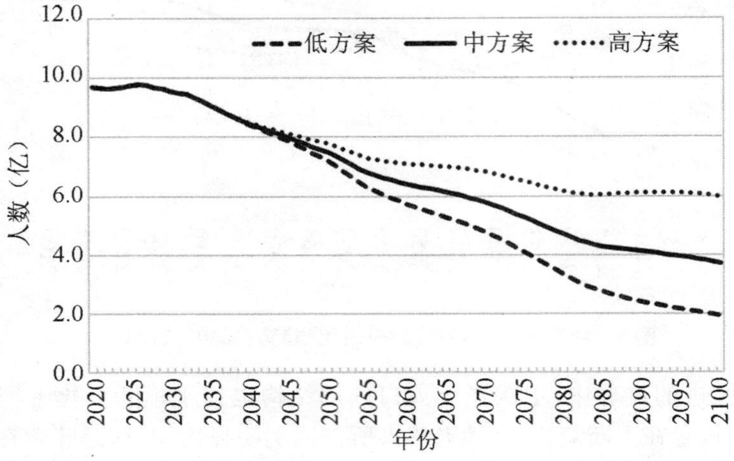

图 4　中国劳动年龄人口(15－64 岁)变化趋势:2020－2100 年

如果按照中国现行的退休年龄匡算劳动年龄人口，目前，15－59 岁劳动年龄人口约为 8.9 亿，2035 年将下降到 8 亿以下(三种方案下都是 7.997 亿)。到 2050 年劳动年龄人口处于 6.0 亿－6.6 亿之间。低方案下分别于 21 世纪 50 年代初、60 年代初、70 年代初、80 年代初和 90 年代初降到 6 亿、5 亿、4 亿、3 亿和 2 亿以下，2100 年为 1.6 亿。中方案下分别于 2054 年、2070 年、2080 年降到 6 亿、5 亿、4 亿以下，2100 年为 3.2 亿。高方案下 2070 年降到 6 亿以下，21 世纪末降到 5.3 亿。

劳动力供给的下降是人口负增长经济影响的直接表现。一个经济体中劳动力的潜在供给会直接影响其发展的潜力和可持续性。中国过去几十年的发展正是受益于大规模劳动力所形成的“人口机会窗口”。研究表明，“人口红利”对中国经济增长的贡献达到五分之一至四分之一。尽管劳动力供给也受到劳动参与率的影响，但是在劳动年龄人口界定范围不变和缺乏大规模人口流入的条件下，人口负增长时代的劳动年龄人口规模下降将直接导致劳动力蓄水池的萎缩，从而对劳动力供给带来负面影响。

3 结论

中国人口负增长已经到来。为了探讨人口负增长时代经济社会的发展轨迹，人口负增长在影响经济社会发展过程中的规模效应和影响机制，需要不断更新对未来人口发展趋势的预测和认识。本研究的目的就是利用最新的“七普”数据对中国未来的人口负增长趋势进行模拟预测。

本研究利用队列要素人口预测方法对 2020－2100 年中国人口变化趋势进行预测。在不同的预测方案(生育水平)下，中国人口在 2021 年达到峰值，都将在 2022 年进入负增长，只是生育水平越高，人口负增长的速度越缓和。中方案预测显示，中国人口将经历三十多年负增长不断加速的时期，年净减人口数不断增加，从几十万逐渐增长至 1000 多万；人口年减少率不断增大，从人口增长率仅－0.3%下降到超过－1%。21 世纪 60 年代至预测期末，中国人口负增长率将一直维持在－1%以上，年净减少人口在 1000 万左右。本研究显示的中国未来人口负增长进程与以往的预测研究的不同是，一方面总体上总人口负增长速度和程度都更严重，另一方面在 21 世纪 40 年代中期前，总人口负增长趋势却相对和缓，这是两孩政策效应在人口负增长中的体现。

未来较长时间内中国总人口缩减与老年人口增长并行快进。人口负增长往往伴随人口老龄化，并相互强化。未来人口负增长时代，中国人口老龄化的程度将进一步加深，老年人口规模将不断增长。从中方案预测看，直至 21 世纪 50 年代末，中国 65 岁及以上老年人口规模将一直呈现不断增长的态势。进入 60 年代后，老年人口规模趋于平稳，80 年代后缓慢下降。尽管如此，老龄化趋势呈现台阶式跃升趋势，到 21 世纪末在总人口中占比将超过 40%。本研究与以往预测的一个最大不同是，中国 65 岁及以上老年人口规模将超过 4 亿，而 60 岁及以上老年人口规模将超过 5 亿，并在较长时期里保持这一庞大的规模，比以往预测的峰值多出 4000 万－5000 万人。人口负增长和老龄化成为社会常态，中国从“抚幼”社会变为“赡老”社会。

劳动年龄人口规模要比总人口更早、更快经历负增长。不同生育水平下，中国劳动年龄人口未来规模差异非常明显，高方案生育水平对未来劳动年龄人口的缩减趋势具有非常明显的缓和作用，但劳动年龄人口缩减都是单调下降的。2035 年前 15－64 岁劳动年龄人口规模都在 9 亿以上，2050 年保持在 7 亿－8 亿。中方案预测到 21 世纪末降到 3.7 亿，只比 65 岁及以上老年人口规模多 4800 万人。虽然劳动年龄人口规模并不等同于劳动力供给，但是劳动年龄人口规模下降将直接导致劳动力蓄水池的萎缩，会影响经济发展潜力和可持续性。

总之，中国未来面临着严峻的人口负增长态势，过去 30 年累积的负增长惯性不断释放，使得人口一旦进入负增长轨道将“一泻千里”并“一往无前”，导致人口总量在未来数十年里快速、大幅度缩减。本研究预测显示的人口负增长和老龄化进程的阶段性态势，构成了中国实现第二个百年奋斗目标和中华民族伟大复兴历史进程中的基本人口学社会形态。尽早认识到中国人口负增长的严峻性就如同几十年前认识到中国人口过快增长的严峻性一样重要。从世界范围看，人口规模小的国家可以成为发达的国家，但不可能成为强大的国家。本预测显示，中国在进入高速负增长前还有近 20 年的负增长启动到加速时期，劳动力年龄人口也在 2035 年前保持平稳和轻微下降趋势。因此，抓住这一难得的历史时期，积极推动中央《关于优化生育政策促进人口长期均衡发展的决定》全面落地见效，进行制度创新和政策体系构建，促进人口长期均衡发展。

中国人民大学人口与发展研究中心　陈卫

我国人口持续负增长趋势及其风险

2020年第七次全国人口普查数据和2021、2022年的相关年度数据，明确揭示了我国人口低生育率、低出生率、人口老龄化和走向人口负增长的大趋势。2022年年末我国大陆人口为14亿1175万人，比上年年末减少85万人，开启了我国人口持续负增长的进程。我国人口变动的主要风险，已经从当年人口数量过大和增长过快转向持续负增长、极低生育率与快速老龄化。

在新的人口形势下，2021年中共中央、国务院决定实施三孩生育政策及配套支持措施，全国人大常委会对《人口与计划生育法》作出第二次修正，各省先后修改计划生育条例，实施生育支持政策。

在我国人口变动趋势发生重大转折的时候，有必要认真分析人口形势，对未来人口变动趋势做出科学判断，并在此基础上制定新时代人口发展的长远战略与应对举措。

一、未来我国人口将持续负增长

1. 未来我国生育率难以显著回升

对于未来人口形势，一个至关重要的问题是未来我国妇女的总和生育率（近似表示平均一位妇女按当前各年龄生育水平终生可生育几个孩子）将如何变动。生育率直接反映下一代人与上一代人间的数量关系，并在长期内从根本上决定人口变动的方向。如果下一代人的数量正好等于上一代人，则该人口将或迟或早都趋于增长率与年龄结构不变的所谓“静止人口”；如果下一代人少于（多于）上一代人，则该人口将或迟或早趋于不断缩减（增长）。只是由于人口惯性的作用，从生育率降低到更替水平以下（指每位妇女平均生育2.1个孩子）到人口负增长需要假以时日。如我国生育率从1991年开始持续低于更替水平，终于在2022年开始进入人口负增长。

国际上通常将低于1.3的生育率称为“极低生育率”（the lowest-low fertility），2020年我国生育率已降到1.3的“极低”水平，2021与2022年更降到1.16与1.07。根据联合国（United Nations，2022）数据，在2021年全球生育率最低的10个国家（地区）中，中国香港、澳门、台湾与中国大陆分列第1、6、7、10位，其他国家为韩国（第2位）、新加坡（第5位），和四个人口仅数万或数千人的小国（英属维京群岛、圣巴泰勒米岛、安道尔和圣马力诺）。我国已经成为世界上生育率最低的人口大国，没有之一。同年日本生育率为1.30，在世界各国（地区）中排第19位。东亚地区已经成为全球生育率最低的地区（1.17），显著低于生育率第二低的南欧地区（1.33）。一个值得大家深入研究的问题是，为什么世界上生育率最低的国家（地区）是受儒教文化影响较大的国家（地区）？原来我们通常认为儒教是重视家庭传承，重视多子多育的传统文化，但是生育率的实证数据却与这种看法恰恰相反。

我们希望已经在我国各地实施的生育支持政策能有效提升生育率。但是21世纪以来我国大陆与台港澳地区以及东亚国家生育率变动的实践，都指向一种最可能的前景，即至少在未来相当长的时间内，我国生育率难以显著回升。沈可、王丰和蔡泳（2013）分析了世界各国生育支持政策的影响，发现东亚地区日本、新加坡、韩国和中国台湾推行鼓励生育措施并不断加强政策力度，但并未取得预期效果。

已有大量相关理论与实证研究从经济学、社会学和人口学等不同视角，说明现代化和后现代化进程及其带来的广泛而深刻的经济社会变化，包括关于婚姻、家庭与生育的观念变化，是生育率下降的主要驱动力，如人口转变理论（Thompson，1929；Notestein，1945），关于生育的经济学分析（如Becker，1960；Caldwell，1976；Easterlin，1980；Leibenstein，1981），以及第二次人口转变理论（如Lesthaeghe and van de Kaa，1986；Lesthaeghe 1995）等。生育支持政策可以在一定程度上缩小实际生育率与生育意愿之间的差距，但是难以逆转经济社会与观念变化的进程及其对生育意愿的影响。基于欧洲国家生育率变动的实践，Lutz，Skirbekk and Testa（2006）提出了“低生育率陷阱”假说，即如果某个人口的生育率降到某个低水平，就难以回升到该水平以上。笔者分析了联合国（2022）关于全球生育率的数据，2000年全球62个生育率低于1.8的国家中,只有三个小国(摩尔多瓦、格鲁吉亚和帕劳)在2021年的生育率回升到1.8以上。东亚地区陷入低生育率陷阱的国家(地区)尚无跳出陷阱的案例。

Lutz等人认为,人口惯性、低生育率社会规范的代际传承与青年世代的相对收入下降等三个因素共同作用是形成"低生育率陷阱"的主要机制。王广州、周玉娇、张楠(2018)的研究认为低生育率陷阱的三个机制在我国已经形成。

2. 人口惯性将使我国人口负增长持续到21世纪末或更远的未来

对我国未来人口变动趋势发生重要作用的人口学规律是"人口惯性",即持续的高生育率会形成年轻的年龄结构,由于育龄妇女(尤其20—35岁生育旺盛期妇女)占总人口的比重较高,即使生育率降低到更替水平以下,人口还会保持继续增长的趋势或惯性。与此方向相反,长期低于更替水平的生育率也会造成"人口负增长惯性"(如王丰、郭志刚和茅倬彦,2008; 茅倬彦, 2018)。1991年以来我国长期低于更替水平的生育率已经造成人口负增长惯性(negative momentum of population growth)的积累,这种负增长惯性将使我国人口在生育率提升到更替水平以上后还会长期保持负增长趋势。陈蓉、左学金和王美凤(2018)根据稳定人口模型的模拟结果发现,假定我国人口的总和生育率从2015年的1.55线性增长到2040年的更替水平2.1,并在此后一直保持不变,那么要等到2097年,即在达到更替水平近60年后,人口的负增长趋势才能逆转。由于目前我国人口的实际生育率已经远低于研究假设,我国生育率在2040年回升到更替水平的可能性极小,所以我国人口负增长大概率将持续到22世纪更远的未来。

二、我国人口缩减与老龄化前景

国家统计局发布的年度数据表明,2022年我国人口开始负增长,老年人口占总人口的比例进一步上升到14.9%。

联合国世界人口前景展望2022年版大幅降低了对未来中国总人口的预测,表1列示了该项目关于中国人口的中方案预测的总人口与年龄结构。

表1　中国总人口与年龄结构(联合国中方案预测),2022—2100部分年份

年份	数量(万人)				占总人口(%)		
	总人口	0—14岁	15—64岁	65岁及以上	0—14岁	15—64岁	65岁及以上
2022	142589	24592	98431	19567	17.2	69	13.7
2030	141561	18511	97245	25805	13.1	68.7	18.2
2040	137756	15067	86663	36026	10.9	62.9	26.2
2050	131264	15029	76737	39498	11.4	58.5	30.1
2100	76667	7479	37806	31382	9.8	49.3	40.9

资料来源:United Nations, 2022

从总人口的变动来看,2022—2050年的变化比较平缓:2050年总人口将比2022年减少约1.13亿,28年期间平均每年减少约400万人。但是在2050—2100年期间,总人口从13.13亿人快速缩减到7.67亿人,减少5.46亿,平均每年减少近1100万人。所以,我们可以看到,21世纪上半叶与下半叶相比总人口的变化是先慢后快。而人口年龄结构的变化正好相反,是先快后慢。在2022—2050年的28年期间。65岁及以上老年人口占总人口的比例从13.7%上升到30.1%,上升16.4个百分点,平均每年上升近0.6年百分点,而在此后到2100年的50年中,该比例进一步上升到40.9%,仅上升10.8个百分点,平均每年上升仅0.2个百分点。显然,2022—2050年是我国快速老龄化时期,而到21世纪末,老年人口的比重将占总人口的四成以上。这种空前的老龄化将对我国的经济社会发展,尤其是基本社会保障基金的可持续性造成冲击。与人口负增长与老龄化相关的一个重要指标是人口的"潜在支持比",即劳动年龄人口相对老年人口的比率,表示平均有几位劳动年龄人口支持一位老人。我国人口的潜在支持比将从2022年的5.03下降到2050年的1.94,下降60%以上;在2100年进一步下降到1.20。

根据联合国中方案预测,2100年印度人口为15.30亿,是中国人口(7.67亿)的2倍。届时即使印度的人均GDP仅为中国的一半,印度的经济总量也将赶上中国。2100年美国人口接近4亿(3.94亿),从目前的不足中国人口的四分之一提高到60%左右。有研究认为,2050年全球最大的三个经济体是中国、美国与印度。世界大国人口的沧桑巨变与“新三国演义”格局将对我国的国际经济、政治、外交与安全带来重大影响。

这里需要说明的是，联合国中方案预测仍然高估了我国总人口(预测 2022 年总人口为 14.26 亿，实际为 14.12 亿)而低估了我国老龄化水平(预测 2022 年 65 岁及以上老年人口占总人口 13.72%，实际为 14.9%)，所以我国未来人口变动的实际情况极可能比中方案预测更严重。根据联合国低方案预测，2050 年中国人口比 2022 年减少约 2 亿，到 21 世纪末缩减为 4.88 亿人，仅为目前总人口的三分之一略多。中国人口变动的实际路径很可能介于联合国中方案与低方案之间。

人口变动对我国过去与现在的经济社会发展，也将对我国未来经济社会发展产生广泛与深刻的影响。改革开放以来我国经济高速增长，我国迅速发展为全球制造业生产基地和世界工厂，在很大程度上是得益于我国改革开放的时机与人口红利的窗口期相契合，使我国庞大的富余劳动力资源得到比较充分的利用。2010 年以来我国经济增长速度逐渐放缓，我国经济从高速增长向高质量发展转型，所有这些变化背后的一个重要推动力正是人口与劳动力资源禀赋的变动。二十届中央财经委员会第一次会议要求全国全面认识和正确看待我国人口发展新形势，要着眼强国建设、民族复兴的战略安排，着力提高人口整体素质，努力保持适度生育水平和人口规模，以人口高质量发展支撑中国式现代化。

三、我国人口持续负增长的影响与风险

对于人口负增长的经济影响，近来已经有较多讨论(如蔡昉，2023；左学金，2022)。下面本文仅结合我国的实际情况讨论人口持续负增长的影响并强调其中的主要风险。

1. 人口负增长与老龄化对供给侧的影响

经济增速放慢。在 1980—2010 年期间，我国经济年均增长达 10%，2010 年以后逐步放慢，2018 与 2019 年已经降至 6%附近(2020 年与 2021 年的增长率受疫情的影响波动较大，不能代表长期趋势)。陆旸和蔡昉(2014)指出，我国劳动力供给增长放慢并转向负增长，推动中国经济的潜在增长率下降。

根据麦迪森数据库整理的人口增长与 GDP 增长数据显示，在 1990—2015 年的 25 年中，高收入国家的年均人口增长率和 GDP 增长率分别为 0.68%与 2.05%，而中、低收入国家的年均人口增长率与 GDP 增长率分别为 1.46%和 4.50%；均为前者的 2 倍以上(Peterson，2017)。这里反映的一般趋势是，随着人均收入的提高，人口与经济增长速度会相应放慢。

突出显示劳动力成本上升与经济转型。人口负增长与老龄化直接影响劳动年龄人口数量及其占总人口的比重。根据联合国中方案预测，在 2022—2100 年期间，我国劳动年龄人口将平均每年减少近 780 万人，对我国劳动力的稀缺性价格、资源禀赋与比较优势等将产生重大影响。如果说，大约在 1980—2010 年期间我国充分享受了人口红利(Demographic Bonus)的好处的话，那么今后我们将经历一个漫长的人口负担(Demographic Onus)期。

普遍认为劳动年龄人口下降有利于提升劳动力素质与人力资本存量，这无疑是正确的。但是这种情况不会自动发生，需要加大对人力资本的投资(尤其是公共投资)并提高投资的公平性与效率。

目前世界各国可大致划分为创新型国家(如美国、日本等)、劳动力资源丰富型国家(如过去的中国，现在的越南与印度等)和自然资源型丰富型国家(如中东石油国家、部分拉美国家与非洲国家等)。我国自然资源并不丰富，正在从劳动力资源型转变为创新型国家。如果在劳动力数量下降后不能及时提高人力资本存量和我国的创新能力，我国将有陷入“中等收入陷阱”的风险。

储蓄率及投资率下降。人口老龄化还会通过影响储蓄率与投资率来影响经济增长。生命周期假说(Modigliani，F. 1966；Modigliani and Blumberg，1954)认为，劳动年龄人口的劳动收入大于他们的消费，所以他们一般是储蓄者，而少儿人口与老年人口的劳动收入小于他们的消费，相应的赤字需要通过自己的财产性收入、提取储蓄或接受家庭及公共转移支付等办法来弥补。该假说隐含的一个重要推论是，人口老龄化将导致储蓄率下降。杨继军与张二震(2013)的实证研究发现我国人口老龄化倾向于抑制储蓄。中国的储蓄率在 2010 年达到峰值 50.7%，2011 年以来开始逐步下降，在 2019 年已降到 44.2%。

一个国家的投资来源于国内储蓄与跨境投资的净流入。假定其他条件不变，储蓄率下降将导致投资率的下降。我国的投资率在 2010 年和 2011 年达到峰值 47%后开始下降，2019 年下降到 43.1%。未来我国投资率将进一步下降，这种下降在一定范围内是合理的；但是投资或资本存量的增长对我国经济增长的贡

献将相应下降(左学金,2021)。

对技术进步与创新的影响。从供给侧来看,人口老龄化对技术进步有一定的负面影响。研究发现,科学生产力的巅峰时期通常在30—40岁之间(Lehman, 1953; Jones, 2010),所以劳动年龄人口的老化不利于创新与技术进步。当然,技术进步与创新活动还受到研发投资回报率的直接影响。在当代社会,研发创新的特点是投入大风险高(如信息技术、人工智能、生物医药等),但是一旦成功,提供产品或服务的边际成本极低。所以,研发创新的市场规模越大,创新激励也就越大。人口负增长与老龄化将使国内市场需求的增长放慢,从而可能对创新的规模经济与回报率产生负面影响。

2. 人口负增长与老龄化对需求侧的影响

对交通、通信、城市建设等基础设施硬件的投资回报率与投资需求下降。假定其他条件不变我国基设硬件投资增量的不断增加自然会逐步降低投资的边际回报率,尤其是我国的基础设施通常是从人口密度较高的东部沿海地区向人口密度较低的中西部地区逐步深入。我国人口"少子化、老龄化、区域人口增减分化的趋势特征"无疑将进一步降低人口缩减地区的基础设施硬件投资需求。我国作为一个令全球注目的"基建狂魔"国家,已经并将进一步逐步放慢基础设施硬件的投资建设步伐。为了实现"以人口高质量发展支撑中国式现代化"的战略目标,推动中国从高速度增长向高质量发展的转型,需要将更多的财政经费投入基础设施软件即人的基本医疗保健与教育(尤其是义务教育),同时提高这些经费配置的公平性与效率。或者说,我国对基础设施硬件的部分投资,将转向对基础设施软件、尤其是对提升人的素质或人力资本的投资。

出口占GDP的份额下降。人口负增长与劳动力成本的快速上升,已经和正在削弱中国劳动密集型制造业在世界市场上的比较优势,改变中国在全球产业链和价值链中的分工。中国外贸进出口总额占GDP的比例即外贸依存度,在2006年达到64.2%的峰值后,快速下滑到2019年的31.8%。受三年疫情的影响,我国出口有较大波动,但是从长期趋势来看,我国人口负增长将使劳动密集型制造业生产能力逐步向海外转移,我国经济增长将更多地依靠内需,尤其是国内消费需求。

对国内消费需求的影响。我国未来经济增长将更多地依靠国内消费需求。但是目前我国的一个问题是居民消费占GDP的份额较低。殷剑峰(2023)的分析表明,2012—2021年间中国居民消费率(居民消费/GDP)仅38%,低于全球平均水平18个百分点,投资率(资本形成/GDP)则高了19个百分点。居民消费率是居民在GDP中的收入份额(居民可支配收入/GDP)与居民消费倾向(居民消费/居民可支配收入)的乘积,而我国居民收入份额与居民的消费倾向均偏低。我国居民的收入份额为61%,消费倾向为63%;相比之下美国分别为76%和92%。我国劳动年龄人口(劳动力供给)负增长、劳动力稀缺性与成本上升将加快资本与技术(包括机器人、自动驾驶、ChatGPT等)对劳动的替代,将使我国居民收入份额偏低、尤其是劳动报酬份额偏低的问题雪上加霜,并使我国经济发展面临有效需求不足的挑战。二十大报告提出要"努力提高居民收入在国民收入分配中的比重,提高劳动报酬在初次分配中的比重"。为此,要采取切实措施提高居民收入在国民收入分配中的比重,减轻居民收入尤其是劳动收入的税费负担,提高居民的可支配收入。这样做不但有利于促进全体人民共同富裕,也有利于保持我国经济的适度增长和促进我国经济向高质量发展转型。要解决居民消费倾向偏低的问题就需要进一步完善我国社会保障体制,为广大居民尤其是农村居民提供更加充分的基本养老、基本医疗与基本住房保障,并改革应试教育体制,降低家庭的教育孩子的货币与时间成本,为广大城乡居民增加消费消除后顾之忧。

人口负增长和老龄化还会影响部分产业的消费需求结构。如青少年对中小学教育服务的人均消费较高,而老年人对医疗服务与生活照料服务的需求远高于中青年。上海社科院研究团队把年龄结构对消费的影响引入老龄社会CGE模型后进行模拟,发现与基准模拟(不考虑年龄结构对消费的影响)相比,到2100年,教育部门的家庭消费需求与政府消费需求合计降低47.6%;医疗卫生部门的家庭消费需求与政府消费需求合计提高93%;社会工作部门的需求合计提高55%;家庭服务部门的消费合计提高20%。所以人口变动将从需求侧影响产业结构,要求经济具有更强的韧性并能对需求变动具有充分前瞻性的及时响应(左学金,2021)。

由于缺少相关数据,研究团队未能对房地产、汽车等耐用消费品进行类似的模拟。但是我国部分人口流出地区的一些实际案例已经表明,人口负增长将首先影响那些人口流出地区(包括农村和部分城镇化地区)的城市建设与房地产需求,影响这些地区地方政府的土地批租相关收入与公共财政,加重地方政府债务问题,并可能带来相关的金融风险。

3. 对社会保障体制的影响

对基本养老保险的影响。人口老龄化对基本社会保障体制的财务收支平衡形成直接冲击。根据联合国中方案预测，我国劳动年龄人口对老年人口的比率，即人口的"潜在支持比"将从 2022 年的 5.03 个劳动年龄人口支持一位老年人，下降到 2050 年的 1.94 与 2100 年的 1.20。支持比的下降意味着实行现收现付制的基本养老保险基金的收入相对于支出不断下降。近年来我国面临的基本养老保险隐性债务问题已经引起较多关注（如李扬、张晓晶等，2020；马骏，张晓蓉和李治国，2012；左学金，2021）。我国城镇职工基本养老保险从 2014 年开始缴费收入不抵养老金支出，需要财政补贴来维持平衡。都阳、程杰（2022）的研究指出，在 1962—1973 年生育高峰期间出生的人口将在 2022 年前后开始陆续退休，并对城镇职工养老金财务造成新的冲击。

目前大家关注职工养老保险较多，但是对居民养老保险尤其是农村居民养老保险的关注不足。随着未来农村老人子女数量的进一步减少，他们的收入也将在更大程度上依赖基本养老金或其他公共转移支付。根据"中国健康与养老追踪调查"的数据，2017 年农村居民基本养老保险全年的平均受益仅为 1572 元，不足农村贫困线的一半（孙小雁、左学金，2020）。未来我国农村老人养老金的充足性问题将日渐突出。养老金充足性的问题还涉及进城农民工和城镇灵活就业人员，他们的大部分都未参加城镇职工基本养老保险而转向参加城乡居民基本养老保险。他们退休后、尤其在失去劳动能力后，同样将面临养老金收入不充分的问题。

值得注意的是，除人口老龄化的影响外，目前我国基本社会保险的一部分问题是保险体制的本身的缺陷所造成的。例如我国城镇职工基本养老保险的强制缴费率过高，覆盖率过低，属地管理造成养老保险基金的管理成本较高、风险较大和待遇公平性较差，基本养老保险权益的可携带性差，不能适应劳动力自由流动的需要，养老金体制过于偏重第一支柱而第二、第三支柱的发育严重不足，中国社会保障在调节收入分配方面所发挥的作用有限等。为了应对人口老龄化的挑战，亟待通过深化改革来消除基本养老保险体制的缺陷。

对基本医疗保险的冲击。人口老龄化同样对基本医疗保险基金收支产生直接冲击。老年人的人均医疗费用通常是中青年的 3 倍—5 倍，人口老龄化将使基本医疗服务支出相对资金筹集快速增加。此外，失能老人的长期照护服务也将需要大量资源。相关数据显示，2012 年我国有 3600 万失能老年人，2013 年失能老年人规模增加到 3750 万，预计到 2050 年我国将有 1 亿失能老年，需要不同程度的外部照料服务。2015 年我国城乡在家居住的老年人中，失能老年人占 4.2%（党俊武，2018）。

为了应对人口老龄化对医疗保险与服务的挑战，需要我们更加有效地配置有限的医疗服务资源，通过深化医疗保险与服务体制的改革，为医疗卫生事业转向以人民健康为中心提供更多经济激励。

当然，人口负增长与老龄化的社会影响并非仅限于对社会保障体制的影响，还涉及老年人口与劳动年龄人口的代际福利平衡问题。因为所有用于社会保障的支出，归根结底都是由中青年世代通过缴纳税费等形式筹集的。所以需要在老年人的基本保障与中青年的税费负担之间寻求适当的平衡。中青年的税费负担与生活状况，还会进一步影响他们关于婚姻家庭与生育的观念与相关行为。对于这些问题也需要予以更多关注与研究。

确保中华民族人口的长期延续。长期以来大家讨论"发展"，更多的是关注物质文明的发展，有时也关注精神文明的发展，但是较少关注一个发展的终极问题，即中华民族人口的长期延续问题。这是发展的终极问题，因为中华民族人口是中华物质文明和精神文明的唯一载体，中华民族人口的长期延续是我们发展的终极目的。我们要围绕这个终极目标的实现来思考我们未来的人口与经济社会发展的目标与相关政策。

那些总和生育率已经降到很低水平或极低水平的国家的人口延续问题，已经引起越来越多的关注；因为一个国家的低生育率，只要保持足够长的时间，就必然意味着该国人口及相关文明走向灭绝。实际上，我国的近邻日本与韩国，已经有越来越多的这样的担心或危机感。2022 年我国生育率已经降到 1.07，成为世界上生育率最低的人口大国，同样需要引起更多的关注。我们要更好地平衡以 GDP 度量的物质产品的生产与消费，与人的生产（或再生产），包括人的家庭生活和休闲等未纳入 GDP 的时间消费。这是我国从高速度增长转向高质量增长的转型的一个重要方面。我们对我国未来的人口形势必须有正确的判断，增强风险意识，及早制定新时代人口发展长远战略，采取符合国情、有效的政策措施，经过多方面长期艰苦的努力，争取我国生育率逐步回升到更替水平。这不但是我国经济社会可持续发展的需要，更是中华文明延续和中华民族人口延续的终极需要。

上海社会科学院研究员、南通大学教授　左学金

人口负增长与人口老龄化交叠的新人口形势

2022年年末全国人口141175万人①，比上年末减少85万人，全年出生人口956万人，死亡人口1041万人，人口自然增长率为-0.60‰，出现新中国成立以来人口常态发展情形下的首次负增长。遵循人口发展规律，人口总量负增长开启并在空间上以点带面不断扩张，人口结构老龄化持续深化，老龄社会不断加重，我国进入人口负增长和人口老龄化的交叠期。人口负增长和加速老龄化交织现象若与经济社会发展不适应，必会引发一系列经济社会综合性问题，对中国式现代化建设形成深刻的、全面的、长期的、系统性的影响。

一、人口负增长是长期低生育率的规律性结果

经典人口转变理论揭示，在工业化、城镇化、农业现代化、信息化等社会进步作用下，人口发展经历前人口转变、人口转变、后人口转变三个阶段，造成人口再生产从原始类型向现代类型的动态演进，形成人口规模、结构、迁移流动、分布、素质等全要素的变动规律。

全球所有国家和地区均在人口转变的道路上，只是各自起步早晚不一，速度快慢有别，路径曲直不同，但终点均趋同于人口数量负增长和人口结构老龄化的前景。全球视野中的我国人口转变表现为急与快的组合，长达40～50年的低死亡率和30多年的更替水平以下低生育率历程，形成了长寿化和少子化的基本形态，直接导致人口老龄化和人口负增长相互交汇的人口发展结果，成为未来我国发展的人口基本面。

1. 生育率水平下降又急又快。

中国的人口转变既有与已经完成人口转变国家的共同特点，更有自己独特的方面。在全球生育率和死亡率持续下降的大背景下，中国生育率和死亡率的下降具有更急、更快的特点。根据联合国《世界人口展望2022》报告，1970年和2020年相比，全世界、发达国家、发展中国家的平均总和生育率（相当于育龄妇女平均生育孩子数）从4.83、2.32、5.87降至2.35、1.51、2.47；出生平均预期寿命分别从56.1岁、70.4岁、52.4岁升至72.0岁、78.6岁、70.6岁，少子化（生育率下降）和长寿化（死亡率下降）成为全球人口转变的共性。同一时期，中国的总和生育率从5.81降至1.30，出生平均预期寿命从56.6岁升至77.9岁。少子化和长寿化两项指标的变化幅度均大于世界平均水平，也大于发达国家和发展中国家平均水平。

纵观中国生育率变动，总和生育率经历了20世纪50年代至60年代6.00以上的高水平阶段（“三年困难”时期除外），20世纪70年代从5.81降至2.75的速降阶段，20世纪80年代在2.50上下的徘徊阶段，1991年降到更替水平生育率2.09，随即步入了低生育率时代。自1992年以来，我国育龄妇女总和生育率虽有波动但一直在更替水平以下持续下行，2020年降至1.30，2021年和2022年继续下跌，进入了超低生育率状态，成为全球生育率最低的国家或地区之一。

新中国成立至今，我国有37年的年出生人口超过2000万人，形成了1949～1958年、1962～1975年和1981～1997年三个“婴儿潮”，分别合计出生人口2.06亿人、3.62亿人和3.75亿人。自1998年以来，年出生人口降至2000万人以下并不断减少，2010年低至1592万人，此后伴随取消生育间隔，“单独二孩”、“全面两孩”等生育政策逐步放松，出现了年出生人口小幅反弹，2011～2017年年均出生人口达到1819万人，但是，从2018年以来又连续下滑，从1523万人减少到2022年的956万人，这期间，2021年6月宣布实施“三孩政策及其配套措施”，但在出生人口方面尚未显示政策效果。总和生育率低于更替水平标志着人口内在增长率由正转负，人口开始积累负增长惯性能量，但此时的总人口仍然依靠惯性势能继续减速增加。然而，持续了31年的低生育率已经把年龄结构所蕴含的正增长惯性势能彻底耗尽，2022年总人口负增长的到来是

① 除特别说明外，本文采用的2022年及以前的人口数据均来自国家统计局官方公布数据和《中国统计年鉴2022》；2023年及以后的数据均来自United Nations，Department of Economic and Social Affairs，Population Division (2022). World Population Prospects 2022，Online Edition. https://population.un.org/wpp/

人口发展规律演进的必然结果。

2. 低生育率水平难有起色。

我国生育率长期保持低水平，既有人口自身的原因，更有经济社会发展深层次的影响。作用于低生育率的因素在未来还有继续强化的可能，造成人口负增长的决定性因素很难逆转。

第一，生育基数缩减。育龄女性人数和生育率水平是决定出生人口规模的直接要素。根据全国人口普查资料和联合国《世界人口展望 2022》中方案公布的数据，我国 15～49 岁育龄女性人口规模早在 2010 年就达到峰值 3.7 亿人，2020 年减至 3.3 亿人，21 世纪中叶之前将以年均 363 万人的速度继续减少，2035 年为 3.0 亿人，2050 年仅 2.2 亿人；其中对出生人口作出最大贡献的 20～34 岁生育旺盛期育龄女性，在 1996 年就达峰值 1.8 亿人，2020 为 1.4 亿人，2050 年将降至 0.9 亿人，年均递减 191 万人。即便是保持生育率水平不变，伴随育龄女性人数减少，每年的出生人口也将随之减少。

第二，生育意愿疲软。时期考察，育龄人群的生育意愿随时间推移而降低。育龄女性的平均意愿生育率，20 世纪 70 年代为 2.81－3.68，1980 年代平均为 2.13，20 世纪 90 年代平均为 1.90，21 世纪第一个十年平均为 1.67，[①] 2017 年为 1.76，2021 年降至 1.64。队列考察，越年轻出生队列的生育意愿越低，被调查的"80 后"平均意愿生育率为 1.96，低于"60 后"和"70 后"，作为当下生育主体的"90 后"和"00 后"的平均意愿生育率仅为 1.54 和 1.48。[②]

第三，生育行为低迷。现实中，生育行为低于生育意愿是普遍现象。尽管育龄人群 2021 年的意愿生育率为 1.64，当前生育主体人群的意愿生育率在 1.5 上下，但是 2020 年实际生育率只有 1.30，之后两年更低。超低生育率已经成为我国人口发展面临的最大挑战之一。

第四，女性婚育年龄推迟。结婚年龄越高，生育空间越小。一是女性平均初婚年龄推迟。2010～2020 年，女性平均初婚年龄从 24 岁升至 27.95 岁。二是低龄适婚年龄的女性未婚比例大幅升高。2020 年 20～24 岁和 25～29 岁女性未婚比例分别为 80.4%和 33.2%，分别比 2010 年升高了 12.8 个百分点和 11.6 个百分点。三是全国登记结婚人数连续 8 年下降。从 2013 年 1346.9 万对降至 2021 年 764.3 万对，减少 43.3%，其中初婚登记人数从 2386.0 万人降至 1157.8 万人，直跌 51.5%。女性结婚年龄推迟甚至选择不婚直接导致结婚女性数量下降，进一步减少了出生人数。

推进低生育率的人口要素在经济、社会、文化等综合因素的加持下，使得低生育率继续下降。经济社会的持续发展，居民收入水平和生活水平的不断提升，生活方式的多元化和多样化选择性增强，年轻代际生育文化的转变，内生性地导致生育率下降并在低水平稳定；2022 年年末我国常住人口城镇化率为 65.2%，以从乡村流向城镇为主体的流动人口占全国总人口的比重超过四分之一，越来越多人的生育理念和生育行为"城市化"；六分之一的国民接受过高等教育，而且各类高等教育中女生占比均超过男生，在一定程度上推迟和弱化了女性生育行为；大中专毕业生就业竞争更加激烈，就业内卷加剧，无形中造成延迟生育甚至不生育；生育、养育和教育成本居高难下，房价高企、普惠性公共托幼服务缺位、家庭"望子成龙"的重教模式、女性就业和生育方面的隐性歧视以及疫情防控期间延后或取消婚育计划等，形成家庭生育养育孩子的巨大压力，会进一步导致生育率下降。

二、中国人口负增长的大趋势

只要生育率水平不能回升并保持在更替水平以上，人口自然变动的负增长就会一直持续下去。在几乎不受国际迁移人口影响的封闭人口状态下，总人口常态化、稳定的、长期的负增长就是大势所趋。

1. 人口负增长开启人口新时代。

人口发展一般分为正增长、零增长和负增长三个阶段。人口正增长的历史最长，也是目前绝大多数国家正在经历的人口历程。新中国成立时，人口总数为 5.4 亿人，随着人口转变快速完成，在经历了 20 世纪 60 年代至 70 年代平均每 5 年净增加 1 亿人的高速增长后，人口增长速度不断下降，人口年均增长率从 1964～1982 年间的 2.07%降至 2010～2020 年间的 0.53%，进入人口低速增长阶段，从 13 亿人增至 14 亿人用时

---

① 郑真真．中国生育转变，北京：社会科学文献出版社，2022：133－162

② 中共国家卫生健康委党组．谱写新时代人口工作新篇章，求是，2022（15）：46－51

14 年。

人口零增长是负增长的准备和短暂的过渡阶段，从国际经验来看，总人口正负增长的过渡时期，一般会在零增长附近缠绕一段时间。我国 2021 年净增加 48 万人和 2022 年净减少 85 万人，均是总人口在零增长附近的波动。考察未来一段时间，促进生育率回升的力量和维持低生育率的力量共同存在。对于促进生育率回升的力量，如实施三孩生育政策及其配套支持措施塑造了积极生育政策的外生性力量；依法促进生育的制度安排，2021 年 8 月，《中华人民共和国人口与计划生育法》第二次修正，提出取消生育处罚措施，倡导积极生育政策；省级《人口与计划生育条例》纷纷制定了经济激励、时间支持、技术保障、优质服务、环境友好等具体落地措施；党的二十大报告指出“优化人口发展战略，建立生育支持政策体系，降低生育、养育、教育成本。”加强生育支持政策体系化、规范化、常态化建设；疫情期间，部分家庭会推迟生育等。对于维持低生育率的力量，如经济社会持续进步的内生性力量继续指向低生育率；生育人数、生育意愿、生育行为及晚婚迟育的消极影响，生育、养育、教育成本高企的负面作用；疫情使部分人放弃生育等。因此，短期内的出生人口变动尚存不确定性。尽管促进生育和阻碍生育的因素同时存在，但是归根结底，我国常态化、长期性的人口负增长趋势已定。

2. 高度关注人口负增长的阶段性特征。

不同时期人口负增长的表现截然不同，要遵循人口变动规律。近期观察，人口负增长早期阶段的各项人口要素变化是温和性的，基于零增长时期人口规模达峰的巨大惯性，人口减少的速度缓和；远期观察，维持低生育率的人口迭代效果开始显现，人口数量巨大的惯性终将势穷，负增长远期阶段的人口变动表现为剧烈性，生育率越低且维持时间越长，人口减少越严重。联合国不同人口预测方案的结果清晰展示了这个特点(表 1)。

表 1　中国人口总量变动预测(2020 年～2100 年)

年份	总人口(亿人)			年均增长率(%)		
	中方案	高方案	低方案	中方案	高方案	低方案
2020	14.12	14.12	14.12			
2035	14.00	14.40	13.59	−0.06	0.13	−0.26
2050	13.13	14.11	12.16	−0.43	−0.14	−0.74
2075	10.29	12.57	8.38	−0.97	−0.46	−1.49
2100	7.67	11.53	4.88	−1.18	−0.35	−2.16

资料来源：国家统计局. 中国统计年鉴 2021，北京：中国统计出版社，2021；UN，Department of Economic and Social Affairs，Population Division(2022). *World Population Prospects* 2022.

注：生育率在 2020 年 1.3 的基础上，中方案假设生育率缓慢提升，2050 年为 1.39，2100 年为 1.48；高方案假设生育率较快提升，2050 年为 1.89，2100 年为 1.98，这是“天花板”方案；低方案假设生育率继续下降，2050 年为 0.89，2100 年 0.98，这是预警方案。

通过不同的预测方案可知，总人口开始负增长的时间、负增长的速度和程度有较大差异，但是各个方案人口负增长早期阶段和远期阶段的表现基本一致。中方案、高方案、低方案显示，2020～2050 年间总人口规模分别缩减 7.01%、0.07%和 13.88%，2050 年总人口依然在 13 亿人、14 亿人和 12 亿人以上，下降程度和速度相对温和。2100 年，三个方案的总人口将分别为 7.67 亿人、11.53 亿人和 4.88 亿人，与 2050 年相比落差较大。显然，人口负增长远期阶段(2050～2100 年)人口缩减的幅度和速度均数倍于人口负增长的早期阶段(2020～2050 年)，超低生育率水平与超长周期汇合，形成“超低生育率陷阱”，引发人口总量和人口结构危机，由此造成人口负增长问题的“近忧较小，远虑很大”。

三、人口负增长系人口全要素的整体联动

聚焦从现在到 21 世纪中叶实现中国式现代化的“第二个百年”奋斗目标建设周期，恰好处于人口负增长的早期阶段，人口负增长和人口老龄化交叠将是经济社会发展的人口基本面，将导致所有人口要素的整体联动变化，对国家发展形成深刻的、全面的、长期的、系统性的影响。

1. 人口负增长大势已定，但人口规模依然巨大。

人口负增长的早期阶段，正是总人口数量从峰值下落的“高原期”，沿袭了人口规模“达峰”的巨大惯性，人口缓慢缩减，规模依然巨大，如前所述，即便是生育率水平继续下降至 0.9 左右，21 世纪中叶的总人口依然在 12 亿人以上。但是，我国人口负增长正在由点及面不断扩张。例如，上海市户籍人口自然变动早在 1993 年就由正转负，但受迁移人口和流动人口的持续补充，至今常住总人口还在增加；2010～2020 年期间有 6 个省份的常住人口进入负增长；截止到 2021 年，已有 13 个省份进入了人口自然负增长，覆盖 6.0 亿人，占全国人口 42.2%；受省际迁移流动人口影响，常住人口负增长省份已达 16 个，人口合计 6.5 亿人，占全国人口 46.2%。无论是户籍人口自然变动，还是常住人口年度变动，人口负增长由点及面的趋势已现，以人口规模巨大为背景的人口空间再布局会出现新局面。

2. 人口老龄化不可逆转，是全龄人口的共同局面。

从当前到 21 世纪中叶是中国人口老龄化的加速期，60 岁及以上老年人口总量将在 2054 年达到峰值 5.2 亿人，人口老龄化水平升至 40%以上，均比 2020 年增加一倍，步入超级老龄社会。当然，人口老龄化是人口整体年龄结构的变化，不能只看老年人口变动。第一，劳动年龄人口数量持续减少，但规模依然庞大。15～59 岁劳动年龄人口早在 2011 年就达峰值 9.4 亿人，2012 年开始连续性负增长，2020 年降至 8.9 亿人，2050 年将降为 6.5 亿人，总量比届时发达国家的总和还多。第二，低龄老龄化特征显著。在老年人口总数翻倍的同时，60 岁—69 岁低龄老年人口数量从 1.5 亿人增至 2050 年的 2.1 亿人，规模不断扩大，为落实渐进式延迟法定退休年龄、推进老年人社会参与开启的窗口期。第三，老年人口与劳动年龄人口“一增一减”的过程中，老年抚养比快速攀升。2020 年，老年人口数量超过少儿人口数量，家庭和社会由传统的养“幼”为主转为养“老”为主，21 世纪中叶以前，少儿抚养比徘徊在 20 上下（15～59 岁劳动年龄人口＝100，全文同），老年抚养比 2035 年以前超过 50，2051 年达到 80，2073 年超过 100。发达国家经验表明，养“老”的人均社会支出远超养“幼”的人均社会支出，养老的社会公共支出压力直线上升。

3. 人力资本日渐雄厚大势已定，是未来发展的新动力源。

一是居民健康状况大幅改善。2021 年，中国居民人均预期寿命已达 78.2 岁；婴儿死亡率、5 岁以下儿童死亡率和孕产妇死亡率等健康指标分别下降至 5.0‰、7.1‰和 16.1/10 万，居全球中高收入国家前列。二是教育发生质性飞跃。2021 年，我国义务教育巩固率达 95.4%，高中阶段毛入学率达 91.4%，高等教育毛入学率达 57.8%，步入稳定的高等教育普及阶段；全年研究生毕业人数，普通、职业本专科毕业人数，以及中等职业教育毕业人数共 1387.9 万；劳动年龄人口平均受教育年限 10.9 年。2022 年末，中国接受高等教育的人口达 2.4 亿人，占到全部人口的 17.0%。人口的综合素质大幅提升，人力资本日渐雄厚，人才资源厚积薄发，成为中国式现代化建设的新动力源。

4. 人口流动性加强大势所趋，是大国人口的腾挪优势。

自改革开放以来，人口和劳动力自由流动日益活跃。两次人口普查比较，流动人口规模从 2010 年的 2.21 亿人增加至 2020 年的 3.76 亿人，十年净增加 69.7%。2021 年，流动人口规模进一步增至 3.84 亿人，约占全国总人口的 27.2%，即超过四分之一的人口在流动迁徙，且很大一部分在向城镇或东部地区等经济发达地区集聚，我国常住人口城镇化率达到 64.72%，促进要素低流动且分散的“乡土中国”向要素高流动且聚集的“城镇中国”转型，既提高了人力资源的配置效率，也促进了人力资本的空间再布局。

四、人口负增长下挑战与机遇并存

人口负增长和人口老龄化交汇的中国，人口负增长和人口老龄化是人口发展的常态现象，人口负增长社会和老龄社会是当前和未来发展的社会基本面。若人口负增长和人口龄化现象与经济社会发展不相匹配，必然引发一系列经济社会问题。理性认知、主动适应和积极应对负增长和老龄社会问题是中国式现代化强国建设的重要课题。

1. 人口规模巨大是新发展格局的基础。

人口负增长早期的巨大人口规模创造了规模型的人口机会，蕴藏了巨大的潜在市场规模，伴随居民消费能力增强，可期转化为超大规模的消费市场，国土空间巨大、经济总量巨大、人力资本存量和增量巨大、流动人口规模巨大等一系列“巨大”以及产业门类齐全、产业结构升级及生产力增强等要素组合，成为加快构建以国内大循环为主体、国内国际双循环相互促进的新发展格局的基础。人口规模开始缩小，对资源环境的压力相对减小，但是人们生活质量提升，人均消费资源量增加且对环境质量的要求更高，带来对资源环境的新压力，从而对人与自然和谐共生的现代化提出新要求。总体上，人口负增长早期阶段的中国式现代化建设，意味着十几亿人口整体迈进现代化社会，而且是双足并进地实现共同富裕之路，既要追赶现代化达标，又要缩小城乡间、区域间、人群间多元差异，艰巨性和复杂性前所未有。

2. 人口负增长对经济社会体系的全方位影响。

人口负增长早期的人口数量和结构性变化带来供给侧和需求侧两方面的经济社会发展影响。一是劳动力供给与劳动力需求双降，充分就业的人口机会与压力并存。在供给侧，虽然劳动力资源稀缺性增强，劳动力规模巨大的数量型人口机会犹存；对于企业，劳动力成本提高，出口比较优势下降，资本替代劳动，资本报酬递减，带来投资与回报的不对称。在需求侧，经济发展方式转型，劳动生产率提升，经济产出能力增强，智能化、机械化、科技化替代人力，劳动力数量需求弱化和质量需求强化同在，就业竞争性和充分就业的压力长期存在，实施就业优先战略，强化就业优先政策，健全就业促进机制，推动实现高质量充分就业将贯穿于中国式现代化建设全过程。二是人口负增长与加速老龄化交叠，形成全方位的老龄社会挑战。在经济领域，形成经济增长潜力下降、实体经济与虚拟经济失衡、金融系统不稳定风险；在社会领域，面临家庭功能弱化与养老需求增加、代际协调发展日趋复杂、老年人群利益诉求与社会治理体制不适应的矛盾；在区域发展方面，老龄化“城乡倒置”，农村老龄问题可能会提前集中爆发，对农村建设、农业生产、农民养老产生不利影响；在民生领域，会带来社会养老保障、医疗卫生服务、社会养老服务的持续性挑战。同时，低龄老龄化阶段开启了长寿人口机会窗口，造就了实施渐进式延迟法定退休年龄和推动老年人社会参与的机遇期。三是深度老龄社会对经济社会体系的新要求，创造了培育老龄产业新增长点的机会，有利于构建文化、健康、宜居、服务、制造、金融等老龄产业新业态。

3. 人力资本日渐雄厚乃高质量发展新动力。

提高人口素质是国家发展永无终点的追求。一方面，牢牢抓住人口综合素质的“牛鼻子”，着力提高人口整体素质。人口负增长早期阶段的人力资本日渐雄厚既成客观事实，在人口总量、劳动力的数量下行，人口结构老化的过程中，我国人口综合素质已经并且将继续快速提升，劳动力整体素质正在从人力资源优势转向人力资本优势和人才优势，如何用人口素质不断提升的优势来弥补人口总量减少、结构老化的情形成为重要议题，以人口高质量发展支撑中国式现代化成为新时代的战略选择，与经济高质量发展和人民高品质生活，促进人的全面发展和全体人民共同富裕紧密结合。另一方面，人力资本是经济增长动力更加强劲和时间更加持久的新引擎，促进素质型人口红利转化。人力资源大国正向人力资本大国转型，质量型人口机会厚积薄发，成为新时代经济高质量发展和中国式现代化建设的新动力源，为推动劳动密集型产业结构向科技、金融、服务密集型产业结构转型，高劳动参与率向高劳动生产率过渡，“中国制造”转向“中国创造”夯实了人口素质基础。与此同时，每年新增受过高等教育、中等职业教育的劳动力，又形成了高素质劳动力高质量就业的长期压力，中高等教育质量的提升、专业与市场需求相匹配、城乡和区域教育的公平性改革等迫切性日渐凸显。

4. 人口迁移流动活跃促进人口合理布局。

人口负增长时期，人口和劳动力的自由迁徙和流动，提高了城镇化水平，促进了生产要素的空间优化，盘活了配置型人口机会。改革开放以来，数以亿计的以农村转移劳动力为主导的劳动力资源在城乡间和区域间的活跃流动，通过劳动力的非农产业转移，释放出巨大的消费潜力和生产潜力，提高了劳动参与率和劳动生产率，推动第二、第三产业发展进步，为经济和社会持续发展作出了巨大贡献。但是，流动人口的代际转换，给深化户籍制度改革以及进一步优化人口劳动力迁移流动相关的制度设计提出了新要求。向前看，人口负增长时期的劳动力资源减少，乡—城劳动力转移弱化，将直接影响生产率改善速度和资源配置效率。再向前看，当几乎所有地区都实现并维持低生育率且人口数量下降时，人口迁移流动就不再是解决问题的办法，各地出现人口全面负增长的景象将只是时间问题，必须超前谋划。

应对人口负增长需要牢固树立“科学认识，主动适应，积极应对”的观念。首先，辩证认识人口负增长下的挑战和机遇，明辨解析、客观研判人口负增长阶段性特征；其次，主动适应难以在短期内扭转的人口负增长客观规律，顺势而为，推动经济社会决策主动适应人口负增长，充分挖掘利用新人口机会，最大限度发挥优势资源的作用，续写新时代人口红利；最后，在人口数量、结构、分布、迁移和素质等全要素与经济社会要素整体联动中寻求积极应对的策略，奋发图强，把人口要素作为谋划国家经济社会发展的内生性因素，全面布局积极应对低生育率、人口负增长和人口老龄化，着力提高全民整体素质，努力保持适度生育水平和人口规模，加快塑造素质优良、总量充裕、结构优化、分布合理的现代化人力资源，以人口高质量发展支撑中国式现代化，推动经济社会高质量发展，续写经济社会发展的新奇迹。

南开大学经济学院人口与发展研究所　原　新

新时代浙江高质量发展中的人口趋势与应对策略

一、研究背景、目的与意义

“十四五”时期是浙江省在高水平全面建成小康社会的基础上，开启高水平全面建设社会主义现代化新征程，努力建设新时代全面展示中国特色社会主义制度优越性的重要窗口期。随着全面实施生育三孩政策的落实，浙江省人口发展形势发生了重大变化，人口发展已进入了重要的转折期。

人口既是浙江高质量发展的禀赋条件，也是经济社会发展的衡量指标和发展目标。本课题通过对未来5—15年及30年短、中、长期(2020—2050年)分城乡常住人口、机械变动人口各年龄组人口数量、结构及其变化趋势的科学预测，揭示未来城乡人口变动的规律性，剖析人口机械变动和人口城市化对城、乡常住人口对学前教育、基础教育的需求、就业需求、社会保障和养老服务的需求，提出符合浙江省情、促进城乡统筹高水平、高质量发展建设共同富裕示范区的工作重点和政策措施，为省政府决策提供科学依据。

二、浙江省人口发展现状

进入新世纪以来，我国生育政策不断完善，浙江人口发展出现了新特点、新机遇和新问题。

(一)常住人口[①]稳定增长，增速高于全国平均水平

根据第七次全国人口普查资料(以下简称“七普”)，浙江省常住人口达到6456.76万人，居全国第8位，比2010年的5442.69万人增加了1014.07万人，增量仅次于广东省，居全国第2位；年均增长约101.41万人。

从常住人口的增长速度看，2010年—2020年，常住人口年均增长率为1.72%，高于全国年均增长0.53%的平均水平。

(二)出生人口开始下降，生育率处于超低水平

据“七普”资料，2019年11月—2020年10月，全省常住出生人口为45.97万人，总和生育率约为1.04，处于超低生育水平。

(三)少儿人口比重偏低，年龄结构持续老化

根据2000年、2010年、2020年人口普查数据，浙江省常住人口中，0—14岁的少儿人口比重由2000年的18.06%下降至2010年的13.21%，下降4.85个百分点，到2020年回升到13.45%。但少儿人口比重低于全国17.95%的平均水平。

浙江人口老龄化程度持续提高。“七普”资料显示，2020年，浙江65岁及以上老年人口占总人口的比重为18.70%，与全国平均水平持平。

(四)人口素质不断提高，提升了浙江的综合省力

2020年，浙江人口出生时的平均预期寿命为80.19岁，其中男性为78.09岁，女性为82.58岁，高于全国77.93岁[②]的平均水平2.26岁，其中男性高2.72岁，女性高1.70岁。

据“七普”资料，2020年，6岁及以上人口的平均受教育年限为9.1年，分别比1982年和2010年提高3.9和0.5年；大学及以上文化程度人口大幅增加，占6岁及以上人口的15.8%，比2010年提高5.9个百分点。15岁及以上常住人口的文盲率为2.72%，和“六普”相比，下降2.90个百分点。

---

① 常住人口指具有中华人民共和国国籍并符合以下条件之一的全部人口：(1)户籍在本地，且居住在本地，即人户一致的人员；(2)户籍在本地，调查时点不居住在本地，且离开户籍地不满半年的人员，即外出不满半年的人员；(3)居住在境外，但未定居，并且户口在本乡(镇、街道)的人口；(4)户籍不在本地，调查时点居住在本地，且离开户籍地半年以上的人员；(5)调查点时居住在本地的户口待定人员。

② 国家统计局人口和就业统计司编.2021中国人口与就业统计年鉴(电子版)，表1—10。

(五)流动人口呈持续增长态势

第七次人口普查数据显示，2020 年全省流动人口 2555.75 万人，其中省内流动人口 937.10 万人，跨省流动人口为 1618.65 万人，占全省常住人口的 25.07%。和 2010 年“六普”相比，2020 年全省流动人口增加 693.88 万人，增长 37.27%，其中省外流入增加 436.25 万人，增长 36.89%十年年均增长率 3.19%。

(六)城市化高于全国平均水平，人口逐步向大城市集中

据“七普”资料，2020 年浙江常住人口中，居住在城镇的人口为 4659.85 万人，占 72.17%，居住在乡村人口为 1796.91 万人，占 27.83%，比“六普”提高 10.55 个百分点，高于全国平均水平 8.28 个百分点。

城市人口逐步向大城市集中。杭州常住人口从 2010 年末的 870.0 万人上升至 2020 年的 1193.60 万人，进入超大城市行列，占全省人口比重由 15.99%提升至 18.49%，人口集聚效应最为明显。

三、未来人口的发展趋势

本文预测以第七次全国人口普查数据为起点，以离散型人口预测模型为基础，依据人口平衡方程式，采取总和生育率法，通过 PADIS_IN 预测软件包对人口进行预测。

预测期为 2021—2050 年。根据不同的生育水平设定高、中、低三个方案，根据迁移流动增长强度也设定高、中、低三个方案，以及分城乡预测的组合，加上无迁移流动三个方案共 57 种。生育率高方案和迁移流动高方案的组合是未来人口发展的上限；生育率低方案和迁移流动低方案是未来人口发展的下限；中方案则是生育与迁移流均为中方案下的方案，是最可能出现或比较倾向于这种结果的一种方案。因此，本文对预测结果的分析以中方案为主。

(一)四大人口规模先升后降，出生人口持续下降

1. 总人口先升后降，未来 10 年呈稳定增长态势

在“全面三孩”政策和省外人口净流入的假设下，浙江常住总人口将在 2031－2035 年达到 6861 万－7108 万人的峰值后下降(图 1)。如按中方案预测，2033 年达到 6972 万人峰值后下降，比 2020 年增加 515 万人左右。“十四五”时期，总人口将增加约 363 万人，年均增加约 72 万人。

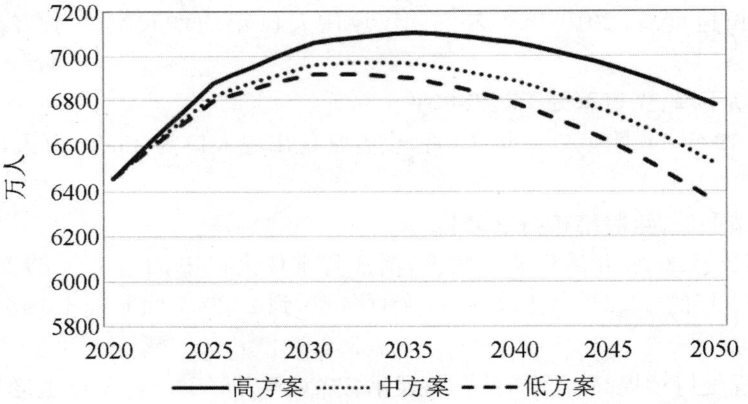

图 1　浙江未来常住总人口变化趋势

分城乡看，城镇常住总人口将持续增长到 2035－2040 年的峰值后才开始下降。若按中方案，城镇人口将在 2038 年达到峰值 5444 万人后开始下降，比 2020 年增加 784 万人左右。农村常住人口将持续下降。如按中方案，将从 2020 的 1797 万人下降到 2035 年的 1531 万人(图 2)。

2. 出生人口先略回升后缓慢下降

未来在高方案和中方案下，出生人口略有回升后持续下降，低方案一直持续下降。2025 年全省常住出生人口在 42 万－46 万人之间，到 2030 年，各方案在 36 万－44 万人之间。到 2050 年，低方案在 26 万人左右，中方案 34 万人左右，高方案基本稳定在 43 万人左右(图 3)。

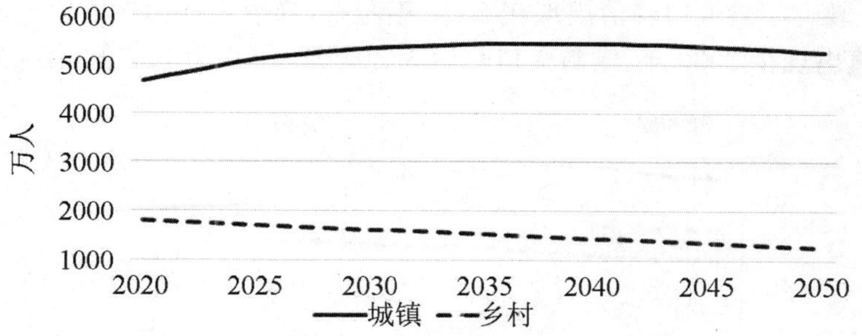

图 2 浙江省分城乡常住总人口(中方案)

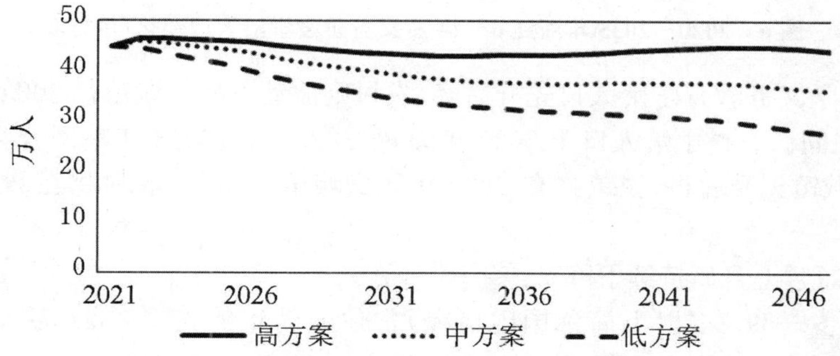

图 3 2021—2050 年浙江省出生人口变化趋势

3. 学前教育人口下降,义务教育适龄人口先后到达峰值

0—3 岁幼托人口[①]峰值已过。根据预测,0—3 岁幼托人口的峰值出现在 2020 年预测基年,峰值人口 195 万人左右。其中城镇峰值 146 万人左右,农村峰值约 49 万人左右(见图 4)。

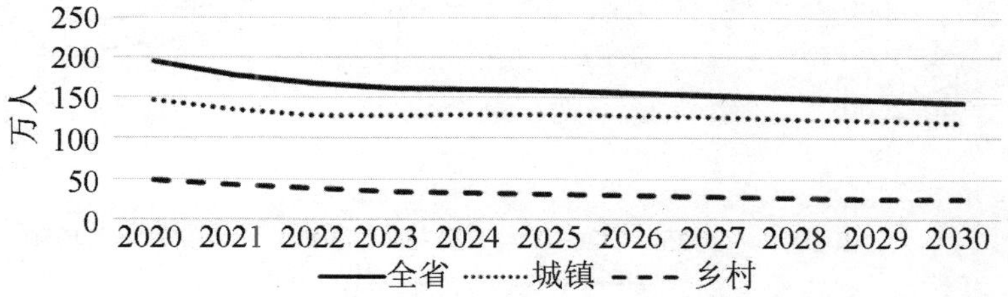

图 4 2020—2030 年浙江 0—3 岁托幼人口变化(中方案)

3—5 岁全省幼儿园人口峰值均出现在 2021 年,峰值人口在 160 万人左右,比 2020 年增加 7 万左右;其中农村学前峰值人口为 38 万人左右,城镇学前峰值人口 128 万左右(图 5)。所以,新增幼儿园入园需求主要在城镇,农村是解决存量适龄幼儿不能入托问题。

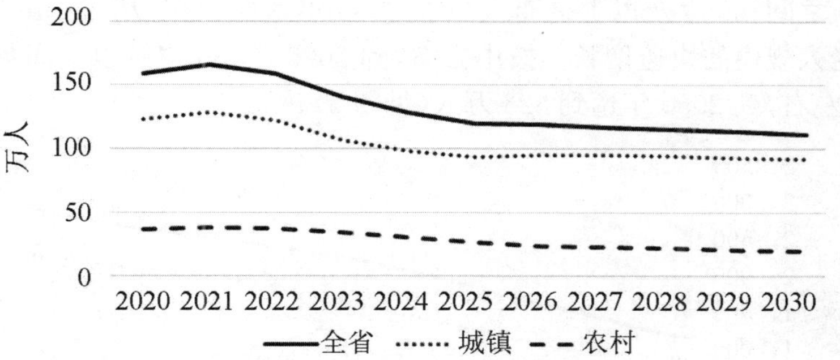

图 5 2020—2030 年浙江 3—5 岁幼儿园人口变化(中方案)

① 0—3 岁托幼人口是指 0—2 岁及 3 岁孩子的一半,同时,3—5 岁幼儿园人口是 3 岁人口的一半及 4—5 岁人口。因为,3 周岁的孩子可以上幼儿园了,上半年生的孩子进入幼儿园,下半年出生的孩子仍为托幼班。

6—11 岁小学义务教育学龄人口峰值出现在 2027 年左右，峰值人口为 375 万—395 万人之间。12—14 岁初中学龄人口的峰值出现在 2030 年，学龄人口峰值为 204 万—207 万人之间(图 6)。

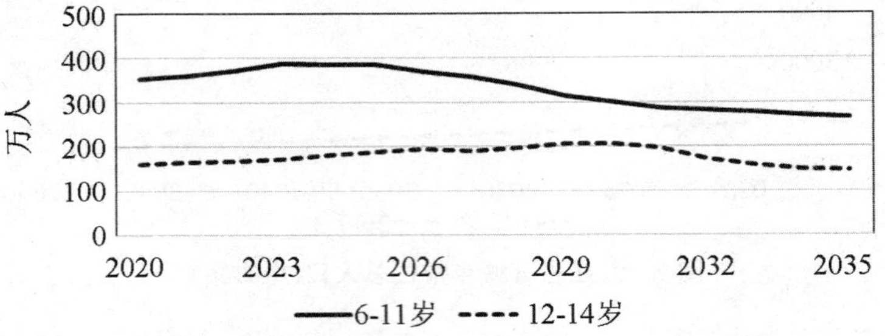

图 6　2020—2035 年浙江 6—14 岁义务阶段学龄人口变化(中方案)

分城乡看，城镇小学义务教育学龄人口先升后降，农村则波动下降。城镇在 2023 年出现峰值，峰值人口在 302 万—304 万人之间。农村学龄人口于 2020 年为 86 万人左右，2023 年略回升到 86 万左右，然后持续下降。初中学龄人口城镇先升后将，城镇将在 2029 年达到峰值后下降，农村将在 2020 年预测基年即为峰值，持续下降。

4. 劳动年龄人口短暂上升后持续下降

2020 年，浙江 16 岁—59 岁(以下简称国内口径)常住劳动年龄人口 4327 万人，在中方案下，预计到 2022 年上升到 4400 万人，此后持续下降，到 2035 年下降为 4022 万人，到 2050 年下降为 2953 万人(见图 7)。

如按 15—64 岁口径(以下简称国际口径)，2020 年浙江常住劳动年龄人口为 4732 万人，在中方案下，到 2026 年达到峰值 4958 万人，此后持续下降，在 2035 年下降为 4656 万人，到 2050 年下降为 3647 万人(见图 7)。

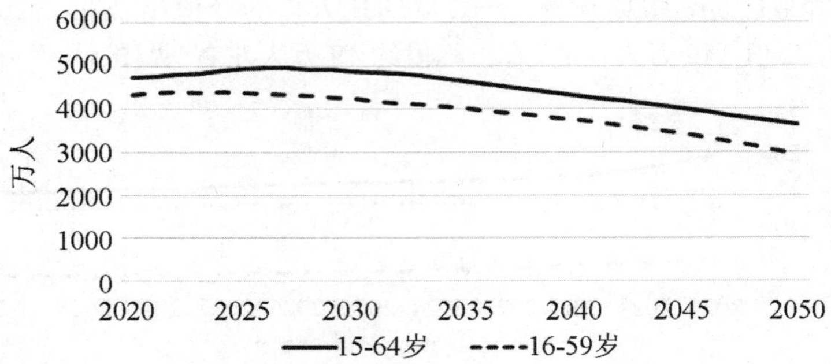

图 7　浙江未来常住劳动年龄人口规模变化

5. 老年人口规模持续快速增长，高龄老人增加显著

(1)老年人口规模持续增长，直至 50 年代中期达到峰值

浙江老年人口规模将持续上升。根据预测，常住 60 岁及以上老年人口在 2050 预测期末达到最大规模在 2936 万—3013 万人之间；65 岁及以上老年人口在 2050 年达在 2291 万—2346 万人之间。值得注意的是，80 岁及以上高龄老人规模的快速增长。按中方案，到 2025 年，80 岁及以上高龄老人超过 200 万人，到 2035 年达到 396 万人左右，到 2050 年达到 826 万人(见图 8)。

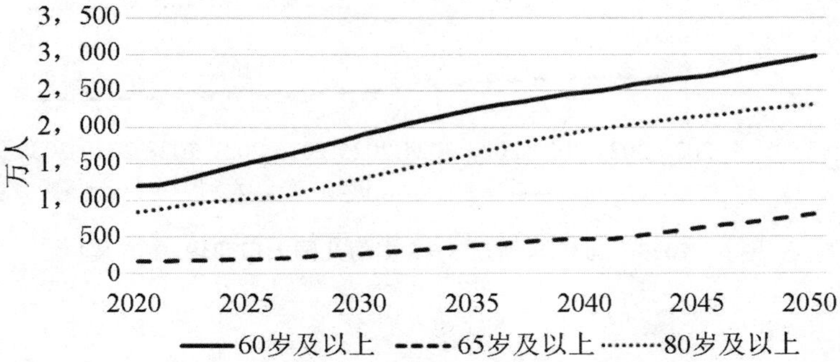

图 8　浙江未来常住老年人口变化

(2)老龄化速度将迎来加速推进期

按中方案预测，到 21 世纪 50 年代，浙江 60 岁及以上常住老年人口增长速度将经历三个阶段：2020—2021 年的低位低速，年均增长率为 1.56%；2022—2034 年的高位高速阶段，年均增长率为 4.58%；2035—2050 年的高位低速阶段，年均增长率为 1.92%(见图 9)。

65 岁及以上老年人口增长速度分为四个阶段：第一阶段是 2020—2023 年低位高速阶段，年均增长率为 4.86%，第二阶段是 2024—2026 年的低位低速，年均增长率为 2.28%，第三阶段是 2027—2038 年高位高速，年均增长率为 4.88%，第四阶段是 2039—2050 年的高位低速，年均增长率为 1.84%(见图 9)。

80 岁及以上高龄老人自 2026—2038 年，年增长率均高于 60 岁和 65 岁及以上老年人口，第一阶段 2020—2025 年，年均增长率达 3.21%，第二阶段从 2026—2038 年，年均增长率高达 6.51%，第三阶段是 2039—2041 年，年均增长率下降为 1.50%，第四阶段是 2042—2050 年，年均增长率回升到 6.05%(见图 9)。

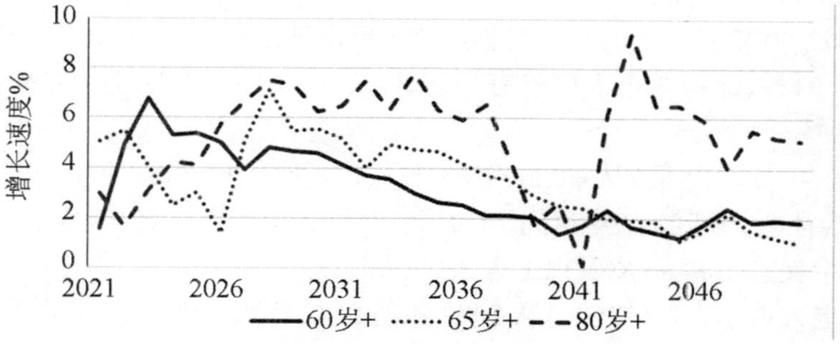

图 9　浙江未来不同口径老年人口增长速度

(3)老年人口居住以城镇为主

2020 年，居住在城镇的 60 岁及以上常住老年人口规模为 699 万万人，占老年人口的 57.92%。按中方案，到 2025 年上升到 61.55%，到 2035 达到 68.56%，即有三分之二的 60 岁及以上老年人口居住在城镇。65 岁及以上常住老年人口规模，2020 年为 857 万万人，占老年人口的 56.16%。按中方案，到 2025 年上升到 59.31%，到 2035 达到 66.22%。

(二)年龄结构持续老化

1.0—14 岁少儿人口比重持续下降，底部老化加快

根据"七普"资料，2020 年浙江 0—14 岁常住少儿人口比重为 13.45%。无论是高方案、中方案还是低方案预测，呈持续下降状态，到 2025 年下降为 12.5%左右，到 2030 年下降到 11%左右。"全面三孩"政策仍然不能扭转浙江的少子化趋势(见图 10)。

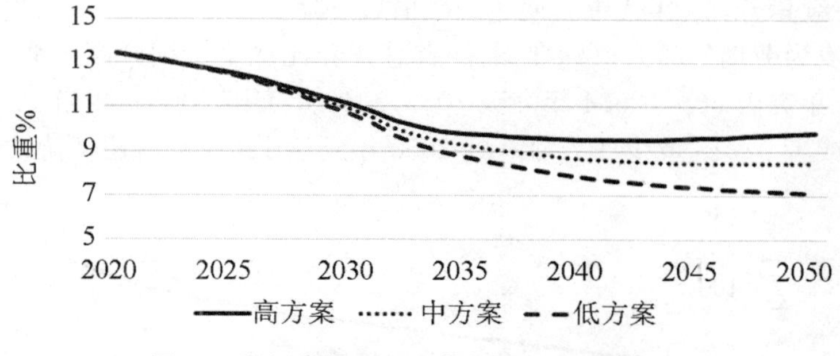

图 10　浙江常住 0—14 岁少儿人口比重变化

2.劳动年龄人口比重持续下降

按中方案预测，16—59 岁口径从 2020 年的 67.01%下降到 2025 年 64.36%，到 2046 年下降到 50%以下，出现劳动年龄人口占总人口一半左右，到 2050 年下降为 45.32%(见图 11)。

按 15—64 岁口径，劳动年龄人口将从 2020 年的 73.29%，下降到 2025 年跌破 72.23，到 2030 年下降到 70.06%，到 2045 年，跌破 60%(见图 11)。

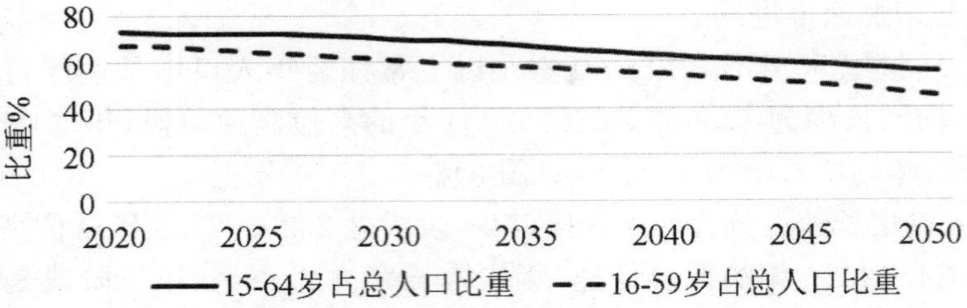

图 11　浙江未来常住劳动年龄人口占总人口比重变化(中方案)

3. 老年人口比重呈持续上升,深度老龄化成为常态①

浙江省 60 岁及以上老年人口或 65 岁及以上老年人口占总人口的比重呈单边上升,人口深度老龄化将成为常态。

按中方案预测,浙江 60 岁及以上的常住老年人口比重由 2020 年的 18.70%上升到 2025 年的 22.32%,到 2037 年,上升到 33.94%,即每 3 个人中就有一名 60 岁及以上的老人,到 2050 年提高到 45.64%(见图 12)。

65 岁及以上的老年人口比重,从 2020 年的 13.27%上升到 2025 年的 15.29%,到 2032 年达到 20.79%,进入深度老龄社会。到 2037 年达到 25.95%,每 4 人中就有 1 名 65 岁及以上老人。到 2047 年达到 33.59%,每 3 名人中就有 1 名 65 岁及以上老人(见图 12)。

80 岁及以上高龄老人占总人口的比重,从 2020 年的 2.72%上升到 2025 年的 3.01%,到 2030 年提高到 4.08%,到 2046 年超过 10%,即每 10 个人中就有 1 名 80 岁及以上的高龄老人(见图 12)。

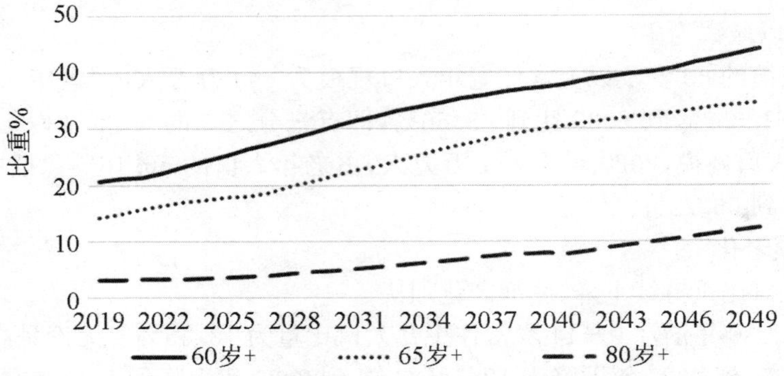

图 12　浙江未来人口老龄化程度(老年人口比重变化)

4. 人口总抚养比持续攀升,50 年代中后期达到峰值后下降

按中方案 16—59 岁为劳动年龄人口标准,浙江省总抚养比也呈持续升高态势。2020 年为 49.24%,即将进入负债期,到 2028 年突破 60%,2034 年突破 70%,2046 年突破 100%(相当于一个劳动年龄人口负担 1 个 60 岁及以上老年人或者 0—15 岁少儿人口),到 2050 年到达 120.67%,还将持续升高(见图 13)。

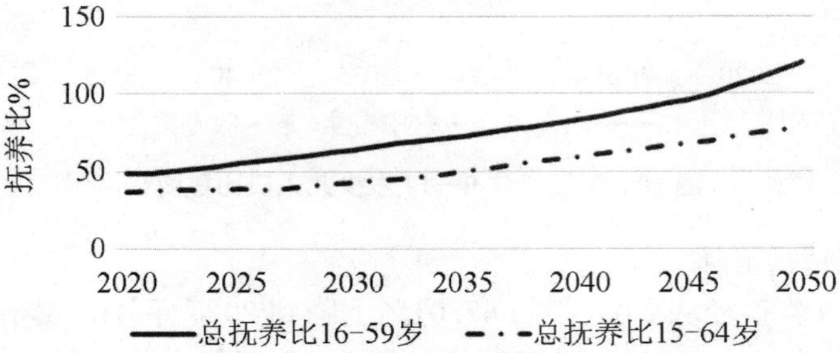

图 13　浙江不同口径总抚养比变化

① 按照国际通用的划分指标,当一个国家或地区 65 岁及以上人口占比超过 7%时,意味着进入了老龄化社会;比重超过 14%时,进入中度老龄化社会;比重若超过 20%,则为深度老龄社会。

按15—64岁标准，2020年浙江人口总抚养比为36.45%，仍处红利期。按中方案预测，总抚养比呈持续升高态势。到2025年为38.45%，仍为红利期，直到2036年，突破50%(相当于两个人负担1个人)，进入负债期。到2041年突破60%，2047年突破70%，到2050年达到78.70%。(见图3—13)。

(三)人口迁移流动是活力浙江的关键阀

省外人口的净迁移流入对浙江省保持人口总量平稳增长和优化人口年龄结构具有重要的作用。

1. 省外迁移流动使浙江总人口峰值推迟11年左右

浙江常住总人口之所以仍将稳定增长10余年，主要是省外迁移流动人口的净流入，如果无省外迁移流动人口的进入，常住人口中方案在2023年达到峰值，峰值人口为6467万人左右，峰值年提前10年左右。

2. 人口流入有利于缓解劳动力短缺，优化人口年龄结构

如果浙江省集聚人口的能力进一步增强、产业集聚的协调度达到更高水平，未来我省劳动力需求仍将增加，劳动力求大于供。因此，对省外流入劳动年龄人口宜疏不宜堵，应让市场机制发挥决定性作用，通过市场的内在动力和传导机制，借助政府基本公共服务常住人口全覆盖的政策，吸引省外劳动年龄人口的流入，以弥补劳动力的供需缺口。

四、未来人口发展应关注的重点与应对策略

浙江人口发展已进入重要转折期。浙江高质量的经济发展方式和社会生活模式的转型必须和人口变动实现内在契合，这样才能重构浙江发展优势，支撑经济社会实现新的发展，高质量发展建设共同富裕示范区。

(一)落实三孩生育政策的经济社会措施，提升生育水平

出生和迁移(流动)是影响一个地区人口规模的两大要素。浙江要跳出低生育陷阱、提升生育水平，需要落实鼓励生育相关的社会经济配套政策，重点解决老百姓“不敢生”“不想生”“不能生”三大难题。

1. 建立健全生育友好型政策体系

低生育率存在惯性，一旦形成且持续时间较长转变比较困难。因此，应该以全面放开生育限制为基本前提，构建鼓励生育的社会支持体系。

第一，建立健全生育全过程基本医疗保健服务制度。围绕生育全过程，建立健全婚前检查、孕前保健、产前检查、产前筛查与诊断、预防母婴传播疾病、住院分娩、产后访视、新生儿疾病筛查、儿童健康管理和营养改善、预防接种、避孕节育等基本医疗保健服务制度。

第二，实行灵活的产假制度。在保证女方足够的产后休养的前提下，在女方产假、生育奖励假和男方护理假的总额度内，可根据家庭的具体情况在夫妻间灵活调剂使用假期、自主安排休假时间，让男性更多地参与子女生育养育过程。同时，要督促用人单位严格执行产假制度，保障女职工休产假期间工资待遇不变。

第三，完善生育保险制度。将生育保险作为生育支持的核心制度，深入推进生育保险融入医疗保险，将生育医疗费用完全纳入医疗保险报销，使生育保险成为覆盖全民的生育保障制度。

第四，促进社会性别平等，降低妇女压力。女性作为生育行为的直接承担者，同时承受家庭、社会和经济多重压力，鼓励男性参与家庭事务和减少女性就业歧视有助于提升生育意愿和行为。建立有助于生、养子女的持续工作的制度，促进再就业、实现多样化的就业形态，营造有助于生育的工作环境，使群众在工作的同时，能从容地生育、养育子女，享受充实的家庭生活。

第五，完善个税专项附加扣除。提高个税专项附加抵扣标准。由目前的每人每年1000元，提高到2000元，并随孩次适当提高抵扣标准，以缓解子女抚育压力。

2.完善育儿友好公共服务服务体系，增加普惠性托育服务有效供给

按照国家发展改革委、国家卫生健康委发布的《支持社会力量发展普惠托育服务专项行动实施方案(试行)》的要求，充分发挥政府在制定政策、引导投入、规范市场、营造环境、监督管理方面的主导作用，并且从人员资质、日常运作、业务内容、设施配置等方面进行严格监管，规范婴幼儿服务行业，促进婴幼儿照料服务行业的健康发展。首先加快培养0—3岁婴幼儿早期教育专业人才；其次，鼓励有条件的企事业单位在自有场地内，提供全日制、半日制、寄宿制、计时制托管等多种形式的托育服务；再次，发挥社区托育服务功能，鼓励有资质的社会组织和民营机构兴办0—3岁婴幼儿照料机构，并在城乡发展用地规划中统筹考虑社区托育

机构的建设问题，推动托育服务需求就近解决；鼓励有经验和相关资质的个人开办家庭式婴幼儿看护点、寄养中心等，以满足不同类型家庭和不同工作时间人群的托育需求。

3. 构建育儿友好人文关怀体系

加大舆论宣传，以专业性、趣味性、接地气的政策宣传、观念普及为切入点，主动吸引民众，积极引导适婚人员树立正确的婚恋观、家庭观，增强承担家庭责任、社会责任的意识。建议在结婚登记前对领取结婚证者进行线上或线下知识培训，帮助当事人提升婚姻家庭经营技巧，化解婚姻家庭矛盾，树立正确的家庭生活及婚恋观念。尊重生育的社会价值，倡导代际和谐、性别平等、适龄婚育、优生优育、责任共担的新型家庭人口文化，鼓励男性参与子女照料，鼓励家庭育儿的代际支持。

4. 充分发挥政府的监督管理作用

充分发挥政府在制定政策、引导投入、规范市场、营造环境、监督管理方面的主导作用，并且从人员资质、日常运作、业务内容、设施配置等方面进行严格监管，规范婴幼儿服务行业，促进婴幼儿照料服务行业的健康发展。同时建议专题调研婴幼儿托儿所需求，探索婴幼儿照顾的有效途径和方法。

（二）积极应对人口快速老龄化

“十四五”规划《建议》提出，“实施积极应对人口老龄化国家战略”。从浙江省层面出发，既要从长期战略视角出发，也要从近期的战术出发，更要从现实出发，积极应对老龄化。

1. 深度老龄化是未来经济和社会发展的常态

人口老龄化发展趋势势不可挡。人口老龄化是未来浙江乃至全国人口结构变动的常态。浙江未来人口的发展战略不是如何服务照料老年人口，而是未来的社会、经济体系如何能够有效包容老年人口，以及将老龄社会构造成为国民经济和社会发展的组成部分，甚至是服务经济的新动力。

2. 从中长期来看，人口老龄化造成的最大压力是医疗费用

对于老年人口中的绝大部分而言，最为迫切需要的并不是以诊断、治疗和手术为主的医疗服务，而是日常生活照料和非治疗性康复护理（长期照护服务）。当前浙江省常住老年人口的年龄结构仍非常年轻，离20世纪50年代“婴儿潮”期间出生人口进入高龄（80＋）阶段还有15年左右，这是完善浙江省养老服务体系的重要“窗口期”。在此期间，应着重发展老年长期照护服务，将其定位于“社会服务”，而非“医疗服务”，强调“医护养结合”。

3. 积极发展“互联网＋养老”，不断创新康养新模式

2017年《关于运用政府和社会资本合作模式支持养老服务业发展的实施意见》指出，鼓励政府将现有公办养老机构交由社会资本方运营管理。支持机关、企事业单位将所属的度假村、培训中心、招待所、疗养院等，通过PPP模式转型为养老机构，吸引社会资本运营管理。

4. 把“三失”老人的养老服务作为完善养老保障和老年服务体系的重点

一是构建老龄服务信息化综合平台，提升老龄服务质量，二是完善养老保障制度，重点解决失能、失智、失独“三失”老人问题，三是利用税收和住房等社会政策，巩固家庭养老保障功能，四是加强老龄服务人力资源的开发，努力实现为老服务人员的职业化、专业化和技能化，提高服务质量。

5. 应对老龄化，应与社会治理相结合

“人口老龄化”绝不是“老年人的问题”①。人口老龄化已成为社会的常态，其进程涉及个体发展的各个阶段和人口结构的各个层次，给社会、经济、文化等方方面面带来前所未有的影响。而且，我省既有生育高峰带来的波浪式的老龄人口增加，也有人口迁入导致的老年人口增长，还有农村老龄人口不愿随迁、无法随迁、无人照料的问题，未来更有养老资源需求扩张与年轻人规模下降、生育不足、养老资源供给不足的代际冲突。所以，应对人口老龄化的挑战，必须考虑到经济社会的可持续性、代际公平性。

（三）“外引内培”，从人口红利到人力资本红利

尽管浙江省在全国范围内具有吸引其他地区人口流入的优势，可以在短期内保持较为年轻的人口年龄结构。但从长期发展的角度看，如果全国的低生育水平不能得到改善，各地区对劳动年龄人口的竞争将愈加剧烈，浙江省的劳动力优势也将受到影响。

所谓“外引”就是积极引进外来高素质劳动力。通过政府引导，适时地将目前以劳动集约型为主的经济

---

① 胡湛、彭希哲. 应对中国人口老龄化的治理选择[J]，中国社会科学，2018(12)：134－155。

增长模式逐步过渡至以技术集约型为主的经济增长模式，从而减少对一般外来劳动力的需求。如构建分层协调机制，适当提高大城市准入门槛。

所谓“内培”就是努力将浙江本地劳动年龄人口培养成适应经济转型升级所需要的新型高素质劳动力。重点关注五类人群，实施靶向式培训；以产业培育为导向开展职业培训。

第一，提高教育质量，缩短教育年限，加强专业技术人才培训、推动老年人口再就业培训。深化教育体制改革，加快推动城乡义务教育一体化发展，加大劳动力职业技术培训，促进高等教育提质升级，积极探索创新型人才培养和成长机制。

第二，探索构建有利于吸引人口流动迁移的政策体系。针对省外人口通过简化落户程序、改善住房保障体系、增加教育资源供给等方式推动公共服务均等化，吸引省外人口流入。重视创业投资人才，为促进经济复苏，创造更多就业机会。建立工作居留向永久居留转换的通道，向被雇主和就业市场认可的技术人才提供落户许可和配套服务。

第三，加快“内外”居民的市民化进程，努力实现新型城镇化。浙江城镇人口的集聚是一种“内聚外迁”的发展模式，即本地人口集聚与外来人口集聚相结合的模式。如深化土地制度改革，加快本省农村居民市民化进程，加快户籍制度改革，推进外来民工市民化进程。

浙江大学社会学系人口研究所　姚引妹

广东省人口变动趋势预测研究

研究以2020年广东省第七次全国人口普查资料为基础，以2010年广东省第六次全国人口普查资料为参照对象，对2020年广东省人口现状做了详细分析，建立了人口生存模式、生育模式、人口迁移/流动模式，对广东省2021—2040年的人口发展趋势做出了预测，研究和分析人口发展变动的规律，指出了人口发展现状和未来的发展趋势中存在的问题，提出政策建议。

一、广东省人口发展现状、特点及存在的问题

1. 广东省人口总量变动特点：常住人口、户籍人口，均呈线性增长趋势。广东省常住人口数从1982年的5419.35万人增长到2020年的12624.00万人，年均增长189.60万人，年均增长速度为22.50‰。常住总人口具有线性规律强，波动小的特征；但逐期增长量波动大，最高为432万人，最低仅83万人。广东省户籍人口从1982年的5415.35万人增长到2020年的9808.66万人，年均增长115.61万人，年均增长速度为15.76‰。户籍人口变动具有线性规律强，波动小的特征；但逐期增长量波动大，最高为221万人，最低仅－1.3万人。

2. 广东省人口流动特征：流入人口存量大，比例高；流出人口存量少，比例低。2020年广东省外流入人口增加到2962.21万人，占户籍人口提高到23.51%；户籍人口流出人口增加到168.72万人，占户籍人口比重也仅1.72%。

3. 2010—2020年广东省户籍人口自然变动特点：人口出生率和自然增长率出现两个峰值，但总体呈下降趋势，死亡率变动稳定。2010—2020年，广东省户籍人口出生率基本呈下降态势，有两个高峰期2012年的19.01‰和2017年的18.18‰，2020年为13.13‰。人口粗死亡率变动非常稳定，基本维持在5.30‰—5.80‰之间。人口自然增长率变动与出生率类似，也呈下降趋势，也有两个高峰期2012年的12.88‰和2017年的12.92‰，2020年为7.98‰。

4. 广东省常住人口增长动力：第一动力，自然增长；第二动力，省外人口净流入；第三动力，户籍净迁移。2011—2020年期间，广东省户籍人口累计自然增长1000.90万人，占常住人口增长总量的48.96%。省外净流入人口有812.68万人，占常住人口增长总量的39.76%。户籍人口累计净迁入311.25万人，占常住人口增长总量的15.23%。户籍人口净流出累计有80.66万人，占常住人口增长总量的－3.95%。

5. 广东省人口年龄负担情况：人口负担水平较轻，但省内区域差距大。2020年，广东省人口年龄总负担水平仅37.79%，均低于全国的45.98%，人口总负担水平相对较轻。人口总负担水平低于50%，“人口红利”机会窗口开启，有利于广东省经济社会的快速发展。2020年广东省各市总负担水平差异大，其中9市低于50%，12市超过50%。其中最低是东莞(19.99%)、最高的是茂名(64.35%)。

6. 广东省人口性别结构特点：总人口性别比偏高，出生性别比偏高，流入人口性别比过高。2020年广东省总人口性别比为113.08，偏高；广东省出生婴儿性别比为120.34，偏高；省外流入人口性别比为144.60，非常高。

7. 广东省人口地域结构特点：人口向珠江三角洲，向环珠江口，向“佛—广—莞—深”聚集。与2010年相比，2020年珠江三角洲9市人口占全省人口比重提高了8.1个百分点；环珠江口沿岸人口比重提高了8.03个百分点；“佛—广—莞—深”人口比重提高了7.72个百分点。2020年，珠江三角洲9市占全省人口比重为58.10%，环珠江口沿岸人口占珠江三角洲9市人口比重为79.71%，“佛—广—莞—深”与环珠江口沿岸人口比值为96.30%。

8. 广东省人口城市化特点：城市化水平已趋高水平；乡村人口城市化意愿在不同年龄间差异较大。2020年广东省人口城市化水平达到74.15%，已趋高城市化阶段。乡村人口城市化意愿系数呈现四大阶段的变动规律：0—14岁高水平大震荡城市化意愿；15—17岁高强度城市化意愿；18—48岁“U”型城市化意

愿，低谷为23—28岁；48岁及以上年龄段的乡村人口城市化意愿随年龄上升而下降。

9. 广东省流动人口地域分布特点：省外流入人口来源地集中、现住地非常集中，工作就业是其主要迁入原因；户籍流出人口目的地分散。2020年广东省流入人口存量有2962.22万人，来源地集中在桂、湘、豫、鄂、川、赣、黔7省，共计2448.01万人，占省外流入人口的82.64%。其现住地主要分布在深圳、东莞、广州、佛山4市，共计2246.40万人，占75.84%。省外流入人口因“工作就业”迁入广东省的人口占82.49%。2020年广东省户籍人口中跨省流出的有168.72万人，国内其他30省区市均有分布，各省区市所占比例最高仅11.41%，相对分散。

10. 2020年广东省常住人口受教育程度特点：15岁及以上人口，略优于全国；流入人口中大学专科及以上人口所占比例偏低。2020年，广东省15岁及以上人口人均受教育年数为10.30年，略高于全国的9.84年。大学专科及以上受教育程度人口所占比例为19.34%，略高于全国的18.78%。2020年广东省跨省流入人口中大学专科及以上受教育程度人口占3岁及以上人口比例为12.37，%低于常住户籍的17.50%。

二、广东省人口预测思路、方法及参数

（一）人口预测流程

研究按五种口径对广东省5类分性别年龄人口做出预测：常住人口、户籍人口、常住户籍人口、省外流入人口、户籍流出人口。预测采用图1所示流程图，使用开放区域人口分性别年龄预测方法对5类人口做出预测。预测分三部分进行：常住户籍人口预测、户籍流出人口预测、省外流入人口预测。其中常住户籍人口预测和户籍流出人口预测合并为户籍人口预测；常住户籍人口预测和省外流入人口预测合并为常住人口预测。预测分别以2010年11月1日和2020年11月1日为起点，以2040年10月31日为止点，预测期内每年11月1日为预测时点。2010—2020年为预测检验时期，2021—2040年预测时期。

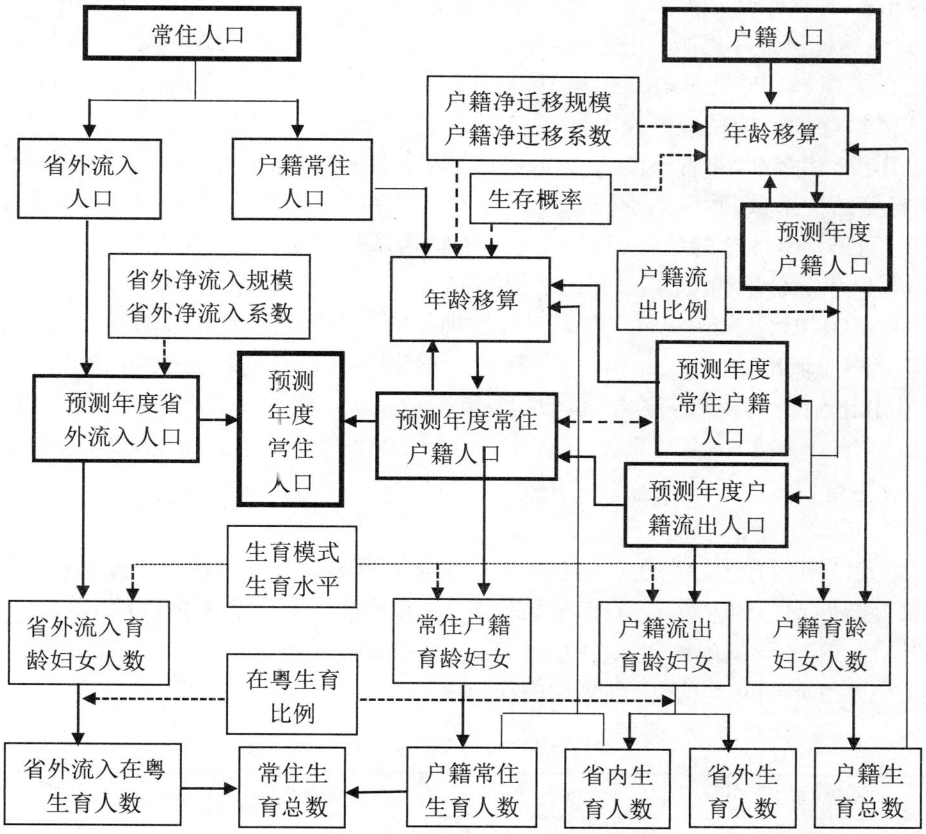

图1　广东省人口发展趋势预测流程

(二)预测的模型和参数

1. 人口寿命和生存概率矩阵

研究以2010年和2020年人口普查得到的广东省分性别、年龄人口死亡数据为基础，编制2010年和2020年生命表，计算存活概率矩阵，依据2011—2020年死亡人口规模对存活概率矩阵做修正，并进而修正2010年和2020年生命表。依据修正后的2010—2020年存活概率矩阵变动规律，估算和构建2021—2040年存活概率矩阵，估算公式为：$P_{x,t}=P_{x,t-1}+\alpha(1-P_{x,t-1})$，其中$\alpha=\frac{|P_{x,0}-P_{x,-1}|}{1-P_{x,-1}}$。根据存活概率可估算预测期各年人口寿命，根据估算，2040年广东省出生人口寿命为82.90岁。

2. 户籍净迁移总量及净迁移结构系数

(1)户籍净迁移总量

根据2010—2020年广东省户籍净迁移总量来确定高、中、低三方案的净迁移量。高方案：以2016—2020年年均户籍净迁移量为基准，年净迁入47.93万人；中方案：以2011—2020年年均户籍净迁移量为基准，年净迁入31.12万人；低方案：以2011—2015年年均户籍净迁移量为基准，年净迁入14.32万人。

(2)净迁移结构系数

以2010年和2020年广东省分性别年龄户籍人口数为起、止点，以2010—2020年存活概率矩阵为中介条件，以2011—2020年分性别的户籍出生数为修正条件，以2011—2020年户籍净迁移量为约束条件，采用循环迭代计算方法，估算2010—2020年的户籍净迁移结构系数，并假定未来的户籍迁移也遵从该结构系数。

3. 省外流入人口增量和流入人口存量结构系数

(1)省外流入人口增量

根据2010—2020年广东省常住人口、户籍人口、自然增长人口和“六普”“七普”流入人口存量，估算2011—2020年各年省外净流入人口量，并确定预测参数。高方案：以2011—2015年均值(107.85万人)为起点，预测期内按95%的比例逐年缩减；中方案：以2011—2020年均值(81.27万人)为起点，预测期内按95%的比例逐年缩减；低方案：以2011—2015年均值(54.69万人)为起点，预测期内按95%的比例逐年缩减。

(2)省外流入人口存量结构系数

首先，计算2010年和2020年省外流入人口存量结构系数，分析两个时点结构系数间的变动规律，按该规律估算预测期各年结构系数；然后基于两个假定对未来的结构系数做出修正：假定60岁及以上结构系数递减有随年龄和时间第移有加速的趋势；假定0—15岁结构系数变动有趋稳的趋势。

4. 户籍流出人口存量总量和流出人口存量结构系数

研究发现广东省2020年与2010年户籍人口分性别年龄流出比例存在相似的特点：2020年分性别年龄的流出比是2010年相应流出比的1.35倍左右，且较为稳定。研究假定以2020年流出比为基础，设定高、中、低三方案的流出比例变动倍数：高方案：2030年，1.2；2040年1.1。中方案：2030年，1.35；2040年1.25。低方案：2030年，1.5；2040年1.4。2020—2030年、2030—2040年流出比均匀变动。

5. 生育水平和生育模式

(1)生育水平(TFR)

研究采用前向人口预测方法，对2010—2020年广东省育龄妇女年龄结构做出预测，结合2010—2020年出生人口数，测算育龄妇女总和生育率，测算结果见表1。根据表1确定预测的TFR参数。高方案：TFR=2.1(更替水平，2011—2015年期间均值)；中方案：TFR=1.880(2011—2020年期间均值)；低方案：TFR=1.582(全国2011—2020年期间均值)。预测期内保持不变。

表1　2011—2020年广东省TFR估算结果

年份	2011	2012	2013	2014	2015	2016	2017	2018	2019	2020
TFR	2.104	2.340	2.128	2.073	1.943	2.011	2.198	1.837	1.721	1.633

(2)生育模式

根据2010年和2020年广东省育龄妇女分年龄生育率，计算生育系数，将2010年生育系数按平滑系数为0.68做一次指数平滑，然后以1为约束条件做同比例修正，修正后的2010年指数平滑结果与2020年生育系数基本重合，两者按年龄计算的平均绝对偏差仅 0.002944。对 2020 年生育系数做一次指数平滑和二次指数平滑，平滑系数为 0.68，然后以 1 为约束条件做同比例修正。以一次指数平滑修正结果为 2030 年生育模式，二次指数平滑修正结果为 2040 年生育模式，2020－2030 年、2030－2040 年期间生育模式均匀变动。

三、广东省未来人口发展趋势、特点、存在的问题：

1. 2021－2040 年广东省 5 种口径人口变动特点

(1)常住人口呈减速增长趋势。预计在 2025 年达到 13493 万人左右，随后在 2030 年、2035 年、2040 年分别达到 14202 万人、14776 万人、15285 万人左右。

(2)户籍人口呈减速增长。预计将在 2025 年、2030 年、2035 年和 2040 年达到 10364 万人、10822 万人、11213 万人和 11586 万人左右。

(3)户籍常住人口呈减速增长。预计将在 2025 年、2030 年、2035 年和 2040 年达到 10165 万人、10588 万人、10941 万人和 11280 万人左右。

(4)省外流入人口存量持续增长。预计在 2025 年、2030 年、2035 年和 2040 年达到 3330 万人、3614 万人、3835 万人和 4005 万人左右。其占常住人口的比重持续上升，由 2020 年的 23.51%上升到 2040 年的 26.20%

(5)户籍流出人口存量持续增长。预计在 2025 年、2030 年、2035 年和 2040 年达到 199 万人、235 万人、272 万人和 305 万人左右。户籍流出人口占户籍人口总量的比例很小，对常住人口总量的影响相对甚微。

表 2　2021－2040 年广东省五类人口发展变化趋势

单位：万人

人口类型		2010 年	2020 年	2021 年	2022 年	2023 年	2024 年	2025 年	2030 年	2035 年	2040 年
人口常住	高			3012853.83	13102.92	13344.17	13577.01	13801.14	14793.80	15629.91	16387.30
	中	10557.34	12601.22	1012790.56	12977.11	13156.57	13328.45	13492.57	14202.10	14775.60	15285.10
	低			5612721.94	12841.32	12954.98	13062.48	13163.63	13577.60	13868.29	14106.56
户籍人口	高			09959.82	10110.04	10257.64	10401.86	10542.21	11180.98	11744.73	12294.00
	中	8495.62	9807.74	89925.14	10040.02	10151.75	10259.74	10363.66	10822.39	11212.55	11585.68
	低			9885.08	9959.88	10031.61	10099.77	10164.11	10428.98	10626.54	10799.31
常住户籍人口	高			9787.31	9933.60	10077.12	10217.08	10352.94	10966.08	11510.03	12041.36
	中	8407.56	9639.01	9750.58	9859.57	9965.28	10067.07	10164.56	10587.69	10941.04	11280.20
	低			9708.51	9775.56	9839.45	9899.64	9955.81	10176.50	10319.05	10442.69
省外流入人口	高			3070.06	3172.52	3269.85	3362.32	3450.16	3827.72	4119.87	4345.94
	中	2149.78	2962.21	3043.48	3120.68	3194.03	3263.71	3329.90	3614.41	3834.56	4004.90
	低			3016.90	3068.85	3118.21	3165.10	3209.64	3401.10	3549.24	3663.87
跨省流出人口	高			172.51	176.44	180.51	184.78	189.27	214.90	234.70	252.64
	中	88.06	168.72	174.56	180.45	186.47	192.67	199.09	234.70	271.50	305.48
	低			176.56	184.33	192.16	200.14	208.30	252.48	307.483	56.62

2. 2021－2040 年期间广东省常住人口增长的三大动力仍然不变：第一动力，户籍人口自然增长，占 43.05%；第二动力，省外人口净流入，占 38.85%；第三动力，户籍净迁移，23,19%。但三大动力均较 2010－2020 年期间有一定程度的减少。户籍流出对常住人口的影响仍相对较小。

3. 预测期内广东省人口老龄化“底部老年化”和“顶部老龄化”同时出现。预测期内，少儿人口系数基本在 20%以下，65 岁及以上老年人口比重均在 9%以上。60 岁及以上老年人口比重预计于 2038 年超过 20%，广东省迈入中度老龄化阶段。2040 年广东省 65 岁及以上老年人口规模将超过 2426 万人。

4. 预测期内人口总负担系数呈上升趋势，但最高仅 43.70%，“人口红利”窗口继续开启。但广东省每 10 万人在校大学生人数仅略高于全国水平，“人口质量红利”有待提升。

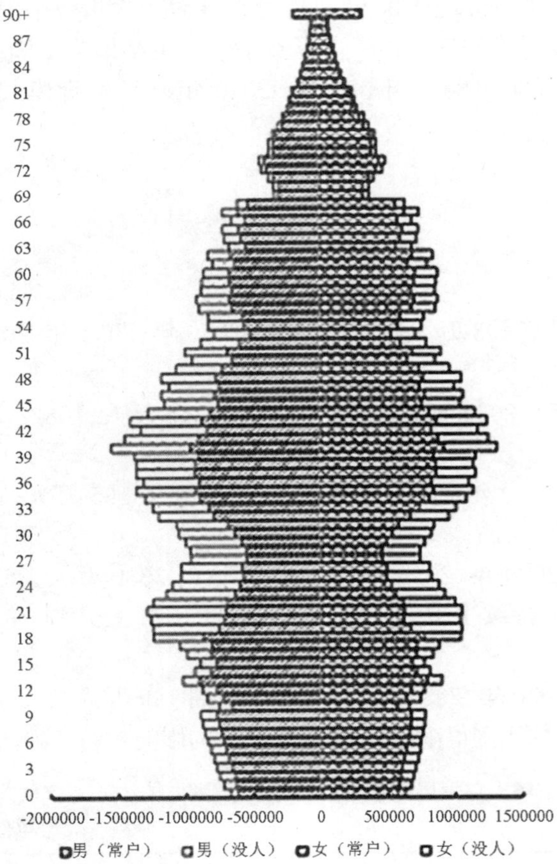

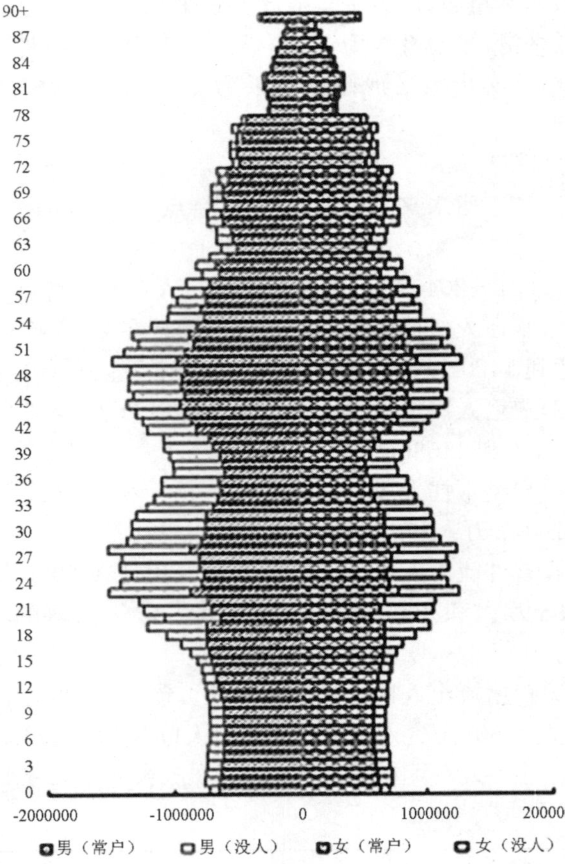

图 2　2030 年广东省人口金字塔　　图 3　2040 年广东省人口金字塔

表 3　2021—2040 年广东省人口负担系数

单位：%

人员负担系数		2010	2020	2021	2022	2023	2024	2025	2030	2035	2040
高	少儿抚养系数			26.7	26.9	26.8	26.6	26.4	24.4	23.1	21.7
	老年赡养系数			12.7	13.2	13.6	13.7	13.8	16.4	19.4	21.7
	总负担系数			39.4	40.1	40.4	40.4	40.2	40.8	42.5	43.4
中	少儿抚养系数	23.7	26.0	26.6	26.6	26.4	26.1	25.7	23.1	21.1	20.1
	老年赡养系数	8.9	11.8	12.7	13.3	13.7	13.8	13.9	16.7	19.9	22.6
	总负担系数	32.6	37.8	39.3	39.9	40.1	39.9	39.6	39.7	41.0	42.7
低	少儿抚养系数			26.4	26.3	25.9	25.4	24.8	21.3	18.3	17.6
	老年赡养系数			12.8	13.3	13.7	13.9	14.0	17.0	20.5	23.8
	总负担系数			39.2	39.6	39.6	39.3	38.8	38.2	38.8	41.4

5. 预测期内，广东省劳动适龄人口变动有如下特点：(1)劳动力供给较为充足，19—59 岁劳动适龄人口将由 2020 年的 8176.16 万人增长到 2040 年的 9304.26 万人，年均增长 56.41 万人。(2)劳动力的高龄化趋势明显：45—59 岁劳动适龄人口占 19—59 岁人口的比例由 2020 年的 31.53%上升到 2040 年的 37.18%。(3)省外流入人口所占比例持续上升，从 2020 年的 30.63%提高到 2040 年的 33.99%。

6. 育龄妇女及其生育有如下特点：(1)常住育龄妇女总量呈先增后减趋势，将在 2036 年达到峰值(3576.82 万人)；(2)省外流入育龄妇女占常住人口比例呈上升态势，由 2020 年的 27.70%上升到 2040 年的 31.71%；(3)常住育龄妇女年龄结构与生育高峰期将错位，2020 年广东省常住育龄妇女人数峰值年龄为 30 岁，生育峰值年龄为 27 岁，人数峰值年龄越过生育峰值年龄；(4)2020 年的 15—18 岁人口在随后的各年中均形成低谷。

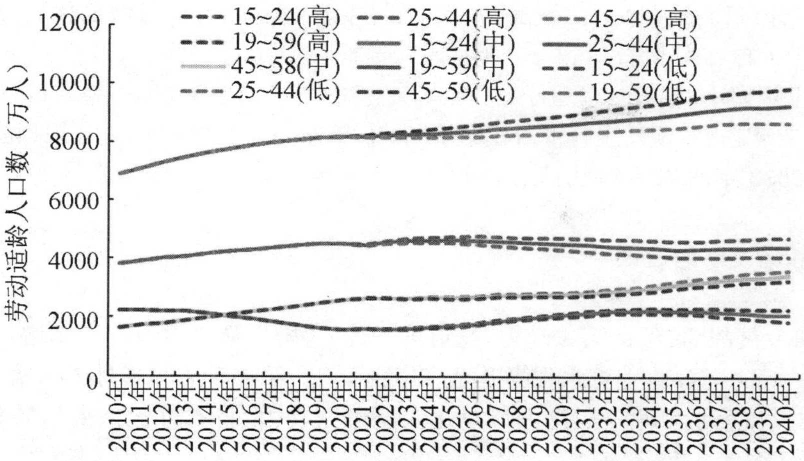

图 4　2011—2040 年广东省各年龄段劳动适龄人口变动趋势(中方案)

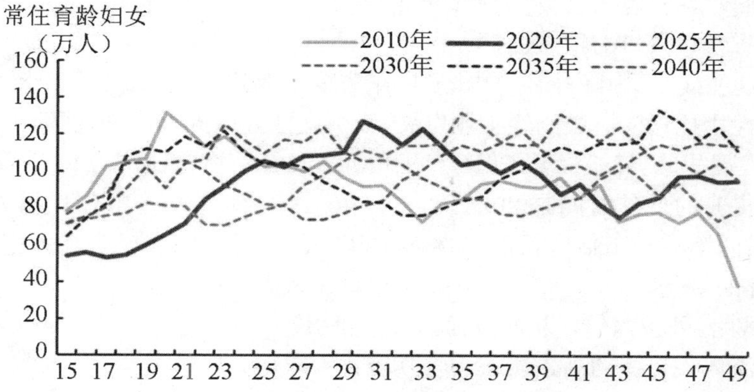

图 5　广东省育龄妇女年龄结构变动趋势(中方案)

表 4　2021—2040 年广东省五种口径人口生育情况

单位:万人

人口类型	方案	2011	2020	2021	2022	2023	2024	2025	2030	2035	2040
常住户籍人口生育	高			158	157	154	152	149	135	135	147
	中	143	125	141	139	137	134	131	116	115	124
	低			118	117	114	111	108	94	92	98
省外流入人口在粤生育	高			7	8	8	9	9	12	13	15
	中	5	7	7	8	8	9	9	11	12	14
	低			7	8	8	8	9	10	11	12
户籍流出人口返粤生育	高			3	3	3	3	3	3	3	4
	中	2	3	3	3	3	3	3	3	4	4
	低			3	3	3	3	3	3	3	4
常住人口生育合计	高			165	164	163	161	158	146	148	161
	中	148	131	148	147	145	143	140	127	127	138
	低			126	124	122	119	117	105	103	111
户籍人口生育合计	高			163	162	160	158	155	140	139	150
	中	146	129	145	143	141	138	135	120	120	130
	低			122	120	117	115	111	98	96	104
在粤生育总计	高			169	168	166	164	161	149	152	165
	中	150	134	151	150	148	146	143	130	131	142
	低			128	127	125	122	119	107	107	115

7. 研究按五种统计口径分别对2021—2040年广东省育龄妇女生育数量做出预测，预测结果见表4。预测结果显示，省外流入人口在粤生育量很小，原因是其选择在粤生育比例低；户籍人口返粤生育数量也很低，其原因是户籍流出规模小，生育规模也小；常住人口生育、户籍人口生育、各类人口在粤生育三中口径的生育人数均呈"U"型变动趋势，预计生育低谷出现在2032年左右。其中常住生育规模变动趋势为：从2021年的148.38下降到2032年的125.31万人，后回升到2040年的137.72万人，超过2020年6.25万人。

四、广东省人口和谐发展的建议

1. 常住人口总量发展战略：保持第一动力，稳定第二动力，增强第三动力。自然增长是广东省人口增长的第一动力，保持第一动力需要将生育水平提升至TFR=2.1。第二动力是省外人口流入，稳定和留住省外流入人口将是广东省人口第一要务。户籍人口净迁入是第三动力，将省外流入人口转化为户籍人口，增强常住人口的稳定性。

2. 流动人口发展战略：两个转化一个转变。从流入人口被动的"市民待遇"到主动的"社会融入"转化；从被动的"市民待遇"到政策的"收入提升"转化，再到技能的"收入提升"转化；逐步择优将流入人口转变为户籍人口，以增强广东省常住人口的稳定性。

3. 人口性别结构发展战略：内降外补。内降：广东省需要制定措施，加强宣传教育，纠正错误的性别观念，有效降低出生婴儿性别比；外补：鼓励轻工业发展，吸引女性人口流入，平抑性别比偏高。

4. 人口年龄结构发展战略：择机提升TFR，择机填补人口金字塔"低谷"。TFR需要提升至2.1，以有效防止金字塔底部收缩，提升的最佳时间是2028—2036年。2020年广东省常住户籍人口的12—18岁人口"低谷"在预测期内随时间第移和年龄增长而始终存在，广东省需要采取措施，加大引入相应年龄段人口户籍迁入，填补缺口，填补的最佳时间为2025—2030年户籍迁入大学毕业生。

5. 人口质量发展战略：外引内转。从两方面提升户籍引进人才质量：一是制定奖励扶助政策，户籍引进高质量人才；二是优先流入人口中的高素质人才将其转化为户籍人口。

6. 人口数量红利向人口质量红利转化的战略："内培""外引"与高质量就业。"内培"，即扩大省内高等教育规模，提升高等教育水平；"外引"，大批量引进外部高素质人才；创立更多的高质量就业机会，为高质量人才提供创业、就业和发展的机遇。

7. 人口就业规划：保量提质。按19—59岁人口规模测算，广东省需在2021—2040年增加1128万个就业机会；按25—59岁测算，则需785万个就业机会；按25—44岁测算需，要减少96.19万人。25—44岁是黄金就业年龄，需要用高质量就业机会引进高质量人才，创造更多的高质量就业机会是关键。

8. 广东省为来20年各学龄教育规模调整建议。

幼儿学龄段教学规模：以2030年为目标，在2020年基础上缩减15%，然后保持到2040年。

小学学龄段教学规模：以2030年为目标，在2020年基础上缩减5%，然后保持到2040年；如果现有教学资源不够充裕，可不做调整，保持现有规模。

初中学龄段教学规模：需分为两个阶段：①以2025年为目标，在2020年基础上扩大30%，然后保持到2031年；②2031年后视2021—2030年户籍净迁移带来的随迁少年儿童数量而定，如果户籍净迁移量能接近高、中、低方案，则以2040年为目标，分别在2025年规模基础上缩减0%（不缩减）、15%、30%。

高中（中职）学龄段教学规模：若2020—2035年在学率从70%线性提高到100%，以2030年为目标年，需在2020年基础上扩大100%左右，然后保持到2040年。若仍保持2020年的"不在学"比例，以2026年为目标年，需在2020年基础上扩大40%，然后保持到2040年。

9. 积极应对人口老龄化：科学养老规划。科学养老规划，是根据广东省老年人口性别年龄结构、文化结构、收入结构、地域结构、社会文化、饮食生活习惯等，结合广东省现有资源条件和可利用的外部条件，积极探索、科学规划和设计广东省养老模式，构建科学养老服务体系，养老服务体系现代化、智能化、结构化和产业化方面下功夫。

10. 调整育龄妇女年龄结构：择机户籍引进相应年龄段育龄妇女。育龄妇女的引进有两大功能：一是平抑性别比偏高的问题；二是优化户籍人口金字塔年龄结构。前者带有普遍性，后者更有针对性。户籍引进育龄妇女最优时期，2025—2030年；最优引进对象，应届毕业的大学本科及以上学历人口。

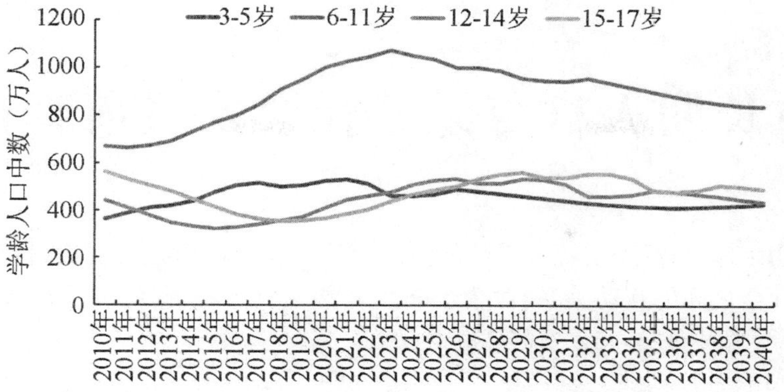

图 6　2010—2040 年广东省各学龄人口规模变动趋势(中方案)

11. 人口生育水平战略:先稳定当前的生育水平,后择机提升到更替水平。广东省需要稳定当前的生育水平,防止生育水平进一步回落。从调整和优化人口金字塔角度和更好的人口更替角度出发,广东省的 TFR 需要提升至 2.1。TFR 提升方式:以 2028 年为目标,逐步提升至 2.1,然后保持至 2040 年

12. 广东省未来的妇幼保健工作可能面临严重冲击,需要制定预案,积极应对。根据预测,流入育龄妇女在未来 20 年年平均生育 60.43 万人,年平均在广东生育 10.70 万人。如果继续提高在广东生育孩子的比例,有可能对广东省妇幼保健工作造成严重冲击。最严重情况是,在现有生育规模上平均每年增加约 50 万人的生育数量。因此,广东省卫健委需要采取措施,制定预案,积极应对可能出现的极端情况。预案的制定需要做三件事:一是出生人口监测;二是出生人口预测;三是制定预案。三者相辅相成,缺一不可。出生人口监测是经常性工作,为出生人口预测提供基础;出生人口预测是决策的基础,可以为预案的制定提供依据;预案是未来危机出现时的应对方案,以避免出现较严重问题。

南京邮电大学　帅友良　温勇　尹勤　唐家山　徐培　雷敏

山西中长期人口与经济社会发展前瞻性研究

人口是生产生活的主体，也是经济社会生活的基本变量。全面认识人口现状，科学把握人口变动趋势，客观研判人口与经济社会之间的互动关系，对于进一步完善人口与经济社会政策、统筹解决人口与经济社会问题、促进二者长期均衡发展，具有重要的战略意义。

一、从“七普”数据看山西人口特点

第七次全国人口普查(以下简称“七普”)数据显示，山西省人口在过去十年间发生了一些新变化，呈现出一些新特点：

(一)在经历了增长持续放缓后，人口规模出现下降

2020年山西省常住人口数为3491.56万人，与2010年的3571.21万人相比，十年间减少79.65万人，减少2.23%，年均增长率为－0.23%，这是新中国成立以来山西省在历次人口普查中首次出现人口总量下降。从全国来看，2020年人口比2010年增长了5.29%，年均增长率为0.67%。虽然全国人口数量的增长速度也处于持续放缓状态，但山西省先于全国出现了人口规模下降现象。

(二)出生率快速走低，出生性别比趋于合理

2020年山西省出生人口28.78万人，出生率8.25‰，出生率与“五普”和“六普”相比分别下降5和2.4个千分点；死亡人口为16.59万人，死亡率为4.76‰，死亡率与“五普”和“六普”相比分别下降1.01和0.62个千分点；人口增长率为3.49‰，与“五普”和“六普”相比分别下降3.99和1.81个千分点。2000年以来，山西省的人口出生率总体呈现下降趋势，近三年人口出生率持续低于10‰。

(三)“老”“少”一增一减，劳动年龄人口下降明显

2020年山西省0－14岁人口570.99万人，占总人口的16.35%；15－64岁人口2470.10万人，占比70.74%；65岁及以上人口450.47万人，占比12.90%。与“六普”相比，少儿人口占比下降0.75个百分点；劳动年龄人口下降4.59个百分点；老年人口上升5.32个百分点。从抚养比来看，2020年山西省少儿抚养比、老年抚养比和总抚养比分别为25.27%、18.24%和43.51%，比“六普”分别增长了2.57、8.18和10.76个百分点，劳动力负担和社会负担整体加重。

(四)人户分离现象趋多，外省人口流入增加

2020年总人口中，人户分离人口占36.92%。其中，市辖区内人户分离人口占总人口的9.21%；流动人口占总人口的23.06%；省外流入人口占总人口的4.64%。与“五普”和“六普”相比，人户分离人口占比分别增加了25.45和15.08个百分点，其中省外流入人口占比分别增加了2.03和2.58个百分点。

(五)人口不断向省会集聚，太原成为人口第一大市

2020年省会太原市的人口数量为530.41万人，占全省人口的比重为15.19%，人口规模在11个地市排名第一。在过去的两个十年，太原市人口分别增长了85.72万人和110.25万人，人口不断向省会城市集聚的态势非常明显。其余地市中除晋中市有小幅增长外，剩余9个市的人口规模均出现了不同程度的下降，其中运城、忻州、临汾、吕梁4市均减少了超过30万人口。

(六)大学以上受教育程度人口增长显著，人口素质不断提高

2020年山西省6岁及以上人口每10万人中具有大专及以上文化程度的人口达到18468人，而“六普”和“五普”时分别为9291人和3736人。同时，15岁及15岁以上人口的文盲率大幅度下降，由“五普”和“六普”的5.68%和2.57%下降至“七普”的1.45%。一增一减数据表明，山西省人口素质在不断提高。

(七)家庭规模趋于小型化，一代户超过半数

2020年山西省家庭户1274.61万户，家庭户人口3213.90万人，平均每个家庭2.52人；与“五普”和“六普”平均每户3.64人和3.24人相比，分别减少了1.12人和0.72人。其中，一代户家庭占家庭户总数的

50.33%，而三代同堂的家庭占比不足10%。

二、从人口预测判断山西人口未来走势

(一)人口预测模型

以“七普”数据为基期年数据，采用Padis－Int人口预测软件，对山西省2021—2050年的人口数量、人口结构及其变动趋势进行预测分析，本预测属于中长期人口预测。

1. 基础数据的收集与核准

本次人口预测基础数据主要来自“七普”数据，以山西省总人口3491.56万人作为基期年人口。同时，设定预测参数时还参考了2021年山西省人口变动抽样调查数据。

2. 预测参数设定

人口预测的重点在于对总和生育率、人口预期寿命、出生人口性别比和人口迁移流动等参数进行设定。在深入研判“七普”数据的基础上，结合近十年山西省人口数量和结构的变化，选定预测模型及模拟参数。其中，生育水平假设模拟了三种方案。

(1)生育水平假设

2020年山西省总和生育率为1.21，考虑到当前三孩政策落地实施以及其他因素，同时参考2021年山西省人口变动抽样调查数据，分别设计了高、中、低三个生育率方案：

高方案：高增长方案是在各方面条件具备情况下的一种可能走势。若政府效应乐观，则生育水平在未来有持续上升的可能。据此，设定山西省总和生育率至2050年上升为1.6，期间线性增长。

中方案：中方案是综合考虑各种影响因素而设定的可能性最高的方案。除生育率外，还加入了对近五年山西省的结婚率、离婚率以及未来山西省适龄婚姻人口等数据的考量。设定山西省总和生育率在预测期内缓慢提升，到2050年提升到1.4，期间线性增长。

低方案：低方案是在生育率最不乐观条件下的一种方案设定。考虑参考已有的别国生育率变动的案例，推断山西省今后阻碍生育率上升的因素较多、生育率上升的可能性较小，有可能出现进一步下降的趋势。据此，将2050年的生育率定为1.15，期间线性变动。

(2)死亡水平假设

以“七普”数据计算男性和女性人口平均预期寿命为基础，结合预期寿命变动规律，按照联合国提供的中高增速方案进行推算，分男女计算每年的增长速度。2020年山西省男性预期寿命为74.84岁，女性79.41岁。随着年龄增长，人口平均预期寿命的增长速度也会逐渐放缓，因此将预测期末预期寿命设定为男性76.5岁、女性81岁。

(3)出生人口性别比假设

2010年后，山西省出生人口性别比在波动中下降。2020年山西省出生人口性别比为105，已处于103—107的合理区间。判断未来我省出生人口性别比仍然会继续维持在合理区间，设定预测期内的出生人口性别比为105，至2050年预测期内保持不变。

(4)迁移人口假设

“六普”“七普”数据显示，山西省为人口净流出省份。根据2021年山西省人口变动抽样调查数据计算，全省人口净迁移率为－0.26%，推断人口在近期可能会延续净流出趋势。随着山西高质量发展战略的落地实施，山西人口有望在若干年后迎来流出数量趋减和新的流入及回流增多，本地经济对于人口人才的吸引力将逐步止跌回升，从而使人口的迁移流动趋于平衡。因此将2021年的净迁移率设定为－0.26%，期间线性增长，至2030年增加到0，其后保持不变。

(二)山西省未来人口发展趋势(2021—2050)

本研究以变化最温和、最具可能性的中方案为依据，对山西省未来30年人口预测结果进行分析。山西省未来人口变动的总体趋势是：未来30年，我省人口规模将处于长期收缩态势，人口总量持续下降；新生人口数量持续走低，劳动年龄人口占比持续下降，人口老龄化程度快速加深。

1. 人口总量变动趋势

根据预测，山西省2021—2050年总人口呈下降趋势。

表 1　山西未来人口规模变动(2020—2050 年)

单位:万人

指标	2020 年	2025 年	2030 年	2035 年	2040 年	2045 年	2050 年
人口总量	3491.56	3444.15	3393.90	3320.69	3220.72	3094.75	2491.34

2. 人口自然变动趋势

表 2　山西重要年份出生率、死亡率与自然增长率变动

单位:‰

年份	出生率	死亡率	自增率
2021	7.07	7.28	−0.21
2025	6.56	7.76	−1.20
2030	6.08	9.26	−3.18
2035	6.21	11.31	−5.10
2040	6.71	13.52	−6.81
2045	6.83	15.63	−8.80
2050	6.42	17.52	−11.10

3. 人口年龄结构变动趋势

表 3　山西省重要年份人口结构变动(2020—2050 年)

年份	0—14 岁		15—59 岁		15—64 岁		60 岁及以上		65 岁及以上	
	人数(万人)	比重(%)	人数(万人)	比重(%)	人数(万人)	比重(%)	人数(万人)	比重(%)	人数(万人)	比重(%)
2020	570.99	16.35	2259.87	64.73	2470.10	70.75	660.7	18.92	450.47	12.90
2025	482.58	14.01	2170.44	63.02	2422.59	70.34	791.13	22.97	538.78	15.64
2030	391.81	11.54	2058.26	60.65	2337.74	68.88	943.84	27.81	664.39	19.58
2035	315.67	9.51	1933.09	58.21	2213.65	66.66	1071.93	32.28	791.38	23.83
2040	306.06	9.73	1819.95	56.51	2028.25	62.97	1094.71	33.99	886.35	27.52
2045	307.68	9.94	1671.01	54.00	1905.15	61.56	1116.06	36.06	881.89	28.50
2050	305.43	10.38	1475.66	50.17	1753.27	59.61	1160.26	39.45	882.59	30.01

4. 劳动年龄人口变动趋势

表 4　山西省重要年份劳动年龄人口变动(2020—2050 年)

单位:万人

年 份	15—59 岁劳动年龄人口			15—64 岁劳动年龄人口		
	劳动力总量	男性	女性	劳动力总量	男性	女性
2020	2259.87	1159.44	1100.43	2470.10	1267.05	1203.05
2025	2170.44	1113.59	1056.85	2422.59	1240.57	1182.01
2030	2058.26	1056.06	1002.19	2337.74	1196.97	1140.77
2035	1933.09	992.45	940.64	2213.65	1132.57	1081.08
2040	1819.95	932.93	887.03	2028.25	1038.18	990.07
2045	1671.01	855.02	815.99	1905.15	973.45	931.70
2050	1475.66	754.64	721.02	1753.27	894.12	859.15

5. 抚养比变动趋势

表 5　山西省重要年份人口抚养比及抚养人口变动(老年 60 岁口径)

年份	总抚养比（%）	抚养人口数（万人）	老年抚养比（%）	老年人口数（60 岁及以上）（万人）	少儿抚养比（%）	少儿人口数（0—14 岁）（万人）
2020	54.51	1231.69	29.24	660.7	25.27	570.99
2025	58.68	1273.71	36.45	791.13	22.23	482.58
2030	64.89	1335.65	45.86	943.84	19.04	391.81
2035	71.78	1387.6	55.45	1071.93	16.33	315.67
2040	76.97	1400.77	60.15	1094.71	16.82	306.06
2045	85.20	1423.74	66.79	1116.06	18.41	307.68
2050	99.32	1465.69	78.63	1160.26	20.70	305.43

表 6　山西省重要年份人口抚养比及抚养人口变动(老年 65 岁口径)

年份	总抚养比（%）	抚养人口数（万人）	老年抚养比（%）	老年人口数（65 岁及以上）（万人）	少儿抚养比（%）	少儿人口数（0—14 岁）（万人）
2020	41.36	1021.46	18.24	450.47	23.12	570.99
2025	42.16	1021.36	22.24	538.78	19.92	482.58
2030	45.18	1056.2	28.42	664.39	16.76	391.81
2035	50.01	1107.05	35.75	791.38	14.26	315.67
2040	58.79	1192.41	43.70	886.35	15.09	306.06
2045	62.44	1189.57	46.29	881.89	16.15	307.68
2050	67.76	1188.02	50.34	882.59	17.42	305.43

6. 育龄妇女人口变动趋势

表 7　山西省重要年份育龄妇女及旺盛期育龄妇女变动

年份	育龄妇女（万人）	育龄妇女占总人口比重（%）	20—29 岁育龄妇女（万人）	20—29 岁育龄妇女占育龄妇女比重（%）	20—34 岁育龄妇女（万人）	20—34 岁育龄妇女占育龄妇女比重（%）
2020	827.67	23.72	221.38	26.75	366.59	44.29
2025	770.40	22.37	179.45	23.29	303.80	39.43
2030	753.12	22.19	177.10	23.52	273.16	36.27
2035	716.80	21.59	186.40	26.00	269.21	37.56
2040	627.46	19.48	177.55	28.30	271.33	43.24
2045	553.60	17.89	140.21	25.33	232.32	41.96
2050	505.89	17.20	105.26	20.81	190.23	37.60

7. 老年人口变动趋势

表 8　山西省重要年份老年人口变动

年份	60 岁及以上		80 岁及以上	
	人数（万人）	占总人口比重（%）	人数（万人）	占 60 岁及以上老年人口比重（%）
2020	660.70	18.92	76.93	11.69
2025	791.13	22.97	78.96	9.98
2030	943.84	27.81	105.45	11.17
2035	1071.93	32.28	151.73	14.15
2040	1094.71	33.99	185.19	16.92
2045	1116.06	36.06	227.39	20.37
2050	1160.26	39.45	265.02	22.84

8. 重要年龄人口变动趋势

表9　山西省重要年龄入学(园、托)人口变动

单位:万人

年份	3岁以下入托人口总数	3岁幼儿入园人口	6岁小学入学人口	12岁初中入学人口	15岁高中入学人口	18岁大学入学人口
2020	98.7	39.51	43.43	40.06	36.31	33.68
2025	67.20	23.20	35.05	38.91	38.56	38.93
2030	61.01	20.96	22.21	33.80	30.91	41.35
2035	59.99	19.82	20.21	22.65	28.04	38.86
2040	62.85	20.54	19.89	20.52	21.69	23.02
2045	62.66	21.11	20.87	19.80	19.97	20.90
2050	57.12	19.99	20.83	20.69	19.99	19.76

(三)山西人口未来走势判断

结合经济社会发展背景,对山西省未来人口变动趋势做出如下判断:

1. 人口主要压力已从数量压力转变为结构性压力

预测结果显示,未来山西省人口规模将持续减少,且减少幅度不断加大。2030年、2040年和2050年山西省人口数量分别为3393.90万人、3220.72万人和2491.34万人,每个十年节点的人口数量将比上一个节点分别减少97.66万人、173.18万人和729.38万人,每个十年中人口年均变化速度为－0.28%、－0.51%和－2.26%。因此可以基本判定,山西省的人口压力已经从过去的数量压力转变为结构性压力,而这种结构性压力表现多样,既包括源于年龄结构的新生人口收缩、劳动力减少、老年抚养压力加大等,也包括源于区域结构的人口过度集中和人口流失压力,源于城乡结构的农村人口发展问题等。

2. 未来生育率走向有赖于生育政策实施的效果

2020年全国的总和生育率为1.3,山西省仅为1.21。而国际上将总和生育率低于1.3界定为最低生育率,也称超低生育率。超低生育率是许多现代国家面临的共同难题,从已有的经验来看,生育率走低具有强大的惯性。从未来的情况来看,山西省育龄妇女人口数量将持续减少,育龄妇女数量将从2020年的827.67万人减少至2030年的753.12万人,以及2050年的505.89万人,这对出生人口数量造成了根本上的约束。在积极推动生育支持措施的情况下,人们的生育意愿是否完全被激发出来,生育率能否恢复到一个比较乐观的水平,还有待进一步观察。

3. 劳动力人口面临深层次结构性矛盾

2020年山西省15—64岁劳动力人口数量为2470.1万人,已经走过了劳动力规模峰值的拐点。在未来的30年,劳动力数量还将持续走低,2050年减少至约1753.27万人。与此同时,劳动力在总人口中的占比也将持续下降,从2020年占比70.75%分别降至2030年和2050年的68.88%和59.61%。劳动力绝对数量和相对数量的减少,表明人口中的生产者在减少、劳动力的抚养负担在增长。当然,在社会生产力和科技技术水平比较发达的当今时代,劳动力的数量多少并不是决定性的,还要看劳动力的质量和结构是否与所处的经济社会条件相匹配。结构性矛盾而非总量矛盾是当前和未来劳动力人口的主要矛盾,就业问题才是劳动力面临的根本问题。

4. 老龄化将是未来面临的最突出的人口难题

2020年,山西省65岁及以上人口占比为12.09%,老年抚养比为18.24%,即平均约8个人当中有1个老年人,且大约5.5个劳动力抚养1个老人;2030年这两项指标将分别为19.58%和28.42%,即平均约5个人当中有1个老年人,且大约3.5个劳动力抚养1个老人;2050年分别为30.01%和50.34%,即平均约3个人中就有1个老年人,且不到2个劳动力抚养1个老人。而且,随着人口年龄结构随时间的变动,高龄老人的占比会越来越高,2050年平均每4个60岁以上老人中就有1个年龄超过了80岁。老龄化的快速加剧会对经济社会产生深层次的影响,人们的消费方式、居住方式、家庭关系乃至精神生活等方面都将发生巨大的改变。人口老龄化将成为未来山西省人口社会最基本、最突出的特征,也是最严峻的挑战。

5. 迁移流动成为影响区域人口的重要因素

历史上山西省长期属于人口净流入省份，直至“五普”时仍是中部六省中唯一的人口净流入省份，但是到了2010年“六普”时，山西首次出现了人口净流出，净流出数量约为15万人。目前山西省仍属于人口净流出省份，且由于山西省属于内陆经济欠发达省份，资源型经济转型的压力比较大，未来人口持续流失的压力依然存在。鉴于未来人口的机械变动将会代替自然变动，成为影响区域人口规模的首要因素，且人口迁移流动还会对省域人口结构和经济发展产生重要影响，因此要充分重视人口迁移流动的现象及其后果，提早研究并推行针对性政策加以引导。

6. 未来多数人口将在城市中生活

2020年山西省常住人口城镇化率为62.53%，有超过2180万人口生活在城镇。根据国家“十四五”规划和2035年远景目标，我国将在2035年实现人均GDP达到中等发达国家水平，而发达国家的平均城镇化率在80%以上。结合人口预测数据推算，2035年我省将有约2657万人口生活在城市，比现在再多出近500万人。从“七普”人口迁移流动的趋势来看，乡村人口向县城转移、县市人口向省会城市转移的趋势非常明显。人口向城市集聚，一方面对流入地的基础设施、公共服务和社会治理等提出了新的要求，另一方面流出地也面临着更大的发展压力。如何巩固人口城镇化的成果，不断提高人口在城市中的生活质量，是未来城镇化发展的首要任务。

7. 农村地区同时面临多重人口风险

过去的几十年，山西省的农村地区处于发展的相对劣势地位。人口的持续流出又导致了诸多人口问题在农村地区的积累，其中包括留守老人问题、农村青年婚配问题、失地农民问题、易地搬迁人口问题等。以农村养老问题为例，2020年山西省仍然有1308万人口生活在农村，其中60岁及以上人口占18.92%，65岁及以上人口占17.97%，与全省平均水平相比，分别高出6.88和5.07个百分点。农村老人的家庭收入本来就低于城市老人，农村水电暖等基础设施和医疗条件也相对落后，如果再加上子女外出务工等原因导致的空巢现象，农村老人的养老处境困难重重。

8. 个体生活和家庭形态将日趋多样化

2020年，山西省平均家庭户规模仅有2.52人，家庭形态核心化、小型化是大势所趋。父母与子女尤其是已婚子女同地不同住的现象日益普遍化，家庭人口的空间流迁频度也明显提高。与之相随，家庭功能也悄然发生着变化，家庭建设面临的环境愈复杂，单身、隔代、空巢、双职、丁克、双城等多种家庭形态层出不穷，家庭成员之间的互动互助、代际之间的情感关系以及抚幼养老的方式和形态也都发生了改变。经济社会转型还剧烈冲击着人们的家庭观念与情感认知，家庭文化与社会文化趋于多样化。众多新生的人口社会现象反映了时代的变迁，事关个体、家庭及全社会的幸福生活，值得进一步关注与研究。

三、人口与经济社会发展面临的挑战与对策

2021年是“十四五”规划的开局之年，也是2035年和2050年远景目标的新起点，山西省人口与经济社会均处于一个重要的发展转折点上，人口压力与经济社会转型压力并存。为应对已经出现以及未来可能出现的问题，必须充分认识到人口与经济社会协调发展的深刻意义，按照省委“全方位推动高质量发展”总体思路和任务部署，统筹人口与经济社会统筹发展的战略思维，在一些与人口生存发展直接相关的重点领域应提前做出研判及对症施策：

(一)完善配套措施，构建生育友好型社会

实施目的：减轻生育家庭负担，促进人口长期均衡发展

具体措施：一要切实做好“三孩”生育政策的落实工作，提高优生优育服务水平，为育龄妇女和儿童提供优良服务；二是要做好政策工作，将婚嫁、生育、养育、教育一体考虑，多方面减轻家庭成本，切实提升育龄人口的生育意愿；三是探索实施家庭发展计划，有效提升家庭发展能力，构建性别平等、儿童优先、老年幸福、代际和谐的家庭友好型社会；四是要继续做好人口监测与统计工作，加强人口信息网络建设和平台共享，建立常态化的人口监测预测预报机制。

(二)多方面综合施策，应对重度老龄社会到来

实施目的：建立与老龄化社会相适应的社会保障和养老服务体系

主要措施：一是构建多层次养老保障体系，不断完善基本养老保险制度、企业年金和职业年金制度以及个人储蓄型养老保险和商业养老保险；二是以需求为导向，大力发展普惠型养老和互助养老，快速补齐居家社区养老服务短板；三是全面强化健康管理，树立大卫生、大健康理念，优化分级诊疗制度，着力提升基层医疗卫生服务能力；四是积极探索医养结合服务新模式，及早推行长期护理保险，以应对老年人的刚性需求。

（三）加快产业升级，在发展中提升区域人口吸引力

实施目的：维持和扩大山西省人口规模，提升人口经济活力

主要措施：一是全力加快产业转型升级步伐，不断提高城乡居民就业和收入水平，增加经济含金量；二是切实改善营商环境，打通堵点、消灭痛点，吸引社会资本和高素质人才到山西投资创业；三是加快新型城镇化步伐，改善城市面貌与社会治理，持续优化人口生存与发展环境；四是全面实施人才强省战略，着力消除体制机制障碍，充分激发人才创新创造创业活力。

（四）坚持底线思维，着力解决农村人口发展难题

实施目的：从根本上破解农村人口生存与发展困境

主要措施：一是全面推进乡村振兴，促进农业全面升级、农村全面进步、农民全面发展，加快农业农村现代化步伐；二是加强农村基础设施建设和干部队伍建设，积极推动人力财力等资源向农村倾斜，为乡村发展强筋健骨、输血造血；三是创新改革思路，全面推进农村土地制度改革、农业生产和经营模式变革、粮食流通体制改革、集体林权制度改革及农村基层治理机制改革；四是增加农村公共服务投入，重点增加人居环境、教育、医疗卫生、养老保障等方面的投入，对农村人口发展起到兜底保障作用。

山西省社会科学院　韩淑娟　谭克俭　高　瑞
山西省统计局　刘晓霞　张敏怡

浅谈人口普查存在问题及建议

我国第七次全国人口普查尽管取得了较大的成绩，但仍存在着普查指标设置不合理、两员培训难、区域划分和地图标绘难、数据采集难、行职业编码难五大问题。本文从一个基层统计工作者的角度出发，在对产生的困难问题进行详细分析的基础上，提出了第七次全国人口普查中应对困难问题的建议。

一、普查指标设置方面

（一）存在问题

人口普查指标设置过于专业，范围广，信息量大，实用性强，但有些指标分项过细且选项区分较为专业，在实践过程中发现某些指标设置不尽合理。普查表设计复杂，指标分项过细、过小，指标解释有的含糊，在填报时对部分指标拿捏不准，导致填报时出现理解偏差。比如问题 10：离开户口登记地原因。离开户口登记地原因有 10 项，区分时存在一定困难。离开户口登记地工作第 0、1、5 选项需要记多少周岁以上才能选这个选项。填报要求，遇到被登记人有过多次迁移的，要填报其离开户口登记地时的原因，不能填报到现住地的原因。遇到多次离开户口登记地，以离普查时点最近的一次原因为离开户口登记地原因。这些原因判断是要经过两员细致询问才能得到准确的选项，花费时间长，而且增加了普查对象的思想压力，难于判定离开户口登记地的原因。

（二）建议

普查指标的设置，在整个普查中有着举足轻重的地位，指标数量的多少必须科学合理地分析研究确定，需“少而精”且具有可操作性。在指标设置上使普查对象轻易接受，不能引起普查对象的疑虑。比如：判断离开户口登记地原因选项可以减少为 6 项，应以浅显易懂，便于两员理解，也便于普查对象回答。即“问题 10：离开户口登记地原因”设：

1. 工作就业
2. 学习培训
3. 寄挂户口
4. 婚姻嫁娶
5. 家庭生活所需
6. 其他

二、两员培训方面

（一）存在问题

“两员”素质的高低、培训质量的好坏直接关系到人口普查的成功与否。从培训经验上看，要想减少“人在心不在”或流于形式的情况发生，应尽量避免培训教师单方面滔滔不绝，一讲到底的培训方式，而应考虑采用多元化的培训方式，充分调动“两员”的学习积极性和主动性。

（二）建议

一是要通过案例讲解，使“两员”掌握普查知识。二是通过实例演练，使“两员”熟悉具体的操作模式。三是通过考评结合方式，使“两员”巩固学习效果。因此做好人口普查的培训工作，就是要通过多元化的培训方法做好普查员、普查指导员的培养和训练工作，使广大基层普查员和普查指导员熟练掌握普查业务知识，科学运用各种调查技能，使普查工作顺利推进，从而保证人口普查数据的科学性和准确性。

三、区域划分和地图标绘工作方面

(一)存在问题

1. 标绘系统提供的底图版本太旧。以遥感影像资料作为工作底图和控制底图来进行区域划分和制图工作是本次普查的一个显著特点，也是一个不可缺少的重要环节，但在实际使用中我们发现系统自带的高清卫星图，有些并不高清，地图分辨率不高，同时因为建筑物变化情况较快，卫星图更新不及时，很难为人口普查提供较为精确的依据，需要更多的人力物力去到实地核查标绘，给实际标绘工作开展增加很大的困难。

2. 绘图软件平台不完善。有时出现平台打开很慢无法登录，大部分绘图人员都得用晚上及夜间工作方式，影响工作效率。

(二)建议

1. 普查底图应选用最新、最全、比例尺大的高清卫星地图。

2. 完善绘图软件的功能。运用信息化技术绘制普查区域地图是今后普查工作的必然趋势，将为地理信息应用系统打下良好空间数据基础。建议国家做好各种软件的开发、测试，统一标准，设计出合理便于基层使用的绘图软件，尽量减少基层普查人员素质不高而造成的影响地图绘制工作的质量。比如用定位仪代替画电子地图及建筑物地图。比如简化系统绘制方式，增加标绘建筑复制粘贴功能、批量复制粘贴等功能，升级扩展其他功能，促进系统操作方式的完善提升。

四、数据采集方面

(一)手机小程序采集数据方面

1. 存在问题

使用普查指导员、普查员的智能手机进行普查数据采集不仅能够有效应对采购，弥补普查采集工作所需设备数量的缺口，在一定程度上还提升了普查采集设备的质量，但也面临着普查数据安全、通信补贴及手机使用费发放等问题。一是普查工作属于政府行为，使用个人智能手机进行统计调查，部分普查指导员、普查员考虑到个人隐私安全、流量支出等因素而不愿意使用个人的物品开展政府活动。二是部分普查采集手机设备老旧，数据采集程序与设备硬件不兼容的问题，如对 ANDROID、IOS 操作系统有一定的版本要求反应速度较慢。三是采集程序本身存在一些问题，程序运行缓慢，停、卡等现象经常出现。四是对手机采集端普查数据如何防止截留和篡改，如何加强对个人信息安全的技术防护等管理难。

2. 建议

普查采集程序对智能手机性能参数要具备更广范围的普适性，数据采集程序的设计和开发应尽一切可能适应这些客观存在的复杂条件。要加强手机操作技术培训工作，建立强有力的技术保障队伍，及时发现新技术新平台应用中存在的各种问题，研究提出解决方案，提供技术支持、指导和服务，确保正式登记时各个环节紧密衔接，不出差错。加强对个人信息安全的技术防护的开发建设。

(三)自主填报方面

1. 存在问题

自主填报具有较多优势，容易被繁忙的现代人所接受，但是自主填报由于填报指标多，操作繁琐，自主填报会遇到以下问题。一是参与度不高。以户均 3 人为例，就需要填写 43 个指标，即使这些指标相对简单且容易理解，但如果仅在移动端填写，一些填表者可能会失去耐心。二是信息可信度降低。在普查员缺席的情况下，普查对象可能会随意填报信息，漏报或错填。三是登记质量难以把握。人口普查涉及“人在”和“户在”两个口径普查对象，与大众认识的人口概念有较大差异，调查对象没有经培训对指标的理解存在一定的偏差，最后还是需要普查员的入户核实，网络填报的意义就打了折扣，也会给后期的数据处理带来一定困难。

2. 建议

一是拍摄自主填报短视频。将自主填报短视频投放在地铁、公交、广场等人流量大的地方。利用抖音、快手等短视频平台扩大宣传面，号召民众自主填报。二是广泛告知自主填报优势。公众参与人口普查是公民的义务，参与的有两种方式：一种是普查员上门登记，另一种是自主填报。自主填报可以在填报期限内自行选择何时填报，更加便捷，又节约时间，还能减少与普查员面对面的接触。三是奖励自主填报。自主填报在一定意义上减少了政府的人力和物力，可以将节约下来的经费回馈给积极参与自主填报的民众。政府可以发放消费券、手机话费、视频会员优惠券等，参与自主填报并审核通过的民众都有机会得到。四是优化程序设计。升级程序稳定性，要能运行流畅并适应各种机型和系统。五是提高审核力度。有效引用公安、民政等各部门数据库，在系统中设置自动审核验证关键指标如姓名、身份证号码、户口登记地等，误报的信息普查对象可即审即改，提高数据质量。

五、行职业编码方面

（一）存在问题

1. 行职业编码专业性强，对应代码唯一，这对行职业指标填写的准确性要求十分高。但长表登记指标众多，普查员任务重，时间紧迫，往往等到数据上报一一审核后，已来不及再做修改，无法保证所有行职业填写规范。

2. 行职业代码界定困难。编码过程中最困难的一点是代码的选择。行业代码明确，大部分可根据系统给出的行业赋码建议选择代码，简单方便，一部分可利用辅助工具查询，还剩下些无法在辅助工具上查询到的单位，联系普查员也可得出行业代码。而职业代码较行业代码复杂，代码分类更细，遇到易混淆的编码，根据编码人员对代码的理解，选择的代码不一定相同。定义不明确，编码困难的行职业往往需通过交流讨论，交换意见统一代码，或者向上级部门确认才能编上合适的代码。

（二）建议

1. 编制与时俱进行业职业编码。随着社会分工的进步，现行的行职业代码滞后，不能适应经济社会发展的需要。在普查前及时更新行业职业标准，对行业职业标准进行细化，增加描述性说明，方便编码员查询，使之名副其实地成为编码工具。

2. 编制精准实用的行职业码对照本。国家应编制统一的行职业码对照本，让“两员”在调查过程中有据可查，减轻“两员”的脑力负担。行职业码对照本既可以在“两员”采集数据时候使用，又可以在编码工作时成为的重要查询工具。

3. 增加行职业源头信息的审核条件。国家应在长表普查表上报时设置审核公式，如单位名称是否具体、主要产品或主要业务要描述是否详细填写、是否用到动宾词组或者关键字表达、对于无单位就业者是否可以通过职业判断出行业等审核公式。

以上分析与建议是本人结合现实情况的一些粗浅看法与问题反映，不乏多数不成熟之处，仅供参考，作为建言献策，望能对下次人口普查起到一定的参考作用。

广西贵港市港南区统计局　李荣娣

专题二

婚姻家庭与生育死亡

中国农村大龄未婚男性的婚姻挤压与生存现状

——基于第七次全国人口普查数据的研究

1. 问题的提出

性别失衡问题并非中国所独有，但中国性别失衡的持续时间长、影响范围广，并与其他社会转型风险相互交织，成为社会治理领域的一个重大挑战（李树茁等，2019）。农村大龄未婚男性①作为中国社会发展进程中的弱势群体将长期存在。这一日益凸显的社会现实屡见报端，由此催生的“天价彩礼”“跨国婚姻”“买卖婚姻”“婚姻骗局”现象日益加剧。

中国出生人口性别结构失衡已持续40余年，一大批高出生性别比队列人口已进入婚姻市场。第七次全国人口普查数据（后简称“七普”数据）显示，2020年中国35岁及以上农村未婚男性人口规模高达882.29万，占相应年龄农村全体男性的5.70%；50岁及以上农村未婚男性人口规模则为463.96万，占50岁及以上农村全体男性的4.49%。性别失衡与男性婚姻挤压的人口和社会经济效应首次较为全面真实地在全国人口普查中显现，为我们提供了实际观测中国大龄未婚男性婚姻挤压现状以及生存现状②的窗口。

已有研究表明，中国男性婚姻挤压主要表现为农村地区超低初婚水平的挤压模式（果臻等，2016）。中国农村大龄未婚男性属于男性婚姻挤压所导致的“被迫不能成婚”，而非其他国家或地区存在的“主动不结婚”（李树茁等，2014）。农村大龄未婚男性往往面临着严峻的生存形势，会面临较高的死亡风险和较严重的寿命不均等程度（果臻，2018；果臻等，2018）。由于无法成婚等原因，该群体面临着多重社会排斥，包括家庭养老保障、由婚姻关系所搭建的社会关系支持网络、经济活动参与和经济发展等方面，这些社会排斥的发生进一步固化了其弱势地位（孟阳、李树茁，2017）。农村未婚男性的晚年生活前景更是悲观，中老年未婚男性的生活和养老已经成为影响农村公共安全与和谐发展的重要问题（王磊，2015）。

长期性别失衡和男性婚姻挤压背景下中国农村大龄未婚男性群体的基本特征和随之而来的社会问题已经显现，但是宏观层面上农村大龄未婚男性最新的人口态势、所面临的婚姻挤压态势以及生存现状尚未被人们掌握和了解。实际上，在新时期全面深入地把握农村大龄未婚男性的状况是当前必须完成的工作。这能为研判农村大龄未婚男性的社会影响、政策需求以及有针对性的治理提供基础性支撑，是保障弱势群体权益的必要前提，也有助于有效防止潜在风险转化为现实危机。

本文综合使用历年全国人口普查数据和最新的“七普”数据，系统探究中国农村大龄未婚男性的人口态势和面临的婚姻挤压现状，并聚焦存在风险累积劣势的老年未婚男性的生存现状。

2. 研究方法与数据

2.1 研究方法与主要指标

在婚姻挤压现状部分，本文使用了平均初婚年龄，并且参考黄荣清和魏进（1985）、曾毅等（2011）的方法构建多递减初婚表，主要使用初婚概率、初婚数累计百分比、未婚尚存比例和终身结婚期待率进行分析。

具体而言，初婚概率指年初某年龄的未婚人口在当年初婚的概率。初婚人数指在某年龄发生的初婚事件数，本文基于15～60岁初婚人数计算初婚数累计百分比，某年龄对应的初婚数累计百分比表示15岁至某年龄之间发生的初婚事件数占15～60岁初婚事件总数的比例。未婚尚存人数指随着年龄的增长，由于初婚

---

① 本文将中国农村大龄未婚男性的年龄界定为35岁及以上（果臻等，2022）。

② 一般意义上的生存研究涉及范围较广，本文的生存研究特指对于农村大龄未婚男性这一群体的基础性生存态势研究，包括其健康状况、养老状况、居住状况等，不包括对其死亡水平、模式和预期寿命的研究。

和死亡事件，同时出生的一批人逐渐减少，其中仍然为未婚状态且存活的人口数，本文基于此计算年龄别未婚尚存比例，表示某年龄的未婚尚存人数占队列起点总人数的比重。终身结婚期待率指存活至某个年龄的未婚男性，到死亡为止能够经历初婚事件的比例。

在人口态势与生存现状部分，本文主要使用基础描述性指标进行分析。

2.2 数据来源与数据调整

本文使用的数据主要为第四次到第七次全国人口普查数据。其中，构建多递减初婚表需要婚姻数据和未婚人口死亡数据。婚姻数据主要来自“六普”和“七普”汇总数据，死亡数据则主要来自“五普”和“六普”死亡原始数据带(1%抽样)，以及“六普”和“七普”汇总数据。

从婚姻数据看，本文需要2010和2020年全国与分城乡男性初婚概率，而“六普”中2010年男性初婚人数和“七普”中2020年男性初婚人数的统计结果均偏低，无法作为有效数据使用。因此本文实际使用的是“六普”的2009年男性初婚人数和“七普”的2019年男性初婚人数。由此得到的初婚概率严格意义上是2009年和2019年男性初婚概率，但为了与普查年份和其他数据保持一致，本文统一使用2010年和2020年表示。另外，本文参考Peristera等(2015)提出的用于拟合初婚模式的参数模型，对计算得出的15～60岁男性初婚概率进行修匀和调整。在死亡数据方面，本文需要的是2010、2020年全国及分城乡未婚男性人口死亡概率。由于无法直接得到2020年未婚男性人口死亡概率，本文基于“五普”和“六普”死亡原始数据带(1%抽样)进行间接推算。

本文构建女性多递减初婚表使用的数据来源和数据调整方法与男性基本一致，但由于数据可获得性的限制，无法获取未婚女性人口死亡概率，因此使用全体女性人口死亡概率。以上提到的数据调整和推算方法详细内容参见(果臻等，2022)。

3. 中国农村大龄未婚男性的人口态势

3.1 中国大龄未婚男性仍然聚集在农村地区

中国大龄未婚男性主要聚集在农村地区。图1表明，2020年中国35岁及以上和50岁及以上未婚男性都主要分布在农村，占比分别为50.92%、64.00%。1990年、2010年和2020年城镇地区50岁及以上未婚男性占全国的比重分别为14.33%、23.06%以及36.00%，35岁及以上城镇未婚男性占比也均未超过50%。

与男性群体不同的是，中国大龄未婚女性主要分布在城镇地区，而且城镇地区大龄未婚女性占比进一步增加。1990～2020年，分布在城镇地区的35岁及以上未婚女性占比由46.06%提升至81.50%，50岁及以上未婚女性占比则由32.55%提升至75.75%。

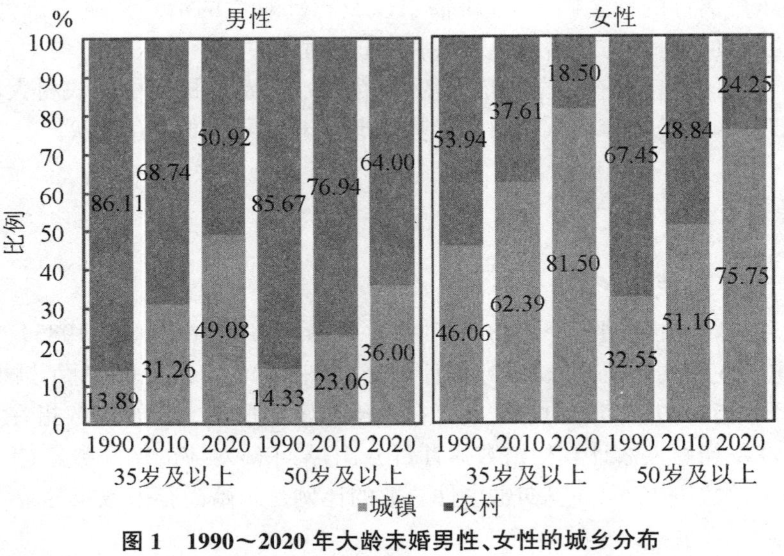

图1 1990～2020年大龄未婚男性、女性的城乡分布

数据来源：“四普”数据，“六普”和“七普”长表数据。

3.2 农村大龄未婚男性规模和占比始终高于城镇

中国农村大龄未婚男性的规模和比例始终高于城镇地区(表1)。从绝对人数看,2020年中国35岁及以上和50岁及以上的农村未婚男性人数已达到882万和464万,分别比同期城镇未婚男性多32万和203万。从相对比例看,35岁及以上未婚男性的比例始终处于5%的高位,并于2020年提升至5.70%,远高于同期城镇未婚男性3.62%的占比。50岁及以上农村未婚男性的比例也在2020年升至4.49%,比同期相应年龄段的城镇未婚男性高出2.48个百分点。

尽管大龄未婚男性仍主要集中在农村地区,城镇大龄未婚男性群体日益凸显。无论是35岁及以上还是50岁及以上,城镇未婚男性的规模和比例均呈上升趋势。其中,35岁及以上城镇未婚男性的增长尤为突出:其绝对人数从1990年的119万增至2020年的850万,增幅高达731万;其占比的增幅也达到1.49个百分点,远高于农村未婚男性的0.42个百分点。

表1 1990、2010和2020年全国及分城乡大龄未婚男性人口数和比例

单位:万人、%

年龄	城乡	1990年	2010年	2020年
35岁及以上	全国	857.41(4.38)	1313.84(3.95)	1732.72(4.45)
	农村	738.31(5.28)	903.16(5.23)	882.29(5.70)
	城镇	119.11(2.13)	410.68(2.57)	850.43(3.62)
50岁及以上	全国	298.53(3.24)	543.36(3.29)	724.90(3.11)
	农村	255.74(3.84)	418.06(4.54)	463.96(4.49)
	城镇	42.79(1.68)	125.30(1.71)	260.95(2.01)

数据来源:"四普"数据,"六普"和"七普"长表数据(按照10%的抽样比进行了估算)。

3.3 农村大龄未婚男性平均受教育程度始终低于曾婚男性

中国农村大龄未婚男性的平均受教育程度有所提高,但始终低于同处于农村地区的曾婚男性(图2)。得益于中国教育事业的发展,2010～2020年间农村大龄未婚男性的文盲比例大幅下降,但在2020年35岁及以上和50岁及以上的文盲比例仍高达13.80%和19.95%,分别为同期相同年龄段农村曾婚男性的4.32倍和4.60倍。此外,接受过初中及以上教育的农村大龄未婚男性人口占比均低于曾婚男性。其中,2020年35岁及以上的农村未婚男性接受初中教育的比例比农村曾婚男性低16.7个百分点,50岁及以上年龄组中的这一差距更是高达23.51个百分点。

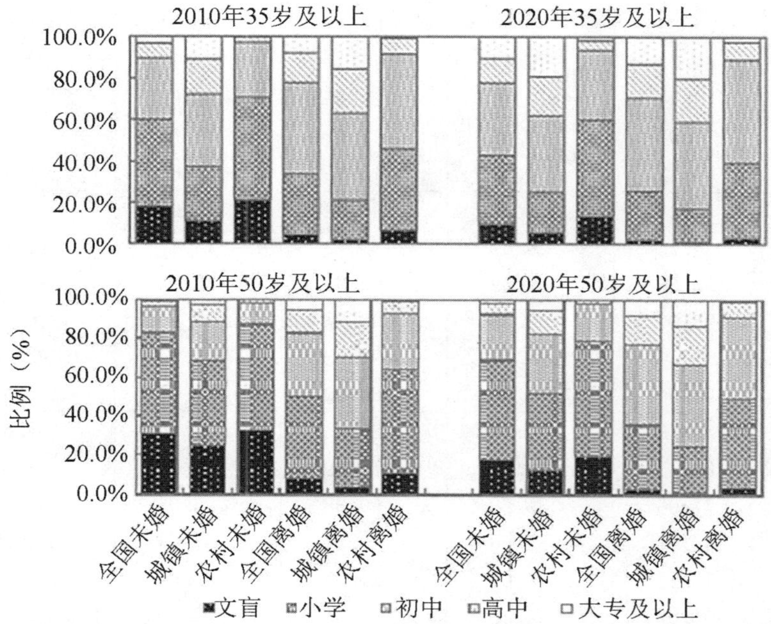

图2 2010和2020年中国分婚姻—城乡35岁及以上和50岁及以上的男性受教育程度分布

数据来源:"六普"和"七普"长表数据。

农村大龄未婚男性受教育程度明显低于城镇大龄未婚男性。2020 年，35 岁及以上农村未婚男性中文盲比例比相应年龄段的城镇未婚男性高出 8.35 个百分点，50 岁及以上未婚男性对应的差值也达到 7.29 个百分点。35 岁及以上和 50 岁及以上农村未婚男性高中及以上受教育程度的占比分别仅为 6.33%和 2.35%，分别比相应年龄段的城镇未婚男性低 31.65 和 15.26 个百分点。

4. 中国农村大龄未婚男性的婚姻挤压现状

4.1 农村男性的初婚状况与城镇男性及女性存在明显差异

男性未婚尚存比例整体高于女性，其中农村男性和农村女性未婚尚存比例性别差异最为明显。表 2 显示，2020 年城镇地区和农村地区男性在 20 岁时未婚尚存比例分别为 93.23%、93.17%，而对应年龄女性分别为 91.58%、85.29%，明显低于男性，农村地区性别差异高达 7.88%。到 60 岁时，女性未婚尚存比例基本接近 0，但城镇和农村男性对应的比例仍高达 4.59%、13.35%。这说明由于性别失衡和男性婚姻挤压的影响，女性基本都可以成婚，但部分男性会进入终身未婚行列，这在农村男性群体中更为突出。

能在 60 岁及以前成婚的男性的初婚年龄整体晚于女性，其中农村男性略早于城镇男性。2020 年全国女性 30 岁时初婚数累计百分比已经达到 82.72%，说明能在 60 岁及以前初婚的女性中超过 80%会在 30 岁及以前成婚。从男性来看，全国男性初婚数累计百分比在 30 岁为 69.66%，明显低于女性，说明男性初婚年龄相对更迟。此外，30 岁农村男性的初婚数累计百分比为 70.32%，高于同龄城镇男性的 69.39%。这说明与城镇地区男性相比，农村地区的男性倾向于较早结婚。

未婚男性的终身结婚期待率明显低于女性，其中农村未婚男性最低。从表 2 可以看出，15 岁未婚女性的终身结婚期待率接近 100%。农村地区 15 岁未婚男性的终身结婚期待率仅为 80.45%，分别比对应年龄农村未婚女性和城镇未婚男性低将近 19%以及 13%。这反映出农村地区未婚男性在死亡概率偏高和初婚概率偏低的双重挤压下，终身结婚期待率明显低于女性及城镇地区男性，成婚可能性整体最低，在婚姻竞争中处于弱势地位。

表 2　2020 年全国及分城乡分性别初婚表指标

单位：%

年龄（岁）		男性			女性		
		全国	城镇	农村	全国	城镇	农村
未婚尚存比例	15	98.28	97.32	98.23	99.64	99.76	99.43
	20	94.22	93.23	93.17	90.11	91.58	85.29
	30	41.73	39.42	46.11	22.17	22.87	20.09
	40	16.14	12.81	24.65	5.07	5.48	3.79
	50	9.98	7.06	17.61	1.95	2.37	0.90
	60	7.12	4.59	13.35	0.86	1.21	0.24
15～60 岁初婚数累计百分比	15	0.34	0.37	0.48	0.97	0.80	1.59
	20	6.75	6.67	9.12	13.77	12.10	19.38
	30	69.66	69.39	70.32	82.72	82.52	83.72
	40	93.07	92.99	92.01	96.20	96.11	96.91
	50	98.50	98.26	98.23	99.04	98.98	99.45
	60	100.00	100.00	100.00	100.00	100.00	100.00
终身结婚期待率	15	89.70	93.78	80.45	98.89	98.68	99.20
	20	89.45	93.60	79.69	98.88	98.62	99.34
	30	77.06	85.29	60.38	96.05	94.80	98.41
	40	43.97	57.00	30.21	83.44	78.76	93.32
	50	18.12	28.63	11.91	58.56	51.75	75.11
	60	3.67	4.48	3.43	9.19	7.97	12.81

数据来源：作者计算。

4.2 中国农村男性平均初婚年龄推迟幅度较大

1990～2020 年中国农村男性平均初婚年龄始终低于城镇。表 3 显示，三十年间农村男性平均初婚年龄从 23.29 岁增长至 27.94 岁，城镇男性则从 23.82 岁增长至 28.67 岁。1990、2000、2010 和 2020 年农村男性平均初婚年龄分别比城镇男性低 0.53 岁、0.66 岁、1.23 岁、0.73 岁。

近十年我国农村地区男性婚姻推迟现象尤为明显，超过了农村男性历史时期的增长值，也高于同时期的其他群体。1990～2000 年和 2000～2010 年农村男性平均初婚年龄分别增长了 1.39 岁、0.21 岁，而 2010～2020 年增长了 3.04 岁，明显超过前两个十年的增长幅度。2010～2020 年城镇男性和农村女性群体平均初婚年龄的增长值分别为 2.54 岁、2.96 岁，均低于农村男性。这是由于当前中国男性的婚姻挤压主要集中在农村地区，随着挤压程度逐步加重，成婚更为困难的农村男性平均初婚年龄随之持续不断推迟。

表 3　1990～2020 年分城乡分性别的 15 岁及以上人口平均初婚年龄

单位：岁

年份	全国		农村		城镇	
	男性	女性	男性	女性	男性	女性
1990	23.60	22.18	23.29	21.82	23.82	22.43
2000	25.12	23.31	24.68	22.76	25.34	23.56
2010	25.75	24.01	24.90	22.97	26.13	24.46
2020	28.48	26.89	27.94	25.93	28.67	27.21
1990～2000 增幅	1.53	1.13	1.39	0.94	1.52	1.13
2000～2010 增幅	0.62	0.71	0.21	0.21	0.79	0.90
2010～2020 增幅	2.73	2.87	3.04	2.96	2.54	2.75

数据来源："七普"长表数据。

注：本文所使用的平均初婚年龄是根据各年龄的初婚人数计算得出。"七普"数据中 2020 年初婚人数无法作为有效数据使用，本文使用的是 2019 年初婚人数。

4.3 中国农村男性的初婚概率明显低于城镇男性

2010～2020 年中国农村男性初婚概率有所降低。从图 3 可以看出，2010 年农村男性初婚概率在 25 岁左右达到峰值，峰值水平接近 0.21；2020 年峰值年龄推迟到 28 岁左右，所对应的峰值水平下降为 0.09。十年间峰值年龄推迟了 3 岁左右，峰值水平下降了 0.12。

中国农村男性初婚概率整体低于城镇男性。与城镇男性相比，中国农村男性初婚概率水平整体更低，峰值年龄更早。2010 年城镇男性初婚概率在 29 岁左右达到峰值 0.27，2020 年在 30 岁左右达到峰值水平 0.14，峰值水平分别比农村男性高出 0.06、0.05。这说明农村地区男性婚姻挤压更严重，面临更大的成婚困难，成为大龄未婚男性的可能性更高。

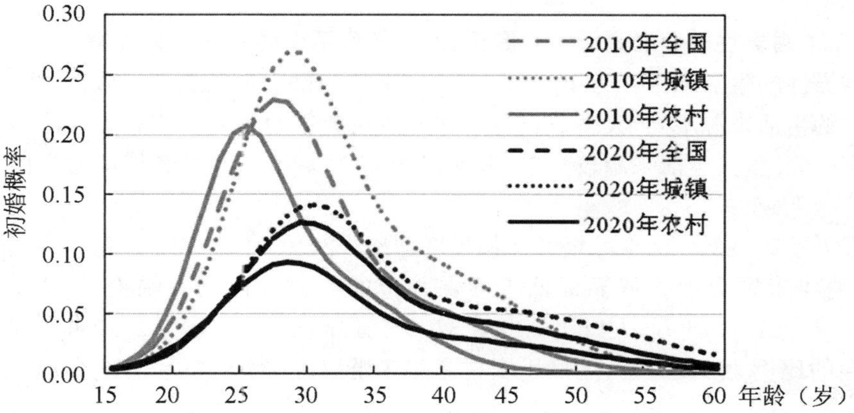

图 3　2010、2020 年全国及分城乡男性初婚概率

数据来源：作者计算。

5. 中国农村老年未婚男性的生存现状

5.1 农村老年未婚男性的健康状况较差，与曾婚男性的健康差异扩大

中国农村老年未婚男性的健康状况普遍较差（表 4）。2020 年农村老年未婚男性处于健康状态的比例仅为 31.41%，不仅比同一婚姻状态的城镇老年未婚男性低 5.42 个百分点，而且比同处于农村地区的老年有配偶男性和老年离婚或丧偶男性分别低 24.86 个和 4.54 个百分点。此外，处于不健康状态（包括“不健康但能自理”和“生活不能自理”两类）的农村老年未婚男性规模高达 75.90 万，占比分别比农村和城镇老年有配偶男性高出 16.35 个和 21.13 个百分点。这反映出农村地区的老年未婚男性受城乡差异和失婚状态的叠加影响，是“弱势中的弱势群体”。

中国农村老年未婚男性的健康状况改善不容乐观，其与曾婚男性的健康差异进一步扩大。2010～2020 年，老年曾婚（有配偶、离婚或丧偶）男性健康状况存在明显改善，但农村老年未婚男性处于不健康状态的比例反而略有上升，使得农村老年未婚男性与曾婚男性的健康差异进一步扩大。其中，农村老年未婚男性与农村老年有配偶男性处于不健康状态的比例差值从 2010 年的 13.88 个百分点提升到 2020 年的 16.35 个百分点，其与城镇老年有配偶男性的差值也增至 2020 年的 21.13 个百分点。

表 4　2010 和 2020 年分婚姻、城乡 60 岁及以上男性的健康状况

单位：%

健康状况	城镇			农村		
	未婚	有配偶	离婚或丧偶	未婚	有配偶	离婚或丧偶
2010 年						
健康	35.74	55.27	36.41	32.47	49.68	30.83
基本健康	39.28	35.69	43.45	39.20	35.88	40.49
不健康，但生活能自理	20.82	7.25	15.73	24.70	12.30	23.77
不健康，生活不能自理	4.17	1.78	4.41	3.63	2.15	4.91
2020 年						
健康	36.83	65.80	42.62	31.41	56.27	35.95
基本健康	35.11	26.81	37.73	40.06	31.56	39.29
不健康，但生活能自理	22.07	5.83	14.86	25.36	10.31	20.86
不健康，生活不能自理	5.99	1.56	4.79	3.16	1.86	3.90

数据来源：“六普”和“七普”长表数据。

5.2 农村老年未婚男性的养老资源相对匮乏，对最低生活保障金的依赖加重

农村老年未婚男性的生活来源较为单一（表 5）。与老年曾婚男性依靠劳动收入、离退休金/养老金和家庭成员供养等多元的生活来源不同，大多数农村未婚男性在老年期既无法依靠离退休养老金也无法依靠主要由子女提供的家庭养老，其生活来源较为单一，2020 年超过一半的农村老年未婚男性主要依靠最低生活保障金。

农村老年未婚男性对最低生活保障金的依赖程度加深。2010～2020 年间，随着中国社会保障制度不断发展和完善，农村老年未婚男性中依靠最低生活保障金的人数和比例大幅提升：人口规模从 2010 年的 82.18 万增至 2020 年的 148.16 万；人口比例也从 37.43%提高至 55.69%。2020 年城镇老年未婚男性中依靠最低生活保障金的比例为 38.07%，远低于农村老年未婚男性，离退休金/养老金成为其第二重要的生活来源。

表 5　2010 和 2020 年分婚姻、城乡 60 岁及以上男性的主要生活来源

单位：%

健康状况	城镇			农村		
	未婚	有配偶	离婚或丧偶	未婚	有配偶	离婚或丧偶
2010 年						
劳动收入	27.13	18.64	10.80	41.27	56.29	30.13
离退休金/养老金	14.15	60.83	48.95	1.25	8.09	5.05
最低生活保障金	32.77	1.85	4.22	37.43	2.92	6.48
财产性收入	0.64	0.72	0.48	0.19	0.23	0.17
家庭其他成员供养	15.89	16.45	33.52	13.75	30.99	56.16
其他	9.43	1.51	2.04	6.10	1.48	2.03
2020 年						
劳动收入	14.99	17.72	9.27	18.78	47.32	24.01
离退休金/养老金	20.76	59.99	54.17	4.25	12.65	11.88
最低生活保障金	38.07	1.64	4.12	55.69	4.23	8.62
财产性收入	0.68	0.84	0.61	0.96	1.20	1.00
家庭其他成员供养	7.89	15.72	27.18	5.24	28.43	47.98
其他	17.61	4.10	4.66	15.09	6.18	6.51

数据来源："六普"和"七普"长表数据。

5.3　农村老年未婚男性中独居人群比例较高

相较曾婚男性，农村老年未婚男性中独居人群比例较高（表 6）。在仍以家庭养老为主要养老方式的当代中国，无论是城镇还是乡村，有配偶的老年男性大多与配偶或子女同住，比例均超过 93%，老年离婚或丧偶男性的这一比例也超过 46%。而农村老年未婚男性由于无法组成家庭，在老年期缺乏来自家庭的养老支撑，其独居人群达到 159.74 万，比例更是高达 60.04%，比城镇老年未婚男性的独居比例高出 14.06 个百分点。

表 6　2020 年分婚姻、城乡 60 岁及以上男性的居住安排

单位：%

居住情况	城镇			农村		
	未婚	有配偶	离婚或丧偶	未婚	有配偶	离婚或丧偶
与配偶或子女同住	2.45	93.25	46.68	2.15	93.80	46.03
独居	45.98	3.43	41.85	60.04	3.69	45.56
养老机构	19.46	0.25	3.22	11.59	0.09	1.14
其他	32.12	3.07	8.25	26.23	2.43	7.27

数据来源："七普"长表数据。

6. 结论与讨论

本文借助历次全国人口普查以及最新的第七次全国人口普查数据，系统探究长期性别失衡背景下中国农村大龄未婚男性的人口态势和面临的婚姻挤压现状，并聚焦于农村老年未婚男性的生存现状，主要结论如下。

第一，中国大龄未婚男性仍然聚集在农村地区，农村地区的大龄未婚男性规模和占比始终高于城镇地区。尽管农村大龄未婚男性的平均受教育程度有所提高，但始终低于曾婚男性，也明显低于城镇大龄未婚男性。

第二，中国男性的初婚状况与女性存在明显差异，尤其是农村男性。2010～2020 年农村地区男性婚姻推迟现象尤为明显，超过农村男性历史时期增幅也高于同时期其他群体。中国农村男性的初婚概率进一步降低，并且明显低于城镇男性。

第三，中国农村未婚男性在老年阶段的生存与发展困境进一步加剧并且全面显现。在老年阶段，农村

大龄未婚男性的健康状况普遍较差,与曾婚男性的健康差异扩大;养老资源相对匮乏、对最低生活保障金的依赖程度加深;该群体中独居人口比例较高。

基于新时代背景下中国农村大龄未婚男性的婚姻挤压与生存弱势性问题,本文认为,除了需要强化性别失衡的源头治理,还要系统治理与农村大龄未婚男性相关的风险,促进农村大龄未婚男性支持和保障政策体系的建立与完善。其中,教育程度的提升对大龄未婚男性的生存状况改善有重要的促进作用,在男性绝对数量过剩且短期内无法完全解决的背景下,提升农村男性的受教育程度是解决问题的关键之一。

本文也存在一定的局限性。首先,规模日益扩大的中国城镇大龄未婚男性逐渐成为不可忽视的群体,在未来有必要对其开展进一步研究。其次,处于不同出生队列的农村大龄未婚男性所面临的婚姻挤压状况和生存状况差异值得深入探讨。最后,由于数据质量和数据可获得性的限制,本文对相关数据和指标的计算和矫正存在一定的局限,仍有待完善。

华中科技大学社会学院　果臻　杨柳清　梁海俐　彭媛
西安交通大学人口与发展研究所　李树茁

从第七次全国人口普查看中国低生育率问题

1 问题的提出

生育水平历来是中国人口形势分析和生育政策等相关研究的关键和热点。总的来说，过去二十多年，引发全社会高度关注和热烈讨论的焦点问题主要有两个：一是中国育龄妇女总和生育率到底有多低，这一争论始于1992年的中国生育率抽样调查，无论计划生育主管行政部门还是绝大多数研究者，对1992年及其之后的历次人口普查和抽样调查的总和生育率结果均持怀疑态度，坚持认为调查数据受出生瞒报和漏报的影响而被大大低估，即便是2016年实施“全面二孩”政策以来，许多学者仍然继续严重怀疑人口调查数据的可靠性。二是中国是否进入低生育率陷阱或超低生育率阶段，对低生育率陷阱的研究存在不同的认识，有研究者认为欧洲生育率回升对低生育率陷阱是否存在持怀疑态度，也有学者认为2000年以来中国育龄妇女总和生育率始终处于或至少在1.6以上，对中国进入低生育率陷阱持否定态度，认为中国没有进入低生育率陷阱。为了应对中国长期低生育率问题和生育率降低的风险，需要认真分析育龄妇女生育潜力以及不同人群生育行为的变化和生育水平的差距。

第七次全国人口普查（简称“七普”）数据显示总和生育率为1.30，相较于“五普”“六普”有所提升，但仍处于超低生育水平，与更替水平相比存在很大差距。2010年以来有学者认为，根据生育水平与社会经济发展关系的相关研究分析，新世纪之后总和生育率不可能低至普查数据所反映的水平（陈佳鞠、翟振武，2016），普查结果可能存在漏报（顾宝昌等，2020）以及统计误差等问题，时期生育率不仅没有反映而且扭曲了真实生育水平（赵梦晗，2016）。为此，不少学者通过其他来源数据，运用多种统计方法对普查数据进行调整。不同学者的研究结论并不一致，总体上认为2000年总和生育率在1.8左右，2010年在1.7左右（顾宝昌等，2020），显著高于普查数据结果。尽管不同学者的分析及间接估计结果对总和生育率低于更替水平没有争议，但对总和生育率到底处在什么水平以及生育水平的变动趋势尚未达成共识。

为扭转持续低生育水平的局面，2013年、2015年、2021年三次调整生育政策，学者们对生育政策的认识处于逐步转变过程之中，尽管对于放开生育政策可能带来的出生堆积规模和出生堆积风险存在较大分歧（王广州，2015；翟振武等，2014），但总体上还是担心生育政策造成大量出生堆积（王军、刘军强，2019），随着“单独二孩”到“全面二孩”再到“全面三孩”生育政策出台，生育限制逐步放松，学者们对于生育政策的认识开始转变为鼓励按政策生育和优化生育政策（风笑天，2021；国务院发展研究中心课题组，2022）。生育政策调整释放了部分生育潜力，2014年、2016年出生人口规模均有所提升。据此，部分学者对生育政策调整效果持乐观态度，认为生育政策调整能扭转低生育陷阱困境，使得未来总和生育率在较高水平波动（王金营等，2019）；但也有学者认为生育政策调整对于提高生育水平的刺激作用有限，其政策效果基本殆尽，未来进入低生育率陷阱不可避免（张丽萍、王广州，2020；王广州，2021）。《国家人口发展战略研究报告》提出，全国总和生育率应保持在1.8左右，过高或过低都不利于人口与经济社会的协调发展，但总和生育率1.8仅仅是战略研究结果，从来没有稳定实现这个目标。科学认识我国生育率变动趋势和主要规律，有助于把握应对低生育率的政策导向，促进全国人口长期均衡发展。

2021年5月，第七次全国人口普查结果正式公布。本次普查与以往明显不同，人口普查事后数据质量抽样调查评估认为，“七普”是一次质量非常高的人口普查，总人口漏报率为0.5‰，比1982年0.56‰的漏报率还低，也就是总人口漏报约70万人。如果上述判断成立，那么，从学术研究的角度看，研究“七普”数据有助于结束学术界长达三十年中国生育水平和生育水平变动趋势的历史争论。作为人口变动的重要组成部分，出生人口总量、结构是影响人口长期变化趋势的基础变量，出生人口总量多少和孩次构成比例是育龄妇女总量结构、生育水平高低和生育潜力综合作用的结果。在不同的发展阶段，生育政策或多或少决定生育水平的高低，是进一步影响人口长期变动趋势的重要因素。根据“七普”数据，并参照“五普”“六普”数据，对全国生育水平变动趋势进行再判断，对全国人口低生育率问题再认识，是一项从源头上把握中国人口发展规律和人口转变过程的大事。

2　数据质量评价

基础数据质量评估是数据分析的基础。通过对不同普查年龄结构进行队列分析，研究普查与普查之间数据一致性和存在的问题，以此为基础，探讨2020年人口普查数据的优点和可能存在的潜在风险，然而，无论是普查之间还是普查内部一致性检验，都难以互证，汇总数据的对比分析在某种意义上只是发现人口普查可能存在的问题，为了准确把握中国人口生育实际情况，还需要对人口普查全部原始个案基础大数据的深入研究。

2.1　最近三次普查之间直接对比分析

对于相同出生队列，在不考虑死亡的情况下，可以通过两次普查数据直接对照，比较相同队列的人数变化，由此推断普查与普查之间的数据吻合情况，且在一定程度上找到偏差的区间，避免死亡数据系统性偏差估计的误导或直接影响。对于相同的出生队列，可以直接用后面的普查数据减去前面的普查数据。理论上随着时间的推移，相同队列人口在不同时点的人数会越来越少，如果对比的结果与客观规律不符，需要找到两次普查相同队列数据矛盾的关键。需要指出的是，该方法假定忽略死亡引起的变化，也就是只关心是否产生粗大误差，而忽略相对小的误差。

通过直接法，可以比较2010年人口普查（“六普”）与2020年人口普查的数据吻合情况。2010年普查2000～2009年出生队列合计1.46亿人[①]，相同出生队列，2020年合计1.58亿人，两者相差1152.59万人，其中男性相差513.28万人，女性相差639.31万人，女性远大于男性。从各队列差距来看，2009年出生队列相差最大，两次普查相差356.11万人，其次为2008年出生队列，相差203.71万人，再次为2007年出生队列，相差173.95万人，前两个队列合计占整个差距的48.57%，而前三个队列合计占整个差距的63.66%。可见，两次普查的对照结果是：上一次普查时年龄越小，两次普查队列之间的差距越大。

表1　出生队列普查登记人口对比分析

单位：万人

出生队列	2010年普查－2000普查			2020年普查－2000普查			出生队列	2020年普查－2010普查		
	合计	男	女	合计	男	女		合计	男	女
1999	660558	370602	289956	769548	282651	486897	2009	3561131	1824213	1736918
1998	2440467	1190133	1250334	2440262	1056987	1383275	2008	2037089	887051	1150038
1997	1388848	587303	801545	1239098	376499	862599	2007	1739544	771382	968162
1996	770697	263766	506931	871635	206226	665409	2006	1426249	648164	778085
1995	669518	206779	462739	642758	104938	537820	2005	959371	413414	545957
1994	1090925	367301	723624	212888	－115123	328011	2004	591087	237844	353243
1993	2320381	929169	1391212	356848	－20841	377689	2003	413686	161456	252230
1992	2860613	1170414	1690199	384179	－1986	386165	2002	301465	108741	192724
1991	2003168	730334	1272834	308539	－38827	347366	2001	376223	136636	239587
1990	1461440	404404	1057036	432291	35839	396452	2000	120130	－55999	176129
合计	15666615	6220205	9446410	7658046	1886363	5771683	合计	11525975	5132902	6393073

同样方法比较2000年人口普查与2010年人口普查数据的吻合情况。2000年普查1990～1999年出生合计1.59亿人，相同队列，2010年合计1.75亿人，两者相差1566.66万人，其中男性相差622.02万人，女性相差944.64万人，同样，女性之间的差距远大于男性。然而，从各队列差距来看，并不是年龄越小，两次普查的差距越大。2000年人口普查与2010年人口普查对照，1992年出生队列相差最大，两次普查相差286.06万人，其次为1998年出生队列，相差244.05万人，第三为1993年出生队列，相差232.04万人，前两

① 人口普查出生队列是按完整日历年进行统计，例如2000年普查1999年出生队列指1999年11月1日—2000年10月31日，以下同。

个队列合计占整个差距的 33.84%，而前三个队列合计占整个差距的 48.65%。从差距的队列分布来看，2020 年普查与 2010 年普查的差距较大的年龄非常集中，主要集中在 0—3 岁年龄组，而 2010 年普查与 2000 年普查的差距较大的年龄分布明显较多。

2.2 最近三次普查队列存活比例分析

队列存活比例法是计算两次普查相同队列的比例关系，理论上是所有队列都是小于 1 的，因此如果不考虑国际迁移，大于 1 的队列肯定有问题，需要进一步深入研究，即便是小于 1，也不一定完全没有问题，只是逻辑上是成立的，实际上可能也不一定完全排除有问题的可能。队列存活比例法可以看作是直接法的另外一种形式，直接法是看队列人口之间差距的绝对数量。队列存活比例法是在不考虑死亡影响条件下，分析队列差距的相对大小。

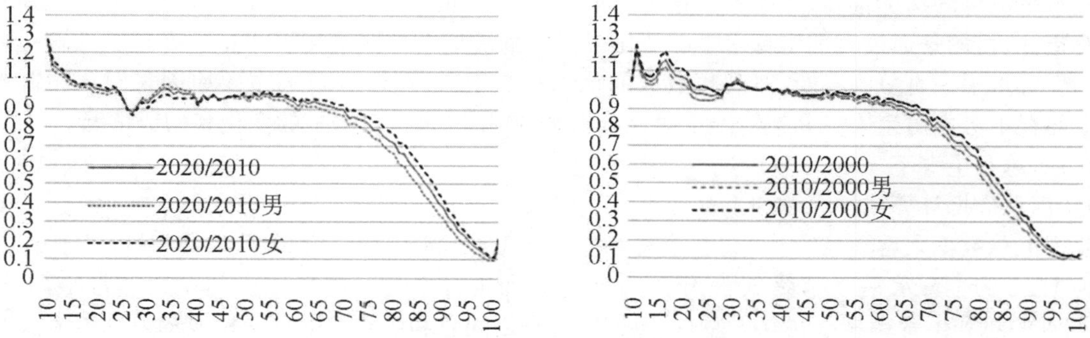

图 1 两次普查队列存活比例分析

对比 2020 年人口普查和 2010 年人口普查可以看到，10～32 岁（2010～1988 年出生队列）人口的存活比都大于 1 且随年龄的增长下降，此外 43 岁附近年龄组也是大于 1 的，特别是 32～43 岁之间有一个明显的“v 型”下降，“v 型”最低点 27 岁，存活比仅为 0.87 左右。显然，这些大于 1 的和“v 型”下降数据是反常或不能相互自洽的。然而，对比 2010 年和 2000 年人口普查的存活比例变化情况发现，相同点是 10～22 岁人口的存活比也是大于 1 的，不同点是 10～22 岁的存活比曲线没有随年龄的增长而下降，而是呈现出明显的不同形状，即 10～22 岁队列人口存活比例为“M 型”。“M 型”的两个顶点分别是 11 岁和 26 岁。

2.3 人口普查长短表对比分析

除了普查之间的数据对比外，还可以对同一次普查产生的基础数据进行相互检验，也就是普查的内部一致性分析。为了反映同一次普查的内部逻辑，可以通过长表数据与短表数据进行对比，目的也是发现反常的比例关系。2000、2010 年长表年龄别人口比例在 15～39 岁远离抽样比，特别是 18～29 岁明显低于抽样比，抽样比是远小于 10%。2020 年的情况反常的年龄组集中在 15～20 岁年龄组，从长表和短表数据的比例关系来看，15～20 岁表人口抽样比远远高于总人口抽样比，而且抽样比大于 10%，这与以往的规律是相反的。此外，2020 年从 50 岁开始，抽样比也随年龄的增长呈现明显的下降趋势，这与以往的情况也是很不相同的。老年人口的抽样比不仅表现为随年龄的增长呈现明显、稳定的下降，且偏离 10% 的程度也随年龄的增长更为严重，例如，85 岁老年人口抽样比下降到 9% 左右。

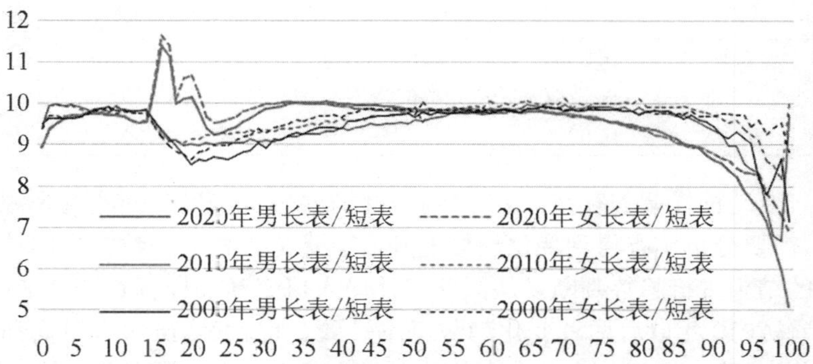

图 2 长表与短表年龄结构对比

综上可见,通过分别对比分析2020年与2010年、2010年与2000年两次普查相同队列数据的一致性发现:0～9岁低龄人口漏报的问题比较突出,其中,0～3岁问题更突出一些;通过长表数据与短表数据比较,15～28岁人口数据质量问题相对比较突出,两者存在明显矛盾的可能性很大。根据以往普查对比经验,0～9岁人口漏报的可能性很大,那么,2020年0～9岁人口是否也面临与以往人口普查类似的低龄人口漏报问题?需要更多的数据来源以及原始样本数据水平上进行深入细致的研究。

3 生育水平与生育模式

3.1 生育水平

生育水平测量的指标很多,考虑到数据的可获得性和测量的稳定性,本研究采用总和生育率和总和递进生育率指标,目的是通过时期生育水平的变化来反映育龄妇女的终身生育水平。在过去的30多年里,育龄妇女的生育水平一直争议不断,对观察数据的认识存在很大分歧,分歧的主要原因是对出生漏报比例的判断。下面在不考虑出生人口漏报情况下对比分析2000年以来生育水平的变化和构成情况。

3.1.1 总和生育率

(1)从汇总数据计算或推算总和生育率

从普查汇总数据来看,2020年人口普查总和生育率1.30高于2010年的1.18,同时也高于2000年总和生育率为1.22的生育水平。尽管2020年人口普查总和生育率与前两次普查的差别非常小,与2010年、2000年调查的总和生育率相差在0.1左右,但三次普查之间总和生育率的孩次构成却差别很大。2020年普查一孩总和生育率仅为0.6258,比2010年的0.7281低0.1以上,比2000年的0.8668低0.2以上。2020年二孩总和生育率为0.5346,明显高于2010年的0.3812和2000年的0.2888,这也是全面两孩政策效果的重要表现。同样,2020年三孩及以上的总和生育率为0.1359,比2010年(0.0785)和2000年(0.0656)人口普查调查结果也有明显升高,表现出政策调整后生育的递进效应。

从总和生育率的历史变化来看,根据“七普”短表人口年龄结构数据估计,2000年以来,2012年总和生育率最大,达到1.88,其次是2017年,总和生育率为1.81。2006～2020年总和生育率平均为1.66,其中,2010～2020年总和生育率平均为1.64,2006～2016年总和生育率平均为1.72。这与以往调查的总和生育率存在很大矛盾。“七普”人口年龄结构短表数据估计结果与2006～2017年人口变动年度调查数据之间差距超过都0.2,相差最大的为2011年,两者相差达到0.7,即2011年人口变动抽样调查总和生育率为1.03,而根据“七普”年龄结构估计2011年总和生育率为1.74。2010年－2016年差距都是非常大的,除了2016年差距为0.49以外,2010～2015年都超过0.5。如果以人口普查短表年龄结构数据间接估计结果为依据,那么,2010～2015年两者的相对差距在28%以上;如果以人口变动抽样调查结果为依据,2010～2015年两者的相对差距在39%以上。

表2 2000—2020年平均生育年龄估计

年份	全部		第1孩		第2孩		第3孩及以上	
	总和生育率	平均生育年龄(岁)	生育率	平均生育年龄(岁)	生育率	平均生育年龄(岁)	生育率	平均生育年龄(岁)
2000	1.22	26.29	0.8668	24.83	0.2882	29.06	0.0656	30.94
2010	1.18	28.44	0.7281	26.65	0.3812	30.83	0.0785	33.44
2020	1.30	28.98	0.6258	27.22	0.5346	30.33	0.1359	31.73

由于“七普”与人口变动抽样调查存在巨大矛盾,因此需要进一步确认问题的来源和性质。出于对上述问题深入研究的目的,需要分析调查得到变化趋势上升或下降是否相互一致?具体计算方法是采用当前的调查结果减去前一年的结果进行趋势判断。从国家统计局人口变动抽样调查和2020年人口普查得到的总和生育率变化趋势来看,2010年以后两者变化趋势基本一致。也就是,虽然人口变动抽样调查数据在反映实际生育水平的高低与根据“七普”数据估计结果存在很大差距,但两者的变动的增减趋势基本上是一致的,如图3(b)所示。

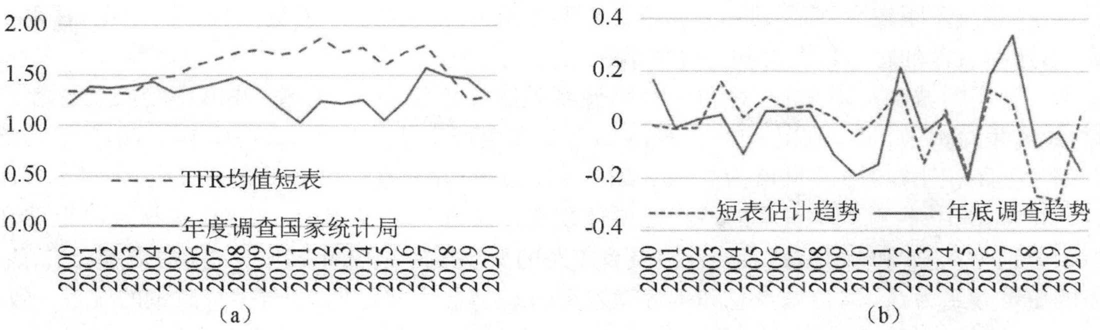

图 3　2000—2020 年总和生育率变动估计

从"七普"长表数据和短表数据年龄结构估计总和生育率来看，尽管长表数据年龄结构与短表年龄结构个别一些年龄组存在明显的差距，但两者对总和生育率的估计结果还是比较一致的。一方面，两者的变化趋势基本完全吻合；另一方面是 2005 年以前，长表高于短表，2006 年以后，短表高于长表。2005 年以前两者的差距较大，两者的差距在 0.02 以上，最大的 2004 年达到 0.2 以上。2006 年以后，两者的差距相对小一些，除了 2020 年两者的差距在 0.12 以上，其他年份两者的差距都在 0.05 以内，如图 4(a)所示。

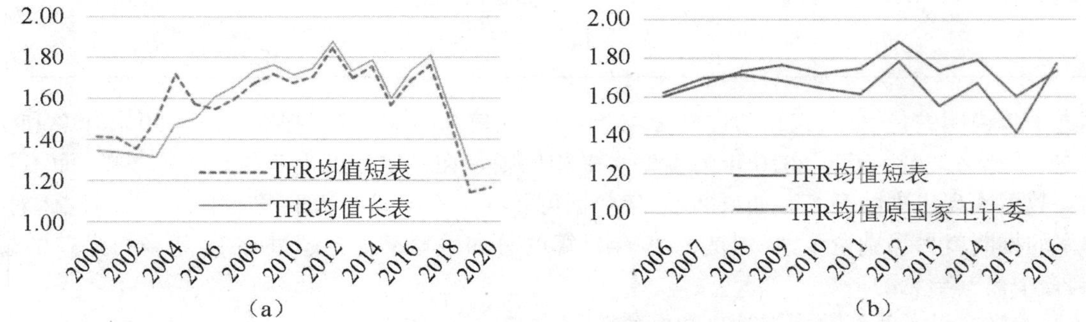

图 4　2000—2020 年总和生育率长表与短表估计差异

从与国家统计局以外的调查数据比较来看，2020 年人口普查短表年龄结构推算 2006～2016 年总和生育率明显高于国家卫生健康委 2017 年生育状况调查数据推算的结果数据来源，特别 2009～2015 年两者的差距在 0.1 以上，比较大的年份超过 0.2，换句话说，2020 年人口普查对 2009～2015 年总和生育率的估计超过以往任何全国性抽样调查推断的结果。

表 3　2020 年全国各地区总和生育率

地区	总和生育率	地区	总和生育率	地区	总和生育率
全国	1.30	浙江	1.04	重庆	1.19
北京	0.87	安徽	1.39	四川	1.23
天津	0.92	福建	1.38	贵州	2.12
河北	1.30	江西	1.41	云南	1.61
山西	1.22	山东	1.43	西藏	1.93
内蒙古	1.19	河南	1.41	陕西	1.16
辽宁	0.92	湖北	1.17	甘肃	1.68
吉林	0.88	湖南	1.34	青海	1.59
黑龙江	0.76	广东	1.36	宁夏	1.67
上海	0.74	广西	1.94	新疆	1.06
江苏	1.04	海南	1.55		

从总和生育率的区域差距来看，北京、天津、上海三个直辖市和东北三省的育龄妇女总和生育率低于 1.0，与 1.0 非常接近的还有江苏、浙江和新疆，江苏、浙江是传统的低生育率地区，新疆仅为 1.06，情况比较

可疑,与以往的情况差距较大,尚需进一步核实。总和生育率较高的地区为贵州、西藏、广西、甘肃、宁夏、青海以及海南,这些省区的育龄妇女总和生育率都在1.5以上。

从总和生育率的城乡差距来看,总和生育率城乡差距逐渐缩小。"七普"城市育龄妇女总和生育率为1.11,乡村总和生育率为1.54,城市与乡村育龄妇女总和生育率相差0.43。2020年与2010年城市和乡村总和生育率的差距相比,2010年城市为0.89,乡村为1.44,两者相差0.55。此外,从"七普"城乡差距的特征来看,2020年城市和乡村总和生育率的差距主要体现在二孩和三孩及以上。二孩、三孩及以上总和生育率的城乡差距分别为0.18和0.19,两者合计占城乡差距的84%,而2010年的城乡差距主要体现二孩,二孩总和生育率的城乡差距为0.35,占城乡总和生育率差距的63%。由此可见,随着生育政策的城乡一致,城市和乡村生育水平明显缩小,特别是二孩总和生育率城乡差距缩小是引起城乡差距缩小的主要因素。

表4　育龄妇女总和生育率城乡差异

年份	地区	总体	1孩	2孩	3孩及以上
2020	城市	1.11	0.60	0.45	0.06
	镇	1.40	0.65	0.60	0.15
	乡村	1.54	0.66	0.63	0.25
2010	城市	0.89	0.67	0.19	0.02
	镇	1.16	0.72	0.38	0.06
	乡村	1.44	0.77	0.54	0.13

需要进一步说明的是,如果仅仅考虑到2010年出生人口26.07%的漏报率,那么,2010年总和生育率大体为1.7左右,那么,2020年与2010年的生育水平相比则是在一定程度上有了显著的下降,而不是目前普查直接调查数据表现出来的升高。如果2020年数据可能存在不同程度的重报或年龄误报,那么,对2010年总和生育率的推断就另当别论了,特别是2020年推算的总和生育率甚至超过2010年乡村人口的总和生育率,这是调查中极其罕见的。

(2)从原始样本母子匹配数据推算总和生育率

除了汇总数据可以推算总和生育率的变化以外,还可以通过家庭户母子匹配的方法估计时期总和生育率的变化。根据母子匹配数据的情况来看,总体上,随着子女年龄的增加或生育时间越早,母子匹配的可能性下降。具体来讲,2020年长表样本数据母子匹配的比例从2019年出生的90.15%,即未匹配比例为9.85%,下降到2010年出生的86.38%,未匹配比例上升为13.62%。对于匹配数据的分析将从两个方面进行,一是变化趋势分析,二是生育水平分析。如果不考虑未匹配子女,那么,直接估计的肯定低于实际总和生育率,但其变化趋势分析仍然具有重要意义,也就是可以直接作为总和生育率估计的下限。

表5　母子匹配法总和生育率估计

年份	母子匹配		短表数据间接估计			长表数据间接估计		
	总和生育率	未匹配(%)	TFR均值	TFR下限	TFR上限	TFR均值	TFR下限	TFR上限
2010	1.2356	13.6242	1.7151	1.6844	1.7457	1.6732	1.6398	1.7066
2011	1.2364	13.3639	1.7439	1.7094	1.7784	1.7013	1.6659	1.7368
2012	1.3472	12.8248	1.8800	1.8332	1.9267	1.8415	1.7968	1.8862
2013	1.2180	12.2810	1.7326	1.6901	1.7752	1.6974	1.6568	1.7379
2014	1.2426	11.8408	1.7860	1.7440	1.8280	1.7512	1.7069	1.7954
2015	1.0642	11.5483	1.6002	1.5604	1.6400	1.5638	1.5215	1.6062
2016	1.1471	10.2508	1.7305	1.6897	1.7713	1.6886	1.6429	1.7343
2017	1.2211	9.8986	1.8082	1.7578	1.8586	1.7561	1.7044	1.8079
2018	0.9484	9.5074	1.5401	1.4856	1.5945	1.4826	1.4271	1.5380
2019	0.8808	9.8545	1.2543	1.1899	1.3187	1.1398	1.0629	1.2167
2020	1.2741	8.3333	1.2853	1.2135	1.3571	1.1636	1.0834	1.2438

对比母子匹配推算的总和生育率来看，2010 年—2019 年总和生育率最高的年份为 2012 年，推算结果为 1.35。虽然与短表和长表年龄结构推算的结果有很大差距，但变化的趋势是一致的。如果假定未匹配子女母亲的年龄结构与匹配的相同，那么，基于此还原的总和生育率为 1.5846。类似的粗略估计可以得到其他年份的总和生育率的估计值，但估计结果与年龄结构推算的结果还是有一些差距，据此需要考虑进一步确认数据差距的来源和大小以及问题的性质。

3.1.2　总和递进生育率

虽然生育水平测量的指标很多，既可以用一般生育率、总和生育率方法测量，也可以用总和递进生育率方法测量。由于总和生育率方法受到进度效应影响较大，总和递进生育率方法更接近对终身生育水平的测量。即使是生育数量相同或终身生育率相同，但生育时间的早晚、生育的集中与分散对人口发展过程是有很大影响的。总和生育率受平均生育时间和生育时间分布的影响，具有不同程度的进度效应，也就是由于生育模式的变化出现测量"失真"的问题。为了降低生育进度的影响，现采用总和递进生育率指标，对递进生育的孩次结构进行分解。对于递进生育率和生育史的研究需要年龄别 15～64 岁妇女的活产孩次结构，目前提供的汇总数据没有更加详细的相关数据，对深入研究中国育龄妇女的时期和终身生育水平变化大打折扣。

根据 2010 年第六次全国人口普查、2015 年 1%人口抽样调查、2017 年人口变动抽样调查和第七次全国人口普查调查全国汇总数据进行推算，2020 年中国育龄妇女总和递进生育率为 1.436，略高于 2010 年第六次人口普查推断的 1.3829。2020 年与 2010 年总和递进生育率对生育水平变化趋势的判断与总和生育率方法得出的结论是一致的。从分孩次递进率来看，与 2010 年相比，2020 年一孩递进率明显下降。具体来看，2020 年育龄妇女一孩递进率为 0.8789，比 2010 年的 0.9726 下降了接近 0.1，即 10 个百分点，在目前育龄妇女的孩次与年龄结构条件下意味着一孩出生人数下降 100 万人左右。一孩递进生育率大幅度下降是新时期中国生育转变的突出特征，也是一个根本性的变化。以往在生育水平下降的过程中，主要是二孩及以上递进生育率的下降，一孩递进率非常稳定，波动的区间在 0.970～0.998 之间，目前低于 0.9 意味着各种因素影响下，妇女终身生育一个孩子的比例由 98%左右，下降到 90%以内，下降了 10 个百分点以上。尽管 2015 年和 2017 年也出现过类似的情况，但由于抽样调查的误差大于人口普查的可能性更大，因此，当时还无法确信一孩递进生育率下降的趋势是偶然的波动还是育龄妇女生育水平和生育行为发生了重大转变，然而，后续的多次调查和人口普查反复证实了一孩递进生育率的大幅度下降。需要强调的是，这是一个相当大的变化，值得深入的研究和高度警惕。

总结过去 10 多年来中国育龄妇女的生育水平变化，单独二孩和全面两孩政策的影响还是比较显著的，特别是对稳定二孩生育水平具有重大意义，然而，尽管全面两孩政策实施提升了二孩生育率，但由于一孩生育率下降和整体生育水平偏低，计划生育政策调整的预期效果大打折扣。

表 6　2010～2020 年育龄妇女递进生育率

调查部门	年份	TPFR(1)	TPFR(2)	TPFR(3+)	TPFR
国家统计局	2010	0.9726	0.3585	0.0518	1.3829
	2015	0.8436	0.3368	0.0502	1.2305
	2017	0.8791	0.5939	0.1053	1.5783
	2020	0.8789	0.4768	0.0804	1.4360
国家卫生健康委员会	2010	0.963	0.537	0.117	1.617
	2011	0.960	0.534	0.120	1.614
	2012	0.960	0.540	0.128	1.628
	2013	0.960	0.540	0.128	1.628
	2014	0.955	0.538	0.115	1.608
	2015	0.949	0.564	0.115	1.628
	2016	0.925	0.539	0.093	1.556
	2017	0.912	0.687	0.126	1.725

3.2 生育模式

生育模式表现为生育时间、生育的集中或分散程度。既可以从不同孩次的情况进行分析，也可以将所有生育行为作为一个整体进行粗略分析。为了描述育龄妇女的生育模式，本研究将从平均生育年龄、峰值生育年龄和生育间隔等三个方面进行分析。

3.2.1 平均生育年龄提高

从“七普”数据估计育龄妇女的平均生育年龄为28.98岁，比2010年人口普查28.44岁提高了0.54岁，比2000年25.87岁提高了3.11岁。生育年龄提高的原因是初育年龄提高，另一方面是二孩及以上生育水平提升。从不同地区的平均生育年龄来看，北京、上海超过30岁，平均生育年龄相对较低的贵州，平均生育年龄也超过28岁。

表7 2020年全国各地区平均生育年龄

单位：岁

地区	平均生育年龄	地区	平均生育年龄	地区	平均生育年龄
全国	28.98	浙江	29.04	重庆	28.89
北京	31.51	安徽	28.68	四川	28.58
天津	29.8	福建	28.97	贵州	28.02
河北	28.54	江西	28.51	云南	28.26
山西	29.07	山东	29.76	西藏	28.74
内蒙古	29.72	河南	28.9	陕西	29.53
辽宁	29.64	湖北	29.43	甘肃	28.24
吉林	29.29	湖南	29.14	青海	28.33
黑龙江	29.31	广东	29.38	宁夏	28.05
上海	30.08	广西	29.26	新疆	28.72
江苏	28.92	海南	29.06		

3.2.2 峰值生育年龄推迟

从育龄妇女的生育模式来看，“七普”数据育龄妇女的生育模式与“六普”和“五普”差别很大。由于计划生育间隔要求，“六普”体现明显的“双峰”生育模式。与“六普”不同，“七普”不仅由“双峰”变成了“单峰”，而且峰值生育年龄明显推迟。“六普”两个生育高峰年龄分别是24岁和28岁，而“七普”峰值生育年龄为28岁。从生育的集中程度来看，“七普”峰值生育年龄27岁两侧合计5个年龄组(25～29岁)生育率所占的比例为38.24%，“六普”峰值生育年龄24岁两侧合计5个年龄组(22～26岁)生育率所的比例为37.41%。由此可见，“七普”生育模式的差别主要体现在峰值生育年龄的推迟和生育更加分散。

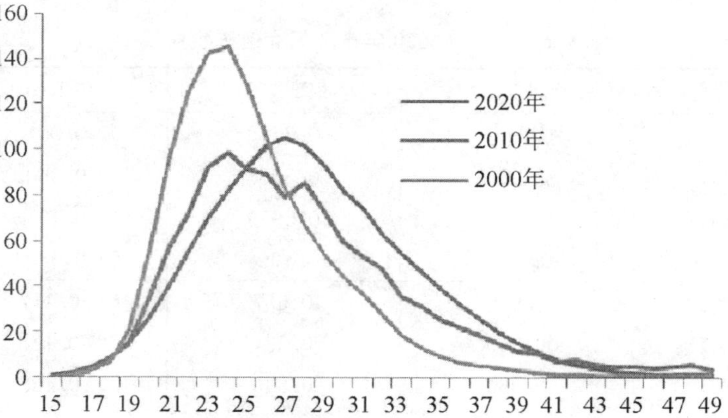

图5 年龄别生育率

3.2.3 生育间隔时间缩短

通过分孩次年龄别生育率可以估计平均生育年龄和生育间隔。2020年普查一孩平均生育年龄不断提高，达到27.22岁，比2010年普查的26.65岁提高了0.57岁，提升幅度还是比较明显的，这必然影响到育龄妇女的生育进度。虽然2020年普查一孩平均生育年龄明显提高，但提高的幅度比2000～2010年小一些。

2000年1孩平均生育年龄为24.50岁，2010年提升到26.65岁，10年提高了2.15年。从一孩和二孩的平均生育年龄可以估计一孩与二孩的平均生育间隔。从2000年和2010年人口普查一孩与二孩的平均生育间隔来看，两次普查一孩与二孩的平均生育间隔都在4年以上，这与计划生育二孩生育间隔规定有很大关系。由于2016年全面两孩生育政策实施，一孩与二孩生育间隔规定取消，因此，对一孩与二孩平均生育间隔确实有一定影响。2020年普查一孩与二孩生育间隔为3.11年，比2010年和2000年普查明显缩短。尽管2020年普查一孩平均生育年龄提高，但二孩平均生育年龄下降。二孩与三孩及以上平均生育间隔则是一个非常粗略的估计，同样受到生育政策的影响，2020年普查三孩及以上生育与二孩的平均生育间隔明显下降，这些变化都体现生育的“堆积”释放的进度效应和“传递”效应。

表8　平均生育年龄与生育间隔估计

单位：岁

年份	全部	1孩	2孩	3孩及以上
2000	25.87	24.50	28.80	31.08
2010	28.44	26.65	30.83	33.44
2020	28.98	27.22	30.33	31.73

4　低生育率的原因分析

低生育率的本质是促进生育率下降的因素和机制是否稳定或产生影响的持续性。经典的低生育率陷阱是奥地利学者沃夫冈·卢茨等(W. Lutz和V. Skirbekk，2005)提出的，在研究低生育率和解释超低生育水平形成的人口学、社会学和经济学三个机制提供了重要的研究视角。尽管对中国低生育率陷阱还有不同的认识或争论，但可以肯定的是只要低生育率陷阱的条件具备，作用机制形成，是否低于某个特定的水平只是一个时间的问题，至于当前生育水平的具体高低倒是次要的(王广州，2021)。根据第七次全国人口普查数据探讨中国低生育率陷阱的人口学、社会学形成机制，分析中国人口的负惯性是否形成，以此全国为基础，把握中国具体生育率变动趋势和变动方向。

4.1　年龄别育龄妇女有配偶比例迅速下降

虽然在现代化过程中，婚姻与生育的关系越来越发生脱离，但当前和今后一个时期中国的文化传统和法律制度以及政策环境条件下，绝大多数生育还是在婚姻的前提条件下。因此，有配偶的可能性决定了生育的可能性。对比2010年和2020年人口普查数据可以看到，中国育龄妇女年龄别有配偶比例发生了非常明显的下降。2010年21岁有配偶的比例超过21%，到2020年下降到10.79%，下降了10个百分点以上。粗略估计，20—30岁旺盛生育年龄育龄妇女平均预期有配偶的时间从2010年的6.4年，下降到2020年的5.03年，有配偶时间减少20%以上。由于婚姻年龄模式的变化，育龄妇女到40岁有配偶的可能性也完全不同，2010年40岁育龄妇女有配偶的比例为95.64%，2020年下降到92.76%，下降了2.88个百分点。对于生育力来说，40岁妇女的自然生育率远远低于20岁，40岁及以上生育的可能性很小，因此40岁未婚意味着可能终身不育。育龄妇女旺盛生育年龄有配偶平均预期时间大幅度下降，以及在终身有配偶的比例明显下降，对于严格的婚内生育来说，必然显著影响时期生育水平的变化，由此生育率持续下降的人口学机制形成。

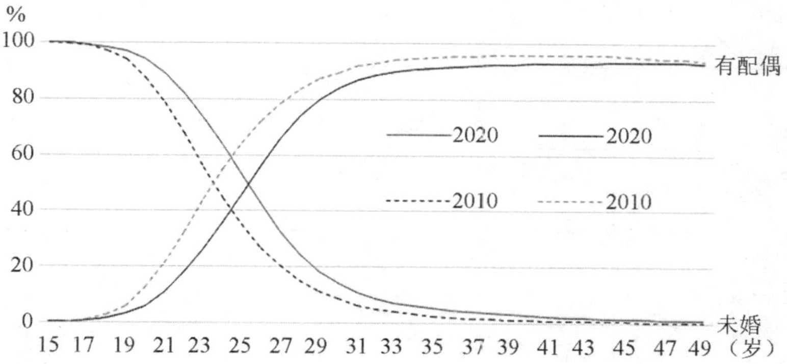

图6　育龄妇女婚姻状况变化

4.2 受教育程度较高育龄妇女未婚比例迅速提高

教育水平提高是近年来影响生育率变化的重要因素(Lutz,W. & K.C.,S. 2011),由于受教育程度与生育水平负相关,那么,如果受教育程度较低的育龄妇女所占比例相对较高,将会起到提高总和生育率的效果,与之假定条件相对应的出生人口也必然会有所增加,反之亦然(张丽萍、王广州,2020)。根据 2020 年人口普查数据,小学及以下受教育程度育龄妇女未婚比例 53.83%,大专及以上受教育程度育龄妇女未婚比例 98.16%。对比 2010 年人口普查数据,小学及以下受教育程度育龄妇女未婚比例 50.10%,比 2020 年低 3.73 个百分点;2010 年人口普查大专及以上受教育程度育龄妇女未婚比例 98.33%,与 2020 年保持稳定。由此可见,受教育程度较高育龄妇女未婚比例与受教育程度较低育龄妇女差距很大,而且是迅速提高。通过分解教育结构变化与不同受教育水平年龄别生育率变化对总和生育率的影响,总和生育率由迅速下降到比较稳定的过程中,年龄别生育率因素贡献率逐渐减少,受教育结构因素的贡献率逐步增大(张丽萍、王广州,2020),由于不同受教育程度父母对子女的受教育预期不同,由此生育率持续下降的社会学机制形成。

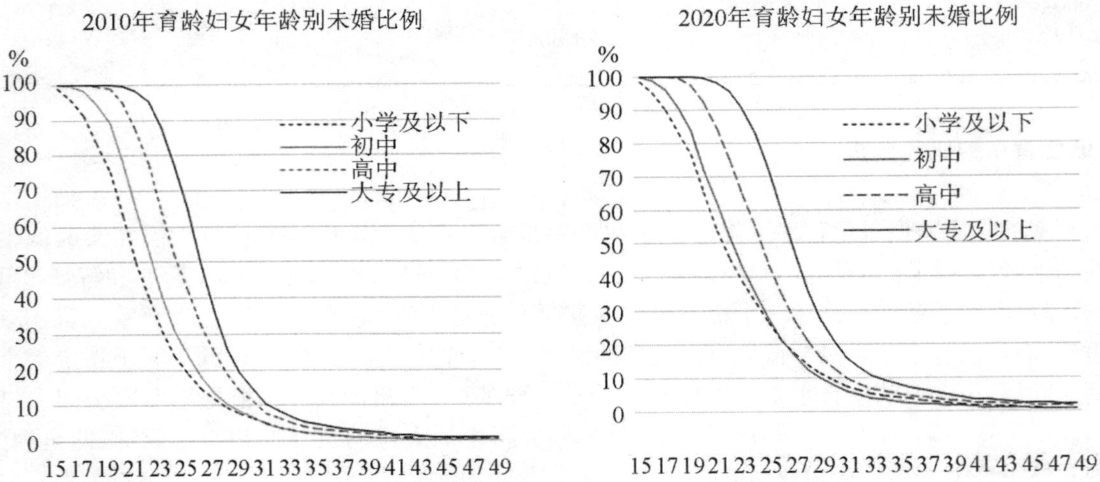

图 7 不同受教育程度育龄妇女未婚状况

4.3 育龄妇女受教育程度较高妇女比例迅速提高

育龄妇女受教育水平变化特点主要表现在三个方面:一是,初中及以下为主的受教育格局发生重大转变。1982 年初中及以下育龄妇女所占比例高达 89.34%,接近 90%,2020 年则下降为 47.68%,不到 48%,可见,尽管育龄妇女以初中及以下受教育程度为主转变为高中及以上为主,这不仅是受教育程度发生了根本性转变,而且超出了普及九年义务教育的阶段,进入普及高中和高等教育的新阶段。二是,育龄妇女受高等教育人口比例增长迅速。1982 年接受高等教育育龄妇女的比例不到 1%,仅为 0.58%。随着高等院校大幅度扩招,招生规模不断扩大,而在此过程中育龄妇女总量下降,育龄妇女中受高等教育的比例快速上升,

表 9 中国育龄妇女受教育结构

年份	年龄组	初中及以下(%)	高中(%)	大专及以上(%)
1982	15~49 岁	89.34	10.10	0.57
	其中:15~24 岁	82.28	17.36	0.36
1990	15~49 岁	87.60	11.01	1.39
	其中:15~24 岁	88.31	10.35	1.34
2000	15~49 岁	80.09	15.48	4.42
	其中:15~24 岁	72.40	22.03	5.57
201	15~49 岁	68.48	18.37	13.15
	其中:15~24 岁	53.35	28.08	18.57
2020	15~49 岁	47.68	21.78	30.53
	其中:15~24 岁	21.63	36.74	41.63

2020 年育龄妇女受大专以上教育的比例上升到 30.53 %，比 2010 年 13.15%提高了 17.38%，平均每年提高 1.74 个百分点。三是，随着年龄降低，接受较高教育的人口所占比例都大幅度提高。1982 年全国 15～24 岁育龄妇女接受高等教育的比例仅为 0.36%，2020 年上升到 41.63%，2020 年全国 15～24 岁育龄妇女接受高等教育的比例比 2010 年提高了 23.06 个百分点，平均每年提高 2.30 个百分点，其增长速度远远超过全体育龄妇女受教育水平提高的速度和幅度。

4.4 育龄妇女年龄结构迅速老化

育龄妇女的老化过程主要体现在两个方面：一是，育龄妇女平均年龄不断增加。1982 年育龄妇女的平均年龄为 29.52 岁，2020 年增加到 33.95 岁，2000～2010 年育龄妇女平均年龄增加 0.57 岁，2010～2020 年增加 1.22 岁，这反映了育龄妇女老化的加速过程。二是，从 15～24 岁低龄育龄妇女和 40－49 岁高龄育龄妇女的变化过程来看，全国 15～24 岁育龄妇女总量从 1982 年的 9804 万增加到 1990 年的 12004 万人，达到最大，2020 年则降低到 6889.96 万人。虽然 15～24 岁低龄育龄妇女总量经历了由迅速增加到大幅度减少的过程，低龄育龄妇女所占比例并没有经历迅速增长过程，1982 年到 2020 年低龄育龄妇女所占比例从 1982 年的 39.46%持续下降到 2020 年的 21.38%。与低龄育龄妇女的情况不同，40～49 岁育龄妇女总量和比例都持续增加，从 1982 年的 4494 万人持续增加到 2020 年的 10135.58 万人，育龄妇女总量增长了 2.26 倍，所占比例也从 18.09%上升到 31.45%，接近育龄妇女的三分之一。

表 10　中国育龄妇女总量和年龄结构

年份	总量（亿人）	年龄结构(%)			平均年龄(岁)
		15～24 岁	25～39 岁	40～49 岁	
1982	2.48	39.46	42.45	18.09	29.52
1990	3.06	39.18	43.32	17.50	29.34
2000	3.50	27.68	49.28	23.04	32.16
2010	3.80	29.33	40.93	29.74	32.73
2020	3.22	21.38	47.17	31.45	33.95

总之，随着育龄妇女受教育程度的不断提高，未婚比例和旺盛生育年龄有配偶比例下降，从而导致旺盛生育年龄育龄妇女平均预期有配偶时间大大缩短，此外，由于受教育程度不同育龄人群对子女的受教育预期明显不同，这必然进一步强化生育率的下降和生育水平的受教育“梯度”差别，从而进一步导致低生育率的人口学和社会学机制的形成且保持稳定。即使不同受教育程度育龄妇女生育水平稳定，但随着低受教育程度育龄妇女不断减少，其结果必然是育龄妇女整体生育率下降趋势稳定和保持长期低迷。为了打破长期以来形成的低生育率的人口学和社会学机制，必须进一步构建、强化生育力稳定和恢复的新机制，破解中国生育转变和快速进入低生育率陷阱的不利局面。

5 应对低生育率问题的相关建议

由于不同人口发展阶段面临的主要矛盾和突出问题不同，尽管在过去的 30 多年里，对中国生育水平的具体高低存在很多争议，但随着历史数据的不断积累，对于 1992 年以来中国育龄妇女的生育水平低于更替水平的认识却无多少异议。由于 30 多年来总和生育率长期持续低于更替水平，对中国人口的年龄结构产生深远影响的同时，对未来中国人口的基本特征和变动趋势也必然产生深远的影响。根据 2013 年生育政策调整以来的调查数据，即便是全面两孩政策的实施，中国育龄妇女的总和生育率也没有实现稳定在更替水平附近的目标。考虑到当前人口变动趋势，低生育率或超低生育率陷阱问题将是我国今后一个时期面临的突出问题，这就需要着重做好以下三个方面工作。

5.1 营造适宜生育社会环境

比较分析“七普”和“六普”生育调查数据，我们警惕地发现：近十年来，随着生育政策密集调整和生育限制放宽，全国总体生育水平有所上升，这主要得益于二孩、三孩及以上的生育水平上升，而一孩生育水平却明显下降，城市、镇、乡村人口均表现出此特征。一孩生育在人口生育中具有主导性和基础性作用，这就需要我们对一孩生育率下降趋势进行认真反思，不仅要推进配套的公共服务体系建设，降低养育孩子的家庭成本，形成育儿友好型的社会环境，还需要摒弃长期以来将人口过快增长等同于人口是经济社会发展负担的错误认识，科学分析超低生育率的社会危害性，全面把握传统生育文化精髓，适应新生代的人生观、价值观、世界观和信息社会交往模式的变化，转变育龄人群生育观念，有效提高生育意愿，使生育水平尽快稳定在合理区间。

5.2 着力解决重点难点问题

单纯的三孩生育政策不足以改变目前生育水平和出生规模的下降趋势，需要全面、系统和前瞻性应对中国人口的新问题和新趋势。一是抓住重点和难点。除了影响目前持续低迷生育率的关键因素是生育、养育和教育成本太高，形成了“生不起”、“养不起”的问题，《决定》明确提出降低生育、养育和教育成本重点内容的同时，提出解决婚嫁陋习问题等婚育文化和子女教育方面的要求，切实解决“娶不起”和“不好娶”的问题。从全生命周期的视角防止超低生育率的负面影响。需要各地根据《决定》的要求，在涉及人口再生产的方方面面需要根据实际情况，探索解决人口问题的新方法和新路径，结合本地实际抓住重点，厘清轻重，在科学研究的基础上相互配合，形成合力。二是制定科学的考核指标。考核的重点在于规划落实的科学性和可行性，而不是将目标作为考核的唯一手段，考核指标既需要明确具体，也需要导向明确，通过科学研判人口变化的重大转变或转折，促进高质量发展，防止规划目标、方向或考核指标严重脱离实际，避免造成公共资源的巨大浪费。

5.3 科学研判人口发展趋势

作为基本国策和国家重大公共政策的一部分，优化生育政策是人口发展客观规律和中国人口新形势、新特征和新问题决定的。尽管各地面临的人口长期均衡发展的突出矛盾和主要问题不同，但人口变化的客观规律和变动方向大同小异，只是阶段性的重点不同，因此，需要充分认识中国人口发展的主要矛盾和超低生育率面临的系统性问题。人口增长过程（或增长型人口）与衰减过程（或衰减型人口）具有完全不同的社会经济含义。人口的基础性、全局性和战略性对社会经济发展变化影响深远，因此，科学研究是科学决策的基础。《决定》提出深化战略研究，加强人口科学和理论体系建设，发展人口研究高端智库。加快科学研究队伍建设，使科学研究为实践服务。数据共享是科学研判的基础，数据共享和深入研究应该与现代科技发展水平和能力相适应，为国家重大人口发展战略服务，避免成为部门垄断和部门利益的工具。

总之，正确认识和充分理解中国低生育率形成的社会经济和文化机制，面对出生人口和生育水平有可能继续下降的新形势，中共中央国务院高度重视，特别是《决定》提出的明确要求和具体措施都具有很强的针对性和可操作性，需要抓紧落实。虽然人口变动具有长周期、不可逆和区域差异较大的特点，但面对的人口变化规律和变化的趋势只是阶段和程度的不同，发展路径具有非常强的规律性，不同区域的主要矛盾和突出问题具有明显差异，比如人口聚集地区和人口快速负增长地区面临完全不同的人口形势和变化趋势，因此需要从战略的高度统筹、谋划，前瞻性规划。深入研究“七普”数据，探索中国人口发展的基本规律，既是对当前人口新形势、新趋势和新变化的科学研判，也是对重大现实问题的高度重视和积极应对。

中国社会科学院人口与劳动经济研究所，研究员　王广州
河北大学经济学院，教授　胡耀岭

我国育龄妇女生育模式及其变动

一、研究背景

生育模式是指由生育时间早晚、生育间隔等生育行为特征形成的生育分布方式，其本质是妇女生育过程的时间分布函数(王广州，2005)，表现为单位时间内(通常指 1 年内)活产婴儿按育龄妇女年龄分布的形式，一般用年龄别生育率指标来度量(宋健、唐诗萌，2017)。它是反映人口生育状况的基础性指标，也是进行人口预测的重要参数。

生育模式对其他人口统计量，乃至一国的整体人口状况具有决定性影响。自计划生育时期起一直到当代，中国的人口情况发生了巨大的变化。从 20 世纪 90 年代中国生育率的大幅下降算起，中国处于低生育水平已有 20 余年(陈卫、段媛媛，2019)。持续的低生育率主要是社会经济发展的结果，同时生育政策和人口惯性的作用也影响着中国低生育率的演进。与总和生育率的持续走低相对应的是，这一时期内中国妇女的生育模式也在不断发生变化，总体上从“早、密、多”转变为“晚、稀、少”(宋廷猷、李程，1991)。在未来，伴随着生育政策的进一步调整和完善，以及社会经济因素的进一步变化等事件的发生，妇女生育模式的变动将表现得更为复杂。

目前，关注当代中国人口的发展趋势，并希望预测未来可能出现的人口问题的研究非常多，其中不乏涉及生育模式的文献，提供了不少有价值的结论。这类涉及中国生育模式及其变化趋势的研究，主要聚焦于建立生育模式及其变动与生育水平之间的联系，使用宏观数据汇总指标，建立对生育模式(主要是分年龄别生育率，较少地涉及生育时间、生育间隔等指标)的统计描述。

本研究以第七次全国人口普查数据为基础，以宏观视角分析和考察我国妇女生育模式的特征和变化规律，在此基础上与世界其他国家(地区)进行比较，进而对中国未来的生育模式发展趋势进行判断。本研究对了解生育模式状况和规律，预测未来人口变动趋势，实现人口长期均衡发展有着重要的理论意义和现实价值。

二、研究发现

(一)全国育龄妇女的生育模式状况和发展趋势

本研究从年龄别生育率、平均生育年龄、生育间隔和孩次结构四个方面对全国育龄妇女的生育模式现状及其变动趋势进行了研究，发现全国育龄妇女的生育模式表现出以下特点。

第一，我国育龄妇女生育的年龄分布整体趋势较为集中，生育高峰推迟。我国育龄妇女的生育高峰期集中在为 25—29 岁，35 岁以上高年龄组出现一孩推迟和多孩生育并存现象。从生育水平来看，我国已经步入深度低生育水平时期，一孩、二孩生育率接近。从变化趋势来看，我国育龄妇女生育推迟趋势明显，低龄生育减少，高龄生育增加，生育行为的年龄分布集中程度有所下降。

第二，我国育龄妇女的平均生育年龄在过去二十年间不断增加，在不同的孩次间呈现出一定的差异化变动趋势。我国育龄妇女的平均生育年龄从 2000 年第五次人口普查期间的 25.89 岁攀升至 2020 年第七次人口普查期间的 28.98 岁。分孩次来看，一孩的平均生育年龄基本呈现逐步上升态势，而二孩、三孩及以上的平均生育年龄在 2010 年前呈上升趋势，但 2010 年之后有所回落，尤其是三孩及以上的平均生育年龄有明显的下降趋势。

第三，我国育龄妇女的初婚初育年龄都有推迟，初婚初育间隔缩短。第六次人口普查期间有初育行为的女性平均初婚年龄为 23 岁，平均初育年龄为 25.89 岁，初婚初育间隔约 2.89 年；第七次人口普查期间有初育行为的育龄女性平均初婚年龄为 25.22 岁，平均初育年龄为 27.85 岁，初婚初育间隔约 2.63 年。与第六次人口普查相比，2020 年第七次人口普查的初婚初育间隔缩短了约 0.26 年，原因在于普查间平均初婚年龄的推迟幅度大于平均初育年龄的推迟幅度。

第四，我国育龄妇女所生育的孩次结构中，一孩比例下降，二孩比例升高。比较三次普查数据结果发现，2000 年“五普”到 2020 年“七普”期间，一孩比例在较低年龄段的育龄妇女中有所减少，而 30 岁以上高龄段的妇女一孩出生比例明显增加，这表明我国高龄段的育龄妇女已经出现了一定范围内的补偿性生育行为，一孩的晚育趋势凸显。二孩比例在 2010 年第六次人口普查到 2020 年第七次人口普查间迅速增长，各年龄组二孩出生的占比均有明显上升。这体现出了 2013 年“单独二孩”和 2015 年“全面二孩”生育政策的影响。这种孩次结构的变化既是社会经济发展和历史生育状况的产物，也受到宏观生育政策调控的影响。

(二)不同区域育龄妇女生育模式的比较

第一，受社会经济发展程度、收入水平、文化习俗、思想观念等多重因素的影响，城乡育龄妇女的生育水平和生育模式存在一定异质性。我国育龄妇女生育模式的城乡差异主要表现为，城市 30 岁以前低龄组和适龄组的妇女生育明显低于农村，且城市妇女晚育倾向更为突出，镇育龄妇女的生育模式更接近农村地区。从分孩次来看，城乡一孩、二孩的生育模式差异明显，尤其是二孩生育峰值年龄的城乡差异接近 4 岁，而三孩及以上的城乡差异主要表现为生育水平差异而生育模式近似。从生育年龄来看，城镇生育行为更为集中，农村生育行为更为分散，城乡女性均呈现出生育推迟的趋势，镇育龄妇女推迟幅度最大。从生育间隔来看，晚婚带来的婚育间隔缩减的倾向在城市育龄妇女群体之间更为凸显。

第二，我国育龄妇女的生育模式在各个地区之间也表现出明显的差异。从生育水平上看，2020 年育龄妇女总和生育率最高的省份是贵州省，总和生育率为 2.12，其次是广西、西藏、甘肃、宁夏、云南、青海、海南等省份。总和生育率最低的三个省级行政单位为上海、黑龙江、北京，总和生育率分别为 0.74、0.76、0.87。从育龄妇女的平均生育年龄看，北京、上海最高，分别达 31.51 岁、30.08 岁。贵州、宁夏、甘肃是平均生育年龄最低的三个省份，分别为 28.02 岁，28.05 岁和 28.24 岁。

生育率最高的两个地理区域为华南、西南地区，总和生育率分别达 1.49、1.48；其次是华中、西北、华东、华北地区；东北地区的总和生育率最低，仅为 0.86。按照生育水平高低把各省份划分为较高生育水平、轻度低生育水平、中度低生育水平、深度低生育水平、次极度低生育水平以及极度低生育水平六个层次进行分析。

总体而言，相同生育水平类别内的省份生育模式存在一定的共性和差异，除轻度低生育水平的两个省份之间存在较大差异外，其余各组组内各省的生育模式同质性程度较高。比较不同生育水平类别的生育模式可以发现，组间差异主要表现在年龄别生育率的峰值水平和低龄、适龄以及高龄组生育的相对水平。一般来说，生育水平较低的省份较低龄组(20—24 岁组)的生育率低于较高龄组(30—34 岁组)的生育率，而与其他生育水平较高的组别相比，低龄组生育减少的幅度也要大于高龄组减少的幅度。总和生育率小于 1 的极度低生育水平省份生育行为的年龄分布相较于其他各类别更为分散。

(三)不同群体育龄妇女生育模式的比较

除了城乡、省级行政单位、地理分区等宏观区域因素会带来生育模式的异质性之外，妇女的其他个人社会经济特征也可能造成不同群体的育龄妇女生育模式之间存在系统性差异。

第一，不同受教育程度的育龄妇女在生育模式方面存在着明显差异。随着受教育程度的提高，生育水平下降且生育峰值推迟。比较不同受教育程度育龄妇女的平均生育年龄在“六普”与“七普”间的变化可以发现，平均生育年龄增加现象主要出现在大专及以上教育程度的妇女之中。基本所有教育程度的妇女都呈现初婚何初育时间推迟的倾向，但初婚初育间隔只有在而高中、大学专科以及本科及以上教育程度的妇女之中呈现出缩减趋势，分别下降了 0.31 年、0.80 年、0.55 年。全面二孩政策给高中及以上较高受教育程度的妇女带来了更大影响，二孩生育水平明显攀升，且生育峰值年龄有所提前；而三孩及以上孩次的生育率增加主要是大专及以下妇女的多孩生育增加，而本科及以上教育程度各个年龄组的妇女仍基本不生育三孩。

第二，流动人口育龄妇女与非流动人口育龄妇女的生育模式之间存在明显差异。处于流动状态会使得育龄妇女的婚姻和生育都相对推迟，并且降低年龄处于生育旺盛期妇女的整体生育水平。对比 2010 年第六次人口普查和 2020 年第七次人口普查结果，流动人口和非流动人口育龄妇女生育模式的变动趋势基本一致，总体生育水平均有上升且非流动人口的上升幅度更大，原因在于流动人口一孩生育减少得更多而二孩、三孩及以上孩次的生育增加的更少；从整体来看，流动人口和非流动人口育龄妇女群体都呈现出一定的晚婚晚育倾向，非流动妇女在此期间推迟生育的幅度稍大于流动妇女。

第三，本研究进一步分析不同在业状态的育龄妇女的生育模式的差异。非在业人口低龄组生育水平低，但随年龄增长升高很快。在业人口的生育延迟现象更明显，且生育峰值缩短。对于一孩的生育而言，在业人口和非在业人口均出现一定生育推迟。相比于非在业人口，在业育龄妇女的生育推迟幅度大、速度快，但是峰值下降的程度小。对于二孩生育而言，在业人口和非在业人口的生育水平均有所提升，二孩均不存在生育推迟现象。非在业人口二孩、三孩生育水平提升幅度高于在业人口。在业、非在业人口在分孩次的平均生育年龄方面更接近了，这是可能是受到政策调整共同影响的结果。受教育程度和生育高峰的早晚关系更紧密，而在业状态和生育水平的高低关系更紧密。

第四，针对在业育龄妇女，不同产业的从业人口的生育模式也不尽相同。第一产业中从业的各年龄段的育龄妇女生育水平大幅高于在第二产业和第三产业中从业的育龄妇女，生育高峰也早于第二产业和第三产业中从业的育龄妇女。对于第三产业的育龄妇女而言，则体现出了生育高峰的推迟。在第六次人口普查中第三产业从业的育龄妇女的生育高峰年龄均为 26—28 岁，而第七次人口普查中生育高峰年龄推迟到 28—30 岁。将三次产业从业妇女的生育状况分孩次来看，不同产业从业妇女的三孩生育模式及其变化趋势具有不同特征。对于第一产业从业妇女而言，各孩次的生育水平均高于其他产业从业的妇女，且变动趋势最大。第一产业从业妇女的平均生育年龄最小，初婚初育间隔最长，但各产业妇女之间的差距在缩小，表现出趋同的趋势。

（四）与世界其他国家生育模式的比较

第一，世界不同国家和地区的生育模式的分布与经济发展水平密切相关。低收入国家各年龄组妇女的生育水平高，生育高峰开始时间早，且由多育导致的生育高峰持续时间长。中等收入国家各年龄组妇女的生育水平都低于低收入国家，且多育下降带来平均生育年龄的提前。而高收入国家的生育水平低，且生育推迟带来生育高峰的推迟和平均生育年龄的提前。

第二，生育水平越高的地区生育模式具有共性越强，而生育水平越低地区之间的生育模式的差异就越大。

第三，目前世界总和生育率低于 1.5 的 27 个国家和地区主要集中于三个地区，分别为东亚、南欧和东欧，我国的生育模式与这些模式相比，仍存在差异。东亚和南欧的生育模式较为相似，生育高峰均在 30—34 岁，平均生育年龄大多为 31—32 岁。我国和这些国家和地区相比，生育模式的特征主要为生育高峰早（为 25—29 岁），平均生育年龄较小（为 28.98 岁）。而东欧的低生育率国家的生育模式差异则较大。我国和东欧低生育率国家相比的特征则在于生育高峰更加集中在 25—29 岁。

第四，和较早完成人口转变的国家相比，我国的生育高峰较早、生育高峰也较为集中在 25—29 岁这单个年龄组、同时平均生育年龄较小，因此未来可能还存在进一步生育推迟的可能，即 30 岁以下妇女的生育水平可能会进一步降低，而 30 岁以上妇女的生育水平则有可能存在提升空间，并且生育年龄分散的程度可能会进一步扩大。

三、政策启示和建议

（一）极低生育水平是受到进度效应的影响，无须过分恐慌

欧洲和东亚的这种生育推迟的转变对中国具有启示意义。由于生育模式的转变，中国当今的极低生育水平可能也受到了进度效应的影响。如今中国处于生育推迟的初期，生育推迟速度加快。尤其是受教育程度为本科及以上的群体、居住在城市的女性生育推迟程度更深，这一规律也和意大利等欧洲国家体现出的群体异质性较为相似（Caltabiano，2016）。并且从年龄别生育率来看，20—29 岁年龄组妇女一孩的生育水平降低的程度大。但是 30 岁以上妇女的生育水平，尤其是一孩生育水平的补偿性生育才刚刚开始有上升的趋势。因此，从欧洲已经完成生育模式转变的国家的规律来看，我国如今的极低生育水平受到生育推迟初期的进度效应的负面影响。

根据欧洲和东亚部分低生育率国家生育推迟转变的规律来看，未来我国的生育推迟速度可能会像其他国家一样放缓，进度效应的影响会不断降低甚至是消失，这也会对总和生育水平产生正面影响。具体来看，30 岁以下年龄组的生育水平的降低速度会减慢，而 30 岁以上年龄组妇女由于“补偿”在年轻时没有实现的生育，其生育水平会进一步加快上升。因此从生育模式上看，我国未来的生育高峰可能会继续推迟，甚至到

30岁之后。从总体的生育水平上看，如果30岁以上年龄组生育水平上升的速度超过30岁以下年龄组妇女生育水平降低的速度，那么总和生育水平将会有进一步上升的空间。

（二）加强社会经济系统支持，促进"推迟"后"补偿"生育的实现

欧洲各国生育水平的上升除了人口系统内部生育推迟速度放缓带来的"推迟—补偿"效应以外，这些国家的生育水平回升也离不开经济和社会系统的支持。从经济层面上看，良好的经济形势、失业率的降低会对生育产生正面影响。从社会层面上看，社会性别平等程度的提高和良好的家庭政策的支持也会对生育产生正面影响（Bongaarts，2012）。对于我国而言，未来在生育模式的转变过程中，一方面要尽量避免25—29岁组的适龄生育组的生育水平像韩国一样降低至50‰以下的极低水平，另一方面要提供更多支持并营造良好的社会环境，帮助30岁以上晚育组的妇女顺利实现当初被推迟的生育。只有生育高峰的宽度超过已经降低的高度，"推迟"后有所"补偿"，进度效应才会不断减弱，总和生育水平才会出现上升。

（三）降低生育养育教育成本，帮助女性实现生育意愿

本研究发现，我国已经处于极低生育水平，而且女性的生育推迟趋势明显。这一方面与经济社会的发展息息相关，另一方面也是由于经济负担、子女照料等因素成为抑制女性生育意愿实现的影响因素。因此，应该将婚嫁、生育、养育、教育一体考虑，出台覆盖全生命周期的一揽子支持举措。比如，在促进优生优育方面，实施妇女儿童健康服务能力建设相关工程，扩大妇幼健康服务供给；实施母婴安全提升行动计划、健康儿童行动提升计划和母乳喂养促进行动；扩大新生儿疾病筛查病种范围，促进早筛查、早诊疗、早治疗；开展孕育能力提升专项攻关，建设供需平衡、布局合理的人类辅助生殖技术服务体系，规范不孕不育诊治服务等。在扩大托育服务方面，制定托育服务发展相关专项规划，开展普惠托育专项行动，推动城市制定整体解决方案，支持有条件的用人单位为职工提供托育服务等。在减轻教育负担方面，推动城镇小区配套幼儿园治理，持续提升普惠性幼儿园覆盖率，改进校内教学质量和教育评价，全面开展课后文体活动、社会实践项目和托管服务，推动放学时间与父母下班时间衔接，严格规范校外培训等。在完善生育休假与生育保险制度方面，加强税收、住房等支持政策。这一系列政策举措的实施，将有效回应女性生育的后顾之忧，帮助育龄妇女实现生育意愿。

（四）保障女性的就业权益，缓解家庭—工作冲突

本研究发现，接受高等教育、工作、流动等生命事件与女性的生育高峰期高度重合，女性面临着严重的家庭—工作冲突，往往需要在工作、学习和生育之间做出抉择，造成宏观上层次观察到的生育推迟和婚育进程、生育峰值压缩。在职场上，存在着一些女性由于生育原因受到用人单位歧视的现象，因为女性在生育养育过程中承担了较多的责任、花费了更多的时间和精力，限制了她们在工作上的投入，促使用人单位更偏好男性，使得女性在招聘、收入水平、晋升等方面都受到影响。所以，要保障生育女性的就业合法权益，需要平衡家庭分工，鼓励夫妻双方共同来承担养育教育孩子的责任，给予职场女性更多的社会服务和支持，严格规范用人单位的雇佣行为。具体措施包括：一是规范机关、企事业等用人单位招录、招聘行为，促进妇女平等就业。二是落实好《女职工劳动保护特别规定》，定期开展女职工生育权益保障专项督查。三是为因生育中断就业的女性提供再就业培训公共服务。四是将生育友好作为承担社会责任的重要方面，鼓励用人单位制定有利于职工平衡工作和家庭关系的措施，依法协商确定有利于照顾婴幼儿灵活休假和弹性工作方式。五是发展普惠托育服务体系，减轻女性的育儿负担。

（五）运用文化舆论传播，积极构建生育友好的文化环境

本文的研究还发现，虽然不同的女性群体在生育模式上存在着一定的差异，但是从发展趋势来看，越来越趋同，这与文化、观念、舆论在不同群体之间的传播密切相关。所以要充分利用这一场域，传播积极的生育文化，构建生育友好的文化环境。

开展系列生育政策宣传解读活动。多渠道、多形式宣传生育相关的法律法规和支持政策，营造有利于人口发展的社会氛围。以群众喜闻乐见的宣传方式，开展人口国情、生育政策宣传，普及与生育相关的劳动就业、请假休假、生育保险/津贴、税收优惠、婴幼儿照护等领域的法律法规和公共服务内容，保障各类家庭的生育权利。清理与现行生育政策不相容的政策法规条款，系统性地建立生育友好的制度环境和文化环境，修正相关政策条款，增强公共政策、文化舆论、社会环境对生育更广泛的包容性。

开展社会性别平等促进行动。实施关爱女孩行动，大力宣扬优生优育、男女平等的观念，营造有利于女孩成长的社会氛围，建立有利于女孩成长及女孩家庭发展的利益导向机制。倡导建立"关爱女孩"基金，为贫困女孩提供就学就医资助。在农村地区开展“村规民约”修订活动，增加维护妇女权益，促进性别平等的内容，提倡女儿平等享有继承财产的权利和赡养老人的义务。推进社会性别平等宣传倡导，围绕“出生人口性别比治理”“社会性别平等”相关主题开展学术研究，提高社会公众对出生人口性别比偏高的重视。

加大新型生育文化宣传力度。规范宣传阵地建设，建立家庭健康服务中心，充分利用多元化宣传载体，继续开展“婚育新风进万家”活动，引导群众树立科学、文明、进步的婚育观念，倡导优生优育优教，提高婚育质量，促进婚姻健康。提倡文明健康绿色环保的生活方式，大力传播家庭美德和社会公德，促进邻里和谐、男女平等、尊老爱幼等，营造适应新发展阶段、贯彻新发展理念的社会主义新时代生育文化。

中国人民大学人口与发展研究中心　杨凡　吴蓓蕾　何雨辰

中国女性不同受教育程度下的婚姻推迟及其对生育水平的影响

一、引言

自20世纪60年代以来，越来越多的工业化国家出现了由早婚、普婚向晚婚和高比例不婚的婚姻模式转变，初婚推迟逐渐成为一种全球性趋势。类似的情况也在中国出现，20世纪80年代中期始我国女性平均初婚年龄呈波动上升趋势。普查数据显示，女性平均初婚年龄在1990年为22.06岁，在2020年为26.30岁，女性进入婚姻的年龄不断推迟，晚婚成为常态。

婚姻不仅影响家庭的发展，还与生育密切相关。育龄女性进入婚姻的年龄直接影响生育时间，从早婚或适龄结婚转变为晚婚的初婚模式变化会影响人口再生产。20世纪90年代以来中国总和生育率长期低于更替水平。第七次全国人口普查结果显示，2020年中国总和生育率为1.3，处于较低水平。虽然生育政策逐渐向宽松化调整，但一孩总和生育率仍呈现下降趋势。究其原因，不可忽视女性受教育程度提高在其中产生的影响。女性受教育程度提高首先在客观上延长在校时间，推迟进入婚姻的年龄；其次提高增加女性作为劳动力的人力资本以及收益预期，经济能力的提升与独立降低女性在经济方面对伴侣的依赖，推迟结婚时间。

考虑到2022年中国总人口负增长的现实情况，及中共中央国务院发布《关于优化生育政策促进人口长期均衡发展的决定》的政策背景，需进一步探讨影响生育水平的初婚推迟现象，尤其是不同受教育程度女性的婚姻推迟特征，明确它对生育水平造成怎样的影响。

二、文献综述

初婚年龄推迟作为第二次人口转变的核心变化，存在于东西方各国从工业社会转变向后工业社会的进程中。比如西欧女性平均初婚年龄在1976－2002年由24.1升至30.9，终身未婚比例从6.9%升至11.4%。日本女性50岁时未婚比例在2015年为14.06%，在2018年平均初婚年龄为29.4岁。中国虽同样出现婚姻推迟现象，但不同的是我国女性只推迟进入婚姻的时间，终身未婚比例仍处于较低水平。

影响女性进入婚姻的因素很多，教育的作用不可忽视。国内外学者基本同意高等教育推迟初婚年龄的观点。但高等教育对于结婚率的影响存在争议，有的学者认为其提高女性搜寻配偶时失败风险，降低结婚可能性。有的学者认为高校扩招对女性结婚率正向影响大于男性，较高教育水平成为婚姻匹配中个人的优势。

随着婚姻推迟现象普遍化，学者们不仅聚焦婚姻推迟本身，还关注这一现象可能带来的后果。中国近年来婚姻推迟使生育率下降这一观点已在学界取得共识。也有学者测算出晚婚因素导致生育率下降幅度较大，发挥拉低作用的具体年龄为30岁以下。

面对女性初婚及对生育的影响，现有研究有一定局限性。首先，由于过去十年间我国人口变化巨大，女性初婚年龄的推迟速度加快，数据的时效性很重要。目前研究采用数据多为2020年前的数据，为了掌握我国初婚变动的最新特点需要更新为“七普”数据；其次，女性婚姻推迟对生育水平的具体影响较少有研究测算；最后，当前对我国平女性平均初婚年龄的探讨较多，但少有研究从不同受教育水平的角度入手分析变化，这些变化会对生育水平造成怎样的影响也有待进一步研究。因此，本文旨在依据第五次、第六次、第七次全国人口普查数据研究我国育龄女性的平均初婚年龄特征在不同受教育程度下表现出的异质性，再运用总和生育率分解模型测算不同受教育程度女性的已婚比例对生育率变动的影响，并为相关政策制定提出一些建议。

三、数据来源及研究方法

(一)数据来源

本文所用数据来自国家统计局公布的第五次、第六次、第七次全国人口普查(后文简称“五普”“六普”“七普”)、2005年及2015年1%人口调查和每年人口变动调查的汇总统计数据。本文的研究对象为15—49岁育龄期女性。

(二)研究方法

1. 平均初婚年龄(SMAM)

平均初婚年龄从时期视角进行计算,方法有两种,一种是计算某一时期初婚者平均年龄;另一种是通过年龄别未婚比例推算的假想队列指标(the Singulate Mean Age at Marriage,SMAM)。由于直接计算法受到人口年龄结构影响,而SMAM指标可以排除影响,本文采用SMAM指标。

假设15岁以前及50岁之后没有初婚事件发生,那么SMAM可以看作是50岁以前结婚的人处于未婚状态的平均年数。定义15—19岁至50—54岁年龄组女性未婚比例为$U(i)(i=1,\cdots,8)$,则15—49岁7个年龄组未婚状态下存活人年数为:$RS_1=5\sum_{i=1}^{7}U_i$,定义50岁前未婚总人年数为:$RS_2=RS_1+15$,接下来45—49岁与50—54岁两个年龄组未婚比例平均值用$RN=\frac{1}{2}[U(7)+U(8)]$来表示,在年龄50岁时未婚总人年数为:$RS_3=50RN$。那么定义在确切年龄50岁时结婚比例为$RM=1-RN$,则平均初婚年龄为:

$$SMAM=(RS_2-RS_3)/RM$$

2. 总和生育率分解模型

本文使用分解分析方法研究总和生育率。总和生育率分解模型把总和生育率变动分解为育龄期女性的已婚比例变动、已婚女性婚内生育率变动两部分。由于我国持续的婚姻推迟拉低了青年女性的已婚比例,缩减了可能生育的女性规模,导致时期生育水平下降。本研究未考虑在我国占比很低的非婚生育现象。参考学者们已有的研究,将总和生育率分解为:

$$TFR(t)=\sum_{\alpha=15}^{49}ASFR_\alpha(t)=\sum_{\alpha=15}^{49}ASMFR_\alpha(t)\times MP_\alpha(t)$$

在公式中,$ASMFR_\alpha$代表α岁育龄期已婚女性的生育率,MP_α代表α岁育龄期女性的已婚比例,$ASFR_\alpha=ASMFR_\alpha\times MP_\alpha$代表α岁育龄期女性的年龄别生育率。

两个时期总和生育率的差值可以分解为$\sum_{\alpha=15}^{49}\frac{MP_\alpha(t+h)+MP_\alpha(t)}{2}\times[ASMFR_\alpha(t+h)-ASMFR_\alpha(t)]$和$\sum_{\alpha=15}^{49}\frac{ASMFR_\alpha(t+h)+ASMFR_\alpha(t)}{2}\times[MP_\alpha(t+h)-MP_\alpha(t)]$。其中第一项表示婚内生育率变化对总和生育率的影响,第二项表示女性已婚比例变化对总和生育率的影响。

四、研究结果

(一)不同受教育程度女性的婚姻推迟特征

1. 总体婚姻推迟特征

依据“五普”“六普”“七普”数据、1%人口调查及全国人口变动情况抽查数据计算我国2000—2020年育龄妇女平均初婚年龄。随着时间的变化,平均初婚年龄呈现出波动发展、整体上升的趋势;在2000—2010年间变化相对平缓,增幅为5.86%;2010年后受教育水平提高、婚育观念改变等因素的影响,上升幅度变大,增幅为6.32%(见图1)。2020年的平均初婚年龄为26.23岁,2000年的平均初婚年龄为23.30岁。在2000年我国平均初婚年龄已经属于晚婚,如今晚婚趋势进一步加深,会影响生育率与婚姻稳定性。郭志刚与田思钰的标准化比较显示女性晚婚会使生育率显著大幅度下降。[17]李建新、王小龙认为晚婚者更可能接受不匹配婚姻，使婚姻稳定性下降[19]，这可能进一步对生育率产生负面影响。

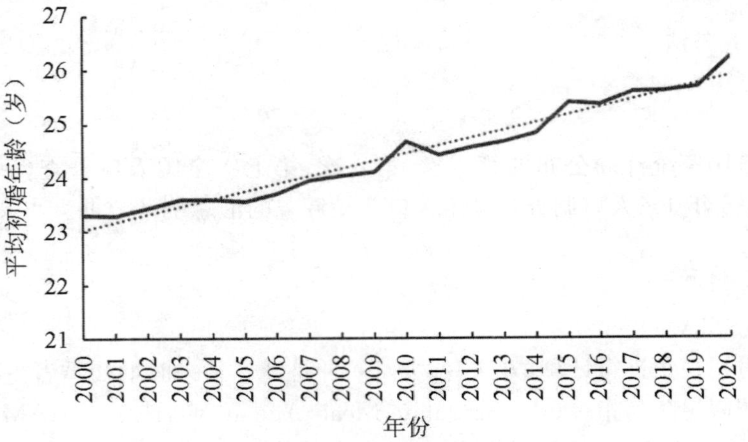

图 1　2000—2020 年中国女性平均初婚年龄

数据来源：由 2000—2020 年《中国人口和就业统计年鉴》整理所得

2. 不同受教育程度女性的婚姻推迟特征

采用"五普""六普""七普"数据分析不同受教育程度女性的平均初婚年龄可知（见表 1），第一，教育程度提高会推迟女性进入婚姻的时间。研究生教育程度女性平均初婚年龄比小学及以下女性的推迟 5—7 岁左右，接受过高等教育的女性平均初婚年龄明显高于未受过高等教育的女性。

第二，不同教育程度的女性婚姻推迟变化情况不同。对比三次普查的数据可知，小学及以下、大专及以上教育程度女性的平均初婚年龄均有相对明显的继续向后推迟趋势；其中研究生推迟最多，其次是大专及本科生，最后为小学及以下。初、高中受教育程度女性进入婚姻的时间先推迟后回升。2000—2020 年间，小学及以下、大专及以上的初婚年龄推迟更多，初高中的初婚年龄推迟程度小，呈现出"两端扩大中间缩小"的趋势。说明教育程度较高（大专及以上）与较低群体初婚年龄变化相对较大，位于中间的群体变化较小。第三，较高与较低教育水平女性之间进入婚姻的时间差距变大。研究生与小学及以下教育水平的平均初婚年龄差值由 5.39 岁增加为 7.25 岁。

表 1　不同受教育程度女性的平均初婚年龄

单位：岁

时间	受教育水平				
	小学及以下	初中	高中	大专及本科	研究生
"五普"	21.86	23.13	24.57	25.56	27.25
"六普"	22.17	23.46	25.63	27.07	29.03
"七普"	22.89	23.44	25.56	27.87	30.15

数据来源：由"五普""六普""七普"资料整理所得。

3. 不同教育程度女性婚姻推迟的城乡差异

由于"五普"相关数据缺失，此部分采用"六普""七普"数据进行分析（见表 2），分别进行"七普"中城、镇、乡与全国的初婚年龄的对比，以及"六普""七普"初婚年龄的对比，发现如下：

第一，对"七普"不同地区不同教育程度的女性进行分析，城市各教育程度平均初婚年龄均晚于全国水平，除研究生外其余教育程度平均初婚年龄是三地区中最晚的。镇除小学及以下外，其余均早于全国水平。农村除小学及以下、高中阶段外，其余均晚于全国水平。农村高中及以下教育阶段的平均初婚年龄早于全国水平。总之，城市平均初婚年龄最晚，其次为农村，镇的最早。各教育阶段中最早的为农村小学及以下教育水平女性，最晚为农村研究生阶段。

第二，对比"六普""七普"各教育水平及各地区下平均初婚年龄，在小学及以下，城市推迟最多，其次为镇、农村；在初、高中水平，城市推迟，镇及农村提前；在大专及本科水平均推迟，镇推迟最多；在研究生阶段均推迟，农村推迟最多。研究生与小学及以下平均初婚年龄之间的差值在城镇缩小，在农村范围差值扩大。

总体来并，城市各阶段年龄均发生推迟，镇和农村呈现两端推迟中间提前的变化趋势，农村较高教育水平与较低的结婚年龄之间的差值扩大。平均初婚年龄推迟最多的是城市小学及以下水平，其次为农村研究生水平女性。在城乡平均初婚年龄差值的变化中，除大专及本科水平外，其余教育水平平均初婚年龄的差值均扩大，说明城乡初婚年龄差距呈扩大趋势。

表 2　不同受教育程度、不同地区女性的平均初婚年

单位：岁

时间	地区	受教育水平				
		小学及以下	初中	高中	大专及本科	研究生
“六普”	城市	22.64	23.98	25.75	27.24	28.98
	镇	22.14	23.18	25.10	26.28	29.62
	农村	22.14	23.37	25.89	27.45	30.62
“七普”	城市	24.25	24.14	25.88	28.04	30.11
	镇	23.04	23.16	25.06	27.20	29.95
	农村	22.44	23.18	25.49	28.02	31.88
	全国	22.89	23.44	25.56	27.87	30.15

数据来源：由“六普”“七普”资料整理所得。

(二)不同教育程度女性婚姻推迟对生育水平的影响

1. 总和生育率变动分解

本研究应用分解分析法分解“五普”“六普”“七普”中的总和生育率变动，考察女性已婚比例对生育水平的贡献(见表 3)。2000—2010 年影响程度相对较小，为−0.143，2010 年后影响程度显著提升，为−0.334。虽然中国总和生育率存在一定波动，但女性已婚比例对总和生育率始终呈降低作用，且这一作用越来越大。婚内生育率则提高总和生育率。

表 3　中国总和生育率变动的因素分解

初始年份	初始总和生育率	TFR 总变动	已婚比例影响	婚内生育率影响	期末总和生育率	期末年份
2000 年	1.22	−0.03	−0.143	0.110	1.19	2010 年
2010 年	1.19	0.11	−0.334	0.443	1.30	2020 年

数据来源：由“五普”“六普”“七普”资料整理所得。

2. 不同教育程度女性的婚姻推迟对生育水平影响

(1)不同教育程度女性总和生育率变化特征

对比三次普查期间不同教育程度总和生育率可知(见图 2)，小学及以下、初中、研究生群体持续上升，高中、大专及本科群体与总和生育率保持一致，其生育水平在近年有所回升。

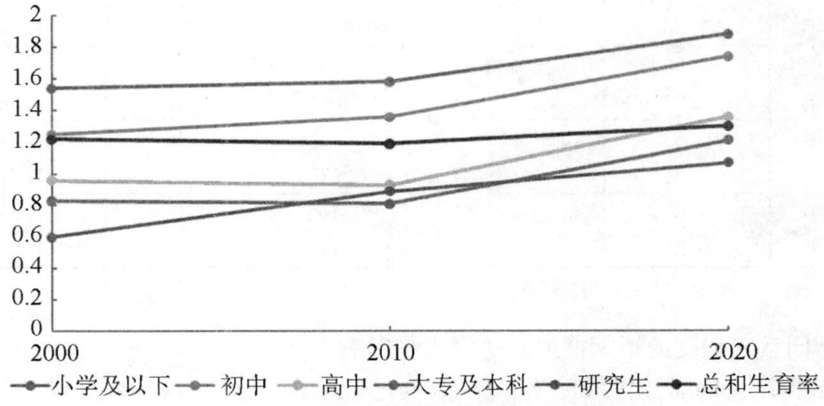

图 2　不同受教育程度女性总和生育率

数据来源：由“五普”“六普”“七普”资料整理所得。

(2)不同教育程度女性已婚比例的变化特征

对比三次普查数据可知(见图3)已婚比例总体呈现先降后升的变化趋势。小学及以下、初中受群体已婚比例连续上升;高中、大专及本科、研究生群体先降后升。说明小学及以下、初高中群体对已婚比例拉动总体水平,大专及本科、研究生群体拉低已婚比例。

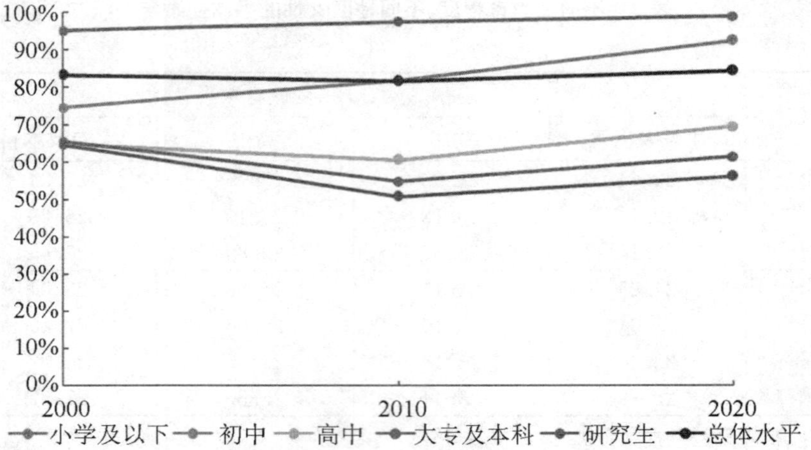

图3 不同受教育程度女性已婚比例

数据来源:由"五普""六普""七普"资料整理所得。

(3)不同教育程度女性总和生育率的变动分解

对不同教育程度女性总和生育率变动进行分解可知(见表4),第一,各教育程度的已婚比例对生育水平的提升作用基本随着教育程度提高而降低。第二,各教育程度下女性已婚比例对总和生育率基本表现出降低趋势,受教育水平为初中的群体除外。

2000—2020年间,除初高中教育程度的群体外,其余群体已婚比例对于生育水平的作用都表现出明显的下降趋势。具体来看,2000—2010年,已婚比例对生育水平的作用程度随教育水平提高而降低。2010—2020年间,除初中、高中教育程度的群体外,其余教育程度已婚比例降低了生育水平;初中已婚比例拉高作用与2000—2010年比减弱,高中已婚比例则无拉动的作用。且对比研究生、小学及以下拉动作用可知,较高与较低教育程度已婚比例之间,对于生育水平拉动作用的差距明显缩小。

表4 不同教育程度下总和生育率变动的因素分解

教育程度	初始年份	初始总和生育率	TFR总变动	已婚比例影响	婚内生育率影响	期末总和生育率	期末年份
小学及以下	2000年	1.54	0.04	0.02	0.02	1.58	2010年
	2010年	1.58	0.31	−0.10	0.41	1.88	2020年
初中	2000年	1.25	0.11	0.03	0.08	1.36	2010年
	2010年	1.36	0.39	0.04	0.35	1.74	2020年
高中	2000年	0.96	−0.03	−0.10	0.07	0.93	2010年
	2010年	0.93	0.43	0.00	0.43	1.36	2020年
大专及本科	2000年	0.83	−0.02	−0.18	0.15	0.81	2010年
	2010年	0.81	0.40	−0.11	0.51	1.21	2020年
研究生	2000年	0.60	0.29	−0.10	0.40	0.89	2010年
	2010年	0.89	0.18	−0.17	0.35	1.07	2020年

数据来源:由"五普""六普""七普"资料整理所得。

3. 不同地区、不同教育程度的婚姻推迟对生育水平影响

因"五普"相关数据缺失,此处对"六普""七普"数据进行分析(见表5)。通过分解城乡不同教育程度群体的总和生育率发现,已婚比例对生育水平的拉动作用并没有随着教育程度变化而变化。总体来讲,城乡大部分受教育程度群体已婚比例降低生育水平。但镇初中、农村初高中教育群体已婚比例对总和生育率表

现出拉动增长作用;城市初中、镇高中群体没有影响。总之,镇、农村初高中教育程度群体平均初婚年龄的提前对生育水平有促进作用。

已婚比例对生育水平降低最显著的是城市小学及以下、农村研究生受教育程度两个群体。这两个群体的平均初婚年龄也是推迟最多的。

表5 不同地区、不同受教育程度下总和生育率变动的因素分解

地区	教育程度	初始总和生育率	TFR 总变动	已婚比例影响	婚内生育率影响	期末总和生育率
城市	小学及以下	1.21	0.11	−0.21	0.31	1.31
	初中	0.99	0.35	0	0.36	1.35
	高中	0.85	0.36	−0.03	0.39	1.21
	大专及本科	0.81	0.33	−0.1	0.43	1.14
	研究生	0.87	0.17	−0.13	0.3	1.04
镇	小学及以下	1.5	0.29	−0.13	0.42	1.79
	初中	1.35	0.45	0.04	0.41	1.8
	高中	0.95	0.52	0	0.52	1.46
	大专及本科	0.79	0.6	−0.13	0.72	1.39
	研究生	0.7	0.58	−0.04	0.62	1.28
农村	小学及以下	1.64	0.45	−0.02	0.47	2.09
	初中	1.51	0.45	0.08	0.37	1.96
	高中	1.09	0.44	0.04	0.4	1.52
	大专及本科	0.85	0.47	−0.1	0.58	1.32
	研究生	0.71	0.33	−0.21	0.54	1.05

数据来源:由"六普""七普"资料整理所得。

五、结论及建议

本文使用"五普"至"七普"数据、全国1%人口抽样调查数据、2001—2019年人口变动情况抽样调查数据,对不同教育程度下育龄期女性的平均初婚年龄变化特征及婚姻推迟对生育水平的影响进行了研究,得出以下主要结论:

第一,近二十年我国育龄女性的初婚年龄持续推迟,但仍为普婚模式。在不同教育程度下的婚姻推迟特征方面,教育程度提高会推迟女性进入婚姻的时间。对比三次普查数据可知,小学及以下、大专及以上教育程度女性的平均初婚年龄均有明显继续向后推迟趋势;初、高中受教育程度女性进入婚姻的时间先推迟后回升。

第二,在不同教育程度人群婚姻推迟的城乡差异中,首先发现在"七普"时,城市的平均初婚年龄在三地区中基本最晚,且晚于全国水平;农村大部分教育阶段平均初婚年龄晚于全国水平;镇平均初婚年龄最早且早于全国水平。各教育程度中初婚年龄最早的为农村小学及以下,最晚为农村研究生。其次,对比"六普""七普"可知,城市各教育阶段平均初婚年龄均发生推迟,镇、农村呈现小学及以下、大专及以上推迟而初高中提前的变化趋势。平均初婚年龄推迟最多的是城市小学及以下,其次为农村研究生文化水平女性。

第三,在女性总体婚姻推迟对生育水平的影响分析中,女性已婚比例对总和生育率始终呈降低作用且越来越大。在各教育程度女性婚姻推迟对生育水平的影响分析方面,已婚比例对生育水平的拉高作用基本随着教育程度的提高而降低。在城乡不同教育程度女性婚姻推迟对生育水平的影响分析方面,城乡大部分群体已婚比例降低生育水平;但镇、农村初中及农村高中的已婚比例提升了生育水平。降低最显著的是平均初婚年龄推迟最多的城市小学及以下、农村研究生受教育程度两个群体。

以上结论显示出,我国育龄期女性初婚年龄整体来看不断推迟,但婚姻推迟在不同受教育程度下的表现以及对生育水平影响存在异质性。初高中教育程度女性初婚年龄推迟相对小,在近十年间呈现回升趋势,并促进了生育水平提升,这在镇、农村地区表现得尤为明显。而城市小学及以下、农村研究生这两个受教育程度群体的婚姻推迟对生育水平降低最显著。因此本文提出以下建议:第一,倡导新型婚育观,对育龄人群进行适度引导和宣传，避免初婚时间过晚；第二，有针对性地了解不同受教育程度女性的择偶需求，并拓宽育龄期女性的交际渠道，重点帮助城市小学及以下、农村研究生这两类女性，在信息平台、心理引导等方面提供支持；第三，由于育龄期女性受教育时间延长，学校可适当鼓励在校适龄青年步入婚姻，并为其提供一定的便利条件。

王晓峰　王坦

陕西省婚姻状况及婚姻挤压预测研究

一、引言

(一)研究背景

婚姻是以规范两性结合为特征的社会关系,是人类所特有的社会现象和社会问题,婚姻状况是人口最基本的社会特征。而人口问题始终是影响我国经济社会发展的基础性、全局性和战略性问题。“三孩政策”配套措施提出,要加强适婚青年婚恋观,提高人口生育率水平,促进人口长期均衡发展;2021 年 7 月,中共中央公布的《关于优化生育政策促进人口长期均衡发展的决定》中提出,面对婚姻家庭变迁中的新情况、新问题,要倡导适龄婚育,提升人口服务管理水平。因此,了解和认识特定时间与空间范围内的人口婚姻现象及变化,可以有效控制人口增长,提高人口质量,促进社会经济文化的健康发展。

随着经济发展,我国婚姻状况发生很大转变,主要体现在结婚率下滑、离婚率持续攀升、初婚年龄推迟(王立军等,2022)等方面。具体来看,一是结婚对数和结婚率自 2013 年开始下滑(穆光宗等,2021)。2013—2020 年,我国结婚登记对数从 1347 万对的历史高点持续下滑至 813 万对,2020 年同比下降 12.2%,而粗结婚率从 9.9‰降至 5.8‰。二是离婚对数和离婚率长期持续攀升。1987—2020 年,我国离婚登记对数从 58 万对攀升至 373 万对,粗离婚率从 0.5‰攀升至 2.6‰(杨菊华,2022)。三是“晚婚”现象突出(和红和谈甜,2021)。25—29 岁接替 20—24 岁人群成为新的结婚“主力军”,高年龄层段(40 岁以上)结婚登记比例大幅上升。

陕西省地处我国西北地区,地区经济发展较中、东部之间仍有一定的差距,随着经济发展、城镇化进程和劳动力转移的不断加快,社会流动的增强和社会开放程度的逐步加深,女性的婚姻迁移数量增多,人们婚姻自主性增强;陕西省出生性别比从 20 世纪 80 年代以来持续偏高,从而造成的女性缺失和婚姻挤压的影响逐步显现,这些使得陕西人口婚姻问题面临着更加严峻的形势与挑战。

(二)文献回顾

学者们对婚姻状况及变动方面的研究主要集中在两个方面,一是对婚姻行为的指标研究,目前学者多集中研究夫妇年龄差、初婚年龄、婚内生育率和离婚率等(曾毅等,1998;王跃生,2000;陈卫,2019),其中,初婚年龄的影响因素和婚姻匹配的变迁涉及的文献较多(刘利鸽等,2019);二是近年来对婚姻市场挤压的研究较多,20 世纪 80 年代以来,我国相当数量的农村男性在寻找配偶时面临困难。婚姻梯度和婚姻区域选择偏好造成了“男高女低”的非平行婚配模式,使得受教育程度低、无技能和家庭经济较差的男性承受着大龄未婚的风险(梁颖等,2018)。婚姻挤压是一种危害男性生活质量的压力事件,同时削弱了他们的社会支持网络(陆卫群等,2019)。

已有研究对婚姻状况的文章虽然很多,对于婚姻状况和变动的研究不足主要表现在:

(1)缺乏对中观层面婚姻市场的婚姻挤压研究,尤其对西部地区婚姻市场的定量研究更是少见。婚姻市场是指婚龄期男性和女性择偶关系的总和,表现为在一定的时间和范围内婚姻配偶的供给和需求关系(Lamanna 等,1991)。衡量婚姻市场状况的指标,包括性别比、婚配性别比、单身性别比等。性别结构、年龄结构和夫妇年龄差三个因素共同构成了影响婚姻市场变化的内在动力(郭志刚,1995)。大多数有关性别结构失衡对婚姻市场的研究,主要集中在利用同龄男女性别比、婚配性别比等指标对全国整体婚姻市场的测算,利用模型设置参数的方法对对未来人口预测并分析全国婚姻市场婚姻挤压的状况及影响因素(郭显超和黄玲,2014),少量对个别省份婚姻市场和婚姻挤压状况进行研究(石人炳,2005),还有很少来研究市级和县级婚姻市场和婚姻挤压的影响。对西部地区的婚姻市场研究更为少见。

(2)缺乏多视角融合的婚姻状况研究。目前的研究主要关注婚姻状况中的夫妇年龄差、初婚年龄、不婚比例、婚内生育率的影响,个别研究利用调查数据对婚龄匹配变动进行分析,研究结果表明中国城乡初婚夫妇婚龄匹配依然以传统的“男大女小”模式为主流形态，主要介于丈夫小妻子 1 岁到丈夫大妻子 4 岁之间（梁颖等，2018）。但是目前还缺乏对婚姻关系缔结（婚姻匹配、教育匹配）和婚姻关系解除（离婚）更细化的研究。

（三）研究设计

本研究以陕西省人口的婚姻状况及变化趋势为研究对象，基于陕西省第七次人口普查数据，结合第五次、第六次人口普查数据以及其他各类文献资料，采用定性与定量相结合的方式对陕西省人口的婚姻状况及婚姻市场预测进行研究。首先，对陕西省人口婚姻现状进行分析，对未婚、初婚和离婚的态势和现状进行分析比较。其次，采用人口发展方程及潜在初婚比模型预测陕西省 2020—2070 年的婚姻市场的变动情况。最后，根据研究结果，提出改善陕西省人口婚姻状况的对策与建议。

二、模型与方法

1. 人口预测方程

由于潜在初婚比模型需要未来分年龄、分性别人口预测数据作为计算指标，基于已有的研究，刘庆山采取分性别、将迁移人口改为流动人口的修正人口发展方程预测人口（刘庆山，2022），于潇等（2019）构建了分城乡离散未婚人口发展方程。受上述研究的影响，本节采用离散型人口发展方程预测未来五十年分年龄、分性别人口数据。给出离散型人口发展方程如下：

$$P_{t+1}^{m,x} = P_t^{m,x-1} \times (1 - d_m^{x-1} \tag{1}$$

$$P_{t+1}^{f,x} = P_t^{f,x-1} \times (1 - d_f^{x-1}) \tag{2}$$

$$P_{t+1}^{f,0} (\sum^x P_t^{m,x} + \sum^x P_{f,x}^x) \times dr_t \times sr_f \times (1 - d_f^0) \tag{3}$$

$$P_{t+1}^{m,0} (\sum^x P_t^{m,x} + \sum^x P_{f,x}^f) \times dr_t \times sr_m \times (1 - d_m^0) \tag{4}$$

其中 x 表示年龄，t 表示年份。$P_t^{m,x}$ 和 $P_t^{f,x}$ 表示男性和女性人口数量，d_m^x 和 d_f^x 表示男性和女性的死亡率。$P_{t+1}^{m,0}$ 与 $P_{t+1}^{f,0}$ 男女性婴儿的新增数量。br_t 表示人口出生率，本节采用郭敏、田荟等基于 arima 模型对我国人口预测（郭敏，2018）的方法预测未来陕西省人口出生率。sr_m 与 sr_f 分别表示新生婴儿的男女性别占比。$1 - d_m^0$ 与 $1 - d_f^0$ 分别表示男女性婴儿的留存率。

2. 潜在初婚比

潜在初婚比模型定义为以男性按龄初婚频率加权的男性人数与以女性按龄初婚频率加权的女性人数之比。而按龄分性别初婚频率的值为该年该性别该年龄初婚人数比该年该性别该年龄的总人数。潜在初婚比的数学表达式如下：

$$R_t = \frac{\sum_{x=15}^{60} P_t^{m,x} \times FMR_{2020}^{m,x}}{\sum_{x=15}^{60} P_t^{f,x} \times FMR_{2020}^{f,x}} \tag{5}$$

$FMR_{2020}^{m,x}$ 和 $FMR_{2020}^{f,x}$ 表示基年男性和女性初婚频率。

在只考虑初婚的情形下，若在计算基年潜在初婚比时男性人口远远高于女性人口但初婚率却远远低于女性人口，这将导致计算的结果不能真实的反应婚姻市场对男性的挤压。因此在计算潜在初婚比时引入基年性别比进行修正给出如下修正后的某年份的潜在初婚比

$$R_{ts} = \frac{\sum_{x=15}^{60} P_t^{m,x} \times SR_{2020}^x \times FMR_{2020}^{m,x}}{\sum_{x=15}^{60} P_t^{f,x} \times FMR_{2020}^{f,x}} \tag{6}$$

其中 $SR_{2020}^x = \frac{P_t^{m,x}}{P_t^{f,x}}$ 表示基年分年龄段男女性别比。

在该领域的研究中一般假设 50 岁没有结婚即为终身不婚，但随着社会发展，初婚年龄不断延长，本文计算潜在初婚比考虑的范围是 15 岁至 60 岁。

3. 终生未婚人口比例

终生未婚比例可以直观地反映出达到初婚最高年龄限制的未婚人口规模，本节考虑的初婚年龄为 15—60 岁。因此将 60 岁以上未婚人口认定为终生未婚人口，这里给出预测未婚人口的数学表达式：

$$NM_t^{m,x+1} = NM_t^{m,x} \times (1 - FMR_t^{m,x}) \times (1 - d_m^x) \tag{7}$$

$$NM_t^{f,x+1} = NM_t^{f,x} \times (1 - FMR_t^{f,x}) \times (1 - d_f^x) \tag{8}$$

其中 $NM_t^{m,x}$ 和 $NM_t^{f,x}$ 表示男性和女性未婚人口。

以 60 岁以上的未婚人口比例作为终生未婚比例。即给出终生未婚比例的数学表达式如下：

$$RNM_t^m = \frac{NM_t^{m,60+}}{P_t^{m,60+}} \times 100\% \tag{9}$$

$$RNM_t^f = \frac{NM_t^{f,60+}}{P_t^{f,60+}} \times 100\% \tag{10}$$

4. 平均初婚年龄

平均初婚年龄的度量方法如下：

记 15—59 岁的未婚人口占比之和为 RS_1：

$$RS_1 = \sum_{X=15}^{59} \frac{NM_t^{f,x}}{P_t^{f,X}} \tag{11}$$

$$RS_2 = RS_1 + 14 \tag{12}$$

记 60 岁已婚人口的比例为 RM：

$$RM = 1 - \frac{NM_t^{f,60+}}{P_t^{f,60+}} \tag{13}$$

记 60 岁未婚人口所度过的单身年限为 RS_3：

$$RS_3 = 60 \times \frac{NM_t^{f,60+}}{P_t^{f,60+}} \tag{14}$$

平均结婚年龄为：

$$SMAM = \frac{RS_2 - RS_3}{RM} \tag{15}$$

三、陕西省婚姻态势和现状分析

本章运用陕西省“五普”“六普”和“七普”人口普查数据，对未婚、初婚与离婚三个方面进行详细分析，探讨陕西省婚姻家庭生命周期中不同阶段的变动趋势和现状特征。

1. 未婚态势和现状分析：未婚比例近年来有所下降，同时男性的未婚比例和未婚人数都高于女性，男性受到婚姻挤压。

表 1　陕西省分性别的未婚比例

性别	“五普”		“六普”		“七普”	
	比例（%）	人数（万人）	比例（%）	人数（万人）	比例（%）	人数（万人）
男	23.22	30.05	27.26	42.31	21.43	33.10
女	15.4	19.16	20.45	31.01	14.86	22.55
总体	19.39	49.21	23.89	73.32	18.17	55.65

根据表 1 可以看出，陕西省的未婚比例随时间呈现先上升后下降的趋势。三次人口普查的未婚人数也在不断变化，同“六普”相比，“七普”的未婚人数有所减少，但仍高于“五普”的未婚人数。

三次普查结果的男性未婚比例和未婚人数均高于女性。其中“七普”数据显示男性未婚比例为 21.43%，高出女性未婚比例 6.57 个百分点。但比较三次人口普查结果，男性和女性的未婚比例差距在逐渐减少。“五普”时期男性与女性的未婚比例相差 7.82%，“六普”时期男性与女性的未婚比例相差 6.81%，“七普”时期男性和女性的未婚比例相差 6.57%。虽然“五普”“六普”“七普”的男性和女性未婚比例差距在不断缩小，但男性的未婚比例仍高于女性，男性群体依然受到严重的婚姻挤压，处在不利的婚姻市场。

2. 初婚态势和现状分析：初婚年龄推迟，同时男性初婚年龄高于女性。

根据表 2 可以看出，陕西省初婚年龄随时间呈现先增加后减少的趋势，初婚年龄由“五普”时期的 23.83 岁先增加到“六普”时期的 25.76 岁，在“七普”时期又下降到 24.15 岁。从初婚人数上看，和“六普”的初婚人数相比,"七普"的初婚人数有所下降,但是仍高于"五普"的初婚人数。从男性初婚年龄和女性初婚年龄比较上看,三次普查结果都显示男性比女性初婚年龄大,但是三次普查结果的男性和女性的初婚年龄差都保持在 2 岁附近保持比较平稳的趋势。

表 2 陕西省分性别的初婚年龄

性别	"五普"		"六普"		"七普"	
	初婚年龄(岁)	人数(万人)	初婚年龄(岁)	人数(万人)	初婚年龄(岁)	人数(万人)
男	25.05	90.37	26.78	105.11	25.05	99.57
女	22.63	92.33	24.77	107.74	23.26	100.82
总体	23.83	182.70	25.76	212.85	24.15	200.39

3. 离婚态势和现状分析:陕西省离婚比例和人数出现上升趋势。

根据表 3,历次调查数据表明,陕西省的离婚比例整体呈现出快速上升的趋势,离婚比例自"五普"时期的低于 1%,到"六普"时期首次超过 1%,达到了 1.10%,上升至"七普"时期的接近 2%,达到 1.83%。同时各阶段的离婚人数增长幅度也较大,"七普"时期与"五普"时期相比,离婚人数出现翻倍增长的现象。

表 3 陕西省分性别的离婚比例

性别	"五普"		"六普"		"七普"	
	比例(%)	人数(万人)	比例(%)	人数(万人)	比例(%)	人数(万人)
男	1.11	1.44	1.35	2.10	2.08	3.22
女	0.50	6.24	0.84	1.28	1.57	2.38
总体	0.81	2.07	1.10	3.38	1.83	5.60

四、陕西省未来婚姻市场变动预测

为了解未来陕西省婚姻市场的形势,为潜在初婚人群提出建议,本节利用人口发展方程预测了陕西省 2020—2070 年的分年龄、分性别人口数据。并利用潜在初婚比模型计算出了陕西省 2020—2070 年婚姻市场男性过剩人口比例以及男性过剩人口数量,且根据预测数据分析发生变动的原因。

(一)指标选取

常见的婚配性别比只适用于特定的年龄差人口,为了适应结婚人口年龄范围广度,本节以度量潜在的两性相对规模差异的潜在初婚比指标为基础,测度陕西省婚姻市场的总体情况。基于陕西省 2020 年第七次人口普查数据,预测陕西省 2020—2070 年的潜在初婚比以及婚姻市场上男性过剩人口比例和男性过剩人口数量。为了更加全面地反映未来婚姻市场的变化趋势,本节还研究了中国婚姻市场挤压状况对未来男性与女性终生未婚比例平均初婚年龄的影响。

(二)数据处理与指标计算

本节对 2020 年第七次全国人口普查数据以及陕西省普查数据进行处理,得到了模型计算时所需要的参数,计算出各个指标。具体需要的参数与处理方法如下:

1. 潜在初婚比

本节根据全国分年龄、分性别初婚年龄数据,用各年龄段初婚人数比该年龄段总人数计算各年龄段的初婚频率。选取以五岁为组距,15 岁为最低年龄,40 岁以上为一组的分组方式计算各年龄段的初婚频率。但计算出来的初婚频率的总和不为 1,即 $TFMR_{2020}^{m,x}=\sum FMR_{2020}^{m,x}\neq 1$,和 $TFMR_{2020}^{f,x}=\sum FMR_{2020}^{f,x}\neq 1$。因此对初婚频率进行处理得到修正后的初婚频率:$\frac{FMR_{2020}^{m,x}}{TFMR_{2020}^{m,x}}\times mr_{2020}^{m}$ 和 $\frac{FMR_{2020}^{f,x}}{TFMR_{2020}^{f,x}}\times mr_{2020}^{f}$。其中 mr_{2020}^{m} 与 mr_{2020}^{f} 分别表示基年男性和女性总结婚率。

在初婚频率保持基年水平不变的条件下,将预测的 2020—2070 年分年龄、分性别人口数据与修正后的初婚频率带入潜在初婚比公式：

$$R_{ts}=\frac{\sum_{x=15}^{60}P_t^{m,x}\times SR_{2020}^{x}\times\frac{FMR_{2020}^{m,x}}{TFMR_{2020}^{m,x}}\times mr_{2020}^{m}}{\sum_{x=15}^{60}P_t^{f,x}\times\frac{FMR_{2020}^{f,x}}{TFMR_{2002}^{f,x}}\times m_{2020}^{f}}\tag{16}$$

计算出 2020—2070 年初婚比，见表 4。并画出初婚比预测图像，见图 1。

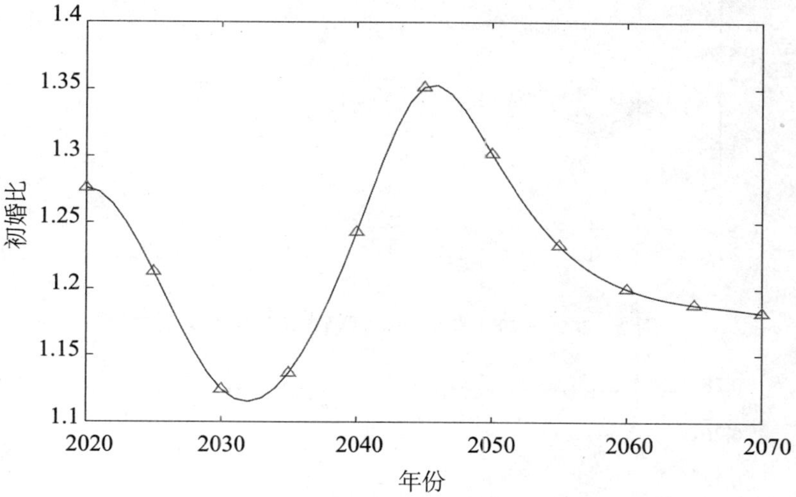

图 1　2020—2070 年初婚比预测

表 4　2020—2070 年初婚比预测数据

年份	R_t
2020	1.2759
2025	1.2127
2030	1.1243
2035	1.1365
2040	1.2429
2045	1.3515
2050	1.3020
2055	1.2329
2060	1.2000
2065	1.1882
2070	1.1820

2. 男性过剩人数与过剩比例

利用计算好的基年初婚频率 FMR_{2020}^{x} 和预测的 2020—2070 年分年龄、分性别人口数据 P_t^x 代入公式：

$$M_t=\sum_{x=15}^{60}P_t^{m,x}\times\frac{FMR_{2020}^{m,x}}{TFMR_{2020}^{m,x}}\times mr_{2020}^{m}-\sum_{x=15}^{60}P_t^{f,x}\times\frac{FMR_{2020}^{f,x}}{TFMR_{2020}^{fx}}\times mr_{2020}^{f}\tag{17}$$

计算出 2020—2070 年男性过剩人口，见图 2。

利用已经计算出的初婚比 R_t 数据，带入公式：

$$S_t=\frac{M_t}{\sum_{x=15}^{60}P_t^{m,x}\times\frac{FMR_{2020}^{m,x}}{TFMR_{2002}^{m,x}}\times mr_{2020}^{m}}\tag{18}$$

计算出 2020—2070 年男性过剩比例，见图 3。

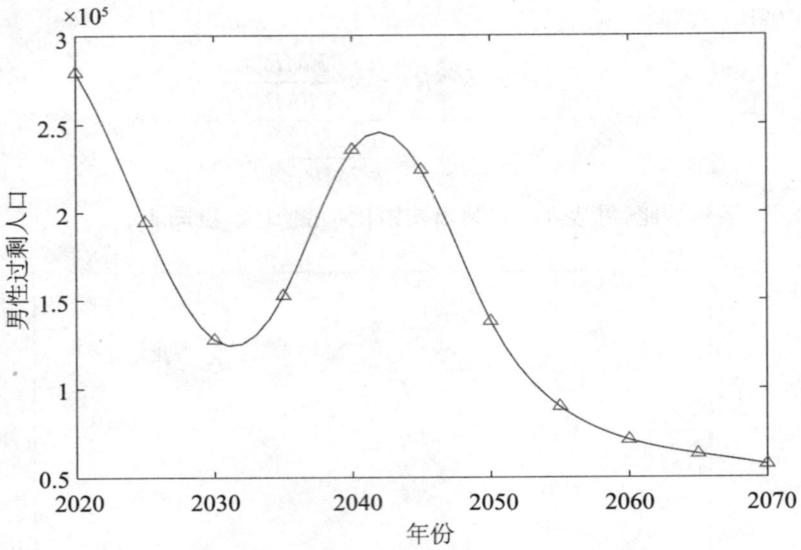

图 2　2020—2070 年陕西省婚姻市场男性过剩人口

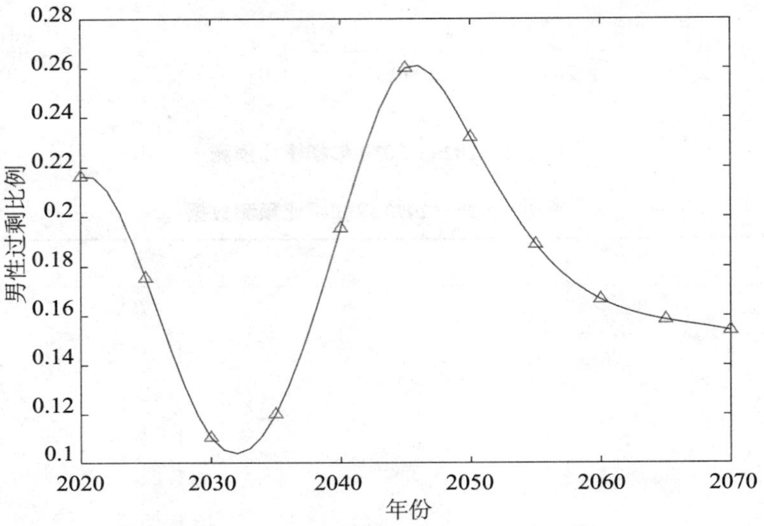

图 3　2020—2070 年陕西省婚姻市场男性过剩比例

3. 终生未婚人口比例

根据 2020 年第七次全国人口普查数据分年龄、分性别人口未婚数据，得到基年的未婚人口数据，再根据人口预测方程得到的人口数据，代入未婚人口计算公式，得到分年龄、分性别未婚人口数据。用 60 岁以上的未婚人口比 60 岁以上的总人口得到终生未婚比例，见表 5。并画出预测图像，见图 4。

表 5　2020—2070 年终生未婚比例预测数据

单位：%

年份	RNM_t^m	RNM_t^f
2020	3.08	0.31
2025	3.03	0.34
2030	3.06	0.38
2035	3.17	0.46
2040	3.34	0.57
2045	3.68	0.77
2050	4.56	1.23
2055	4.60	1.25
2060	4.73	1.55
2065	5.85	1.94
2070	5.97	2.46

利用三次样条插值函数对数据点进行多项式拟合画出以下终生未婚比例预测图像：

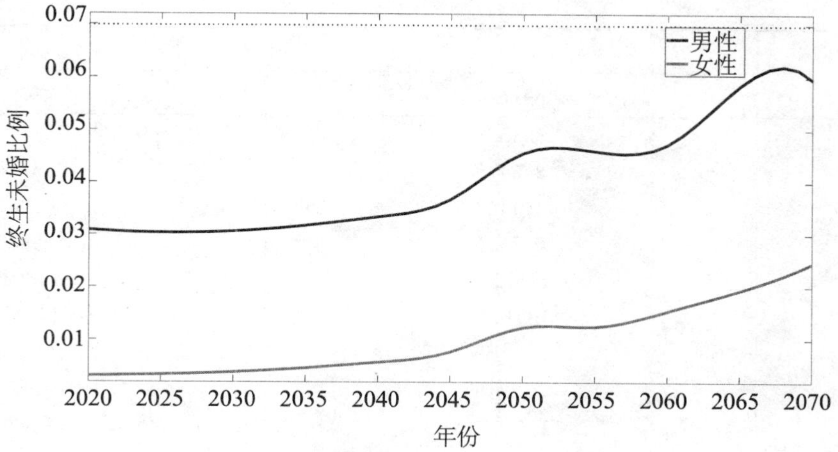

图 4　2020—2070 年陕西省分性别终生未婚比例

4. 平均初婚年龄

根据预测得到的 2020—2070 年分年龄、分性别未婚人口数据以及 2020—2070 年分年龄分性别人口数据，计算出各个年龄段的未婚人口比例之和。再代入预测得到的终生未婚比例计算出平均初婚年龄，见表 6。

表 6　2020—2070 年分性别平均初婚年龄

单位：岁

年份	男性	女性
2020	25.49	22.41
2025	26.29	23.27
2030	26.97	24.09
2035	27.54	24.84
2040	28.03	25.53
2045	29.30	25.05
2050	30.93	26.36
2055	30.83	26.77
2060	30.82	27.64
2065	31.54	27.57
2070	31.51	27.44

（三）2020—2070 年陕西省婚姻市场预测

根据第七次陕西省人口普查数据，利用人口发展方程预测了未来五十年的分年龄、分性别人口变化，并在假设未来初婚频率保持基年水平不变的前提下，预测了未来五十年婚姻市场的初婚比和男性过剩人口，同时根据未来五十年各年龄段未婚人口比例预测了平均初婚年龄。通过上述预测的指标本节得出以下结论：

1. 未来 25 年婚姻市场对男性的挤压呈先下降后上升的趋势

图 1 表明 2020—2030 年婚姻市场对男性的挤压在逐渐降低。但 2030—2045 年婚姻市场对男性挤压反而会升高，超过了基年水平。结合图 2 可看出在 2040 年附近男性过剩人口出现了波峰。在 2040 年附近出现波峰主要是由以下两个因素引起的，一是男性和女性性别比，二是男性和女性初婚年龄差。表 7 是根据人口发展方程预测的 2040 年陕西省分年龄、分性别人口数据统计表。并画出柱状图，见图 5。

表 7　预测 2040 年陕西省分年龄、分性别人口

单位：人

年龄组(岁)	人口数	
	男性	女性
0—4	363588	335707
5—9	386675	357185
10—14	444443	410632
15—19	637635	589309
20—24	1165999	1080226
25—29	1291667	1171219
30—34	1112495	994362
35—39	952716	819466
40—44	1056578	954707
45—49	1479065	1390463
50—54	1873475	1834258
55—59	1406028	1359191
60 及以上	6465166	7135631

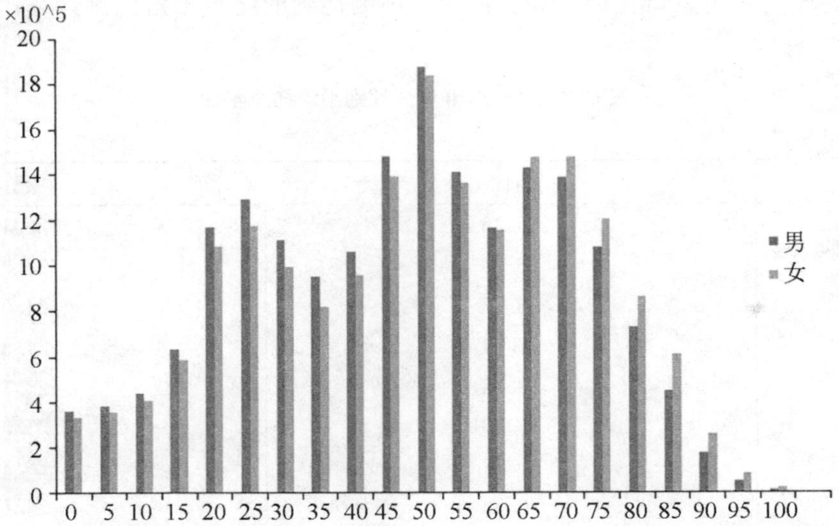

图 5　2040 年陕西省分年龄、分性别人口预测

注：陕西省分年龄、分性别人口预测采用五岁为组距进行统计，上图中横坐标年龄取的是每组的下界，即横坐标为 0 时的数据是 0—4 岁人口数。

图 5 显示：在 2040 年 20—34 岁的男性人口都要高出女性人口很多，20—30 岁是初婚率最高的年龄段，因此婚姻市场男性过剩人口数量就较多，这就是性别比所导致的。而其中年龄为 25—30 岁；30—35 岁；35—40 岁的人口分别是 2010—2015 年；2005—2010 年；2000—2005 年出生的人口，图 5 显示：在 2000—2015 年间新生人口在不断增加，而男性与女性初婚年龄存在年龄差，即女性更倾向于早结婚，所以对于 2000—2010 年出生的男性，他们在婚姻市场上所面对的女性就更多，这就降低了男性的过剩比例。而 2015—2020 年新生人口开始下降，对于 2020 年之后新生人口的预测也在不断下降，因此 2035—2045 年婚姻市场上的女性就在减少，这种男性与女性初婚年龄差就导致了在 2045 年男性过剩比例增长至 26%。但由于预测的出生率从 2030 年开始趋于平稳后，这种初婚年龄差带来的波动就消除了。最终到 2070 年男性过剩比例会下降至 16%以下。

2. 2050 年后陕西省婚姻市场对男性的挤压不断降低

图 1 显示从 2050 年开始初婚比开始缓慢下降逐渐平稳地下降到 1.2 以下。结合图 2，在未来 50 年婚姻市场男性过剩人口数量整体趋势是下降的，从 2050 年开始男性过剩人口数量减少到 2020 年的一半以下。

因此可以认为对于2020年后出生的男性，他们将要面临的新的婚姻环境是较为乐观的。婚姻市场对男性的挤压整体表现出不断减少的趋势是由于预测的未来人口出生率在降低，新生人口数量逐年下降，社会处于低出生率阶段。新生人口降低，在同样的出生性别比下，男性过剩人口数量就在不断减少。在经过2000—2020年新生人口的波动后从2020年开始预测的新生人口数量保持平稳下降趋势，因此在2050年后预测的初婚比以及男性过剩比例保持持续下降的趋势。

3. 终生未婚比例不断升高且平均初婚年龄不断推迟

图4表明在未来人们终生未婚的意愿在不断升高，而男性的终生未婚比例超过女性的两倍也反映出未来婚姻市场上男性在受到挤压。终生未婚比例的升高受多方面因素影响，一方面是因为如今结婚成本越来越高，导致现在年轻人越来越不愿意结婚，另一方面是由于男性和女性性别比导致婚姻市场上男性过剩。根据未婚人口比例测算的平均初婚年龄也在不断增长，男性从2020年的25.5岁增长到2070年的31.5岁，女性也由2020年的22.5岁增长到2070年的27.5岁。未来人们对初婚年龄会不断推迟，从社会发展角度分析，青年们在追求更高的学历更专注于事业，将婚姻推迟。从计算过程分析，平均初婚年龄的计算中终生未婚比例是一个很重要的因素，随着终生未婚比例的上升，平均初婚年龄也就上升了。

五、主要结论和政策建议

（一）主要结论

1. 陕西省婚姻态势和现状分析结论：

（1）未婚比例近年来有所下降，同时男性的未婚比例和未婚人数都高于女性，男性受到婚姻挤压。（2）初婚年龄在增长，同时男性初婚年龄高于女性。（3）陕西省离婚比例和人数出现上升趋势。

2. 陕西省婚姻市场挤压现状以及未来预测分析结论

（1）未来25年婚姻市场对男性的挤压呈先下降后上升的趋势；（2）2050年后陕西省婚姻市场对男性的挤压不断降低；（3）终生未婚比例不断升高且平均初婚年龄不断推迟。

（二）政策建议

1. 促进适婚人数与性别比的平衡，构建新型婚姻文化

开放、包容的社会氛围让年轻人在婚姻全生命周期中有机会、有能力遵从自己的内心，适婚群体教育背景的不断优化也帮助双方对婚姻关系了解得更加透彻。如今适婚群体面对不婚的社会压力远远低于过去，而持续维系人口平衡的稳定化仍是现在的关键问题。政府可在现有的人口生育政策下，加大居民生活福利供给，提升居民生活幸福感和获得感，进而提高结婚率和人口出生率；同时在广大社会中维系稳定的社会氛围，在婚姻关系中帮助夫妻双方构建平等的婚姻关系与稳定的生活环境，并从税收、住房补贴等方面对"提升婚姻意愿，鼓励结婚生育"的多项包容性政策进行不断完善，提升适龄人口的结婚意愿。

2. 引导年轻群体树立正确的婚恋观，构建良好的婚姻价值体系

社交媒体的迅速普及在帮助民众加速信息获取速度的同时，也加大了社会事件的传播影响范围，而婚姻关系中发生的恶性事件也在不断敲打着广大未婚群体。教育部门可将婚恋教育逐步融入到中高等院校的教育体系中，引导青年群体在学习基础知识文化、提升实践能力的同时，树立健康的婚恋观，解答其对婚姻生活的问题与困惑；带领青年群体对婚姻生活中的生理因素、环境因素与个人的主观能动性进行清楚、充分的认知，打破自我限制，降低面对未知婚姻生活的恐惧感。同时积极探索婚姻家庭领域的社会工作发展举措，贯彻落实2020年9月民政部和全国妇联引发的《关于加强新时代婚姻家庭辅导教育工作的指导意见》，对适婚群体的婚姻观念进行系统性的塑造，帮助未婚人群消除广泛的"恐婚"、"恐育"心理，帮助夫妻巩固既有的婚姻基础，提高结婚率、改善离婚率。

3. 重视对婚姻挤压对象的生存技能帮扶，提升婚姻市场竞争力

随着女性在职业发展、收入水平、受教育机会等方面不断缩小与男性的差距，婚姻市场原有的平衡受到影响，在梯度择偶规则下部分高学历、高收入的女性被挤出，同时低收入的大龄男性青年的婚姻竞争也明显加剧。婚姻挤压问题在21世纪愈发突出，需要更多有效的社会支持和政策扶持。关于受到严重婚姻挤压影响的农村单身男性群体，学界应当更加关注此群体的光棍现象，弱化规模性产物，关注其心理健康与生理健康并提供理论支持，给予生存技能辅助，帮助加大人口流动的速度，使得被挤压群体在经济市场与婚姻市场

中提升竞争力，从而引导良好的婚姻市场供需关系。

4. 引导市场服务目标向独居人群分散，培育单身经济的新增长点

随着老龄化持续发展和医疗技术的进步，同时由于家庭观念变化以及代际价值观的差异化，子女和老年人共同居住的比例越来越低，我省高龄老年人的数量和所占比例在逐步增长，与此同时大部分年轻人离开父母单独居住比例也在进一步增长。随着单人家庭的增加，单身经济将成为一种不可忽视的经济模式，市场在重点关注大家庭户的同时，应逐渐将视线分至单人家庭上，逐步完善单人经济产业链，如单人预备食品、单人电器等单人份消费，尤其要注意单身女性的安全问题，提供多样化的居家、外出安全用具等商品，均在为广大单身群体提供便捷的同时，扩大单身经济的城镇市场。

西安财经大学统计学院　韦艳　刘晓炜　杨丽红

“初婚一孩次”递进分析模型与生育支持政策的重点目标人群识别

——基于浙江省第七次人口普查数据

一、问题的提出

人口少子化是全球发达国家和地区普遍存在的问题，也是我国几乎所有省份共同面临的挑战。党的二十大报告明确要求，建立生育支持政策体系。国家层面17个部委联合印发的《指导意见》，进一步细化了20项积极生育支持措施。但生育支持政策见效需要5—10年的时滞(贺丹，2022)，这意味着通过即时评估来优化政策瞄准方向的社会政策模式不适用于生育支持领域。因此，在政策制定时科学识别重点目标人群，提高生育支持政策的瞄准效果，对于实现“到2025年生育水平适当提高”的政策目标具有重要意义。

在我国女性终身不婚率依然很低的情况下，初婚年龄推迟和年轻女性不婚率提高如何影响整体生育水平？不同年龄段的孩次递进生育水平如何影响整体生育水平？不同人群(城乡/受教育程度)的初婚递进和孩次递进生育进程有何差异，对整体生育水平的影响多大？本研究融合分孩次递进生育模型与女性初婚递进模型，构建“初婚一孩次”递进分析模型，并引入弹性系数计算方法，在尝试对上述问题进行解答的基础上，识别生育支持政策的重点目标人群。

二、方法与数据

(一)“初婚一孩次”递进分析模型

马瀛通等(1986)提出的递进人口发展模型包含初婚递进人口模型和分孩次递进人口模型，确立了总和递进初婚率和分孩次总和递进生育率指标。但是在递进人口发展模型中，初婚递进人口模型与分孩次递进人口模型是相互独立的，尚未建立起女性初婚递进与生育水平之间的逻辑关联。正因为如此，该模型无法用来分析初婚年龄推迟和年轻女性不婚率提高对整体生育水平的影响。本研究在借鉴王广州(2018)的孩次递进生育模型的基础上，纳入初婚递进过程，构建“初婚一孩次”递进分析模型。模型的基本逻辑框架如下：

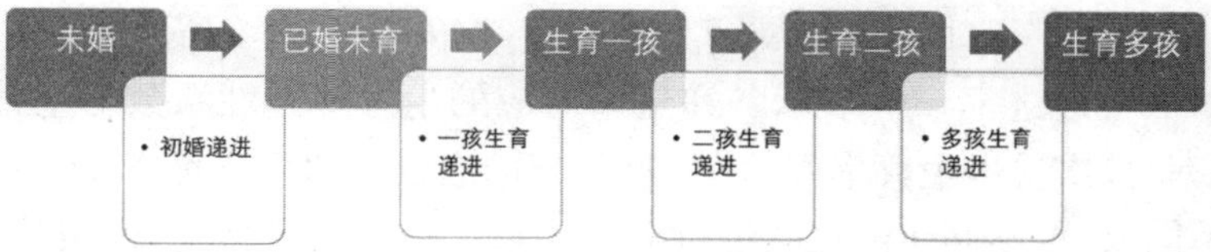

图1 “初婚一孩次”递进分析模型的逻辑框架

如图1所示，育龄期女性的婚育过程构成一个整体，分为未婚、已婚未育、生育一孩、生育二孩和生育多孩等五个状态，包含初婚递进、一孩生育递进、二孩生育递进和多孩生育递进等四组年龄别递进比和年龄别递进率。

$$m_n = \frac{M_n}{W_n^{um} + M_n} \tag{1}$$

$$P_n^{(1)} = \frac{B_n^{(1)}}{W_n^{m,(0)} + B_n^{(1)} - M_n} \tag{2}$$

$$P_n^{(2)}=\frac{B_n^{(2)}}{W_n^{(1)}+B_n^{(2)}-B_n^{(1)}} \tag{3}$$

$$P_n^{(3+)}=\frac{B_n^{(3+)}}{W_n^{(2)}+B_n^{(3+)}-B_n^{(2)}} \tag{4}$$

与孩次递进生育模型相似，“初婚—孩次”递进分析模型也需要首先计算递进比。如公式(1)—(4)所示，m_n、$p_n^{(1)}$、$p_n^{(2)}$和$p_n^{(3)}$分别表示n岁女性年度内未婚—已婚、已婚未育—已育一孩、已育一孩—已育二孩、已育二孩—已育多孩的递进比，M_n、$B_n^{(1)}$、$B_n^{(2)}$和$B_n^{(3)}$分别是n岁女性年度内发生初婚、生育一孩、生育二孩和生育多孩的人数，W_n^{um}、$W_n^{m,(0)}$、$W_n^{(1)}$和$W_n^{(2)}$分别是n岁女性在年末处于未婚、已婚未育、已育一孩和已育二孩状态的人数。

$$ASMR_n=m_n\times\prod_{x=15}^{n-1}(1-m_x) \tag{5}$$

$$APSFR_n^{(1)}=P_n^{(1)}(-\sum_{x=16}^{n-1}APSFR_x^1+\sum_{x=15}^{n-1}ASMR_x) \tag{6}$$

$$APSFR_n^{(2)}=P_n^{(2)}(-\sum_{x=16}^{n-1}APSFR_x^2+\sum_{x=15}^{n-1}APSFR_x^1) \tag{7}$$

$$APSFR_n^{(3+)}=P_n^{(3+)}(-\sum_{x=16}^{n-1}APSFR_x^{3+}+\sum_{x=15}^{n-1}APSFR_x^2) \tag{8}$$

然后，基于递进比的累进计算得到递进率。如公式(5)—(8)所示，$ASMR_n$表示年龄别初婚递进率，$APSFR_n^{(1)}$、$APSFR_n^{(2)}$和$APSFR_n^{(3+)}$分别表示年龄别一孩、二孩和多孩递进生育率。我们以单岁年龄组计算递进比和递进率，但为了便于将模型分析结果可视化，又将育龄期女性划分为7个5岁年龄组，由单岁组的递进率累加计算得到5岁组的递进率。综上，可得到4＊7＝28个递进率，分别为7个5岁年龄组的初婚递进率、一孩递进生育率、二孩递进生育率和多孩递进生育率。如公式(9)所示，女性总和初婚递进率(TFMR)是各年龄别初婚递进率的累加总和。如公式(10)所示，总和递进生育率(TPFR)是各年龄别一孩递进生育率、二孩递进生育率和多孩递进生育率的累加总和，可以表述为各个递进率所构成的函数。

$$TFMR=\sum_{n=15}^{49}ASMR_n \tag{9}$$

$$TPFR=TPFR^{(1)}+TPFR^{(2)}+TPFR^{(3+)}=\sum_{n=15}^{49}APSFR_n^{(1)}+\sum_{n=15}^{49}APSFR_n^{(2)}+\sum_{n=15}^{49}APSFR_n^{(3+)} \tag{10}$$

(二)总和生育率变动的弹性系数计算方法

通过建立总和递进生育率与年龄别递进初婚率、一孩递进生育率、二孩递进生育率和多孩递进生育率之间的函数关系，并引入弹性系数的概念，可以计算得到育龄女性整体生育水平对各年龄别递进初婚率/孩次递进生育率变动的敏感度，以识别生育支持政策体系的重点目标人群。

$$\eta_{\theta_i}=\frac{\Delta(TPFR)/TPFR}{\Delta(\theta_i)/\theta_i}=\frac{\partial(TPFR)}{\partial(\theta_i)}\times\frac{\theta_i}{TPFR} \tag{11}$$

上式中为θ_i表示28个递进率，η_{θ_i}表示各递进率对应的生育率弹性系数。生育率弹性系数可以解释为，各年龄别递进初婚率/孩次递进生育率变动1%所带来的递进总和生育率变动幅度(以百分比衡量)。生育率弹性系数可以在不同人群/不同年龄之间进行横向比较。弹性系数越高，说明整体生育水平对该人群/年龄组初婚递进率/孩次递进生育率变动的敏感性越高，该女性亚组对生育水平变动的重要性越强。因此，通过比较不同女性亚组间的生育率弹性系数，可以识别对整体生育水平变动贡献最大的人群。如果生育支持政策能够科学锚定这些目标重点人群，生育率的提升将会有更大可能性。

(三)数据来源与说明

本研究利用浙江省第七次全 国人口普查(以下简称“七普”)微观数据，提取其中有关育龄妇女婚姻状况与年度初婚情况、曾生子女状况与年度生育情况的数据，计算分年龄别的递进初婚率、一孩递进生育率、二孩递进生育率和多孩递进生育率。在对全体育龄女性进行分析的基础上，通过分别汇总城镇女性与农村女性、不同受教育程度女性的婚育情况数据，计算不同女性人群的递进初婚率、一孩递进生育率、二孩递进生育率和多孩递进生育率。最后，根据弹性系数计算方法，计算分城乡/分受教育程度、分年龄女性的生育率弹性系数,识别其中的政策重点目标人群。

三、"初婚一孩次"递进分析

(一)全体育龄女性的"初婚一孩次"递进率

根据模型测算,浙江省育龄女性的递进总和生育率为1.29,明显高于全省育龄女性的常规总和生育率1.04,这主要由生育年龄推迟产生的进度效应导致,说明实际生育水平并没有常规总和生育率反映得那么低①。其中,总和初婚递进率为0.99,一孩递进总和生育率为0.88,二孩递进总和生育率为0.38,多孩递进总和生育率为0.03。这意味着,若女性以"七普"数据所呈现的婚育递进模式度过整个育龄期(15—49岁),预期将有99%的女性进入婚姻状态(1%终身不婚),88%的女性完成一孩生育(12%终身不育),38%的女性完成二孩生育,3%的女性生育三个或以上孩子。

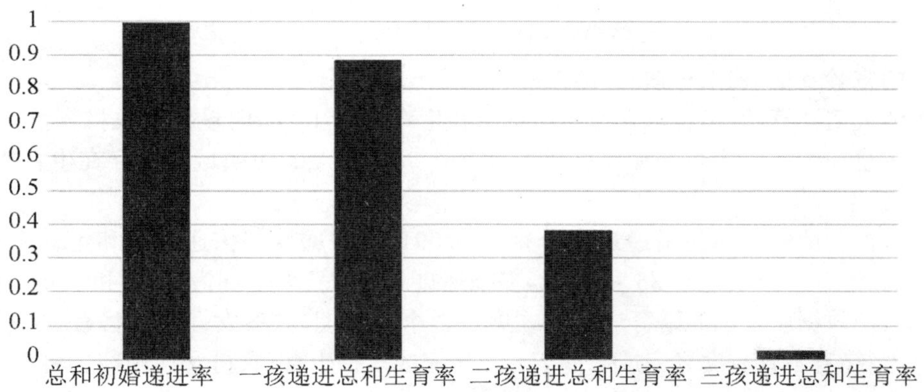

图2 全体育龄女性的"初婚一孩次"总和递进率

根据浙江省"七普"数据,2020年初婚队列中,女性和男性的平均初婚年龄分别为27.5岁和29.2岁,分别比2010年初婚队列的平均初婚年龄推迟了3.2岁和3.1岁。2015—2020年两性初婚年龄推迟的幅度明显大于2010—2015年,表明当前初婚推迟呈加速态势。虽然育龄女性的晚婚趋势明显,但模型计算所得的总和初婚递进率为0.99,意味着几乎所有女性最终都将进入婚姻状态,预期终身不婚率仅为1%左右,呈现出晚婚普婚模式。从年龄别初婚递进率看,25—29岁的初婚递进率最高,接近40%,但仍有1/3的女性在30岁前未曾进入婚姻状态。

一孩递进总和生育率0.88大幅高于一孩总和生育率的0.53。这说明一孩生育年龄推迟导致当前的一孩总和生育率很低,但近九成女性仍然会至少生育1个孩子。从年龄别一孩递进生育率看,25—29岁女性的一孩递进生育率最高,1/3的女性在该年龄段初为人母。只有一半的女性在30岁之前完成一孩生育,35岁尚未生育的比例高达27%。模型算得的女性预期终身不育比例为12%,大大高于"七普"时点45—49岁年龄组女性3%的未生育比例,说明较晚出生队列的终身不育可能性较大。

二孩递进总和生育率为0.38,低于二孩总和生育率的0.43,表明"全面两孩"政策放开后的二孩生育堆积效应在2020年仍有所存在,但相比2016—2017年已明显消退。二孩生育水平没有常规总和生育率所反映的那么高,只有不到40%的女性预期终身会生育至少2个孩子。从年龄别二孩递进生育率看,30—34岁女性的二孩递进生育率相对最高,预期仅有15%的女性在该年龄段生育二孩,只有不到三成的女性在35岁之前完成二孩生育。

多孩生育与二孩生育类似,呈现多孩递进总和生育率(0.03)略低于多孩总和生育率(0.06)的情况。按照模型估计的结果,预期终身能够生育3个及以上孩子的女性只有3%。这与11%的全国平均水平(王广州,2021)存在较大差距,说明浙江省处于极低的多孩生育水平。从年龄别多孩递进生育率看,多孩生育相对集中发生于30—39岁。

---

① 虽然1.29的递进总和生育率没有常规总和生育率反映的那么低,但也已经处于超低生育水平。

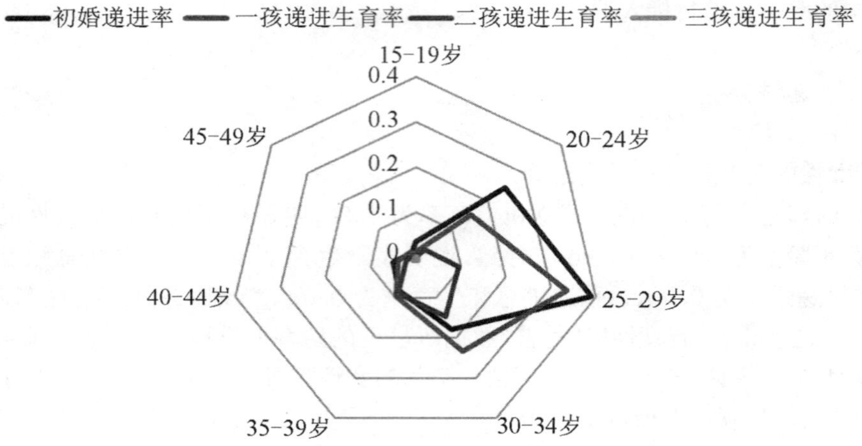

图3　全体育龄女性的年龄别"初婚—孩次"递进率

(二)分城乡的育龄女性"初婚—孩次"递进率

通过分城乡的模型计算,城镇育龄女性的递进总和生育率为1.26,明显低于农村育龄女性的1.46。城乡育龄女性的递进总和生育率均高于常规总和生育率0.98和1.20,说明城乡都存在生育年龄推迟产生的进度效应。

浙江省城乡育龄女性的总和初婚递进率分别为0.991和0.999,一孩递进总和生育率分别为0.87和0.94,二孩递进总和生育率分别为0.36和0.48,多孩递进总和生育率分别为0.02和0.04。这意味着,若城乡女性分别以"七普"数据所呈现的婚育递进模式度过整个育龄期,城镇女性预期将有99%进入婚姻,87%完成一孩生育(13%终身不育),36%完成二孩生育,2%完成多孩生育;农村女性预期也将有99%进入婚姻,94%完成一孩生育(6%终身不育),48%完成二孩生育,4%完成多孩生育。

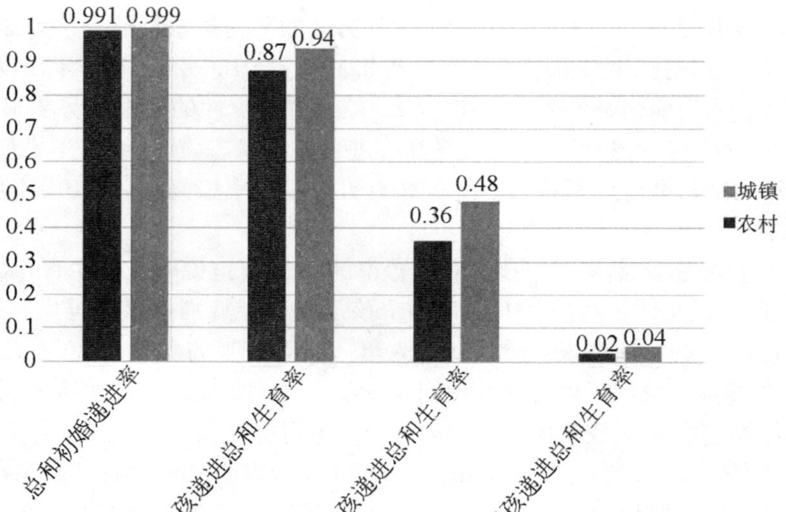

图4　城乡育龄女性的"初婚—孩次"总和递进率

城乡育龄女性的递进总和初婚率非常接近,分别为0.991和0.999,说明城乡女性都表现出明显的普婚模式。分年龄别看,城镇女性的初婚进程明显晚于农村女性。75%的农村女性在30岁前已完成初婚,超过九成在35岁前进入婚姻。只有不到2/3的城镇女性在30岁前完成初婚,仅八成多在35岁前进入婚姻。

城镇育龄女性的一孩递进总和生育率为0.87,低于农村的0.94。分年龄别看,农村女性的一孩生育进程明显早于城镇女性。城镇女性30岁前生育一孩的概率低于农村女性,而30岁后生育一孩的概率高于农村女性。超过六成的农村女性在30岁前完成一孩生育,而只有不到一半的城镇女性在30岁前生育孩子。

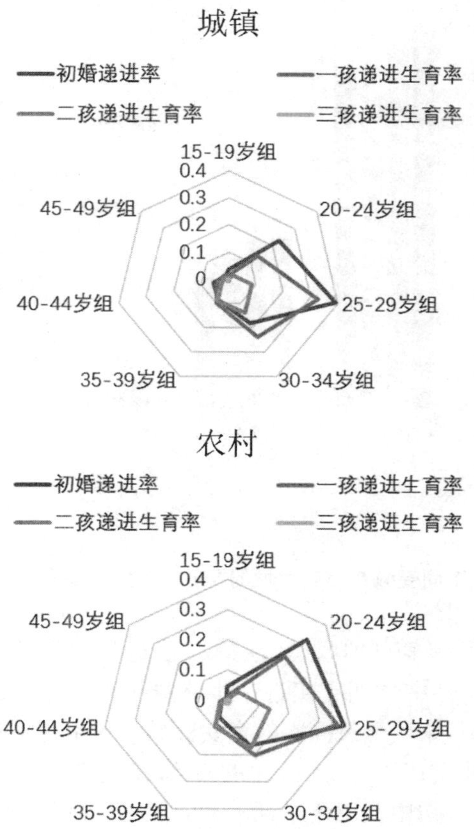

图 5　城乡育龄女性的年龄别“初婚—孩次”递进率

城乡育龄女性的二孩递进总和生育率分别为 0.36 和 0.48。分年龄别看，城乡女性的二孩生育均主要发生在 30—34 岁，其次为 25—29 岁和 35—39 岁。二孩递进生育率的城乡差异主要表现在 35 岁以下年龄组，超过三成的农村女性在 35 岁前生育二孩，而只有 1/4 的城镇女性在 35 岁前实现二孩生育。

城乡多孩递进总和生育率分别只有 0.02 和 0.04，都处于非常低的水平。可见，多孩生育对城乡育龄女性的总体生育水平没有太大影响。分年龄别看，30—39 岁是多孩生育发生的主要年龄段，高龄生育是多孩生育呈现的必然特征。

（三）不同受教育程度育龄女性的“初婚—孩次”递进率

分教育程度的模型估计结果显示，递进总和生育率随着受教育程度提高而降低。初中及以下学历女性的递进总和生育率最高，为 1.50。其次为高中学历女性的 1.35 和大专学历女性的 1.26。本科及以上学历女性的递进总和生育率最低，仅为 1.17。各类受教育程度女性的递进总和生育率均高于常规总和生育率，说明不同学历人群都存在生育年龄推迟产生的进度效应。其中，低学历女性的进度效应大于高学历女性，说明低学历女性中较晚出生队列的生育年龄相比较早出生队列推迟的幅度更大。

初中及以下学历和高中学历女性的总和初婚递进率均为 0.999，意味着几乎所有未接受过高等教育的女性预期最终都将进入婚姻。大专学历和本科学历女性的总和初婚递进率分别为 0.97 和 0.95，说明接受过高等教育的女性中预期将有 3%—5%会终身不婚。分年龄别看，未接受过高等教育女性的初婚进程明显偏早。20—24 岁是未接受过高等教育女性的初婚高峰期，25—29 岁是接受过高等教育女性的初婚高峰期。

初中及以下、高中、大专和本科及以上学历女性的一孩递进总和生育率分别为 0.94、0.90、0.87 和 0.83。这说明未接受过高等教育的女性中预期有 6%—10%将会终身不育，接受过高等教育的女性中预期有 13%—17%将会终身不育。结合不同学历女性的总和初婚递进率，可以发现预期婚而不育的女性比例随着受教育程度的提高而扩大，本科及以上学历女性中预期将有 12%呈现“终身丁克”状态，意味着高学历女性婚姻与生育分离的现象愈加明显。分年龄别看，未接受过高等教育女性的一孩生育进程明显较早。

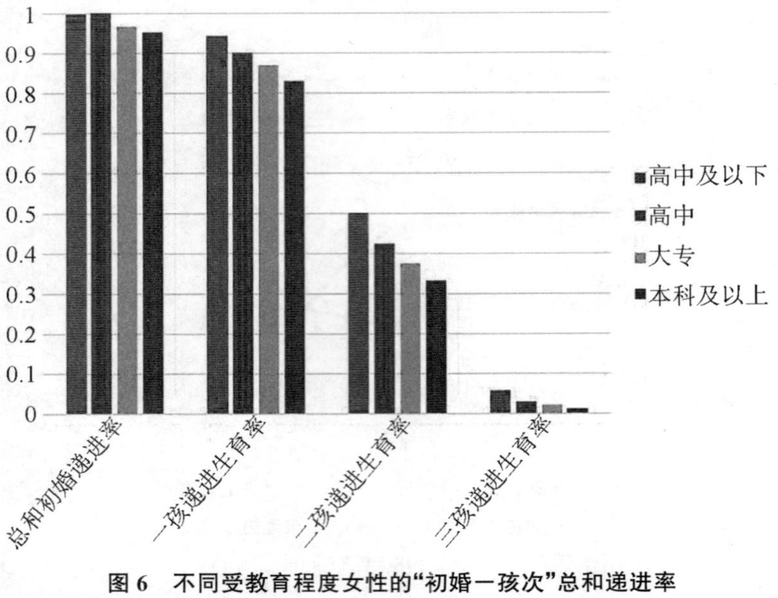

图 6　不同受教育程度女性的“初婚—孩次”总和递进率

初中及以下、高中、大专和本科及以上学历女性的二孩递进总和生育率分别为 0.50、0.42、0.37 和 0.33。可见，未接受过高等教育的女性中预期有接近一半终身生育二孩，接受过高等教育的女性中仅有略高于 1/3 终身会生育二孩。分年龄别看，未接受过高等教育女性的二孩生育进程明显早于接受过高等教育女性。

初中及以下、高中、大专和本科及以上学历女性的多孩递进总和生育率分别为 0.06、0.03、0.02 和 0.01，都处于很低水平。分年龄别看，初中及以下学历女性的多孩生育年龄分布较宽，集中在 25—39 岁，高中学历女性的多孩生育主要集中在 30—39 岁。受过高等教育的女性不仅多孩生育概率极低，而且多孩生育年龄分布很窄，主要集中在 35—39 岁。

四、递进总和生育率变动的弹性分析

(一)全体育龄女性的生育率弹性系数

为了准确反映分年龄、分孩次的生育水平变动对育龄女性总体生育水平的影响，在分年龄别初婚递进率、分年龄别孩次递进生育率的基础上，计算生育率弹性系数。

结果显示，25—29 岁的一孩递进生育水平变动对总体生育水平的影响最大，25—29 岁的一孩递进生育率提高(或降低)1%将带来递进总和生育率上升(或下降)0.26%。其次为 20—24 岁和 25—29 岁的初婚递进水平、30—34 岁的一孩递进生育水平变动，三者分别提高(或降低)1%将带来递进总和生育率上升(或下降)0.19%、0.18%和 0.18%。20—24 岁的一孩递进生育率和 30—34 岁的二孩递进生育率对总体生育水平的影响也较大，两者分别提高(或降低)1%将带来递进总和生育率上升(或下降)0.12%和 0.11%。可见，相比于婚育进程后端的递进水平变动，婚育进程前端变动对总体生育水平的影响较大。提高 20—29 岁的初婚水平、20—34 岁的一孩生育水平以及 30—34 岁的二孩生育水平是提升生育水平的关键，而多孩生育增加对总和生育率的影响较小。

表 1　全体育龄女性的生育率弹性系数

年龄	初婚递进	一孩生育递进	二孩生育递进	三孩生育递进
15—19	0.0440	0.0096	0.0009	0.0000
20—24	0.1950	0.1175	0.0195	0.0010
25—29	0.1829	0.2586	0.0743	0.0037
30—34	0.0400	0.1799	0.1128	0.0061
35—39	0.0069	0.0756	0.0690	0.0064
40—44	0.0014	0.0297	0.0157	0.0028
45—49	0.0000	0.0137	0.0025	0.0009

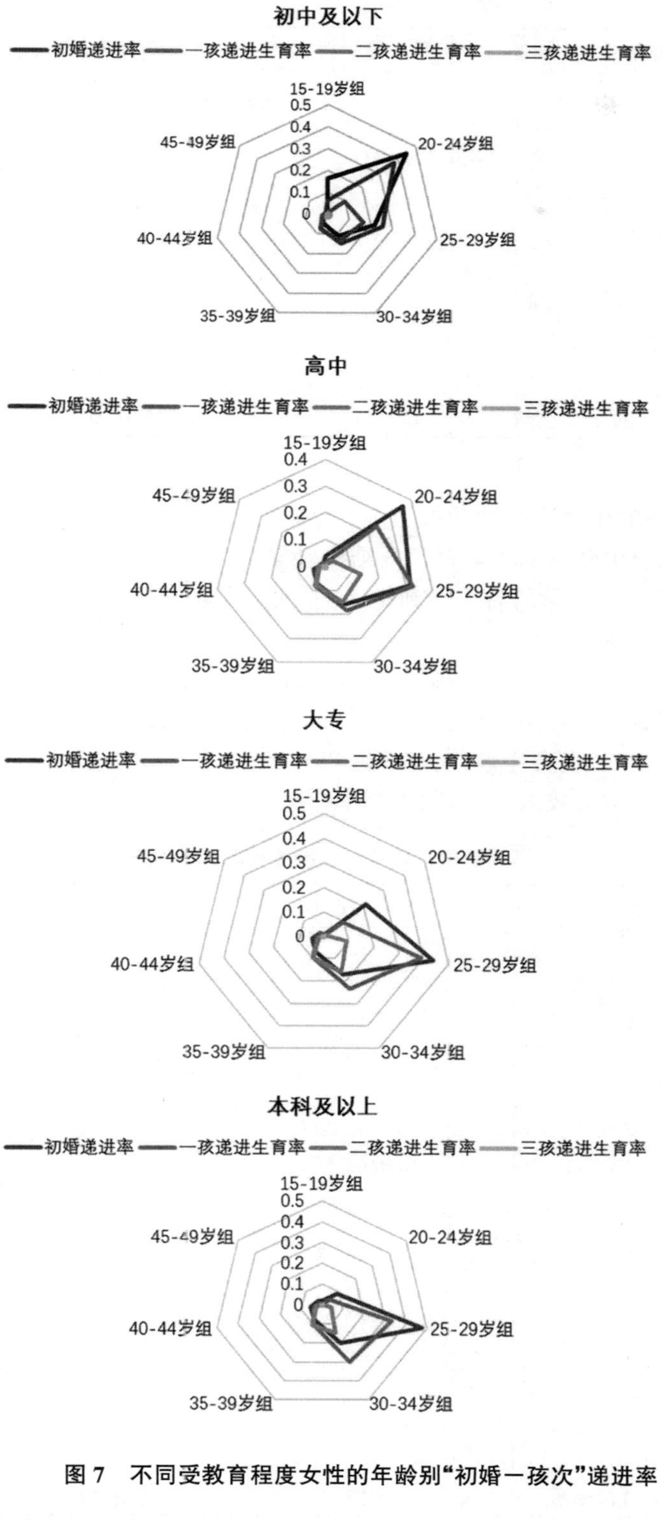

图 7　不同受教育程度女性的年龄别“初婚—孩次”递进率

(二)分城乡育龄女性的生育率弹性系数

虽然城镇育龄女性的生育水平低于农村育龄女性，但由于育龄女性中城镇人口占比达 80%，城镇的生育率弹性系数明显大于农村。与全体育龄女性的情况类似，城镇女性 25—29 岁一孩递进生育水平变动对总体生育水平的影响最大，25—29 岁一孩递进生育率提高(或降低)1%将带来递进总和生育率上升(或下降)0.21%。其次为 20—24 岁和 25—29 岁的初婚递进水平、30—34 岁的一孩递进生育水平变动，三者分别提高(或降低)1%都将带来递进总和生育率上升(或下降)0.15%。农村女性生育率弹性系数的年龄/孩次分异规律与城镇女性相同，但由于城乡人口分布的影响作用，农村女性分年龄别初婚递进率和孩次递进生育率变动对总和递进生育率的影响都很小。可见，城镇女性婚育进程前端是生育支持的重要着力点。

表 2　城乡育龄女性的生育率弹性系数

年龄(岁)	初婚递进	一孩生育递进	二孩生育递进	三孩生育递进
城镇女性：				
20—24	0.1522	0.0897	0.0146	0.0007
25—29	0.1515	0.2113	0.0564	0.0027
30—34	0.0335	0.1549	0.0905	0.0046
35—39	0.0059	0.0635	0.0562	0.0048
农村女性：				
20—24	0.0431	0.0272	0.0051	0.0003
25—29	0.0312	0.0464	0.0177	0.0011
30—34	0.0064	0.0256	0.0221	0.0015
35—39	0.0009	0.0116	0.0126	0.0016

注：由于篇幅所限，表中仅列出 20—39 岁的生育率弹性系数。

（三）不同受教育程度女性的生育率弹性系数

相比较早出生队列，较晚出生队列的受教育程度结构已经发生逆转。以 20—24 岁女性为例，受过高等教育的比例达到 60%，而初中及以下学历者仅不到 1/4。因此，虽然高学历女性的生育水平相对更低，但由于其占比逐渐攀升，生育率弹性系数反而较高。

具体来看，本科及以上学历 25—29 岁的初婚和一孩生育递进、大专学历 25—29 岁的一孩生育递进，对整体生育水平的影响最大，三者的生育率弹性系数分别为 0.07%、0.08%和 0.07%。初中及以下学历 20—24 岁的初婚递进、25—29 岁的一孩生育递进，大专学历 20—29 岁的初婚递进、本科及以上学历 30—34 岁的一孩生育递进，对整体生育水平也有较大影响，其生育率弹性系数在 0.05%—0.06%之间。

表 3　不同受教育程度女性的生育率弹性系数

年龄(岁)	初婚递进	一孩生育递进	二孩生育递进	三孩生育递进
初中及以下：				
20—24	0.0572	0.0585	0.0152	0.0010
25—29	0.0223	0.0516	0.0340	0.0032
30—34	0.0078	0.0388	0.0361	0.0043
高中：				
20—24	0.0453	0.0299	0.0040	0.0001
25—29	0.0263	0.0468	0.0193	0.0008
30—34	0.0064	0.0274	0.0224	0.0014
大专：				
20—24	0.0554	0.0216	0.0017	0.0000
25—29	0.0547	0.0713	0.0166	0.0003
30—34	0.0086	0.0355	0.0241	0.0008
本科及以上：				
20—24	0.0262	0.0114	0.0012	0.0000
25—29	0.0744	0.0760	0.0101	0.0004
30—34	0.0114	0.0527	0.0260	0.0006

注：由于篇幅所限，表中仅列出 20—34 岁的生育率弹性系数。

五、结论与讨论

当前一些地区在研究出台生育支持政策时，把政策重点放在鼓励支持二孩、三孩生育上，政策过度锚定特定人群而存在瞄准偏差的可能性（陈友华、孙永建，2022）。本研究发现，初婚递进和一孩递进生育水平是决定总和生育率长期趋势的基础。生育支持政策的重点应该前移，即鼓励年轻人适龄婚育，大力支持一孩生育。生育支持政策应重点关注以下三类人群：

第一，20－29 岁的未婚人群，特别重点关注在城镇生活、接受过高等教育的适婚女性。20－29 岁是初婚高峰期，女性在该年龄段的初婚完成情况对总和生育率有较大影响。然而，2020 年 90 后女性（21－30 岁）的已婚比例仅为 57.6%，比 80 后同期下降了 12 个百分点。在城镇生活、接受过高等教育的女性晚婚概率远高于同年龄其他女性。因此，完善政策的重点应在于为适婚男女提供婚配机会，如成立机构指导的婚恋中介、搭建开放的婚恋信息平台、定期组织交友活动，为有意愿结婚者提供相识平台。只有更高比例的适婚男女及时缔结婚姻，婚姻人群扩大，潜在的生育者才会增多。

第二，20－34 岁的已婚未育人群，特别重点关注高学历的已婚未育女性。已有研究显示，受教育程度较高的人群现有子女数与其意愿子女数的偏离更严重，据中国人口与发展研究中心测算，大专以上学历人群未实现的生育意愿为 0.26，小学文化以下的为 0.07，前者约为后者的 4 倍（贺丹，2022）。本研究发现，不同受教育水平女性的一孩生育进程对整体生育水平的影响具有明显差异。虽然受过高等教育女性的生育水平相对更低，但由于其占比逐渐攀升，生育率弹性系数反而较高。因此，促进高学历人群在生育高峰期进行一孩生育是重点。当然，初中及以下人群的生育水平相对较高，对总体生育水平也有较大影响，优化低学历人群一孩生育也很重要。此外，由于我国高学历女性生育年龄的普遍延后，生殖健康维护和辅助生殖技术服务需求不断增长，相关服务保障亟待加强。

第三，30－34 岁的已育一孩人群，特别重点关注在城镇生活、接受过高等教育的“一孩妈妈”。30－34 岁的二孩递进生育率对总体生育水平的影响也较大。但城镇女性、未接受过高等教育女性的二孩生育进程明显弱于晚于农村女性、接受过高等教育女性。国外研究发现，托育公共服务能够促进年轻父母职业发展和家庭育儿平衡，对提升中等收入群体生育率有积极的影响，尤其对受教育程度较高父母再生育的政策效果更加明显。针对此类人群的生育支持政策应着力以家庭为单位，建立一整套包含经济激励、促进家庭—工作平衡、提升社会育儿友好程度等在内的完善的经济社会配套政策体系，切实提升二孩生育水平。

本研究构建“初婚—孩次”递进分析模型，引入弹性系数计算方法，分析分城乡、不同受教育水平的不同年龄段女性婚育进程对整体生育水平的影响，对识别生育支持政策的重点目标人群具有一定的参考价值。当然，由于本研究假定育龄女性按照模型和“七普”数据显示的婚育递进模式度过整个生育期，与真实世界中婚姻维系时间缩短、离婚率逐年攀升等情况存在差异。此外，本研究仅使用一个普查时点数据，难以分析“初婚—孩次”递进对整体生育水平影响的趋势性变化。上述研究不足，将在后续研究中不断完善。

浙江理工大学人口与家庭发展研究所副教授　任正委
之江实验室智能社会治理研究中心高级研究专员　包芊颖　张兴文
香港理工大学硕士研究生　邱锐鹏

中国总和生育率变动与影响因素分解研究

一、问题提出

中国总和生育率在20世纪90年代快速下降到更替水平以下，自此中国进入低生育水平波动时期。“七普”数据显示2020年中国TFR为1.30，已降到超低生育率水平。与完成人口转型的发达国家不同，中国的生育率下降与政府主导的严格计划生育政策有关。在中国生育率下降的早期，计划生育政策发挥重要作用，但随着时间的推移，其他经济、社会和文化因素在生育率下降和人口转型中发挥着越来越重要的作用。自2010年以来中国多次放宽了生育控制政策，但总体而言政策的长期效果不佳，未能产生持续的生育高峰。因此，重新审视中国生育水平变化趋势以及生育政策、社会经济发展等因素在其中的不同影响，对于正确认识人口形势和完善生育政策具有必要性。中国的生育水平下降是教育扩张、婚姻推迟和婚内生育水平变化共同作用的结果。中国在校学生结婚的比例很低，对在校期间结婚和生育的态度也较保守，毕业后结婚和生育才是普遍选择。非婚生育行为仍普遍不被东亚社会所认可，中国和其他东亚国家的婚外生育率长期处于很低水平。基于“毕业—结婚—生育”传统婚育模式仍为主流的社会情景，从学校毕业是进入婚姻的基本前提，进入婚姻也是进行生育的基本条件。因此加强对女性教育、婚姻和婚内生育行为的研究是认识我国生育特征的重要突破口。然而，教育扩张、婚姻推迟和已婚生育率对总和生育率的影响分别是多少？目前对此还缺乏定量的研究分析，本文将使用历次人口普查和1%人口抽样调查数据，对中国1990年至2020年期间的总和生育率进行分解分析，考察女性非在校比例、已婚比例和已婚生育率对总和生育率变动的影响，同时考虑时期、孩次、城乡和年龄差异，以期对认识中国的生育水平变动规律提供新的参考。

二、文献回顾与评述

女性的教育扩张特别是高等教育扩张对其平均初婚年龄具有推迟影响。中国高校扩招在大幅度提升男女受教育水平和劳动参与率的同时，也转变了国民生育观念、延迟了女性初婚年龄、缩短了婚后生育年限，从而直接和间接地抑制了微观个体的生育行为，降低了总和生育率。教育程度的提高使得越来越多的女性外出工作，进而主动推迟进入婚姻的时间。较高的教育程度增加了女性的在校时间，求学年限的延长会推迟结婚时间。1999年我国高校开始扩招，2010年大专以上学历人数达到1.18亿，其中女性人口占比为45.56%。高校的扩招大大提升了女性的受教育程度并对其个体进入婚姻的时间产生了较大影响。女性的教育回报率明显高于男性，经济能力的提升与独立使得女性对伴侣的经济依赖性降低，从而推迟结婚时间。

婚姻推迟是拉低中国女性生育水平的另一重要力量。婚姻推迟或不婚对生育水平最直接的影响在于减少生育的妇女人数。在婚内生育占主导的社会情景下，绝大多数妇女进入婚姻后才会生育。未婚女性比例的增大相当于计算生育率时的分母不断增加，在已婚生育水平不变或提高幅度不大时，年龄别生育率可能越来越低。婚姻推迟的进度效应会导致时期生育率下降。婚姻推迟导致生育推迟，生育推迟的长期趋势将会降低总和生育率。超低生育率与较高出生孩次和较晚生育年龄队列的生育率“落后”尤其相关。婚姻推迟或不婚还可能导致“生育老龄化效应”，即生育第一个（或第二个）孩子的推迟会降低生育更高胎次的可能性，妇女初育年龄推迟很可能降低其终生生育的子女数。此外，随着年龄增长，女性患不孕症的比例持续提高，从20—24岁组的极低水平增至40—44岁组的5%左右。女性年龄越大流产的可能性越高，估算显示女性在37岁时流产的可能性为20%，44岁时为30%，48岁时达到40%。从以往实证结论来看，中国生育水平下降主要体现在一孩总和生育率，育龄女性晚婚趋势是导致一孩总和生育率下降的重要原因。中国2000—2010年的总和生育率从1.22下降到1.19，只下降了0.03，但由于女性婚姻推迟使总和生育率下降了0.17。国际经验也表明结婚率下降是导致低生育率的重要因素。欧洲各国进入21世纪后生育率回升的主要原因就是生育进度效应的减弱。

婚内生育水平的变化对总和生育率的影响也值得关注。虽然中国出现了不婚、同居和婚外生育增多等现象，但当前中国婚姻与生育的联系仍十分紧密。数据显示结婚 5 年及以上没有孩子的夫妇占比仅为 1% 左右，结婚 3—5 年没有孩子的比例为 6%左右，可见在步入婚姻后家庭选择生育的比例很高。国际经验研究也显示同居或结婚的轨迹是影响女性生育数量最为核心的预测因素。无论对于男性还是女性，终身未婚是使其无法实现生育意愿的主要影响因素，生育孩子是女性进入婚姻后的普遍选择。已有研究认为中国 1990—2000 年期间 TFR 的下降约有五分之二归因于结婚年龄的推迟，五分之三归因于婚内生育水平的下降。除去教育扩张和婚育推迟，影响婚内生育水平的因素有很多，包括生育政策调整、生肖文化和生育高峰期等。

已有研究对总和生育率的影响因素进行分解和分析，并取得了丰硕的研究成果，但仍存在两点不足。一是数据来源和时效性有待改进。李月和张许颖的研究使用 2017 年全国生育状况抽样调查数据对总和生育率的影响因素包括进行分解，虽然对样本年龄构成、婚姻状况和户口性质进行了加权调整，但回顾性调查数据仍有诸多缺陷，例如生育孩子多的女性死亡率较高、离婚丧偶人群比例高等因素都会对数据质量造成较大影响。其他研究多是采用人口普查和人口抽样调查数据，当前权威的“七普”汇总数据已公布，已有研究时效性有待改进。二是现有研究没有将教育扩张的影响纳入因素分解中来，事实上教育扩张在总和生育率变动中扮演着重要角色。现有研究虽然在逻辑上讨论了女性受教育程度提高对生育率下降可能起着关键作用，但相较于婚姻推迟和婚内生育水平的作用，教育扩张对生育率下降的作用到底几何，缺乏定量分析。因而，本文将对以上已有研究的不足做出尝试性改进。

三、分解方法与数据来源

（一）分解方法

总和生育率受多种因素影响，其中育龄妇女非在校比例（教育扩张）、已婚比例（婚姻推迟）和已婚生育率（婚内生育水平）是最直接和关键的三个因素。若假设所有育龄女性遵循“毕业—结婚—生育”的行为序列，即在校学生结婚和非婚生育忽略不计，非在校比例 NSP =（非在校女性人数）/（平均育龄妇女人数），已婚比例 MP =（非在校已婚女性人数）/（非在校女性人数），已婚生育率 MFR =（出生人数）/（非在校已婚女性人数）。参考以往研究，本文对于总和生育率的分解方式是：用 TFR 表示总和生育率，NSP^a 表示 a 岁育龄妇女的非在校比例，MP^a 表示 a 岁育龄妇女的已婚比例，MFR^a 表示 a 岁育龄妇女的已婚生育率，那么 a 岁育龄妇女的年龄别生育率 $ASFR^a = NSP^a \times MP^a \times MFR^a$。

已婚总和生育率可由式(1)计算：

$$TMFR = \sum_{a=15}^{49} MFR^a$$

总和生育率可由式(2)计算：

$$TFR = \sum_{a=15}^{49} ASFR^a = \sum_{a=15}^{49} NSP^a \times MP^a \times MFR^a$$

下角标 1 和 2 分别表示时期 t_1 和 t_2，那么两个时期的总和生育率差值可分解为式(3)：

$$\begin{aligned}
TFR_2 - TFR_1 &= \sum_{a=15}^{49} NSP_2^a \times MP_2^a \times MFR_2^a - \sum_{a=15}^{49} NSP_1^a \times MP_1^a \times MFR_1^a \\
&= \sum_{a=15}^{49} (NSP_2^a - NSP_1^a) \times \frac{(MP_1^a \times MFR_1^a + MP_2^a \times MFR_2^a)}{2} \\
&+ \sum_{a=15}^{49} (MP_2^a - MP_1^a) \times \frac{(NSP_2^a \times MFR_1^a + NSP_1^a \times MFR_2^a)}{2} \\
&+ \sum_{a=15}^{49} (MFR_2^a - MFR_1^a) \times \frac{(NSP_1^a \times + MP_1^a \times NSP_2^a \times + MP_2^a)}{2}
\end{aligned}$$

式(3)右边第一项表示非在校比例变化对总和生育率变动的影响，第二项表示已婚比例变化对总和生育率变动的影响，第三项表示已婚生育率变化对总和生育率变动的影响。

（二）数据来源

本研究的数据来源于中国历次人口普查和1%人口抽样调查，包括1990、2000、2010和2020年四次人口普查，与1995、2005和2015年三次1%人口抽样调查，共七期全国和分城乡15－49岁育龄妇女的年龄结构、生育状况、婚姻状况和学业完成情况的汇总数据。该数据由中国国家统计局（NBS）发布，它是中国法定的、权威的统计部门。特别地，由于1990年第四次人口普查的登记的出生数量包括1989年上下半年和1990年上半年出生的人数，本文使用的是1989年全年出生人数；2015年女性学业完成情况数据缺失，非在校比例由取2010和2020年的均值获得；2000年分城乡的婚姻状况数据缺失，分城乡的已婚比例按2000年和2005年之间全国指标的变动幅度估算获得。

关于中国生育水平的争议无疑都与数据来源和质量相关，国家统计局公布的出生人口数据的准确性长期存在较大争议。尽管人口普查和抽样调查数据存在一定缺陷，但其仍然是认识中国生育水平特征的基础性资料。本文直接使用人口普查和抽样调查汇总数据，没有对其进行调整，基于以下考虑：第一，尽管学者普遍接受该数据的出生人数被低估，国家统计局也一直在向上调整该指标，但没有说明调整细节，所以目前还没有公认且可靠的调整方法。同时，本研究使用了多期和分城乡数据，采用统一和普遍接受的方式调整数据存在较大困难。第二，数据调整是对数据的人为操纵，而这种操纵会直接影响研究结论，这种影响可能不低于数据本身的偏误。数据偏误是可能存在的，但目前人口普查和抽样调查仍然是唯一能够实现本文研究目标的资料来源。

四、研究结果与分析

（一）总和生育率变动的影响因素分解

本文基于总和生育率计算模型对中国1989－2020年的总和生育率变动进行分解，剖析非在校比例（NSP）、已婚比例（MP）和已婚生育率（MFR）在总和生育率变动中的贡献。如表1所示，1989－2020年期间中国TFR总变动在不同时期有所差异，但总趋势是负向的，2020年TFR比1989年下降了0.954。非在校比例、已婚比例和已婚生育率在中国TFR变动中发挥的作用不尽相同。第一，非在校比例始终对总和生育率呈现拉低作用，并且这种作用随时间呈上升趋势，从1989－1995年的0.007上升到2015－2020年的0.054，在三个因素中的影响占比从1989－1995年最低值0.08%增至2005－2010年最高值32.9%；1989－2020年期间，非在校比例降低了TFR的0.213，贡献率为－22.3%。第二，已婚比例也始终对TFR发挥着拉低作用，除了2000－2005年拉低效应最小值为0.009以外，其他年份期间的降低作用均超过0.1；在整个期间，已婚比例降低了TFR的0.862，贡献率为－90.4%，可见育龄女性的已婚比例下降是降低中国TFR的首要因素。第三，已婚生育率在2000年以前对TFR产生拉低作用，累计降低了TFR的0.584；在2000年以后发挥拉升作用，累计提高了TFR的0.706；在整个期间，已婚生育率提高了TFR的0.121，贡献率为12.7%，已婚生育率在三个因素中主要稳定和拉高了中国TFR。综合来看，1990年以来非在校比例和已婚比例持续拉低着中国TFR，在不同时期其作用的绝对水平和贡献率有所差异；已婚生育率在2000年特别是2015年以后，主要对中国TFR发挥提升作用。

表 1　中国 TFR 变动的影响因素分解

变动年份	期初 TFR	期末 TFR	TFR 总变动	非在校比例影响(NSP)	已婚比例影响(MP)	已婚生育率影响(MFR)
1989—1995	2.250	1.427	−0.823 (−100%)	−0.007 (−0.8%)	−0.235 (−28.5%)	−0.582 (−70.7%)
1995—2000	1.427	1.221	−0.207 (−100%)	−0.029 (−14.0%)	−0.176 (−85.1%)	−0.002 (−1.0%)
2000—2005	1.221	1.338	0.118 (100%)	−0.029 (−24.5%)	−0.009 (−7.9%)	0.156 (132.4%)
2005—2010	1.338	1.188	−0.150 (−100%)	−0.049 (−32.9%)	−0.155 (−103.1%)	0.054 (36.0%)
2010—2015	1.188	1.047	−0.141 (−100%)	−0.045 (−31.8%)	−0.107 (−76.4%)	0.012 (8.2%)
2015—2020	1.047	1.296	0.249 (100%)	−0.054 (−21.8%)	−0.180 (−72.4%)	0.484 (194.3%)
1989—2020	2.250	1.296	−0.954 (−100%)	−0.213 (−22.3%)	−0.862 (−90.4%)	0.121 (12.7%)

(二)分孩次总和生育率变动的影响因素分解

分不同孩次分析 TFR 变动的影响因素(表 2),一孩 TFR 和二孩 TFR 的降低主要由非在校比例和已婚比例的降低导致,而多孩 TFR 的降低主要由已婚生育率的降低导致。非在校比例(NSP)和已婚比例(MP)对所有孩次 TFR 变动的作用都是负值,但拉低作用的强度随着孩次的升高而降低。从 1990—2020 年全期看,非在校比例对一孩 TFR 的降低贡献了 47.7%,对二孩 TFR 的降低贡献了 15.1%,对多孩 TFR 的降低贡献了 0.9%;已婚比例对一孩 TFR 的降低贡献了 172.0%,对二孩 TFR 的降低贡献了 94.9%,对多孩 TFR 的降低贡献了 7.3%。非在校比例对一孩 TFR 变动影响的峰值在 2000—2005 年(−106.8%),对二孩 TFR 变动影响的峰值在 2005—2010 年(−164.2%),对三孩 TFR 变动影响的峰值在 2010—2015 年(−21.1%)。已婚比例对分孩次 TFR 变动的影响也有类似规律。

已婚生育率(MFR)对各孩次的 TFR 影响在不同时期差异较大,因受到生育政策调整、生肖偏好和社会经济发展等因素作用。1990—2020 年合计看,已婚生育率对一孩 TFR 变动的贡献是 119.4%,对二孩 TFR 变动的贡献是 10.0%,但对多孩 TFR 变动的贡献是−91.9%。已婚生育率对一孩 TFR 变动影响的最低值在 2010—2015 年,且是所有变动年份中唯一的负值(−32.8%)。2015 年是中国传统生肖的羊年,生肖文化认为羊年生育孩子并不合适,这就导致了 2015 年的一孩已婚生育率比 2010 年有明显下降。已婚生育率对二孩 TFR 和多孩 TFR 变动影响的最高值都在 2005—2010 年,在这期间中国的计划生育政策有所放松,取消了生育年龄间隔的限制,这就使得 2010 年二孩和多孩的婚内生育水平相比于 2005 年明显上升。

表 2　分孩次中国 TFR 变动的影响因素分解

单位:%

变动年份	一孩 TFR			二孩 TFR			多孩 TFR		
	NSP	MP	MFR	NSP	MP	MFR	NSP	MP	MFR
1990—1995	−10.7	−377.9	288.6	−0.3	−10.8	−88.9	−0.1	−1.8	−98.1
1995—2000	−28.7	−164.0	92.7	−3.2	−30.4	−66.4	−0.4	−7.4	−92.2
2000—2005	−106.8	−3.5	210.3	−2.5	−7.4	109.9	−10.6	−50.8	−38.6
2005—2010	−27.3	−73.5	0.8	−164.2	−1114.9	1179.1	−2.8	−27.4	130.2
2010—2015	−21.7	−45.5	−32.8	−18.9	−73.9	192.8	−21.1	−104.9	26.0
2015—2020	−59.7	−171.4	331.1	−9.4	−43.6	153.0	−2.4	−14.3	116.7
1990—2020	−47.4	−172.0	119.4	−15.1	−94.9	10.0	−0.9	−7.3	−91.8

(三)分城乡总和生育率变动的影响因素分解

分城市、镇和乡村来看,如表 3 所示,非在校比例(NSP)和已婚比例(MP)的降低对城镇总和生育率的拉低作用强于乡村地区。1989—2020 年期间，非在校比例对城市 TFR 变动的贡献是－31.9%，对镇 TFR 变动的贡献是－77.3%，对乡村 TFR 变动的贡献是－21.0%；已婚比例对城市 TFR 变动的贡献是－157.7%，对镇 TFR 变动的贡献是－225.5%，对乡村 TFR 变动的贡献是－77.2%。非在校比例对城市 TFR 变动影响的峰值在 2005—2010 年(－103.9%)，对镇 TFR 变动影响的峰值在 2010—2015 年(－51.2%)，对乡村 TFR 变动影响的峰值在 2010—2015 年(－31.7%)。已婚比例对分城乡 TFR 变动的影响也有类似规律。这表明女性教育扩张和婚姻推迟也具有城乡扩散效应，从城镇到乡村逐步受到影响。

已婚生育率(MFR)在 2005 年后对城镇和乡村 TFR 变动的影响出现明显分化，这主要由生育政策执行和调整效果的城乡差异所致。合计来看，已婚生育率对城市 TFR 变动的贡献是 89.7%，对镇 TFR 变动的贡献是 202.8%，对乡村 TFR 变动的贡献是－1.8%。在 2000 年以前，已婚生育率对城镇和乡村 TFR 都发挥拉低作用；在 2000 年以后，已婚生育率对城镇 TFR 一直发挥拉升作用，而在 2005—2015 年特别是 2010—2015 年期间降低了乡村 TFR。如前文提及，2005—2010 年期间生育间隔限制放开后婚内生育水平有所提升，但在城镇的作用大于乡村；2010—2015 年期间，"双独二孩"和"单独二孩"政策的生育刺激效果也主要体现在城镇，乡村的政策效果较弱。由于计划生育政策在中国不同省份和城乡间有明显差异，许多农村夫妇享有事实上的"一孩半"甚至"两孩"政策，因此全国层面的生育政策放松对乡村地区的影响远小于城镇地区。

表 3　分城乡中国 TFR 变动的影响因素分解

单位：%

变动年份	城市 TFR			镇 TFR			乡村 TFR		
	NSP	MP	MFR	NSP	MP	MFR	NSP	MP	MFR
1989—1995	－6.9	－35.6	－57.5	－1.1	－33.4	－65.5	－0.6	－25.4	－74.0
1995—2000	－8.7	－80.3	－11.1	－2.4	18.4	－116.0	－3.4	－67.8	－28.7
2000—2005	－11.4	－34.2	145.6	－9.6	－5.4	115.0	－16.0	－0.7	116.8
2005—2010	－103.9	－292.2	296.1	－49.1	－127.6	76.7	－16.2	－80.1	－3.7
2010—2015	－20.5	－137.3	57.8	－51.2	－132.8	83.9	－31.7	－37.4	－30.9
2015—2020	－6.5	－27.1	133.6	－16.8	－44.0	160.8	－26.1	－71.1	197.2
1989—2020	－31.9	－157.7	89.7	－77.3	－225.5	202.8	－21.0	－77.2	－1.8

(四)分年龄生育率变动的影响因素分解

前文对 TFR 进行要素分解能够得到女性非在校比例、已婚比例和已婚生育率的贡献，但忽视了育龄女性年龄结构差异和变动的影响。不同年龄女性的教育、婚姻和生育行为差异很大，并且近几十年来中国育龄女性的年龄结构变动较大，因此有必要对 TFR 的变动分年龄进行考察。根据 TFR 变动的分解方法，将 1990 年以来育龄女性的年龄别生育率(ASFR)变动分解为非在校比例的贡献、已婚比例的贡献和已婚生育率的贡献。

其一，非在校比例对年龄别生育率变动的贡献(图 1)，非在校比例主要对 15—25 岁女性的 ASFR 持续发挥着拉低作用，除 1990—1995 年拉低作用很小以外，1995 年以后其他时间段的作用都是明显的，1998 年中国高校大幅度扩招以前女性非在校比例变化较小。非在校比例对 ASFR 作用的峰值年龄集中在 21 岁附近，除 2015—2020 年拉低作用的峰值年龄是 20 岁外，其他时间段的峰值年龄都是 21 岁，这表明大学阶段的女性在非校生比例在所有学历教育中降低幅度最大。随着时间推移，在峰值年龄前(15—21 岁)非在校比例的拉低作用总体上不断增加，除 1995—2000 年的拉低作用超过 2000—2005 年外，而后时间段均逐期增加。

其二，已婚比例对年龄别生育率变动的贡献(图 2)，已婚比例对 ASFR 的拉低作用主要体现在 15—30 岁，除了 2000—2005 年期间受 1980 年代生育高峰人群进入婚姻影响，2005 年 16—22 岁女性已婚比例相比于 2000 年有所提升，其他时间段已婚比例的拉低作用较大。已婚比例对 ASFR 的拉低作用曲线具有整体后移的趋势，这是婚姻推迟导致的已婚比例曲线向后推移的结果；同时伴随的是，已婚比例发挥作用的峰值年龄有所推迟，从 1990—1995 年的 21 岁推迟到 2015—2020 年的 23 岁。已婚比例拉低 ASFR 的峰值水平总体上不断收缩，从 1990—1995 年的－0.043 收缩至 2015—2020 年的－0.021，这是因为在早期 ASFR 下降幅度较大而后期下降空间变小，但其总和水平和相对水平基本维持在高位，在三个因素中已婚比例对 ASFR 的拉低作用一直较大。

其三，已婚生育率对年龄别生育率变动的贡献(图 3)，已婚生育率对 ASFR 的作用体现在 15－49 岁整个育龄期，因为在不同时期受到生育政策调整、生育高峰期、生肖偏好和社会经济发展等不同因素的影响，其差异性较大。1990－1995 年期间，受严格的限制生育政策影响，22－40 岁的女性已婚生育率均对 TFR 变动做出了负增长的贡献，峰值在 27 岁女性的－0.060。1995－2000 年、2000－2005 年和 2005－2010 年期间，15－25 岁女性已婚生育率对 ASFR 的作用主要为负，而 26－49 岁女性已婚生育率对 ASFR 的作用主要为正，这主要是生育推迟的结果；特别地，2005－2010 年的 40－49 岁已婚生育率对 ASFR 的提升作用显著高于其他年份，因为这段时间还受到生育间隔逐渐放开的影响。2010－2015 年期间，23－32 岁女性的已婚生育率拉低着 ASFR，这可能是因为 2015 年(羊年)育龄高峰期女性受到传统生肖文化的影响而少生孩子。2015－2020 年期间，已婚生育率对 15－40 岁女性 ASFR 的提升作用较大，提升作用的峰值年龄是 27 岁(0.040)。可见，2016 年开始实施的全面两孩政策，至少在短期内取得了明显效果。

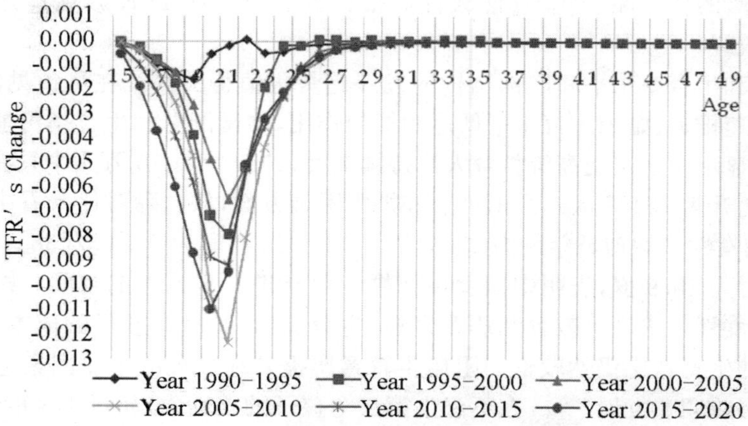

图 1　非在校比例对年龄别生育率变动的影响

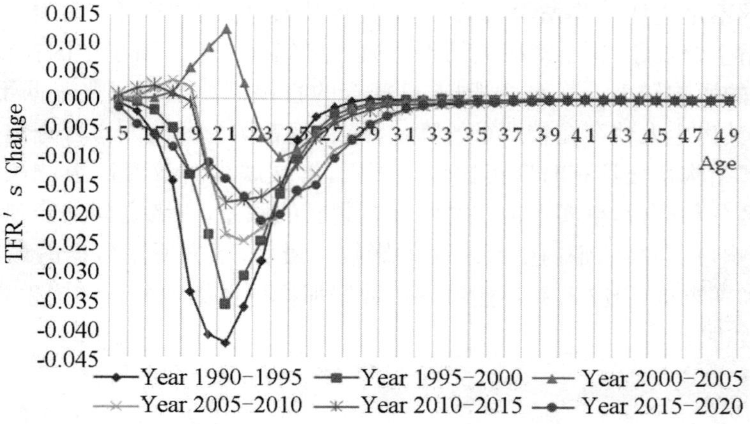

图 2　已婚比例对年龄别生育率变动的影响

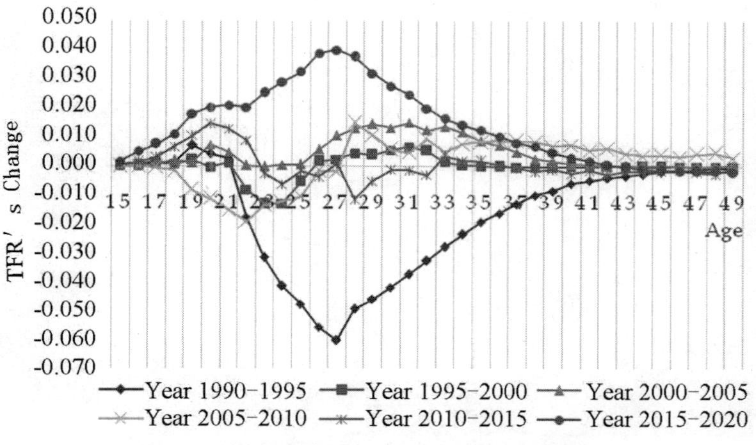

图 3　已婚生育率对年龄别生育率变动的影响

五、结论与讨论

本文基于总和生育率分解模型，利用1990－2020年七期人口普查和1%人口抽样调查数据，探究了中国生育水平变动趋势以及教育扩张、婚姻推迟与婚内生育水平三个因素对其变动的影响，同时还考虑了时期、孩次、城乡和年龄的差异性，主要得出以下结论：第一，在整个时期，NSP、MP和MFR对TFR变化的贡献分别为－22%、－90%和12%左右。第二，非学生育龄妇女比例的持续下降对总生育率产生了拉低效应，并且随着时间的推移，拉低力度不断加大。第三，作为首要因素，已婚育龄妇女比例的迅速下降也一直对总和生育率产生降低作用。第四，婚内生育率在2000年以前对总和生育率有下降的影响，2000年以后主要是上升的影响，这说明节育政策的放松在一定程度上推动了总和生育率的提高。第五，NSP、MP和MFR的影响随着孩次、城乡和年龄的变化而变化，女性教育扩张和婚姻推迟对TFR影响具有“低孩次－高孩次”和“城镇－乡村”的扩散效应。

此外，中国未来总和生育率水平和内部结构的发展趋势也值得关注。在可预见的未来，受到高等教育继续扩张、婚育年龄加速推迟、婚内生育水平低迷的抑制作用，中国的总和生育率可能会降得更低。教育扩张方面，人口普查数据显示中国接受高等教育人群持续扩大，2020年每10万人中具有大学文化程度的人数由2010年的8930人上升为15467人。婚姻推迟和婚配困难方面，从国际对比来看中国女性的初婚年龄仍相对较低，2020年中国女性平均初婚年龄为27.9岁，日本2020年时为29.4岁[38]，韩国2010年时为30.2岁，西欧国家2002年时为30.9岁，表明中国女性初婚年龄有进一步推迟的空间。婚内生育意愿和水平方面，由于越来越多年轻女性追求高等教育和职业发展，生育、养育和教育孩子的成本也日益高昂，即使取消生育限制后年轻人群的生育意愿仍然较低。阻碍生育意愿提升和实现的主要因素包括“经济负担重”、“没人帮忙照料孩子”和“影响职业发展”等。在不想生第二个孩子的女性中，超过1/3的人表示“经济负担重”，不断攀升的房价和教育成本让家庭“生不起”“不敢生”。

本文还存在一定的不足之处。首先，本文假设所有育龄女性遵循“毕业－结婚－生育”的行为序列，不考虑在校生结婚和非婚生育现象，这会对研究结果造成一定偏误。但是由于中国在校生结婚和婚外生育比例很低，该假设对结果的影响较小。其次，中国人口普查的直接汇总生育率普遍低于其他数据来源或研究结果，学界一般也认为其出生人数存在较严重的瞒报漏报，笔者认为即使人口普查数据存在一定缺陷，但其总和生育率水平和内部结构特征具有时期可比性。再则，本文缺少对教育扩张、婚姻推迟和婚内生育水平三者之间相互关系的区分和辨析，事实上他们之间存在紧密的联系，三者之间并非独立关系，因此会低估教育扩张、婚姻推迟的影响，也会高估婚内生育水平的影响。最后，本文所用数据的最小时间单位为五年，只能对五年期间的期初和期末进行比较，并不能像逐年数据那样更详细地分析中国生育水平变动。今后研究应加强对以上不足的改进。

华中科技大学社会学院　石人炳　陈传芳

生育政策对多孩生育水平的冲击及趋势研究[①]

新中国成立以来，国家出台了一系列生育政策，旨在调节人口数量，优化人口结构。第七次全国人口普查（“七普”）数据显示，我国总和生育率 TFR＝1.3，已跌破警戒线（陈卫，2021）。考虑到人口均衡和社会可持续性发展，生育率应在人口总量和人口结构间维持动态均衡。即便是人口大国，其生育率也并非越低越好，我国人口发展已进入关键时期。当前实施“三孩政策”，鼓励育龄妇女积极生育。党的二十大报告中也明确指出，“优化人口发展战略，建立生育支持政策体系，增进民生福祉，提高人民生活品质”。育龄妇女和活产婴儿作为生育主体，研究多孩生育水平、育龄妇女特征、分孩次发展趋势变化，总结人口结构和生育规律，分析预测人口走势，对于生育政策调整和配套措施完善，促进社会公平有序发展具有重要的理论和应用价值。

一、我国多孩生育水平基本状况

结合历次人口普查、全国1%人口抽样调查、《中国人口和就业统计年鉴》等数据，从 TFR、递进总和生育率（Parity Progression-based Fertility Rate，PPTFR）、队列终身生育率（Life-time Fertility Rate，LTFR）三方面，覆盖全国、城乡和区域三个维度进行多孩生育水平综合分析。

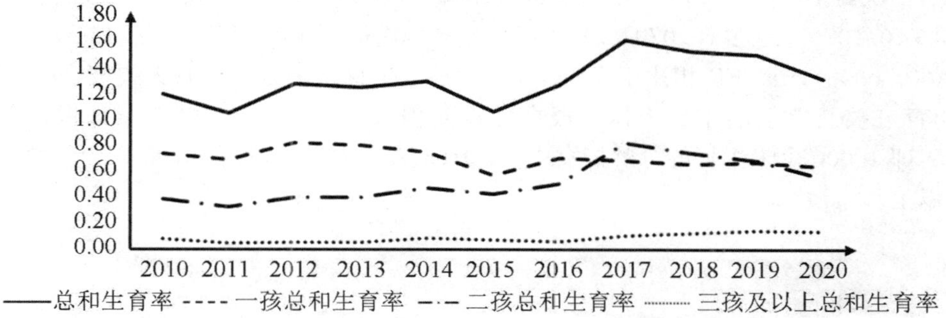

图1　2010～2020年总体及分孩次总和生育率

资料来源：“七普”和历年统计年鉴计算整理所得。

图1描述了2010～2020年总体及不同孩次 TFR。研究表明，该时间段生育率整体较低，估值在1.04—1.59之间，均值为1.29。相比于2011年，2012年受龙年生肖观念影响，生育率有所提升。受“单独二孩”和“全面二孩”政策影响，2015～2017年 TFR 大幅提升。近几年，随着生育政策堆积效应逐渐释放完毕，生育率呈下降走势。同时，TFR 随着孩子数量增多而逐渐降低。一孩生育水平自2012年有小幅度上升之后逐渐下降；2015～2017年为生育堆积释放期，二孩生育水平大幅度提升，2017～2020年生育水平逐渐下降，但仍高于2014年水平；三孩较为平稳，近年略微上升，整体在0.05—0.15之间，生育率处于极低水准。

表1是基于“七普”数据计算的全国、城乡及区域在分孩次、分年龄别的 TFR。整体来看，TFR＝1.30，25～29岁生育率最高（0.0990）。一孩、二孩、三孩及以上 TFR 依次为0.62、0.54、0.14，一孩和二孩生育最高年龄别为25～29岁，三孩及以上生育最高年龄别为30～34岁，年龄别 TFR 呈右偏分布；城乡方面，一孩 TFR 差异不大，结婚生子是大多数人所认同的生育观，二孩 TFR 相比一孩有所下降，城市在不同孩次间均处于最低生育水平。30岁前同一年龄别 TFR 排名由高到低依次是农村、镇和城市，30岁后城乡生育率基本吻合且城乡年龄别生育率差异不显著。区域方面，一孩、二孩 TFR 西南地区最高，三孩及以上华南地区最高，西部及南部沿海区域相对于其他区域而言，分孩次 TFR 均处于较高水平。

① 本文是国家统计局第七次全国人口普查数据开发课题“我国多孩生育特征及其发展趋势研究”项目的阶段成果。

表 1 “七普”分孩次、分年龄别总和生育率

分组		总和	分孩次			分年龄别						
			一孩	二孩	三孩+	15—19	20—24	25—29	30—34	35—39	40—44	45—49
整体	总和	1.30	——	——	——	0.0061	0.0552	0.0990	0.0651	0.0269	0.0063	0.0016
	一孩	——	0.62	——	——	0.0050	0.0366	0.0538	0.0215	0.0061	0.0014	0.0005
	二孩	——	——	0.54	——	0.0010	0.0158	0.0372	0.0345	0.0153	0.0034	0.0008
	三孩+	——	——	——	0.14	0.0001	0.0028	0.0080	0.0091	0.0056	0.0015	0.0004
分城乡	城市	1.12	0.60	0.45	0.07	0.0025	0.0328	0.0881	0.0650	0.0275	0.0064	0.0014
	镇	1.40	0.64	0.60	0.15	0.0050	0.0652	0.1078	0.0660	0.0267	0.0065	0.0017
	村	1.54	0.66	0.64	0.25	0.0125	0.0877	0.1103	0.0644	0.0260	0.0061	0.0017
分区域①	华北	1.17	0.56	0.52	0.09	0.0030	0.0430	0.0938	0.0628	0.0244	0.0050	0.0011
	东北	0.86	0.57	0.27	0.02	0.0020	0.0278	0.0712	0.0475	0.0181	0.0039	0.0008
	华东	1.22	0.55	0.55	0.12	0.0046	0.0505	0.0942	0.0619	0.0262	0.0062	0.0016
	华中	1.32	0.58	0.60	0.15	0.0039	0.0548	0.1042	0.0680	0.0265	0.0062	0.0018
	华南	1.48	0.62	0.62	0.25	0.0077	0.0586	0.1071	0.0768	0.0354	0.0095	0.0022
	西南	1.48	0.68	0.62	0.18	0.0125	0.0737	0.1067	0.0670	0.0281	0.0068	0.0017
	西北	1.31	0.63	0.56	0.12	0.0067	0.0585	0.1027	0.0656	0.0247	0.0051	0.0015

资料来源：“七普”数据。

考虑到生育率受时期因素影响会存在波动，TFR 仅能反映育龄妇女总体生育水平，现对年龄和孩次进行控制，计算 PPTFR（王广州，2018）。法国人口学家亨利认为生育是一个严格递进的过程，将 0～1 孩定义为一孩 PPTFR，依次类推。图 2 显示，一孩 PPTFR 最高，其次是二孩，最后是三孩及以上，最高年龄（PPTFR）依次是 23 岁（0.1070）、27 岁（0.0704）、32 岁（0.0146），而最高年龄（TFR）依次是 26 岁（0.0608）、29 岁（0.0410）、30 岁（0.0096），PPTFR 相比于 TFR，在不同孩次生育水平方面均有大幅度变动，生育一孩、二孩的年龄提前，生育三孩及以上的年龄推迟。根据覆盖面积求得分孩次 PPTFR 累计占比分别为 0.9164、0.6768、0.1615，即 10000 个未生育的育龄妇女中，有 9164 人会生育一孩，有 6768 人会生育二孩，有 1615 人会生育三孩及以上。

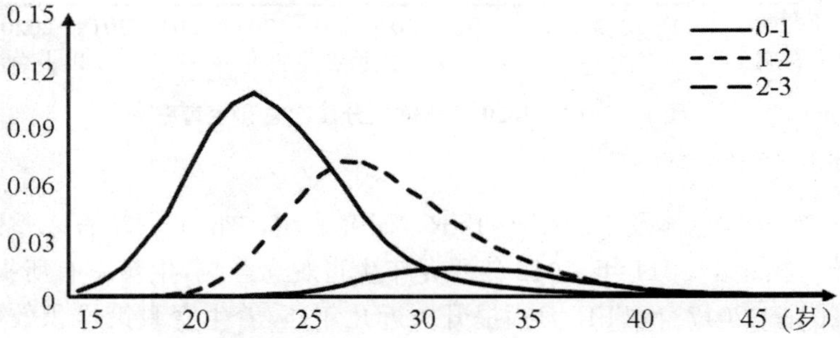

图 2 年龄别分孩次递进总和生育率

资料来源：“七普”数据结合递进总和生育率原理计算得到。

队列生育率衡量的是各年龄段妇女曾生子女数，图 3 描述了历次人口普查的队列生育率。从基本完成生育队列的 45～49 岁群体来看，“五普”平均生育子女数为 2.37，“六普”为 1.85，“七普”为 1.59，平均生育子女数逐渐降低，LTFR 由高到低排列依次是“五普”＞“六普”＞“七普”。同“六普”相比，“七普”LTFR 从 2.78 下降至 1.99，降幅为 28.42%，近似 2，即平均每个妇女一生生育近似 2 个孩子。在生育政策和其他利好政策的扶持下，生育水平有提升的空间。

---

① 1. 华北地区：北京、天津、河北、山西、内蒙古；2. 东北地区：辽宁、吉林、黑龙江；3. 华东地区：上海、江苏、浙江、安徽、福建、江西、山东；4. 华中地区：河南、湖北、湖南；5. 华南地区：广东、海南、广西；6. 西南地区：重庆、四川、贵州、云南、西藏；7. 西北地区：陕西、甘肃、青海、宁夏、新疆。

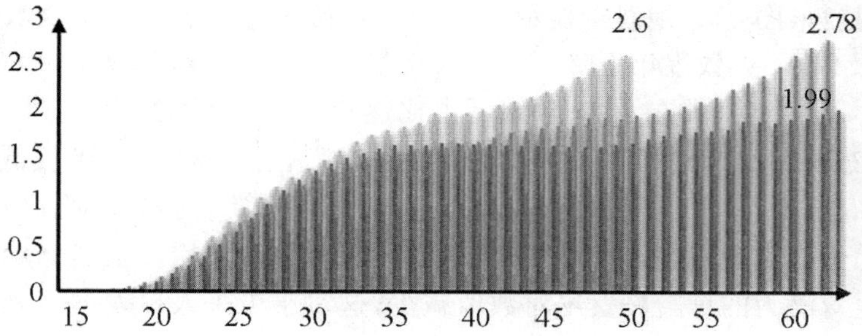

图 3　年龄别妇女队列生育率

资料来源：历次人口普查数据。

二、育龄妇女人群特征

相比于 2010 年，2020 年育龄妇女平均年龄由 32.66 岁增长至 33.45 岁，育龄人数由 3.80 亿人下降至 3.22 亿人，同比下降 15.26%，生育旺盛期（20—29 岁）育龄人数在同年各年龄段中下降幅度最为明显。由于城市地区产业聚集，经济发展较快，低龄育龄妇女更倾向去城市获取更多机会和收入，城市育龄人数最高，是镇人数的近 2 倍，是村人数的近 1.5 倍；同时，育龄妇女平均初婚年龄推迟，从 22.76 岁变化为 23.39 岁，城市、镇、村 2020 年平均初婚年龄分别为 23.43、22.36、21.65 岁，城市平均初婚年龄最晚且晚于全国平均水平；再者，育龄妇女生育年龄普遍推迟，平均初育年龄从 26.41 变化为 27.95 岁，平均生育年龄从 28.30 推迟至 29.66 岁，平均二孩生育年龄大部分在 30 岁以上，城市人群生育年龄最晚；将二孩间隔定义为生育第一个孩子和第二个孩子的间隔，依此类推。生育间隔随着孩次增多而逐渐缩短，婚育间隔从 3.65 年变化至 4.56 年，年龄间隔变大。二孩生育年龄间隔 3 年左右，三孩生育间隔进一步缩短。随着年龄增长，育龄妇女面临的生育风险增大，并发症增多，生育水平受到影响（陈滔和胡安宁，2020；李曼珊等，2021），生育间隔自然缩短。初婚年龄作为生育水平的重要影响因素，初婚年龄推迟，初育年龄随之推迟，进而影响多孩生育率。通过鼓励满足法定结婚年龄的育龄妇女结婚，提高城市人群生育意愿，降低平均初婚年龄是提高生育水平的举措之一。

表 2　育龄妇女历年分孩次生育年龄及间隔

单位：岁

分组	年份	平均初婚年龄	平均生育年龄	平均初育年龄	平均二孩生育年龄	平均三孩及以上生育年龄	二孩生育间隔	三孩生育间隔
总体	2010	22.76	28.30	26.41	30.92	33.71	4.51	2.79
	2011	——	27.24	25.73	30.11	32.19	4.38	2.08
	2012	——	27.73	26.26	30.12	33.03	3.86	2.91
	2013	——	27.94	26.48	30.06	32.98	3.58	2.92
	2014	——	27.44	25.83	29.22	31.87	3.39	2.65
	2015	——	28.54	26.86	30.07	32.45	3.21	2.38
	2016	——	29.24	28.31	30.15	32.10	1.84	1.95
	2017	——	29.35	27.26	30.67	31.72	3.41	1.05
	2018	——	29.38	27.55	30.52	31.47	2.97	0.95
	2019	——	28.75	26.79	30.08	31.15	3.29	1.07
	2020	23.39	29.66	27.95	30.84	32.07	2.89	1.23
分城乡	城市	23.43	30.38	28.85	31.89	32.93	3.04	1.04
	镇	22.36	29.62	27.66	30.80	32.20	3.14	1.40
	村	21.65	28.73	26.65	29.50	31.60	2.85	2.10

资料来源：历年中国人口和就业统计年鉴、中国卫生和健康统计年鉴。

由于生育政策对育龄妇女在未来 15 年人数无影响，现仅考虑育龄妇女基本信息、出生率和死亡率因素，预测育龄人群特征变化趋势(图 4)。绝对量显示,未来 15 年 20～29 岁育龄妇女人数先下降后上升,2026 年为拐点。低龄组(35 岁及以下)人数逐年下降,于 2028 年基本稳定。相对量显示,生育旺盛期育龄妇女人数 2035 年占比达到最高值,低龄组人数在 2030 年以后占比逐年上升,于 2035 年达到 54.78%,且有继续上涨趋势。同时,经预测,2020～2029 年育龄妇女平均年龄持续走低,于 2032 年达到极低值 32.97 岁,而后逐渐上涨,于 2035 年到达 33.17 岁,呈 U 型变化走势。因此,生育旺盛期育龄妇女绝对和相对数值整体均有所提升,而该部分人群作为生育主要潜在人群,对于人口增长起着重要作用。虽然低龄组育龄妇女占比上升,但绝对量下降,有较大生育潜力的育龄妇女绝对数值减少,这对于未来人口发展不利。此外,育龄妇女平均年龄虽然整体降低,但 2032 年起平均年龄又逐渐增长。以上分析均初步佐证,未来人口生育条件较为严峻,在不实施外力干扰的情况下,发展趋势仍不容乐观。

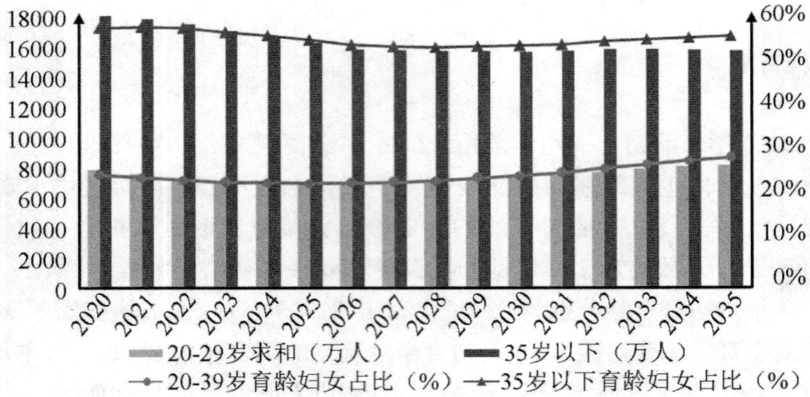

图 4　育龄妇女数量及占比变化趋势预测

资料来源:基于"七普"育龄妇女信息预测。

三、模型搭建及参数设置

通过对未来人口总量、结构进行数学推算,考虑生育、死亡和迁移等因素,结合人口变动和人口队列数据进行年龄推移,人口平衡方程具体如下(王广州,2021):

$$P^{t+1}=P^{t}+B^{(t,t+1)}-D^{(t,t+1)}+I^{(t,t+1)}-E^{(t,t+1)} \# (1)$$

其中,P^t、P^{t+1} 分别为 t 年和 $t+1$ 年的总人口,$B^{(t,t+1)}$、$D^{(t,t+1)}$、$I^{(t,t+1)}$、$E^{(t,t+1)}$ 分别是 t 年至 $t+1$ 年的出生人口数、死亡人口数、迁入人口数、迁出人口数。

现通过人口平衡方程,考虑"三孩政策"对生育水平的影响。通过构建队列要素人口预测模型(Stauffer,2002)和孩次递进生育人口预测模型(王广州,2013),借助大数据和 PADIS-INT 软件,对我国人口变动趋势进行模拟预测。考虑生育政策实施初期生育波动较为明显,可分为短期和长期两部分。短期预测区间为 2021～2025 年,潜在生育能力一般在 4～5 年内逐步释放(乔晓春,2014)。长期预测区间为 2021～2090 年,随着年份增加,从长远视角分析人口特征发展趋势变化。

(一)短期参数设定

表 3　分孩次递进总和生育率参数设置

孩次	方案	2021	2022	2023	2024	2025
一孩	——	0.9162	0.9162	0.9162	0.9162	0.9162
二孩	低方案	0.6814	0.6861	0.6907	0.6954	0.7000
	中方案	0.7014	0.7261	0.7507	0.7754	0.8000
	高方案	0.7214	0.7661	0.8107	0.8554	0.9000
三孩	低方案	0.1653	0.1690	0.1726	0.1763	0.1800
	中方案	0.1713	0.1810	0.1906	0.2003	0.2100
	高方案	0.1773	0.1930	0.2086	0.2243	0.2400

资料来源:依据方案设定起止参数,中间年份参数由插分得到。

2020 年分孩次 PPTFR 分别为 0.9162、0.6768、0.1616。受生育堆积、单独二孩和全面二孩政策影响，二孩 2020 年 PPTFR 相比于 2015 年 5 年内涨幅为 36.73%(陈卫,2019)。考虑释放期和现阶段生育观念的影响,假设政策放开一孩生育率短期内不变,二孩、三孩生育率提升,5 年内预估同比涨幅不高于 50%。设定低、中、高三个方案,2025 年二孩 PPTFR 方案预估为 0.70、0.80、0.90,三孩 PPTFR 方案预估为 0.18、0.21、0.24,同时对 2021～2025 年间插分填补,具体参数见表 3。

(二)长期参数设定

运用 PADIS-INT 进行分年龄分性别人口预测时,关键是对生育水平、出生性别比、平均预期寿命、死亡模式和迁移水平等参数进行设定,基础参数设置如下:

(1)生育水平

国家统计局数据显示,2016～2020 年新出生人口分别是 1786、1723、1523、1465、1200 万人,出生人口规模持续下降,2020 年 TFR＝1.3 远低于更替水平 2.1。潜在生育能力短期释放完成后会稳定在某一水平,假设生育率共设定 TFR＝1.3、1、1.5、2.1 四种方案,利用队列要素法预测人口变化趋势。

(2)出生性别比

出生性别比是同期男婴出生数与女婴出生数之比(以女＝100 为参考)。在没有人为干预的情况下,出生性别比较稳定,正常值在 107 左右。2020 年我国出生性别比为 111.3,假定到 2030 年回归正常值,之后维持正常水平。

(3)平均预期寿命

依据联合国预期寿命步长法(Bongaasts,1978),结合现代技术发展进步,假设 2020～2090 年出生预期寿命是线性变化的,当平均出生寿命位于 70～75 岁时,预期寿命的年增长幅度设定为 0.15 岁;75～80 岁时年增长幅度设定为 0.1 岁,80 岁及以上每年增长幅度设定为 0.06 岁。根据 2020 年男性平均寿命为 73.64 岁,女性为 79.43 岁,到 2050 年,男女平均预期寿命分别为 77.14 岁和 81.47 岁。到 2090 年,男女平均预期寿命分别为 80.70、83.87 岁。

(4)死亡模式

利用 Coal-Demany 西区模式生命表。西区表所采用的原始生命表最多,且更接近中国实际。

(5)迁移水平

作为一个整体,人口迁移并不会对总人口数量变化产生影响,不考虑境外迁移。

四、多孩发展趋势预测

(一)短期趋势预测(2021～2025)

"七普"长表 10%抽样调查总人口为 13865.79 万人,现依据不同方案进行总人口和新出生人口的短期预测。结果显示,低、中、高方案对于总人口和新出生人口的减少均有缓解作用。原、低、中方案近 5 年总人口呈负增长,下降幅度依次为 0.78%、0.72%、0.41%,高方案呈正增长,上升幅度为 0.37%。相比 2020 年新出生人口,2025 年原、低、中方案降幅为 39.24%、35.81%、23.30%,高方案增幅为 28.67%,大幅超过预期。

现选取中方案为代表,同原方案对比,进一步探究育龄妇女分孩次年龄别新出生人口 5 年内变化(图 5、图 6)。实线为 2021 年,虚线为 2025 年,年龄区间设定为 20～49 岁。

原方案下,2025 年育龄妇女一孩生育比例先下降后于 34 岁后逐渐趋于稳定,26～45 岁育龄妇女在二孩生育比例相对下降,三孩生育比例上升。36 岁是生育二孩和三孩临界值,2025 年二孩占比 54.49%,三孩占比 42.11%。中方案下,2025 年 27～38 岁年龄段育龄妇女生育三孩比例上升,二孩比例下降,该年龄段育龄妇女满足生育条件且有一定的财富积累,生活和事业趋于稳定,更有能力抚养孩子。31 岁为极值点,随着年龄增长,家庭和事业等因素限制了三孩生育占比的进一步提升。同原方案相比,生育二孩极值点由 36 岁提前至 31 岁,说明育龄妇女晚育现象有缓解作用,生育年龄提前。39 岁后,2025 年生育二孩占比超过 2021 年,生育三孩占比低于 2021 年。受限于育龄妇女身体条件和社会、家庭等客观现实因素,即使生育政策放开,该年龄段育龄妇女不再过多追求三孩。生育率估值显示,原方案 2025 年的生育率降低至 0.89,中方案 TFR 为 1.10。相比于原方案,中方案二孩 TFR 提高了 16.57%,三孩 TFR 提高了 38.48%。

表 4 短期人口特征 10%抽样估计

单位:万人

指标	方案类型	2021	2022	2023	2024	2025
总人口	原方案	13862.03	13848.55	13825.06	13792.82	13753.27
	低方案	13862.92	13851.04	13829.65	13799.85	13762.89
	中方案	13866.46	13861.26	13849.34	13831.52	13808.95
	高方案	13870.38	13873.60	13876.02	13883.48	13922.25
新出生人口	原方案	90.58	84.78	79.73	75.61	72.57
	低方案	91.69	86.85	82.61	79.17	76.67
	中方案	95.32	93.73	92.38	91.59	91.61
	高方案	99.33	102.32	107.00	117.24	153.68

资料来源:依据孩次递进人口预测模型进行估计,图 5、6 同。

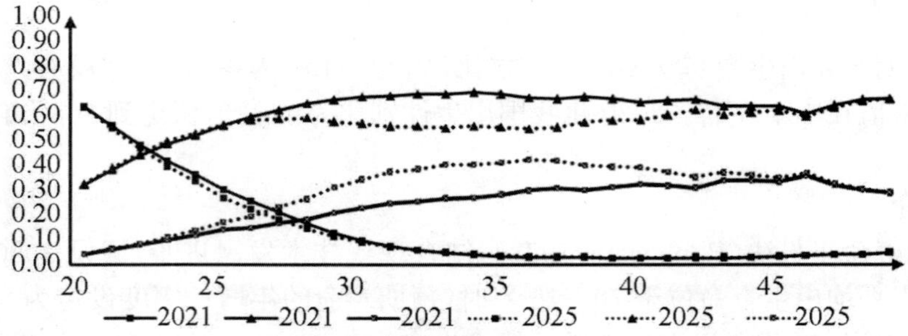

图 5 原方案育龄妇女分孩次每年新出生人口数占比(%)

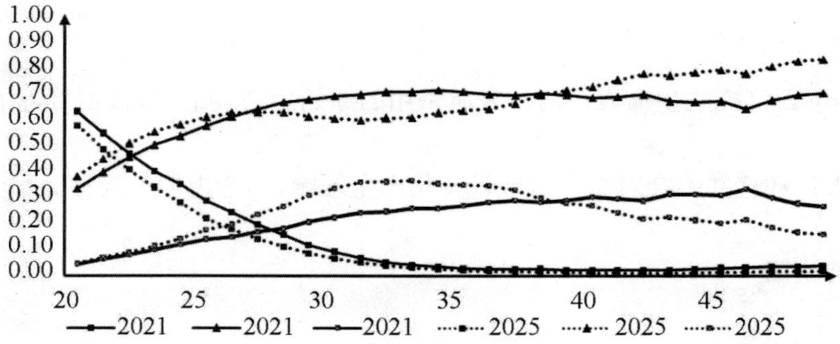

图 6 中方案育龄妇女分孩次每年新出生人口数占比(%)

(二)长期趋势预测(2021～2090)

采用队列要素法,测算 TFR＝1、1.3、1.5 和 2.1 四种方案指标变化,包括总人口、劳动力占比、少儿抚养比、老年抚养比和总抚养比这五类指标,对 2021～2090 年发展趋势进行预测。

表 5 我国人口长期变动趋势

指标	TFR	2020	2030	2040	2050	2060	2070	2080	2090
总人口(亿人)	1	14.10	13.77	12.95	11.81	10.34	8.80	7.37	6.07
	1.3	14.10	13.96	13.37	12.45	11.23	9.92	8.73	7.63
	1.5	14.10	14.09	13.64	12.89	11.84	10.74	9.73	8.83
	2.1	14.10	14.47	14.47	14.19	13.77	13.42	13.20	13.14
劳动力占比(%)	1	63.30	60.56	58.10	51.62	50.06	48.24	41.14	40.78
	1.3	63.30	59.72	56.81	51.41	50.83	50.42	46.14	46.09
	1.5	63.30	59.18	55.99	51.25	51.15	51.42	48.64	48.67
	2.1	63.30	57.63	53.70	50.78	51.58	52.98	53.20	53.10

续表

指标	TFR	2020	2030	2040	2050	2060	2070	2080	2090
少儿抚养比（%）	1	26.24	17.93	13.82	14.88	14.68	12.01	13.52	14.73
	1.3	26.24	19.98	17.82	18.76	19.01	16.77	18.31	19.01
	1.5	26.24	21.32	20.45	21.26	21.94	20.08	21.43	21.85
	2.1	26.24	25.33	28.20	28.15	30.36	29.93	30.32	30.15
老年抚养比（%）	1	19.74	27.44	40.79	48.41	61.70	62.94	83.01	97.64
	1.3	19.74	27.44	40.44	46.45	56.61	54.70	65.62	71.07
	1.5	19.74	27.44	40.23	45.24	53.67	50.21	57.10	59.39
	2.1	19.74	27.44	39.62	41.96	46.44	40.08	40.22	38.71
总抚养比（%）	1	45.98	45.37	54.61	63.29	76.38	74.95	96.53	112.37
	1.3	45.98	47.42	58.26	65.21	75.62	71.47	83.93	90.08
	1.5	45.98	48.76	60.68	66.50	75.61	70.29	78.53	81.24
	2.1	45.98	52.77	67.82	70.11	76.80	70.01	70.54	68.86

资料来源：依据队列人口要素预测模型得到，图7、8同。

从总人口来看，表5和图7显示，若TFR＝1.3，我国总人口将随着时间的延长逐渐减少，于2090年总人口为7.63亿人，下降45.89%；TFR＝1和1.5时，2090年总人口为6.07和8.83亿人；TFR＝2.1时，2090年为13.14亿人，人口下降了6.81%。即TFR为2.1或2.2时，才能保证总人口数基本维持不变。

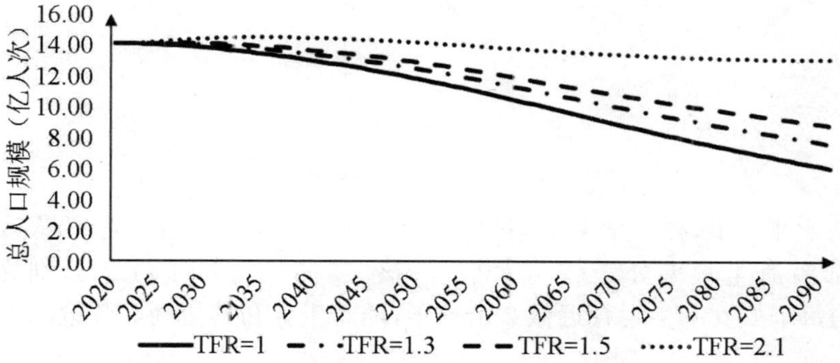

图7　总人口规模长期预测

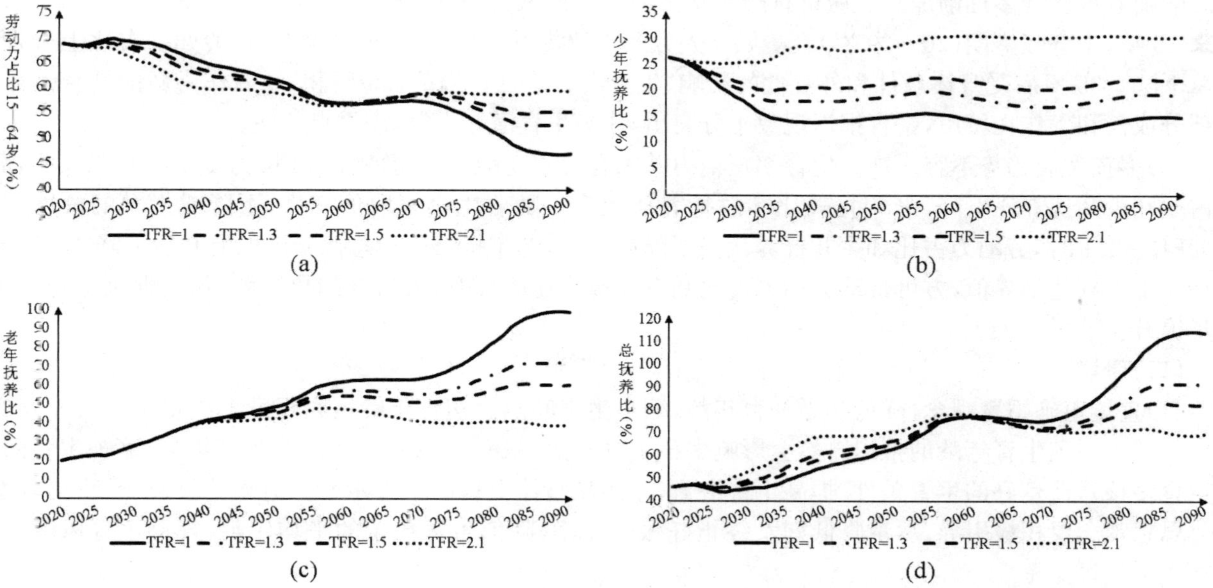

图8　劳动力——抚养比长期预测

从图 8(a)劳动力 15～64 岁占比来看，劳动力占比逐年下降。2020 年为 63.30%，即 100 个人中有 63 个人为劳动力。若 TFR＝1，2060 年劳动力占比为 50.06%，2090 下降至 40.78%，不足 50%，社会发展处于退化阶段。TFR＝1.3、1.5 时，2080 年劳动力占比跌破 50%。TFR＝2.1 时，劳动力占比在 50%之上。总体来看，当前劳动力占比较低，即使提升 TFR 至更替水平，劳动力占比也将会进一步降低。

从图 8(b)少儿抚养比来看，2020 年我国少儿抚养比为 26.24%。TFR＝1 时，少儿抚养比在 2040 年以前急剧下降，在 2040 年之后处于波浪式趋于稳定，处于较低水准。TFR＝1.3 时，少儿抚养比在 2035 年之后维持自 18%上下，2090 年为 19.01%，相比于 TFR＝1 时上涨了 4.28%。TFR＝1.5 时，少儿抚养比进一步提升，2090 年为 21.85%，相比于 TFR＝1.3 时上涨了 2.84%。TFR＝2.1 时，整体呈略微上升趋势。总的来看，TFR＝1、1.3 和 1.5，在一定程度上均会出现少儿抚养比下降现象，只有当 TFR＝2.1 时，才会有上升趋势，随着生育水平提升，更多育龄妇女愿意生育孩子，新出生孩子的增长速度大于劳动力增长速度。

从图 8(c)老年抚养比来看，当生育率在 1、1.3 和 1.5 时，老年抚养比随着时间的延长呈增长趋势；TFR＝2.1 时，老年抚养比先逐渐上升至 2060 年，然后开始逐渐下降。TFR＝1 时，2090 年高达 97.64%，基本是到了平均每一个劳动力负担一个老人的程度，劳动力的负担变重。TFR＝1.3 时，2090 年为 71.07%，相比于 TFR＝1 时下降了 26.57%。TFR＝1.5 时，2090 年相对于 TFR＝1.3 时下降了 11.68%。随着生育率的提升，老年抚养比逐渐减少。

从图 8(d)总抚养比来看，大体呈上升趋势，在 TFR＝2.1 时先上升后下降。TFR＝1 时，总抚养比逐渐上升，2090 年总抚养比为 112.37，超过 100，这表明平均 100 个劳动力要承担 112 个老少。TFR＝1.3 时，2090 年总抚养比相比于 TFR＝1 时下降了 22.29%。TFR＝1.5 时，2090 年总抚养比相比于 TFR＝1.3 时下降了 8.84%。劳动力总体抚养负担由于少儿抚养比的上升和老年抚养比的下降而整体随着生育率提升逐渐下降。

五、结论及建议

(一)结论

(1)我国多孩生育水平较低，孩次增多的同时，生育率降低。城市人群生育率最低，孩次间变动幅度最为明显。西部及南部沿海生育率处于较高水平；一孩、二孩、三孩 PPTFR 分别为 91.64%、67.68%、16.15%；2020 年平均每个妇女一生生育近似 2 个孩子，随着生育和其他利好政策的出台，生育水平有进一步提升的空间。

(2)育龄妇女婚育推迟现象明显。各年龄段育龄妇女人数持续减少，初婚和平均生育年龄普遍推迟，生育间隔随着孩次增多逐渐缩短。城市育龄妇女平均年龄最低，偏年轻化，平均初婚年龄晚于全国平均水平。未来 15 年，生育旺盛期(20～29 岁)育龄妇女人数及占比提升，低龄组(35 岁以下)育龄妇女占比上升，但绝对量下降。35 岁后受身体条件和外生性的影响，生育潜力降低。当前，90 后和 00 后作为新的婚育主体，绝大部分成长和工作在城市，婚育推迟现象十分突出，作为生育潜在人群，需重点关注。

(3)多孩发展趋势不容乐观。生育率短期内并未有大幅变动。长期来看，TFR 为 1、1.3 和 1.5 时，劳动力占比和少儿抚养比下降，老年抚养比和总抚养比上升。随着生育率取值变大，下降或上升的幅度变大。当 TFR＝2.1 时，劳动力占比和少儿抚养比先下降后上升，老年抚养比和总抚养比先上升后下降，TFR 至少要高于 1.5 到达临界值，方可带动劳动力占比和少儿抚养比的提升，人口老龄化缓解，从而促进生育水平进一步提升。

(二)建议

(1)宣传正确婚育观念，降低初婚初育年龄，缩小生育间隔。初育年龄很大程度上决定了育龄妇女生育进度效应。一孩生育年龄的推迟自然会影响多孩生育年龄，只有从源头降低初婚初育年龄，缩短生育间隔，为生育多孩营造良好的生育条件，提高生育潜力，才能从整体上提高生育水平。对于儿女双全、重男轻女的固化思想观念要积极引导，尽量降低妇女终止妊娠的比率，降低生育孩子的平均年龄，规避生育风险，提升妇女优生优育比率。

(2)落实多项配套支持措施，提升育龄妇女生育意愿和生育水平。2021 年 7 月中共中央办公厅、国务院办公厅发布《关于进一步减轻义务教育阶段学生作业负担和校外培训负担的意见》；同年 8 月“三孩生育政策”正式入法，对取消社会抚养费等制约措施、配套实施积极生育支持措施等进行修改，完善对全面两孩政策实施前计划生育家庭合法权益的保障；2022 年起，三岁以下婴幼儿照护费纳入个税专项附加扣除等，应根据我国多孩生育水平发展预测趋势，结合国家发展战略要求，进一步提高优生优育服务水平、发展普惠托育服务体系、降低生育、养育、教育成本、加强政策调整有序衔接、强化组织实施保障等措施提升生育意愿。

(3)树立阶段性 TFR 目标，多方面均衡发展。生育水平至少应在“中方案”标准之上且 TFR>1.5。长期来看，TFR=1.5 时，总人口、劳动力占比、少儿抚养比下降，老年抚养比和总抚养比上升，但相对于 TFR=1、TFR=1.3 的生育率情形下的趋势发展已有极大缓解。发展过程中，也应注重人力资本的提升，加大教育制度、就业制度、户籍制度、养老保险制度的改革，为人力资本可持续发展扫清制度障碍。在提升生育水平的基础上，与新发展理念相适应，尽可能缓解人口红利消失所带来的损失。

首都经济贸易大学　阮敬　霍青青

我国终身不育水平估计与对策研究

国家统计局数据显示，从 2003 年开始我国总和生育率已连续近 20 年都低于 1.5 的超低生育水平，2020 年第七次全国人口普查报告的我国总和生育率只有 1.301。而国家统计局 2021 年发布的数据，在我国育龄夫妇中不孕不育率逐渐攀升到 12%至 18%。人口研究工作者和政府部门开始更加关注不孕不育问题。

本文基于第七次全国人口普查数据，以 40－64 岁妇女活产子女数为切入点，通过构建不育率指数估计全国各省（区、市）的终身不育水平，采用系统聚类方法进行地区差异分析，应用多元线性回归分析对影响终身不育水平的有关因素进行分析，最后提出相应的对策建议。

一、终身不育水平的估计

（一）终身不育的定义

人口学对于妇女的终身生育情况关注的是她“是否有活产子女”。基于此，本课题将终身不育定义为妇女在结束育龄期后无活产子女。终身不育一般以女方为主进行估计，有下列四种情况：一是因为没有结婚而终身没有生育；二是虽然结婚但是没有生育意愿，选择不生育；三是有生育意愿，但是由于身体存在生育障碍而无法生育；四是本身有生育意愿，调查之前也成功怀过孕，但由于各种原因最终导致无活产子女。

本文基于第七次全国人口普查数据，将研究对象年龄限定在 40 至 64 岁。临床医学上，认为妇女在 40 岁之后因为卵巢功能衰退、内分泌水平下降，尤其是雌孕激素水平变化等原因，生育率会较之前明显下降；在人口学里，一般认为妇女在 40 岁后，育龄期已经处于末期，能够生育孩子的可能性很低。因此，妇女在 40 岁以后的生育状况基本可以反映大部分妇女的终身生育水平。年龄上限为 64 岁，主要是由于第七次全国人口普查长表数据中妇女的年龄上限为 64 岁。

（二）终身不育的估计方法

终身不育水平的估算有两种方式：已度过育龄期的妇女，终身不育水平的估算可采用实际队列计算；尚未度过育龄期的妇女，终身不育水平的估算可采用实际队列与假象队列结合的方法估算。

为研究的方便，将 x 岁的妇女（W_x）分为三类：已至少生育过一个孩子的妇女，记为 $W_x^{已}$；有生育能力和生育意愿但尚未生育的妇女，记为 $W_x^{愿}$；没有生育能力或有生育能力但不愿意生育的妇女，记为 $W_x^{不}$。

因此，对于 x 岁的妇女，其不育率为：$g_x^{不}=\frac{W_x^{不}}{W_x}$；已育率为：$g_x^{已}=\frac{W_x^{已}}{W_x}$；有生育能力且愿意生育但尚未生育比率为：$g_x^{愿}=\frac{W_x^{愿}}{W_x}$。

所以有

$$g_x^{不}+g_x^{已}+g_x^{愿}=1 \qquad \text{（公式 1－1）}$$

则

$$g_x^{不}=1-(g_x^{已}+g_x^{愿}) \qquad \text{（公式 1－2）}$$

其中，x 岁的有生育能力且愿意生育但尚未生育的妇女可在下一年龄区间生育一孩（W_{x+1}^1）并退出 $W_x^{愿}$ 队列，进入 $W_{x+1}^{已}$ 队列；仍未生育的形成 $W_{x+1}^{愿}$ 队列，

所以有

$$g_x^{愿}=f_{x+1}^1+g_{x+1}^{愿} \qquad \text{（公式 1－3）}$$

其中，f_{x+1}^1 为 x＋1 岁年龄区间育龄妇女第一孩次生育率。

将 $g_x^{愿}$ 由 15 岁推算至 49 岁，可依次得到：

$$g_{15}^{愿}=\sum_{15}^{49}f_x^1=TFR^1 \qquad \text{（公式 1－4）}$$

$$g_x^{愿}=f_{x+1}^1+g_{x+1}^{愿}=\sum_{x+1}^{49}f_{x+1}^1 \quad \text{(公式 1—5)}$$

$$g_{49}^{愿}=0$$

将公式 1—5 代入公式 1—2,则有

$$g_x^{不}=1-(g_x^{已}+\sum_{x+1}^{49}f_{x+1}^1) \quad \text{(公式 1—6)}$$

$g_x^{已}$ 为 x 岁时已至少生育过 1 个孩子的比例,其度量了某队列妇女从 15 岁至 x 岁的实际生育水平。若该队列从 15 岁至 x 岁的队列—年龄别生育率与某时期 15 岁至 x 岁的时期—年龄别 1 孩生育率相等,则有

$$g_x^{已}=\sum_{15}^{x}f_x^1 \quad \text{(公式 1—7)}$$

将公式 1—7 代入公式 1—6,则有

$$g_x^{不}=1-(\sum_{15}^{x}f_x^1+\sum_{x+1}^{49}f_{x+1}^1)=1-TFR^1 \quad \text{(公式 1—8)}$$

即 $g_x^{不}$ 的计算,如果基于假象队列方法估算,则:$g_x^{不}=1-TFR^1$,为一个常量;如果基于实际队列与假象队列方法联合估算,则可用公式 1—6 估算;如果基于已度过育龄期妇女计算,则:

$$g_x^{不}=1-g_x^{已} \quad \text{(公式 1—9)}$$

由此,构建不育指数 B 为

$$B=\frac{\sum h_x g_x^{不}}{\sum h_x} \quad \text{(公式 1—10)}$$

其中,h_x 表示 x 岁妇女不育率权数,$g_x^{不}$ 表示 x 岁妇女不育率。

不育率权数采用变异系数法计算,即将指标的标准差 σ 除以平均值 μ 得到变异系数,每个指标的变异系数除以所有变异系数之和即可确定权重。

$$CV_x=\frac{\sigma_x}{\mu_x} \quad \text{(公式 1—11)}$$

$$h_x=\frac{CV_x}{\sum CV_x} \quad \text{(公式 1—12)}$$

根据 Lulu Zhang(2020)的研究,中国妇女的绝经年龄均值为 48.8±4.7 岁,故本文以 49 岁为不育分界线,认为年龄大于 49 岁的中国妇女不再具备生育能力,即

$$g_{50}^{愿}=g_{51}^{愿}=\ldots=g_{64}^{愿}=0 \quad \text{(公式 1—13)}$$

(三)各省(区、市)终身不育指数(水平)

以全国 31 个省(区、市)的 15—64 岁妇女为研究对象,应用第七次全国人口普查各省(区、市)分年龄按活产子女数分的 15—64 岁妇女人数,通过公式 1—6、1—7、1—8、1—9,得到全国 31 个省(区、市)的 40—64 岁妇女各年龄的不育率如表 1.1 至表 1.4 所示:

表 1.1 全国 31 个省(区、市)40—64 岁妇女不育率(一)

序号	北京	天津	河北	山西	内蒙古	辽宁	吉林	黑龙江
40	0.088666	0.036346	0.025713	0.018771	0.028453	0.042429	0.031545	0.05809
41	0.097081	0.042123	0.021504	0.020716	0.025513	0.042726	0.039936	0.056828
42	0.09687	0.048963	0.027486	0.020851	0.029531	0.050247	0.047808	0.067955
43	0.090568	0.047914	0.024291	0.023355	0.028377	0.04373	0.036391	0.067081
44	0.097751	0.048443	0.026802	0.022681	0.024443	0.049699	0.039713	0.064775
45	0.091128	0.047606	0.026059	0.023918	0.029056	0.047166	0.040879	0.063377
46	0.09374	0.053264	0.025285	0.022711	0.02718	0.048499	0.038894	0.066293
47	0.101458	0.050475	0.026318	0.022791	0.032832	0.051516	0.040194	0.071187

续表

序号	北京	天津	河北	山西	内蒙古	辽宁	吉林	黑龙江
48	0.092223	0.040766	0.026386	0.022593	0.025679	0.0464	0.04152	0.067222
49	0.097434	0.049086	0.024898	0.023725	0.027218	0.048998	0.04017	0.068094
50	0.085911	0.043948	0.025782	0.023149	0.030386	0.04738	0.041415	0.061981
51	0.07797	0.04212	0.022355	0.021759	0.023767	0.038817	0.0352	0.054908
52	0.072055	0.036983	0.020907	0.0203	0.025758	0.035466	0.033594	0.052557
53	0.054657	0.032585	0.019853	0.02111	0.023651	0.03004	0.028731	0.048084
54	0.049217	0.026456	0.019655	0.018487	0.020563	0.027571	0.027483	0.045384
55	0.042068	0.024539	0.019463	0.01945	0.021298	0.02648	0.026858	0.04398
56	0.039945	0.024448	0.020075	0.021157	0.02298	0.02635	0.026986	0.045311
57	0.039529	0.025516	0.018347	0.018623	0.020182	0.025258	0.026255	0.042815
58	0.037818	0.025792	0.018022	0.018674	0.021045	0.024265	0.021474	0.038906
59	0.035104	0.021753	0.019938	0.019256	0.018305	0.023936	0.020514	0.04284
60	0.030093	0.02084	0.018531	0.01784	0.020918	0.021944	0.022346	0.040617
61	0.027288	0.020763	0.018095	0.017705	0.020285	0.022142	0.023162	0.040614
62	0.026664	0.022505	0.019305	0.017928	0.019667	0.020162	0.019692	0.036358
63	0.028299	0.020779	0.018703	0.018998	0.019102	0.020431	0.019095	0.037844
64	0.027506	0.022447	0.018778	0.017875	0.018633	0.021041	0.021121	0.039848

表 1.2　全国 31 个省(区、市)40—64 岁妇女不育率(二)

序号	上海	江苏	浙江	安徽	福建	江西	山东	河南
40	0.040479	0.022165	0.020286	0.016181	0.021335	0.022048	0.027648	0.030482
41	0.041777	0.01628	0.023893	0.016741	0.013644	0.020008	0.026175	0.029317
42	0.047221	0.023362	0.024954	0.018858	0.023906	0.024614	0.02867	0.029814
43	0.042832	0.02258	0.023835	0.017274	0.020931	0.023876	0.02924	0.034421
44	0.044438	0.022114	0.024248	0.01608	0.021773	0.022681	0.030534	0.032573
45	0.045989	0.021934	0.025125	0.020406	0.0206	0.023751	0.031045	0.031318
46	0.04199	0.023113	0.024977	0.017499	0.02031	0.023553	0.028735	0.032631
47	0.047247	0.02193	0.025602	0.017793	0.021495	0.024719	0.0297	0.032643
48	0.04405	0.021899	0.025429	0.017525	0.023193	0.023929	0.030837	0.034389
49	0.04176	0.020302	0.025935	0.018403	0.020195	0.025118	0.030241	0.032343
50	0.043593	0.02343	0.024775	0.017944	0.022164	0.023787	0.029289	0.033778
51	0.039299	0.018869	0.020371	0.017551	0.019887	0.020653	0.024652	0.029334
52	0.036999	0.018517	0.021237	0.015182	0.018837	0.019351	0.023952	0.030167
53	0.03145	0.016743	0.01825	0.01481	0.015681	0.019695	0.023772	0.030198
54	0.02911	0.015528	0.016685	0.01473	0.015971	0.019463	0.02351	0.028952
55	0.024064	0.014662	0.01666	0.014351	0.014598	0.018526	0.023798	0.028976
56	0.024056	0.01463	0.01676	0.014597	0.01387	0.01911	0.023179	0.027593
57	0.023804	0.014436	0.015933	0.014042	0.013412	0.019323	0.021802	0.028705
58	0.026543	0.013967	0.014127	0.014982	0.012918	0.019691	0.023255	0.030484
59	0.027302	0.013611	0.015349	0.014103	0.013848	0.019074	0.022458	0.031263
60	0.022178	0.015496	0.013891	0.016443	0.01273	0.019612	0.022256	0.028653
61	0.021275	0.014923	0.013302	0.015736	0.011778	0.019962	0.02202	0.029811
62	0.021866	0.013676	0.013043	0.015683	0.011284	0.018353	0.021547	0.029537
63	0.020994	0.014285	0.014246	0.015834	0.011968	0.019919	0.023148	0.030652
64	0.025164	0.015573	0.013799	0.014655	0.01035	0.022377	0.023668	0.033753

表 1.3　全国 31 个省(区、市)40—64 岁妇女不育率(三)

序号	湖北	湖南	广东	广西	海南	重庆	四川	贵州
40	0.021573	0.030689	0.047257	0.040132	0.049199	0.01916	0.028006	0.021706
41	0.020342	0.024723	0.045875	0.032894	0.036969	0.020395	0.023281	0.027803
42	0.025303	0.029994	0.049395	0.039982	0.05251	0.02599	0.03259	0.03132
43	0.022667	0.033712	0.052159	0.036924	0.039582	0.026237	0.031735	0.028072
44	0.025179	0.028506	0.04586	0.035005	0.05786	0.029666	0.027865	0.030129
45	0.021854	0.033855	0.048673	0.038067	0.047948	0.021836	0.031001	0.026808
46	0.022332	0.029668	0.051243	0.034699	0.043192	0.027577	0.029792	0.028531
47	0.024579	0.031421	0.05032	0.041772	0.050972	0.025182	0.032582	0.031394
48	0.024022	0.033338	0.050042	0.036036	0.04496	0.025619	0.031311	0.027042
49	0.024796	0.031505	0.048691	0.036105	0.051803	0.029327	0.032339	0.029694
50	0.025006	0.032486	0.04893	0.037847	0.046395	0.027683	0.029473	0.029555
51	0.021018	0.025925	0.043098	0.033222	0.038296	0.022236	0.026658	0.025706
52	0.019605	0.025636	0.040528	0.02899	0.034295	0.020177	0.024196	0.022531
53	0.017778	0.024053	0.035722	0.029116	0.036541	0.017843	0.022973	0.022598
54	0.017316	0.023946	0.033612	0.025791	0.029115	0.016191	0.021772	0.021548
55	0.015535	0.023673	0.030873	0.024607	0.030417	0.016543	0.02112	0.021791
56	0.016109	0.023033	0.029644	0.023486	0.029347	0.015805	0.021606	0.021516
57	0.01807	0.023697	0.02863	0.02273	0.029377	0.015572	0.019896	0.021588
58	0.015124	0.023392	0.026714	0.021668	0.025539	0.018539	0.02092	0.020347
59	0.016412	0.023574	0.026167	0.021485	0.035724	0.020607	0.023168	0.021377
60	0.016525	0.025392	0.02485	0.020967	0.027126	0.018813	0.021965	0.022903
61	0.015992	0.022845	0.022163	0.020712	0.024618	0.016575	0.021477	0.020575
62	0.016191	0.02461	0.020793	0.019259	0.024043	0.016565	0.021309	0.020305
63	0.015216	0.024498	0.020889	0.020298	0.027454	0.014536	0.020741	0.020554
64	0.01765	0.02453	0.02069	0.019442	0.025249	0.016665	0.020367	0.020097

表 1.4　全国 31 个省(区、市)40—64 岁妇女不育率(四)

序号	云南	西藏	陕西	甘肃	青海	宁夏	新疆
40	0.030947	0.195581	0.03163	0.020551	0.065809	0.019259	0.06233
41	0.027864	0.204685	0.025801	0.027188	0.060979	0.024637	0.064811
42	0.035857	0.18305	0.034467	0.025892	0.066911	0.016008	0.063106
43	0.034812	0.201888	0.02889	0.027608	0.069146	0.017811	0.066246
44	0.033474	0.207578	0.032291	0.021071	0.063831	0.02368	0.068786
45	0.032158	0.194056	0.030032	0.021492	0.064704	0.02076	0.063772
46	0.036766	0.186042	0.03245	0.026133	0.067395	0.022438	0.064779
47	0.034069	0.212071	0.033295	0.025253	0.068193	0.016573	0.061675
48	0.034317	0.170287	0.031882	0.027675	0.066396	0.022894	0.065582
49	0.032809	0.223324	0.032089	0.026254	0.068013	0.016504	0.062907
50	0.032841	0.18503	0.031287	0.022046	0.073813	0.022876	0.065156
51	0.029058	0.180599	0.026817	0.020563	0.060312	0.021306	0.057667
52	0.028727	0.185297	0.02662	0.020546	0.057115	0.017939	0.052509
53	0.027519	0.186795	0.027473	0.017715	0.055416	0.018159	0.049671
54	0.025678	0.188153	0.024349	0.018082	0.055048	0.017757	0.051006
55	0.025076	0.178026	0.025	0.018542	0.048544	0.017153	0.047300
56	0.025731	0.168475	0.023991	0.017631	0.052918	0.016524	0.047548
57	0.023758	0.14249	0.022713	0.017888	0.046018	0.014512	0.047309
58	0.024349	0.170337	0.022778	0.018983	0.048012	0.017642	0.045794
59	0.023188	0.151779	0.022626	0.018745	0.04161	0.018102	0.045811
60	0.024356	0.152911	0.021656	0.017089	0.049704	0.020441	0.052028
61	0.023237	0.145794	0.022475	0.01729	0.038687	0.018022	0.048654
62	0.024177	0.146971	0.02309	0.016938	0.042563	0.014189	0.048316
63	0.021002	0.157225	0.024271	0.019016	0.037869	0.016762	0.043229
64	0.023636	0.145329	0.024481	0.018979	0.041284	0.017499	0.043080

再利用公式 1－11、1－12 和 1－10，计算可得全国 31 个省(区、市)的不育指数如表 1.5 所示：

表 1.5　全国 31 各省(区、市)40－64 岁妇女不育指数

北京	天津	河北	山西	内蒙古	辽宁
0.063232	0.034385	0.021881	0.020471	0.023971	0.034603
吉林	黑龙江	上海	江苏	浙江	安徽
0.031109	0.052185	0.033632	0.017911	0.019425	0.016201
福建	江西	山东	河南	湖北	湖南
0.016794	0.021184	0.025607	0.030776	0.019603	0.026898
广东	广西	海南	重庆	四川	贵州
0.037051	0.029208	0.036957	0.020723	0.025227	0.024389
云南	西藏	陕西	甘肃	青海	宁夏
0.028309	0.178184	0.027052	0.020974	0.055811	0.018683
新疆					
0.055047					

全国 31 个省(区、市)中，西藏的不育指数最高，为 0.178184，安徽的不育指数最低，为 0.016201，湖南的不育指数处于中间水平，为 0.026898；除北京、黑龙江、西藏、青海、新疆 5 省(区、市)外，其余 26 省(区、市)的不育指数都位于 0.015 至 0.040 之间。

二、各省(区、市)终身不育水平地区差异分析

(一)系统聚类分析

以“类别数”作为横坐标，“聚合系数”作为纵坐标，绘制折线图如图 2.1：

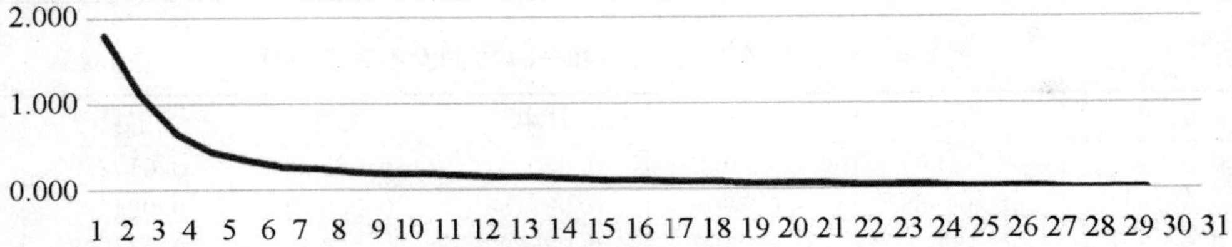

图 2.1　类别数－聚合系数折线图

可以看到，在类别数为 4 时，存在明显的折线转折点，下降趋势趋缓，故选定全国 31 个省(区、市)的 40－64 岁妇女的不育率样本数据分类类别为 4 个。

图 2.2 是全国 31 个省(区、市)的 40－64 岁妇女的不育率样本数据的聚类谱系图，谱系图可以直观反映样本聚类情况。

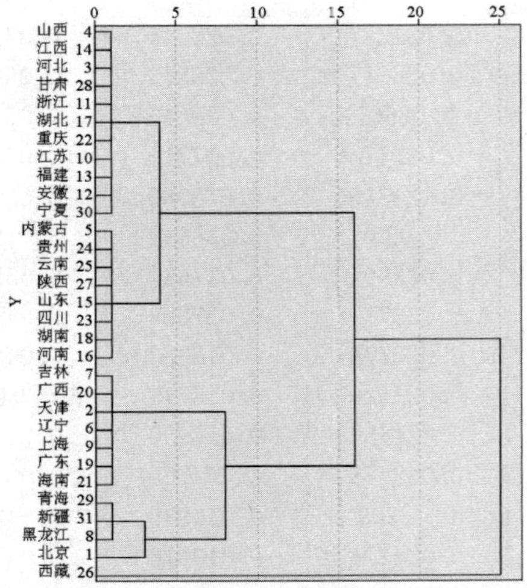

图 2.2　全国 31 个省(区、市)的 40－64 岁妇女的不育率样本数据聚类谱系图

根据图 2.2，选定分类类别为 4，对 31 个省（区、市）按照不育水平进行分类，分类结果如表 2.1 所示。对比分析各省（区、市）的不育指数，将类别 1 至类别 4 分别按照不育水平高低顺序命名为超高水平类、高水平类、中水平类、低水平类。

表 2.1　全国 31 个省（区、市）的 40—64 岁妇女不育率样本数据聚类结果

类别	省（区、市）
1	西藏
2	北京、黑龙江、青海、新疆
3	天津、辽宁、吉林、上海、广东、广西、海南
4	河北、山西、内蒙古、江苏、浙江、安徽、福建、江西、山东、河南、湖北、湖南、重庆、四川、贵州、云南、陕西、甘肃、宁夏

（二）因素分析

从地理位置上看，我国绝大多数地区（尤其是中部地区）的不育率都处于低水平，不育率较高（含高和中等）的三个区域有东北三省、西部三省以及华南地区。此外，北京、天津、上海 3 个直辖市的不育水平较高。

北京是我国政治中心，上海是我国金融中心，天津是我国重要的通商口岸，以珠三角为中心的华南地区是我国经济发展的重要引擎，也是我国南方对外开放的门户，这几个区域的经济发展水平均位处全国前列。东北地区和青藏地区的气候与我国其他地方大不相同，东北地区气候冷湿，由于纬度较高，大部分地区冬季漫长严寒，夏季短促温暖。青藏地区（包括青海、西藏和新疆南部等）平均海拔在 4000 米以上，属于高原山地气候，许多山峰终年积雪，冰川广布，雪山连绵。另外，我国东西部存在较大的教育资源与医疗资源差异，后续研究中将分析这些因素。

1. 经济发展水平与不育指数

这里研究全国 31 个省（区、市）的终身不育水平与各项经济发展指标之间的关系，终身不育水平的估计数据来源于第七次全国人口普查，其余各项经济指标数据来源于《中国统计年鉴》。

在经济发展水平方面，选取全国 31 个省（区、市）都能采集到的人均地区生产总值、人均可支配收入、人均消费支出、失业率等 4 个变量的数据。以不育指数为因变量，人均地区生产总值、人均可支配收入、人均消费支出、失业率 4 个变量为自变量。首先进行多重共线性检验，判断该组变量是否存在多重共线性，然后对变量做进一步筛选。多重共线性系数如表 2.2 所示。

表 2.2　不育指数与经济发展水平 4 个变量的多重共线性系数表

		非标准化系数		标准化系数			相关			共线性统计资料	
模型		B	标准错误	Beta	T	显著性	零阶	部分	部分	允差	VIF
1	（常数）	.127	.038		3.373	.002					
	人均地区生产总值	2.551E-7	.000	.273	.469	.643	-.034	.092	.081	.089	11.244
	人均可支配收入	4.013E-6	.000	1.733	1.529	.138	-.045	.287	.265	.023	42.714
	人均消费支出	-9.027E-6	.000	-2.083	-2.040	.052	-.104	-.371	-.354	.029	34.701
	失业率	-.015	.009	-.301	-1.726	.096	-.294	-.321	-.299	.988	1.012

由表 2.2 可以看到，4 个变量当中，VIF 值最大的解释变量为人均可支配收入，其 VIF 值为 42.714，存在较强的多重共线性，故排除人均可支配收入，然后再对不育指数与人均地区生产总值、人均消费支出、失业率再做一次多重共线性检验，结果如表 2.3 所示。

表 2.3　不育指数与经济水平 3 个变量的多重共线性系数表

		非标准化系数		标准化系数			相關			共线性统计资料	
模型		B	标准错误	Beta	T	显著性	零阶	部分	部分	允差	VIF
1	（常数）	.111	.037		2.991	.006					
	人均地区生产总值	6.182E-7	.000	.661	1.233	.228	-.034	.231	.219	.110	9.103
	人均消费支出	-3.215E-6	.000	-.742	-1.383	.178	-.104	-.257	-.246	.110	9.120
	失业率	-.016	.009	-.317	-1.776	.087	-.294	-.323	-.315	.991	1.009

根据表 2.3 可以看到，3 个变量的 VIF 值均小于 10，可以认为终身不育指数与这 3 个变量之间不存在多重共线性。但从表 2.4 可以看出，人均地区生产总值和人均消费支出的回归系数，统计学检验都不能拒绝其为 0 的原假设。只有失业率的回归系数在显著性水平为 0.1 的条件下拒绝了原假设。因此，经济因素中只有失业率可能对终身不育率有一定的影响，而其他因素影响不大。

2. 教育水平与不育指数

这里研究全国 31 个省(区、市)的不育水平与各项教育水平指标之间的关系,所有数据均来源于第七次全国人口普查。

在教育水平的分析上,选取各省(区、市)每 10 万人口中拥有的各类受教育程度人数作为变量。以不育指数为因变量,各地区每 10 万人口中拥有的大学(指大专及以上)、高中、初中、小学文化程度人数为自变量。首先进行多重共线性检验,以此判断该组变量是否存在多重共线性,然后对变量做进一步筛选。多重共线性系数如表 2.4 所示。

表 2.4　不育指数与教育水平 4 个变量的多重共线性系数表

模型		非标准化系数		标准化系数			相关			共线性统计资料	
		B	标准错误	Beta	T	显著性	零阶	部分	部分	允差	VIF
1	(常数)	.560	.092		6.107	.000					
	大学	-4.490E-6	.000	-1.017	-3.337	.003	.040	-.548	-.378	.138	7.242
	高中	-7.019E-6	.000	-.638	-3.124	.004	-.459	-.522	-.354	.308	3.246
	初中	-4.928E-6	.000	-.957	-4.526	.000	-.575	-.664	-.513	.287	3.486
	小学	-7.494E-6	.000	-1.484	-4.679	.000	.092	-.676	-.530	.128	7.839

根据表 2.4,4 个变量的 VIF 值均小于 10,不育指数与这 4 个变量之间似乎不存在多重共线性。但这里需要说明的是,一般情况下各种文化水平之间一定是有共线性的,加上不育水平以后也应该呈现出一定的共线性。但本文在研究中采用的是"七普"数据中的每 10 万人口中的各类教育程度人数,是绝对数,不是百分比,因此其共线性的特征没有表现出来,但不代表其没有共线性。由表 2.7 还可以看到,终身不育指数和 4 个教育水平变量之间的回归系数都显著不等于零,说明教育水平对终身不育有影响,但具体的影响程度和影响机制还有待进一步分析。

3. 医疗卫生资源与不育指数

这里研究全国 31 个省(区、市)的不育水平与各项医疗卫生指标之间的关系,相关医疗数据均来源于中国卫生健康统计年鉴。

在医疗卫生水平的分析上,选取各地区每千人口医疗卫生机构数、每千人口医疗卫生机构床位数、每千人口卫生人员数、每千人口卫生技术人员数 4 个变量,选取时考虑了各省(区、市)的综合医疗资源与人均医疗资源的多少。

以不育指数为因变量,各地区每千人口医疗卫生机构数、每千人口医疗卫生机构床位数、每千人口卫生人员数、每千人口卫生技术人员数为自变量,首先进行多重共线性检验,以此判断该组变量是否存在多重共线性,然后对变量做进一步筛选。多重共线性系数如表 2.5 所示。

表 2.5　不育指数与医疗卫生水平 4 个变量的多重共线性系数表

模型		非标准化系数		标准化系数			相关			共线性统计资料	
		B	标准错误	Beta	T	显著性	零阶	部分	部分	允差	VIF
1	(常数)	.004	.038		.113	.911					
	每千人口医疗卫生机构数	.032	.017	.350	1.879	.071	.565	.346	.252	.516	1.936
	每千人口医疗卫生机构床位数	-.009	.005	-.254	-1.849	.076	-.227	-.341	-.248	.953	1.050
	每千人口卫生人员数	.016	.007	.778	2.407	.023	.353	.427	.322	.172	5.823
	每千人口卫生技术人员数	-.012	.008	-.527	-1.561	.131	-.008	-.293	-.209	.157	6.355

由表 2.5,4 个变量的 VIF 值均小于 10,因此可以认为不育指数与这 4 个变量之间不存在多重共线性。从回归系数的显著性检验来看,每千人口卫生技术人员数,检验结果不能拒绝其为 0 的原假设,每千人口医疗卫生机构数和卫生机构床位数在 0.1 的显著性水平下拒绝了原假设,每千人口卫生人员数在 0.05 的显著性水平下拒绝原假设。因此,可以考虑删除每千人口卫生技术人员这个变量。

三、研究结论及思考与建议

(一)研究结论

本课题基于第七次全国人口普查数据,运用变异系数法为不同年龄赋权,计算得到不育指数,运用系统聚类分析法分析全国 31 个省(区、市)自治区不育水平的地区差异,运用多元线性回归分析全国不育水平的影响因素。相关结论如下:

第一，通过对全国 31 个省(区、市)各年龄层的不育率进行赋权计算，从 31 个省(区、市)来看，西藏的不育指数最高(0.178184)，安徽的不育指数最低(0.016201)，湖南的不育指数处于正中间(0.026898)；除北京、黑龙江、西藏、青海、新疆 5 省(区、市)外，其余 26 省(区、市)的不育指数都位于 0.015 至 0.040 之间。

第二，对于全国 31 个省(区、市)不育水平的地区差异进行分析，发现我国绝大多数地区的不育率都处于低水平，不育率较高的三个区域分别为东北三省、西部三省以及华南地区，这三个地区的气候都较为特殊，东北三省冬天极为寒冷，华南地区夏季时常高温，而西部三省不仅冬寒夏热，昼夜温差也极大。此外，北京、天津、上海 3 个直辖市的不育水平较高，值得注意。

从经济水平看，不育水平较高的北京、上海、天津的经济水平在全国位列高位，华南地区三个省份的经济水平差异较大，其中广东经济水平位列高位，广西与海南稍微落后，东北三省与西部三省的经济水平均较为落后。从教育水平看，不育水平较高的北京、上海、天津的教育水平在全国位列高位，东北三省与华南地区三个省份的教育水平位处中列，西部三省的教育水平较为落后。从医疗水平看，不育水平较高的北京拥有最丰富的人均医疗资源，上海、天津、西藏、青海的人均医疗资源也较丰富，而华南地区与新疆的人均医疗资源都较为匮乏。

第三，多个因素可能对不育率产生影响，例如气候、经济水平、教育水平、医疗资源等，通过对不育率较低的省(区、市)进行分析可以发现，不育率较低的省(区、市)大多气候适宜、四季分明，在拥有宜居的环境的同时保有较高的经济水平、足够的教育资源与医疗资源。因此，想要降低不育率水平，各省(区、市)应当做到社会经济全方位高质量发展，在保持发展优势的同时克服发展短板。

(二)思考与建议

依据本课题研究结果，项目组经过研讨与思考，提出在构建生育友好型社会的框架下，为降低我国的终身不育水平，从社会、专业、家庭和个人层面出发，应当强化生育力保护、促进生殖健康服务、加强生育支持、推进宣传倡导、重视地区差异、深化科学研究等对策和建议。具体如图 3.1 所示：

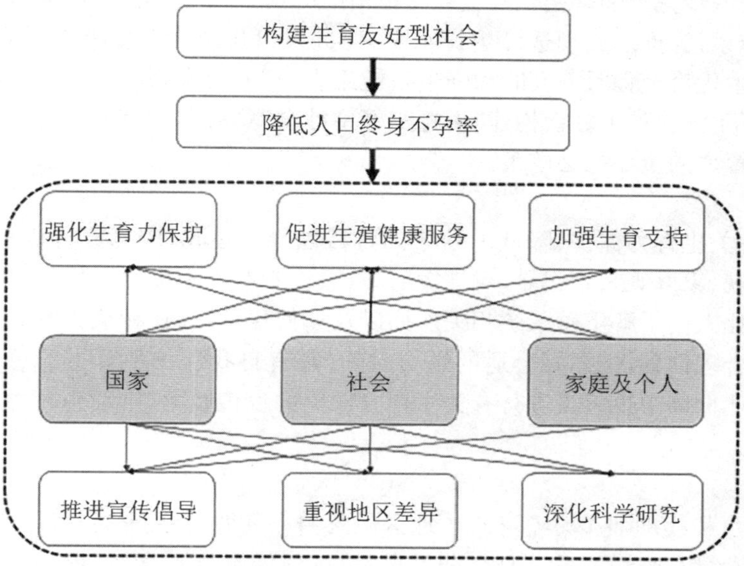

图 3.1　对策建议框架图

1. 构建生育友好型社会

面对我国人口变化带来的新挑战，构建生育友好型社会是必要之举。构建“生育友好型社会”，就是创建有利于儿童和生育主体的个体发展，有利于生育主体生育需求满足的社会环境与公共服务，不仅包含对生育行为的友善，还包括对两性婚育、儿童成长和家庭建设全方位的友好支持。因此，“生育友好社会”是一个大的概念框架，也是一个宏观、多元的行动框架，其中包括了对生育行为的内容，也包括为应对高不孕率采取一系列措施。通过系统的、长远的、全面的生育友好制度建设，推动实现适度生育水平，促进人口长期均衡发展。

2. 强化生育力保护

我国从中央到地方，已经开始逐步落地一些保护生育力，提升生育率的政策，但是相关生育力保护的措施还需要进一步强化落实，实现从政策到行动的真正转变。2021年，国内颁布了《人类辅助生殖技术应用规划指导原则(2021版)》，对第三代试管婴儿技术准入要求适度放宽。这一政策被认为是鼓励更多辅助生殖机构提升技术水平，以缓解不孕不育困境。但是，用手术、药物或辅助生殖技术等对存在不孕或不育风险的成人或儿童提供帮助，保护其生殖内分泌功能，并获得遗传学后代的生育力保护的其他领域和问题亟须得到关注和解决，比如对损害女性生育力的疾病的科学防治，肿瘤治疗过程中所使用的药物对生育力造成的损伤，关于男性和女性生育力保存的技术突破和法律壁垒。

3. 促进生殖健康服务

在《"健康中国2030"规划纲要》里，生殖健康已经被列为一个重要的战略目标。我国生殖健康服务的基本内容包括：知情选择、宣传教育、技术服务、科学管理和综合服务几个部分。其中，应当重点关注与降低终身不孕率有关的几个关键因素：其一，是高人工流产率。有关研究显示，中国一年有三千万人次使用紧急避孕药，九百万的人工流产，其中50%是非意愿妊娠，因为不懂避孕措施而意外产生的，而且大部分女性都是第一次怀孕或者未婚，这对女性身体和生育力是极大的损害。过度、多次人工流产可能导致女性宫腔粘连、子宫内膜受损，致使不孕不育。其二，是辅助生殖技术。目前，我国约有500家具有辅助生殖资质的医疗机构，但是大家对辅助生殖的理解没有正确的观念，尤其是那些想生宝宝的家庭并不能正确知道辅助生殖技术，知道什么时候去用、怎么样去用？因此，应当进一步促进生殖健康服务，从机制、体制、政策和技术上满足不同人群对生殖健康的需求。

4. 加强生育支持

2022年7月，为深入贯彻《中共中央 国务院关于优化生育政策促进人口长期均衡发展的决定》，落实人口与计划生育法，进一步完善和落实积极生育支持措施，经国务院同意，国家卫生健康委、国家发展改革委等17部门印发《关于进一步完善和落实积极生育支持措施的指导意见》(以下简称《指导意见》)，要求加快建立积极生育支持政策体系，为推动实现适度生育水平、促进人口长期均衡发展提供有力支撑。《指导意见》中明确提出了"改善优生优育全程服务"和"加强生殖健康服务"的要求，并且提出了加强生育支持的其他举措，这一《指导意见》，对于强化整个社会构建"生育友好型社会"具有非常重要的意义，同时也是进一步提高生育水平，降低终身不育率的重要社会政策。

5. 推进宣传倡导

应当进一步推进有关生育力保护、降低不孕率的宣传倡导。首先，应当充分尊重当代年轻人的生育权利，加强适婚青年婚恋观、家庭观教育引导，对婚嫁陋习、天价彩礼等不良社会风气进行治理，不断提升年轻人婚育信心。其次，要让人们了解生殖系统相关疾病以及如何保护，要让社会大众尤其是青少年、育龄人群养成良好的生活习惯，合理饮食，把握好合适的婚育时间，都有自我保护生育力的意识，甚至提前评估自己的生育力。第三，在专业群体中也应当进行有关生育力保护的宣传教育，推动生育力保存理念在医生、护士等相关群体中的影响力。

6. 重视地区差异

研究中发现，我国西藏、边远地区、经济发达地区的终身不育率水平较高，可能与地理环境、气候因素、经济因素、生活习惯因素等有密切关系。研究结果提示，在降低终身不育率，促进生育水平提升过程中，需要进一步重视导致终身不育的区域差别，有针对性地进行深入研究，揭示那些地区人口终身不育水平较高的内在诱因和外在机制，并因地制宜采取不同的应对方案。

7. 深化科学研究

一是药物和技术的创新必不可少。如安全高效的避孕药物和辅助生殖等技术的创新；高龄生育对生殖医学提出了更高要求。二是生育力保护需多学科交叉协作。生育力保护与生殖医学、男科学、妇产科学、肿瘤医学、中医中药学以及生物工程科学均息息相关。三是生育力保护技术规范需要明确。临床医生在疾病诊疗过程中，应当遵循生育力保护临床应用实践指南，在临床常见的适合生育力保存的疾病诊疗中依规而行。

南京邮电大学 温勇 唐加山 帅友良 舒星宇 束慧 方雨欣 冯愿

北京育龄妇女规模结构与婚育行为研究

2022 年中国人口出生率为 6.77‰，死亡率为 7.37‰，自然增长率只有－0.60‰，呈现人口负增长①。第七次全国人口普查数据显示，2020 年我国总和生育率只有 1.3，显著低于 2.1 的更替水平。和全国相比，北京有着更低更持久的低生育水平，21 世纪 70 年代，总和生育率已低至更替水平之下，至今已持续 50 年余年。2022 年北京市常住人口出生率只有 5.67‰②，显著低于全国 6.77‰的水平。“七普”数据显示，北京市总和生育率仅为 0.87。国内外研究表明，育龄妇女③作为人类生育的主体，在人口再生产中发挥着不可替代的作用，育龄妇女的规模结构影响着未来的人口数量以及人口再生产的潜在动力，因此对育龄妇女的研究有着重要的现实意义。针对北京市超低生育率的现状，本报告利用 2020 年第七次全国人口普查数据以及其他年份的普查数据，对北京市育龄妇女的规模、结构以及婚育行为进行描述性分析，以期全方位地展示北京市育龄妇女的特征，为未来改善人口年龄和性别结构，优化生育政策及配套支持措施提供参考。

一、北京市育龄妇女人口特征

(一)规模

1. 2010—2020 年常住育龄妇女规模下降迅速，平均每年减少 4 万人

普查数据显示，2020 年，北京市 2189.1 万常住人口中，15—49 岁育龄妇女为 560 万，占比为 25.6%。新中国成立后至 2010 年，育龄妇女的规模随着时间推移逐渐增大，且在 1982 年之后增速加快，在 2010 年达到峰值，为 613.9 万人，占全部常住人口 31.3%；但在 2010 年至 2020 年，常住育龄妇女人数减少了 53.9 万人，平均每年减少约 4 万人(参见图 1)。

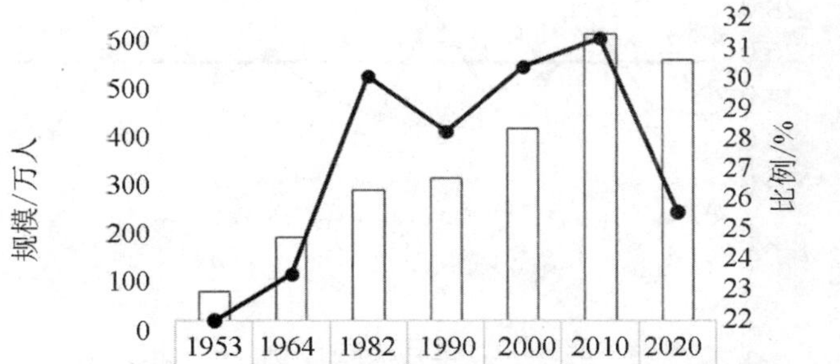

	1953	1964	1982	1990	2000	2010	2020
育龄妇女（万人）	60.9	177.9	277.4	305.3	411.9	613.9	560.0
比例（%）	22.0	23.5	30.1	28.2	30.4	31.3	25.6

图 1　1953—2020 年历次人口普查常住育龄妇女规模及占比变化趋势图

资料来源：北京市 1953—2020 年历次全国人口普查短表数据。

2. 常住育龄妇女规模和比例存在显著区域差异

《北京城市总体规划(2016—2035 年)》明确要北京构建“一核一主一副，两轴多点一区”的城市空间结构，其中，一核即为首都核心功能区，简称核心区，包括东城区和西城区，共计 92.5 平方公里；一主为中心城区，即城六区(东城区、西城区、朝阳区、海淀区、丰台区和石景山区)，总面积约 1378 平方公里；其他十区(门头沟区、房山区、通州区、顺义区、昌平区、大兴区、怀柔区、平谷区、密云区和延庆区)包括副中心和城市发展新区、生态涵养区，共计 15076.2 平方公里。

① 数据来源：国家统计局官网“中华人民共和国 2022 年国民经济和社会发展统计公报”

② 数据来源：北京统计局官网“北京市 2022 年国民经济和社会发展统计公报”

③ 育龄妇女是指有生育能力的女性，一般是指 15—49 周岁的女性，无论其婚姻状况如何，均称为育龄妇女。

北京市超过一半的育龄妇女居住在中心城区，规模达到287.6万人，占全市育龄妇女51.4%。其中，朝阳区和海淀区规模分别达到93.6万人和87.7万人，占比分别为16.7%和15.7%。核心城区内育龄妇女规模为42.4万人，合计占全北京市的7.6%。在非中心城区，昌平、大兴和通州三区规模排前三，分别为61.5万人、51.7万人和47.8万人；延庆、门头沟和平谷三区排名最后，规模分别为7.3万人、9.0万人和9.7万人。（参见表1）

表1　2020年北京市各区育龄妇女规模及占比

区域	规模（万人）	占比（%）	区域	规模（万人）	占比（%）
东城区	16.4	2.9	通州区	47.8	8.5
西城区	26.0	4.6	顺义区	32.8	5.9
朝阳区	93.6	16.7	昌平区	61.5	11.0
丰台区	50.1	8.9	大兴区	51.7	9.2
石景山区	13.8	2.5	怀柔区	9.9	1.8
海淀区	87.7	15.7	平谷区	9.7	1.7
门头沟区	9.0	1.6	密云区	11.1	2.0
房山区	31.7	5.7	延庆区	7.3	1.3
			总计	560.0	100

资料来源：北京市2020年第七次全国人口普查短表数据。

中心城区育龄妇女占比显著高于其他区域。从各区常住育龄妇女占常住人口比例来看，海淀和朝阳区育龄妇女居前两位，分别为28%和27.1%；生态涵养区的密云、延庆育龄妇女占比排在后两位，均为21%。排在第一位的海淀区，高于密云和延庆区七个百分点，差距显著，显示了中心城区女性年龄结构年轻化的特征，也显示了生态涵养区女性人口的老龄化（参见图2）。

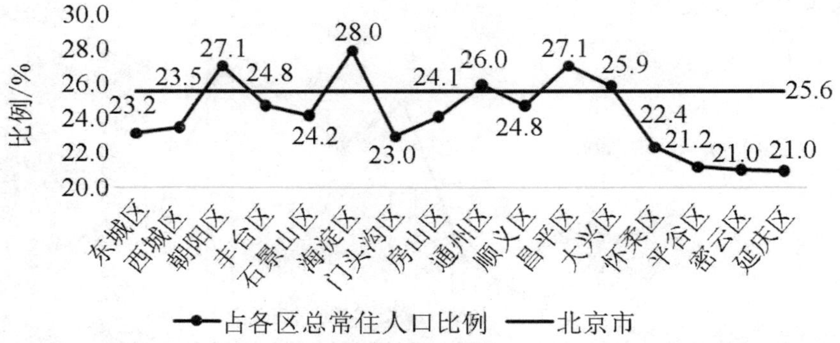

图2　2020年北京市各区育龄妇女规模及其占各区常住人口比例图

资料来源：北京市2020年第七次全国人口普查短表数据。

3. 分区域外来常住育龄妇女规模

从全北京市来看，2020年常住外来育龄妇女规模为273.8万人，占北京市全部常住育龄妇女的48.9%，接近一半；占北京市所有外来人口（841.8万人）的32.5%，占比接近三分之一，显示出外来育龄妇女是北京市外来人口中的重要组成部分。中心城区中，朝阳区的常住外来育龄妇女在各自所在区域的占比超过北京市平均水平，而在核心城区内的东城区和西城区的常住外来育龄妇女占比从全北京市来说仅次于平谷区、密云区和延庆区，在中心城区内为最低，分别占33.1%和31.7%（参见图3）。

从区域上看，常住外来育龄妇女占比排在前三位的是城市发展新区昌平、大兴和通州副中心，排在后三位的是平谷区、密云区和延庆区。这进一步提示我们，不同区域育龄妇女规模和结构存在显著差异性，各地管理服务部门要在认清这一人口形势的基础上有针对性地开展工作。

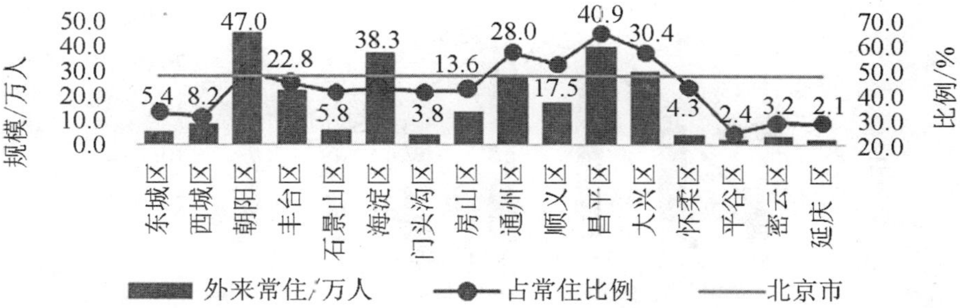

图 3　2020 年北京市各区外来常住育龄妇女规模及其占各区常住育龄妇女比例图

资料来源：北京市 2020 年第七次全国人口普查短表数据。

(二)年龄结构

1. 育龄妇女年龄重心不断向高年龄组转移

“七普”分 5 岁年龄组数据显示(见图 4),2020 年北京市常住育龄妇女中,30—34 岁所占比例最高,达 21.3%;15—19 岁的育龄妇女仅占 5.1%,不及 30—34 岁年龄组的四分之一,即使考虑到迁移流动因素,未来育龄妇女大幅减少的趋势已成定局。

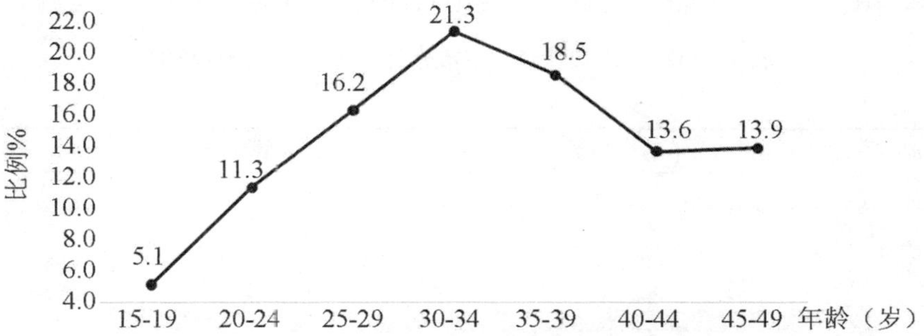

图 4　2020 年北京市常住育龄妇女年龄结构

资料来源：北京市 2020 年第七次全国人口普查短表数据。

通过对 1953—2020 年七次全国人口普查的北京市常住育龄妇女年龄结构作趋势分析(见表 2),可以看到其年龄重心不断向高年龄组转移,由 1953 年的 15—24 岁年龄组转移至 2020 年的 30—39 岁年龄组,其占比分别为 38.7%和 39.8%。过去 20 年间(2000—2020 年),15—29 岁三个年龄组所占的比重不断下降。其中,又以 15—19 岁常住育龄妇女的比重下降最快,由 2000 年占比达 14.2%降至 2020 年仅占 5.1%。其余年龄组占比均呈增加趋势,且速率不一。30—34 岁和 35—39 岁年龄组增长较快;而 40—44 岁和 45—49 岁年龄组增长速率较为平缓。由此可知,未来育龄妇女年龄结构将进一步老化。

表 2　1953—2020 年北京市常住育龄妇女年龄结构

单位:%

年龄组(岁)	1953 年	1964 年	1982 年	1990 年	2000 年	2010 年	2020 年
15—19	19.0	16.4	18.6	12.2	14.2	8.2	5.1
20—24	19.7	13.9	18.2	15.4	13.5	20.6	11.3
25—29	17.3	19.9	19.4	19.3	14.3	18.8	16.2
30—34	13.7	17.5	12.7	18.4	14.7	14.2	21.3
35—39	11.4	13.1	9.7	15.9	15.9	13.1	18.5
40—44	10.2	10.6	10.4	10.4	14.4	12.6	13.6
45—49	8.6	8.6	11.0	8.4	13.1	12.5	13.9
合计	100.0	100.0	100.0	100.0	100.0	100.0	100.0

资料来源：北京市 1953—2020 年历次全国人口普查短表数据。

北京市外来育龄妇女的年龄结构同样呈现出老化的趋势,占比最高的 30—34 岁年龄组为 22.9%,占比最低的 15—19 岁年龄组为 3.3%,接近 7 倍(参见图 5)。

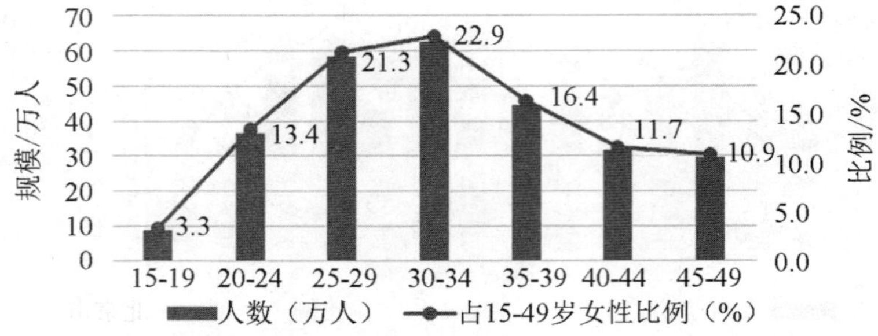

图 5　2020 年北京市外来育龄妇女分年龄组规模及占比

资料来源：北京市 2020 年第七次全国人口普查短表数据。

2. 核心区内育龄妇女年长化程度较高，其次是中心城区和非中心城区

年龄中位数的大小可以反映某区域内人口的年老或年轻的程度，通过计算年龄中位数可以了解到育龄妇女在各区的分布状况和集中趋势，由表 7 可知，北京市育龄妇女总体中位数为 34.06 岁。分区域来看，昌平区和海淀区的育龄妇女年龄中位数较低，分别为 32.44 岁和 32.78 岁；但东城区和西城区育龄妇女年龄中位数达到 36 岁分别为 36.42 岁和 36.73 岁，区域与区域之间的年龄中位数之差达到 4 岁。因此，相比其他区域来说，海淀区和昌平区的育龄妇女年龄较为年轻化，而核心区育龄妇女年龄结构偏老化（参见表 3）。

表 3　2020 年人口普查北京市分区育龄妇女年龄中位数

单位：岁

区域	年龄中位数	区域	年龄中位数
北京市	34.06		
东城区	36.42	通州区	33.84
西城区	36.73	顺义区	34.04
朝阳区	34.35	昌平区	32.44
丰台区	34.67	大兴区	33.57
石景山区	34.89	怀柔区	34.69
海淀区	32.78	平谷区	34.84
门头沟区	34.87	密云区	35.18
房山区	34.34	延庆区	34.91

资料来源：北京市 2020 年第七次全国人口普查短表数据。

3. 与全国相比较，北京育龄妇女年龄结构较为年轻

与全国相比较可以看出，北京市在 20－24 岁和 25－29 岁年龄组所占的比重超过全国 20－24 岁和 25－29 岁年龄组在全国所占的比例，且差距为 7 个年龄组中最大，分别为 9.7％和 5.1％。另外，30－49 岁育龄妇女所占的比例北京市和全国分别为 38.2％和 46.4％。可见，北京市的育龄妇女相对于全国整体来说更加年轻化。北京具有高等学校云集和流入人口年轻化的特征，也是育龄妇女年龄结构呈现年轻化的主要原因（见图 6）。

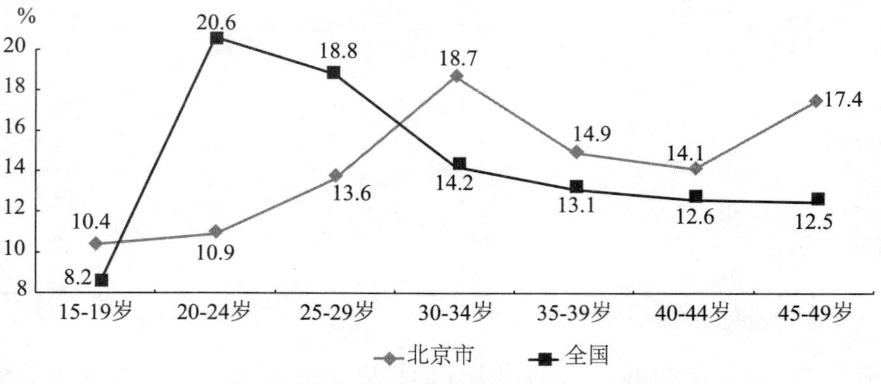

图 6　北京市和全国育龄妇女年龄结构比较

资料来源：北京市和 2020 年第七次全国人口普查短表数据。

但研究显示，北京育龄妇女年龄中位数为34.06岁，接近全国34.03岁的水平，与上海、天津也很接近，显著低于人口流出地东北地区，略高于西藏、贵州和广东，并没有呈现更为年轻的态势，这一背后的原因需要进一步探讨（见表4）。

表4 2020年人口普查北京市分区育龄妇女年龄中位数

单位：岁

省份	年龄中位数	省份	年龄中位数
黑龙江	41.26	四川	33.77
内蒙古	40.60	陕西	33.77
辽宁	40.47	安徽	33.76
吉林	40.45	山西	33.75
福建	34.57	新疆	33.65
山东	34.54	甘肃	33.62
浙江	34.53	青海	33.59
湖北	34.27	海南	33.58
江苏	34.26	云南	33.56
湖南	34.18	宁夏	33.47
河北	34.15	重庆	33.35
江西	34.09	河南	33.31
北京	34.06	广东	33.26
天津	34.04	贵州	32.58
广西	34.03	西藏	32.46
上海	34.02	全国	34.03

（三）城镇育龄妇女占比超过九成，高于常住人口城镇化水平

分城乡来看，"七普"数据显示，北京市城镇育龄妇女为505.5万人，占北京市育龄妇女总数的90.3%，乡村育龄妇女为54.5万人，占9.7%。2020年北京常住人口的城镇化率为87.5%，育龄妇女的城镇化率比常住人口高近3个百分点。

观察其年龄结构，乡村育龄妇女在30—34岁和45—49岁年龄组的比例高于城镇，分别高出2.6%和4.8%。值得注意的是，乡村中45—49岁育龄妇女出现了一个小高峰，占乡村总育龄妇女的18.2%，这意味着乡村中未来5年的育龄妇女规模将有缩小的可能（参见图7）。通过计算得到城镇和乡村育龄妇女的年龄中位数分别为33.99岁和34.63岁，城镇育龄妇女结构相对乡村来说更加年轻化。

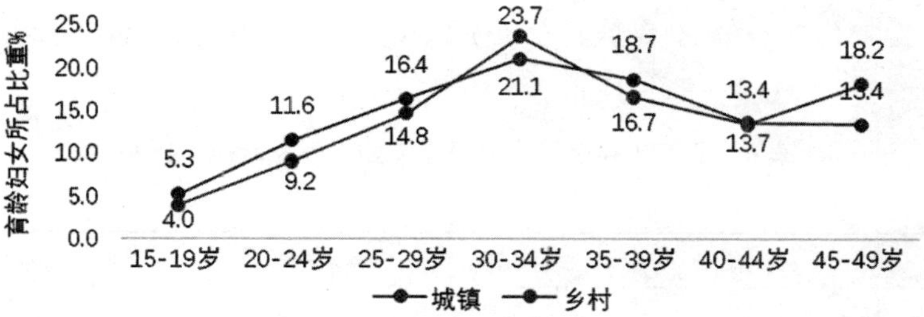

图7 北京市分城乡常住育龄妇女年龄结构比较

资料来源：北京市2020年第七次全国人口普查短表数据。

二、北京市育龄妇女婚育特征

（一）育龄妇女婚姻状况

1. 与全国相比，北京育龄妇女晚婚现象更为突出

整体来看，北京市15—49岁育龄妇女有配偶的规模达到361.7万人，占比为64.6%，相比起全国低5.2%。未婚比例为32.5%，接近三分之一，大约182万人，显著高于全国的27.2%；离婚比例比全国高

0.2%；丧偶比例比全国低 0.3%，预估为 1.4 万人(参见图 8)。

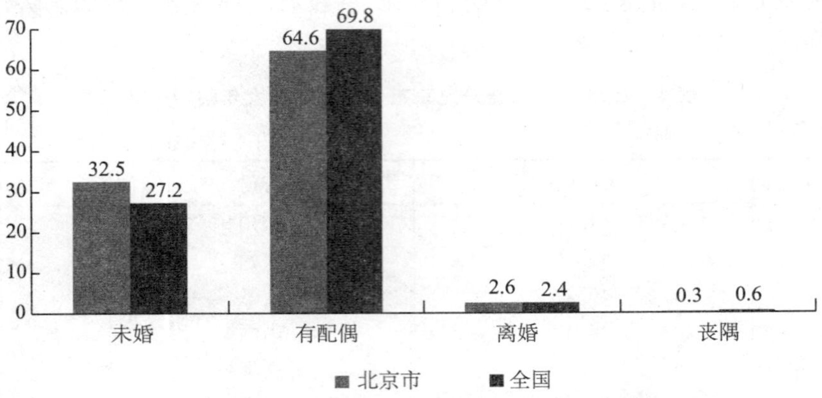

图 8　2020 年北京市和全国育龄妇女婚姻状况分布柱状图

资料来源:北京市和全国 2020 年第七次全国人口普查长表数据。

2. 高年龄组未婚比高,离婚比例也随年龄增长

分年龄组来看,北京市育龄妇女随着年龄的增长,有配偶的比例增加,未婚比例减少,但在 40—44 岁和 45—49 岁两个育龄高龄组,仍有 6.2%和 3.8%处于未婚状态,推断总数分别为 4.7 万和 3 万;同时,随着年龄的增长,离婚的比例增大,于 45—49 岁年龄组中达到最大值,为 5.8%(参见表 5)。

表 5　2020 年北京市分年龄组育龄妇女婚姻状况分布表

单位:%

年龄组(岁)	未婚	有配偶	离婚	丧偶	总计
15—19	99.6	0.4	0.0	0.0	100.0
20—24	92.7	7.3	0.0	0.0	100.0
25—29	58.6	40.8	0.6	0.0	100.0
30—34	21.9	76.0	2.0	0.1	100.0
35—39	10.5	85.8	3.5	0.2	100.0
40—44	6.2	88.6	4.7	0.4	100.0
45—49	3.8	89.3	5.8	1.1	100.0

资料来源:北京市 2020 年第七次全国人口普查长表数据。

将育龄旺盛期妇女分为 20—29 岁年龄组和 20—34 岁年龄组进行分析。与全国相比,20—29 岁育龄妇女已婚比例比全国少 17.7%,20—34 岁育龄妇女比全国少 14.6%,可见北京市相对于全国来说晚婚现象更加突出(参见表 6)。

表 6　北京市和全国生育旺盛期妇女婚姻状况对比表

单位:%

地区	年龄组(岁)	未婚	有配偶	离婚	丧偶	总计
北京市	20—29	72.7	27.0	0.4	0.0	100.0
	20—34	50.0	48.9	1.1	0.0	100.0
全国	20—29	54.4	44.7	0.9	0.0	100.0
	20—34	34.7	63.5	1.6	0.1	100.0

3. 与 2010 年相比,20—29 岁育龄妇女未婚比例大幅度升高

分年龄别婚姻状况数据显示,20—29 岁育龄妇女未婚比例从 2010 年的 62.1%上升到 2020 年的 72.7%,上升了整整十个百分点;相对应,有配偶的比例下降了近十个百分点,显示出北京市育龄妇女明显的晚婚趋势。在第二次人口转变过程中,中国与其他西方发达国家不同的是,其生育行为仍与婚姻紧密挂钩。因此,从长远看来,结婚年龄的推迟将使北京市总和生育率继续走下坡路(参见表 7)。

表7　2010 和 2020 年北京市生育旺盛期妇女婚姻状况对比表

单位：%

年份	年龄组(岁)	未婚	有配偶	离婚	丧偶	总计
2010	20—29	62.1	37.6	0.3	0.0	100.0
	20—34	48.7	50.6	0.6	0.0	100.0
2020	20—29	72.7	27.0	0.4	0.0	100.0
	20—34	50.0	48.9	1.1	0.0	100.0

资料来源：北京市 2010 年和 2020 年全国人口普查长表数据。

（二）生育状况

1. 北京市超低生育水平已持续多年

第三次人口普查以来数据显示，北京市低生育水平①已持续 40 年。1982 年育龄妇女总和生育率 1.612，显著低于 2.1 的更替水平；1990 年第四次人口普查，总和生育率已低于 1.5 的超低生育水平，为 1.334；2000 年后更是低于 1 的极低生育水平，2000 年为 0.674、2010 年为 0.707，在实施全面二孩政策后的 2020 年，生育水平仅为 0.87。超低生育水平成为北京市不容忽视的人口现象（参见图 9）。

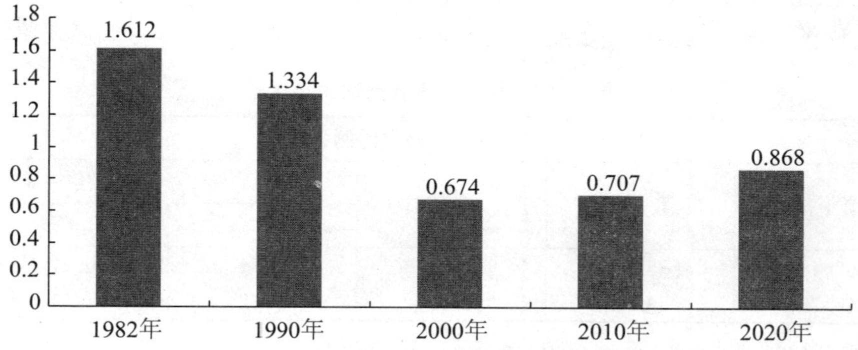

图 9　1982—2020 年历次全国人口普查北京市育龄妇女总和生育率柱状图

2. 育龄妇女生育年龄推迟，生育高峰后移

自 1982 年第三次人口普查以来，北京市育龄妇女生育高峰年龄呈现逐渐后移的变化趋势。1982 年，育龄妇女的高峰期为 25—29 岁年龄组；1990 年呈现 20—24 岁和 25—29 岁两个年龄组双高峰态势；2000 年，生育峰值在 25—29 岁年龄组，2010 年，呈现 25—29 岁和 30—34 岁年龄组双高峰；2020 年，30—34 岁年龄组显著高于其他年龄组，但生育率仅为 1982 年高峰组（25—29 岁）的三分之一，显示了生育高峰生育水平不高的态势（参见图 10 和表 8）。

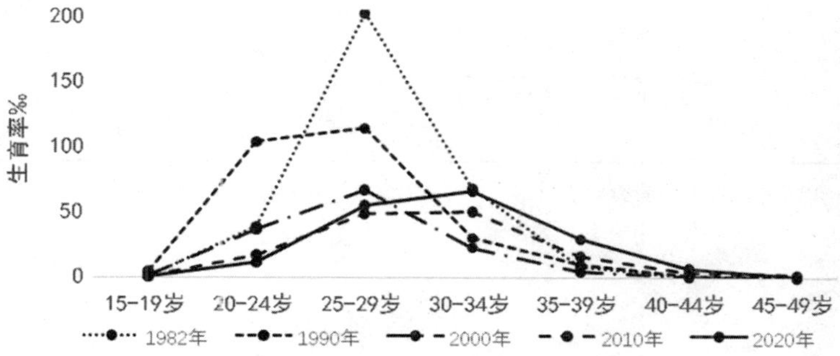

图 10　1982—2020 年北京市育龄妇女年龄别生育率比较

资料来源：北京市 1982—2020 年历次全国人口普查长表数据。

① 人口学把总和生育率低于更替水平 2.1 称为低生育水平，低于 1.5 为超低生育水平。

表 8　1982—2020 年北京市年龄别生育率比较

单位：%

年龄组(岁)	1982 年	1990 年	2000 年	2010 年	2020 年
15—19	0.94	4.99	1.39	1.06	0.96
20—24	39.36	104.42	37.21	17.51	11.88
25—29	203.23	114.85	67.47	49.35	55.7
30—34	68.95	30.68	23.37	50.94	66.66
35—39	8.54	10.00	4.37	16.76	29.96
40—44	1.14	1.43	0.74	4.34	7.45
45—49	0.15	0.37	0.17	1.98	1.07
总和生育率	1.612	1.334	0.674	0.707	0.868

资料来源：北京市 1982—2020 年历次全国人口普查长表数据。

3. 出生人口中第一孩比例最高，显著高于全国水平

"七普"数据显示，分孩次来看，2020 年出生人口中，第 1 孩占比最高，达到 62.48%，显著高于全国的一孩比例 45.78%；二孩比例仅占 35.58%.，显著低于全国第 2 孩 43.08%，多孩比例差距更大，北京和全国分别为 1.94%和 11.13%。这一数据进一步显示出北京育龄妇女二孩及多孩生育低迷现象(参见表 9)。

表 9　北京市和全国分孩次生育比较

地区	孩次比例(%)					
	第 1 孩	第 2 孩	多孩	其中		
				第 3 孩	第 4 孩	第 5 孩及以上
北京	62.48	35.58	1.94	1.71	0.17	0.05
全国	45.78	43.08	11.13	9.02	1.61	0.51

资料来源：北京市和全国 2020 年全国第七次人口普查长表数据。

与"六普"相比，十年来由于我国生育政策调整，即由独生子女政策逐步开放为如今的三孩政策，生育水平受政策影响有一定的波动。由表 18 可知，从 2010 年到 2020 年，出生人口中第 1 孩比例下降了 22.72%，第 2 孩比例上升了 21.98%，多孩比例也有所上升。由此可以推断，对于总和生育率由 0.71 上升到 0.87 的贡献，基本来源于政策释放的二孩和多孩生育(参见表 10)。

表 10　2010 年和 2020 年出生人口孩次比例比较

年份	孩次比例(%)					
	第 1 孩	第 2 孩	多孩(≥3)	其中		
				第 3 孩	第 4 孩	第 5 孩及以上
2010	85.20	13.60	1.20	1.11	0.08	0.02
2020	62.48	35.58	1.94	1.71	0.17	0.05

资料来源：北京市 2010 和 2020 年全国人口普查长表数据。

五 结论与政策建议

(一)主要结论

1. 育龄妇女规模明显下降，占比历史最低，呈现区域不均衡状态

北京市常住育龄妇女规模在过去六次全国人口普查中一直保持上升趋势，但近十年开始出现下降，由 2010 年的 613.9 万人下降至 2020 年的 560.0 万人，总数下降了 54 万，占常住人口占比下降至历史最低点(25%)；常住育龄妇女规模区域存在显著差异，中心城区超过一半，中心城区育龄妇女占常住人口比例显著高于生态涵养区。

2. 外来常住育龄妇女接近育龄妇女的一半，成为不容忽视的群体

2020年北京市常住外来育龄妇女规模为273.8万人，占北京市总常住育龄妇女的48.9%，接近一半；占北京市所有外来人口(841.8万人)的32.5%。外来常住育龄妇女是全部常住育龄妇女和北京市外来常住人口的重要组成部分。

3. 常住育龄妇女年龄结构老化，并呈现核心区>中心城区>其他十区的区域差异现象

历次普查数据显示，15—29岁中各年龄组所占比重不断下降，其中以15—19岁年龄组占比下降速度最快；而30—49岁中各年龄组均呈增加趋势，且速率不一；育龄妇女年龄结构老化程度呈现 核心区>中心城区>其他十区现象，育龄妇女年龄结构无显著城乡差异，但在乡村中45—49岁年龄组育龄妇女占比较大，未来在乡村中将有更大比例的女性退出生育年龄。

4. 与全国相比，北京育龄妇女晚婚现象更为突出，高龄未婚比例高

北京育龄妇女未婚比例接近三分之一，大约182万人，显著高于全国的27.2%；分年龄别婚姻状况数据显示，20—29岁育龄妇女未婚比例从2010年的62.1%上升到2020年的72.7%，上升了整整十个百分点；相对应，有配偶的比例下降了近十个百分点，显示出北京市育龄妇女明显的晚婚趋势。同时，在40—44岁和45—49岁两个育龄高龄组，仍有6.2%和3.8%处于未婚状态。

5. 超低生育水平已持续多年，生育年龄普遍推迟，出生人口以一孩为主

北京市低生育水平已持续40年，2020年总和生育率仅为0.87，比实施独生子女政策的2010年仅增长0.17，全面二孩政策实施对提升生育率水平作用有限；育龄妇女生育年龄呈现逐渐推迟趋势，生育峰值年龄组上升至30—34岁；2020年出生人口中第1孩占比为主，占到62.28%，虽然相比“六普”降低了22.72%，但显著高出全国水平，相对应，二孩和多孩比例显著低于全国水平。

(二)政策建议

北京市育龄妇女作为北京市人口的重要组成部分以及生育主体，决定着北京市现在及未来的人口走势。为促进人口长期均衡发展，我国已于2021年5月实施三孩生育政策及配套支持措施，北京市也在经济、时间和照料上分别发给予相应支持措施，2022年8月，17部门联合印发《关于进一步完善和落实积极生育支持措施的指导意见》，以进一步支持生育支持政策落地，但生育水平和生育意愿仍处于低迷状态。针对育龄妇女的现状和未来发展趋势，本研究提出以下政策建议

1. 进一步放开生育限制，实施育龄群众自主生育政策

目前的三孩政策，实际上还是一个限制政策，三孩以上生育仍是不被倡导的行为。这与提振当前的低生育水平发展目标存在矛盾，同时，育龄妇女受教育水平和经济独立能力提升，大龄未婚、终身未婚的比例升高。目前我们的生育政策仍是一对夫妻提倡生育三胎，未婚生育仍是禁忌之地。建议有关部门进一步向中央提议，在全国范围放开生育限制，让有意愿、有能力的家庭和育龄妇女自主选择生育数量，提供更为宽松的生育环境。

2. 从“碎片化管理”向整体性治理转变

在国家鼓励生育的大背景下，各地纷纷出台了鼓励生育的相关政策，最突出的就是竞相出台延长育龄妇女育儿假政策，但一味地延长育儿假，将会是一把双刃剑，一方面会增加子女照料的时间，有助于抚育儿女；但另一方面会增加用人单位的负担，继而严重影响女性在就业市场上的竞争力。构建生育支持的政策体系是一项系统工程，完善落实生育休假制度只是其中一方面，要解决群众“想生不敢生”的问题，还应该从多方面着手。全社会整体的制度设计才是生育友好型制度的基础。比如，目前推行的“双减政策”就是减轻育儿家庭养育成本和照料压力的重要举措，会大大减轻抚育和养育的经济成本和精神压力，但它不是一蹴而就、立竿见影的政策，需久久为功，形成文化，才能解决几十年压在家长和学生头上的压力，切实减轻育儿负担。

3. 进一步提升优生优育均等化服务，针对全人口构建生育友好型社会

目前，外来育龄妇女已经占北京育龄妇女群体将近一半的比例，总数近300万，这是支持首都发展的重要力量，也是北京生育大军的重要成员。应在生殖健康、生育服务和子女教育上，进一步推行与户籍人口相同的均等化服务，营造全人口的生育友好型社会。

中共北京市委党校　北京市情研究中心　马小红

中共北京市委党校人口学专业研究生　彭舒婉

加快建立三孩生育支持措施

——从人口“七普”看生育支持措施

2020年11月1日我国开展了第七次全国人口普查(下文简称“七普”),全面查清了我国人口数量、结构、分布等方面情况。2021年5月11日公布第七次全国人口普查数据。

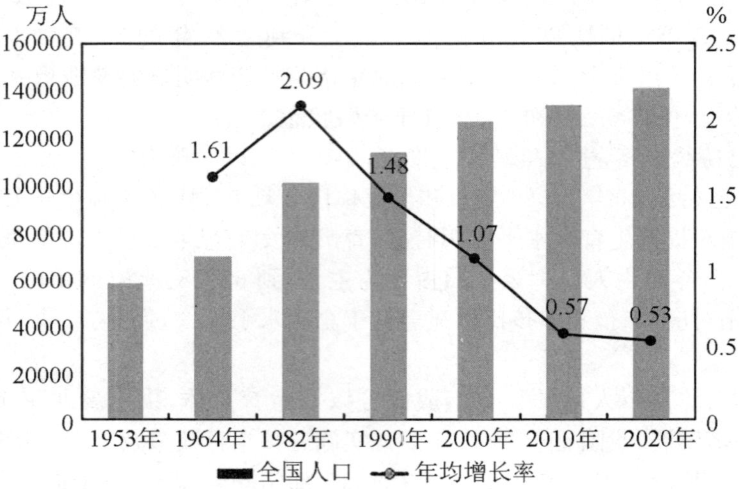

一、全国人口总量增加的更多为60岁及以上的老年人口

“七普”数据显示,全国总人口为1443497378人比2010年第六次全国人口普查的1339724852人,增加了72053872人,增长5.38%,年平均增长率为0.53%。60岁及以上人口为264018766人占18.70%,比2010年177648705人多了86370061人,比重上升5.44个百分点。

“七普”数据显示,10年来我国总人口增加72053872人。人口总量是在增加,但主要增加的是哪些人呢?如果把总人口增加的和60岁及以上人口增加的两组数据进行比对分析就明白了:“七普”全国人口总量虽然有增加,但增加的更多为60岁及以上老年人口。

二、从一孩到两孩、三孩的生育政策变迁没有引起出生人口的大幅增长

十年来,生育政策从一孩到2013年单独两孩再到2016年全面两孩。从一孩到两孩,按理论层面上推算出生人口数量应该大幅增长,然而现实并非如此。根据“七普”数据,0—14岁人口的比重上升1.35个百分点,15—59岁人口的比重下降6.79个百分点,总的来说0—59岁人口总量不但没有增加,反而减少了,人口结构也越来越不合理,老龄化越来越严重。

2021年6月26日,中共中央国务院发布《关于优化生育政策促进人口长期均衡发展的决定》,开始实施一对夫妻可以生育三个子女政策,标志着三孩时代的到来。

2021年国民经济和社会发展统计公报显示,2021年末全国人口141260万人,比上年末增加48万人,其中城镇常住人口91425万人。全年出生人口1062万人,出生率为7.52‰。

2022年国民经济和社会发展统计公报显示,2022年末全国人口141175万人,比上年末减少85万人,其中城镇常住人口92071万人。全年出生人口956万人,出生率为6.77‰。

以上国民经济和社会发展两年统计公报数据,2022年比2021年全国出生人口少了106万,人口出生率也降低0.75‰,说明实施三孩政策以来,广大育龄群众并没有落实三孩政策,出生人口没有实现增长。

三、生育政策的落实需要有配套的生育支持措施

(一)一孩生育政策下的生育支持措施

20世纪80年代初,国家开始提倡一孩生育政策,90年代开始出台一系列的一孩生育支持措施,比如独生子女奖励费,独生子女升学加分,农村集体收益分红、农村宅基地独生子女可以多分一人份额等,为一孩生育政策的落实发挥了很好的推动作用。

(二)两孩生育政策下的生育支持措施

2013年开始实施单独两孩政策,2016年开始实施全面两孩政策。全面两孩政策实施后,只有对2016年前的独生子女和农村二女家庭继续帮扶支持。2016年以后的两孩或一孩家庭就没有出台的配套帮扶支持措施,造成很多家庭因为生育、养育、教育成本偏高而不敢生、不想生,造成年出生人口并没有随着两孩政策实施而大幅增加。

(三)三孩生育政策下的生育支持措施

2021年开始实施三孩政策,刚开始没有出台什么生育支持措施,也是普遍遇冷,也没有出现新的生育高峰。2022年7月25日,国家卫健委等17部门联合下发了《关于进一步完善和落实积极生育支持措施的指导意见》,出台了财政、税收、保险、教育、住房、就业等方面的生育支持措施,明确政府、用人单位、个人等多方责任。但是,这个指导意见涉及面比较广泛,内容比较宏观,各级各部门还没有制定出更具体、更有可操作性的生育支持措施,特别三孩家庭的生育支持措施更没有凸显突出。因此,三孩生育政策的实施效果并不理想。

总之,单有生育政策,而没有生育支持措施,就很难让生育政策落地,就无法很大程度提高人口出生率,就无法实质性增长劳动力人口,就无法推动人口高质量发展。

四、加快建立生育支持政策体系

习近平总书记强调指出,人口问题始终是我国面临的全局性、长期性、战略性问题。人口发展是实现中华民族伟大复兴的坚实基础和持久动力。习近平总书记强调,要着眼强国建设、民族复兴的战略安排,完善新时代人口发展战略,认识、适应、引领人口发展新常态,着力提高人口整体素质,努力保持适度生育水平和人口规模,加快塑造素质优良、总量充裕、结构优化、分布合理的现代化人力资源,以人口高质量发展支撑中国式现代化。要建立健全生育支持政策体系,大力发展普惠托育服务体系,显著减轻家庭生育养育教育负担,推动建设生育友好型社会,促进人口长期均衡发展。

生育有政策,更要有支持。如何推动生育支持政策体系建设呢?

(一)政府部门的生育支持政策

政府部门的生育支持政策是生育支持政策体系建设的重要内容,在实施生育政策中发挥政府强有力的导向作用。根据《人口与计划生育法》以及国家卫健委等17部门联合下发的《关于进一步完善和落实积极生育支持措施的指导意见》等文件精神,推动各级政府部门出台各方面生育支持的具体政策措施,让政府部门的生育支持政策落地,帮助群众降低生育成本,让育龄家庭"敢生"、"会生"、"想生"。

1. 降低生育成本——"敢生"。政府相关部门可以从税收、金融、财政、税收、保险、教育、住房、就业等探索生育支持政策,降低生育各种成本。比如,可以给予生育家庭不同的购房税收优惠,对3岁以下婴幼儿照护费用个人所得税专项附加扣除;对符合条件的生育家庭优先轮候与配租公租房、廉租房;对符合条件的生育家庭在银行贷款上给予不同优先优惠;可以推行生育保险减轻住院分娩费用负担;可以发展普惠托育服务帮助解决托育难问题;可以通过义务教育城乡均衡发展,减轻义务教育阶段学生作业负担和校外培训负担,减轻生育家庭的教育成本。

2. 提供生殖健康支持——"会生"。卫生健康部门依托各级妇幼保健机构,改善优生优育全程服务,全面落实婚前保健、孕前保健、产前筛查和产前诊断服务。加强生殖健康全面服务,预防非意愿妊娠,减少非医学需要的人工流产;实施辅助生殖技术,提高不孕不育防治水平;提高分娩镇痛水平,减少分娩痛苦。特别高龄孕产妇不断增多,发生出生缺陷的风险不断增大,更要强化落实出生缺陷三级预防制度,最大限度预

防出生缺陷。通过生殖健康支持帮助育龄群众生得出、生得好。

3. 转变婚育观念——“想生”。随着现代社会发展，生活节奏越来越快，社会压力越来越大，很多年轻人自我意识浓烈，有的不大愿意结婚，有的结婚后也不大愿意生小孩，造成少子化、老龄化趋势越来越严重。针对这种情况，各级各部门要积极开展人口基本国情宣传教育，引导青少年树立正确的婚恋观，倡导新时代生育文化，树立适龄婚育、优生优育、尊重生育、夫妻共担育儿责任的社会价值，促进《人口与计划生育法》的落实。积极推进婚俗改革和移风易俗，破除婚嫁大操大办、高价彩礼等陈规陋习，积极倡导新型婚育文化，帮助更多育龄人群转变婚育观念，自觉依法落实生育政策。

(二)用人单位的生育支持措施

用人单位是生育支持体系的重要建设者，是政府部门生育支持政策的具体落实者。用人单位的生育支持措施是生育支持体系建设的不可或缺的具体内容。用人单位要依法落实生育休假制度，采取切实有效措施保障干部(职工)生育假期待遇，依照《劳动法》《妇女权益保障法》《女职工劳动保护规定》对孕产期、哺乳期的女职工的工作时间、工资待遇、劳动强度等方面应实行特殊劳动保护。可以结合生产和工作实际，帮助干部(职工)平衡工作和家庭困难，为有接送子女上下学、照顾生病或居家子女等需求的干部(职工)提供工作便利。有条件的单位可以建立孕妇休息室、哺乳室，配备必要母婴服务设施，更好满足孕产期、哺乳期女职工的需求。有条件的单位也可以开展寒暑假托管服务，帮助干部(职工)解决孩子假期托管问题。

(三)广大群众的生育支持力量

广大群众是生育支持体系建设的参与者、受益者。广大群众的生育支持力量是生育支持体系建设的基础内容。充分发挥计生协会、妇联等群众组织作用，引导建立基层群众家庭互助平台，促进基层群众家庭照护养育资源共享，推动群众家庭线上线下互帮互助，帮助解决生育家庭的各种困难。发动广大群众推进村(居)规民约的修订完善，把生育支持措施写进村(居)规民约，通过集体收益再分配给予生育家庭倾斜支持。定期开展生育支持群众性主题宣传活动，发动广大群众参与支持家庭生育的氛围。

生育支持政策体系建设要在党委的集中统一领导下，政府部门出台具体生育支持政策，通过用人单位、基层村(居)结合实际给予落实，切实帮助广大群众降低生育、养育、教育成本，促进生育政策的落实，促进人口生育率提高，促进人口高质量发展。

五、突出优先优惠三孩家庭的生育支持措施

2021年中共中央 国务院发布了《关于优化生育政策促进人口长期均衡发展的决定》，实施一对夫妻可以生育三个子女政策(简称三孩政策)，标志着三孩时代的到来。实施三孩生育政策，有利于未来保持适度生育水平和人口规模，有利于更好发挥人口因素的基础性、全局性、战略性作用，以人口高质量发展支撑中国式现代化。生育一孩要支持，生育二孩也要支持，生育三孩更要支持。目前，三孩的生育支持政策更为缺乏，三孩家庭更为艰难，更需要生育支持。出台三孩生育支持措施，不仅促进三孩生育政策的落地，还可以带动一孩、二孩的生育。因此，在生育支持政策体系建设上要突出优先优惠三孩家庭。

(一)让三孩家庭在政治上更有光荣感

20世纪80年代初，中共中央致全体共产党员、共青团员的公开信，要求全体共产党员、共青团员带头落实计划生育政策，带头只生一个孩子。如今，实施三孩生育政策遇冷时候，也可以倡议共产党员、共青团员带头落实三孩生育政策。过去表彰先进对违反计划生育的单位或人都实行一票否决，现在也可以探索对落实好三孩政策的单位和人在同等条件下优先表彰，进一步鼓励引导单位和个人落实三孩政策。对于带头生育三孩的群众要给予培养肯定，比如在同等条件的情况下可以优先入党，可以优先推荐作为村(居)组织成员的候选人。可以探索在人口领域最大的群团组织计划生育协会理事结构中安排一定比例三孩家庭人选，提高三孩家庭在计生协会群团组织的话语权。比如村(居)生协会的会长、秘书长、理事、小组长如果是由三孩家庭担任，一方面可以增强三孩家庭政治荣誉感，另一方面可以发挥三孩家庭带动引领作用。

(二)让三孩的生育成本更低

一孩二孩已经给家庭带来了很重负担，很多家庭对生育三孩望而却步，这时要政府及各类社会组织助力添“瓦”，帮助降低生育成本，帮助育龄家庭重振生育三孩信心。比如，可以在生育保险中可以提高三孩生育报销比例，推行三孩孕后检查、住院分娩全免费，探索开辟三孩健康保险专项，为产后三孩健康成长保驾

护航。有条件的地方可以探索实施三孩生育补助,生育完三孩一次性补助若干万元。在农村宅基地审批、集体分红给三孩家庭优先并提高与一孩、二孩家庭之间比率,凸显三孩家庭的利益导向机制。整合相关住房资源,积极开展三孩家庭安居工程项目,对三孩家庭首次购买普通商品住房或购买家庭第二套改善型住房的,要优先保障住房公积金,并在购房税收等给予更大优惠力度。鼓励用人单位同等条件优先聘用三孩家庭,帮助三孩家庭解决就业问题。依托各级群众组织开展三孩满月礼活动,不断增强三孩家庭的获得感、幸福感。

(三)让三孩的养育成本更低

俗话说,生儿容易养儿难。孩子的养育成本越来越大,成为家庭的重要负担。根据《国务院办公厅关于促进3岁以下婴幼儿照护服务发展的指导意见》精神,加快出台《保育师国家职业资格标准》《托育服务机构建设标准》《家庭托育点管理办法》等规范性文件,推动普惠托育服务体系建设,增加托育服务公益机构,培养托育服务人才,优先安排三孩家庭的托育托管服务,积极探索困难三孩家庭免费托育托管,帮助三孩家庭降低养育成本。大力支持探索建立三孩家庭互助平台,推动三孩生育家庭线上线下互帮互助,促进基层三孩家庭照护资源共享,帮助解决三孩家庭照护养育等问题。

(四)让三孩的教育成本更低

大力促进义务教育均衡发展,突出解决三孩的就学难问题,协调教育行政部门优先安排三孩群体的学位,积极探索在学校中开展三孩专项帮扶计划,建立三孩学生学习档案,组织学校教职工与三孩学生一对一结对帮扶,为三孩学生健康成长创造更好条件。在校外培训机构中,倡导优先优惠三孩,助力三孩的课外学习培训。在教育退税中提高三孩家庭的比率,减轻三孩家庭的教育负担。鼓励有条件的地方探索为入托、入园的三孩孩子发放入托补贴和减免保教费用。多管齐下,多方发力,切实降低三孩的教育成本。

(五)让“三孩生育”形成良好社会氛围

积极在各级主流媒体和行业媒体及其行业系统官网、官微上开辟“三孩生育支持”专栏,讲好三孩家庭故事,表扬一批“最美三孩家庭”,宣传好三孩家庭典型。充分利用“5.29”会员日、“7.11”人口日等重大节假日,积极开展三孩生育政策的群众性宣传活动,通过文艺演出、义诊、猜谜语等群众喜闻乐见的形式宣传三孩政策。充分发挥基层群众组织作用,开展“三孩政策进万家”活动,面对面宣讲三孩政策及支持措施,让基层群众了解三孩政策,支持三孩政策,营造实施三孩政策的良好社会氛围。

中国式现代化需要人口高质量发展支撑。人口要高质量发展,需要保持适度的生育水平。保持适度的生育水平,需要落实好三孩生育政策。落实三孩生育政策,需要建立生育支持政策体系,需要出台优先优惠三孩家庭的生育支持措施。

苏德育

中国出生性别比的转变研究

1. 引言

20 世纪 80 年代以来，随着生育水平下降和性别选择技术开始普及，以亚洲为主的部分国家陆续观察到出生性别比偏离正常范围①的现象（见图 1）。其中，中国的出生人口性别比偏高现象尤为突出，一是出生性别比偏高程度严重，其峰值水平超过 120，二是出生性别比偏高持续时间长。2020 年第七次全国人口普查时出生性别比仍为 111.3，偏高时间已经持续四十余年。

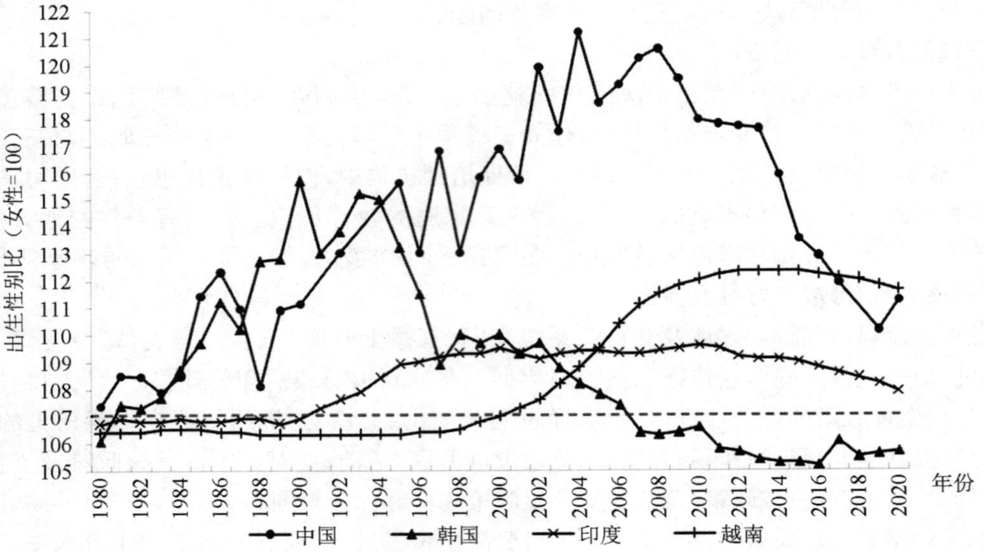

图 1　1980—2020 年部分国家的出生性别比

数据来源：中国数据来自历次人口普查、全国 1%人口抽样调查、全国 1‰人口变动抽样调查和国家统计局年度统计公报，其中 1991、1993、1994 和 2018 年缺乏数据。韩国、印度数据来自联合国世界人口展望数据库（World Population Prospect 2022）。

出生性别比偏高意味着女性的生存权在未出生时就被剥夺，是性别不平等最直接、最原始和最残酷的表现。为保护妇女权利，促进性别平等，中国政府出台了一系列有关经济和政治参与、教育、财产继承、婚姻、老年支持等平等权利的法律法规，并多次出台专项法律和行动打击"两非"等违法犯罪行为，对持续上升的出生性别比起到了有效的遏制作用。2015 年国务院颁布的《国家人口发展规划（2016－2030）》将出生性别比在 2030 年恢复至正常水平作为衡量人口结构均衡发展主要目标之一。同时，联合国 2022 年更新的世界人口展望预计中国出生性别比将在 2033 年降至正常水平。

韩国是成功实现出生性别比正常化的国家，其历史经验表明，即使在正常化接近完成的阶段，出生性别比的继续下降也并非一蹴而就。韩国曾在 1994－1997 年从 115.2 大幅降到 108.2，略偏高于正常水平，但此后十年在轻度失衡的水平波动，直到 2007 年才降到 107 以下（见图 1）。研究发现，从政策、法律、制度和社会规范等方面瓦解父权制的根基、推进性别平等是韩国出生性别比成功降到正常水平的关键（Den 等人，2017）。因此，在现阶段中国与男孩偏好相关的社会、经济、文化基础尚未彻底转变的背景下，要实现出生性别比降到正常水平的目标仍需持之以恒的努力。

从全国层面来看，中国出生性别比经历了上升期（1980－2000 年）、平台期（2000－2010 年）和下降期（2010 年至今）三个阶段，2020 年降到 111.3，未来即将进入出生性别比正常化的尾声阶段。但是全国层面

---

① 出生性别比正常范围为 103－107。

平均水平中反映的出生性别比失衡形势往往掩盖了显著的区域和社会经济差异(Guilmoto,2012),中国的出生性别比偏高的结构性差异程度远非与全国平均水平所呈现的一致。为此,本文基于第七次全国人口普查数据,揭示全国出生性别比变动中的结构性特征和差异,总结和归纳中国出生性别比偏高近四十年来的演变规律,探讨出生性别比进一步回归正常水平所面临的问题和挑战,展望未来出生性别比的可能变动趋势。

2. 出生性别比的地区差异和变动

2.1 分省来看,出生性别比失衡问题相对严重的省份始终集中在东部和中南地区

表1展示分省出生性别比的变动,出生性别比失衡现象在上升期"自东向西、自南向北"扩散,在平台期和下降期转变为"自西向东、自北向南"减退,出生性别比的省份分布始终呈现"东高西低、南高北低"的特征。2020年21个省降到轻度失衡或正常水平,安徽、福建、江西、山东、湖北、湖南、广东、广西、海南、贵州这十个省的出生性别比高于全国平均水平,失衡相对较严重,这些省份主要集中在东部和中南地区。尽管这些省份和同期其他省份相比下降幅度比较大,但降幅往往不及其历史上的增幅,因此出生性别比偏高程度长期较为严重。

表1 分省出生性别比的失衡程度

程度	1982	1990	2000	2010	2020
120以上 极端偏高	—	—	东部:安徽; 中南:湖北,湖南,广东,广西,海南; 西北:陕西。	东部:安徽,福建,江西; 中南:湖北,湖南,广东,广西,海南; 西南:贵州。	东部:江西; 中南:海南。
(115—120] 重度偏高	—	东部:浙江; 中南:河南、广西。	东部:江苏,福建; 中南:河南; 西南:四川,重庆。	东部:江苏,浙江,山东; 中南:河南; 西北:陕西,甘肃。	东部:福建; 中南:广东。
(110—115] 中度偏高	东部:安徽; 中南:河南,广东,广西。	北部:天津,河北; 东北:辽宁; 东部:江苏、安徽,江西,山东; 中南:湖北,广东,海南; 西南:四川; 西北:陕西。	北部:北京,天津,河北,山西; 东北:辽宁,吉林; 东部:上海,浙江,江西,山东; 西北:甘肃,青海。	北部:天津,河北,山西,内蒙古; 东北:辽宁,吉林,黑龙江; 东部:上海; 西南:四川,重庆,云南; 西北:青海,宁夏。	东部:浙江,安徽,山东; 中南:湖北,湖南,广西; 西南:贵州。
(107—110] 轻度偏高	北部:天津,河北,山西; 东北:辽宁、吉林; 东部:江苏,浙江,福建,江西,山东; 中南:湖南; 西南:四川; 西北:陕西。	北部:北京,山西,内蒙古; 东北:吉林,黑龙江; 东部:福建; 中南:湖北; 西南:云南; 西北:甘肃。	北部:内蒙古; 东北:黑龙江; 西南:贵州,云南; 西北:宁夏。	北部:北京。	北部:北京,天津,河北,内蒙古; 东北:吉林; 东部:上海,江苏; 中南:河南; 西南:四川,重庆,云南; 西北:陕西、甘肃,新疆。
107及以下 正常水平及以下	北部:北京、内蒙古; 东北:黑龙江; 东部:上海; 中南:湖北; 西南:贵州,云南,西藏; 西北:甘肃,青海,宁夏,新疆	东部:上海; 西南:贵州、西藏; 西北:青海,宁夏,新疆。	西南:西藏; 西北:新疆。	西南:西藏; 西北:新疆。	北部:山西; 东北:辽宁,黑龙江; 西南:西藏; 西北:青海,宁夏。

数据来源:1982年数据来自谷祖善(1984),其他年份数据来自历次全国人口普查。

注:本文按照人口普查将所有省份划分为北部、东北、东部、中南、西南、西北六个地区。"—"表示没有省份。

东部和中南地区对全国出生性别比失衡起到至关重要的作用，其中广东省的影响尤为突出。上述十个失衡相对严重省份的出生人口数占全国出生人口 47.2%，其中全国人口第一大省广东，出生人口数占比达到 11.4%。这十个省对全国出生性别比偏高的贡献高达 82.1%。广东作为重男轻女思想最严重的地区之一（陈友华，2006），人口规模最大，2020 年的贡献率达到 22.2%。

表 2　2020 年分省的出生人口占比和对全国出生性别比偏高的贡献率

单位：%

省份	出生人口占比	贡献率	省份	出生人口占比	贡献率
广东	11.4	22.2	陕西	2.6	0.8
江西	3.4	9.7	甘肃	2.1	0.6
湖南	4.7	8.6	上海	1.3	0.5
福建	3.1	7.5	青海	0.5	0.4
山东	7.1	7.4	重庆	2.1	0.2
广西	4.2	7.1	云南	4.4	0.2
安徽	4.4	6.3	天津	0.7	0.2
湖北	4.0	6.2	辽宁	1.9	0.1
河南	7.3	5.6	宁夏	0.7	−0.2
贵州	4.0	5.0	黑龙江	1.1	−0.3
四川	5.9	4.9	新疆	1.6	−0.3
江苏	4.8	3.4	内蒙古	1.5	−0.4
浙江	4.1	2.9	西藏	0.4	−0.5
海南	0.9	2.1	吉林	1.0	−0.6
河北	4.9	1.5	山西	2.5	−2.0
北京	1.4	0.8			

数据来源：作者根据“七普”数据计算得到。

注：贡献率的计算方法见蔡菲（2007）。

2.2　分城乡来看，城市出生性别比始终最低，农村最先由升转降，城乡差异先扩大后趋同

由图 2 可知，城市出生性别比始终最低，镇和农村的出生性别比高于城市，城乡差异先扩大而后趋同，2020 年，镇的出生性别比略高于农村和城市，城乡差异为 1.1 个单位，差值很小。值得注意的是，农村相较于城镇更早遏制了出生性别比失衡加剧的趋势，2000—2010 年从 121.7 小幅增加到 122.1，上升趋势几乎停滞，2005 年是其由升转降的拐点，而镇和城市总体呈现上升趋势，增速减缓趋势没有农村明显。这可能与 21 世纪初出生性别比失衡治理工作将农村作为重点地区加强监测取得成效有关。

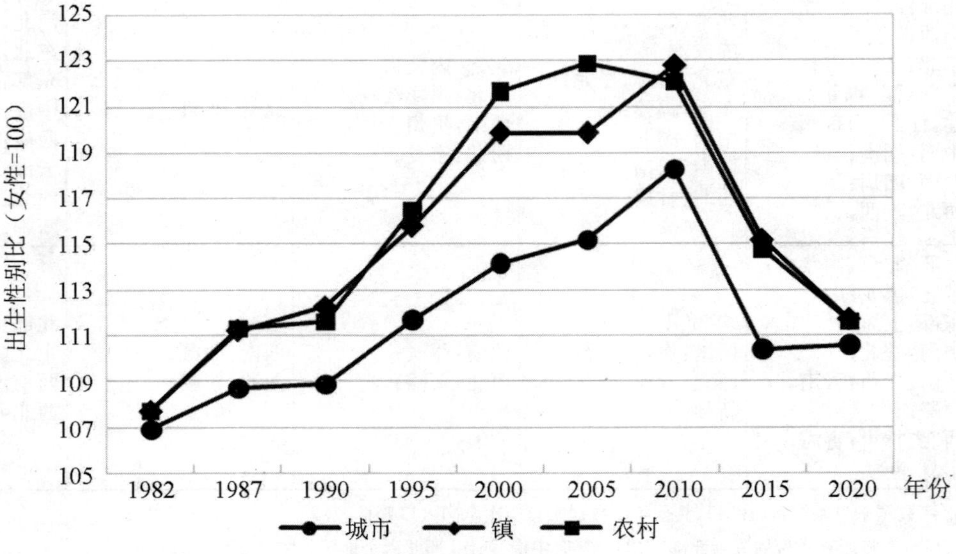

图 2　城乡出生性别比

数据来源：历次全国人口普查和全国 1% 人口抽样调查。

图 3 表明,1990—2020 年农村对全国出生性别比偏高的贡献高于城市和镇,但贡献率不断下降。同时,城镇化水平的提高改变了出生人口的城乡分布,城市和镇的贡献率不断上升,2020 年农村贡献率降到 42.1%,城市和镇分别为 32.0%、25.9%,二者之和超过农村的贡献率。

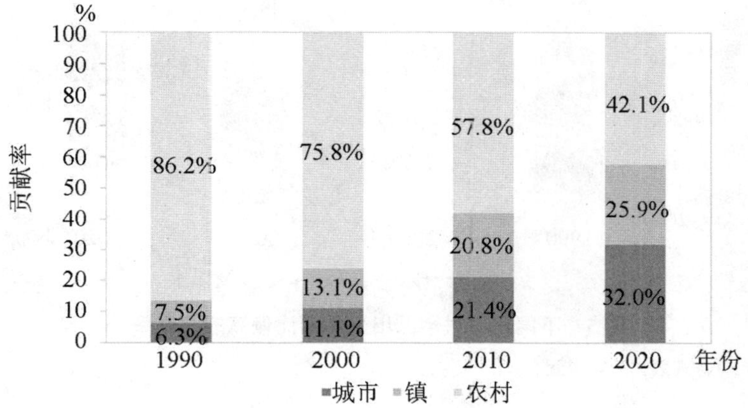

图 3　城乡对全国出生性别比偏高的贡献率

数据来源:作者根据历次人口普查数据计算得到。

3. 出生性别比的孩次差异和变动

3.1　出生性别比从高孩次向低孩次扩散,2020 年二孩出生性别比降到正常水平

不同阶段出生性别比的孩次特征不同。在上升期,一孩出生性别比基本正常,二孩和三孩及以上出生性别比迅速升高至极端偏高水平;第二个阶段(2000—2010 年),出生性别比失衡向一孩扩散,一孩出生性别比逐渐上升到 113.7,二孩和三孩出生性别比失衡仍非常严重,但二孩出生性别比已经开始下降,可能是 21 世纪初重点治理二孩的策略初见成效。第三个阶段(2010—2020 年),二孩和三孩及以上出生性别比大幅下降和一孩出生性别比在偏高水平波动并存,其中二孩出生性别比率先下降到正常范围(见图 4)。

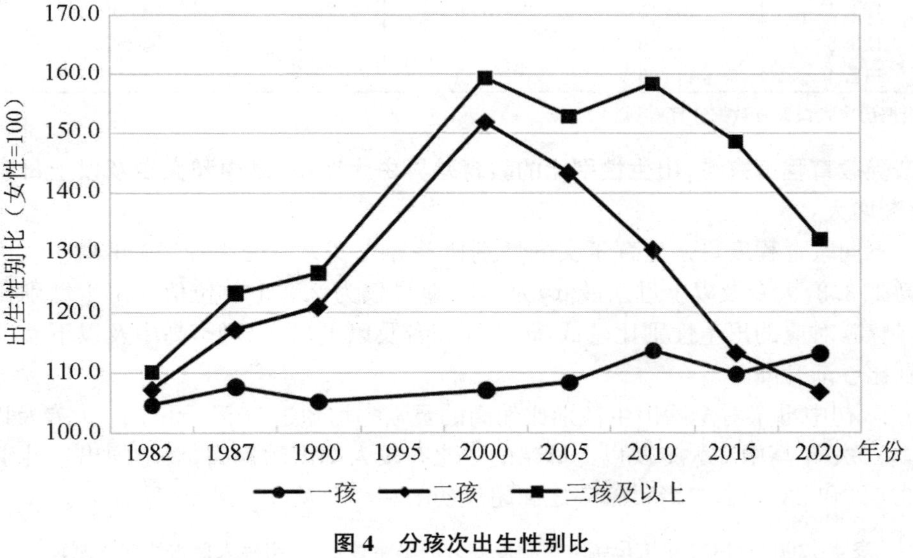

图 4　分孩次出生性别比

数据来源:历次全国人口普查和全国 1% 人口抽样调查。

3.2　对全国出生性别比偏高贡献率最高的孩次从二孩转变为一孩

1990—2010 年,二孩出生性别比和出生人口占比都比较高,二孩对全国出生性别比偏高的贡献率为 49.3%—79.1%,是贡献最大的孩次。2020 年二孩出生性别比降到了正常水平,一孩出生性别比偏高且出生人口占比高,三孩及以上出生人口占比相对较低,但出生性别比偏高严重,全国出生性别偏高主要受到一孩和三孩及以上的影响(见图 5)。

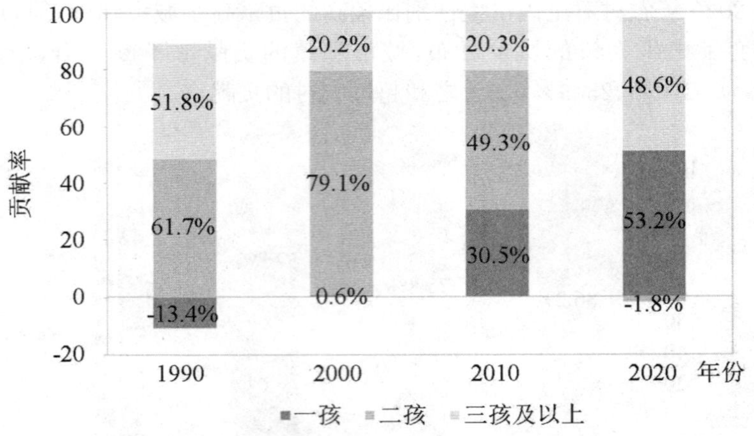

图 5　不同孩次对全国出生性别比偏高的贡献率

数据来源：作者根据历次人口普查数据计算得到。

4. 按母亲人口社会特征划分的出生性别比差异和变动

4.1　分民族来看，汉族出生性别比始终高于少数民族，2020 年二者差异极小

由表 3 可知，汉族出生性别比经历了快速上升、增长趋缓、下降的过程，少数民族出生性别比则呈现缓慢增长、加速上升后继而下降的趋势，二者的差距从 1990 年的 0.8 个单位值上升到 2000 年的 9.2，而后降到 2020 年的 0.8。汉族出生人口的占比在 90%上下浮动，出生性别比也高于少数民族，对全国出生性别比偏高起到主导作用。

表 3　1990—2020 年汉族和少数民族的出生性别比、出生人口占比和贡献率

年份	出生性别比		出生人口占比(%)		贡献率(%)	
	汉族	少数民族	汉族	少数民族	汉族	少数民族
1990	111.7	110.9	90.5	9.5	99.7	0.3
2000	121.1	111.9	87.6	12.4	95.1	4.9
2010	123.8	115.6	89.0	11.0	93.8	6.2
2020	112.4	111.6	89.5	10.5	90.7	9.3

数据来源：作者根据历次人口普查数据计算得到。

4.2　分母亲受教育程度来看，出生性别比的教育差异由大变小，高中和大专及以上母亲对全国出生性别偏高的影响逐渐增大

表 4 反映出，不同教育程度母亲生育子女的性别比差异先变大后变小，2020 年高中学历母亲对应的出生性别比最高，为 113.3，大专及以上母亲最低，为 111，差异仅为 2.3 个单位值。出生性别比的差异模式从母亲受教育程度越高，对应的出生性别比越低，转变为大专及以上母亲最低，高中及以下女性随教育程度提高，对应出生性别比逐渐升高。

2000—2010 年，初中母亲对全国出生性别比偏高的贡献率均超过 50%，而高中、大专及以上母亲的贡献率始终不足 10%，2020 年高中和大专及以上母亲的占比有较大幅度的提高，对全国出生性别比偏高的贡献率分别上升到 23.0%和 28.1%，二者贡献率之和超过初中和小学及以下母亲（见表 4）。

表 4　2000—2020 年按母亲教育程度划分的出生性别比、出生人口占比和贡献率

教育程度	出生性别比			出生人口占比(%)			贡献率(%)		
	2000	2010	2020	2000	2010	2020	2000	2010	2020
小学及以下	121.4	126.5	112.4	34.8	15.4	5.5	38.5	18.6	5.7
初中	121.2	125.0	113.0	49.0	59.9	38.4	53.5	67.3	43.3
高中	114.8	119.0	113.3	11.6	12.7	19.3	7.1	9.8	23.0
大专及以上	109.3	112.4	111.0	4.6	12.0	36.8	0.9	4.3	28.1

数据来源：历次人口普查。

4.3 分母亲生育年龄来看，不同年龄女性的出生性别比水平和模式均发生明显变化，对全国出生性别比偏高影响最大的年龄组在推迟

由图 6 可知，1990、2000 年出生性别比表现出 30—34 岁失衡最严重，其他年龄组失衡程度相对较轻的特征，2010 年转变为较低年龄组失衡程度相对较轻，较高年龄组失衡程度更加严重的模式。2020 年出生性别比的年龄别变化模式与 2010 年相似，但绝对水平均低于 2010 年同年龄组。根据普查数据计算可知，随着婚育年龄推迟，女性生育年龄从主要分布在 20—24 岁和 25—29 岁转变为 25—29 岁和 30—34 岁，对全国出生性别比偏高贡献最大的年龄组从 1990—2010 年的 25—29 岁变为 2020 年的 30—34 岁①。

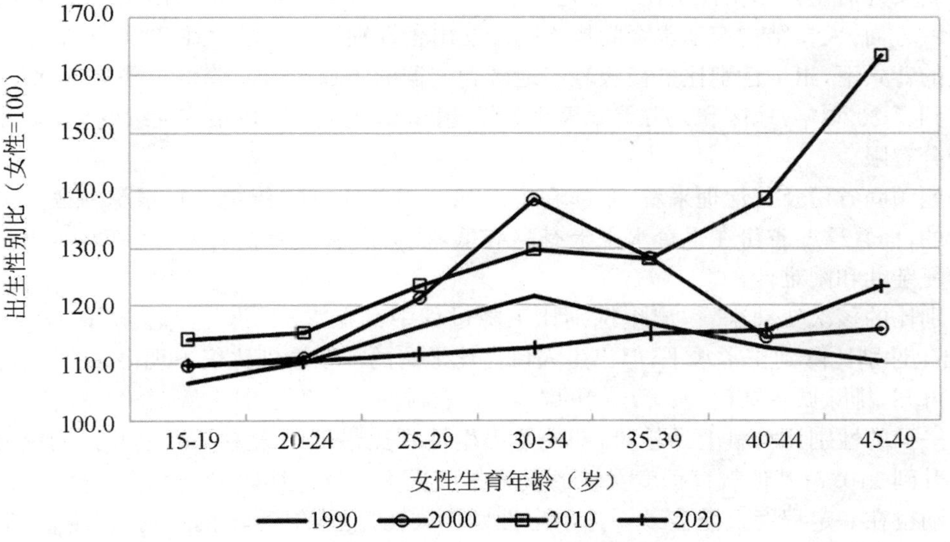

图 6 按母亲生育年龄划分的出生性别比

数据来源：历次全国人口普查。

5. 出生性别比失衡面临的主要问题和对未来的展望

5.1 新时期出生性别比失衡面临的问题

5.1.1 男孩偏好的社会基础尚未完全转变

我国男孩偏好根深蒂固，现阶段与男孩偏好相关的社会制度和规范尚未发生彻底转变，传统文化的惯性不容忽视。即使在当代城市，男女婚后居住方式一定程度上仍受"从夫居"传统制度的影响（王跃生，2020）。在"从夫居"和"养儿防老"的传统下，父母更倾向于与儿子同住，以儿子为核心的养老模式得以延续至今，同时，承担养老责任的儿子在代际同居中很可能更多地继承来自父母的资源（徐琪，2015；陶涛等，2022）。

2020 年，失衡相对严重的省份多为重男轻女思想最严重的地区之一，传统观念难以扭转。自 21 世纪初出生性别比失衡的治理工作将二孩作为重点人群以来，二孩出生性别比最先由升转降和降到失衡较轻水平，2020 年不少省份的二孩出生性别比降到了正常范围，但这些顽固省份的二孩出生性别比仍然偏高②，显示出这些地区男孩偏好的文化刚性相对较强。

5.1.2 出生性别比形势的变化对治理工作提出新的挑战

在治理对象上，未来治理工作需要关注到影响出生性别比失衡的主要人群特征发生变化。随着城镇化水平、女性受教育程度的不断提高，城镇、受教育程度较高的女性对全国出生性别比偏高的影响越来越大，治理面向的重点人群特征与以往农村、较低教育程度人口为主的情况不同。

在治理策略上，2020 年城乡出生性别比差异很小，出生人口的城乡分布更加均衡，同时二孩出身性别比

---

① 限于文章篇幅，普查年份每个年龄组对全国出生性别比偏高的贡献没有在图表中展示。

② 2020 年，海南、福建、江西、广东、广西、湖北、贵州、安徽、湖南、山东的二孩出生性别比分别为 118.5、118.4、113.4、111.7、110.5、110、109.9、108.9、108.5、108.4、108.3、108。

已经降到正常水平，通过重点治理农村、二孩生育实现全国出生性别比下降的治理策略难以适应新形势的变化，需重新评估和调整。

5.2 对未来出生性别比变动的展望

尽管我国出生性别比下降到了尾声阶段，但未来出生性别比进一步下降的难度不可轻视。

结合人口结构变动和出生性别比的结构性来看，一方面，2010—2020 年全国出生性别比大幅下降，这与出生性别比失衡严重、人口占比高的农村地区或教育程度相对较低女性的出生性别比下降幅度大紧密相关。随着城镇化水平和人口教育水平的提高，以往失衡程度较轻、比重较小、下降速度相对较慢的城镇、教育程度相对较高女性对全国出生性别比正常化进程的主导作用越来越强，未来出生性别比下降速度存在减缓的可能。另一方面，人口结构变动也会间接影响全国出生性别比的变动。在 2010 年左右地区和人群出生性别比差异大的背景下，出生性别比失衡较轻的地区和人群的占比上升对降低全国失衡水平能够起到一定的积极作用。到了 2020 年，地区和人群差异缩小甚至趋同，即使未来人口结构继续变化，其对缓解全国失衡水平的作用十分有限。

从失衡问题顽固省份及其治理来看，东部和中南地区男孩偏好的传统文化根深蒂固，失衡严重省份的治理是有难度的，而且这些省份在生育水平上有高有低，社会发展上有快有慢，经济水平上贫富有异，加剧了地方治理的复杂性和困难性，

从出生性别比的孩次变动来看，出生性别比下降过程中存在“按下葫芦浮起瓢”的风险。尽管 2010—2020 年二孩出生性别比降到正常水平，但出生人口占比最高的一孩性别比仅出现微小的下降。从“六普”和“七普”数据中可知，排除城乡结构、教育结构的影响后，农村一孩出生性别比从 113.6 增长至 114.1，各教育程度女性生育一孩的性别比均呈上升趋势，即使是出生性别比最低的大专及以上女性，其一孩出生性别比也从 110.0 上升到 110.7，其他教育程度女性的上升幅度更大。这表明，城镇化、女性受教育程度提高带来的人口结构变动也在一定程度上掩盖了一孩出生性别比失衡问题的紧迫性。一孩出生性别比失衡问题不容乐观。

6. 结论与讨论

近四十年来，中国出生性别比经历了持续上升(1982—2000)、平台期(2000—2010)、稳定下降(2010—2020)三个阶段，随着出生性别比综合治理工作的推进，在社会整体层面已经实现出生性别比的全面下降，2020 年出生性别比降到 111.3，正常化进程逐渐进入尾声。具体分析出生性别比的结构性变动和差异，得到如下结论：

从各地区和人群出生性别比的变动来看，子群体的出生性别比基本呈现先上升后下降的趋势，但在绝对水平、由升转降的时间、变动速度上各有特点。一方面，出生性别比失衡严重的地区和人群，2010—2020 年出生性别比下降幅度往往也比较大，其中不乏人口比重高的地区和人群，对全国出生性别比的大幅下降起到重要推动作用，如分省维度下的广东、安徽等人口大省出生性别比下降幅度很大，孩次维度下出生人口占比较高且失衡严重的二孩正常化进度快于其他孩次。另一方面，农村相较于城市和镇最先遏制出生性别比失衡态势，二孩先于其他孩次由升转降和实现正常化，一定程度上反映出治理工作的有效性，但同时，尽管全国治理投入巨大，东部和中南地区的出生性别比正常化进程相对滞后，形势仍然严峻，也表明治理任务的艰巨性和治理可能存在一些局限。

从出生性别比的结构性差异来看，不同地区和人群的结构性差异先扩大后缩小，2020 年城乡、民族、母亲受教育程度等维度下的结构性差异甚至趋同，而地区和孩次差异仍然明显，表明地区亚文化和生育孩次对出生性别比偏高仍有较大影响，人口的城乡、民族、教育等属性对出生性别比偏高程度的作用减弱。因此，未来城镇化水平、人口教育水平提高带来的积极作用是有限的，治理重点需要放在改变社会男孩偏好相关的规范上。

当前，我国出生性别比失衡仍面临男孩偏好的传统文化观念及与此相关的社会经济基础尚未彻底转变的问题，尤其在局部地区，男孩偏好根深蒂固、难以拔除。同时，出生性别比最新态势的变化也对既有的集中重点治理特定地区和人群的策略形成挑战。尽管出生性别比相较于峰值时期失衡程度大大减轻，但局部地区失衡形势仍然严峻，分孩次出生性别比可能存在此消彼长的风险，未来出生性别比下降的难度不容忽

视，我们仍需重视出生性别比失衡的治理工作。

未来出生性别比的治理还需继续投入更多关注和努力。首先，需要继续重视和加强出生性别比治理，在全国范围内营造良好的促进性别平等的社会环境。政府应继续贯彻落实严打“两非”，这是短期内促使出生性别比进一步下降的关键因素。长期来看，应根据新形势调整并坚持促进社会性别主流化、塑造男女平等的社会文化观念仍旧不可或缺。其次，重男轻女观念在短期内难以扭转，这要求中国未来要继续将出生性别比的治理工作作为一项长期战略行动，做到标本兼治。最后，出生性别比失衡的治理需要及时更新对最新形势的认识，因势利导，还需根据地方出生性别比的变动情况、自身经济发展特征以及社会文化背景，探索多元化地方特色治理模式。

华中科技大学社会学院　果臻　董琳　郑智文　庞翔云
西安交通大学人口与发展研究所　李树茁

我国大城市年轻人口的婚姻推迟趋势及其影响研究

——以上海为例

一、引言

人们对于婚姻的看法、观念和行为，不仅与个体生命历程中的重要事件，比如求学就业、生育安排、家庭生活等息息相关，也关系到一个国家或地区的生育水平、婚姻家庭模式等，因此常常成为社会各界关注的热点话题。改革开放以来，随着我国经济社会的转型和发展，特别是教育水平的提高和快速城市化，人们的婚姻观念和婚姻行为也随之发生着改变，出现了一系列不同于以往的新趋势和新特征，其中比较突出的一个就是缔结婚姻的不断推迟。此外，初婚年龄的不断推迟也是第二次人口转变过程中的核心变动趋势。尽管各国尤其是东西方的第二次人口转变之路存在差异，但婚姻推迟几乎是全球范围内普遍观察到的现象。

同时，推迟结婚是否会导致终身不婚率的提高，也是非常值得探讨的。谭琳等对东亚和东南亚国家的"大龄"女性未婚比例普遍上升趋势的分析认为，其直接后果将导致女性永久单身率的上升，进而导致"普婚"的婚姻模式和观念发生改变。封婷通过构建参数模型拟合中国女性初婚年龄模式发现，初婚年龄推迟带来女性终身未婚比例升高，城市不婚更严重，且出生较晚的队列趋势变动加快，或将打破中国女性"普婚"的传统。翟振武和刘雯莉的分析发现，我国人口中 35 岁之后还处于未婚状态的比例始终处于较低水平（不超过 5%）且变动幅度非常小，终身不婚者的比例是极低的（50 岁以上未婚者占比低于 2%）且多年间几乎未变，因此，结婚推迟并不意味着终身不婚，我国仍是"普婚"的社会，且与日韩相比我国"普婚"的特征更为明显。

笔者认为，对于 45 岁或者 50 岁以上已经完成婚姻事件的人群而言，其初婚行为大多数发生在过去 20 余年间，因而这批人的终身婚姻状态反映的是过去 20 年间人们的婚姻状况，或许并不能代表当下和未来处于适婚年龄的年轻人口的终身婚姻行为的变化趋势。因此，结婚推迟现象的日益广泛，是否意味着结婚越来越少、终身不婚越来越多，仍需要进一步的探索。而如果等到当前年轻队列渡过婚龄期再来关注他们的婚姻推迟或者终身不婚行为，可能就会缺乏前瞻性，我们的认识将会滞后于形势的发展。有鉴于此，本文将重点关注当前年轻队列的婚姻推迟趋势，尝试对其未来的终身婚姻行为进行预判，并探讨对生育水平和家庭模式的影响，以为完善生育和家庭政策提供决策参考。人口普查数据无疑是全面、客观分析该现象的不二选择。

此外，即使是认为"大龄未婚"只是生命历程中一个短暂的状态，并不会动摇我国普遍结婚的婚姻范式的学者，也不否认在大城市、高层次学历的人群中，不在婚人口占比可能会高一些。上海是我国最大的城市，无论是社会经济发展还是人口转变、价值观念转变，上海都对全国起到先导作用。考察上海年轻队列的结婚推迟趋势，无疑可以反映我国城市地区尤其是大城市结婚推迟的变化趋势，对判断全国未来趋势也具有重要启示。

基于此，本文首先基于 2000 年第五次全国人口普查（以下简称"五普"）、2010 年第六次全国人口普查（以下简称"六普"）和 2020 年第七次全国人口普查（以下简称"七普"）数据，探析新世纪以来的 20 年间，上海年轻人口婚姻推迟变化趋势及其规律性特征，并以全国城市地区和全国范围的一般水平作为参照进行比较分析；其后，剖析导致年轻世代结婚不断推迟的多重因素，并将视野延伸至东亚几个主要国家和地区，基于其相应年份的人口普查数据分析婚姻推迟的趋势，进而探讨上海年轻人口婚姻推迟的未来变化趋势及其对终身不婚和生育水平可能产生的影响。

二、上海年轻人口婚姻推迟趋势分析

1. 年轻人口呈现出明显的婚姻推迟趋势，且第二个 10 年比第一个 10 年更为凸出

分年龄(组)的人口中未婚人口的占比，即为年龄别未婚率，该指标可以剔除年龄结构的影响，便于进行纵向和横向比较。同一年龄(组)在不同时间点上以及不同出生队列在同一时间点上的未婚率的比较，均可以用于反映和测度人们进入婚姻的推迟趋势。

图 1 和图 2 展示的是"五普""六普"和"七普"时，上海男性和女性 15 岁及以上常住婚龄人口年龄别未婚率曲线。尽管几条曲线的大致走势类似：20—40 岁之间呈明显的单调递减走势；其中，20—30 岁之间曲线的斜率最为陡峭，即 20—30 岁是大部分人迈入婚姻的年龄；30—40 岁间曲线斜率变缓，这个年龄段人们还在陆续进入婚龄；40 岁以后曲线基本保持水平，即 40 岁以后绝大多数人已经进入婚姻；但我们仍旧可以从男性和女性各自的三条曲线的逐步向后推移中看出，20 年间上海 20—40 岁年轻人口明显的婚姻推迟趋势，且三条曲线之间的距离也直观地反映出，最近 10 年间推迟的趋势比上一个 10 年更为明显。具体来看，"五普"时的 25 岁人口中有 40.07%处于未婚状态，"六普"时升高至 53.05%，而到了 2020 年"七普"时，尚未结婚的高达 76.63%，即只有 1/4 的年轻人会在 25 岁前结婚。"五普"时的 30 岁人口中仅有 10.35%处于未婚状态，35 岁人口中仅有 4.69%的人尚未结婚，而到了"七普"时，30 岁人口中仍有高达 32.06%的人尚未结婚，即使是 35 岁人口中也仍有 13.90%的人尚未进入婚姻(见表 1)。

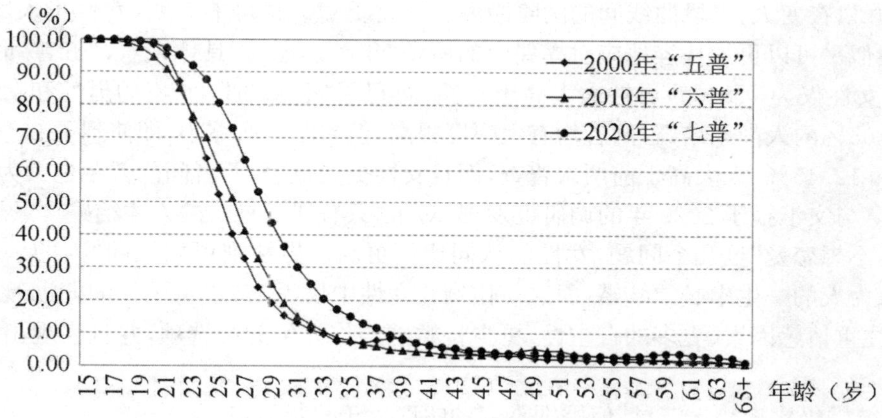

图 1　三次普查上海常住婚龄人口分年龄未婚率(男性)

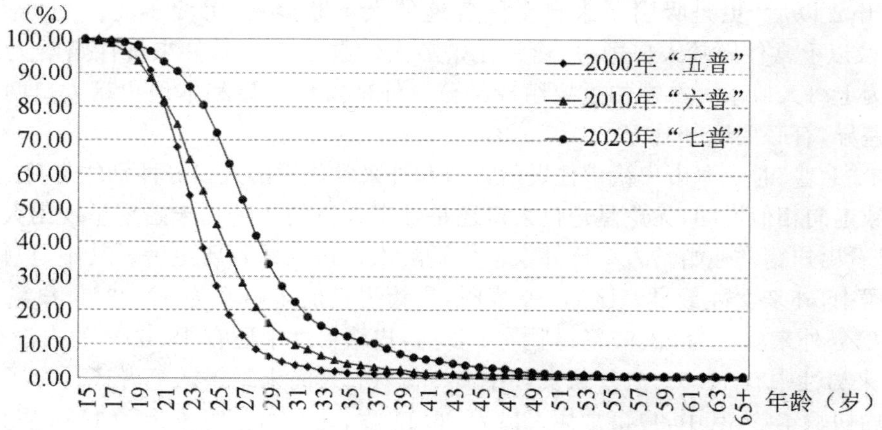

图 2　三次普查上海常住婚龄人口分年龄未婚率(女性)

表1　三次普查时几个节点年龄对应的上海常住人口年龄别未婚率

单位：%

年龄	2000年“五普”			2010年“六普”			2020年“七普”		
	合计	男性	女性	合计	男性	女性	合计	男性	女性
20岁	94.57	98.38	90.80	91.42	94.49	88.34	97.72	98.80	96.44
25岁	40.07	52.53	27.22	53.05	60.62	45.33	76.63	80.65	72.18
30岁	10.35	15.39	4.81	15.88	19.20	12.40	32.06	36.35	27.05
35岁	4.69	7.42	1.51	6.16	7.91	4.24	13.90	15.21	12.45
40岁	4.16	7.04	1.02	3.20	4.48	1.79	6.68	7.08	6.23
45岁	2.22	3.47	0.90	2.31	3.55	0.91	4.19	4.91	3.40
49岁	1.87	2.56	1.10	3.25	5.48	0.83	2.75	3.58	1.82

2. 女性结婚总体上仍早于男性，但婚姻推迟的程度大于男性

对比图1和图2中年龄别未婚率曲线在水平方向上的前后位置，可以直观地反映出女性相对于男性结婚更早些，但是图1中男性的三条曲线之间相隔的距离明显比图2中女性的窄。也就是说，新世纪的前20年间，尽管上海女性结婚总体上还是早于男性的，但女性推迟进入婚姻的程度要比男性更为明显。而且，从水平方向看，女性的三条年龄别未婚率曲线从陡峭到平缓转变的年龄逐步推后；从垂直方向看，女性的三条曲线转弯时对应的年龄别未婚率逐步升高。这就使得女性的年龄别未婚率从30%往5%走的那一段，三个曲线的转弯角度开口在变大，三段曲线间的间隔距离也显得更宽。这可能表明，女性步入婚姻的节奏变缓、年龄段拉长，女性似乎可以更加从容地应对择偶中的所谓“年龄焦虑”。具体来看，“五普”时30岁男性的未婚率为15.39%，女性仅为4.81%，男性大大高于女性；而到了“七普”时，30岁的男性和女性中分别还有高达36.35%和27.05%的人尚未结婚，两者均有大幅度提高，但差距有所缩小，即使到了35岁，两性的未婚率仍达到15.21%和12.45%，大大高于前两次普查，而且女性更为显著，两者间的差距也大为缩小（见表1）。

复旦大学团队与文汇报于2020年的调研也发现：对于“只有遇到喜欢的人才结婚”“只想谈恋爱，不想结婚”“一个人很好，不想恋爱”这几个问题，女性的认同比例更高。男性则更加认同“人的一生中必须结婚”，40.61%的男性认为人的一生中必须结婚，而这一比例在女性中仅为15.35%①。可以说，现代女性在择偶过程中表现出更加注重情感因素、更多的自主性，更少将婚姻当作人生的必选项，并且表现出比男性更加低迷的婚恋意愿。

3. 外来人口结婚仍比户籍人口早，但婚姻推迟的幅度大于户籍人口

人口流动是现阶段我国快速城市化过程中的突出特征。上海历来是一座移民城市，尤其是在20世纪90年代浦东开发开放以后，更是吸引了来自全国各地的人不断聚集、沉淀于此。“七普”数据显示，全市2243.46万15岁及以上常住婚龄人口中，户籍常住婚龄人口占57.10%，外来常住婚龄人口占42.90%，外来常住人口已成为上海人口不可忽视的重要组成部分。外来常住人口和本地户籍人口两大群体的社会经济特征存在明显差异，有必要区分研究。

图3展示的是“七普”时上海市户籍常住婚龄人口和外来常住婚龄人口分性别的年龄别未婚率曲线。图中4条曲线的大致走向相似说明，无论是户籍人口还是外来人口的年龄别未婚率呈现出大体一致的变化趋势，但也可以明显看出户籍常住婚龄人口比外来常住婚龄人口进入婚姻要更晚。其中，户籍男性最晚，户籍女性和外来男性居中，外来女性最早。比如，30岁时，户籍男性的未婚率为42.03%，户籍女性为34.09%，外来男性为33.16%，外来女性为23.97%；到了35岁时，户籍男性中还有18.59%的人没有结婚，户籍女性中有12.68%、外来男性中有15.65%、外来女性中有9.5%的人尚未结婚。笔者还计算了“六普”和“七普”时两个群体的平均初婚年龄，其中，户籍常住人口为26.11岁，比“六普”时推迟了1.26岁，外来常住人口为24.42岁，推迟了1.52岁，也进一步证实外来常住人口结婚仍然早于户籍常住人口，但其也表现出推迟结婚的趋势，而且最近10年间推迟的幅度大于户籍常住人口，其推迟结婚的行为有向户籍常住人口靠拢的趋势。

---

① 2022年6月13日查询于复旦大学社会发展与公共政策学院网站https://ssdpp.fudan.edu.cn/dc/d4/c20785a253140/page.htm.

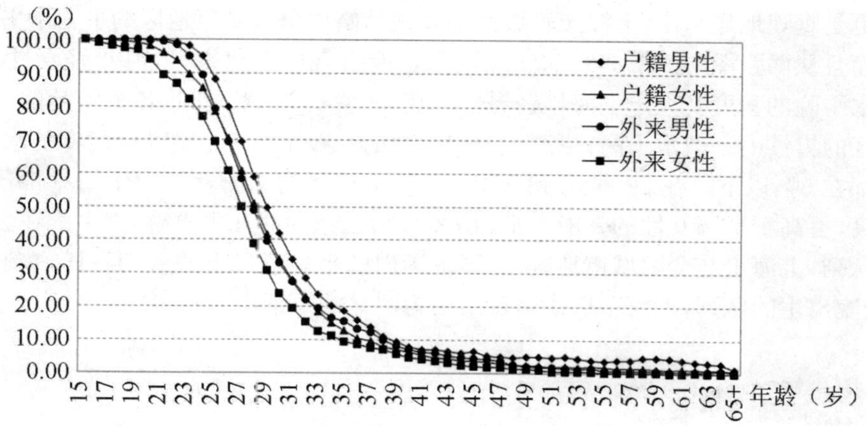

图 3 “七普”时上海分性别、户籍性质的常住人口年龄别未婚率

4. 全国范围均呈现出婚姻推迟趋势，上海年轻人口结婚更晚于全国和全国城市地区的一般水平

从表 2 可以看出，无论是上海市、全国城市地区还是全国范围内，同一年龄组在不同年代的未婚人口占比都呈现出上升趋势，尤其是 20—39 岁年轻队列的上升趋势更为明显，反映了过去 20 年间我国人口尤其是年轻人口中普遍的婚姻推迟趋势。比如，上海的 30—34 岁男性中“五普”时未婚人口仅占 11.65%，“六普”时上升至 13.41%，“七普”时大幅度提升至 26.11%；全国城市地区的 30—34 岁男性中“六普”时未婚人口仅占 13.34%，“七普”时提高至 21.87%；全国范围来看，30—34 岁男性中“五普”时未婚人口仅占 7.45%，以后两次普查依次提升至 12.62%和 20.55%，也是后一个 10 年提升更为明显。30—34 岁女性中未婚人口占比也提升得非常明显，上海女性从 3.35%提升至 19.44%，而全国范围内也从 1.35%大幅提升至 9.33%。

表 2 三次普查上海和全国、全国城市地区分年龄组的未婚率

单位：%

性别	年龄组（岁）	上海			全国城市地区[①]		全国		
		2000 年	2010 年	2020 年	2010 年	2020 年	2000 年	2010 年	2020 年
男性	15—19	99.86	98.86	99.71	99.72	99.85	99.72	99.40	99.71
	20—24	84.08	83.01	93.57	89.83	94.00	78.65	82.44	91.14
	25—29	33.02	41.59	61.98	44.78	57.53	24.68	36.29	52.93
	30—34	11.65	13.41	26.11	13.34	21.87	7.45	12.62	20.55
	35—39	7.98	6.09	11.49	5.35	9.44	4.12	6.44	9.36
	40—44	5.60	3.96	5.96	2.93	5.08	3.82	4.15	5.74
	45—49	3.15	4.29	4.05	1.97	3.61	3.96	3.12	4.44
	50—54	2.07	4.03	3.35	1.57	2.57	4.05	3.21	3.42
	55—59	1.69	2.48	3.43	1.27	1.87	4.25	3.43	2.77
	60—64	1.36	1.73	3.22	1.12	1.40	4.03	3.54	2.98
	65+	0.90	0.95	1.35	0.96	1.08	2.75	3.11	3.14
女性	15—19	99.26	96.86	99.13	99.04	99.46	98.75	97.89	98.88
	20—24	66.82	72.54	88.31	80.08	87.19	57.46	67.55	80.38
	25—29	14.39	28.98	52.15	29.13	40.64	8.67	21.62	33.19
	30—34	3.35	8.73	19.44	7.35	12.26	1.35	5.35	9.33
	35—39	1.36	3.28	9.96	2.72	5.72	0.51	1.76	4.12
	40—44	0.91	1.41	5.05	1.33	3.10	0.29	0.75	2.13
	45—49	0.92	0.88	2.59	0.82	2.03	0.21	0.44	1.26
	50—54	1.05	0.71	1.27	0.57	1.19	0.19	0.30	0.69
	55—59	0.52	0.79	0.76	0.46	0.78	0.15	0.25	0.46
	60—64	0.36	0.85	0.64	0.37	0.57	0.15	0.24	0.35
	65+	0.50	0.41	0.64	0.36	0.41	0.23	0.42	0.30

① “五普”汇总数据中，没有区分全国城市地区的婚姻统计数据。

图 4 和图 5 更是直观地显示出，上海年轻男性和女性结婚比全国城市地区的平均水平要晚，更加晚于全国的一般水平。而且从两张图中三条曲线的间隔距离也能直观地看出来，上海年轻女性比全国城市地区、全国女性的一般水平晚的程度要大于上海年轻男性。在 23 岁到 40 岁之间，各个年龄的上海男性的未婚率都比全国城市地区的男性的一般水平高，更高于全国男性的一般水平，40 岁以后三者的水平趋于一致，大多数年龄的未婚率都在 5%以下。在 22 岁到 48 岁之间，各个年龄的上海女性的未婚率都比全国城市地区的女性的一般水平高，更高于全国女性的一般水平，48 岁以后三条曲线几乎重叠，大多都在 2%以下。这说明，对于较早出生的队列，上海市与全国城市地区、全国范围内的平均意义上的人们一样，普遍婚姻是主流的婚姻范式，但对于较晚出生的队列，上海市居民呈现出更为明显的婚姻推迟趋势。

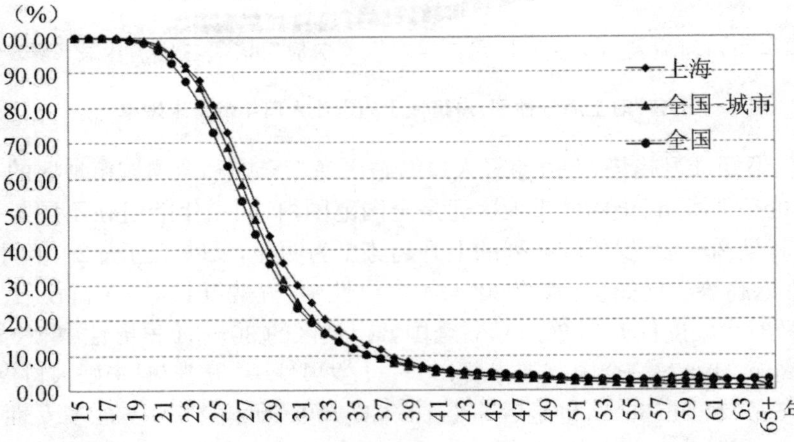

图 4 “七普”时全国、全国城市地区、上海婚龄人口分年龄未婚率(男性)

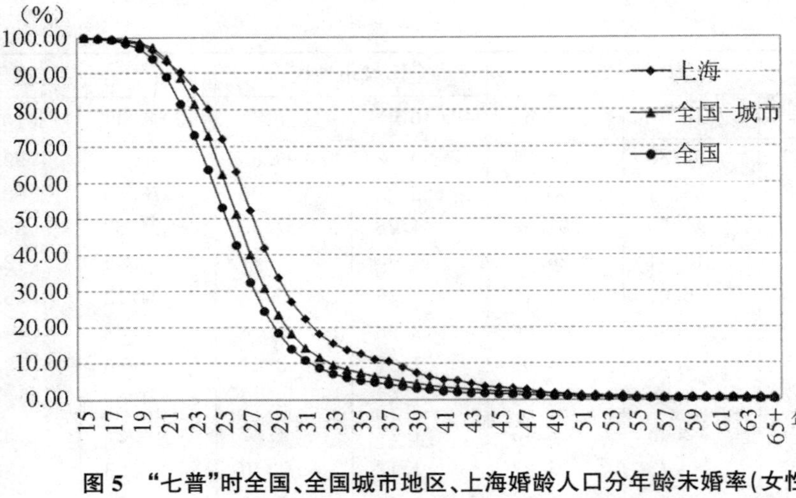

图 5 “七普”时全国、全国城市地区、上海婚龄人口分年龄未婚率(女性)

三、婚姻推迟的成因、影响及未来走势探讨

1. 年轻队列推迟结婚是社会、经济、文化、观念等多重因素综合作用的结果

上海年轻队列晚婚且不断推迟结婚是在急速变化的社会背景下，经济社会发展、快速城市化进程、人口受教育水平提高、婚姻家庭观念转变等多重因素的影响在年轻人婚姻行为上的反映。受教育程度的提高、受教育年限的延长，不仅客观上推迟了人们的结婚行为，也对人们的婚恋观念产生着重大的影响。上海市 6 岁及以上常住人口的平均受教育年限从“五普”时的 9.3 年提高至“六普”时的 10.5 年，至“七普”时达到 11.5 年。大专及以上文化程度者占比，从“五普”时的 11.4%提高至“六普”时的 22.8%，再升至“七普”时的 35.4%。“七普”时本科学历占 18%，硕士研究生及以上占 4.5%。更高的受教育水平意味着青年人更倾向于自己的人力资本积累和投资，更注重自身的事业发展，而恋爱往往需要花费大量的时间和精力，会耽误自己的学习和工作，在人生的追求中事业发展甚至已经优先于恋爱和婚姻。

在上海这样的大城市生活的经济成本也越来越高，结婚本身就需要高昂的经济成本，尤其是不断攀升的房价。年轻人往往一时无法具备相应的经济条件。婚后赡养老人、抚养孩子、供着房子等生活压力更大，这也是令许多年轻人推迟结婚或是对婚姻望而却步的现实障碍。换言之，婚姻已被视为一种奢侈品，只有在人们达到一定的经济水平之后才能获得。人们似乎是将婚姻"准备就绪"与收入适中、事业发展前景好以及规则稳定等联系在一起。

前文的分析还发现，女性表现出明显地甚至比男性更为大幅度的推迟结婚的趋势。这是女性受教育程度提高、自主意识增强、婚恋观念转变等多方面因素综合作用的结果。女性自主意识的增强可以说是一种不可抗拒的、加剧单身趋向的因素。女性主动选择被"剩"下来，这不仅与女性的学历和经济收入水平不断提高有关，也有女性地位的提升及其对婚姻的认可度下降的原因。

此外，社会的进步和经济的发展也带来了婚姻和家庭功能的变化。人们不再将生育作为结婚的首要目的，更看重婚姻的情感效用，夫妻双方间的平等性增强，个体的需求更加被重视，更期待建立双方平等、独立、自由的新型关系。这一方面使得人们对伴侣各方面的要求不断提高，婚姻匹配难度上升，更加难以进入婚姻状态；另一方面，也使得已经结婚的夫妻双方对婚姻质量的要求更高，难以满足双方需求的婚姻更易解体，又会使得年轻人惧怕进入婚姻。正如复旦大学和文汇报的婚恋调查所发现的，年轻人群的婚恋观念与年长人群相比发生了明显的变化，比如，在"人的一生中必须结婚"这个问题上，相较较早出生的队列，年轻人群表现出较低的认同，而认同"只有遇到喜欢的人才结婚"的比例更高。

2. 年轻队列的婚姻推迟趋势未来还会继续发展

过去 20 年间，与上海同处中华文化圈的几个典型的东亚国家和地区——日本、韩国、新加坡和我国香港地区，无论是男性还是女性，均表现出明显的婚姻推迟趋势。以 30—34 岁女性的未婚率为例，日本从 2000 年的 26.58%提高至 2020 年的 35.25%，韩国从 2000 年的 10.75%提高至 2015 年的 37.53%，新加坡从 2000 年的 19.50%提高至 2020 年的 32.80%，香港地区从 2001 年的 31.20%提高至 2021 年的 43.08%。同样地，30—34 岁男性的未婚率，日本从 2000 年的 42.91%提高至 2020 年的 47.35%，韩国从 2000 年的 28.07%提高至 2015 年的 55.83%，新加坡从 2000 年的 30.70%提高至 2020 年的 41.90%，香港地区从 2001 年的 44.10%提高至 2021 年的 57.65%。尽管目前来看，上海年轻人口结婚推迟态势还没有上述这几个国家和地区凸出，但不能不说这几个国家和地区的情况也许预示了上海未来很大可能将会面临的趋势。加之年轻队列婚姻家庭观念、成长的社会经济发展环境与年长队列已发生显著的改变，我们有理由预判，未来上海年轻人口婚姻推迟的趋势还将继续发展，将会更为凸出。

3. 年轻队列的婚姻推迟趋势可能会推高其终身不婚水平

婚姻推迟是否会带来终身未婚率的上升，也是学界的研究重点。人口学上一般将 50 岁时仍未结婚视为终身不婚。终身不婚统计数据理论上需要追踪一批人一生才可以得到，在现实的统计中往往难以获得严格的纵向追踪数据。我们可以根据"七普"数据来回推已渡过婚龄期的队列的终身不婚水平及其变动状况。从前文的图 1、图 2 和表 1 来看，上海 1970 年以前的出生队列的终身不婚水平是很低的，尽管如此，还是能够看出已渡过结婚年龄的队列中越晚出生的队列终身未婚率越高：1955 年及以前出生的男性队列和女性队列的终身未婚率分别仅为 1.35%和 0.64%，而 1966—1970 年出生的队列已分别增至 3.35%和 1.27%。现实中，一般 40 岁以后发生初婚行为的概率已经较低，我们也可以借由 2020 年 40—44 岁组和 45—49 岁组的未婚率来回推"70 后"们的终身不婚率，可以发现比"50 后""60 后"们又有明显提高，1976—1980 年出生的男性和女性队列未婚率分别达到了 5.95%和 5.05%。图 6 还展示了分户籍性质的 1980 年以前出生的队列的终身不婚率，其中户籍男性的终身不婚率最高，外来常住女性的终身不婚率最低。从队列的角度来看，无论是户籍男性、户籍女性还是外来常住男性、外来常住女性，各个人群均是越晚出生的队列，终身不婚率越高。

在日本、韩国、新加坡和我国香港地区结婚不断推迟的同时，终身不婚率（50 岁及以上人口的未婚率）也在不断提高，其中，日本、新加坡和我国香港地区的终身不婚率相较更高，韩国虽然目前仍低于其他三个国家或地区，但过去 20 年间提升的幅度也非常明显：日本男性从 2000 年的 4.93%提高至 2020 年的 12.48%，女性从 3.98%提高至 7.17%；新加坡男性和女性分别从 5.72%上升至 9.61%、6.17%上升至 10.84%；香港男性和女性分别从 5.20%上升至 8.39%、3.50%上升至 9.80%；韩国 50—54 岁男性中 2000 年时有 1.27%的人未婚，2015 年时提高至 7.93%，女性也从 1.06%上升至 3.72%。相较来看，上海目前的终身不婚率尚处于较低水平。但是,综合已渡过结婚年龄的队列中越晚出生的队列终身未婚率越高,年轻队列不断推迟结婚的趋势和愈发低迷的结婚意愿,以及东亚相邻几个国家和地区的终身不婚水平及其不断提高的态势,我们可以预判,即便当前上海已渡过婚龄期的队列的终身不婚水平还相对较低,但是年轻世代可能不止会结婚越来越晚,甚至未来还会越来越少,其终身不婚率将会继续提高,终身不婚的人群可能会越来越大。

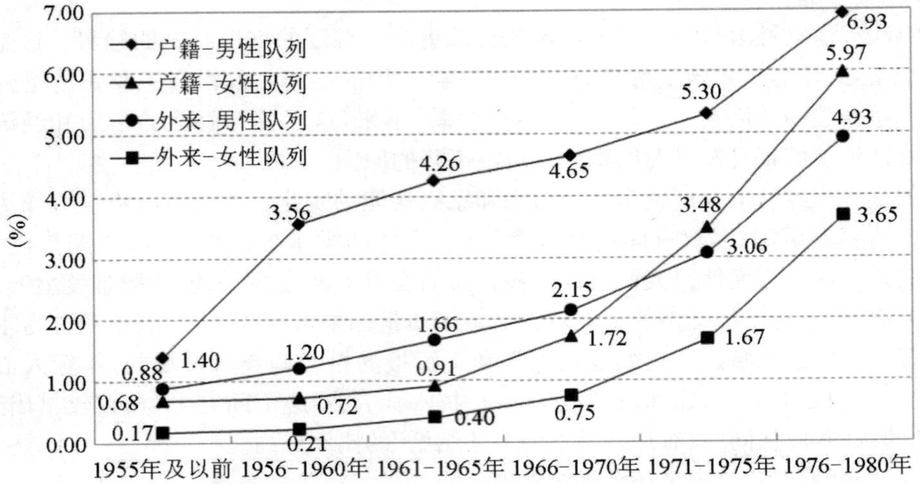

图 6　分性别、分户籍的不同出生队列的终身未婚率

4. 年轻队列推迟结婚甚至不婚是抑制生育的一个重要因素,往未来看影响更甚

当前,在婚内生育仍为主流的中国社会背景下,晚婚即会导致晚育,结婚的不断推迟也会导致初次生育时间的不断延后。2000 年以来,上海市户籍人口平均初育年龄持续上升,2000 年为 26.11 岁,2005 年达到 27.42 岁,2015 年突破 29 岁,2018 年继续突破 30 岁,此后几年都在 30 岁以上,即 20 年里提高了 4 岁。初育时间不断推迟无疑还将会缩小再次生育行为的选择空间,降低再生育行为发生的概率。同时,不断推迟结婚也会使得一定时期内生育适龄期人口的未婚率上升、在婚率下降,而且从生命历程来看错过最佳生育年龄段甚至走向终身不婚、终身不育的可能性也会提高。这将直接导致一孩生育率的下降,如果第一个孩子还未生,更枉谈生育第二个或者第三个孩子了。因此,年轻人结婚越来越晚甚至是越来越少,是上海低至极限的生育水平的一个重要因素。未来,即便上海的婚内生育率能够有所提升,但若不能抵消由于年轻人结婚越来越晚、越来越少所带来的越来越强的抑制作用,其结果还将会是持续低迷的极低生育水平。

四、结论与讨论

本文以中国最大的城市上海为例,基于第五、六、七次全国人口普查数据,着重讨论年轻队列的结婚推迟趋势,并对其终身婚姻行为的变化进行前瞻性研究,同时探讨了结婚越来越迟甚至越来越少对生育水平的影响。

近 20 年来,以上海为典型代表的特大城市中,20—40 岁年轻人口的婚姻行为表现出明显的婚姻推迟趋势。事实上,不止上海这样的大城市,即便是从平均意义上的全国范围或者全国城市地区来看,婚姻推迟既是客观存在的现象也表现出明显的趋势,只是相较而言上海居民结婚更晚,推迟趋势更明显。这是在急速变化的社会环境下社会的、经济的、文化的、观念的多种因素综合作用的结果。

从性别视角来看,由于女性受教育程度的大幅提高、自主意识的增强、婚恋观念的转变等因素的影响,尽管当前来看女性结婚总体上仍早于男性,但从过去 20 年的趋势来看,女性推迟结婚的程度大于男性。从社会分层视角来看,在沪外来常住人口结婚总体上仍早于本地户籍人口,但是其推迟结婚的程度大于户籍人口,这反映出外来人口流入上海之后,婚姻行为有向本地人靠拢的趋势。

就目前已经渡过婚龄的出生队列而言,与日本、韩国、新加坡和我国香港地区等相比,上海居民的终身未婚水平总体上还是偏低的,且也未见比全国、全国城市地区的一般水平明显偏高。但更为值得注意的是,其中越晚出生的人群,终身未婚的水平越高。结合当前年轻队列推迟结婚的趋势凸出、结婚意愿低迷等调研发现，参照上述几个东亚国家和地区的趋势，我们认为未来上海年轻人群推迟结婚的趋势仍将持续，终身不婚水平还会提高，甚至有可能动摇中国社会“普婚普育”的婚姻范式。越来越多的年轻人表现出结婚意愿低、结婚越来越晚甚至不结婚，会对生育产生愈来愈强的抑制作用，将成为增大低生育率风险的重要因素。应当在尊重和理解青年人的选择的基础上，着力帮助青年人兼顾事业和家庭、工作和育儿，倡导适龄婚育。

上海大学人口研究所暨亚洲人口研究中心　陈蓉

把握生育模式变化特征 优化生育支持政策体系[①]

——基于湖南省第七次全国人口普查的分析发现

人口问题是关系地区发展的全局性、长期性、战略性问题，生育、死亡和迁移流动是影响现代社会人口变动的核心要素。在第二次人口转变过程中，生育水平下降成为经济社会发展的伴生现象，越来越多的国家和地区开始重视低生育水平的发生机制，并陆续出台一系列旨在提高生育水平的支持政策。本研究以第七次全国人口普查数据为主，辅以多个专题调查和个案访谈，采用纵向与横向相结合的分析方法，对湖南省妇女生育模式进行系统梳理和总结，对不同时期的妇女生育模式进行分析比较，最终对完善湖南省妇女生育支持政策体系提出了相关对策建议。

一、湖南省妇女生育模式转变的主要特征

伴随单独两孩、全面两孩、三孩政策的相继实施，影响生育的社会环境、政策环境发生了深刻的变化，育龄妇女规模结构和生育行为也呈现出新特点。第一，育龄妇女规模城乡呈现“规模双重缩减、结构逐渐老化”的趋势。近十年育龄妇女数量减少 23%，占全国育龄妇女的比例下降 9%；育龄妇女的年龄分布“左低右高”，35—49 岁组女性约占 47%。第二，总和生育率为 1.34，生育年龄高峰推迟至 25—29 岁。尽管略高于全国平均水平，但已处于低生育率陷阱的边缘，存在明显地区差异的同时城乡生育模式逐渐趋于一致，应提前做好政策储备。第三，孩次结构以一孩二孩为主，三孩比例约占一成，且存在明显上升趋势。第四，生育性别偏好问题依然存在，出生人口性别比接近 117，多孩性别比超过 140，存在明显城乡和区域差异。第五，平均初婚年龄 22.5 岁，远早于全国平均水平，近九成育龄女性于 30 岁前结婚。第六，平均生育间隔 3.83 年，近十年城市女性生育间隔波动下降，农村女性生育间隔先降后升。

二、湖南省妇女生育意愿变化及其影响因素

妇女生育行为变化与婚姻和生育观念的变迁密切相关。基于全国生育状况抽样调查分省样本的分析发现，湖南省育龄妇女生育意愿尽管略高于全国平均水平，但呈现多维递减趋势。第一，平均理想子女数 2.03 个、打算生育子女数 1.83 个，均高于全国平均水平，但低年龄组生育意愿明显低于高年龄组女性，未来或将拉低湖南省整体生育水平。第二，育龄女性再生育意愿不足，一孩母亲打算生育子女数为 1.4 个，远低于未生育过的女性，生育养育经历对生育意愿的负面效应值得关注。第三，生育意愿呈倒 U 形分布。大龄女性生育能力不足，“愿意生、生不出”；低龄女性潜在生育意愿不足，“生得出，不愿生”。第四，实现生育意愿的阻碍因素较多，从理想子女数到打算生育子女数的递减效应接近 10%，从打算生育子女数到实际生育子女数的递减效应接近 31%。第五，婚育观念和行为的个体化、多样性特征突出，不婚不育、早婚多育的观念并存，且存在两极分化趋势。生育意愿的转变为推动实现适度生育水平、促进人口长期均衡发展带来了系列挑战。

三、湖南省推动实现适度生育水平面临的困难挑战

伴随生育政策制约作用的消退，经济社会发展成为湖南省生育率下降的主导因素，人口变动机制由“外

① 本报告为基于湖南省第七次全国人口普查项目立项课题“湖南省妇女生育模式变化分析研究”（课题号：HNRKPCZB07）成果梳理后形成的分析简报。

生性”向“内生性”转变。第一,养育的经济负担内涵正在变化,开始由担心“养不起”向担心“养不好”转变,子女的抚养和教育需要持续投入的资源进一步增加。第二,教育的经济负担内涵正在变化,开始由担心“上不起”向担心“教不好”转变,高质量的公共服务难以满足抚育需求。第三,生育的经济负担内涵正在变化,开始由担心“生不起”向担心“生不好”转变。第四,子女照料和家庭服务严重依赖家庭代际支持,伴随老龄化程度加深家庭发展能力逐渐减弱,家庭养老抚幼负担反而逐渐增加。第五,生育经历对女性就业产生显著的负面影响,1孩、2孩和3孩及以上母亲就业机会相对于未生育女性的基准水平分别下降43%、57%和53%。第六,湖南省育龄女性有过人工流产经历的比例高达30.9%,同时重复人工流产比例较高不利于生育力保护,影响部分人群生育计划。第七,育龄妇女持续减少,未来十五年将从1406万降至1352万。第八,生育支持政策体系建设处于起步阶段,缺乏长远规划和效果评估论证。

四、湖南省优化生育支持政策的机遇、对策与建议

在生育意愿和生育水平持续下降的背景下,湖南省将迎来人口基数的增长减缓、劳动力人口的供给不足、社会老龄化程度持续加深,公共服务和社会保障资源需求剧烈变动等系列问题。但值得注意的是,与全国相比,湖南省生育水平仍然具有一定的弹性,群众生育意愿和生育行为还没有完全固化,提高生育率仍有空间。“十四五”时期,应把握机会窗口期,将应对少子化纳入区域发展战略,坚持综合性、可持续性、可操作性、包容性原则,积极构建和落实适应省情的生育支持政策。将生育友好融入所有经济社会政策,综合改善青年婚姻生育意愿,避免生育支持沦为“纸上福利”,强化政策体系协作,明确成本分担机制,改善生育过程体验,减轻家庭生育负担,定期开展生育意愿和行为动态监测,开展政策效应评估和专题研究,为积极应对低生育水平提供理论和经验支持。

中国人口与发展研究中心副研究员　史毅　邹艳辉

婚育价值变革中的广东婚姻家庭状况与发展趋势(摘要)

引言

课题研究报告由七章构成:第一章、广东省人口婚姻状况现状、特点与变化;第二章、初婚年龄的特征与发展趋势;第三章、家庭户规模、特点与发展趋势;第四章、家庭户结构与特征;第五章、婚姻和家庭变动的影响因素;第六章、婚姻和家庭变动对社会发展的影响;第七章、婚姻家庭社会工作的宏观布局与政策建议。报告全文4万三千余字,其中含32张统计表、32张统计图。

第一章　广东省人口婚姻状况现状、特点与变化

一、婚姻状况总体情况

2020年广东省15岁及以上人口婚姻的基本构成比例呈现“有配偶>未婚>丧偶>离婚”的格局,比前十年新增近2000万15岁及以上人口,不同婚姻状况的实际人数均有所增加。

总的来说,与前两次人口普查数据相比,第七次人口普查数据中的婚姻状况趋势如下:未婚比例下降;有配偶比例上升;离婚比例显著提升;丧偶比例下降。

二、分年龄的婚姻状况

(一)总体上未婚比例随年龄增长而下降,2020年连续多个年龄组未婚比例大于2010年2020年数据中25—29岁年龄组未婚比例下降最多,说明更多人选择在此年龄段进入婚姻。与2010年相比,2020年15—59岁的9个年龄组未婚比例均大于2010年同组未婚比例,单身或者晚婚成为更多人的选择。

(二)总体上有配偶比例随年龄增长而增加,2020年连续多个年龄组有配偶比例小于2010年2020年数据中25—29岁年龄组有配偶比例上升幅度最大,结合上述不同年龄组未婚比例的特点,说明25—29岁仍是广东多数人口选择结束单身和结婚的年龄段,但集中在25—29岁结婚的趋势减弱,呈现结婚年龄推迟的态势。

(三)各年龄组离婚比例明显上升,总体呈现中间高、两头低格局2020年数据中40—49岁组离婚比例最高。不同于2010年较平缓的曲线,2020年呈现相对“高峰态”分布,即更多年龄组离婚比例集中在峰值附近,离婚比例在多个年龄组的升高态势值得重视。

(四)丧偶比例随年龄增加而上升,但2020年各年龄组丧偶比例有所下降

丧偶比例随着年龄增加而上升,60岁及以上年龄组上升尤为显著。与2010年相比,2020年65岁及以上组丧偶比例大幅下降,预计人们预期寿命有所延长,因为生命终止而被动改变婚姻状态的情况逐渐减少。

三、分性别的婚姻状况

广东人口分性别的婚姻状况分布格局存在较大差异,男性呈现“有配偶>未婚>离婚>丧偶”格局,女性则呈现“有配偶>未婚>丧偶>离婚”格局。进一步分年龄看,两性间各婚姻状况存在显著差异:各年龄段男性未婚的比例均高于女性;50岁以上高年龄组男性有配偶比例高于女性;60岁以下女性各年龄组离婚比例均高于男性;女性各年龄组丧偶比例高于男性,老年女性丧偶情况严重。

四、分城乡的婚姻状况

与农村和镇相比,城市未婚、离婚比例高,有配偶比例、丧偶比例小。2020年未婚人数呈现城市、镇、乡村递减的阶梯分布;丧偶比例呈现了与未婚情况相反的阶梯分布。

五、分地区的婚姻状况

不同地区的婚姻状况存在明显差异:分地区未婚比例整体下降;各地区有配偶比例上升;珠三角核心地

区与北部生态发展区的离婚比例较大，而沿海经济带东翼的潮汕地区离婚比例相对较小；发展程度较高的地区丧偶比例较低。

六、分教育程度的婚姻状况

婚姻状况与不同教育程度有一定关系：总体上随着教育程度提升，未婚比例有所提升，大学组达到峰值；有配偶比例总体呈中间高两头低分布，义务教育组达到峰值；离婚比例随教育程度提高而上升；教育程度很低的人口丧偶比例很高为了方便纵向对比 2010 年和 2020 年"剩男剩女"现象和数据走向，本研究沿用 2010 年的标准，将"剩男剩女"界定为年龄为 30—44 岁的男性未婚人口及 27—44 岁的女性未婚人口。分析发现：不同教育程度的"剩男剩女"比例呈现中间低、两边高分布，"剩女"现象非常突出；"剩男剩女"的构成主要集中在不同受教育程度的中间组。

第二章　初婚年龄的特征与发展趋势

第一次结婚时的年龄，即初婚年龄是进一步研究人口婚姻状况的关键。初婚年龄与婚姻、生育稳定性有密切关系。初婚年龄的变化反映了社会经济发展水平以及人们婚恋观念的变化。

一、初婚年龄新特点、新趋势

（一）广东省已婚人口的初婚年龄主要集中在 20—29 岁组比较分析广东省第六次和第七次人口普查资料可知，广东省已婚人口的初婚年龄仍然集中在 20—24 岁，其次是 25—29 岁。20—24 岁与 25—29 岁所占比例的差距缩小。

（二）从初婚年龄的分布看，初婚年龄的集中程度进一步降低，平均初婚年龄推迟由于性别、受教育程度等因素的不同，初婚年龄也会有所不同。值得注意的是，广东已婚人口中，初婚年龄为 30 岁及以上的比例持续增加，可能由于人口基数大等原因，该年龄组相比于 2010 年比例的变化不算突出，但是从人数来看，增长仍然显著。这在一定程度上说明广东省已婚人口的初婚年龄不断推迟。

二、初婚年龄的群体差异

（一）已婚人口的初婚年龄增加，25 岁及以后初婚的比例上升分年龄已婚人口在初婚年龄方面主要呈现出晚婚增多、早婚减少的特征。各个年龄组的已婚人口初婚年龄主要集中在 20—24 岁组，其次是 25—29 岁组。不同人口结婚的早晚会受到所处年代自身及社会经济条件的影响，但相比于 2010 年，初婚年龄为 25—29 岁的比例上升，25 岁以下所占比例下降，表明年轻人可能倾向于推迟结婚。

（二）男女初婚年龄差缩小从"七普"数据来看，男性初婚年龄高于女性，女性初婚年龄增幅高于男性。

然而从各个年龄段分性别数据来比较，相比于女性来说，更高比例的男性人口初婚年龄在 25—29 岁区间，且男性初婚年龄在 30 岁以上的比例明显高于女性，在 30—34 岁间更为明显。

（三）受高等教育的人口初婚年龄显著高于高中及以下人口初婚年龄与受教育程度有着密切关系。一方面，由于受教育阶段完成学业的需要和生活条件的限制，一般受教育年限越高，人们的初婚年龄也越可能推后；另一方面，由于教育程度的不同，人们受传统婚姻观念的影响不同，获得的社会地位存在差异，初婚年龄也会发生变化。

受高等教育人口最集中的初婚年龄比高中及以下人口晚 5 岁，这表明接受高等教育对推迟结婚年龄、降低人口初婚年龄集中程度可能产生一定作用。平均初婚年龄越高，教育程度抬升显著。未上过学的人口平均初婚年龄为 23.22 岁，而博士研究生的平均年龄达 28.57 岁，相差 5.35 岁。每提高一个层次的受教育程度，平均初婚年龄推迟。

第三章　家庭户规模、特点与发展趋势

一、家庭户总量与地区分布

（一）家庭户总量持续较快增长

与 2010 年第六次人口普查相比，2020 年广东省的住户总数增长了 44.9%，增幅明显，家庭户增长远远快于集体户增长。

（二）珠三角核心地区家庭户比例较低、集体户比例较高

与粤东西北地区相比，珠三角核心地区家庭户比例较低、集体户比例较高。这主要是因为上述各市作为广东改革开放的前沿阵地，经济增长速度及总量走在全省前列，加上优越的区位优势、开放宽松的政策环境吸引了大量的外来人口导致。

(三)珠三角核心地区家庭户性别比偏高

全省四个地区中，珠三角核心地区的家庭户性别比最高；沿海经济带东翼地区和北部生态发展区的家庭户性别比最低。

(四)全省集体户性别比普遍高于家庭户

集体户性别比与家庭户性别比都存在地区差异，但集体户性别比在全省范围内都普遍高于家庭户。这表明集体户人口男性远多于女性，反映我省目前对外来劳动力的性别需求仍以男性为主。

二、家庭户规模变化与特征

(一)平均家庭户规模不断缩小

从1990年以来，广东省家庭规模一直呈下降趋势，30年来家庭户平均人口减少了1.79人，但全省的平均家庭户规模略大于全国。

(二)家庭户规模持续缩小

2020年广东省家庭户中比例最大的是一人户，其次是二人户和三人户。30年来，广东省家庭户规模不仅从中型家庭为主转变为小型家庭为主，还呈现出一人户家庭不断增加、家庭户规模持续缩小的趋势。家庭户规模缩小主要是由于迁移流动人口持续增加、年轻人婚后独立居住等因素的影响。随着家庭观念的变化、一人户家庭比重的提高以及生活方式的日益现代化，家庭规模小型化的趋势将更加明显。

三、家庭户规模的地区差异

(一)家庭户平均规模的地区差异有所缩小

沿海经济带东翼地区平均家庭户规模最大；家庭户平均规模最小的是珠三角核心地区，仅为2.44人。家庭户平均规模最大的市(揭阳)和最小的市(东莞)相比，相差1.86人，低于2010年2.69人的差距。

(二)一人户家庭数量快速攀升，家庭规模渐趋小型化

广东省10年来不同家庭户规模构成的城乡差异明显缩小。与2010年相比，一人户家庭的数量不论在城市、镇、乡村均迅速增长至首位，三人户及以下的小型家庭占到全部家庭的绝大部分(60%以上)。这不仅表明广东省的家庭规模在持续缩小，同时说明城乡之间家庭规模的差异也在不断缩小。

第四章　家庭户结构与特征

一、家庭户结构的基本状况与特征

(一)全省家庭类型以一代户和二代户为主，结构趋于简单与扁平

2020年全省家庭户类型以一代户和二代户为主，总的来说，广东省家庭结构呈现出单人户上升、户结构向小形态发展的格局。

(二)家庭户结构的人口规模差异

家庭户结构与家庭人口规模有一定的正相关关系。家庭户人口规模越大，家庭成员的关系数目就越多，代际层次越多。2020年广东省的一人户全部是一代户；近八成的二人户属于一代户，这种是以夫妻二人为主的核心家庭。三人户和四人户以二代户为主，这种是以夫妻带一个或两个孩子的核心家庭为主，但也可能是祖孙关系的隔代抚养家庭。

二、家庭户结构的地区和城乡差异

(一)珠三角核心地区和北部生态区以一代户家庭为主，其他地区以二代户为主

家庭户类型在地区分布上存在着一定的差异。全省家庭户类型以一代户和二代户为主，各地区一代户比重均已超过30%，这些变化说明，一代户已成为广东省主要的家庭类型。但各地级市的家庭类型结构却有较大差异：珠三角核心地区一代户规模最大，占全省家庭户户数比重也最高。沿海经济带东翼地区的家庭结构以二代户为主；沿海经济带西翼地区家庭结构以二代户为主；北部生态发展地

区家庭结构以一代户为主。

从上述分析中可以看出，家庭户类型的分布与地区的经济发展水平、人口流动有很大关联。此外，家庭

户类型的地区分布还可能受到文化的影响，如沿海经济带东翼地区宗族观念浓厚，三代户及以上所占比重较高。

（二）城市、镇和乡村的家庭都以一代户为主，但城市家庭代际关系较镇和乡村简单

城市、镇和乡村的家庭户结构主要类型为一代户，但城市跟乡村和镇相比，家庭结构更为简单。

三、一人户家庭状况与变动特征

（一）一人户家庭比重上升，家庭结构简化

2020 年广东省共有一人户家庭在规模上同比增长 784.47 万户，比重上同比上升 11.34%，显示出广东省整体家庭户代际结构趋于简化。这一现象可能的影响因素包括经济发展水平、人口迁移和城市化，即经济发展水平差异导致人口流动，主要是经济条件差的地区民众出外谋生较多，促使家庭裂解；经济条件好的地区外来者居多，促使一人户比重增大。

（二）珠三角核心地区一人户家庭规模和比重显著高于其他地区

2020 年全省一人户户数均有所增加，但一人户家庭比重存在着明显的地区差异，珠三角核心地区一人户家庭数量最多，该地区中各市的一人户比重均超过了 25%。

（三）20 岁及以上年龄段一人户显著增加

2020 年全省各年龄组一人户规模均增加，其中 30—34 岁组增长数量最多，但与 2010 年相比，2020 年仅有 30—34 岁组、45—49 岁组、50—54 岁组一人户的比重显著上升，其他年龄组变动不大，甚至有所下降。

（四）一人户家庭以年轻男性为主

从性别情况来看，在全部一人户家庭中，男性一人户比例显著高于女性。一人户家庭性别结构与年龄结构有一定的相关关系，低年龄组的男性比例高于女性，2020 年和 2010 年 30—34 岁年龄组的男性一人户所占比重最高，而到了 65 岁以后，一人户性别比显著降低。

第五章　婚姻和家庭变动的影响因素

一、经济因素

（一）经济发展影响婚姻的变动

1. 经济高速发展所带来的人口频繁流动和人口结构的改变，增加了婚姻选择的不确定性和多种可能性，一定程度上影响着婚姻的变动。

2. 产业优化升级促进区域协调发展，从而进一步推动了第三产业的发展，社会为女性就业提供了大量的机会和岗位，女性就业人口进一步增多。

3. 经济的快速发展带来生活成本的不断增加，因而结婚成本也在持续增加，这对男性来说尤为明显。

（二）经济发展影响家庭的变动

1. 地区经济发展水平与家庭规模呈高度负相关

均地区生产总值越高的地市，家庭规模越小，随着经济发展水平的不断提高，家庭户平均规模不断缩小的趋势非常明显。

2. 家庭收入水平影响家庭的消费结构类型进而影响家庭规模家庭消费成本、孩子抚养成本、教育成本、婚姻成本、孩子照料成本均较高，孩子养育方式逐渐精细化等，这是抑制人们生育意愿和生育冲动的必然。

二、教育水平

（一）教育水平的提高直接影响婚姻变动

受教育程度越高的人群对于自身发展的要求也高，他们对于婚姻的期望和要求也在不断提高，高等教育的发展在一定程度上是影响结婚年龄推迟的原因。

（二）高等教育发展水平与家庭规模呈高度负相关

地区高等教育发展水平越高，则该地区的家庭户规模就越小。教育程度越高的人，其受教育年限也就越长，因此其部分生育期也被相应占用。

三、文化与性别观念

（一）中观层面：传统家庭伦理观念与关系、家庭关系与情感纽带

随着社会由传统向现代转型，婚育观念和家庭观念的变迁使得婚姻的情感意义被加强淡化，家庭血缘

传承功能和社会教化功能被缩小。

（二）微观层面：个人亲密关系观念、性别观念、照料责任、居住模式等现在的年轻人更注重个人的发展，有较强的自我意识，他们对婚姻质量有较高的要求，而不轻言结婚。

四、社会发展与社会环境

（一）城市化、快节奏生活方式

在婚姻问题上，城市居民很少受到传统社会中那样的舆论压力，更多的人也获得了在婚姻中自由选择的空间。

（二）家庭结构变化

个人意识的觉醒和社会竞争的加剧促使一系列小家庭的产生，其主要表现为非传统类型的家庭大量涌现。

（三）少子化趋势

独生子女政策的实施，减少了大量人口的产生，也改变了原有的家庭结构，家庭的规模在日渐缩小。

五、政策变化

二孩政策配套支持的缺位使得整个适宜生育的群体仍然没有较强的生育意愿。另一方面，户籍制度在一定程度上限制了人口的自由迁移，从而导致大量家庭分散异地。

第六章　婚姻和家庭变动对社会发展的影响

一、正面影响

（一）婚姻、生育观念进步，青年人婚恋需求多样化发展，家庭规模和结构变化也促进了这种进步

青年人群（本文中指 15－34 岁的人口）未婚人口比例上升，有配偶人口比例下降，反映并促进了青年人婚恋观念多元化发展。广东省的低生育率体现了人们生育观念的进步，妇女进一步从多子多福等传统的生育观念中解放出来。家庭规模的小型化、家庭结构的简单化也从不同方面促进了婚姻和生育观念的进步。

（二）有利于个人追求福祉、实现个人发展，促进就业与技术进步

低龄未婚比例的增加、初婚年龄的推迟，意味着更多高素质的年轻人口进入劳动力市场，有利于促进就业，推动技术的创新与进步。城市地区一人户与二人户比例的上升，表明更多农村与外来年轻人口由于职业发展在城市定居；同时城市地区有更多年轻人离开父母独自居住，他们可以根据自身的需求和发展选择自己喜欢的方式生活。

（三）更多女性进入劳动力市场，劳动者素质提高

受教育程度较高的女性未婚比例的提高，意味着更多的女性进入劳动力市场，有较高专业知识与劳动素质的女性更能获得连续的职业生涯。

（四）经济收入增长，生活质量提升

未婚比例的增加以及结婚年龄的推迟，有利于年轻人职业晋升与增加收入。同时，年轻人可以将更多的金钱用于提升生活的质量。

（五）居住环境、质量得到改善

广东省不同结构类型的家庭户的住房间数均有所增加，反映出人们基本的住房需求得到了满足，并且随着经济的发展，人们的居住环境与质量得到了较大的改善。

（六）家庭关系更平衡、和谐

家庭规模小型化发展，一方面使得家庭代际的成员之间关系更加和谐，另一方面也促使夫妻之间的关系更加融洽。

二、不利影响

（一）婚姻、生育观念和行为改变，少子化趋势明显

晚婚以及不婚导致生育率的降低，生育少子化趋势明显。此外，十年来广东省离婚人数涨势明显，表明人们对离婚的看法与态度也有较大改变。

（二）人口老龄化

不考虑外来人口年龄分布的影响，持续的低生育率带来人口的老龄化问题，平均预期寿命的增加进一

步扩大老年人口占比,加剧广东人口的老龄化现象。

(三)社会经济发展后劲不足、经济压力加大

从长期来看,生育率的降低会造成老龄化问题,老龄化速度的加快造成青壮年人口数量减少,一方面不利于提高社会的劳动生产力,另一方面会降低消费对经济发展的拉动作用,使得经济发展的后劲不足。

(四)出生性别比高悬不下造成婚配失衡

2020 年广东省出生性别比为 117.52,出生性别比的持续偏高会导致适婚年龄人口中男性多于女性的现象,造成男女婚配的失衡,不利于家庭的稳定以及整个社会的长治久安。

(五)城乡差异进一步扩大,加剧留守问题

广东省内有大量青壮年从农村等经济不发达地区流动到城市,造成农村的人口结构严重失衡。与城市相比,粤西和粤北等农村地区存留守老人与留守儿童问题较为突出,不利于社会的长期稳定发展。

(六)老龄化、社会资源缺乏造成家庭长期照护压力大,劳动力不能被释放,女性发展受限

老龄化加剧以及社会养老资源的缺乏造成家庭长期照护压力大,而更多照护责任由女性承担,会限制女性的职业发展和个人发展。

(七)医疗、医保、养老保险等压力加大,社会整体负担加重

人口婚姻家庭变动加剧了广东省人口老龄化问题,家庭养老功能弱化,社会的养老负担加重,尤其是在医疗保障和养老保险方面。

第七章　我省婚姻和家庭社会工作的宏观布局与政策建议

一、顺应适婚群体多元化婚育需求,提升工作和服务的性别意识。在工作与服务的同时要反思现有的性别规范、克服传统的性别等级观念的影响。

二、回应婚姻现状的区域差异,结合区域具体情况制度相应政策并实施相关服务。

三、细化婚姻登记相关条例和服务,做好婚前教育,提升适婚青年对婚姻的理解与期待。

四、拓宽与婚恋相关的社会服务范畴与内容,做好有利于维护健康婚姻关系的服务。

五、完善生育、教育相关的各类服务及家庭服务,回应大众不敢结、不敢生的问题,提升生活质量。

六、丰富各类妇女服务项目,宣传性别平等,提升妇女地位。

七、增加养老服务投入,提高对老年人的关爱程度,建设更完善、覆盖更全的养老保障体系。

八、作为人口流入大省,制定有针对性的服务,提升流动人口的婚姻、家庭幸福感。

中山大学社会学与社会工作系　丁瑜

基于“七普”数据探讨重庆流动女性人口的生育行为

随着新一轮西部大开发等国家战略、成渝地区双城经济圈建设等政策落实，作为国家五大中心城市之一、西部唯一的直辖市，近年来重庆有着显著的变化：一是经济社会持续发展；二是人口吸引力显著增强，流入重庆的省外人员增多。2020 年重庆“七普”数据显示，重庆跨省流入人口 219.36 万人，比 2010 年“六普”增长 115.16 万人。数量庞大的省外流入人口中，女性流入人口约占一半，且多为生育高峰期的育龄妇女，庞大的流动女性群体，不仅给社会经济带来更多活力，也为全市的生育水平贡献了重要作用。本文旨在利用重庆市第七次全国人口普查数据，描述分析不同社会经济特征下流动女性人口的生育行状况，并与非流动女性人口进行比较，探讨流动女性人口生育服务与管理现状，为吸引和留住更多流动女性，促进其长期均衡发展提供参考。

1. 流动女性人口基本特征与生育行为现状

1.1　人口基本特征现状

2020 年重庆市流动女性年龄结构更年轻，35 岁以下年龄段中流动女性所占比例明显高于非流动女性；有农村土地承包经营权的流动与非流动女性占比均超过 50%；高中及以上文化水平的流动女性占比明显高于非流动女性；有配偶的流动女性占比为 95.93%，略高于非流动女性（94.32%）（见表 1）。

表 1　2020 年重庆市流动与非流动女性人口基本特征情况

人口特征	流动		非流动	
	频数（人）	占比（%）	频数（人）	占比（%）
年龄				
20—24 岁	2083	5.40	14765	2.98
25—29 岁	7602	19.71	64923	13.10
30—34 岁	11475	29.76	104289	21.05
35—39 岁	6474	16.79	82096	16.57
40—44 岁	4779	12.39	76373	15.42
45—49 岁	6151	15.95	153009	30.88
民族				
汉族	36687	95.13	466572	94.17
少数民族	1877	4.87	28883	5.83
农村土地承包经营权				
有	20623	53.48	251636	50.79
无	17941	46.52	243819	49.21
受教育程度				
小学及以下	3679	9.54	64060	12.93
初中	14561	37.76	203826	41.14
高中	9685	25.11	104660	21.12
大学专科	6227	16.15	67541	13.63
本科及以上	4412	11.44	55368	11.18
婚姻状况				
有配偶	36995	95.93	467312	94.32
离婚/丧偶	1569	4.07	28143	5.68
总样本量	38564	100	495455	100

注：“其他”指的是重庆市“七普”中，户口登记地为重庆市但无法区分农村和城镇户口登记类型的非流动女性人口。

1.2 生育行为现状

流动女性生育 1 个子女占比最大，高达 48.01%；其次是生育 2 个子女占比 35.64%；未生育子女占比 12.07%；生育 3 个子女占比 3.79%。非流动女性生育 1 个子女占比最大，高达 49.38%；其次是生育 2 个子女占比 38.01%；未生育子女占比 8.23%；生育 3 个子女占比有 3.85%。流动与非流动女性均以生育 1～2 个子女为主；未生育子女的流动女性比重较非流动女性高 3.84 个百分点。由此可见，流动女性未生育的倾向性高于非流动女性（见表 2）。

表 2　2020 年重庆市流动与非流动女性人口生育行为比较

生育子女数	流动		非流动	
	频数（人）	占比（%）	频数（人）	占比（%）
0 个	4656	12.07	40791	8.23
1 个	18514	48.01	244633	49.38
2 个	13746	35.64	188339	38.01
3 个	1460	3.79	19085	3.85
4 个及以上	188	0.49	2607	0.53
合计	38564	100	495455	100

2. 流动女性人口生育行为影响因素

2.1 人口基本特征与生育行为差异性

（1）随着年龄段的增加，未生育和生育 1 个子女的流动女性占比逐渐降低，生育 2 个及以上子女的流动女性占比逐渐提升（见表 3）。

表 3　不同年龄段流动与非流动女性生育行为情况

单位：%

年龄	0 个		1 个		2 个		3 个		4 个及以上	
	流动	非流动	流动	非流动	流动	非流动	流动	非流动	流动	非流动
20—24 岁	29.38	26.74	56.65	55.95	13.06	16.44	0.72	0.80	0.19	0.07
25—29 岁	23.36	19.41	52.01	53.02	23.31	26.01	1.17	1.42	0.15	0.14
30—34 岁	10.99	8.71	48.78	48.20	36.88	40.12	3.07	2.65	0.28	0.32
35—39 岁	6.80	6.07	43.59	45.57	43.60	43.72	5.41	4.12	0.60	0.52
40—44 岁	5.80	4.85	45.17	48.99	42.10	40.57	6.05	4.91	0.88	0.68
45—49 岁	4.71	4.23	45.54	50.23	42.84	39.42	5.93	5.33	0.98	0.79

随着年龄段的提高，流动与非流动女性生育行为趋势发展相似，但又有区别。一是未生育子女的女性占比均呈缓慢下降趋势，但非流动女性的占比小于流动女性；二是生育 1 个子女的女性占比均呈先降后升趋势，但 35～49 岁非流动女性占比均大于流动女性；三是生育 2 个子女的女性占比均缓慢增长后趋于平稳，但 20～39 岁非流动女性占比略高于流动女性；四是生育 3 个子女的女性占比均呈缓慢增长趋势，但 30～49 岁流动女性占比高于非流动女性。尽管流动与非流动女性人口在不同年龄段的生育行为存在明显差异，但各年龄段的生育行为变化趋势合理（见图 1）。

（2）汉族的流动女性生育 1 个子女的占比为 48.34%，高于少数民族；少数民族的流动女性生育 2 个及以上子女的占比高于汉族。与非流动女性相比，汉族的流动女性未生育的倾向性大于非流动女性；少数民族的非流动女性生育 2 个及以上子女的倾向性大于流动女性（见表 4）。

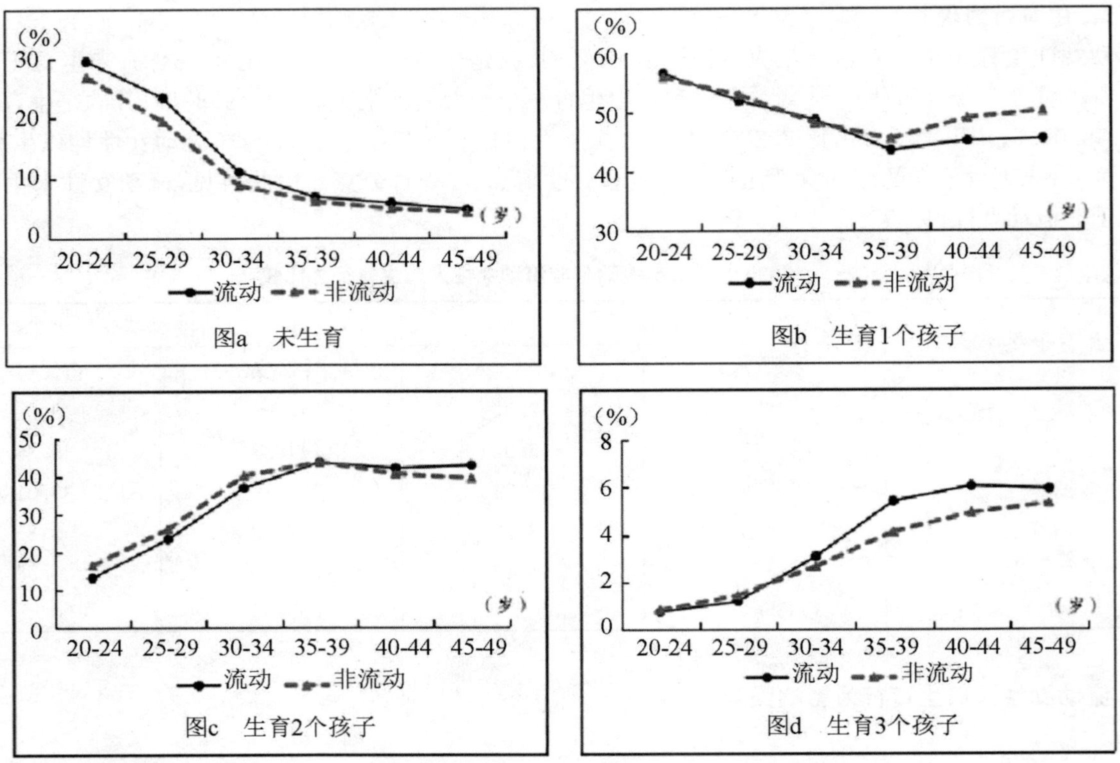

图 1 不同年龄段流动与非流动女性生育行为变化情况

表 4 不同民族流动与非流动女性生育行为情况

单位:%

民族	0个		1个		2个		3个		4个及以上	
	流动	非流动	流动	非流动	流动	非流动	流动	非流动	流动	非流动
汉族	12.10	8.30	48.34	50.57	35.50	37.28	3.64	3.43	0.42	0.42
少数民族	11.56	7.19	41.50	30.14	38.52	49.81	6.55	10.71	1.87	2.15

(3)有农村土地承包经营权的流动女性未生育和生育 1 个子女的占比分别为 9.94%、44.45%,均低于无农村土地承包经营权的流动女性,但生育 2 个及以上子女的占比均高于无农村土地承包经营权的流动女性。

与非流动女性相比,有农村土地承包经营权的流动女性未生育或生育 1 个子女的倾向性更大,生育 2 个及以上子女的倾向性更小;无农村土地承包经营权的流动女性,未生育的比例更高。(见表 5)

表 5 有无农村土地承包经营权的流动与非流动女性生育行为情况

单位:%

农村土地承包经营权	0个		1个		2个		3个		4个及以上	
	流动	非流动	流动	非流动	流动	非流动	流动	非流动	流动	非流动
有	9.94	6.51	44.45	39.93	40.34	46.96	4.66	5.78	0.61	0.82
无	14.52	10.01	52.10	59.12	30.25	28.78	2.78	1.87	0.35	0.22

(4)随着受教育程度的提高,未生育和生育 1 个子女的女性占比均在不断提高,其中本科及以上受教育程度的流动女性占比分别达到 24.98%、57.61%;生育 2 个及以上子女的占比均在逐步降低,其中小学及以下受教育程度的流动女性生育 2 个和 3 个子女的比例分别为 49.44%、10.11%。

无论是流动还是非流动女性,受教育程度越高,未生育或生育 1 个子女的倾向性越大,生育 2 个及以上子女的倾向性也随之降低。特别是,大学专科及以上的流动女性未生育或生育 1 个子女的倾向性远大于非流动女性,这可能是因为大学专科及以上的流动女性,大部分是因工作就业留在流入地,为了稳定工作,会选择少生育(见表 6)。

表 6　不同受教育程度的流动与非流动女性生育行为情况

单位:%

受教育程度	0 个		1 个		2 个		3 个		4 个及以上	
	流动	非流动	流动	非流动	流动	非流动	流动	非流动	流动	非流动
小学及以下	5.14	4.03	33.24	32.75	49.44	52.13	10.11	9.41	2.07	1.68
初中	7.63	5.32	41.98	43.38	44.65	45.69	5.15	5.00	0.59	0.61
高中	10.94	8.74	52.96	56.12	33.39	33.01	2.49	1.94	0.22	0.19
大学专科	19.17	13.65	56.32	62.11	23.29	23.35	1.16	0.82	0.06	0.07
本科及以上	24.98	16.25	57.61	62.42	16.80	20.78	0.59	0.49	0.02	0.06

(5)无配偶的流动女性未生育和生育 1 个子女的占比分别为 15.04%、58.96%，均高于有配偶的同类人群(分别为 11.95%、47.54%)。对比不同婚姻状况的流动与非流动女性生育行为发现，有配偶的流动女性未生育的倾向性大于非流动女性，这可能是因为有配偶的流动女性中超过 50%为 34 岁及以下年龄的劳动力女性，这一部分女性会因经济收入、工作稳定性等原因选择暂时不生育或者晚育(见表 7)。

表 7　不同婚姻状况的流动与非流动女性生育行为情况

单位:%

婚姻状况	0 个		1 个		2 个		3 个		4 个及以上	
	流动	非流动	流动	非流动	流动	非流动	流动	非流动	流动	非流动
有配偶	11.95	8.00	47.54	48.57	36.19	38.95	3.83	3.94	0.49	0.54
无配偶	15.04	12.06	58.96	62.75	22.75	22.44	2.74	2.44	0.51	0.31

2.2　流动女性人口社会经济状况与生育行为差异性

(1)从不同工作状况分析，无论流动女性有无工作，均以生育 1～2 个子女为主。结合工作单位类型与生育行为来看：企事业单位中的流动女性生育 1 个子女的占比最高，为 51.23%；个体经营户的流动女性以生育 1 个和 2 个子女为主，占比分别为 44.71%、40.58%；从事家庭生产的流动女性中生育 3 个子女的占比高达 13.96%。从未工作原因来看：料理家务的流动女性生育 3 个子女的占比相对略高，为 4.70%。由此可见，工作稳定性对流动女性生育行为有明显的影响(见表 8)。

表 8　不同工作状况的流动与非流动女性生育行为情况

单位:%

工作特征	0 个		1 个		2 个		3 个		4 个及以上	
	流动	非流动	流动	非流动	流动	非流动	流动	非流动	流动	非流动
有工作	12.75	8.45	47.99	51.11	35.25	36.49	3.59	3.48	0.42	0.47
单位类型:企事业单位	14.87	10.20	51.23	59.30	31.12	28.67	2.54	1.65	0.24	0.18
个体	9.79	7.16	44.71	47.96	40.58	40.79	4.47	3.67	0.45	0.42
家庭生产	6.89	3.56	26.07	27.72	48.98	55.43	13.96	11.01	4.10	2.26
灵活就业	11.25	7.31	45.46	43.66	38.51	43.45	4.30	4.96	0.48	0.62
无工作	12.07	7.73	48.01	45.50	35.64	41.42	3.79	4.70	0.49	0.65
原因:料理家务	7.74	5.89	47.35	44.04	39.53	44.38	4.70	5.03	0.68	0.66
无工作能力	20.00	10.44	56.36	62.19	20.46	22.80	2.27	3.79	0.91	0.78
其他	22.18	14.79	50.27	48.46	24.82	32.67	2.28	3.49	0.45	0.59

(2)从不同行业分析，从事批发和零售业的流动女性生育 1 个子女的占比最高(49.22%)；从事建筑业的生育 3 个子女的占比最大(5.29%)；从事居民服务、修理和其他服务行业的未生育占比最高(12.36%)。

各行业的流动女性未生育的倾向性均高于非流动女性；从行业中女性占比最高的批发和零售业来看，流动女性生育 1 个子女的倾向性略低于非流动女性，生育 2 个及以上子女的倾向性略高于非流动女性(见表 9)。

表 9　不同行业的流动与非流动女性生育行为情况

单位：%

主要行业	0个		1个		2个		3个		4个及以上	
	流动	非流动	流动	非流动	流动	非流动	流动	非流动	流动	非流动
批发和零售业	11.10	8.23	49.22	52.93	35.97	35.86	3.31	2.70	0.40	0.28
制造业	8.67	6.14	44.23	48.92	42.67	41.03	4.09	3.55	0.34	0.36
住宿和餐饮业	10.32	6.98	45.48	47.20	39.13	41.54	4.66	3.83	0.41	0.45
建筑业	10.59	6.10	45.67	41.02	37.84	46.14	5.29	6.07	0.61	0.67
居民服务、修理和其他服务业	12.36	7.56	47.47	50.95	36.84	37.50	3.22	3.56	0.11	0.43

(3)从不同职业分析，专业技术人员未生育的占比最大，为 21.51%；农、林、牧、渔业生产及辅助人员生育 2 个和 3 个子女的占比最大，分别为 47.83%、12.09%。由此可见，不同职业的流动女性未生育的倾向性均高于非流动女性；机关事业单位负责人与办事人员的流动女性生育 2 个子女的倾向性高于非流动女性，这说明相对稳定的职业使得流动女性更愿意多生孩子(见表 10)。

表 10　不同职业的流动与非流动女性生育行为情况

单位：%

职业分类	0个		1个		2个		3个		4个及以上	
	流动	非流动	流动	非流动	流动	非流动	流动	非流动	流动	非流动
党的机关、国家机关、群众团体和社会组织、企事业单位负责人	10.72	8.00	49.87	57.13	34.85	32.04	4.29	2.57	0.27	0.26
专业技术人员	21.51	13.49	56.33	62.26	20.84	23.45	1.26	0.73	0.06	0.07
办事人员和有关人员	17.15	11.87	54.99	63.78	26.14	23.35	1.63	0.92	0.09	0.08
社会生产服务和生活服务人员	12.05	8.23	48.25	51.93	35.95	36.45	3.39	3.05	0.36	0.34
农、林、牧、渔业生产及辅助人员	8.02	3.90	28.53	27.98	47.83	54.89	12.09	10.87	3.53	2.36
生产制造及有关人员	8.03	5.25	41.85	43.22	44.49	46.03	5.13	4.97	0.50	0.53
不便分类的其他从业人员	13.16	12.18	57.89	48.08	23.68	35.12	2.63	4.06	2.63	0.43

(4)从不同生活来源分析，有劳动收入的流动女性中未生育占比为 12.82%；由家庭成员供养的流动女性生育 2 个和 3 个子女的占比最大，分别为 37.75%、4.46%。由此可见，有劳动收入的流动女性未生育的倾向性高于非流动女性，生育 1～2 个子女的倾向性低于非流动女性；由家庭成员供养的流动女性未生育和生育 1 个子女的倾向性均大于非流动女性，生育 2 个及以上子女的倾向性低于非流动女性，这可能是因为流动与非流动女性家庭成员收入的稳定性存在差异(见表 11)。

表 11　不同生活来源的流动与非流动女性生育行为情况

单位：%

生活来源	0个		1个		2个		3个		4个及以上	
	流动	非流动	流动	非流动	流动	非流动	流动	非流动	流动	非流动
劳动收入	12.82	8.49	47.98	51.13	35.23	36.44	3.56	3.48	0.41	0.46
家庭成员供养	9.81	6.97	47.40	44.71	37.75	43.05	4.46	4.69	0.58	0.59
其他收入	14.56	10.40	52.34	48.62	28.90	35.34	3.12	4.67	1.08	0.97

(5)从不同住房状况分析，住在普通住宅的流动女性未生育和生育 1 个子女的占比分别为 12.32%、48.21%，均高于集体等其他住房的流动女性，但生育 2 个及以上子女的占比均低于集体等其他住房的流动女性。随着普通住宅面积的增大，流动女性未生育和生育 1 个子女的占比逐渐降低，生育 2 个及以上子女的占比逐渐增大；租赁住房的流动女性未生育占比为 13.58%，高于购买住房的流动女性(12.28%)。

普通住宅的流动女性未生育的倾向性高于非流动女性，随着住房面积的增大，流动与非流动女性生育 2 个及以上子女的倾向性均在增加；租赁和购买住房的流动女性未生育的倾向性高于非流动女性，这可能是因为，流动女性家庭在流入地租赁或购买住房均会增加家庭的生活成本，从而选择晚育或少育(见表 12)。

表 12　不同住房状况的流动与非流动女性生育行为情况

单位：%

住房状况	0个		1个		2个		3个		4个及以上	
	流动	非流动	流动	非流动	流动	非流动	流动	非流动	流动	非流动
普通住宅	12.32	8.21	48.21	49.38	35.23	38.02	3.75	3.86	0.49	0.53
住房面积										
$59m^2$及以下	16.08	13.12	49.40	56.03	31.10	28.28	3.06	2.28	0.36	0.29
$60\sim89m^2$	12.84	9.68	52.06	58.11	31.86	29.75	2.90	2.18	0.34	0.28
$90\sim119m^2$	10.92	7.62	46.84	50.06	38.10	38.63	3.69	3.33	0.45	0.36
$120m^2$及以上	9.34	6.44	40.87	40.22	42.43	46.34	6.35	6.06	1.01	0.94
住房来源										
租赁住房	13.58	10.94	46.41	48.56	35.59	36.21	3.99	3.83	0.43	0.46
购买住房	12.28	8.83	51.13	56.00	33.61	32.77	2.72	2.18	0.26	0.22
其他住房	8.37	6.18	39.16	37.18	42.38	48.49	8.23	7.03	1.86	1.12
集体等其他住房	8.82	9.15	45.27	48.94	41.15	37.86	4.28	3.60	0.48	0.45

2.3　流动女性人口的流动状况与生育行为差异性

(1)从不同流动原因分析，因工作就业流动的女性，未生育的占比最大，为13.58%；因随同离开/投靠亲友流动的女性未生育的占比最小，为9.73%；因拆迁/搬家流动的女性，生育1个子女的占比最大，为49.68%；因婚姻嫁娶流动的女性，生育2～3个子女的占比最大，分别为37.89%、4.98%。

因工作就业流动的女性未生育的倾向性高于因其他原因流动的女性，而因婚姻嫁娶流动的女性生育2～3个子女的倾向性高于其他原因流动的女性(见表13)。

表 13　不同流动原因的流动女性生育行为情况

单位：%

流动原因	0个	1个	2个	3个	4个及以上	合计
工作就业	13.58	47.93	34.69	3.43	0.37	100
随同离开/投靠亲友	9.73	49.28	36.64	3.71	0.64	100
拆迁/搬家	10.06	49.68	36.59	3.37	0.30	100
婚姻嫁娶	10.17	46.05	37.89	4.98	0.91	100
其他原因	13.39	48.93	33.15	4.13	0.40	100

(2)从不同流动时间分析，流动"1年以上，不满2年"的女性，未生育和生育1个子女的占比最大，分别为16.02%、50.52%；流动"10年以上"的女性，生育2～3个子女的占比最大，分别为41.83%、5.08%。

随着流动时间的增长，未生育的流动女性占比逐渐减小，生育1个子女的流动女性占比呈先增长后下降的趋势，生育2个及以上子女的流动女性占比呈先下降后缓慢增长趋势，这表明，一方面，在流入地的时间越长，流动女性的工作、收入或家庭状况越稳定，多生育的可能性越大，另一方面，这也与女性的生育年龄密切相关(见表14)。

表 14　不同流动时间的流动女性生育行为情况

单位：%

流动时间	0个	1个	2个	3个	4个及以上	合计
半年以上，不满1年	15.88	46.49	33.24	4.03	0.36	100
1年以上，不满2年	16.02	50.52	30.12	2.99	0.35	100
2年以上，不满3年	14.46	50.16	31.79	3.20	0.39	100
3年以上，不满4年	13.63	50.03	32.76	3.07	0.51	100
4年以上，不满5年	10.86	49.50	35.72	3.49	0.43	100
5年以上，不满10年	9.72	47.09	38.85	3.95	0.39	100
10年以上	7.69	44.52	41.83	5.08	0.88	100

3. 流动女性人口生育与管理服务现状

3.1 生育与管理服务情况

(1)流动女性人口享有基本公共卫生服务管理。一是宣传服务。流动人口免费获得人口计生政策法规和计划生育、优生优育、生殖健康等宣传品。二是技术指导咨询。流动育龄人群免费获取避孕药具;免费享有查环查孕经常性服务;免费享有计划生育、优生优育咨询、指导及随访服务。三是临床医疗服务。流动育龄夫妇免费享有避孕和节育的医学检查、计划生育手术、计划生育手术并发症和计划生育药具不良反应的诊断、治疗。四是再生育技术服务。符合条件的流动育龄夫妇免费享有再生育相关医学检查、输卵(精)管复通手术。五是孕前优生健康检查。符合生育政策、自愿接受孕前风险评估和检查的流动育龄夫妇免费享有孕前优生健康教育、病史咨询、体格检查、临床实验室化验、影像学检查、风险评估、咨询指导及随访等服务。

(2)推进流动人口生育服务均等化。目前,"重庆市人口与家庭信息系统(FIS)"已和国家的"全民健康信息平台"进行对接,流动人口的信息可以通过 FIS 系统与市外户籍地进行数据信息交换,为流动人口在本地办理生育服务证等证明文件提供了极大方便。

(3)办好"一件事"。推行"上学一件事"教育服务系统,对接公安、社保等系统,进行数据整合和共享,并已接入"愉快办",流动人口可通过该系统了解入学政策、进行入学申报等操作,实现入学申报网上一次办,同时市政府也要求各区县妥善安排流动人口随迁子女接受义务教育。建成"出生一件事"服务系统,全面推行生育登记等服务事项网上办、跨省通办,推进出生医学证明、儿童预防接种、户口登记、医保参保、社保卡申领等联办,推行生育登记等服务事项网上办、跨省通办。

3.2 生育和管理服务存在的问题

(1)权益保障不充分。一是医疗保障覆盖不足,户籍限制、管理障碍致部分流动人口没有医疗保障。二是社会保障覆盖不足,部分的流动人口没有养老、医疗、失业等基本社会保障。三是用人单位参保意识较差。

(2)部分政策落地存在问题。一是跨省通办还未完全实现。二是"出生一件事"对父母均是流动人口的有限制,父母双方至少一方为重庆市户籍才能办理。三是延长生育假等实际操作有困难,流动人口因为户籍、保险等相关信息未联通,部分未能享受相关政策。

(3)生育意愿下降,托育机构使用率低。一方面,流动带来的工作和收入不稳定及其他社会经济因素,导致流动女性生育意愿不高。另一方面,现在的托育机构大多以民办为主,收费较高,对部分流动家庭来说,存在一定的压力。

4. 政策建议

经济负担重、女性对职业发展的担忧和子女无人照料等因素已经成为制约流动女性生育的主要障碍,要对症下药,解决痛点。

4.1 促进就业,提高经济收入。

为高校毕业生创造良好就业环境,高校要指导学生市内就业;市内企业要加大接纳应届生的力度;减免税收等政策要鼓励企业增加就业岗位。吸纳职校生就业,推动企校合作,企业给职校提供实习基地,职校为企业定单式培训人才。加强职介中介等网站管理,提供更安全的就业渠道;扩大第三产业就业面。引导非农产业和农村人口向城镇有序聚集,人社局分配免费培训课程在周末;线上线下有针对性地推送就业信息;调研城区赶场的情况,鼓励摆摊设点,搞活地摊经济和夜间经济;发挥工会、行业协会的作用,组织技术工人,联合相关网站/APP,增加就业机会;加大社会保障力度,降低生活成本。

4.2 政策托底,促进女性职业持续发展。

加大宣传,通过公益广告、短视频、标语等,号召全社会都来关心生育养育;各级人大、卫生健康委、妇联等开展定期督促,保证落实到位。鼓励单位吸纳流动和生育的女性,出台或修改相关政策,已生育女性报考公务员时,不受 35 岁的年龄限制,按生育 1 个延后 1 岁的标准,职位晋升也按该标准执行,其他单位参考该标准;对吸纳流动女性就业的企业减免税收,按女性怀孕生育的数量给予累进制优惠;适当提高生育险基数及扩大保险范围;落实就业、社保、医保等政策,保障生育期间的福利待遇。鼓励带娃工作,公务员事业单位带头,在工作场所设立托幼机构;对生育2个子女及以上的要灵活使用假期;鼓励企事业单位设置宝妈岗,创建家庭友好型工作场所;对设立托幼机构的单位考核要加分。用好热线电话,畅通求助维权渠道。

4.3 促进家庭发展,为流动女性照料子女提供帮助。

开展好婴幼儿照护工作,卫生健康部门每年对婴幼儿照护供需缺口进行两次评估,3岁及以下的婴幼儿教育纳入义务教育;根据入园人数对照护机构进行补贴;有条件的用人单位为职工提供托育服务;建成“十五分钟”社区托育站,鼓励设立家庭托育点;开展月嫂、育婴师等鉴定评审。加快建设儿童友好型城市。在天桥、坡坎等上下梯步较多的地方修建婴儿车可通行的缓坡道或加装直梯;改造公交车上下踏板;建设步行十五分钟以内即可到达的儿童活动场地(公园)。方便流动人口子女入学,办好“上学一件事”,增加学位,保障流动人口子女入学。关注带娃老人,加快推进“跨省通办”,尽早实现全国各省市信息互通、证件互认,方便随迁老人。

唐东　雷娟　李书霞　黄隆渝

江苏人口生育水平、生育模式及生育支持政策研究摘要

江苏是我国社会经济最为发达的省份之一，也是生育政策调整前严格实行城乡一孩生育政策的少数省市之一。江苏人口较全国率先进入老龄化，总和生育率低于全国水平。根据2020年第七次全国人口普查（以下简称“七普”）数据，全国总和生育率从2010年1.18回升到1.30，而江苏总和生育率不升反微降，仅为1.04；根据《2021年江苏省国民经济和社会发展统计公报》，江苏人口自然增长率为－1.12‰，自1978年以来首次出现负增长，而全国人口自然增长率2022年才出现负增长－0.60‰，提示“十四五”时期江苏面临的生育形势将更为严峻。

生育水平及模式直接决定人口再生产，进而影响人口发展趋势，以及人口与经济社会的持续可协调发展。为此，本文主要基于第七次全国人口普查江苏数据，利用一系列生育率分析指标，采用描述统计、相关分析与聚类分析等方法，全面分析江苏人口生育水平、生育模式的现状及变动特点，深入研究影响江苏生育水平及模式的主要因素，探索实施生育支持配套措施的有效路径，得出以下几点主要结论：

一、江苏人口生育水平低迷，未来生育形势不容乐观

根据2020年“七普”数据，江苏省出生人口总量为56.37万人，出生规模较“六普”下降了17.72%。2020年江苏省育龄妇女总和生育率为1.04，较2000年虽有提升，但略低于2010年的生育水平（详见表1）。分孩次来看，2020年江苏省一孩、二孩、三孩及以上的总和生育率分别为0.58、0.40和0.05，一孩总和生育率略高于二孩，三孩生育水平极低。相较于2010的0.71、0.30、0.04，一孩生育水平有所下降，二孩、三孩生育水平都有所上升。并且，一孩总和生育率的降幅超过了二孩、三孩总和生育率的增幅之和。可见，生育水平的下降主要源于一孩总和生育率的下降。

表1　江苏育龄妇女年龄别生育率与总和生育率

年份	15—19岁	20—24岁	25—29岁	30—34岁	35—39岁	40—44岁	45—49岁	TFR
2000	2.76	119.59	58.21	9.36	2.5	0.64	0.25	0.97
2010	5.86	67.03	76.93	34.57	15.99	6.68	3.71	1.05
2020	3.68	41.66	86.70	50.36	19.24	4.30	1.58	1.04

育龄妇女的规模及构成直接影响出生人数，进而对生育水平及生育模式产生影响。2020年江苏省育龄

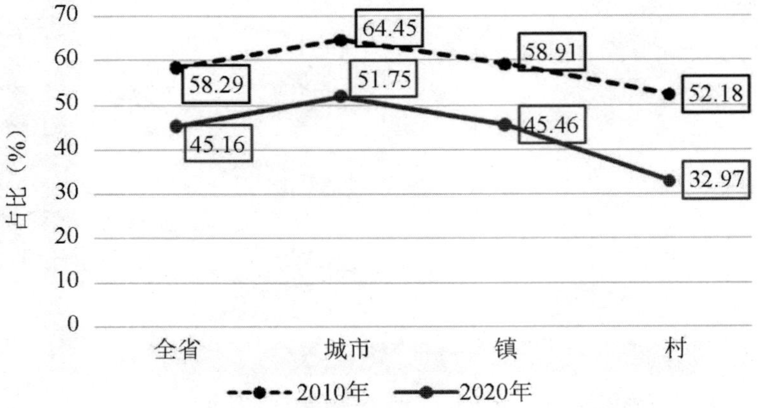

图1　近两次普查江苏分城乡育龄妇女占女性人口之比变动情况

妇女规模减少，占总人口之比为22.52%，比2010年降低了6.15个百分点。进一步分析城乡女性人口的构成情况发现，全省及城乡育龄妇女占比均有明显下降，农村育龄妇女的占比降幅最大，下降近20个百分点，而城镇育龄妇女占比下降在13个百分点左右(详见图1)。同时发现，各年龄组育龄妇女有配偶比例均有所下降。其中，20—24岁、25—29岁两个年龄组妇女有配偶比例分别从2010年的32.05%、83.13%降至2020年的17.02%、69.00%，降幅均超过14个百分点。处于生育旺盛期女性的有配偶比例大幅下降，直接影响当前和未来出生规模和生育水平。

二、生育水平由南到北渐升，与经济社会发展密切相关

江苏各地生育水平存在一定差异，呈现出从南到北逐渐升高的态势。苏南地区总和生育率为0.94，其中，南京、镇江、无锡、苏州均低于1，只有常州略高于1；苏中地区总和生育率为0.96，其中，扬州、南通均低于1，泰州略高于1，整体总和生育率略高于苏南地区，但低于全省平均水平；而苏北地区总和生育率为1.25，虽高于全省平均水平，但略低于全国平均水平1.3。其中，除盐城外，各市总和生育率均高于1.2，排在前两位的宿迁和徐州，总和生育率分别为1.41和1.35，高于全国平均水平。

相关分析发现，江苏各市的总和生育率与其经济发展水平呈负相关，出生一孩占比则与经济发展水平呈正相关关系。也即随着社会经济发展水平的提升，生育水平呈下降态势，而出生一孩占比呈上升态势。其中，人均地区生产总值与总和生育率、出生一孩占比的相关性最强。选取具有统计显著性影响的社会经济发展变量，即人均地区生产总值、人均可支配收入、第二/三产业就业人口占比、常住人口城镇化率以及流动人口占比，与江苏各市的总和生育率、出生一孩占比进行聚类，可将江苏各市分为三大类地区，第Ⅰ类包含南京、苏州、无锡、常州四市，均位于苏南地区；第Ⅱ类包含南通、镇江、扬州、泰州四市，除镇江外，均位于苏中地区；第Ⅲ类包含连云港、宿迁、淮安、盐城和徐州五市，均在苏北地区(详见图2)。与江苏的三大区域划分结果基本一致。

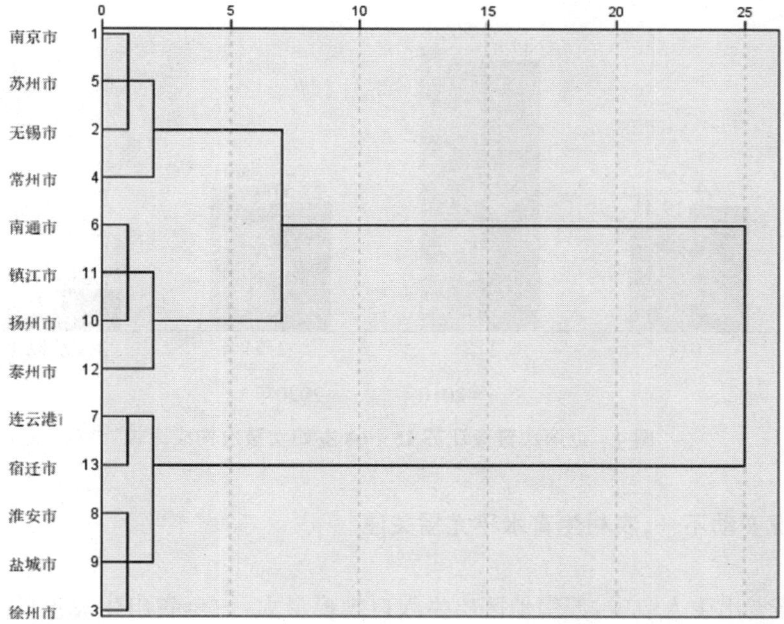

图2 聚类分析谱系图

三、晚婚晚育生育峰值后移，生育模式时空差异明显

婚姻与生育的关系通常呈现出早婚早育、晚婚晚育的特征。2020年初婚的江苏女性，其平均初婚年龄为29.66岁，与男性平均初婚年龄仅相差0.4岁，较2010年初婚女性的平均初婚年龄延迟近6岁。与之相应，2020年生育曲线呈现起点低、生育峰值年龄后移、峰值生育率下降、生育行为趋于分散的特点。具体而

言，生育峰值年龄由 2010 年 24 岁推延至 2020 年 26 岁；峰值生育率由 2010 年 101.49‰下降为 2020 年 95.15‰；25 岁之前年龄别生育率明显低于 2010 年，但 26－36 岁各年龄生育率均高于 2010 年，出现了明显的生育行为推迟的现象（详见图 3）。生育曲线的变化表明，随着社会经济的发展，江苏人口的婚育观念发生了根本变化。

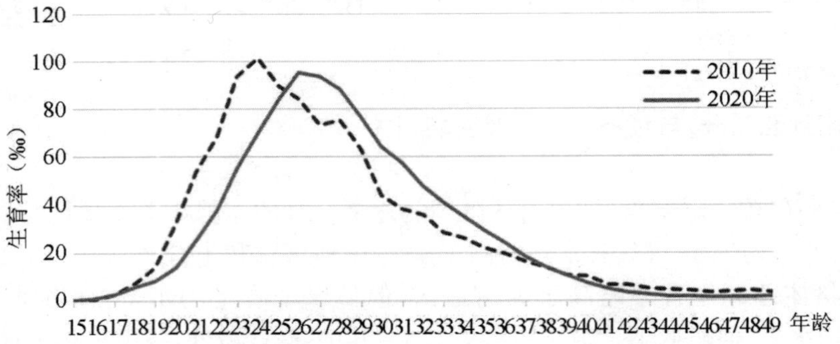

图 3　近两次普查江苏人口生育曲线比较

对比近两次普查的相关数据还发现，2020 年江苏省出生人口中，一孩、二孩、三孩及以上占比分别为 52.85%、41.74%和 5.41%。相比 2010 年，出生一孩占比下降约 15 个百分点，出生二孩占比上升约 14 个百分点，出生三孩及以上占比略有上升。江苏出生孩次结构的变动，主要体现在一孩、二孩占比的此消彼长，这既折射出适龄人群生育意愿的下降，也与两孩生育政策的实施有关。结合江苏省 15－64 岁妇女的孩次构成分析，一孩、两孩妇女占比均有所上升，且有两个孩子的女性占比增幅最大，间接说明两孩生育政策取得了一定的效果（详见图 4）。

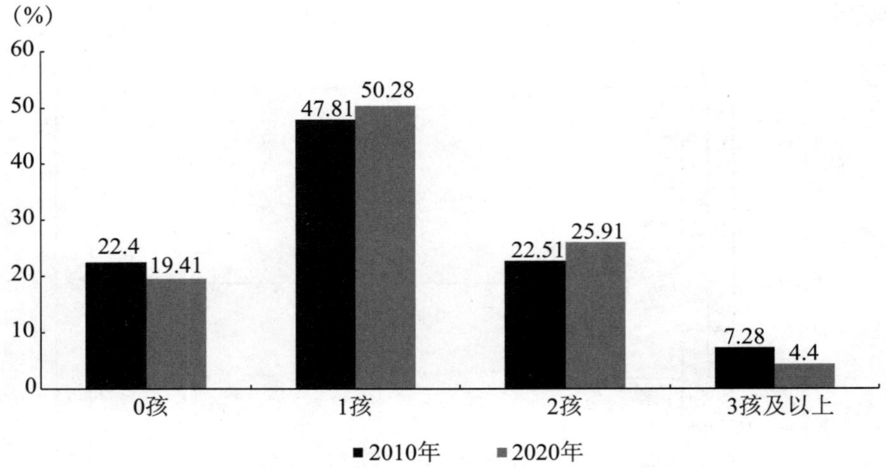

图 4　近两次普查江苏 15－64 岁妇女孩次构成比较

四、城乡生育状况变动不一，农村生育水平尤需关注

2020 年普查江苏省出生人口中，苏南地区出生人口规模最大，占全省出生总量的 44.26%；苏北地区次之，占 40.25%；苏中地区出生规模最小，仅占 15.50%。分城乡来看，城市出生人口占全省出生总量的 49.79%，接近二分之一；而镇、村出生人口占比分别为 26.29%和 23.92%，镇出生数略高于村。其中，苏南地区出生人口以城市出生为主，占比达 70.75%；苏中地区城乡出生人口构成与全省较为接近；苏北地区城市、镇、村出生人口占比较为接近，占比分别为 27.68%、38.29%和 34.03%（详见图 5）。

江苏人口总和生育率和终身生育率均呈现城市最低、镇居中、村最高的特点。与 2010 年相比，2020 年江苏省城市总和生育率由 0.85 提升为 0.97，镇维持在 1.12 不变，而村却由 1.27 降为 1.15。与此同时，对于江苏已度过育龄期的女性而言，随着年龄的增大，城乡女性的平均活产子女数、平均存活子女数都在增加，也即意味着随着时代的发展，城乡女性的终身生育水平均在下降，且乡镇女性的终身生育水平降幅较大

(详见表 2)。可见,无论是反映假设一代人的总和生育率,还是反映实际一代人的终身生育率,其变动情况均表明,江苏农村人口的生育水平降幅更大,生育问题尤需关注。

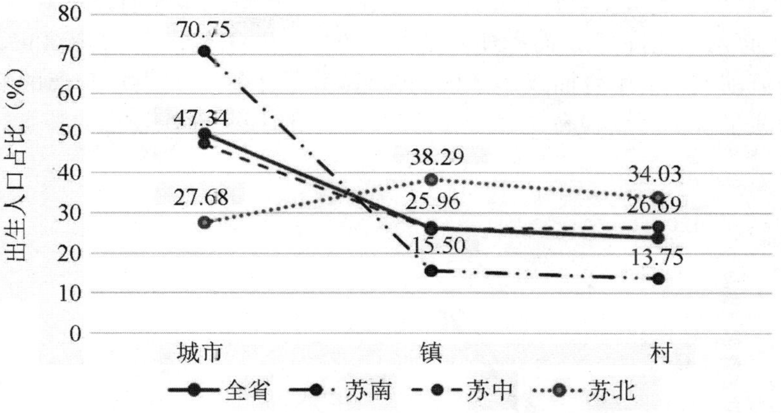

图 5　2020 年普查江苏各区域出生人口城乡构成

表 2　2020 年普查江苏分城乡女性终身生育水平

单位:个

年龄	城市		镇		村	
	平均活产子女数	平均存活子女数	平均活产子女数	平均存活子女数	平均活产子女数	平均存活子女数
50—54 岁	1.24	1.21	1.43	1.40	1.48	1.45
55—59 岁	1.28	1.25	1.52	1.49	1.60	1.56
60—64 岁	1.31	1.27	1.62	1.58	1.71	1.66

五、不同人群生育特点不同,需开展针对性宣传服务

江苏育龄妇女的生育水平和生育模式在不同人群之间存在明显差异。从受教育情况来看,初中文化程度者总和生育率最高,为 1.25;小学及以下文化程度者次之,为 1.16;随着受教育程度的提高,总和生育率大体呈下降的态势,研究生文化程度者总和生育率最低,约为 1.01。并且,随着女性受教育程度的提高,其生育峰值不断后移,初中及以下文化程度者生育峰值在 20—24 岁组,高中、大专、本科文化程度者生育峰值在 25—29 岁组,研究生的生育峰值则在 30—34 岁组;而出生一孩占比不断提高,出生二孩、三孩及以上占比大体呈不断下降态势(详见图 6)。总体来看,表现为受教育程度越高,延迟生育的可能性越大、生育水平也越低。

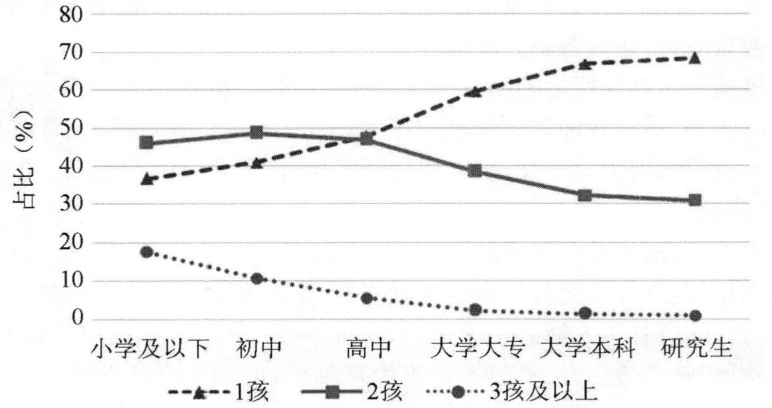

图 6　江苏不同受教育程度人口出生孩次构成比较

注:研究生包括硕士研究生和博士研究生。

流动人口是江苏人口的重要组成部分。2020 年江苏出生人口中，以本地户出生为主，占比为 51.91%；其次，是省外流入人口，占比 17.04%；然后，依次是市辖区内人户分离、县内和省内跨市人口出生，占比均在 10%左右；市内跨县人口出生数最少，仅占 3.34%。比较不同户籍人口生育水平，本地户、市辖区内人户分离、省内流动女性的生育水平均高于 1，而省外流入人口的总和生育率最低，仅为 0.93。且江苏本地户、市辖区内人户分离和省内流动人口的生育曲线形状较为接近，只是市辖区内人户分离的峰值生育率较高；而省外流动人口的生育曲线呈现出起点较高、生育峰值较低、生育曲线下面积较小的特点，提示需关注省外流入人口的婚育相关服务。

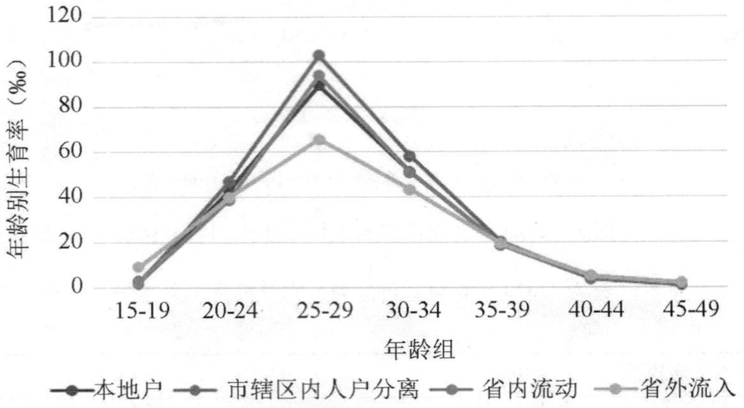

图 7　2020 年普查江苏不同户籍人口出生情况

注：省内流动包括县内、市内跨县、省内跨市的外来人口。

根据国家统计局调查，我国育龄妇女的生育意愿子女数为 1.8，而实际生育水平低于群众意愿生育子女数，表明部分群众的生育意愿没有得到满足。2021 年国家卫生健康委调查表明，育龄妇女生育意愿继续走低，平均打算生育子女数为 1.64 个。经济负担重、子女无人照料和女性对职业发展的担忧等因素依然是制约生育的主要障碍。针对本文分析结论及国内外相关文献研究结果，为实现江苏社会经济的高质量发展，亟须采取有效措施，构建生育友好型社会，充分释放江苏人口的生育潜能。建议如下：

（一）高度重视人口发展，加强出生人口监测

江苏各级政府部门应高度重视人口发展问题，促进各部门人口服务基础信息融合共享、动态更新，构建各地人口与产业质效、城镇空间、城乡治理、社会建设有机统一的联动调控机制，开展重大决策的人口影响评估。并在建立人口预测预报制度的同时，由统计局或卫健委牵头，加强年度出生人口的监测分析工作。

（二）利用经济发展优势，助力生育支持政策

江苏是我国社会经济发展强省，在生育配套支持措施方面，政府理应勇于承担更大责任。建议相关部门尽快根据江苏省各区域社会经济发展水平，出台以政府为主、企业单位和个人分摊生育成本的分类指导意见。对于积极雇佣女工、保障女性婚育权益的企业，予以一定的税收减免/贷款利率优惠。

（三）实行多元化生育支持，兼顾各类人群福利

江苏省政府应积极构建生育友好型的政策体系，在生育保险、生育津贴、子女教育及 3 岁以下婴幼儿个人所得税专项附加扣除之外，推动各种住房福利政策向两孩、三孩家庭倾斜，将有关独生子女保教费、医疗费等优惠政策推广至所有政策内生育子女，切实减轻家庭生育、养育、教育负担。同时，对于无工作/低收入家庭，可直接发放育儿津贴。

（四）加强婚育新风引导，形成婚育友好氛围

倡导新时代婚育文化，促进青年适龄婚育。各地各级团委、妇联、工会等组织积极发挥作用，为青年人搭建线上、线下交友平台，破解青年人择偶难题；倡导婚前体检、优生优育，逐步将辅助生殖费用纳入医保报销范围或增设相关保险，破解高龄生育、不孕不育等生育难题；鼓励夫妻共担家庭育儿责任，缓解女性工作和家庭发展的矛盾。

（五）坚持以人民为中心，积极应对低生育水平

低生育水平是社会经济发展到一定程度的必然产物。政府部门和社会各界应积极顺应时代发展，尊重群众自我价值实现、婚育生活方式选择的权利，积极开展全方位全生命周期的服务。面对少子老龄化，着力解决好“一老一小”问题。同时，全面推进乡村振兴战略，推动城乡区域基本公共服务均衡发展，有效解决农村空心化、老龄化问题；加快实现常住人口均等化全覆盖，降低外来人口生育、养育、教育成本。

南京邮电大学　尹勤　许鑫颖　马嘉琪　毛京沭
国家卫健委南京人口培训中心　黄慧娟
南京市教育科学研究所　汪朵

2020—2035年我国托育服务供需关系研究：基于“七普”数据测算

一、问题的提出

党的十九大以来，党中央高度重视托育发展，加快建立托育服务顶层设计和政策体系，托育服务发展取得初步成效。《国民经济和社会发展第十四个五年规划和2035年远景目标纲要》(以下简称“十四五”规划)进一步明确将“每千人口拥有3岁以下婴幼儿托位数”指标纳入20个经济社会发展主要指标之一，提出由“2020年每千人口拥有1.8个托位”提升到“2025年4.5个”的具体要求。但这个指标计算得出的总托位数是按照总人口作为分母来测算，是一个比较粗线条的指标。从家庭的需求侧来看，婴幼儿托位数的实际需求受到3岁以下婴幼儿数量和婴幼儿家庭的送托意愿的影响。而实际托位总需求又决定着相应的师资数据。要完成好“十四五”规划提出的宏观目标，就需要对托育服务的供给与需求变动进行精确的测算。

测算供给和需求的动态匹配涉及生育、死亡、现有需求规模和未来发展趋势，对数据来源提出很高的要求，需要有兼具权威、可信、时效的数据来源。现有托育服务供给和需求相关研究并不多，主要基于局部城市的托育需求调研结果，预测使用的生育死亡以及人口基数等关键性参数是以第六次人口普查数据为基础(梁文艳等，2014；王雅楠等，2022)，用来预测“十四五”及未来一个时期的托育供需关系仍显得准确性、时效性不足。同时，个别研究测算尽管考虑到了国家部委有关托育机构设置标准，但没有结合和对标《十四五规划》的宏观政策目标，也没有考虑家庭送托的意愿(洪秀敏等，2021)，对“十四五”及未来一个时期托育服务发展的指导性较弱。

第七次全国人口普查(以下简称“七普”)漏登率仅为0.05%，属于国际上公认的低漏登水平，提供了全国人口最新、准确、权威数据，为完成测算提供了高质量的数据基础性支持。基于此，本研究首先使用宏观的“七普”数据预测2020—2035年全国托育服务适龄人口变动趋势，通过微观的《2019年全国人口与家庭动态监测调查数据》(以下简称“2019年监测调查”)对当前有3岁以下婴幼儿家庭托育意愿进行分年龄测算，再根据婴幼儿家庭托育意愿测算托位需求总量和师资需求总量，并结合3—5岁幼儿园适龄人口的预测，为分析未来托育服务发展规划方向提出可行性政策建议。

二、数据与方法

(一)数据来源

根据“七普”数据确定预测基年的人口规模、年龄和性别结构、生育以及死亡等相关参数，分别预测2020—2035年全国出生人口、0—2岁托育服务和3—5岁幼儿园适龄人口变动趋势。

使用2019年监测调查数据，对当前有3岁以下婴幼儿家庭的托育意愿进行精细化分解。2019年监测调查采用分层、三阶段、与规模成比例的概率抽样方法，调查覆盖31个省(区、市)的218个市(地、州)，300个县(市、区)，1430个乡(镇、街道)，以托育、养育服务为重点，调查对象为截至2019年11月1日零时居住在中国的15—49岁中国籍育龄妇女(不包含港澳台地区)，共调查已婚育龄妇女44784人，涉及子女72812人，其中，3岁以下婴幼儿有效样本为9888人，对全国有较好的代表性。

(二)研究方法

1. 托育服务适龄人口预测方法

本预测模型使用队列要素方法，该方法是人口学科经典的、国际社会主流的预测技术手段，既考虑了预测区域性别分布、年龄分布等的效应，也关注到预测时期生育风险、死亡风险以及迁移风险等的变化。目前国内外三流的人口预测软件，MORTPAK 、Spectrum 和 PADIS-INT 均采用队列要素法对人口进行预测。这三种被广泛采用的人口预测软件都各有优势，特别是，PADIS－INT 在单岁组起始人口录入、模型生命表版本更新、参数设置的灵活性、更加多元的图表呈现等方面具备优势（翟振武等，2017）。且 PADIS－INT 将初始人口年龄的开口组固定为 100 岁及以上，更加符合寿命不断延长的中国实际①，本研究最终采取 PADIS－INT 进行预测。具体参数设定如下：

（1）人口基数

本预测起始年份为 2020 年，根据“七普”数据计算得出人口规模及性别、年龄结构。

（2）死亡水平与模式

人口预测的死亡水平是预测时期各个年份分性别的预期寿命。本研究预期寿命测算的起始年份采用《中国人口和就业统计年鉴－2021》②公布的男性和女性的平均预期寿命分别为 75.37 岁和 80.88 岁。本预测假设 2030 年分性别预期寿命达到《“健康中国 2030”规划纲要》③提出的男性预期寿命约为 76.50 岁，女性约为 82.10 岁的目标。假设 2050 年我国分性别预期寿命将达到当前世界预期寿命的最高水平④，即中国香港地区男性为 82.7，女性为 88.3 岁。其余年份均采用分性别平均预期寿命采用内插法得到。

关于死亡模式的参数设定，本研究直接采用 PADIS－INT 中寇尔德曼模型生命表（西区）模式，该模式通常认为与中国现实的死亡模式较为吻合。

（3）生育水平与模式

人口预测的生育水平是预测时期各年总和生育率，对生育率的设计是整个预测的关键参数，其中蕴含了预测者对未来一个时期生育水平的判断。本预测主要考虑借鉴与中国同属儒家文化圈的韩国、日本的总和生育率变动趋势，结合联合国人口司《世界人口展望 2022》对韩国、日本的生育水平预测判断，使用 2015－2020 年总和生育率的均值。事实上，根据儒家文化圈东亚国家做出预设的高方案、低方案与联合国人口司最新方案判断走向也保持一致。提出以下三种中国未来生育水平的预测方案：

一是高方案，到 2035 年总和生育率将回升至 1.5，2050 年总和生育率回到适度生育水平 1.8。二是中方案以日本为参照。假设 2025 年回升到 1.2，2030 年总和生育率上升到日本 2020 年的水平（1.37），到 2050 年上升到《世界人口展望 2022》预测的日本 2050 年生育水平 1.52。三为低方案以当前世界生育率最低的韩国为参照。假设 2025 年我国总和生育率降到韩国 2020 年水平（1.1），并持续到 2035 年，到 2050 年接近《世界人口展望 2022》预测的韩国 2050 年生育水平（1.32）。三种方案中间年份的总和生育率由内插法计算，生育模式为根据“七普”数据计算的全国生育模式，假设这一生育模式在预测期不变。虽然本研究预测了 2020－2050 年的数据，但是考虑到对托育服务资源布局的时效性，只报告 2020－2035 年的数据。

（4）出生性别比

2020 年的出生性别比为 111.25，假设出生性别比将在 2050 年降至正常范围 107，中间年份采用内插法计算。

（5）迁移模式

国际迁移对我国人口规模影响微乎其微，将国际迁移人数设置为 0 人，并使用系统默认的年龄别迁移模式进行迁移的测算。

2. 婴幼儿家庭托育意愿测算方法

根据 2019 年监测调查数据分解出分年龄婴幼儿家长报告的托育意愿。由于托育服务刚刚兴起，加之部分幼儿园已延伸开展托育服务，问卷调查发现部分家长将托育服务和学前教育混淆，因而在数据处理中，首先分析出婴幼儿家庭接受托育服务的现状；再进一步分析婴幼儿家长送托意愿；最后细化婴幼儿家庭的期待送托年龄。若婴幼儿已入托，则将婴幼儿初始入托时间视为“期望入托年龄”；若婴幼儿未入托，则将家长

---

① 《＜中国妇女发展纲要（2011—2020 年）＞终期统计监测报告》，国家统计局网站（http://www.stats.gov.cn/tjsj/zxfb/202112/t20211221_1825520.html），2021 年 12 月 21 日。

② 详见中国知网发布的《中国人口和就业统计年鉴》和中国经济与社会发展统计数据库（https://data.cnki.net/trade/Yearbook/Single/N2022040097?zcode=Z001）。

③ 《“健康中国 2030”规划纲要》，中国政府网（http://www.gov.cn/zhengce/2016－10/25/content_5124174.htm），2016 年 10 月 25 日。

④ 详见联合国人口司发布的《世界人口展望 2022》和《世界人口展望 2019》（https://population.un.org/wpp/Download/Standard/Fertility/）。

在问卷中报告的合适送托时间视为“期望入托年龄”。该调查 3 岁以下婴幼儿样本为 9888 人，其中，2653 名婴幼儿的家长有送托意愿。

三、托育服务适龄人口发展预测

(一)出生人口变动趋势

总体来看，未来我国出生人口再不可能回到过去的高水平(见图 1)。三种方案预测显示，2022—2035 年的出生人口保持低位运行，高方案出生人口总数在 1000 万—1200 万人之间，中方案则显示在 900 万—1100 万人区域内波动，低方案则在 2023 年开始低于 1000 万人，2025 年低于 900 万人，此后几乎一路下滑，至 2030 年的 830 万人，2035 年的 850 万人，2050 年约 770 万人。中方案预测结果。可以发现，未来 15 年，我国出生人口总量在 90 万—1100 万人以内小幅波动。

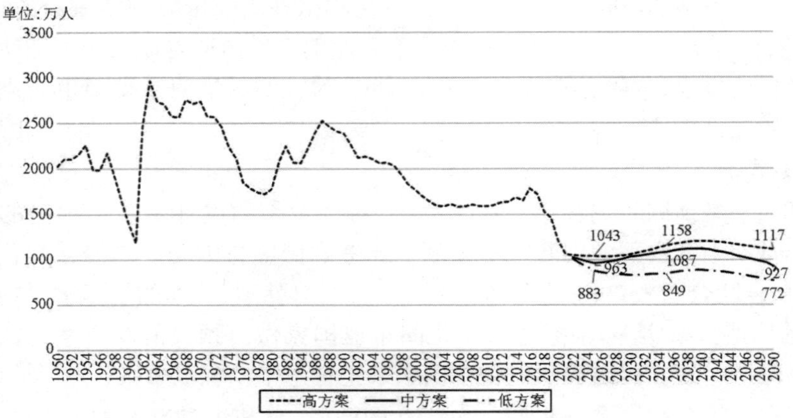

图 1　1950—2050 年我国出生人口数量变动趋势

(二)0—2 岁人口变动趋势

2020—2035 年全国 0—2 岁人口总数与出生人口保持同样波动规律(见图 2)。然而“十四五”期间是未来十五年 0—2 岁人口总量下降最快的阶段。中方案显示，2025 年 0—2 岁人口总量将从 2020 年 3816 万下降到 2898 万人，下降约 918 万人，降幅约为 24.04%。“十五五”期间和“十六五”期间，该年龄段人口变动幅度不大，为 135 万人。未来十五年，0—2 岁人口总量的低谷在 2027 年，为 2861 万人，之后在 2860 万—3200 万人波动。

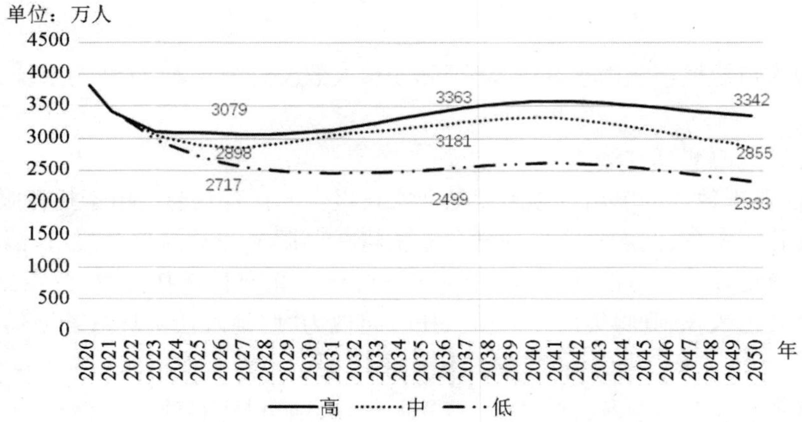

图 2　1950—2050 年我国 0—2 岁人口总量变动趋势

随着我国城镇化率不断提升，人口在城市和农村地区的分布差距将逐步拉大，0—2 岁人口进一步向城市地区聚集。未来城镇化率的变化依据联合国发布的《世界城市化展望 2018》对于中国城镇化率的预测[①]，并假设 0—2 岁人口的城镇化率和全国水平保持一致。中方案测算结果表明，“十四五”期间城市地区 0—2 岁人口总量持续下降，由 2020 年 2118 万人下降到 1787 万人，下降约 338 万人，降幅约为 15.96%。2026 年起，该年龄段人口总数开始回升到 2030 年的 1992 万人，2035 年达 2246 万人，之后稳定在 2300 万—2400 万人左右。而“十四五”期间，农村地区 0—2 岁人口总量快速下降远高于城市地区。

(三)3—5 岁人口变动趋势

从幼儿园适龄人口总量来看，高中低三种方案均显示(见图 3)，“十四五”期间该年龄段人口下降速度惊人。2025 年，学前儿童人口比 2020 年的 5148 万下降约 1900 万人，五年内将减少 37%左右。如果按照 2020 年幼儿园在园幼儿为 4818.26 万人来测算[②]，这意味着“十四五”期间幼儿园将出现 1700 多万空置学位。“十五五”期间，3—5 岁年龄人口将继续下行，高、中、低三种方案显示这一时期将分别下降 195 万、340 万和 662 万人，到 2030 年分别达 3053 万、2853 万以及 2544 万。“十六五”期间，学前适龄人口数量较为稳定。中方案和高方案显示，2035 年总量将在 3000 万以上；而低方案结果则显示，这一期间 3—5 岁人口总量基本保持在 2500 万人左右，到 2035 年约为 2458 万人，与中、高方案相差 500 万人以上。从分城乡情况来看，高中低三种方案均显示(见图 4)，无论城市还是农村，“十四五”期间幼儿园适龄人口也出现快速下降，且农村下降速度远快于城市，这意味着现有城市和农村地区的幼儿园均有大量空闲学位可以转移出来做托育服务。

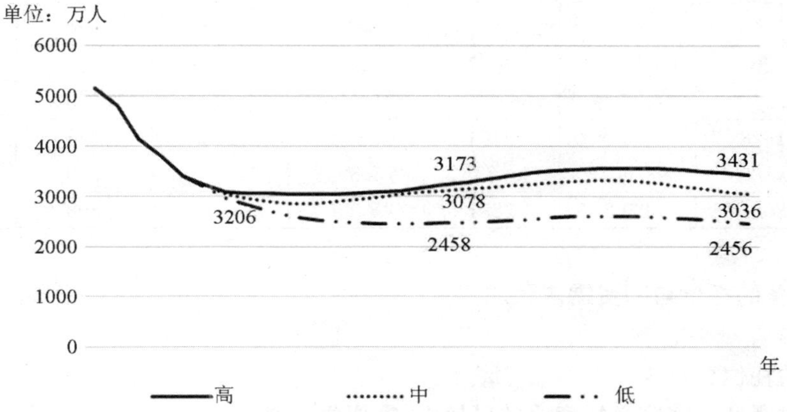

图 3　2020—2050 年我国 3—5 岁人口总量变动趋势

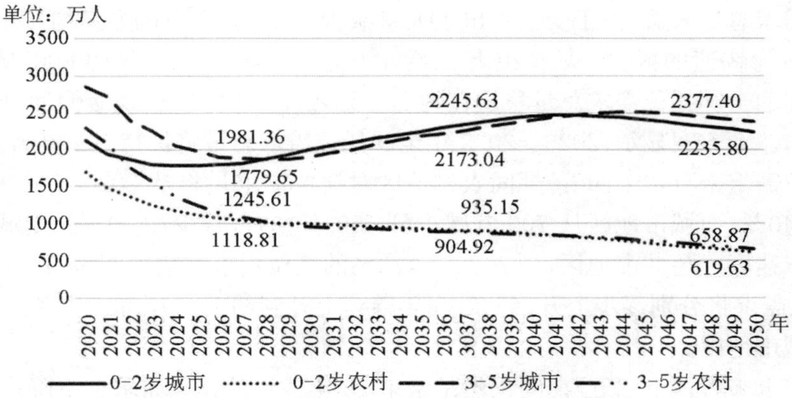

图 4　中方案下 2020—2050 年 0—2 岁及 3—5 岁城市和农村人口数[③]

① 《世界城市化展望 2018》(https://population.un.org/wup/Publications/)预测起始年份的城镇化率为 2015—2020 年的 55.5%，2025 年的城镇化率为 2020—2025 年的 61.4%，预测期内将五年作为一个时间截点，直到 2050 年预测期结束时，城镇化率为 78.3%，其余年份使用内插法进行计算。

② 《2020 年全国教育事业发展统计公报》，教育部(http://www.moe.gov.cn/jyb_sjzl/sjzl_fztjgb/202108/t20210827_555004.html)，2021 年 08 月 27 日。

③ 由于版面限制，仅展示中方案下的预测。

四、婴幼儿家庭托育意愿测算

托育服务的实际需求受到3岁以下婴幼儿数量的影响，同时，还受到婴幼儿家庭的送托意愿影响。因此，在测算0—2岁适龄人口数量基础上，还需要结合2019年全国人口与家庭动态监测调查数据分解出婴幼儿家长报告的托育意愿。

2019年监测调查数据显示(见表1)，当前我国婴幼儿家长具有托育意愿比例为26.83%，远高于当前家庭的入托比例2.98－4.5%[①]，农村家长有托育需求的比例为24.11%，而城镇家长有托育需求的为35.22%。由于婴幼儿发育通常以月龄计算，因此家长的送托意愿会随着婴幼儿年龄变化而发生较大变化。分年龄阶段看，年龄越大，有托育意愿的家长比例越高。对农村地区有托育意愿的家长群体中，期望孩子在0岁、1岁和2岁送托的占比分别为0.97%、6.40%和56.13%；城镇地区相应年龄的期望送托比例分别为2.93%、12.50%和76.09%。可见，农村和城市地区的父母，更偏向在2岁送婴幼儿入托；相较于农村地区，城市地区家长希望更早地将婴幼儿送到托育机构接受服务。

表1 婴幼儿家长的托育意愿

单位:人

入托意愿	农村				城镇			
	0岁	1岁	2岁	总计	0岁	1岁	2岁	总计
有意愿	20 0.97%	164 6.40%	1617 56.13%	1801 24.11%	19 2.93%	101 12.50%	732 76.09%	202 35.22%
无意愿	1628 99.03%	1936 93.60%	2104 43.87%	5668 75.89%	438 97.07%	533 87.50%	596 23.91%	1567 64.78%
总计	2062	2562	2881	7469	649	808	962	2419

五、全国托育服务的托位与师资需求预测

(一)托育服务的托位总需求

鉴于城市和农村婴幼儿家庭送托意愿差异较大，需要根据0—2岁托育机构适龄人口和婴幼儿家庭的期望送托年龄，分别计算出2020—2035年全国和分城乡家庭对托位需求总量(见表2)

从全国的托位需求总量来看，由于受到年出生人口减少的影响，高中低方案均显示，“十四五”期间托位需求总量也将经历较为快速的减少，从2020年的约1106万下降到2025年的800万左右，五年降幅约为30%。“十五五”期间的全国托位需求总量稳定在约800万，2030年之后出现缓慢回升，2035年托位总需求将回升到900万左右。低方案显示，2026—2035年全国托位需求总量将保持在700万左右。

从分城乡的托位需求来看，“十四五”期间农村地区对托位需求量将从2020年的400万降到2025年的240万左右，减少约40%；而城市地区从700万减少到550万左右，减少约20%。受城镇化速度的影响，农村地区托位需求缩减速度远超城市地区，到2025年，70%的托位需求都集中在城市。高、中、低方案均显示，2026年起，城市托位需求将分别逐步上升；到2035年继续上升到约710万、680万和535万，届时，77.5%的托位需求都集中在城市地区。

从年龄别托位需求来看，“十四五”期间仍然是未来15年各年龄托位需求量下降最快的时期。0岁婴幼儿的托位需求将从2020年的24万个快速降到2025年的约20万个，减少4万个左右；1岁婴幼儿的托位需求量从2020年的117万下降到2025年的98万，缩减19万个托位；2岁婴幼儿托位需求量从2020年的约965万下降到约700万，减少265万个。可见，未来五年托位需求的减少72%以上是来自于2岁婴幼儿托位需求的减少。“十五五”期间各年龄婴幼儿的托位需求基本保持平稳，“十六五”期间会出现小幅回升。

---

① 基于不同的调研结果得出的大致范围。

表 2　2020—2035 年全国托育服务托位总数需求预测

单位：万个

年份	农村			城市			全国		
	高	中	低	高	中	低	高	中	低
2020	397.98	397.98	397.98	708.85	708.85	708.85	1106.83	1106.83	1106.83
2021	327.45	327.45	327.45	615.93	615.93	615.93	943.38	943.38	943.38
2022	311.26	311.17	311.08	612.07	611.71	611.35	923.33	922.88	922.43
2023	270.28	269.55	268.82	561.31	559.01	556.71	831.59	828.56	825.54
2024	260.91	254.84	248.78	569.11	555.12	541.14	830.02	809.97	789.92
2025	251.86	241.08	230.31	577.33	551.90	526.46	829.19	792.98	756.77
2026	244.35	229.45	214.42	584.91	548.83	512.06	829.26	778.28	726.48
2027	237.32	219.43	200.41	593.39	549.14	500.59	830.71	768.56	701.00
2028	229.57	214.96	190.93	600.18	562.45	498.66	829.75	777.41	689.59
2029	222.95	211.30	182.66	609.78	578.38	499.09	832.73	789.68	681.75
2030	217.30	208.34	175.42	622.15	596.97	501.73	839.44	805.31	677.15
2031	213.86	207.28	170.15	635.58	616.27	505.15	849.44	823.55	675.30
2032	211.08	206.31	165.53	651.45	636.36	510.38	862.52	842.67	675.92
2033	209.01	202.52	161.61	670.18	648.99	517.68	879.19	851.51	679.29
2034	207.36	199.22	158.11	691.09	663.56	526.44	898.46	862.78	684.56
2035	205.66	195.94	154.67	712.79	678.70	535.55	918.45	874.64	690.22

（二）托育服务的师资总需求

保育人员质量是托育服务质量的核心内容，保育人员与婴幼儿配备比例是托育机构专业化和规范化的重要结构性指标，通常用来衡量保育人员的资源水平。根据国家卫生健康委员会 2019 年颁布《托育机构设置标准（试行）》①中对保育人员与婴幼儿配备比例标准的要求，即 0 岁婴幼儿为 1∶3，1 岁婴幼儿为 1∶5，2 岁婴幼儿为 1∶7，采用保育人员与婴幼儿配备比例作为衡量 0～3 岁婴幼儿保育人员需求量指标进行分年度预测（见表 3）。

表 3　2020—2035 年全国托育服务师资总数需求预测

单位：万人

年份	农村			城市			全国		
	高	中	低	高	中	低	高	中	低
2020	59.77	59.77	59.77	109.67	109.67	109.67	169.44	169.44	169.44
2021	49.48	49.48	49.48	96.07	96.07	96.07	145.56	145.56	145.56
2022	46.88	46.85	46.82	95.09	94.97	94.85	141.97	141.82	141.67
2023	40.94	40.77	40.61	87.95	87.39	86.84	128.89	128.17	127.45
2024	39.52	38.55	37.58	89.18	86.8	84.42	128.71	125.36	122
2025	38.16	36.48	34.8	90.49	86.32	82.15	128.65	122.8	116.95
2026	37.02	34.74	32.41	91.68	85.94	79.98	128.7	120.68	112.39
2027	35.95	33.27	30.33	93	86.18	78.32	128.95	119.45	108.65
2028	34.79	32.6	28.91	94.11	88.31	78.06	128.9	120.91	106.97
2029	33.8	32.06	27.66	95.66	90.85	78.17	129.46	122.91	105.83
2030	32.95	31.62	26.57	97.65	93.81	78.62	130.6	125.43	105.19
2031	32.44	31.45	25.78	99.79	96.81	79.19	132.23	128.26	104.97
2032	32.02	31.28	25.09	102.33	99.86	80.04	134.35	131.14	105.13
2033	31.71	30.71	24.5	105.29	101.87	81.21	137.01	132.58	105.71
2034	31.47	30.21	23.97	108.58	104.16	82.59	140.05	134.37	106.56
2035	31.21	29.71	23.45	111.98	106.53	84.01	143.19	136.24	107.46

① 《托育机构设置标准（试行）》，国家卫生健康委员会（http://www.nhc.gov.cn/rkjcyjtfzs/s7785/201910/3dee83fb6d1246329fb848430e232203.shtml），2019 年 10 月 14 日。

从全国来看，“十四五”期间，受到托位需求快速缩减的影响，托育机构保育人员需求量也较大幅度减少。三种方案均显示，保育人员需求量将从 2020 年的约 170 万人缩减到 2025 年的约 120 万，将减少约 50 万人。“十五五”期间，高、中两种方案均显示，保育人员需求量较为稳定在 120—130 万，低方案则显示，保育人员需求量将从 2025 年的约 117 万继续下降到 2030 年约 105 万。“十六五”期间，三种方案均显示，保育人员需求量将出现小幅回升。这一时期保育人员需求量的小幅回升与城镇化持续推进导致城市托位需求增加有密切关系。

六、托育服务供给与需求总量的动态匹配

无论参照哪种方案，我国 0—2 岁人口数量以及托育服务供需关系的发展态势趋同。2020 年我国现有托位数约为 254 万，《“十四五”规划》提出的“2025 年每千人口 4.5 个托位”的规划目标，即，到 2025 年全国托位供给总数要达约 632 万个托位，增加托位数约 378 万。假设婴幼儿家庭保持 2019 年托育需求不变，这一目标总量将满足 76—83%有送托意愿婴幼儿家庭的需要，我国托育比例可达 20%—22%，未满足的托位需求为 128—198 万个。但即便如此，“十四五”末期的托育比例仍然低于经合组织（OECD）国家入托率平均水平（33.2%）①，超过三分之一的国家 2 岁婴幼儿入托率超过 50%。但值得注意的是，考虑到 2025 年幼儿园适龄人口将比 2020 年锐减 1900 万人，“十四五”时期末幼儿园将可腾挪 1700 万个空置学位转为托育服务。

我国目前托育服务供给严重不足，无论是场地托位等硬件还是保育人员等软件，距离实现《“十四五”规划》提出的发展目标任务非常艰巨。未来五年内，推动幼儿园闲置服务资源转型托育服务是普惠托育服务体系建设最为经济高效的选择，也是促进托育服务与学前教育资源整合的重要举措。教育部门和卫生健康部门应尽快联合出台相关文件，一是积极推动幼儿园闲置学位改造成托位，适用于 0—2 岁婴幼儿成长；二是积极推动现有幼儿园师资经过培训专为托育机构托育人员；三是积极提升幼儿园管理人员水平，能够适应“一园两用”。四是重视托育机构建设质量和标准，与学前教育同规划、同部署、同推进。

尽管人口预测对人口趋势的长期预测具有很大不确定性，但这对于科学制定发展规划、前瞻性统筹托育服务体系具有深远意义。本研究的不足之处在于，一是生育水平变化具有不确定性，生育率依然面临很大的下行压力；二是婴幼儿家庭托育意愿可能会随着托育服务体系建设的完善而不断增强。由于没有当前更为准确的参数，本次预测仍然依据 2019 年的调查数据来假设 15 年内婴幼儿家长的送托意愿保持在当前水平。

首都经济贸易大学劳动经济学院教授、博士生导师　茅倬彦
首都经济贸易大学劳动经济学院硕士生　李宁
首都经济贸易大学劳动经济学院本科生　肖绘羽
首都经济贸易大学劳动经济学院博士生　莫华归

① 详见经合组织发布的家庭数据库（https://www.oecd.org/els/family/database.htm）。

1981年至2020年中国分省死亡模式转变及影响因素

1 引言

中国人口众多且各省的发展不均衡，以人均国民生产总值为比较指标，所有省市涵盖了从低收入国家到高收入国家跨越，各省死亡模式的转变也存在着明显差异。由于中国目前的许多社会保险政策包括全国统筹和省级统筹，死亡水平直接影响到各省社会服务需求的估计和精算保险的准确性，研究分省死亡模式的转变具有理论和实践双重意义。为此，本文利用历次人口普查和1%人口抽样调查，着重分析了1981～2020年选定省市死亡模式的转变和影响因素。

2 数据

本文所用数据主要为1982～2020年的人口普查和1%人口抽样调查中分年龄、性别人口死亡状况。1987年1%抽样调查只使用了1986年死亡数据。1990年人口普查使用质量较好的上半年死亡数据（Zhang，Li，1997），并将其翻倍得到全年的死亡人数（Zeng，Vaupel，2003）。

省份的选择根据《东西中部和东北地区划分方法》①，并考虑到每个区域所包含的省份数量、经济发展和数据可得性，选择上海、江苏和浙江作为东部地区的代表；江西和河南作为中部地区的代表；广西、陕西、贵州和甘肃作为西部地区的代表，共九个省份。上海是中国最大的经济中心；浙江是经济发达地区；江苏是东部地区的工业地带；河南和陕西的经济发展水平中等，是中部和西部地区的关键省份；江西产业以传统制造业为导向；甘肃和贵州是欠发达地区；广西的经济发展能力和潜力很大，也是少数民族的居住地。由于缺乏数据，本研究不包括东北三省。

3 分析方法

本文所用方法为：死亡率数据的调整，死亡模式的聚类，死亡模式转变的影响因素分析。数据调整使用Bayesian分层回归模型，详细过程见（李成，米红，2022），其中婴幼儿死亡漏报的先验信息借助China Subnational MDG 4数据②。

3.1 死亡模式的聚类

本文采用Gaussian混合模型（Fraley，Raftery，2002）分析同一时期选定省份死亡模式的异同。为了避免将死亡水平相近而非死亡模式相似的省份归入同一类，首先使用（Brass，1971）关联模型 $\text{logit}[q(x)]=\alpha+\beta logit[q_s(x)]$ 将分省出生预期寿命校准至对应时期的全国出生预期寿命。以各省校准前的生命表死亡概率作为标准死亡概率 $q_s(x)$，并让 $\beta=1$，然后用二分法（路磊，1991）将 α 匹配至全国出生预期寿命，得到校准后死亡概率 $q(x)$。再利用奇异值分解(SVD)对数据进行降维：

$$Y_{m\times n}=U_{m\times m}\Sigma_{m\times n}V^{\mathrm{T}}_{n\times n}$$

$$\hat{Y}_{m\times k}=Y_{m\times n}V_{n\times k} \tag{1}$$

式(1)将有 n 列的数据矩阵 Y 被简化为有 k 列的数据矩阵($k<n$)。前两个奇异值之和占矩阵 Σ 对角线

① http://www.stats.gov.cn/zt_18555/zthd/sjtjr/dejtjkfr/tjkp/202302/t20230216_1909741.htm

② https://vizhub.healthdata.org/subnationa./china

上所有奇异值之和的95%以上，令 $k=2$。

3.2 影响因素分析

死亡模式是年龄别死亡率的集合，单独分析每个年龄死亡率变化可能会导致结论不一致。本文借用相似指数（Zhao，2003）来计算模式指数 I_m 这一单一指标表示不同年份的死亡模式：

$$I_m=\frac{\sum_a^b |{}_nE_x-M|}{N} \tag{2}$$

计算方法如下：以1981年死亡模式为标准，计算在标准模式 $x\sim x+n$ 岁死亡率达到1982年及以后相同年龄的死亡率时的出生预期寿命，得到一系列这样的预期寿命。式(2)中 a 和 b 为最低和最高年龄，${}_nE_x$ 是前面得到的出生预期寿命；M 是 ${}_nE_x$ 系列的中位数；N 是年龄组数。因此，I_m 衡量的是1982年及以后的死亡模式与1981年的偏差。指数值越小，与1981年模式越相似。对于1981年死亡模式，$I_m=0$，所以后续分析的时间范围从1982年开始。

用变异系数 CV 量化1981～2020年死亡模式的变化程度：

$$CV=(s/\bar{u})\times 100\% \tag{3}$$

式(3)中 s 是 I_m 的标准差，$\bar{u}$ 是平均值。CV 值越高，变化越大。

3.2.1 空间相关性分析

以 I_m 为目标变量，地理上的相近导致不同省份 I_m 之间存在空间关联。本文使用全局 Moran 指数 MI 和局部 Moran 指数 $LISA$ 确定选定省份死亡模式转变是否存在明显空间聚集。全局 Moran 指数 MI 的计算如下：

$$MI=\frac{n\sum_{i=1}^n\sum_{j=1}^n w_{ij}(x_i-\bar{x})(x_j-\bar{x})}{\sum_{i=1}^n\sum_{j=1}^n w_{ij}\sum_{i=1}^n(x_i-\bar{x})^2} \tag{4}$$

式中 n 为研究区域个数，x_i 和 x_j 为 i、j 两地属性值，w_{ij} 是 i、j 两地的空间权重，$\bar{x}$ 是 x 的均值。显著性检验指标 Z 为：

$$Z=\frac{MI-E(MI)}{\sqrt{\mathrm{var}(MI)}} \tag{5}$$

$E(MI)$ 为 MI 的期望，var(MI)为 MI 的方差。若 MI 显著且为正，表明存在正向空间自相关，相似属性值（高值或低值）的空间单元趋于空间集聚，且 MI 的绝对值越大，空间自相关程度越高；若 MI 显著且为负，则表明存在负的空间自相关，相似观测值趋于空间分散分布状态。局部 Moran 指数 $LISA$ 的计算为：

$$LISA=\frac{(x_i-\bar{x})}{S^2}\sum_{j=1}^n w_{ij}(x_j-\bar{x})^2,\ S^2=\frac{\sum_{i=1}^n(x_i-\bar{x})^2}{n} \tag{6}$$

其检验变量的表达与 MI 相同。

3.2.2 多元线性回归

以 I_m 作为因变量，选取一些社会经济和医疗指标作为自变量，通过多元线性回归分析死亡模式变化的影响因素，自变量的重要性通过标准化重要性值 VIP（Greenwell，Boehmke，McCarthy，2018）予以衡量。先前研究多从社会经济发展、医疗资源、自然条件、生态环境和教育水平这五个方面（Caldwell，2016，Mondal，Hossain，Ali，2009，Zeng，Gu，Purser et al.，2010）分析死亡水平的影响因素。本文选取人均生产总值/元 X1 和65岁以上人口百分比/% X2 作为社会经济指标、每十万人口高等教育在校生数/人 X3 构建教育水平指标，以每千人口床位数/张 X4、每千人口卫生技术人员数/人 X5 构建医疗条件指标，作为影响死亡模式变化的分析框架。上述变量在回归分析时已经过对数化处理。由于相关环境指标从2003年起才开始统计，而本文研究时间范围起始于1981年，故未纳入环境指标。

3.2.3 地理加权回归

从死亡模式存在空间相关性可以推断出 X1～X5 影响因素也必然存在一定程度的空间相关，本文使用地理加权回归(GWR)反映影响因素的空间相关性：

$$y_i=\beta_0(u_i,v_i)+\sum_{k=1}^n\beta_k(u_i,v_i)x_{ik}+\varepsilon_i \tag{7}$$

式中(u_i,v_i)为第 i 个样本空间单元地理中心坐标，$\beta_k(u_i,v_i)$为样本空间单元 i 上的第 k 个回归参数，是地理位置的函数。

4 分省死亡模式的差异和相似性

4.1 差异性

图 1 显示贵州婴幼儿死亡率在九个选定省市中最高，广西和江西婴幼儿死亡率次之。上海婴幼儿死亡率在 2005 年前最低，在 2005 年后却与贵州有相近的水平。浙江在 2005 年前婴幼儿死亡率水平也较低，在 2005 年后也同样具有较高的婴幼儿死亡率。甘肃婴幼儿死亡率在 1990 年前具有较低水平，但在 1990 年后婴幼儿死亡率水平也逐渐升高。陕西、河南以及江苏婴幼儿死亡率水平在整个研究时期和全国模式相近。

陕西、河南少儿和青少年死亡率最低。甘肃少儿和青少年死亡率在 2005 年以前也较低，但在 2005 年后上升至和全国模式接近的水平。贵州少儿和青少年保持较高死亡率。广西男性少儿和青少年在 1995 年前具有较高死亡率，1995 年后和全国模式近似；女性在该年龄范围死亡率仅在 1995 年前后和全国模式接近，其余时间的死亡率也较高。江西、江苏和上海少儿和青少年死亡率在整个研究时期内和全国模式相近。浙江该年龄死亡率在 2005 年以前和全国模式接近，在 2005 年后死亡率也逐渐偏高。

广西和贵州的成人死亡率最高，甘肃、陕西、河南以及江西成人死亡率和全国模式接近。江苏成人死亡率在 2010 年前高于全国水平，2010 年后则同全国水平接近。浙江成人死亡率的变化则以 2005 年为分界，前期高于全国水平，后期接近全国水平。上海成人死亡率在 2000 年前接近甚至高于全国模式，在 2000 年后具有九个选定省市中的最低水平。

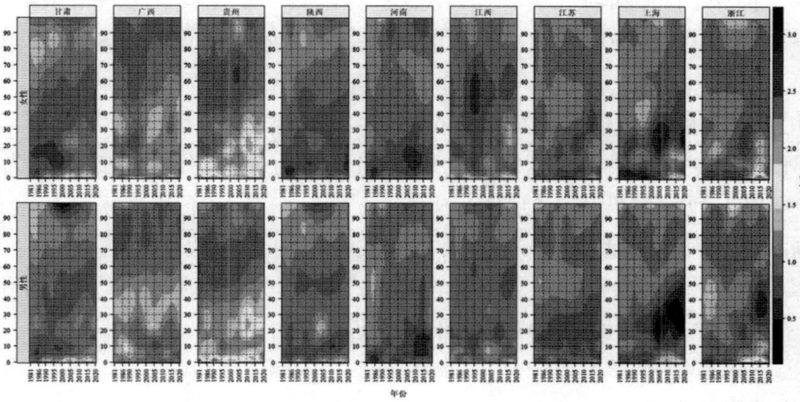

图 1 选定省市死亡模式与全国模式的差别

贵州男性 60～80 岁老龄死亡率最低，同时在 1990 年前广西和贵州老龄死亡模式相同。在 2000 年以前甘肃和陕西男性老龄死亡率超过全国模式，在 2000 年后河南老龄死亡率超过全国模式，其余时期除贵州外的八个选定省市 60～80 岁死亡率均同全国模式接近。广西和贵州女性 60～80 岁死亡率分别在 2000 年和 2010 年前具有相近的模式且在九个选定省市中最低。1986 年前河南以及 2005 年前甘肃、陕西和上海女性老龄死亡率较高，略高于全国平均水平。其余时期九个省市女性 60～80 岁死亡模式比较接近。

对于 80 岁以上高龄死亡率，1990 年前甘肃、陕西及河南的死亡率较高，广西较低，其余省市和全国模式接近。1990～2010 年中西部地区选定省份水平接近全国模式，其中广西高龄死亡率低于全国水平，甘肃男性高龄死亡率远低于全国水平，江苏、上海和浙江在此时期 80 岁及以上死亡率则较高。2010 年后西部地区四个选定省份和中部地区河南高龄死亡率接近全国模式，但江西水平比全国模式高。东部地区三个选定省市男性高龄死亡率较高，但女性高龄死亡率和全国模式接近。

4.2 相似性

1981～2020 年九个省市死亡模式的相似程度不断变化（图 2）。1993～1996 年、2005～2006 年、2009～2010 年九个选定省市死亡模式近似度较高。1993～1996 年九个省市的死亡模式，可以分成四类：甘肃、江西和江苏为一类，特点是男性具有低于或接近全国水平的 5～40 岁死亡率和较高的 80～90 岁死亡率，女性具有低于或接近全国水平的 35 岁以下和 65～80 岁死亡率；广西和贵州为一类，特点为男性具有接近或高于全国水平的 5～35 岁死亡率、低于或接近全国水平的 55 岁以上死亡率，女性具有较低的 40 岁以上死亡率；陕西、河南为一类，特点是男性和女性具有低于或接近全国模式的 70 岁以下死亡率；上海和浙江为一类，特点为男性 5 岁以下死亡率较低和 70～85 岁死亡率接近全国水平，女性 5 岁以下死亡率较低以及 10～30 岁、50 岁以上死亡率接近或高于全国水平。

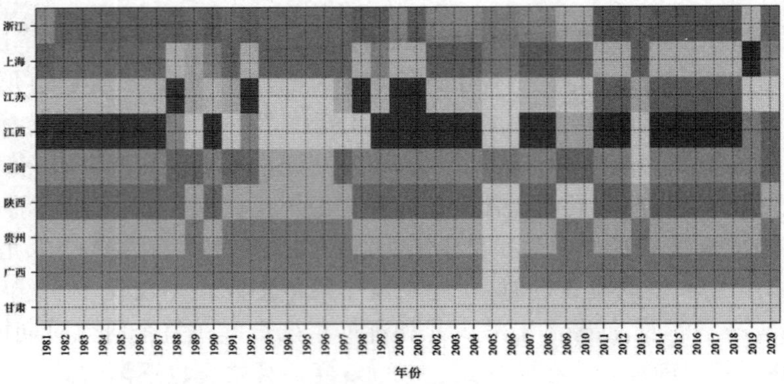

图 2　1981～2020 年选定省市死亡模式分类

注：图中颜色仅用于区分死亡模式类别，并无特指含义。

2005～2006 年九个省市死亡模式可以分成两类：甘肃、广西、贵州、陕西和江西、江苏为一类，特点是男性 5～15 岁和 55 岁以上死亡率以及女性 55 岁以上死亡率低于或接近全国水平，同时女性 10～20 岁死亡率接近或高于全国水平。河南、上海和浙江为一类，特点是男性具有低于全国水平的 5～30 岁死亡率，以及同全国模式接近的 30～50 岁和 60～70 岁死亡率；女性 15～35 岁死亡率低于全国水平，40～65 岁死亡率同全国水平接近。

2009～2010 年九个省市的死亡模式同样可以分成四类：甘肃、陕西和江苏为一类，其死亡模式特征为男性和女性 75 岁以下死亡率接近或低于全国模式。广西和贵州为一类，死亡模式特征为男性 20～35 岁死亡率高于全国水平，55 岁以上死亡率低于或接近全国水平；女性 40 岁以下死亡率高于全国水平，60 岁以上死亡率低于或接近全国水平。河南及上海为一类，死亡模式特征为男性低于全国模式的 5～25 岁死亡率和接近全国模式的 60～70 岁死亡率，女性低于或接近全国模式的 55 岁以下死亡率。江西和浙江为一类，特征为男性 10～75 岁死亡率和女性 15～80 岁死亡率低于或接近全国水平。

5　死亡模式变化的影响因素

5.1　省际差异

1981～2020 年选定省市死亡模式变异系数的差别较大，甚至同一省市男性和女性变异系数的差别也很明显，并且 I_m 均值和变异系数也不完全对应（见图 3）。东部地区选定省市死亡模式指数 I_m 的均值最低，西部地区省份 I_m 的均值最高，中部地区省份 I_m 的居中，且男性均值要高于女性均值，但变异系数并未展现出类似的特征。全国层面 I_m 的均值和变异系数和中部地区选定省份接近。

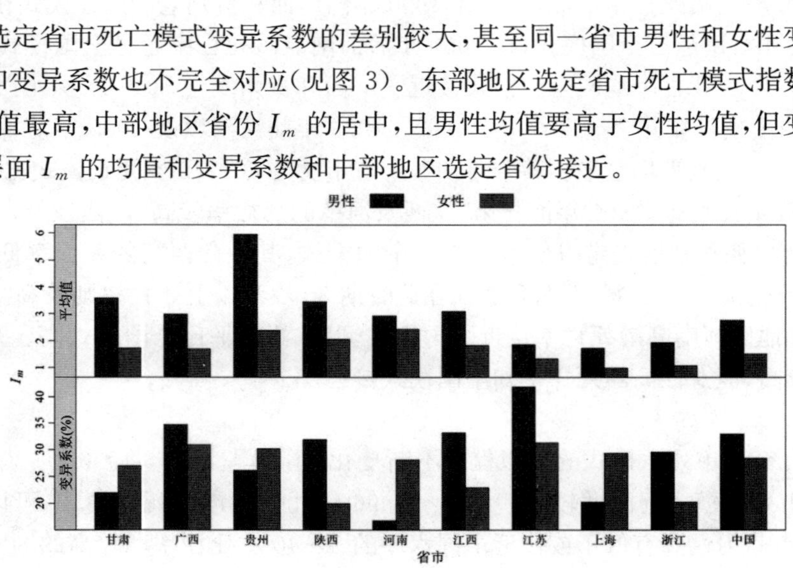

图 3　1981～2020 年全国及选定省市死亡模式指数 I_m 变异系数及均值

甘肃、贵州、河南以及上海的女性 I_m 变异系数大于男性系数。除河南外的选定省市男女 I_m 变异系数在 20%以上。江苏和上海 I_m 的均值较低，但变异系数较大。贵州 I_m 的均值较高，但变异系数较小。这种错位的现象表明选定省市死亡模式随时间的变化呈现出一种非平稳状态。

5.2 空间相关性

图 4 显示选定省市死亡模式的空间聚集性随时间不断改变。男性死亡模式在 1986 年以前和 2000 年以后、女性死亡模式在 1989 年以前和 2011 年后有比较明显的正相关，表明死亡模式变化较大的省市相邻，变化较小的省市相邻，同时也反映出选定省市男女死亡模式变化的空间聚集性并不一致。其余时期 *MI* 的显著性较低，选定省市对应时期的死亡模式的空间相关性较弱。男性死亡模式在 1990～1996 年、女性死亡模式在 1993～1996 年 *MI* 为负，似乎对应时期各省市死亡模式具有较大的空间差异，但很低的显著性表明这两个时期选定省市的死亡模式更多为空间随机分布。

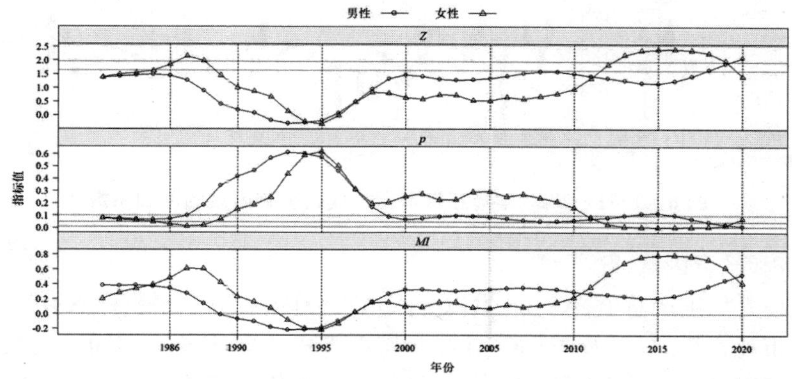

图 4 1981～2020 年选定省市死亡模式 *MI* 和显著性指标

1986 年、2000 年、2005 年、2010 年和 2020 年，广西男性死亡模式呈现出高—高类型，表明这些年分广西与周边省份的男性死亡模式转变存在明显的差异。1990 年、1995 年和 2015 年，趋势呈现低—高型，广西男性死亡模式转变程度低于周边省份。结合 5.1 节，上述现象原因为中西部省份的死亡模式发生了明显的转变。低—低模式主要出现在东部三省，1986 年的上海和浙江，2005 年的江苏，以及 2020 年的江苏和上海，说明东部省份的男性死亡模式变化不如其他地区省份明显。

高—高型女性死亡模式主要出现在 1986 年的甘肃和河南，2005 年的陕西，这三个省在相应年份的女性死亡模式变化也比较明显，周边省份的死亡模式变化也比较明显。1990 年、1995 年和 2000 年广西出现了低—高型，说明女性死亡模式的变化要弱于周边省份。江苏在 1990 年、2000 年、2010 年、2015 年和 2020 年，以及上海和浙江在 2015 年仍然出现女性低—低类型。

5.3 传统回归结果

图 5 和图 6 为多元线性回归系数与标准化重要性值 VIP。从全国层面看，男性死亡模式的变化主要受

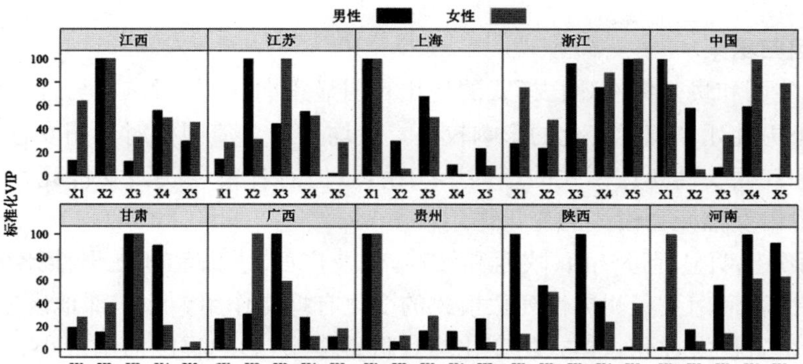

图 5 1981～2020 年选定省市死亡模式影响因素的标准化 VIP 值

注：X1：人均生产总值/元、X2：65 岁以上人口百分比/%、X3：每十万人口高等教育在校生数/人、X4：每千人口床位数/张、X5：每千人口卫生技术人员数/人。

人均生产总值、65岁以上人口比例和每千人口床位数的影响，并且人均生产总值的作用最强，其余两个因素的影响很弱。人均生产总值、65岁以上人口比例正向影响死亡模式，而每千人口床位数负向影响男性死亡模式。女性死亡模式的变化则主要受人均生产总值、每千人口床位数和每千人口卫生技术人员数的影响且每千人口床位数重要性最高，人均生产总值和每千人口床位数对死亡模式有正向作用，但每千人口卫生技术人员数的作用则为负向。

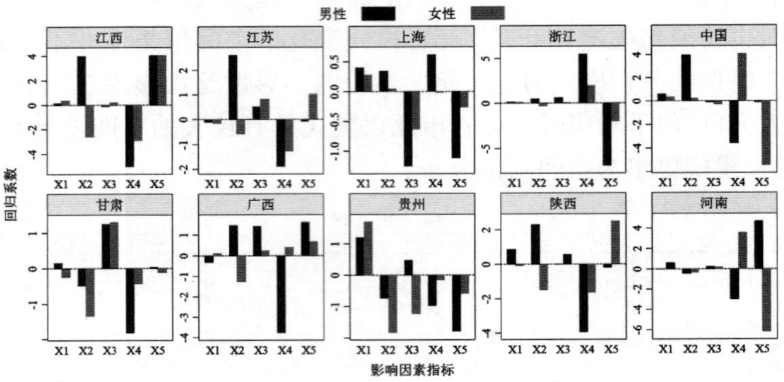

图6　1981～2020年选定省市死亡模式影响因素的回归系数

5.3.1　社会经济和教育因素

社会经济指标X1：人均生产总值、X2：65岁以上人口百分比、教育水平指标X3：每十万人口高等教育在校生数对九个选定省市死亡模式，以及同一省市男女死亡模式的影响各不相同。人均生产总值是贵州、陕西和上海男性死亡模式以及贵州、河南、江西、上海和浙江女性死亡模式的重要影响因素，回归系数为正也表明该变量促进了死亡模式的改变。65岁以上人口百分比对陕西、江西和江苏男性死亡模式以及广西、陕西和江西女性死亡模式有重要影响。然而男性和女性回归系数正负相反，表明65岁以上人口占总人口比例的增加会促使上述省份男性死亡模式变化，但会抑制女性死亡模式变化。每十万人口高等教育在校生数对甘肃、广西、河南、上海和浙江男性死亡模式以及甘肃、广西、陕西、江苏女性死亡模式有明显作用。男性回归系数表明该变量会造成甘肃、广西、河南和浙江男性死亡模式的变化，但倾向于使上海男性死亡模式保持稳定，女性回归系数表明每十万人口高等教育在校生数会对女性死亡模式的变化有促进作用。

5.3.2　医疗条件因素

医疗条件指标每千人口床位数对甘肃、河南、江西、江苏和浙江男性死亡模式以及河南、江西、江苏和浙江女性死亡模式的影响较为显著。该指标倾向减少除浙江外其余四个省份男性死亡模式的变化，以及减少江西和江苏女性死亡模式的变化，但会促进浙江男性死亡模式、河南及浙江女性死亡模式的改变。

每千人口卫生技术人员数对死亡模式的重要性在五个选取指标中最低，仅对河南和浙江男性和女性死亡模式有比较重要的作用，且倾向于使河南男性死亡模式发生改变，但使河南女性死亡模式以及浙江男女死亡模式保持恒定。

5.4　地理加权回归结果

人均生产总值对陕西和贵州男性死亡模式的变化有明显正向作用，对广西男性死亡模式的变化存在阻碍，但对其余六个省市男性死亡模式变化的影响较小。人均生产总值同样对贵州女性死亡模式的变化有明显正向作用，对河南和江西女性死亡模式的正向影响稍弱，但对甘肃和陕西女性死亡模式的变化有明显阻碍，同时对其余四个省市女性死亡模式的变化作用较小。

65岁以上人口百分比明显促进江西、陕西和江苏，以及广西、上海和浙江男性死亡模式的变化，但影响程度逐渐递减，而对甘肃、河南及贵州男性死亡模式的变化有抑制作用。除东部地区三个省市外，65岁以上人口百分比对其余七个省份女性死亡模式的变化均有阻碍作用，影响程度河南最小、江西最大，西部地区四个省份位于其中。

每十万人口高等教育在校生数对除上海外其余省份的男性死亡模式变化均有正向影响，影响程度甘肃和广西最大，陕西、河南及江西最小。每十万人口高等教育在校生数对除贵州外其余省市女性死亡模式的变化均有促进作用，且对甘肃、陕西和江苏的影响较强，而对贵州女性死亡模式的改变则有明显抑制作用。

每千人口床位数只对浙江男性以及河南女性死亡模式的变化有明显的正向作用，对其余省份男性和女性死亡模式的变化为负向作用或影响可以忽略。

每千人口卫生技术人员数对中部地区两个省份男性死亡模式的变化有显著促进作用，对贵州和浙江男性死亡模式的变化却有阻碍且对后者影响程度大于前者，对其余五个省市男性死亡模式的变化也有促进作用但影响程度较低。每千人口卫生技术人员数对除河南以外省市的女性死亡模式变化均有比较明显的正向影响，其中对陕西和江西的作用最为突出，对河南女性死亡模式的变化有明显抑制作用。

6 结论

本文分析了九个选定省市的死亡模式转变，结果显示，所选九省的死亡模式的差异随时间而变化，贵州婴儿和儿童死亡率最高，其次是广西和江西。陕西和河南的婴儿和儿童死亡率最低。广西和贵州的成人死亡率最高，而上海在2000年后是九个省份中成人死亡率最低的。贵州的60至80岁的男性死亡率最低，而老年女性死亡率最低的省份随时间变化。1990年至2010年，东部地区80岁以上死亡率较高，2010年后东部地区的三个选定省份的老年男性死亡率较高，但老年女性死亡率与全国模式接近。1981～2020年九省死亡模式的相似程度不断变化，只有在1993～1996年、2005～2006年、2009～2010年和2020年，死亡模式比较相似，其余时间的相似程度较低。

死亡模式的平均转变程度在东部地区选定省份最低，在西部地区选定省份最高，在中部地区选定省份居中。然而，每个选定省份的死亡模式变化的分散性没有明显的地理特征，与平均变化没有明显关系。在1986年以前和2011年以后，九个选定省份的死亡模式变化之间存在着相对明显的空间相关性。局部分析的结果显示，男性和女性死亡模式转变主要集中在广西和东部省份。

对人均国内生产总值(GDP)、65岁以上人口比例、每十万人口高等教育在校生数、每千人医院床位数和每千人卫生技术人员人数这五个因素在死亡模式转变中的重要性的分析表明，在选定省市中死亡模式转变的主导影响因素并不一致，在同一省中男性和女性对死亡模式转变的主导因素也不同。如果孤立地考虑每个省，人均GDP和每十万人口高等教育在校生数这两个指标在大多数省份的死亡模式转变中起着主导作用；如果考虑空间相关性，五个因素的方向和强度在各省之间存在差异。

同一地理区域内选定省份死亡模式没有明显的相似性，表明各省死亡模式有其独立的演变轨迹。从政策建议的角度看，各省养老保险政策的制定应以全国层面为基准，再根据各省人口的健康和死亡状况选择不同的目标和主要对象。

对死亡模式转变的影响因素的分析表明，在制定某一地区的降低死亡率或卫生政策时，不能孤立地考虑每个因素的作用，应观察同一因素对不同地区的反馈。例如，人均GDP对贵州死亡率变化的正向影响最为明显，但对相邻的广西的影响却是负向的；每十万人中的大学生人数对甘肃女性死亡模式变化有强烈的正向影响，但对贵州女性死亡模式变化却有明显的负向影响，这说明经济因素对广西和教育因素对贵州的调节作用没有得到充分发挥。因此，政府在制定影响死亡率和健康状况的政策时，应认真考虑各地区的特点，考虑省际差异，实现政策的最优化配置。

浙江大学公共管理学院 李成

从近三次普查数据分析我国老年人口死亡率分布特征

死亡统计是生命统计，也是人口统计的核心。死亡对群体而言，是人口数量的减少；而对个人而言，意味着生命的消失。现代人口大量的流动伴随着大量失踪和失联人口，登记死亡人数低于实际；死亡事件发生地和死亡人口户籍地的差异，增加了死亡人口登记的复杂性；死亡登记时间的不一，可能导致若干死亡统计误差。

死亡人口数量是计算人口死亡率、死亡概率的基础，也是人口生命表和出生时预期寿命分析的基础。预期寿命是人类发展指数——HDI的重要指标之一，且被列入国家及各级政府"十四五"规划考核范围中。此外，死亡率高低不仅是衡量地区卫生医疗水平和人们生活质量的基础指标，影响着人口再生产，及国家社会保障政策、老年福利政策的制定。随着老龄化的发展，我国人口粗死亡率呈明显增长趋势，尤其老年死亡率下降迅速。人口死亡率的研究逐渐引起了政府和学者的重视。

一、研究进展

死亡研究具体可分为死亡人口、死亡率时间空间演变的实证性研究，及死亡率模拟和估计、生命表研制方法论等几个方面，更多的两者兼有之。

1. 方法论研究

由于死亡登记迟缓，若干地区出现死亡人口的漏报、迟报，死亡人口年龄的错报及死亡时间的误报，由此造成死亡率报告的不准确。20世纪70年代开始很多人口学家、数学家和统计学家。提出了很多死亡率估计、调整方法。1975年英国学者布拉斯（W. Brass）提出平衡方程估计死亡率方法，1981年贝内特（G. Bennett）和霍留奇克（S. Horiuchich）提出非稳定人口生存率调整估计方法，1984年普雷斯顿（Preston）和寇尔（Coale）提出死亡率登记完全性的估计、调整方法。然而，每一种方法都有其本身的假定及其对资料的要求，每一种方法都有其固有的优缺点及其对稳定人口和封闭人口的特殊要求。Cairns等（2006）提出了一个基于罗吉斯蒂转换的相对简洁的拟合高龄人口死亡率的模型。Lee－Carter将过去几十年的人口年龄别死亡率，分解为随时间变动及随年龄变动的两部分，通过其随时间变化挖掘其变化规律，从而对未来死亡率的变化趋势进行预测。由于Lee－Carter模型中的时间项变量常常需要长时间的年龄别死亡率历史数据，而我国除了几次人口普查外，可用的年龄别死亡率数据有限，运用Lee－Carter模型的死亡率建模很难克服这样的限制。2021年王广州以经典的Lee－Carter死亡率模型为工具，采用中国1994－2019年死亡数据，采用奇异值分解（SVD）、最小二乘法（OLS）、加权最小二乘法（WLS）和极大似然法（MLE）等方法研究中国人口平均预期寿命预测问题。理论上，学者可从我国卫生部门的居民病伤死因登记系统得到按死亡原因分类的死亡数据，及从公安户籍登记工作得到死亡登记数据。但前者是从不同的大中小城市和一、二、三类农村抽样的结果。由于没有包括经济环境较差的第四类农村地区，登记的死亡水平明显偏低。公安登记制度仅记录了死亡人数，缺乏其他人口信息；同时漏报和迟报人数多，公安系统数据所反映的死亡水平也是偏低的。每5年1%抽样调查数据及每年人口1‰抽样调查也包含死亡人数数据，但整群抽样，资金不到位，抽取比例仅为预计样本的七、八成左右（每年相当于100万人口进行年龄别死亡率调查）。年龄组死亡率一般仅为千分之几，而人口本身抽样误差加上死亡率抽样误差，年度死亡率数据可信程度低。考虑到不同来源数据质量差距和冲突，我国学者大多采用普查数据，而非登记或抽样数据分析死亡率。

2. 实证研究

1994年梁鸿运用世界银行的《世界发展报告》数据分析认为，婴儿死亡率、出生时预期寿命与地区经济发展水平（用人均GDP做代表）相关，并用人均GDP的平方根及人均GDP的自然对数作为自变量来分析其与婴儿死亡率的线性关系。期望寿命的复相关系数 R 值为 0.8735，婴儿死亡率的 R 值为 0.8491，相关系数具有显著意义 P(<0.01)。可解释期望寿命、婴儿死亡率差异的 76.30%、72.08%。1995 年三普我国 28 个省区直辖市的女性死亡概率分布 Brass 两模型分析、Basia 四参数模型和 Ewbank 四参数模型分析表明，1981 年我国女性死亡率大致可以分为两大类、两个散类和五大型。

死亡率数据质量分析方面：1993 年翟振武认为，“四普”中人口死亡率偏低，尤其是离调查时偏远时期的婴儿死亡率。1994 年海姆斯（Himes）和布雷斯顿（Preston）等认为，在中高年龄段男女性死亡率的 Logit 函数与年龄 x 可能存在着较强的线性相关关系。2005 年黄荣清用四普、“五普”人口留存率来估计“五普”死亡漏报比例，使用相对模型生命表的基本思想，利用两次普查的数据证明了人口死亡漏报确实存在。2015 年宋健、张洋从理论和实证两个方面分析了婴儿死亡漏报对平均预期寿命的影响，并用聚类分析和空间自相关分析探究了婴儿死亡漏报的可能水平，及其对平均预期寿命影响的地区差异。

二、“七普”中我国老年人口死亡率分布特点

本文研究死亡数据采用全国第五次、第六次、第七次人口普查公布的全国（市镇乡）60－95 岁男女 1 岁组死亡人数及年死亡率，也包括全国第四次人口普查 60－85 岁男女死亡人数。年龄别死亡人数及平均人数，源于国务院人口普查办、国家统计局人口出版的《中国 2000(2010、2020)年全国人口普查资料》。由于实际死亡率和(多)模型拟合值之间的差异在 96 岁前都很小，96 岁后差异不断增大。再考虑到“七普”中 96 岁以上男性老人死亡率明显低于女性老人，有违常理。这里以全国 60－95 岁老年人口年龄别死亡率 m_x 为例，探索我国老年人口死亡规律。

1.“七普”中死亡人口的年龄性别差异

“七普”中我国男性死亡人口多于女性、死亡率高于女性。我国 95 岁以下，各年龄段男性死亡率全面高于女性。就死亡人口数量而言，2019 年 11 月－2020 年 10 月各年龄段我国男性合计死亡人口 461.7 万比女性 334.9 万多 37.9%（126.8 万人）。同期，我国婴儿死亡率为 5.66‰（男婴死亡率高于女婴，分别为 6.40‰、4.87‰），明显高于“六普”时（3.82‰、3.73‰和 3.92‰）。“六普”中婴儿死亡率过低的质疑得到了证实；同时，与世界大多数国家类似——男婴死亡率高于女婴死亡率，不同于前几次普查。“七普”中我国男性在 85 岁以下各年龄段死亡人口多于同龄女性，85 岁以上死亡人口略少于女性（图 1）。2019－2020 年我国死亡人口主要集中在 60－89 岁年龄段，男女死亡人口分别为 355.97 万、279.47 万人，占男女死亡总数的 77.1%、83.5%，该年龄段女性死亡集中程度更高。

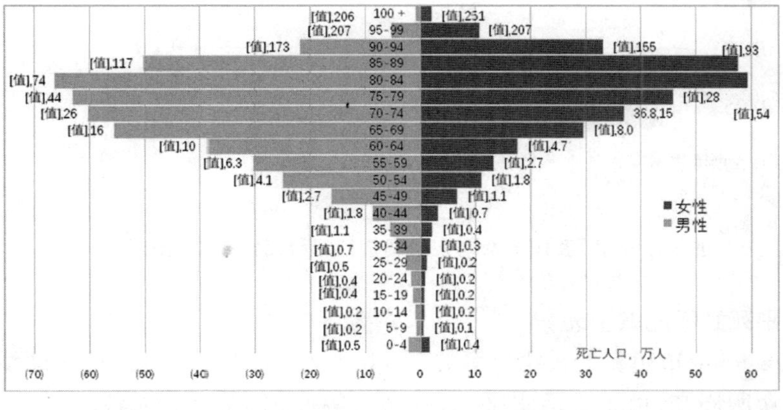

图 1 “七普”中我国死亡人数及死亡率年龄性别金字塔

注：图中逗号前是该年龄组死亡万人数，逗号后是该年龄组死亡率，‰

2.“七普”中我国男女老人年龄别死亡率分布特征

使用三普、四普数据时发现，我国 50－89 岁年龄组人口死亡率通过 Logit 变换后与死亡年龄有着十分密切的线性相关关系。第七次人口普查中，对我国男女 60－95 岁老人各年龄死亡率 m_x 取 Logit 函数（$Y_x = -\ln(m_x/(1-m_x))$）后，分析发现 $Y_{男,x}$、$Y_{女,x}$ 随年龄 x 呈线性变化趋势的规律依然稳定。

$$Y_{男,x}=11.024-0.1033*X(年龄,岁),\ R^2=0.9982\quad (x=60,61,\cdots 95) \tag{1}$$

$$Y_{女,x}=13.163-0.1251*X(年龄,岁), R^2=0.9991 \quad (x=60,61,\cdots 95) \tag{2}$$

在方程(1)、(2)中,α是男女老人死亡年龄参数截距 11.024、13.163,截距大表示老年人口平均死亡水平低;β是斜率−0.1033、−0.1251,其绝对值大表示死亡率随年龄变化快,死亡年龄的四分位差小(死亡人数年龄集中程度高)。(1)、(2)公式表示,我国 60—95 岁(n=36)老年人口死亡率的 Logit 函数随年龄呈线性变化,其决定系数(R^2)分别高达 0.9982、0.9991。即其解释死亡率随年龄变化的 99.82%、99.91%,这也是最近三次普查中最高的。女性老人死亡率的模拟程度好于对男性老人死亡率模拟。女性老人的平均死亡率低于男性老人;在 90 岁后年龄别死亡率性别差异减小,趋于一致。女性 60—95 岁老人死亡率随年龄变化略快(β绝对值较大),男性较缓(图 2)。图 2 中虚线(估算值)高于实线(实测值),如 60—62 岁、80—90 岁,即实际调查死亡率高于估算的死亡率①;相反,虚线低于实线,如 65—75 岁,表示实际死亡率低于估算的死亡率。

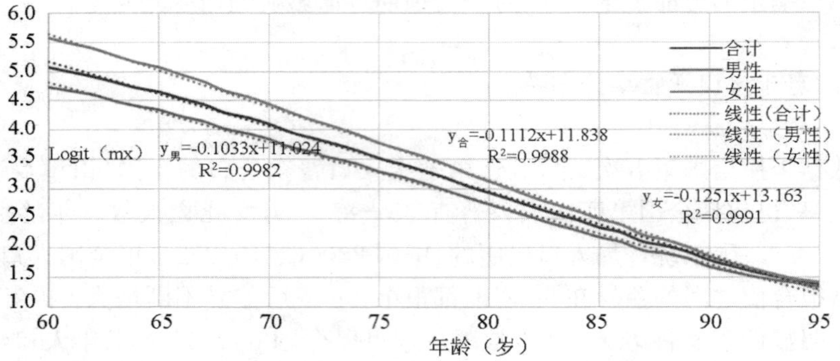

图 2 "七普"我国男女各龄老人死亡率 Logit 变换值随年龄变动(n=36)

若将图 2 中的 Y_x 值还原为 2020 年我国各龄老人死亡率 $m_x=1/(1+\exp(Y_x))$,可以得到图 3。将 60—95 岁(36 个年龄组)年龄老人死亡率观测值和估算(理论)值之差作为绝对误差,而每岁绝对误差与该年龄估算值的比称作相对误差。则"七普"中 60—95 岁男性、女性老人死亡率估算的平均绝对误差为 2.76‰、1.99‰,36 个年龄组男女平均相对误差为 3.40%、2.91%。即"七普"中女性死亡年龄调查和统计误差明显低于男性,女性死亡率调查数据质量较男性为好。

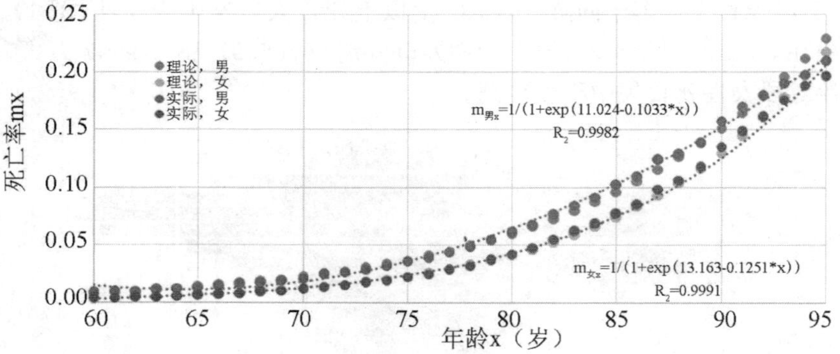

图 3 "七普"我国男女老人的调查(实际)死亡率和理论死亡率

3. 老年人口年龄别死亡率的城乡差异

"七普"中我国 60—95 岁市镇乡老人死亡率的 Logit 变换,随年龄变化同样呈现线性变化趋势,如公式(3)、(4)和(5)所示。众所周知,由于生活水平、医疗条件等原因,城市老人各龄死亡水平远低于城镇,"七普"中城镇老人各龄死亡水平略低于乡村老人;城市老人死亡年龄集中程度(死亡年龄四分位差小)高于城镇,城镇老人死亡年龄集中程度高于农村。分析表明,"七普"中 60—95 岁城市、城镇和乡村老人死亡率估算的平均绝对误差(各岁年龄死亡率平均误差)是 1.48‰、1.67‰和 1.97‰,平均相对误差为 3.48%、2.80%和 4.25%。就平均相对误差而言,城镇老人死亡统计质量略高于城市,城市老人死亡统计质量高于乡村。

① 死亡率的估算值是否是死亡率真实值可能存在争议,绝对的死亡真实值难以找到。但老人死亡民间叫做"白喜事",老年人口外出迁移、流动少和死亡漏报、迟报少是不争的事实。因此,各年龄组老年人口死亡率估算值接近该年龄死亡真实值。

$$Y_{市,x}=12.605-0.1181*X(年龄,岁), \quad R^2=0.9987 \quad (x=60,61,\cdots 95) \tag{3}$$

$$Y_{镇,x}=11.814-0.1111*X(年龄,岁), \quad R^2=0.9987 \quad (x=60,61,\cdots 95) \tag{4}$$

$$Y_{乡,x}=11.402-0.1072*X(年龄,岁), \quad R^2=0.9978 \quad (x=60,61,\cdots 95) \tag{5}$$

4."七普"中我国各地老年死亡人数占比的地区差异

由于人口老龄化,我国各地人口粗死亡率在缓慢上升,2020年达到5.65‰。人口粗死亡率受经济发展的影响十分大,由于各地人口年龄构成不一样,2020年我国各地粗死亡率受经济发展的影响不大,2020年我国各地人均GDP和各地粗死亡率的线性相关关系为-0.181,无法通过统计检验。

"七普"中,我国60、80岁及其以上死亡老人占该地死亡总人数之比为82.1%、38.5%。研究发现,2020年31省区市中人均GDP越高的地方,60(80)岁及其以上老人死亡占比越高,其间相关系数分别为0.617(0.782),通过了显著性水平为0.001的统计检验。这说明,经济发展程度高、医疗保健好地区,老人寿命长,如北京、上海、江苏、浙江、天津等地,60(80)岁及其以上老人死亡占比大,死亡人口平均年龄、年龄中位数高。

最近几十年,我国经济快速发展,竞争加剧、压力加大、久坐少动的生活方式,加上高糖高脂高盐的饮食造成人们营养过剩,人口死亡模式发生了很大变化。在缺医少药时代,我国人口死亡原因是以急性传染病、突发疾病为主;而在人口老龄化时代,以老年机体衰老、慢性退行性疾病为主。心脑血管疾病、癌症等慢性病成为威胁老人健康的主要因素。其次,由于平均预期寿命的延长,人的机体全面衰退导致的慢性病,使我国失智失能等认知症患者大量发生。由此造成目前我国老年慢性病不可逆转、难以治愈,且带病存活时间长。这将给我国社会医疗保障造成很大压力。

5."七普"中我国各地老年死亡率的分类

"七普"提供了各省区直辖市5岁组的人口死亡率和相应人数,但是缺乏5岁组的平均人数,并且有些省区死亡人数较少,容易造成计算误差。于是,我们将"七普"中全国老人死亡率作为标准,计算各地65-69岁、75-79岁、85-89岁死亡率及其Logit变换数值。其次,计算各地人口年龄组死亡率Logit值与全国人口死亡率(标准死亡率)Logit值的相关关系,得参数值(回归系数)α和β;将我国31个省区市参数值α和β进行标准化处理后,进行距离聚类分析。由此发现,2020年我国31地区的死亡率大致可以分为两大类和1个散类:宁夏是比较特殊的散类,一大类是西部东北部型(包括新疆、西藏、海南、黑龙江、吉林、陕西、四川、广西和河南)9个省区,其余21个省区市为是东部中部型。

宁夏型65岁以上老年人口死亡率参数$\alpha=-0.9781$、$\beta=1.2127$,各年龄别死亡率明显高于其他类型。西部东北部型(疆藏琼黑吉陕川桂豫)9省区老人死亡特点(参数α、β分别平均为0.2321、0.9494),中低龄(60-79岁)老人死亡率偏高,高龄老人(80岁以上)死亡率低。我国中原21个省区则相反(参数α、β平均为-0.3232、1.0994),中低龄老人死亡率偏低,而高龄老人死亡率较高。

三、近30年我国老年人口年龄别死亡率参数变化

由于96岁以上老年死亡率的突变,本文将"五普"后老人死亡年龄的研究上限设定为95岁。这里以近几次普查数据中,全国老年死亡人口和死亡率m_x为例,探索各年龄组老年人口死亡规律。

1. 我国老年人口死亡状态变化

(1)近20年我国死亡人口中老年人口所占比重越来越大。随着我国人口老龄化的发展,我国人口的预期寿命越来越高,而老年死亡人口占我国死亡人口总数的比例越来越大。我国60岁以上死亡人口占全龄总死亡人口比例,第三、第四、第五次人口普查中分别为53.3%、59.2%、67.4%;"六普"中为75.2%(男女分别占71.3%、80.6%),"七普"中为82.1%(男女占78.4%、87.2%)。即2020年59岁及其以下(60个年龄组)死亡人口不足总死亡人数的18%。80岁以上高龄老人死亡占比升高,三普中仅为11.2%(男女分别占8.5%、14.6%),到"七普"增加了3倍,达到38.5%(男女分别为31.2%、48.5%),即2020年我国死亡人口中,有31.2%的男性、48.5%的女性死亡年龄超过80岁(表1)。这表明我国人民生活质量的提高、医疗条件的改善、人们保健意识的增强,大量的慢性病得到了有效控制,死亡的年轻人已越来越少,同时老年人慢性病、身体全面衰退导致死亡的比例大幅度提高。

表1 “三普”—“七普”我国60(80)岁以上死亡人口占死亡总人口的比重

单位:%

时间	60岁+			80岁+		
	男女合	男性	女性	男女合	男性	女性
“三普”	53.3	51.2	55.8	11.2	8.5	14.6
“四普”	59.2	57.2	61.6	14.3	10.7	18.7
“五普”	67.4	64.6	70.9	19.9	15.2	25.9
“六普”	75.2	71.3	80.6	28.8	23.1	36.7
“七普”	82.1	78.4	87.2	38.5	31.2	48.5

(2)我国死亡人口年龄中位数增加、四分位差缩小。我国老年人口死亡年龄持续上升,具体表现为人口死亡的中位数不断增加。“五普”时(表2),我国死亡人口中有一半居民是与69岁以下,死亡人口中仅有1/4能够活到79岁以后。“六普”时我国死亡年龄中位数提高近4岁,大致有一半居民可活到73岁。“七普”时死亡人口中位数进一步提高了近3岁,有一半人死亡于75.8岁后,女性有半数死亡于79.5岁后。死亡人数的1/4位数和3/4位数说明同样的问题,“五普”时我国有25%的人存活到(死亡于)78.8岁以后,“六普”时25%的人能够存活到81.3岁后,“七普”时有1/4居民存活到84.3岁以后。“七普”时全国有25%的高寿女性能够存活到87.7岁以后(男性为82.2岁)。其次,我国失康(短寿)人群死亡年龄提高快,1/4的失康老人20年死亡年龄提升12.4岁(52.6—>65.0岁)。1/4的长寿老人由“五普”到“七普”,20年提高5.5岁(78.8—>84.3岁)。这说明,随着经济发展,我国人民生活水平提高、医疗卫生事业的发展,健康保健意识的普及,国人死亡年龄提高,弱势群体健康保障水平提高明显。

表2 “五普”—“七普”我国死亡人口年龄的位置平均数

单位:岁

分位数	“五普”	“六普”	“七普”		
	男女合	男女合	合计	男性	女性
1/4位数	52.62	60.14	65.01	62.01	68.96
中位数	69.00	72.95	75.80	73.05	79.47
3/4位数	78.79	81.30	84.28	82.17	87.70
四分位差	26.17	21.16	19.27	20.16	18.74

(3)我国高龄老人死亡率下降速度快于中低龄老人及年轻人。我国老年人口死亡率有了很大下降。高龄人口死亡率下降幅度大于低龄老人。60岁以上老年人口死亡率总体下降缓慢,从“五普”的39.3‰下降到“七普”的25.1‰,20年下降14个千分点(男女分别下降15、14个千分点)。而80—94岁高龄人口死亡率从“五普”的132‰下降到“七普”时的85‰,20年下降了47个千分点;95岁以上老人死亡率从“五普”的288‰下降到“七普”时211‰,20年下降了77个千分点(表4)。年龄越大的人群,死亡率下降速度越快。百岁老人死亡率下降速度快于高龄老人死亡率;高龄老人死亡率下降速度快于低龄老人死亡率;低龄老人死亡率下降又快于年轻人死亡率。此外,女性死亡率随年龄下降幅度大于男性老人死亡率。94岁以下男性死亡率高于女性;而在95岁以上男性死亡率竟低于女性死亡率,且近三次普查都一致,难以解释为男性老人数量少而造成随机误差。

表4 “五普”—“七普”的各年龄组老年人口粗死亡率

单位:‰

年龄(岁)	“五普”			“六普”			“七普”		
	小计	男	女	小计	男	女	小计	男	女
60及以上	39.3	43.5	35.3	32.2	36.0	28.6	25.1	28.7	21.6
60—79	30.3	35.6	25.0	22.5	27.0	17.9	15.3	19.6	11.3
80—94	132.3	152.8	119.9	104.4	117.6	95.0	85.1	95.4	77.4
95及以上	287.7	247.4	305.0	239.7	234.9	241.9	211.1	206.9	213.1

2. 普查中我国老年人口死亡调查和统计的准确性评估

由“五普”“六普”和“七普”的老人年龄别死亡率 Logit 曲线随年龄几乎完美地呈现线性变化(图 2、3),解释了老人死亡率变异的(R^2)99%以上,由此可比较和估计历次人口普查中死亡率的数据准确性。假设:观测值和估算值之差为绝对误差(单位为‰),绝对误差与估算值的比重为相对误差(单位为%)。计算了三次普查男女 60—95 岁 36 个组的绝对误差和相对误差后发现(表 5),女性死亡率绝对误差 2‰以上的年龄组数分别低于男性,相对误差在 10%以上的组也少于男性,即女性死亡率数据登记质量好于男性。而“七普”时 36 个年龄组男女死亡率绝对误差在 2‰以上的仅为 11、13 个组,低于“五普”“六普”情况;女性死亡率相对误差在 5%以上仅有 5 个组低于“五普”“六普”的 8 个组。由此认为,“七普”老人死亡调查数据好于“五普”和“六普”;男性“六普”老人死亡登记数据好于“五普”,女性“五普”死亡登记数据优于“六普”数据。从各年龄组分析而言,绝对误差较大集中出现在 80 岁以上年龄组,相对误差较大出现在最高年龄组。在全国第七次人口普查中不仅使用了公民身份证信息,而且利用了手机基站进行用户定位,死亡率调查之前,参考了民政和公安死亡登记数据,提高了人口普查数据的准确性。

表 5 “五普”—“七普”中我国老人死亡调查的误差

指标	分组	男性			女性		
		2000	2010	2020	2000	2010	2020
绝对误差	1‰以下	7	9	16	13	17	20
	1‰—2‰	6	5	7	6	6	5
	2‰及以上	23	22	13	17	13	11
	36 岁组平均	7.34‰	5.89‰	2.76‰	2.94‰	3.29‰	1.99‰
相对误差	5%以下	19	24	21	28	28	31
	5%—9%	13	9	12	8	8	4
	10%及以上	4	3	3	0	0	1
	最大值	24.7%	13.7%	8.8%	9.8%	12.3%	10%
	出现年龄,岁	95	94	95	80	80	95
	36 岁组平均	5.25%	4.98%	3.40%	3.28%	3.80%	2.91%

“七普”中,相对于估算(理论值)值,无论男性还是女性 80—90 岁(死亡人口偏多)死亡率偏高,男性 90 岁以上和女性 93 岁以上(调查死亡人口少)死亡率偏低。“六普”老年人口死亡统计中(公式 6、7、8),60—64 岁、88—94 岁,实际调查 2010 年老年死亡人口低于估算(理论)死亡率,即调查死亡人口偏少。而在 65—80 岁、85—87 岁年龄段相反,调查死亡人口多于估算(理论)死亡率。

$$m_{10,合}=1/(1+\exp(0.1049*x-11.038)) \quad (x=60,61,\cdots 95) \quad R^2=0.9968 \tag{6}$$

$$m_{10,男}=1/(1+\exp(0.1010*x-10.555)) \quad (x=60,61,\cdots 95) \quad R^2=0.9946 \tag{7}$$

$$m_{10,女}=1/(1+\exp(0.1136*x-11.904)) \quad (x=60,61,\cdots 95) \quad R^2=0.9977 \tag{8}$$

2000 年(“五普”)我国 60—95 岁各年龄老年人口死亡率如下:

$$m_{00,合}=1/(1+\exp(0.1028*x-10.547)) \quad (x=60,61,\cdots 95) \quad R^2=0.9973 \tag{9}$$

$$m_{00,男}=1/(1+\exp(0.1002*x-10.161)) \quad (x=60,61,\cdots 95) \quad R^2=0.9915 \tag{10}$$

$$m_{00,女}=1/(1+\exp(0.1102*x-11.293)) \quad (x=60,61,\cdots 95) \quad R^2=0.9985 \tag{11}$$

若考虑各年龄组死亡率的误差情况,容易发现,高年龄组的绝对误差和相对误差都比较大;相反,低年龄组绝对误差和相对误差都比较小。如“五普”到“七普”60—75 岁男女老人死亡率有 96 组(3 次普查分男女 16 个年龄组),绝对误差在 1‰以下的有 89 组,仅有 2 个年龄组绝对误差大于 2‰,最大误差 3.01‰出现在“五普”中男性 72 岁。86—95 岁有 60 组,绝对误差在 1‰的仅有 32 组,而死亡率误差大于 2‰有 24 组,绝对误差最大的为 85.2‰,出现在 2000 年 95 岁男性。相对误差也是如此,76—85 岁 60 组人口,相对误差在 5%以下的占 48 组(80%),相对误差大于 10%的仅 1 组,最大相对误差 14.37%,出现在“五普”中 80 岁男性。分析可见(表 6),高龄老人死亡率统计误差大于中龄老人和低龄老人;男性死亡调查误差远高于女性老人。原来学者认为“六普”死亡率漏报严重,实际上“五普”老年人口死亡率调查存在问题更大。老人年龄组死亡率最大误差,无论相对还是绝对误差,都出现在“五普”。

表 6 “五普”—“七普”各年龄组的死亡率统计的误差估计

		1‰以下	1‰—2‰	2‰+	最大值	年龄,性别
绝对误差	60—75 岁	89	5	2	3.01‰	“五普”,72,男
	76—85 岁	32	5	23	15.1‰	“五普”,80,男
	86—95 岁	32	4	24	−85.2‰	“五普”,95,男
相对误差		5%以下	5%—9%	10%+	最大值	年龄,性别
	60—75 岁	81	15	0	−10.11%	“五普”,63,男
	76—85 岁	48	11	1	14.37%	“五普”,80,男
	86—95 岁	52	4	4	−24.71%	“五普”,95,男

3. 我国老年人口死亡率参数的变化趋势

死亡率参数随时间变化:1990—2020 年 60—95 岁①老年人口死亡率参数 α 随时间(年份)不断增加,β 的数值随时间缓慢减少(绝对值增加)。全国男女老人 α 每 10 年平均增加 0.47、0.97;β 每 10 年平均减少(绝对值增加)0.0015、0.0075。其表示 1990—2020 年我国老年人口死亡率不断降低,同时死亡年龄中位数差收窄,年龄组死亡率差异减少,尤其是高龄老年人口死亡率不断降低。由可决系数 R^2 可见,女性死亡率变化规律明显;女性参数 α 变化规律好于 β 参数;男性 β 参数变化规律优于 α。

$$\alpha(\text{男}) = -82.825 + 0.0466 * t \quad (R^2 = 0.6928) \quad (\text{年份 } t = 1990\cdots2020) \tag{12}$$
$$\beta(\text{男}) = 0.194 - 0.000147 * t \quad (R^2 = 0.8077) \quad (t\text{ 同上})$$
$$\alpha(\text{女}) = -181.99 + 0.0967 * t \quad (R^2 = 0.9495) \quad (t\text{ 同上})$$
$$\beta(\text{女}) = 1.393 - 0.000751 * t \quad (R^2 = 0.9153) \quad (t\text{ 同上})$$

由此可预测 2030、2040 年我国 x 岁老年人口死亡参数 α、β,及死亡率为:

$$m_{30,\text{女}} = 1/(1+\exp(0.1326 * x - 14.13)) \quad (\text{年龄}: x = 60, 61, \cdots 95) \tag{13}$$
$$m_{30,\text{男}} = 1/(1+\exp(0.1048 * x - 11.49))$$
$$m_{40,\text{女}} = 1/(1+\exp(0.1401 * x - 15.10))$$
$$m_{40,\text{男}} = 1/(1+\exp(0.1062 * x - 11.96))$$

预测发现,2030、2040 年我国女性老年人口(特别是高龄老人)死亡率仍有较大的下降空间,而 92 岁以上男性死亡率似乎有接近女性老人死亡率的趋势。按照该模式,我国 80 岁男、女人口死亡率将由 2020 年的 59.5‰、30.4‰,降低到 2030 年的 42.9‰、28.7‰,及 2040 年的 30.4‰、20.1‰。同时,我国 90 岁男女人口死亡率将由 2020 年的 151.0‰、129.7‰,降低到 2030 年及 113.2‰、100.1‰,及 2040 年的 83.0‰、76.7‰。即若无战争、瘟疫和灾荒情况下,未来 20 年我国高龄人口死亡率仍可有 1/3 左右下降空间。

四、主要研究结论

通过以上分析和讨论,可获得有关我国死亡人口和死亡率变化结论如下:

1. 性别差异:“七普”中我国各年龄组男性死亡人口全面多于女性,95 岁以下各年龄男性死亡率明显高于女性。“七普”中我国 60—95 岁男女老人和市镇乡老人死亡率,通过 Logit 变换后,随年龄呈高度线性关系(可决系数都高于 99%)。女性老人死亡年龄统计误差低于男性死亡率。

2. 城乡差异:“七普”中我国城市老人平均死亡率水平低于城镇,城镇老人死亡率水平略低于乡村老人。城市老人死亡人口年龄集中程度(死亡年龄四分位差)高于城镇,城镇老人死亡年龄集中程度高于农村。

3. 地区差异:“七普”中我国各地经济发展(人均 GDP)和各地人口粗死亡率无线性关系;但“七普”时人均 GDP 越高的地区,60(80)岁以上老人死亡占比越高,其通过了统计检验。

4. 动态变化:近年来我国死亡人口中老年人口所占比重越来越大;死亡人口年龄中位数、平均年龄不断提高、死亡人口年龄集中程度高;我国高龄老人死亡率下降速度快于中低龄老人及年轻人。

5. 老人死亡参数变化:近 30 年死亡参数 α,及 β 绝对值随时间(年份)不断增加。表示我国老人死亡率水平不断降低,尤其是高龄老人死亡率不断下降。同时,不同年龄老年人口死亡率差异正在不断减少。由

① 由于数据原因,1990 年(四普)时为 50—89 岁老人死亡率参数。

此，我们对 2030、2040 年老年人口死亡率进行了预测。老人死亡率 Logit 曲线比较可见，女性死亡率参数变化规律明显；"七普"的老人数量及死亡人口调查数据质量较高。

6. 死亡率分类：依我国 31 地区老人死亡率参数可分为两大类和 1 个散类。宁夏型各龄老人死亡率全面偏高；西部东北部型 9 省区老人死亡特点，中低龄老人死亡率偏高，高龄老人死亡率低；我国中原 21 个省区老人死亡特点则相反，中低龄老人死亡率偏低，而高龄老人死亡率高。

随着社会经济的发展和医疗卫生水平的提高，我国人口预期寿命逐步延长，老年机体衰老、慢性退行性疾病增加，失智失能老人比例增多，给老年保障体系带来很大财务压力，政府应顾及长寿风险对老年保障体系的冲击，降低弱势老人面临贫困的风险。既要提倡健康老龄化、积极老龄化；又需扩大社会养老金来源，适时延迟退休年龄。

南京邮电大学人口研究院　黄润龙　沙勇
江苏省卫生健康发展研究中心　杨春

专题三

人口老龄化

全国及各省老年健康预期寿命变化及差异比较①

一、研究背景

国家统计局每五年会根据全国人口普查和1%人口抽样调查数据计算和公布全国和各省0岁人口预期寿命(简称为平均预期寿命或预期寿命),人们也会用这一指标来测量和评价人口健康水平。2016年10月25日中共中央、国务院发布了《健康中国2030年规划纲要》,并将人均预期寿命作为评价健康水平的指标。实际上,平均预期寿命只反映死亡水平,并不反映现有人口的健康水平,由于人口老龄化和疾病模式转变,导致死亡水平和健康水平的分离或不同步,因此,用平均预期寿命反映人口群体健康水平并不合适。能够既反映现有人口死亡水平和现存人口健康水平的综合指标被称为健康预期寿命。

尽管在《健康中国行动(2019—2030)》给出的"健康水平"指标中也提到了人均健康预期寿命,而且还引用了《世界卫生统计2018》给出的2016年中国人均健康预期寿命为68.7岁的数据,但并未给出中国人口健康预期寿命在2022年和2030年的目标值。目前,国内并没有一个公认的、可计算的、口径一致的、可连续观测且能够综合反映人口健康水平的指标,从而导致"健康中国行动"缺少了一个能够监测人口健康水平、反映健康水平变化(而不是单纯反映死亡水平变化)的测量指标。

研究健康预期寿命更重要的是要检验随着时间的推移,老年健康预期寿命或老年人健康水平是提高的、还是下降的。健康预期寿命理论告诉我们,如果健康预期寿命提高速度快于预期寿命,不健康期就会被压缩,这被称为"不健康压缩(compression of morbidity)假说"(Fries, 1980;1983;1989),也可以看成"健康拓展";如果健康预期寿命提高速度慢于预期寿命,不健康期就被拓展,这被称为"不健康拓展(expansion of morbidity)假说"(Gruenberg, 1977; Kramer, 1980),也可以看成"健康压缩";如果健康预期寿命与预期寿命变化在动态变化中保持平衡,被称为"动态平衡(dynamic equilibrium)假说"(Manton, 1982)。比较不同时期健康预期寿命和预期寿命变化的目的就是检验一个国家或地区人口健康状况变动到底符合哪一种假说,并进一步探究出现某一种结果的原因。

为此,本文将计算2010年和2020年全国和各省老年人健康预期寿命,并对全国和各省老年预期寿命和健康预期寿命在十年间的变化进行比较和分析。

二、方法和数据

本文使用Sullivan方法(Sullivan,1971),通过计算60岁确切年龄人口预期寿命、健康预期寿命和健康预期寿命占预期寿命比例来测量60岁及以上老年人的死亡水平、综合健康水平和健康水平,也给出一个"生命质量指数"(乔晓春、胡英,2017),其值越大说明生命质量越高,具体计算公式为:

$$生命质量指数 = 预期寿命/(100-健康预期寿命比例(\%))$$

用Sullivian方法(Jagger, 1999)计算健康预期寿命需要两类基础数据:一类是分性别和年龄死亡率数据,另一类是普查时间分性别和年龄处于健康状态人口比例。关于死亡率数据,国家统计局人口与就业统

---

① 收稿日期:2022—12—23;回修日期:2023—03—20

基金项目:本研究得到国家社会科学基金2017年度重大项目"健康预期寿命与人口群体健康水平测量"资助,项目批准号为:(17ZDA124)。

作者简介:乔晓春,北京大学人口所教授,国家社科重大项目"健康预期寿命和人口群体健康水平"首席专家,健康寿命和残疾国际网络组织(REVES)核心组成员,中国人口学会副会长;陈鹤,中国人民大学公共管理学院副教授,博士,主要从事人口健康的测量与监测,人口老龄化与社会保障制度研究;刘艳,北京大学人口研究所博士研究生,硕士,主要从事老年健康研究。

计司为本研究提供了调整后的2010年和2020年两次人口普查全国和各省生命表①中60岁及以上老年人部分。因此本研究不需要自行计算老年生命表，而是直接使用了国家统计局计算的完全生命表，并将其直接转化为60岁及以上老年人的老年生命表，从而保证了本研究使用的60岁人口预期寿命与国家统计局公布的全国和各省0岁人口预期寿命具有一致性。

本文使用的健康数据来自2010和2020年两次人口普查长表中的“自评健康”测量。这里将健康分为四种状态：健康，基本健康，不健康、但生活能自理，不健康、生活不能自理。我们直接计算出了四种健康状态下的健康预期寿命；或组合成一个三分类变量，即把“健康”和“基本健康”归为一类，称为“健康”，其他两类单独保留；或把四种健康状态组合成两个二分类变量：一是将“健康”和“基本健康”合并，称为“健康”；将“不健康、但生活能自理”和“不健康、生活不能自理”合并，称为“不健康”；二是将“健康”、“基本健康”和“不健康、但生活能自理”合并为“生活能自理”；“不健康、生活不能自理”单独作为一类，称为“生活不能自理”。基于二分类变量可以得出健康预期寿命，也可以得出生活自理预期寿命（或简称为自理预期寿命或自理寿命）。

三、60岁确切年龄预期寿命变化

2010年时，全国男性60岁预期寿命为18.19年，女性为21.28年，老年女性比老年男性预期多活了3.1年。到了2020年全国60岁预期寿命男性提高到19.93年，女性提高到23.47年，女性比男性老年人预期多活3.5年。十年期间男性60岁预期寿命提高了1.74年，增长了9.6%；女性提高了2.19年，增长了10.3%。尽管十年里男性和女性老年人预期寿命都在提高，但女性60岁老年预期寿命无论增长的绝对数还是相对数都高于男性老年人，意味着老年人预期寿命的性别差异仍然在扩大。

如果比较各省差异的话②（表1），无论是2010年还是2020年，男性60岁预期寿命最高的都是北京，十年提高了1.55年，寿命增加了7.4%；排在第二位的是上海，十年提高了1.16年，增加了5.5%；排在第三位的是天津，提高了1.26年，增加了6.1%。2010年全国其他省份男性老年预期寿命没有超过20年的，2020年没有超过21年的。除了前面提到的三个直辖市外，两次普查非直辖市老年预期寿命最高的是浙江省，2010年排在浙江后面的是重庆，2020年排在浙江后面的是海南省。2010年男性60岁预期寿命最低的是西藏，只有16.48年；其次是云南，为16.84年；排在倒数第三位的是甘肃（17.17年）；2020年最低的仍然是西藏，为17.50年；其次是青海（17.89年），倒数第三位是云南（18.27年）。

2010年和2020年女性60岁人口预期寿命最高的均是上海，分别为24.18年和26.02年。无论是2010年还是2020年排在第二的都是北京，分别为23.80年和25.75年。2010年排在第三到第七位的分别是海南（23.58年）、广西（23.07年）、浙江（22.79年）、广东（22.67年）和天津（22.49年）；2020年排在第三到第七位的分别是海南（25.11年）、广西（24.94年）、天津（24.75年）、广东（24.28年）和浙江（24.25年）。2010年60岁老年女性预期寿命最低的是甘肃（19.48年），其次是西藏（19.68年），排在倒数第三位的是云南（19.73年）；2020年老年女性预期寿命最低的是西藏（20.15年）；排在倒数第二位的是青海（20.55年）；倒数第三的则是甘肃（20.92年）。

从2010年到2020年各省、市、自治区无论是男性还是女性60岁预期寿命全部都在增长，只是增长幅度或速度存在一定的差异，排列顺序也出现了一些变化。男性提高幅度最大的是河南，十年增长了2.18年，增长幅度和增长速度排在第二位的是山西。除此之外，增长幅度和增长率均比较高的还有广西（从第16提升到第6）、湖北（从第23提升到第18）和江西（从第24提升到第21）。增幅最小的是青海，十年只增长了0.12年；湖南、重庆、新疆、吉林和浙江增长幅度都不到1年。60岁女性预期寿命增长幅度最大的仍然是河南，增加了2.30年，但增长速度最快的则是山西，增长了11.1%。除此之外，天津、河北、内蒙古、辽宁、吉林、山东、湖北和陕西增长幅度都超过了2年。女性增幅最低的是青海和西藏，分别只增长了0.44年和0.47年，新疆只增长了0.90年，其他省份增长都超过了1年。

---

① 国家统计局公布的2010年和2020年全国及各省男性、女性和男女合计的0岁人口预期寿命（参见《中国人口和就业统计年鉴2021》中的表1—10）则来自这些生命表。

② 因为死亡率的计算来自总体数据，而不是样本数据，所以不需要计算预期寿命的标准误，也不需要做差异的显著性检验，而是直接进行差异的比较。

表1　全国和各省分性别2010—2020年确切年龄60岁人口预期寿命及其增量和增速

单位:年

省份	男性						女性					
	2010年		2020年		增长量	增长速度(%)	2010年		2020年		增长量	增长速度(%)
	寿命	排序	寿命	排序			寿命	排序	寿命	排序		
全　国	18.19		19.93		1.74	9.58	21.28		23.47		2.19	10.29
北　京	21.04	1	22.59	1	1.55	7.39	23.80	2	25.75	2	1.95	8.21
天　津	20.63	3	21.89	3	1.26	6.10	22.49	8	24.75	5	2.26	10.05
河　北	17.67	27	19.38	25	1.71	9.68	20.52	24	22.72	24	2.20	10.72
山　西	17.69	26	19.72	19	2.03	11.47	20.47	26	22.74	23	2.27	11.09
内蒙古	17.93	22	19.50	22	1.57	8.74	20.67	23	22.84	21	2.17	10.52
辽　宁	19.14	7	20.21	10	1.07	5.58	21.54	16	23.66	14	2.12	9.85
吉　林	19.19	6	20.07	13	0.88	4.58	21.54	17	23.66	13	2.12	9.87
黑龙江	18.47	15	19.84	16	1.37	7.43	21.69	14	23.59	15	1.90	8.78
上　海	20.96	2	22.12	2	1.16	5.52	24.18	1	26.02	1	1.84	7.61
江　苏	18.64	13	20.38	8	1.74	9.35	21.68	15	23.89	10	2.21	10.19
浙　江	19.81	4	20.80	4	0.99	5.01	22.79	5	24.25	7	1.46	6.42
安　徽	18.36	17	19.99	14	1.63	8.88	21.78	13	23.44	16	1.66	7.61
福　建	18.50	14	19.70	20	1.20	6.51	21.96	12	23.81	11	1.85	8.42
江　西	17.81	24	19.64	21	1.83	10.30	21.46	18	23.26	19	1.80	8.38
山　东	18.67	12	20.25	9	1.58	8.47	21.97	10	24.19	8	2.22	10.08
河　南	17.30	28	19.48	24	2.18	12.59	21.08	20	23.38	17	2.30	10.89
湖　北	17.88	23	19.73	18	1.85	10.33	20.87	21	22.91	20	2.04	9.76
湖　南	19.13	8	19.79	17	0.66	3.43	22.13	9	23.28	18	1.15	5.22
广　东	18.80	11	20.15	11	1.35	7.20	22.67	6	24.28	6	1.61	7.11
广　西	18.43	16	20.42	6	1.99	10.78	23.07	4	24.94	4	1.87	8.10
海　南	18.97	10	20.65	5	1.68	8.84	23.58	3	25.11	3	1.53	6.51
重　庆	19.67	5	20.40	7	0.73	3.69	22.50	7	24.15	9	1.65	7.35
四　川	19.12	9	20.12	12	1.00	5.25	21.97	11	23.77	12	1.80	8.17
贵　州	18.34	18	19.34	26	1.00	5.45	21.25	19	22.80	22	1.55	7.30
云　南	16.84	30	18.27	29	1.43	8.48	19.73	29	21.48	28	1.75	8.86
西　藏	16.48	31	17.50	31	1.02	6.17	19.68	30	20.15	31	0.47	2.41
陕　西	18.26	20	19.90	15	1.64	8.96	20.52	25	22.56	25	2.04	9.94
甘　肃	17.17	29	18.63	28	1.46	8.50	19.48	31	20.92	29	1.44	7.40
青　海	17.77	25	17.89	30	0.12	0.67	20.11	27	20.55	30	0.44	2.18
宁　夏	18.11	21	19.49	23	1.38	7.65	20.03	28	21.49	27	1.46	7.29
新　疆	18.27	19	19.15	27	0.88	4.80	20.77	22	21.67	26	0.90	4.31

从整体上看,可以反映出下面几个规律:(1)发达地区老年预期寿命往往比较高,欠发达地区特别是西部地区预期寿命比较低;(2)女性比男性老年人预期寿命高,而且二者的差异在继续加大(见表2);(3)西部地区或经济欠发达地区整体上看不仅老年预期寿命较低,而且增长幅度和速度都相对较慢;(4)经济较发达地区或老年预期寿命相对较高地区预期寿命增长幅度和速度相对来说并不是很快;(5)某些中部地区老年预期寿命提高速度很快,比如河南、湖北、江西、山西、河北和内蒙古;(6)各省之间男性老年预期寿命差异小于女性差异,而且男性差异程度在两次普查之间变化不大,甚至略有下降,而女性差异有所增加。

表 2　按性别和年代分的各省老年预期寿命整体状况

单位：年

参数	男性		女性	
	2010 年	2020 年	2010 年	2020 年
均值	18.55	19.90	21.55	23.29
标准差	1.09	1.07	1.22	1.42
中位数	18.43	19.84	21.54	23.44
最小值	16.48	17.50	19.48	20.15
最大值	21.04	22.59	24.18	26.02
全距	4.56	5.09	4.70	5.87

四、全国老年健康预期寿命变化

通过测量 2010 年到 2020 年全国 60 岁预期寿命和健康预期寿命变化，来看预期寿命增加是由健康期增加导致还是由不健康期增加导致的，从而检验上面提出的三种理论假说。图 1a 给出了两次普查男性和女性老年预期寿命和健康预期寿命。男性老人从绝对数上看健康期是拓展的①，不健康但生活能自理期是压缩的，不健康生活不能自理期也是压缩的。如果看女性老年人，老年健康期在拓展，不健康但生活能够自理寿命在压缩，不健康生活不能自理寿命在拓展。但如果将不健康但生活能自理和不健康生活不能自理寿命相加就得到不健康寿命，很明显不健康寿命是压缩的。从健康预期寿命的相对结果看（见图 1b），无论是男性还是女性老年人健康寿命都在拓展，不健康但生活能自理和不健康生活不能自理寿命都是压缩的。这意味着，从全国和这十年的情况看，中国老年人不仅活得长了，也活得更健康了，这是一种非常理想的状态。

如果男性和女性进行比较的话，无论是 2010 年还是 2020 年，无论是预期寿命、健康寿命还是不健康寿命，均是女性高于男性（图 1a）。但是如果看各类健康寿命相对于预期寿命的比例（图 1b），无论是 2010 年还是 2020 年，男性健康寿命占比均高于女性，相反是女性不健康寿命（包括健康但不能自理和健康能够自理寿命）占比会高于男性。这意味着女性比男性更长寿，但并没有比男性更健康。而且尽管男性和女性健康寿命都在拓展，但无论是看绝对数还是看相对数，女性健康寿命的拓展幅度均高于男性。

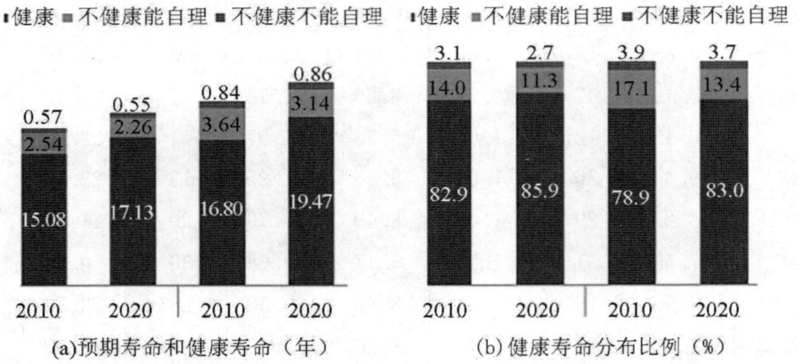

(a)预期寿命和健康寿命（年）　　(b) 健康寿命分布比例（%）

图 1　按性别和普查时间分的 60 健康预期寿命和分布比例

图 2 给出的是四种健康状态随年龄提高的关系变化图。图中的横轴为确切年龄，纵轴为预期寿命。图形展示了随着年龄提高四类健康状况变化曲线和曲线围成的区域，每个确切年龄对应的纵轴分为四个区间：由下至上分别为健康、基本健康、不健康但生活能自理和不健康生活不能自理。在确切年龄给定后，各

① 严格来说，对两个健康预期寿命进行比较时需要做统计差异的显著性检验。我们拿 2010 年和 2020 年男性健康寿命为例，我们先得出分别求出二者的标准误，分别为 0.0017 和 0.0015；然后计算 t 值，为 630.8>1.96，所以 p 值大大小于 0.05。这是因为普查获得的 2010 年男性 60 岁样本规模为 68.5 万人，因此标准误非常小，z 值会非常大。后面针对各省差异的检验同样也会得出类似的结果，比如在全国所有省份 2010 和 2020 健康寿命和自理寿命标准误最大的是 2010 年西藏女性自理寿命标准误，为 0.0816。如果检验 2010 年到 2020 年西藏女性健康寿命和自理寿命差异显著性的话，得出的 t 值分别为 8.5 和 7.0，P 值仍然大大小于 0.05，仍然是高度显著。所以本文后面不再给出标准误或 t 值，而是认为所有差异的检验在统计上都是显著的。

段区间高度为对应四类健康寿命，纵坐标的值为叠加后的累计寿命，分别称为区间 1 到区间 4。

男性 2010 年各年龄预期寿命低于 2020 年各年龄预期寿命，从 2010 年到 2020 年各年龄健康期明显在拓展，而不健康和生活不能自理期在压缩。无论是 2010 年还是 2020 年男性预期寿命和健康预期寿命均低于女性。2010 年女性 60 岁预期寿命(20.23)，也低于 2020 年男性 60 岁预期寿命(21.28)。而 2010 年女性 60 岁预期寿命(20.23)也明显低于 2020 年女性 60 岁预期寿命(24.15)。当"健康"拓展意味着区间 1 和区间 2 的面积随时间推移在扩大，疾病压缩抑或拓展意味着区间 3 和区间 4 的面积在缩小或扩大。很明显，男性区间 4(生活不能自理)在压缩，而女性的区间 4 部分在拓展。

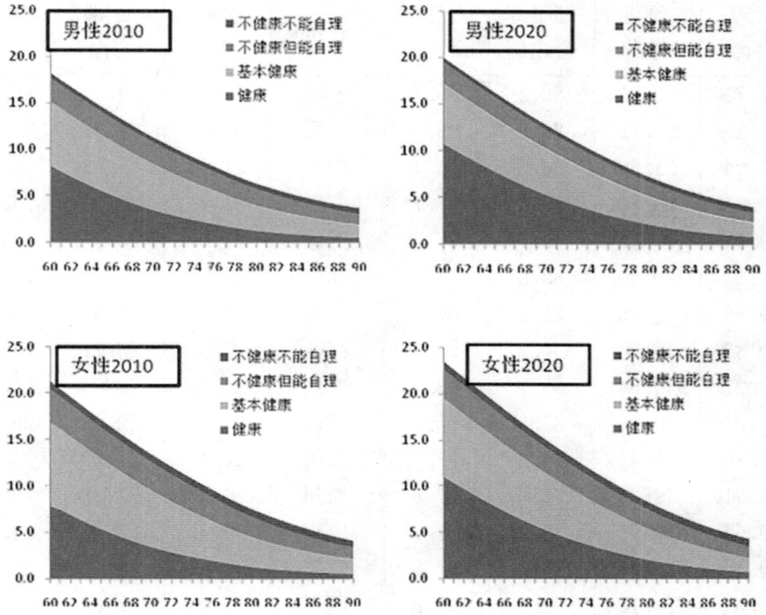

图 2　2010 年和 2020 年全国男性和女性四类健康预期寿命随年龄变化图(岁)

五、2020 年各省老年健康寿命比较

表 3 给出的是 2020 年各省男性和女性 60 岁健康寿命、自理寿命和预期寿命以及健康寿命和自理寿命占预期寿命比例，并按照老年健康寿命从大到小顺序排列。将男性和女性综合考虑，我们将全国 31 个省、市、自治区按照健康寿命从高到低分为四个梯队。

2020 年男性和女性老年健康寿命最高的是北京和上海。对于男性来说，北京老年人无论是健康寿命、自理寿命还是预期寿命在绝对数上均高于上海；而女性老年人这三个指标均是上海高于北京，这意味着跟上海比，北京男性老年人既活得长又活得健康，而上海女性老年人相对北京市老年人同样是既活得长又活得健康。然而，如果看健康寿命和自理寿命占预期寿命比例，无论是男性还是女性，上海均高于北京，这意味着从相对数上看，上海老年人比北京老年的健康期更长。

列为第二梯队的有天津、浙江、江苏、重庆、广东和福建，这是按照男性老年健康寿命排序的结果。如果从女性老年健康寿命排序上看，其顺序是浙江、广东、重庆、福建、天津和江苏。而且按自理寿命、预期寿命以及健康寿命和自理寿命所占比例排序与按健康寿命排序并不相同，但整体趋势还是接近一致。

列为第三梯队的有江西、海南、广西、贵州、山东、安徽和四川。这一梯队中无论是男性还是女性，江西、广西和海南都比较靠前，但男性和女性的排列顺序并不一致。尽管江西男性老年健康寿命排在海南和广西前面，但自理寿命和预期寿命均排在海南和广西之后，从而导致江西男性老年健康寿命比例和自理寿命比例均高于海南和广西。在这一梯队的女性中，广西老年健康寿命排名最高，但预期寿命和自理寿命低于海南且高于江西，从而导致广西健康寿命比例低于海南、高于广西。

第四梯队包括陕西、辽宁、湖南、湖北、河南和黑龙江。男性排在第一位的是陕西，女性排在最后一位的也是陕西；女性排在第一位的是河南，而河南在男性中排在倒数第二位；男性健康寿命排在倒数第一位的是黑龙江，但黑龙江老年预期寿命并不是本梯队最低的，从而导致黑龙江健康寿命比例是本梯队最低的。

剩余的十个省份被列为第五梯队，属于老年健康寿命最低的地区。在这一梯队中排在男性前列的是河北、宁夏、云南和山西，排在女性前列的是云南、河北、吉林和山西。无论男性还是女性，甘肃、青海和西藏都是排在最后四位的。

表 3　2020 年按省份和性别分的 60 岁预期寿命、健康寿命、自理寿命和相应比例

单位：年、%

男性						女性					
省份	健康寿命	自理寿命	预期寿命	健康寿命比例	自理寿命比例	省份	健康寿命	自理寿命	预期寿命	健康寿命比例	自理寿命比例
北京	19.92	21.71	22.59	88.2	96.1	上海	22.17	24.57	26.02	85.2	94.4
上海	19.65	21.29	22.12	88.9	96.3	北京	21.90	24.34	25.75	85.0	94.5
天津	19.01	21.04	21.89	86.8	96.1	浙江	21.53	23.53	24.25	88.8	97.0
浙江	18.80	20.32	20.80	90.4	97.7	广东	21.29	23.55	24.28	87.7	97.0
江苏	18.28	19.94	20.38	89.7	97.8	重庆	21.04	23.42	24.15	87.1	97.0
重庆	18.16	19.92	20.40	89.0	97.7	福建	21.03	23.20	23.81	88.3	97.4
广东	18.12	19.68	20.15	89.9	97.7	天津	20.97	23.62	24.75	84.7	95.4
福建	17.77	19.32	19.70	90.2	98.0	江苏	20.95	23.21	23.89	87.7	97.1
江西	17.61	19.27	19.64	89.7	98.1	广西	20.50	24.00	24.94	82.2	96.2
海南	17.60	20.05	20.65	85.3	97.1	江西	20.43	22.68	23.26	87.8	97.5
广西	17.41	19.80	20.42	85.3	97.0	海南	20.42	24.20	25.11	81.3	96.3
贵州	17.41	18.91	19.34	90.0	97.8	贵州	20.30	22.22	22.80	89.0	97.4
山东	17.26	19.65	20.25	85.2	97.0	山东	19.85	23.20	24.19	82.1	95.9
安徽	17.16	19.49	19.99	85.8	97.5	安徽	19.45	22.61	23.44	83.0	96.5
四川	17.12	19.57	20.12	85.1	97.3	四川	19.42	22.88	23.77	81.7	96.3
陕西	16.94	19.41	19.90	85.2	97.6	河南	19.25	22.49	23.38	82.3	96.2
辽宁	16.86	19.64	20.21	83.5	97.2	辽宁	19.02	22.84	23.66	80.4	96.5
湖南	16.81	19.31	19.79	84.9	97.6	湖南	19.00	22.54	23.28	81.6	96.8
湖北	16.70	19.27	19.73	84.7	97.7	湖北	18.65	22.19	22.91	81.4	96.9
河南	16.66	18.96	19.48	85.5	97.4	黑龙江	18.47	22.60	23.59	78.3	95.8
黑龙江	16.21	19.23	19.84	81.7	96.9	陕西	18.34	21.78	22.56	81.3	96.5
河北	16.01	18.71	19.38	82.6	96.5	云南	18.11	20.82	21.48	84.3	96.9
宁夏	16.00	18.95	19.49	82.1	97.2	河北	18.02	21.65	22.72	79.3	95.3
云南	15.91	17.84	18.27	87.1	97.7	吉林	17.51	22.16	23.66	74.0	93.6
山西	15.84	19.04	19.72	80.3	96.5	山西	17.17	21.67	22.74	75.5	95.3
新疆	15.78	18.45	19.15	82.4	96.3	内蒙古	16.89	21.58	22.84	74.0	94.5
吉林	15.65	19.14	20.07	78.0	95.4	新疆	16.56	20.47	21.67	76.4	94.5
甘肃	15.40	18.20	18.63	82.6	97.7	宁夏	16.43	20.63	21.49	76.5	96.0
内蒙古	15.39	18.72	19.50	79.0	96.0	甘肃	16.19	20.24	20.92	77.4	96.8
青海	14.75	17.33	17.89	82.4	96.9	青海	15.93	19.59	20.55	77.5	95.3
西藏	13.35	16.61	17.50	76.3	94.9	西藏	14.37	18.87	20.15	71.3	93.6

六、各省老年健康预期寿命变化

表 4 给出的是 2010 年到 2020 年各省分性别健康寿命和不健康寿命差异、自理寿命和不能自理寿命差异、以及预期寿命差异，即用 2020 年的值减去 2010 年相应的值。因为从 2010 年到 2020 年各省老年预期寿命都是增长的，即差异为正值，那么如果健康寿命差异或自理寿命差异大于预期寿命差异，意味着健康寿命的拓展速度快于预期寿命的增长速度，此时的不健康寿命被压缩，即不健康寿命差异为负值；如果健康寿命差异或自理寿命差异为正值且小于预期寿命的差异，则意味着健康寿命或自理寿命在拓展，但拓展速度慢

于预期寿命的增长速度，此时不健康寿命或自理寿命也在拓展，不健康寿命差异为正值。

第一，男性和女性健康寿命差异和自理寿命差异均为正值的省份有北京、天津、安徽、江西、河南、湖北、湖南、重庆、四川、贵州、西藏、陕西、甘肃和青海，共计14个省份。这些省份的健康寿命和自理寿命均在拓展，而不健康寿命和不能自理寿命都在压缩。这是一种最为理想状态，即老年人既活得长，也活得更健康、更能自理。

第二种情况与第一种情况的结果相反，尽管预期寿命在增长，但健康寿命差异、不健康寿命差异、自理寿命差异和不能自理寿命差异均为正值，这样的省份数量并不是很多，主要包括河北、内蒙古、吉林、山东和广东五省。

第三种情况是在一个省内既存在第一种情况、同时也存在第二种情况。比如，黑龙江、江苏、浙江和新疆男性健康和自理寿命均在拓展，不健康和不能自理寿命均在压缩，女性健康寿命在拓展，不健康寿命在压缩；女性自理寿命和不能自理寿命均在拓展。

表4　按省和性别分的两次普查健康寿命、自理寿命和预期寿命差异

单位：年

省份	男性					女性				
	健康寿命差异		自理寿命差异		预期寿命差异	健康寿命差异		自理寿命差异		预期寿命差异
	健康	不健康	能自理	不能自理		健康	不健康	能自理	不能自理	
北京	2.69	−1.14	1.76	−0.21	1.55	3.49	−1.53	2.13	−0.18	1.95
天津	1.64	−0.38	1.36	−0.11	1.26	2.73	−0.47	2.28	−0.02	2.26
河北	1.63	0.08	1.69	0.02	1.71	2.16	0.04	2.07	0.13	2.20
山西	1.66	0.37	2.04	−0.01	2.03	1.82	0.45	2.25	0.02	2.27
内蒙古	1.08	0.48	1.50	0.07	1.57	1.55	0.62	2.01	0.17	2.17
辽宁	1.04	0.02	1.11	−0.04	1.07	2.06	0.06	2.07	0.05	2.12
吉林	0.58	0.30	0.65	0.23	0.88	1.55	0.58	1.52	0.60	2.12
黑龙江	1.49	−0.12	1.42	−0.05	1.37	2.05	−0.14	1.84	0.06	1.90
上海	1.35	−0.19	1.15	0.01	1.16	1.80	0.04	1.50	0.34	1.84
江苏	1.98	−0.24	1.76	−0.01	1.74	2.60	−0.39	2.16	0.05	2.21
浙江	1.50	−0.50	1.01	−0.02	0.99	2.07	−0.60	1.42	0.04	1.46
安徽	2.58	−0.95	1.76	−0.13	1.63	3.42	−1.76	1.85	−0.19	1.66
福建	1.37	−0.17	1.18	0.02	1.20	1.94	−0.09	1.76	0.09	1.85
江西	2.40	−0.57	1.86	−0.03	1.83	2.92	−1.12	1.87	−0.07	1.80
山东	1.45	0.13	1.51	0.07	1.58	2.03	0.18	2.02	0.19	2.22
河南	2.40	−0.22	2.20	−0.02	2.18	2.87	−0.57	2.36	−0.07	2.30
湖北	2.48	−0.63	1.98	−0.13	1.85	3.21	−1.18	2.24	−0.21	2.04
湖南	1.86	−1.20	0.82	−0.16	0.66	2.77	−1.62	1.38	−0.23	1.15
广东	1.25	0.10	1.22	0.13	1.35	1.44	0.17	1.39	0.23	1.61
广西	1.78	0.21	1.81	0.18	1.99	2.02	−0.15	1.66	0.21	1.87
海南	2.03	−0.36	1.64	0.04	1.68	2.53	−0.99	1.55	−0.01	1.53
重庆	2.53	−1.80	1.00	−0.28	0.73	3.93	−2.28	1.98	−0.32	1.65
四川	1.90	−0.89	1.19	−0.19	1.00	2.90	−1.10	1.99	−0.20	1.80
贵州	2.81	−1.81	1.35	−0.35	1.00	4.17	−2.62	2.00	−0.45	1.55
云南	1.85	−0.43	1.63	−0.21	1.43	2.46	−0.71	2.07	−0.32	1.75
西藏	1.46	−0.45	1.08	−0.06	1.02	1.09	−0.62	0.89	−0.41	0.47
陕西	2.29	−0.66	1.84	−0.21	1.64	2.78	−0.74	2.24	−0.20	2.04
甘肃	2.49	−1.03	1.73	−0.27	1.46	2.74	−1.30	1.84	−0.40	1.44
青海	0.59	−0.47	0.35	−0.23	0.12	1.15	−0.71	0.75	−0.31	0.44
宁夏	1.37	0.02	1.53	−0.15	1.38	1.46	0.00	1.64	−0.18	1.46
新疆	1.06	−0.19	0.89	−0.01	0.88	1.03	−0.13	0.86	0.04	0.90

从表5中可以看出，绝大多数省份男性和女性健康寿命比例和自理寿命比例差异均为正值，即老年人健康和自理状况都在改善；只有内蒙古和吉林两省各个比例全部出现负值，即男性和女性老年健康或自理状况均存在下降趋势；山东、广东、广西三个省男性和女性自理寿命比例差异为负值，意味着老年人健康状况在改善，但自理寿命存在一些问题；河北、上海、福建三个地区只有女性自理寿命比例差异为负值，其他均为正值。

表5　按省份和性别分的两次普查健康寿命和自理寿命比例差异(百分位)

省份	男性		女性	
	健康寿命比例差异	自理寿命比例差异	健康寿命比例差异	自理寿命比例差异
北京	6.27	1.31	7.68	1.19
天津	2.65	0.76	3.65	0.55
河北	1.22	0.23	1.99	−0.16
山西	0.17	0.45	0.51	0.40
内蒙古	−0.84	−0.05	−0.30	−0.25
辽宁	0.82	0.39	1.65	0.08
吉林	−0.52	−0.98	−0.13	−2.16
黑龙江	2.02	0.50	2.58	0.05
上海	1.54	0.20	0.97	−0.99
江苏	2.24	0.25	3.05	0.04
浙江	3.04	0.19	3.37	0.01
安徽	6.40	0.87	9.37	1.16
福建	1.51	0.00	1.39	−0.17
江西	4.27	0.34	6.26	0.57
山东	0.51	−0.15	0.96	−0.50
河南	3.10	0.49	4.64	0.77
湖北	5.12	1.01	7.46	1.29
湖南	6.77	0.92	8.29	1.20
广东	0.19	−0.50	0.12	−0.78
广西	0.51	−0.59	2.09	−0.63
海南	3.19	0.07	5.40	0.30
重庆	9.56	1.51	11.08	1.69
四川	5.45	1.12	6.52	1.21
贵州	10.40	2.00	13.14	2.33
云南	3.59	1.43	5.01	1.91
西藏	4.20	0.73	3.82	2.27
陕西	4.94	1.40	5.48	1.32
甘肃	7.46	1.75	8.33	2.30
青海	2.76	1.35	4.02	1.67
宁夏	1.24	1.01	1.72	1.19
新疆	1.87	0.25	1.66	0.06

七、生命质量指数

我们将生命质量指数分为健康生命质量指数和自理生命质量指数两部分。表6给出了全国各省、两次普查男性和女性老年人健康生命质量指数和自理生命质量指数。

健康生命质量指数有以下一些特点：

(1)从2010年到2020年各省老年健康生命质量指数无论是男性还是女性都在提高，意味着所有省份老年人的生命质量都有明显的改善。

(2)从2010年到2020年健康生命质量指数提升幅度最大的是贵州，男性提高了1.04个单位，女性提高了1.20个单位；除此之外，重庆提高的幅度也很大，男性提高了0.90个单位，女性提高了0.94个单位。男性提升幅度最小的是吉林，只提升了 0.02 个单位，女性提升了 0.07 个单位。

（3）男性老年健康生命指数 2010 年最高的是广东，为 1.83，排在后面的是上海（1.65）、福建（1.63）、浙江（1.56）、江苏（1.48），北京（1.16）只排在第十位，甚至低于广西（1.21）；排在最后的是西藏，只有 0.59，其次是甘肃（0.69）。2020 年最高的是浙江，为 2.16，排在后面的依次是福建（2.01）、广东（2.00）、上海（1.98）、江苏（1.97）、贵阳（1.94）和北京（1.91）；最低的仍然是西藏，为 0.74，其次是吉林（0.91）、内蒙古（0.93）和青海（1.02）。

（4）女性老年健康生命指数 2010 年最高的仍然是广东，为 1.82，其次是福建（1.68）、浙江（1.56）、上海（1.53）和江苏（1.41）；最低的仍然是西藏（0.61），其次是甘肃（0.63）、青海（0.76）和宁夏（0.79）。2020 年最高的是浙江（2.16），其次是贵州（2.08）、福建（2.04）、广东（1.97）、江苏（1.94）、江西（1.91）和重庆（1.88）；最低的仍然是西藏，只有 0.70，其次是内蒙古（0.88）、青海（0.91）、宁夏（0.91）和吉林（0.91）。

（5）除了 2010 年西藏男性老年人以外，2010 年和 2020 年各省老年健康生命质量指数女性均小于或等于男性。

生活自理生命质量指数有以下一些特点：

（1）绝大多数省份老年自理生命质量指数从 2010 年到 2020 年都是提升的，但有个别省份是下降的。比如，吉林省男性从 5.24 下降到 4.32，女性从 5.14 下降到 3.73。

（2）2010 年到 2020 年老年自理生命质量指数提升幅度最大的仍是贵州；男性提升幅度排在第二位的是甘肃，排在第三的是重庆；女性排在第二的是重庆，排在第三位的是云南。

表 6　按省份、性别和年代分的生命质量指数

省份	健康生命质量指数				自理生命质量指数			
	男性		女性		男性		女性	
	2010	2020	2010	2020	2010	2020	2010	2020
北京	1.16	1.91	1.05	1.72	4.04	5.79	3.56	4.69
天津	1.30	1.66	1.19	1.62	4.48	5.68	4.38	5.41
河北	0.95	1.11	0.90	1.10	4.79	5.60	4.49	4.81
山西	0.89	1.00	0.82	0.93	4.52	5.70	3.99	4.81
内蒙古	0.89	0.93	0.80	0.88	4.53	4.86	3.91	4.13
辽宁	1.10	1.22	1.01	1.21	6.00	7.23	6.03	6.79
吉林	0.89	0.91	0.83	0.91	5.24	4.32	5.14	3.73
黑龙江	0.91	1.08	0.89	1.09	5.17	6.47	5.09	5.61
上海	1.65	1.98	1.53	1.76	5.32	5.92	5.28	4.68
江苏	1.48	1.97	1.41	1.94	7.64	9.33	7.50	8.38
浙江	1.56	2.16	1.56	2.16	7.89	8.96	7.65	8.16
安徽	0.89	1.41	0.83	1.38	5.40	7.91	4.64	6.64
福建	1.63	2.01	1.68	2.04	9.49	10.10	9.23	9.33
江西	1.22	1.90	1.16	1.91	7.95	10.31	7.06	9.40
山东	1.22	1.37	1.16	1.35	6.64	6.83	6.17	5.95
河南	0.98	1.35	0.94	1.32	5.51	7.36	4.64	6.20
湖北	0.87	1.29	0.80	1.23	5.37	8.49	4.73	7.35
湖南	0.88	1.31	0.83	1.27	5.73	8.17	5.03	7.28
广东	1.83	2.00	1.82	1.97	10.27	8.66	10.08	8.00
广西	1.21	1.39	1.16	1.40	7.58	6.76	7.32	6.59
海南	1.06	1.40	0.98	1.34	6.41	7.14	5.97	6.88
重庆	0.96	1.86	0.94	1.88	5.15	8.82	4.75	7.92
四川	0.94	1.35	0.89	1.30	4.98	7.39	4.47	6.41
贵州	0.90	1.94	0.88	2.08	4.33	8.62	4.35	8.93
云南	1.02	1.42	0.95	1.37	4.49	7.86	3.96	6.99
西藏	0.59	0.74	0.61	0.70	2.85	3.45	2.28	3.16
陕西	0.92	1.34	0.85	1.21	4.78	8.22	4.28	6.51
甘肃	0.69	1.07	0.63	0.92	4.25	8.13	3.52	6.46
青海	0.87	1.02	0.76	0.91	3.98	5.73	3.17	4.39
宁夏	0.94	1.09	0.79	0.91	4.77	6.99	3.86	5.37
新疆	0.94	1.09	0.82	0.92	4.68	5.24	3.71	3.91

(3)男性老年自理生命质量指数 2010 年最高的是广东，达到 10.27，远远高于其他省份。排在第二位的是福建，为 9.49；在 7－8 之间有江西、浙江、江苏和广西；2010 年男性最低的是西藏，只有 2.85。2020 年男性最高的是江西，为 10.31；排在第二的是福建，为 10.10；第三位是江苏，为 9.33。2020 年男性最低的仍然是西藏，为 3.45。

(4)女性老年自理生命质量指数 2010 年最高的仍然是广东，达到 10.08；排在第二的仍然是福建，为 9.23；在 7－8 之间的仍然是江西、浙江、江苏和广西；2010 年女性最低的仍然是西藏，为 2.28。2020 年女性最高的是江西(9.40)，排在第二的是福建(9.33)，排在第三位的是贵州(8.93)，第四和第五位的是江苏(8.38)和浙江(8.16)；2020 年女性最低的是西藏(3.16)。

(5)除了辽宁和贵州老年自理生命质量指数在 2010 年男性略低于女性外，其他所有省份和年代老年自理生命质量指数都是女性低于男性。

八、归纳总结

在对中国 31 个省、自治区、直辖市老年人健康状况水平进行比较时，通常会关注这样几个问题：(1)综合健康水平(健康预期寿命)；(2)死亡水平(预期寿命)；(3)现有老年人的健康水平(健康寿命占预期寿命的比例)；(4)健康水平变化(检验假说)；(5)生命质量(健康生命质量指数)。

表 3 给出了 2020 年分男性和女性、按综合健康水平(健康寿命)的排序。列为前两个梯队的综合健康水平最高的地区，包括 4 个直辖市，以及浙江、江苏、广东和福建 8 个经济最为发达的地区；列为第三和第四梯队的属于综合健康处于中等水平的，共有 13 个省份；列为第五梯队的属于综合健康水平最差的地区，共有 10 个省份，绝大多数属于西部地区，也有部分中部地区，而且经济上都属于欠发达省份。

反映死亡水平的预期寿命整体上与健康寿命比较一致，但也有一些不一致的地方。比如，吉林老年预期寿命排在全国的前 15 位，但健康寿命男性排在全国倒数第五位，女性为倒数第八位。因为综合健康水平是由死亡水平和健康水平二个因素共同决定，所以如果预期寿命比较高、健康预期寿命比较低，那么一定是健康寿命占预期寿命比例比较低的原因。比如，吉林男性健康寿命占预期寿命比例为 78.0%，倒数第二；女性为 74.0%，也是倒数第二；只是略高于西藏。当然，如果健康预期寿命较高、预期寿命较低，那么一定是健康寿命占预期寿命比例较高的原因。比如，福建健康预期寿命排在第二梯队，但男性老年预期寿命排在第 20 位，女性排在第 11 位，原因是福建男性健康寿命占预期寿命比例为 90.2%，排在全国第二(第一的是浙江，为 90.4%)；女性比例为 88.3%，在全国女性中排第三。除此之外，还有贵州，男性预期寿命在全国排在第 26 位，健康预期寿命排在第 12 位，健康寿命占预期寿命比例排在第 3 位；女性预期寿命在全国排在第 20 位，健康预期寿命也是排第 12 位，而健康寿命占预期寿命比例则排在全国第 1 位，这意味着死亡水平较高(或预期寿命较低)，但健康水平非常高。

从健康寿命变化上看，无论是绝对数还是相对数全国整体上都是非常理想的，即健康寿命和预期寿命都在增长，只有个别省份存在一些不理想的情况。最为明显的是吉林和内蒙古，两地无论是健康预期寿命和自理预期寿命绝对数还是相对数都存在在预期寿命提高的同时健康压缩的情况。除此之外，山东和广东也存在一些这方面的问题，但并不是很严重。在中国 2020 年既活得长又活得健康的老年人(即老年健康生命指数较高)主要生活在福建、广东、江苏和贵州；还有上海和北京的男性，江西和重庆的女性。活得既不够长也不够健康的主要生活在西藏、青海、甘肃、新疆、宁夏、内蒙古、吉林和山西。

北京大学人口研究所　乔晓春　刘艳
中国人民大学公共管理学院　陈鹤

中国老年人口健康状况变动

——基于第六、七次全国人口普查数据的分析

一、引言与问题的提出

健康是影响老年人日常活动的重要因素之一，是老年人追求美好生活和实现人生价值的重要基础。世界卫生组织和相关学者提出了健康老龄化、积极老龄化、成功老龄化等概念和理念。这些概念和理念均强调，积极应对人口老龄化要着眼于老年人的健康问题，努力提升老年人的内在能力和增强其功能发挥，缩短带病生存期和提高生命质量。继 2010 年第六次全国人口普查之后，2020 年第七次全国人口普查再次全面调查了我国老年人口自评健康状况。两次人口普查不仅为了解当前老年人口健康状况及其变动特征提供了数据支撑，还有助于认识十年来我国老龄工作和老年健康服务成效，发现存在的不足和短板，寻找更加有针对性的健康老龄化对策措施，挖掘对于推动经济社会高质量发展有利的老年人口健康条件。

针对我国老年人口健康，学者们基于普查和调查数据，利用多指标，面向不同人群展开了丰富研究。在数据来源方面，主要是利用人口普查数据、人口抽样调查数据，以及专项调查数据。在人口普查和抽样调查数据方面，主要是使用了全国人口变动情况抽样调查数据(杜鹏等，2006)、2005 年全国 1%人口抽样调查数据(陈友华等，2011；张冲等，2014)、2015 年全国 1%人口抽样调查数据(阎志强，2017；张文娟等，2018；尹吉东，2019)，以及 2010 年第六次全国人口普查数据(杜鹏，2013；林宝，2015；李跃平等，2015)。在专项调查数据方面，主要有 1992 年由中国老龄科学研究中心开展的中国老年人供养体系调查数据、2002 年由北京大学开展的中国老年人健康长寿影响因素研究项目第三期追踪数据(顾大男等，2006)、中国健康与养老跟踪调查数据(胡仕勇等，2016)、中国老年健康影响因素跟踪调查数据(姜向群等，2015；曾毅等，2017)、中国城乡老年人口状况调查数据(伍小兰等，2019) 等，以及中西部 5 省(市)12 县调查数据(温勇等，2014)。在健康测量指标方面，学者们使用了自评健康、失能率、生活自理能力等指标(张文娟等，2015)，分析流动老年人(宋全成等，2018)、高龄老年人(张文娟等，2019) 的健康特征和规律；尤其是利用人口普查数据，分析了我国老年人口的总体健康状况以及性别、年龄、城乡、区域、婚姻状态、生活来源等维度的健康特征。这些调查数据和研究成果，为掌握和分析中国老年人口的健康变动特征和规律奠定了重要的研究基础。

本文利用 2010 年第六次全国人口普查、2020 年第七次全国人口普查的 60 岁及以上老年人口自评健康数据，从老年人口总体，以及性别、年龄、婚姻、城乡、区域、居住方式等维度，分析 2010—2020 年我国老年人口健康状况的变动特征、当前老年人口健康状况及其薄弱之处，以期为更好地开发老年人力资源奠定基础。两次人口普查将自评健康状况的指标分为四类："健康"；"基本健康"；"不健康，但生活能自理"；"不健康，生活不能自理"(2010 年第六次全国人口普查数据中的该项指标表述为"生活不能自理")。

二、老年人口健康变动特征

自 2000 年步入人口老龄化社会以来，我国老年人口持续增长，老龄化程度持续加深，并且已于 2021 年步入老龄社会[①]。2020 年第七次全国人口普查数据显示，60 岁及以上人口规模达到 2.64 亿，比 2000 年增加 1.34 亿；占比达到 18.7%，比 2000 年提高 8.6 个百分点。第七次人口普查长表中，共有 25523101 名 60 岁及以上老年人回答了自评健康问题，其中男性 12312008 名，占比 48.24%，女性 13211093 名，占比 51.76%。

我国老年人口总体健康状况较好。第七次全国人口普查数据(见图 1)显示，2020 年，我国老年人口中有

① 数据显示，截至 2021 年，我国 65 岁及以上人口为 2.01 亿人，占总人口的 14.2%(国家统计局，2022)。根据国际标准，如果一个国家或地区的 65 岁及以上人口超过 14.0%，则意味着该国家或地区已进入老龄社会。

54.6%的人自评“健康”，32.6%的人自评“基本健康”，即87.3%的老年人认为自己健康状况良好；10.4%的老年人认为自己“不健康，生活能自理”，2.3%的老年人认为自己“不健康，生活不能自理”。

2010—2020年，我国老年人口健康状况呈现明显的改善态势。与2010年相比，2020年我国老年人口自评“健康”的比例提高了10.8个百分点，自评“不健康，但生活能自理”的比例下降了3.5个百分点，自评生活不能自理的比例下降了0.6个百分点。可见，2020年，自评“健康”的老年人比例更高，自评不健康的老年人比例更低，老年人总体健康水平明显改善。

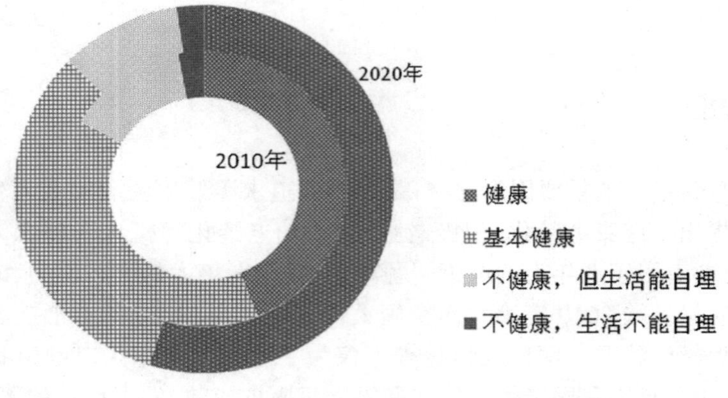

图1 2010年、2020年老年人口健康状况

数据来源于第六次和第七次全国人口普查资料，下同。

过去十年，国家积极推进基层卫生健康资源优化配置，健康老龄化理念更加深入人心，老年人的健康素养明显提升，健康行为习惯逐渐养成。我国老年人身体健康状况明显改善，健康状况较好，现在的老年人比十年前的老年人更加健康。人老不一定不健康，老年人不一定成为家庭和社会的负担，相反，健康老年人蕴含了丰富的人力资源、人力资本，这将是经济社会高质量发展有利的人口因素。同时我们还应该看到，2020年，仍有2.3%的老年人自评“不健康，生活不能自理”。若按“七普”数据中60岁及以上老年人口26400万人估算，2020年，我国自评“不健康，生活不能自理”的老年人口达到607.2万人，相比2010年增长83.8万人。相比老年人口大幅增长，自评生活不能自理的老年人口增长并不明显。这也反映了十年来我国老年人口健康状况明显改善。若按“七普”数据中老年人口自评不健康的比例12.7%计算，2020年，我国自评不健康的老年人口达到3352.8万人，相比2010年增长368.3万人。在人口老龄化持续加深的背景下，我国不健康的老年人尤其是生活不能自理的老年人将可能继续增加，保障老年人健康的压力和挑战也会继续加大，未来仍然需要加强对不断增长的老年人口的健康养老保障。

三、不同维度下老年人口的健康状况变动特征

老年人口健康状况存在明显的异质性，本文拟从性别、年龄、婚姻、城乡、区域、居住等维度，细致分析、探寻老年人口健康状况的变动特征和规律。

（一）性别维度：男性老年人的健康状况好于女性老年人，女性老年人自评不健康的比例明显更高

数据（见表1）显示，2020年，男性老年人自评“健康”的比例为57.5%，自评“基本健康”的比例为30.6%，即男性老年人自评健康状况较好的比例合计为88.1%。女性老年人自评“健康”的比例为51.9%，比男性老年人低5.6个百分点；自评“基本健康”的比例为34.5%，比男性老年人高。但总体上，男性老年人自评“健康”和“基本健康”的比例比女性老年人高出1.7个百分点，即男性老年人的自评健康状况总体优于女性老年人。女性老年人自评“不健康，但生活能自理”的比例为11.0%，自评“不健康，生活不能自理”的比例为2.5%，均比男性老年人要高，其中自评“不健康，生活不能自理”的比例比男性老年人高出0.4个百分点。

表 1　分性别老年人口健康状况

单位:%

健康状态	2010 年		2020 年	
	男	女	男	女
健康	48.2	39.6	57.5	51.9
基本健康	36.9	41.6	30.6	34.5
不健康,但生活能自理	12.4	15.4	9.8	11.0
不健康,生活不能自理	2.5	3.4	2.1	2.5

2010—2020 年,男性老年人和女性老年人自评“健康”的比例均明显增加,自评“不健康,但生活能自理”、生活不能自理的比例均明显下降,女性老年人自评健康状况改善比男性老年人更明显。从自评“健康”的比例来看:男性老年人从 2010 年的 48.2%提高至 2020 年的 57.5%,提高 9.3 个百分点;女性老年人从 39.6%提高至 51.9%,提高 12.3 个百分点。从自评“不健康,但生活能自理”的比例来看:男性老年人从 2010 年的 12.4%下降至 2020 年的 9.8%,下降 2.6 个百分点;女性老年人从 15.4%下降至 11.0%,下降 4.4 个百分点。从自评生活不能自理的比例来看,男性老年人、女性老年人分别下降 0.4 个百分点、0.9 个百分点。总体来看,女性老年人自评“健康”的比例提高幅度更大,自评不健康的比例下降幅度更大,可见过去十年女性老年人的自评健康状况相比男性老年人改善更多。

(二)年龄维度:老年人在 80 岁左右向不健康转变,90 岁左右向生活不能自理转变

随着年龄增长,老年人的健康状况变差,自评“不健康,但生活能自理”的比例在 70 岁开始明显提高,90 岁之后提高缓慢,自评生活不能自理的比例在 90 岁左右增长加快。数据(见图 2)显示,伴随着年龄的不断增长,老年人自评“健康”的比例持续下降。2020 年,老年人自评“健康”的比例从 60 岁的 74.2%下降至 90 岁的 21.8%,90 岁之后下降较平缓,100 岁及以上老年人自评“健康”的比例为 14.4%。老年人自评“不健康,但生活能自理”的比例在 60～69 岁平缓提高,从 4.1%提高至 8.8%,在 70～90 岁快速提高,从 9.7%提高到 27.6%,90 岁之后波动变化。60～79 岁老年人自评“不健康,生活不能自理”的比例在 5%以下;80～87 岁老年人该比例不断增长,87 岁时为 9.9%,之后加速增长;100 岁及以上老年人的该比例达到 31.0%。总体来看,老年人在 80 岁左右自评不健康的比例明显提高,在 90 岁左右发生从生活能自理到生活不能自理的重要转变。这种健康转变的年龄特征值得深入观察和研究。总体来看,高龄人口面临更大的健康风险。

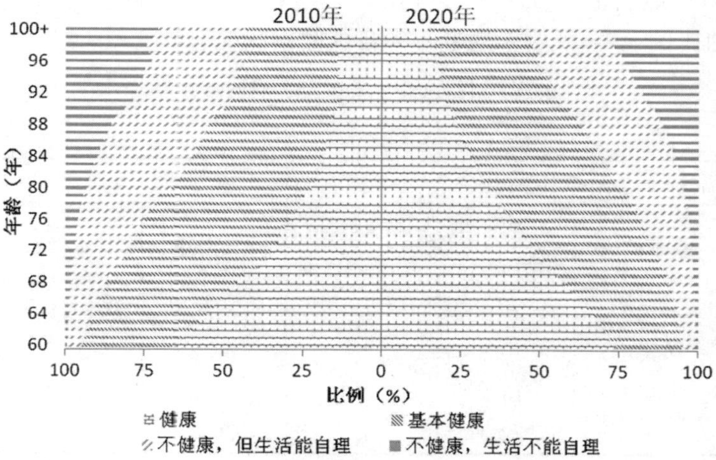

图 2　分年龄老年人口健康状况

过去十年,各个年龄的老年人自评“健康”的比例均有所提高,80 岁及以上高龄老年人自评不健康的比例明显下降。相比 2010 年,2020 年,老年人在各个年龄自评“健康”的比例均有所提高,尤其是 62～83 岁老年人自评“健康”的比例均提高了 10 个百分点以上,而自评“基本健康”、“不健康,但生活能自理”、生活不能自理的比例均有所下降。其中,70～89 岁老年人自评“不健康,但生活能自理”的比例下降了 5 个百分点以上,80～96 岁老年人自评生活不能自理的比例下降了 2 个百分点以上。这说明,中高龄老年人的健康状况改善明显。

分性别考察2010年、2020年自评生活不能自理的老年人比例(见图3)。2010—2020年期间,伴随着年龄的增长,60～99岁男性老年人和女性老年人自评生活不能自理的比例均明显下降。2020年,100岁及以上男性老年人和女性老年人自评生活不能自理的比例均比2010年有所提高。这可能是有更多的百岁老年人带病存活所致。从男性老年人、女性老年人自评生活不能自理的比例差距来看,相比2010年,2020年该差距明显缩小。虽然女性老年人自评生活不能自理的比例总体上高于男性老年人;但分年龄来看,2020年,60～74岁女性老年人自评"不健康,生活不能自理"的比例仍然低于男性老年人。这也说明,过去十年我国女性老年人(尤其是低龄女性老年人)的健康状况改善较多。

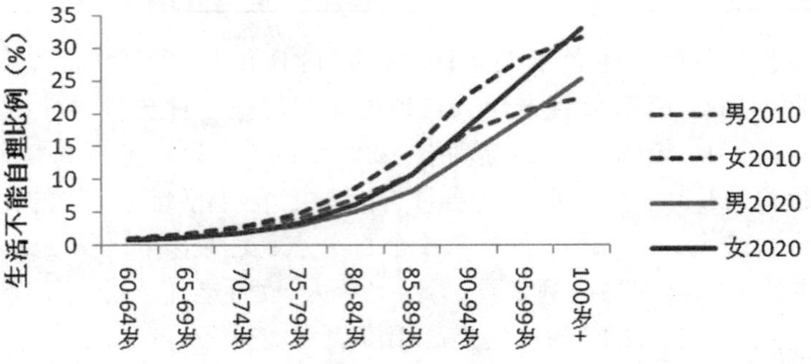

图3　分性别年龄老年人口不能自理比例

(三)婚姻维度:有配偶老年人健康状况最好,未婚老年人健康状况最差

从老年人自评"健康"的比例(见表2)来看,有配偶老年人最高,其次是离婚老年人,丧偶、未婚老年人普遍较低。2020年,有配偶老年人自评"健康""基本健康"的比例合计为90.6%,离婚、丧偶、未婚老年人分别为88.1%、76.8%、72.3%。2010－2020年,除未婚老年人外,有配偶、离婚和丧偶老年人的自评健康状况均有所改善。2020年,有配偶、离婚、丧偶老年人自评"健康""基本健康"的比例相比2010年均有所提高。其中丧偶老年人提高最多,达到4.4个百分点,离婚、有配偶老年人分别提高4.2个百分点、3.2个百分点。而未婚老年人自评"健康""基本健康"的比例不升反降,下降了0.2个百分点。总体来看,婚姻状态稳定的老年人健康状况更好。丧偶、未婚老年人自评"不健康,生活不能自理"的比例明显较高,未婚老年人自评健康状况有所向差。2020年,丧偶、未婚老年人自评"不健康,生活不能自理"的比例分别为4.8%、4.3%,相比2010年分别下降0.7个百分点、上升0.2个百分点。综合未婚老年人自评"健康"和"基本健康"的比例下降、自评生活不能自理的比例上升,说明未婚老年人自评健康状况有所变差。

表2　分婚姻状态的老年人口健康状况

单位:%

婚姻状态	2010年				2020年			
	健康	基本健康	不健康,但生活能自理	不健康,生活不能自理	健康	基本健康	不健康,但生活能自理	不健康,生活不能自理
未婚	33.3	39.2	23.4	4.1	34.5	37.8	23.4	4.3
有配偶	49.4	38.0	10.6	2.0	60.2	30.4	7.8	1.6
离婚	44.6	39.3	13.7	2.4	57.3	30.8	10.2	1.7
丧偶	29.7	42.7	22.1	5.5	36.7	40.1	18.4	4.8

从不同自评健康状况老年人的婚姻状况来看,2020年:自评"健康"的老年人中,82.9%是有配偶老年人;而自评"不健康,生活不能自理"的老年人中,51.2%是有配偶老年人,44.8%为丧偶老年人。因此,在构建居家社区机构相协调、医养康养相融合的健康养老服务体系的过程中,有配偶、丧偶老年人均应当成为关注的重点。同时,在当前农村存在大量未婚大龄青年的背景下,老龄化进程中未婚老年人的健康状况变动趋势有待进一步观察和研究。

(四)城乡维度:城镇老年人自评健康状况好于农村老年人,农村老年人自评生活自理能力更差

我国老年人的自评健康状况存在明显的城乡差异。数据(见表3)显示,从自评"健康"的比例来看,2020

年，城市老年人为63.0%，镇老年人为54.8%，农村老年人为48.5%，城市、镇、农村老年人自评“健康”的比例存在阶梯下降特征。从自评不健康的比例来看，城市、镇、农村老年人分别为8.4%、12.3%和16.1%，其中农村老年人自评“不健康，生活不能自理”的比例最高，达到2.6%，城市老年人最低，为2.1%，说明农村老年人自评健康状况明显差于城市老年人。当前，我国农村老龄化程度比城镇更严重，农村拥有全国46.0%的老年人，未来仍然需要加强对农村的医疗服务和社会养老服务资源配置，更好地满足农村老年人的美好生活需要。

表3　分城乡老年人口健康状况

单位：%

健康状态	2010年			2020年		
	城市	镇	农村	城市	镇	农村
健康	49.9	46.0	40.4	63.0	54.8	48.5
基本健康	39.4	39.2	39.3	28.7	32.9	35.4
不健康，但生活能自理	8.3	12.2	16.9	6.3	10.0	13.5
不健康，生活不能自理	2.4	2.6	3.3	2.1	2.3	2.6

城乡老年人的健康差距有所缩小。2010—2020年，城乡老年人自评不健康的比例均有所下降：城市老年人自评不健康的比例从10.7%下降至8.4%，减少了2.3个百分点；镇老年人从14.8%下降至12.3%，减少了2.5个百分点；农村老年人从20.2%下降至16.1%，减少了4.1个百分点。农村老年人自评不健康的比例减少更多，说明我国通过实施脱贫攻坚战，尤其是通过实施健康扶贫等重大措施，将大量卫生健康资源下沉到农村基层，农村老年人的健康管理和监测服务更加可及、便利，其健康状况明显改善，城乡老年人健康不平等矛盾有所缓解。

（五）居住状况：与配偶、子女同住的老年人健康状况较好

第七次全国人口普查资料提供了不同居住状态下老年人口健康数据。数据显示（见表5），从自评为健康来看，与配偶和子女同住的老年人自评为健康的比例最高，达到64.3%，其次是与配偶同住的老年人，为57.6%，与子女同住的比例第三，为44.0%，其他居住状态下的老年人健康比例相对较低，其中在养老机构的老年人自评为健康的比例最低，仅为13.0%。从自评为不健康且生活不能自理来看，老年人独居（无保姆）的状态下不健康且生活不能自理的比例最低，仅为1.3%，其次是与配偶和子女同住、与配偶同住的老年人，均为1.6%，然后是与子女同住，为4.6%，在养老机构、独居（有保姆）的老年人自评为不健康且生活不能自理的比例明显较高，分别达到26.7%、21.4%，说明与配偶、子女同住有利于老年人身心健康。

表5　2020年全国、农村分居住状态的老年人口健康状况

单位：%

居住状态	全国				农村			
	健康	基本健康	不健康，但生活能自理	不健康，生活不能自理	健康	基本健康	不健康，但生活能自理	不健康，生活不能自理
与配偶和子女同住	64.3	27.2	6.9	1.6	57.5	30.8	9.7	1.9
与配偶同住	57.6	32.3	8.5	1.6	52.5	34.7	10.9	1.8
与子女同住	44.0	36.4	15.1	4.6	35.8	39.0	19.9	5.3
独居—有保姆	28.8	31.2	18.6	21.4	30.9	30.8	20.1	18.2
独居—无保姆	43.2	39.2	16.2	1.3	38.5	40.4	19.5	1.5
养老机构	13.0	30.7	29.6	26.7	15.4	34.2	32.8	17.6
其他	53.7	31.8	10.8	3.7	47.5	34.4	14.1	4.0

观察农村不同居住状态的老年人健康状况，发现农村与全国基本呈现相似的特征规律。在养老机构、独居（有保姆）的老年人生活不能自理的比例明显较高，但低于全国总体水平，分别低约9.1个百分点、3.2个百分点，说明城镇有更多的生活不能自理老年人，独居接受保姆生活照料，或者居住在养老机构接受生活

照料，城镇老年人生活不能自理却得到照料现象更加普遍。2021年11月中共中央国务院发布《关于加强新时代老龄工作的意见》，提出鼓励成年子女与老年父母就近居住或共同生活。“七普”老年人健康状况数据印证了老年人与子女居住有利于老年人身心健康。正所谓“父母在不远游”，鼓励成年子女与老年父母同住或就近居住是弘扬中华孝道传统文化，启示当代成年人居家、择业、购房应该考虑老年父母健康因素。

四、主要结论与启示

本文利用2010年、2020年全国人口普查数据，对我国老年人自评健康状况及其变动特征进行了分析。研究发现如下：

一是我国老年人口总体健康状况较好。2020年的“七普”数据显示，接近88.0%的老年人处于健康状态，仅有2.3%的老年人自评“不健康，生活不能自理”。过去十年，我国老年人的健康状况明显改善，自评“健康”老年人的比例提高了10.8个百分点，自评生活不能自理的比例下降了0.6个百分点。

二是男性老年人自评健康状况好于女性老年人。2020年，男性老年人自评“健康”“基本健康”的比例比女性老年人高1.7个百分点，自评“不健康，生活不能自理”的比例比女性老年人低0.4个百分点。过去十年，男性老年人和女性老年人的自评健康状况均明显改善，其中女性老年人自评健康状况改善更明显。

三是随着年龄增长，老年人口健康状况向差。老年人自评不健康的比例在80岁左右明显提高，90岁左右面临从生活能自理到生活不能自理的重要转变，100岁及以上老年人自评“不健康，生活不能自理”的比例达到31.0%。过去十年，各个年龄段老年人的自评健康状况明显改善，尤其是中低龄老年人自评“健康”的比例明显提升，62～83岁老年人自评“健康”的比例提高均超过10.0个百分点。把握老年人的健康状况明显改善、80岁左右老年人由健康向不健康转变、90岁左右老年人由生活能自理向生活不能自理转变的年龄特征，对于老年人力资源开发具有积极意义。

四是有配偶老年人自评健康状况最好，未婚老年人自评健康状况最差。过去十年，有配偶、离婚、丧偶老年人的自评健康状况均有所有改善，但未婚老年人的自评健康状况有所向差，其自评“不健康，生活不能自理”的比例增加0.2了个百分点。

五是城镇老年人自评健康状况好于农村老年人，农村老年人自评生活自理能力较差。过去十年，城乡老年人健康差距有所缩小，城市老年人、农村老年人自评不健康的比例分别下降2.3个百分点、4.1个百分点。农村老年人自评不健康的比例比城市老年人下降更多。这表明，通过实施健康中国、积极应对人口老龄化等国家战略，城乡老年人健康不平等矛盾得到缓解。

六是与配偶、子女同住的老年人自评健康状况较好。在养老机构、独居（有保姆）的老年人自评生活不能自理的比例明显较高。2020年的“七普”数据显示，二者分别达到26.7%、21.4%，说明与配偶、子女同住有利于老年人身心健康。

总体而言，目前我国老年人的自评健康状况整体较好，我们不能继续用以往的人老意味着不健康的刻板认知来看待今天的老年人。尤其是当前超过80.0%的60～79岁中低龄老年人自评健康状况较好。这为积极应对人口老龄化、挖掘老年人力资源奠定了良好基础。过去十年，我国老年人口自评健康状况明显改善，尤其是女性、中低龄、有配偶、农村老年人的自评健康状况改善更加明显，城乡老年人健康差距明显缩小。与此同时，我国未婚、农村老年人的自评健康状况相对较差，面临较大的健康风险。在我国老年人口持续增长、老龄化程度持续加深的背景下，未来不健康老年人口尤其是生活不能自理老年人口将可能继续增长，对此需要继续加快居家社区机构相协调、医养康养相融合的健康养老服务体系建设，优化卫生健康和社会养老服务资源配置，关注未婚、高龄、独居等特殊老年群体的健康状况。推进以人为核心的新型城镇化建设，要充分考虑每个家庭中的老年人，切实鼓励子女与老年人同住或就近居住，不断满足老年人健康养老的美好生活需要。另外，实施健康中国战略和积极应对人口老龄化国家战略，加快推进健康老龄化，需要从全生命周期、全人群视角关注人群健康。未来的人口普查要适时增加对全人群健康信息的调查项目，从而为制定完善全生命周期健康支撑政策体系奠定坚实基础。

刘厚莲

我国老年人口健康和生命质量指数变动的性别差异及关联因素分析

一、引言

我国已经进入老龄化社会，老年人口比重不断增大，关注老年人口健康问题并采取干预措施对社会经济健康发展具有重要意义。在我国，衡量区域人口健康状况通常使用0岁人口的平均预期寿命，由此60岁老年人的平均预期寿命也就成为测量老年人健康状况的指标。按照这个测量模式，1981年第三次全国人口普查数据反映的人口平均预期寿命为67.77岁，其中男性为66.28岁，女性为69.27岁；而最新2020年第七次人口普查得到的平均预期寿命为77.93岁，其中男性为75.37岁，女性为80.88岁。即我国在改革开放以来近40年期间，人口预期寿命提高了10.16岁，而女性提高的幅度明显高于男性（11.61比9.09）。然而，平均预期寿命是一个综合各年龄组死亡概率计算的健康指标，它应用于人口健康水平的比较在于其不受人口年龄结构变化的影响，可在不同时点、不同地区、不同人群，如男性和女性人口间进行比较，从而客观地反映某个地区不同性别、不同年龄人口的健康状况。但是，平均预期寿命只能从数量上反映人群生存时间长短，而对于存活人口的健康水平往往缺乏精确的度量，即无法反映生命质量。结合人口存活的健康状况，健康预期寿命是依据个体处于健康状态的生存人年数进行人口健康综合测量指标，可作为社会发展的重要参考。有研究认为，2010—2030年期间，60岁以上人群将成为预期寿命增长贡献最大的人群。我国应对人口老龄化，关注老年健康问题及健康保障制度，实现“健康老龄化”和“积极老龄化”战略的重要抓手应关注老年人口的健康预期寿命测量及其人群和区域差异。

我国自2005年全国1%人口抽样调查开始尝试将“健康状况”纳入国家级的社会调查中，调查了受访对象的自评健康状况，包括“健康”、“基本健康”、“不健康，但生活能自理”和“不健康，生活不能自理”四个类别，这些信息可为我们做老年人口健康状况分析提供数据依据，进而衡量个体生命质量和宏观社会发展决策。此外，性别差异也是衡量老年人口健康状况的重要分类指标，女性老年人口预期寿命的提高但健康状况弱于男性老年人是学界共识。本研究将利用2010年第六次全国人口普查数据和2020年第七次人口数据，分区域和性别计算我国老年人口预期寿命和健康预期寿命，并在健康预期寿命测算的基础上计算男性和女性老年人的生命质量指数，采用空间数据分析方法衡量其区域特征和变动趋势，进一步利用多尺度地理加权回归模型探讨关联健康寿命的潜在宏观因素，为我国相关老龄政策制度制定、老年人口健康促进的精准施策，以及性别公平、区域协调发展提供实证参考。

二、老年人口预期寿命变动趋势及区域差异

常规衡量一个国家或区域的人口健康状况通常采用0岁人口平均预期寿命（简称人口预期寿命）。对应0岁人口预期寿命衡量全人群的健康状况，老年人预期寿命衡量需要衡量确切年龄（如60岁）的预期寿命（或称平均剩余寿命）。国家统计局人口与就业司为本研究提供了调整后的2010年和2020年两次人口普查全国和各省生命表中60岁及以上老年人部分的资料。故本研究直接使用国家统计局计算的完全生命表，并将其直接转化为60岁及以上老年人的生命表进行预期寿命计算，故对60岁老年人预期寿命的计算结果和国家统计局公布的人口预期寿命具有一致性①。基于此，我们得到全国和各省老年人口（60岁）分性别的预期寿命及其差异。从全国情况看，男性60岁老年人平均预期寿命在十年里增长了2.04年，女性增长了

---

① 参见《中国人口和就业统计年鉴2021》，表1—10。

2.87 年;增长速度同样是女性高于男性,女性增长了 13.47%,男性增长了 11.22%,这意味着女性老年人健康的改善速度要快于男性老年人。分省进行统计,男性老年人预期寿命的提高幅度江西省为最高,达到 3.69 年,而青海省增长速度最低,为 0.33 年;女性老年人预期寿命的增长幅度中,上海市为最高,达到 3.44 年,而增长幅度最低的为西藏自治区,仅 0.01 年,其次为青海省,仅增长 0.53 年。

表 1　2010 和 2020 年全国和分省 60 岁老年人预期寿命及增幅变动

单位:岁

省份	男性			女性		
	2010 年	2020 年	增幅	2010 年	2020 年	增幅
北京	21.04	22.59	1.55	23.80	25.75	1.95
天津	20.63	21.89	1.26	22.49	24.75	2.26
河北	17.67	19.38	1.71	20.52	22.72	2.20
山西	17.69	19.72	2.03	20.47	22.74	2.27
内蒙古	17.93	19.50	1.57	20.67	22.84	2.17
辽宁	19.14	20.21	1.07	21.54	23.66	2.12
吉林	19.19	20.07	0.88	21.54	23.66	2.12
黑龙江	18.47	19.84	1.37	21.69	23.59	1.90
上海	20.96	22.12	1.16	24.18	26.02	1.84
江苏	18.64	20.38	1.74	21.68	23.89	2.21
浙江	19.81	20.80	0.99	22.79	24.25	1.46
安徽	18.36	19.99	1.63	21.78	23.44	1.66
福建	18.50	19.70	1.20	21.96	23.81	1.85
江西	17.81	19.64	1.83	21.46	23.26	1.80
山东	18.67	20.25	1.58	21.97	24.19	2.22
河南	17.30	19.48	2.18	21.08	23.38	2.30
湖北	17.88	19.73	1.85	20.87	22.91	2.04
湖南	19.13	19.79	0.66	22.13	23.28	1.15
广东	18.80	20.15	1.35	22.67	24.28	1.61
广西	18.43	20.42	1.99	23.07	24.94	1.87
海南	18.97	20.65	1.68	23.58	25.11	1.53
重庆	19.67	20.40	0.73	22.50	24.15	1.65
四川	19.12	20.12	1.00	21.97	23.77	1.80
贵州	18.34	19.34	1.00	21.25	22.80	1.55
云南	16.84	18.27	1.43	19.73	21.48	1.75
西藏	16.48	17.50	1.02	19.68	20.15	0.47
陕西	18.26	19.90	1.64	20.52	22.56	2.04
甘肃	17.17	18.63	1.46	19.48	20.92	1.44
青海	17.77	17.89	0.12	20.11	20.55	0.44
宁夏	18.11	19.49	1.38	20.03	21.49	1.46
新疆	18.27	19.15	0.88	20.77	21.67	0.90
全国	18.19	19.93	1.74	21.28	23.47	2.19

以男性为基准进行性别比较,即将女性老年人的预期寿命增幅减去男性老年人预期寿命增幅,结果显示:大部分区域的老年人预期寿命增长为女性高于男性,但在增幅上,甘肃、江西、广西和西藏地区男性老年人增加幅度高于女性,而增速部分除了上述四个地区,还有河南和安徽省女性增速低于男性(图 1)。

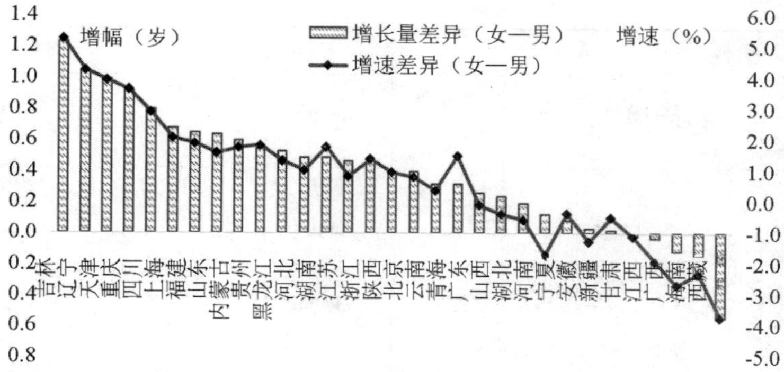

图 1　各省近 10 年老年人(60 岁)预期寿命变动及性别差异

三、老年人口健康预期寿命的测算与区域差异

随着人口迅速老龄化，世界上诸多国家，包括我国在内都出现了平均预期寿命的提高，但人口健康状况在不同时期或者区域存在下降的情况，即人的长寿不一定等于健康。针对 2020 年第七次人口普查长表数据中老年人的“身体健康状况”(健康、基本健康、不健康但生活能自理、不健康生活不能自理)。我们测算出老年人口的健康金字塔图，可以看出不同年龄别的老人健康状况以及性别差异(图 2)。

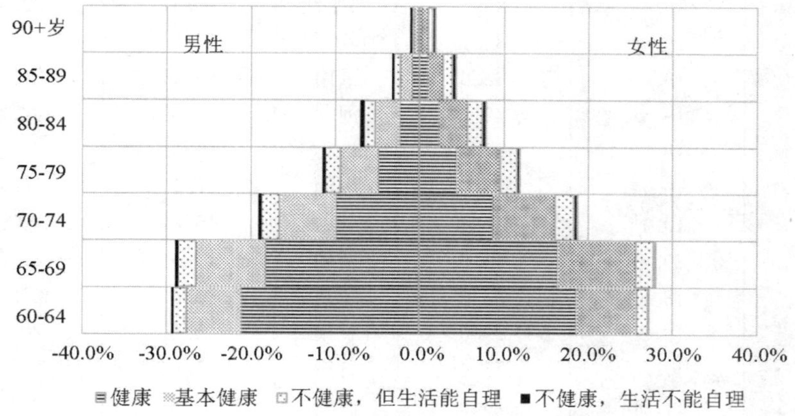

图 2　“七普”数据老年人口健康状况的构成

将第六次、第七次人口普查针对老年人询问的身体健康状况占比，结合估算的 60 岁老年人生命表，得到不同健康状况、分性别的该年龄的老年人预期寿命结果，为了表述方便，我们将健康和基本健康合并、不健康的生活能自理和不能自理合并，即简化为两个健康状态测算男性和女性老年人的不健康占比情况(表 2)。这个结果显示，我国 2010 年和 2020 年两次普查结果显示，男性老年人的整体健康状况良好，不健康占比各年龄段的比例明显低于女性老年人，即尽管女性老年人的预期寿命高于男性，但生存的健康水平要低于男性老年人。

表 2　2020 年按省份和性别分的 60 岁预期寿命、健康寿命和占比

单位：年

男性				女性			
省份	健康寿命	预期寿命	健康寿命比例(%)	省份	健康寿命	预期寿命	健康寿命比例(%)
北京	19.92	22.59	88.2	上海	22.17	26.02	85.2
上海	19.65	22.12	88.9	北京	21.90	25.75	85.0
天津	19.01	21.89	86.8	浙江	21.53	24.25	88.8
浙江	18.80	20.80	90.4	广东	21.29	24.28	87.7

续表

男性				女性			
省份	健康寿命	预期寿命	健康寿命比例（%）	省份	健康寿命	预期寿命	健康寿命比例（%）
江苏	18.28	20.38	89.7	重庆	21.04	24.15	87.1
重庆	18.16	20.40	89.0	福建	21.03	23.81	88.3
广东	18.12	20.15	89.9	天津	20.97	24.75	84.7
福建	17.77	19.70	90.2	江苏	20.95	23.89	87.7
江西	17.61	19.64	89.7	广西	20.50	24.94	82.2
海南	17.60	20.65	85.3	江西	20.43	23.26	87.8
广西	17.41	20.42	85.3	海南	20.42	25.11	81.3
贵州	17.41	19.34	90.0	贵州	20.30	22.80	89.0
山东	17.26	20.25	85.2	山东	19.85	24.19	82.1
安徽	17.16	19.99	85.8	安徽	19.45	23.44	83.0
四川	17.12	20.12	85.1	四川	19.42	23.77	81.7
陕西	16.94	19.90	85.2	河南	19.25	23.38	82.3
辽宁	16.86	20.21	83.5	辽宁	19.02	23.66	80.4
湖南	16.81	19.79	84.9	湖南	19.00	23.28	81.6
湖北	16.70	19.73	84.7	湖北	18.65	22.91	81.4
河南	16.66	19.48	85.5	黑龙江	18.47	23.59	78.3
黑龙江	16.21	19.84	81.7	陕西	18.34	22.56	81.3
河北	16.01	19.38	82.6	云南	18.11	21.48	84.3
宁夏	16.00	19.49	82.1	河北	18.02	22.72	79.3
云南	15.91	18.27	87.1	吉林	17.51	23.66	74.0
山西	15.84	19.72	80.3	山西	17.17	22.74	75.5
新疆	15.78	19.15	82.4	内蒙古	16.89	22.84	74.0
吉林	15.65	20.07	78.0	新疆	16.56	21.67	76.4
甘肃	15.40	18.63	82.6	宁夏	16.43	21.49	76.5
内蒙古	15.39	19.50	79.0	甘肃	16.19	20.92	77.4
青海	14.75	17.89	82.4	青海	15.93	20.55	77.5
西藏	13.35	17.50	76.3	西藏	14.37	20.15	71.3

四、老年人口生命质量指数的性别差异

健康预期寿命是结合死亡水平和健康状况综合测量人群健康状况的指标，即通过健康寿命占预期寿命的比例反映了排除死亡年龄结构影响的人群健康水平。从“长寿”和“健康”的角度，将两者进行整合，构造出生命质量（Quantity of Life，QL）指数指标，其中老年人生命质量指数可以表述为：

$$QL=\frac{e_{60}}{\frac{e_{60_{uh}}}{e_{60}}\times 100}=\frac{e_{60}^{2}}{e_{60_{uh}}\times 100}$$

这里，e_{60} 是为确切年龄 60 岁（一般老年人定义年龄）的预期寿命，$e_{60_{uh}}$ 是确切年龄 60 岁的非健康预期寿命，QL 计算的分子表示“长寿”越大越好，而分母作为非健康预期寿命占比，其数值越小标识“活得越健康”，因结合了预期寿命和健康预期寿命两个维度，这个指标测量较单纯比较健康预期寿命占比或预期寿命会更加敏感。利用生命质量指数，本文测量了 2010—2020 年我国各省市自治区 60 岁老年人分性别健康的变化情况，即生命质量指数在 10 年间的增长幅度，并利用空间数据分析进行两个普查期间男性和女性变化的差异，包括局部空间相关性分析（Local Indicators of Spatial Association，LISA）和热点探测（Getis-Ord' G^{*}），其中 LISA 分析根据各区域自身增长趋势和相邻省份的增长趋势的比较，对比某个省份的增长与其相邻省份的相关性及关联程度，通过统计检验可划分为高高（HH）、低低（LL）、高低（HL）、低高（LH）四种相

邻聚集模式以及统计不显著的区域，热点探测分析 G 指数的值结合 Z 值可以判断出各省性别间健康预期寿命和生命质量指数差异的冷热点情况。

结果显示，2010—2020 年我国老年人的生命质量指数变化增长模式性别间的区域模式相似，总体上全国省、自治区、直辖市的生命质量指数都在提升，但提升幅度最高的区域包括江西省、贵州省和重庆市和北京市；而中南部区域省份的生命质量指数提升也较高；而健康预期寿命增幅较小的区域对应的生命质量指数增长也偏小。LISA 统计结果显示，2010 年—2020 年我国老年人口健康状况提升，即生命质量指数增长的高—高相邻的区域主要集中在中南部地区，男性主要是湖北和湖南均属高增长区，女性则除了湖南和湖北外，贵州的增长也较高，而男性老年人（60 岁）生命质量指数增长较低（低低相邻）的区域包括黑龙江、吉林、辽宁和内蒙古，女性老年人（60 岁）生命质量指数变动属于低低相邻的省份除了上述四个外，甘肃、新疆的生命质量指数增加也较低。2020 年我国老年人（60 岁）性别间健康预期寿命的差异主要是东北、华北和华东区域。而热点分析结果显示显示东北、华东、华南区域的生命质量指数差异显著，广东的生命质量指数最高，其次包括广西、云南、贵州、湖北、江西和福建。

五、老年人生命质量指数性别差异的影响因素分析

基于第六次、第七次全国人口普查数据的对比看，2010—2020 年我国老年人健康状况总体上升，但各省份老年人口的健康水平和性别差异依然存在，生命质量指数的提升也主要集中在我国中部地区预期寿命快速提高区域，但不是预期寿命较高和健康预期寿命较高的区域。由此，我们进一步通过多尺度地理加权回归（Multiscale Geographical Weighted Regression，MGWR）模型，考察不同区域因素对老年人生命质量指数的影响。参照已有区域健康差异相关研究结果，宏观角度影响到我国居民健康水平区域差异主要因素一般包括社会经济发展状况、卫生资源和服务利用以及居民自身健康行为等。为此，我们选择各省的人口分布重心作为区域空间位置，设定年度人均 GDP 作为经济指标、千人医疗技术人员数作为区域的卫生资源状况、文盲率代表区域教育水平，分性别衡量其对老年人的生命质量影响，模型如下：

$$QL_i = \beta_i(X_i, Y_i) + \sum_k \beta_{ik}(X_i, Y_i) X_{ik} + \varepsilon_i$$

这里，i 为各省市自治区，X_i, Y_i 是各省人口分布重心，X_{ik} 代表各省市自治区的经济、医疗和教育水平状况，本研究关注的重点是基于多尺度地理加权回归算法下，回归系数 β_{ik} 在空间上的变异情况，计算结果如表 3 所示。对照健康预期寿命、生命质量指数的关联因素（经标准化处理）的空间分布状况，可以看出社会经济发展、医疗资源状况和教育水平对老年人的健康影响的区域差异。健康预期寿命的关联因素基本同学术共识接近，即医疗资源、社会经济和教育水平都影响到老年人的健康预期寿命和性别差异，但生命质量指数的区分度稍高，只有社会经济状况对其关联才接近显著水平，也间接论证了人民健康为中心作为社会经济发展战略核心的意义。

表 3　基于多尺度地理加权回归下健康预期寿命和生命质量指数的影响因素分析

自变量	健康预期寿命（HLE）			生命质量指数（HQ）		
	回归系数（均值）	标准误（SE）	*p-value*	回归系数（均值）	标准误（SE）	*p-value*
医疗资源	−0.398	0.168	0.018***	−0.098	0.190	0.605
社会经济	−0.441	0.198	0.026***	−0.433	0.224	0.054*
教育水平	0.478	0.193	0.013***	0.137	0.216	0.530

六、讨论与结论

2010 年至 2020 年十年期间，我国在社会经济不断发展、人口老龄化日益严重的背景下，现代医疗技术和社会保障水平不断提高和进步，人们的健康素养得到提升，健康状况不断改善而获得了预期寿命的延长，由此人们更加关注如何活得更加健康。然而，流行病学转变下人口健康影响因素由传染病变为慢性病高发的死亡模式下，出现了活得长并不一定活得健康的困境，甚至出现相对于预期寿命的延长，健康生存比例降低的情况。

本文基于两次人口普查数据分析结果与既有研究结论一致，即我国人口健康预期寿命略有增长，其中女性健康预期寿命增长幅度大于男性，这与以往的研究结论一致。近十年来，我国人群健康水平的改善不仅体现在预期寿命的延长上，还体现在拥有更加健康的状态。这一方面可能得益于社会经济水平的发展，人们的日常生活水平得到改善，健康状况也随之提升；另一方面，医疗服务水平的提高也会对有利于老年人健康水平的提升。整体上看，因为女性的死亡率低于男性，从而女性老年人的平均预期寿命和健康预期寿命均高于男性，但这一趋势随年龄的增加逐渐缩小，至高龄阶段(90 岁)，男性和女性老年人的健康预期寿命接近。既有研究显示预期寿命的性别差异，包括生物学因素和社会文化及社会经济因素。如行为学观点认为的男性因为生活方式(如酗酒、吸烟等)、社会角色(职业等)等原因导致的死亡风险大于女性，以及生物学观点认为的人类遗传因素决定了平均预期寿命的性别差异。本文研究结果印证了这些基本判断，从全国和各省测算结果看，伴随着女性老年人的预期寿命延长以及老年人口死亡率的性别差异将逐步缩小，男性老年人处于健康状态的比例明显高于女性老年人。从而导致老年女性的平均预期寿命和健康预期寿命均长于男性，但健康预期寿命占比或者生命质量指数衡量结果下，女性老年人健康状况差于男性老年人并随着年龄增加不断扩大差异，即虽然女性更加长寿，但尚未达到“健康长寿”的期望，其生命质量或者健康水平略低于男性。

本文研究是基于全国人口普查数据进行分析，而老年人身体健康状况的测量是通过四分类的健康自评简化为健康与否的二分类结果进行衡量，测算老年人的健康预期寿命以及生命质量指标可能与实际健康状况有偏差，尤其从全国和省际区域差异进行比较，因各省市自治区的行政区划、人口数量、结构和数量存在较大的差异，基于省级人口数据测量结果仅针对大陆 31 个省市区域，尺度较粗、样本少，无法进行统计检验和细化区域的人口健康差异。基于以上两点，研究结果存在一定的局限。

本文研究的重点在于突出区域老年人口健康水平变动格局和性别差异特征，结果显示，生命质量指数优于健康预期寿命，更灵敏地反映出我国基于省际不同性别老年人健康状况的差异，通过社会经济发展、医疗资源及教育水平下的健康素养差异与老年人口健康水平的关系。倘若有足够的数据支撑，进一步的研究建议采用更加客观的健康指标以及更细区域尺度人群的比较分析，进而可以更加全面揭示我国老年人口健康水平的性别和区域差异，为精准人群健康促进和多维度老年人口健康状况改善提供针对性措施。

北京大学人口研究所　武继磊　乔晓春

中国老年家庭空巢化态势与空巢老年群体基本特征

1 引言

老年人的居住方式在很大程度上决定了老年人养老资源的获取和使用，进而影响到老年人的生活质量和身心健康。当前，中国正在经历快速的人口老龄化和剧烈的家庭变迁。不断增长的老年人口叠加家庭规模小型化、家庭结构简单化、居住模式离散化、成员关系松散化的趋势，推动仅由老年夫妻或者独居老人组成的家庭——空巢老人家庭的规模日益扩大。未来，老年家庭"空巢化"态势还将持续发展，并逐渐成为老年家庭的新常态。老年空巢家庭和空巢老人的规模迅速扩大，为国家养老服务体系和健康支撑体系的建设带来了巨大挑战，老年空巢家庭的福祉增进与困难空巢老人的供养成为我国人口与家庭发展亟待破解的新难题。

党的二十大明确提出，"实施积极应对人口老龄化国家战略，发展养老事业和养老产业，优化孤寡老人服务，推动实现全体老年人享有基本养老服务"，这为新时代我国老龄事业发展和老龄工作开展提供了根本遵循。全面把握老年家庭空巢化的发展态势和空巢老人的基本特征，将有助于更好地健全养老服务体系和完善老年健康支撑体系，防范化解人口老龄化和家庭变迁过程中潜藏的风险，推动积极应对人口老龄化国家战略落实、落稳、落好。

2 概念与方法

"空巢"①一词最早源于"家庭生命周期理论"（Glick，1947)，是指家庭中所有子女因求学、就业、结婚等原因离开原生家庭，仅剩下老年夫妻双方或一方的家庭发展阶段(肖汉仕，1995)。在此定义下，空巢家庭的前身必须是拥有子女的家庭(石燕，2008)。近期对老年空巢的研究主要关注子女的缺位对于老年人养老的影响，而有子女但子女离家的家庭与没有子女的家庭所面临的问题大体相同，因此，有学者将空巢的内涵进一步扩大，将无子女的老年夫妻和独居老人也纳入概念范围(陈卫、段媛媛，2017)，形成广义的空巢概念。本文取广义的空巢概念开展相关研究。

空巢并非意味着弱势，因此有学者从不同的视角对空巢的类型进行细分，并试图考察其间的异质性。从年龄差异来看，与中、低龄空巢老人相比，高龄空巢老人有着丧偶率高、生理机能严重下降、心理问题频发等特点，存在日常生活照护、医疗陪护、紧急救助和精神慰藉等迫切需求(张广利、瞿枭，2011)，亟需政府及社会采取措施给予保障(丁志宏，2011)。从性别差异来看，中老年女性经历空巢后精神健康状况相比男性更差(卢慕雪、郭成，2013)，空巢老人面临的困难也多体现在女性空巢老人身上(Bouchard，2014)。从城乡差异来看，农村空巢老人面临经济保障能力不足、患病率高且就医状况差、生活照料和精神慰藉需求均得不到满足等主要问题(金淑彬等，2017)，以留守老人为主的农村空巢老人更是加剧了农村家庭养老的复杂性(原新，2019)。从家庭结构差异来看，夫妻空巢老人和独居空巢老人在心理健康和支持资源等方面存在系统差异，独居空巢老人往往面临更严峻的心理健康和生活支持困境(Chou 等，2006)。上述 4 个维度能够很好地考察空巢老人间的特征差异，因此本文也主要从这些维度进行特征细分。

2020 年国家统计局组织开展的第七次全国人口普查(后文简称"七普")是在中国人口发生巨大变化和转折的关键时期进行的调查，全面查清了我国当前的人口数量、结构、分布等方方面面的基本情况。相较于以往普查，"七普"在普查长表中特别新增了居住状况这一由 60 周岁及以上老年人口填报的项目，直接询问了老年人是否与配偶或/和子女同住、独居老人是否有住家保姆照顾等情况。与以往主要借助家庭户问题

---

① 本文仅讨论老年空巢，不涉及中年空巢。

来识别老年空巢相比,“七普”数据中居住状况这一变量的增加,有助于更加直接且精准地识别空巢老人,为我们深入分析空巢老年群体基本特征提供了宝贵的数据支撑。

本文首先使用“七普”短表汇总的家庭户数据,结合2000年第五次全国人口普查(后文简称“五普”)和2010年第六次全国人口普查(后文简称“六普”)数据,延续以家庭户考察老年空巢现象的历史经验,从家庭视角探讨老年家庭的空巢化趋势,更新老年家庭空巢化的最新景况;继而基于“七普”新增的老年人居住状况项目,从个体视角对空巢老人年龄、性别、生活来源、健康状况、接受照料情况等基本特征进行深入分析,呈现中国空巢老人的生活现状。

3 老年家庭空巢化发展态势

本部分使用普查短表汇总的家庭户数据来分析老年家庭空巢化走势。在分析过程中,将至少有一位老年人的家庭户定义为老年家庭,将仅老年夫妻同住和仅一位老人居住的家庭户分别界定为夫妻空巢家庭和独居空巢家庭,并将空巢家庭占老年家庭的比重定义为家庭空巢化水平。

3.1 中国老年空巢家庭规模20年增加了2倍多,超四成老年家庭为空巢家庭

如果将65岁及以上人口界定为老年人口,数据显示,2000年以来,中国夫妻空巢家庭和独居空巢家庭的规模均呈现迅速增长的态势,分别从2000年的778万户和784万户上升至2020年的2793万户和2994万户,两者在20年时间内均增加了2倍有余(见表1)。相较于2000～2010年,2010～2020年两类空巢家庭规模的增长速度均有所加快。老年家庭夫妻空巢化水平和独居空巢化水平在20年间均提升明显,都从2000年的10%左右上升到2020年的20%以上,2020年两者合计占老年人家庭的比重高达43.56%。在空巢家庭内部,两类空巢家庭在3个普查年份上都几乎“平分秋色”,独居空巢家庭的占比稍微高一些,并且每10年的规模增速也更快一些。如果将60岁及以上人口界定为老年人口,可以发现,近10年两类空巢家庭规模均增长了1倍左右,占老年家庭的比重均提高了6个百分点左右,2020年两者合计占老年家庭的比重达44.82%。空巢已成为中国老年家庭的重要家庭形态之一。

表1 2000～2020年中国老年家庭空巢化基本情况

地区	年份	65岁及以上老年家庭				60岁及以上老年家庭			
		夫妻空巢		独居空巢		夫妻空巢		独居空巢	
		规模(万户)	占比(%)	规模(万户)	占比(%)	规模(万户)	占比(%)	规模(万户)	占比(%)
整体	2000	778	11.38	784	11.46	—	—	—	—
	2010	1353	15.37	1444	16.40	2189	17.81	1824	14.84
	2020	2793	21.02	2994	22.53	4090	23.45	3729	21.38
城镇	2000	305	13.65	291	13.01	—	—	—	—
	2010	669	17.85	632	16.84	1059	20.07	796	15.07
	2020	1475	21.74	1461	21.53	2190	23.85	1876	20.44
农村	2000	473	10.28	493	10.70	—	—	—	—
	2010	684	13.53	812	16.07	1130	16.10	1029	14.66
	2020	1319	20.28	1533	23.58	1901	22.99	1853	22.42

资料来源:根据《中国2000年人口普查资料(上册)》中表5—4、表5—4a、表5—4b、表5—4c,《中国2010年人口普查资料(上册)》中表5—4、5—4a、表5—4b、表5—4c、表5—5、表5—5a、表5—5b、表5—5c,以及《中国人口普查年鉴2020(上册)》中表5—4、5—4a、表5—4b、表5—4c、表5—5、表5—5a、表5—5b、表5—5c数据整理和计算得到。

注:表中数据为四舍五入的结果,加总结果可能与文中对应数据略有差异。

3.2 城镇和农村空巢家庭规模20年分别增长了4倍和2倍,家庭空巢化水平均超四成

如果将65岁及以上人口界定为老年人口,2000～2020年,城镇夫妻空巢家庭和独居空巢家庭规模分别从2000年的305万户和291万户增长到2020年的1475万户和1461万户,均增长了4倍左右;农村夫妻空巢家庭和独居空巢家庭规模分别从2000年的473万户和493万户上升到2020年的1319万户和1533万户,均增长了2倍左右(见表1)。城镇地区的夫妻空巢家庭和独居空巢家庭在2000年均远低于农村地区,

但到了 2020 年，这种差距有所减小，夫妻空巢家庭规模甚至反超农村。

就老年家庭空巢化水平来看，2000 年城镇老年家庭中的夫妻空巢占比和独居空巢占比均高于农村地区，但到了 2020 年，农村独居空巢占比已超过城镇，并带动整体空巢化水平（空巢家庭占老年家庭比重达 43.86%）略高于城镇（43.26%）。

4 空巢老年群体基本特征

深入微观个体层面，全面了解居于空巢家庭中的老年人的基本特征，对于完善相关养老政策和推进相关老龄工作具有重要的现实意义。本文拟选取“七普”中的性别、年龄、婚姻状况、生活来源、自评健康、保姆照料等人口学特征与社会经济特征项目，全方位考察“七普”长表汇总数据呈现的空巢老年群体基本特征。

4.1 中国空巢老人规模近 1.5 亿人，高龄独居空巢老人达 772 万人

空巢老年人口规模巨大已成为中国基本的人口国情之一。根据普查长表抽样比对长表汇总数据中 60 岁及以上夫妻空巢老人和独居空巢老人规模进行回推，可以发现 2020 年 60 岁及以上的夫妻空巢老人和独居空巢老人分别达 1.15 亿人和 3163 万人，两者合计 1.47 亿人。也就是说，1/10 的中国人口、超过一半的中国老年人口为空巢老人。

具体而言，城镇夫妻空巢老人规模较农村夫妻空巢老人规模更大，两者分别约 5976 万人和 5558 万人；而农村独居空巢形势较城镇更为严峻，城镇和农村独居空巢老人规模分别约 1508 万人和 1652 万人。夫妻空巢老人中，男性和女性分别达 6146 万人和 5392 万人，性别比达 113.98[①]；而在独居空巢老人中，男性和女性分别达 1359 万人和 1804 万人，性别比也较夫妻空巢老人发生了逆转，为 75.37，女性独居空巢老人数量更多。

我国高龄空巢老人的绝对规模也十分巨大，80 岁及以上高龄夫妻空巢老人达 891 万人、独居空巢老人约 772 万人。高龄独居空巢老人往往面临更加严峻的养老困境，其中，男性和女性高龄独居空巢老人规模分别约 261 万人和 511 万人，城镇和农村高龄独居空巢老人规模分别约 376 万人和 395 万人。不同性别、城乡状况的高龄独居空巢老人规模均比较大，我国多层次、全方位的养老服务供给体系建设仍面临较大压力。

4.2 夫妻空巢主要发生在低龄老年人中，高龄、女性老年人面临更加严峻的独居空巢形势

不同年龄段老年人的居住安排存在明显差异（见图 1）。60～74 岁各年龄组全体老年人口中，接近一半处于夫妻空巢状态，仅一成左右处于独居空巢状态。相较于 65～69 岁老年人口，60～64 岁老年人口中夫妻空巢的比例更低，这可能是因为 60～64 岁组老年人口健康状况较好，更有可能与子女同住以便于照料孙辈。随着年龄提升，老年人更容易经历丧偶事件，导致老年人口中夫妻空巢的比例逐渐下降，而独居空巢的比例则明显提升，80 岁及以上各年龄组老年人口中均有 1/5 左右处于独居空巢境况。85～89 岁老年人口中独居空巢的比例最高，其后更高年龄组老年人口的独居空巢比例有所下降，这可能是因为这部分老年人更容易面临健康问题而无法独自居住，从而选择与子女同住或者入住养老机构。然而，即使在 90 岁及以上的老年人口中，仍有两成左右处于独居空巢状态，缺乏来自配偶和子女的支持，如何有效保障这部分老年人口的晚年生活已成为养老服务体系和健康支撑体系建设过程中必须着重考虑的问题。

不同年龄段老年人的空巢状态存在性别差异。在大多数年龄段上，男性老年人的夫妻空巢化水平均高于女性，而女性老年人独居空巢化水平高于男性，这主要是因为两性的平均预期寿命存在差异。女性平均预期寿命高于男性，导致女性更容易经历丧偶事件从而陷入独居空巢，而男性有更大概率可以与配偶一起“白头偕老”。但是在 95 岁及以上老年人口中，男性独居空巢的比例高于女性，这可能是因为活到超高龄的男性老年人往往经历过“健康筛选”，他们与配偶相比拥有更高的健康水平和更长的寿命。

---

① 夫妻空巢老年人口的性别比不等于 100，可能是由空巢夫妻中仅一方为老年人所致。同时，中国夫妻年龄差以夫大于妻为主，使得夫妻空巢老年人口性别比要明显高于 100。

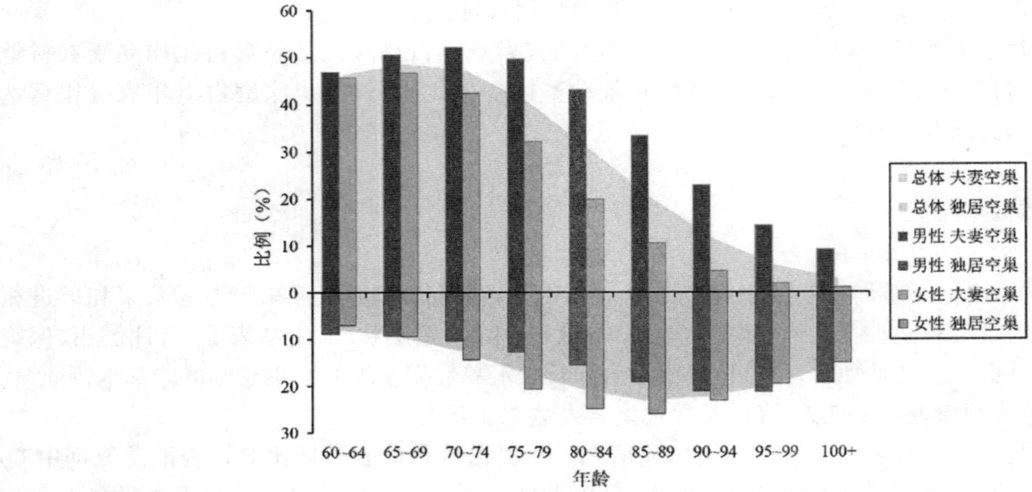

图 1　2020 年分年龄、分性别的老年人居住状况

资料来源：根据《中国人口普查年鉴 2020（下册）》中表 8－11 数据计算绘制。

4.3　独居空巢老人中近七成处于丧偶状态，近一成处于未婚状态

2020 年，独居空巢老人约 67.79％处于丧偶状态（见图 2）。丧偶会对老年人的身心健康造成剧烈冲击，如果子女不能回到身边或者不能前往子女身边同住，老年人陷入独居后可能会进一步加剧健康恶化，因此，丧偶独居空巢老人的养老和健康问题应引起高度关注。

近两成的独居空巢老人处于在婚状态，却没有和配偶同住，这可能由老年夫妻仅一方与子女随迁所致。另有约 5.54％的独居空巢老人处于离婚状态，7.45％的独居空巢老人处于未婚状态。相较于其他婚姻状态的独居空巢老人，未婚独居空巢老人接受子女代际支持的可能性更低甚至没有，更多地依赖社会养老，其照料资源的获取应受到公共政策的关切。

独居空巢老人的婚姻状态存在明显的性别差异。男性独居空巢老人中约 48.30％处于丧偶状态，但这一比例在女性中高达 82.47％。男性独居空巢老人中处于在婚、离婚、未婚状态的比例均高于女性，特别是未婚状态，男性独居空巢老人中未婚比例高达 16.16％，而女性仅 0.88％。由此可见，婚姻解体是推动老人走向独居空巢的主要因素，但终身未婚对男性老人的影响亦不容忽视。独居空巢老人的婚姻状态在城乡之间存在明显差异。相较于城镇地区，农村地区的独居空巢老人中有更大比例处于丧偶和未婚状态，也因此可能面临更加严峻的独居空巢老人照养难题。

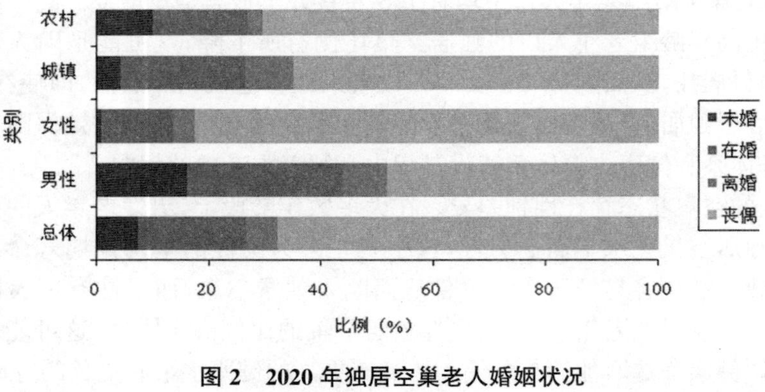

图 2　2020 年独居空巢老人婚姻状况

资料来源：根据《中国人口普查年鉴 2020（下册）》中表 8－12、表 8－12a、表 8－12b、表 8－12c 数据计算绘制。

4.4　空巢老人生活来源主要来自家庭赡养、社会保障或劳动收入，但仍有近一成的独居空巢老人依赖最低生活保障金生活

当前，家庭赡养、社会保障和劳动收入已成为保障空巢老人晚年生活的三大支柱，夫妻空巢老人主要生活来源中排名前三的为离退休金/养老金（37.68％）、劳动收入（26.43％）和家庭其他成员供养（26.02％），独居空巢老人主要生活来源中排名前三的则为家庭其他成员供养（34.68％）、离退休金/养老金（32.40％）

和劳动收入(16.41%)(见图 3)。需要注意的是,近一成的独居空巢老人依赖最低生活保障金维持生活,他们不仅面临着配偶陪伴与照料的缺失,还可能面临着子女赡养缺位、相关收入不足等问题,相关政策制定可以在保障其基本生活的基础上进一步提升其生活质量。无论在何种空巢状态的老年人中,主要依赖失业保险金和财产性收入的老年人占比均较低。

夫妻空巢和独居空巢老人的主要生活来源均表现出明显的性别和城乡差异,且这种差异在两类空巢老人之间比较相似。女性空巢老人较男性空巢老人更多地依赖家庭其他成员供养,这可能与传统社会家庭分工的性别差异有关。年老队列在以往更容易出现"男主外,女主内"的家庭分工方式,因此,女性进入老年后更有可能依赖于配偶或者子女的供给。城镇空巢老人以往从事的多是具有明确退休界限的工作,老年阶段主要生活来源为离退休金/养老金的比例更高,更多地依赖社会养老保险;农村地区老年人多从事农林牧渔业等不具有明确退休界限的工作,在进入老年之后仍有可能继续劳作,更多地依赖劳动收入。同时,农村空巢老人口主要生活来源为家庭其他成员供养的比例也较城镇空巢老人更高。

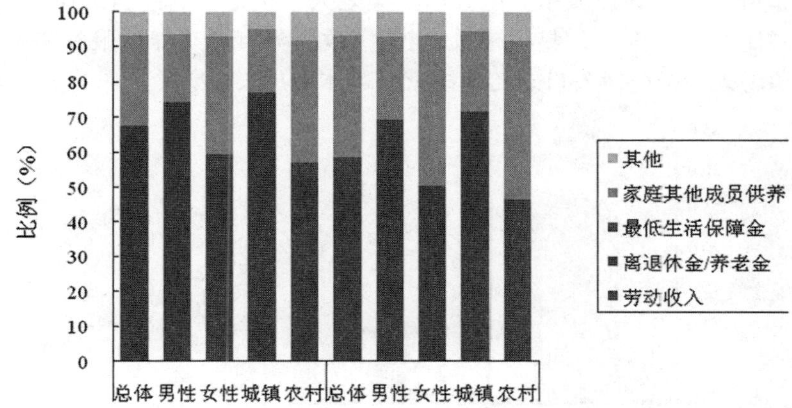

图 3　2020 年空巢老人主要生活来源状况

资料来源:根据《中国人口普查年鉴 2020(下册)》中表 8—9、表 8—9a、表 8—9b、表 8—9c 数据计算绘制。

4.5　空巢老人健康状况整体良好,但仍有 235 万空巢老人生活不能自理

夫妻空巢老人和独居空巢老人中分别有 89.89%和 82.10%自评健康状况为健康或基本健康,夫妻空巢老人自评健康状况整体更好。独居空巢老人中有 16.27%自评健康状况为不健康但能够自理,这一比例明显高于夫妻空巢老人(8.52%)。夫妻空巢老人和独居空巢老人中自评健康状况为不健康且生活不能自理的比例分别为 1.59%和 1.63%(见图 4)。按普查长表抽样比回推,约有 235 万空巢老人生活不能自理。相较于夫妻空巢老人,独居空巢老人缺乏来自配偶的照料支持,在生活不能自理时可能面临着更加严峻的养老困难。

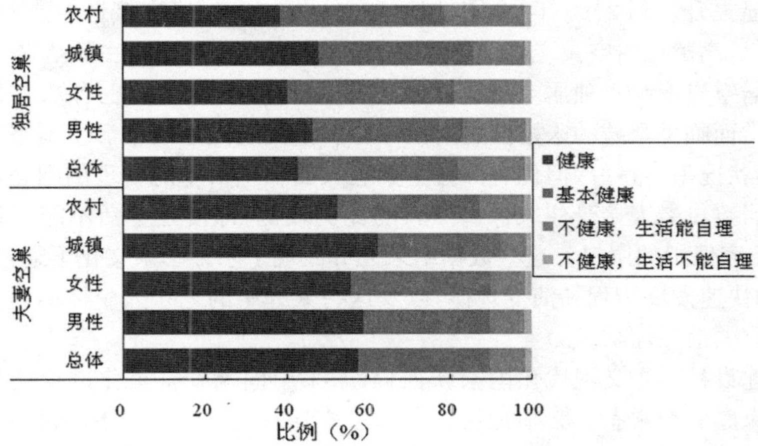

图 4　2020 年空巢老人健康状况

资料来源:根据《中国人口普查年鉴 2020(下册)》中表 8—5、表 8—5a、表 8—5b、表 8—5c 数据计算绘制。

夫妻空巢老人中，女性和男性自评健康状况没有明显差异。但在独居空巢老人中，男性较女性明显有更积极的自评健康状况，这在一定程度上是因为独居空巢老人中，男性老人的年龄结构较女性老人更年轻。无论是夫妻空巢老人还是独居空巢老人，城镇老人的自评健康状况均好于农村老人，这与城镇医疗设施和生活保障更好有关。

4.6 绝大部分独居空巢老人没有保姆照料，失能独居空巢老人中不到两成接受保姆照料

中国独居空巢老人得到保姆照料的比例较低，约1.51%的独居空巢老人有保姆照料。图5进一步呈现了不同健康水平下独居空巢老人接受保姆照料的情况。健康、基本健康、不健康但生活能自理的独居空巢老人接受保姆照料的比例很低，均不到2%。相较于生活可以自理的老年人，生活不能自理的独居空巢老人中接受保姆照料的比例略高，约19.86%。然而，仍有超过八成的失能独居空巢老人没有与配偶或/和子女共同居住，也没有保姆照料，这些老年人的照料问题是否得到解决、又是如何解决的，值得未来进一步探究。分性别和分城乡来看，不同健康水平下的男性、城镇独居空巢老人有保姆照料的比例均高于女性、农村独居空巢老人，其中，城乡差异尤为明显。城镇失能独居空巢老人中接受保姆照料的比例达31.65%，而农村失能独居空巢老人中这一比例仅8.94%。整体来看，当前家政服务市场与养老服务体系的契合度仍较低，推动高质量家政服务资源融入积极应对人口老龄化国家战略体系是未来老龄工作的努力方向之一。

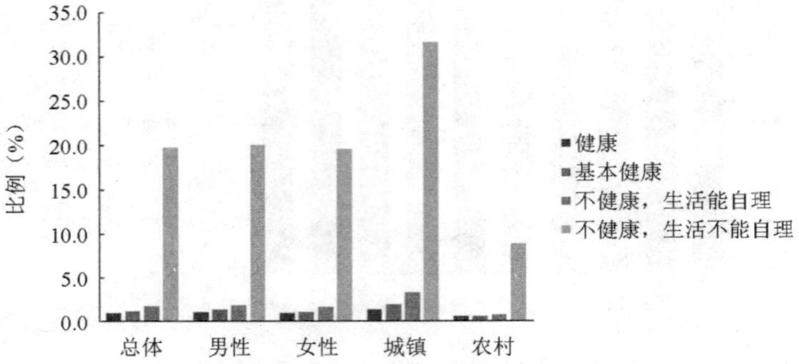

图5 2020年不同健康水平独居空巢老人有保姆照料的情况

资料来源：根据《中国人口普查年鉴2020（下册）》中表8－5、表8－5a、表8－5b、表8－5c数据计算绘制。

5 结论与讨论

本文主要使用“七普”数据，适当结合“五普”“六普”数据，分别从家庭视角和个体视角，对中国老年家庭空巢化发展态势和空巢老人基本特征开展系统分析，以期全面深入地展现老年空巢家庭近20年的发展变化以及全体空巢老人在年龄、性别、生活来源、健康、受照料情况各个方面的实际情况和差异性。

研究发现，2000年以来，无论从全国层面、省级层面还是分城乡来看，老年家庭的夫妻空巢化水平和独居空巢化水平均有明显提升。到2020年，全国、城镇和农村的老年家庭中接近半数为空巢家庭。当前，中国空巢老人规模近1.5亿，高龄独居空巢老人达772万人，夫妻空巢主要发生在低龄老年人中，高龄、女性老年人面临更加严峻的独居空巢形势。独居空巢老人中近七成处于丧偶状态，也有7.45%尚处于未婚状态，男性独居空巢老人较女性面临更严峻的未婚独居空巢形势。空巢老人生活来源主要来自家庭赡养、社会保障或劳动收入，自评健康状况整体良好，但仍有部分空巢老人面临生活不能自理的问题，且该问题在独居空巢老人中更加凸显。独居空巢老人接受住家保姆照料的比例较低，即使是生活不能自理的独居空巢老人，也仅有不到2%在接受住家保姆的照料。这些数据结果充分展现了东方孝亲文化下老年人口大国的新主流家庭在城乡间、地区间的快速发展历程和演变规律，以及这些家庭中的老年人个体的异质性的生存状态、差异化的资源配备和多元化的潜在需求。

中国已开启全面建设社会主义现代化国家新征程，未来中国家庭空巢化进程还将不断推进，老年家庭空巢将逐渐成为老年家庭的新常态。必须加快建立健全多层次、全方位、立体化的老年空巢问题应对政策体系和制度框架，提升相关措施的靶向性，有效解决空巢老人面临的痛点问题，切实提升空巢老人的获得感、幸福感、安全感。

陶涛　金光照　郭亚隆

中国老年人口主要生活来源变迁:1994—2020

1 问题提出

谁来养老？老龄化带来的诸多挑战中，最基本的是要解决好老有所养，老有所养的核心问题是养老费用来源。由此引申出一系列问题，我国有多少老年人依靠劳动收入生活？有多少老年人能够靠离退休金/养老金（简称“养老金”）生活？又有多少老年人不得不依靠家庭其他成员供养来生活？男性和女性、低龄和高龄、城市和农村、不同地区老年人的主要生活来源差别究竟有多大？健康、婚姻和居住状况与老年人主要生活来源是否相关？本文试图通过对1994年到2020年的历次人口普查、小普查和年度调查数据分析来回答这些问题，以期清晰描绘出我国老年人口主要生活来源变迁全景图。

2020年普查数据显示，中国老年人口的主要生活来源构成比例发生了重大转变：养老金跃居首位（34.7%），超过家庭其他成员供养（简称“家庭供养”，占32.7%）和劳动收入（22.0%）。养老金和家庭供养位次的转变标志着，社会养老替代家庭养老，成为养老经济首要来源。以养老金为主的社会养老不仅能够保障老年人的尊严感、幸福感和安全感，而且随着覆盖面扩大、金额提高，老年人收入稳定性增强，会缩小居民收入差距，实现健康老龄化。同时，作为“社会稳定器”作用的养老金，联结上一代人、这一代人与下一代人，连接过去、现在和未来，有助于消解社会转型引发的社会阵痛，有助于扎实推动共同富裕，促进人的全面发展和社会全面进步。

2 概念与数据

首先是关于老年人口的定义。我国就业人员一般以60岁为退休年龄和领取养老金的起始点，历次人口普查、小普查和年度调查均提供了60岁及以上老年人口的主要生活来源状况，为深入系统分析我国老年人口的主要生活来源现状及其变化趋势，本文选用60岁作为老年人口的起点年龄。

其次是关于主要生活来源的定义。《第七次全国人口普查方案》中的定义为“C23. 主要生活来源——指被登记人主要依靠什么生活。如果被登记人同时有几种生活来源，选填其认为最主要的一项。”包括劳动收入、离退休金/养老金、最低生活保障金、失业保险金、财产性收入、家庭其他成员供养和其他7个选项。

在人口普查、年度调查中，这道题的提法、调查对象几经调整。首次调查是1994年人口变动情况抽样调查（简称为“年度调查”），对所有60岁及以上老年人口询问“主要经济来源”。2000年第五次全国人口普查（简称为“五普”）把题目改为“主要生活来源”，但是仅调查了未工作者，由于劳动收入是老年人口三大生活来源之一，老年工作者的遗漏无疑是此次普查的重大缺憾。2004年年度调查再度对老年人口调查。2005年全国1%人口抽样调查（简称“小普查”）和2010年第六次全国人口普查（简称为“六普”）对所有15岁及以上人口调查。2015年全国1%人口抽样调查又一次仅对所有60岁及以上人口调查。2020年第七次全国人口普查（简称为“七普”）是对所有15岁及以上人口调查。

本研究选取2020年“七普”数据进行15岁及以上人口和老年人口主要生活来源现状分析，1994年年度调查、2005年小普查、2010年“六普”、2015年小普查和2020年“七普”共5次调查数据进行老年人口主要生活来源发展趋势分析。

3 中国人口主要生活来源现状

3.1 总体情况

劳动收入、家庭供养和养老金是我国 15 岁及以上人口主要生活来源的三大支柱。2020 年“七普”数据显示，以劳动收入为主的人口规模最大，达 6.7 亿人，比例最高，占 57.9%。次高的是家庭供养，有 2.8 亿人，占 24.5%，每 4 个人中就有 1 人依靠家庭其他成员生活，经济尚且不能独立，对家庭依赖程度较高。再次是养老金，人口规模已突破亿人大关，达 1.16 亿人，占 10.1%。这三大支柱支持着我国 10.7 亿人口的生活，累计占 15 岁及以上人口的 92.5%。

此外，最低生活保障金兼顾“托底线”和“救急难”，依靠此过活人口占比 1.5%，占比虽小但规模不可小觑，已达到 1773.4 万人。以财产性收入为主的人口规模也已增长到 892.2 万人，占 0.8%。以失业保险金为主的人口规模为 42.5 万人，占比最低(0.04%)。其他来源约有 6019 万人，占 5.2%。

3.2 性别差异

15 岁及以上人口的主要生活来源构成存在明显的性别差异，如表 1 所示。男性以劳动收入为主比例最高，几近七成(68.0%)。女性以劳动收入为主的比例尚不足一半(47.6%)，而家庭供养比例达 1/3(33.3%)，是男性(15.9%)的 2 倍之多。值得注意的是，15 岁及以上人口中，女性以养老金为主比例高于男性，分别为 11.6%和 8.6%，但这并不能表明老年人口中女性以养老金为主比例也高于男性。事实上，由于我国女性退休年龄比男性提前 5 至 10 岁，45－59 岁女性以养老金为主比例为 13.3%，而男性则仅为 2.9%，女性比例大大多于男性。

表 1 2020 年分性别 15 岁及以上人口的主要生活来源构成

性别	劳动收入	家庭供养	养老金	最低生活保障金	财产性收入	失业保险金	其他
总人口数(亿人)	6.7	2.8	1.16	0.18	0.09	0.004	0.6
比例 总(%)	57.9	24.5	10.1	1.5	0.8	0.04	5.2
男(%)	68.0	15.9	8.6	1.7	0.8	0.0	4.9
女(%)	47.6	33.3	11.6	1.4	0.7	0.0	5.5

3.3 年龄差异

随着年龄增加，三大来源比例此消彼长，如图 1 所示。从 45 岁开始，以劳动收入为主的比例迅速下降，到 60 岁退休年龄时，比例已减少一半多，从 45 岁的 82.1%降至 60 岁的 38.3%，之后下降速度趋缓，80 岁降

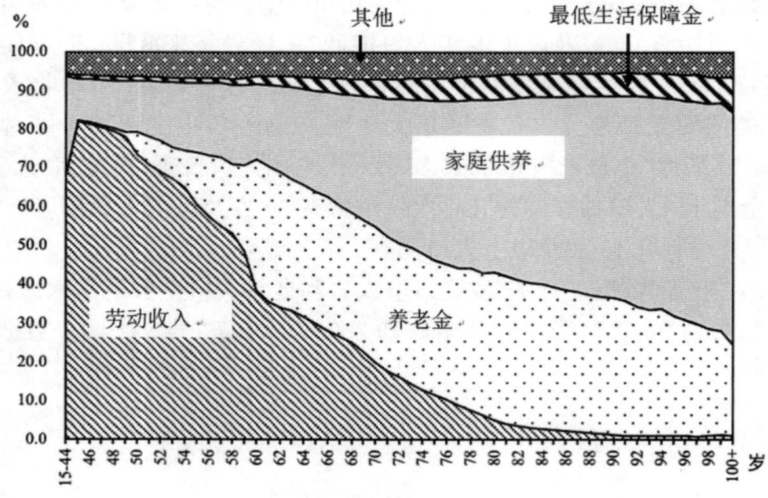

图 1 2020 年分年龄 15 岁及以上人口的主要生活来源构成

至5%以下。以养老金为主的比例从45岁时的0.2%开始,逐步增加到50岁的5.7%,再快速增加到60岁的33.9%,之后保持在30%左右。与此同步增加的是以家庭供养为主的比例,从45岁的10.8%逐步增加到65岁的26.2%,与15—44岁依靠家庭的比例26.1%相当,之后继续上升,到87岁时达到50.5%,100岁达到59.7%。可见,劳动收入是45—61岁人口主要生活来源,养老金是62—70岁人口的主要支柱,71岁及以上老年人口主要依靠家庭。

3.4 城乡差异

劳动收入和家庭供养在城市、镇和乡村均是15岁及以上人口前两位主要生活来源,如表2所示。相比较而言,乡村以劳动收入为主比例高于城市和镇,城市以家庭供养为主比例明显低于镇和乡村。养老金在城市是第三大主要来源,在镇和乡村以此为主的比例尚且较低,以养老金为主的比例从城市到镇再到乡村依次降低,与之相反,以最低生活保障金为主的比例则顺次升高。

表2 2020年分城乡15岁及以上人口的主要生活来源构成

单位:%

城乡	劳动收入	家庭供养	养老金	最低生活保障金	财产性收入	失业保险金	其他
城市	56.1	21.3	17.0	0.6	0.7	0.1	4.2
镇	56.7	27.4	8.2	1.4	0.7	0.0	5.6
乡村	60.7	26.2	3.4	2.7	0.8	0.0	6.1

4 老年人口主要生活来源发展趋势

4.1 总体发展趋势

从1994年到2020年,我国60岁及以上老年人口的主要生活来源构成比例发生了重大变化:以家庭供养为主比例几乎缩减一半,以养老金为主比例翻了一倍之多,2020年以养老金为主比例已高于以家庭供养为主,如表3所示。老年人口主要生活来源的第二大支柱——劳动收入,其比例从1994年的25.0%开始上升,2010年达到峰值29.1%,之后下降,2015年降为第三大支柱,2020年进一步降至22.0%。

养老金从第三大支柱上升为第一大支柱,家庭供养从第一大支柱降为第二大支柱,这表明我国养老呈现弱家庭化、强社会化的趋势。养老不再是以家庭为主,而是通过社会生产再分配、资源再配置以期实现更安全、高效的养老保障体系。预计未来仍然是此消彼长的发展趋势,随着社保制度的推行和完善,以养老金为主比例会继续上升,以家庭供养为主比例不断下降。

此外,以最低生活保障金为主的比例在逐步上升,这也体现了养老社会化的过程。失业保险金自"享受基本养老保险待遇"之后,停止发放,绝大多数老年人口不再享有失业保险金,2010年及以后其比例几乎降至0,下文将不再分析此来源。还有不到1%的老年人口以财产性收入为主,而且比例在逐年提升。

表3 1994—2020年60岁及以上人口主要生活来源构成

单位:%

年份	劳动收入	家庭供养	养老金	最低生活保障金	财产性收入	失业保险金	其他
1994	25.0	57.1	15.6	1.2			1.1
2005	27.5	47.0	21.7	1.8	0.3	0.1	1.8
2010	29.1	40.7	24.1	3.9	0.4	0.0	1.8
2015	23.5	36.7	30.2	5.0	0.5	0.0	4.1
2020	22.0	32.7	34.7	4.3	0.9	0.0	5.5

4.2 性别差异发展趋势

我国老年人口主要生活来源构成存在明显的性别差异,男性老年人口以劳动收入和养老金为主居多,女性则以家庭供养为主居多,如表4所示。近20年的变化具体表现在,一是,家庭供养比例均下降,男性从第一位降至第三位，女性尽管下降接近一半但仍处于第一位。二是，男性养老金比例一直高于女性，女性上升速度快于男性，二者已较为接近。三是，2010 年之后男女两性的劳动收入比例均呈现下降趋势，但男性几乎一直是女性的 2 倍。

综合来看，男性在 2010 年出现了主要生活来源结构转变，养老金比例超过家庭供养，2015 年又超过劳动收入，跃居为第一大支柱。而女性还在养老家庭功能弱化、社会功能强化的“前不着村后不着店”的进程中。

表 4　1994—2020 年分性别 60 岁及以上人口的主要生活来源构成

单位：%

性别	劳动收入	家庭供养	养老金	最低生活保障金	财产性收入	其他
1994 年						
男	37.5	37.9	22.5	1.4		0.8
女	13.6	74.7	9.4	1.1		1.3
2005 年						
男	36.1	31.6	28.2	1.8	0.3	1.9
女	19.2	61.6	15.4	1.7	0.3	1.7
2010 年						
男	36.6	28.2	28.9	4.1	0.4	1.8
女	21.9	52.6	19.6	3.7	0.3	1.9
2015 年						
男	30.1	26.9	32.9	5.3	0.6	4.1
女	17.2	45.9	27.6	4.8	0.5	4.0
2020 年						
男	28.8	23.3	36.7	4.8	1.0	5.5
女	15.6	41.4	32.8	3.8	0.8	5.6

4.3　年龄差异发展趋势

表 5 显示，60—79 岁低龄老年人口是三大支柱并存，2020 年养老金跃居第一位，80 岁及以上高龄老年人口则以家庭供养为主居多，养老金次之，劳动收入极少。从 2005 年到 2020 年，低龄和高龄老年人口均是家庭供养比例大幅下降，养老金比例大幅上升，高龄老年人口此消彼长幅度大于低龄老年人口。一个有意思的现象是，2015 年始，高龄老年人口以养老金为主比例超过低龄老年人口。

表 5　2005—2020 年分年龄老年人口主要生活来源构成

单位：%

年龄组(岁)	劳动收入	家庭供养	养老金	最低生活保障金	财产性收入	其他
2005 年						
60—79	30.4	43.4	22.4	1.6	0.3	1.7
80 及以上	2.5	77.0	15.1	2.8	0.2	2.3
2010 年						
60—79	32.5	37.2	24.6	3.6	0.4	1.8
80 及以上	3.4	67.6	20.5	6.1	0.2	2.1
2015 年						
60—79	26.4	34.1	30.1	4.7	0.6	4.1
80 及以上	1.9	56.1	30.7	7.4	0.2	3.7
2020 年						
60—79	24.7	30.3	34.4	4.0	0.9	5.6
80 及以上	3.0	48.6	36.8	6.1	0.4	5.1

5　老年人口主要生活来源地区差异

5.1　城乡差异

从 1994 年到 2020 年，城市、镇和乡村老年人口均发生同样方向的变化：养老金比例增加，家庭供养比例大幅减少，如表6所示。城市老年人口中，养老金比例从1994年的48.5%提升到2020年的69.8%，另两大支柱均减少了一半。镇老年人口中，居于首位的家庭供养明显减少，从1994年的53.1%下降到2020年的37.2%，第二位的养老金仅是略有提升，从1994年的29.8%提升至2020年的31.8%。乡村老年人口中，家庭供养比例也下降了1/3多，从1994年的64.2%下降到2020年的41.9%，仍居第一位。

城乡男女两性老年人口主要收入来源存在显著差异。城市男性老年人口养老社会化最强，2020年养老金和最低生活保障金比例合计达到73.8%。而乡村女性老年人口养老社会化最弱，二者合计为14.3%，城市男性老年人口社会养老比例是乡村女性老年人口的5倍之多。农村女性老年的劳动收入和社会养老支持的双重薄弱情况，值得特别关注。城市两性差距缩小较为明显，2005年男性和女性享有养老金比例的差异从21.3%降低到2020年的4.8%。

表6　1994—2020年分城乡老年人口主要生活来源构成

单位：%

年份	劳动收入	家庭供养	养老金	最低生活保障金	财产性收入	其他
城市						
1994	14.3	34.9	48.5	1.0	0.0	1.3
2005	9.0	29.5	57.5	2.0	0.6	1.4
2010	6.6	22.4	66.3	2.3	0.7	1.6
2015	6.3	17.3	71.0	2.0	0.6	2.8
2020	7.3	17.3	69.8	1.5	0.6	3.4
男	10.7	11.5	72.4	1.4	0.7	3.2
女	4.3	22.5	67.6	1.6	0.6	3.5
镇						
1994	14.0	53.1	29.8	1.6	0.0	1.5
2005	19.8	49.9	24.8	3.0	0.4	2.1
2010	22.3	44.5	26.3	4.2	0.5	2.2
2015	20.9	40.0	28.7	5.0	0.7	4.8
2020	19.7	37.2	31.8	4.1	0.9	6.4
男	26.5	26.0	35.8	4.5	1.0	6.3
女	13.3	47.5	28.1	3.9	0.8	6.5
乡村						
1994	29.2	64.2	4.4	1.3	0.0	0.9
2005	37.9	54.1	4.6	1.3	0.2	1.9
2010	41.2	47.7	4.6	4.5	0.2	1.8
2015	34.4	46.4	7.5	6.8	0.4	4.5
2020	33.6	41.9	10.4	6.4	1.1	6.7
男	42.4	30.4	12.1	7.3	1.2	6.6
女	25.1	52.9	8.8	5.5	1.0	6.7

5.2　区域差异

表7显示，2020年东部和东北养老金比例最高，中部和西部家庭供养比例最高。四大区域呈现类似发展趋势：养老金比例升高，家庭供养比例下降。养老金比例最高是东北，次高是东部，再次是西部，最低是中部。中部养老金比例尽管持续增加，但是一直处于最低，从2005年的16.2%增加到2020年25.6%，相当于东部2005年水平。东部2020年养老金比例与东北2005年相当，东北在2005年39.4%水平基础上又增长到2020年的52.2%，一半以上的老年人口以养老金为主要来源。

表 7　2005—2020 年分区域老年人口主要生活来源构成

单位：%

年份	劳动收入	家庭供养	养老金	最低生活保障金	财产性收入	其他
东部						
2005	23.4	47.3	25.9	1.6	0.3	1.4
2010	26.3	40.5	28.0	3.0	0.4	1.8
2015	23.3	34.9	34.2	3.7	0.5	3.3
2020	20.3	31.1	39.6	3.3	0.8	4.9
中部						
2005	31.3	48.3	16.2	1.7	0.2	2.2
2010	33.2	43.0	17.7	3.9	0.3	1.9
2015	26.6	40.3	22.5	5.7	0.4	4.5
2020	25.5	37.1	25.6	4.8	0.6	6.4
西部						
2005	32.5	47.0	16.6	1.8	0.3	1.8
2010	31.8	41.8	18.9	5.2	0.4	1.9
2015	22.4	39.9	26.1	6.3	0.5	4.8
2020	22.3	35.0	30.6	5.4	0.7	6.0
东北						
2005	14.9	40.5	39.4	2.9	0.4	1.9
2010	19.2	30.9	44.2	3.6	0.5	1.6
2015	18.3	24.7	47.6	4.7	0.8	3.9
2020	17.9	19.4	52.2	3.9	2.6	4.1

5.3　省际差异

以养老金比例是否超过 1/2(50.0%)和 1/3(33.3%)为标准，根据 2020 年数据，可把我国 31 个省(区、市)分为三类，如表 8 所示。一类是养老金比例超过 1/2，养老社会化最强的地区，上海的比例最高，高达 94.1%，其次是北京 83.7%，再次是天津 70.5%，辽宁、黑龙江、宁夏和新疆比例在 50－56%之间。二类是养老金比例超过 1/3 且不足 1/2，养老社会化相对较强的地区，包括浙江、吉林、江苏、重庆、内蒙古、海南、湖北、广东、青海和四川等 10 个地区。需要注意的是，除了广东和青海以外，其余 8 个省(区、市)均是养老金居首位。三类是养老金比例不足 1/3，家庭供养居首位，养老主要依靠家庭，社会保障能力相对较弱，包括除了以上之外的 14 个地区。

表 8　2020 年分地区老年人口主要生活来源构成

单位：%

地区	劳动收入	家庭供养	养老金	最低生活保障金	财产性收入	其他
一类 大于等于 1/2						
上海	3.2	2.1	94.1	0.4	0.1	0.2
北京	4.1	8.4	83.7	1.3	0.4	2.0
天津	7.4	16.1	70.5	1.4	0.3	4.2
辽宁	17.8	17.9	55.6	3.4	0.7	4.5
黑龙江	16.0	18.1	52.9	3.8	4.7	4.5
宁夏	13.4	20.3	51.3	8.8	1.0	5.2
新疆	16.4	19.7	50.1	5.9	1.5	6.3

续表

地区	劳动收入	家庭供养	养老金	最低生活保障金	财产性收入	其他
二类 小于 1/2 且大于等于 1/3						
浙江	20.2	24.5	46.6	3.2	0.8	4.6
吉林	20.7	23.9	44.0	4.9	3.4	3.0
江苏	21.1	26.9	42.0	3.3	1.1	5.6
重庆	19.1	30.4	40.9	4.1	0.3	5.2
内蒙古	19.0	18.6	40.3	13.7	1.7	6.6
海南	18.4	29.9	39.7	3.9	0.9	7.2
湖北	25.9	29.5	35.7	4.3	0.3	4.3
广东	13.2	44.6	34.1	2.7	0.8	4.7
青海	10.6	41.6	34.0	5.6	1.0	7.2
四川	26.7	30.0	33.7	4.2	0.4	5.0
三类 小于 1/3						
山西	21.9	33.8	29.4	7.1	0.5	7.4
江西	25.1	37.1	28.6	4.0	0.3	4.9
陕西	21.5	37.2	28.0	4.1	1.1	7.9
甘肃	17.0	44.1	25.8	5.1	0.7	7.3
湖南	20.8	42.3	25.3	3.8	0.5	7.3
福建	24.1	45.4	24.7	2.4	0.8	2.6
山东	29.3	34.4	24.4	4.4	0.8	6.6
河北	26.1	38.3	24.0	5.2	0.7	5.7
广西	22.8	43.1	22.7	4.6	0.5	6.3
安徽	25.6	39.1	22.4	6.5	1.0	5.4
云南	26.3	43.5	19.8	4.3	1.0	5.1
贵州	19.9	47.2	19.0	6.9	0.8	6.3
河南	30.2	38.4	18.1	4.3	0.9	8.0
西藏	15.9	42.8	13.2	3.8	2.9	21.4

6 老年人口主要生活来源社会经济差异

6.1 老年人口健康状况与主要生活来源的关联

老年人口健康状况与主要生活来源的关联表现在两方面，如表 9 所示。一方面是，自评健康的老年人大多(70%)在经济上是独立的，2020 年总体情况与 2010 年相似，2010 年和 2020 年劳动收入和养老金合计比例分别为 69.9%和 68.1%。区别在于，2010 年劳动收入比例多于养老金，而 2020 年养老金比例超过劳动收入。另一方面，自评不健康老年人依靠家庭供养比例从 70%降至 50%多，不健康老年人劳动收入比例较低，而养老金和最低生活保障金比例大幅增加。无论健康还是不健康老年人口，养老金比例均在增加，家庭养老转向社会养老。

表 9　2010 年和 2020 年分健康状况老年人口主要生活来源构成

单位：%

年份	劳动收入	家庭供养	养老金	最低生活保障金	财产性收入	其他
健康						
2010	41.9	26.5	28.0	1.7	0.4	1.5
2020	29.1	24.2	39.0	1.8	0.8	5.1
基本健康						
2010	24.7	44.7	24.5	3.8	0.4	2.0
2020	17.1	38.7	32.3	4.8	1.0	6.1

续表

年份	劳动收入	家庭供养	养老金	最低生活保障金	财产性收入	其他
不健康,但生活能自理						
2010	6.6	68.1	12.6	9.8	0.3	2.5
2020	4.7	53.4	21.1	13.8	1.1	5.8
不健康,生活不能自理						
2010	1.2	70.3	16.3	9.9	0.2	2.1
2020	0.9	53.3	27.4	12.4	0.5	5.5

6.2 老年人口婚姻状况与主要生活来源的关联

不同婚姻状况老年人口的主要生活来源构成迥然不同,如表10所示。一是未婚老年人口以最低生活保障金为主比例最高,2020年比2010年进一步增加12.8%,家庭供养比例最低,从2010年的17.5%降到2020年的6.7%。二是,有配偶老年人口从2010年到2020年发生了从个体、家庭养老向社会养老的转变,劳动收入和家庭供养比例减少,养老金和最低生活保障金比例增加,首位由劳动收入转变为养老金。三是,离婚老年人口是以养老金为主比例最高的群体,而且从2010年34.5%增加至2020年的58.5%。四是,丧偶老年人口以家庭供养为主比例最高,尽管也已出现个体家庭养老弱化、社会养老强化现象,但是2020年仍然有一半的人以家庭供养为主。

表10 2010年和2020年分婚姻状况老年人口主要生活来源构成

单位:%

年份	劳动收入	家庭供养	养老金	最低生活保障金	财产性收入	其他
未　婚						
2010	35.9	17.5	5.3	34.1	0.3	6.9
2020	17.1	6.7	12.0	46.9	0.9	16.4
有配偶						
2010	34.5	33.6	27.4	2.5	0.4	1.6
2020	25.6	28.6	36.6	2.9	1.0	5.3
离　婚						
2010	26.8	27.4	34.5	8.1	0.5	2.6
2020	16.1	13.5	58.5	6.4	0.7	4.7
丧　偶						
2010	14.3	61.3	16.5	5.5	0.3	2.1
2020	10.2	49.7	28.1	5.8	0.7	5.5

6.3 老年人口居住状况与主要生活来源的关联

居住状况与老年人口主要生活来源也存在明显的相关关系,经济来源决定了居住状态,如表11所示。首先,与子女同住的老年人和独居(无保姆)更有可能依靠家庭供养。独居(有保姆)的老年人主要享有养老金的比例最高(57.2%)。1/4左右与配偶同住老年人尚以劳动收入为主,以低龄老年人口为多。居住在养老机构的老年人有21.9%主要依赖最低生活保障金,远高于其他居住形态的依赖程度。

表11 2020年分居住状况老年人口主要生活来源构成

单位:%

生活来源	劳动收入	家庭供养	养老金	最低生活保障金	财产性收入	其他
与配偶同住	26.4	26.0	37.7	3.4	1.1	5.4
与配偶和子女同住	24.6	31.8	36.2	2.2	0.8	4.4
与子女同住	10.9	51.6	28.4	4.1	0.5	4.5
独居(无保姆)	16.5	34.8	32.0	9.8	0.9	5.8
独居(有保姆)	7.6	26.7	57.2	4.7	0.6	3.2
养老机构	1.6	24.3	35.8	21.9	0.4	16.1
其　他	24.3	26.8	25.5	7.3	0.6	15.5

7 结论

我国 60 岁及以上老年人口 2021 年为 2.67 亿人，预计 2024 年突破 3 亿，2032 年迅速攀升至 4 亿，2048 年超过 5 亿。谁来养老？本文对 1994—2020 年间历次人口普查、小普查和年度调查数据进行全面分析，从中发现，2020 年老年人口主要生活来源构成发生重大转变：养老金跃居首位（34.7%），超过家庭供养（32.7%）和劳动收入（22.0%）。养老在快速弱家庭化，缓速强社会化。

老年人口主要生活来源构成存在明显的性别和年龄差异。男性老年人口主要生活来源首位从家庭供养转变为养老金，女性仍然是家庭供养。城市男性老年人口和乡村女性老年人口形成了社会养老的两个极端。低龄老年人口主要靠养老金，高龄老年人口主要靠家庭供养。这与以往的研究结果相一致。

各地区养老金比例均在上升，地区间差距在缩小，但是不均衡的格局未改变。城市以养老金为主居多，镇和乡以家庭供养为主居多。养老金比例由高到低依次是东北、东部、西部和中部地区，2020 年东北一半以上老年人口享有养老金，而中部仅有 1/4。需要特别注意的是，东北地区城市化早，人口外出较多，老龄化程度高，领取养老金比例高，老年人口主要生活来源危机最大，而东部地区因流入人口多，抵冲了领取养老金比例高的风险。

健康、婚姻和居住状况与老年人主要生活来源密切相关。从健康状况来看，自评健康老年人口中 70% 在经济上是独立的，不健康老年人口中依赖家庭供养比例从 70%降至 50%。从婚姻状况来看，有配偶老年人养老金、家庭供养和劳动收入三大支柱均发挥重要作用，离婚老年人多依靠养老金，未婚老年人多依靠最低生活保障金，丧偶老年人多依赖家庭供养。从居住状况来看，与配偶同住老年人口以养老金为首的三大支柱均在发挥作用，与子女同住多是依赖家庭供养，独居（有保姆）多是享有养老金，住养老机构多是享有养老金或依靠最低生活保障金。

总之，当前我国老有所养面临的重大挑战：一是社会养老的风险防控，二是更少的人要养活更多的人，三是区域发展的不均衡。受到数据的限制，2020 年主要生活来源中“其他”已上升至 5%左右，为何会如此之高，尚需进一步的调研。同样是享有退休金、养老金的老年人，金额的差异对他们意味着什么，也尚需后续的研究。

中山大学社会学与人类学学院　侯佳伟　吴楠

跨省人口流动对中国不同省份人口老龄化的影响：2000—2020

从最近三次人口普查来看，2000年第五次全国人口普查我国流动人口1.02亿人，跨省流动人口0.42亿人；2010年第六次全国人口普查我国流动人口2.21亿人，跨省流动人口0.85亿人；2020年第七次全国人口普查我国流动人口3.76亿人，跨省流动人口1.25亿人。与此同时，跨省的流动人口也在不断老化，2010年跨省流动人口中60岁及以上老年人口的规模和比例分别为209.07万人和2.43%，2020年攀升到710.01万人和5.69%。在跨省流动人口数量进一步增加、跨省流动老年人口比例进一步提升的情境下，庞大的跨省流动人口对于中国不同省份人口老龄化带来什么样的影响？跨省人口净流入依然会延缓流入地的人口老龄化进程吗？跨省人口净流出还会导致流出地人口年龄结构更加老化吗？跨省人口流动对于各省人口老龄化会带来的影响会更大吗？

从已有的研究来看，宋健利用2000年0.95‰原始数据，把流动人口归属到流出地以后，比较常住人口与户籍人口老龄化的差异，将全国分为三类地区：流动人口减轻其老龄化压力的地区、流动人口加剧老龄化压力的地区和流动人口对人口老龄化形势影响不明显的地区（宋健，2006）。使用面板数据分析了老龄化地区差异分解及其影响因素，研究发现城市化率对于老龄化有正向贡献作用（陈明华、郝国彩，2014）。虽然陈明华和郝国彩（2014）使用的是城市化率，对于中国部分地区来说，城市化率的提高有流动人口的贡献。张航空（2015）使用2010年的人口普查数据分析发现，人口大量流入使得老龄化得到缓解的省份主要在东部，因为人口大量流出而使得年龄结构老化的省份主要在中西部；消除人口流动对老龄化的影响以后，2000年和2010年的老龄化格局出现了较高的一致性；与2000年相比，2010年人口流动对于各省份的影响程度更大。在跨省流动人口数量与老年人口比例发生了较大变化的2020年，跨省流动人口将会给各省人口老龄化带来哪些影响？本文接下来利用2020年第七次全国人口普查数据对不同省份的人口老龄化进行深入分析，分析结果有助于我们全面、客观看待中国不同省份人口老龄化的格局，重新认识跨省流动人口的影响。

一、中国流动人口跨省流动状况

跨省人口流入东部省份排名靠前，西部省份排名靠后。从2020年第七次全国人口普查数据来看，31个省份中跨省流入人口排名前8的均在东部，排名第1的是广东，数量高达2962.21万人；排名第2的浙江也有1618.65万人；上海、江苏和北京分别排名3—5名，数量均在800万人以上；福建、山东、天津、新疆和河北排名6—10名，数量在300—500万人之间；辽宁等16个省份跨省流动人口数量排名11—26名，数量在100—300万人之间；其余的5个省份数量均在100万以下，排名最后3名的分别是西藏的40.71万人、青海的41.73万人和宁夏的67.51万人，全部是西部省份。

跨省流入人口年龄结构进一步老化。2020年跨省流动人口中老年人口比例达到5.69%，比2010年的2.43%提升了3.26个百分点。从各省流入人口中老年人口比例来看，海南、河北、辽宁、吉林等4个省份超过了10%，北京、内蒙古、黑龙江、山东、河南、重庆、四川等7个省份在7%—10%之间，天津等13个省份在5%—7%之间，还有7个省份的比例在5%以内，最低的西藏只有0.29%。与2010年相比，2020年跨省流入的人口年龄结构更老。2010年没有省份跨省流动老年人口比例超过7%，2020年有11个省份；2010年跨省流动老年人口比例在5%—7%的有7个省份，2020年有13个省份；2010年跨省流动老年人口比例在5%以下有24个省份，2020年只有7个省份。

从跨省流出人口中老年人口比例来看，各省之间的差异更加明显。其中，上海和北京跨省流出人口中老年人口比例分别高达28.68%和21.95%，也是仅有的两个超过20%的省份。紧随其后的是黑龙江、辽宁、青海、新疆、吉林、内蒙古等6个省份，比例在10%—20%之间。天津等12个省份比例在5%—10%之间，其余的 11 个省份比例在 5%以内。

部分省份跨省流出(入)人口老龄化水平超过了流出(入)地常住人口老龄化水平。2020 年的人口普查数据显示，4 个省份的跨省流出人口老龄化水平超过流出地常住人口老龄化水平，1 个省份的跨省流入人口老龄化水平超过流入地常住人口老龄化水平。具体来看，上海、北京、青海和新疆 4 个省份跨省流出人口中老年人口比例分别为 28.68%、21.95%、13.17%、12.45%，上述 4 个省份的常住人口老龄化水平分别为 23.38%、19.63%、12.14%、11.28%；海南的常住人口老龄化水平为 14.65%，跨省流入人口中老年人口比例为 15.09%。

表 1　2020 年各省流入与流出人口中老年人口比例

单位：%

省份	流入人口	流出人口	省份	流入人口	流出人口
北京	8.59	21.95	湖北	6.23	5.08
天津	6.89	6.31	湖南	5.39	4.09
河北	11.18	7.96	广东	3.81	5.88
山西	5.65	6.57	广西	5.69	1.92
内蒙古	7.52	11.47	海南	15.09	4.81
辽宁	10.63	13.40	重庆	8.72	5.77
吉林	10.46	12.43	四川	9.98	4.82
黑龙江	7.99	14.91	贵州	5.83	1.66
上海	5.86	28.68	云南	6.78	1.27
江苏	4.91	9.43	西藏	0.29	7.41
浙江	2.86	6.89	陕西	6.02	5.97
安徽	6.77	3.81	甘肃	6.29	4.92
福建	3.03	4.36	青海	3.03	13.17
江西	5.06	3.38	宁夏	6.35	6.33
山东	9.47	6.36	新疆	6.86	12.45
河南	7.74	4.04			

资料来源：根据国家统计局微观数据实验室的 2020 年第七次全国人口普查微观调查数据计算而来。

二、人口流动对于人口老龄化区域格局的影响

如果要分析人口流动对于不同省份人口老龄化的影响，需要知道各个省流入人口与流出人口的年龄结构。第七次全国人口普查仅仅给出了全国范围的跨省流动人口，缺少分省的流入人口与流出人口的年龄结构。国家统计局微观数据实验室提供了 2020 年第七次全国人口普查微观调查数据，样本人口占全国人口(不包含现役军人)的比重为 0.98‰。基于第七次全国人口普查短表数据可以看到跨省流出人口与流入人口，结合微观调查数据中的年龄结构，可以尽可能准确分析各省户籍人口老龄化水平。通过计算和比较不同统计口径下各个省份人口老龄化的水平，有以下几点发现：

跨省人口流动缩小了各省常住人口老龄化水平的差距。从各省户籍人口老龄化水平来看，排名前三的分别是上海、北京和辽宁，人口老龄化水平分别为 35.95%、26.38%、26.20%，这 3 个省份的户籍人口老龄化水平比常住人口老龄化水平最高的辽宁(25.72%)还要高。31 个省份的户籍人口老龄化最高与最低差距为 26.48 个百分点，常住人口老龄化最高与最低差距为 17.20 个百分点。

18 个省份因为跨省人口流动提升了常住人口老龄化水平，以中西部省份为主。31 个省份中，常住人口老龄化水平高于户籍人口老龄化水平的有 18 个，其中，中西部省份有 13 个，东北 2 个(吉林、黑龙江)，东部 3 个(河北、山东、海南)。从提升幅度来看，提升幅度最大的是贵州的 2.29 个百分点，紧随其后的是安徽的

2.17 个百分点；提升幅度在 1—2 个百分点之间的有 7 个省份，提升幅度在 1 个百分点以内的有 9 个省份。而且，提升幅度排名前 10 的省份均在中西部。

13 个省份因为跨省人口流动降低了常住人口老龄化水平，以东部和西部省份为主。13 个省份常住人口老龄化水平低于户籍人口老龄化水平。其中，东部省份 7 个，西部省份 5 个，东北 1 个。从降低的幅度来看，上海降低的幅度最大，为 12.57 个百分点；紧随其后的是北京的 6.75 个百分点；排名 3—6 名的 4 个省份均在东部，降低的幅度在 1—5 个百分点之间；其余 7 个省份降低幅度在 1 个百分点以内。

过去 20 年人口流动降低常住人口老龄化水平的省份在不断减少，提升常住人口老龄化水平的省份在不断增加。2000 年因为人口流动降低常住人口老龄化水平的省份有 15 个，相应的有 16 个省份常住人口老龄化水平因为人口流动出现上升；到了 2010 年，人口流动降低常住人口老龄化水平的省份减少到 14 个，2020 年减少到 13 个，相应的常住人口老龄化水平因为人口流动出现上升分别增加到 17 个和 18 个。具体来看，2000 人口普查时，山西和云南因为人口流动降低常住人口老龄化水平，到了 2010 年人口普查时，山西和云南因为人口流动提升了常住人口老龄化水平；内蒙古 2000 时因为人口流动提升了常住人口老龄化水平，2010 年因为人口流动降低常住人口老龄化水平；海南在 2000 年和 2010 年均是因为人口流动降低常住人口老龄化水平，到了 2020 年则因为人口流动提升了常住人口老龄化水平。

表 2　2020 年各省户籍人口老龄化与常住人口老龄化情况

单位：%

省份	常住人口老龄化	户籍人口老龄化	省份	常住人口老龄化	户籍人口老龄化
北京	19.63	26.38	湖北	20.42	19.45
天津	21.66	25.24	湖南	19.88	18.45
河北	19.85	19.36	广东	12.35	14.82
山西	18.92	18.84	广西	16.69	14.84
内蒙古	19.78	20.03	海南	14.65	14.15
辽宁	25.72	26.20	重庆	21.87	20.74
吉林	23.06	22.55	四川	21.71	20.13
黑龙江	23.22	22.65	贵州	15.38	13.09
上海	23.38	35.95	云南	14.91	14.44
江苏	21.84	23.37	西藏	8.52	9.47
浙江	18.70	23.20	陕西	19.20	18.86
安徽	18.79	16.62	甘肃	17.03	15.82
福建	15.98	16.82	青海	12.14	12.86
江西	16.87	15.47	宁夏	13.52	13.85
山东	20.90	20.76	新疆	11.28	11.96
河南	18.08	16.21			

资料来源：根据 2020 年人口普查数据与国家统计局微观数据实验室的 2020 年第七次全国人口普查微观调查数据计算而来。

人口流动对于各省人口老龄化的影响呈现不断增强的趋势。由于跨省流动人口数量不断增加以及跨省流动人口年龄结构不断老化，所以，随着时间的推移人口流动对于各省人口老龄化的影响呈现不断增强的趋势，表现为户籍人口老龄化水平与常住人口老龄化水平差值绝对值不断变大。2000 年人口普查时，户籍人口老龄化水平与常住人口老龄化水平差值绝对值在 1.0 以内的高达 28 个省份，1.0 以上的只有 3 个省份。到了 2010 年，1.0 以上的省份达到了 11 个，2.0 以上的省份达到了 5 个。到了 2020 年，1.0 以上的省份增加到 15 个，2.0 以上的省份增加到 7 个。

表 3　2000—2020 年各省户籍人口老龄化与常住人口老龄化差值

单位：%

省份	2000	2010	2020	省份	2000	2010	2020
北京	−2.05	−4.85	−6.75	湖北	0.35	0.95	0.97
天津	−0.69	−2.91	−3.58	湖南	0.66	1.17	1.43
河北	0.08	0.34	0.49	广东	−1.65	−2.10	−2.47
山西	−0.10	0.02	0.08	广西	0.56	0.82	1.85
内蒙古	0.01	−0.16	−0.25	海南	−0.36	−0.15	0.50
辽宁	−0.11	−0.15	−0.48	重庆	0.41	1.31	1.13
吉林	0.05	0.31	0.51	四川	0.70	1.28	1.58
黑龙江	0.01	0.47	0.57	贵州	0.26	1.01	2.29
上海	−2.85	−7.62	−12.57	云南	−0.14	0.05	0.47
江苏	−0.08	−0.84	−1.53	西藏	−0.16	−0.32	−0.95
浙江	−0.45	−2.96	−4.50	陕西	0.06	0.28	0.34
安徽	0.70	1.69	2.17	甘肃	0.16	0.42	1.21
福建	−0.19	−0.85	−0.84	青海	−0.36	−0.15	−0.72
江西	0.73	1.03	1.40	宁夏	−0.09	−0.12	−0.33
山东	0.18	0.18	0.14	新疆	−0.51	−0.39	−0.68
河南	0.23	0.82	1.87				

资料来源：2000 年数据引自宋健．流动人口不同归属情景下中国各地区人口老龄化形势．市场与人口分析，2006(4)：38—47；2010 年数据引自张航空．人口流动对中国不同省份人口老龄化的影响，人口学刊，2015(1)：95—102；2020 年数据根据笔者自己的测算而来。

表 4　2000—2020 年户籍人口老龄化与常住人口老龄化水平差值绝对值

差值绝对值	2000	2010	2020
2.0 以上	北京、上海	北京、天津、上海、浙江、广东	北京、天津、上海、浙江、安徽、广东、贵州
1.0—2.0	广东	安徽、重庆、四川、湖南、江西、贵州	江苏、江西、河南、湖南、广西、重庆、四川、甘肃
0.5—1.0	天津、新疆、江西、安徽、四川、湖南、广西	福建、江苏、湖北、河南、广西	吉林、黑龙江、福建、湖北、海南、西藏、青海、新疆
0.1—0.5	山西、辽宁、云南、西藏、福建、海南、青海、浙江、甘肃、山东、河南、贵州、湖北、重庆	内蒙古、辽宁、海南、青海、宁夏、新疆、河北、吉林、黑龙江、山东、陕西、甘肃、西藏	河北、内蒙古、辽宁、山东、云南、陕西、宁夏
0.1 以下	内蒙古、黑龙江、吉林、江苏、宁夏、河北、陕西	山西、云南	山西

资料来源：根据表 3 数据整理而来。

人口净流入并不必然带来流入地常住人口老龄化水平的下降，人口净流出也不必然带来流出地常住人口老龄化水平的提升。以往的研究认为，由于流动人口中老年人口比例较低，人口流入意味着流入地常住人口老龄化水平的下降（易卫华、叶信岳，2015；原新，2005；龚锋、邓龙真，2022），人口流出意味着流出地常住人口老龄化水平的上升（陈蓉、王美凤，2018）。严格来说，应该是人口的净流入带来流入地人口老龄化水平的下降，人口的净流出引起流出地人口老龄化水平的上升，因为净流入或者净流出人口年龄结构较轻。2020 年 12 个人口净流入省份中 11 个省份出现老龄化水平的下降，19 个人口净流出省份中 17 个省份出现老龄化水平的上升。内蒙古和青海作为净流出省份，人口老龄化水平没有上升反而下降；海南作为净流入省份，人口老龄化水平没有下降反而上升。具体来看，海南 2020 年跨省净流入 66.54 万人，净流入 14.39 万老人，净流入人口老龄化水平高达 21.63%，远高于海南的常住人口老龄化水平和户籍人口老龄化水平，势必会提升其常住人口老龄化水平；内蒙古 2020 年跨省净流出 9.13 万人，净流出 7.71 万老人，净流出人口老龄化水平 84.44%，远高于内蒙古的常住人口老龄化水平和户籍人口老龄化水平，势必会降低其常住人口老龄化水平；青海 2020 年跨省净流出 1.36 万人，净流出 4.41 万老人，势必会降低其常住人口老龄化水平。

2020 年人口普查中海南、青海和内蒙古的人口流动与流入地和流出地人口老龄化水平之间的关系改变了以往的研究结论，人口净流入并不必然带来流入地常住人口老龄化水平的下降，人口净流出也不必然带来流出地常住人口老龄化水平的提升。对于净流出省份，当净流出人口中老年人口比例超过流出地常住人口老龄化水平时就会导致流出地人口老龄化水平的下降；对于净流入省份，当净流入人口中老年人口比例超过流入地常住人口老龄化水平时就会导致流入地人口老龄化水平的上升。

消除跨省人口流动的影响以后，2020 年各省份的老龄化排名与 2010 年的户籍人口老龄化排名出现了程度不等的变化。在消除了人口流动的影响以后，2020 年各省份的排名与 2010 年的户籍人口老龄化排名相比，只有 8 个省份没有变化，其余的 23 个省份出现了程度不同的变化。如果按照户籍人口统计口径的排名来看，中国人口老龄化东中西梯次格局在短期内依然没有改变。

表 5　2000—2020 年各省户籍人口老龄化水平

单位：%

省份	2020 年	省份	2010 年	省份	2000 年
上海	35.95	上海	22.69	上海	18.29
北京	26.38	北京	17.39	北京	15.43
辽宁	26.20	浙江	16.85	浙江	13.10
天津	25.24	江苏	16.83	江苏	12.82
江苏	23.37	重庆	16.11	天津	12.69
浙江	23.20	天津	15.93	重庆	12.60
黑龙江	22.65	辽宁	15.58	辽宁	11.90
吉林	22.55	四川	15.02	四川	11.43
山东	20.76	山东	14.57	山东	11.36
重庆	20.74	湖南	13.37	湖南	11.29
四川	20.13	安徽	13.32	广东	10.89
内蒙古	20.03	湖北	12.98	海南	10.51
湖北	19.45	吉林	12.90	河北	10.51
河北	19.36	河北	12.66	安徽	10.43
陕西	18.86	陕西	12.57	广西	10.25
山西	18.84	黑龙江	12.56	陕西	10.12
湖南	18.45	广西	12.30	福建	10.02
福建	16.82	福建	12.27	吉林	9.91
安徽	16.62	甘肃	12.02	河南	9.86
河南	16.21	河南	11.91	山西	9.84
甘肃	15.82	贵州	11.83	湖北	9.81
江西	15.47	广东	11.83	江西	9.74
广西	14.84	内蒙古	11.64	云南	9.48
广东	14.82	山西	11.51	贵州	9.10
云南	14.44	海南	11.48	黑龙江	9.26
海南	14.15	云南	11.01	内蒙古	8.89
宁夏	13.85	江西	10.41	甘肃	8.70
贵州	13.09	新疆	10.05	新疆	8.59
青海	12.86	宁夏	9.79	西藏	8.23
新疆	11.96	青海	9.60	青海	8.01
西藏	9.47	西藏	7.99	宁夏	7.29

资料来源：2000 年数据引自宋健．流动人口不同归属情景下中国各地区人口老龄化形势．市场与人口分析，2006(4)：38—47；2010 年数据引自张航空．人口流动对中国不同省份人口老龄化的影响，人口学刊，2015(1)：95—102；2020 年数据根据笔者自己的测算而来。

三、结论与讨论

本文主要利用最近三次人口普查数据，就跨省人口流动对于全国 31 个省份人口老龄化的影响进行分析，有以下几点发现：

第一，跨省流动人口成为影响各省常住人口老龄化格局的主要因素。过去20年各省常住人口老龄化水平的格局一直处于变化之中。与各省户籍人口老龄化水平的差距相比，跨省人口流动缩小了各省常住人口老龄化水平的差距。与各省户籍人口老龄化水平相比，2020年跨省人口流动提升了18个省份的常住人口老龄化水平，降低了13个省份的常住人口老龄化水平。过去20年人口流动降低常住人口老龄化水平的省份在不断减少，提升常住人口老龄化水平的省份在不断增加。

第二，跨省人口流动对于常住人口老龄化水平与户籍人口老龄化水平差值的影响强度不断增强。由于跨省流动人口数量不断增加、年龄结构不断老化，过去20年常住人口老龄化水平与户籍人口老龄化水平的差值不断增加，越来越多的省份差值在2个百分点以上。

第三，跨省人口流动的变化修正了以往关于人口流动对于人口老龄化影响的结论。人口净流入并不必然带来流入地常住人口老龄化水平的下降，人口净流出也不必然带来流出地常住人口老龄化水平的提升。对于净流出省份，当净流出人口中老年人口比例超过流出地常住人口老龄化水平时就会导致流出地人口老龄化水平的下降；对于净流入省份，当净流入人口中老年人口比例超过流入地常住人口老龄化水平时就会导致流入地人口老龄化水平的上升。

本文的分析中2000年和2010年的结果是基于前人的研究，在测算户籍人口老龄化水平的时候，2000年、2010年和2020年三个时间点的数据口径并不完全一致。虽然不会影响最后的结果，但是会在一定程度上影响结果的准确程度。不管是与2000年还是与2010年相比，2020年跨省人口流动出现了一些新的特点，这些新的特点带来了新的变化，尤其是跨省人口净流出并不必然带来人口老龄化，跨省人口净流入并不必然带来人口年轻化。上述变化是个案还是会普遍存在，更多取决于老年流动人口的规模与流向。近年来已经有一些研究使用1%人口普查数据对老年流动人口的相关特征（张伊娜、周双海，2013；吕利丹、杨舸、付晓光，2019），还有一些研究基于国外文献分析了老年人口迁移的特征（宋健，2005；黄璜，2013；万思齐、秦波，2022）。在数据可行的情况，可以基于2020年的人口普查数据对流动老年人口的规模与流向进行更加深入的分析，对其未来趋势进行预判，有助于深化人口流动与人口老龄化之间关系的研究。

中国人民大学人口与发展研究中心　张航空
中国人民大学老年学研究所　屠小玮
安徽省社科院科研处　李双全

中国不健康老人的时空演变与社会经济特征研究[①]

1 引言

党的二十大报告指出“推进健康中国建设，把保障人民健康放在优先发展的战略”，突出了保障人民健康的优先性和重要性。放眼全球，老年人口的规模和占比不断增加，人口老龄化加速。2022年65岁及以上的老年人口7.71亿，占全部人口的10%，预计2030年、2050年将增加到9.94亿、15亿，占比将上升到12%、16%(UN,2022)。老龄化同时伴随着高龄化，2020年至2050年期间，预计80岁以上人数将增加两倍，达到4.26亿人(WHO,2021)。增龄带来认知、运动、感官等功能下降以及营养、心理等健康问题。全球预期寿命从2000年的66.8岁增加到2019年73.3岁，其中健康预期寿命(healthy life expectancy)由58.3年增至63.7年(WHO,2022)，慢于预期寿命的增长速度。人们生活的更长但延长的寿命中不良健康和失能水平上升(WHO,2022)，医疗和照护负担加重。立足于我国国情，我国老龄化和高龄化速度更快，老年人口规模更大且健康形势严峻。根据“七普”数据显示，2020年我国60岁及以上老年人口占比18.70%，“十四五”期间进入老龄社会[②]，预计2040年增至28%，2050年80岁及以上老人达9040万人—成为全球最大的高龄老年人群体(WHO,2015)。在中国，2015年约33%的疾病总负担归因于60岁及以上老年人的健康问题(WHO,2015)。改善老年健康成为继续推进健康中国建设的着力点。

然而不同健康状态的老人空间分布不均衡，各省面对的健康形势不一。“六普”数据显示西藏老年人口不健康率约广东的三倍，而不健康老人规模比四川省少约42万(潘金洪，帅友良等，2012)，省际差异大。明确各省目前的老年健康水平及变化特点有助于各省精准施策以积极应对人口老龄化。老年人口的健康分布属于医学地理学(medical geography)或健康地理学(health geography)(Kearns R，1993；Kearns R，Moon G，2002)的范畴。环境(space)与健康(health)的关系是医学地理学永恒的主题(谭见安，1994)，在“环境—健康—发展”(谭见安，1994)研究框架下，由关心“疾病”到关心“健康”(齐兰兰，周素红等，2013)。对老年健康的地理学研究，首先在研究内容上，国内近年关注其空间分布(张冲，孙炜红等，2014)、驱动因素(李跃平，林民强等，2015；敖荣军，李浩慈等，2017；黄柏石，李思思等，2020；梁琼，张晓波等，2022；向群，魏蒙等，2015)及影响效应(朱雅丽，张增鑫，2019)，也有从城乡和区域视角关注城乡健康差异(李建新，李春华，2014)及区域不平等(杜本峰，2013)，同时关注到失能老人(张文娟，魏蒙，2015；张娟，周建芳，2019)、老年女性(张戌凡，2015)、农村老年人口(陆杰华，汪斌，2022)、少数民族老年人口(李建新，刘梅等，2020；羊毛措，魏欣蕊，2021)等特定老年群体。其次在研究数据上，数据主要来源于“五普”“六普”“七普”、人口抽样调查数据及中国老年人健康长寿影响因素调查(CLHLS)等微观数据。2010年“六普”在1994年、2004年的全国人口抽样调查针对老年人的生活自理能力调查基础之上第一次直接以老年人自评健康状况的方式对老年人进行了调查，能够更加全面地反映老年人群体的健康状况(杜鹏，2013)，“七普”延续了自评健康的方式。两期普查数据统计口径基本一致且覆盖范围广。对“六普”数据的利用上，杜鹏利用其自评健康数据对中国老年人口健康状况的年龄差异、性别差异、城乡和地区差异、婚姻状况差异进行分析(杜鹏，2013)，揭示了2010年中国不同健康状态老年人口的年龄结构、性别结构、空间结构等一般特征。也有学者利用该数据进行老年人口健康相关的社会经济特征描述如家庭居住方式(张翼，2013)、婚姻结构变化(阎志强，2014)等，同时一些学者基于地理学视角从省级(李跃平，林民强，等，2015)、市级(黄柏石，李思思，等，2020)和区县级(敖荣军，李浩慈等，2017)研究了老年人口健康的空间分异及影响因素。而对“七普”数据的利用上，处于待深入挖掘阶段，其中汪斌运用队列分析法分析2020年老年人口健康相关的年龄、性别及城乡结构并基于队

① 本研究获得国家社科基金西部项目“川滇藏区农村女性生计能力减贫调查与政策支持研究”(20XMZ076)支持。

② 按照国际标准，60岁及以上人口比例达10%进入老龄化社会、达20%为老龄社会、30%及以上为超老龄化社会。

列要素法预测未来四十年老年人口健康状况（汪斌，2022）；刘厚莲通过对比“六普”和“七普”数据也探究我国老年人口整体健康状况及其变动特征和规律（刘厚莲，2023）；杨涵墨在人口老龄化的整体视角下探讨了老年人口健康状况、婚姻状况、生活来源、居住状况等方面的变化（杨涵墨，2022）。

因此，针对已有研究，首先在研究内容上覆盖面较广，但基于时间演变及区域比较视角较欠缺，同时过往研究关注健康老年人口或老年人口整体，对不健康的老年人口鲜有关注，而此类群体往往处于生存劣势环境中且对医疗和照护资源需求更为迫切，共同富裕的国家战略目标下针对弱势群体的托底作用凸显，长期护理保险制度逐步推广，本研究关注不健康的老年人口这一群体；其次在数据使用上，虽诸多领域涉及普查老年人口健康数据，但数据利用深度仍不足，空间上仅涉及全国地级市或某一个省，地理学参与尚浅。

基于此，本文利用“六普”和“七普”数据，基于时空演变的地理学视角对 2010—2020 年中国 31 个省（不包括港澳台）不健康的老人分布现状及 10 年间的变化特征进行探讨，摸清楚各省目前不健康老年人口现状及变化特点，同时对城市、镇、乡村及不同年龄、性别、婚姻、居住方式、主要收入来源所对应的老年不健康状况进行异质性分析，以呈现不健康老年群体的社会经济特征，最后提出相关政策建议。

2 研究数据、指标与方法

2.1 研究数据

本文老年人口是 60 岁及以上的人口，数据来源于国家统计局官网发布的“第六次人口普查数据”和“第七次人口普查数据”，其中老年人口健康数据来源于长表数据资料第八卷“老年人口”，GIS 底图来源于国家地理信息公共服务平台。

2.2 指标

关键指标是老年人口自评健康，指在普查中被登记的老年人口根据自身健康状况对过去一个月能否保证正常生活做出的自我判断，包含四个答案类别即健康（过去一个月健康状况良好，完全可以保证日常的生活）、基本健康（过去一个月健康状况一般，可以保证日常的生活）、不健康，但生活能自理（过去一个月健康状况不是太好，但可以基本保证正常的生活）、不健康且生活不能自理（过去一个月健康状况较差，不能照顾自己日常的生活起居，如吃饭、穿衣、自行走动等）。

社会经济特征指标包括婚姻状况、居住状况、主要收入来源等，其答案类型参考国家统计局官网发布的“第六次全国人口普查表填写说明”与“第七次全国人口普查方案”。其中，婚姻状况包括未婚、有配偶、离婚、丧偶；居住状况包括与配偶和子女同住、与配偶同住、与子女同住、独居（有保姆）、独居（无保姆）、养老机构、其他；主要收入来源包括劳动收入、离退休金/养老金、最低生活保障金、失业保险金、财产性收入、家庭其他成员供养、其他。

老年人口数指的是长表数据，老年人口总数是短表数据。相关指标计算公式如下：

（1）老年不健康率＝（不健康，但生活能自理人口数＋不健康且生活不能自理人口数）/老年人口数×100％

（2）老年不能自理率＝不健康且生活不能自理人口数/老年人口数×100％

（3）老年不健康率变化值＝2020 年不健康率－2010 年不健康率

（4）老年不能自理率变化值＝2020 年不能自理率－2010 年不能自理率

（5）不健康老年人口密度＝老年不健康率×老年人口总数/所处区域面积

（6）不能自理老年人口密度＝老年不能自理率×老年人口总数/所处区域面积

（7）不健康老年人口密度增速＝（2020 年不健康老年人口密度－2010 年不健康老年人口密度）/2010 年不健康老年人口密度×100％

2.3 研究方法

本文运用 Arcgis10.4 软件进行可视化表达，并进行描述性分析。使用老年不健康率、老年不能自理率表征不健康现状，用老年不健康率变化值、老年不能自理率变化值表征健康变化情况，用不健康老年人口密度、不能自理老年人口密度表征不健康老人空间分布状况，用来说明该区域所需要的医疗资源和照护服务需求。老年不能自理率包含于老年不健康率中，前者更强调失能带来的照护需求。

3 研究结果

3.1 我国老年整体健康水平改善，地域分布不均衡

10年间我国老年整体健康水平在改善，不健康率与不能自理率均下降。2020年全国31个省老年不健康率为12.75%，不能自理率为2.34%，同2010年相比，比重分别下降4.10、0.60个百分点。自然间断点分级法(Jenks)使层间差异最大，层内差异小，利用该分级法对31个省老年不健康率、老年不能自理率进行可视化表达发现：

2010年老年不健康率呈现东南低—中西部高—西北较低的圈层结构。较高区域分布在中西部地区尤其西藏、甘肃较突出，西北新疆不健康率较中西部其他省份低，而东南沿海四省即江苏省、浙江省、福建省、广东省较低。东部地区自然环境较适宜且社会经济发展水平高，健康水平更高。老年不能自理率与老年不健康率分布大致一致，但出现了以北京为核心的京津冀地区、以上海为核心的长三角地区两个高值区，北京、上海由于人口老龄化程度较深如图1人口预期寿命长，高龄老年人口占比较高如图2需要面对更大的失能老年人口的照护需求。西藏自治区由于地处特殊的自然环境，社会经济发展水平较低，不健康率与不能自理率均较高，面临的健康形势更加严峻。

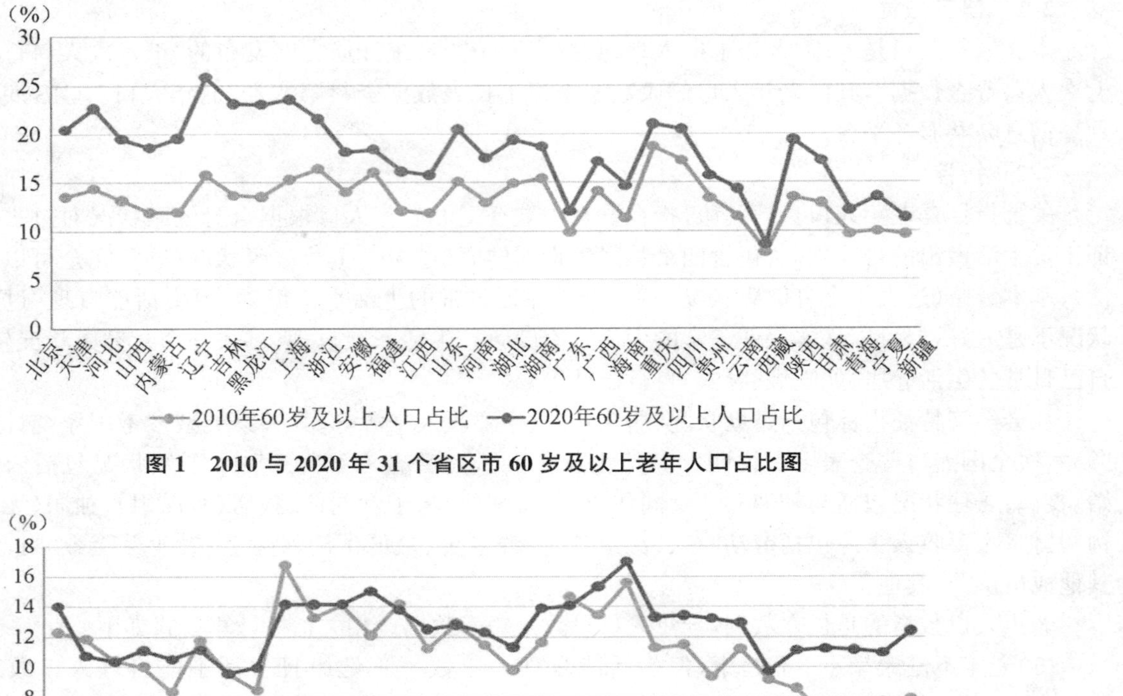

图1 2010与2020年31个省区市60岁及以上老年人口占比图

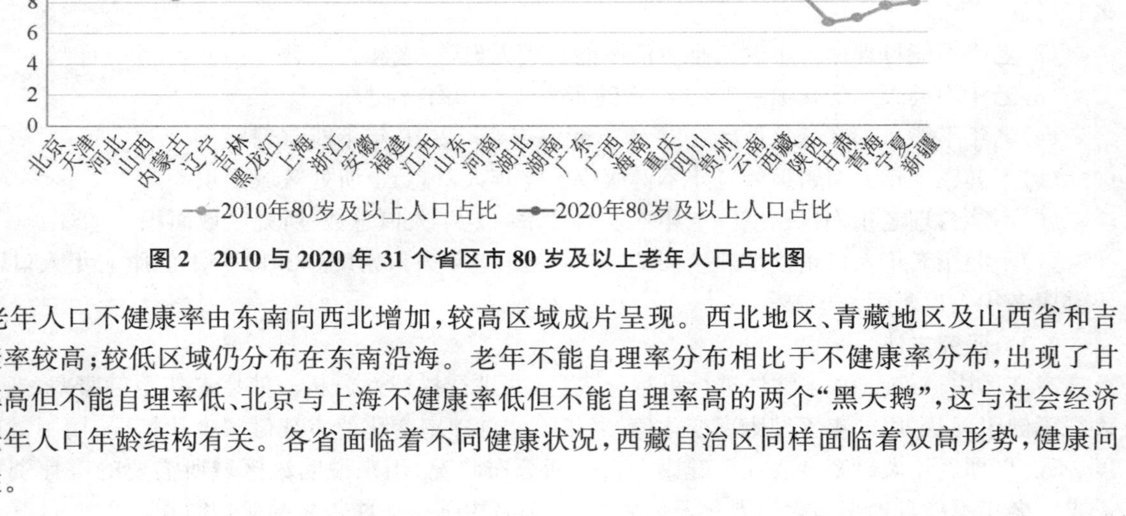

图2 2010与2020年31个省区市80岁及以上老年人口占比图

2020年老年人口不健康率由东南向西北增加，较高区域成片呈现。西北地区、青藏地区及山西省和吉林省的不健康率较高；较低区域仍分布在东南沿海。老年不能自理率分布相比于不健康率分布，出现了甘肃省不健康率高但不能自理率低、北京与上海不健康率低但不能自理率高的两个“黑天鹅”，这与社会经济发展水平及老年人口年龄结构有关。各省面临着不同健康状况，西藏自治区同样面临着双高形势，健康问题需引起关注。

3.2 10年间不健康率下降，不能自理率少数上升，中部及西南各省效果明显

10年间31个省老年人口不健康率均呈负增长，不同区域负增长速度有所差异如图3。中部与西南各省及北京市下降速度较快，其中重庆市、贵州省及北京市不健康率下降明显，取得健康成就较大；西北及东部各省下降速度较慢，其中西北新疆、青海省、内蒙古，东北吉林省，东南广东省无明显下降，健康效益不明显。

10年间31个省老年人口不能自理率大多数在下降，少数省份缓慢上升。新疆、吉林省、广西、广东省四个省份不能自理率增加。在下降的省份中，中部与西南各省及北京市仍下降速度较快，其中云南省、贵州省及北京市降速明显。

总体上看，10年间西北除甘肃外与东部除北京外，健康改善效果不明显，而中部各省与西南各省改善健康较明显，其原因与自然环境、人口特征及当地的社会经济特征如医疗服务、经济发展等有关。西北地区和青藏地区由于自然环境恶劣、社会经济发展水平低、医疗服务不足、高龄老年人口占比增速快等原因导致不健康水平远高于其他地区，东部沿海社会经济发展水平高但老年人口密度大、规模大、高龄老年人口占比高，因此不健康水平10年间未有显著下降。随着中部崛起和新一轮西部大开发战略实施，中部及西南各省经济增速快，公共服务体系不断完善，健康水平提升。

3.3 不健康老人东密西疏，与"胡焕庸"线基本一致，圈层化特征明显

根据自然间断点分级法并结合手动分类，将2010年与2020年不健康老年人口密度及10年间其密度变化进行可视化表达，以此呈现老年人口健康需求的整体空间分布及其变化。发现：

2010年与2020年不健康老年人口密度分布格局与"胡焕庸线"基本一致，东密西疏。其中西部新疆、内蒙古、西藏、青海四省份为密度低值区，东部京津冀与长三角地区为密度高值区，整体上呈现由东向西密度减少的趋势，并具备明显的圈层化特点。不健康老年人口密度与该地区人口密度分布具有同步性。

10年间不健康老年人口密度增长有正有负，有快有慢，区域差异较大。偏北部各省如新疆、内蒙古、吉林、辽宁、河北、山西有所增加且增长速度达30%以上；靠南部地区如云贵、川渝、湘鄂、安徽及西北甘肃省与北京市则有所减少，其中贵州省下降速度较快。

总体而言，东部地区不健康老年人口密度大但增速慢；西部地区不健康老年人口密度小但增速快，中部地区不健康老年人口密度处于中间但增速最慢。因此东部地区需要面对已有的老年人口不健康形势，制定相关政策与法规，稳住不健康水平增速；西部地区需要考虑较快的增速带来的潜在不健康老年人口规模，提前谋划，做好准备。

4 异质性分析

4.1 老年人口不健康水平由城市到镇再到乡村逐级升高，西部和北部乡镇级更高

首先，城乡结构上，老年人口不健康率由城市到镇再到乡村逐级升高。老年不健康率城市为8.38%，镇级为12.36%，乡级为16.10%，乡镇级老年人口不健康水平突出。老年人口不能自理率城市为2.07%，镇级为2.23%，乡级为2.55%，乡镇级护理负担更为严重。

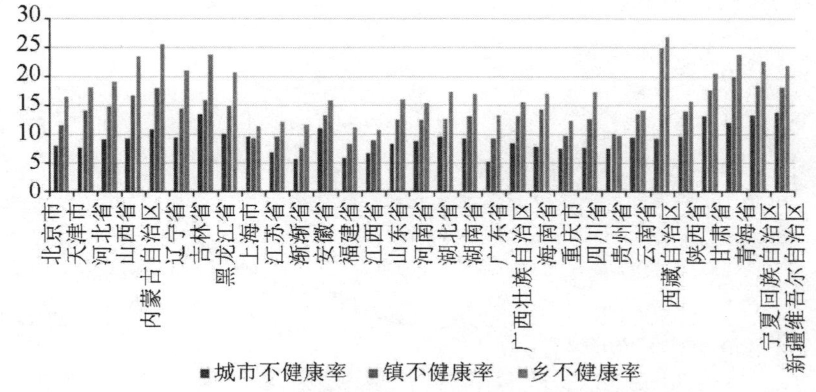

图3 2020年31个省区市城镇乡不健康率图

其次，空间分布上，西部和北部省份乡镇级不健康水平更高，西藏乡镇级不能自理率显著高于其他地区。西部西藏、内蒙古、青海、宁夏、新疆，东北黑龙江、吉林、辽宁及华北山西、河北等省的农村地区不健康率与不能自理率较高，农村的医疗和护理需求更大，面临的健康形势更为严峻。尤其青藏乡镇地区明显高于其他地区，考虑到青藏高原特殊的自然环境，地广人稀，农村的就医和养老服务供给难度更大。

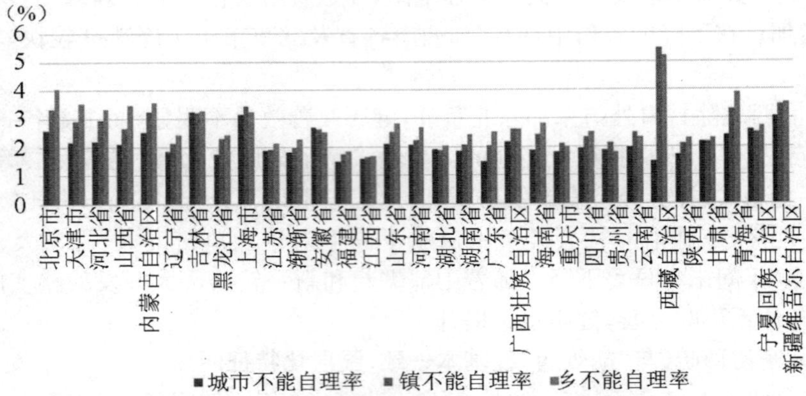

图 4　2020 年 31 个省区市城镇乡不能自理率图

4.2　老年女性不健康水平更高，存在年龄差异

女性的不健康水平高于男性且存在年龄差异。女性老年人口不健康率 13.55%，与男性老年人口相比，比重高出 1.66 个百分点；不能自理率为 2.55%，高出男性 0.42 个百分点。女性老年人口预期寿命更长，老年女性规模更大且不健康率与不能自理率更高，面临的健康问题需引起重视。如图 5、图 6 所示，两性 60 岁之后不健康水平均呈现总体上升的趋势，其中 60－67 岁，男性不健康率较高，75 岁之后女性人口不健康率和不能自理率均高于男性且差距呈逐渐扩大趋势。受寿命长短影响，男性老年人口不健康现象出现得早，

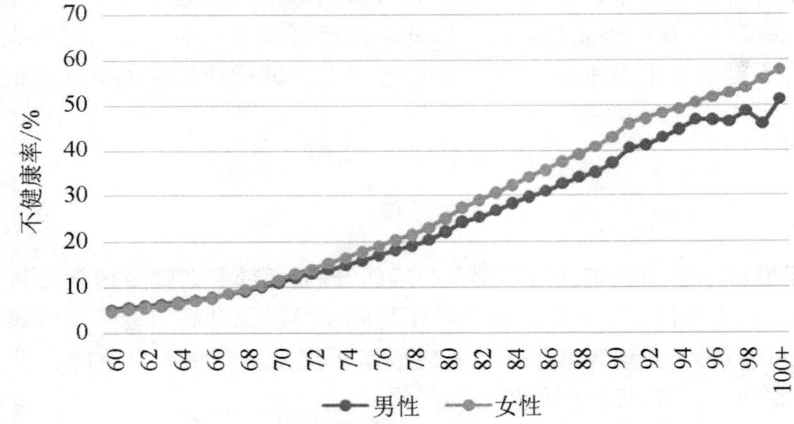

图 5　2020 年老年人口分性别年龄别不健康率变化图

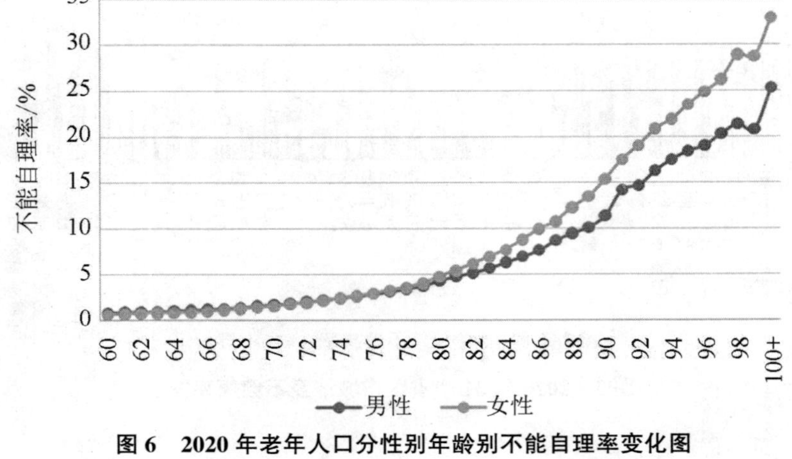

图 6　2020 年老年人口分性别年龄别不能自理率变化图

女性老年人口不健康状况倾向向后推迟，也可能是因为低龄男性老人相比于同龄女性更易评价自己为不健康。总之，需关注到两性不同年龄段的健康差异，精准施策，从健康层面保障两性晚年良好的生活状态。

4.3 不健康老人丧偶比例高，性别差异明显

不健康老人丧偶比例高，其中不能自理老人与女性尤其突出。不健康人群有配偶比例为55.41%，低于老年人口总体19.61个百分点，而丧偶比例为39.75%，高出总体17.77个百分点。有配偶比例低，丧偶比例高，不能自理人群更加强化了这一特征。婚姻状态存在性别差异。不健康和不能自理女性丧偶比例达50%以上，而不健康男性丧偶比例约是女性一半，有配偶比例则明显高于女性。同时男性未婚与离婚比例也显著高于女性。女性比男性预期寿命长，丧偶比例更高，由于性别比及婚姻市场等对男女影响有异，女性的未婚和离婚比例更低。不健康的老人有配偶比例较低侧面体现了婚姻保护效应。在不同婚姻状态的老年人口中如表2，未婚不健康率达27.73%，其中男性为28.39%，高于女性；丧偶不健康率达23.24%，男性和女性相差不大；离婚不健康率为11.93%，男性达14.18%，女性则为9.12%，离婚对男性影响更大；有配偶老年人口不健康率为9.49%，不能自理率为1.61%，健康水平明显更高。按照不健康率由高到低排序，未婚＞丧偶＞离婚＞有配偶。在不能自理的老年人口中，未婚或丧偶的老人不能自理率更高，有配偶的最低，其中未婚女性达6.82%，高于男性。该结论与许多研究结论一致，不同婚姻状态对老年人口健康产生影响，未婚、离婚或丧偶状态对健康状况都构成潜在的不良影响(白晓，王超，2019)，在婚状态以其“保护效应”减小老年人患病的概率进而减小其死亡概率(穆怀中，杨志良，2016)，丧偶则会显著提高老年人口的死亡风险(焦开山，2010)。

表1 健康与婚姻分性别关系表

单位：%

婚姻状况	老年人口总体	不健康人群	不能自理人群	不健康男性	不能自理男性	不健康女性	不能自理女性
未婚	1.67	3.60	3.03	7.38	5.84	0.50	0.84
有配偶	75.02	55.41	51.16	66.87	66.38	46.04	39.34
离婚	1.33	1.24	0.97	1.81	1.47	0.76	0.57
丧偶	21.98	39.75	44.84	23.93	26.30	52.69	59.24
合计	100.00	100.00	100.00	100.00	100.00	100.00	100.00

表2 婚姻与健康分性别关系表

单位：%

婚姻状况	不健康率	男性	女性	不能自理率	男性	女性
未婚	27.73	28.39	21.74	4.29	4.01	6.82
有配偶	9.49	9.55	9.42	1.61	1.69	1.51
离婚	11.93	14.18	9.12	1.71	2.05	1.29
丧偶	23.24	23.42	23.17	4.82	4.60	4.90

4.4 不健康老人主要与配偶或子女同住，独居老人规模大

不健康的老年人口与配偶或子女同住比例高，住在养老机构的仍为少数。老人全部人口中，大多数依旧生活在传统的家庭中，但仍有很大规模的独居老人。老人同住占比达83.39%，独居占比为11.98%，住在养老机构的比例则为0.73%，而独居(有保姆)、养老机构、与子女同住的老年人口不健康率较高，不健康老年人口生活起居往往需要外界辅助。在不健康老年人口中，75.54%与配偶或子女同住比例较低，独居或住在养老机构比例较高，其中16.25%属于独居无保姆的居住状态，绝对规模约为520万，这部分人群生存状况需要引起重视。在不能自理的老年人口中，与子女同住的比例更高，6.66%独居无保姆，约40万，其生活状况更需重视。从性别视角上看，不健康的男性老年人口与配偶同住比例高，而不健康的女性老年人口与子女同住的比例高，这可能是因为女性寿命更长，失能比例更高，需要照护的时间长，但丧偶比例高，需要更多与子女同住。

表 3 居住方式与健康分性别关系表

单位:%

居住方式	老年人口总体	不健康人群	不能自理人群	不健康男性	不能自理男性	不健康女性	不能自理女性
与配偶和子女同住	23.12	15.39	15.36	19.22	20.75	12.25	11.17
与配偶同住	43.70	34.66	29.69	41.42	38.12	29.12	23.14
与子女同住	16.57	25.49	32.22	15.48	19.10	33.67	42.41
独居(有保姆)	0.18	0.57	1.65	0.50	1.37	0.62	1.87
独居(无保姆)	11.80	16.25	6.66	14.60	5.42	17.61	7.63
养老机构	0.73	3.21	8.28	3.83	8.53	2.70	8.08
其他	3.90	4.44	6.14	4.95	6.70	4.03	5.70
合计	100.00	100.00	100.00	100.00	100.00	100.00	100.00

4.5 不健康老人更多依靠家庭赡养,最低生活保障金保障力度增强

老年人口收入主要来源于离退休金或养老金、家庭其他成员供养、劳动收入,分别占比 34.67%、32.66%、21.97%,其中相对于 2010 年,离退休金或养老金比重上升了 10.55 个百分点,家庭供养比重下降了 8.05 个百分点,国家养老金公共保障力度增强而家庭供养功能有所减弱。相比于总体老年人口,不健康的老年人口更多依靠家庭其他成员供养,且最低生活保障金发挥着更大作用。从性别视角上看,不健康的男性老人劳动收入、离退休金或养老金、最低生活保障金、财产性收入比例高于女性,而女性则更多依靠家庭其他供养,不能自理人群中同样呈现此性别差异。这是因为就业市场中男性就业比重高且就业时间长(王广州,2022),老年公共保障力度更强,而女性由于面临生育等生命事件,中断就业,受到就业歧视而灵活就业比重较大,致使老年公共保障弱,因此更多依靠家庭。

表 4 收入来源与健康分性别关系表

单位:%

收入来源	老年人口总体	不健康人群	不能自理人群	不健康男性	不能自理男性	不健康女性	不能自理女性
劳动收入	21.97	4.03	0.87	5.45	1.14	2.86	0.67
离退休金/养老金	34.67	22.28	27.41	25.21	32.64	19.88	23.35
最低生活保障金	4.29	13.54	12.41	16.31	14.01	11.27	11.16
失业保险金	0.01	0.01	0.01	0.01	0.01	0.01	0.01
财产性收入	0.88	0.96	0.49	1.13	0.62	0.81	0.39
家庭其他成员供养	32.66	53.41	53.32	45.54	45.48	59.86	59.41
其他	5.52	5.78	5.49	6.34	6.10	5.31	5.02
合计	100.00	100.00	100.00	100.00	100.00	100.00	100.00

5 结论与建议

不健康老年人口空间分布是评价现有医疗资源与养老服务供给可及性、公平性、平衡性的基本依据,其时空演变特征指出不同区域未来医疗和养老需求的潜力,为政策制定提供依据。本文通过比较 31 个省(区、市)"六普"与"七普"不健康老年人口数据,分析了其时空演变特征,同时进行了城市、镇、乡村不同区划等级、性别、婚姻、居住方式、主要收入来源与健康关系的异质性分析,以呈现不健康老人的社会经济特征,主要结论如下:

首先,就我国老年健康空间分布及其变化上,我国整体健康水平提高,地域特征明显。2010 年老年不健康率较高的分布在中西部地区尤其西藏、甘肃省较突出,而东南沿海四省即江苏省、浙江省、福建省、广东省较低,呈现出东南低一中西部高一西北较低的圈层结构。2020 年老年人口不健康率较高区域成片呈现,主要分布在西北地区和青藏地区,山西省和吉林省的不健康率较高;较低区域仍分布在东南沿海,不健康率由东南向西北增加。不能自理率亦具备相似特征但 2020 年出现甘肃省不健康率高但不能自理率低、北京与上海不健康率低但不能自理率高。中部与西南各省及北京市的老年人口不健康水平下降速度较快。新疆、吉林省、广西、广东省四个省份老年人口不能自理率缓慢增长。10 年间西北除甘肃外与东部除北京外健康改

善不明显，而中部各省与西南各省健康效益较明显。不健康老年人口密度分布格局与“胡焕庸线”基本一致，东密西疏，密度变化呈区域聚集特点。其中西部新疆、内蒙古、西藏、青海省四省份为密度低值区，东部京津冀与长三角地区为密度高值区，整体上呈现由东向西密度减少的趋势。总体上，10 年间东部地区不健康老年人口密度大但增速慢；西部地区密度小但增速快，中部地区密度处于中间但增速最慢。

其次，就不健康老人社会经济特征上，老年健康形势由城市到镇再到乡村逐级严峻。西部西藏、内蒙古、青海、宁夏、新疆及东北黑龙江、吉林、辽宁等省区市的农村地区不健康率与不能自理率较高，尤其西藏乡镇地区的不能自理率明显高于该区域城市及其他省份。女性的不健康水平高于男性且存在年龄差异。女性整体自评健康较差，不健康率和不能自理率均高于男性。两性 60 岁之后不健康水平均呈总体上升趋势，其中 60－67 岁，男性不健康率较高，75 岁之后女性人口不健康率和不能自理率高于男性且差距呈逐渐扩大趋势。不健康老人丧偶比例高，其中不能自理老人与女性尤其突出。不健康和不能自理女性丧偶比例达 50％以上，而男性丧偶比例约是女性一半，有配偶比例则明显高于女性。同时男性未婚与离婚比例也显著高于女性。在不同婚姻状态的老年人口中，按照不健康率由高到低排序，未婚＞丧偶＞离婚＞有配偶。在不能自理的老年人口中，未婚或丧偶的老人不能自理率更高，有配偶的最低，婚姻保护效应凸显。不健康的老年人口与配偶或子女同住比例高，住在养老机构的仍为少数。独居无保姆的不健康和不能自理老人绝对规模大，其生活状况更需重视。从性别视角上看，不健康的男性老年人口与配偶同住比例高，而女性与子女同住的比例高。老年人口收入主要来源于离退休金或养老金、家庭其他成员供养、劳动收入。离退休金或养老金比重上升而家庭供养比重下降，国家养老金公共保障力度增强而家庭供养功能有所减弱。不健康的老年人口更多依靠家庭成员供养，且最低生活保障金发挥着更大作用。从性别视角上看，男性劳动收入、离退休金或养老金、最低生活保障金、财产性收入比例高于女性，而女性则更多依靠家庭成员供养。

然后，基于以上结论，第一，考虑到养老服务与医疗资源的公共品功能，逐步推广实施长期照护保险制度。针对西部地区，以村庄或社区为单位，设立医疗服务点和养老服务供给站，落实家庭医生服务项目，实现老人健康年度监测，完善村级服务网络同时加强政府的托底作用，加大公共保障力度；针对东部地区，根据老人规模与健康状况继续完善养老服务与医疗供给体系，增强社区面向不健康老人点对点服务能力。第二，立足全人群和全生命周期推进“健康中国”战略。重点关注乡镇不健康水平高但医疗资源和护理供给薄弱区域，加大资源投入；针对不能自理群体，给予家庭更多支持，不断完善照护体系，分担家庭照护负担；提高全人群的受教育水平，在政策设计与文化宣传上，减少年龄歧视和性别歧视；创建老人友好型社会，促进其社会参与，提升健康水平，助力健康老龄化。

四川省社会科学院社会学所　王晓行　沈茂英

北京人口老龄化发展趋势及应对措施研究

2020年,党的十九届五中全会将实施积极应对人口老龄化上升为国家战略。人口老龄化趋势如何演进是实施积极应对人口老龄化国家战略的首位依据,对人口老龄化趋势进行分析和预判,有助于提升积极应对人口老龄化国家战略实施方案的科学性和准确性。积极应对人口老龄化上升为国家战略改变了应对人口老龄化行动的格局,也对以往应对人口老龄化的各项相关社会实践与制度措施提出了新要求,对于这一战略的布局和安排也需要在更高的格局和视野下重新审视。《北京市老龄事业发展报告(2020)》显示,"十三五"期间北京市老龄政策更加完备、多层次基本养老服务体系基本成型、老年健康服务体系建设初见成效、老年宜居环境建设有序推进、老龄事业老龄产业全面协同发展,形成具有首都特色的超大城市养老服务模式,推动首都老龄事业和老龄产业不断取得新进展。因此,从国家战略的高度,立足新的发展阶段,以新发展理念为指导,基于2020年第七次人口普查数据分析北京人口老龄化和老年人口最新情况,提出积极应对人口老龄化的北京方案具有重要的理论意义与现实意义。

一、北京市人口老龄化的现状和趋势

(一)近十年来人口老龄化总体态势

2011—2020年,北京市常住口径和户籍口径下的人口老龄化水平均呈现出持续升高的态势,其中,常住户籍人口老龄化水平在增速上相对更快,到2020年时已超过常住人口老龄化水平7.2个百分点。

根据本课题研究所做的相关估算,在过去的10年之间,北京市60岁及以上常住老年人口所占比例从2011年的13.1%快速提高到19.6%,年均增长0.7个百分点。常住户籍老年人口所占比例则从2011年的18.4%提高至2020年的26.8%,年均增长0.9个百分点。

结合历次全国人口普查数据来看,北京市常住人口老龄化水平在2000年第五次全国人口普查、2010年第六次全国人口普查、2020年第七次全国人口普查时分别达到12.5%、12.5%和19.6%,近10年间增长尤为突出。

表1　北京市2011—2020年60岁及以上的常住和户籍老年人口比例变动情况

单位:%

年份	常住老年人口占比	常住户籍老年人口占比
2011	13.1	18.4
2012	13.8	19.2
2013	14.5	20.1
2014	15.4	21.2
2015	16.2	22.2
2016	17.0	23.1
2017	17.8	24.2
2018	18.5	25.1
2019	19.1	25.9
2020	19.6	26.8

资料来源:本研究基于北京市第七次全国人口普查(以下均简记为"七普")以及第六次全国人口普查(以下均简记为"六普")汇总数据资料推算所得。

总的来看,北京市常住人口的老龄化程度正从轻度老龄化转变为中度老龄化,常住户籍人口已经处于中度老龄化的状态。

(二)人口老龄化长期发展趋势预测

从本课题研究的预测结果中可以看到,在未来的15年间,北京市60岁及以上常住老年人口所占比例预计将增长至31.8%，常住户籍老年人口所占比例则会增长至37.5%。

总的来看，在未来较长一个时期中，北京市的常住人口将会快速跨入深度老龄化的行列，而户籍人口则将会经历较长时间的深度老龄化。2035年，北京市60岁及以上常住老年人口总量预计达到700万人，其中，常住户籍老年人口总量约492万人。

表2 北京市2021—2035年60岁以及上的常住和户籍老年人口比例变动情况

单位:%

年份	常住老年人口占比	户籍老年人口占比
2021	20.1	27.3
2022	20.9	28.2
2023	22.3	29.9
2024	23.3	31.0
2025	24.1	31.7
2026	24.8	32.3
2027	25.4	32.7
2028	26.3	33.5
2029	27.2	34.2
2030	28.2	35.0
2031	29.0	35.7
2032	29.9	36.3
2033	30.7	36.9
2034	31.3	37.3
2035	31.8	37.5

资料来源：本课题研究基于北京市"七普"汇总数据资料推算所得。

二、北京市老年人口特征

(一)老年人口受教育程度

2020年北京市第七次全国人口普查结果显示，北京市60岁及以上老年人口的平均受教育年限为10.30年，文盲率为3.22%。在2000年到2020年的20年间，随着1940年以后出生队列进入老年期，北京市60岁及以上老年人口的受教育水平也在不断提高。从平均受教育年限来看，北京市老年人口的平均受教育年限稳步上升，2000年北京市老年人口平均受教育年限为6.79年，2010年提升至8.94年，2020年提升至10.30年。从文盲率来看，北京市老年人口的文盲率有了较大幅度的降低。2020年北京市老年人口文盲率仅为3.22%，比2000年低22.94个百分点，比2010年低9.62个百分点。

表3 2000—2020年北京市老年人口平均受教育年限和文盲率

受教育年限指标	2000年	2010年	2020年
平均受教育年限(年)	6.79	8.94	10.30
文盲率(‰)	26.16	12.84	3.22

资料来源：根据2000年北京市第五次人口普查数据、2010年北京市第六次人口普查数据和2020年北京市第七次人口普查数据计算得出。

(二)老年人口婚姻、家庭与户居状况

根据2020年第七次全国人口普查长表数据，北京市60岁及以上的老年人口中，有配偶的老人占老年人口总数的80.54%，丧偶的占15.89%，离婚的占2.66%，未婚的占0.91%。北京市老年人总体有偶比例较高，丧偶比例、未婚比例、离婚比例均较低。

从变化情况来看，与2010年北京市老年人的婚姻状况相比，老年人有配偶、未婚和离婚的比例均有上

升，分别上升了 4.12、0.25 及 1.40 个百分点，丧偶老人的比例下降了 5.77 个百分点，表明随着老年人口队列的变化和健康水平的提升，北京老年人的丧偶比例较 10 年前明显下降，但同时也应注意到老年人离婚比例从 2010 年的 1.26%上升到 2020 年的 2.66%，增长很快，这一特点值得关注。

表 4　北京市 2010—2020 年老年人口婚姻状况

单位：%

婚姻状况	2010 年	2020 年
合计	100.00	100.00
未婚	0.66	0.91
有配偶	76.42	80.54
离婚	1.26	2.66
丧偶	21.66	15.89

资料来源：根据北京市第六次和第七次全国人口普查数据计算。

根据“七普”长表数据，北京市老年人各类户居方式的比例分别为：与配偶和子女同住为 30.04%、与配偶同住为 40.48%、与子女同住为 15.65%、独居（有保姆）为 0.61%、独居（无保姆）为 8.62%、养老机构为 0.89%、其他为 3.71%。

可见，与配偶同住、与配偶和子女同住是北京老人主要的户居方式，两种居住方式的比例占到了七成。值得注意的是，9.23%的老人处于独居状态且绝大多数独居老年人无保姆照料。北京市居住在养老机构的老人占到了老人的 0.89%，其他居住方式的老人占 3.71%。

表 5　北京市 2020 年分性别老年人口的户居方式构成

单位：%

户居方式	合计	男性	女性
合计	100.00	100.00	100.00
与配偶和子女同住	30.04	33.53	26.94
与配偶同住	40.48	45.07	36.39
与子女同住	15.65	8.39	22.1
独居（有保姆）	0.61	0.59	0.64
独居（无保姆）	8.62	7.27	9.82
养老机构	0.89	0.82	0.95
其他	3.71	4.32	3.17

资料来源：根据北京市第七次全国人口普查长表数据计算。

（三）老年人口主要生活来源

2020 年北京市 60 岁以上的老年人中以离退休金/养老金为主要生活来源的比例最高，达到 83.70%。其次是家庭及其他成员供养，占 8.40%。排在第三位的是劳动收入，而这一比例仅占 4.15%。对比 2010 年普查资料发现，2020 年北京市 60 岁及以上老年人的主要生活来源中，居于前三位的仍为离退休金/养老金、家庭其他成员供养和劳动收入，但所占比例发生了变化。具体而言，以离退休金养老金为主要生活来源的老年人比例 10 年间上升了 11.85 个百分点。而主要依靠家庭其他成员供养和劳动收入的比例有所下降，特别是依靠家庭其他成员供养的比例在这 10 年间下降了 9.98 个百分点。依靠劳动收入的比例由 5.04%降至 4.15%。这说明在过去的 10 年间，随着基本养老保险制度等的不断完善、养老保障水平不断提高，北京市老年人依靠社会养老的比例在不断增加。与此同时，需要家庭其他成员供养的比例下降，家庭养老的经济负担减弱。

表 6　2010—2020 年北京市 60 岁及以上老年人口主要生活来源状况

单位：%

主要生活来源	2020 年			2010 年		
	合计	男	女	合计	男	女
合计	100.00	100.00	100.00	100.00	100.00	100.00
劳动收入	4.15	6.49	2.07	5.04	8.14	2.24
离退休金/养老金	83.70	84.45	83.03	71.85	76.95	67.25
最低生活保障金	1.34	1.32	1.36	3.44	3.03	3.80
财产性收入	0.41	0.44	0.40	0.44	0.45	0.44
家庭其他成员供养	8.40	5.48	10.99	18.38	10.74	25.27
其他	2.00	1.83	2.15	0.85	0.69	1.00

资料来源：北京市第六次和第七次全国人口普查汇总数据计算。

（四）老年人口的劳动参与

2020 年北京市 60 岁及以上的老年人劳动参与比例较低，不足 5%。其中，男性老人继续参与劳动的比例高于女性。与 2010 年相比，不再工作的老年男性和老年女性比例均有所提高，也从侧面反映了北京市社会保障水平较高，老年人不再需要依靠劳动获取收入。

表 7　2010—2020 年北京市 60 岁及以上老年人口劳动参与状况

单位：%

是否就业	2020 年			2010 年		
	合计	男	女	合计	男	女
是，上周工作	4.26	6.62	2.16	4.47	7.30	1.92
在职休假、学习培训、临时停工	0.10	0.15	0.06	0.82	1.23	0.45
未做任何工作	95.64	93.23	97.78	94.71	91.47	97.63

资料来源：根据北京市第六次和第七次全国人口普查长表数据计算。

（五）老年人口住房状况

老年人家庭户平均有 2.73 个房间，人均住房间数 1.18 间，人均住房建筑面积 41.16 平方米。从各区老年人家庭户的人均住房建筑面积来看，城六区和门头沟等 7 个区在 40 平方米以下；其余 9 个区在 40 平方米以上，其中怀柔、平谷、密云和延庆在 50 平方米以上。

表 8　2020 年北京市各区有 60 岁及以上老年人家庭户住房基本情况

地区	家庭户户数（%）	平均每户住房间数（间）	人均住房建筑面积（平方米）	人均住房间数（间）
合计	100.00	2.73	41.16	1.18
东城	4.90	2.05	26.62	0.88
西城	7.31	2.13	28.29	0.91
朝阳	16.74	2.29	39.93	1.06
丰台	11.31	2.36	38.61	1.08
石景山	3.22	2.22	36.02	1.02
海淀	13.73	2.61	37.82	1.06
门头沟	2.05	2.46	39.52	1.28
房山	5.91	3.37	49.29	1.46
通州	6.96	3.19	43.22	1.34
顺义	4.9	3.65	48.87	1.46
昌平	7.6	2.94	45.96	1.19
大兴	6.32	3.39	48.48	1.34
怀柔	1.91	3.38	51.11	1.57
平谷	2.53	3.6	50.09	1.6
密云	2.82	3	53.94	1.47
延庆	1.78	3.56	52.54	1.84

资料来源：根据北京市第七次全国人口普查数据计算。

老年人家庭户建筑层数以多层(7层及以下)和高层(8—33层)为主,比例接近八成。从全市老年人家庭户建筑层数来看,多层(7层及以下)比例最高,超过四成;其次是高层(8—33层),超过三分之一;住在平房中的老年人家庭户比例接近两成;居住在超高层(34层及以上)老年人家庭户比例非常低,不足1%。

表9 2020年北京市各区有60岁及以上老年人家庭户建筑层数

单位:%

指标	平房	多层(7层及以下)	高层(8—33层)	超高层(34层及以上)
合计	19.91	42.39	37.57	0.13

资料来源:根据北京市第七次全国人口普查数据计算。

半数以上老年人家庭户居住在2000年以后的房子中。从全市老年人家庭户住房建成年代来看,2000年以后的比例为51.26%。从老年人家庭户建筑面积来看,2000年以后的比例为59.53%。

表10 2020年北京市各区有60岁及以上老年人家庭户住房建成年代

单位:%

建成年代	户数	间数	建筑面积
合计	100.00	100.00	100.00
1949年以前	0.88	0.59	0.27
1949—1959年	1.64	1.18	0.80
1960—1969年	1.57	1.33	0.94
1970—1979年	3.95	3.87	2.76
1980—1989年	17.16	17.51	13.90
1990—1999年	23.54	23.14	21.79
2000—2009年	31.04	31.05	36.80
2010—2014年	13.01	12.7	13.90
2015年以后	7.22	8.64	8.83

资料来源:根据北京市第七次全国人口普查数据计算。

(六)老年人口健康状况

2020年北京市人口普查结果显示,60岁及以上常住老年人中,有62.05%的人自评身体健康,有28.62%的老年人自评基本健康,另有2.85%的老人生活不能自理。与老年人相比,80岁及以上高龄老年人的身体健康状况较差。其中自评身体健康者所占的比例仅为31.22%,但是自评基本健康、不健康但是生活能够自理、生活无法自理的三类高龄老年人的比例更高,分别为40.00%、17.00%和11.79%。

(七)常住外来老年人口状况

2020年北京市人口普查结果显示,北京市60岁及以上常住外来老人共68.7万人,占常住老年人的16.0%,占常住外来人口的8.16%。

与2010年第六次人口普查相比,10年间北京市60岁及以上常住外来老年人增加了44.9万人,占常住外来人口的比例相较于10年前上升了4.8个百分点,占老年人口的比例相较10年前上升了6.3个百分点。

三、北京市积极应对人口老龄化措施

(一)适时扩大长期护理保险制度覆盖范围,持续优化长期护理保险制度政策设计

因为全市的政策文件尚未全部公布,结合现有的政策设计与国内外其他国家和地区的实际情况建议:第一,适时扩大长期护理保险制度覆盖人群;第二,长期护理保险制度覆盖农村失能群体将会面临服务供给、服务质量与监管、资金收支平衡等多重挑战,需要进行科学、客观的测算;第三,建立健全长期护理保险制度筹资的顶层设计,明确最低缴费年限,建立缴费激励机制,明确城镇退休职工单位缴费部分来源。

(二)积极打造老年友好型城市,全面推进家庭适老化改造

结合现有的政策,可以关注以下方面:第一,心中有数。从财政承受能力的角度来看,需要对老旧小区和符合条件的老年人家庭提前摸底,有多少符合条件的老年人家庭或者老旧小区?需要多少财政资金?每

年能够或者计划给多少家庭进行改造？需要多少年能够完成全部改造等。第二，个性定制。结合各个社区和老年人以及老年人家庭住房情况，基于老年人的需求，制定个性化的适老化改造计划。第三，动态追踪。对已经进行过老旧小区改造和接受过适老化改造的家庭，结合老年人身体健康现状及改造需求，实施相应的新增改造事项以及必要的维修更新，进行动态管理。

（三）政策制定淡化户籍概念，养老服务惠及外来老年人

从人口普查数据来看，2020 年来自外省市的老年人已经接近 70 万人，与 10 年前的人口普查相比，在规模上有了大幅度的增加。考虑到人口迁移和流动，未来来自外省市的老年人将会进一步增加。建议巡视探访服务覆盖流动老人。北京市目前针对流动老人的驿站基本养老服务并未包括巡视探访。考虑到流动老人中有独居老人和仅与配偶同住两种情况，建议把服务扩展到独居老人、仅与配偶同住且其中一方失能的老年人。

（四）制度设计瞄准特殊老人，政策执行落实落细

基于对特殊老人的分析，除了需要针对特殊老人的家庭进行适老化改造、尽快扩大长期护理保险制度覆盖人群、养老服务尽可能覆盖来自外省市的老人以外，针对独居老人、部分空巢老人，需要进行单独的制度设计。建议：第一，扩展巡视探访对象，巡视探访扩展到全部的独居老人、三个 60 岁及以上老年人户；第二，增加巡视探访次数，针对独居老人、空巢家庭中有失能老人的空巢老人、三个 60 岁及以上老年人户等特殊人群，应该适当增加巡视探访次数；第三，确保巡视探访落到实处。

（五）加强部门之间沟通协作，凝聚合力推进老龄工作

老龄工作涉及多个部门，需要各个部门在具体的工作中沟通协作，形成合力。各个涉及老年人的部门在制定和出台政策时，政策对象是同一群体时，可以考虑进行政策的衔接和集成，对不同部门的资源进行整合，实现效用最大化。如近年来正在开展实施的长期护理保险和失能老人护理补贴，涉及民政和医保部门，需要两个部门使用同一评估标准，评估结果互认，同时对政策进行衔接，实现长期护理保险待遇和失能老人护理补贴的叠加。

北京市统计局　庞江倩　饶印莎
中国人民大学　杜鹏　张文娟　孙鹃娟　唐丹
张航空　谢立黎　李龙

北京老年人口特征与养老产业发展潜力研究

人口老龄化是人口长期均衡发展面临的重要挑战。党的十九大以来，按照把握减量发展、高质量发展的总体要求，强化基本公共服务保障，探索建立了符合首都发展要求的“三边四级”养老服务体系。本文利用第七次人口普查数据，对北京市老龄人口的现状和趋势进行分析，对养老服务供给和需求进行判断，对养老产业发展潜力进行研究，为政府相关部门进行科学决策提供数据参考和相关实证。

一、常住老年人口概况和特征分析

(一)常住老年人口的年龄、性别结构

第七次全国人口普查数据显示，北京市 2020 年常住人口为 2189 万人，其中：60 岁及以上常住人口 429.9 万人，占常住人口的 19.6%；65 岁及以上常住人口 291.2 万人，占 13.3%。在 60 岁及以上老年人口中，60—79 岁的中低龄老年人为 366.5 万人，80 岁及以上的高龄老年人为 63.4 万人，高龄老年人占全市人口的比重为 2.9%，占 60 岁及以上老年人口的比重为 14.7%。

60 岁及以上老年人口中，男性占 47%，女性占 53%，老年人口性别比为 88.8。随着年龄的增长，老年男性人口占比逐步下降，老年女性人口占比上升。“七普”数据显示，60－69 岁的低龄老年人口中，男性占 48.2%；70—79 岁中龄老年人口中男性占 46.1%，80 岁以上高龄老年人口中男性占 43.7%。

(二)分区老年人口规模和城乡分布

从全市看，各区的老龄化程度存在差异，大多数区 60 岁及以上老年人口比重超过 20%。朝阳区 60 岁以上的老年人口最多，东城区的老龄化程度最高，60 岁老年人口占比为 26.5%；昌平区 60 岁及以上老年人口占常住人口比重为 14.9%，占比最小。东城区、西城区 65 岁以上的老年人口占比为 18.2%，均位居首位；昌平区、大兴区 65 岁以上占常住人口比重为 9.7%，占比最小。

分城乡看①，城镇 60 岁及以上的老年人共计 367.5 万人，占全部老年人口的 85.5%；乡村老年人口为 62.3 万人，占 14.5%，城乡老年人口之比接近 6∶1。

(三)老年人居住与主要生活来源状况

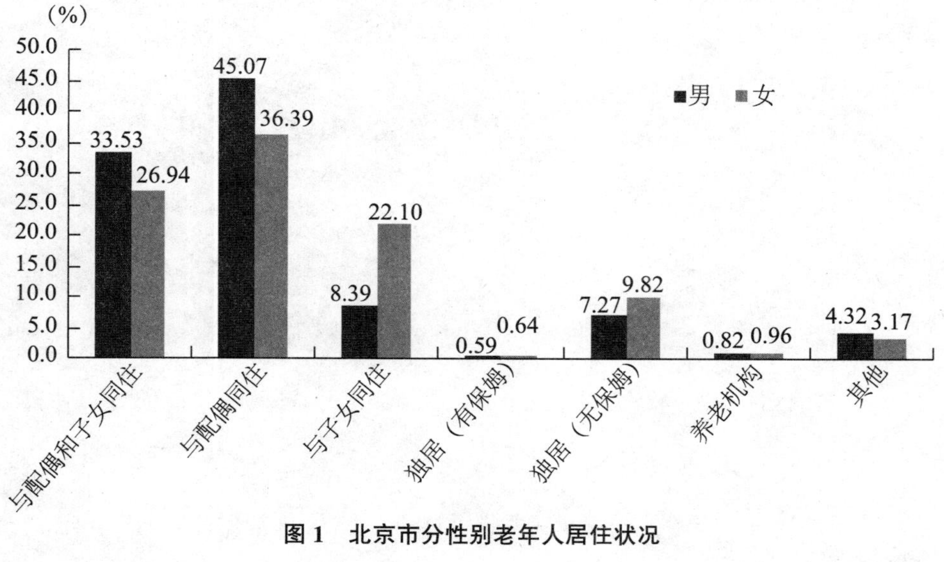

图 1　北京市分性别老年人居住状况

---

① 第七次人口普查将城乡区域结构做了细分，共七类。城乡包括城镇和乡村，城镇分为城区（包括主城区和城乡结合部）和镇区（包括镇中心区、镇乡结合区和特殊区域），乡村则分为乡中心区和村庄。

老年人居住状况占比高到低依次为：与配偶同住(40.48%)、与配偶和子女同住(30.04%)、与子女同住(15.65%)、独居无保姆(8.62%)、其他(3.71%)、养老机构(0.89%)、独居有保姆(0.61%)。与子女同住的比例为45.69%，不足一半，即近一半为空巢老人。

将老年人作为总体分析其生活来源的经济状况，其中主要生活来源为离退休金和养老金，占全部老年人的83.70%；其次是依靠家庭其他成员的供养，占8.40%；以财产性收入和最低生活保障作为主要生活来源占比分别为2.00%和1.34%。

二、老年人家庭户的住房状况与养老需求分析

基于第七次人口普查，对居住在普通住宅中有老年人的家庭户信息进行分析。北京市各区老年人口的数量和密度存在明显不同，普通住宅老年户的分布也有明显的区域差异。

(一)各区老年家庭户规模和"空巢"比例分析

全市分区普通住宅老年户的规模上看，户数最多的为朝阳区，户数最少为延庆区，但在空巢率方面，尽管朝阳区虽然规模大，但空巢率最高的仍是延庆区，说明远郊区因子女外出就业、居住，留守老年人带来的社会养老压力较大。

表1　北京市各区老年家庭及"空巢"户情况

地区	总户数(万户)	普通住宅老年户(万户)	占全市比例(%)	"空巢"率(%)
北京市	913.8	263.1	100.0	45.7
东城区	30.0	12.2	4.7	42.1
西城区	46.1	18.6	7.1	41.8
朝阳区	156.2	45.1	17.1	46.1
丰台区	87.3	30.2	11.5	48.8
石景山区	23.8	8.6	3.3	48.3
海淀区	127.9	36.1	13.7	39.0
门头沟区	16.7	5.5	2.1	57.9
房山区	50.8	15.7	6.0	48.4%
通州区	74.6	18.2	6.9	46.8
顺义区	55.9	13.0	5.0	43.8
昌平区	96.2	19.7	7.5	42.2
大兴区	79.2	16.6	6.3	43.0
怀柔区	17.1	5.0	1.9	53.6
平谷区	17.2	6.6	2.5	49.4
密云区	21.0	7.4	2.8	57.6
延庆区	13.8	4.7	1.8	61.4

(二)基于住房环境看养老需求

我市普通老年户的户均住房面积更大。因有老年人的家庭户中"空巢"户的户均住房面积更能反映老年人自身的居住水平，"七普"数据显示，全市一人户老年人家庭平均住房面积78.5平方米，二人户且均为老年人的家庭住房面积平均为93.2平方米。

住房面积衡量的主要是住房水平，而住房的间数往往对应的养老条件，如本次普查结果显示，全市普通住宅老年户只有一间房的占比为11.7%，从现代生活角度看，一间住房不利于老年人的居住安排。故将老

年人家庭的住房面积和间数相结合，北京市各区普通住宅老年户的住房间数显示(图 2)，“以房养老”有可能会作为老年人解决养老费用的重要抓手。如参照国外实践经验：通过银行和保险公司等为老年人提供安全的房屋托管机制，便于老年人更加自由的选择入住养老机构等其他养老方式，解决资金问题；也可采用“青银混居”新模式，老年人通过将部分住房出租给年轻人，获得一定的生活补贴，并解决孤独无助的困难。

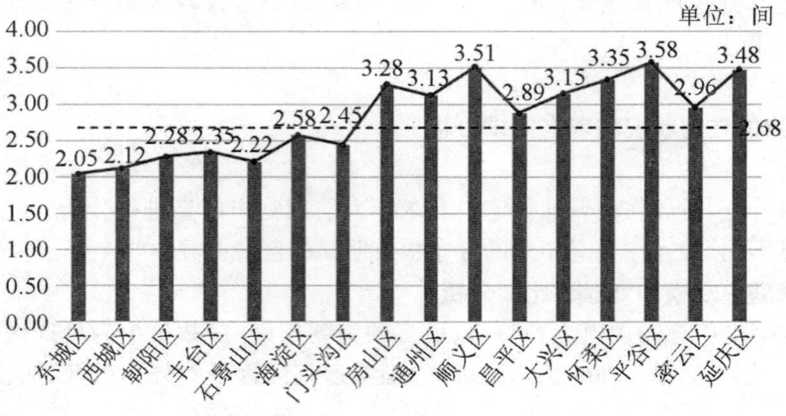

图 2　北京市各区普通住宅老年户户均住房间数

三、从普查数据分析老年人养老服务需求

老年人的需求是多方面的，参照马斯洛理论，可以从基本的生理需求、日常生活需求，到医疗需求、休闲娱乐和自身发展需求，乃至社会交往、融入和被尊重的需求，直至自我实现需求。然而，人口普查属于一般的人口调查，不会涉及详细老年人需求的调查，故本文从普查问卷中能够找到老年人基本需求的四个变量进行分析，包括老年人主要生活来源、婚姻状况、居住安排以及身体健康状况。

(一)空巢低保老年人和失能低保老年人

尽管北京市老年人空巢比例接近一半，但空巢且以低保为生活来源的老年人占仅为 0.73%。分年龄看，空巢且低保的老年人群中，主要为 60—79 岁的低龄老人，占比为 0.66%，80 岁及以上的占 0.07%。在性别分布上差异不大。

北京市常住老年人口中，不健康的老年人占比接近 10%，其中 2.8%的老年人生活不能自理。结合其经济状况来看，不健康且低保的老年人的比例为 0.5%，而生活不能自理且低保的老年人的比例为 0.1%。在这些生活不能自理且低保的老年人群中，60—79 岁的低龄老人占 0.07%，男性略高；80 岁以及上的高龄老人占 0.04%，女性更高。

(二)空巢失能老年人和低保老年人

北京市常住老年人口中，不健康的空巢老年人合计占比为 4.2%，其中 1.0%的空巢老人生活无法自理。不健康但能自理的空巢老年人主要为 60—79 岁的低龄老人，占比为 2.2%；高龄老人占比为 1.0%，且高龄女性比例更高。而生活不能自理的空巢老年人中，年龄分布差异相对较小，低龄男性老人比例更高。

结合居住状况、健康状况和经济状况进行交叉分析时发现，生活不能自理且低保的空巢老人占北京市全部老年人的 0.03%。这表示北京市在未来的养老服务规划中，应首要援助这 0.03%的老年人，安排公办养老机构给予照料等(见表 2)。

表 2　北京市分年龄、性别、居住状况、健康状况和经济状况的老年人分布情况

单位：%

指标	60—79 岁				80 岁及以上				合计			
	非空巢		空巢		非空巢		空巢		非空巢		空巢	
	非低保	低保	非低保	低保	非低保	低保	非低保	低保	非低保	低保	非低保	低保
男性												
健康/基本健康	17.92	0.14	20.05	0.22	1.99	0.01	2.56	0.02	19.91	0.15	22.61	0.23
不健康但生活能自理	0.79	0.07	1.00	0.10	0.47	0.01	0.46	0.01	1.26	0.08	1.46	0.11
不健康生活不能自理	0.34	0.03	0.26	0.01	0.37	0.01	0.22	0.00	0.71	0.03	0.48	0.02
女性												
健康/基本健康	21.75	0.20	20.18	0.26	3.10	0.03	2.23	0.02	24.85	0.23	22.41	0.28
不健康但生活能自理	1.00	0.04	1.04	0.06	0.85	0.02	0.54	0.02	1.85	0.07	1.58	0.08
不健康生活不能自理	0.31	0.02	0.21	0.01	0.79	0.02	0.23	0.00	1.10	0.04	0.45	0.02
合计												
健康/基本健康	39.67	0.34	40.23	0.47	5.09	0.05	4.79	0.04	44.76	0.38	45.02	0.51
不健康但生活能自理	1.79	0.11	2.04	0.16	1.32	0.03	1.00	0.03	3.11	0.15	3.04	0.19
不健康生活不能自理	0.64	0.05	0.48	0.03	1.16	0.03	0.45	0.01	1.81	0.08	0.93	0.03

四、空间视角下养老服务的需求、供给匹配分析

北京市基于《北京市市民居家养老(助残)服务(“九养”)办法》和《北京市支持居家养老服务发展十条政策》等相关政策文件，持续开展居家养老服务设施建设和居家养老服务供给。以 2016 年以来建设的社区养老服务驿站数据、养老机构和养老照料中心等相关资料作为养老服务的供给，结合“七普”数据中老年人口数据资料，可从分区与空间视角下，对养老服务的供给状况、供需匹配两个方面进行分析。

(一)分区域养老服务供给状况

根据北京市民政局统计，全市 2020 年 1 月之前正式运营的社区养老服务驿站共 794 家[①]。全市各街道的社区养老驿站覆盖比例为 80.23%，有 67 个街道乡镇尚未有社区养老服务驿站。

通过对上述正式运营的养老服务驿站的服务能力进行调查，结果表明，一是社区养老服务驿站能够提供上门服务的最远距离有限，平均为 4.9 公里，社区养老服务驿站平均覆盖社区较少，平均为 3.6 个社区/村。二是在服务内容[②]上，社区养老驿站提供“软服务”设施占比较高，而“硬服务”提供占比较低。三是以实际入住情况和实际床位数量的缺失值进行比较，估算入住率作为参考值，结果发现全市各区的托养床位入住情况与实际老龄化程度并不完全等同，实际的人口老龄化程度远比目前的床位入住率严峻。

(二)养老服务需求与供给的匹配关系分析

参照北京市发展规划对首都城市功能定位的区分，整体上来看，老龄人口和养老设施资源都呈现出首都功能核心区向外围区域递减的态势，但结合城市功能定位划分和区域老年人口结构特点分析，老年人口状况和资源分布又呈现出相对空间离散的分布态势。核心区和生态涵养区老龄化水平高于功能拓展区，而城市发展新区的老龄化水平最低，不健康老年人的占比却是生态涵养区最高。而对照相应的养老设施资源，机构设施相对集中于城市发展新区和生态涵养区，养老照料中心在城市功能拓展区集中分布，而养老驿站则呈现均摊的分布格局。对照“七普”数据结果，全市各区养老服务供需关系虽整体平衡，但考虑到城市内不同功能区老年人口以及老龄化特点以及城市总体的人口老龄化规模与态势，北京各城区的养老需求和养老服务设施发展存在一定程度的空间错位态势，且呈现供需均衡度水平不高的情况。

为了进一步细化北京城市养老资源供给与需求分析，从街道尺度层面将养老机构、养老照料中心和养老驿站等资源设施，与各乡镇街道的 60 岁以上老年人口进行空间叠加分析，街道尺度层面上北京市养老资源的空间布局与 60 岁以上老人的人口分布均表现明显等空间一致性，即东南部地区的街道大于西北部地区

① 因普查时间节点和民政局年终汇总不同，本部分分析以最接近可得数据进行分析，排除了 21 家试运营或未运营，以及 52 家运营但未到年终统计的驿站资料。

② 社区养老驿站可提供的服务包括 33 项，但若按照基本生活需求服务和文体娱乐等休闲需求区分为“硬服务和“软服务”。

的街道。尤其是中心城区的街道,东城区、西城区、朝阳区和海淀区的街道养老资源分布最密集;同时,该区域也是老年人口集聚的街道。而在远郊区,尤其是海拔较高的地区,延庆、房山、怀柔等地区街道的老年人口规模较小,相应的养老资源供给也少。

利用养老服务设施资源的空间位置信息,进行热点区域识别,并对城市老年人口分布情况进行空间叠加分析。北京市街道尺度60岁及以上老年人口密度呈现出中心城区密度高、周边地区密度低的态势,不同类型养老服务设施集聚等热点区域具有明显的空间分异。养老驿站整体上表现出集聚与分散并存的分布态势,在中心城区呈现分散且小范围集聚状况;养老机构则呈现显著中心集聚分布格局,在东城区、西城区形成较大范围的热点区域;养老照料中心在空间上的分布主要形成了四个较大范围的集聚区域,主要位于东城区、西城区、朝阳区以及房山区。

通过"七普"数据显示的老年人口分布状况和北京市三类养老资源的空间分析,养老设施和服务供给呈现中心集聚状况,与老年人口的分布和需求基本一致,即北京市养老设施总体较为均衡。而通过社区养老驿站的护理人员配备分析,中心城区养老驿站布局可以基本覆盖老人密集区,周边郊区养老驿站服务可及性覆盖范围较小,相对于郊区老年人口规模同样较小,居家养老服务照料资源基本满足。而以床位数进行衡量集中照料需求和专业养老服务的供给,养老机构床位数分布较为均衡,而养老照料中心在城区中心建设较为集中,这与北京市养老服务专项规划(2021年-2035年)的发展一致,这两类养老服务资源结合,能够提供集中养老服务和专业养老照料需求,体现了大城市养老服务体系建设的规范,融合了老年人口分布与设施空间布局的匹配与发展。

五、养老产业发展面临的问题及建议

人口老龄化已成为我们面临的主要社会问题之一。大规模老龄化加剧,应对老龄化成本快速升高。科学、及时、综合应对人口老龄化,不仅能提高老年人生活和生命质量、维护老年人尊严和权利,而且能促进经济发展、增进社会和谐;同时,养老服务业是具有巨大发展潜力的朝阳产业,在稳增长、促改革、调结构、惠民生中发挥着重要作用。从目前看,北京市养老产业发展应从以下三方面发力:

首先,系统规划养老产业发展。由于养老产业发展涉及多个部门,涵盖生产、流通、消费等多个环节,因此,需要加强顶层设计,统筹好各项政策措施,各部门各负其责形成合力,共同推进。"七普"数据对老年人口规模和养老需求及发展态势预估提供了契机,可结合人口数据信息,将全市养老设施的基础数据建立台账,落实基本规范和基本服务标准。

其次,优化养老产业发展环境。在养老服务体系建设方面,公办养老机构承担了主要的基本养老服务任务,社会力量参与起步较晚,因此,要清晰界定政府和社会的职责范围,营造民间资本进入养老服务市场的良好政策环境,确定民间资本的合理盈利空间,促进全市养老服务产业化发展兼具公益性和市场性的双重属性,实现养老服务产业化的健康发展。

第三,促进养老产业均衡发展。目前,养老产业结构还不均衡,存在老年保健、康复护理等发展较快,而文化教育服务等相对缓慢,老年人康复辅具等产品用品供给不足;高端养老社区发展较快,而面向失能老年人提供养护服务的机构发展较慢;规模化、综合化、专业化和品牌化的服务企业和机构较少等问题。因此,要结合"七普"数据反映的老年人口居住安排、经济状况和健康特征等信息,积极推动医养结合规范发展;通过补贴等方式降低养老护理服务的成本提高服务水平;根据地区老年人口需求提供针对性的养老服务,更好满足社区群众多元化的医疗服务需求。

北京市统计局　庞江倩　饶印莎
北京大学,北京精民社会福利研究院　乔晓春　武继磊
中共北京市委党校　马小红
中国人民大学　张航空

湖南省人口老龄化和老龄问题研究[①]

引言

2020年第七次全国人口普查数据显示，湖南省常住人口为6644.5万人，对比2010年第六次全国人口普查常住人口的6570.1万人，人口增长速度为1.1%。不过2021年湖南省人口已经首次出现负增长，而且未来全省人口负增长将继续持续。与此相反，全省2010年60岁及以上人口为955.6万人，2020年提高到1321.1万人，十年来老年人口增长了38.3%，大大快于总人口的增长速度。2020年湖南省60岁及以上人口占全省人口比例为19.9%，65岁及以上老年人口占比为14.8%，按照国际通行划分标准[②]，湖南已经进入了深度老龄化阶段(按照60岁标准，则处于深度老龄化边缘)，对比2020年全国60岁及以上老年人口比例的18.7%(65岁及以上老年人口比例13.5%)，湖南省属于全国人口老龄化进程相对比较快、老龄化程度相对比较高的省份，相较于全国各省的社会经济发展比较，湖南省人口老龄化水平走在了经济发展的前面，属于较为典型的"未富先老"。

1　人口年龄结构与老龄化状况概述

"七普"数据结果显示，从2010年到2020年全省总人口几乎没有增长，未来将出现下降，但老年人、高龄老人和百岁老人呈现大幅度增长，而且老年人年龄越大增长的速度也越快。2010年湖南省共有60岁及以上老年人955.6万，2020年达到1321.1万人，十年间老年人数量增长了近40%。对比第六次、第七次全国人口普查的湖南省金字塔结果可以看出(图1)，湖南未来十五年人口老龄化产生的压力，湖南省的人口老龄化的主要因素是"少子老龄化"，或者说顶部老龄化。

在人口老龄化的过程中，湖南省少儿抚养比、老年抚养比和总抚养比均出现全面提升，这些抚养比的大幅度增加既导致劳动年龄人口家庭抚养压力增加，也意味着国家福利支出、社会保障和民生支出将大幅度增加。按65岁标准，湖南省2020年总抚养比已经超过了50%，人口红利已经消失，并开始进入人口负债阶段(表1)。

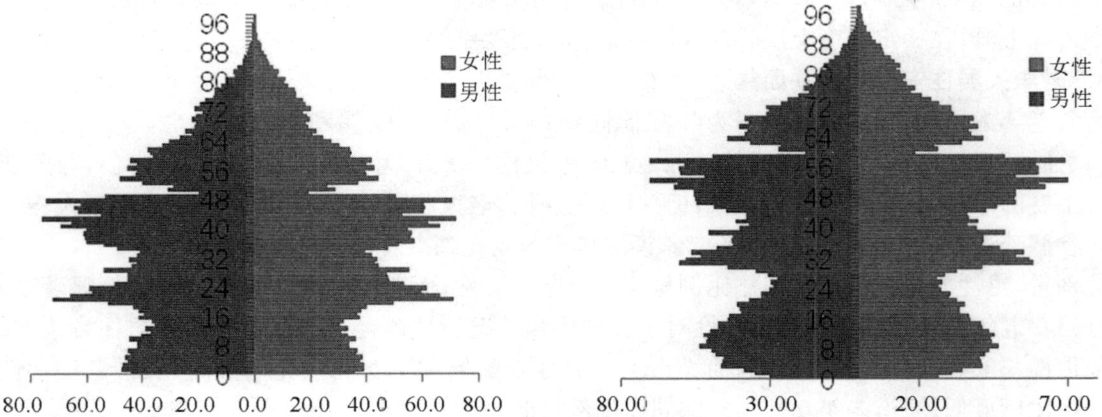

图1　湖南省2010、2020年人口性别年龄金字塔比较(万人)

---

① 湖南省第七次全国人口普查研究课题。

② 本文参考的标准：60岁以上超过10%等价于65岁以上超过7%——老龄化社会；60岁以上超过20%等价于65岁以上超过14%——深度老龄化社会；60岁以上超过28%等价于65岁以上超过20%——超老龄化社会。

表1　2010和2020年按两种标准计算湖南省人口年龄结构

老年人标准	年份	人口数(万人)				占总人口比重(%)			抚养比(%)		
		合计	少年儿童	劳动年龄	老年人	少年儿童	劳动年龄	老年人	总抚养比	少儿抚养比	老年抚养比
60岁及以上标准	2010	6570	1158	4457	956	17.6	67.8	14.5	47.4	26.0	21.4
	2020	6644	1297	4026	1321	19.5	60.6	19.9	65.0	32.2	32.8
65岁及以上标准	2010	6570	1158	4770	642	17.6	72.6	9.8	37.7	24.3	13.5
	2020	6644	1297	4363	984	19.5	65.7	14.8	52.3	29.7	22.6

数据来源:2010年数据来自第六次全国人口普查湖南省短表数据,2020年数据来自第七次全国人口普查湖南省短表数据

在年龄结构上,湖南省高龄老人(80岁以上)增长速度比总体老年人的增长速度快了近1倍(71.4%比38.3%),同全国女性老年人多于男性状况类似,湖南省各年龄组老年人的性别比均小于100,并随着年龄增长快速下降(最高为60－64岁组的99.4)。跟全国的整体趋势一样,湖南省城市老年人口比例为15.0%,镇老年人口比例为17.9%,而乡村比例高达到24.7%,乡村老龄化水平比城市高出了近10个百分点。在地区分布上,相比不同市州人口有增有减,全省范围内各州市老年人口均大幅增长。各市州老年人口所占比例高低不仅与20世纪四五十年代及之前的出生人口多少有关,与20世纪六七十年代及之后的出生人口,特别是计划生育期间出生人口有关,也与目前的人口流动状况有关。

2　老年人口特征分析

2.1　受教育和婚姻状况

湖南省老年人总体受教育水平偏低,受过小学教育及未上过学等老年人占比达六成以上(61.2%)。男性老年人口受教育程度略高于女性老年人口,随着年龄提升,湖南省老年人口受教育程度逐步降低。在婚姻状况层面,湖南省老年人超过七成人口有配偶(73.1%),丧偶人口接近四分之一(23.8%),相比于男性,女性有配偶比例更低,丧偶比例更高。

2.2　主要生活来源状况、城乡差异及变动

根据"七普"数据显示,全省老年人主要生活来源以家庭其他成员供养比例最高(42.3%);依靠离退休金或养老金生活的有25.3%;但也有20.8%的老年人依靠个人劳动收入,尤其低龄老年人占比较高。相比于男性,女性的主要生活来源更集中于家庭其他成员供养。在城乡差异层面,城镇老人依靠离退休金或养老金的比例接近五成,乡村的老人依靠家庭其他成员供养比例超过五成,即老年人口的主要生活来源城乡差异显著。对比2010年"六普"数据,老年人口生活来源开始多样化,其中来自家庭其他成员供养占比下降,其他类别占比上升,在一定程度上反映出政府养老保障制度更加完善。

2.3　老年人居住安排及关联因素

湖南省老年人居住状况依次排序为与配偶同住(38.8%)、与配偶和子女同住(24.8%)、与子女同住(18.6%)、独居(无保姆)(11.8%)、其他(5.2%)、养老机构(0.6%)和独居(有保姆)(0.2%),与配偶同住为老年人最主要的居住方式,占到接近四成;但独居(无保姆)老人超过十分之一,这个部分老年人养老需求需要关注。参照养老机构中老年人仅占0.6%,说明机构养老在湖南省并没有得到充分发展。

分性别看,男性老年人与配偶同住比例显著高于老年女性,而老年女性与子女同住比例显著高于男性,这个符合男女老年人存活概率和老年女性对子女的依赖状况。城镇老人与乡村老年人居住方式差异明显,农村老年男性与配偶同住的比例最高,而城市老年男性与配偶和子女同住比例最高;农村老年女性与配偶和子女同住比例最低,城市老年女性与配偶同住比例最低。

健康状况直接关联老年人的居住安排。不健康且生活不能自理老年人身边最需要人照料,所以与子女同住的比例为最高,达到36.4%;健康的老年人中男性更倾向于与配偶或配偶和子女同住,女性更倾向于与子女同住;基本健康的老年男性与老年女性的居住方式与健康老年人男女差异类似,都是男性与配偶或配偶和子女同住的比例高于女性,女性与子女同住的比例高于男性。

从婚姻状况看,养老机构的主要居住者为无配偶老年人,其中未婚老年人比例最高,达12.9%,其次是

丧偶和离婚，分别为 0.9%。有配偶的老年人大多与配偶或者与配偶和子女同住；离婚老年人近一半处于独居状态，近四成与子女同住。离婚老年人独居(无保姆)的比例高达 46.5%，独居(有保姆)的比例达到 0.6%；还有不到 1%的人住在养老机构。

2.4 老年人家庭户基本特征和地区差异

将普通住宅家庭中有老年人的家庭定义为老年人家庭户，简称为老年家庭户或老年户。全省普通家庭户共计 2156.1 万户，其中 60 岁及以上老年人家庭有 900.8 万户，老年户占普通住宅家庭户的 41.8%。分市州看，老年户占比最高的是常德市，占 49.3%，即接近一半的家庭户都有老年人居住；排在第二位的是湘潭市(45.6%)，老年户比例最低的是长沙市，只占 34.0%。

对老年人户进一步区分为独居老年户、只有一对老年夫妇共同居住的户、老年人与未成年人共同居住的户，以及其他老年户，可以判断老年人居住安排和相应的养老需求。“七普”数据显示，全省独居老年户有 900 万户，占老年户的 22.1%；老年夫妇单独居住的有 168.5 万户，占老年户的 18.7%，此外，老年人与未成年人共同居住的有 33.8 万户，占老年户的 3.7%。这些人群对社会化养老服务需求较高，需要重点关注。

3 老年人健康状况分析

3.1 全省老年人健康状况和城乡差异

湖南省健康老年人所占比例为 46.8%，基本健康比例为 39.0%，不健康但生活能自理的比例为 12.0%，而不健康生活不能自理比例为 2.2%。简单将“健康”和“基本健康”归为一类，称为“健康”；其余两类归为另一类，称为“不健康”，则湖南省健康老人所占比例为 85.8%，不健康老人比例为 14.2%。从性别差异上看，男性老年人不健康占比 13.1%，而女性老年人不健康为 15.2%，低于男性老年人。而分城乡看，全省城市不健康老人比例为 9.2%，镇不健康老人比例为 13.0%，而乡村老年人不健康比例为 16.9%，乡村老年人不能自理比例比镇和城市都要高。这意味着乡村老年人的健康状况是最差的，需要得到政府的重点关注。

3.2 湖南省老年健康预期寿命状况

参照国家统计局公布的 2010 年和 2020 年全国各省市自治区 0 岁人口预期寿命，湖南省 0 岁人口预期寿命与全国整体水平都非常接近。然而用健康预期寿命指标测算，全省 2010 年 60 岁男性老年人健康预期寿命为 15.0 岁，到 2020 年提高到 16.96 岁，十年增加了 2.0 岁；而 2010 年 60 岁女性健康预期寿命为 16.2 岁，2020 年达到 19.4 岁，十年提高了 3.2 岁，很明显男性和女性健康预期寿命均有大幅度提高，健康预期寿命提高幅度大大快于 60 岁人口预期寿命提高的幅度。这说明从 2010 年到 2020 年这十年里，湖南省人口健康水平有了大幅度提升，而且存活人口健康状况的提高程度大大快于死亡率的下降程度。但将湖南省 2020 年 60 岁人口健康预期寿命与全国其他省份比较看，全省 60 岁男性和女性人口健康预期寿命和自理预期寿命基本上处于全国中游偏下的水平。

3.3 全省和各市州老年人健康状况的差异

从性别和年龄分组看，湖南省老年人不健康比例和不能自理比例都会随着年龄的提高而不断上升。主要依靠个人劳动收入生活的男性老年人中不健康比例只有 1.9%，其中女性比例为 2.1%，男性比例为 1.8%，老年人主要依靠家庭其他成员供养的人数是最多的，占到全部老年人的 42%。这部分老年人身体不健康的比例也相对较高，达到 21.2%，其中男性比例高于女性比例；而这部分老年人中生活不能自理比例也高于全体老年人生活不能自理比例。经济状况制约下，老年人健康状况不佳是政府在养老资源统筹时需谨慎处理的情况。在湖南省的 14 个市州中，老年健康比例最高的是长沙市，为 11.4%；排在第二的是株洲市，为 12.4%，整体上看，老年人生活不能自理比例全省各市州的水平比较相近，均在 2.0%到 2.8%之间波动，最低的是衡阳市，最高的是张家界市，长沙市老年人生活不能自理比例略高于全省整体水平，主要原因是长沙市老年人口预期寿命比较长，高龄老人相对比较多，所以导致生活不能自理老人相对会多一些。

4 老龄化空间差异与未来发展趋势

4.1 省级老年人口状况和全国比较

从老年人口规模的省级比较看，湖南省的老年人口规模在全国属于第二等级，排名第七位。但老年抚养比和不健康比例稍低，分别排在全国的第11位和12位，属于中等水平。从区域比较看，湖南省不健康老年人状况和我国中部地区的省份一致，均呈现女性老年人健康状况弱于男性老年人，不健康老年人占老年人口总比例为14.2%，其中男性老年人为6.5%，女性老年人占比7.7%。

依据老年人的主要生活来源状况，湖南省老年人主要生活来源为低保和家庭其他成员供养的比例稍高(46.1%)，而以劳动收入(即60岁及以上年龄仍继续以劳动收入为主要生活来源)的老年人占比为20.9%，退休金、财产性收入等稳定经济来源的占比偏低，总体上，湖南省老年人口的经济状况全国排名偏下。在居住安排上，湖南省独居老人占老年人口总数的12%，在全国各省市自治区中排名第12位，但湖南省总体上仅有0.6%的老年人入住养老机构，全国排名较低，机构养老服务利用不足。

4.2 湖南省各市州的人口老龄化状况

具体到各市州内部，湖南各区域的老年人口规模和老龄化程度存在差异，其中从规模上看，超过100万老年人口的地级市包括长沙市、邵阳市、衡阳市、常德市、永州市和岳阳市。但在老龄化程度上，常德市的总老年抚养比最高，为42.3%，而长沙市的总老年人口抚养比最低，为22.9%。湖南省的各州市均呈现农村地区的老年抚养比远高于城镇的情况，对照人口变动情况，湖南省的人口迁移和流动对农村地区的人口老龄化影响最为严重。

全省各市州的家庭户规模分布同样存在区域差异，其中长沙市、邵阳市、衡阳市、常德市、永州市的家庭户规模占湖南省各市州的前5位。但比较各市州的老年人户家庭构成，永州市的老年人户家庭中，有一位老年人的老年人户家庭占比较高60.3%，而有两位老年人的老年人户家庭占比23.0%，总体老年人户家庭比例较高。其他市州的家庭户中有两位老年人的老年人家庭户占比偏高，如衡阳市老年人户中，有两位老年人的老年人户家庭占比为23.3%，有三位老年人的老年人口家庭中，衡阳市的占比最高，为2.5%。

进一步对县级区域人口老龄化状况比较，在县域层面，湖南省各县市的家庭户规模也存在区域差异，其中长沙市、常德市、益阳市、娄底市、湘潭市、岳阳市和株洲市的部分县域家庭规模较大，其中超过15万户的县域包括浏阳市、宁乡市和新化县，而低于一万户的县域包括南岳区和武陵源区，而从老年家庭户结构看，以有两位以上老年人占总老年人户家庭比例看，云溪区、临澧县、君山区、天元区占比较高，均超出46%，而最低4个县域分别为常宁市、古丈县、桂东县和新晃侗族自治县。

基于"七普"查湖南省数据及相关人口统计汇总资料、统计年鉴等，运用由中国人口与发展研究中心等机构开发的国际通用人口预测软件PADIS－INT对湖南省进行人口预测看，湖南省常住人口规模总体上呈现持续平稳下降的态势。在老年抚养比方面，预计到2035年，无论生育方案的高低，均对老年人口抚养比没有影响(劳动年龄人口、老年人口规模不变)，2020－2035年间湖南省65岁及以上人口老年抚养比持续快速增加，2025年、2030年和2035年湖南省老年抚养比分别为25.2%、31.8%和41.8%。2025年后，湖南省老年抚养比的增幅大幅提高，2025年至2030年期间，老年抚养比年均横幅从0.4%增长至1.1%，2030－2035年，老年抚养比年均增幅达到1.7%。

湖南省未来15年65岁及以上老年人口规模预测和变动趋势如图2所示，按照65岁及以上人口占总人口比重超过14%为深度老龄社会的定义，湖南省进入深度老龄化社会将持续至2035年。人口老龄化、高龄少子化将是湖南省未来15年的重要人口发展特征。至2035年湖南省65岁及以上人口占总人口比重将随着预测年份的增加而持续上升到26.1%。

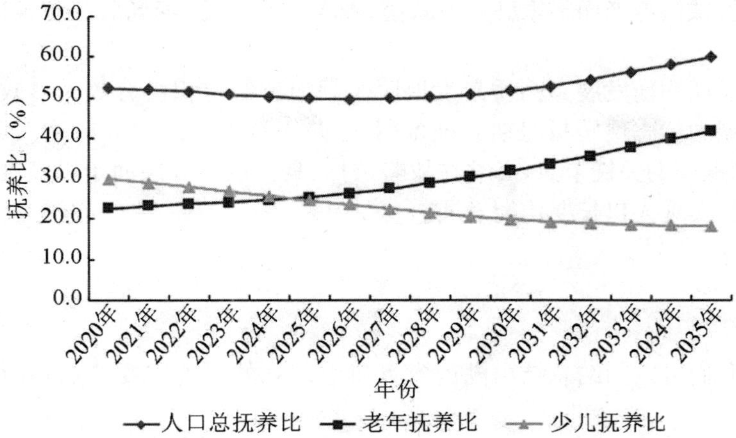

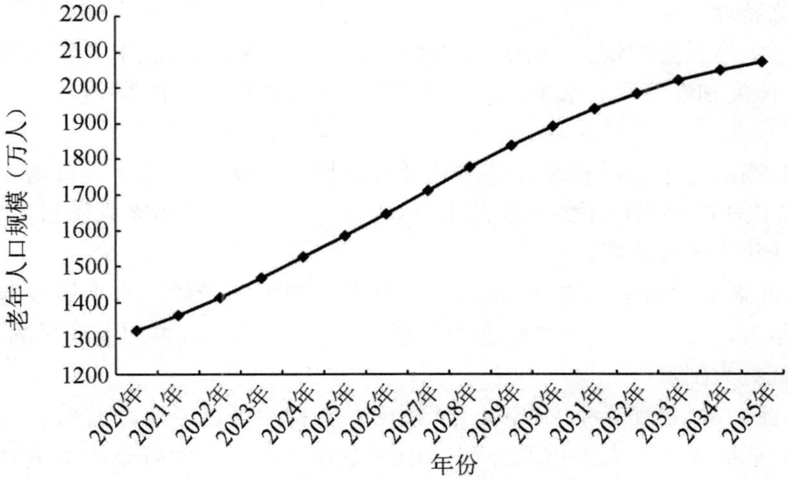

图2 生育高方案预测湖南省人口抚养系数变动趋势和老年人口变动趋势

5 人口老龄化的社会经济影响

人口老龄化将是湖南省在“十四五”期间乃至未来较长一段时间的基本人口态势，人口老龄化存在老年人口规模大、发展速度快、高龄化显著、发展不平衡、劳动年龄人口规模外流、留守老人规模大等特征。人口的快速老龄化将成为湖南省经济社会发展面临的一项重要挑战，将对湖南省民生、医疗卫生、经济发展、社会治理等社会各领域产生不同程度的影响。湖南省属于人口流出为主的人口迁移大省，劳动年龄人口的外迁将可能会导致本省的科技创新力受限以及人力资本储量下降的情况，而人口老龄化可能会使问题更加严重。

5.1 技术创新与人口老龄化

人口老龄化存在阻碍和促进两个方面的影响。从阻碍的角度看，老龄人口增多，接受新知识的能力下降从而使得社会总知识水平下降。老年人会阻碍年轻人的活力，年轻人的发展会受到影响，从而更难晋升和创业，使得社会的创新力不足；从促进的角度看，劳动人口减少倒逼企业提升生产效率促进技术创新。从湖南省的人口年龄结构看，尽管湖南省老年人口比重较大，但是主要集中在年青型老年人口，且大龄劳动力人口比重仍相对较高，这样可以通过提升劳动力素质、形成积极老龄观，使更多老年人才资源得到开发，在进入老龄化阶段，湖南省的科技创新能力依然可能实现增长。

5.2 老龄化与养老支出

人口老龄化对医疗支出的影响主要包含两条路径，一是个体年龄变化对卫生费用的影响，二是年龄与疾病发生关系的变化对卫生费用的影响。对于湖南省而言，劳动年龄期流出到省外工作，老年期返回本省养老的情况更为突出。在城乡养老服务体系建设方面，农村养老可能会面临城乡老龄化水平与城乡收入水平倒置，且农村老龄化发展速度快于城镇、程度高于城镇，老年收入水平低、社会保障水平低，养老设施和基本公共服务不充分等情况,城镇养老面临家庭规模减小、养老功能弱化、养老服务政策供给与实践需求存在偏差等多维困境。

促进人口内部、外部长期均衡发展是高质量发展阶段湖南省制定积极有效人口政策的核心目标。"十四五"时期是本省人口发展的标志性转折时期和准备期,也是人口发展战略导向重大调整和构建人口减少背景下经济社会发展政策框架的关键节点,必须在战略选择、具体政策等层面予以高度重视和充分准备,抑制人口老龄化的不利因素,实现人口长期均衡发展。

6 总结与建议

依据前述数据分析,我们可以归纳总结出湖南省人口老龄化的一些主要特点,并在此基础上提出相关建议。

6.1 人口老龄化特点

1.老年人口规模大、增长速度快。一个地区老龄问题的严重程度取决于老年人口规模和增长速度,同时还取决于经济增长速度和经济发展水平。湖南省面临典型的"未富先老"境况,提升经济发展水平是解决老龄问题的关键。

2.高龄化速度快,高龄老人和百岁老人将出现爆发式增长。湖南省老年人口增长速度很快,在未来的15年全省老年人口增长速度会出现更大幅度的上升,而80岁及以上高龄老人和百岁老人增长的速度将大大高于60岁及以上老年人增长速度。

3.地区间和城乡间老龄化水平不均衡,而且差异巨大。湖南省老龄化水平城乡差异巨大,特别是乡村经济发展水平低,老年人口比例大,导致乡村老龄问题比城镇严重得多,再加上乡村的生产和生活方式差异巨大,解决老龄问题就更为困难。

4.年轻人大量外流,农村出现老年人"空心化"倾向。农村地区已经不是有钱就可以解决问题的,比钱更重要的是人,即那些能够为老年人提供服务和照护的中青年人。湖南省整体上劳动力数量在快速萎缩,未来会出现劳动力短缺和老年人照护人才短缺的情况。

5.空巢老人数量多,老年人生活照料和精神慰藉缺失。如果说老年人属于脆弱群体的话,那么生活不能自理的空巢老人就是最为脆弱的人群,应该属于政府关注的"兜底"人群。由于缺乏子女足够的支持,随着老年人健康状况和生活自理能力的下降,导致农村养老保障需求将迅速扩大。实际上,无论是全国还是湖南省,人口的平均预期寿命都在快速延长,特别是60岁预期寿命延长的速度更快。

6.农村地区经济发展水平相对落后,影响老年人家庭生活和地方政府的公共服务支持。在湖南,经济越是落后的地区,往往老龄化水平越高,老龄问题也越严重。这意味着这类地区如果没有其他地区或省一级的支持,几乎很难独立应对或解决所面临的问题,因此全省统筹协调就起到非常关键的作用。

7.居住在养老机构的老年人不到人口的1%,老年人主要采取居家养老的方式在进行养老。政府在养老方面几乎把90%的注意力都放在如何建立更多的养老机构,如何增加养老床位,政府在财政上为养老机构提供大量的补贴等。而在解决居家养老方面提供的政策、资金和服务则严重不足。

6.2 积极应对人口老龄化的建议

1.要把解决养老问题的重点放到农村。湖南省农村老年人口比例远远高于城镇,而且农村经济条件又差,养老服务设施极为欠缺,养老服务人员极为缺乏。这既意味着养老服务需求巨大,又意味着服务条供给严重不足。那么,尽快改善农村养老服务条件和环境,成为非常关键的问题。

2.重点关注高龄老人、不能自理老人,将这类人群作为养老公共服务的重点人群,并针对这类老年人制定相应的政策。在财政资源有限的情况下,解决老龄问题需要针对服务对象划分优先级,并进行排序,把有限的资源用到最需要的人群。

3.重点关注老年空巢家庭或农村留守老人,将养老公共服务向这类家庭倾斜。同时,针对这部分人群制定养老服务支持和保障政策时,一定要摸清这类家庭其他成员(主要是亲生子女)的情况,最大限度地鼓励子女成为第一责任人,而不是完全依赖政府。

4.重点关注居家养老服务体系建设,让居家老人能够得到相应的、满意的服务;同时,也加大农村养老兜底服务,提供覆盖面更广、支持力度更大的养老保障支持。各地政府要抓紧制度居家养老政策,搭建居家养老服务平台，并为居家养老机构提供各类力所能及的支持，在农村地区针对“特困老人”（包括三无老人）建立完整的保障政策，制定相应的政策和提供必要的支持。

需要指出，解决未来的养老问题靠的不仅是钱，更重要的是人，特别是能够为老年人提供服务的中青年人。作为人员外流严重的湖南省，能否把自己的年轻人留下来和能否把外地的年轻人吸引过来，这需要省和各市地政府的重视，在解决“人”的问题上下功夫。功课做得越早，获取收益的可能性越大，积极应对人口老龄化战略实施的主动性也就越大。

北京大学人口研究所教授　乔晓春
北京大学人口研究所副教授　武继磊
北京市委党校社会学部教授　马小红
北京市委党校社会学部教授　闫萍
中国社会科学院大学社会工作学院副教授　杨蓉蓉
北京师范大学社会发展与公共政策学院助理教授　高嘉敏
北京精民社会福利研究院研究助理　张杰

专题四

区域和民族研究

2000—2020年中国不同类型地区人口时空格局

人口是事关国家兴衰和民众福祉的基础性、全局性和战略性要素，人口分布是产业合理布局、资源优化配置和区域协调发展的重要前提和基础。第七次全国人口普查结果显示，我国人口发展的主要矛盾从数量性压力向结构性压力转化，表现为出生人口不断下降、老龄化程度不断加深、人口城镇化速度加快、人口流动高度活跃等新变化。2021年，中国新增人口仅为48万人，即将进入人口总量零增长时期。因此，开展新形势下中国人口分布，尤其是不同政策类型地区的人口时空演化研究，对于中国的新型城镇化和乡村振兴等重大战略的设计和实施具有重要参考价值。

人口数量规模在地理空间上的分布是人口地理学的重要研究领域。1935年，地理学家胡焕庸先生提出的瑷珲—腾冲线（也称"胡焕庸线"），至今仍被认为中国人口分布难以逾越的界线。当前，人口分布研究进展主要表现为以下几个方面：①研究尺度不断向更加微观和宏观尺度拓展。当前人口分布研究的尺度主要以省级、地市级和县级为主，随着人口统计数据的逐渐丰富，乡镇和街区尺度的研究不断丰富。另一方面，由于经济全球化的持续推进以及COVID－19在世界各国的肆虐，推动了人口分布研究向全球尺度拓展。②研究方法主要基于GIS和RS技术进行定量化研究。20世纪70年代后期，随着欧美"计量革命"的发展，人口分布研究逐渐向定量分析、动态模拟研究迈进，大量GIS和RS技术被应用于人口分布研究当中，如人口重心、人口集聚度、探索性空间数据分析等，丰富了人口分布的定量化研究。③研究主题不断丰富。随着现实需求不断增加，人口分布的研究主题不断丰富。中西方学者在关注主题上有着明显差异，西方人文地理学在经历社会化、人文化转向后，更偏重微观社区尺度变化，如逆城市化过程中的社区绅士化问题、妇女平权与生育问题和弱势群体的住房和空间正义。而中国的人口分布研究则主要面向现实需求和国家战略，服务政府决策特点明显，重点关注城镇人口、流动人口、老年人口和高技能人口等。

新时期中国的人口集疏格局发生了显著变化。2010年以来，城市群作为中国新型城镇化主体的战略引领地位进一步提升，已经成为吸纳流动人口和集聚新增人口的主要地区。同时，边境地区也是新型城镇化关注的重要方面，"十四五"新型城镇化提出"构建以边境地级市为带动、边境县城和口岸为依托、抵边村镇为支点的边境城镇体系"，进一步充实边境地区的人口。另一方面，脱贫地区一直是国家政策的重要关注点，随着精准扶贫和乡村振兴战略的实施，中国农村地区的贫困人口显著减少，贫困发生率显著下降。

2020年11月1日零时开展第七次全国人口普查是对我国新时代人口开展的重大国情国力调查，为研究新形势下中国人口发展特征以及制定人口与社会经济发展战略提供了有力的数据支撑。鉴于此，本研究以最新发布的2020年中国人口普查分县数据为主，结合2000年和2010年分县人口普查数据，揭示中国县域尺度的2000—2020年人口时空演变特征，并着力分析城市群、连片特困地区和边境地区等不同政策类型区的人口变化情况，尝试总结新发展格局下中国人口集疏变化的新特点和新趋势，以期为新时期与人口分布密切相关的国家重大战略提供科学参考。

1. 数据与方法

1.1 数据来源与处理

本研究的数据主要包括分县人口总量数据、土地面积数据和行政边界矢量数据。分县人口总量数据为常住人口统计口径，来源于第五、第六和第七次全国人口普查。分县土地面积主要来源《县域统计年鉴（县市卷）》，市辖区主要整理自各区县政府网站。分县行政边界矢量数据来源于中国科学院资源环境科学数据中心（https://www.resdc.cn/）的2015年中国县级行政边界数据，并结合中国民政部发布的《中华人民共和国二〇二〇年县级以上行政区划变更情况》对县级行政边界进行了调整，最终获取了2020年中国县级行政边界数据。

为建立空间上衔接、时间上连续的分县人口空间化数据库，本研究做了如下处理：①2020年分县人口普查数据的整理。数据整理时，国家统计局尚未发布 excel 版的 2020 年中国人口普查分县数据，因此本研究首先对《中国人口普查分县资料—2020》进行了电子化处理，并以民政部公布的 2020 年区县行政代码为基准，将各种类型的高新区、开发区人口数据合并到所属的区县中。如将石家庄市循环化工园区并入藁城区统计，石家庄市高新技术产业开发区并入裕华区统计等。②三次人口普查数据的衔接。2000—2020 年，中国县级行政单元进行了较多的行政区划调整，基本可以分为仅行政代码发生变更、撤销合并、拆分和增设及其他变动 4 种类型，具体的处理过程如表 1 所示。③县域人口数据的空间化。基于 2020 年区县行政代码，将 2000—2020 年人口数据空间链接到 2020 年县级行政边界数据，最终获取中国 2000—2020 年分县人口空间化数据，研究的县域空间单元为 2843 个。限于数据可得性，本次研究不包含港澳台地区。

1.2 不同类型地区的选取

特殊类型地区在国家发展战略中发挥着重要作用，当前国家较为重要的政策板块包含城市群地区、脱贫地区和边境地区等。本研究选取的城市群地区空间范围参照《中国城市群地图集》中的“5＋5＋9”城市群，即京津冀、长三角、珠三角、成渝、长江中游 5 个优化提升型城市群，山东半岛、粤闽浙沿海、中原、关中平原、北部湾 5 个发展壮大型城市群，哈长、辽中南、山西中部、黔中、滇中、呼包鄂榆、兰州—西宁、宁夏沿黄、天山北坡 9 个培育发展型城市群，共计 2186 个县域行政单元。脱贫地区选取了典型的连片特困区，即《中国农村扶贫开发纲要（2011—2020 年）》确定的 14 个连片特困地区：大兴安岭南麓山区、燕山—太行山区、大别山区、罗霄山区、吕梁山区、六盘山区、秦巴山区、武陵山区、乌蒙山区、滇桂黔石漠化区、滇西边境山区和已明确实施特殊政策的新疆南疆三地州、四省藏区和西藏，共计 680 个县域行政单元。边境地区为中国与周边陆上邻国有接壤的陆域边境县，按照所处的地理位置分为东北边境、北部边境、西北边境和西南边境，包含辽宁、吉林、黑龙江、内蒙古、甘肃、新疆、西藏、云南和广西 9 个省共计 136 个县域行政单元。

表 1　2000—2020 年中国县级行政单元变动类型及处理过程

类型	数量/个	处理方式	示例
仅行政代码发生变更	279	以 2020 年区县行政代码数据为基准，调整 2000 年和 2010 年的区县行政代码，将人口普查数据合并到 2020 年。	如 2019 年，撤销莱芜市划归济南市，分别成立济南市莱芜区和钢城区，因此调整其原行政代码，并将其 2000 年和 2010 年的人口普查数据连接为当前行政区划。
撤销合并	45	以 2020 年区县行政单元为基准，将 2000 年和 2010 年撤并的区县合并到 2020 年。	如 2010 年，撤销北京市东城区、崇文区合并为新的东城区，撤销西城区、宣武区合并为新的西城区。
拆分和辖区部分变动	92	由于“七普”的乡镇街道人口数据并未公布，因此参照 2010 年的乡镇街道人口比例，将行政边界发生变动的县级单元按照“六普”乡镇街道人口比例进行分配。	如 2018 年，拆分山西省大同市南郊区，部分乡镇归属于云冈区，其余乡镇则归属于平城区。
增设以及其他情况	28	主要为 2010 年之后新设立的县级单元，考虑缺少 2000 年和 2010 年人口数据，因此做了删除处理。	如 2010 年之后新成立的北屯市、铁门关市、可克达拉市、双河市、胡杨河市、昆玉市和三沙市等。

2. 结果分析

2.1 全国人口时空变化分析

中国人口分布东密西疏的大势并未发生根本改变，人口仍集中在胡焕庸线东南侧的平原和丘陵地区。2020 年，中国的人口密度平均值为 147 人/km^2，相比于 2000 年的 134 人/km^2 和 2010 年的 143 人/km^2 有了进一步提升，但提升速度明显下降。从中国人口空间分布来看，胡焕庸线东南半壁县域的人口密度大多在 100 人/km^2 以上，形成了黄淮海平原、长三角、珠三角和四川盆地等人口密集连片区，而西北半壁的县域大多在 50 人/km^2 以下，人口密度较高的县域集中在省会和中心城市，呈散点状分布。2020 年，胡焕庸线东西两侧的分县人口总量占比分别为 93.76%和 6.24%，相较于 2010 年的 93.68%和 6.32%，东南半壁人口比重微升，西北半壁人口比重微降，但仍稳定保持 94:6 的比值，中国人口东密西疏的态势并未发生根本改变。

中国分县人口以减少为主，人口增长的县域主要为地级市及以上城市的市辖区和西部少数民族地区。相较于 2000—2010 年中国有 1785 个县域人口实现了正增长（占比 62.79%），2010—2020 年这一数字下降到了 1315 个（占比 46.25%），减幅在 1/3 以上，当前中国大部分县域的人口已经向负增长转变。从空间分布上来看，相较于 2000—2010 年中国人口增加的县域广泛分布在东部沿海和西部少数民族地区，2010—2020 年这一范围缩小到了长三角、珠三角、各省的地级市及以上城市的市辖区和新疆、青海、西藏等少数民族聚居区。而人口减少的县域则从 2000—2010 年的长江中下游省份和东北少数地区，在 2010—2020 年扩散到了中西部省份和东北绝大部分地区。

2.2 城市群地区

城市群地区已经成为承载中国人口的主体区。2020 年，19 个城市群总人口达到了 12.31 亿人，占全国总人口的近九成，人口集聚度和人口密度均显著高于全国平均水平，表明城市群地区已经成为中国人口集聚的主战场，在国家新型城镇化和经济高质量发展中发挥着战略核心区的作用（表 2）。从时间上来看，2020 年城市群地区的各项统计指标进一步增长，相较于 2000 年，城市群地区总人口增加了 1.53 亿人，占全国总人口的比重提升了 0.74%，人口集聚度增加了 1.52，人口密度也增加了 33 人/km^2。总体来看，城市群地区人口集聚趋势进一步增强，人口承载的主体地位进一步提高。

表 2　2000—2020 年中国 19 个城市群人口整体情况统计表

年份	人口总量（亿人）	全国占比（%）	人口集聚度	人口密度（人/km^2）
2000	10.78	86.65	7.73	229
2010	11.57	86.96	8.49	246
2020	12.31	87.39	9.25	262

大部分城市群人口持续增长，但哈长和辽中南城市群人口负增长。2020 年，中国 19 个城市群中有 5 个人口超过了 1 亿人，其中长三角城市群人口最多，达到了 1.81 亿人，然后是长江中游（1.51 亿人）、京津冀（1.28 亿人）、成渝（1.14 亿人）和山东半岛（1.1 亿人）城市群，除山东半岛城市群外，均为优化提升的国家级城市群，而宁夏沿黄城市群人口最少，仅为 457.85 万人。从时间上来看，相较于 2000—2010 年，2010—2020 年人口负增长的城市群由成渝和黔中城市群变成哈长和辽中南。人口增量前三的城市群由长三角、京津冀和珠三角变成了珠三角、长三角和京津冀，表明人口重心在向南移动。

2.3 连片特困地区

连片特困地区人口持续减少。2020 年，14 个连片特困地区总人口为 1.98 亿人，占全国总人口比重为 14.08%，人口集聚度和人口密度均低于全国平均水平，从地理区位来看，连片特困地区主要位于自然本底较差的中西部，人口分布相对稀疏。2000—2020 年，连片特困地区总人口减少超过 1100 万人，尤其是脱贫攻坚战实施期间的 2010—2020 年，人口减少了 860 万人，人口集聚度和人口密度进一步下降。

除少数民族聚居的地区外，连片特困区以人口减少为主。从人口密度来看，14 个连片特困区大多人口密度较低，但仍有 4 个高于全国平均水平，分别是大别山区、罗霄山区、武陵山区和乌蒙山区，人均耕地面积少，人地关系较为紧张。从时间上来看，相较于 2000—2010 年，2010—2020 年人口负增长的连片特困区从 6 个上升为 10 个，占比由 42.86%上升为 71.43%，尤其是大兴安岭南麓山区和吕梁山区，10 年间人口减幅在 20%以上，呈大量流失的态势。人口正增长的地区主要为少数民族聚居区，尤其是新疆南疆三地州和西藏自治区，2010—2020 年人口增幅分别在 15%和 20%以上，少数民族宽松的人口生育政策也使得当地人口增长较快（表 3）。

表 3　2000—2020 年中国连片特困地区人口增减统计表

连片特困地区名称	2000—2010 年		2010—2020 年	
	人口增减变化量(万人)	人口增减变化率(%)	人口增减变化量(万人)	人口增减变化率(%)
大兴安岭南麓山区	6.27	0.96	−181.87	−27.57
燕山—太行山区	13.92	1.42	−92.50	−9.33
大别山区	−284.82	−9.54	−58.43	−2.16
罗霄山区	107.90	11.73	−32.83	−3.20
吕梁山区	−10.91	−3.10	−73.01	−21.44
六盘山区	−41.60	−2.18	−140.71	−7.52
秦巴山区	−171.60	−5.47	−250.49	−8.45
武陵山区	−143.10	−4.79	−117.64	−4.14
乌蒙山区	85.76	4.66	6.53	0.34
滇桂黔石漠化区	−83.61	−3.40	17.60	0.74
滇西边境山区	71.61	4.96	−103.98	−6.87
新疆南疆三地州	99.25	17.96	104.06	15.96
四省藏区	66.38	13.99	−2.67	−0.49
西藏	38.93	14.85	63.73	21.17
合计	−245.62	−1.17	−862.22	−4.16

2.4　边境地区

边境地区人口基本保持稳定。2020 年，136 个边境县的总人口为 2184.2 万人，占全国比重为 1.55%，人口集聚度和人口密度均远低于全国平均水平，边境地区或因地形不适宜(如西南边境地形以高原和山地为主)或因气候不适宜(如北方边境寒冷干燥)，是中国的人口稀疏地区。2000—2020 年，边境地区总人口基本保持稳定，2020 年人口集聚度和人口密度较 2010 年有所下降，占全国人口比重降低，是人口减少地区，边境地区是国防安全的第一线，未来应予更多的关注(表 4)。

表 4　2000—2020 年中国边境地区人口增减统计表

边境地区划分	省份	2000—2010 年		2010—2020 年	
		人口增减变化量(万人)	人口增减变化率(%)	人口增减变化量(万人)	人口增减变化率(%)
东北边境	辽宁	8.35	7.02	−12.28	−9.64
	吉林	−8.07	−3.68	−51.99	−24.62
	黑龙江	6.40	2.05	−34.48	−10.82
北部边境	内蒙古	6.59	3.62	−29.39	−15.56
西北边境	甘肃	0.19	14.82	0.01	0.76
	新疆	45.96	10.41	99.73	20.46
西南边境	西藏	3.42	11.44	4.30	12.88
	云南	41.71	6.68	9.86	1.48
	广西	5.66	2.73	10.44	4.91
合计		110.21	5.16	−63.17	−2.81

东北和北部边境人口下降较快，西北和西南边境人口持续增加。①东北边境包含辽宁、吉林和黑龙江 3 省(区)的边境县，2000—2020 年人口减少了 92.07 万人，其中 2010—2020 年减少了 98.74 万人，降幅达到了 15.02%。分省来看，辽宁、吉林和黑龙江 3 省边境地区人口均为负增长，其中吉林和黑龙江人口减量超过了 50 万人和 34 万人，减幅在 20%和 10%以上。②北部边境为内蒙古的边境县，2000—2020 年人口减少了 22.8 万人，其中 2010—2020 年减少了 29.39 万人，降幅达到了 15.14%。③西北边境县主要为新疆下辖，甘肃仅有肃北蒙古族自治县 1 个边境县。2000—2020 年西北边境人口增长了 86.52 万人，其中 2010—2020 年增加 40 余万人，增幅在 8%以上，属于人口较快增长地区。④西南边境包含西藏、云南和广西 3 省(区)的边境县，2000—2020 年人口增长了 75 万余人，其中 2010—2020 年增加约 25 万人，增幅为 2.7%，较 2000—2010 年有所下降，西藏、云南和广西 3 省(区)边境人口均为正增长，其中云南边境人口增幅不足

1.5%,25个边境县仅9个正增长,广西边境人口增幅约为5%,8个边境县有5个正增长,而西藏边境人口增幅接近13%,18个边境县有15个正增长。

3. 结论与讨论

3.1 结论

本研究收集整理了从"五普"到"七普"的中国分县尺度人口空间分布数据集,采用人口密度和人口增减变化等方法揭示了2000—2020年全国和不同类型地区(城市群地区、连片特困地区和边境地区)的人口时空演变特征。主要结论为:

(1)中国人口分布东密西疏的大势未变,但中国人口正向着负增长发展。2020年,基于分县尺度人口的研究表明,胡焕庸线东南半壁和西北半壁人口仍稳定保持94:6的比值,中国人口东密西疏的态势并未发生根本改变。2000—2010年中国人口负增长的县域比例仅为37.21%,2010—2020年则增至53.75%,负增长已成为县域人口变化的主导类型。

(2)城市群地区已经成为中国人口集聚的主战场,大部分城市群人口持续增长。2020年,19个城市群总人口占全国总人口近90%,人口密度显著高于全国平均水平,城市群地区已经成为承载中国人口的主体区域。2010—2020年,除哈长和辽中南外,其他城市群人口均为正增长,尤其以珠三角和长三角城市群增长最为明显。

(3)连片特困地区人口持续减少,仅部分少数民族聚居区人口正增长。2020年,14个连片特困地区人口占全国总人口比重为14%,并在2000—2020年减少了860余万人,人口密度进一步下降。部分少数民族聚居地区人口增长明显,如新疆南疆三地州和西藏,2010—2020年人口增幅超过15%。

(4)边境地区人口基本保持稳定,但东北和北部边境地区人口下降较快。2020年,边境地区总人口不足2200万人,占全国比重不到1.6%,2010—2020年人口密度略有下降,总人口保持稳定。2000—2020年,东北和北部边境地区人口分别减少了92万和22万人以上,边境地区人口下降带来的国防安全问题需要引起高度关注。

3.2 讨论

人口集疏变化是反映区域发展状态变化的重要指示器,规划和政策的制定实施应以人口的增减变化情况为参考,同时辩证看待区域的人口变化,尊重区域人口发展的客观事实,引导人口向人居环境适宜、水土资源承载能力富余、区域社会经济发展较好的地区有序流动。对于不同类型区,要坚持因地制宜、分类施策,进一步推动人口向城市群地区合理集聚,科学疏散脱贫地区的过剩人口,充实边境地区重点城镇和口岸的常住人口。因此本研究的结果对新时期新型城镇化、乡村振兴和国防建设等均有一定参考价值。

受限于数据可得性和篇幅限制,本研究仍有待深化。首先,深入探讨新形势下人口集疏变化背后的作用机制。未来应该系统地收集整理中国分县的社会经济指标,开展大范围的实地调研,采用定性和定量方法全面揭示中国人口集疏变化的作用机理。其次,关注不同类型人口的变化情况及其影响因素。如关注老年人口、高技能人口和流动人口等,以便更加针对性地提出相应的政策建议.当然这都有待于更加详细的人口普查数据的公布。最后,开展人口普查数据格网化工作。人口数据多是基于行政区的统计数据,而自然科学研究中使用的数据大多是格网化的,为了更好地将人口数据应用于自然科学研究中,有必要将最新的人口普查数据格网化,以便更好地支撑人地系统综合研究工作。

河北师范大学地理科学学院　河北师范大学地理计算与规划研究中心　尹旭
河北经贸大学公共管理学院　魏慧
中国科学院地理科学与资源研究所　李裕瑞
成都理工大学旅游与城乡规划学院　陈悦

城市收缩与区域经济空间结构演进

——以成渝双城经济圈四川方为例

城市是区域发展的中心和支点，收缩城市分布及其收缩程度将在很大程度上影响区域经济发展的格局和水平。本文以成渝双城经济圈四川方为例进行分析。成渝经济圈是由四川方、重庆方的部分区域组成的，两方所属区域不仅包含成都都市圈、重庆都市圈，四川方面还包含川东北城市群、川南城市群。本文发现，成渝双城经济圈四川方正在形成的星月地带是成渝双城经济圈四川方最具活力和成长前景的区域，与重庆方的合作不仅可以培育成渝双城经济圈之川渝都市带区，还进一步形成长江上游经济圈甚至整个西南地区的核心增长极。

一、成渝双城经济圈四川方的城市收缩现状

成渝经济圈四川方除成都市外，总体处于收缩状态。图1显示，成都市常住人口增长一骑绝尘，绵阳市、宜宾市、广安市常住人口略有增长外，其余10个市都处于收缩状态。

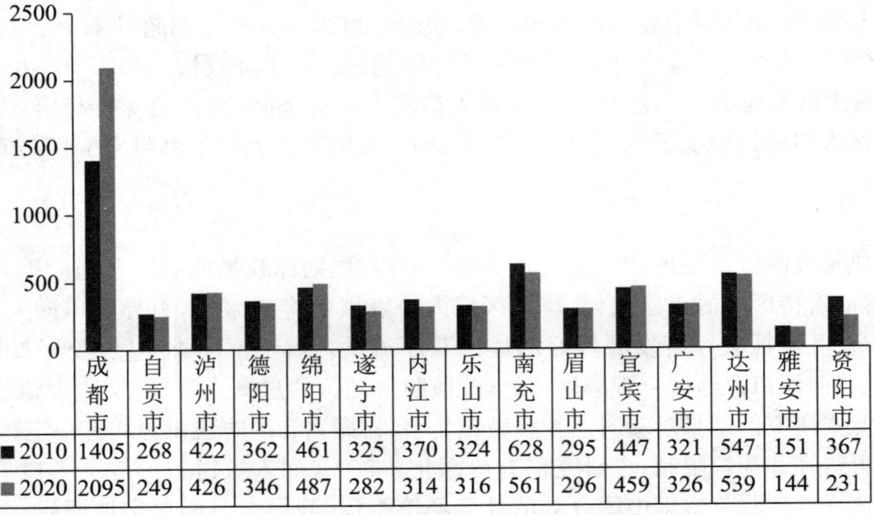

	成都市	自贡市	泸州市	德阳市	绵阳市	遂宁市	内江市	乐山市	南充市	眉山市	宜宾市	广安市	达州市	雅安市	资阳市
■2010	1405	268	422	362	461	325	370	324	628	295	447	321	547	151	367
■2020	2095	249	426	346	487	282	314	316	561	296	459	326	539	144	231

图1　成渝双城经济圈四川方各市常住人口变化(%)

资料来源：四川省统计年鉴，四川省第七次人口普查公报

进一步看，与户籍人口比较，成渝经济圈四川方各市除成都市外，其余14市的常住人口均处在收缩状态(表1)。2010年，成都市常住人口超过户籍人口255.7万人。除此之外的其他14市，常住人口均显著低于户籍人口。14市户籍人口6678万，常住人口5534.8万，户籍人口净损失1143.2万人，户籍人口净损失占户籍人口的17.12%。图2显示，户籍人口净损失超过15%的按损失高低依次分别为资阳市、广安市、内江市、南充市、自贡市、遂宁市、达州市、宜宾市、泸州市等9市。

参考2010、2020年户籍人口相对常住人口的户籍人口净损失变化，可以对成渝经济圈四川方成都市外其余14市的城市收缩进行更为正确的判断。图2显示，2010年以来，绵阳市、眉山市、宜宾市、广安市、达州市的户籍人口净损失率有所降低外，其他9市的户籍人口净损失率继续扩大，其中内江市扩大了9.6个百分点，遂宁市、南充市、资阳市、自贡市、雅安市分别扩大了6.9、5.6、5.0、3.8、3.19个百分点。

综合前述分析，成渝经济圈四川方除成都市外的其他城市几乎成全面收缩状态。近几年来，部分城市经济形势有所好转，常住人口收缩的形势得到遏制，但并没有改变常住人口少于户籍人口的总体态势。常住人口收缩继续发展的城市，逆转收缩的可能性已经缩小，或者受常住人口逆转的窗口期几近结束，继续收

缩将是大的趋势。

表 1　成渝双城经济圈四川方各市 2010、2020 年户籍人口与常住人口变化

地区	2010 年		2020 年	
	户籍人口(万人)	常住人口(万人)	户籍人口(万人)	常住人口(万人)
成都市	1149.1	1404.8	1519.7	2094.7
自贡市	326.0	267.9	317.8	249.0
泸州市	502.3	421.8	508.0	425.6
德阳市	389.2	361.6	382.3	345.7
绵阳市	541.9	461.4	528.5	487.1
遂宁市	381.4	325.2	359.3	281.5
内江市	425.5	370.3	405.5	314.2
乐山市	353.4	323.6	348.0	316.1
南充市	751.7	627.9	719.3	561
眉山市	349.1	295.0	341.8	295.6
宜宾市	539.0	447.2	551.0	459.1
广安市	466.1	320.5	455.6	325.6
达州市	685.5	546.8	652.8	538.7
雅安市	154.9	150.7	152.6	143.6
资阳市	501.1	366.5	338.9	231

资料来源：四川统计年鉴，四川省第七次全国人口普查公报

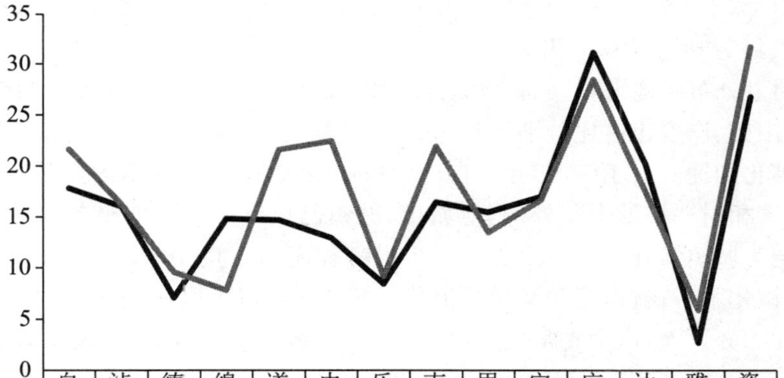

	自贡市	泸州市	德阳市	绵阳市	遂宁市	内江市	乐山市	南充市	眉山市	宜宾市	广安市	达州市	雅安市	资阳市
2010	17.8	16.0	7.09	14.9	14.7	13.0	8.43	16.5	15.5	1.7	31.2	20.2	2.71	26.9
2020	21.7	16.2	9.57	7.83	21.7	22.5	9.17	22.0	13.5	16.7	28.5	17.5	5.9	31.8

图 2　2010、2020 年成渝双城经济圈四川方除成都外各市相对常住人口的户籍人口净损失率(%)

资料来源：作者计算

二、成渝双城经济圈四川方城市收缩的原因与趋势

世界城市发展史表明，一部城市进化史，也是一部城市收缩史。工业化以来的城市收缩几乎是与去工业化同步的，且在欧美发达国家被视为缓解"城市病"的良策予以积极推动。与西方国家城市收缩不同的是，成渝双城经济圈具有独特的原因。

(一)经济发展阶段。与发达国家去工业化导致的城市收缩不同的是，成渝双城经济圈四川方除成都市外的其余 14 城市还处在工业化后期、中后期阶段，一些城市或许被认为是处在工业化中期甚至说是农业城

市也并无不当。2020年，成渝双城经济圈除成都市外的其他14市，第一产业增加值大多在30%—40%左右(图3)，农业仍然是这些市的半壁江山，如宜宾市、广安市分别达到41.7%、41.5%。农业仍然是国民经济举足轻重的基础性产业，也是这些市的支柱产业、主导产业。

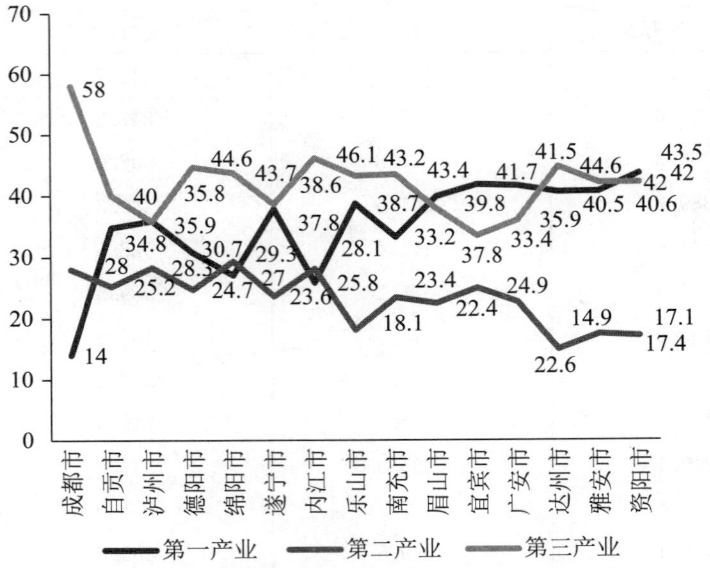

图3 成渝双城经济圈四川方各市产业结构(%)

资料来源：四川统计年鉴

四川是一个农业人口大省，也是一个地少人多的农业大省。20世纪80年代实行的农村联产承包责任制，解放了农村劳动力。1981年，四川有3800万农村劳动力，其中1500多万剩余劳动力需要寻找出路。在经历了农村劳动力“离土不离乡，就地进工厂”的转移后迅速向“离土又离乡，进城进工厂”的转移。1992年到1995年，四川农村劳动力转移输出人数从857.8万人上升到1198万人，2001年跨省流动的农民工比重达44%[①]。从劳动力分布结构来看，成渝双城经济圈除成都市外的其他14市乡村劳动力均占劳动力总量的一半以上，其中资阳市、广安市占比分别达到59.52%、57.28%，超过54%的有泸州市、达州市、眉山市。

(二)人口城镇化加速。自1984年允许自理口粮进城入户以来，城镇入户限制逐渐消解，除少数特大城市、超大城市还有着相对严格的限制外，其他城市、城镇已放开限制。外出务工人员虽然户籍仍然在农村，但已被常住地登记为城镇常住人口。2020年，四川跨省流出人口1035.8万人，缩小了省内城镇化人口底数，抬升了全省城镇化水平；省内流动又相互抬升了城镇化人口规模，相互成就了较高的城镇化水平(图4)。全省流动人口2068.86万人，占全省常住人口的24.72%。其中，跨省流入人口为259.00万人，省内流动人口1809.85万人。

2020年，成渝双城经济圈四川方除成都市外的其余14市，虽然常住人口城镇化均已超过40%，最低的资阳市为41.29%，广安市为44.07%，其他12市均在50%以上，但户籍人口城镇化依然较低，不超过30%的有内江市、广安市、资阳市。

(三)农村人口空心化加强。以成渝双城经济圈内四川方武胜县为例。与重庆市比邻的武胜县工业化程度总体还处于向工业化中期迈进的阶段，能够代表成渝经济圈四川方绝大多数县的经济发展状况。2020年，武胜县工业增加值仅为54.5亿元，占该县地区生产总值21.92%[②]。该县户籍人口80.24万人，户籍人口城镇化率15.77%；常住人口55.59万人，常住人口城镇化率22.76%。全县净流出人口25.16万人，约占户籍总人口的31.16%；常住人口人均GDP为4.83万元，分别为四川平均水平的83.28%、全国平均水平的65.75%。分乡镇看，除县城常住人口规模大于户籍人口之外，其余乡镇常住人口均显著少于户籍人口(表2)。不包含县城的武胜县户籍人口为66.98万人，常住人口为38.48万人，常住人口比户籍人口平均减少

① 刘大江，刘宏宇，毛鑫，蒋作平，吴光于，薛晨，薛玉斌．川粤农民工调查：记录几十年中国农民工群体时代变迁(N)．四川日报．2019年2月11日．

② 武胜县统计年鉴2021年(内部资料)，武胜县未注明出处的均来自于此。

42.55%。由此可见,农村人口空心化已到了非常严重的地步。

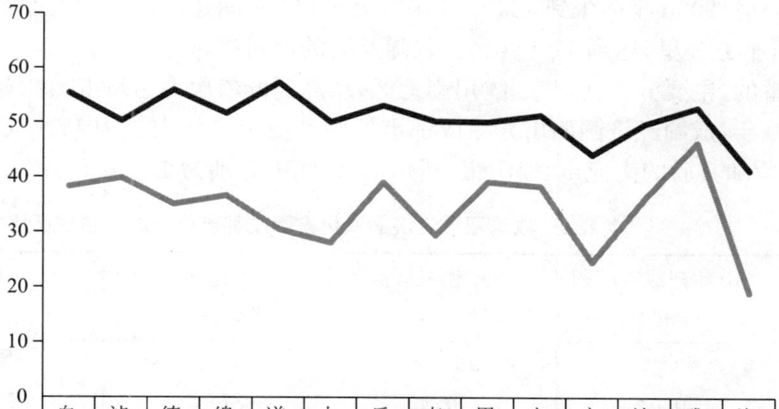

	自贡市	泸州市	德阳市	绵阳市	遂宁市	内江市	乐山市	南充市	眉山市	宜宾市	广安市	达州市	雅安市	资阳市
常住人口城镇化率	55.4	50.24	55.97	51.66	57.3	50.07	53.11	50.22	50.14	51.39	44.07	49.80	52.78	41.29
户籍人口城镇化率	38.2	39.82	35.02	36.59	30.5	28.06	39.02	29.42	39.11	38.31	24.58	36.14	46.33	19.09

图4　成渝双城经济圈四川方除成都市各市户籍人口、常住人口城镇化率比较(%)

资料来源:作者计算

表2　S县农村人口空心化状况

地区	户籍人口(人)	常住人口(人)	常住人口比户籍人口减少量(人)	常住人口比户籍人口减少比例(%)
S县	807531	555897	251634	31.16
县城	137728	171080	—33352	—24.22
A镇	38721	21511	17210	44.45
B镇	57575	41894	15681	27.24
C镇	48086	29370	18716	38.92
D镇	41033	26184	14849	36.19
E镇	40960	24441	16519	40.33
F镇	36070	18933	17137	47.51
G镇	25140	13266	11874	47.23
H镇	48498	23951	24547	50.61
I镇	37632	20116	17516	46.55
J镇	24317	13567	10750	44.20
K镇	20650	10459	10191	49.35
L镇	32869	20352	12517	38.08
M镇	38051	21596	16455	43.24
N镇	15977	7676	8301	51.96
O镇	28571	15910	12661	44.31
P镇	21093	11495	9598	45.50
Q镇	23121	12126	10995	47.55
R镇	25866	13811	12055	46.61
T乡	12293	7621	4672	38.00
U乡	16378	9880	6498	39.68
V乡	17754	9815	7939	44.72
W乡	19148	10843	8305	43.37
不包含县城S县	669803	384817	284986	42.55

资料来源:S县第七次人口普查。

(四)市中心区的扩张仍在继续。成渝经济圈四川方除成都市外的其他 14 个市，2010 年建成区面积为 774.89 平方公里，2020 年扩张到 1519.64 平方公里，10 年间建成区面积几乎翻一番(表 3)，其中，宜宾市扩张面积超过百平方公里，达到 110.96%。紧随其后的泸州市，扩张面积 90.85 平方公里。从扩张幅度来看，10 年间翻一番的，主要分布在川东北、川南地区，从高到低依次为达州市、宜宾市、内江市、广安市、泸州市和南充市。2020 年，成渝经济圈四川方除成都市外的其他市常住人口 1911.6 万，其中，宜宾市区常住人口达到 215.8 万，紧随其后的南充市、绵阳市、达州市、泸州市分别为 193.6 万、186.00 万、185.1 万和 159.7 万。

表 3　成渝双城经济圈四川方除成都市外各城市建成区比较

地区	2010 年建成区面积(km^2)	2020 年建成区面积(km^2)	2020 年比 2010 年扩张面积(km^2)	2020 年比 2010 年扩张幅度(%)	2020 年市区常住人口(万人)
自贡市	80.40	130.00	50.40	62.69	129.8
遂宁市	50.08	87.43	37.35	74.58	126.4
内江市	40.45	100.21	59.76	147.56	117.9
南充市	78.00	160.48	82.48	105.74	193.6
广安市	30.00	65.58	35.58	118.60	97.6
达州市	45.00	130.00	95.00	211.11	185.1
宜宾市	56.6	167.55	110.95	196.02	215.8
泸州市	82.66	173.51	90.85	109.91	159.7
乐山市	53.84	79.88	26.04	48.37	123.7
眉山市	44.5	67.97	23.47	52.74	123.2
资阳市	36.00	52.50	16.50	45.83	86.7
德阳市	53.51	95.28	41.77	78.06	103.7
绵阳市	102.85	167.58	64.73	62.94	186.0
雅安市	21.00	41.67	20.67	98.43	62.4

资料来源：四川省统计年鉴，四川省第七次人口普查小册子

综合前述分析，即便成渝双城经济圈四川方各市仍然沉淀了规模庞大的乡村劳动力人口，并不预示着乡村人口特别是乡村劳动力转移的潜力依旧巨大。一方面，乡村劳动力虽然规模较大，但乡村劳动力老化趋势明显①，较大年龄的乡村劳动力转移无论其经济性还是文化、地缘性等，也是不划算的，且相关就业政策也不鼓励和支持。② 因此，存量农村人口的非农化及其转移已经非常有限。另一方面，从增量人口来看，乡村人口生育率也不高，并且乡村出生人口已有相当比例在城镇入户，或者说增量乡村人口的相当比例已经不再是传统的农村人口。因此，乡村增量人口的规模不会太大。随着老年农村人口的相继退出，无论是户籍农村人口，还是常住农村人口，其规模都将是递减的。

三、城市收缩重塑区域发展空间格局

近几年来，四川积极推进“一干多支、五区协同”的区域发展战略，大力培育省域经济次中心。与 2010 年比较，成渝双城经济圈四川方各市人均 GDP 增加额超过成都的仅有德阳市，接近成都市增加幅度的有绵阳市、乐山市和宜宾市。有意成为川东北经济中心的南充市增幅仅为 29588 元，列成渝双城经济圈四川方 15 市的第 8 位(表 4)。显然，成渝双城经济圈四川方各市的经济表现显示，成都作为西部核心增长极的地位将

---

① 国务院新闻办公室．新时代的中国青年(M)计算．人民出版社．2022 年。乡村青年劳动力七成以上已在城镇就业或居住。2020 年，外出农民工总数近 1.7 亿，其中多数为青年；青年常住人口城镇化率达 71.1%、比 10 年前增加 15.3 个百分点、高于整体常住人口城镇化率 7.2 个百分点。

② 2022 年以来，全国各地相继出台清退大龄农民工的规定，如湖北省荆州市《关于规范全市建筑工程用工管理的通知》(http://xunshiguoji.com/expert/view.html? id=1149)中明确规定，禁止招聘 18 岁以下及 60 岁以上的男性，包含 50 岁以上女性。上海市虹口区《关于进一步规范本区一线作业人员用工年龄管理及健康体检的通知》(https://www.shhk.gov.cn/hkxxgk/showinfo.html? infoGuid=f6175c24－5e42－4da3－bb0d－a7af1cff2c70)，禁止招聘 18 岁以下、60 岁以上男性、50 岁以上女性从事建筑施工作业。

进一步增强，长江沿线的川南地区乐山市、宜宾市和泸州市已成为崛起地带，川中地区和川东平行岭谷地区的整体下滑则是不可避免。

表 4 成渝双城经济圈四川方各市 2020 与 2010 年人均 GDP 变化比较

地区	2010 年人均 GDP（元）	2020 年人均 GDP（元）	2020 年比 2010 年人均 GDP 增加额（元）
成都市	41253	84067	42814
自贡市	23613	58570	34957
泸州市	16698	50758	34060
德阳市	25335	69483	44148
绵阳市	20053	61809	41756
遂宁市	14498	49936	35438
内江市	18022	46685	28663
乐山市	22490	63399	40909
南充市	13212	42800	29588
眉山市	18586	48098	29503
宜宾市	19499	61048	41549
广安市	15588	40049	24461
达州市	14623	39291	24668
雅安市	18881	52769	33888
资阳市	16644	34957	18313

资料来源：四川统计年鉴

人口是经济活动的风向标①，经济发展与人口流动互为变量。结合常住人口变动态势，川南城市常住人口或逐步回升，或止跌回升人口集聚的趋势明显。图 5 显示，2020 年川南地区的人口年龄结构相对较好，表现为 0—14 岁人口占比相对较高，其中，宜宾市为 18.73%、泸州市为 18.23%；65 岁及以上老年人口占比相对较低，宜宾市（15.76%）是成渝双城经济圈占比最低的，泸州市（17.65%）仅次于雅安市列第三低。这种由人口与经济互动呈现的区域空间结构演进，显示的既是过去发展的成果，也是未来发展的基础。

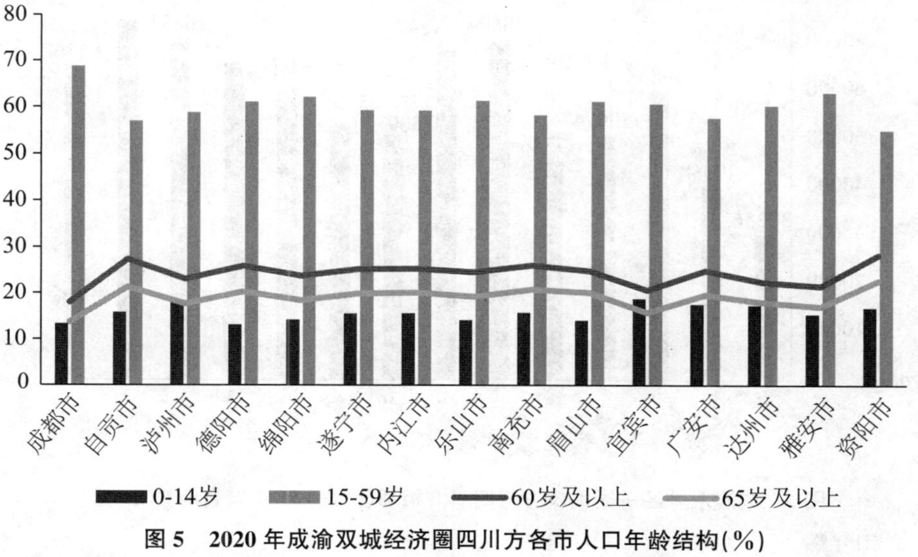

图 5 2020 年成渝双城经济圈四川方各市人口年龄结构（%）

资料来源：四川省第七次人口普查公报

综合前述分析，可以发现，一个正在崛起的“U”形地带或川西南湾区正在形成。这个地带，北起绵阳市，经德阳市、成都市，过眉山市，抵乐山市，穿宜宾市，到泸州市。该地区（不含眉山市）2020 年常住人口 4377.3 万人，占成渝双城经济圈四川方常住人口的 58.4%，地区生产总值 31552.1 亿元，占成渝双城经济圈四川方

① 樊杰，陶岸君，吕晨. 中国经济与人口重心的耦合态势及其对区域发展的影响[J]. 地理科学进展，2010(1)：87—95.

地区生产总值的69.62%，分别比2010年占成渝双城经济圈四川方常住人口、地区生产总值的比例提高7.28个、5.71个百分点（表5）。人口与经济的这种双集聚显示出星月地带是成渝双城经济圈之四川方最具活力和成长性的地带，能够支撑起把成渝双城经济圈建成“带动全国高质量发展的重要增长极和新的动力源”①的历史性任务。

表5 成渝双城经济圈“U”形地带2010、2020年地区生产总值、常住人口

地区	2010年		2020年	
	地区生产总值（亿元）	常住人口（万人）	地区生产总值（亿元）	常住人口（万人）
成都市	5551.33	1404.80	17716.70	2094.70
泸州市	714.79	421.80	2157.20	425.60
德阳市	921.27	361.60	2404.10	345.70
绵阳市	960.22	461.40	3010.08	487.10
乐山市	743.92	323.60	2003.43	316.10
宜宾市	870.85	447.20	2802.10	459.10
合计	9762.38	3420.40	31552.10	4377.30

资料来源：四川统计年鉴

四、成渝双城经济圈区域发展战略调整及建议

成渝双城经济圈之四川方星月地带是成渝双城经济圈最具活力的地区。与此地带毗邻特别是与泸州市、自贡市相邻的重庆市区域是重庆市都市功能核心区、都市功能拓展区和城市发展新区的重要节点区域。重庆方该区域经济活力较强，发展水平较高，具有高水平连结、高能级合作、高质量发展的基础和条件。以长江经济带为旗帜，打通成渝双城经济圈之川南、渝西南边界，统筹四川与重庆方相邻区域协同发展，推进成渝双城经济圈之四川方与成渝双城经济圈之重庆方区域更高层次、更高水平、更高能级的合作，打造成渝双城经济圈之川渝都市带区，可以形成包括贵州、云南等地在内的长江上游经济圈，并为最终塑造足以比美“大湾区”的“大盆区”②奠定基础。

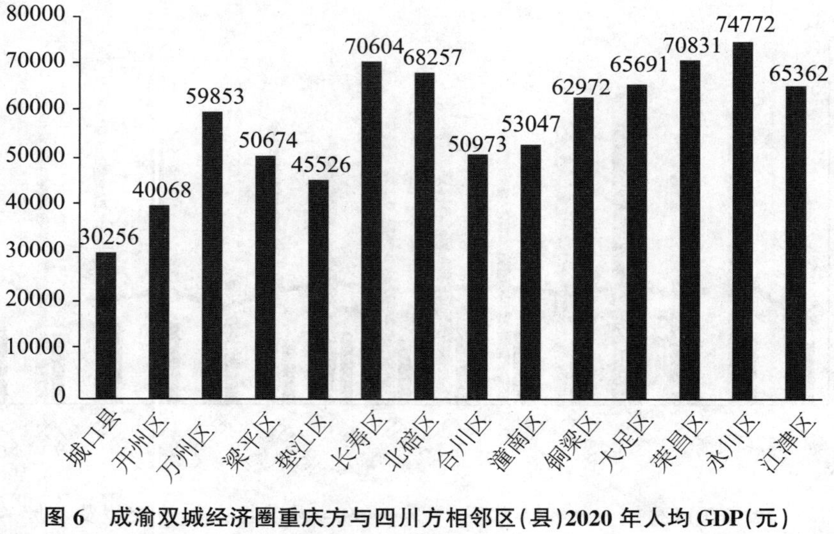

图6 成渝双城经济圈重庆方与四川方相邻区(县)2020年人均GDP(元)

资料来源：重庆市统计年鉴

因此，本文建议：

一是调整成渝双城经济圈区域发展战略。把成渝双城经济圈四川方之“U”形地带作为成渝双城经济圈

① 成渝地区双城经济圈建设规划纲要(EB/OL). http://www.gov.cn/zhengce/2021—10/21/content_5643875.htm

② 所谓“大盆区”，是指以四川盆地为主，包括四川、重庆更广大的区域，部分区域达云南、贵州相邻区域如贵州遵义、毕节和云南省昭通等地。这是笔者的一个研究发现，后续研究将逐步展开。

的重点区域，积极推动形塑川渝都市带区，为最终形成“大盆区”奠定基础。

二是统筹成渝双重经济圈发展规划，着力形成统一产业分工体系。立足要素禀赋与比较优势，明确各方在成渝双城经济圈中的位置和产业分工，按照“精而特”的发展路径，提升产业竞争优势。

三是优化成渝双城经济圈城市体系，弱化行政区划的功能，建设有利于特色产业发展和特色人才集聚的城市环境，增强城市空间相互间的连接性，形成便于生产、生活和创新的多元化城市空间。

四是促进收缩城市的转型发展。按照国家要求，“统筹新生城市培育和收缩型城市瘦身强体，按程序推进具备条件的非县级政府驻地特大镇设市，有序推进‘县改市’‘县改区’‘市改区’，稳妥调减收缩型城市市辖区，审慎研究调整收缩型县(市)。”①要避免盲目扩张，放慢城市扩张速度，充分利用城市存量空间，有效开发各种闲置资源，打造优质公共产品，不断提高城市品质，实现人口收缩城市的健康发展。

四川天府健康产业研究院首席研究员　孟立联
四川省社会科学院政治学研究所研究生　孟榆

---

① 国家发展改革委关于印发《2020年新型城镇化建设和城乡融合发展重点任务》的通知(EB/OL)http://www.gov.cn/zhengce/zhengceku/2020—04/09/content_5500696.htm]]

长三角一体化发展战略下安徽省人口流动与高质量发展研究

——基于2010和2020年安徽省人口普查数据的分析

1 引言

学术界关于高质量发展内涵的认知逐步深化，但评价体系构建尚未形成统一思路，关于高质量发展的理论研究主要从经济增长数量与质量的逻辑关系上进行讨论（姜长云，2019；杜宇和李娜娜，2022）。作为区域发展主要目标之一的经济发展，其基本动力要素是人口（郭文炯等，2004；刘瑞清等，2016）。改革开放以来，我国经济在迅猛发展的同时，差异扩大和人口流动加快使得人口与经济的布局协调性发生了显著变化。已有大量研究表明，流动人口与区域经济发展是协同促进关系，人口集聚具有显著的经济增长效应；同时经济增长对人口集聚也具有一定的促进作用（杨东亮和李朋骜，2019）。

2020年，安徽省流动人口达1387.23万人，较2010年增长144.63%，为2010年以来长三角三省一市中人口流动增幅最快的区域；同时，安徽全省GDP为38680.6亿元，省会合肥GDP首次突破万亿元大关。本文基于普查流动人口数据[①]，对安徽省流动人口的人口学特征、流动空间格局进行分析。主要从安徽省宏观经济增长的数量和质量，企业聚集特征以及人口流动构成的长三角城市群的空间尺度上分析安徽省流动人口与长三角一体化高质量发展的关系，从而深化对安徽省内各城市间以及与长三角各城市间基础关系的了解，并力求对长三角区域一体化城市系统的构建研究有所补益。

2 安徽人口流动规模及空间分布格局

根据按户籍地口径的统计数据[②]，2020年安徽省内流动人口为1179.82万人，占总流动人口的88.38%。外省合计流入155.05万人（图1）。总体上，近十年来安徽省内人口流动规模明显增加，符合全国"七普"数据中体现的全国范围内省内人口流动率增加的总体趋势（王桂新，2021），但并未体现出与长三角其他区域[③]人口流动上明显的互动关系。

根据安徽流动人口矩阵[④]，安徽流动人口不仅呈现省内区域流动的特征，也体现了地级市内部流动的特征。如图2中，各地级市内部均体现出了较大的人口流动弧度。

---

① 数据来源：本文研究数据主要来自于安徽省2010年第六次（以下简称"六普"）和2020年第七次人口普查，并将2次人口普查数据整合到安徽省2020年的行政区划体系中。同时，排除辖区内人户分离人口，将安徽省内105个地理单元市辖区进行合并，得到最终77个地理单元，其中16个市辖区单元、9个县级市单元以及52个县级单元。此外，计量模型和辅助分析中也使用了《2021年安徽统计年鉴》、《2011年安徽统计年鉴》、安徽第四次经济普查（以下简称"四经普"）、2005年及2015年小普查的部分数据。

② 本文将以户籍地口径统计的流动人口定义为居住地在本地、户籍地在本县（市、区）以外，并离开户籍地半年以上的人口，其中包括省内县际和省际流动人口。

③ 本文长三角其他区域指江苏、浙江和上海。

④ 通过构造安徽省县间人口流动矩阵和地级市间人口流动矩阵（OD表）考察安徽省内及与长三角一体化发展地区其他三省市之间的人口流动规模及流场分布特征。

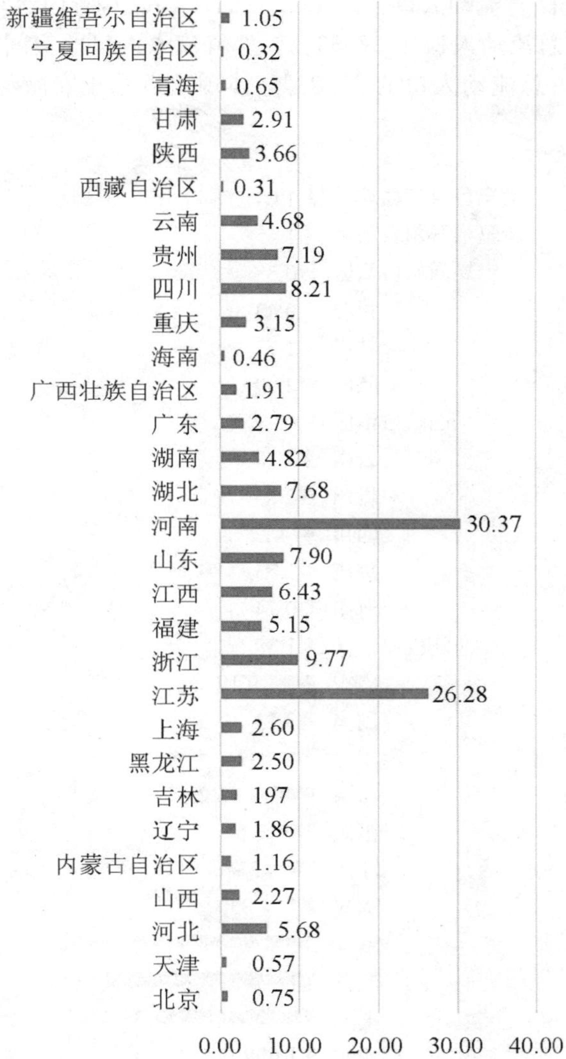

图 1　按户籍地统计全国各省流入安徽人口(单位:万人)

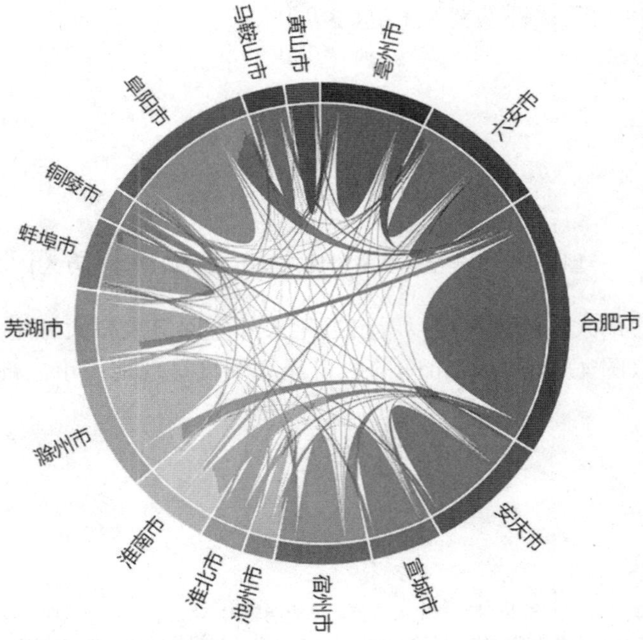

图 2　2020 年安徽省以户籍地为基础的地级市流动矩阵图

按 5 年前常住地统计[①]，安徽省流动人口合计 494.88 万人，其中，省内流动人口与按户籍地统计数据相比大幅下降为 286.10 万人，占总流动人口比 57.69%。外省流入人口的空间分布也发生了较大变化，江浙沪流入人口均超过河南，合计占总流动人口的 23.23%，体现出近几年安徽与长三角其他区域的联系紧密(图 3)。

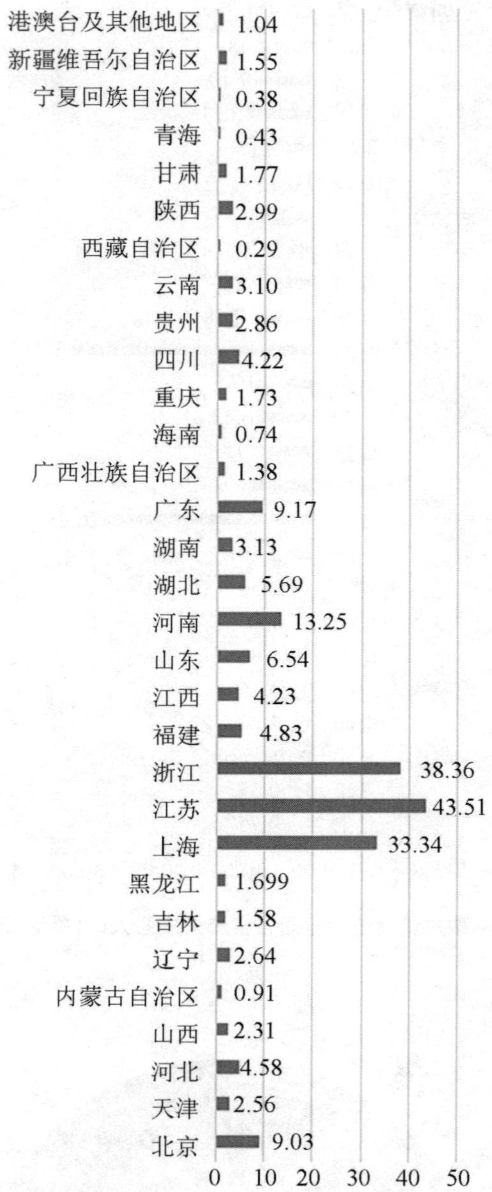

图 3　近 5 年全国各省份流入安徽省人口(单位:万人)

同时，观察近 5 年的短期人口流动率可以看出近年来外省回流人口大幅增加，为 209.82 万人。近 5 年省内地级市人口流动矩阵(图 4)显示地级市间的人口流动不再呈现地级市内部流动的特征，各地市人口向合肥聚集趋势明显。

① 安徽作为人口流出大省，其历史人口流出对普查中人口流动率影响较大，观察近 5 年的短期人口流动情况，对准确描述安徽当前人口流动趋势具有重要参考价值。本文将以 5 年前常住地口径统计的流动人口定义为居住地在本地、5 年前常住地在本县(市、区)以外，其中包括省内县际和省际流动人口。

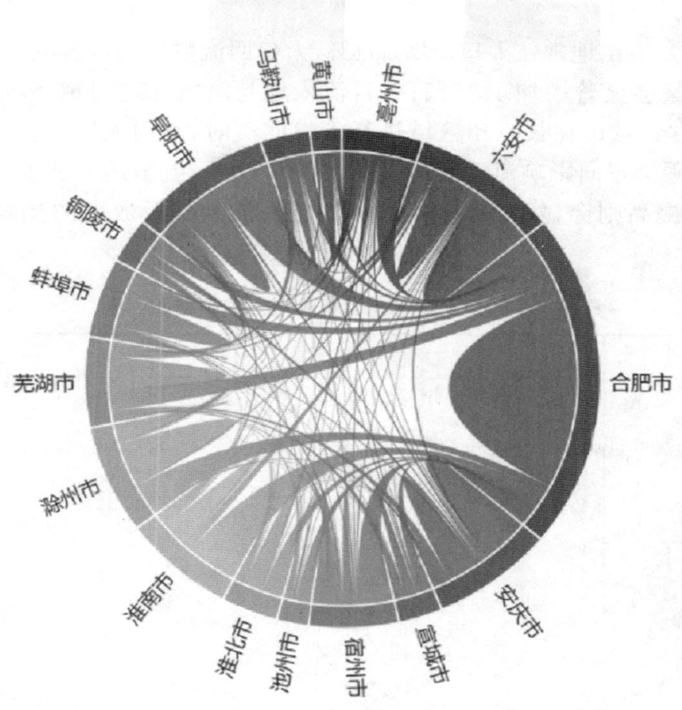

图 4　2020 年安徽省以 5 年前常住地为基础的地级市流动矩阵图

安徽省流向外省人口中有 75.05%流向省外长三角地区。其中，流向浙江省人口最多。上海、江苏、浙江流向安徽各地市的流出规模和流出强度特征基本一致，其中江苏相对较高。安徽各市与上海、江苏、浙江两省一市之间的迁移主流规模均大于迁移副流规模①。

3　安徽流动人口与经济发展的作用机制

相关研究认为，人口流动的发生受多种因素的综合影响。国内的诸多研究也显示，地区经济差异是影响人口产生迁移行为的主要原因（王桂新等，2012；原新等，2011；严善平，2007）。

3.1　安徽人口流动的影响因素

本节选用引入空间相邻、经济和开放度等影响因素②的扩展引力模型③，其回归结果（表 1）显示，模型 1、模型 2 能够解释安徽各城市流出人口的 67.3%、流入人口的 74.6%。并且经济因素和地理邻近因素对于人口流动的影响力度显著突出。具体而言，人口流出方面（模型 1），流入地常住人口每增加 1%，当地流出人口数量会显著减少 0.65%；但是流入地 GDP 每增加 1%，当地流出人口数量会显著增加 1.89%；并且流入地与流出地之间相邻，会显著提升流出人口数量 1.42%；综合表明，安徽省各城市在长三角区域进行省际迁移时，首要考虑因素为流入地的经济发展水平，而非常住人口数量，后者反而会抑制流动者的迁移决策。此

① 学界普遍认为我国的人口迁移存在由农村向城市、由西向东、由欠发达地区向发达地区的人口迁移主流，并且同时存在与上述方向相反的人口迁移反向副流。通过对比安徽流向江浙沪、江浙沪流向安徽的迁移人口规模差异，本研究将安徽向江浙沪的人口流动称为安徽省与江浙沪之间的迁移主流，将江浙沪向安徽的人口流动称为迁移副流。

② 本文选用扩展的引力模型考察安徽省各城市人口流动的影响因素，选取核心解释变量包括：流出地常住人口规模、流入地常住人口规模、流出地与流入地空间地理距离、流出地与流入地是否相邻、流出地人均 GDP、流入地人均 GDP、流出地开放度 、流入地开放度等共八项。其中，开放度用进出口贸易总额占 GDP 的比重来衡量。开放度越高的地方不仅意味着经济的外向程度更高，还意味着市场化程度更高和更多的就业机会，因此，会吸引更多的人口迁入。

③ 美国学者 Zipf(1946)、Stewart(1948)较早把牛顿万有引力模型(Gravity models)应用于人口流动“推一拉”研究。考虑影响人口流动的区域要素日趋多样化，本文拟在传统引力模型中进一步引入经济变量 E(经济规模或收入水平)(王桂新等，2012)和表示人文社会环境的开放度或包容度 O_i、O_j 形成扩展引力模型：$M_{ij}=k\frac{P_i^{\alpha_1}E_i^{\beta_1}O_i^{\theta_1}P_j^{\alpha_2}E_j^{\beta_2}O_j^{\theta_2}}{d_{ij}^{\gamma}}(i\neq j)$　M_{ij} 为地区 i 流入地区 j 的人口。P_j 分别表示迁出区 i 和流入地 j 的人口规模，d_{ij} 表示流出地 i 和流入地 j 之间的距离 k 为参数。E_i、O_i、E_j、O_j 分别表示流出地 i 和流入地 j 影响人口流动的收入差距等经济因素和开放度等人文社会环境因素，k、α_1、α_2、β_1、β_2、θ_1、θ_2、γ 为各变量的参数。

外,人口回流方面(模型 2),流出地常住人口每增加 1%,人口回流数量会显著减少 0.2%;流出地 GDP 每增加 1%,当地人口回流数量会显著增加 1.10%;并且流入地与流出地之间相邻,会显著提升回流人口数量 1.45%;综合表明,安徽省各城市在长三角区域进行人口回流时,本地人口过多会对回流决策产生抑制作用,但是本地经济发展水平会正向影响流动者的迁移决策。此外,流出地开放度的提高会显著抑制本地人口流出,流入地开放度的提高则会显著促进本地人口流出;流入地开放度的提高还会显著抑制本地人口回流。

表 1 人口流动影响因素的引力模型回归结果

指标	模型 1	模型 2
变量	ln_流出人口	ln_流入人口
ln_流出地常住人口	0.40***	−0.20**
	(0.12)	(0.09)
ln_流入地常住人口	−0.65***	0.21*
	(0.15)	(0.12)
ln_地理距离	−0.03	−0.34***
	(0.13)	(0.10)
是否相邻(0/1)	1.42***	1.45***
	(0.28)	(0.21)
ln_流出地 GDP	0.35***	1.10***
	(0.12)	(0.09)
ln_流入地 GDP	1.89***	0.56***
	(0.16)	(0.12)
ln_流出地开放度	−0.56***	0.05
	(0.07)	(0.05)
ln_流入地开放度	0.90***	−0.50***
	(0.07)	(0.06)
常数项	−10.63***	−3.80***
	(1.22)	(0.92)
样本量	375	373
adj. R−sq	0.746	0.673

注:(1)括号内为标准误;(2)*显著性为 10%,**显著性为 5%,***显著性为 1%。

3.2 安徽流动人口对经济发展的影响

流动人口会通过优化产业结构、促进科技创新和增加居民消费三条路径推动城市经济增长(史桂芬和李真,2020)。曾永明和张利国(2017)、程名望和刘金典(2019)、杨未然等(2020)等研究者均发现,人口分布与经济发展存在"倒 U 型"关系,资本规模扩张初期对劳动力吸引力显著增强,资本规模达到一定程度后对劳动力的吸引力逐渐减弱。

本节将借鉴已有研究,从安徽省地级市层面,基于传统回归模型和纳入空间因素的计量模型,对流动人口和经济发展的关系展开单调线性关系以及非线性关系的综合考察。

3.2.1 人口流动对经济发展的总体影响

绘制 2010 年及 2020 年安徽省各地级市净流入人口数量及其 GDP 之间的散点图①(图 5)发现,安徽省 16 个地级市在十年间人口流动规模和经济发展水平均发生了十分显著的提升,二者动态联系,共同促进了本地的发展。同时还可以看出,2010 年人口流动对于经济发展的影响呈简单线性关系;但是 2020 年,二者之间的互动关系依然发生了显著的变化,整体上二者呈"倒 U 型"曲线关系,也就是说,GDP 随净流入人口数量减少先下降而后又上升。

① 安徽省各地级市净流入人口数量=总流入人口数−总流出人口数(省际省内汇总)

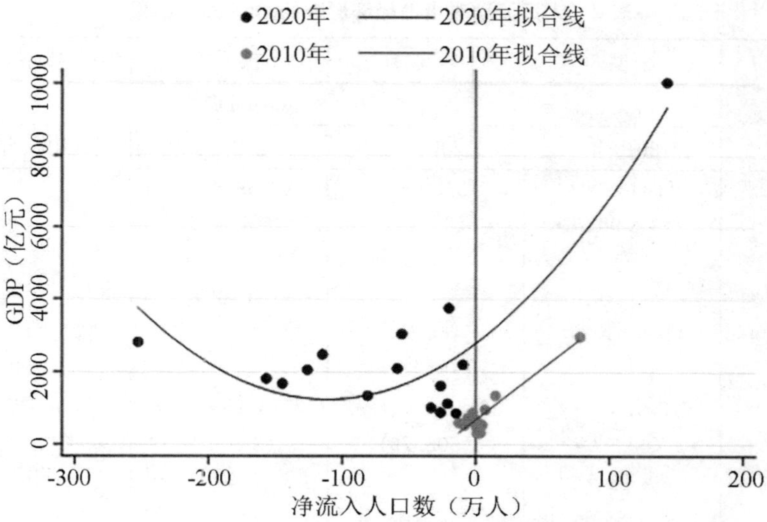

图 5　2010 年和 2020 年安徽省各城市人口流动与经济发展散点图

将各城市流入人口数和流出人口数相加，绘制总流动人口数与经济发展之间的散点图(图 6)，进一步印证，人口在地区间的流动强度对于经济增长具有显著影响，城市的净流入人口数在短期内对于本地经济的影响效力则在不断减弱。

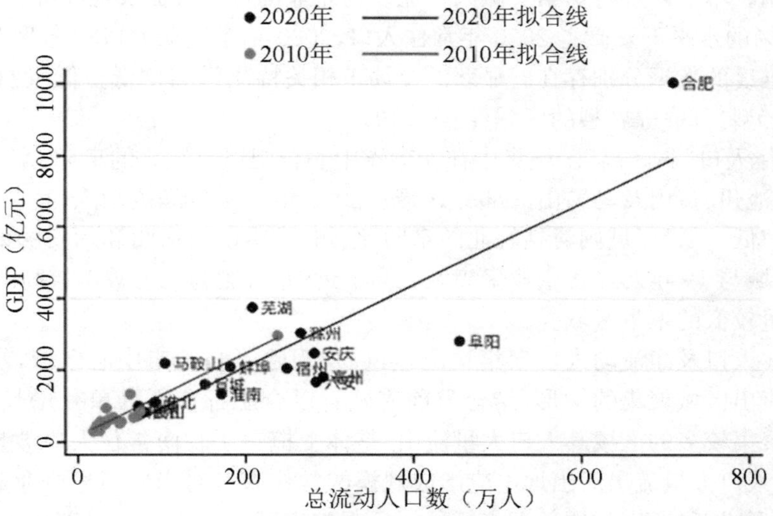

图 6　2010 年和 2020 年安徽省各城市总人口流动与经济发展散点图

利用普通最小二乘法(OLS)模型初步考察安徽省各地级市人口净流入数量对于当地经济的影响(表 2)，模型 3 显示，2010 年第六次人口普查期间，人口净流入数量每增加一万人，本地的 GDP 会增加 28.41 亿元，并且人口净流入数量能够解释本地经济增长的 85.7%，反映出人口净流入对于本地经济的显著促进作用。然而，模型 4 显示，2020 年第七次人口普查的数据则与十年前产生了巨大的差异，具体而言，人口净流入数量增加一万人，本地的 GDP 仅增加 12.80 亿元，较之十年前影响力大幅下降；此外，人口净流入数量仅能解释本地经济增长的 20.4%。引入人口净流入数的平方项(模型 5)，发现其显著为正，验证了前文对于人口流动和经济增长“倒 U 型”曲线关系的初步判断，也即城市经济发展水平的确会随人口净流入数量的不断减少而先减少后增加。2020 年安徽省各城市人口流动对于经济发展影响模式的显著变化，反映出我国经济发展步入新时代，过往基于大量劳动力的粗放式经济增长模式已经过时，新形势下，如何以质量促发展成为新的命题。

进一步地，将地级市流入人口数和流出人口数加总，得到总流动人口强度，同样采用 OLS 模型进行初步考察分析(模型 6、7)，可以发现，相比人口净流入，总流动人口数对于本地经济的影响情况在十年间均保持稳定，总流动人口数每增加一万人，本地经济增量达到 11.5 亿元。

表 2　人口流动对当地经济影响的 OLS 回归结果

变量	模型 3	模型 4	模型 5	模型 6	模型 7
	GDP				
	2010 年	2020 年	2020 年	2010 年	2020 年
人口净流入	28.41＊＊＊	12.80＊＊	27.89＊＊＊		
	(2.98)	(5.817)	(4.08)		
人口净流入的平方			0.13＊＊＊		
			(0.02)		
总流动人口				11.52＊＊＊	11.45＊＊＊
				(1.06)	(1.78)
常数项	673.12＊＊＊	3214.85＊＊＊	2778.11＊＊＊	158.08＊	－207.43
	(60.97)	(608.79)	(339.72)	(79.49)	(496.71)
N	16	16	16	16	16
adj. R－sq	0.857	0.204	0.764	0.886	0.730

注：(1)括号内为标准误；(2)＊显著性为 10%，＊＊显著性为 5%，＊＊＊显著性为 1%。

3.2.2　流动人口与区域企业分布

创新是实现安徽“三地一区”①目标的核心要素。根据熊彼特创新理论，企业家精神往往是创新的关键因素(Michael et al，2014)。同时，吴建峰(2014)发现人口规模对省级层面的新生企业数、微观个人的创业概率具有显著地推动作用。本节内容将探索安徽人口流动与企业的分布特征及与经济发展的潜在联系②。

经计算发现，在 1%的水平下安徽省 2020 年常住人口，2020 年净流动人口③，各区县 GDP 以及 2019 年四经普企业数量四个维度的数据分别存在着显著的全局正相关特征④。且“低－低”型和“高－高”型聚集的区域显著多于“高－低”型、“低－高”型的区域(图 7－10)。

2020 年安徽省常住人口“高－高”区域集中在安徽省中心合肥以及皖北的阜阳、亳州和淮北区域；“低－低”区域则囊括皖南的池州、黄山及马鞍山的部分区域。2020 年安徽省净流动人口“高－高”区域集中在安徽省合肥市中心区域；“低－低”区域则囊括皖北的阜阳、亳州、淮南以及宿州和六安的部分区域。2020 年安徽各区县 GDP 聚集区域与 19 年四经普企业聚集区域高度近似，合肥为二者数量较高的聚集区域，黄山及池州部分地区为二者数量较低的聚集区域。

继续观察安徽常住人口及净流动人口聚集情况，可以发现除了合肥市中心区域，皖北常住人口聚集区域出现了明显的人口流出区域聚集的情形，结合目前安徽省以合肥都市圈为单一增长极的情形，进一步推测皖北常住人口数量聚集较多的区域其人口大量流出，整体上掩盖了皖南常住人口数量较低区域人口流出的显著性。此外，皖北人口大量流出对当地本应形成规模的常住人口对当地新生企业数的促进产生了抑制作用，从而无法进一步形成新的 GDP 增长聚集区域。反观皖南区域由于没有显著的人口净流入，无法抵消其常住人口数量较低区域对当地企业数量及 GDP 的低空间聚集状态形成的影响。

综上所述，安徽企业活动区域与区县 GDP 分布高度相似主要集中于合肥周边，与熊彼特创新理论相吻合。然而省内常住人口规模对企业活动的促进作用被大量流出人口所抵消，此现象在皖北区域尤为明显。因此，增强省内区域吸引力，减少人口外流、促进企业集聚应是安徽推进经济发展、实现“三地一区”创新发展目标的重要抓手。

---

① 三地一区即具有重要影响力的科技创新策源地，新兴产业聚集地，改革开放新高地及经济社会发展全面绿色转型区。

② 本节运用自关联性全局莫兰指数以及局部莫兰指数(简称 LISA)对相关数据的整体空间相关关系以及空间集聚性进行分析。

③ 基于数据包含流向省外人口数量的全面性及与全省 GDP 及企业数量的可比较性，此处选取以户籍人口为基础的净流动人口数据进行分析。

④ 即常住人口数量较多的区域，其周围常住人口数量一般也较多，常住人口数量较少的区域，其周围常住人口数量一般也较少；净流入人口数量较多的区域，其周围净流入人口数量一般也较多，净流出人口数量较多的区域，其周围净流出人口数量一般也较多(同：净流入人口较少的区域周围净流入人口较少)；GDP 较高区域周围的区域 GDP 同样较高，反之较少；企业数量较多的区域周围区域同样有较多企业聚集，反之企业数量较少的区域周围企业数量也较少。

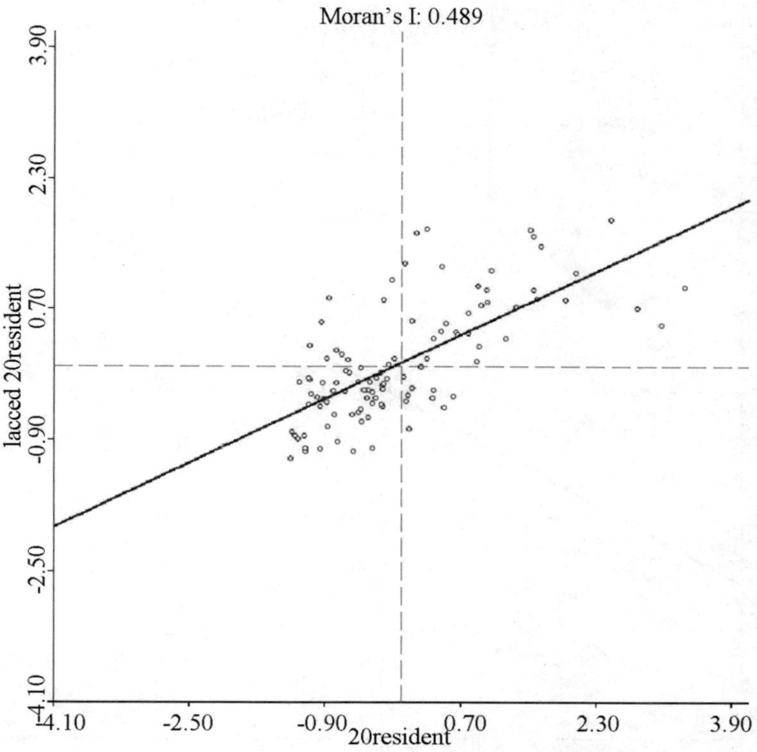

图 7　安徽省 2020 年常住人口局部莫兰散点图

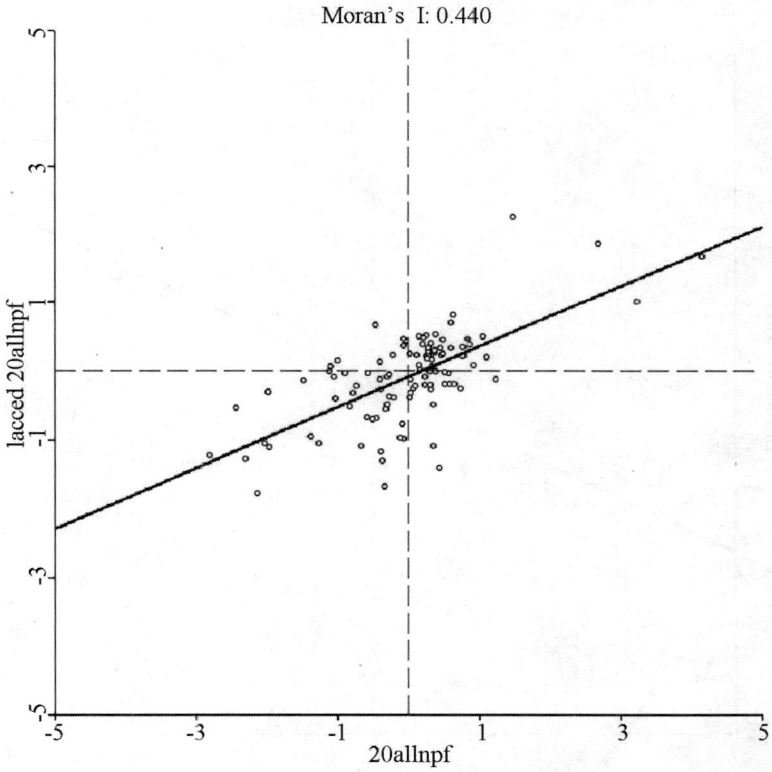

图 8　安徽省 2020 年净流动人口局部莫兰散点图

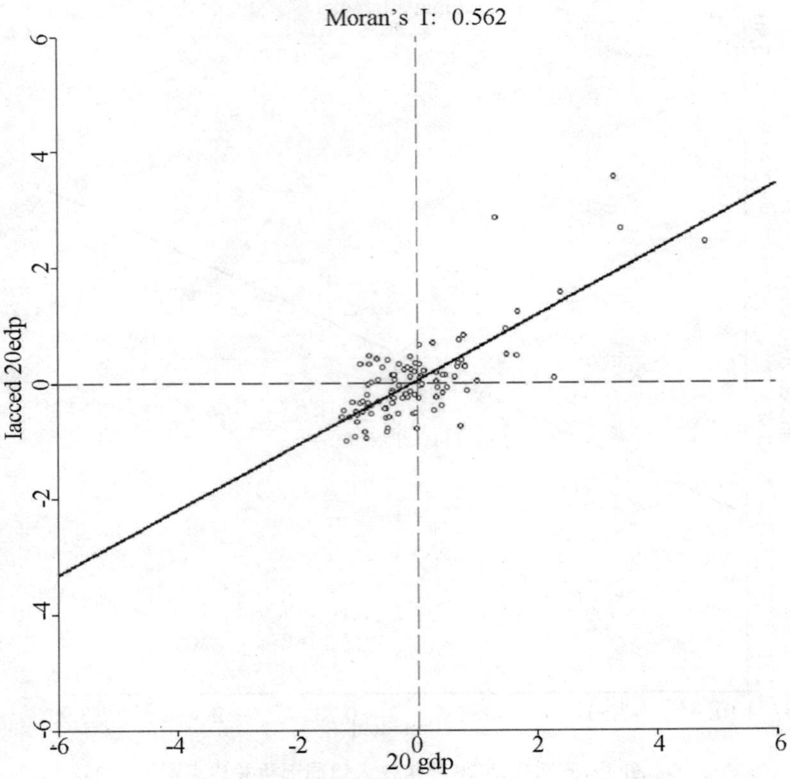

图 9　安徽省 2020 各区县 GDP 局部莫兰散点图

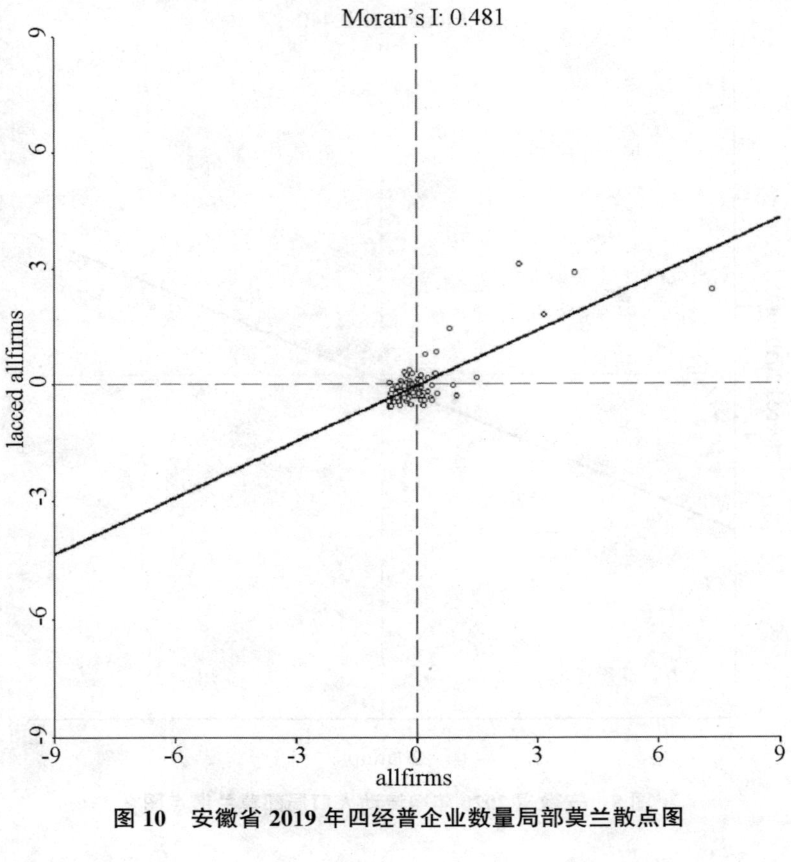

图 10　安徽省 2019 年四经普企业数量局部莫兰散点图

4 安徽省参与长三角高质量发展的空间特征

4.1 长三角地区人口迁移与城市空间网络研究①

4.1.1 人口迁移与城市网络层级性分析

现有研究表明，长三角各城市之间已经形成了复杂的网络结构，表3展示了三个年份长三角41市人口迁入的优势度指数②。整体来看，长三角地区人口迁移呈现出以上海为中心的网络结构，多个局部迁入中心共存的格局。其中，安徽合肥对流动人口的吸引力迅速增长，其2015年优势度指数已跃升至区内第三位。

表3 2005年、2010年和2015年长三角41市人口迁入的优势度指数

城市	2005年	城市	2010年	城市	2015年
上海	15.46	上海	15.80	上海	12.82
苏州	7.62	杭州	5.72	苏州	6.83
无锡	3.08	苏州	5.61	合肥	3.03
宁波	2.78	无锡	2.72	杭州	2.97
南京	2.77	宁波	2.45	南京	2.90
常州	2.75	南京	2.25	无锡	2.27
杭州	2.11	常州	1.81	宁波	1.71
温州	1.12	合肥	1.60	常州	1.63
嘉兴	0.98	温州	1.20	嘉兴	0.99
镇江	0.81	嘉兴	0.94	温州	0.84
合肥	0.70	金华	0.74	芜湖	0.80
南通	0.66	台州	0.73	镇江	0.68
金华	0.66	绍兴	0.67	绍兴	0.67
扬州	0.57	南通	0.56	金华	0.64
台州	0.55	湖州	0.41	台州	0.60
绍兴	0.53	芜湖	0.37	南通	0.54
芜湖	0.30	淮安	0.26	盐城	0.53
淮南	0.28	舟山	0.23	马鞍山	0.45
泰州	0.24	马鞍山	0.20	扬州	0.41
马鞍山	0.24	宿迁	0.19	湖州	0.39
舟山	0.23	徐州	0.19	泰州	0.35
湖州	0.21	蚌埠	0.17	蚌埠	0.32
蚌埠	0.17	滁州	0.15	阜阳	0.30
滁州	0.14	淮南	0.14	六安	0.22
连云港	0.13	连云港	0.14	连云港	0.22
丽水	0.13	宿州	0.13	舟山	0.21
淮安	0.13	丽水	0.12	丽水	0.20
宿州	0.12	安庆	0.12	徐州	0.17
阜阳	0.11	宣城	0.12	安庆	0.16
徐州	0.10	阜阳	0.10	淮安	0.16

① 注1：相较于2015年，2005年和2010年数据需要考虑行政区划变更问题（涉及合肥、芜湖、马鞍山和原巢湖市），其中，2010年已根据区县一级数据按照实际变更情况进行了相应调整；但因2005年全国1%人口抽样调查无法获取区县层面的迁移数据，本研究则根据人口规模比重进行相应调整。

注2：本小节关注长三角地区人口迁移网络结构的演变特征，由于课题组无法获得2020年第七次人口普查中长三角其他两省一市的迁移数据，因此，如无特殊说明，该小节将基于“现住地—户籍地”定义下的人口迁移开展论述，仅涉及2005年、2010年和2015年3个年份。

② 本文首先参考 Limtanakool et al.（2007）的研究，选取优势度指数（Dominance Index）来确定41个城市在长三角人口迁移网络中的节点地位。考虑到人口迁移的方向性以及人口流失对区域发展的负面影响，本研究进一步选择有向优势度指数（Directional Dominance Index，DII）。

续表

城市	2005 年	城市	2010 年	城市	2015 年
盐城	0.10	淮北	0.10	宿迁	0.15
衢州	0.10	铜陵	0.09	淮南	0.15
六安	0.09	池州	0.08	滁州	0.13
黄山	0.09	盐城	0.08	衢州	0.13
宿迁	0.09	六安	0.08	亳州	0.13
安庆	0.09	泰州	0.08	淮北	0.10
池州	0.08	衢州	0.07	宿州	0.09
亳州	0.06	黄山	0.07	黄山	0.08
铜陵	0.06	镇江	0.03	宣城	0.06
淮北	0.05	亳州	0.03	铜陵	0.04
宣城	0.05	扬州	0.02	池州	0.02

数据来源：2005 年和 2015 年全国 1%人口抽样调查、2010 年全国第六次人口普查。

基于表 3 的结果，根据自然间断点分级法将各城市划分为 5 个等级，构建长三角地区人口迁移网络[①]，如图 15 所示，据此可以得出以下几点特征：

第一，长三角地区形成了等级分明的空间网络结构，上海为第一层级，其余具有相对吸引力的城市处于第二、三等级。其中，2015 年处于第二等级的城市为苏州，合肥、杭州、南京、无锡、宁波和常州为第三等级城市。

第二，人口迁移流规模的分布表现出北密南疏的空间分布特征。同样运用自然间断点分级法，将各个城市对之间的人口迁移流划分为四个等级。以 2015 年结果为例，处于第一等级（32.2 万～67.9 万）的有上海—六安、上海—阜阳和苏州—盐城 3 个城市关系对；有 23 个城市对的迁移流规模处于第二等级（14.9 万～32.2 万），除宁波—阜阳和杭州—金华两个城市关系对外，其余均发生在上海、江苏和安徽之间；处于第三、四等级的城市关系对数量分别为 49 个和 131 个。

第三，人口迁移以省内迁移为主，跨省迁移网络初步形成。上海、江苏和安徽之间形成了相对密切的人口迁移网络。

4.1.2　人口迁移聚类结构分析

借助 Gephi 软件对 2005 年、2010 年和 2015 年城市人口迁移网络进行社区探测分析，可以发现，在上述年份，长三角地区均形成了 3 个内部子群，在长三角形成的三个子城市群中，安徽省 11 个城市紧跟上海市，形成了长三角第一城市群，同时分别与江苏及浙江两省共同构建了第二和第三城市群。

在前 30 位省内人口迁移流中，有 14 条流向合肥，占比接近 50%；有 7 条流向芜湖，占比接近 25%。同时，合肥和芜湖之间的人口双向联系特征也十分突出。安徽省内各市之间的人口迁移形成了以合肥为主核心、芜湖为副核心的双中心网络结构。需要注意的是，相较于其他城市，黄山和池州两市在安徽人口迁移网络体系中的融合程度较低。

4.2　长三角地区城市系统拓扑结构构建

从区域层面来看，实证分析表明，长三角地区人口迁移形成了“核心—枢纽—网络”的空间格局，上海为区域主导城市，多个局部中心城市共存，其中，可进一步分为以南京和苏锡常为中心的江苏次级城市群、以杭州和宁波为中心的浙江次级城市群以及以合肥为中心的安徽次级城市群。考虑迁移人口的异质性后发现，相较于低技能流动人口，安徽各市对本省高技能劳动力的吸引力显著，在一定程度上为该省构建现代化产业体系打下了人才基础。同时，安徽作为长三角区域低技能劳动者主要输出地，是区域协调发展的重要组成部分，是区域内大城市劳动生产率的重要保障（陆铭，2016）。

① 构建城市 i 和城市 j 之间的人口迁移联系强度，以各自年份城市对之间的迁移流规模的平均值为阈值界定两个城市之间是否存在显著联系。基于以上，构建 2005 年、2010 年和 2015 年 3 个年份的长三角人口迁移网络空间结构。

其次，从合肥迁入人口来源分布初步可推断合肥逐渐与区内其他迁入中心城市（如苏州、南京和杭州）之间形成了比较密切的水平迁移流。因此，尽管存在明显的等级结构，但大城市之间的水平人口迁移已经相对密切，长三角地区在一定程度上已形成了普雷德型的城市体系结构。

从本地层面来看，安徽次级城市群可进一步刻画为以合肥和芜湖“一主一副”中心主导的空间网络结构。基于以上，本研究将人口迁移视角下长三角地区城市系统结构总结如图 11 所示。

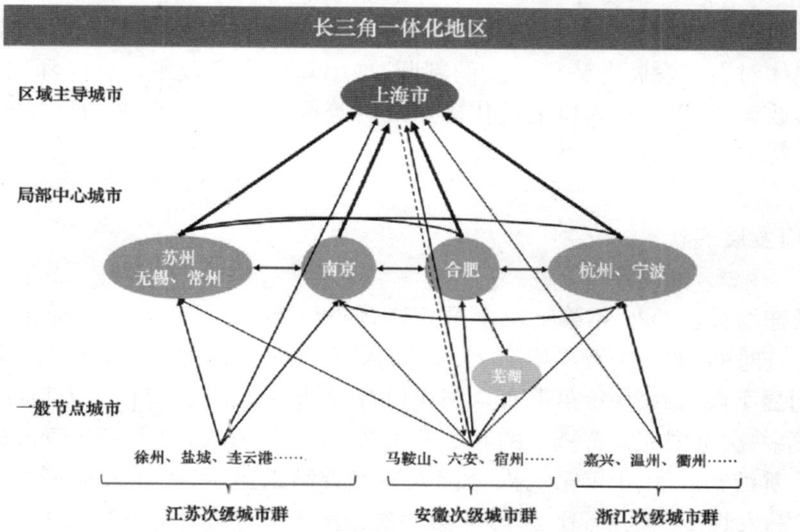

图 11　基于人口迁移流的长三角地区城市系统结构拓扑图

5　结论

安徽人口流动趋势受历史累计影响较大，总体仍然呈大量人口净流出态势。安徽省内按户籍统计流动人口主要以省内流动为主，并进一步呈现向省内地级市及县域内部聚集的特征。按 5 年前常住地观察人口流动特征，发现安徽近年来人口回流明显，省内流动人口占总流动人口比例下降至不到 60%。未来，建议普查时按 5 年前常住地统计省际流出人口，以便更加准确地分析近年来各区域人口迁移情况。

2020 年，安徽净流动人口与经济发展呈现出“倒 U 型”曲线关系，而总流动人口数与经济发展之间则在十年间均维持了较为稳定的正向相关关系。建议安徽在未来提升省内区域吸引力、减少人口外流以促进企业和产业的集聚，推动创新发展。

2020 年，安徽省际人口流出超四分之三去向为沪苏浙三省（市）。安徽各市与上海、江苏以及浙江之间均形成了比较稳定的人口迁移流，安徽省城市群深度参与了长三角城市群的网络构建。

合肥对省内迁移人口的绝对吸引力毋庸置疑，但相较于长三角其他区域城市整体迁入人口规模仍然较小。因此，增加安徽头部城市的人口体量，完善安徽省内头部城市群合肥－芜湖的主－副核心城市网络构建，有助于优化省内城市体系规模分布结构，促进如皖南各市充分融入到安徽内部人口迁移网络之中。同时，推进人口进一步聚集，有助于提升人才积累效率，促进城市圈发展和推动次级城市群融入长三角区域，为安徽成为内陆开放型经济高地打下坚实基础。

复旦大学城市与区域发展研究中心　杜嵘琪　王桂新

人口总量低速增长　人口结构不断优化

人口问题始终是我国面临的全局性、长期性、战略性问题。自2012年党的十八大以来，以习近平同志为核心的党中央领导集体对人口发展态势作出新的判断，推出新的生育政策。青海深入贯彻落实中共中央、国务院关于优化生育政策，积极应对人口老龄化国家战略等重大决策部署，2010－2020年青海常住人口保持了良好发展态势。

一、青海常住人口发展现状

(一)总量保持低速增长。2020年第七次全国人口普查结果显示，青海常住人口592.40万人，比2010年第六次全国人口普查时的562.67万人增加29.73万人，每年平均增加2.97万人，年均增长0.52%。

(二)出生水平明显下降。2020年第七次全国人口普查结果显示，青海出生人口6.8万人，人口出生率11.43‰，比2010年第六次全国人口普查时的8.4万人[①]减少1.6万人，出生率下降3.51个千分点。

(三)预期寿命不断延长。2020年第七次全国人口普查结果显示，青海人口平均预期寿命达到73.96岁，其中男性71.72岁，女性76.43岁，比2010年第六次全国人口普查时分别延长4岁、3.61岁、4.36岁。

(四)家庭规模不断缩小。2020年第七次全国人口普查结果显示，青海共有家庭户196.59万户，平均每个家庭户2.79人。比2010年第六次全国人口普查时家庭户增加43.69万户，平均每个家庭户人口减少0.67人。

(五)少数民族人口快速增长。2020年第七次全国人口普查结果显示，56个民族中除怒族、塔塔尔族外，其他各民族人口均有在青海常住，各少数民族人口293.04万人，占青海常住人口的49.47%，比2010年第六次全国人口普查时增加28.72万人，增长10.87%，占比提高2.49个百分点。10万以上常住人口的少数民族由2010年的4个(藏族、回族、土族、撒拉族)增加到2020年的5个(藏族、回族、土族、撒拉族、蒙古族)。

(六)常住人口城镇化率稳步提高。2020年第七次全国人口普查结果显示，青海城镇常住人口355.94万人，常住人口城镇化率60.08%，比2010年第六次全国人口普查时的251.63万人增加104.31万人，城镇化率提高15.36个百分点。

(七)人口流动更加活跃。2020年第七次全国人口普查结果显示，青海人户分离人口达207.07万人，占青海常住人口的34.95%。其中，流动人口达160.60万人，占青海常住人口的27.11%。比2010年第六次全国人口普查户分离人口增加92.97万人，流动人口增加61.31万人。

(八)性别结构持续优化。2020年第七次全国人口普查结果显示，青海常住人口中，男性人口303.38万人，占51.21%，女性人口289.01万人，占48.79%，总人口性别比104.97(以女性为100计算)。比2010年第六次全国人口普查，男性人口增加12万人，占比下降0.57个百分点，女性人口增加17.72万人，占比提高0.57个百分点，总人口性别比下降2.43。

(九)少儿人口占比继续下降。2020年第七次全国人口普查结果显示，青海0－14岁少儿人口123.30万人，占青海常住人口的20.81%。比2010年第六次全国人口普查时增加5.59万人，占比下降0.11个百分点。

(十)劳动年龄人口[②]占比首现下降。2020年第七次全国人口普查结果显示，青海15－59岁劳动年龄人口397.16万人，占青海常住人口的67.04%。比2010年第六次全国人口普查时增加5.39万人，占比下降2.59个百分点。

---

① 2010年第六次全国人口普查因出生人口存在漏报，省统计局对出生人口及出生率进行了评估修正，此处为评估修正后发布的数据。

② 本文中劳动年龄人口为15－59岁，劳动力人口为16－59岁。

（十一）老龄化程度不断加深。2020 年第七次全国人口普查结果显示，青海 60 岁及以上人口 71.94 万人，占青海常住人口的 12.15%。比 2010 年第六次全国人口普查时增加 20.75 万人，占比提高 2.70 个百分点。

（十二）受教育程度稳步提高。2020 年第七次全国人口普查结果显示，青海 15 岁及以上常住人口平均受教育年限达 8.85 年，比 2010 年第六次全国人口普查时提高 1 年。与 2010 年第六次全国人口普查时相比，青海每万人中具有大学文化程度的人口由 862 人增加到 1488 人，文盲率由 10.23%下降到 7.94%。

（十三）家庭住房条件明显改善。2020 年第七次全国人口普查结果显示，青海家庭户平均每户住房间数 3.15 间/户，人均住房面积 35.61 平方米/人，人均住房间数 1.09 间/人。比 2010 年第六次全国人口普查时分别增加 0.11 间/户、14.28 平方米/人、0.21 间/人。

二、青海常住人口发展中亟需关注的问题

（一）生育水平走低，人口总量增速放缓。2020 年第七次全国人口普查结果显示，青海育龄妇女总和生育率 1.59，比 2010 年第六次全国人口普查后修订的青海育龄妇女总和生育率 1.91[①] 下降 0.32。在生育水平走低的同时，青海常住人口年均增速由 2000—2010 年的 0.83%下降到 2010—2020 年的 0.52%，同期年平均增加人口也由 4.45 万人减少到 2.97 万人。

（二）预期寿命性别差异、地区差异明显。2020 年第七次全国人口普查结果显示，男性人口人均预期寿命 71.72 岁，女性人口人均预期寿命 76.43 岁，人均预期寿命性别差距由 2010 年的 3.96 岁扩大到 4.71 岁。青海各市、州由于受自然地理禀赋、社会经济发展状况、卫生医疗条件的影响，2020 年人均预期寿命最高的西宁市达 77.45 岁，最低的果洛州，仅为 68.18 岁相差为 9.27 岁。

（三）人口老龄化速度加快，空巢老人户[②]增多。2020 年第七次全国人口普查结果显示，青海 60 岁及以上老年人口 71.94 万人，占青海常住人口的 12.15%。较 2010 年第六次全国人口普查时，60 岁及以上老年人口增加 18.77 万人，占比提高 2.7 个百分点，2010—2020 年老年人口占比的提升幅度较 2000—2010 年的 1.81 个百分点高出 0.89 个百分点，说明青海常住人口老龄化速度在不断加快。同时，2020 年第七次全国人口普查结果显示：青海有 60 岁及以上老年人口的家庭户为 51.11 万户，其中空巢老人户 15.6 万户，占青海有 60 岁及以上老年人口家庭户的 30.52%。较 2010 年第六次全国人口普查时，空巢老人户占青海有 60 岁及以上老年人口家庭户的比重提高 12.04 个百分点。

（四）乡村人口流失较快，乡村振兴人才缺乏。2020 年第七次全国人口普查结果显示，青海乡村常住人口 236.46 万人，较 2010 年第六次全国人口普查时减少 74.59 万人，减少 23.98%。其中 2020 年 16—59 岁乡村劳动力人口 145.93 万人，较 2010 年第六次全国人口普查时的 174.47 万人，减少 28.54 万人。同时，青海 16—59 岁乡村劳动力人口平均受教育年限为 7.21 年，比青海平均水平低 2.22 年。

（五）人口集聚西宁，公共服务配置有待优化。2021 年中央经济工作会议指出，“要统筹推进经济发展和民生保障，健全常住地提供基本公共服务制度”。2020 年第七次全国人口普查结果显示，省会西宁常住人口 246.80 万人，占青海常住人口的 41.66%。较 2010 年第六次全国人口普查时增加 25.93 万人，占比提高 2.41 个百分点。当年西宁市公共财政预算支出 3290911 万元，占当年青海公共财政预算支出 17.03%，却要保障青海四成以上常住人口的公共服务。以往基本公共服务配置与户籍人口挂钩，而常住人口与户籍人口存在较大差异，如 2020 年末西宁市常住人口 246.96 万人，较户籍人口多 35.54 万人，海东市常住人口 135.94 万人，较户籍人口少 36.9 万人，公共服务配置有待进一步优化。

（六）“人口红利”逐步削弱，“人才红利”优势不足。2020 年第七次全国人口普查结果显示，青海 16—59 岁劳动力人口 389.79 万人，占青海常住人口的 65.80%。较 2010 年第六次全国人口普查时增加 7.74 万人，占比却下降 2.1 个百分点。在 16—59 岁劳动力人口占比下降的同时，青海常住人口增速明显放缓，2020 年 16—59 岁劳动力人口的总抚养比高达 51.98%。由劳动力人口占比高，社会抚养比低，为经济社会发展创造有利条件的“人口红利”逐步消失，而由劳动者素质高和人力资本的积累形成的“人才红利”，目前青海

---

① 2010 年第六次全国人口普查出生人口因存在漏报进行了评估修正，修正后的总和生育率 1.91。

② 空巢老人户是指只有一个老人单独居住或者只有一对老年夫妻居住的家庭户。

相对于兄弟省市又存在明显不足。如2020年青海16—59岁劳动力人口平均受教育年限较全国平均水平低1.32年，在31个省(自治区、直辖市)中仅高于西藏。

三、促进青海人口长期均衡发展的几点建议

(一)建立健全生育支持政策体系。从婚嫁、生育、养育、教育四大方面统筹考虑，提高优生优育服务水平，发展普惠托育服务体系，完善生育休假和待遇保障体制，强化住房、税收等支持措施，加强人民满意教育资源供给，构建生育友好的就业环境，加强“三孩”生育支持政策的宣传。在财政、税务方面有效减轻养育压力，在社会保障方面积极缓解生养“后顾之忧”，在教育方面加快推动家庭托育点建设和办好人民满意的教育，在住房方面政策精准倾向“三孩”家庭，在就业方面，可以对“三孩”家庭母亲提供相关岗位，给予相关就业政策倾斜，积极构建生育人群良好的就业环境，切实维护劳动者就业合法权益。

(二)全力推进健康青海建设。把保障人民健康放在优先发展的战略位置，坚持以人民为中心，引导青海各族人民群众建立正确的健康观，形成有利于健康长寿的生活方式、生态环境和社会环境。聚焦影响青海人民群众健康的主要问题和重点疾病，尤其是针对青藏高原地方病高发态势，统筹政府、社会、个人三方力量组织实施好健康知识科普，共同保障好人民健康。大力推动全民健身运动，积极引导人民群众参加体育锻炼，养成积极健康向上的生活方式。不断加强医疗卫生队伍建设，为人民健康保驾护航。

(三)积极应对人口老龄化。正确认识人口老龄化的积极意义，人口老龄化是人类社会发展的必然趋势，经济越发展，社会越进步，民生越改善，医疗卫生服务水平越高，人民群众的健康就越好，人均预期寿命则越长，人口老龄化程度则越高。“夕阳无限好，贵在近黄昏。霞卷千堆火，云舒万道金”。积极应对人口老龄化要充分发挥老年人的优势、大力挖掘老年人的潜力，运用老年人所长，尊重老年人意愿，维护老年人健康，尽其所能地发挥老年人的作用，让老年人健康生活，愉快工作，继续为建设社会主义现代化国家做出贡献。积极化解人口老龄化面临的困难，社会抚养负担加重这是人口老龄化面临的突出问题。只有深入实施科教兴国战略、人才强国战略、创新驱动发展战略，不断提高生产力，才能更好地解决此问题。

(四)人才、产业双轮驱动乡村振兴。全力推进乡村人才振兴，高度重视“三农”问题，坚持尊重劳动、尊重知识、尊重人才、尊重创造，完善乡村人才战略布局。加大本土乡村人才培养力度，鼓励乡村外出能人和大学生回乡创业，并千方百计从外省引进乡村人才，留住人才。以加快打造绿色有机农畜产品输出地为目标，加快转变青海乡村农牧业发展方式，做优做强绿色有机农畜产品种植养殖、初加工、深加工，再赋能高端化，销售绿色有机高端农畜产品，打造文化旅游产业园，振兴乡村产业，推动青海乡村经济发展。

(五)健全常住地提供基本公共服务制度。立足新发展阶段，贯彻新发展理念，构建新发展格局，需要健全基本公共服务制度。亟须健全常住地提供基本公共服务制度。一要加快完善基本公共服务财政制度，财政是落实常住地提供基本公共服务制度的基础。二要加强常住地提供基本公共服务年度目标考核。常住地提供基本公共服务制度是否落实到位，关键在政府。年度目标考核制度是引导政府行为的指挥棒，是政府健全常住地提供基本服务的关键动力。三要提升常住人口统计工作质量，为健全常住地提供基本公共服务制度提供准确、真实、客观的人口统计信息支撑。

青海省统计局　谢芬兰

江苏人口收缩格局与驱动力分析

2019 年 3 月 1 日国家发改委在《2019 年新型城镇化建设重点任务》中首次提及"收缩型城市"，中小城市的人口收缩现象受到重点关注。在长三角区域一体化推进的背景下，城市间的经济要素会更加自由地在流动，从而放大大城市对区域内中小城市的虹吸效应，加剧中小城市的人口收缩，为了解长三角一体化背景下江苏省人口收缩情况，本文开展了相关分析研究。

一、十年来江苏省内人口规模与结构状况

2010—2020 年，江苏省常住人口总体保持稳定增长，年均增长速度快于全国，人口受教育程度逐步提升，随着产业结构的调整，第三产业从业人员占比逐步增加。但随着经济社会的发展，江苏也如其他发达国家一样，面临着低生育率、老龄化程度加深等问题。

（一）人口分布发生变化，总体向省内大城市集聚。与 2010 年相比，江苏省有 10 个地级市人口增加，除苏南五市增加以外，还有徐州、南通、扬州、连云港、宿迁五市。其中，南京、无锡、常州、苏州四市常住人口在全省比重从"六普"的 37.41%上升至"七普"的 41.04%，其余各市人口占比均有不同程度下降。人口总量排位发生变化，人口规模全省前五由"六普"的苏州、徐州、南京、南通、盐城，转变为苏州、南京、徐州、南通、无锡。南京总人口超过徐州，无锡进入前五。

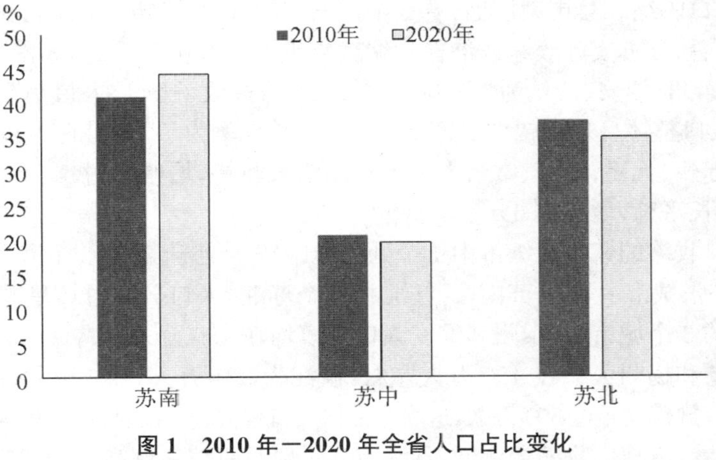

图 1　2010 年—2020 年全省人口占比变化

（二）老龄化程度普遍较高，七成以上城市进入深度老龄化。13 个地级市中，南通 60 岁及以上人口占比最高，达 30.0%，其次是泰州市（28.25%）、盐城市（27.32%）、扬州市（26.01%），三市 60 岁及以上人口均在 25%以上。全省仅南京、苏州、宿迁还未进入深度老龄化，65 岁及以上老年人口比重没有超过 14%，其余地级市 65 岁及以上老年人口占比均超过 14%，其中，南通和泰州 65 岁及以上老年人口比重超过 22%。而各市 15—59 岁人口的比重都略低，15—59 岁劳动年龄人口比重超过 65%的地级市仅 4 个，分别为苏州（69.49%）、南京（68.27%）、无锡（67.29%）、常州（66.73%），镇江（64.55%）和扬州（62.42%）占比在 60%以上，其余 7 市劳动年龄人口占比均小于 60%。

（三）人口继续快速向城镇区域集中，省内各市城镇化率差异逐渐缩小。13 个地级市中，城镇化率最高的是南京 86.80%，无锡（82.80%）和苏州（81.72%）城镇化率超过 80%，城镇化率在 70%—80%之间的城市分别为镇江（79.45%）、常州（77.10%）、扬州（71.03%）、南通（70.44%），其余 6 市城镇化率均低于 70%，其中最低的是连云港 61.52%。苏南、苏中、苏北地区的城镇化率分别从 2010 年的 70.3%、56.0%、51.5%上升到 2020 年的 82.3%、70.0%、64.1%，分别上升了 12.0、14.0、12.6 个百分点，全省区域城镇化水平在快速提升的同时，各地差异进一步缩小。

二、江苏人口收缩现状分析

随着人口出生率下降，以及产业结构的调整，人口收缩这一现象在我国也日趋明显。从城市化发展过程来看，有城市人口流入，就会有城市人口流出，流出的人口大都会流向产业集聚、交通便利、环境优美、服务完善的城市，长此以往，人口持续流出的城市便会产生人口收缩现象。虽然江苏省十年间人口稳定增长，但深入分析发现，江苏省内局部城市，尤其是县级市也出现了人口收缩现象。

(一)收缩测度与识别

关于城市人口收缩的识别的方法有很多种，本文采取较为普遍的常住人口数值变化来进行收缩测度，利用全国第六次(2010 年)和第七次人口普查(2020 年)数据进行收缩识别：

$$R_{ij}=\frac{p_{ij}2020}{p_{ij}2010}$$

式中：R_{ij} 为人口收缩指数；P 为人口；i 为地级—县级行政尺度(i=1、2，1 代表地级市，2 代表县市区)；j 为对应研究单元。$R_{ij}<1$ 则表明该地区 2010 年到 2020 年人口出现了负增长，判定为收缩城市。同时，考虑城市人口相对于全国平均水平变化也是衡量城市人口变化趋势的一个重要补充指标，本文在识别城市实际人口收缩的基础上，计算排除全国人口增长影响后的相对增长率，即将 2010—2020 年平均增长率减去同期全国平均增长率，将 $Rij\geqslant1$ 但相对增长率为负定义为潜在人口收缩城市，将 $Rij\geqslant1$ 且相对增长率为正的城市定义为人口扩张城市。

(二)计算结果与收缩现状分析

通过对全省 13 个地级市和 53 个县市区人口收缩指数的计算，我们发现江苏的中心发达城市对人口的集聚能力较强，如苏州、无锡、南京、常州均为人口扩张城市，但盐城、淮安、泰州、扬州、镇江、连云港等中小城市存在实际或潜在人口收缩。县市区层面，有 2 个市辖区和 33 个县市存在实际或潜在人口收缩。

1. 从地级市维度来看，江苏实际收缩或潜在收缩城市集中于苏中和苏北，苏南除镇江外，均为人口扩张城市。13 个地级市中，泰州、淮安、盐城为人口收缩城市，收缩指数小于 1，人口呈现负增长。连云港、镇江、扬州收缩指数大于 1，人口整体呈现小幅增长态势，但相对增长率为负，为潜在人口收缩城市。其余 7 个地级市为人口扩张城市，苏州、无锡、南京、常州人口十年间增长较快，增幅超过 14%，苏州增长最快，增长 21.9%；南通、徐州、宿迁增长平稳，增幅在 6%左右。

从地域分布看，人口收缩的 3 个地级市中 1 个处于苏中、2 个处于苏北；3 个潜在收缩城市中苏南、苏中、苏北各 1 个；7 个人口扩张城市中，4 个苏南、1 个苏中、2 个苏北，人口分布总体呈现“南多北少”。从城市人口规模来看，人口收缩的 3 个城市中，泰州和淮安人口规模均在 450 万人左右，盐城为 671 万人；潜在人口收缩的 3 个城市中，连云港和扬州人口在 450 万人左右，镇江为 321 万人；而 7 个人口扩张的城市中，除宿迁为 499 万人外，其余城市人口规模均超过 500 万人，这表明常住人口规模越小的城市，发生人口收缩的可能性越大。

2. 从县市区维度来看，市辖区收缩比例低，县级市和一般县收缩比例高。13 个设区市的市辖区中，仅淮安市辖区收缩指数小于 1，为人口收缩城市；盐城市辖区为潜在人口收缩城市；苏州市辖区、无锡市辖区、南通市辖区、徐州市辖区、常州市辖区、南京市辖区等 6 市更是保持快速增长，人口增速超 16%。21 个县级市中，东台市、兴化市、泰兴市等 9 个为收缩城市，新沂市、溧阳市等 7 个城市为潜在人口收缩城市，合计占比 76.2%；昆山市、太仓市、张家港市、江阴市、常熟市 5 市为人口快速增长城市。在 19 个一般县中，有 16 个为收缩城市，比例高达 84.2%，睢宁县为潜在人口收缩城市，仅东海县、沭阳县 2 个为人口扩张城市。

表 1　江苏省县市区人口收缩情况表

收缩类型	市辖区	县级市	一般县	合计	比例
人口收缩城市	淮安市辖区 1 个	启东市、如皋市、靖江市、兴化市、东台市等 9 个	泗阳县、灌南县、丰县、涟水县等 16 个	26 个	49.1%
潜在人口收缩城市	盐城市辖区 1 个	新沂市、溧阳市、宜兴市、丹阳市、邳州市等 7 个	睢宁县 1 个	9 个	17.0%
人口扩张城市	苏州市辖区、无锡市辖区、南通市辖区等 11 个	昆山市、太仓市、张家港市、江阴市、常熟市等 5 个	东海县、沭阳县 2 个	18 个	34.0%

三、江苏省人口收缩驱动力分析

为挖掘江苏中小城市，尤其是县市区收缩的主要影响因素，分析人口收缩的普适性与特殊性规律，本文利用地理探测器分析法，对不同收缩类型的城市进行因子探测，探究不同人口收缩类型主导因素驱动力差异。

（一）地理探测器分析法

地理探测器是探测空间分异性，以及揭示其背后驱动因子的一种统计学方法，主要应用在区域经济、区域规划、生态环境等领域。该方法主要被用来分析各种现象的驱动力和影响因子以及多因子交互作用，能够较好地分析小样本数据的分异机制，各因子的地理探测值用 q 表示：

$$q=1-\frac{1}{N\sigma^2}\sum_{h=1}^{L}N_h\sigma^2{}_h$$

式中：q 为探测因子的决定力大小，q 的值域为［0，1］，q 越大，则表示自变量 X 对属性 Y 的决定力越强；h=1，…，L 为变量 Y 或因子 X 的分层，即分类或分区；N 和 N_h 为全区和层 h 的单元数；σ^2 和 $\sigma_h{}^2$ 为全区总方差和层内方差之和。

（二）指标选取

根据以往研究文献，考虑指标的可获取性，本文从经济因素、社会因素等角度出发，选取与区域人口收缩相关指标，并利用 SPSS 软件进行皮尔森相关性分析，剔除了差异性不显著的指标，最终选取了 6 个指标：人均 GDP(X1) 反映地区经济发展水平，一般公共预算收入占 GDP 比重（X2）反映健康发展水平，换算后的实际使用外资占 GDP 比重（X3）反映对外开放水平，信息软件和科学技术增加值占 GDP 比重（X4）反映产业转型升级水平，常住人口城镇化率（X5）反映社会发展综合水平，60 岁以上常住人口比重（X6）反映老龄化程度。Y 为人口收缩指数，表示各地收缩差异。

表 2　社会经济因素（X）与人口收缩指数（Y）相关性分析

指标	X1	X2	X3	X4	X5	X6
相关系数	0.423	0.607	0.481	0.460	0.708	−0.666
P 值	0.002	0.000	0.000	0.001	0.000	0.000

注：$P>0.05$ 表示差异性不显著；$0.01<P<0.05$ 表示差异性显著；$P<0.01$ 表示差异性极显著

（三）计算结果与人口收缩驱动力分析

本文先利用 SPSS 对 X 进行 K 聚类离散化处理，再使用 Excel 编制的地理探测器软件（GeoDetector），将样本（Y，X）读入，计算出不同收缩类型城市的 q 值，探究社会经济因素等对人口收缩的影响力，具体计算结果如下：

1. 从地市级层面来看，地方经济实力是最大的影响因素。13 个地级市因子决定力计算结果为 X1＞X5＞X6＞X4＞X2＞X3，主要驱动因素为人均 GDP，即经济发展水平影响最大，常住人口城镇化率和老龄化程度驱动作用次之。说明城市经济水平越高，社会综合发展越好，更能吸引外来人口，老龄化程度相对就较低，城市发生人口收缩的可能性就越小。

表 3　江苏省县（市、区）地理探测分析表（单因子 q 值）

影响因素	13 个地级市	53 个县市区		
		人口收缩	潜在人口收缩	人口扩张
人均 GDP(X1)	0.730	0.145	0.321	0.535
一般公共预算收入占 GDP 比重(X2)	0.516	0.056	0.362	0.186
实际使用外资占 GDP 比重(X3)	0.260	0.322	0.878	0.204
信息软件和科学技术增加值占 GDP 比重(X4)	0.525	0.126	0.413	0.419
常住人口城镇化率(X5)	0.629	0.101	0.100	0.215
60 岁以上人口占比(X6)	0.567	0.128	0.244	0.359

2. 从县市区层面分类型看，不同人口收缩类型城市主导因素存在些许差异。综合相关性分析、q 值探测结果以及不同收缩型城市均值情况发现，城市经济、社会综合发展水平越高，人口收缩可能性越小；反之则人口老龄化程度更严重，人口收缩可能性更大。同时，人口收缩是一个复杂的社会经济过程，是区域多因素交互作用下的地方响应过程，受到多重因素的加强影响，从计算结果来看，3 种不同收缩类型的城市因子交互 q 值均大于单因子 q 值。

表 4　江苏省不同收缩类型县(市、区)社会经济因素平均值

影响因素	单位	全部县市区	不同收缩类型均值		
			人口收缩	潜在人口收缩	人口扩张
人均 GDP(X1)	元	112895	99124	104308	137079
一般公共预算收入占 GDP 比重(X2)	%	7.07	5.76	7.08	8.97
实际使用外资占 GDP 比重(X3)	%	1.47	1.26	1.63	1.70
信息软件和科学技术增加值占 GDP 比重(X4)	%	3.35	2.69	2.74	4.60
常住人口城镇化率(X5)	%	66.39	60.00	65.65	75.97
60 岁以上人口占比(X6)	%	24.03	27.00	23.81	19.86

(1)人口收缩县市区：城市总体对外开放水平低，经济基础相对较弱，老龄化程度凸显，年轻人才流失等因素加剧了人口持续外流问题。26 个人口收缩型县市因子决定力计算结果为 X3＞X1＞X6＞X4＞X5＞X2，表明此类城市受对外开放水平驱动作用较大，经济发展水平和老龄化程度影响次之，财政水平影响最小。人口收缩的县市区对外开放水平普遍较低，外资吸引力较弱，全省 26 个人口收缩的县市区实际使用外资占 GDP 比重平均为 1.26%，低于全省县市区平均水平(1.47%)。经济发展水平较低也是人口收缩的主要原因之一，人均 GDP 平均为 99124 元，低于全省县市区平均水平(112895 元)。因地区经济发展不平衡，本地年轻人大量外出就业，使得地区老龄化问题凸显，60 岁以上常住人口占比平均为 27.0%，高于全省县市区平均 2.7 个百分点。

从交互 q 值结果看(附表 1)，人口收缩县市区有 10 组交互 q 值为非线性增强，人口收缩受多因素加强，其中，X3 ∩ X4(0.603)、X2 ∩ X3(0.560)、X1 ∩ X6(0.540)、X3 ∩ X6(0.539)交互 q 值相对较大，进一步表明人口收缩地区经济发展水平、财政收入水平、对外开放水平和产业转型升级水平相对较低，导致城市自身对外来人口吸引力不足，再加上老龄化程度加深，加速了人口流失。

(2)潜在人口收缩县市区：对外开放程度低于人口扩张城市，产业创新升级存在隐忧，受产业发展限制，就业选择面较窄，年轻人才有逐步外流趋势。9 个潜在人口收缩县市区因子决定力计算结果为 X3＞X4＞X2＞X1＞X6＞X5，受对外开放度、产业转型升级水平驱动作用较大，财政水平和经济发展水平影响次之，城镇化率影响最小。潜在人口收缩城市社会经济指标总体优于人口收缩城市，人口处于平缓增长状态，但与人口扩张的县市区相比，潜在人口收缩的县市区对外开放程度较低，外资占 GDP 比重平均为 1.63%，低于人口扩张县市区平均 0.7 个百分点。城市产业转型升级进度相对较慢，与高新技术制造业匹配的生产性服务业等发展不足，信息软件和科学技术增加值占 GDP 比重平均为 2.74%，低于全省县市区平均水平(3.35%)，产业升级缓慢侧面反映了当地新兴产业企业较少，职业类型也相应较少，年轻人才就业选择面较窄，长此以往，人口也将逐步流失，最终成为人口收缩城市。

从交互 q 值结果看(附表 1)，有 2 组交互 q 值 X2 ∩ X4(0.985)、X3 ∩ X4(0.979)为非线性增强，且大于 0.9，表明产业转型升级程度对潜在人口收缩城市作用显著，产业转型升级遇阻，外资吸引力减弱，社会生产效率降低，财政收入随之受到影响，人口收缩的可能性增加。

(3)人口扩张县市区：经济发展水平和社会发展水平均较高，产业结构更优，就业选择更多，吸引了较多人口流入。18 个人口扩张型县市区因子决定力计算结果 X1＞X4＞X6＞X5＞X3＞X2。经济发展水平驱动作用最大，产业转型升级水平影响次之，财政水平影响最小。与人口收缩和潜在人口收缩的县市区相比，人口扩张的县市区受对外开放水平影响较小，受老龄化程度和城镇化率影响较大。从表 6 中可以看出，人口扩张城市各项社会经济指标均好于全省县市区平均水平，城市经济发展水平和社会发展水平均较高，产业结构更优，就业岗位更多，吸引了较多年轻人口流入，从而进一步降低了老龄人口占比，提升了城市活力。

从交互 q 值结果看(附表 1)，有 8 组交互 q 值非线性增强，X1 ∩ X5(0.929)交互 q 值最高，说明人口扩张城市经济发展水平和社会综合发展水平均较好。如经济第一县昆山市凭着毗邻上海的优势,吸引大量资金、技术、人才等要素,十年来人口增长 44.76 万人,总人口超过 200 万。

(四)产生城市人口收缩现象的因素分析

借鉴欧美城市人口收缩的先例,综合上述因子驱动力分析,以及江苏省城市人口收缩现象产生的区域原因,本文对人口收缩的成因进行了以下总结。

1.周边中心发达城市的虹吸效应。虹吸效应是江苏省内城市收缩的主要缘由。由于中心城市的基础设施、公共服务与资源、就业空间等比较优势,导致大部分的人口和要素资源由普通城市流向经济发达城市和省会城市、由一般县流向市辖区和发达县市区,外加省内高铁的开通、通勤流的加强,存在着周边人口向南京省会及苏锡常经济发达地区流动的情况,江苏作为长三角城市群中的重要成员,还受到省外上海市的虹吸。中心发达城市对周边城市人口和要素资源的吸纳对周边城市公共服务水平提升、要素资源集聚都产生一定影响,周边城市留住本土人才压力更大,长期无法吸引更多的人口继续留在本城市便会出现人口流失现象,区域内城市发展不均衡成为出现城市收缩的成因之一。

2.产业结构转换中的就业岗位减少。产业结构转换中的就业岗位减少也是出现城市收缩的重要机制。江苏大部分中小城市,除南京、苏州等地外,产业结构仍以传统工业为主,但该种产业类型已逐渐被以高新技术产业为代表的高端工业所取代,这种高端工业发展的同时会带动当地生产性服务业的发展,而大部分中小城市产业升级仍处于初级阶段,转型过程中导致城市就业岗位不足。如宜兴市、溧阳市等地虽然探索转型发展旅游商务休闲产业,但此类产业对劳动力的内在依赖远低于工业产业,并不能完全弥补整个城市产业结构转型造成的人口流出,所以这些城市也存在着人口增长放缓或者潜在的人口收缩现象。

3.人口老龄化趋势加重。人口老龄化已经成为国外城市收缩的重要成因。江苏省不少城市不仅出现了老龄化,且老龄化趋势逐渐加重。人口老龄化主要表现为劳动适龄人口相对下降,劳动人口抚养负担加重,相对减少了工作时间,从而抑制了劳动产出率和劳动效率提高,形成相对的城市产出萎缩,最终出现人口收缩趋势,2020 年全省除苏州(16.18%)、南京(17.83%)外,其他 11 个地级市抚养比均超过 20%,均高于全国平均水平(19.7%),南通抚养比在省内最高,达 33.99%。(老年人口抚养比是指某一人口中老年人口数与劳动年龄人口数之比,用以表明每 100 名劳动年龄人口要负担多少名老年人。)

4.人口自然增长率放缓。人口老龄化往往伴随着人口自然增长率持续下降,而人口自然增长率的降低势必会加深城市收缩。一方面随着人口老龄化程度的加深,劳动人口即育龄人口的负担愈发加重,这促使人们为了减负而自动放弃生育,尤其当代中国女性的高劳动参与率以及随之承受的家庭和职业双重压力也在促使生育率降低。另一方面社会居民受教育水平普遍提高,追求文化和个人发展意愿远超过了追求家族人口发展意愿,从而导致生育意愿降低。此外,生育意愿还受到诸多隐性社会因素的阻碍,如较高的生育成本,住房、教育等方面的压力。

四、人口收缩背景下江苏中小城市应对措施与建议

但城市收缩不一定会导致城市发展陷入困境,反而成为大部分城市解决“城市病”的一种有效途径,人口收缩型城市最终会不会走向消亡,关键还在于城市经济发展能否实现转型升级,如果转型升级成功,收缩型城市也能够实现可持续发展。《2020 年新型城镇化建设和城乡融合发展重点任务》中提出要指引收缩型县市科学发展,为城市整合、瘦身强体,科学建设、稳步发展奠定基础。

(一)树立新认识,实现“精明收缩”

“收缩”是一个中性词,人口收缩并不等同于城市衰退,应客观看待人口流失现象。城市收缩是一个前瞻性问题,要正确评价,不应夸大,也不应回避,而是要积极应对,未雨绸缪,做好谋划策划,积极推动城市的供给侧结构性改革,实现城市高质量发展。

一是探索实现“精明收缩”,改变过去“大而全”的城市发展思维,立足城市发展实际,根据城市自身发展特色进行发展定位,科学制定城市发展规划。二是提高城市空间发展质量,改变大尺度、快节奏的新城建设模式,老城要避免大拆大建式改造,用“经典、特色、美观”取代“粗放、普通、大众”,走出一条“小而美”的发展模式。三是提升城市治理“温度”,用心善治,将城市发展重心从“GDP 增长”转向“就业创业提质”与“市民幸福感提升”等方面。从提高本城居民生活的舒适度出发,不断完善城市养老、健康、教育等需求的基本功能。

(二)增强联结度,积极融入城市群

与“虹吸效应”相伴随的是“溢出效应”,具有优势地位的城市,当人口、环境等达到一定承载力极限时,便会向周边中小城市、小城镇溢出资本、劳动力等生产要素。所以,我省人口收缩城市需要充分利用长三角区域一体化塑造的空间新格局来构建新的城市发展模式。一是积极融入长三角区域一体化,要改变自家“一亩三分地”的城市发展模式,在最大范围内与区域内城市产生交互作用,形成城市群经济作为主动力的城市发展模式。二是加强城市群内的分工合作,要充分利用城市群的集聚经济,加强与城市群内各个城市的分工合作,通过拓宽分工厂广度与深分工深度同这些城市产生交互影响,以实现城市群集聚经济作为驱动力的城市发展模式。三是提升城市内部联结度与便利性,加大高铁等交通基础设施投入,提升交通便利度,降低城市群间人员来往的成本,以此充分发挥长三角城市群在虚拟经济空间、社会空间放的作用。

(三)挖掘特色点,提高竞争软实力

中小城市经济发展硬实力先天不足,只能在后天软实力上下功夫。随着现代经济社会的发展,软实力对城市发展的影响与作用越来越突出。打好民生牌、建设高品质公共服务体系,在城市文化、政府服务、居民素质、形象传播等非物质要素上凝聚力量,以“软实力”提升“吸引力”,是今后人口收缩城市提高城市核心竞争力的方法之一。一是塑造城市精神品格,在城市高质量发展中要充分发挥软实力的“加速器”作用,做好城市文化宣传。二是打造地方文化名片,塑造一张优秀的“文化名片”可以在一定程度上提高城市的知名度。三是优化城市营商环境,通过创新体制机制、完善法治保障等手段,为各类市场主体投资兴业营造稳定、公平、透明、可预期的良好环境。

附表 1 江苏省县市区交互探测结果(交互 q 值)

交互项	地级市	县市区		
		人口收缩	潜在人口收缩	人口扩张
X1 ∩ X2	0.967	0.312#	0.526	0.774
X1 ∩ X3	0.877	0.444	0.980	0.866#
X1 ∩ X4	0.991	0.388#	0.606	0.936
X1 ∩ X5	0.987	0.322#	0.404	0.929#
X1 ∩ X6	0.819	0.540#	0.435	0.697
X2 ∩ X3	0.823	0.560#	0.985	0.652#
X2 ∩ X4	0.821	0.248	0.985#	0.609
X2 ∩ X5	0.678	0.143	0.537	0.320
X2 ∩ X6	0.810	0.235	0.524	0.832#
X3 ∩ X4	0.637	0.603#	0.979#	0.877#
X3 ∩ X5	0.896	0.497#	0.993	0.822#
X3 ∩ X6	0.936#	0.539#	0.994	0.794#
X4 ∩ X5	0.758	0.312#	0.515	0.643
X4 ∩ X6	0.785	0.432#	0.931	0.754
X5 ∩ X6	0.871	0.272	0.442	0.808#

注:#代表非线性增强;其他均为双因子增强。

江苏省无锡市统计局 张伊仪

兴边富民视角下中国边境地区人口负增长及应对策略

边境地区拥有特殊的地缘政治意义，虽地处偏远却关系全局。随着“一带一路”倡议的深入推进与中蒙俄、新亚欧大陆桥、孟中印缅、中国—中亚—西亚、中国—中南半岛、中巴等经济走廊的加快建设，中国边境地区除了承担维护国家安全责任外，越来越成为中国对外开放的前沿。基于边境地区在国家安全战略与对外开放战略中的双重作用，确保边境地区人口安全，促进区域协调发展就显得尤为重要。习近平总书记在《求是》杂志发表的署名文章中指出：“要考虑国家安全因素，增强边疆地区发展能力，使之有一定的人口和经济支撑，以促进民族团结和边疆稳定。”根据“七普”数据，人口负增长已成为中国边境地区人口变动的普遍现象。深入分析中国边境地区人口负增长态势、影响及应对策略，对全面了解新时期中国边疆稳定与协调发展具有重要现实意义。

一、兴边富民行动与边境地区的发展特征

（一）兴边富民政策与目标

边境地区的社会经济发展、社会稳定一直是国家高度关注的重要议题。改革开放的前二十余年中，东南沿海地区凭借区位和交通优势，充分收获了中国对外开放和国际贸易带来的发展红利，极大地促进了区域经济的快速发展。陆地边境地区远离中国的经济核心区，同时由于保障国家安全和维持社会稳定的任务繁重，经济社会发展水平与沿海和内地的差距日益拉大。为了全国同步全面建成小康社会以及各区域、各民族共同富裕、共享发展的社会目标的顺利实现，1999 年国家民委联合国家发展和改革委员会、财政部等部门发起“兴边富民行动”，并逐步成为中央政府重要的行动计划和社会发展目标。在 2017 年国务院印发的《兴边富民行动“十三五”规划》以及国家“十四五”规划纲要中明确提出将边境地区作为重要功能性区域，推进强基固边基础设施建设，实施民生安边工程。兴边富民政策的实施给边境地区基础设施建设、产业发展与优化、生态建设、边境贸易、教育和卫生等方面的发展提供大量的财政支持、政策倾斜和人才保障，极大地提高了边境地区社会经济的发展能力与国防安全保障水平。

（二）边境地区的发展特征

兴边富民行动实施以来边境地区经济社会发展提质增效明显，基础设施得到极大改善，其他各项事业取得长足进步，但与内地和沿海地区相比仍然存在产业结构落后、经济增长缓慢，社会经济发展对农业依赖过高等特征。

第一，经济增长缓慢，产业结构较为落后。“十三五”期间，中国 140 个边境县（市）地区生产总值的年增长率保持在 1.4%—6.3%之间，与同期全国 2.2%—6.9%的平均水平仍然具有一定的差距。近年来边境地区经济增长的放缓既有新冠疫情的影响，也反映出区域产业结构较为落后的现实。2019 年 140 个边境县（市）三次产业在国民经济中的占比分别为 22%、30%和 48%，一产占比较全国同期高了 15 个百分点，二产占比较全国低了 9 个百分点。在农产业在国民经济地位和作用日益减弱的背景下，边境地区一产比重却维持在高位甚至出现了逆势上涨的趋势，说明边境地区经济发展存在对农产业的过度依赖，工业驱动经济增长作用较弱的问题。

第二，城镇化开始加速发展，人口就业对于农业的依赖依然较强。2000 年之前边境地区城镇化率已经超过 30%，进入城镇化加速发展阶段，到 2020 年人口城镇化率已经达到 50.46%，进入城镇主导区域发展的时期。但从城镇化的发展水平来看，存在与全国差距逐渐拉大的现象。2000 年边境地区人口城镇化率比全国低 2.33 个百分点，到 2010 年差距拉大到 10.36 个百分点，到 2020 年差距进一步扩大到 13.38 个百分点。目前边境地区城镇化发展水平滞后全国 10 年左右。城镇化发展的相对滞后使得边境地区人口就业依然过

度依赖农业。根据人口普查数据,2010年边境地区有超过65%的劳动力在第一产业就业,而二产就业比重仅为10.15%。尽管随着"十二五"和"十三五"期间边境地区工业化的加速发展,工业吸收就业能力有所提高,但在2020年时第一产业就业比重依然高达40%左右。

第三,居民收入水平稳步提高,与全国差距依然显著。兴边富民行动计划的一个重要目标就是要提高边境地区城乡居民的收入水平,让边民与全国各族人民同步实现全面建成小康社会以及共同富裕目标。2020年边境地区城、乡居民人均可支配收入分别为3.27万元和1.47万元,较2010年分别增长了111.88%和172.35%,收入增长效应十分显著。与此同时,城乡居民收入差距逐步缩小,城乡居民收入比从2010年的2.84下降到了2.11。尽管从纵向比较和城乡比较来看边境地区收入增长和收入公平得到了长足的进步,但从横向比较来看与全国的差距依然显著。2010年边境地区城、乡居民人均可支配收入比全国平均水平分别低了3794元和534元,到2020年这一差距分别扩大到了11383元和2465元。

二、边境地区人口发展态势

(一)人口负增长已经较为普遍并深度发展

在人口总量增长方面,边境地区已近率先进入负增长时代。2000年—2010年间,全国和边境地区人口数量都呈增长态势,全国的增长率为5.48%,而边境地区为4.98%,低于全国的平均水平;从2010年—2020年间来看,全国人口总量继续呈增长态势,而边境地区人口总量已经停止增长,2020年人口规模较2010年下降了3.03%,总体上来看已经步入人口负增长时代。

表1 边境地区人口总量变动情况

指标	地区	2000年	2010年	2020年	2000—2010年增长率	2010—2020年增长率
总人口(万人)	全国	126583.00	133972.00	141178.00	5.84%	5.38%
	边境县	2337.28	2453.60	2379.35	4.98%	−3.03%

资料来源:历次全国人口普查资料。

基于全国140个边境县(市、区)中"五普"到"七普"三次普查的数据统计分析,发现中国边境人口负增长具有分布广、发展快,地区差异大等显著特征。

第一,人口负增长发展迅速,加速边疆省区人口增长态势的转变。全国140个边境县(市、区),2010—2020年,有78个县域常住人口出现负增长,较2000—2010年增加了40个县,人口负增长现象已波及半数以上的边境县。同时人口负增长县域的平均增幅从2000—2010年的−8.1%扩大到2010—2020年的−12.9%。"五普"至"六普"期间,内蒙古自治区的陈巴尔虎旗人口减少了46.4%,降幅为其间边境县域之最;"六普"至"七普",内蒙古自治区的阿尔山市人口降幅达53.9%,负增长幅度创边境县域新高。边境区域人口负增长的形成与发展正推动边疆省区人口增长态势的转变。2000—2010年,边境地区部分县域人口负增长开始显现,使得边疆八省区常住人口增长水平下降了0.2个百分点;2010—2020年,边境地区县域人口负增长的进一步发展,使得边疆八省区人口增长下降0.7个百分点,达− 2.4%,自此,边疆八省区人口增长呈现由正转负格局。

第二,人口负增长呈"东北多、西南少"的空间格局。尽管人口负增长已成为边境地区人口变动主要趋势,但在东北、西北和西南三个方向存在明显差异。东北边境是人口负增长密集分布区:2010—2020年,该地区40个边境县域多达36个出现人口负增长,其中18个县的人口总量与2000—2010年相比减速明显;实现人口正增长的边境县仅4个,东北边境总体上表现为人口负增长。西北边境负增长势头自东向西逐渐减弱:2010—2020年,该区域内蒙古段的12个边境县域中有8个呈负增长;而甘肃—新疆段边境县则大多仍保持不同程度的人口增长。西南边境的人口负增长县域在"七普"时期增至22个,但其中16个是2000—2010年人口增加的回调,负增长深化的迹象尚不明显。

第三,对外开放与经济合作成为抑制边境地区人口减少的重要因素。比较2000—2010年与2010—2020年各边境县域人口增长的变化态势可以发现,拥有口岸的边境地区人口负增长发展态势相对缓慢。2010年已拥有口岸的49个边境县在"六普"至"七普"人口增长比率为−5.0%;与其余边境县域同期—

8.7%的增长率相比，人口降幅较小。与此同时，随着“一带一路”建设的深入推进，我国与陆地邻国的开放合作新格局逐渐成形。一些边境县在新格局中定位提升，外加口岸赋能，获得了人口增长动力：比如，位于广西和云南沿边自贸区的东兴市、瑞丽市，在2010—2020年人口加速增长，成为“七普”时期两省区边境县域人口增长的“领头雁”，其间人口增长比率分别达49.3%、48.2%；即使地处全面人口负增长的东北边境的爱辉区，也由于黑龙江沿边自贸区的存在，实现了5.9%的人口正增长，成为黑龙江省2010—2020年全省边境地区人口增长的“孤岛”。

(二)人口流失规模逐渐扩大

改革开放之后，在中国人口流动的大潮中边境地区的人口流失现象开始日益普遍，本文根据常住人口数据和户籍人口数据测算了2020年全国140个边境县(市、区)人口净流动数据，发现中国边境人口流失呈现出规模大、分布广、发展快，地区差异大等显著特征。

第一，人口流失较为普遍，发展迅速。从区域数量来看，2020年全国140个边境县(市、区)中，有96个出现人口净流出现象，比2010年增长了21个，人口流失区域数量的占比也从53.57%增长68.57%，范围进一步扩大；人口流失总量从2010年为19.23万人，增长到2020年的160.78万人，十年间流失人口规模增加了141.55万人，增长率为736.09%，人口流失规模增长迅速。

第二，人口流失地区在区域分布上呈现出较强的空间集聚特征增。2020年人口流失已经成为边境地区的普遍现象，但在东北、西北和西南三个方向存在明显差异。东北边境是人口流失县(市)的密集分布区：2020年，该地区40个边境县域多达33个出现人口流失，人口流失规模达到73.76万人，占边境地区流失人口总规模的45.86%，人口流失规模大。西北边境人口流失规模较小：2020年，该区域46个县(市)中有29个县(市)人口流失，流失规模为34.43万人；西南边境50个县(市)其中31个县(市)人口外流，规模为52.59万人。

(三)人口年龄结构具有一定的优势

从年龄结构方面来看，2020年边境地区年龄结构相较全国水平更为年轻且劳动力更为充足。2020年边境县0—14岁人口占比为18.83%，高于全国平均水平0.86个百分点；65岁以上老年人口中边境地区占比为11.40%，明显低于全国平均水平的13.52%；劳动年龄人口占比为69.78%，高于全国68.50%平均水平。从20年间的变化看，边境地区的各年龄组人口变动趋势也与全国平均水平大致相同。

表2　边境地区年龄结构情况

指标		地区	2000	2010	2020
各年龄组人口比重(%)	0—14岁	全国	22.89	16.60	17.97
		边境县	23.74	17.74	18.83
	15—64岁	全国	70.15	74.53	68.50
		边境县	70.68	74.52	69.78
	65岁以上	全国	6.96	8.87	13.52
		边境县	5.80	7.74	11.40

资料来源：第五次、第六次、第七次全国人口普查资料。

(四)人口素质提升缓慢，与全国差距扩大

从人口受教育程度方面来看，边境地区与全国的差距较为明显。2020年边境地区平均受教育年限为8.64年，比全国平均水平低了0.86年。从不同层次受教育水平人口占比的比较来看，边境地区与全国的差距主要体现小学以下低教育层次人口占比过高，高中以上高教育层次人口占比较低。2020年边境地区未上过学和小学学历的人口占比分别为4.28%和30.18%，明显高于全国2.95%和24.64%的平均水平；与此同时边境地区高中学历和大学专科及以上学历人口占比分别为11.82%和11.55%，都比全国水平低了3—4个百分点。从纵向变化来看，2010—2020年间全国和边境地区初中及以下学历人口比重均减小，高中学历人口基本不变，大学专科及以上学历人口比重均增加，但边境地区的增长幅度低于全国平均水平。

表3　边境地区受教育程度

指标		地区	2010	2020
6岁及以上人口各受教育程度比重(%)	未上过学	全国	4.41	2.95
		边境县	6.36	4.28
	小学	全国	28.92	24.64
		边境县	36.02	30.18
	初中	全国	41.88	34.55
		边境县	38.99	34.39
	高中	全国	15.15	15.05
		边境县	11.83	11.82
	大学专科及以上	全国	9.64	15.41
		边境县	6.79	11.55

资料来源:第六次、第七次全国人口普查资料。

三、边境地区人口负增长的影响

(一)进一步打破人口结构的平衡

边境地区处于国内社会经济发展内循环网络的外沿,与中心地区共享发展成果的机会较少,区域差距形成的虹吸效应促使人口,尤其是求职、求学的中青年人口向内地聚集,这是边疆地区人口负增长的主因。以劳动年龄人口为主的净迁出造成人口结构老龄化和空心化。留守儿童、空巢老人增多,社会抚养和公共支出的负担加重;育龄人口减少导致出生率不足,人口流失产生的缺口难以通过代际接替得到有效补充,这使得区域人口结构的平衡被打破,人口系统发展的内生动力被削弱。

(二)将开启社会发展的"负增长陷阱"

人口持续负增长也会威胁到一个地区的规模化发展。当人口总量难以覆盖既有发展规模时,公共设施因固定投入无法摊薄而被闲置甚至荒废。如东北地区部分边境县的学龄人口出现明显断层,当地中小学由于生源过少被迫撤并,一些学生和老师也随学校撤并迁出当地。此外人口持续负增长与老龄化将继续推动我国人口由乡村向城镇,以及继续向发展较好的城市群流动,会导致部分人口迁出地区的人口减少甚至无人化,会造成这些区域的道路、通信等基础设施与义务教育、社区养老服务等公共服务运行困难,此种现象在边境地区较为普遍。例如延边州图们市月晴镇为人口负增长的边境地区,近年来迁出人口远大于迁入人口,人口外流;尽管近些年政府加大力度对延边州进行医疗、教育、基础设施的建设与投入,但由于大量农村劳动力外流,缺失经济发展的内生动力,政府的投入并不能更好的帮助当地发展。可见人口负增长存在自我强化机制,与经济发展不景气相互转化形成负反馈,长此以往将可能落入"负增长陷阱"。

(三)负增长导致的人口老龄化和空心化削弱了边防力量

边境地区是维护领土完整的头道屏障,在地缘政治上发挥关键作用。人口负增长对人口规模、结构的改变令边防力量受到多方面挑战:适龄人口短缺不仅影响到常规兵力储备,还会弱化军事动员能力;依靠留守人口的护边队伍日益老化、后继无人等挑战。边境地区需要一定适龄人口作为其边防力量的基础,以支撑其防卫屏障功能,如失去人口支撑则会形成防卫空隙,使国家安全面临重大风险。近些年,由于农村空心化而带来的"新型诈骗、盗窃、跨境走私、非法越境"事件频繁发生,国家边防受到诸多挑战。

(四)影响地区生产发展、削弱地区经济发展的动力和活力

人口负增长一般都伴随着劳动年龄人口负增长,会造成劳动力短缺,影响一个地区的生产发展。在短期内,这种现象会被技术的进步、产业的升级所掩盖,但长期来看,若无具有良好的应对措施,劳动力的不足将会制约地区经济的发展。除此之外,人口负增长会对社会投资和消费产生不利的影响,由于消费的规模是由人均消费水平和人口规模来决定的,随着负增长时代的到来,在人均消费水平不变的情况下,人口规模的下降会造成消费规模随之下降,降低经济发展的动力和活力。

四、应对策略

人口负增长的快速发展已经对边境地区的社会经济与安全稳定产生了明显的不利影响。应对边疆地区人口负增长带来的不利影响，需要基于中国人口整体增长动能减弱以及城市化高速导致的人口集聚程度快速提升的基本背景下进行考量。

第一，打造边疆城市带，优化人口空间布局。部分边境地区人口剧减反映出边疆地区远离中国经济中心，缺乏经济增长极和辐射作用强的中心城市留住和吸引人口，应该顺应中国城镇化发展的趋势，对人口密度较低、居住较为分散的地区引导人口适当收缩聚集。通过整合区位优势，尤其是利用在国家新开放格局中对外经济合作的优势，依托边境贸易、旅游、沿边产业合作区，培育经济增长极，形成沿边、近边地区的城市化中心，构建核心地区以点带线的边疆城市带。协调人口与空间的关系，减少边境人口流失的负面影响，构筑更加高效的边境安全防线。

第二，完善生育激励。当前我国生育政策以取消负面限制为着力点，而边疆人口变动形势较为严峻，可以在负增长地区试行差异化政策，增加对多孩家庭生育和抚养的正面激励。相关部门应针对宏观生育环境变化，优化边境地区人口发展战略，在边境地区构建起具有全面性、系统性、可持续性的生育支持政策体系，助力生育率的回升。相关政策内容应紧扣生育家庭的核心关切，应该从多个方面降低家庭的经济负担，进一步完善性别平等的制度，同时积极营造良好的生育文化环境，具体措施如产假安排、婴儿养护、灵活采用直接补贴和福利待遇等手段。此外，应持续推进建设公办托育机构，让生育家庭得到更长效、更可靠的保障。

第三，提升留居引力。边境地区需充分发挥自身在地缘关系中的作用，变内循环外沿为双循环前沿，以经济互动吸引人口；同时应全面把握自有生态和禀赋，培育特色产业，拓宽营收和就业渠道，以发展机会凝聚人口。沿边地区乡村广布，边境省市应补好乡村基础设施建设短板，确保城乡居民权益均等化，消弭城乡差距带来的虹吸效应。避免人口流失不仅需要“节流”，还要做好“开源”，鼓励外流人口返乡创业，调控社会资源向创业项目倾斜，推动人口与发展良性循环。除此之外，由于边境地区经济发展、社会保障等因素，难于吸引人才，政府应制定合理政策进一步吸引人才流入，并提升流入人口居留落户的意愿，为促进我国边境县(市)城镇化建设、推动边境地区经济发展与维护边防安全作出积极贡献。

第四，重视边疆人口安全。边疆人口安全是实现区域长治久安乃至构建国家安全体系的应有之义，应将边疆人口安全部署为战略命题。首先，统筹沿边各地人口信息，建立全国层面的跨省区数据库；实时监测人口流动状态，针对跨境流动等重点活动设立直报系统。在此基础上借助多领域、多部门合力，形成边疆人口安全评估机制，综合考量地区环境容量、发展水平、人口生育及留居意愿等因素，动态分析人口发展潜力、精准识别人口变动风险，为边疆人口安全战略提供决策依据。

第五，重视边疆民族团结建设工作。边疆地区由于悠久的历史文化和独特的地理位置，以至于边境地区分布着广泛的少数民族，截至 2020 年边境地区少数民族占边境总人口的比重达到 48.61%，接近总人口的一半，众多的少数民族也给当地的管理与发展带来了一定的阻力。民族的团结与融合对边境地区的稳定发展和边防安全具有重要意义，应积极开展边疆民族团结建设工作，铸牢中华民族共同体意识，同时注重发展多元民族文化，求同存异，尊重当地生活的少数民族风俗习惯，促进民族交往交流交融，助力边境民族团结进步发展。

云南大学经济学院　徐晓勇　李志强　孟繁兴

各民族生育转变:特征及影响因素

1. 研究背景

中国是一个多民族国家,各民族在社会经济发展和文化上都各具特色,人口转变的时间和速度也各不相同。中国的人口转变符合世界人口转变共性,但在生育政策的作用和社会经济快速发展的作用下也具备独特性——超前性、压缩性等(刘爽等,2012):(1)中国的人口转变用大概50年的时间,超前于国家经济社会发展;(2)中国具有众多少数民族,也带来了我国人口转变的另一个独特性——民族多样性,这也是经常被忽略的一个特点。少数民族的人口转变晚于汉族人口,内部也存在较大差异(张丽萍,2013),少数民族的人口转变始于20世纪60年代至80年代,由于少数民族相对宽松的人口政策,生育转变稍晚(王红曼,1999)。另一方面,少数民族的文化观念、传统习俗等都有着很大差异,这也导致了各民族的人口转变存在一定差异。

近年来,少数民族人口在规模、结构、分布等特征上发生了一些新变化,反映出其人口转变的一些规律性和趋势性。从数量上来看,少数民族人口从1982年的6643.43万人增长到2020年的12576.72万人,占总人口的比例也从1982年的6.6%上升到2020年的8.89%(国家统计局,2021)。从结构和分布上看,少数民族人口年龄结构较轻,族际通婚规模和少数民族人口流动规模日渐庞大(巫锡炜、毕忠鹏,2022;徐世英,2021)。厘清少数民族人口转变特征和机制的一个关键切入点在于理解少数民族的生育转变。在过去的半个世纪中,少数民族同样经历了高生育率到低生育率的转变,但是转变速度、模式和汉族都有差别,并且不同民族之间差异较大(张建武、薛继亮,2022)。研究少数民族生育转变,是理解少数民族人口变动的关键,也是促进民族人口健康发展的关键(刘爽等,2012;张丽萍,2013)。在中华民族"多元一体"的发展格局下,研究少数民族生育变迁需要既了解少数民族生育变迁的共性规律,又考虑到决定不同少数民族生育变迁的个性因素。

在中国低生育率背景下,各民族目前生育呈现出何种特征?各民族在生育转变过程中表现出了哪些共同性和差异性?各民族生育变动过程将如何拓展人口转变理论?这些问题是把握我国目前人口发展现状和科学研判未来发展趋势的关键性问题。研究聚焦人口转变中的生育转变,从多民族视角考察生育转变的特点和多样性。本研究将详细梳理1982年("三普")以来各民族在各项生育指标上的变动历程、特征,总结其中存在的共性和差异,并结合实地调查资料挖掘背后的影响机制。

2. 文献回顾

已有关于生育状况和生育意愿的研究非常多,但主要讨论的是全国、某些省份或者是汉族的情况,本研究关注各民族对比,各少数民族的生育状况也是研究重点。文献综述部分主要回顾现有相关的少数民族和汉族研究对比,为本研究找到切入点。

2.1 少数民族生育转变

人口转变是人口学研究中的重点研究领域,即人口再生产类型的转变。经典的人口转变理论主要指的是在现代化的影响下,人口由高生育率和高死亡率的组合模式向低生育率和低死亡率的组合模式的转变(石人炳,2012)。生育转变是人口转变中的主要内容,在我国,由于各民族在现代化发展程度、生育文化以及人口政策上存在的异质性,各民族的生育转变进程并不相同(周悦,2019)。从生育水平上看,我国少数民族的生育转变始于20世纪70年代,并于90年代完成生育转变,少数民族人口的总和生育率从1969年的6.66下降至1994年的2.1更替水平以下,之后长期稳定在1.8左右(张丽萍,2013)。少数民族的生育转变进程中也伴随着人口出生性别比的升高以及初婚初育年龄的提高。"四普"数据中少数民族的出生性别比为107.11,仍处于正常的状态,但"五普"时少数民族的出生性别比已经高达111.93,已经远远偏离了正常的出生性别比范围(张丽萍,2009)。不同数据来源的结果也表明我国少数民族的初婚初育年龄一直在不断提高(原新,2019;杨洋,2019)。和汉族相比较,少数民族总体上生育转变晚于汉族,生育水平高于汉族,但二者之间生育水平的差距正在不断缩小(张丽萍,2013)。此外,少数民族内部在生育相关的各项指标特征上也存在着非常大的差异性,不同民族完成生育转变的阶段前后不一(段成荣等,2021)。

2.2 生育的影响因素研究

现有研究对于少数民族生育水平的影响因素也有丰富的讨论。其主要思路也是既关注影响少数民族生育水平的普遍因素,又关注引起各民族生育差异的特殊因素。此类研究在国际上可以大致对应20世纪50年代欧美等国家开始兴起的关于不同族裔生育水平差异影响因素的讨论(Sahu, et al.,2012;Forste and Tienda,1996;Van Heek,1956;Sly,1970)。具体而言,国内外的相关讨论都可以大致总结为如下两种假设。

第一种是现代化假设。在国际上关于不同族裔生育水平的研究中,这一假设的表述是,不同族裔之间生育率差别的主要因素是其社会经济发展水平的差异。这也意味着,一旦各族裔社会经济水平的差距消失则生育率差异也会消失(Goldscheider and Uhlenberg,1969)。在我国少数民族生育水平影响因素的语境下,这一观点则可表述为社会经济变迁带来的现代化因素改变了人们的婚育行为,进而降低生育水平(周悦,2019)。具体的影响机制有两种:一方面通过避孕技术的普及实现了普遍控制生育;另一方面通过大规模的人口流动以及人口受教育程度的提高,改变了少数民族传统的婚育文化和婚育观念。换句话说,随着现代化的推进,各民族的生育行为可能会走向趋同。

主要基于微观数据的实证研究发现,家庭收入、教育程度、就业状况、父辈生育经历等反映少数民族女性社会经济地位的因素都会显著影响其生育行为。例如薛继亮和李楠(2020)在蒙汉民族混居地区的研究表明,蒙古族和汉族生育水平的差异主要由家庭的经济收入导致;杨洋(2019)利用三次人口普查数据的分析发现,初婚年龄的提升是影响贵州少数民族地区人口生育的首位因素;根据2017年全国生育状况抽样调查中少数民族省区的数据,文化程度越高、女性经济地位越高以及父辈生育越少的妇女生育意愿越低(原新等,2020)。

第二种为民族特征假设,即不同民族的民族特征对生育行为有很大影响。民族特征的概念比较宽泛,在生育相关的研究中主要讨论不同民族生育文化的影响以及生育政策的不同。具体而言,包括宗教信仰、风俗习惯、群体规范在内的生育文化极大影响了不同民族的生育水平(翟振武、盛亦男,2012;杨宗贵,1994),“自然生育观”或“节育观”对少数民族的生育行为起到鼓励或抑制的作用,并且影响着其生育性别偏好和生育时间(高卉、袁年兴,2013)。有学者利用人口普查数据,发现族际通婚状况也显著推迟了婚龄并且降低了生育水平(郭志刚、李睿,2008)。也有学者从民族生育政策差异的视角来理解少数民族生育变动的独特性。从政策制定的角度来看,少数民族生育政策在制定之初就遵循了区别对待、因地制宜的原则,根据不同地区、不同民族的具体状况制定了差异化的生育政策(王红曼,1999)。在政策实施过程中,汉族与少数民族、少数民族之间也存在差异(周悦,2019)。不同民族生育政策在制定和实施过程中的差异共同导致了各民族生育结果的差异。不过,毫无疑问的是,生育政策的实施加速了其生育转变的进程。计划生育政策实施之后,无论是汉族还是少数民族都逐步进入了低生育率的阶段(张丽萍,2013)。

值得注意的是,这两个假设并不对立,而是相互补充,共同丰富了我们对少数民族生育行为的认识。从实证角度而言,区分这两类因素对于生育的贡献也非常困难,因此现有文献也很少讨论社会经济因素和民族特征因素各自在多大程度上影响了少数民族的生育行为。在关于不同族裔生育差异的实证研究中,一种处理方法是在回归分析中尽量控制经济社会因素相关变量,然后将无法解释的模型残差视为由民族特征导致的差异,这也是由于民族特征的操作化较为困难导致的。例如Poston等(2006)使用第五次人口普查微观数据研究各民族间的生育水平差异。在控制了教育水平、职业、年龄等因素后发现不同民族之间的生育水平差异仍然存在,也即从侧面印证了民族特征的假设。

3. 数据和方法

研究利用1982年以来历次普查、全国1%人口抽样调查数据、课题组在2022年1—2月组织的各民族婚育状况问卷调查和深度访谈,从以下几个方面开展研究:

1. 分析各民族最新的生育状况特征;并结合历次全国人口普查、1%人口抽样调查数据分析各民族生育转变历程。

2. 深入分析各民族生育状况的影响因素，特别关注现代化因素——城镇化、教育和人口流动的作用；

3. 基于数据分析结果，对各民族生育现状、转变历程等方面从理论和政策方面作进一步的讨论。

对各民族生育状况分析面临一个较大的困难，即一些人口规模较小的民族在普查中样本量小，没有代表性，无法进行单独的分析。基于以往研究经验，本研究采用了几种分类的方式，尽可能地全面展示各民族差异性和共性。

一是将少数民族作为一个整体，对比汉族和少数民族的差异；

二是参考以往研究对民族的分类，将少数民族分为八大类。主要参考马戎(2008)的研究，该分类考虑了以下因素：(1)人口变量，包括人口规模和人口聚居程度；(2)族际通婚情况；(3)文化变量，包括语言差异和宗教差异；(4)与中央政权的关系(交往历史和紧密程度)，包括历史上是否成立过独立的政权；(5)境外的同族是否建立独立国家。考虑这五大因素后分为的八大族群，并以某一具有代表性的为首：

第 1 类：藏族，裕固族人口较少(1.4 万)，门巴族(9,000 人)、珞巴族(3,000 人)，土族(24 万)，2020 年藏族人口在该类别占 95.77%。

第 2 类：回族和甘青地区的 3 个穆斯林族群(撒拉族、东乡族、保安族)，2020 年回族人口在该类别占 92.19%。

第 3 类：满族，赫哲族和锡伯族，2020 年满族人口在该类别占 98.14%。

第 4 类：蒙古族，鄂伦春族、鄂温克族、达斡尔族，2020 年蒙古族人口在该类别占 97.28%。

第 5 类：朝鲜族，人口有一定规模，是 20 世纪从境外迁入的群体，有自己的语言文字，人口相对聚居，与汉族长期杂居，有一定的通婚率(10%左右)，境外有独立的民族国家(事实上是两个国家)。

第 6 类：维吾尔族，人口规模较大，人口聚居，有自己的语言文字，普遍信仰伊斯兰教，基本上属于族内婚，是独立的一类。

第 7 类：新疆的其他 4 个穆斯林族群(哈萨克族、乌孜别克族、塔吉克族、柯尔克孜族)和新疆其他两个群体(塔塔尔族、俄罗斯族)人口很少(0.5 万和 1.6 万)，2020 年哈萨克族在该类别占 84.45%。

第 8 类：南方各族群(除了以上 7 大类的 24 族之外的 31 族)：瑶族，彝族，土家族，畲族，傈僳族，毛南族，侗族，布依族，仡佬族，东乡族，白族，哈尼族，傣族，傈僳族，佤族，畲族，高山族，拉祜族，纳西族，景颇族，仫佬族，布朗族，水族，羌族，阿昌族，普米族，怒族，德昂族，京族，独龙族，基诺族，壮族，苗族，彝族。2020 年壮族、苗族、彝族和土家族人口超过 900 万。

三是将人口规模排名在前 15 位的少数民族进行单独的分析，这些民族分别是：壮族、维吾尔族、回族、苗族、满族、彝族、土家族、藏族、蒙古族、布依族、侗族、瑶族、白族、哈尼族和朝鲜族。本研究的探索性分析发现，如果针对每个少数民族分别计算相应的生育指标，只有人口百万以上的十几个少数民族的生育模式才能在普查微观数据中有较好的体现。所以在分民族呈现时仅呈现样本规模较大、结果较为稳定的民族的结果。当然，如果有国家公布的 56 个民族的信息则充分利用这些信息分析。

研究以定量方法为主，定性方法为辅，在展现各民族生育现状、转变历程的基础上，进一步分析背后的影响因素。研究主要以总和生育率、活产子女数、过去一年是否生育为主要指标，分析各民族生育现状、变动趋势和影响因素，从宏观和微观两个角度考察，讨论现代化因素在各民族生育转变和生育行为趋同趋势上的重要作用。使用到的定量方法包括：(1)描述统计：主要通过平均值、比例等方式，比较不同民族分类方式的差异和共同点，描绘各民族的生育现状和转变历程。(2)回归分析：通过线性回归、逻辑斯蒂回归和分层模型等统计方法，探究宏观的地区和民族因素和微观的个体特征因素是如何影响女性生育行为的。

4. 各民族生育转变的主要特征

4.1 各民族生育水平快速下降，完成了生育转变

各民族的总和生育率变动历程和汉族相似，呈现持续下降趋势。2020 年汉族的总和生育率为 1.27，少数民族为 1.54。相较于前几次的普查和小普查低龄组有严重漏报问题，2020 年“七普”由于各方面的改进，数据质量较高，能较好地反映现状。尽管少数民族生育水平仍高于汉族，但从绝对水平上看，已经降至很低生育水平，并且跟汉族的差距随时间推移在持续缩小(见图 1)。

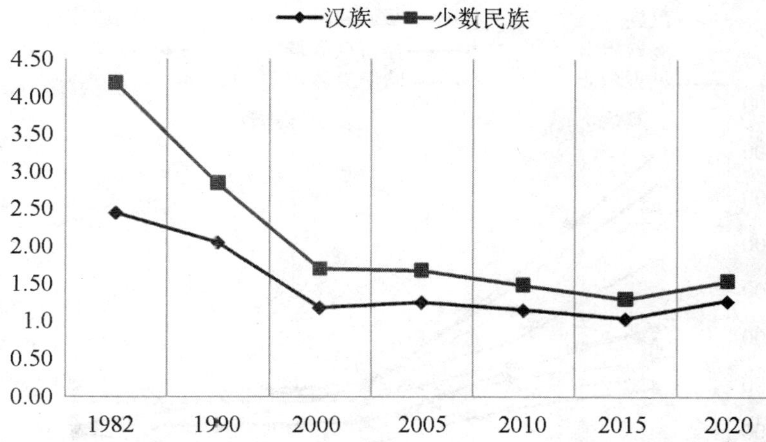

图 1　1982—2020 年汉族和少数民族总和生育率变动

各民族总和生育率变动趋势可以大致分为两个阶段：1982～2000 年为普遍、快速下降阶段，在此期间随着我国经济和社会发展，各民族总和生育率从较高水平快速下降到接近或低于更替水平；2000 年以后总和生育率在低生育率背景下缓慢持续下降，目前各民族普遍处于较低生育水平。

各民族生育转变速度有差异，但目前均已完成生育转变。哈萨克族群起点高、下降速度快，1982 年高达 6.91，2020 年降至低于汉族平均水平。维吾尔族也呈现出起点高、下降速度快的特征。藏族族群则呈现出起始水平和下降速度中等的特点，2020 年成为八大类少数民族（族群）中生育水平最高的族群，总和生育率接近 2。回族族群（含回族、东乡族、撒拉族和保安族）的起始生育水平和下降速度都处于中等，相较于其他民族族群，处于相对较高水平。满族族群（含满族、锡伯族和赫哲族）和朝鲜族则属于起始水平低、始终低于汉族生育水平的民族。蒙古族族群（含蒙古族、达斡尔族、鄂温克族、鄂伦春族）在 1982 年的总和生育率跟回族族群相近，但是下降速度更快，2020 年降至低于汉族的水平。南方各族群 1982 年生育水平较高，总和生育率达到 4.64，之后也经历了快速下降过程，但目前是各民族族群中生育水平相对较高的（见图 2）。

前 15 个在 1990 年除了朝鲜族和土家族外，其他民族均未完成生育转变，到 2000 年，除了布依族外，总和生育率均降至更替以下，完成了生育转变。满族的生育率变动趋势跟其他民族不同，从 1982 年到 1990 年发生了生育率的上升现象，从 2 左右的水平回升至 3.5 左右，之后才进入持续下降历程（见图 3）。

在目前低生育率背景下，各民族在生育水平上呈现差异性。各民族生育水平已经降至更替水平以下。各民族生育水平仍存在差异，在人口规模排名前 15 的民族中，2020 年总和生育率在 1.8 以上的民族有：瑶族、侗族、布依族、彝族、藏族，1.5～1.8 的有苗族、壮族、白族、土家族、回族，低于汉族的民族有蒙古族、满族、维吾尔族、朝鲜族，跟汉族差不多水平的为哈尼族。目前生育率仍处于较高水平的民族基本是南方的各少数民族、藏族和回族。

从活产子女数看，2020 年，平均活产子女数较高的几个民族是东乡族、维吾尔族、撒拉族、门巴族，这几个民族的平均活产子女数均在 1.8 以上；塔吉克族、柯尔克孜族、保安族在 1.7～1.8。而平均活产子女数较低的民族低至 1 以下，这些民族为高山族、锡伯族、赫哲族、鄂伦春族、朝鲜族和俄罗斯族。达斡尔族、鄂温克族和裕固族也相对较低，在 1 左右。全国有 39 个少数民族平均活产子女数高于全国平均水平，15 个少数民族低于全国平均水平，1 个少数民族等于全国平均水平。目前，生育水平比较高的民族首先是维吾尔族，其次是回族，而生育水平比较低的民族是朝鲜族、蒙古族和满族。

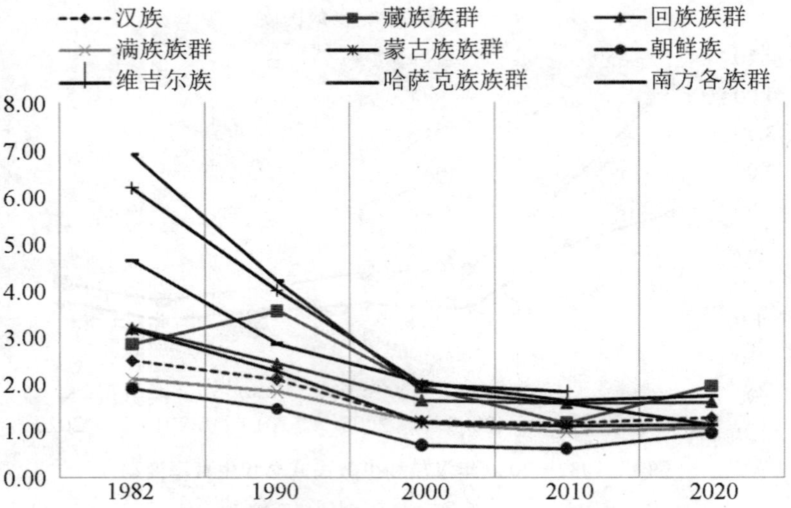

图 2　1982—2020 年各民族族群总和生育率变动

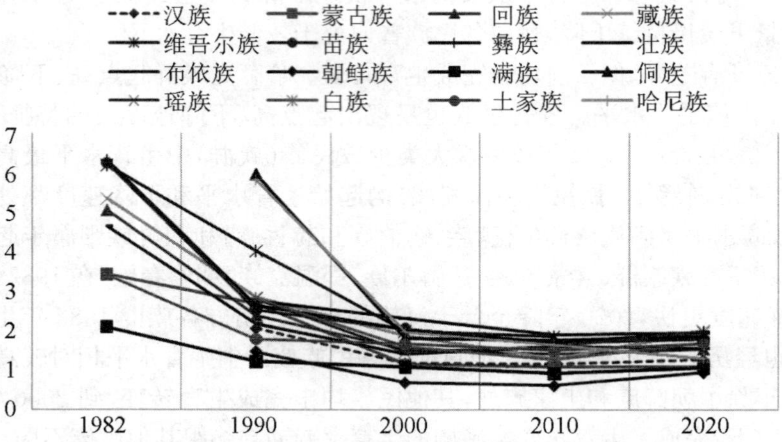

图 3　1982—2020 年各民族总和生育率变动

4.2　生育模式呈单峰、双峰并存现象

在低生育率背景下各民族的生育模式也存在一定差异。藏族族群、南方各族群、哈萨克族族群、蒙古族族群呈单峰模式，生育高峰期集中在 25—29 岁，不同的是，藏族的生育水平较高，而哈萨克族族群生育水平低。回族和维吾尔族呈双峰模式，生育高峰集中在 20—24 和 25—29 岁。朝鲜族、满族族群的生育率曲线也呈双峰模式，但不同的是，这两个民族(族群)生育年龄普遍推迟，两个高峰分别为 25—29 岁和 30—34 岁(见图 4)。

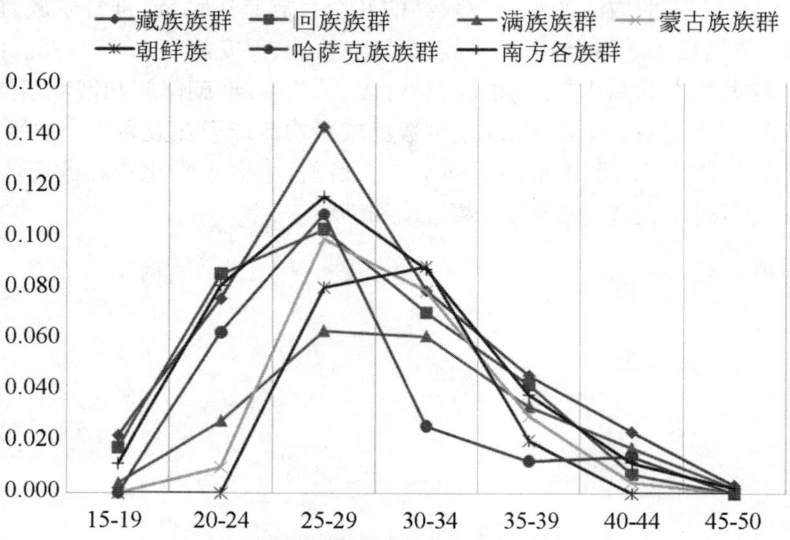

图 4　2020 年各民族族群分年龄生育率

从时间变动趋势看，各个民族的年龄别生育率均表现出生育水平下降(曲线下面积缩小)、生育推迟(曲线峰值后移)、生育年龄更加分散(高窄峰到低阔峰)。不过民族之间差异比较大，比如苗族、彝族，生育高峰期年龄变化不大(见图 5)。

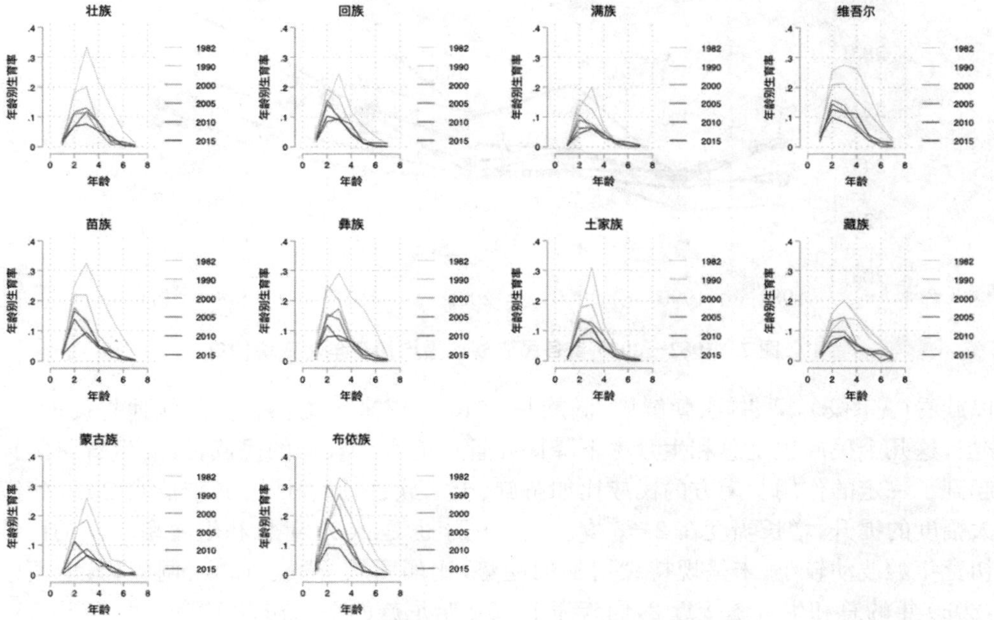

图 5　各民族分年龄生育率变动

4.3　各民族生育时间普遍推迟

各个民族的年龄别生育率均表现出生育水平下降(曲线下面积缩小)、生育推迟(曲线峰值后移)、生育年龄更加分散(高窄峰到低阔峰)的特点。过去 40 年各民族平均初育年龄普遍有明显的推迟趋势。1982 年以来，汉族和少数民族的平均初育年龄呈现出两个明显的阶段：第一个阶段是 1982—2005 年，在上下波动中维持稳定；第二个阶段是 2005—2020 年，平均初育年龄持续、快速上升。汉族和少数民族的平均初育年龄差距进一步缩小，2010 年汉族比少数民族晚 1.56 岁，2015 年缩小到 0.76 岁，2020 年进一步缩小至 0.69 岁(见图 6)。

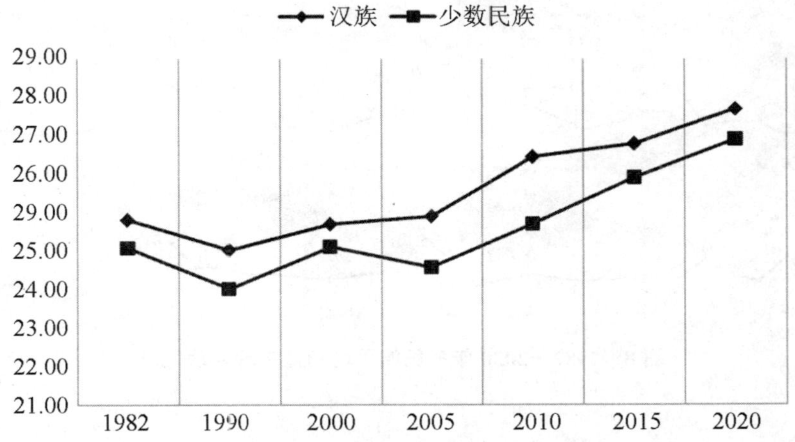

图 6　1982—2000 年各民族平均初育年龄变动(岁)

分民族族群看，2005—2020 年是初育年龄普遍大幅度推迟的时期，其中满族族群、蒙古族族群和朝鲜族是平均初育年龄增长最快的，这些族群的生育水平也较低。2020 年，蒙古族族群和朝鲜族均超过了 30 岁，满族族群也达到了 29.2 岁，均高于汉族的 27.8 岁，南方各族群、维吾尔族、哈萨克族族群和回族族群的平均初育年龄相对较低，回族族群为 25.7 岁(见图 7)。

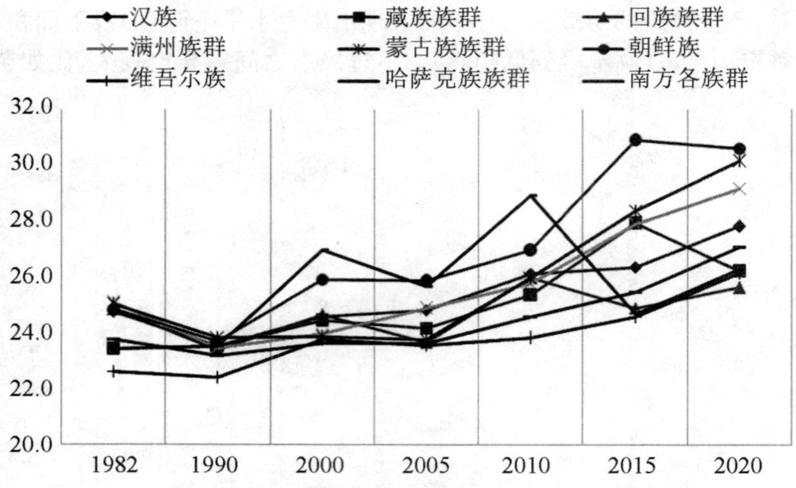

图 7　1982—2020 年各民族族群平均初育年龄变动(岁)

分单个民族看(见图 8),蒙古族、朝鲜族、满族是 2010 年以来平均初育年龄快速提高的几个民族,基本增加了 3—4 岁,这几个民族也是总和生育率下降快并且目前水平较低的民族,说明生育年龄推迟在总和生育率下降中起到了一定的作用。南方的民族比如苗族、土家族、白族、壮族、布依族自 2010 年以来平均初育年龄也有较大幅度的提升,增长幅度在 2—6 岁。这些民族也是 2020 年总和生育率较高的民族。还有一些民族的平均初育年龄波动较小、未呈现持续增加的趋势,比如回族、藏族、瑶族、侗族,其中藏族和瑶族的生育水平较高,2020 年的总和生育率接近 2,侗族为 1.86。哈尼族的平均初育年龄较低,仅为 25.5 岁,但总和生育率也较低 1.27,这种生育时间较早但生育数量少的现象需要未来进一步收集资料讨论。对于维吾尔族,2020 年平均初育年龄为 26.2 岁,在各民族中处于中等水平。

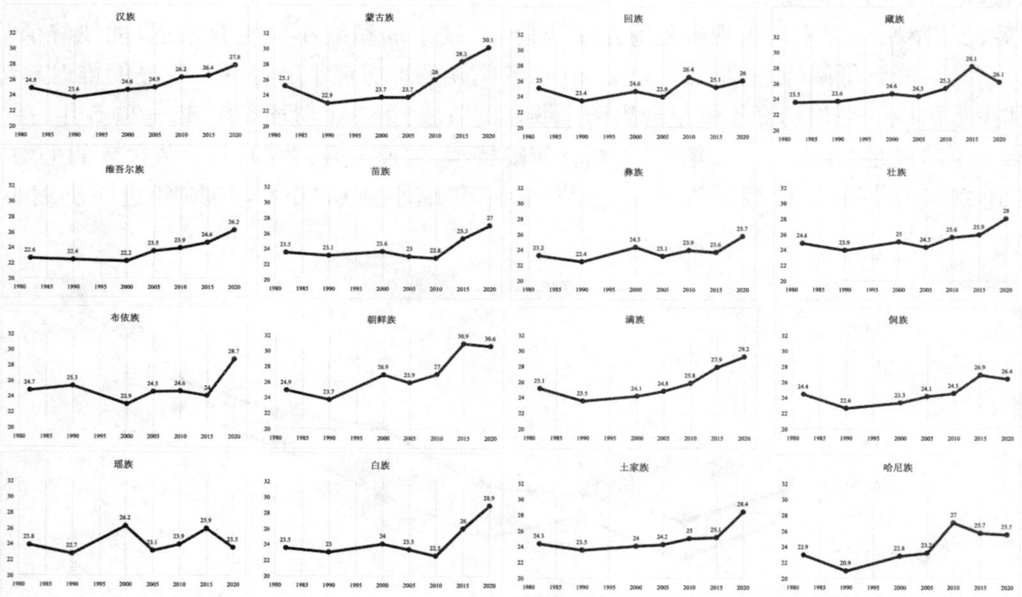

图 8　1982—2020 年各民族平均初育年龄变动(岁)

5. 影响因素讨论

5.1　现代化因素在各民族生育水平下降和生育行为趋同中起重要作用

以教育和流动作为现代化因素的代理变量,考察现代化因素是如何影响各民族生育水平和生育意愿的。总体结果显示,现代化因素不仅在推动生育水平下降中起了非常重要的作用,也驱动各民族在生育数量和生育意愿上趋同。

受教育程度对生育行为一直有着非常显著的作用，受教育程度越高的人生育子女数越少（见图 9）。这样的规律对所有人群均适用，意味着现代化因素如教育在推动生育水平下降中起了非常重要的作用。教育对少数民族生育数量影响效应更大。在初中和小学及以下受教育程度中，少数民族女性的平均曾生子女数显著高于汉族，这在小学及以下受教育程度中尤其明显，而在高中及以上受教育程度的女性中，汉族和少数民族的曾生子女数已经没有了显著的差别，即实现了趋同。

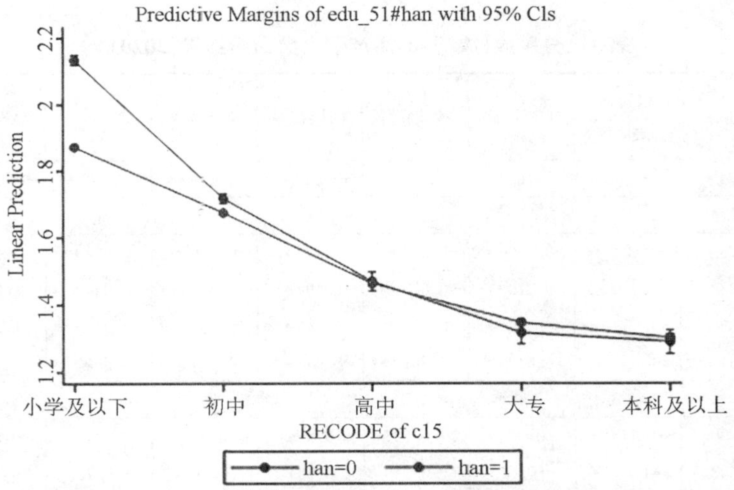

图 9　汉族和少数民族不同受教育程度上预测的活产子女数（2020 年）

注：该图是基于回归模型的预测结果，因变量为女性活产子女数，关键自变量为民族分类和教育，其他控制变量为女性年龄、婚姻状况、职业、流动状况、住房产权、住房面积、汽车价值、城乡居住地、省份。

对于未流动群体，少数民族的活产子女数数显著高于汉族，而流动群体无论是跨地市还是跨省，少数民族和汉族的活产子女数都没有显著差异（见图 10）。

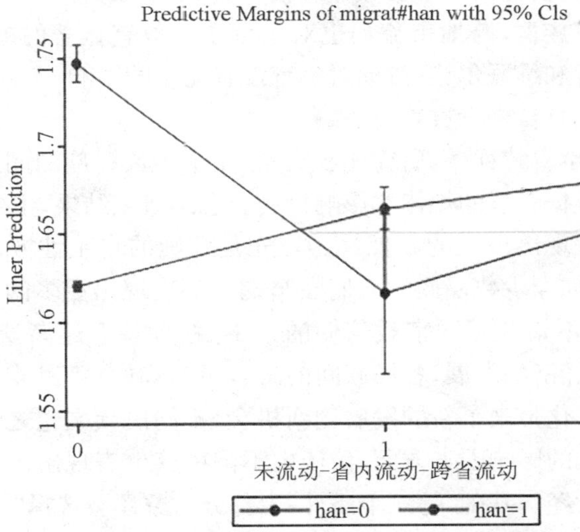

图 10　汉族和少数民族不同流动状态预测的活产子女数（2020 年）

注：该图是基于回归模型的预测结果，因变量为女性活产子女数，关键自变量为民族分类和流动身份，其他控制变量为女性年龄、婚姻状况、职业、流动状况、住房产权、住房面积、汽车价值、城乡居住地、省份。

以上结果充分反映人口流动在降低少数民族生育水平中起着显著的作用。人口流动对少数民族人口的生育行为产生的作用可能的机制有：通过流动接触了多样化的婚育观念，特别是流动经常发生在从农村向城市，城市中的更开放、现代的观念可能会对个体结婚和生育观念产生影响；通过流动，离开了原来的环境，来自原来生活环境的高生育压力和多生氛围可能会减弱；流动本身可能会带来“中断效应”，比如流动行为推迟了结婚和生育，融入新环境感受到的压力也可能会影响婚育行为。

为了探究现代化因素在各民族中作用的差异，这里分民族族群做回归分析。结果显示，总体而言，城镇化、教育和流动对生育子女数都有显著的作用，几乎对于所有民族族群的女性而言，居住在城市地区的女性生育水平更低，受教育程度越高的女性生育水平越低。对部分少数民族群体，流动对生育子女数有显著的减少作用。这些因素对不同的民族族群作用是有一定差异的。比如，与汉族相比，维吾尔族女性和穆斯林群体居住在城市对降低生育子女数有更大的效果。

对于教育，除了满族族群和蒙古族族群这两个跟汉族生育水平差不多的群体，教育对其他少数民族族群的效应更大，比如回族族群、维吾尔族、穆斯林群体等。这也从侧面说明教育提升可以促进各民族生育水平的趋同（见表 1）。

表 1　分民族（族群）的活产子女数回归结果（2020）

	汉族	穆斯林	穆斯林（除回、维）	非穆斯林	藏族族群	回族族群	满族族群	蒙古族族群	维吾尔族	哈萨克族族群	南方各族群
城市	−0.166 ***	−0.284 ***	−0.050	−0.164 ***	−0.279 **	−0.232 ***	−0.136 ***	−0.124 **	−0.313 ***	−0.136	−0.162 ***
受教育程度（以小学及以下为参照组）											
初中	−0.203 ***	−0.375 ***	−0.330 **	−0.250 ***	−0.367 ***	−0.474 ***	−0.156 ***	−0.224 ***	−0.219 ***	−0.176	−0.232 ***
高中	−0.415 ***	−0.681 ***	−0.522 **	−0.473 ***	−0.675 ***	−0.798 ***	−0.333 ***	−0.344 ***	−0.493 ***	−0.353 *	−0.475 ***
大专	−0.531 ***	−0.839 ***	−0.850 ***	−0.609 ***	−0.637 ***	−0.949 ***	−0.381 ***	−0.544 ***	−0.665 ***	−0.692 **	−0.645 ***
本科及以上	−0.578 ***	−0.864 ***	−0.776 **	−0.612 ***	−0.757 ***	−0.948 ***	−0.414 ***	−0.559 ***	−0.800 ***	−0.653 *	−0.667 ***
流动状况（未流动为参照组）											
跨地市流动	0.044 ***	−0.006	−0.711 **	−0.077 *	−0.327	0.078	0.092	−0.108	−0.130	−0.694 *	−0.077 *
跨省流动	0.076 ***	−0.022	−1.597 *	−0.012	−0.340	0.034	−0.021	−0.123	−0.628	−1.118	−0.009
R^2	0.1994	0.2617	0.2456	0.2251	0.1729	0.3011	0.2192	0.2517	0.2444	0.2982	0.1966
N	336954	6262	630	23234	1521	3101	2801	1766	2746	417	16895

流动对汉族和其他少数民族族群的效应显著不同，对于汉族是显著的正向影响，而且流动距离越长影响越大，而对于一些少数民族群体，比如除去回族和维吾尔族的穆斯林群体，流动显著降低了女性生育子女数，与未流动女性相比，跨地市流动的女性活产子女数显著较少 0.71 个，跨省流动则显著减少 1.6 个。对于非穆斯林群题、哈萨克族群和南方各族群，跨地市流动也对生育子女数有显著的减少作用。不过对藏族族群、回族族群、满族族群、蒙古族族群和维吾尔族，流动对生育没有显著的影响。

5.2　第二次人口转变对各民族婚育观念有重要影响

除了使用普查数据分析各民族生育特征外，研究还收集了 41 个少数民族的问卷调查信息和 17 个少数民族的访谈资料信息，进一步探究数据背后的规律和影响机制。总结研究结果，主要有以下五大发现：

第一，各少数民族在婚姻观上表现出极大的相似性。首先是婚姻的自主性方面，传统“父母之命、媒妁之言”的婚姻时代已经成为过去，现如今少数民族的人们在婚姻上都表现出更多的自由和主动性。其次，在婚姻文化的变迁方面，传统的“异族不婚”“不同宗教信仰的人不婚”等观念逐渐淡化，取而代之的是“重感情，轻族别；重人品，轻宗教”。随着经济的发展，各民族间的融合不断加剧，跨民族通婚现象越多，这既是对传统文化的冲击和挑战，也为传统文化带来了新的发展创新机会，不同民族文化之间的交流碰撞，推动着民族文化的发展和进步。此外，在婚姻的影响因素方面，访谈中不同民族也表现出极高的相似性，绝大多数被访者都会选择“品行良好、身体健康、经济基础”等三个条件，少部分对象还会选择“性格好”，“外表好看”等。

第二，各民族在生育观上也具有极高的相似性。对于较低的生育意愿，最突出的影响因素就是“经济条件”，访谈对象普遍反映“孩子太多会导致经济负担过重，养不起”；排在第二位的原因是家长们“精力不足，照顾不了太多孩子”，而我国现有的托育设施还难以满足需求。其次，就理想孩子性别而言，“有儿有女”成为各民族主流的观点，几乎所有的被访者都认为“有儿有女是最理想的也是最期望的孩子性别。

第三，社会性别角色影响人们的生育观。“重男轻女”、“儿子能传宗接代”等传统的带有性别偏好和性别歧视的思想观念在大部分民族和地区都已经淡化甚至是消失，“性别平等，儿女都一样”等思想成为各民族的主流，但是，仍然存在对男性和女性不同社会性别角色的刻板印象，这也在隐性中影响着人们的生育观。

第四，个人自由和自我价值的实现影响人们的婚育观。在当今社会，人们更强调个人的自由与自我表达，自我价值的实现成为越来越多的年轻人所追求的人生意义。这种人生追求的转换也使得如今的家庭也不再以子女为中心，而是以夫妻为中心，人们的婚育观也随之发生变化，不再为了结婚而结婚、为了孩子而生育。正如我们访谈中所发现的，生育的目的已经逐渐从传统的“希望反哺”转变为“自身喜好”，因为喜爱孩子进而才会选择生育。

第五，文化日益剧增的包容性使得婚育观呈现出多元化的趋势。时代的发展和社会的进步使得文化的包容性越来越强，各民族之间的交流和融合使得文化的容纳度越来越广，各民族人民的婚育观在这种包容性日益渐增、互动性日益变强的社会文化的影响下呈现出多元化的特点来.比如我们访谈中就发现，持不婚主义观点的人群数量越来越多，想要成为“丁克一族”的青年男女数量逐渐攀升，对婚姻和生育非常“佛系”、没有具体明确的要求、“无所谓，随缘吧”的人数也非常多。各民族文化的互动使得文化的包容性增强，这种包容性又催生了多元的婚育观。

6. 政策思考

当今中国，以婚姻家庭观念和模式转变为特征的第二次人口转变正悄然发生，第二次人口转变下婚育主体的观念和行为的多元化也将极大影响着中国未来各民族的生育水平变动以及人口发展趋势。对各民族生育转变过程的考察和对各民族生育水平、生育意愿影响因素的分析显示，各民族均进入了低生育率阶段，和现代化紧密相关的社会经济因素和第二次人口转变孕育的婚恋观对生育行为有较大的影响。在生育意愿较低迷的今天，各个民族年轻一代群体不愿多生多育的原因极其相似，即经济负担重、养育成本高、工作压力大、追求个体发展等。

同时调查也发现，虽然现代社会“大家族”观念渐渐消失，但民众普遍认为孩子有一个兄弟姐妹对孩子自身成长是有利的，而这也是大多数家庭选择生育二孩的一个重要原因。目前普婚普育仍是主流趋势，民众普遍有两孩偏好和儿女双全的性别结构偏好。中国重视家庭的文化和对儿女双全性别结构的偏好为促进生育水平的提高奠定了一定的文化基础，如果政策能够有效激发出文化的作用，则对生育率的回升是有重要促进作用的。在当前生育水平低迷的背景下，一些少数民族多育的文化值得深入研究并考虑从政策上进行一定的保护。

在这样的背景下，应当进一步营造生育友好的社会环境，完善生育社会保障等相关措施，在制定生育友好型政策的过程中既考虑各民族的共性，又考虑民族差异性。第一，树立全局性、全程性思维，构建全面立体的家庭生育养育支持体系。从纵向来看，生育养育支持体系不仅仅涉及“生育”这一个阶段，还需要覆盖婚嫁、孕育、生育、养育、教育的全过程；从横向来看，生育养育支持体系应该从婚育假期、生育津贴、劳动权益保障、托幼照料、儿童教育等多层次、全方位地支持家庭生育和儿童成长。第二，提供普惠性、高质量、可信任的0～3岁托育服务是我国家庭生育养育支持体系构建的当务之急和重中之重。第三，要大力宣传倡导新型婚恋观。要依法严厉惩治一些地区仍然存在的“天价彩礼”等婚嫁陋习，降低年轻人群及其家庭的婚姻负担；加强对青年正确婚恋观和家庭观的教育引导，强调婚育对人生的积极意义，消除婚育焦虑和恐惧心理，提高适龄人群的婚育意愿。第三，要加快营造健康的工作环境，切实减轻年轻人的竞争压力。政府和企业应携手共创一个健康的工作环境，政府可以通过经济手段和行政手段改变不健康的竞争文化，鼓励良性竞争，企业也应承担相应的社会责任.如采取限制加班时长、强制员工休假等措施，以降低年轻人的工作压力，鼓励他们回归生活、享受人生。

中国人民大学人口与发展研究中心　靳永爱　王东晖
北京大学城市与环境学院　刘涛
中央财经大学社会与心理学院　张现苓

我国少数民族人口数量与生育水平研究①

中国是一个统一的多民族国家，民族人口发展状况是我国的基本国情。由于历史、地域、传统的因素，民族地区和少数民族人口的进步存在一定的差距。缩小民族间发展差距，使各民族都能融入国家的现代化进程中，是民族人口研究的一项重要研究内容。第七次全国人口普查提供了最新人口数据，为判断当前民族人口现状、变动趋势研究创造了条件。本文利用第七次全国人口普查研究数据，对民族人口数量和变动、人口生育水平及影响因素进行研究。

一、2020 年我国少数民族人口规模及变动

第七次全国人口普查数据显示，2020 年普查登记的大陆 31 个省、自治区、直辖市和现役军人的人口共 140977.87 万人；各少数民族人口为 12531.57 万人，占全国总人口比重为 8.89％。

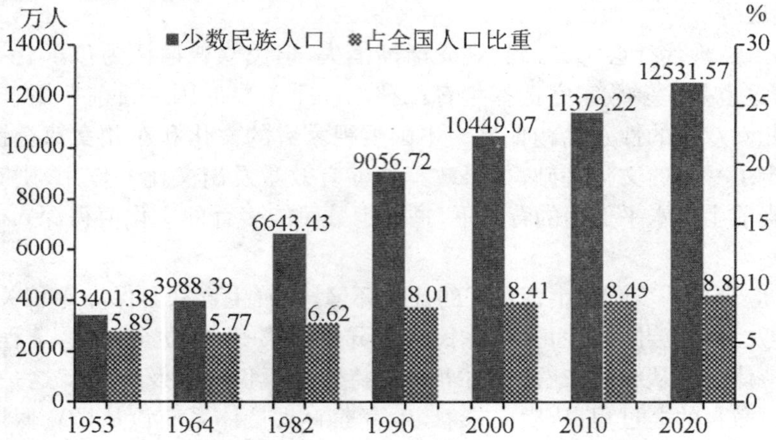

图 1　历次全国人口普查少数民族人口数量及占全国大陆人口比重

数据来源：《1953～1990：中国民族人口资料》，中国统计出版社，1994 年；《中国 2000 年人口普查资料》，中国统计出版社，2002 年；《中国 2010 年人口普查资料》，中国统计出版社，2012 年；《2020 中国人口普查年鉴》，中国统计出版社，2022 年。

与 2010 年相比，全国少数民族人口增加 1335.08 万人，增长了 11.92％，高于全国大陆人口增幅（5.77％）6.15 个百分点。

二、2020 年我国分民族人口数量及变动

2020 年全国 55 个少数民族中，有 5 个民族人口超过 1000 万，有 13 个民族人口在 100 万至 1000 万之间，有 18 个民族人口在 10 万至 100 万之间，有 13 个民族人口在 1 万至 10 万之间，有 6 个民族人口不足万人。具体数据见表 1。

① 根据第七次全国人口普查研究课题《各民族生育情况及生育意愿研究》研究报告缩写

表 1　我国各民族人口规模及排序

单位：万人

人口规模	民族及 2020 年人口数量				
大于 1000 万	1. 壮族	2. 维吾尔族	3. 回族	4. 苗族	5. 满族
	1956.85	1177.45	1137.79	1106.79	1042.33
100 万至 1000 万	6. 彝族	7. 土家族	8. 藏族	9. 蒙古族	10. 布依族
	983.03	958.77	706.07	629.02	357.68
	11. 侗族	12. 瑶族	13. 白族	14. 哈尼族	15. 朝鲜族
	340.60	330.93	209.15	173.32	170.25
	16. 黎族	17. 哈萨克族	18. 傣族		
	160.21	156.25	133.00		
10 万至 100 万	19. 东乡族	20. 傈僳族	21. 畲族	22. 仡佬族	23. 拉祜族
	77.49	76.30	74.64	67.75	49.92
	24. 水族	25. 佤族	26. 纳西族	27. 羌族	28. 土族
	49.59	43.10	32.38	31.30	28.19
	29. 仫佬族	30. 柯尔克孜族	31. 锡伯族	32. 撒拉族	33. 景颇族
	27.72	20.44	19.19	16.52	16.05
	34. 达斡尔族	35. 布朗族	36. 毛南族		
	13.23	12.73	12.41		
1 万至 10 万	37. 塔吉克族	38. 普米族	39. 阿昌族	40. 怒族	41. 鄂温克族
	5.09	4.50	4.38	3.66	3.46
	42. 京族	43. 基诺族	44. 保安族	45. 德昂族	46. 俄罗斯族
	3.31	2.60	2.44	2.24	1.61
	47. 裕固族	48. 乌孜别克族	49. 门巴族		
	1.47	1.27	1.11		
1 万以下	50. 鄂伦春族	51. 独龙族	52. 赫哲族	53. 珞巴族	54. 塔塔尔族
	0.92	0.73	0.54	0.42	0.35
	55. 高山族				
	0.35				

数据来源：《2020 中国人口普查年鉴》，中国统计出版社，2022 年。

与 2010 年相比，壮族人口数量持续保持第 1 位，维吾尔族人口数量在 55 个少数民族排序从第 4 提升到第 2，回族人口从第 2 降到第 3，满族人口从第 3 降到第 5。苗族人口从百万规模提升到千万规模，人口数量排在第 4 位。

按现在人口规模、人口年龄结构及生育水平，到 2030 年第八次人口普查，彝族、土家族人口将超过一千万，届时我国人口规模达千万的少数民族将达到 7 个。

按人口数量多少，将我国少数民族分成 5 类，具体类别情况见表 2。

表 2　2010—2020 年我国各少数民族人口规模及构成的变化

人口规模	2010 年		2020 年	
	人口数(万人)	占少数民族人口比例(%)	人口数(万人)	占少数民族人口比例(%)
1000 万以上	4796.98(4 族)	43.09	6421.22(5 族)	51.18
100 万～1000 万	5691.66(14 族)	51.13	5317.29(13 族)	42.38
10 万～100 万	606.14(18 族)	5.44	668.95(18 族)	5.33
1 万～10 万	34.48(13 族)	0.31	37.15(13 族)	0.30
低于 1 万	3.22(6 族)	0.03	3.31(6 族)	0.03

数据来源：《中国 2010 年人口普查资料》，中国统计出版社，2012 年；《2020 中国人口普查年鉴》，中国统计出版社，2022 年。

2010～2020 年，我国各少数民族人口增长率呈现多元化趋势。有 34 个少数民族人口年均增长率高于全国平均水平，有 21 个少数民族年均增长率低于全国平均水平，其中 7 个民族处于负增长。具体分类表 3。

从两次人口普查统计数据看，2010～2020年各少数民族人口增长率可以看出少数民族人口变化的特点：

第一、人口高速增长的有仫佬族、撒拉族、布依族、东乡族、仡佬族5个民族。这5个少数民族人口年均增长率在2.09％－2.52％之间，高于全国1964－1982年的人口增长水平（2.07％）。

表3　2010－2020年各民族人口年均增长率

年平均增长率(％)	民族数量	民族别
2.09以上	5	仫佬族、撒拉族、布依族、东乡族、仡佬族
1.58～2.06	9	毛南族、保安族、侗族、乌孜别克族、水族、瑶族、苗族、京族、维吾尔族
0.54～1.46	20	壮族、珞巴族、土家族、彝族、藏族、基诺族、鄂温克族、阿昌族、黎族、柯尔克孜族、德昂族、傈僳族、景颇族、白族、回族、哈萨克族、布朗族、鄂伦春族、独龙族、门巴族
0.00～0.53	14	傣族、畲族、蒙古族、普米族、俄罗斯族、哈尼族、拉祜族、裕固族、羌族、锡伯族、赫哲族、满族、佤族、达斡尔族
0以下	7	塔吉克族、塔塔尔族、纳西族、怒族、土族、朝鲜族、高山族

数据来源：同表2。

第二、人口较高速增长的有9个民族，年均增长率在1.58％－2.06％之间，高于全国1982～1990年间的人口增长水平（1.48％），包括侗族、瑶族、苗族、维吾尔族4个百万人口以上的少数民族。

第三、人口中速增长的有20个民族，年均增长率在0.54％～1.46％之间，包括壮族、土家族、彝族、藏族、黎族、白族、回族、哈萨克族8个百万人口以上的少数民族。

第四、人口低速增长的民族有14个，年均增长率低于全国平均水平，在0－0.53％之间。包括傣族、蒙古族、哈尼族、满族4个百万人口以上少数民族。

第五、有7个少数民族人口为负增长，年均增长率在－1.41％～ －0.03％之间，具体为塔吉克族、塔塔尔族、纳西族、怒族、土族、朝鲜族、高山族。塔塔尔族从1990年至今已连续30年人口在减少，朝鲜族、高山族从2000年至今已连续20年人口在减少。这3个民族人口减少问题在第6次全国人口普查后，有单位进行开展相关研究，已有明确结论。塔吉克族、纳西族、怒族、土族这4个民族的2010－2020年间人口减少问题，需要进行专门的研究。

三、我国少数民族人口增速较高的原因分析

2010年－2020年，全国少数民族人口增长了11.92％，是全国大陆总人口增幅（5.77％）的2.06倍。从两次人口普查间人口增长数量上看，2010－2020年全国少数民族人口增长数量由2000－2010年的673.97万人，提高到1335.08万人，提高了0.98倍；2010～2020年全国少数民族人口年平均增长率由2000－2010年的0.62％，提高到1.13％，提高了0.82倍，这个增长幅度与当前我国民族地区社会发展大环境和各民族人口发展进步态势相背离，真实情况需要进行分析。

一个原因是"六普"民族人口数量比真实数量低，即"六普"出现漏报。"六普"民族人口漏报包括两部分，一是0－9岁组漏报。一般情况下，普查时0－9岁人口都要出现一定程度的漏报。从"六普""七普"的分年龄人口数据看，我们民族人口"六普"0－9岁各年龄的人口数低于"七普"10－19岁各年龄人口数。用"七普"的10－19岁各年龄人口数及"六普"分年龄的人口死亡率，反推出2001－2010年出生人口数为1829.75万人，与"六普"0－9岁人口相比，漏报157.17万人。二是20－49岁年龄段人口漏报。用"六普""七普"数据对比，我国部分民族的"六普"20－49年龄段人口低于"七普"的30－59岁年龄人口数量，我国18个百万人口以上少数民族中有9个民族2010年20－49岁年龄段人口，到2020年出现人口增加的现象，增加130.21万人。利用"七普"的30－59岁年龄段人口数据、"六普"20－49岁年龄段的人口死亡率，反推出2010年我国少数民族20－49岁民族人口漏报161.04万人。

第七次人口普查采取了多项新措施，如启用了电子化方式采集数据，采用了身份证登记项目。这些措施提高了第七次人口普查的数据质量，给出了我国民族人口的精确结果。

我国民族人口增长幅度比较大的第二个原因是族际通婚所生子女的民族身份选择。受我国民族政策影响，我国族际通婚子女身份的选择是“汉少从少，少少从小”，增加了各民族出生人口数量。如果按照通婚夫妻的民族人口数量，按比例分配通婚所生子女的民族身份，则我国民族人口的出生数量还要降低。

2020 年我国少数民族族际通婚比例达到 25.61%，处于生育旺盛期(20—35 岁)年龄段人口的平均族际通婚率达到 30%，其中与汉族通婚的比例达到 77%，如果按通婚夫妻的人口数量按比例分配通婚所生子女的民族身份，2010—2020 年民族出生人口将减少 228.21 万人。综合以上两方面分析，2010—2020 年我国少数民族人口增速为全国人口增速的 1.25 倍。

目前，由于我国少数民族整体上的农村人口比例比较高，生育观念转变比汉族人口延迟，未来一段时间内我国民族人口总体生育水平还将高于汉族，少数民族人口占全国总人口的比例将继续提升。从历次人口普查数据看，我国民族人口占全国大陆总人口的比例呈现缓慢增长态势，预计到第八次全国人口普查，我国民族人口占全国大陆总人口的比例将超过 9%。虽然当前存在局部地区民族人口高生育情况，但各民族整体情况与全国水平的差距在缩小，民族人口的生育水平将持续与全国水平趋近。未来我国民族人口占全国大陆总人口比例将继续有一段时间的提升，但最后将趋于一个稳定比例。

四、我国少数民族的生育水平

1. 我国少数民族的一般生育率

2020 年的全国人口一般生育率为 37.20‰，汉族一般生育率为 36.25‰，少数民族一般生育率为 46.23‰，少数民族一般生育率高于全国一般生育率 9.04 个千分点。

2020 年 55 个少数民族一般生育率相差悬殊，最高的为京族(93.86 ‰)，最低的为朝鲜族(21.06‰)。6 个民族低于全国水平，依次为朝鲜族(21.06‰)、维吾尔族(23.45‰)、柯尔克孜族(31.03‰)、塔塔尔族(31.47 ‰)、哈萨克族(31.97 ‰)、乌孜别克族(32.97‰)。49 个民族的人口总生育率高于全国水平，其中超过全国水平 2 倍的民族有 4 个民族，依次为京族(93.86‰)、东乡族(87.51‰)、保安族(84.19‰)、怒族(76.27‰)。

2010—2020 年，全国人口一般生育率从 36.30‰提高到 37.20‰，增加了 0.9 个千分点，汉族人口一般生育率从 34.83‰提高到 36.25‰，增加了 1.42 个千分点，少数民族人口一般生育率从 52.48‰降低到 46.23‰，降低了 6.25 个千分点。2020 年少数民族人口一般生育率高于全国平均水平，但最近 10 年少数民族人口一般生育率呈现降低趋势，与汉族生育水平差距向缩小方向发展。

一般生育率变动方面，10 年间 55 个民族总生育率变动差距明显，有 27 个民族人口一般生育率呈现增长态势，28 个民族出现下降趋势。

2. 我国少数民族出生孩次构成

出生孩次构成用来反映出妇女生育强度，也可能反映出各胎次出生人数所占比重。

2020 年，全国大陆人口出生孩次构成为 45.78%：43.09%：11.13%，少数民族出生孩次构成为 42.90%：40.81%：16.29%。少数民族一孩比例、二孩比例低于全国平均水平 2.88 个百分点和 2.28 个百分点，三孩及以上比例高于全国平均水平 5.16 个百分点。

与 2010 年相比，少数民族一孩比例下降，降低 11.55 个百分点，二孩比例上升，提高 7.34 个百分点，三孩及以上比例有所上升，提高 4.21 个百分点。

2010 年少数民族一孩率低于全国平均水平 7.57 个百分点，二孩、三孩及以上比率高于全国平均水平 2.02 个百分点和 5.55 个百分点。与 2010 年相比，2020 年少数民族一孩、三孩及以上比例与全国平均水平的差距都有所缩小。少数民族二孩比例从 2010 年比全国平均水平高到 2020 年比全国平均水平低。总的来看，从 2010 年到 2020 年，少数民族出生孩次构成逐步向全国平均水平的情况靠近。

2020 年，18 个百万人口以上少数民族中，蒙古族、维吾尔族、朝鲜族、满族、白族、土家族、哈萨克族 7 个民族一孩率高于全国平均水平。其中朝鲜族、满族、蒙古族 3 个民族一孩率高于全国平均水平，而二、三孩及以上比例均低于全国平均水平，从出生孩次构成说明这三个民族处于比较低的生育水平，2020 年这三个民族的总和生育率也低于全国平均水平。

18 个百万人口以上少数民族中，有 10 个民族一孩率低于全国平均水平，三孩及以上比例高于全国平均水平。其中 4 个民族三孩及以上比例远远高于全国平均水平，具体为：藏族（30.40%）、彝族（23.98%）、哈尼族（23.30%）、瑶族（21.34%）。

3. 2020 年各民族的总和生育率

2020 年全国人口总和生育率为 1.30，汉族为 1.27，少数民族人口总和生育率为 1.53，比全国人口总和生育率高 0.23。

2020 年全国 18 个百万人口以上少数民族总和生育率全部低于人口更替水平。18 个民族中，有 13 个民族的总和生育率高于全国平均水平。从地域分布上看，除回族外，其他 12 个总和生育率高于全国大陆人口平均水平的民族，世居地均为我国西南地区。世居地为东北内蒙古地区、西北地区的满族、蒙古族、朝鲜族、维吾尔族、哈萨克族的总和生育率处于较低水平。

五、影响我国少数民族生育水平的因素

一个民族的生育情况与该民族的年龄结构、城镇化、人口流动、受教育情况的变化有关。“七普”数据显示，从 2010 年以来，影响我国少数民族生育的这些因素发生显著变化。

1. 我国少数民族人口的年龄结构

2020 年全国人口总的年龄中位数为 39.42 岁，少数民族的年龄中位数为 32.76 岁，低于全国水平 6.66 岁，少数民族年龄结构相对较轻。18 个百万人口以上民族中，17 个民族的人口年龄中位数低于全国人口的年龄中位数。朝鲜族人口年龄中位数达到 48.33 岁，满族年龄中位数接近全国水平，其他民族均低于全国水平，维吾尔族人口年龄中位数比较低，为 28.78 岁。

从 2010 年到 2020 年，全国人口的年龄中位数提高了 3.49 岁，少数民族人口年龄中位数提高了 2.68 岁，低于全国人口的增长量，少数民族人口较年轻，且老化速度低于全国总体水平。

2020 年全国人口 0—14 岁、15—64 岁和 65 岁及以上为 17.95%：68.55%：13.50%，少数民族人口的三大年龄组构成为 23.56%：67.16：8.28%。少数民族人口的 0—14 岁年龄组比例高于全国 5.61 个百分点，而 65 岁及以上人口比例低于全国 4.22 个百分点，总体而言，少数民族人口低年龄组比例高，高年龄组比例低，整体年龄结构偏年轻。

2010—2020 年，全国 0—14 岁年龄组人口比例增加了 1.35 个百分点，少数民族 0—14 岁年龄组人口比例增加了 6.95 个百分点；全国 65 岁及以上年龄组人口比例增加 4.63 个百分点，少数民族 65 岁及以上年龄组人口比例仅增加了 0.36 个百分点。最近 10 年，我国少数民族人口低年龄组人口比例大幅提高，而高年龄组增幅很低。

从以上年龄中位数和三大年龄组构成变动看，我国少数民族整体年龄结构偏年轻，未来的生育潜力比较大。

2. 我国少数民族的城镇化情况

2020 年我国少数民族城镇化率达到 49.19%，即我国少数民族一半人口生活在乡村。2020 年全国常住人口城镇化率达到 63.84%，少数民族低于全国水平 14.65 个百分点。

从 2010 年到 2020 年，全国常住人口城镇化率提高了 13.57 个百分点，少数民族常住人口城镇化率提高了 16.35 个百分点。我国少数民族常住人口城镇化率低于全国水平，但城镇化率进步程度高于全国水平。

我国 18 个百万人口少数民族中，朝鲜族常住人口城镇化率超过全国水平，其他均低于全国水平，其中回族、蒙古族、满族接近全国水平，其他 14 个民族城镇化水平低于全国水平，其中 11 个民族低于 2010 年全国常住人口城镇化率，藏族最低，城镇化率为 34.94%。

从城镇化现状看，我国少数民族人口生育率高于全国平均水平有着现实的社会背景，但随着各民族城镇化率的提高，生育率必然出现下降的趋势。

3. 少数民族人口流动情况

2020 年全国流动人口达到 37581.68 万人，流动率提高到 26.66%，全国每四人中有一人在流动。2020 年我国民族流动人口达到 3371.30 万人，占全国流动人口（37581.68 万人）的 8.97%，略高于少数民族总人口占全国总人口的比重（8.89%）。2020 年我国民族人口流动率为 26.90%，我国少数民族人口总体的流动水平已超过全国平均水平。

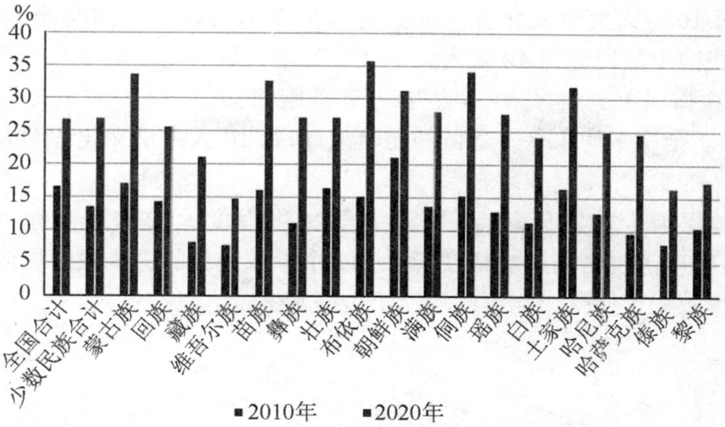

图 2　我国 18 个百万人口以上少数民族的人口流动率及变动

2010 年第六次全国人口普查，全国少数民族流动人口为 1502.25 万人，占全国流动人口的比例为 6.81%，少数民族人口流动率为 13.52%，低于全国人口流动率 3.06 个百分点。

2010—2020 年，我国少数民族人口流动人口增加了 1869.05 万人，增长率达到 124.42%，是全国流动人口增长率(70.03%)的 1.78 倍。民族人口流动率从低于全国水平到超过全国水平，少数民族流动人口占全国流动人口的比重从低于少数民族总人口占全国总人口的比重，到超过少数民族总人口占全国总人口的比重。最近 10 年，我国民族人口流动活跃，流动人口增长迅猛，流动态势发生了全新的变化，各民族人口大流动大融居趋势不断增强。

当前，各民族迁徙流动的人口规模、迁徙流动的网络复杂程度、涉及的民族和地区数量，都达到中国几千年历史上所有和平年代情况下的最好结果。我国少数民族人口流动进入一个新的发展态势，大量农村劳动力进入城市工作、生活，必然生活环境的改变，使得人口生育模式发生转变。研究表明，随着人口流动率的提高，带动少数民族人口生育水平的下降。

4. 少数民族受教育状况

2020 年全国每 10 万人大学文化程度人数达到 15467 人，我国少数民族每 10 万人大学文化程度人数达到 11596 人，为全国水平的 74.97%，与全国水平的差距为 3871 人。

表 4　18 个百万人口以上少数民族每 10 万人大学文化程度人数

单位：人

民族别	2010 年	2020 年	增长量	增长率(%)
合计	8390	15467	7077	84.35
汉族	8400	15780	7380	87.86
少数民族	7139	11596	4457	62.43
蒙古族	14244	22230	7986	56.06
回族	9359	13896	4537	48.48
藏族	5473	11047	5574	101.85
维吾尔族	6347	9364	3017	47.53
苗族	4405	8183	3778	85.76
彝族	3784	7773	3989	105.41
壮族	5649	9802	4153	73.51
布依族	4545	8908	4363	96.01
朝鲜族	15959	19464	3505	21.97
满族	11369	17681	6312	55.52
侗族	6171	10999	4828	78.23
瑶族	5547	8641	3094	55.78
白族	7964	14606	6642	83.40
土家族	7203	12449	5246	72.83
哈尼族	3029	6757	3728	123.07
哈萨克族	8821	14836	6015	68.19
傣族	4035	7671	3636	90.10
黎族	3952	7961	4009	101.44

数据来源：中国 2010 年人口普查资料 、中国 2020 年人口普查研究数据。

2010 年少数民族每 10 万人大学文化程度人数为全国水平的 85.01%，与全国水平的差距为 1251 人。从 2010 年到 2020 年，我国少数民族每 10 万人大学文化程度人数与全国水平的差距有所扩大。

2020 年 18 个百万人口以上少数民族中，蒙古族、朝鲜族、满族每 10 人大学文化程度人数超过全国平均水平，其他 15 个民族低于全国平均水平。最低的是哈尼族，每 10 人大学文化程度人数为 6757 人，仅为全国水平的 43.69%。

2010 年到 2020 年，我国少数民族每 10 万人大学文化程度人数的进步幅度仅为全国进步幅度的 62.98%，蒙古族的进步幅度超过全国进步幅度，其他 17 个少数民族的进步幅度均低于全国进步幅度。从教育对生育水平影响看，少数民族所受影响程度均低于全国水平。

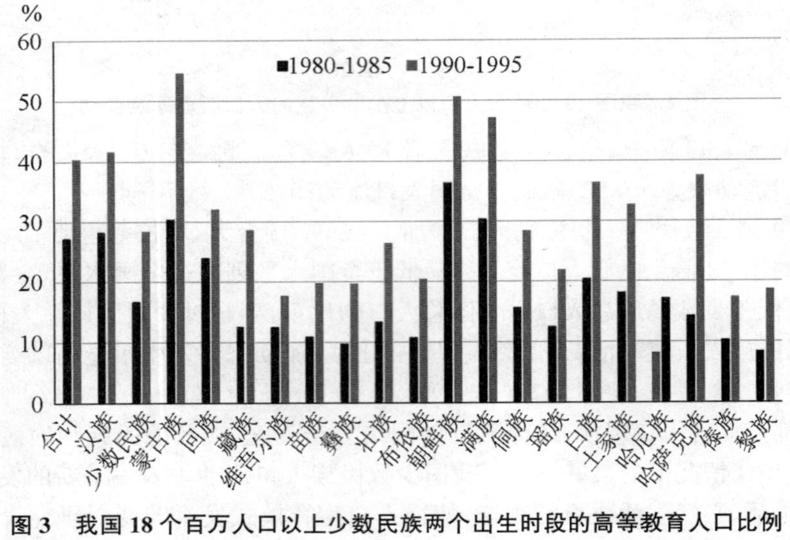

图 3　我国 18 个百万人口以上少数民族两个出生时段的高等教育人口比例

图 3 为我国 18 个百万人口以上少数民族的 1980—1985 年、1990—1995 年出生人口的高等教育教育人口比例。1980—1985 年出生的人口在 2010 年时的年龄段为 25—30 岁，是当时生育主体，1990—1995 年出生的人口在 2020 年时的年龄段为 25—30 岁，是"七普"时的生育主体。2020 年我国少数民族 25—30 岁人口的高等教育人口比例为 28.35%，比 2010 年该年段人口的高等教育人口比例提高了 11.64 个百分点。

研究表明，受教育水平越高，生育率越低。少数民族高等教育人口比例的提高，客观上使得生育水平下降。

从 2010 年到 2020 年，少数民族城镇化率、流动率、和高等教育人口比例三个指标都有一定程度的提升，这是少数民族和民族地区进步发展的直接体现，但传统的生育观念也会快速消失，在其他因素或社会大环境发生好的转变前提下，少数民族生育水平必然逐步走低。

族际通婚率的升高受少数民族城镇化率、流动率、和高等教育人口比例提升影响，并不能对全国人口生育数量直接产生影响，但能影响出生人口的民族身份选择，在现有民族政策不变的前提下，该指标的提高能够支持民族人口数量的增加。

中央民族大学 理学院　徐世英

内蒙古自治区少数民族人口研究

“七普”是我国的一项重要的普查工作，以此次统计结果作为支撑，利用统计方法，研究内蒙古自治区少数民族人口情况，在向第二个百年奋斗目标进军的第一个五年之际更具有重要的现实意义。通过课题的研究，掌握内蒙古自治区少数民族人口现状，与全区人口情况差异性对比分析，是为做好新形势下的民族工作，完善少数民族地区人口发展战略和政策体系，加快民族地区发展、促进各族人口长期均衡发展作支撑。

一、内蒙古少数民族人口发展现状

（一）少数民族人口增长显著

2020年内蒙古现有常住人口为2404.92万人，与2010年“六普”的常住人口2470.63万人相比，下降2.66%；现有少数民族常住人口511.36万人，与“六普”505.56万人相比，上升1.15%，少数民族常住人口增长显著。在民族生育政策的支持下，内蒙古少数民族人口发展表现出与内蒙古人口发展不同的趋势，十年来少数民族人口得到提升，在一定程度上减少了内蒙古人口下滑趋势。

内蒙古拥有56个民族。内蒙古依然是多民族交融、交合发展的地区，各少数民族像石榴籽一样紧紧抱在一起，你中有我、我中有你，共同发展。

（二）少数民族女性人口多于男性人口

2020年内蒙古性别比由“六普”的108.05下降到104.26，其中2020年少数民族性别比为99.26。少数民族的性别比与总人口的性别比表现出一定的差异性。十年的发展，内蒙古男性人口多于女性人口，差距在缩小。而少数民族则表现为女性人口多于男性人口，少数民族不同性别人口比例在一定程度上调整了我区人口的性别比。

（三）少数民族城市化率水平显著提升

2020年，少数民族在城市、镇和村都有分布。与“六普”相比，少数民族分布在城市和镇的比例都有较大的提高，乡村比例下降。十年的发展让少数民族更多的从乡村走到镇、走到城市，少数民族更多的向城市发展，享受城市的基础设施和公共资源，少数民族生活水平得到显著提高。

（四）少数民族人口行业分布更加合理

2020年，全区少数民族中从事第一、第二、第三产业的分别占39.14%、12.66%、48.20%；经过十年的发展，少数民族人口就业结构发展与我区的经济发展契合度更高，少数民族生活水平得到有效提升。

（五）少数民族人口红利凸显

2020年，全区的劳动年龄人口占比为72.9%，少数民族的劳动年龄人口占比为71.83%，与汉族的73.19%相比低1.36个百分点，二孩政策的实施在一定程度上促进了汉族人口生育；经过十年发展，少数民族人口年龄结构为成年型，更具有发展潜力，而汉族人口年龄结构老年型更加明显。

综上可知，内蒙古少数民族人口发展充分展现了在中国共产党领导下，内蒙古繁荣发展的光辉历程。新中国成立后，在国家大力开发建设边疆、促进民族地区加快发展等方针政策引领下，内蒙古生产力、教育、全民健康等方面水平大幅提升，随着民族区域自治制度以及一系列扶持政策实施，内蒙古多民族更加融合发展，内蒙古少数民族在内蒙古高质量发展中必将贡献更大的力量。

二、内蒙古少数民族与常住人口发展差异性分析

（一）人口年龄结构差异性分析

1. 老龄化情况

全区少数民族人口中，0—14岁人口占全部人口的20%，15—64岁人口占全部人口的71.8%，60岁以

上老年人占全部人口的 13.3%，65 岁以上老年人占全部人口的 8.1%。少数民族老年抚养比为 11.3%，总抚养比 31.3%。少数民族的少儿占比高于全区平均水平 2.7 个百分点，老年抚养比低于全区 6.6 个百分分点，少数民族人口结构优于全区的人口结构。

2. 分年龄人口结构情况

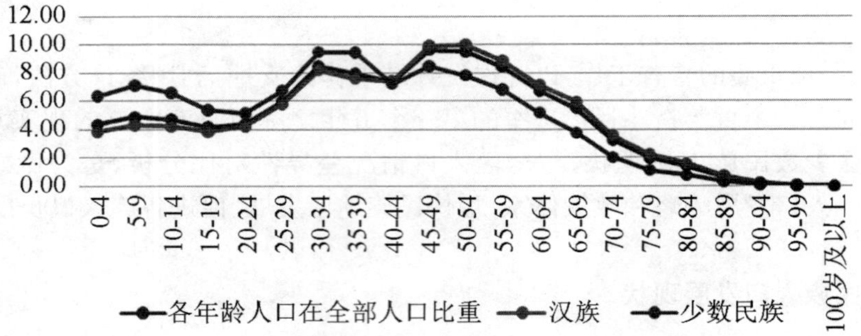

图 1 全区各民族分年龄人口比例(%)

分汉族和少数民族人口来看，全区少数民族 0—14 岁少年人口比例更高，65 岁以上在全部人口比重更低，15—64 岁人口略低。少数民族一直实施生育优惠政策对于增加少数民族劳动力具有一定的效果，少数民族人口红利明显高于汉族，发展潜力也远高于汉族人口，老年抚养比来看，养老压力也小很多。全区、汉族和少数民族的育龄妇女在女性的占比分别为 47.4%、46.4%和 51.2%，同时与相对宽松的生育政策，可知，少数民族人口发展潜力远高于汉族人口。

(二)教育情况差异化分析

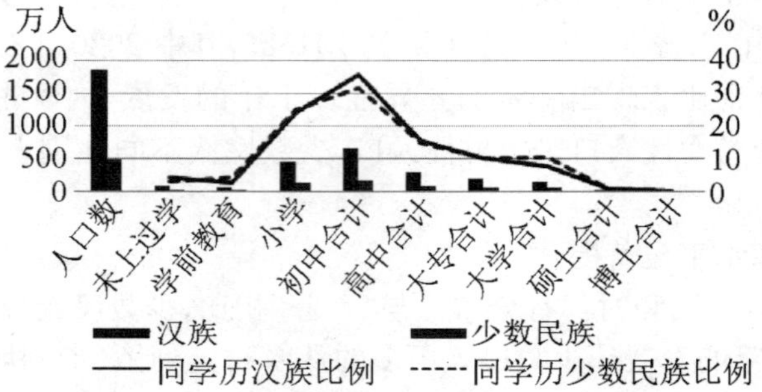

图 2 各民族受教育情况

对全区的分民族受教育情况来看，汉族和少数民族整体受教育情况呈现为以初中教育为峰谷，右偏态正态分布。未上过学、学前教育和博士、硕士较低，小学教育、初中、高中、大学、大专相对较多，初中教育为峰谷。少数民族和汉族呈现相同的趋势，少数民族和汉族获得了同等教育成果。

较低学历中，村的比例最高，较高学历中城市的比例高。无论是汉族还是少数民族城市的受教育程度高于镇，镇的高于村。对于村的教育优惠政策依然需要长期坚持，并且应适当加大扶持力度。

(三)户籍及居住地情况差异性分析

一半以上的少数民族居住地与户籍地一致。少数民族相对于汉族流动性稍低，且少数民族男性流动性低于少数民族女性。少数民族男性和女性获得了均等的在港澳台或国外工作学习机会。

需要注意的是，从城市、镇和村的情况分别来看，原住本乡、镇、街道，现在港澳台或国外工作学习，虽然这部分在全部人口中占比不高，但是却出现了村高于城市高于镇。农村经济条件较以前有较大提高，为港澳台或国外工作学习提供了经济支撑。

(四)各民族分生育孩次分的育龄妇女的差异性分析

按生育孩次分的已生育的育龄妇女中，生育一孩最多，占比都超过了一半，少数民族生育的占比高于全区总体情况。其次是二孩，占比也都超过了 40%。三孩中少数民族高于全区常住人口，但也只接近 4%；四孩以上的占比都不足 1 个百分点。三孩政策潜力较大。

（五）各民族各行业从业情况

从少数民族的各行业从业人员的情况来看，从业人员最多的是农、林、牧、渔业，占少数民族人口比重的39%，比汉族的25%高了14个百分点；其次是从事批发和零售业，少数民族从业比重比汉族低3个百分点；再次是建筑业和制造业占少数民族人口比重的5%，比汉族低了3个百分点；制造业中少数民族占比为5%，少数民族占比为5%比汉族低4个百分点。

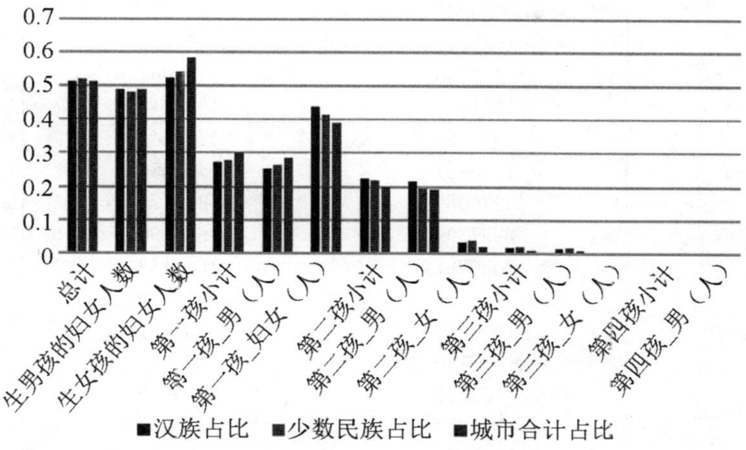

图3　各民族、生育孩次分的育龄妇女情况

三、内蒙古人口发展预测

采用经典的Leslie矩阵模型，利用“七普”统计数据，对未来5年人口结构进行预测。其中Leslie矩阵模型考虑育龄妇女情况和男性对于人口发展的影响，通过生育率、死亡率和出生性别比，构建双性别的Leslie模型，三孩政策实施效果分好、中、一般情况，对人口的生育率进行预测，在生育率预测基础上，结合育龄妇女的数量进行人口预测，进而得到人口发展规模的置信区间。将三孩政策的预测结果与没考虑三孩政策的预测结果，和“七普”时的数据进行比对，得出未来5年，即2025年我区人口的发展情况。忽略人口迁入迁出影响，以及考虑少数民族各年龄段妇女生育率、各年龄段的存活率等关键指标不可得，为了研究更有意义，本部分只对全区人口发展进行预测。

（一）双性别Leslie模型

对有关人口的数据分成19个年龄组，即0～90岁及其以上，年龄间隔为5岁，构建一个列向量。通过年龄别生育率、存活率（死亡率）构建转移矩阵，求解特征向量，以求达到稳定的年龄结构构成。

初始人口 $P^{(0)}$

$$P^{(0)}=(p_0,p_5,\cdots,p_{85},p_{95+})'$$

有19个元素，对应0～90岁18个5岁年龄分组及90以上1个开放的年龄组。向量前18个元素是对应分组年龄的实际人口数，最后一个元素对应90岁及以上年龄组的人口数。

存活矩阵S是一个19×19，各元素是相应年龄组的存活率，参考Keyfitz&Caswell（2005），对于一个5年期内的5岁跨度的年龄组的死亡率，利用跨度年龄组各年龄的死亡率，记为 $d_i, d_{i+1}, \cdots, d_{i+5}$，用 $\exp(-\sum_{n=1}^{5} d_{i+n})$ 为5年期存活率的值。

$$S=\begin{bmatrix} 0 & 0 & \cdots & \cdots & \cdots & 0 \\ s_0 & & & & & \\ & s_5 & & & & \\ & & \ddots & & & \\ & & & \ddots & & \\ & & & & s_{85} & s_{90+} \end{bmatrix}$$

表 1　全区各年龄段人口情况

单位：人

分组(岁)	常住人口	汉族人口	少数人口
0—4	1055656	729467	326189
5—9	1184065	819807	364258
10—14	1137952	801145	336807
15—19	1005267	730249	275018
20—24	1063742	799425	264317
25—29	1450355	1103661	346694
30—34	2042455	1557418	485037
35—39	1923895	1440143	483752
40—44	1780481	1411258	369223
45—49	2320088	1886777	433311
50—54	2297399	1897090	400309
55—59	2030567	1681153	349414
60—64	1618315	1352439	265876
65—69	1324263	1130757	193506
70—74	786180	681987	104193
75—79	481258	424959	56299
80—84	339387	301294	38093
85—89	152943	137430	15513
90 及以上	54887	49078	5809

由“七普”的数据可得全区常住人口、男性人口和女性人口的死亡率，并利用上述计算方法，可得全区分性别各年龄的存活率，全区分 5 岁年龄段死亡率和生存率如下表：

由相应年龄组的存活率组成各元素。$P^{(5)}=SP^{(0)}$ 为 5 年后，该初始人口仍然存活的人口列向量。

出生矩阵 B 是一个由第一行为对应年龄女性的生育率组成，其他元素均为 0，第一行中有第 4 到第 10 个元素为非零元素，对应的是育龄妇女 15—49 岁出生率组成的 7 个元素。

$$B=\begin{bmatrix} b_0 & \cdots & b_{90+} \\ 0 & \ddots & 0 \\ \vdots & \ddots & \vdots \\ 0 & \cdots & 0 \end{bmatrix}$$

表 2　全区各年龄段人口死亡率和存活率

单位：‰

分组(岁)	死亡率	男死亡率	女死亡率	存活率	男存活率	女存活率
0—4	0.49	0.52	0.46	997.44	997.30	997.60
5—9	0.10	0.10	0.10	999.50	999.50	999.48
10—14	0.16	0.19	0.14	999.17	999.05	999.31
15—19	0.24	0.28	0.18	998.81	998.57	999.09
20—24	0.32	0.41	0.22	998.42	997.96	998.90
25—29	0.40	0.54	0.25	998.03	997.36	998.77
30—34	0.54	0.73	0.33	997.31	996.36	998.36
35—39	0.85	1.23	0.43	995.77	993.87	997.84
40—44	1.43	2.06	0.75	992.95	989.78	996.28
45—49	2.22	3.23	1.17	988.99	984.09	994.20
50—54	3.49	4.99	1.89	982.57	975.19	990.51
55—59	5.12	7.36	2.83	974.24	963.17	985.69
60—64	8.33	11.39	5.27	959.05	944.38	973.97
65—69	13.20	17.40	9.20	934.66	915.06	953.76
70—74	23.51	29.47	18.02	885.87	858.25	911.67
75—79	39.16	48.01	31.63	820.34	784.52	852.04
80—84	69.80	80.65	60.68	698.96	661.40	732.13
85—89	108.62	121.47	97.91	569.49	536.39	598.88
90 及以上	5.76	6.14	138.71	225.48	223.01	228.19

其中 $b_{1i}=\{b_0,b_5,\cdots,b_{85},b_{90+}\}$ 有 7 个非零元素，对应的是育龄妇女 15—49 岁出生率。“七普”育龄妇女生育率为：

表 3　育龄妇女年龄别生育率

单位：‰

指标	15—19 岁	20—24 岁	25—29 岁	30—34 岁	35—39 岁	40—44 岁	45—49 岁
生育率	2.13	34.25	98.26	68.84	28.27	5.17	0.82

构建 38×38 矩阵模型，所有向量均考虑了性别因素，Leslie 模型为：

$$
L=\begin{bmatrix}
b_0 & \cdots & \cdots & \cdots & \cdots & b_{90+} & 0 & 0 & \cdots & \cdots & \cdots & 0 \\
s_0 & & & & & & 0 & 0 & & & & 0 \\
 & s_5 & & & & & \vdots & \vdots & & & & \vdots \\
 & & \ddots & & & & \vdots & \vdots & & & & \vdots \\
 & & & \ddots & & & \vdots & \vdots & & & & \vdots \\
 & & & & s_{85} & s_{90+} & \vdots & \vdots & & & & \vdots \\
b_0^* & \cdots & \cdots & \cdots & \cdots & b_{90+}^* & 0 & \cdots & \cdots & \cdots & \cdots & 0 \\
0 & 0 & 0 & 0 & 0 & 0 & s_0^* & & & & & \\
\vdots & \vdots & & & & \vdots & & s_5^* & & & & \\
\vdots & & \vdots & & & \vdots & & & \ddots & & & \\
\vdots & & & \vdots & & \vdots & & & & \ddots & & \\
\vdots & & & & \vdots & \vdots & & & & & s_{85}^* & s_{90+}^*
\end{bmatrix}
$$

由相应年龄组的男女存活率组成各元素。

$$P^{(0)}=(p_0,p_5,\cdots,p_{90+},p_0^*,p_5^*,\cdots,p_{90+}^*)'$$

$P^{(n+5)}=LP^{(5)}$ 为 5 年后，Leslie 模型按年龄划分 的男女初始人口中仍然存活的人口成为下一个分段年龄人口，出生率为参照初始性别比的男性出生率和女性出生率。

利用“七普”数据，将三孩出生比例分别在 2020 年对应各育龄妇女年龄段生育三孩及以上比例分别提高 10%，15%和 20%三种情况，利用预测的三孩生育情况，结合 2020 年的一孩、二孩的生育率情况，综合预测得到三种情况下各年龄组育龄妇女的生育率：

表 4　育龄妇女的生育率

分组（岁）	生育率	10%三孩生育率增长	15%三孩生育增长	20%三孩生育增长
15—19	0.011627	0.011627	0.011749	0.011877
20—24	0.178509	0.181260	0.184144	0.187160
25—29	0.630848	0.646240	0.662488	0.679612
30—34	0.406606	0.431377	0.457740	0.485768
35—39	0.151333	0.166644	0.182869	0.200040
40—44	0.026474	0.030479	0.034683	0.039088
45—49	0.004189	0.004498	0.004822	0.005159

（二）三孩政策下的全区人口预测

与前面研究相同，利用双性别模型分别对 2025 年全区人口的发展情况进行预测，利用全区人口以及男性人口和女性人口的相关数据可得：

三孩政策的实施对于提高全区人口的增长，降低养老压力，从而获得人口红利是有积极作用的政策。但是政策的实施，还是一个长期的过程，初步估计将在最近两年 2021 年、2022 年会先将有生育愿望的存量完成三孩的生育，但是对于本身没有生育愿望的人，其影响有限；生育理念的形成是一个长期的潜移默化的过程，二孩政策的持续释放，三孩政策的影响将是一个长期的过程，也必须有切实可行的相关政策支撑，才能发挥作用。

表 5 三孩政策下 2025 年全区预测人口

单位:人

分组(岁)	2025 年全区人口预测			2025 年全区人口预测三孩 10%			2025 年全区人口预测三孩 15%			2025 年全区人口预测三孩 20%		
	合计	男	女	合计	男	女	合计	男	女	合计	男	女
合计	24459375	12428240	12031136	24513842	12456418	12057424	24571569	12485804	12085765	24632678	12518857	12113821
0—4	1102067	569668	532400	1156533	597846	558690	1214260	627229	587031	1275369	660282	615086
5—9	1052962	544541	508421	1052962	544541	508421	1052962	544541	508421	1052962	544541	508421
10—14	1183462	616424	567038	1183462	616424	567038	1183462	616424	567038	1183462	616424	567038
15—19	1137013	592407	544606	1137013	592407	544606	1137013	592407	544606	1137013	592407	544606
20—24	1004080	523161	480919	1004080	523161	480919	1004080	523161	480919	1004080	523161	480919
25—29	1062054	551375	510679	1062054	551375	510679	1062054	551375	510679	1062054	551375	510679
30—34	1447506	755771	691735	1447506	755771	691735	1447506	755771	691735	1447506	755771	691735
35—39	2036993	1051055	985938	2036993	1051055	985938	2036993	1051055	985938	2036993	1051055	985938
40—44	1915758	997024	918734	1915758	997024	918734	1915758	997024	918734	1915758	997024	918734
45—49	1767850	914819	853031	1767850	914819	853031	1767850	914819	853031	1767850	914819	853031
50—54	2294618	1168822	1125796	2294618	1168822	1125796	2294618	1168822	1125796	2294618	1168822	1125796
55—59	2257498	1151949	1105549	2257498	1151949	1105549	2257498	1151949	1105549	2257498	1151949	1105549
60—64	1978293	992909	985384	1978293	992909	985384	1978293	992909	985384	1978293	992909	985384
65—69	1552178	766165	786013	1552178	766165	786013	1552178	766165	786013	1552178	766165	786013
70—74	1238029	591122	646907	1238029	591122	646907	1238029	591122	646907	1238029	591122	646907
75—79	696601	323486	373114	696601	323486	373114	696601	323486	373114	696601	323486	373114
80—84	395183	172744	222439	395183	172744	222439	395183	172744	222439	395183	172744	222439
85—89	237547	102195	135352	237547	102195	135352	237547	102195	135352	237547	102195	135352
90 及以上	99684	42606	57079	99684	42606	57079	99684	42606	57079	99684	42606	57079

不考虑人口流动情况,实施三孩政策时,2025 年内蒙古常住人口能比 2020 年增加 41.02 万人;三孩政策实施后,当政策效果差时,内蒙古常住人口增加 46.47 万人;当政策效果一般时,内蒙古常住人口增加 52.24 万人;当政策效果好时,内蒙古常住人口增加 58.35 万人。没有三孩政策时,2025 年内蒙古全区的人口净增长会出现负增长,实施三孩政策后人口净增长会出现正值。三孩政策势在必行,且配套政策也应及时跟进。

三孩政策取得最好的预期时,从全区常住人口变动来看,女性增长速度都超过男性。与 2020 年相比,效果好的情况下常住人口增长 58.35 万人,增长 2.43%;其中男性 24.36 万人,增长 1.98%;女性 33.99 万人,增长 2.89%;与不考虑三孩子政策时的预测人口相比,效果好的情况下常住人口增长 17.33 万人,增长 0.71%;其中男性 24.36 人,增长 0.73%;女性 33.99 万人,增长 0.69%,政策效果明显。

从人口金字塔图对比可以看出,2025 年我区人口老龄化进程加重,三孩政策的实施少儿抚养比有所提高,社会劳动力压力增加。如果三孩政策效果较好,未来的人口发展后劲增加。从三孩政策效果的金字塔图更加直观地看出,人口发展是一个长期的时间累积过程,随着时间的进程,无法改变,因此人口政策的前瞻性就更加重要。

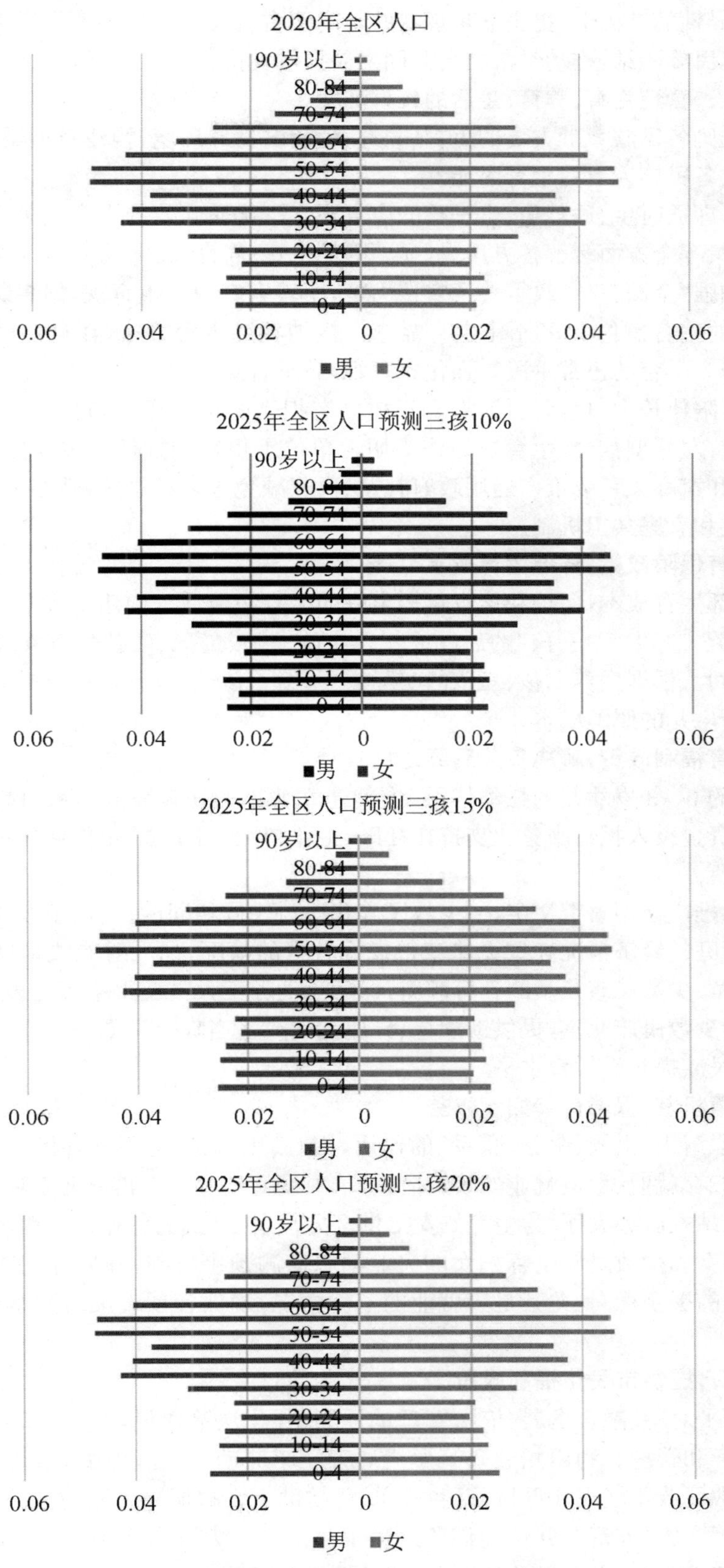

图4　2025 年全区人口预测三孩情况

四、内蒙古各民族人口均衡发展相关政策和建议

各民族人口均衡发展是关系到中华民族共同体长远发展的大事。在分析少数民族人口现状、成因，内

蒙古人口总体发展差异性的基础上，提出立足现状并与内蒙古各民族人口均衡发展需求相一致的政策和建议，促进内蒙古自治区民族团结，推动经济社会共同发展提供支持。

(一)加强文化建设，营造生育、养育、生活的良好环境

加强宣传，营造鼓励各民族育龄夫妻的生育、养育、生活的良好环境，构建新型婚育文化，提高适龄青年的结婚率，进一步释放各民族人口的生育潜能。

倡导“自主生育”，即适时生、适龄生、生三孩的生育观念。优质高效的生育政策、养育政策、教育均衡政策、医疗政策、养老政策等全方面缓解各方压力，显著降低生育、养育、教育成本，提高年轻夫妇的生育意愿。

宣传传统文化，加强“全面三孩”政策普及宣传力度，扭转家庭观和生育观，培育新的家庭文化。进一步满足人民群众多元化的生育意愿和多元化生育需求。接纳辅助生育方式，在自然受生育受孕困难的情况下，辅助生育方式将作为生育的正常手段。强化家庭观，鼓励育龄夫妻生育子女，生育多个子女有利于孩子性格养成，有利于子女陪伴长大、相互扶持，有利于树立有担当的责任意识和分享意识等，营造良好的多子女成长氛围。构建生育友好型社会，生育友好作为用人单位承担社会责任的重要方面，鼓励用人单位制定有利于职工平衡工作和家庭关系政策。运用政府补贴、税收减免等多种措施，适当分担用人单位压力，营造生育成本由国家、企业和家庭共担机制。

(二)建立健全生育保障政策，降低生育成本

降低民族家庭内部生育成本，保护和培育年轻家庭的生育积极性。构建生育友好的社会环境，解决“三孩”生养问题，消除育龄夫妇生育“三孩”的后顾之忧。实施一孩、二孩、三孩生育女性的阶梯递增的产假和男性的阶梯陪护假时间。根据生养二孩、三孩的实际需要，给予孩子父母一方陪护假，有效缓解产后一个月护理压力，降低产妇新生儿的照顾成本。

(三)提供均等教育福利政策，解决育儿后顾之忧

建立全区范围内的0～3岁幼儿的托幼体系，推动建立普惠的托育服务体系，提高服务的普及性、公平性。鼓励和引导各方资金投入托幼服务。支持在社区、工业园区、写字楼、企事业单位等年轻父母工作的地方建设集中的托幼场所。

教育资源均等化，推广通用语言文字，使少数民族获得与汉族相同的教育、求职机会，提升教育质量，杜绝因为所处的地域、家庭的经济情况导致无法获得良好教育的情况；加大对农牧地区和经济发展欠发达地区、留守儿童、流动儿童、少数民族儿童的教育倾斜，保障流动务工人员获得平等受教育权力；对处于边远地区、教育不发达地区的少数民族儿童，提供助学金、异地就学或适当降分录取等优惠政策，帮扶边远地区、教育不发达地区的少数民族提升受教育水平。

(四)提供妇女保障机制，保障育龄妇女权益

充分发挥各级妇联组织“引领、服务、联系”的作用，用心、用情、用力服务各民族妇女群众，推出并落实关于进一步促进育龄妇女就业、稳定就业的政策措施，单独设立生育妇女再就业专项资金，各旗县(市)加大资金配套力度，设立一站式服务大厅，为生育妇女提供全方位、一站式的就业创业服务。关注少数民族生育妇女情况，设立生育妇女和少数民族生育妇女的失业动态监测预警机制，开展育儿夫妻的就业统计分析制度，扎实推进育儿夫妻的援企稳岗，尤其是零就业的家庭情况，确保各项政策落实落地，保障育儿家庭的经济稳定。

(五)吸引流动人口，提供市民化福利政策

坚持以人为本、公平对待、融合发展、依法管理的原则，强化法治建设，维护流动人口权益，不断规范化和法治化流动人口服务和管理。利用相关政策形成对青壮年劳动力的吸引力，给政策、给荣誉吸引年轻人才返村、返乡，树立少数民族年轻人才返村、返乡榜样，科技助力乡村振兴。让“常客”安心留在我区变成“长住”，让“长住”扎根我区变成“入籍”，并使他们落地生根。提升人力资本水平，壮大高技能人才和各产业工人队伍，并从健康、教育、道德等方面提升各族人口质量，实现区域人才统一平台管理，支持乡村、镇、城市获得均等的人才流动机会，以及享受公共服务水平。

(六)关注住房需求，提供住房支持政策

对于多孩家庭加强住房政策支持，对于符合公共租赁住房的多子女家庭，在配租时，根据未成年子女的数量予以适当照顾，依据养育未成年子女负担情况，制定差异化的租赁政策。在多子女家庭购买商品房时，依据养育未成年子女负担情况，在首付款比例和公积金贷款等方面给予优惠政策。

（七）做好养老保障，降低家庭负担

持续推进内蒙古《“十四五”老龄事业发展规划》，建立科学完善的社会保障制度体系，合理配置老年健康服务资源，建立老年健康服务体系，并探索形成，普惠型养老服务和互助性养老相补充，居家社区机构相协调、医养康养相结合的养老服务体系，提升医养结合服务能力。

（八）加强党的领导，加强组织保障

各级党委和政府要提高政治站位，充分认识人口工作的重要性、紧迫性，增强国情、国策意识，坚持一把手亲自抓、负总责，坚持和完善目标管理责任制，加强统筹规划、政策协调和工作落实，推动出台积极生育支持措施，促进生育政策与相关经济社会政策同向发力，确保责任到位、措施到位、投入到位、落实到位。持续深化人口中长期发展战略和区域人口发展规划研究，完善人口空间布局，优化人力资源配置。

立足新发展阶段、贯彻新发展理念、构建新发展格局，落实积极应对人口老龄化国家战略，坚持以人民为中心、以均衡为主线、以改革为动力、以法治为保障，实施人口发展政策及配套支持措施，深化服务管理制度改革，一体考虑婚嫁、生育、养育、教育、养老等问题，在制度上、政策上给予家庭生育更多保障，提升家庭发展能力，释放生育潜能，推动实现适度生育水平，促进我区的多民族人口长期均衡发展，提供坚实基础和持久动力。

宿迁学院 博士 教授　吴英晶

呼伦贝尔市职业技术学院 硕士 助教　王煜凡

内蒙古自治区统计局　康静

专题五

人口迁移研究

四十年来的中国人口空间分布:集聚拟或分散

1 引言

人口分布是人地关系最基本的空间表征,是地理学研究的核心内容。"加强人口发展战略研究"是十九大报告的明确要求,而人口分布是人口发展在空间上的集中体现(刘涛,2022)。人口分布反映了人口在某一特定时间内于一定地理空间的集散状态,即人口的空间形式。人口集聚与疏散是人口空间分布最直观和最集中的体现(刘睿文,2010),其时空过程的研究有助于揭示人口分布的时空演化规律,为区域规划制定、引导人口合理布局与流动提供科学依据和决策支持。

人口分布受到区域资源禀赋、地区发展差异以及区域人口政策的影响,在不同时期呈现出不同的空间格局。地形、气候等自然地理条件始终是中国人口空间分布格局的重要基础,决定了国家尺度上人口空间分布格局的稳定性(封志明,2007;吕晨,2009)。胡焕庸线作为中国最重要的人口分界线,其两侧人口比例长期保持基本不变(葛美玲,2008;李佳洺,2017)。1978 年改革开放以来,中国经济社会和人口政策的剧烈变化,加剧了人口的空间流动,促进了省级和地级尺度上人口空间格局的重塑(李博,2016)。在这一过程中区域人口增减差异显著,且在胡焕庸线两侧出现了迥然不同的人口集疏模式(戚伟,2015;戚伟,2022)。基于人口普查的大量实证研究发现,随着改革开放后户籍管制的不断放松,流动人口成为重塑人口分布格局的主要力量(朱传耿,2001;刘涛,2015)。20 世纪 90 年代后人口自然增长率稳步下降,中国人口进入惯性增长阶段。2000—2010 中国流动人口向沿海城市群大量聚集,城市群在人口空间再分布过程中发挥愈发重要的作用(毛其智,2015;刘涛,2022)。2020 年的第七次全国人口普查公报表明中国人口增速明显放缓,仍然保持一定程度的惯性增长,但流动人口增幅明显(政府公报,2021)。在上述理论与背景下,中国人口的空间分布究竟发生了怎样的变化?是一个集中的过程还是一个分散的过程?或是人口的分布在集中与分散的变化过程中不断演进?这些无疑是值得研究的重要问题。

改革开放之后的人口普查共有五次,为大时间尺度和多空间尺度研究改革开放 40 年来中国人口分布提供了坚实的数据基础。在人口空间分布研究中,洛伦兹曲线和基尼系数是人口空间集聚程度的重要度量指标;集聚度在人口密度研究中具有显著的物理意义。本文通过洛伦兹曲线和基尼系数分析中国不同时期的人口集聚程度,通过集聚度分级评价人口分布的空间特征,并结合集聚度的时间变化研究人口分布的时空演变过程。

2 从洛伦兹曲线和基尼系数看中国人口分布的整体变化趋势

人口集聚与分散的研究必须以明确的空间尺度为基础,国家和地区上的人口分布集疏格局亦有不同。把握中国人口分布的整体集疏格局,对于区域分析具有重要的指导意义。研究采用洛伦兹曲线和基尼系数对中国人口分布集疏程度的时空过程进行评价和对比分析。

2.1 人口地理分布符合二八定律,超过 80%的人口分布在 20%的土地面积上

经济学上洛伦兹曲线是由最低收入的住户开始,以住户收入的累积百分比相对住户数目的累积百分比绘制所得。洛伦兹曲线越接近对角线,收入分布不均的程度便越低(胡祖光,2004)。按人口密度由小到大排序,以面积累积百分比为横轴,以人口累积百分比为纵轴可以绘制人口洛伦兹曲线。人口洛伦兹曲线向下弯曲的程度越大,人口空间分布的不均匀性越强。1982 年、1990 年、2000 年、2010 年和 2020 年人口洛伦兹曲线如图 1 所示。

五年份的人口洛伦兹曲线逐年弯曲,说明中国人口空间分布愈发不均。洛伦兹曲线曲率为 1 时代表了特殊的物理意义,表示面积和人口的累计百分比增量相同,该单元的人口密度达到了全国均值水平。五年

份洛伦兹曲线斜率达到1时,对应的横坐标分别为A、B、C、D、E,呈现出明显随年份右移的态势。这种变化趋势说明随着年份的推移,更多的人口像更少的地域面积上聚集。

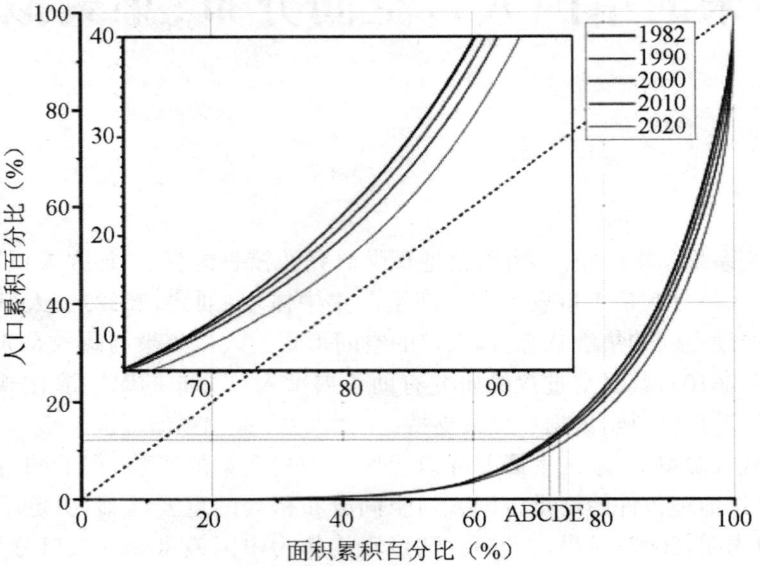

图1　不同时期人口洛伦兹曲线

人口洛伦兹曲线依据大量的县域单元统计数据绘制,可以结合曲线特征定量地分析人口分布的变化特征。五年份人口密度最高的20%土地面积承载的人口比例分别为77.27%、77.31%、78.39%、79.68%和82.14%,这种集聚态势明显加快,且已有超过80%的人口分布在20%的土地面积。

2.2　基尼系数不断提高,人口集聚的整体变化趋势明显加快

为了进一步定量研究中国人口分布的时空集聚特征,基于洛伦兹曲线计算五个年份的基尼系数(图2)。基尼系数分布于[0,1)区间,基尼系数越小,人口空间分布越均衡;基尼系数为0表示人口空间分布的绝对均匀,各区域单元人口密度相等。改革开放以来,中国人口基尼系数不断提高,且增幅越来越大。从国家尺度来看,中国人口空间分布的不均衡性在逐渐增强。

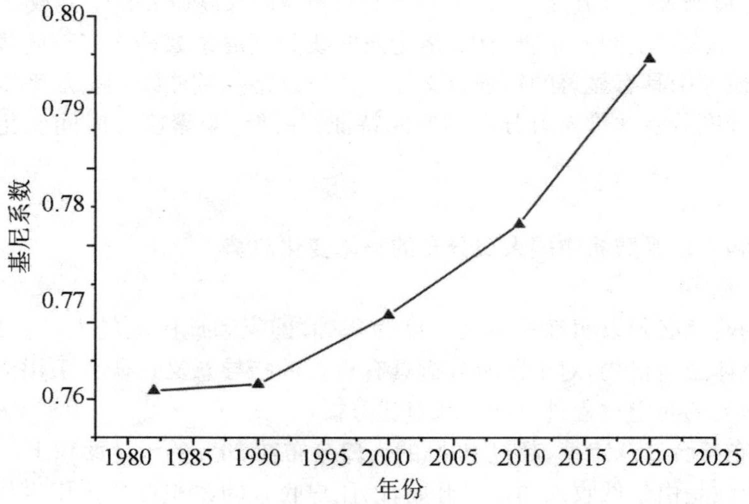

图2　不同时期人口基尼系数

通过绘制各省、自治区和直辖市(港澳台除外)的人口基尼系数曲线,可以更精细地研究省级尺度的人口集聚的时空过程。按照曲线的拟合形状主要可以分为四大类:S型曲线、倒U曲线、指数曲线和波动曲线。符合倒U曲线的有北京市和上海市,人口分布经历了先集聚后疏散的过程;符合S曲线的有江苏省、浙江省、福建省、天津市和安徽省,人口分布经历了快速集聚和低速集聚,并最终趋于稳定;符合波动曲线的有江西省和青海省,集聚度随时间呈现无规律变化。其他省、自治区和直辖市则符合指数曲线,人口分布正处于快速集聚阶段。1982—2020 年，省级尺度上人口分布和中国人口整体分布一样经历着的剧烈变化，但存在明显的空间尺度与空间地域差异。

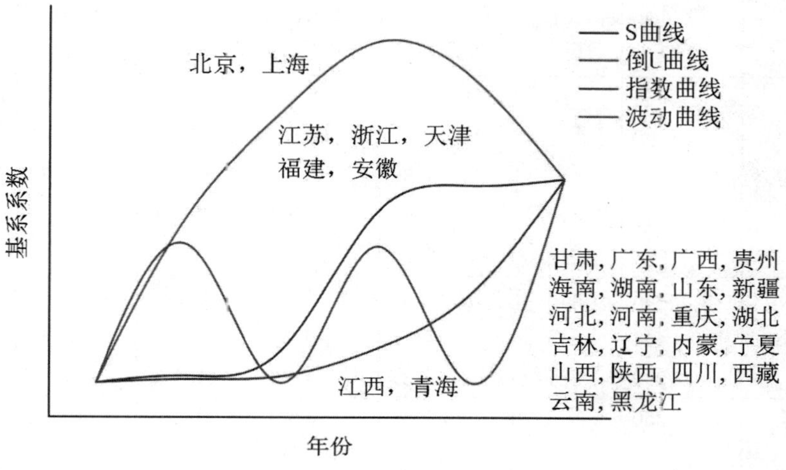

图 3　1982—2020 各省、自治区和直辖市基尼系数曲线分类

3　从集聚度分区看人口分布的空间特征

按照分县集聚度可以将其划分为人口密集区、人口均值区和人口稀疏区三大类。人口密集区包括人口高度密集区、人口中度密集区和人口低度密集区三个子类；人口均值区包括人口密度均上区和人口密度均下区；人口稀疏区包括人口相对稀疏区、人口绝对稀疏区和人口极端稀疏区。由于人口空间分布的两极分化明显，部分地区人口密度极高或极低，可以在人口高度密集区和人口极端稀疏区中划分城市核心区和基本无人区。研究绘制了 1982 年和 2020 年的人口集聚度空间分布图和人口集聚度分区统计表(表 1、表 2)。统计表明，1982—2020 年中国人口空间集疏格局基本稳定，但不同类型的集聚度分区存在一定的变化差异。

表 1　1982 年人口集聚度分区统计表

人口集聚度地区分类		统计单元		人口		土地		人口密度	
		数量(个)	比例(%)	总量(万人)	比例(%)	面积(万 km²)	比例(%)	MIN-MAX	平均值
人口密集地区	人口高度密集区	343	12.04	13236.46	12.91	8.19	0.85	850—18807	2815.44
	其中：城市核心区	192	6.74	6914.53	6.74	2.34	0.24	1600—18807	4137.72
	人口中度密集区	583	20.46	31956.71	31.16	57.13	5.91	424—845	582.49
	人口低度密集区	555	19.48	26357.00	25.70	86.56	8.96	213—424	312.01
	小计	1481	51.98	71550.18	69.77	151.87	15.72	213—18807	471.12
人口均值地区	人口密度均上区	559	19.62	18440.38	17.98	122.34	12.66	106—211	152.50
	人口密度均下区	347	12.18	7826.56	7.63	98.73	10.22	53—106	80.28
	小计	906	31.80	26266.93	25.61	221.07	22.88	53—211	118.82
人口稀疏地区	人口相对稀疏区	178	6.25	2923.09	2.85	82.07	8.49	21—52	37.46
	人口绝对稀疏区	125	4.39	1185.11	1.16	106.46	11.02	5—21	12.03
	人口极端稀疏区	159	5.58	629.75	0.61	404.93	41.90	0—5	2.45
	其中：基本无人区	89	3.12	243.71	0.24	305.91	31.65	0—2	1.28
	小计	462	16.22	4737.94	4.62	593.45	61.41	0—52	7.98

表 2　2020 年人口集聚度分区统计表

人口集聚度地区分类		统计单元		人口		土地		人口密度	
		数量（个）	比例（%）	总量（万人）	比例（%）	面积（万 km^2）	比例（%）	MIN-MAX	平均值
人口密集地区	人口高度密集区	466	16.36	41647.62	29.54	14.50	1.50	1168—35906	5589.29
	其中：城市核心区	298	10.46	28344.53	20.11	5.90	0.61	2192—35906	7844.48
	人口中度密集区	382	13.41	26739.55	18.97	34.73	3.59	584—1165	796.10
	人口低度密集区	548	19.23	32326.64	22.93	78.56	8.13	291—583	423.03
	小计	1396	49.00	100713.81	71.44	127.79	13.22	291—35906	788.12
人口均值地区	人口密度均上区	456	16.01	19969.31	14.17	95.89	9.92	146—291	212.12
	人口密度均下区	444	15.58	12498.03	8.87	116.87	12.09	72—145	108.17
	小计	900	31.59	32467.34	23.03	212.76	22.02	72—291	152.60
人口稀疏地区	人口相对稀疏区	250	8.78	4876.88	3.46	99.58	10.30	29—72	51.51
	人口绝对稀疏区	152	5.34	1969.44	1.40	125.89	13.03	7—29	16.67
	人口极端稀疏区	151	5.30	940.30	0.67	400.38	41.43	0—7	3.56
	其中：基本无人区	80	2.81	334.49	0.24	292.14	30.23	0—3	1.73
	小计	553	19.41	7786.62	5.52	625.84	64.76	0—72	12.44

3.1　人口密集区主要分布于东部和中部的平原地区，西部地区仅有成渝地区、关中盆地和少数城市地区属于人口密集区

中国人口密集区几乎全部分布于胡焕庸线东侧，主要包括：(1)东部和中部的平原地区，其中海河平原、黄淮平原以及长江中下游平原东部构成中国最大的人口集聚区域；(2)东南沿海城市带，人口密集区沿海岸线分布的特征较为明显；(3)西部地区的四川盆地、关中盆地；(4)主要省会城市及周边县。人口密集区占地从 1982 年的 15.72%，减少到 13.22%；集聚的人口从 1982 年的 69.77%，增加到 2020 年的 71.44%。

人口高度密集区主要分布在京津冀、长三角、珠三角和成渝地区，中心城市的核心城区人口集聚程度最高，为城市核心区；其他的人口高密度区域主要为分布在城市核心区的周边县。1982—2020 年，人口高度密集区占地从 0.85%增加到 1.50%，人口占比从 12.91%增加到 29.54%；其中城市核心区占地从 0.24%增加到 0.61%，人口占比从 6.74%增加到 20.11%。人口高度密集区，特别是城市核心区，是人口高密集区面积和人口占比的实际增长区域。

人口中度密集区集中分布在华北平原、沿海城市带，以及城市核心区的周边县。1982—2020 年，人口中度密集区占地从 5.91%减少到 3.59%，人口占比从 31.16 减少到 18.97%。

人口低度密集区主要分布在华北平原、长三角、珠三角、成渝和长江中下游地区，处于人口密集区的外围圈层。1982—2020 年，人口低度密集区占地从 8.96%减少到 8.13%，人口占比从 25.70%减少到 22.93%。

3.2　人口均值区广泛分布于中国的中部、东部以及西部与东部连接的地区

人口均值区在中国的各个区域都有广泛的分布，主要分布于胡焕庸线东侧。人口密度均上区和人口密度均下区都在中国各区域广泛分布，但人口密度均上区较人口密度均下区处于更内围的圈层。

人口均值区占地百分比相对稳定，约 22%—23%；人口占比从 1982 年的 25.61%，下降到 2020 年的 23.03%。然而，人口密度均上区和人口密度均下区的面积和人口占比变化却并相同。改革开放四十年来，前者面积和人口占比都略有增大，而后者相反，幅度变化都不大。

3.3　人口稀疏区大多位于胡焕庸人口分界线以西的地区，无人区面积广袤

人口稀疏区主要位于胡焕庸线以西的地区，包括青藏高原、内蒙古高原、新疆维吾尔自治区大部分区域，以及川西和黑龙江边缘区域。人口稀疏区的界线和胡焕庸线高度吻合。人口稀疏区占地面积最多，由 1982 年的 61.41%增加到 2020 年的 64.76%；人口稀疏区的人口占比最小，由 4.62%增加到 5.52%，但依然是很低的水平。

人口相对稀疏区和人口绝对稀疏区相间分布，主要分布在新疆中西部地区，以及青藏高原和内蒙古高

原边缘等重要的地形分界线。人口相对稀疏区和人口绝对稀疏区的面积和人口占比都略有增加，面积占比的增幅略高于人口占比的增幅。人口相对稀疏区面积和人口占比增幅分别为1.81%和0.61%，人口绝对稀疏区则分别为1.01%和0.24%。

人口极端稀疏区在胡焕庸线西侧广泛分布，其中无人区面积广袤。1982—2020年，人口极端稀疏区面积在人口稀疏区中占比最高，在全国土地面积占比稳定在41%～42%之间；人口占比在人口稀疏区中占比最低，在全国人口占比稳定在0.6%～0.7%之间。青藏高原的西部和南部、内蒙古高原东部和西部地区、阿尔泰山南麓地区、塔里木盆地等地区由于自然环境恶劣，基本属于无人区。无人区的面积和人口占比同样极低且维持在稳定的水平，分别在30%～32%和0.23%～0.25%之间。

4 从集聚度变化率看人口分布的时段变化特征

集聚度的变化率是人口集聚与疏散时空过程的定量表达，能用于分析人口分布集疏变化的时空差异。集聚度变化率为正说明区域处于人口集聚状态，反之则处于人口疏散状态。根据集聚度变化率的大小，可以分析不同时间段不同区域人口集疏格局的变化。集聚度的变化分析有利于揭示人口分布的时空过程，把握不同时期和地区的人口发展规律。按照集聚度变化率将各县级单元划分为快速集聚区（>20%）、低速集聚区（5%～20%）、基本稳定区（−5%～5%）、低速疏散区（−20%～−5%）和快速疏散区（<−20%）五种类型。

4.1 1982—1990年，人口集聚在东部沿海地区较为活跃，在华北平原最为明显

1982—1990年，中国人口集疏空间格局整体变化强度不高。大部分县是基本稳定区，小部分是集聚区与疏散区。

集聚区以低速集聚区为主，主要分布在华北平原、陕北高原和西部地区，南方地区也有零散的分布。中部地区的集聚区较少，边疆地区的人口集聚区则相对较多。人口疏散区以低速疏散区为主，主要分布在东北地区、成渝地区、长三角和珠三角外围地区。

珠三角地区是该时期人口集聚度变化最剧烈的地区。其中心区域为快速集聚区，周边县大多为疏散区，部分甚至是快速疏散区。其他省份和地区的人口在极小的城市核心区集聚，存在普遍的低度疏散现象。

4.2 1990—2000年，人口开始向沿海、沿铁路和沿江沿河地区集聚，特别是沿海地区人口集聚态势最为迅猛

1990—2000年，中国人口集聚具有明显的线性特征，而人口疏散区开始向东移动。低速集聚区主要分布在沿江、沿河和沿铁路线周边区域，京津冀、长三角和珠三角等沿海地区的快速集聚区面积增加明显。此外，西南和蒙中的部分边境地区处于人口快速集聚状态。人口疏散区逐渐大范围分布于东部地区，主要为低速疏散区，且具有成团成片的特征。

珠三角、长三角和京津冀等地区的人口集聚与疏散明显。变化最强烈的是珠三角地区，广东省全域的人口集疏变化明显，为珠三角的人口集聚提供强大活力。其次分别是长三角地区和京津冀地区，其中冀南为基本稳定区。

4.3 2000—2010年，京津冀、长三角、珠三角集聚区周边县市由迁出区转变为迁入区，城市群圈层结构逐渐显现；其他集聚区虹吸作用明显，人口集聚程度仍在快速增大

2000—2010年，中国人口集疏格局变化加剧。集聚区仍然以沿海城市群城市核心区为主，疏散区开始向中部地区收缩。

长三角、珠三角和京津冀越来越多的分县单元由疏散区转变为集聚区，人口城镇化速度加快，三大城市群的集聚度变化圈层结构明显。这一阶段，长三角和京津冀的变化更为强烈，中心区域主要是快速集聚区。苏南和苏北变化迥异，人口分布的空间愈发不均。冀北人口疏散速度放缓，冀南人口疏散和集聚的特征明显加强。

其他人口集聚区面积基本不变，但周边的疏散区面积和疏散程度都在增大，人口虹吸效应作用明显。特别是成渝地区，人口集聚主要发生在成都和重庆极小面积的城市核心区，导致成渝地区人口区域发展差异更加突出。

4.4 2010—2020 年，更多的集聚区表现出更明显的城市群圈层结构，人口集聚度变化存在一定的时空滞后现象

2010—2020 年，中国人口城镇化进入快速阶段，人口集聚区进一步扩大和分散。珠三角、长三角、京津冀和成渝等四大城市群的快速集聚区、低速集聚区和基本稳定区圈层结构更加明朗，其他城市群也出现了一定的圈层结构。

人口集疏格局变化的分析不仅依赖于时间尺度，还需要明确的空间尺度。变化率分区表明，与四大城市群相关的广东、四川、重庆和河北四省人口正在快速向局部区域聚集，人口发展更加不均衡，符合基尼系数的指数曲线类型；江苏和浙江人口集聚放缓并趋于稳定，符合基尼系数的 S 曲线类型；北京和上海的非城市核心区人口正在快速集聚，人口分布趋于均衡，符合基尼系数的倒 U 曲线类型。

从空间上来看，人口集聚需要经历从点到面、从沿海向内陆的整体空间过程；从时间上看，理想状态下的人口集聚需要经历“集聚—稳定—疏散”的时间过程，然而实际的集聚度变化曲线类型还要受到区域资源禀赋和经济发展水平等多种自然和社会因素的影响。

5 结论与讨论

5.1 结论

通过洛伦兹曲线和基尼系数分析国家和省级尺度人口分布的均衡程度及时间变化，并采用集聚度分区描述了中国人口分布的集疏格局，分区统计并对比了改革开放以来不同集聚度分区的人口、面积的变化，最后利用集聚度变化率分区分析了四个时段人口集疏变化的时空特征。主要结论如下：

(1)改革开放以来，国家尺度的人口集聚速度逐渐加快，人口基尼系数呈指数上升；省级尺度上发生了剧烈而多样化的人口集疏活动，主要有指数曲线、S 曲线、倒 U 曲线和波动曲线等不同的集聚模式。

(2)1982—2020 年中国人口空间集疏的格局基本稳定。中国人口东密西疏的分布格局没有发生根本改变，胡焕庸线是不同集聚度分区的重要地理界线。

(3)不同类型集聚度分区的人口与土地面积占比存在一定的变化差异，人口分布的空间不均衡程度增大。人口密集区的面积和人口占比明显增大，城市核心区的增幅最大；人口稀疏区的面积和人口占比也略有增加，但无人区的占比基本稳定；人口均值区的人口和面积占比明显减少。

(4)人口集聚度分区在四个时段的变化明显，人口集聚疏变化符合由缓到急的整体节奏，经历了“点—线—面”和“沿海—内陆”的扩散过程，具有较强的空间特征。

(5)不同区域、不同空间尺度的人口集疏的时空过程存在较大的差异，造成区域和省级尺度上的人口基尼系数呈现不同的曲线特征。城市群在人口集聚与分散的过程中的重要性逐渐凸显，其基本轮廓和圈层特征开始得到凸显。

根据上述结论，提出以下政策建议：(1)遵循目前中国人口集聚速度仍在加快的客观规律，在做好区域资源调度以满足人们对美好物质生活水平需求的同时，相关部门根据区域资源禀赋加强相关规划，合理引导人口宏观布局。(2)不同曲线类型的省级单元，需结合具体的集疏过程和现阶段集聚状态，引导人口向不同城区或城市分流。

5.2 讨论

集聚度和基尼系数可以综合地反映区域人口分布的均衡程度，是基于分区的综合分析。集聚度可以反映在人口整体密度的背景下分区的集聚特征，是基于综合水平的分区评估。基尼系数分布于［0,1) 区间，集聚度均值为 1，都具有很好的物理意义。两者结合可以从不同的空间尺度分析中国人口的集疏格局，结合时段变化量可以很好地分析其时空过程。然而，集聚度和基尼系数都是基于某一时点的相对量。不同年份中国人口整体密度不同，对基尼系数和集聚度的时间变化分析产生了一定的误差。

此外，基尼系数曲线类型和集聚度变化的时空过程虽然能相互印证、互为补充，但其背后的影响机理复杂，驱动因素难以全面、定量地解释。未来将结合人口密度等绝对量，综合分析人口集疏变化，并在此基础上探索不同集聚曲线类型背后的变化机理。

中国科学院地理科学与资源研究所　中国科学院大学资源与环境学院　封志明　游　珍
中国科学院地理科学与资源研究所　中国地质大学(武汉)地理与信息工程学院　游世情

人口迁移流动与城镇化的再审视：来自第七次全国人口普查的启示

一、引言

人口是人类社会存续的基础与前提条件，离开人口讨论很多问题没有意义。中国自20世纪70年代初开始实施计划生育以来已近半个世纪，与计划生育政策实施之初的情形相比，面临的主要人口问题早已由人口增长过快等人口数量问题转变到少子老龄化与出生人口性别结构失衡等人口结构问题。在此背景下，分析第七次全国人口普查数据有助于审视过去对中国人口形势的判断和解读的恰当性，重新认识中国已经面临或即将面临的人口问题的重大转折，甚至是纠正以往在人口问题认识与行动上的某些偏差。

二、第七次全国人口普查质量评析

人口普查是和平时期中国最大的社会动员，所投入的人力物力财力巨大。正因如此，全国人口普查与人口变动抽样调查，政府外的其他任何组织和个人凭一己之力要想获得比全国人口普查与人口变动抽样调查更准确的人口数据是难以想象的。

人口普查与人口变动抽样调查虽然都属于大规模调查项目，但党委政府对两者的重视程度完全不同，故而中国人口普查数据质量一般要高于人口变动抽样调查数据质量，根据人口普查数据对两次普查间各年度的总人口等数据进行调整，是惯常的做法。

受主客观因素的影响，调查的系统性偏差与统计偏差都难以避免，因此，第七次全国人口普查公报发布后被质疑也是正常的。实际上，普遍认为1964年第二次、1982年第三次与1990年第四次全国人口普查质量相对较高，而2000年第五次与2010年第六次全国人口普查质量相对较低。全国人口普查数据质量受质疑不是第七次全国人口普查数据公布后才开始出现的新现象，而是早在2000年第五次全国人口普查数据公布后就已经开始出现。那么，2020年第七次全国人口普查质量究竟如何，作者尝试性地给予评析。

（一）1953—1990年人口普查

1953年进行了第一次全国人口普查，这次普查同1964年第二次全国人口普查、1982年第三次全国人口普查数据逻辑上的一致性较低，质量也较差，其主要原因：一是1953年新疆维吾尔自治区和西藏自治区还没有正式成立。二是当时缺少科学的人口普查经验，国家和民众还没有很好地掌握人口普查的实行方式，很多地方的生命统计制度尚未完善。三是这次全国人口普查主要是为人民代表大会普选进行选民登记工作，而不是为生命统计进行的。

1964年进行了第二次全国人口普查。这次普查被认为是历次全国人口普查中质量最高的一次，其主要原因在于：一是户籍登记管理制度及其在此基础上的包括粮油副食品配给制度与教育、就业、医疗、社会保障等制度逐渐建立起来，人被固定在一个地方不能随意流动，城镇中的单位制与乡村的人民公社制在政策执行中起到严格的社会控制作用，城乡与区域隔离型社会业已形成。二是三年经济困难时期刚结束不久，国内物资供应极为匮乏，生活物资凭票供应，而每家每户无价证券的分配又是按人数定额发放，民众缺少漏登的内在驱动力。三是当时只是提倡节制生育，还未实行强制性计划生育，不存在因规避生育处罚而漏登的可能性。

1982年进行了第三次全国人口普查。20世纪70年代初计划生育在全国全面展开，一些民众为了规避超生处罚而选择性报告，因而这次人口普查出现了较明显的低龄女性人口漏登情况。但无论如何，户籍管理和集体所有制对家庭和个人的精确定位依然起到重要作用。

1990 年进行了第四次全国人口普查。随着改革开放的推进，户籍管制出现某种松动，人口流动限制得以放松，对人口普查登记提出了新的挑战：一是人口普查对流动人口常住地的定义不清晰，二是免登通知和请登通知的低效利用，三是流动人口对普查存有抗拒心理，出现躲避或虚报信息的情况，这些问题导致流动人口的漏登重登误报问题的出现。尽管流动人口给人口普查带来挑战，但改革初期流动人口规模较小，直到 1984 年才出现成规模的人口流动，同 20 世纪 90 年代末和 21 世纪初相比不在一个数量级，流动人口漏重相抵后的人口总数净差率约为 0.6‰。尽管 1990 年全国人口普查被认为是最后一次质量较高的人口普查，但有研究显示其漏报率远高于公报中的漏报率。

(二)2000—2010 年人口普查

2000 年进行了第五次全国人口普查。这次普查设计跟不上时代变迁的要求，很多问题被暴露出来，数据备受诟病：

首先，人口大量流动导致人口普查出现大面积重登漏登。随着粮食产量增加与城市管理松动，取消粮食配给制度后更多农村劳动力向城市转移，有关部门对流动人口及其规模的掌握不及以前准确。

其次，死亡人口被低估。一是用人单位对离退休人员生存认证的职能弱化，二是社保机构又很难管理到退休人员的生存状况，导致养老金领取出现漏洞，三是部分地区仍遵循土葬的传统，死亡后偷偷掩埋而隐瞒不报，四是受利益驱使，如害怕人死后土地被收回或救济金丢失而隐瞒不报，五是因种种其他原因而不及时上报等。

第三，严厉计划生育下出现大量低龄人口的漏登瞒报。20 世纪 90 年代计划生育执行力度加大，申报超生如同自投罗网，加上各地相关部门对超生数字相当敏感，因而 2000 年全国人口普查低龄段人口漏登现象非常严重。

2010 年第六次全国人口普查为避免出现 2000 年第五次全国人口普查的重登漏登现象而采用户口所在地和居住地两地同时登记的方式，但一些由制度构建的矛盾并没有因此得到根本性改变，使得如计划外出生人口和死亡人口漏登等问题在 2010 年第六次全国人口普查中再度重演，其中以 0—9 岁漏登和 20—45 岁人口重登漏登尤为突出。这一系列问题导致第六次全国人口普查的出生人口、死亡人口漏登率相对较高和妇女总和生育率等指标过低①。

(三)2020 年人口普查

人口流动和计划外出生是影响 2000 年、2010 年与 2020 年三次全国人口普查数据质量的主要因素。笔者认为 2020 年第七次全国人口普查数据质量比 2000 年第五次全国人口普查和 2010 年第六次全国人口普查数据质量都要高，可以用来进行分析研究与形势判断。原因如下：

一是新冠疫情常态化防控阶段人口流动受阻。新冠疫情暴发对社会稳定带来严峻挑战，尽管各地各部门在 2020 年年中就开始逐步放松对人口流动的限制，但失业率、流动人口规模与旅客运输量等相关指标直至 2020 年第七次全国人口普查开展时都没有恢复到 2019 年的同期水平。例如，2020 年 10 月各项失业率指标②均高于 2019 年同期；2020 年外出务工的农民工群体比 2019 年减少了 517 万人③；2020 年 10 月公路、铁路、水路、民航和中心城市的客运量同比负增长。另外，疫情防控期间基层组织和工作单位等均进行了各类摸排工作，例如健康检查、外出报备和复工复产报备，相关部门采集人口流动和经济运行信息有利于人口普查的实施。

二是生育政策调整和户口清理整顿减少了漏登的可能性。先后实施的“单独二孩”和“全面二孩”生育政策放宽了对生育的限制，计划外生育的范围大大缩小，更少的人被认定为计划外出生人口，超生瞒报的必要性大大下降。同时，2014—2016 年进行了大规模的户口清理整顿工作，处理了大量错重假户口和身份证号码以及补办无户口问题。尽管以往在人口普查之前也进行了户口清理整顿工作，但由于生育政策调整、大数据应用等，使得这次整顿工作较以往更彻底，为第七次全国人口普查奠定了较好的基础与营造了较为有利于开展普查的环境。

三是大数据应用减少了重登漏登的可能性。2010 年第六次全国人口普查没有将公民身份证号码信息

---

① 2012 年 7 月 6 日，国家统计局人口和就业统计司就使用《中国 2010 年人口普查资料》作出说明。

② 指全国城镇调查失业率、全国 16—24 岁人口城镇调查失业率、全国 25—59 岁人口城镇调查失业率和 31 个大城市城镇调查失业率

③ 《2020 年农民工监测调查报告》，国家统计局。2021 年 4 月 30 日。

纳入调查范围，人户分离的人分别在户籍地和居住地两地分别进行调查登记，后续再比对回答情况来删除重登样本，但这样处理重登的效率究竟有多高，以及产生的重登规模有多大等很难评估。而2020年第七次全国人口普查应用大数据技术和电子化登记，一方面可以减少登记时的转录误差，另一方面可以根据居民身份证号码信息与公安、卫健等相关部门的统计数据进行比对。如果不考虑拥有多个居民身份证的人的重登情况，大数据应用可以大幅提高核查重登的效率和精度。

四是退休人员生存认证规范化减少了死亡人员漏登的可能性。虽然2003年出台了社会保险稽核办法，但早期的生存认证方式通常是社保信息与公安、民政人口死亡信息比对认证，如果退休人员去世后亲属不及时注销户口就无法进行比对核查，这种认证方式很难起到堵漏洞的作用。而相对严格的现场认证、指纹认证与人脸识别认证等方式是在2010年后才逐渐出现的，尽管直至2020年第七次全国人口普查开展时这些新认证方式仍未在全国完全普及，但2020年退休人员死亡认证规范程度比过去要高。

（四）对调查数据质疑时必须遵循的基本原则

人口普查、人口变动抽样调查不可避免地存在系统误差或抽样误差，因而评价人口调查数据质量应以重登、漏登与误登的多与少为标准，而不是调查有否重登、漏登与误登。对调查数据进行分析研究前，应事先对调查数据进行质量评估，调查数据质量究竟是很高、较高还是较差，如果调查数据质量较差就不适合用来进行分析研究。对某个调查数据提出异议或质疑时，应该利用另一个更准确的调查数据作为参照，并以参照调查数据为标准推算出需要评价的调查数据的准确率等指标来作为佐证，否则作出的评判本身就是有问题的。故而，以国家统计局每年依据人口变动抽样调查推算的总人口数与出生人数等数据去对2020年全国人口普查数据质量质疑本身也是存在明显问题的，因为人口变动抽样调查数据质量要低于2020年第七次全国人口普查。任何对人口普查与人口变动抽样调查数据质量的质疑应该使用另外的更准确的人口数据去推算并以此作为质疑的依据才是科学合理的。但问题是中国不存在这样的统计数据，没有公开资料可以提供比全国人口普查更让人信服的数据去挑战全国人口普查数据的权威性和可靠性。但这绝不意味着我们没有对人口普查数据持怀疑的权利，只是没有更准确的数据作为佐证而已。因此，目前用数据质量不及第七次全国人口普查数据的以往的人口普查与人口变动抽样调查数据去对第七次全国人口普查数据质量评头论足是不完全能站得住脚的。还有一点值得注意：2010年和2020年第六次与第七次全国人口普查漏登率分别仅为0.12％和0.05％，研究者应该对如此低的漏登率持怀疑态度，因为两次人口普查间的数据对不上，特别是发现人口普查低年龄组人口受计划生育等因素影响而出现明显的漏报现象，死亡人口也存在类似的问题。

三、中国人口发展状况与人口调查数据偏差

（一）中国人口发展状况

中国妇女生育率早在1992年就下跌至更替水平以下，2020年第七次全国人口普查公报显示妇女生育率已降至1.3的超低水平，中国掉入低生育率陷阱无可争议。短短8年间分别出台的单独二孩、全面二孩和三孩生育政策，无论是前期的政策考察时间与程序都在不断缩减，按阶段放开生育限制的政策调整即将迎来尾声，继续放开四孩限制对扭转低生育率状况意义不大，背后反映了出生率连年下降与老龄化迅速攀升的严峻状况。调整生育政策后短期内出现的出生人口回升是“政策性补偿效应”所致，待这批大龄且有较高二孩生育需求的妇女生育二孩后生育率又会迅速回落。内生性低生育率早已形成，在育龄妇女数量持续减少与婚育年龄不断推迟的背景下，未来中国的出生人数与出生率仍有较大的下降空间。伴随着出生率下降以及与人口流动相伴而来的家庭碎片化与住房条件改善等，已经出现了家庭规模在原先较小的基础上的进一步快速收缩、快速老龄化等一连串社会问题。家庭规模缩小意味着家庭风险承受能力与家庭内部互助能力下降以及维持家庭运转的成本提高，以上两者在一定程度上将部分原本可以在家庭内部消化的风险和矛盾转嫁给政府和社会，而政府和社会是否有足够能力承受这些风险和成本值得深思。伴随着始于1962年的第二次出生高峰时期出生的人口从2022年开始陆续进入老年期，中国将进入历史上最快的人口老龄化时期，到2035年时老年人口比例比现在高得多，老年抚养负担要比现在沉重得多，届时中国的政府、市场、社会、家庭与个人能否承受住如此沉重的养老压力，都是值得怀疑的。

(二)人口调查数据偏差

城镇化水平与流动人口规模的相关指标在2020年出现了不连续的跳跃,同以往相比差异巨大。加之新冠疫情期间人口流动受阻,2020年第七次全国人口普查公布的城镇化水平与流动人口规模实际上是被“低估”的,因为客观上讲,如果没有新冠疫情,2020年第七次全国人口普查时的城镇化水平与流动人口规模应该比现在公布的数据更高。可见,过去在对中国人口迁移流动及其相关问题的判断、理解与认识上出现了严重偏差,中国人口流动的数量与频率要远远超过以往对此的判断。

1. 人口空间分布亚热带化和沿海化

中国人口向气候温暖湿润、阳光充足的沿海地区集中,体现在亚热带和沿海地区人口比重上升,而北方尤其是东北人口塌陷趋势明显,西北民族聚居区人口比重变动不大。同2010年第六次全国人口普查相比,2020年华北、东北和华中人口比重下降,华东、华南、西北和西南人口比重上升。须注意的是,东北、华东和华南人口比重变动幅度正在扩大。2010—2020年间中国的人口空间分布出现了如下变化:

第一,东北人口大量流出是不争的事实,但过去10年有关部门对东北人口转移速度过于乐观,2011—2019年人口变动抽样调查结果显示东北人口比重每年下降0.03至0.08个百分点,2019年末至2020年全国人口普查时点下降0.72百分点,同前9年的抽样调查相比,变动幅度出现一个不连续的跳跃。造成在此跳跃的唯一原因只可能是人口变动抽样调查严重低估了东北人口的流出速度。

第二,同东北的情况相类似,华东和华南人口比重在2011—2019年持续小幅攀升,而在2019年末到2020年人口普查间却出现大幅上升。而华北人口比重在2011—2019年呈先升后降变动,每年变化幅度在0.10个百分点以内。然而,华北人口比重在2019年末至2020年人口普查时下降了0.57个百分点,跳跃幅度比2011—2015年连续5年上升幅度之和还要大,华北人口比重在2011—2020年的实际变动过程应另作讨论。

第三,2011—2019年人口变动抽样调查略高估了西南人口比重的升幅,低估了华中人口比重的降幅,但同东北、华北、华东和华南的偏差相比小得多。

最后,西南人口比重呈连续变动趋势,没有出现跳跃,说明人口变动抽查调查对西南人口变动的估计与实际情况相对一致。回顾2001—2010年人口变动抽样调查,除了华南人口比重在2009—2010年出现不连续跳跃外,其他地区很少出现类似2019—2020年的跳跃。总体而言,2011—2019年人口变动抽样调查对各地区人口变动的估计出现了某种系统性偏差,而这种偏差在2001—2010年中并不突出。

表1　2010—2020年中国分地区占全国人口比重

单位:%

年份	东北	华东	华中	华北	华南	西北	西南
2010	8.18	29.32	16.19	12.30	11.88	7.22	14.39
2011	8.14	29.32	16.14	12.39	11.90	7.21	14.37
2012	8.10	29.32	16.12	12.46	11.94	7.22	14.37
2013	8.07	29.31	16.10	12.53	11.95	7.23	14.38
2014	8.02	29.33	16.08	12.58	11.98	7.24	14.38
2015	7.96	29.33	16.09	12.61	12.04	7.29	14.42
2016	7.90	29.37	16.08	12.58	12.11	7.30	14.44
2017	7.82	29.42	16.06	12.57	12.21	7.33	14.45
2018	7.76	29.50	16.06	12.56	12.33	7.36	14.49
2019	7.71	29.58	16.06	12.55	12.44	7.39	14.52
2020.11.01	6.99	29.98	15.84	11.98	13.19	7.33	14.53

数据来源:1. 国家统计局编:《中国统计年鉴2020》,中国统计出版社,2020年。2.《第七次全国人口普查公报》。

2. 城镇化快速推进

对比2020年第七次全国人口普查和近10年城镇化发展数据,2011—2019年全国人口变动抽样调查存在系统性偏差,城镇化推进速度被长期低估。中国城镇人口比重从2010年的49.95%上升至2019年的60.6%,每年提高1.02至1.33个百分点。2020年第七次全国人口普查公报显示城镇人口比重为63.89%,按增长趋势看,预期2020年末城镇人口比重可达到64%。从变动幅度看,2019年末到2020年第七次全国人口普查时的城镇人口比重上升幅度是 2010—2019 年每年的 2 倍—3 倍，加之 2016—2019 年出现连续 4 年的城镇化速度缩减，2020 年第七次全国人口普查比 2019 年末上升 3.29 个百分点的跳跃显然不合理，说明 2011—2019 年全国人口变动抽样调查对城镇化推进速度出现系统性低估。

表 2　2000—2020 年中国城镇人口比重

单位：%

年份	常住人口城镇化率	变动幅度	户籍人口城镇化率	变动幅度	常住与户籍人口城镇化率之差
2000	36.22	1.44	26.08	0.57	10.14
2001	37.66	1.44	26.68	0.60	10.98
2002	39.09	1.43	27.89	1.21	11.20
2003	40.53	1.44	29.70	1.81	10.83
2004	41.76	1.23	30.81	1.11	10.95
2005	42.99	1.23	31.99	1.18	11.00
2006	44.34	1.35	32.53	0.54	11.81
2007	45.89	1.55	32.93	0.40	12.96
2008	46.99	1.10	33.28	0.35	13.71
2009	48.34	1.35	33.77	0.49	14.57
2010	49.95	1.61	34.17	0.40	15.78
2011	51.27	1.32	34.50	0.33	16.77
2012	52.57	1.30	35.29	0.79	17.28
2013	53.73	1.16	35.70	0.41	18.03
2014	54.77	1.04	37.10	1.40	17.67
2015	56.10	1.33	39.90	2.80	16.20
2016	57.35	1.25	41.20	1.30	16.15
2017	58.52	1.17	42.35	1.15	16.17
2018	59.58	1.06	43.37	1.02	16.21
2019	60.60	1.02	44.38	1.01	16.22
2020.11.01	63.89	3.29	45.40	1.02	18.49

数据来源：1. 国家统计局编：《中国统计年鉴 2020》，中国统计出版社，2020 年。2.《第七次全国人口普查公报》。3. 国家发展和改革委员会编：《国家新型城镇化报告 2019》，中国计划出版社，2020 年。4. 国家发展和改革委员会编：《国家新型城镇化报告 2015》，中国计划出版社，2016 年。5. 国家统计局人口和社会科技统计司编：《中国人口统计年鉴（2000—2004）》，中国统计出版社，（2000—2004）年。6. 国家统计局人口和就业统计司编：《中国人口统计年鉴（2005—2006）》，中国统计出版社，（2005—2006）年。7. 国家统计局人口和就业统计司编：《中国人口和就业统计年鉴（2007—2010）》，中国统计出版社，（2007—2010）年。

3. 人口迁移流动持续扩大

2011—2019 年全国人口变动抽样调查对流动人口规模出现明显低估。2020 年人户分离人口规模远超预期，同 2010 年第六次全国人口普查相比，增加了 2.32 亿人，增长 88.52%。回溯历年人口变动抽样调查数据，人户分离人口增长速度在 2010—2011 年达到最高，之后的 2015—2019 年出现负增长。然而，2019 年末到 2020 年第七次全国人口普查期间人户分离人口增加了 2.13 亿人，同前 5 年相比呈现出一个明显的反向跳跃。与城镇人口比重的变动相类似，2020 年流动人口增长也特别迅猛，同 2010 年第六次全国人口普查相比，增加了 1.54 亿人，在 2015—2019 年间甚至出现了连续的负增长，却在 2020 年第七次全国人口普查时有一个反向跳跃。从人户分离结构看，2010—2019 年间流动人口占人户分离人口比重稳定在 84%左右，人户分离结构没有出现明显的趋势性变动，但 2020 年第七次全国人口普查中流动人口占人户分离人口比重为 76.27%，同 2019 年末相比下降了 8.02 个百分点，这种跳跃显然不符合逻辑。可以发现，2010—2019 年间市辖区内人户分离人口被低估比流动人口被低估幅度可能更大。

表 3　2010—2020 年中国流动人口情况

单位:亿人

年份	人户分离人口	流动人口	人户分离人口—流动人口	人户分离人口/流动人口(%)
2010	2.61	2.21	0.40	84.67
2011	2.71	2.30	0.41	84.87
2012	2.79	2.36	0.43	84.59
2013	2.89	2.45	0.44	84.78
2014	2.98	2.53	0.45	84.90
2015	2.94	2.47	0.47	84.01
2016	2.92	2.45	0.47	83.90
2017	2.91	2.44	0.47	83.85
2018	2.86	2.41	0.45	84.27
2019	2.80	2.36	0.44	84.29
2020.11.01	4.93	3.76	1.17	76.27

数据来源:1.国家统计局编《中国统计年鉴 2020》,中国统计出版社,2020 年。2.《第七次全国人口普查公报》。

四、对人口迁移流动的重新审视

2011—2019 年人口变动抽样调查对城镇化和人户分离人口的估计出现了严重低估,重新审视过去的研究和判断有助于认清中国人口发展形势正在经历的重大转折。

(一)半城镇化愈演愈烈

2020 年第七次全国人口普查常住人口城镇化率和户籍人口城镇化率分别为 63.89%和 45.40%,两者相差 18.49 个百分点。与 2010 年相比,2020 年常住人口城镇化率与户籍人口城镇化率之间的差额扩大了 2.71 个百分点。上述数据充分反映了中国城镇化发展很大程度上带有半城镇化的成分。一是户口不能自由迁徙或受到较大阻碍,二是流动人口规模日益扩大,中国城市发展过程中出现各种扭曲,特别是城镇化不完全和市民化不充分等问题。

虽然市场经济的推行与自由流动能让人们自由地到各地工作,但隔离性制度安排使得这些外地劳动力在某种意义上带有漂浮的性质,因而户籍人口城镇化率比常住人口城镇化率可能更契合中国的国情。这种自由迁徙权的部分丧失与粘连在户籍上的社会福利制度安排,使得中国的人口迁移流动出现候鸟式与家庭成员空间分离等独特现象,这些特点是西方国家未曾出现过的。流动人口很难在迁入地落地生根,部分只能以个人为单位居留在迁入地。留守家庭催生出的春运就是夫妻和家庭团聚需求被释放的典型现象,但其本质是由制度性隔离构建出来的城乡隔离和地区发展不平衡所导致的。同时,迁入地对外地劳动力的排斥导致外地劳动力在社会生活和行动层面上的融入困难,难以产生本地身份认同,这不利于中国城镇化的发展和社会结构的转型。只要隔离性制度问题得不到解决,这些外地劳动力部分最终会被排除在迁入地之外而不能扎根。但这种大规模兼高流动性的人口会构成极大的社会风险。典型如 2020 的新冠疫情,正值春节前夕,武汉在封城前有大批的外地劳动力通过各种渠道离开,人口流动性大加速了疫情的扩散,而这种社会风险瞬间转变成为社会危机。

(二)流动人口规模持续扩张

近年来流动人口规模大幅增长源于城乡与区域发展差异扩大与 2016 年人才体制机制改革,户籍制度出现松动。2017 年,以武汉、西安和成都为代表的二线城市率先发布引才政策掀起"抢人大战"。2019 年 4 月和 12 月,国家发改委和国务院先后印发相关文件对不同城市落户政策提出不同要求,取消或放宽落户限制、积分落户、允许租赁房屋的常住人口在城市公共户口落户等制度改革,对人口流动起到推波助澜的作用。

城市落户门槛下调应该驱动更多人口流向城市并在城市落户,即使流动人口市民化进程滞后于新政推行,但也没有充分的理由去回应 2017—2019 年间出现的户籍人口城镇化增长幅度持续缩小与人口流动规模持续下降的变动趋势。人口流动规模下降、劳动力短缺与农民工平均工资上涨等现象一度被理解成中国进入刘易斯拐点的标志性信号,劳动力供给长期过剩的格局已出现扭转。在农业剩余劳动力转移速度下降和人口抚养比转而上升背景下,劳动力无限供给向劳动力短缺过渡促使农民工平均工资上升,并逐步与城镇职工平均工资水平趋同。但“民工荒”标志着中国进入刘易斯拐点这一论断备受质疑。有研究认为农村剩余劳动力除了向城市企业转移外，还会向乡镇企业转移，而民工荒是由转移方式引起的结构性失调。中国是否已经进入刘易斯拐点莫衷一是，但对农村剩余劳动力和流动人口规模在2015年开始出现下降或明显放缓的认识相对一致。

但2020年第七次全国人口普查公报显示2010—2020年流动人口规模仍然保持高速增长，这一结论与每年的人口变动抽样调查结果大相径庭。第七次全国人口普查时的人户分离人口比第六次全国人口普查时的人户分离人口增长了88.52%，而第六次全国人口普查中的人户分离人口比第五次全国人口普查中的人户分离人口增长了81.03%。流动人口规模仍在不断扩大。这说明过去对人口流动规模的判断出现了严重偏差，以至于对流动人口变动趋势出现较为严重的误判，同时也说明了农村剩余劳动力供给已经枯竭的观点可能有误。尽管第七次全国人口普查显示15—59岁人口比重出现下降，但户籍人口城镇化率尚未突破50%，中国仍然处于快速城镇化阶段。如果进一步放宽落户限制甚至取消户籍制度管制，城乡自由迁徙才有可能将农村剩余劳动力红利完全释放出来，因此中国出现刘易斯拐点特征是特殊的制度安排所导致。

但刘易斯拐点正加速到来：一是生育率塌陷早已埋下劳动力短缺的祸根，流动人口扩张是不可持续的，流动人口缩减即将来临。二是人口迁移具有选择性，年轻劳动力流动性高、大龄劳动力流动性低，而当前流动人口增长部分是逐步放松流动限制所导致的。因此，当前农村剩余劳动力的供给更多是消耗年轻劳动力的存量，而不是大龄劳动力的存量，因为户籍制度更多阻隔了农村大龄剩余劳动力向城市转移。从这一意义上看，现阶段农村大龄剩余劳动力在未来陆续退出劳动力市场，当户籍限制越迟松绑，这批劳动力的红利和供给将会不断减少甚至消失殆尽，若不加以利用将会造成严重浪费。与此同时，由于大部分农村年轻剩余劳动力更早地变成城市劳动力的一部分，这些年轻劳动力几乎不会再回流农村，农村剩余劳动力存量将加速减少，供给刚性也逐渐提高。从区域梯度发展格局看，中国中部地区逐步承接东部沿海地区劳动力密集型产业的转移和延伸，个别劳动密集型产业早在2010年就出现明显的从主要人口流入省份向主要人口流出省份转移，但这些产业从沿海地区向中部地区转移过程中存在诸多困难，尤其是从事这类行业的劳动力转移与产业转移速度不匹配。从2020年第七次全国人口普查结果可以发现，中部地区15—59岁人口占全国15—59岁人口的24.96%，与2010年相比下降了1.10个百分点，相反，东部沿海地区对劳动力的虹吸效应持续扩大。从这个意义上看，农村剩余劳动力大量转移到城市时部分可能会转换成富余劳动力，在大城市流动人口规模被长期低估背景下富余劳动力隐蔽性失业或临时性失业问题存在被低估的可能，并因此而低估由此可能带来的系列社会风险。

（三）市辖区内人户分离人口快速膨胀

2020年第七次全国人口普查公报显示：全国人口中，人户分离人口为492762506人，其中，市辖区内人户分离人口为116945747人，流动人口为375816759人。与2010年第六次全国人口普查相比，人户分离人口增加231376431人，增长88.52%；市辖区内人户分离人口增加76986324人，增长192.66%；流动人口增加154390107人，增长69.73%。从资源配置与社会治理角度考察，市辖区内人口的户籍地、居住地与工作地三分离现象应得到更多关注。市辖区内人口出现三分离的原因如下：

一是人口迁徙仍然受户籍制度限制。当一个人拥有几处住房时，按房落户的规定迫使人们必须考虑和取舍在哪一套房子落户，而子女就学就是一个重要的考虑因素。同时，户口一旦迁出就可能面临不能回迁的风险，乡城人口迁移更是如此。户口迁移的刚性特征迫使人们必须慎重考虑不同户籍地、居住地与工作地组合形式对家庭长远发展的得失。

二是公共资源配置的非均等化，主要体现在新老城区资源分配和服务范围的差异。在城市空间和服务范围不断向外延伸过程中，老城区的教育、医疗与社会保障等重要公共资源较少随城市扩张而向外扩散，学区房就是教育资源不均等配置的重要体现。由于户籍与公共资源分配被捆绑在一起，即使居民愿意向生活环境相对较好的新城区或近郊区转移，但新城区或近郊区很多公建配套质量远不及老城区，更多人愿意保留老城区户籍继续享受优质社会资源，甚至有的家庭为了孩子就近入学而找亲友“空挂户”。趋利避害乃人之本性，因此，当一个人拥有两套或以上住房时，很自然地选择在区位和资源最好的住房落户。

三是城市就业岗位集中在中心城区，职住分离随着城市扩张而愈发普遍。有研究显示居住在不同社区类型的居民的职住分离程度存在显著差异，分离程度由低到高排列依次是单位社区、胡同社区、新建商品房社区与政策性住房社区。中国城市在扩张过程中普遍存在住宅郊区化和郊区用地单一的现象，但城市边缘的就业供给和新增就业机会跟不上人口发展速度，出现就业供求不匹配情况，形成居住在新城区或近郊区落成较晚的商品房的居民，以及城市边缘的保障性住房的居民的职住分离明显比其他类型小区高。

市辖区内三分离是户籍制度和住房市场化并行的产物，并带来了一系列社会问题：一是导致很多与户口相联系的管理工作的运作成本增加。户籍制度本质上是家庭本位的人口管理方式，以此将公民的生命、健康、就业、教育、医疗、养老与社会福利等信息与土地或房产联系在一起，而人户分离无疑增加了户口所在地和居住地人口统计工作的难度，形成的统计数据也难以真实地反映当地的人口状况。二是依托于失真人口数据的经济运行和社会发展部署必然会对城市空间利用、产业布局与政策方向等方面产生深远影响，部分地区出现“大城小规”或“小城大规”的一个重要原因是对当地人口形势与发展趋势误判造成的。

五、结语与讨论

综上所述，2020 年第七次全国人口普查相对于 2010 年第六次全国人口普查与 2011－2019 年历年人口变动抽样调查质量要高，由此可知，过去 10 年对人口迁移流动和城镇化的基本判断存在严重偏差，并直接影响到对迁移的认知与对公共资源的配置。西方发达国家在进入工业化以后经历了城市化快速发展阶段，部分先发国家的城市化发展呈现出 Logistic 曲线形态，当城市化水平超过 50%后出现减速增长的态势。2010 年第六次全国人口普查时中国常住人口城镇化率为 49.68%，与 2000 年第五次全国人口普查相比，城镇化率上升了 13.46 个百分点。2020 年第七次全国人口普查时中国常住人口城镇化率为 63.89%，与 2010 年第六次全国人口普查相比，城镇化率提高了 14.21 个百分点。这至少说明常住人口城镇化速度在城镇化水平跨越 50%后未见明显的减缓迹象。中国常住人口城镇化道路与西方国家城市化经验有明显差异。

与此同时，中国户籍人口城镇化水平在 30%－46%阶段时，户籍人口城镇化率呈先减速增长而后加速增长的态势，中国户籍人口城镇化进程与中国常住人口、中等收入国家和中高收入国家的城镇化进程也表现出明显不同，带有明显的制度控制痕迹。2015 年后中国户籍人口城镇化率的高速增长主要得益于 2014 年新型城镇化规划指标要求，然而户籍人口城镇化率增长速度仍然长期低于常住人口城镇化率增长速度，使得户籍人口城镇化率与常住人口城镇化率之间的差额不断扩大，半城镇化问题越发明显。

近几年来中国人口城镇化加速是大城市地理空间扩大与落户政策放宽和小城镇区划调整的结果。长期以来中国采取控制大城市、发展中小城镇的发展战略，使得那些外来人口集中且落户需求较大的大城市积蓄了大量的需要转移的农村人口，而小城镇由于就业机会与优质公共资源少以及城乡公共服务差距不大，对农村人口转移的吸引力不足，形成了大城市“进不去”、小城市“不想落”的现象。随着大城市落户限制出现松动，过去被政策抑制住的农村人口转移需求得以释放，形成政策性补偿迁移，部分在原政策下有落户意向或需求但不符合落户条件的人在新政实行后会选择在城市落户。当政策性补偿迁移较多时，可能会导致常住与户籍人口城镇化率的加速上升。但大城市多实行重人才轻人口的差别化落户政策与多秉持“优先解决存量，有序引导增量”与“差别化落户，引导人口有序流入”的指导思想，不符合新政落户条件的人只能继续等待下一轮放宽或寻求替代方法，这种延迟效应对农村转移人口市民化进程起到很大的抑制作用。大城市中的补偿效应和延迟效应此消彼长，使得在城市推出落户新政后出现短期的补偿迁移，但这一增长势头又会被延迟效应抑制而减弱。中小城镇由于人口吸引力不足，户籍人口城镇化驱动力有限，一些地区为了完成相应的政绩考核指标，通过区划调整将农村人口划转进城。调整区划与村改居不是一个连续过程，会导致区域城镇化率陡然上升的虚假现象的出现，之后又可能出现停滞。

中国向来是社会控制很严的国度，也因此人为建构出很多问题，其中大量的流动人口与人户分离人口本身就潜藏着巨大的社会风险，增大了社会治理的难度。一些地区明面上降低了外来人口的落户门槛，暗地里将高门槛设置在进城落户人口的子女入学等基本公共服务上[①]，甚至以退出农村三权作为农村转移人口的落户条件，这种隐性歧视和社会排斥导致外来人口缺少对迁入地的归属感。流民心态如同一枚不定时炸弹，典型如 2008 年春运和 2020 年新冠疫情，让我们看到这种候鸟式大规模人口流动所潜藏的巨大社会风险与相应社会资源的极大损失与浪费。消除流动人口隐患必须从消除人口自由迁徙的制度障碍开始，努力变有迁移意愿的流动人口为迁移人口，进而减少流动人口。大量人口从农村向城市转移是经济社会发展的

① 国家发展和改革委员会编：《国家新型城镇化报告 2018》，中国计划出版社，2019 年。

客观规律，不可能通过行政命令强行禁止，因此农村转移人口市民化才是根本性的解决方法。只有将迁入地变成外来人口的新家实现家庭团聚，才能将这些流动人口稳定下来，这不仅有利于公共资源配置、消费潜力释放与劳动生产率提高，也有利于从根本上消除社会风险与隐患。

南京大学社会学院　陈友华　蔡正广

中国省际人口流动网络演变特征及其影响机制:1990—2020年

1 引言

自改革开放以来,中国经济社会持续快速发展,为人口迁移创造了条件,人口流动趋势更加明显,流动人口规模从几百万不断扩大,2020年总规模高达3.76亿人,每3人就有1人在流动。其中跨省流动规模达到1.25亿人,每3个流动人口中有1人在省外流动。人口迁移流通过跨区域的地理空间结构重构,使人口流动空间特征网络化。省际人口流动网络不断清晰且越发复杂,网络特征在经济发展、政策引导等多重因素影响下不断演变,人口流动网络不再是以往的"离土不离乡""沿海地区集中化"模式。近年来,人口机械增长已成为拉动地区经济增长的主要动力之一,地区间"人口争夺战"愈演愈烈,但区域经济发展差距导致流动人口空间分布格局并不均衡,而这种不均衡格局又会进一步扩大区域经济差距。面对新形势,国务院发布了《关于加快建设全国统一大市场的意见》,指出要促进劳动力、人才跨地区顺畅流动,建立分布合理、流动有序的人口流动模式。在此背景下,基于20世纪90年代初期进一步改革开放引致的大规模人口流动开始,从长周期视角观察省际人口流动网络变化特征规律,研究中国省际人口流动网络演变及其驱动机制,有助于认识人口流动空间分布的长期变化、识别人口流动网络演变机制的早期和近期差异、解译人口流动与区域均衡发展之间的逻辑关联,对促进渔区经济和人口均衡发展具有重要的现实和理论意义。

2 研究方法与数据来源

2.1 社会网络分析法

社会网络是社会行动者之间各种关系的集合,社会网络分析方法适用于对事物之间关系进行量化研究。随着人口流动愈发频繁,人口流动利用"流"的形式,实现了跨区域的地理空间结构重构,网络特征在人口迁移流中愈发明显。社会网络分析方法以省际人口流动关系数据为主,综合涵盖了人口流动的流向、流量及省际关联程度,更加全面地描绘出人口流动的动态变迁趋势,减少了属性数据的信息耗损,为研究人口流动提供了新的分析工具。

网络整体结构和节点中心性是社会网络分析的重要内容。其中,网络整体结构一般采用网络密度、网络效率、网络等级、网络关联度等指标进行分析。"中心性"分析用来衡量节点在网络中地位与作用,该研究采用点度中心度来测量网络节点的中心性程度。

2.2 QAP分析方法

由于"关系数据"本身就是相联系的,违背了常规统计分析中避免共线性的原则,所以常规的OLS回归不能直接应用于"关系数据"的研究。而传统处理方法(重力模型、空间滤波模型与空间OD模型)实际上仍是线性分析框架,并不贴合人口流动的空间结构形式。QAP分析法则通过对"关系数据"进行矩阵化处理,对"关系矩阵"进行置换,并对其相关系数进行非参数检验,以此得到更加稳健检验结果。基于此,采用QAP相关分析和回归分析两个模型,探究人口流动网络动态演变的影响机制。

2.3 数据来源

该研究构建的省际人口流动网络是一个31×31的人口流动关系矩阵(未涉及台湾省、香港和澳门特别行政区)。其中,1996—2000年、2006—2010年、2016—2020年省际人口流动数据来自第五、六、七次全国人口普查。1991—1995年、2001—2005年、2011—2015年省际人口流动数据根据1995、2005、2015年全国1%人口抽样调查数据按抽样比推算得出,其余各项属性数据主要来自历年《中国统计年鉴》,存在个别变量部分年份数据缺失情况，采取差值、补值等方式进行处理。

3 省际人口流动网络演变及其特征

3.1 省际人口流动网络演变态势

人口流动是现代社会运行的基本规律，人口的自由流动在空间上塑造出一个错综复杂的网络系统，刻画出中国人口流动的动态变迁态势。根据1990年以来6次全国人口普查数据和1%抽样调查数据，采用比例弦图的方式，突出刻画人口流动网络中省际流动人口规模变迁态势及各省份在人口流动网络中的地位与作用。见图1，圆弧长度代表了各省份流动人口规模大小及在总流动人口中的比重，连接线两端的粗细程度分别代表迁入地与迁出地，连接线越粗，代表迁出地向迁入地流入的人口越多。

总的来说，跨省流动人口规模逐年扩大，由1991—1995年0.1亿人增加到2016—2020年1.25亿人，增长了8倍之多。省际人口流动网络稳定性较强。经过30年的演化发展，在网络中居于主导地位的仍是广东、浙江、上海、江苏、北京等省份，其他省份在网络中的位次也没有较大变化。在长期发展过程中，"迁出地—迁入地"之间形成了较为稳定流动"路径"。浙江、上海、江苏等省的最大迁入来源一直是安徽省，河北省是北京市的主要迁入来源，广东省则以广西与湖南省为主要迁入来源。

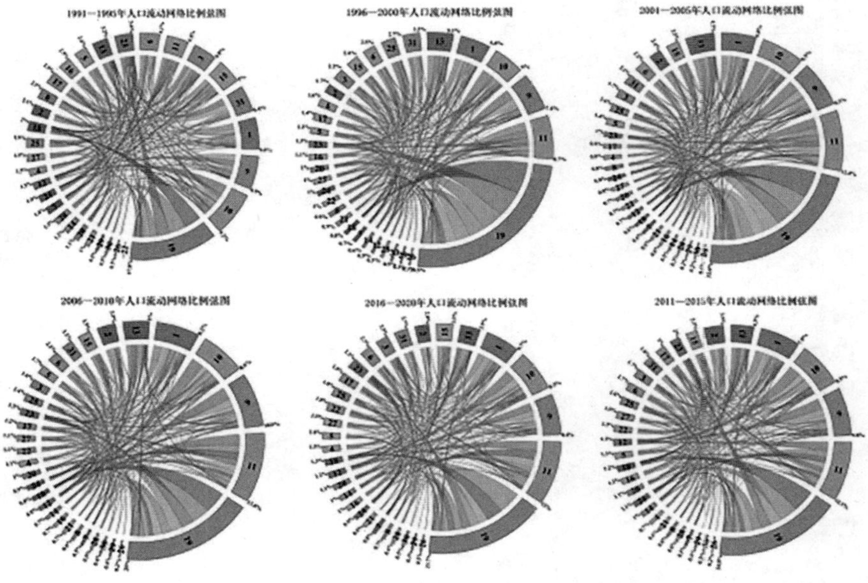

图1 1991—2020年人口流动网络比例弦图

注：1北京，2天津，3河北，4山西，5内蒙古，6辽宁，7吉林，8黑龙江，9上海，10江苏，11浙江，12安徽，13福建，14江西，15山东，16河南，17湖北，18湖南，19广东，20广西，21海南，22重庆，23四川，24贵州，25云南，26西藏，27陕西，28甘肃，29青海，30宁夏，31新疆

中国人口流动网络格局已呈现出东部沿海地区高度集聚转变为东部沿海集聚与分散回流并存的趋势。1991—1995年东部地区省份流动人口规模占比为65.2%，中部地区为14.7%，西部地区为20.1%。在国家率先实现部分地区先富起来的战略下，2001—2005年东部地区省份流动人口规模达到峰值，占比为85.4%，占据绝大部分流动人口份额，流动人口高度集聚在东部沿海地区，呈现出"孔雀东南飞"的人口流动格局。中部地区与西部地区流动人口规模占比仅为6.9%和7.7%，对流动人口吸引力不足，以人口流出为主。在"西部大开发"和"中部崛起"战略的引导下，中西部地区经济增速领跑全国，与东部沿海地区经济差距缩小，2005年之后东部地区省份流动人口规模占比开始下降。2016—2020年，东部地区省份流动人口规模占比下降为76.9%，中部地区提高为10.6，西部地区提高为12.5%。人口流失严重的中西部地区流动人口规模开始提高，"孔雀东南飞"的现象逐渐改善，愈发明显的"人口回流"趋势开始改善中国人口流动网络不均衡的空间分布模式。

3.2 省际人口流动网络结构演变特征

为量化人口流动网络结构特征演变态势，利用网络整体结构特征指标计算出人口流动网络不同时期的网络密度值、效率值、等级度以及关联度，见图 2。

1991—2020 年，中国宏观经济发展战略由“非均衡发展”转向“区域协调发展”，中国省际人口流动网络结构则经历“由疏到密”“由单向流动为主转变为双向流动为主”的演化过程，逐渐形成空间对称性的网络结构。

具体来看，1991—2005 年，中国省际人口流动网络的密度值与关联线数量均呈下降趋势，网络密度值由 0.2430 减少到 0.2193，关联线数量由 226 条减少到 204 条，这个时期内，在“区域非均衡发展战略”的政策导向下，省际人口流动网络较为稀疏，东部地区凭借区位优势以及政策支持，吸纳了绝大部分的流动人口，导致中西部地区处于网络边缘地位。人口流动关系单一，以中西部地区向东部沿海地区单向流动为主，网络单向关联线数量呈上升趋势，并在 2006—2010 年达到顶峰。2006—2020 年，省际人口流动网络的密度值与关联线数量开始上升，网络密度值由 0.2193 提高到 0.2602，网络关联线数量增加至 242 条，省际人口流动网络开始“由疏变密”。随着西部大开发与中部崛起等区域协调发展战略的实施并产生成效，双向关联线数量开始快速上升，并一度超越单向关联线。地域间流动关系不再单一，越来越多中西部地区成为流动人口的迁入地选择。同时迁入地与迁出地之间双向流动关系增加，逐渐形成“迁出地－迁入地”相互流动的空间对称性网络结构。

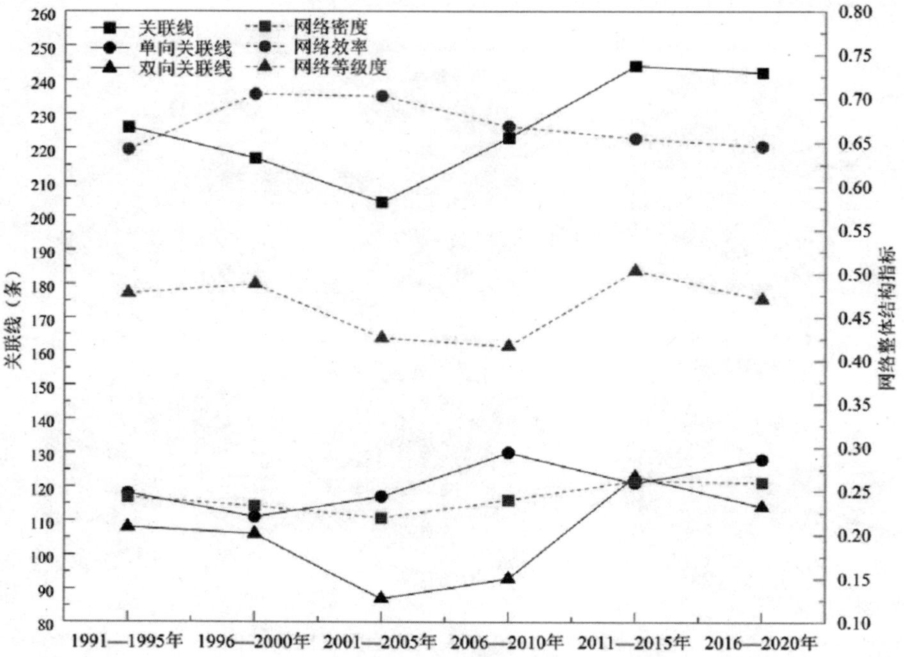

图 2　1991—2020 年人口流动网络结构特征

3.3　省际人口流动网络中心性演变

点度中量化了各省份在网络中吸纳流动人口的能力、地位与权力，可分为点出度中心度与点入度中心度。点出度中心度越高，说明该省份以人口流出为主，点入度中心度越高，说明该省份以人口流入为主。如图 3 所示，x 轴为省份，y 轴为 6 个研究时段，z 轴为点出(入)度中心度值。

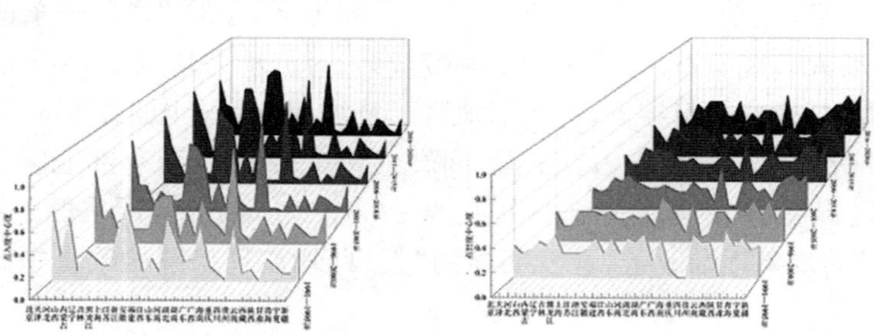

图 3　1991—2020 年省际人口流动网络点出(入)度中心度

图中，浙江、江苏、山东等东部地区省份点入度中心度值较高，点出度中心度值较低，属于人口迁入大省。内蒙古、青海、西藏、新疆、甘肃等西北地区以及黑龙江、辽宁、吉林等东北地区点出度中心度值较高，点入中心度值较低，是人口外流的“重灾区”，中部地区也不例外。但在长期演变过程中，湖北、湖南、江西、安徽等中部地区利用地理邻近优势，通过承接东部地区的产业转移，率先享受到东部地区经济发展的外溢效应，促进点出度中心度值的降低，有效地减小了人口流出规模。同时，广东、北京、上海等特大城市的点出(入)度中心度值都处在较高水平，在空间上形成了潮汐式的“返工一返乡”流。

从时间维度对比来看，各省份的点出(入)度中心度值虽有改变，但它们中心度等级却没有太大变化，东部沿海地区仍居于网络核心流入节点地位。东部沿海地区与内陆地区的经济差距奠定了人口流动网络节点地位与权力的初始分布格局，并在很大程度上决定了未来人口流动网络的发展走势。短期内，省际人口流动网络的中心度等级不会产生根本改变。

4 省际人口流动网络演变的影响机制分析

4.1 理论分析与研究假设

在中国人口即将出现负增长的新时期，人口流动成为拉动地区经济增长的主要动力之一。建立分布合理、流动有序、更加均衡的人口流动网络对促进地区间公平高效发展具有重要意义。因此，为优化区域间资源协调配置，助力区域均衡发展，必须深入探究人口流动网络演变的影响机制。而人口流动网络的演变不仅仅是由于人口流动规模的变动，还是地区间是多种因素共同作用下的结果。

人口流动的目的是追求更美好的生活，地区间自然环境以及经济社会等方面的水平差异是诱发人口流动的前提。流入地具备改善生活条件的“拉力”，流出地相对劣势的生活条件则为“推力”，在这种机制的作用下，人口向中心城市、大城市等社会经济条件较好的地区流动，是社会发展的客观规律。省际差距诱发人口流动的具体机制体现在经济发展状况、创新开放条件、社会服务水平、生活条件等多个维度。因此，提出第一个研究假设。

H1：省际人口流动网络的形成与演变受到经济发展水平、创新与开放水平、社会服务水平以及生活舒适度等条件差距的影响。

地理距离在人口流动网络中同样扮演重要角色，地理学第一定律指出，任何事物之间的空间相关性都与地理距离的远近密切相关，人口流动自然不例外。“人口迁移规律理论”中提到，流动人口规模会受到许多中间阻力因素影响，其中包括地理距离。雷文斯坦在《人口迁移之规律》一文中则更为确切的表明，迁移人口数量与迁移距离成反比。因此，提出第二个研究假设。

H2：地理距离对人口流动网络的发展具有阻碍作用。地理距离越远，省际人口流动关联越小。

社会网络理论也是重要的人口迁移理论之一。新经济社会学强调，社会关系网络在人口流动中起到先导性的作用，它能诱发人口迁移行为并使其持续发展。费孝通认为社会关系以个人为中心向外辐射，能涉及的人就会发生联系，这种人际关联就构成复杂社会网络，先迁入者为后来者提供食宿、工作等各种形式的便利，促进人口流动网络不断壮大。这种复杂的社会网络具有一定程度上的“地缘效应”，即流出地与流入地的空间邻近效应，两地之间空间关联越紧密，则越有可能形成时空社会网络，进而影响人口流动网络发展。因此，提出第三个研究假设。

H3：时空社会网络能诱发人口流动的产生与持续发展，进而影响人口流动网络形成与演变。

4.2 模型设定与变量选择

根据理论分析与研究假设，对省际人口流动网络的驱动机制展开分析，具体指标选择见表1。

表 1 变量选择与说明

变量分类	变量指标	变量说明
被解释变量	省际人口流动网络	1991—2020 年六个时期的人口流动矩阵
解释变量		
地理距离	各省会间铁路里程(*Distance*)	各省会间铁路里程矩阵
时空社会网络联系	时空网络(*Network*)	前期人口流动矩阵与空间关联矩阵交互项
经济发展水平	人均地区生产总值(*GDP*)	人均 *GDP* 差值矩阵
	城镇居民收入(*CI*)	城镇居民人均可支配收入差值矩阵
	农村居民收入(*RI*)	农村居民人均可支配收入差值矩阵
	全社会消费品零售总额(*Consume*)	全社会消费品零售总额差值矩阵
创新与开放水平	专利申请授权量(*Innovation*)	专利申请授权量差值矩阵
	外商直接投资(*FDI*)	外商直接投资差值矩阵
社会服务水平	卫生机构个数(*Medical*)	卫生机构个数差值矩阵
	高等学校在校生数(*Education*)	高等学校在校生数差值矩阵
	失业人员数(*Unemployment*)	失业人员数差值矩阵
生活舒适度	人均绿地公园面积(*Green*)	人均绿地公园面积差值矩阵
	人均拥有道路面积(*Road*)	人均拥有道路面积差值矩阵
	每万人拥有公厕数(*Toilet*)	每万人拥有公厕数差值矩阵

由于变量之间的度量单位不一致,对各变量进行标准化处理后进行差值处理,最后各变量均为 31×31 的差值矩阵。

4.3 QAP 相关分析

通过 QAP 相关分析,检验各影响因素与人口流动网络的相关性,结果见表 2。

表 2 1991—2020 年省际人口流动网络与各影响因素相关性分析

变量	1991—1995	1996—2000	2001—2005	2006—2010	2011—2015	2016—2020
Distance	−0.228***	−0.157***	−0.175***	−0.212***	−0.221***	−0.216***
Network	—	0.712***	0.765***	0.763***	0.800***	0.772***
GDP	0.852***	0.876***	0.911***	0.921***	0.912***	0.880 ***
CI	0.878***	0.965***	0.961***	0.942***	0.846***	0.877***
RI	0.870***	0.956***	0.894***	0.867***	0.805***	0.813***
Consume	0.891***	0.947***	0.933***	0.899***	0.805***	0.895***
Innovation	0.899***	0.941***	0.921***	0.935***	0.924***	0.902***
FDI	0.818***	0.932***	0.946***	0.927***	0.888***	0.885***
Medical	0.733***	0.809***	0.692***	0.756***	0.760***	0.733***
Education	0.753***	0.714***	0.802***	0.766***	0.808***	0.872***
Unemployment	0.844***	0.780 ***	0.783***	0.844***	0.892***	0.886***
Green	0.856***	0.906***	0.940***	0.899***	0.942***	0.877***
Road	0.864***	0.868***	0.835***	0.625***	0.617***	0.843***
Toilet	0.695***	0.865***	0.785***	0.749***	0.783***	0.749***

注:*** $P<0.01$。

总体来看,人口流动网络与经济发展水平、创新与开放水平、社会服务水平、生活舒适度、地理距离以及时空社会网络等影响因素都通过了 1%以上的显著性水平检验,与人口流动网络具有显著影响。

具体来说,省际差距指标中,经济发展水平、创新与开放水平、社会服务水平、生活舒适度等指标与人口流动网络呈显著正向相关,说明这些指标省际差距越大,形成的人口流动"推一拉"作用越明显,对省际人口流动网络的发展影响巨大,验证了假设一的成立。地理距离与人口流动网络呈负相关,对人口流动网络的发展起到阻碍作用,距离越远,省际流动关联越小,符合假设二预期结果。时空社会关系网络与人口流动网络也具有非常高的相关性水平，对人口流动网络的形成与演化起到至关重要的作用，验证了假设三的成立。

4.4 QAP 回归分析

通过 QAP 多元回归分析方法（MRQAP），进行 2000 次随机重排实验，回归分析得出 1991—2020 年六个时期调整后的 R^2，由 0.953 上升为 0.981，说明选取的各影响因素能够有效地解释人口流动网络演变发展的机制，具体结果见表 3。

表 3　1991—2020 年省际人口流动网络与各影响因素回归分析

变量	1991—1995	1996—2000	2001—2005	2006—2010	2011—2015	2016—2020
Distance	−0.047***	−0.004	−0.013***	−0.026***	−0.029***	−0.036***
Network	—	0.133***	0.120***	0.113***	0.057***	0.110***
GDP	0.004	0.189***	0.181***	−0.113**	0.076**	0.108***
CI	0.156***	0.142***	0.399***	0.684***	0.10***	−0.053
RI	−0.004	0.314***	0.162***	−0.176***	0.034***	0.339***
Consume	0.032	−0.537***	−0.244***	0.014	0.034***	−0.111**
Innovation	0.226***	0.225**	0.045	0.021	0.203***	0.325***
FDI	−0.096	0.442***	0.348***	0.216***	0.213***	0.158***
Medical	0.040**	0.208***	0.054***	0.094***	0.068***	0.032**
Education	0.011	0.104***	0.145***	0.078***	0.043***	0.083***
Unemployment	0.339***	0.128***	0.018*	0.017	0.025*	−0.028**
Green	0.143***	−0.112***	0.107***	0.068***	0.159***	−0.01
Road	0.209***	0.155***	0.023**	−0.020**	−0.026**	0.054***
Toilet	0.044**	0.153***	0.122***	0.106***	0.127***	0.150***

注：* $P<0.10$，** $P<0.05$，*** $P<0.01$。

在省际差距层面上，省际差距形成的人口流动势能是人口流动网络不断演变发展的关键影响因素。但在不同时期，不同维度指标对省际人口流动网络的影响存在较大差异。经济发展水平维度指标的影响系数大多显著为正，对省际人口流动网络发展起到促进作用。其中，人均 GDP 差距与城镇收入差距的影响系数呈波动下降态势，这说明早期人口流动的直接目的是获得更高额劳动报酬，以满足物质生活需求。伴随着区域经济差距缩小，省际经济发展水平与收入水平等经济要素差距对流动人口的吸引力正在不断稀释。创新与开放维度中创新发展对人口流动网络的影响力在不断上升，社会服务水平、生活舒适度维度指标对省际人口流动网络的发展具有较强的正向促进作用，这说明更高的创新发展会平与更加舒适的生活环境、社会服务带来的人口人才集聚效应正在成为新时代影响人口流动网络的重要因素。

在时空社会网络联系层面，时空网络对人口流动网络的演变具有较高水平的解释力，研究期内均在 99%的置信水平上显著为正，波动较小。这说明时空社会网络也是影响人口流动网络发展演变的重要因素，且具有长期稳定的影响作用。这种对人口流动网络的持续影响是在具有“地缘效应”的社会关系网络中形成，在没有全国范围内强制改变人口流动的方向或限制人口流动的情况下，时空网络联系对人口流动网络的影响会稳定提升。

在地理距离层面，研究期内地理距离对人口流动网络的影响均在 99%的置信水平上显著为负，证实了地理距离与迁移规模成反比的观点，也进一步说明了中国省际人口流动具有地理邻近性特征，人口在省份间流动会优先选择距离较近的省份。这种流动偏好也正是中国“中部凹陷”“中间低、四周高”的人口流动网络格局形成原因之一。

5 结论与讨论

该研究利用 1990 年以来的全国人口普查和 1%抽样调查数据，从长周期视角刻画 1991—2020 年省际人口流动网络演变态势，再利用社会网络分析和 QAP 分析方法，对省际人口流动网络特征进行多期比较，识别省际人口流动网络变迁的驱动机制。研究发现：①省际人口流动网络格局已呈现出东部沿海地区高度集聚转变为东部沿海地区集聚与人口分散回流至中西部地区并存的趋势。②网络结构正在经历“由疏到密”“由单向流动为主转变为双向流动为主”的演化过程，逐渐形成“迁出地一迁入地”相互流动的空间对称性网络结构。③经济差距奠定了人口流动网络节点地位与权力的初始分布格局，并在很大程度上决定了未来人口流动网络的发展走势。短期内，省际人口流动网络的中心度等级不会产生根本改变。④人口流动网络在省际差距、时空社会网络、地理距离的作用下持续发展。但伴随着区域经济差距缩小，经济要素差距形成的人口吸引力被稀释，生活舒适度和创新发展效应正在成为新时代影响人口流动网络的重要因素。

该研究得到一些政策启示：①人口增长“拐点”将至已成定局，科学把握新时代下人口流动发展的形势与规律，建立更加均衡合理的人口流动网络对优化区域间资源协调配置，有利于促进地区间公平高效发展，助力区域均衡发展，更好的发挥人口流动对经济发展的推动作用。②新时期下，地区经济条件差距形成的人口推力减弱，而生活舒适度和创新发展水平正在成为新时代吸引人口流入更加重要的因素。各省份在大力发展经济的同时，应着力提升对流动人口的服务水平，提高流动人口对城市的满意度和舒适度。③中国省际人口流动网络特征在短期内将不会发生根本性改变，各省份可放宽对流动人口的限制，消除阻碍人口流入以及社群融合的制度，深化户籍制度改革，进一步释放社会关系网络对人口流动的促进作用。

江西财经大学经济学院　曾永明　钟子康
中国人口与发展研究中心　刘厚莲

从常住人口多元化到流动人口多元化：人口活力赋能中国式现代化进程

第七次全国人口普查数据显示我国的人口发展已经步入全面高质量发展的新阶段。我国人口构成的多元化特征是中国式现代化进程人口活力的基本反映。借助于第七次全国人口普查数据，基于地级以上城市人口数据资料，本文从城市常住人口和流动人口的构成及其来源视角重点考察了2010年以来我国城市人口的多元化进程。本文共分四个部分：第一部分分析了我国人口流动和流动人口的新特征；第二部分考察了我国地级以上城市常住人口多元化进程的新进展；第三部分分析了我国流动人口多元化进程的新特点，最后是总结和启示建议。

一、中国式现代化进程的人口基础：人口全面高质量发展阶段人口流动的新特征

（一）近十年来的人口流动规模巨大且空前活跃

我国的人口流动自改革开放以来一直保持非常活跃的状态，近十年来的人口流动更是空前活跃。最新的第七次全国人口普查数据表明，2020年我国流动人口规模总量达3.76亿人，从市辖区人户分离合并流动人口的结构构成来看：除重庆和天津的市辖区人户分离人口占比超过40%以外，全国29个省（区、市）都是以迁移流动为主的人口流动；其中，以跨省流动为主的地区的流动人口总规模已经从第六次全国普查时的7400多万增加到当前的1.25亿人以上。与2010年第六次全国人口普查数据显示的地区人口情况相比，目前我国绝大部分地区的人口流动都呈现比较活跃的状态。

（二）城市的流动人口发展进入了新阶段

城市的人口发展是我国城市发展的人口基础，也是我国现代化进程的基础人口背景。从我国城市地区的人口流动情况来看，第七次全国人口普查数据显示，2020年时超过86%的省外流动人口分布在城市地区和镇地区，其中，70%以上的省外流动人口分布在城市地区，城市地区的省外流动人口规模已经超过8800万人；如果合并镇地区的省外流动人口规模，可以发现：城市和镇地区是省外流动人口的主要集聚空间，总规模已经超过1.08亿人。按照中国2020年人口普查统计口径，全国336个地级以上城市共有流动人口3.03亿人，占全国流动人口的80.59%，从省外流动人口的情况来看，全国336个地级以上城市集聚了全国90%以上的省外流动人口。概括来看，2010年以来我国城市流动人口的扩张进入了新阶段，突出表现为以下两个特点：

一是城市常住人口中的流动人口占比在2010—2020年的十年期间比上一个十年有更大幅度的提升。从地级以上城市的整体情况来看（图1），336个地级以上城市的总流动人口占总常住人口的比重从2000年的6.54%增加至2020年的21.67%，从城市角度看，地级以上城市流动人口占常住人口的比重平均值也从6.72%增加至17.85%；其次，无论是总流动人口占总常住人口的比重还是城市流动人口占常住人口的平均比重，第七次全国普查数据显示2010—2020年的十年期间比上一个十年都有明显提升。

二是人口在城市地区的流动已由大城市集聚模式转向大城市与中小城市同步扩张模式。第五次、第六次、第七次三次人口普查结果均显示，不同规模等级城市的流动人口占常住人口的比重均有明显提高（图2），其中，2010年以来的十年期间，不同规模等级城市常住人口中流动人口比重提升幅度的差距比2000年来的第一个十年期间有明显缩减的态势。具体来看，在所有不同规模等级城市中，2000—2010年期间的城市常住人口中流动人口比重提升幅度最大的是常住人口1000万以上的超大城市，而2010年以来的十年期间，100—500万规模的大城市成为流动人口比重提升幅度最大的规模等级城市，其次是100万以下规模的城市和500—1000万规模的特大城市，常住人口1000万以上的超大城市相比较成为流动人口比重提升幅度最小的规模等级城市，充分表明近十年来，流动人口在城市地区的集聚模式已经转变为大、中、小城市同步

扩张的均衡发展模式。

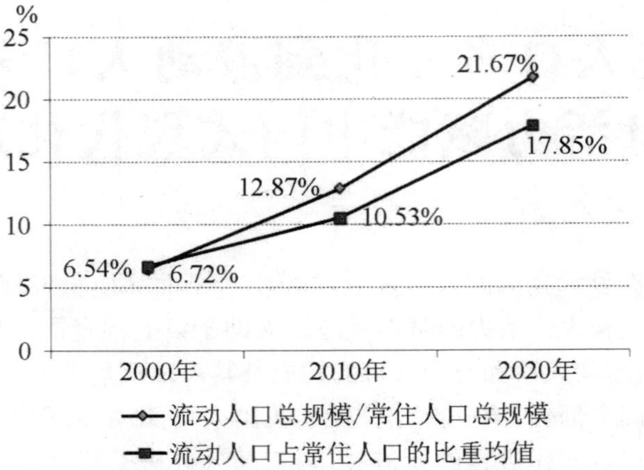

图 1　地级以上城市中流动人口的常住人口占比变化(2000—2020)

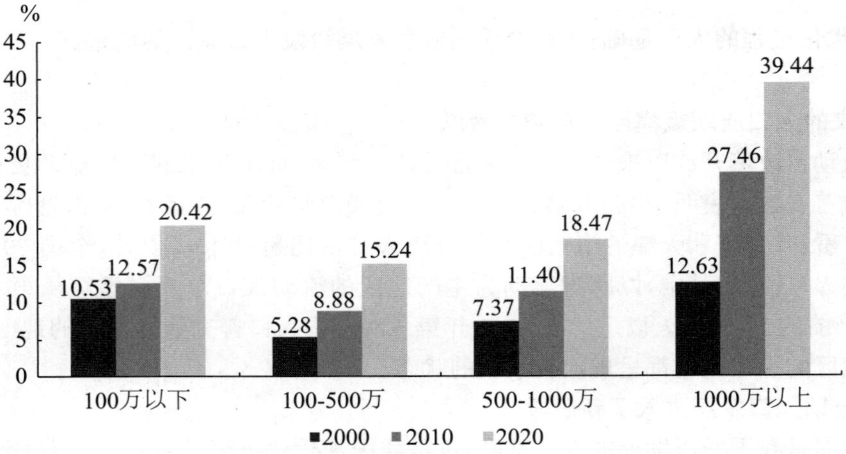

图 2　2000 年、2010 年、2020 年不同规模等级城市的流动人口占常住人口的平均比重

注:课题组根据中国 2000 年、2010 年、2020 年人口普查分县数据资料相关数据计算而得。

二、中国式现代化进程的人口活力:我国地级以上城市的人口多元化进程及其新进展

多元化的人口构成内生丰富的人口多样性,从而能带来更加频繁的交流与互动,有助于思想和技术创新(Florida,2002),是人口活力的基础保障和重要体现。我国独具中国国情和特色的城市人口多元化进程正在成为中国式现代化进程的人口活力源泉。

(一)城市常住人口构成多元化特征突出

第七次全国人口普查数据显示,当前全国流动人口规模剧增、人口流动呈全面深入发展(周皓,2021;王桂新,2021;等)。我国城市常住人口构成的多元化特征突出。

分析第七次全国人口普查数据可以发现,与 2010 年时的城市常住人口构成相比,2020 年全国大部分城市地区都基本改变了以本地人口①占绝对优势的城市常住人口构成:2020 年全国城市地区居住本乡镇街道、户口在本乡镇街道的人口比重为 43.19%,比 2010 年时下降了 13.87 个百分点;从全国各地城市地区的情况来看,全国 31 个省、自治区、直辖市的城市地区 2020 年时本地人口比重都比 2010 年时有明显下降,下降平均值为 15.77%;具体来看,2020 年在全国 31 个省、自治区、直辖市的城市地区,除了河北、黑龙江、江苏、山东之外,其余 27 个省、自治区、直辖市的城市地区的人口构成中,超过一半的人口都不是本地人口。当前,一个随处可见的事实是:全国各地的许多城市中,常住人口构成中居住在本地、户籍在本地的人口,居住在

① 根据全国普查人口统计口径,一个地区按照户口登记状况划分的常住人口,居住本乡镇街道、户口在本乡镇街道的人口,本文简称为本地人口。

本地但是户籍在外乡、镇、街道的(省内)流动人口和居住在本地但是户籍在外区、外省的流动人口[①]等多种居住和户口登记状态的多元化构成特征已经非常普遍。

(二)我国地级以上城市中绝大多数城市都已经具有较高的人口多元化水平

借鉴衡量物种多样性的方法,采用香农(Shannon)的多样性指数或者香农一维纳多样性指数(Shannon—Wiener Diversity Index)来构建城市人口的多元化指数(姚俊等,2004;Keyluck, 2005;冯健、周一星,2008;王红霞,2013;等),记为 MD:

$$MD=-\sum_{i=1}^{s}p_i lnp_i$$

其中,s 表示城市内人口的类别数,p_i 表示城市中第 i 类人口占总人口的比例。当城市内只有一类人口时,MD 为 0,即该城市不存在人口多元化;当城市内的 s 类人群的人口数相等时,MD 达到最大值 lns,即区域内的各类人群接近均匀分布。本文用指标 MD 占最大值的比重来衡量常住人口的多元化程度,构造城市常住人口多元化程度指标,记为 Md:

$$Md=-\frac{\sum_{i=1}^{s}p_i lnp_i}{lns}\times 100$$

取值范围为 0 到 100,Md 越大、越接近于 100,表明城市的人口多元化水平越高,人口多元化发展特征越显著。

基于本地人口和流动人口两类人群的城市常住人口构成和基于本地人口、省内流动人口和省外流动人口三类人群的城市常住人口构成进行人口多元化程度的度量,结果发现:总体来看,我国地级以上城市中绝大多数城市的人口多元化发展程度较深,绝大多数城市都已经具有较高的人口多元化水平。

具体来看,基于本地人口和流动人口两类人群构成的度量结果显示:我国地级及以上城市中,人口多元化程度指数最高达 99.99,接近最大值 100;人口多元化程度指数最低为 27.37;中位数为 81.42;全部城市中有超过 52%的城市的人口多元化程度指数大于 80,呈现较高的人口多元化水平;有 84%以上的城市的人口多元化程度指数大于 60,呈现明显的人口多元化;人口多元化程度指数低于 50 的城市数量占比不足 9%。基于本地人口、省内流动人口和省外流动人口三类人群构成的度量结果显示:在中国地级及以上城市中,人口多元化程度指数最高达 98.55,人口多元化程度指数最低为 19.70,中位数为 61.92。目前,全国地级以上城市中,有 17.89%的城市的人口多元化程度指数大于 80,有 51.93%的城市的人口多元化程度指数大于 60,人口多元化程度指数低于 50 的城市数量占比 26.32%。总体来看,目前,约超过七成以上的城市已经呈现明显的人口多元化,大部分城市中本地人口、省内流动人口和省外流动人口三类人口群体构成比较均匀。

(三)近十年我国地级以上城市人口多元化水平全面提高、城市的人口多元化进程呈现趋于均衡发展

以 2020 年第七次全国人口普查的所有包含市辖区的城市口径列表为标准,匹配 2010 年第六次全国人口普查所有包含市辖区的城市,剔除流动人口含辖区数据无法追溯至“六普”期间的城市——海南省三亚市、西藏自治区林芝市、贵州省铜仁市、青海省海东市、贵州省毕节市,最后得到 280 个地级以上城市,通过比较分析 280 个城市 2010 年和 2020 年基于本地人口和流动人口两类人群计算的人口多元化程度指数 Md_1、基于本地人口、省内流动人口和省外流动人口三类人群计算的人口多元化程度指数 Md_2 指标值的统计特征变化,总体来看,我国地级以上城市的人口多元化水平在 2010—2020 年期间获得了普遍性的提升——人口多元化水平的平均提升幅度达 37%以上,而且,从标准差和极差指标的变化来看,我国地级以上城市在人口多元化水平获得普遍性大幅提升的同时,城市之间人口多元化发展的差距在明显缩小(详见表 1)。

① 居住本乡镇街道、户口在外乡镇街道,离开户口登记地半年以上的人口又根据其户口登记地辖区归属进一步细分为辖区内人户分离人口和流动人口,流动人口又包括省内流动人口和省外流动人口。本文使用的省内流动人口和省外流动人口的口径参照第七次全国普查人口统计口径。

表 1　2010 年以来中国地级以上城市人口多元化程度指数的变化

统计属性	基于两类人群计算的人口多元化程度指数（Md_1）			基于三类人群计算的人口多元化程度指数（Md_2）		
	2020	2010	2020 年比 2010 年提高幅度（%）	2020	2010	2020 年比 2010 年提高幅度（%）
中位数	81.47	55.88	45.80	61.88	41.52	49.04
平均值	78.39	57.19	37.06	61.81	44.25	39.69
标准差	17.42	24.03	−27.53	17.65	21.63	−18.43
最小值	27.37	7.50	265.14	19.70	5.29	272.36
最大值	99.99	99.99	−0.01	98.54	99.08	−0.54
极差	72.62	92.50	−21.49	78.84	93.79	−15.94

数据来源：课题组根据《2020 中国人口普查分县资料》、《2010 中国人口普查分县资料》相关数据计算而得。

三、中国式现代化进程的人口活力赋能：流动人口的多元化进程及其全面发展

基于第七次全国人口普查数据对城市人口多元化进程的定量考察结果显示：我国城市人口多元化进程正在呈现一个历史性新特点，即伴随着城市的常住人口多元化进程的发展，城市中流动人口的多元化也呈现全面更高水平的发展。

（一）从省级层面来看，当前跨省流动人口的多元化水平比 2010 年时有明显上升态势

总体来看，与 2010 年相比，2020 年跨省流动人口多元化程度指数呈现较为明显的上升态势。从省、直辖市层级来看，根据省外流动人口来源地划分的省外流动人口构成，计算省外流动人口的多元化程度指数，结果表明（表 2）：2020 年时 31 个省、自治区、直辖市省外流动人口的多元化程度指数达 71.31 以上，其中，有一半地区的流动人口多元化程度指数指标值在 83.58 以上，显示当前我国各个地区都呈现显著的流动人口多元化。从标准差指标和极差的变化来看，2010 年以来，省外流动人口的多元化进程呈现更趋于均衡发展的态势。

表 2　基于流动人口来源地计算的省外流动人口多元化程度指数的描述性统计

统计属性	2020	2010	2020 年比 2010 年提高幅度
样本量	31.00	31.00	—
均值	83.75	80.53	3.99%
标准差	5.39	6.49	−16.96%
最小值	71.31	62.46	14.16%
最大值	93.46	91.61	2.01%
中位数	83.58	80.01	4.46%

注：省、直辖市层面的省外流动人口多元化程度指数。

数据来源：课题组根据《中国人口普查年鉴 2020》和《中国人口普查年鉴 2010》相关数据计算而得。

（二）从地级市层面的均值水平来看，流动人口比常住人口更加多元化

第七次全国人口普查数据结果表明：总体来看，2020 年地级以上城市基于省内流动和省外流动构成度

表 3　2020 年全国地级以上城市流动人口多元化程度指数与其常住人口多元化程度指数比较

描述性统计	基于省内流动人口和省外流动人口构成度量的流动人口多元化程度指数	基于本地人口、省内流动人口和省外流动人口三类人群计算的常住人口多元化程度指数（Md_2）
样本量	280.00	280.00
均值	69.75	61.81
标准差	17.93	17.65
最小值	26.05	19.70
最大值	99.77	98.55
中位数	69.94	61.88

注：基于本地人口和流动人口两类人群构成计算的人口多元化程度指数与基于省内流动人口和省外流动人口构成度量的流动人口多元化程度指数不具有可比性，因此，不做比较。

数据来源：课题组根据《中国人口普查年鉴 2020》和《中国人口普查年鉴 2010》相关数据计算而得。

量的流动人口多元化水平高于其以本地人口、省内流动人口和省外流动人口三类人群构成度量的常住人口的多元化水平。具体来看:2020年地级以上城市基于省内流动和省外流动构成的流动人口的多元化程度指数的均值、中位数、最小值和最大值等描述性统计指标值都显著高于地级以上城市包含同类人群构成的常住人口的多元化程度指数的统计性指标值(表3)。

(三)从区域层面的情况来看,流动人口多元化水平较高的城市大多位于东部地区而且其流动人口的多元化水平与常住人口多元化水平比较一致,流动人口多元化水平较低的城市以中部地区的城市为主且其流动人口的多元化水平与常住人口多元化水平也比较一致

以流动人口多元化指数排名前20位城市和流动人口多元化指数排名末20位城市为例(见表4和表5),分析其流动人口多元化和常住人口多元化的指数特征,可以发现:流动人口多元化水平较高的城市大多位于东部地区,少量西部地区的城市也具有较高的流动人口多元化水平,而且,绝大多数(除个别城市之外)流动人口多元化水平较高的城市其流动人口的多元化水平与其常住人口的多元化水平比较一致,并不存在区域差异。比较来看,流动人口多元化水平较低的城市以中部地区的城市为主,其次是东北地区的城市(也有少量西部地区的城市);而且,流动人口多元化水平较低的城市其常住人口多元化水平也比较低。

表4 流动人口多元化指数排名前20位城市列表

城市	所属省份	2020基于省内、省外两类的流动人口多元化程度指数	2020基于本地人口、省内流动人口和省外流动人口三类人群构成的常住人口多元化指数	区位
广州市	广东省	99.77	97.69	东部
南通市	江苏省	99.74	79.09	东部
常州市	江苏省	99.74	86.82	东部
大连市	辽宁省	99.64	87.70	东北
无锡市	江苏省	99.58	90.62	东部
厦门市	福建省	99.53	98.55	东部
拉萨市	西藏自治区	99.53	98.52	西部
廊坊市	河北省	99.32	77.28	东部
石嘴山市	宁夏回族自治区	99.23	72.25	西部
乌海市	内蒙古自治区	99.18	85.66	西部
乌鲁木齐市	新疆维吾尔自治区	98.97	95.90	西部
宁德市	福建省	98.70	65.54	东部
威海市	山东省	98.61	77.64	东部
珠海市	广东省	98.48	95.72	东部
惠州市	广东省	98.21	97.56	东部
江门市	广东省	98.21	83.56	东部
秦皇岛市	河北省	97.84	72.89	东部
莆田市	福建省	97.63	62.46	东部
汕头市	广东省	97.44	42.70	东部
银川市	宁夏回族自治区	97.09	90.50	西部

数据来源:课题组根据《2020中国人口普查分县资料》相关数据计算而得。

表5 流动人口多元化指数排名末20位城市列表

城市	所属省份	2020基于省内、省外两类的流动人口多元化程度指数	2020基于本地人口、省内流动人口和省外流动人口三类人群构成的常住人口多元化指数	区位
自贡市	四川省	43.73	50.90	西部
周口市	河南省	43.67	34.49	中部
邵阳市	湖南省	43.09	51.03	中部
七台河市	黑龙江省	42.79	67.11	东北

续表

城市	所属省份	2020 基于省内、省外两类的流动人口多元化程度指数	2020 基于本地人口、省内流动人口和省外流动人口三类人群构成的常住人口多元化指数	区位
佳木斯市	黑龙江省	41.70	68.11	东北
娄底市	湖南省	41.39	63.08	中部
达州市	四川省	41.28	56.73	西部
濮阳市	河南省	39.80	65.93	中部
六安市	安徽省	39.75	49.51	中部
信阳市	河南省	39.59	49.10	中部
绥化市	黑龙江省	39.33	42.29	东北
新乡市	河南省	39.20	57.46	中部
平顶山市	河南省	36.72	51.89	中部
鹤壁市	河南省	34.42	40.57	中部
许昌市	河南省	34.25	42.54	中部
松原市	吉林省	33.03	70.48	东北
伊春市	黑龙江省	32.90	42.44	东北
南阳市	河南省	32.07	56.82	中部
漯河市	河南省	28.33	39.70	中部
驻马店市	河南省	26.05	56.39	中部

数据来源：同表 4。

（四）从城市规模等级特征来看，超大城市和特大城市的流动人口多元化水平与其常住人口多元化水平比较一致

超大城市和特大城市流动人口规模庞大、常住人口多元化特征突出，大多也具有较高的流动人口多元化水平（见表 6①）。比较来看，那些流动人口的多元化水平与其常住人口多元化水平反差较大的城市，大多是 300 万以下城市规模且人口流动模式以省内流动为主的城市，其流动人口的多元化水平与常住人口的多元化水平的不一致性比较突出，反差较为明显。

表 6　超大城市的流动人口多元化与常住人口多元化比较

城市	2020 基于省内、省外两类的流动人口多元化程度指数	2020 基于本地人口、省内流动人口和省外流动人口三类人群构成的常住人口多元化指数
广州市	99.77	97.69
深圳市	96.03	96.12
杭州市	95.05	90.28
重庆市	90.33	66.25
西安市	88.98	81.60
天津市	88.72	80.35
武汉市	78.89	83.58
北京市	75.63	86.54
上海市	67.25	84.78
成都市	66.28	84.21

数据来源：同表 4。

四、总结与启示

本文基于第七次全国人口普查地级以上城市的人口构成及其流动人口数据，通过构建常住人口多元化

① 囿于篇幅仅列出超大城市的相关指标，如需详细资料请邮箱联系作者索取。附作者 e—mail：wanghongxia@sass.org.cn.

指数和流动人口多元化指数进行定量考察了我国的人口多元化进程及其新变化。主要发现和结论概括如下：

（一）总体来看，我国城市人口总体上呈现了构成更加多元化的态势，全国各地不仅呈现常住人口多元化的特征，而且流动人口的多元化特征也日渐突出。

（二）我国城市流动人口扩张进入了新阶段，2010 年以来城市的人口流动已由大城市集聚模式转向大城市与中小城市同步扩张模式。

（三）无论是省级层面还是地级以上城市层面来看，近十年来我国城市流动人口的多元化特征比常住人口的多元化特征更加明显。

（四）人口多元化进程具有明显的规模异质性特征：超大城市和特大城市的常住人口多元化发展与其流动人口的多元化进展呈现较好的一致性；而 300 万以下城市规模且人口流动模式以省内流动为主的城市，其流动人口的多元化水平与常住人口的多元化水平的不一致性比较突出。

（五）城市流动人口的多元化进程表现出一定的区域异质性，但是城市流动人口多元化与常住人口多元化的一致性特征并没有表现出明显的区域异质性。

也就是说，城市流动人口的多元化水平与其常住人口多元化水平是否表现一致，跟城市所在区域的相关性并不明显，比较而言，城市流动人口的多元化水平与其常住人口多元化水平是否表现一致，可能与其城市规模等级和城市吸纳的流动人口的流动模式等因素的关系更加密切。

最后，基于第七次全国人口普查数据的分析和定量考察表明：近十年来从常住人口多元化到流动人口的多元化发展态势显示我国城市的人口活力日益增强，应顺应我国人口多元化发展的良好态势，重点关注城市规模等级和城市人口的流动模式，以其为关键抓手，促进人口多元化进程激发和提升人口活力赋能中国式现代化进程。

上海社会科学院经济研究所　王红霞

流动人口年龄别流动率的模式及其演变

我国户口标准下的流动人口规模在2020年"七普"时已达3.758亿人,粗流动率到26.62%。可见,我国流动人口规模剧增的同时,人口流动更趋活跃。人口迁移流动模式在根本上表现出相对稳定性(周皓,2021)的同时,也呈现出一定的变化与新的发展趋势。年龄别流动率是人口迁移流动研究中的重要基础性指标,体现了迁移流动人口的年龄选择性及其年龄模式,是人口学研究的重要基础。年龄别流动率的变化既是人口发展与社会变迁对人口迁移流动的作用结果,也是人口与社会发展变化的社会表象特征之一,与中国近三十年来的经济社会发展、经济结构调整、经济转型及区域经济格局变化有很大关系(刘金菊、陈卫,2021)。年龄别流动率包含了水平与模式两个方面:水平是指曲线在坐标系中的整体位置,模式则是指曲线形状①。模式问题(或称之为年龄模式)是本文关注的焦点。在我国人口迁移流动规模剧增、流动性增强、流动率水平整体提高的同时,人口迁移流动的年龄模式是否有变化?这是人口学研究应该解决的现实问题。回答这一问题,既是为了了解我国人口迁移流动状况、流动人口的年龄选择性问题等的基本信息,也是未来后续相关研究的基础。

国内对年龄别流动率的研究,或是对其数学建模(杨云彦,1992a,1992b),或是利用某一次普查数据描述流动人口的年龄结构或年龄选择性(张善余,1992;段成荣,2000;李玲,2001;唐家龙、马忠东,2007),或是比较年龄模式及其空间差异性(王桂新,1994,1995),或利用两次普查的数据比较城－乡与乡－城转移人口的年龄模式的变化(王金营,2004),亦有利用抽样调查数据考察各类属性的人口流动率年龄模式(周爽、黄匡时,2015)。从应用看,年龄别流动率既是人口预测的基础,更是其他相关社会问题预测的基础,特别是分城乡或分省区的人口预测;其准确性既会影响到人口规模与结构估计的准确性(孟向京、姜凯迪,2018),还会影响到对社会经济发展指标,如养老金(刘昌平等,2008;王泽强,2011)、产业结构(逯进等,2019)及公共设施(何晓萍等,2009)等估算结果的准确性。因此,年龄别流动率的研究对后续的社会公共政策的制定同样具有重要的社会意义。已有的相关研究为了解我国人口迁移流动的年龄模式提供了丰富的基本素材。但几乎所有研究都是利用某一次普查数据,而未能结合多次普查数据、从历时视角考察我国年龄别流动率的转变及可能的社会涵义与启示。

同时,户口标准下的流动人口有流量与存量之区别②;我国的流动人口研究最好应使用户口标准下的流量流动人口(周皓,2022)。特别是在人口预测中,未来某时段内的新增人口主要受流量流动人口的影响,而非存量或全部流动人口,否则会导致预测结果被高估及年龄结构存在偏差。因此,检验流量与存量、全部流动人口这三者在年龄别流动率上的异同是本文的第二个研究目标。

为此,本文将使用1990年以来的历次人口普查与小普查数据,以"七普"数据为例,比较描述流量与全部流动人口的年龄别流动率之差异,以揭示流量流动人口年龄别流动率的特点;并比较分析流量流动人口年龄别流动率的历时变化及其特征,以说明我国流动人口年龄别流动率的稳定特征及其最新变化;最后将讨论流量人口年龄别流动率在人口预测中的使用及年龄别流动率模式变化的社会含义。

一、相关定义与说明

本文的流量流动人口被定义为:流动时间在5年内的流动人口。但历次普查或调查中对流动时间的定义并不一致。1990年"四普"中仅有户口性质一项,未涉及流入时间,因此,无法判断识别流量流动人口。2000年"五普"中关于流动时间的题项是"何时来本乡镇街道居住";2005年小普查、2010年"六普"和2020

① 严格来说,模式可以用各年龄别率在年龄别率之总和中所占的比例。如生育模式(生育的年龄模式)是指各年龄别生育率在总和生育率中所占的比例。它可以刻画年龄别生育率曲线的形状。在本文中,年龄模式或年龄别流动率模式即指此意。

② 本文中"流动人口"对应户口标准,系指居住本地半年以上、户口登记地在外乡镇街道的人口(即国家统计局定义的人户分离人口中剔除了市内人户分离人口后的人口)。

年“七普”的普查表中对应流动时间的题项是“离开户口登记地的时间”；2015 年小普查的题项则包括了“在本市居住时间”和“离开户口登记地的时间”。可见，2000 年“五普”有关流动时间的定义强调“来本地居住时间”，而其后几次普查或小普查则更强调“离开户口登记地的时间”。本文在数据处理过程中，除 2000 年“五普”按照来本地居住时间(限定在 5 年内)为标准以外，其余历次普查均按照“离开户口登记地的时间”在 5 年之内来进行识别与判断。当然，历次普查中有关时间的选项也有一定差异，此处不再赘述。[①]

本文的另一个重要概念是年龄别流动率。严格意义上，率是某时间段内事件发生数与对应时间内风险人口的平均生存人年数之比。套用到年龄别流动率，则是指某时间段内，某年龄的流动人口规模(事件发生数)除以该时间段内风险人口的平均生存人年数。由于本文以 5 年为标准来定义流量流动人口，且使用微观数据时无法估计(年龄别)死亡人口，因此，严格按照定义的数据处理相对会比较麻烦。为简便起见，本文计算的年龄别流动率将直接使用：普查时点上某年龄(流量)流动人口规模除以对应年龄的总人口数。因此这个定义是比例的概念，而非率的含义。

二、流量流动人口特点与历时变化

(一)流量流动人口年龄别流动率的特点

图 1 表明，流量流动人口的年龄别流动率与全部流动人口的存在较大的差异。

全部流动人口的年龄别流动率，在低年龄段中，0 岁时的流动率极低，1—14 岁年龄段的流动率相对较高，15—20 岁段的流动率迅速上升，并达到峰值；其后在 21－23 岁段一个急速下降，但 23—60 岁段中的下降速度有所减缓；在 60 岁及以后的老年人口中，随着年龄增加，流动率也处于较低水平的缓慢下降过程。总体来看，在 20 岁峰值年龄之后的下降过程中分别有 23 岁和 60 岁这两个拐点。

流量流动人口的年龄别流动率却与全部流动人口有较大差异。虽然流量流动人口 0—4 岁的年龄别流动率与全部流动人口相同，但 5 岁时有一个突然的下降，并在 5—14 岁年龄段中形成一个下凹槽的形状；随

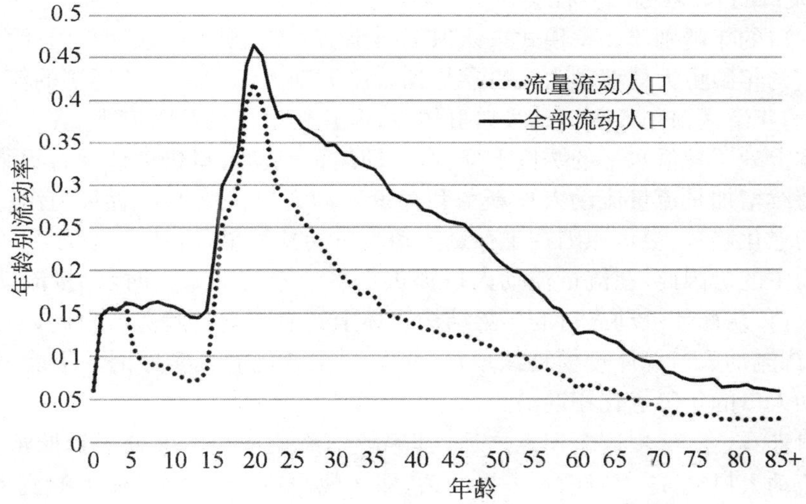

图 1 “七普”流量与全部流动人口的年龄别流动率模式对比

数据来源：2020 中国第七次人口普查微观数据。

后，在 15—20 岁时与全部流动人口的模式一样也迅速上升，并于 20 岁时达到峰值；其后尽管也和全部流动人口一样都呈随年龄而下降的趋势，但其下降过程可以用三个拐点来描述：23 岁作为峰值年龄后的第一个拐点，其速度从陡降变为快速下降；35 岁作为第二个捌点，从快速下降转变为相对较缓下降；这种下降趋势一直延续到 70 岁这第三个捌点，即 70 岁以后的年龄别流动率处于极低水平的平缓状态。

综合来看，两个年龄别流动率在模式上存在两点较大的区别：(1)5—15 岁年龄段的下凹槽形状；(2)峰值年龄后的拐点。

① 有关普查中流动人口的定义请见周皓(2022)。

(二)模式差异性及其社会涵义

首先,两条曲线之间的空白处是由存量流动人口导致的,即那些已经流出5年以上的被普查定义为流动人口的人户分离人口。根据上述定义,本文的年龄别流动率是个比例的概念,每个年龄的流量人口加上存量流动人口等于该年龄的全部流动人口。所以,两条曲线之间的空白处就相当于存量人口的年龄别流动率,主要分布于5—15岁年龄段的学龄儿童和峰值年龄至60岁的劳动力年龄人口。

其次,整体模式的不同。整体模式既表现在水平上,也表现在年龄模式上。总流动人口的水平远高于流量流动人口,且两者的年龄模式亦完全不同(低龄段的凹槽形状和峰值年龄后的拐点)。如果使用全部流动人口的年龄别流动率来进行人口预测,不仅会由于整体水平较高而高估总流动率和总流入人口规模,而且也会由于高估了5—15岁的流动儿童和峰值年龄以后的劳动力年龄人口(其被高估的偏差取决于存量流动人口的比例),使得整个流动人口的年龄结构预测结果产生一定偏差,进而影响到整个人口预测的结果。这说明人口预测模型应该使用流量流动人口的年龄模式。

再次,5—15岁年龄段中,流量流动人口的年龄别流动率呈下凹槽的形状,说明真正在5年内由居住在户籍所在地的学龄儿童转换为新增流量流动儿童的比例事实上相对较低;这体现了学龄段儿童为就学稳定性而降低了流动性。流量与全部流动人口的年龄别流动率之间形成的空白处则是存量流动人口,即出生、成长、并就读于流入地的"常住流动儿童"。流动儿童的发展问题是整个国家与社会的重要问题之一,各项社会政策不仅应该保障所有流动儿童的权力,而且也应该特别注意不同类型的流动儿童。其中,常住流动儿童则应是社会政策的重中之重。这不仅是因为这些出生、成长并就读于流入地的常住流动儿童的规模之庞大,而且也由于他们在成长经历中切断了与父辈故乡的连接而可能面临更多的未来发展的困境:他们或是更可能沉淀为长期的常住流动人口;或是由于升学等需要而返回父辈的故乡,甚至成为留守儿童,却由于从小生活环境、文化适应等而面临更多问题;甚至于由于无法继续求学而直接辍学、走入社会等。因此,在统筹保障所有流动儿童的正当权益的同时,相关政策也应该对于这个特殊群体予以更多的考虑。

最后,两类流动人口年龄别流动率的拐点存在差异(且拐点之后的下降速度亦不同),流量流动人口的35岁处拐点和存量人口的60岁处颇具社会含义与启示。

如果以总流动人口的年龄别流动率模式来认识中国流动人口,则可以认为我国社会经济发展与人口年龄结构老化导致更多的年龄更大的劳动力人口参与到人口流动大潮中。但从现实的流量角度看,尽管仍然有23—60岁的劳动力年龄人口加入到流动人口群体中,但其新增比例并没有那么高,特别是在35岁之后,其年龄别流动率基本上处于较低水平的缓慢下降过程,即流量流动人口仍然体现着极强的年龄选择性。流动人口总体规模的持续增加是流量流动人口新增和存量流动人口持续增长所共同作用的结果;而且,总体流动人口年龄结构的老化趋势,根本原因在于存量流动人口的持续增长,特别是35岁以后的总体流动人口是以存量流动人口为主的。因此,在流量流动人口提供更多年轻流动人口时,存量流动人口却在持续提供更多"老化"的流动人口,从而使流动人口的年龄结构总体上看有老化的趋势。由此,从这一点来看,我们需要清醒认识、谨慎对待流动人口总体规模持续增加、年龄结构老化的真实原因。不能将流量流动人口的年龄选择性和存量流动人口的年龄老化相混淆。

从流量流动人口来看,在35岁这个拐点之后,其年龄别流动率基本上处于较低水平的缓慢下降过程。这说明如果潜在的流动人口在35岁以前不流出的话,那么他们在35岁之后流出的概率相对会较低。其中既有健康选择性的原因,也有流入地的各种用工制度问题。但至少,这使我们不得不从供给的角度重新审视流出地(特别是农村地区)劳动力"无限供给"的可能性。近二十年来我国人口的生育已长期处于极低水平、劳动力年龄人口规模已处于负增长、劳动力年龄结构逐步老化的过程以及全国总人口规模即将迎来负增长之际,作为主要流出地省份的人口也会同样面临着比全国总人口的形势更为严峻的人口转变过程。迁出人口规模与流出地人口规模、结构之间是相互制约、相互影响的。一方面,由于年龄选择性而使更多的青壮年劳动力进一步流出,导致这些主要流出地省份的整体人口和劳动力年龄人口的进一步老化;另一方面,主要流出地省份人口结构的老化反过来使流出人口规模进一步减少,可能难以真正持续保持流出地的劳动力规模:虽然20岁左右的人口迁移流动最为活跃,但相应年龄的人口规模却将持续减少;而35岁以后人口虽然随着年龄结构老化而可能逐步增加,但其迁移流动强度又处于较低水平;两者共同的作用使省际流出人口规模将会逐步下降。某种意义上,原先被视为蓄水池且无限供给的农村剩余劳动力也将逐步枯竭。更何况,潜在省际流动人口是否流动、流向哪里等决策机制已从纯粹的"预期收入"最大化根本性地转变为社会经济“预期回报”的最大化且其流入地选择是流动者基于个体特征、结合流入地特征而做出的综合性的理性决策(周皓、刘文博,2022),即迁移流动决策机制的改变可能使潜在流动人口的迁移流动决策更为谨慎。更何况在乡村振兴的国家政策背景之下,农村地区的发展更需要适时地留下那些懂得当地文化背景与社会生态的本地有识之士;但由于流动人口的教育选择性而使那些受过更高教育的本地人口更倾向于流出,将既可能影响到流出人口规模,又影响到农村地区的发展,并使乡村振兴战略与个人的人口流出行为变成一对矛盾。综合考量这些因素使我们需要站在流出地、从规模的角度重新审视劳动力“无限供给”的可能性。

较高比例的、年龄老化的存量流动人口的大量存在,涉及到退出劳动力市场和流动人口内部替代的理论问题、也涉及存量流动人口在流入地的社会权益保障及未来养老保障等社会政策与个体权益问题。为进一步了解存量人口在总流动人口中的作用,在图1的基础上制作了图2。图中的横坐标是年龄,纵坐标是各年龄存量人口占该年龄全部人口的比例。由图示可以看到,存量流动人口的年龄别流动率尽管相对较低,其峰值在35岁左右而未表现特别强的年龄选择性,但存量流动人口在全部流动人口的作用却不容忽视:除了10岁左右学龄段的存量人口比例高达45%至50%之间,35岁以后的年龄别流动率中,存量人口所占比例则一直维持在50%以上,甚至到70岁以后高达60%左右附近。从存量流动人口的年龄别流动率看,他们在35岁之后的逐步下降,表明存量流动人口自35岁后开始逐步退出流入地的劳动力市场,流动人口内部替代循环的过程。其退出机制与内部替代过程的深入描述将有助于作为一个整体的流动人口内部构成的变化规律。这对认识我国流动人口的流动原因、持续过程及其结果等都将是一个重要的信息。同时,存量流动人口的规模巨大(按照39.64%的比例估计,存量流动人口在1.53亿左右),他们已在事实上成为流入地的真正常住人口,那么从社会政策的角度看,如何保障已在本地居住5年甚至更长时间的存量流动人口的各项权益、使他们能够真正融入流入地,并能得到应有的社会保障,将是必须统筹考虑的重要问题。而35岁以上的较高比例的存量流动人口同样也会面临着退出流入地劳动力市场的问题,待到他们迈入老年人口门槛之后的各种养老保障问题,既是他们个人的权益,更需要国家从宏观政策上的支持。综合上述各点,全年龄、全方位的流动人口政策保障体系的制定与建立等制度安排才有可能真正全面解决流动人口。

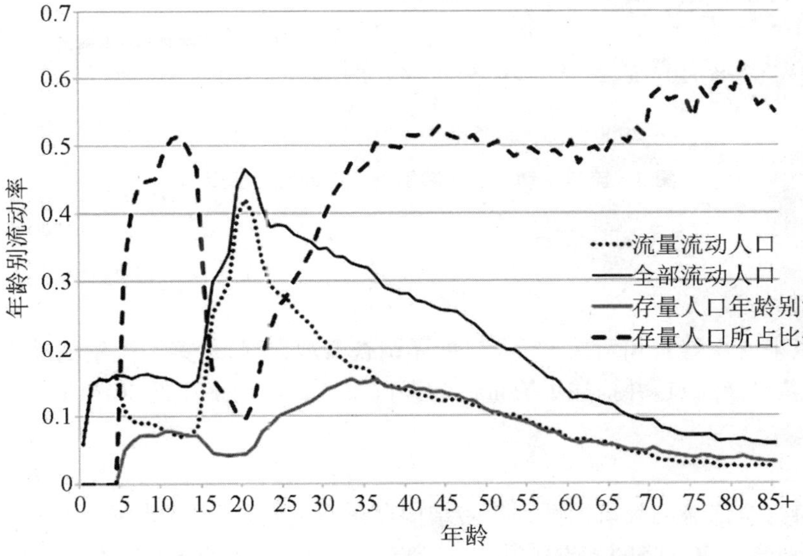

图2 存量人口的年龄别流动率及其所占比例

上述归纳总结了流量与全部流动人口年龄别流动率模式的差异及其社会含义与政策启示。如果从历时比较的角度看,历次普查中两类流动人口的年龄别流动率都同样存在差异,且差异主要仍然体现在两个方面:5—15岁学龄段的下凹槽和峰值年龄以后的下降速度。为节约篇幅,本文在此不再赘述。

(三)流量流动人口年龄别流动率的历时演变

图3给出了流量人口的年龄别流动率的历时变化过程。图示表明,流量人口的年龄别流动率模式的历时变化趋势和全部流动人口基本相同:(1)年龄别流动率曲线随年份而呈现出整体上移的趋势,即年龄别流动率水平随时间而提高;(2)峰值年龄相同,但各年的峰值也不断提高,2020年峰值是2000年的两倍多;(3)峰值年龄以后的年龄别流动率尽管都会下降,但明显的,2020年在35岁以后的年龄段中年龄别流动率的下

降速度有所趋缓。这可以从2020年的曲线与其他年份的曲线之间所形成的空白地带的宽度得以体现。(4) 2020年60—70岁的年龄别流动率相对高于其他历次普查,而70岁及以后与其他历次普查一样,都处于极低水平,并没有太大的变化。这表明,不但60岁以前的劳动力人口的年龄别流动率在提高,而且60—70岁新增流动人口的年龄别流动率也在提高。

当然,流量流动人口年龄别流动率的历时变化也有与全部流动人口不同的地方:(1)0—4岁年婴幼儿时期中,0岁的年龄别流动率仍然极低,但1—4岁的年龄别流动率在2015年和2020年都呈现出跳跃式的提高,从2000年的0.05左右上升到现在的0.10左右;(2)在6—15岁的学龄段中,流量流动人口年龄别流动率在历次调查中都同样呈现出不同程度的下凹槽形状,这与“七普”的流量流动人口在该年龄段的模式是相同的,却与全部流动人口完全不同;(3)2015年小普查的流量流动人口年龄别流动率相对低于2005年和2010年的水平,这一点是与全部流动人口的历时变化趋势不同的。2005年的年龄别流动率曲线处于2000年和2010年的两条曲线之间,那么以此类推,2015年的曲线一般总会处于2010年和2020年之间,但实际结果是,2015年的年龄别流动率曲线却更接近2005年的曲线。其原因既可能是2015年前的5年内流量流动人口并没有那么活跃,也可能与2015年1%人口抽样调查的抽样过程有关。不论如何,这种差异一方面说明了流量流动人口在反映5年内人口流动性时的有效性,另一方面也提醒我们需要更仔细谨慎地对待2015年小普查的数据。

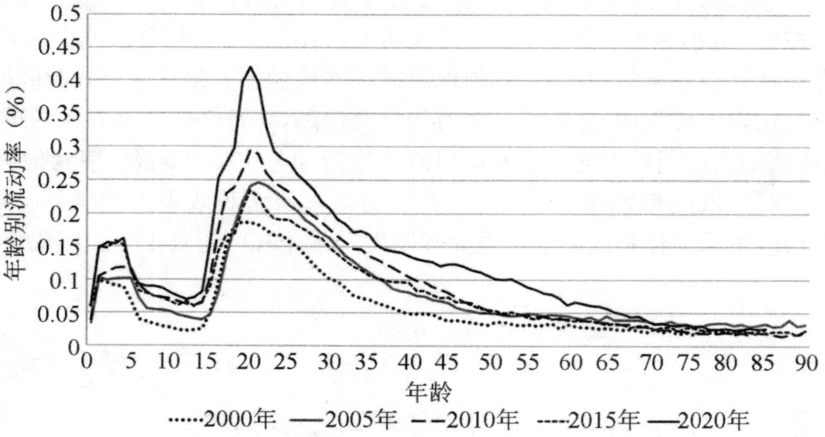

图3　流量流动人口年龄别流动率的历时演变

三、结论与启示

本文利用1990年以来四次普查和两次1%人口抽样调查微观数据,考察了流量流动人口与全部流动人口在年龄别流动率上的差异及特点,并描述了流量流动人口年龄别流动率在近30年来的历时变化过程及其特点。

(一)主要结论

其一,流量流动人口与全部流动人口的性别年龄结构存在一定差异,主要表现为5—15岁年龄段的下凹形状和峰值年龄后年龄别流动率下降的拐点。其中,全部流动人口年龄别流动率的拐点在23岁和60岁,而流量人口的拐点则在23岁、35岁和70岁。不同的拐点意味着不同的模式及社会意涵,也提醒注意存量流动人口的重要作用。流量流动人口表现出更强的年龄选择性。

其二,历时比较表明,中国人口年龄别流动率的水平随时间而全年龄段一致的上升趋势。但2015年小普查的年龄别流动率相对低于2010年(并未介于2010年“六普”和2020年“七普”之间),而是与2005年基本相同。

其三,从四次普查看,最重要的两个特点是:年龄别流动率峰值的大幅提高和年龄别流动率提高的年龄不断推迟。尽管峰值年龄都在20岁左右,但2020年年龄别流动率的峰值是2000年的两倍多。年龄别流动率有提高的年龄从2010年及以前的50岁推延到2020年的70岁,说明低龄老年人的流动性随时代而不断增强。

(二)启示及引申

上述研究发现在理论上为未来人口预测研究提供了分析基础,在现实上为进一步深入认识与理解中国的人口迁移流动及相关政策提供了新的启示。

首先,准确预测流动人口规模与结构是人口预测的重要环节之一。在当前生育与死亡水平极低的情况下,人口迁移流动已成为人口变动中最重要的因素,并成为人口预测的重要参数之一。人口预测参数的设定一般包括水平与模式两个方面。不同的模式,即便在相同水平之下,将估计得到不同的年龄别流动人口规模。因此,年龄模式是人口统计学或人口学重要的基础性指标之一,同样也兼具重要的社会意涵。其中涉及到模式选择、模式随时间变化及外推、期末时点标准以及全国与省区间的差异等问题。上述几点是本文分析结果对人口预测工作的启示。当然,具体的人口预测中的参数设定仍然需要更多更细致的工作。

其次,存量流动人口大量存在所引发的思考。进一步考察存量流动人口在各年龄的分布,可以发现三次普查中存量人口的年龄分布模式相对比较稳定。这种稳定性的背后隐含着"流动人口"的定义问题以及流动人口退出流入地劳动力市场的机制稳定性问题。同时,流动人口问题是户籍制度改革进入深水区的显性的表面问题之一。同时,存量人口年龄分布模式的相对稳定性表明我们需要用差异性的目光正确地认识与理解流动人口。

最后,正是基于上述分析结果与讨论,本文认为,应该构建综合性、全年龄、全方位的流动人口政策体系(而不是某一方面的或某一问题的单独政策),以系统的制度安排来全面保障流动人口的权益,真正解决流动人口问题。其基础就在户籍制度的综合改革。尽管户籍制度综合改革不一定能够解决流动人口的所有问题,但至少在制度安排上是系统完整的。

北京大学中国社会与发展研究中心　周皓

中国流动人口概念和数据的有效性与国际可比性

——“七普”数据引发的思考[①]

1 引言

2021年5月11日国务院新闻办举行第七次全国人口普查主要数据发布会，中国流动人口规模从2010年第六次人口普查（简称“六普”）的2.21亿陡增至2020年第七次人口普查（简称“七普”）的3.76亿的消息引起了社会各界的极大关注。这一结果与2015—2019年间国家统计局公布的调查结果所呈现的流动人口规模逐年下降的趋势不符，从而推翻了近年来业已形成的对中国人口迁移流动[①]变化趋势的认识。它普遍被视为代表了中国迁移流动人口的规模，其在总人口中的占比则被认为是代表了中国人口迁移流动的强度，因而被普遍解读为中国步入人口流动高度频繁的“迁徙中国”时代的重要标志。

然而值得注意的是，尽管数据结果显示“七普”中国城—城流动人口的规模较之“六普”有大幅度增长，但是城—城流动人口占总流动人口的比例为21.81%，与10年前相比几乎没有发生变化。这不仅与已有研究认为的步入城镇化中后期后城—城流动人口的地位将上升的理论预期不符，而且与在实际生活中所观察到的来自乡村的流动人口进入城镇后在城镇间进行的后续迁移流动渐趋活跃的事实也不相一致。这一事实引发的一个重要思考是：长期以来所使用的“流动人口”概念以及基于这一概念调查得到的流动人口数据，是否真实有效地反映了中国人口迁移流动的规模和强度。如下文所述，本文的分析表明，随着中国社会经济的发展，尤其是市场化改革的不断深入，“流动人口”这一概念以及基于这一概念得出的流动人口数据已越来越脱离中国人口迁移流动的实际，因此在惊叹于“七普”流动人口数据所呈现的中国人口迁移流动急剧增长趋势之时，还需要对这些数据的有效性和可靠性做一番深入的检视，由此才能对中国人口迁移流动的趋势获得准确的认识，并对中国人口迁移流动的相关概念、测量和数据收集方式作出改进，这也正是本文的主要目的。

2 人口迁移流动的定义和测量：国内外背景下的相关概念和实践

2.1 人口迁移流动的定义、测量和数据收集的国际惯例

尽管“流动人口”和“人口流动”这两个概念在中国耳熟能详并在中文论著和政府文件中广为使用，但在国际人口迁移流动研究中它们却不是通用的概念。“流动人口”的英译“the floating population”在20世纪90年代以前的英文文献中很少见到，其较为频繁地出现还是近20～30年的事，而且主要是被用于对中国人口迁移流动的研究，在对中国以外国家人口迁移流动的研究中至今仍十分少见。

事实上，在人口迁移流动研究的国际（主要是英文）文献中，可与“人口流动”和“流动人口”相对应的最为常用的概念分别是“migration”（迁移），以及“migrant”（迁移者）；前者指常住地发生了跨越一定行政边界的空间移动事件，后者指发生这一空间移动事件的行为主体。基于这一定义，迁移事件发生或成为迁移者需要满足时空两方面的条件：①空间上需要有跨越一定行政区域边界的行为；②时间上这种行为需要满足足够的时长，以使这一行为主体的常住地发生变化。当然，并非所有的人口空间移动行为都能满足上述给定的时空标准，因此国际文献中还有“mobility”（人口移动）和“mover”（移动者）的概念，以涵盖所有的人口空间移动行为及其行为主体，其中“mobility”（人口移动）还常与其他限定词一起被用于指未满足迁移时空标准的人口移动，如“residential mobility”（居住迁移）。从这些概念及其判定和测量的标准可看出，国际上

① 在不涉及特殊语境的情况下，文中“迁移流动”泛指一切人口空间移动行为，包括后文所指的“人口流动”“迁移”等。

对人口迁移流动的研究所聚焦的是人口在空间上的移动，对迁移和迁移者的判定与测量通常是以迁移事件发生前后人口常住地的变化为依据。

基于上述概念，国际上测量人口迁移的方式主要有两种，实际上对应着两种人口迁移研究中使用的数据类型(图 1)。第一种是基于迁移事件的人口迁移数据(event data)，即直接使用涉及迁移事件的人口登记和行政管理数据来对其进行认定和统计而获取的迁移数据。第二种是基于居住地变动的人口迁移数据(transition data)，这种数据通过对比人口现居住地与若干年前的居住地而对迁移事件进行间接测量，从而获得人口迁移的信息。这是在各国人口普查中最常用的测量人口迁移的方法，依其所对比的前居住地类型又可分为出生地、固定时期(通常为 5 年和 1 年)前居住地和最近一次前居住地 3 种类型。值得注意的是，在国际文献中以 5 年为固定期限对比前后居住地在很大程度上成为测量人口迁移的一种标准方式。无论是通过对迁移事件的直接测量，还是通过基于居住地变动的间接方式，在国际主流迁移流动文献中，对迁移概念的界定和相关数据的收集均未偏离反映人口空间移动这一初衷。

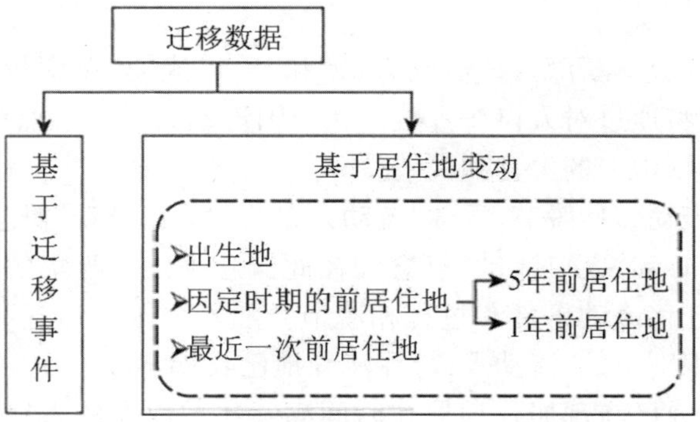

图 1　国际上测量人口迁移的两种数据类型

2.2　“流动人口”和“人口流动”：中国特有的概念及其测量和数据收集

仅就字面上的意义而言，“人口流动”指的也是人口在空间上移动的事件，而“流动人口”则指的是产生这一事件的行为主体，它们也可以通过人口的空间变动事件本身或这一事件所造成的人们在空间上的位置(通常是居住地)的变化来判定和确认。但在中国特有的社会历史背景，尤其是户籍制度下，这两个概念被赋予了中国特有的内涵和外延，因此，“人口流动”和“流动人口”的判定和测量并非完全以人口的空间移动为依据。

在中国，“流动人口”指的是一定行政区域范围(通常为乡、镇、街道或县)内非本地户籍、在现住地居住或离开户口登记地达一定时长(通常为半年或 1 年)以上的人口，而“人口流动”则指的是导致现住地与户籍地不相一致的人口空间移动事件。根据上述定义，“流动人口”或“人口流动”并不是通过“流动”前后居住地是否发生变化，而是通过相关人员的现住地与其户籍所在地相比是否发生变化(也就是所谓“人户分离”)来判定的；正是在这一意义上，“流动人口”和“人口流动”成为中国所特有的现象；这两个术语也被赋予了其字面意义之外的特殊含义。

以 2020 年第七次全国人口普查为例(图 2)，人们可以通过对比调查对象对普查表中 C7（普查时点、即 2020 年 11 月 1 日零时的居住地)与 C8(户口登记地)两个问题的回答判定该调查对象是否发生了“人口流动”事件，从而确定其是否“流动人口”。在国家卫健委 2009—2018 年间一年一度的大规模全国性流动人口抽样调查数据中，“流动人口”或“人口流动”也是通过考察相关人员的现住地与其户籍所在地相比是否发生变化来判定的，只是判定的时间标准为 1 个月，空间标准为跨越区(县、市)行政单元。上述两套数据库所提供的流动人口数据，是中国近 40 年，尤其是近 10 年全国层面人口迁移流动研究的主要数据来源，在中国人口迁移流动研究的发展和相关政策的制定中发挥了十分重要的作用。

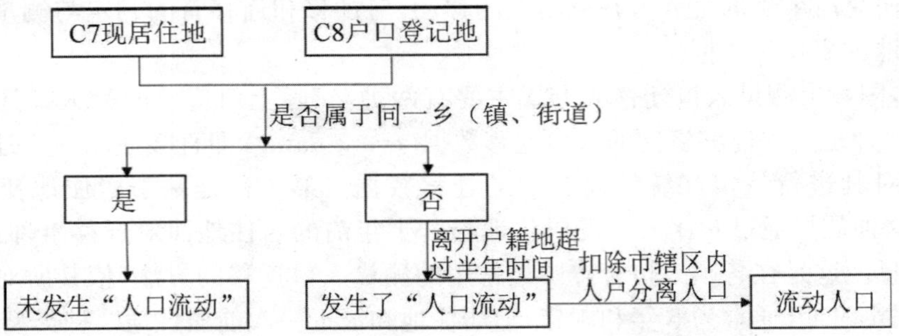

图 2　基于 2020 年“七普”数据判定的“人口流动”与“流动人口”

3　“流动人口”和“人口流动”在测量人口迁移流动事件时的失效和失真

然而遗憾的是，随着改革开放不断深入，“流动人口”和“人口流动”在测量人口迁移流动事件时的合理性和有效性正渐趋消失。本文将通过对人口普查数据和中国流动人口动态监测调查数据的分析，揭示这些问题所导致的在人口迁移流动认识上的失真和失效。

3.1　“人户分离”与迁移流动事件脱节，导致“流动人口”和“人口流动”概念和相关数据的夸大和失真

基于前述定义的“流动人口”和“人口流动”概念和在此概念基础上收集的“人户分离”数据存在的首要问题是，它们已逐渐与现实的迁移流动事件和过程相脱节。随着中国人口迁移流动的家庭化、长期化趋势日趋明显，一些基于人户分离识别出的“流动人口”在流入地已长期不再发生空间移动，但由于其仍处于“人户分离”状态，这些离开户籍地或已在现居住地居住时间满 5 年及以上的人口还符合判定“流动人口”的标准，因而还会被统计为“流动人口”，成为不流动的“流动人口”。2020 年离开户口登记地 5 年及以上的人户分离人口已占到总人户分离人口的 36.89%，比 2010 年上升了 9 个百分点，表明这种通过“人户分离”识别出的不流动的“流动人口”在中国已占据相当比例，且这一比例趋于上升（表 1）。同样的情况也出现在中国流动人口动态监测调查数据所呈现的结果中。如图 3 所示，2010—2018 年在本地居住时间满 5 年及 10 年以上的流动人口占比均呈现出波动上升的态势，到 2018 年居住时间满 5 年及 10 年以上的流动人口比例已分别达到 44.37% 和 20.34%。

表 1　2010 年、2020 年人户分离人口离开户口登记地的时长构成

单位：%

时长	2010 年			2020 年		
	整体	省内流动	跨省流动	整体	省内流动	跨省流动
半年以上，不满 1 年	20.78	19.38	23.63	17.97	17.38	19.72
1 年以上，不满 2 年	21.01	20.94	21.15	14.05	14.12	13.86
2 年以上，不满 3 年	15.03	15.41	14.26	13.18	13.57	12.05
3 年以上，不满 4 年	9.65	9.54	9.88	10.59	10.79	9.98
4 年以上，不满 5 年	5.68	5.53	5.97	7.32	7.48	6.84
5 年以上，不满 6 年	4.03	3.84	4.41	—	—	—
6 年以上	23.82	25.35	20.70	—	—	—
5 年以上，不满 10 年	—	—	—	17.74	18.08	16.71
10 年以上	—	—	—	19.15	18.58	20.83
合计	100.00	100.00	100.00	100.00	100.00	100.00

注：数据来源于第六次、第七次全国人口普查数据；“—”表示当年的普查表中无此选项，无数据。

显然，将这类不流动的“流动人口”纳入统计，人为地夸大了国际通用意义上中国人口迁移流动的实际规模和强度。在近 3 次人口普查中，基于不同口径的跨省迁移、流动人口规模及其变动验证了这一推断。基于“人户分离”计算得到的“跨省流动人口”2000—2020 年间始终处于快速增长态势（图 4），从 2000 年的 4242 万人一跃上升至 2020 年的 12484 万人，占全国常住人口的 8.86%；而基于 5 年前常住地变动得到的“跨省迁移人口”规模在 2010—2020 年期间已下降，2020 年的规模为 5024 万人，仅占全国常住人口的 3.56%。

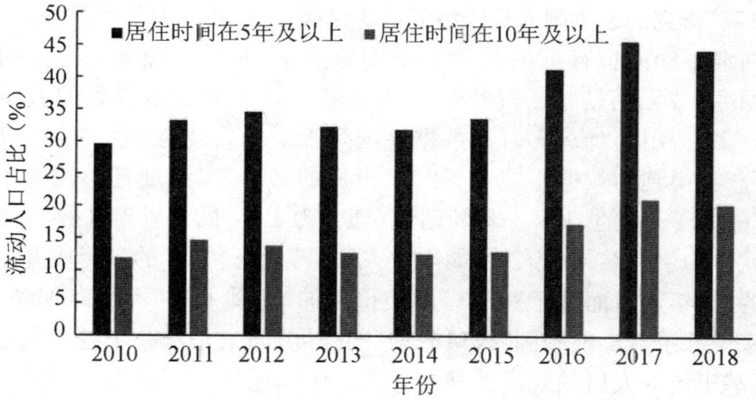

图 3　2010—2018 年在本地居住时间满 5 年及 10 年以上的流动人口占比

注：根据 2010—2018 年中国流动人口动态监测调查数据整理得到。

显然，在近 3 次人口普查中，基于"人户分离"计算得到的"跨省流动人口"不仅逐渐夸大了国际通用意义上中国人口迁移流动的实际规模和强度，而且误导了对这种规模和强度变化方向的认识。此外，随着时间的推移，基于两种口径得到的跨省迁移流动人口无论是规模还是强度上的差距均越来越大，说明通过"人户分离"判定的流动人口规模偏离真正发生迁移流动事件的人口规模的程度越来越高，这种夸大的误导作用越来越严重。

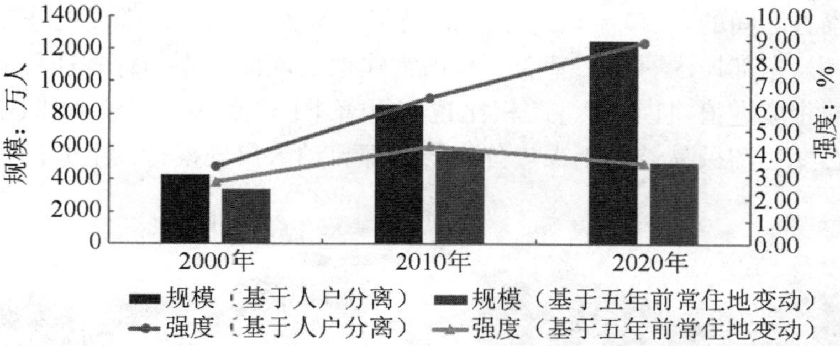

图 4　2000 年、2010 年和 2020 年全国两种口径下的跨省迁移流动人口规模和强度

注：数据来源于第五次、第六次、第七次全国人口普查数据。

3.2　基于"人户分离"判定的人口流动数据系统性地遗漏了首次流动后的后续迁移流动，尤其是城—城迁移流动

通过"人户分离"判定流动人口还可能造成另一种截然相反的结果，即低估中国人口迁移流动的实际规模和强度。这种测量和判定人口迁移流动的方式存在的一个重大缺陷是无法识别迁移流动人口离开户籍所在地到达首个流入地之后的后续迁移流动行为，因为这种行为并不导致新的"人户分离"，因而也就遗漏了大量符合前述国际通用标准的人口迁移事件，而其中一个突出表现是户籍所在地在农村、首次流入地为城市的"流动人口"进入城市后的后续城—城迁移流动被大量系统性地遗漏。同时，由于这些"流动人口"户籍地在农村，故仍被识别为"乡—城流动人口"，导致中国人口流迁方向上的重要变化也未能得以揭示。本文在引言中提到的"七普"数据低估了城—城迁移流动在中国人口迁移流动整体进程中的地位的问题，而这正是这种判定"流动人口"方式上述缺陷的一个突出表现。基于此，本文对城—城流动人口的统计口径做了新的界定，将户籍所在地在农村、首次流入地为城市的"流动人口"的后续城—城迁移流动纳入统计范围，并利用 2017 年中国流动人口动态监测调查数据估算了城—城流动人口的规模和比例，发现新口径下城—城流动人口的占比达到 42.07%，比按原统计口径(即将户口性质为非农业户口且流入城镇地区的人口视为城—城流动人口)增加了 23.22 个百分点。若以 42.07%的比值去推算"七普"城—城流动人口规模，那么"七普"城—城流动人口规模约为 1.58 亿人，比普查数据中公布的 8216.97 万人增加了近 1 倍。可见，通过户籍登记地、户籍属性和现居住地判断而得到的城—城流动人口数据大大低估了城—城流动人口的实际规模和强度。

3.3 基于“人户分离”得到的是中国人口迁移流动的存量数据，将其用于计算人口流动强度存在重大缺陷

通过“人户分离”判定流动人口存在的另一个重要缺陷是，通过这种方式得到的是人口迁移流动的存量、而非流量数据；而国际上，无论是基于迁移事件还是基于居住地变动得到的人口迁移数据都是流量数据。因此，基于“人户分离”得出的“流动人口”数据在国际上缺乏可比性，后文将对此做进一步论述。更为重要的是，基于“人户分离”得到的数据不能用于“率”指标的计算，以测度迁移流动事件发生的强度。因为在人口统计学中，“率”的分子是发生于某一单位时间（通常为 1 年）的某种事件数，通常可用经历这些事件的人数（如迁移人口数）或作为事件结果的人数（如出生人数）替代，而“率”的分母则是在同一时期由可能经历相应事件的人口形成的“人年数”；而基于“人户分离”得出的“流动人口”不受时期条件的约束，将其除以总人口得出的结果严格来说并不能反映中国“人口流动”的强度，而只是反映了处于“人户分离”状态的人口占总人口的比例。因此，基于流动人口的规模及其在总人口中的比例并不能真实有效地反映作为一种空间变动事件的中国人口迁移流动的规模和强度。已有研究指出，中国人口迁移流动的强度在真正国际可比的发生率意义上并不高，2020 年中国是否真正步入人口流动高度频繁的“迁徙时代”，也必须通过具有国际可比性的迁移率指标的计算，才能得以证实。

3.4 基于“人户分离”判定的流动人口数据严重干扰对现实人口迁移流动方向的准确判断

图 5b 表明，如果基于 5 年前常住地变动的口径，中国人口由东部向中西部回流的趋势已经明朗化，一些发展势头较好的中西部省份（如安徽、四川、湖南、重庆）成为重要的人口迁入地；广东、江苏、上海、浙江成为人口的重要流出地，并出现从广东流到四川、湖南、湖北、广西、江西和从江苏、上海、浙江流到安徽的路径。然而，这种人口迁移流动的新格局只有通过基于 5 年前常住地变动的人口迁移流动数据才能得以揭示，若从人户分离的角度来考察省际间的“人口流动”，呈现的仍是大量人口从中西部流向东部的固有格局（图 5a）。事实上，从表 2 就可看出，东部地区“七普”基于 5 年前常住地变动而得到的跨省迁移人口规模和占比显著低于基于人户分离得出的相应数值，且与“六普”相比也有显著下降；而这一对认识中国人口迁移流动宏观格局具有重要意义的动态变化却极易被基于人户分离的东部流动人口规模持续上升的数字所掩盖。

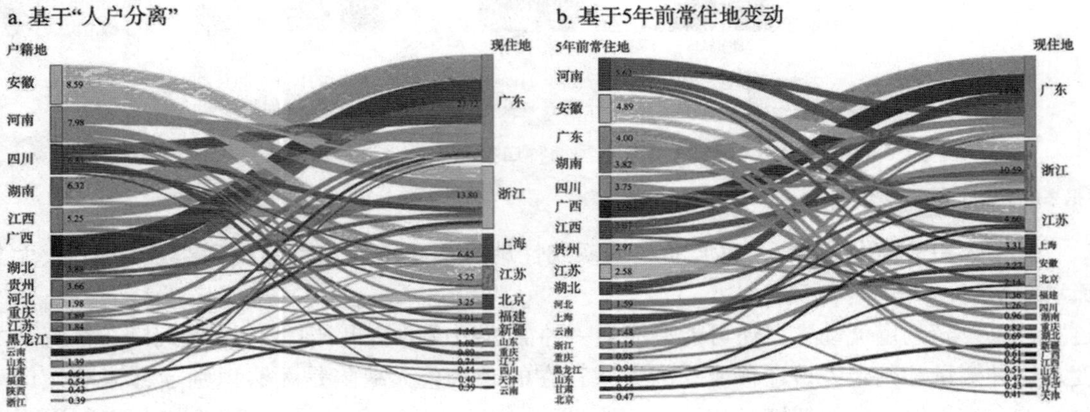

图 5　2020 年两种口径下中国排名前 50 位的跨省迁移流动路径

注：数据来源于第七次全国人口普查数据。

表 2　2000 年、2010 年和 2020 年中国各区域两种口径下的跨省迁移、流动人口规模和占比

单位：万人，%

口径	年份	东北		东部		中部		西部	
		规模	占比	规模	占比	规模	占比	规模	占比
基于人户分离	2000	174	4.1	3211	75.7	259	6.1	598	14.1
	2010	275	3.2	6814	79.34	458	5.34	1041	12.12
	2020	468	3.75	9181	73.54	955	7.65	1880	15.06
基于五年前常住地变动	2000	138	4.06	2517	74.07	250	7.34	494	14.53
	2010	192	3.33	4441	77.11	417	7.24	709	12.32
	2020	170	3.38	3155	62.8	755	15.02	944	18.8

注：数据来源于第五次、第六次、第七次全国人口普查数据。

3.5　基于“人户分离”得出的“流动人口”和“人口流动”概念和数据缺乏国际可比性

近年来，由于迁移统计的空间标准和空间单元及其分割不同导致的各国迁移数据的不可比问题已经得以基本解决，人们终于可以使用不同国家的迁移数据对各国人口迁移的强度进行严格的国际对比[4]。然而，由于中国流动人口的判定依据是人户分离而不是常住地变化，中国的“流动人口”和“人口流动”数据不能直接用于国际对比，这在很大程度上限制了中国“流动人口”和“人口流动”数据在推进对人口迁移流动的规律性认识和相关政策制定中的效用。同时，一套不同于国际惯例的“流动人口”“人口流动”概念和数据收集方法还造成了许多认识上的误区和混乱，它们与基于国际通用定义的迁移、流动等术语混用，很容易产生歧义与误解。

4　结论和建议

本文的分析表明，“流动人口”和“人口流动”这两个概念、以及基于这两个概念调查及所获相关数据已与当代中国现实的迁移流动事件和过程严重脱节。然而，其所产生的问题远未引起相关领域学者和政府部门的足够重视，其广泛使用仍在误导学界对中国人口迁移流动的现状及其变化趋势的认识。本文希望通过上述工作抛砖引玉，与相关领域同仁共同解决上述问题，同时提出以下建议：

(1)在继续使用“流动人口”和“人口流动”概念及相关数据的同时，明确这些概念和相关数据的确切含义、适用范围和其使用的主要目的，避免其误用和不恰当解读。应当看到，在中国特有的制度背景下，“流动人口”和“人口流动”概念及相关数据在从存量意义上认识中国人口迁移流动状况，以及在与户籍状况相关的公共服务、社会福利和社会保障的研究和相关政策的制定中仍发挥一定的作用，在今后相当一段时间里仍需予以保留。但在对中国人口迁移流动的最新动态和趋势的研究和把握，尤其是在涉及这种动态和趋势的最新空间格局时，上述概念和数据要逐步淡出，而由国际上通用的基于迁移流动事件或基于居住地变动的迁移流动数据所取代。

(2)逐步扩大使用基于5年前常住地变动获得的人口迁移流动数据，将此类数据作为分析、判断中国人口迁移流动的规模、强度和方向及其变化的主要依据。令人兴奋的是，“七普”中关于5年前常住地的信息详细到县(市、区、旗)一级，这为充分利用这一信息，准确地刻画和把握中国人口迁移流动的规模、强度和方向及其变化提供了很好的数据基础，建议各级统计部门在遵守相关法规的前提下，尽可能向学界和相关政府部门开放这一数据(包括微观数据)，以使这一难得的数据资源得以充分利用。同时，在2025年1%小普查和2030年第八次人口普查中设置1年前常住地问题，以为捕捉人口迁移流动的动态提供更为准确实时的信息。此外，建议今后的人口普查或1%小普查，将5年前常住地、1年前常住地等问题纳入人口普查短表，以为更全面准确地认识不同尺度下人口迁移流动的演变和规律提供更为周全详实的数据。

(3)充分发挥制度优势，利用人口登记和行政管理数据开发基于迁移事件的人口迁移流动数据来源。建议利用业已存在的户籍和身份证登记系统进行居住地变动登记，由此产生基于迁移事件的人口迁移流动数据。同时，建立部门之间的协调机制，搭建人口信息资源共享平台，充分利用交通、社保等部门与迁移事件相关的人口登记和行政管理数据；并实施人口信息定期上报与更新制度，为全面准确地把握人口迁移流动的动态和演变提供更为丰富可靠的数据来源。

福建师范大学人口与发展研究中心　朱宇　林李月
福建师范大学地理研究所　林李月
福建师范大学地理科学学院　李亭亭　董雅静

北京常住外来人口发展特征及变动趋势研究

一、基本概念与测量指标

(一)基本概念

1. 常住外来人口

常住人口主要包括以下三类人群:一是居住在本乡镇街道且户口在本乡镇街道的人;二是户口在本乡镇街道但本人外出不满半年的人;三是居住在本乡镇街道,户口在外乡镇街道且离开户口登记地半年以上的人。根据个人户口所在地与实际居住地的一致性以及离开户口所在地是否满半年,可以将第一类和第二类人群视为人户一致人口,将第三类人群视为广义"人户分离"人口。

在广义"人户分离"人口中,如果个人为非北京市户籍,那么此类人就是北京市的常住外来人口;如果个人为北京市户籍,那么这类人就是北京市市内人户分离人口。

2. 常住外来人口家庭

按照2000年以来全国人口普查的相关内容,可将家庭户作为分析北京市常住人口家庭状况的基本单位,即以家庭成员关系为主、居住一处共同生活的人组成的户。按照家庭户内各家庭成员自身户口登记状况,北京市所有家庭户可分为以下三类:一是家庭户中没有外来人口,这类家庭户即可视为北京常住户籍家庭;二是家庭户中有外来人口,但主要家庭成员仍以常住户籍人口为主,这类家庭户就被视为北京常住融合家庭;三是家庭户中的直系血亲或主要家庭成员均为常住外来人口,那么这类家庭户则被视为北京常住外来人口家庭。

按照家庭户内各成员的居住安排和成员代际关系,可将北京市全体常住家庭户进一步区分为"独居""夫妻二人""夫妻+子女"等十类家庭居住形式和"一代户""二代户""三代及以上户"三类主要代际形式,以进一步探究北京市常住外来人口家庭与常住户籍家庭、融合家庭在居住安排以及家庭生活上的差异。

(二)主要测量指标和研究方法

1. 外来人口能见度

从流入地的角度来看,各地区对于人口的吸引力主要受经济发展水平的影响,同时也与各地城市体量有密切联系。本部分提出外来人口能见度这一测量指标,即在北京市或各市辖区的常住人口中常住外来人口的占比。这一指标构造简单,但同时兼顾外来人口总体规模和北京市常住人口的体量,满足了市辖区之间相互比较的需要。另一方面,外来人口能见度不仅可以衡量某一区域的外来人口情况,还可用于测算某一年龄段或行业等外来人口的基本状况。最后,该指标还可以被理解为常住外来人口在当地生活中的可遇见程度,即每十个/百个常住人口中有多少外来人口。

2. 常住外来人口变动对常住人口变动的贡献度

目前,大规模、大范围的人口迁移流动已经成为推动城市发展和社会变迁的重要力量。在常住人口口径下,人口变动是由常住户籍人口变动和常住外来人口变动两部分构成。常住外来人口变动数量占常住人口变动数量的比重可以被看作前者对于后者的贡献度。

除了以上三个测量指标外,本研究还采用了人口统计学的一般性分析方法对北京市常住外来人口的性别年龄、受教育状况等结构性特征以及流入地、流出地分布、家庭状况等流动特征进行分析。同时,将分类比较的视角贯穿始终,将户籍人口与常住外来人口、不同时间节点的常住人口状况进行比较,进而总结出北京市常住外来人口发展变化的主要脉络特征。

二、北京市常住外来人口发展变动的主要特征

(一)常住外来人口的数量变动已进入稳定期

2021年底,北京市常住外来人口为834.8万人,是2010年的1.2倍。与21世纪第一个10年相比,常住

外来人口增速明显放缓(见图1)。特别是2015－2020年,常住外来人口规模大体在850万人左右,年均变动仅为0.6%,低于同期全国跨省流动人口年均7%的增长水平。与此同时,2020年北京市常住外来人口占全国跨省流动人口数量的比重为6.7%,虽然较2010年和2015年有所降低,但仅次于上海和深圳,在全国主要中心城市中居于前列。随着北京市产业结构进一步升级,对于流入人口的选择性将进一步增强,常住外来人口再度出现快速增长的可能性非常小,但依然会对全国流动人口保持相当强的吸引力。

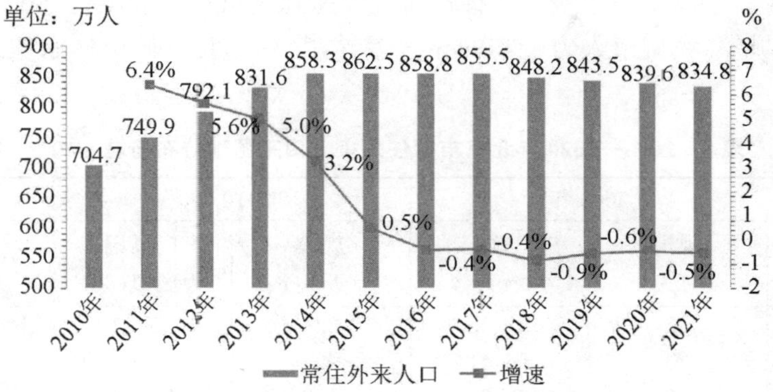

图1　2010－2021年北京市常住外来人口数量与增速变动

(二)常住外来人口分布新格局正在形成

2020年,首都功能核心区的常住人口为183.5万人,比2015年减少35.7万人,其中常住外来人口为40.2万人,比2010年减少了16.9万人,2015－2020年常住外来人口减少对常住人口减少的贡献度为47.4%(见表1)。朝阳区、海淀区、丰台区、石景山区2020年常住人口数量较2015年减少138.0万人,已降至929.4万人,其中常住外来人口321.1万人,2015－2020年常住外来人口对常住人口数量减少的贡献度达到81.9%。经过5年多的深度调整,北京市中心城区人口逐步减少,常住外来人口分布重心在由中心城区向外围新城和城市副中心转移,“一核一主一副,两轴多点一区”的城市空间发展格局已初步形成。

表1　2000－2020年北京市常住外来人口分布与能见度

地区	2000年		2010年		2015年		2020年	
	能见度(%)	规模(万人)	能见度(%)	规模(万人)	能见度(%)	规模(万人)	能见度(%)	规模(万人)
合计	18.15	246	35.92	704	35.48	823	38.36	842
东城区	13.61	12	23.89	22	23.68	21	22.14	16
西城区	13.64	17	26.31	33	27.72	36	21.79	24
朝阳区	22.35	51	42.73	151	47.71	189	36.97	128
丰台区	24.23	33	38.48	81	32.87	78	31.80	65
石景山区	25.82	13	33.52	21	34.14	23	29.23	17
海淀区	25.34	57	38.29	126	39.29	145	34.61	112
通州区	10.94	7	36.75	44	40.42	56	49.13	90
顺义区	15.42	10	31.79	28	35.75	36	45.47	60
昌平区	24.88	15	51.01	85	57.11	111	58.09	131
大兴区	17.04	11	47.18	64	47.47	74	51.35	102
门头沟区	11.34	3	16.28	5	15.55	5	29.26	12
房山区	9.94	8	20.65	20	23.84	25	33.51	44
怀柔区	4.00	2	27.53	10	28.38	11	35.37	16
平谷区	12.48	4	11.75	5	8.71	4	17.07	8
密云区	4.78	2	14.85	7	14.20	7	21.21	11
延庆区	5.13	1	12.38	4	10.89	3	23.41	8

资料来源:2000年、2010年和2015年数据分别来自《北京市2000年人口普查资料》《北京市2010年人口普查资料》和《2015年北京市1%人口抽样调查资料》;2020年数据来源于北京市统计局“七普”短表数据。

(三)北方地区城镇人口持续流入的态势有增无减

2020 年北京市常住外来人口中来自城镇地区的数量为 314.1 万人，占全市常住外来人口的 37.3%，比 2010 年增长 43.5%，来自农村地区的外来人口数量为 527.8 万人，比 2010 年增长 8.6%(见表 2)。2020 年，来自北方地区的常住外来人口数量为 644.5 万人，占北京市全市常住外来人口的 76.6%，与 2010 年相比，减量增长 35.4%，占比提升 13.3 个百分点。目前，北京市常住外来人口的迁移模式正在从传统的乡一城迁移向多层次、多阶段的乡一小城市一大城市迁移转向。考虑到北京市产业结构在北方地区城市体系中的不可替代性，以及农村、小城镇、大城市人力资本的显著差异，北京在北方城市体系中人口流入的中心地位将持续增强。

表 2　2000—2020 年北京市常住外来人口来源地分布与城乡构成

外来人口户口所在地（八大经济板块）	2000 年		2010 年		2020 年	
	规模（万人）	户口登记地为城镇(%)	规模（万人）	户口登记地为城镇(%)	规模（万人）	户口登记地为城镇(%)
北部沿海地区	72	21.55	224	25.94	316	33.31
东北地区	23	66.41	89	56.38	111	52.85
黄河中游地区	53	25.81	162	24.22	218	28.00
东部沿海地区	22	28.86	35	36.75	31	50.51
长江中游地区	41	26.56	106	27.60	74	36.46
南部沿海地区	8	45.87	18	44.29	19	58.93
大西南地区	22	28.33	49	26.21	45	36.76
大西北地区	7	58.74	20	39.79	29	40.07
合计	246	30.49	705	31.07	842	37.31

资料来源：2000 年和 2010 年数据自于《北京市 2000 年人口普查资料》和《北京市 2010 年人口普查资料》，2020 年人口规模和户籍人口占比分别来源于北京市统计局“七普”短表数据和长表数据；户口登记地界定依据户口登记地类型，“乡”和“镇的村委会”为农村地区，“街道”和“镇的居委会”为城镇地区。

(四)常住外来人口年龄结构正在老化

2010—2020 年，北京市常住外来人口年龄结构逐步老化，平均年龄由 31.6 岁上升至 36.8 岁。2000—2015 年北京市 60 岁及以上常住外来人口规模基本上每 5 年会翻一番，2020 年已经达到 68.7 万人，占全市常住外来人口的 8.2%，比 2010 年增加 44.9 万人。在常住老年外来人口数量增加的同时，15—59 岁常住外来人口规模也在增长。2020 年北京市 15—59 岁常住外来人口规模为 716.6 万人，比 2010 年增加 81.5 万人(见图 2)。与上述情况形成对比的是，2010—2020 年北京市 60 岁及以上常住户籍人口数量增加 139.0 万人，15—59 岁常住人口减少了 36.6 万人，常住外来人口对于全市劳动年龄人口增长的贡献度由 2000—2010 年的 73.6%下降至—223.0%。

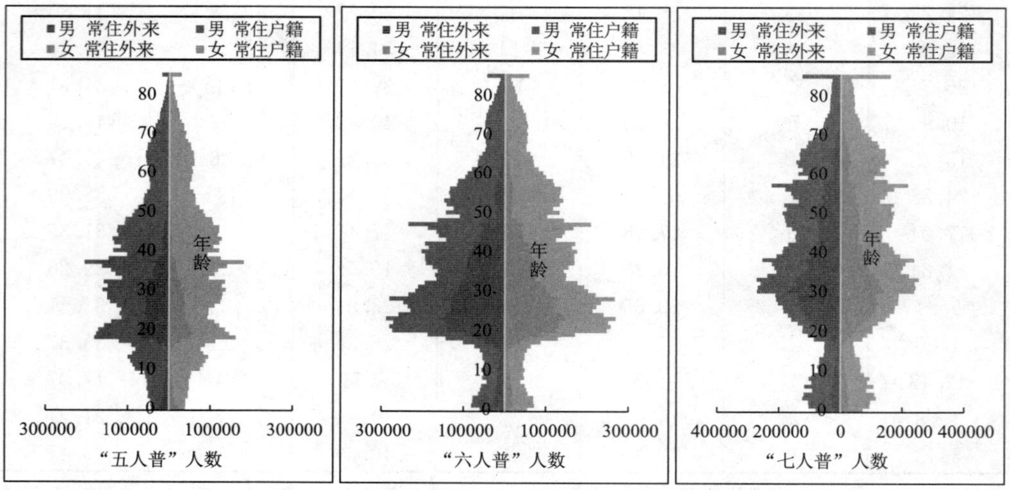

图 2　2000—2020 年北京市常住人口数量变化情况

注：图中数据来自《北京市 2000 年人口普查资料》《北京市 2010 年人口普查资料》和北京市统计局“七普”短表数据。

(五)常住外来人口人力资本配置基本合理

2020年北京市常住外来人口的受教育年限已经达到12.0年，在全国省、自治区、直辖市中居首位。随着老一代常住外来人口逐渐退出劳动市场以及北京市产业结构的进一步优化升级，常住外来人口的人力资本还会进一步提升。目前，北京市15岁及以上人口中，常住外来人口的受教育程度与常住户籍人口已无明显区别，尤其是接受高等教育的已经成为常住外来人口的主流，其比重与常住户籍人口基本相同(见表3)。常住外来人口的居住地分布与受教育程度有一定关系。2020年，北京市具有大学专科和高中及以下受教育程度的15岁以上常住外来人口在中心城区的居住集中度为40%左右，而具有大学本科受教育程度和研究生教育程度的分别为51.5%和66.5%。从目前北京市各地区发展定位来看，各层次常住外来人口的人力资本总体上得到了较为合理地配置和利用。

表3　2020年北京市15岁以上各教育程度人口规模与分布

单位：万人

地区	高中及以下			大学专科			大学本科			研究生(硕士/博士)		
	户籍	外来	合计	户籍	外来	合计	户籍	外来	合计	户籍	外来	合计
总数	571.7	439.3	1011.1	175.0	117.8	292.8	295.8	181.3	477.1	107.7	41.4	149.1
东城区	3.5	1.9	2.8	4.3	1.8	3.3	4.8	1.8	3.7	4.0	2.1	3.5
西城区	4.9	3.1	4.1	6.3	2.7	4.9	7.7	2.8	5.8	9.2	4.1	7.8
朝阳区	13.6	13.2	13.4	16.4	15.2	16.0	19.8	19.6	19.7	19.7	19.4	19.6
丰台区	10.3	7.1	8.9	11.1	8.4	10.0	10.8	8.5	9.9	9.1	7.9	8.8
石景山区	2.8	1.7	2.3	3.4	2.2	2.9	3.3	2.5	3.0	2.9	2.4	2.8
海淀区	8.8	11.2	9.8	12.7	11.8	12.3	20.9	16.3	19.2	33.9	30.6	33.0
通州区	8.5	11.1	9.6	7.3	11.9	9.2	5.0	9.6	6.8	3.1	4.9	3.6
顺义区	6.7	9.0	7.7	5.3	5.6	5.4	4.0	4.6	4.2	1.9	2.7	2.1
昌平区	7.1	14.1	10.2	7.4	17.8	11.6	7.1	17.9	11.2	7.2	13.0	8.8
大兴区	8.1	13.6	10.5	7.8	12.3	9.6	5.9	9.3	7.2	4.4	6.4	5.0
门头沟区	2.7	1.5	2.2	2.3	1.4	1.9	1.4	1.1	1.3	0.8	0.7	0.7
房山区	8.6	5.7	7.3	6.4	5.1	5.9	4.1	4.1	4.1	2.4	2.6	2.5
怀柔区	2.9	2.5	2.7	2.0	1.2	1.7	1.3	0.6	1.0	0.4	2.5	1.0
平谷区	4.2	1.3	2.9	2.6	0.7	1.9	1.3	0.4	0.9	0.3	0.2	0.3
密云区	4.6	1.8	3.4	2.8	1.0	2.0	1.5	0.5	1.1	0.4	0.3	0.4
延庆区	2.9	1.3	2.2	1.8	0.7	1.3	1.0	0.4	0.8	0.3	0.2	0.3

资料来源：表中数据根据北京市统计局“七普”长表数据推算。

(六)常住外来人口在京居住长期化、家庭化需求较强

2020年北京市外来人口离开户籍所在地的平均年限为7.2年。2010—2020年，北京市常住外来人口数

表4　2020年北京市分家庭户类型的占比与数量

单位：%

家庭户类型	合计	外来人口家庭	常住户籍家庭	融合家庭
总计	100	28.20	57.01	14.78
一代户	49.11	21.91	25.80	1.41
独居	26.34	14.97	11.37	0.00
夫妻	22.22	6.57	14.29	1.37
兄弟姊妹	0.55	0.36	0.15	0.04
二代户	28.74	4.72	20.41	3.61
独居＋子女	5.11	0.65	4.23	0.22
兄弟姐妹＋父母	1.81	0.44	1.20	0.17
夫妻＋子女	20.76	3.39	14.36	3.01
夫妻＋父母	1.07	0.24	0.62	0.21
三代户	11.37	1.58	6.67	3.13
独居/夫妻＋子女＋父母	5.50	1.30	2.10	2.10
独居/夫妻＋父母＋祖父母	0.04	0.00	0.03	0.01
独居/夫妻＋子女＋孙子女	5.83	0.27	4.54	1.01
其他	10.77	0.00	4.14	6.64
家庭户数量(万户)	823	232	469	122

资料来源：表中数据根据北京市统计局"七普"长表数据推算。

量增加了100多万，而外来人口离开户籍地的平均年仅比2010年高了1.6年，这说明早期流入的常住外来人口中有大量在京长期居住。2020年，离开户口登记地十年及以上的常住外来人口为204.0万人，占全市常住外来人口的24.3%。2020年北京市共有常住外来人口家庭232万户，占全市家庭户的28.2%。其中外来独居家庭占全部外来人口家庭的53.1%，占全市独居家庭的56.8%；以夫妻共同流动为主体的外来人口家庭占全部外来人口家庭的36.2%，而同样结构的常住户籍家庭的占比为51.3%（见表4）。

（七）常住外来人口对全市各行业发挥着举足轻重的作用

2020年，15岁及以上从事经济活动的北京市常住外来人口为574.3万人，占全市经济活动人口的一半以上，这一规模与2010年相比增加了55.8万人。2020年，朝阳、海淀、丰台和石景山四个区以及顺义、昌平、房山和大兴四个城市发展新区分别吸纳了239.5万和228.5万人的常住外来人口就业，这两个区域的外来就业人口占常住就业人口的比例分别为53.6%和65.1%。从行业分布来看，北京市常住外来人口主要从事批发零售、住宿餐饮、租赁和商业服务等城市服务行业，居住在城市副中心和城市发展新区的常住外来经济活动人口还集中在制造业、建筑业和信息软件业等实体经济中。这六个行业容纳了63.5%，365.4万的常住外来人口。在未来北京市常住户籍人口加速老化、各区域产业分工更加明确的环境下，常住外来人口在城市服务行业以及与北京市发展紧密相关的关键行业的重要性将更加凸显。

三、需关注的问题

（一）外来劳动力供给减少的长期趋势不可避免

目前北京市劳动力供给总体充足，但在全国人口转变、迁移转变客观规律的作用下，北京市劳动年龄人口进一步减少的可能性非常大。从外来劳动力年龄结构看，50—59岁年龄人口的数量、占比将快速增加，并将在未来若干年内迅速退出劳动力市场，15—25岁年龄人口，由于教育年限的延长，进入劳动力市场的时间会随之后延，进而在数量上无法对退出劳动力形成及时、有效的补充。从外来劳动力的来源地来看，河北、河南、山东、黑龙江和山西是贡献常住外来人口最多的五个省份，占全市常住外来人口的59.6%。2020年这五个省份的劳动年龄人口已经较10年前减少300多万人，老年人口抚养比已超过10%。如果不考虑已流出人口及人口回流，未来这五个省份的劳动年龄人口将持续减少，流入到北京市的劳动年龄人口将会更少。

（二）外来老年人口数量增加，将对公共服务带来一定压力

北京市常住外来老年人口主要包括外来务工人员和随迁老人两类。2020年北京市60岁以上随迁老人43.1万人，占全市外来老年人口的62.7%，其中照顾孙子女和来京养老是其流入北京的主要目的。随着当前人口老龄化速度加快、独生子女家庭数量增加和外来人口家庭化需求日益明显，预计将会有越来越多的外来老年人流入北京并长期居住。外来老年人口数量的迅速增加将会对北京市的养老、医疗等公共服务体系带来一定压力。

四、政策建议

（一）深化户籍制度改革，加快建设高水平人才高地

从北京市劳动力市场的供需两端来看，以往外来劳动力的那种"大进大出"的用工方式已不再适应首都发展，"高精尖"产业人才集聚的格局正逐步显现。今后户籍制度改革需在增量和存量两方面同时发力，进一步推动劳动力供给"质"的提升。在增量方面，切实落实《北京市引进毕业生管理办法》等政策规定。根据未来首都人才的变化趋势及时发现和弥补政策短板，着力解决北京市重点支持、建设的相关产业人才优先落户。在存量方面，进一步完善积分落户制度。以200多万长期居住的常住外来人口群体为对象，综合考虑在京长期居住、高学历的常住外来人口对于首都发展做出的贡献，适当调整积分落户数量，形成"聚天下英才而用之"的人才发展良好局面。

（二）综合考虑外来老年人口情况，共同应对人口老龄化

积极开展人口老龄化国情市情教育，鼓励多元主体共同参与，充分调动外来人口、用工企业、城市社会和政府部门等的积极性，形成全社会共同应对人口老龄化的新局面。用工企业在务工人员的职业培训等方面要承担更多责任，最大限度地保障高龄劳动力的就业能力。支持探索以街乡镇养老照料中心（敬老院）为主体，统筹区域内社区养老驿站布局的一体化资源整合模式，创新基层养老服务统筹制度，满足常住外来老年人口的生活需求。相关养老服务政策和基础设施建设的酝酿和规划可将长期居住外来老年人口与常住户籍老年人统筹考虑。

北京市统计局　庞江倩　李宁宁
北京市人口学会　段成荣
中国人口与发展研究中心　侯亚杰

浙江省人口流动变化特征

——基于2015年人口抽样调查数据和第七次全国人口普查数据的对比分析

1　引言

人口流动是一个具有全球性的重要社会经济问题，也是我国改革开放40多年来经济发展中的一个重要现象。根据第七次人口普查资料可知，2020年我国流动人口达到3.76亿人，人口流动呈现高度活跃的状态。人口流动重塑了人口的空间分布，对城市与区域发展影响重大。人口流动为流入地城市带来了大量的劳动力，丰富了当地的劳动力市场，促进了当地的经济发展。人口在城市之间的频繁流动会促进城市之间的资本、技术、信息等要素的流动，推动城市之间资本、技术、信息、创新等城市联系网络的形成。研究城市之间的人口流动网络可以了解区域内人口分布空间格局的变化特征、城市之间联系的疏密程度，从而有助于优化人口的空间分布。

近年来，越来越多学者开展了人口流动网络研究。王珏等(2014)采用引力模型构建了长江三角洲地区的人口迁移网络矩阵，分析了1982－2010年内人口迁移网络的演变特征。赵梓渝等(2017)分析了人口省际流动的中国城市网络的转变中心性和控制力。沈诗杰和沈冠辰(2020)研究了我国省际人口迁移的空间结构特征，研究发展我国省际人口迁移以单向流入或流出为主，各省之间人口双向流动的情况较少。温锋华等(2022)分析了我国1985－2020年省际人口迁移网络的组织结构和时空演化特征，认为我国人口迁移网络特征的变化是经济调整、社会转型、政策利导的综合作用结果。

通过对已有文献的梳理可以发现，大部分研究主要集中分析我国省际的人口流动网络特征，而市际迁移网络研究多停留在2015年以前。全国范围内省际、市际等大尺度的分析有助于了解我国宏观的人口流动格局，而聚焦于小区域范围的迁移网络分析更有助于了解各节点单位在迁移网络中扮演的角色。改革开放以来，浙江省逐步成为我国人口流动的主要目的地之一。第七次人口普查数据显示，2020年浙江省流动人口为2555.75万人，流动人口占常住人口比重达到64.65％。浙江省跨省流入人口占长三角地区总跨省流入人口的42.02％。浙江省的人口流动一方面促进了本地城市的发展，同时也对浙江省城市融入长三角人口流动网络这一长三角地区一体化发展进程具有重要影响。因此，考察深入分析研究浙江省的人口流动及其网络特征，不仅有利助于更好地认识全面把握浙江省人口流动与城市及区域发展的关系特征及变化趋势；也可为并且对于推进长三角一体化发展至关重要提供科学依据。

基于此，本论文分别分析浙江省级、市级层面的人口流动特征；并构建浙江与长三角各地级市之间的人口流动网络，结合利用社会网络分析等方法等研究其网络特征，着重分析浙江各市在该网络中的中心性地位；并简要分析浙江各市人口流入与其经济发展的关系，以期为浙江省人口优化分布、促进经济发展、协调区域资源配置提供政策建议科学依据。

2　研究方法与数据来源

2.1　中心性分析

采用外向程度中心度、内向程度中心度和中介中心度三个指标来衡量城市在人口流动网络中的中心性[8]。程度中心度是衡量各城市节点在人口流动网络中心地位的指标，其分为外向程度中心度和内向程度中心度，计算公式分别为：

$$C'_{od}(i)=\sum_{j=1}^{n}X_{ij}/(n-1)\quad,C'_{id}(i)=\sum_{i=1}^{n}X_{ji}/(n-1)$$

式中，$C'_{od}(i)$、$C'_{id}(i)$ 分别为外向程度中心度、内向程度中心度。X_{ij}、X_{ji} 分别表示城市 i 对城市 j、城市 j 对城市 i 是否有直接联系，无直接联系其值为 0，反之其值为 1。

中介中心度表示人口流动网络中某城市作为联系节点使其他两个城市进行交往的能力，其计算公式为：

$$C'_b(i)=\frac{\sum_{j<k} g_{jk}(i)/g_{jk}}{(n-1)(n-2)}$$

式中，$C'_b(i)$ 为中介中心度，g_{jk} 为城市 j 对城市 k 产生联系的最短路径总数，$g_{jk}(i)$ 是指城市 j 对城市 k 产生联系的最短路径经过城市 i 的数量。

2.2 网络密度与关联性分析

网络密度是整体反映人口流动网络中城市之间联系疏密程度的指标，网络密度越大，说明人口流动网络中城市之间联系越紧密。其计算公式为：

$$D=m/[n\times(n-1)]$$

式中，D 为网络密度，m 为人口流动网络中城市之间的实际联系数。

关联性反映的是网络结构的稳健性和脆弱性。本文主要采用网络关联度、网络等级度和网络效率三个网络关联性的指标测度人口流动网络结构的关联性。

网络关联度测量的是网络中城市间的可达性。网络关联度越高，表明网越不易受到个别城市的影响。其计算公式为：

$$C=1-\frac{V}{N(N-1)/2}$$

式中，C 为网络关联度，V 为网络中不可达的城市对数，N 为网络中城市个数。

网络等级度衡量的是网络中城市相互之间在多大程度上非对称可达，反映各城市之间在网络中的支配地位。其计算公式为：

$$H=1-K/\max(K)$$

式中，H 为网络等级度，K 为网络中对称可达的城市对数，$max(K)$ 为网络中最大可能的对称可达的城市对数。

网络效率越低，则城市之间产生联系的路径越多，网络结构越稳定。其计算公式为：

$$E=1-V/\max(V)$$

式中，E 为网络效率，V 为人口流动网络中多余的联系数，即人口流动网络中实际联系数减去理论上人口流动网络中包含的最小联系数，$max(V)$ 为理论上人口流动网络中最大可能的多余的联系数。

2.3 数据来源

人口流动数据、常住人口数据均来自 2015 年人口抽样调查微观数据、第七次全国人口普查微观数据，其中人口流动数据根据户籍地和现住地不同的人户分离人口数据进行测算。部分 2010 年数据来自《中国 2010 年人口普查分县资料》。

3 浙江省与全国其他省市间人口流动特征

3.1 浙江省际人口迁移特征及其变化

(1)2020 年浙江人口流动活跃，相比 2010 年其流动人口规模增幅明显，其流动强度明显提升；跨省流入人口相比省内流动人口规模增幅更大，跨省流入强度呈增强趋势，跨省流出强度出现小幅下降。

2010 年浙江流动人口规模为 1861.86 万人，2020 年浙江流动人口增加至 2555.75 万人，比 2010 年增加 693.88 万人，人口流动强度增加 5.37 个百分点。相比 10 年前，浙江跨省流入人口规模增加 436.25 万人，增长率为 36.9%；省内流动人口增加 257.63 万人，增长率为 37.9%。浙江省内与省外流动人口规模增长速度基本相当，这与王桂新(2022)文中发现的全国层面省内与省际流动人口规模增长速度特征相一致。浙江省内、省外人口流动强度的差距在扩大，2015 年两者相差 9.24 个百分点，2020 年提升至 10.56 个百分点。

表 1　浙江省流动人口规模变动

指标	2010		2020	
	流入规模(万人)	流入强度(%)	流入规模(万人)	流入强度(%)
常住人口	5442.69	—	6456.76	—
流动人口	1861.86	34.21	2555.75	39.58
#省内流动人口	679.47	12.48	937.10	14.51
#跨省流入人口	1182.40	21.72	1618.65	25.07

根据 2015 年①和 2020 年浙江的人户分离数据和常住人口数据计算得出近 5 年浙江的人口跨省流动规模和流动强度(表 2)。由表 2 可知,浙江人口持续净流入为省内各地区发展提供了丰富的劳动力,2020 年浙江人口净流入规模为 1382.42 万人,近 5 年间增加了 459.36 万人,净流入强度为 21.41%,近 5 年间提升了 4.68 个百分点。结合表 1 和表 2 来看,浙江省内流动人口规模约为跨省流出规模的 4 倍左右,表明浙江人口在进行迁移目的地选择时,省内各地区的吸引力明显大于省外的吸引力。

表 2　浙江省人口流动规模及强度变动

年份	跨省流入		跨省流出		净流入	
	规模②(万人)	强度(%)	规模(万人)	强度(%)	规模(万人)	强度(%)
2015	1155.81	20.95	232.75	4.22	923.06	16.73
2020	1618.65	25.07	236.22	3.66	1382.42	21.41

(2)浙江跨省流入人口来源地、跨省流出人口目的地分布遍布全国;浙江跨省流入人口主要来自安徽、贵州、河南、江西、四川,跨省流出人口主要流向上海、江苏、广东、福建、安徽。

运用 ArcGIS 软件绘制 2015 年、2020 年浙江与全国其他省级行政单位(不含港澳台)间的人口流动空间分布图可以发现,从人口流向空间分布来看,浙江在全国范围内对流动人口的吸引力在逐步提升,但浙江对西藏、天津、海南的人口吸引力仍处于较低水平,2020 年这三个省流入浙江的人口占浙江外来人口的比重不足 1%。从人口流动规模变动来看,近 5 年来浙江流入人口在来源地各省的规模分布更加集中,流出人口在各省间的规模分布相对分散。贵州、河南、安徽流入浙江的人口规模增幅明显,分别增加了 145.89 万人、122.39 万人、96.38 万人;湖北、湖南、江西、上海流入浙江的人口规模呈现下降趋势。浙江流向安徽、河南、湖北、四川、贵州、北京、重庆、广东、青海的人口规模呈现下降趋势。

3.2　浙江市际迁移特征及其变化

(1)浙江各市人口流入、流出的市际差异趋向扩大,流入规模的市际差异明显大于流出规模的市际差异;人口流入强度的市际差异呈现缩小趋势,流出强度的市际差异在不断扩大。

近 5 年间,杭州、宁波、金华、温州、嘉兴的跨市流入人口规模较大;温州、台州的跨市流出人口规模均较大。浙江各市流入规模、流出规模的市际差异在不断扩大,其变异系数均呈增长趋势。2020 年浙江各市的流入规模变异系数为 0.763,流出规模变异系数为 0.644,表明浙江人口流入规模的市际差异明显大于流出规模的市际差异。此外,浙江各市的人口流入规模与人口流出规模没有明显的负相关关系,温州的人口流入、人口流出规模均相对较大;舟山的人口流入、人口流出规模均相对较小。除衢州、丽水以外,浙江其他各市均为人口净流入城市。

近 5 年间,宁波、杭州、金华、嘉兴的人口流入强度较强;衢州、丽水、温州、台州的人口流出强度较强。湖州、嘉兴、宁波、杭州、金华的流出强度呈现下降趋势,流入强度呈现上升趋势。近 5 年来,人口流入强度的市际差异与人口流出强度市际差异呈现相反的变化,前者呈现出缩小趋势,后者呈现出扩大趋势。人口流入强度的变异系数由 0.401 下降至 0.388,人口流出强度的变异系数由 0.389 上升至 0.553。

---

①　由于未获得 2010 年的"六普"微观数据,故在分析迁移流向等维度时,公开的"六普"分县资料数据难以满足分析需求,后文中对比均采用 2015 年和 2020 年两年数据对比。

②　表 2 中浙江 2015 年人口跨省流入规模低于表 1 中 2010 年跨省流入人口规模,可能是由于 2015 年是人口抽样调查数据,可能存在一定程度的低估。

表 3　浙江省各地级市人口流动规模分布

市名称	流入规模(万人)		流出规模(万人)	
	2015	2020	2015	2020
杭州	264.12	434.16	48.15	53.94
宁波	247.74	362.62	38.43	37.84
温州	222.25	249.48	83.78	127.02
嘉兴	133.00	193.75	22.69	21.55
湖州	39.06	87.13	23.07	20.23
绍兴	100.10	127.03	34.50	47.98
金华	164.31	253.95	38.97	45.86
衢州	12.00	16.36	28.89	45.63
舟山	18.74	28.07	6.17	8.68
台州	121.99	144.44	65.98	86.60
丽水	19.04	23.81	28.65	43.05

(2)浙江各市的跨省流入规模均大于省内流入规模；近 5 年来浙江流出人口在省内、省外分布变动较大，浙江各市跨省流出人口占比明显下降。

结合图 1(a)和图 1(b)来看，2020 年浙江各城市跨省流入规模普遍明显大于省内流入规模，跨省流入人口占各市总流入人口比重普遍在 70%以上，衢州跨省流入占比最低，为 63.83%。与流入人口相比，近 5 年来浙江流出人口在省内、省外分布变动较大，浙江各市的流出人口流向省内的规模占其中流出人口的比重均呈明显上升趋势。温州 2020 年跨省流出人口规模大于流向省内人口规模，除温州以外，浙江其他城市均为流向省内人口规模大于跨省流出人口规模。

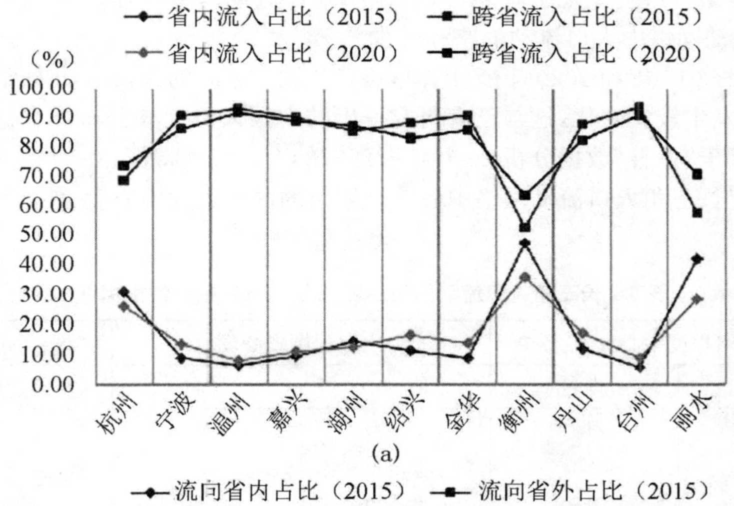

(a)

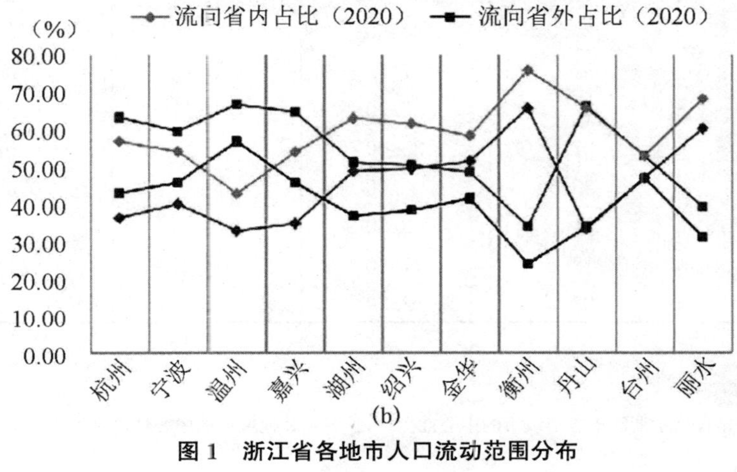

(b)

图 1　浙江省各地市人口流动范围分布

3.3 浙江与长三角各城市间迁移网络特征

基于2015年人口抽样调查数据、“七普”数据提取长三角地级市之间人口流动数据，运用ArcGIS软件绘制2015年、2020年长三角人口流动网络图。进一步构建人口流动网络矩阵，考虑到大多数城市之间均存在人口流动，但部分城市之间的人口流动规模较小，故以2015年、2020年矩阵中所有元素的均值作为阈值分别构造0—1矩阵。该矩阵反映的是长三角城市之间存在明显人口流动的人口流动网络矩阵。采用不同的阈值主要是由于2020年相比2015年的人口流动规模明显提升，若采用一个固定值作为阈值，会低估2015年城市间的人口流动关系。运用UCINET软件计算长三角人口流动网络的网络密度、网络关联度、网络等级度和网络效率指标（表4）。

表4 长三角人口流动网络整体网络特征指标

年份	联系数	网络密度	关联度	等级度	网络效率
2015	327	0.199	0.567	0.939	0.696
2020	358	0.218	0.411	0.929	0.667

（1）相比2015年，2020年长三角人口流动网络更加密集，网络内人口流动副流规模在不断提升，城市间双向人口流动明显增多。

2020年长三角人口流动网络共有358条直接联系，网络密度只有0.218，表明促进城市之间更频繁的人口流动联系仍有较大空间。近5年间，长三角人口流动网络联系数和网络密度均呈增长趋势，表明长三角内部人口流动相比以往更加频繁，一体化趋势在不断加强。网络关联度为0.411，该值较低，表明人口流动网络的联通效果较弱。网络密度不断提升，而关联度降低了0.156，这说明人口流动网络中部分城市间的人口流动副流规模有明显提升，城市间的双向流动相比以往有所增加，而部分城市间的单向流动趋向减少，从而使得网络关联性下降。网络等级度为0.929，表明流动网络中存在较多单向的人口流动路径，城市之间的人口双向流动仍较少，但网络等级度呈现下降趋势，也说明人口流动网络中非对称的人口流在不断减少。网络效率为0.667，表明流动网络中人口流动的路径较少。

此外，通过对比分析2015年和2020年浙江省与长三角城市之间的人口流动来看，近5年来长三角人口流动区域模式特征没有发生较大变化，这与已有研究得出的中国人口迁移分布具有稳健性的研究结论较为一致，故后文分析主要基于“七普”数据分析2020年浙江省的人口流动特征。

进一步计算2020年长三角人口流动网络中各节点城市的内向程度中心度、外向程度中心度和中介中心度（表5）。

表5 长三角人口流动网络中浙江各地市的中心性指标①

市名称	外向程度中心度		内向程度中心度		中介中心度	
	值（%）	排名	值（%）	排名	值（%）	排名
杭州	20.00	18	65.00	3	8.85	5
宁波	15.00	23	50.00	6	4.30	7
温州	25.00	15	30.00	10	3.39	9
嘉兴	5.00	38	32.50	9	0.00	30
湖州	5.00	38	17.50	16	0.00	30
绍兴	12.50	27	20.00	15	0.05	27
金华	12.50	27	25.00	14	0.07	26
衢州	15.00	23	0.00	39	0.00	30
舟山	2.50	41	2.50	33	0.00	30
台州	20.00	18	17.50	16	0.18	24
丽水	15.00	23	2.50	33	0.00	30

① 由于篇幅所限，此处表格仅展示浙江省各地级市的中心性指标，长三角其他城市的中心性不是本文分析重点，故表中不再展示其计算结果。

(2)长三角人口流动网络中外向型城市和内向型城市区别明显、外向型城市集中在苏北和安徽部分城市，内向型城市主要包括上海、苏南、浙北等地区城市；浙江各城市在长三角范围内的人口流动相比上海、江苏、安徽更弱。

具体来看，阜阳、亳州、宿州、合肥、六安的外向程度中心度值较高，表明这些城市的流动人口的流出地比较分散，较多地级市对其具有吸引力。上海、苏州、杭州、南京、无锡、宁波等城市对其他城市的流动人口吸引力较大，其内向程度中心度值较大，而黄山、宣城、衢州、舟山、淮北等城市的内向程度中心度值较低，这些城市对其他城市的流动人口的吸引力较小。南京、滁州、合肥、上海、杭州、阜阳等城市的中介中心度值较高，表明这些城市是长三角人口流动网络中的"媒介城市"，这些城市承担了较多城市之间人口流动的媒介与桥梁。

总体来说，浙江各城市在长三角人口流动网络中的外向程度中心度普遍相对较低，但部分城市的内向程度中心度、中介中心度水平较高，排名较为靠前，表明浙江省各城市人口较少流向长三角其他城市；但浙江省存在杭州、宁波、温州等区域性节点城市对长三角其他城市的吸引力较强，在长三角人口流动网络中处于相对较中心的位置。

4 浙江省人口流动与经济发展

人口流动会使得人口在流入地集聚，改善流入地的人口年龄结构、提升人口资本水平，促进流入地产业结构升级、生产规模扩大、技术创新溢出等，从而促进流入地经济增长；但人口流出对于流出地存在不利影响。陆丰刚(2021)认为迁移人口受教育程度高、技术水平高，所以他们不仅对迁入地的经济增长具有规模效益，还有结构效应。杜小敏和陈建宝(2010)研究发现人口迁入和流入有利于人口流入大省的经济发展，且人口迁入对于经济发展的影响要大于短期流入人口的影响；对于流出地来说，人口迁出会对其经济发展有一定的负面影响，而人口流出会拉动当地经济发展。

故本节选取人口流入规模、人口净流入规模两个指标，分析浙江各市人口流动与其经济发展的影响关系。图 2 为浙江各市流入规模、净流入规模与各市 GDP 的散点图。通过散点图可以发现，浙江各市人口流入规模、净流入规模与 GDP 呈现显著的正相关关系，即浙江各市总流入人口、净流入人口越多，当地 GDP 水平越高。这主要是由于人口流入为城市提供了大量的劳动力，从而促进了经济发展。跨市总流入规模与 GDP 呈指数关系，说明浙江省各市存在明显的规模经济现象，随着城市规模的扩大，城市的经济活动呈现指数级的增长。

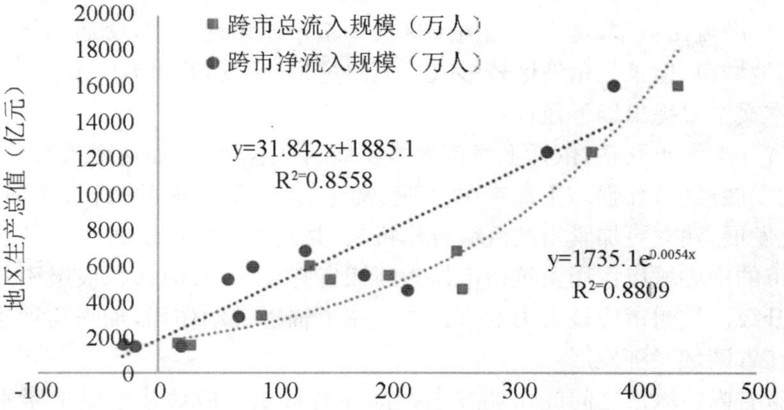

图 2 浙江省各市人口流入规模与 GDP 散点图

进一步绘制浙江各市人口流入规模、净流入规模与第二产业 GDP、第三产业 GDP 的散点图(图 3 和图 4)。

结合图 3 和图 4 来看，可以发现浙江各市人口流入规模与二产 GDP 呈现正向线性相关关系，与三产 GDP 呈现指数相关关系；各市净流入规模与二产 GDP、三产 GDP 也呈现正向线性相关关系，R 方均在 0.8 以上。这是因为人口流入较多的城市通常具有更好的资源配置、更完善的市场和更高效的分工，这些因素都能够促进城市的经济增长。

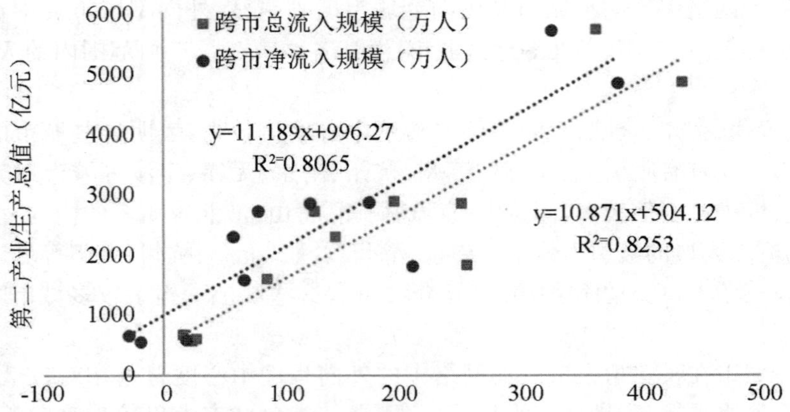

图 3　浙江省各市人口流入规模与二产 GDP 散点图

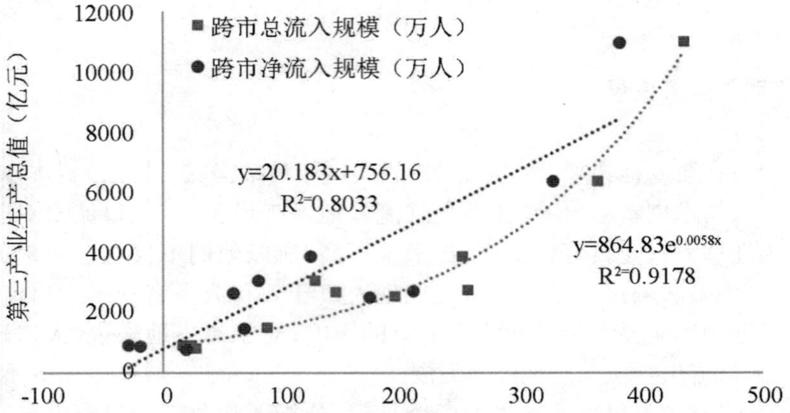

图 4　浙江省各市人口流入规模与三产 GDP 散点图

5　结论与建议

基于以上分析，可以发现 2015 年至 2020 年浙江省人口流动主要呈现以下特征：(1)浙江省在全国范围内对外来人口的吸引力不断增强。(2)浙江省人口流动规模的市际差异逐渐扩大。(3)2020 年，衢州、丽水为浙江仅有的两个人口净流出城市，这主要是由于这两个城市以山地为主，交通不便。(3)浙江省各城市人口较少流向长三角其他城市，但长三角地区较多人口流向杭州、宁波、温州等城市。

基于以上分析，本文主要提出以下建议：

第一，加强浙江省与上海市联系，依托上海市大力发展浙江省经济，加速融入长三角一体化发展。浙江省可以借鉴上海市的发展经验，加强与上海市的产业、文化、人才等方面的合作，实现共赢。浙江省可以着力推动长三角一体化发展，建立更加紧密的区域合作机制，共同推动区域发展。

第二，发挥杭州市的中心城市作用。杭州市作为浙江省省会城市，应该积极吸引外来人口、投资和企业落户，推动城市转型升级。杭州市应该大力发挥其中心城市辐射带动作用，加强与周边城市的合作，形成区域联动，共同推动浙江省区域经济发展。

第三，加强浙江省省内各城市之间的协调发展。浙江省各城市应该建立更加紧密的协作机制，加强经济互补，推动区域一体化发展。通过完善交通基础设施，加强通信和信息技术等方面的合作，提高资源配置效率。浙江省各城市也应该根据自身的优势和特点，积极发挥地方特色，实现城市差异化发展，推动区域协调发展。

复旦大学人口研究所　王桂新　宋雅宁

宁夏的流动人口与人口流动

——基于第六、七次人口普查数据的分析

宁夏作为古代丝绸之路的必经之地，自古就是多民族文化交流交融交往的重要场所，人口迁移流动促进了宁夏特有区域文化的形成。新中国成立初期，国家先后动员引导北京、上海、浙江等地的干部、工人、知识分子迁移至宁夏支援建设，1949 年至 1981 年的 32 年间，共有 56.01 万人迁入宁夏，年均净迁移增长率 7.23‰；随着改革开放和城市化进程的不断加快，越来越多的组织性移民后裔及自发移民迁入宁夏，1982 年至 2018 年的 36 年间，共有 57.03 万人迁入宁夏，年均净迁移增长率 2.85‰；据第七次人口普查统计，2020 年宁夏流动人口数量为 372.91 万人，占全区普查总人口的 51.77%，即目前一半以上的人口处于居住地和户口所在地分离的状态。学术界关于宁夏人口流动的研究主要包括以流动人口为对象的人口学、社会学、人类学研究，探讨了人口流动对民族关系、贫困治理、区域发展等方面的影响，分析了流动人口特别是劳动力资源的流动格局，已有成果为研究宁夏人口流动与流动人口奠定了一定的研究基础，但缺少对人口流动趋势变化的分析，且相关研究结果亟需以最新数据加以校正。本文将借助第七次人口普查的最新数据①，着重对宁夏近十年人口流动格局的趋势变化进行综合分析。

一、宁夏人口流动变化特征

根据 2020 年人口普查数据，宁夏回族自治区流动人口总数为 372.91 万人，比 2010 年统计的 176.03 万人增加 196.88 万人，增长 1.12 倍，年均增长 7.80%。其中，省外流入人口为 67.51 万人，流出省外人口 36.64 万人，省内流动人口 268.76 万人。

(一)流动人口的规模与分布

1.省际人口流动

与 2010 年相比，2020 年宁夏省外流入人口增加了 30.66 万人，占流动人口总数的 18.1%，降低了 2.83 个百分点，流出省外人口增加了 14.06 万人，占流动人口总数 9.83%，减少了 12.81 个百分点。省际间迁入率为 93.73‰，迁出率为 50.88‰，净迁移率为 42.86‰，省际人口流动的总体格局没有显著变化，流入人口总量多于流出人口，且流入人口增长趋势较为明显。

宁夏省外流入人口的地区分布结构相对稳定。2020 年省外流入人口中城镇人口占比达到 79.59%，乡村人口占比为 20.41%。如图 1 所示，与 2010 年相比，迁入人口来自东部地区占比降低 0.67 个百分点，来自中部地区占比降低 4.96 个百分点，来自西部地区占比上升 5.73 个百分点，来自东北地区占比降低 0.1 个百分点。迁入人口总数最多的省区依次为甘肃、陕西、河南、河北、四川，符合就近流动原则且受到即有移民关系网络的影响。

宁夏流出省外人口规模相对较小。2020 年宁夏流出人口中城镇人口占比为 83.57%，乡村人口占比为 16.43%。如图 2 所示，与 2010 年相比，流出人口迁至东部地区占比上升 11.21 个百分点，迁至中部地区占比上升 4.09 个百分点，迁至西部地区占比降低 16.49 个百分点，迁至东北地区占比上升 0.1 个百分点。随着省际交通的迅速发展，十年间宁夏迁出人口遍布全国，主要省份为新疆、陕西、内蒙古、北京、甘肃，且越来越多的流动人口趋向于迁移至东部、中部地区。

2.省内人口流动

2020 年宁夏省内流动人口中市、县之间流动为 120.27 万人，占比为 44.75%，市县内流动为 148.48 万人，占比为 55.25%；2010 年市县间流动占 46.20%、市县内流动占 55.80%，十年间省内人口流动的规模扩

① 若无特殊说明，本文所用数据均来自于《宁夏回族自治区 2010 年人口普查资料》及《宁夏回族自治区人口普查年鉴(2020)》。

大较为均衡。

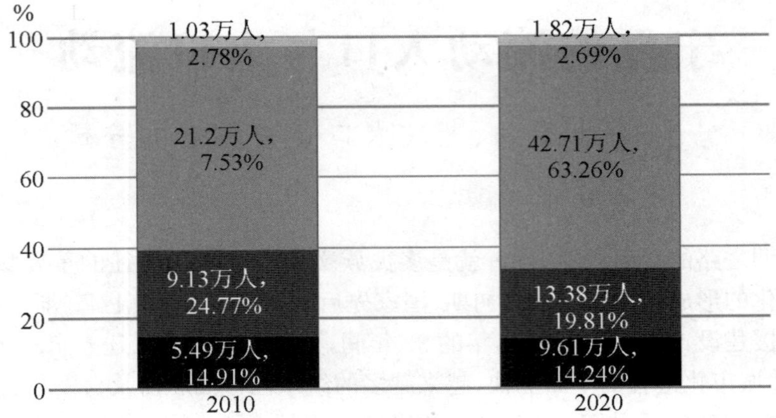

图 1　2010 年与 2020 年宁夏省外流入人口流出地对比情况

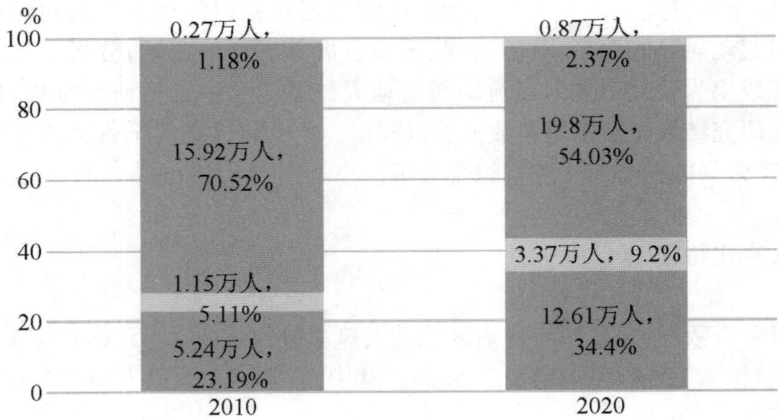

图 2　2010 年与 2020 年宁夏流出省外人口流入地对比情况

农村人口大规模流入市、镇。由于城乡经济发展的不平衡，农村人口追求更好的就业机会和更高的经济收入，人口从农村到城市转移是人口流动的必然趋势。如图 3 所示，2020 年省内流动总人口中流出地是农村的人口规模显著增大，农村剩余劳动力向城镇转移使得宁夏城镇化发展水平不断提高。

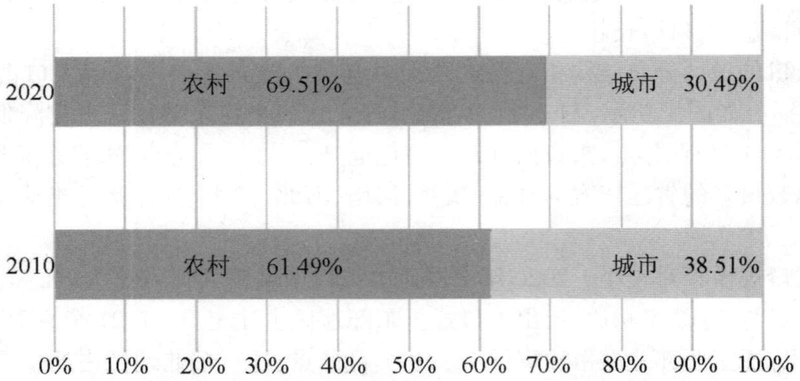

图 3　2010 年与 2020 年宁夏流动人口流出地城乡对比情况

宁夏南部山区流动人口范围主要在省内。长期以来，西海固 9 县的流动人口多迁至生活生产条件较优的宁夏北部川区。如图 4 所示，2010 年至 2020 年市县间流动人口表现出扩大趋势，这与精准扶贫政策的实施使宁夏南部山区生活生产条件得到显著改善具有密切关系。

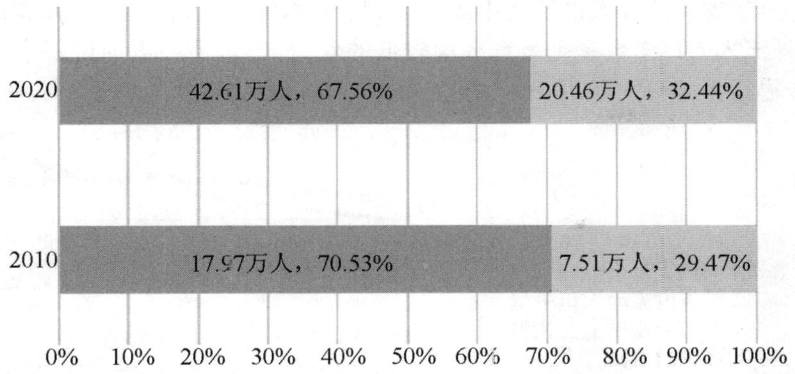

图 4　2010 年与 2020 年宁夏南部山区人口流动范围对比情况

(二)流动人口的构成

1. 年龄构成

如表 1 所示，宁夏流动人口年龄结构具有两端低、中间高的特征。与 2010 年相比，2020 年宁夏流动人口中 15—64 岁年龄段流动人口占比降低 4.11 个百分点，0—14 岁年龄段占比上升 1.33 个百分点，65 岁以上占比上升 2.76 个百分点。从抚养比来看，2020 年流动人口总抚养比为 34.60%，人口流动对地区经济增长发展带来的“人口红利”依然显著，但是，少年儿童、老年人口抚养比分别上升 3.06、3.99 个百分点，流动人口老龄化趋势造成社会抚养负担逐步增大。

2. 性别构成

宁夏流动人口的性别结构较为均衡。如表 1 所示，男性流动人口占比 51.72%，女性流动人口占比 48.27%，2020 年流动人口性别比(107.15)较 2010 年水平(113.37)更加均衡。分年龄组来看，15—29 岁年龄段因婚姻迁入的女性迁入人口较多，30—54 岁年龄段男性因经济原因、务工经商迁入人口较多。与 2010 年 20—24 岁年龄段女性流动人口达到高峰相比，2020 年流动人口中 30—34 岁年龄段女性流动人口达到高峰，这与女性婚育年龄推后有关。

表 1　2020 年宁夏流动人口年龄及性别比构成

女性＝100

年龄别(岁)	构成	男	女	性别比
总计	100.00	100.00	100.00	107.15
0—4	6.09	6.12	6.07	108.07
5—9	6.59	6.71	6.46	111.32
10—14	6.39	6.49	6.27	110.97
15—19	7.65	7.42	7.90	100.58
20—24	7.55	7.03	8.11	92.83
25—29	9.42	9.16	9.70	101.14
30—34	10.73	10.80	10.64	108.75
35—39	8.32	8.68	7.93	117.34
40—44	7.72	8.09	7.33	118.18
45—49	7.92	8.31	7.50	118.71
50—54	7.04	7.22	6.85	113.04
55—59	4.95	4.93	4.98	106.09
60—64	2.99	2.92	3.06	102.04
65 及以上	6.64	6.13	7.20	91.23

3. 受教育水平构成

宁夏流动人口整体受教育水平得到显著提升。流动人口文化素质的高低，直接影响着对迁入地社会经济发展的贡献大小。如图 5 所示，2020 年宁夏流动人口中受大专及以上文化教育的占比相较于 2010 年水平上升了 6.27 个百分点，省外流入人口的文化素质略低于省内流动人口，但其提高程度略高于省内流动人口，一方面是由于省外流入人口多数是受教育程度较低的农村人口，另一方面说明宁夏对省外高素质人才的吸引力有待进一步提高。

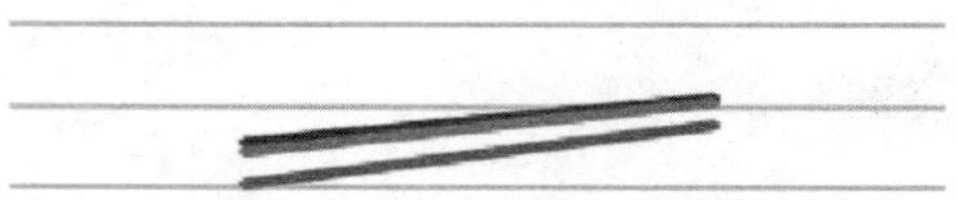

	2010	2020
省内流动人口中受大专及以上文化教育的占比	15.47%	21.23%
省外流动人口中受大专及以上文化教育的占比	10.47%	17.83%
流动人口中受大专及以上文化教育的占比	14.27%	20.54%

图 5　2010 年与 2020 年宁夏流动人口受教育水平对比情况

4. 职业构成

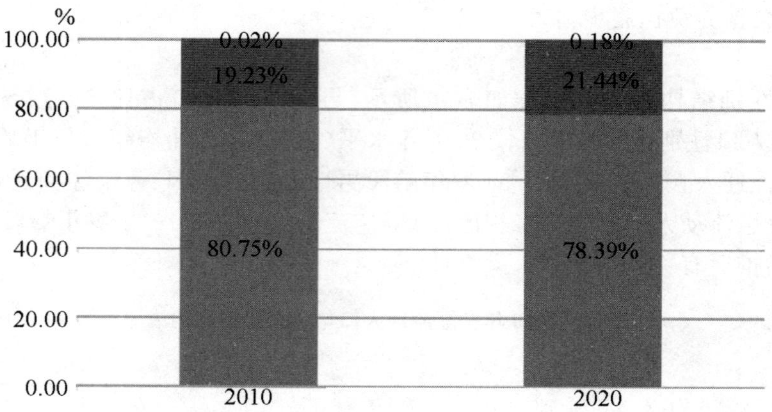

图 6　2010 年与 2020 年宁夏流动人口职业类型对比情况

第七次全国人口普查中将流动人口职业类型分为 7 类，以支出脑力或体力的劳动分工方式作为区分，可分为脑力劳动类型，包括：机关负责人（占比 2.23%）、专业技术人员（占比 12.53%）、办事员（占比 6.69%）；体力劳动类型，包括：商业服务人员（占比 43.07%）、农林牧渔业生产人员（占比 7.83%）、生产制造人员（占比 27.49%）；其他劳动者（占比 0.18%）。如图 6 所示，2020 年宁夏流动人口所从事的职业主要为体力劳动类型，相比 2010 年就业类型差距正在缩小。

二、宁夏人口流动的原因

宁夏流动人口数量不断提高，表现出"大规模"、"高频率"的特征。整体来看，人口流动的快速发展，受到社会经济发展、行政政策、个人因素等一系列因素影响。

（一）社会经济发展因素

城镇化的发展必然伴随着人口流动。2010 年以来，宁夏着力推进以沿黄城市带为支撑的特色城市化，交通、供水、供电等城市可持续发展能力不断增强，流动人口在公共服务、社会权益等方面的保障力度不断提高，城镇化发展水平和质量得到大幅提升。2020 年人口普查显示，宁夏城镇化率为 64.96%，五年内年均增长 1.95 个百分点，居西北地区第 3 位。当前宁夏城镇化率已高于全国平均水平，城乡融合的快速发展极大地促进了农村剩余劳动力向城市转移流动。

宁夏依托发展特色产业的自然资源优势，以加强产业支撑不断扩大城镇聚集发展效应。随着产业化进程的加速，宁夏非农产业就业人口比例不断提高，2010 年宁夏就业人员中 50.31%为二、三产业从业人员，2020 年这一比例提高至 75.87%。第二产业外延不断扩大和第三产业蓬勃发展，为农村剩余劳动力提供了大量就业岗位，加速了周边农村人口大规模向城市流动的趋势。随着宁夏九大重点产业高质量发展实施方法的制定，地区产业链不断延长，这将为劳动力流动人口提供更广泛全面的就业岗位，地区人口流动规模和构成将出现新的变化。

城市内部变动因素是造成的人口跨区流动的重要原因。自 2002 年银川设立兴庆区、金凤区、西夏区以来，人口跨区流动趋势明显。由于兴庆区公共服务保障水平相对较高，经济发展和收入水平优于金凤区和西夏区，因此市辖区内居民出于改善居住条件、城市拆迁改造、子女上学择校等原因，不断向兴庆区聚集流动。这种现象在吴忠市利通区也较为普遍，形成了因城市内部变动而引起的人口流动趋势。

(二)行政政策因素

新中国成立初期，国家为了开发建设宁夏，有计划地在内陆省市组织移民迁入宁夏，深刻影响了宁夏的人口规模和居住格局。改革开放后，伴随着西部大开发的深入推进，来自全国 30 个省、自治区、直辖市的自发移民及其后裔迁入宁夏，自新中国成立至今(除少数年份外)，宁夏流入人口一直多于流出人口。2010 年和 2020 年人口普查数据显示，常住人口中分别有 63.29 万人和 95.90 万人非宁夏出生，这些迁移流动者至少有过一次迁移的经历。

宁夏是我国较早有计划有组织大规模实施移民搬迁的省区之一。尤其是宁夏南部山区，生态环境恶劣，经济基础薄弱，是宁夏脱贫攻坚的主战场和核心区。为了解决地区人口的贫困问题，宁夏从 1983 年，先后实施了 6 次大规模移民，累计搬迁 120.28 万人，其中：吊庄移民 19.8 万人，宁夏扶贫扬黄灌溉工程移民 30.8 万人，国家易地扶贫搬迁试点移民 14.72 万人，中部干旱带县内生态移民 15.36 万人，“十二五”中南部地区生态移民 34.5 万人，“十三五”易地扶贫搬迁移民 5.5 万人。

(三)个人因素

受社会经济和自然因素的影响，流动人口对迁入地有着不同的期望值，因此，影响人口流动的因素是多种多样的。对个人因素进行进一步划分，因工作就业和学习培训原因流动的人口可以看作是经济型流动人口；因投亲靠友、随同离开、拆迁搬家、寄挂户口、婚姻嫁娶、照料孙子女、为子女就学、养老康养原因流动的人口可以看作是生活型流动人口。2020 年人口普查显示，宁夏经济型流动人口占 38.45%，社会型流动人口占 54.68%。

分省内外来看，省内流动人口中社会型流动人口占比较高(60.71%)，省外流动人口中经济型流动人口占比较高(61.21%)。由于城乡公共服务存在差距，为了追求更高质量的教育、医疗等公共服务资源，省内流动人口出于对子女教育、老人康养等生活型因素形成的流动比例较高，省外流入人口则相反，多是出于谋取经济利益目的的经济型原因。分性别来看，工作就业、拆迁搬家、寄挂户口类型的流动人口多为男性，学习培训、投靠亲友、婚姻嫁娶、照料孙子女、为子女就学、养老康养类型的流动人口多为女性。

三、宁夏人口流动的问题与政策建议

大规模的流动人口为地区开发建设提供了可靠的劳动力资源，有利于促进宁夏与全国各地的交流与合作、推动新型城镇化发展、巩固拓展脱贫攻坚成果等。但是，大量流动人口从农村涌向城市，可能会导致农村空心化进而制约乡村社会治理的发展，对城市的公共服务、社会治安、市场管理等方面也带来一些消极影响。为了规避人口流动对社会经济发展的消极影响，充分发挥流动人口对宁夏经济社会发展的积极作用，提出如下建议。

(一)人口政策方面

为了扩大人口流动对地区经济社会发展所带来的“人口红利”，宁夏应不断健全完善相关人口政策，从而降低流动人口迁移成本与风险。

1. 消除人口流动障碍

人口流动对迁入地、迁出地的社会经济发展具有正向的推动作用，要充分发挥人口流动的积极影响亟需消除当前存在的一些阻碍人口流动的制度和政策因素。一是户籍制度改革。户籍制度是流动人口享有公平的教育资源、公共服务的前提。随着户籍制度改革的不断推进，宁夏已经成为全国落户门槛最低的省份之一，但是对于流动人口的居住时间、职业类型、经济基础等方面为主要条件的管理方法，应当进一步根据省内外流动特点予以调整完善，做好政策宣传及落实等相关工作。二是实现流动人口公共服务均等化。在推进户籍制度改革的同时，要同步建立完善基本公共服务提供机制，以居住证作为载体实现暂不具备落户条件的流动人口公共服务均等化，使流动人口共享城市发展建设成果。

2.引导人口合理流动

引导人口合理流动是为了实现地区间劳动力的供需平衡，从而促进迁入地和迁出地社会经济发展水平的同步提升。一是明确劳动力技能需求类型。随着宁夏产业优化升级，劳动市场中对专业技能人才的需求不断上升，对低技能劳动力的需求逐渐下降，为了解决人口流动中劳动力供需的结构性矛盾，要建立以需求引导供给的劳动力转移方式。如，主要人口迁出地通过返乡农民工的信息反馈，对劳动力技能需求信息进行采集整理，从而对剩余劳动力提供有针对性的技能培训服务等。二是引导剩余劳动力在县域范围内流动。由于宁夏地理环境特点及交通设施的发展，人口流动的便利性十分显著，因此农村剩余劳动力转移倾向于迁至银川、吴忠等市辖区范围内，加之县城、县级市城区人口不断向中心城市集聚，造成小城镇发展中出现了人口流失现象。注重县域范围内流动人口合理分布，既能疏解大城市大规模人口流动带来的就业压力，也可以为中小城市、县城的经济发展提供充足的劳动力资源。

3.提高流动人口素质

在宁夏推进高质量发展的背景下，流动人口的素质能力、文化水平、专业技能将成为影响社会经济发展更为重要的因素。一是提高教育质量。为了实现流动人口文化素质的整体性提高，要实现各级各类教育更高质量的普及，注重缩小区域、城乡、校际之间的教育差距，建成城乡之间更加均衡的基本公共教育体系。二是加强技能培训。流动人口多从事于技术含量较低的岗位，就业竞争较大且抗风险能力较弱，不仅不利于流动人口自身发展，也对迁入地的劳动力市场造成了冲击。因此，加强专业技能培训要注重与行业发展相对接，在职业教育中建设一批服务于自治区九大重点产业的高水平院校及专业，建立技能职业资格和职业教育学校的贯通培养，从而提高流动人口的就业能力、降低其迁移流动风险。

4.吸引高素质人才流动

宁夏正处于建设黄河流域生态保护和高质量发展先行区的重要时期，人才是推动先行区建设、促进地区社会经济发展的关键因素，吸引高素质人才流动有利于为产业结构优化升级提供基本保障，为先行区建设提供有力支撑。在人口流动的过程中，人口红利在经济发展水平相对较高地区的作用逐渐降低，取而代之的是人才红利对地区发展的积极作用越来越显著，这种现象在银川地区表现较为突出。因此，银川作为宁夏地区主要人口迁入地，要加大对人才工作的重视程度，对接受本地高等教育的人才给予政策优惠，鼓励外地生源人才在宁夏扎根，加大对省外就学的本地生源的宣传招聘力度，吸引人才回流。同时，要进一步加大对人才创新创业的激励力度，建立更加灵活大胆的青年人才政策，使更多更高质量的流动人口迁入宁夏、留在宁夏，发挥出流动人口在宁夏产业经济发展中的人才优势。

(二)经济政策方面

人口流动与地区经济产业发展是双向互动的动态关系，宁夏加快经济发展转型、不断推进高质量发展进程，对吸引集聚更大规模、更高素质的流动人口具有重要作用。

1.促进产业优化升级

"人随产业走"并不意味着产业结构的发展与人口流动仅限于一种单项的决定与被决定关系，二者之间是一种密切的、动态的协同关系。一是推动九大重点产业高质量发展。立足于区位优势和资源禀赋，九大重点产业要在不断放大产区优势、延长产业链、扩大产品附加值的同时为流动人口提供更多的就业岗位，在提升产业发展质量的同时吸引更多高素质流动人口，从而形成流动人口在推动地区社会经济发展中的新增长点。二是优化产业空间布局。宁夏流动人口中以文化素质较低、专业技能较弱的人口为主体，以服务业为代表的第三产业是容纳流动人口的动力所在。当前宁夏正着力构建产城融合新格局，打造配套服务完善、具有发展带动能力的产业聚集地，产业集中集约集群发展趋势将进一步激发人口流动红利。此外，生产性服务业、生活性服务业、现代性服务业、传统型服务业的融合发展，将进一步加快新型服务业发展新业态，不断提升对流动人口的吸纳能力。

2. 推动小城镇建设开发

城镇化对人口流动具有毋庸置疑的正向所用，宁夏地区小城镇、中小城市的社会经济发展仍然具有较大的增长潜力。一是推动县城集聚发展。提高主要县城公共服务、基础设施质量水平，有利于吸引农村流动人口短距离移动[10]。此外，以城带镇、以城带乡，促进黄河生态经济带沿线地区县市与中心城市形成协同互进、相向发展格局，如平罗县与大武口区，永宁县、贺兰县与银川市，中宁县与沙坡头区等集聚发展。二是推进小城镇协同发展。小城镇建设要形成城镇与村落的统筹建设与产业融合，在基础设施、生态保护、公共服务、社会治理等方面实现一体化建设。如加快银川市宁东镇、中卫市三河镇等建设发展能级对辐射带动周边农村具有突出的积极作用，泾源县泾河源镇、兴庆区掌政镇、惠农区红果子镇等特色小镇开创了独具特色的就地城镇化方式。

3. 加快农业现代化建设

在人口流动中，农业农村现代化发展有利于提高流动人口人力资本质量，有利于解决大规模流动人口所造成城市就业负担等问题。一是推进农业发展提质增效。宁夏粮食产业、奶产业、肉牛产业、滩羊产业等特色农业具有极大的发展潜力，不断提升其农业生产体系、创新农业经营体系、科学技术装备水平，是推进特色产业高质量发展的重要方式。农产品加工业、农产品现代流通业、休闲农业和乡村旅游业、农村电子商务等农村产业的深入融合发展，是提高农业产值、拓宽农民就业渠道、促进农民增收的有效手段。二是推进农村全面建设进步。乡村建设在推进现代化建设中具有重要位置，改善农村生活生产条件，为农民提供生态宜居、治理有效的乡村新风貌，加强农村专业人才队伍建设等是提升农民内生发展能力的重要方式。

城市化是世界各国发展的大趋势，城市化的实质就是把农村人口转移到人口相对集中、公共设施比较齐全、社会保障制度健全、信息发达的具有一些共同文化认同的空间区域内的过程，人口流动在城市化发展中的积极影响是毋庸置疑的。随着全面建成小康社会的不断推进，宁夏流动人口数量将持续增长、人口素质将不断提高、人口流向将更加多元，人口流动对地区社会经济发展带来了新的活力、注入了强劲动力。与此同时，为避免人口流动中所造成的负面现象，加强流动人口的管理服务工作，促进城乡建设一体化发展将成为地区社会经济建设的重要内容。

宁夏大学　马金龙

中国社会科学院大学　张颖

专题六

人口资源环境

从“七普”数据看中国劳动力人口的变动形势

劳动力是经济增长的重要源泉之一，也是人口的主体。其变化对我国经济社会发展会产生深刻影响。我国经济在过去实现了长达40年的高速增长，富有生产性的人口年龄结构保证了充足的劳动力供给，为经济发展做出显著贡献，人口红利效应被普遍认可（蔡昉，2010；王桂新、陈冠春，2010；童玉芬、王静文，2017）。近年来我国经济发展进入新常态，增长速度有所放缓，同时伴随着人口进入低生育阶段，人口增速放缓，老龄化加剧，我国劳动力供给形势也出现了新的变化，带来了一系列影响。一方面就业压力依然存在；另一方面不少地方尤其东南沿海发达地区相继出现“用工荒”现象。同时人工智能技术发展迅速，科技进步、生产效率提高对劳动人口需求的改变也引发各界广泛关注（杨伟国等，2018；孙早、侯玉琳，2019）。劳动力人口形势的新变化不仅影响到千家万户的利益，更关乎我国未来劳动力市场的健康运行及经济的高质量发展。

第七次全国人口普查数据的公布对于我们及时了解中国劳动力人口的最新动态以及准确做出形势判断提供了非常好的数据基础。本文主要从第七次全国人口普查公报数据出发，结合历年的统计年鉴以国外相关数据，通过纵向横向对比，分析我国劳动力人口变化的形势与特点，为未来劳动力市场供给侧变化及劳动力市场的健康运行提供支撑与依据，并给以后的相关政策提供决策参考。

1　我国劳动力人口变化的特点与形势

分析劳动力人口变动状况是把握劳动力供给变化的基础。总体来看，我国劳动力人口变化的新特点与新趋势可以概括为以下几个方面：

1.1　劳动力规模与比重持续下降，但规模依然比较庞大

“七普”数据显示，2020年我国15—59岁劳动年龄人口规模为8.94亿人，占总人口的比重为63.35%。如果按照15—64岁国际通用口径计算，该年龄段劳动年龄人口为9.68亿人，占总人口的比重为68.55%。与2010年相比，2020年我国15—59岁劳动年龄人口规模下降了约4530万人，比重减少了6.79个百分点。15—64岁劳动年龄人口规模相较于2010年下降了3073万人，比重减少了5.98个百分点。

我国15—64岁劳动年龄人口的规模是在2013年达到10.06亿人的峰值后开始负增长并逐年下降的，2019年规模已经减少到9.89亿人，“七普”数据显示，2020年已降至9.68亿人，劳动年龄人口的规模呈现继续减少的态势。2013—2020年，该年龄段劳动年龄人口的规模平均每年减少了542.86万人（见表1）。

表1　1999—2020年我国15—64岁劳动年龄人口规模与比重变动趋势

年份	劳动年龄人口规模（亿人）	劳动年龄人口所占比重（%）	年份	劳动年龄人口规模（亿人）	劳动年龄人口所占比重（%）
1999	8.52	67.70	2010	9.98	74.53
2000	8.89	70.15	2011	10.03	74.43
2001	8.98	70.40	2012	10.04	74.15
2002	9.03	70.30	2013	10.06	73.92
2003	9.10	70.40	2014	10.05	73.45
2004	9.22	70.92	2015	10.04	73.01
2005	9.42	72.04	2016	10.03	72.51
2006	9.51	72.32	2017	9.98	71.82
2007	9.58	72.53	2018	9.94	71.20
2008	9.67	72.80	2019	9.89	70.65
2009	9.75	73.05	2020	9.68	68.55

数据来源：中国统计年鉴2020，其中2010年和2020年数据来自“七普”主要数据情况（国家统计局，2021）

劳动年龄人口比重的下降早于规模的缩减。我国15－64岁劳动年龄人口比重在2010年达到74.53%的峰值后就开始出现下降，到2019年下降到70.65%。"七普"数据显示，2020年进一步下降到68.55%，首次突破了70%。2010－2020年间，15－64岁劳动年龄人口比重平均每年下降0.60个百分点，近年来劳动力年龄人口占比下降的幅度在增大，2019年较于2018年下降了0.55个百分点，而2020年较2019年则下降了2.10个百分点。

尽管我国劳动力规模和比重均处于下降状态，但根据世界银行数据库估算，目前中国劳动力规模在世界各国依然位列第一。2020年我国15－64岁劳动年龄人口9.68亿不仅比排名第二的印度(9.39亿)多2900万人，而且是美国(2.16亿)的4倍，与其余主要发达国家对比来看，是日本(0.74亿)的13倍，德国(0.53亿)的18倍，2020年即使我国劳动力人口规模已经减少到9.68亿，但中国依然是目前世界上劳动力规模最大的国家。(见表2)。

表2　2020年世界15－64岁劳动年龄人口规模排名靠前的六个国家

国家	劳动年龄人口规模(亿人)	劳动年龄人口占比(%)
中国	9.68	68.55
印度	9.39	67.22
美国	2.16	65.27
印度尼西亚	1.84	67.57
巴西	1.49	69.87
巴基斯坦	1.33	58.55

数据来源：世界银行数据库，中国2020年数据来自"七普"主要数据情况(国家统计局，2021)。

1.2　劳动力的人口年龄结构进一步老化

人口年龄结构老化不仅表现为老年人口的规模和占比不断上升，也意味着在劳动年龄人口内部年龄结构也会随之老化。本文将劳动力人口分为三个年龄组：15－24岁青年劳动力人口组，25－44岁中年劳动力人口组，45－64岁老年劳动力人口组。2011－2020十年间我国15－24岁组的青年人口比重整体呈现不断下降趋势，25－44岁组中年劳动力人口占比整体呈现先上升后下降的趋势，而45－64岁组老年劳动力组人口的比重则有明显上升，从2011年的33.74%增加至2020年的42.47%，增幅达8.73个百分点，说明我国劳动力人口内部呈现老化趋势。

表3　我国不同年龄段人口占劳动年龄人口比重

单位：%

年份	15－24岁	25－44岁	45－64岁
2011	22.18	44.09	33.74
2012	21.07	44.38	34.55
2013	20.09	44.03	35.88
2014	18.83	44.21	36.96
2015	17.49	44.33	38.18
2016	16.76	43.99	39.25
2017	16.10	43.77	40.13
2018	15.51	43.14	41.35
2019	15.20	42.86	41.94
2020	15.30	42.20	42.47

数据来源：历年中国统计年鉴，2020年数据根据第七次人口普查资料整理计算得出。

1.3　劳动力人口继续向我国东部地区集聚的趋势未变

从20世纪九十年代中后期开始，我国迎来了人口流动浪潮，人口主要是从中西部流向我国东南部及沿海地区，其中90%以上是劳动力的流动。"七普"数据显示，2020年我国流动人口规模达到3.76亿人，较上一年度大幅增加，也较前若干年大幅增加，与2010年相比增加1.54亿人，增长69.73%。那么这些人的流动去向是哪里？可以从人口的空间分布予以揭示。

"七普"数据显示,2020 年我国东部地区[①]人口规模为 5.64 亿人,占全国总人口规模的 39.93%,与第六次人口普查 2010 年相比上升了 2.15 个百分点,中部地区占 25.83%,下降 0.79 个百分点。西部地区占 27.12%,上升 0.22 个百分点,东北地区占 6.98%,下降了 1.20 个百分点。

与历年统计数据对比,可以更加清楚看到 2010 年到 2020 年间中国人口空间集聚发生的趋势性变化。根据统计年鉴数据计算,2010 至 2020 年间我国东部地区的人口规模和比重始终都处在上升过程中(见表 4),说明近些年来东部地区的人口集聚态势一直在持续,尤其 2020 年与上一年相比,2020 年人口占比为 39.93%,比 2019 年的 38.58%继续上升了 1.35 个百分点,与东部地区不同,中部、东北地区的人口规模和比重均有所下降,其中东北地区人口规模和比重下降的幅度更大,西部地区人口近年来呈现轻微的波动式上升,除了新疆是一个传统的人口迁入地区以外,西部其他地区近年来人口存在一定回流现象,但总体回流幅度不大。由于流动人口的构成主体是劳动力人口,因而上述现象也很大程度上代表了劳动力人口的空间分布格局。

表 4 2010—2020 我国不同地区人口规模及所占比重变动趋势

年份	人口规模(亿人)				人口规模占总人口比重(%)			
	东部	中部	西部	东北	东部	中部	西部	东北
2010	5.06	3.57	3.60	1.10	37.78	26.62	26.90	8.18
2011	5.11	3.58	3.62	1.10	38.09	26.70	27.02	8.18
2012	5.15	3.59	3.64	1.10	38.18	26.65	27.03	8.14
2013	5.18	3.61	3.66	1.10	38.24	26.63	27.04	8.10
2014	5.22	3.63	3.68	1.10	38.29	26.62	27.04	8.06
2015	5.25	3.65	3.71	1.09	38.31	26.62	27.09	7.99
2016	5.30	3.67	3.74	1.09	38.37	26.60	27.11	7.91
2017	5.34	3.69	3.77	1.09	38.44	26.58	27.15	7.83
2018	5.38	3.71	3.80	1.08	38.49	26.57	27.18	7.76
2019	5.42	3.72	3.82	1.08	38.58	26.53	27.20	7.69
2020	5.64	3.65	3.83	0.99	39.93	25.83	27.12	6.98

数据来源:根据中国统计年鉴数据计算得出,其中 2010、2020 年数据来自"七普"主要数据情况(国家统计局,2021)。

1.4 劳动力素质有很大提高,为社会经济发展奠定了良好条件

众所周知,中国从一个历史悠久的农业大国向工业化国家转变只有几十年的时间。人口和劳动力的素质在过去长期成为制约我国社会经济发展的重大障碍。据第二次人口普查资料显示,1964 年我国的文盲率高达 33.58%,到改革开放之初我国文盲率出现大幅度下降,当年已经减少到 22.81%,每十万人中受教育程度达到大学(大专及以上)文化程度的人口数从 1964 年的 416 人增加至 615 人,但人口素质依然不高。改革开放以后,中国经济发展进入快车道,人口素质得到相应较快提升。"七普"数据显示,2020 年我国具有大学文化程度的人口达到 21836 万人。与 2010 年相比,每 10 万人中具有大学文化程度的由 8930 人上升为 15467 人,几乎翻了一倍。15 岁及以上人口的平均受教育年限由 9.08 年提高至 9.91 年,文盲率由 4.08%下降为 2.67%,接近 1982 年的十分之一。人口和劳动力的素质大幅提升,为我国今后的经济高质量发展和社会进步,科学技术创新等奠定了非常好的条件,也是我们未来发展的潜力所在。

2 未来我国劳动力市场面临的挑战

劳动力人口变化的新形势和新特点既给我国未来的劳动力市场带来了新的机遇,同时也产生了一些新的挑战。

2.1 传统人口红利逐渐消失,劳动力供给面临短缺的潜在风险

据联合国最新预测以及其他国内学者预测,未来我国劳动年龄人口规模仍会继续下降,劳动力无限供

---

① 东中西、东北部地区划分标准:东部地区包括北京、天津、河北、上海、江苏、浙江、福建、山东、广东和海南等 10 个省(市);中部地区有 6 个省级行政区,分别是山西、安徽、江西、河南、湖北、湖南;西部地区包括的省级行政区共 12 个,分别是四川、重庆、贵州、云南、西藏、陕西、甘肃、青海、宁夏、新疆、广西、内蒙古;东北地区包括辽宁、吉林、黑龙江 3 省。

给的人口基础正在消失(蔡昉,2010;王欢等,2014)。据预测结果显示,未来我国劳动力将会继续下降,2050年将下降到8亿左右(见表5)。劳动力供给会进一步萎缩,同时伴随着年龄结构的加剧老化,通常意义上的人口红利正在逐渐消失。

表5　关于中国15—64岁劳动年龄人口规模的3种预测结果

年份	世界人口展望(2022年)中方案		陆杰华(2020)中方案		翟振武(2017)	
	规模(亿人)	占比(%)	规模(亿人)	比例(%)	规模(亿人)	比例(%)
2025	9.87	69.32	9.73	68.82	9.83	67.78
2030	9.72	68.70	9.51	67.40	9.60	65.98
2035	9.31	66.49	9.08	64.80	9.32	64.45
2040	8.67	62.91	8.54	61.70	8.94	62.51
2045	8.22	60.93	8.13	59.81	8.63	61.25
2050	7.67	58.46	7.71	58.28	8.24	59.83

数据来源:联合国人口司《世界人口展望》2022年数据、陆杰华、刘瑞平(2020),翟振武等(2017)。

劳动力市场中劳动力供给规模的下降不可避免,但在我国经济结构实现根本转变之前或在转型期间,劳动力的需求总量也依然很大。本文以实际就业规模代表就业岗位提供(即劳动力需求),2020年我国就业规模为7.51亿人,就业总量依然非常庞大。虽然从2014年之后就业规模开始缩减,2014—2020年就业人员规模平均每年减少214.2万人,但与劳动力供给减少的幅度相比,劳动力需求减少的幅度相对较小。也就是说,当前劳动力供给下降要快于劳动力需求的下降的速度。如果今后劳动力需求规模下降速度持续滞后于劳动力供给规模,就可能会面临出现实际的劳动力数量短缺风险。

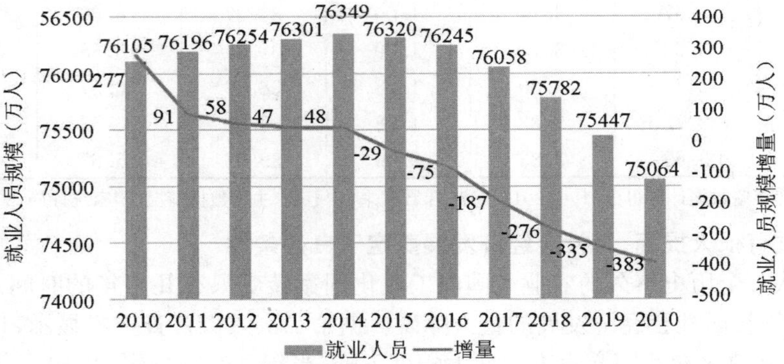

图1　2010—2020年我国就业人员规模及增量

数据来源:中国统计年鉴2021

2.2　劳动力老化给社会经济发展活力带来挑战

我国劳动力人口内部结构不断老化,45岁及以上高龄劳动力的规模在不断扩大,而中青年劳动力作为劳动力市场中最为活跃的要素,其规模和比重整体却呈现下降趋势,劳动力人口老化也会产生一系列不利影响。虽然老年劳动力积累了丰富的工作经验和人脉关系,掌握了娴熟的工作技能,是企业发展的重要社会资本(童玉芬、廖宇航,2020)。但不少研究均指出,老龄化社会中老年劳动力比重高,会对劳动生产率以及经济产出社会活力和发展不利(杨道兵、陆杰华,2006;毛中根等,2013)。例如高龄劳动力其身体素质低于年轻劳动力,而且随着年龄增加获取新知识、新技能的学习能力会下降,导致高龄劳动力的劳动效率难以提高,劳动产出下降,不利于生产效率的稳步提升,同时劳动力人口老化也不利于技术进步。因为技术进步主要源于有意识的研究与开发活动,高龄劳动力的知识和技能更新换代较慢,研究和开发能力相对较弱,中青年劳动力更能适应发展要求并进一步推动技术发展,从而提高社会整体的创新水平。此外,劳动力老化还会通过影响储蓄率、消费水平与消费结构等作用于经济增长,抑制社会经济发展活力。总体来看,劳动力的加速老化必然会对劳动力市场及未来就业和经济发展带来严峻挑战,尤其是中青年劳动力比重的下降需要格外引起重视。

2.3 流动劳动力的社会融合与发展问题

2020年我国流动人口规模进一步增加至3.76亿，大量流动劳动力持续向东部地区尤其特大城市集聚。而城市作为流动人口的承载主体，仍然存在户籍制度阻碍、公共服务不均等问题，导致流动人口在就业、教育、住房、医疗、社会保障等方面的需求难以得到有效满足。他们虽然在城市地区有工作，但是受到户籍制度等方面的限制，往往处于飘而不落，流而不迁、迁而难居的状态。这个既成为我国城市化发展质量难以提高的原因，同时对于流动劳动力本身的生存和发展也带来不利影响。因此如何有效促进流动劳动力的社会融合，加快推进流动劳动力人口市民化进程，既是对未来城镇化发展提出的要求，也是劳动力市场面临的重大挑战。未来只有尽可能解决这些问题，才能够使劳动力在空间上稳定下来，实现长期居留，从而加快劳动力市场一体化进程，促进劳动力市场健康发展。

2.4 劳动力素质亟待进一步提升

虽然近些年我国劳动力的受教育水平显著提升，但是与我国经济高质量发展的要求相比，尤其是与国外发达国家劳动力素质相比，我国劳动力素质还存在较大差距。目前德国25岁以上人口受教育平均年限为14.1年，美国为13.7年，日本为13.4年，韩国为12.5年，与此相比，我国仅为9.5年，低于世界主要发达国家，未来我们在劳动力素质提升方面有很大的提升空间和提升必要。

表6　2011—2020年主要国家25岁以上平均受教育年限

单位：年

年份	中国	日本	韩国	美国	德国	英国	法国	印度
2011	7.4	11.8	11.8	13.4	13.8	13.0	10.9	5.3
2012	7.5	12.0	11.9	13.4	13.9	12.9	11.0	5.5
2013	7.5	12.2	12.0	13.3	13.9	12.6	11.2	5.8
2014	7.6	12.5	12.1	13.3	14.0	12.7	11.4	6.0
2015	7.7	12.5	12.1	13.3	14.1	12.8	11.5	6.2
2016	7.8	12.7	12.2	13.3	14.1	12.9	11.4	6.4
2017	7.8	12.8	12.2	13.4	14.1	12.9	11.4	6.5
2018	7.9	12.8	12.2	13.4	14.1	13.0	11.4	6.5
2019	8.1	12.8	12.2	13.4	14.2	13.2	11.5	6.5
2020	9.5	13.4	12.5	13.7	14.1	13.4	11.6	6.7

数据来源：根据联合国开发计划署，历年《人类发展报告》①整理得出，中国2020年数据根据第七次人口普查资料整理计算得出。

人力资本是经济增长的关键投入要素，提高劳动力素质能够通过影响人力资本积累作用于经济增长。具体来看，劳动力素质提高有助于提升劳动生产率，增强技术创新能力，在当前全球技术革命和产业变革蓬勃发展的大背景下，劳动力素质提高为我国转变经济发展方式、推动产业结构升级提供支撑，是我国经济高质量发展的必然要求（王小鲁等，2009）。尤其是近年来我国的产业价值链不断向高端环节转移，一些基于信息和知识的生产性行业需求不断增加，就业岗位正面临从低技能、中低技能向更高技能水平的提升，更需要接受更高教育水平和具备更高专业技能的劳动力资源。

3 应对策略

针对劳动力人口的变动形势和劳动力市场面临的挑战，主要从以下几个方面提出相应的对策思考：

3.1 通过进一步调整劳动力需求来防止可能出现的劳动力规模绝对短缺

如前所述，劳动力是否短缺不仅取决于劳动力的供给侧，还取决于劳动力需求以及劳动参与率水平。虽然劳动力供给和需求目前都在减少，但如果劳动力供给的下降与劳动力需求下降相匹配，则可以避免劳动力的绝对短缺问题。然而，受人口规律的影响，劳动力供给下降的趋势已经成为不可逆转的，生育政策放开对劳动力供给的补充作用也很有限，且时间是滞后的，不可能从根本上扭转劳动力下降的长期趋势。而劳动力的需求侧则是可以根据经济发展的水平速度以及技术进步来加以调整，政策的作用空间相对比较大。

---

① 联合国开发计划署，《人类发展报告》网址：https://hdr.undp.org/reports-and-publications

既然劳动力人口规模和比重的下降难以扭转，为了防止可能导致的潜在劳动力绝对短缺，今后应当将政策重点放在劳动力需求侧的调整上。以劳动力供给为导向调整经济发展对劳动力的需求。通过优化产业结构，加快技术进步与创新，尤其通过推动人工智能发展，用技术和资本替代来弥补可能的劳动力供给不足。

3.2 通过加强人力资本投资，提高劳动者的综合素质和职业技能，减缓结构性失业和短缺现象

大力加强人力资本投资，继续提高人口素质，用劳动力质量代替劳动力数量，能够从根本上解决未来我国劳动力人口下降带来的劳动力供给不足的问题。同时在劳动力市场中始终存在的结构性失业和就业不足，这也值得特别关注且需要着重改善的问题。今后随着劳动年龄人口的继续老化，由于劳动者的知识技能与岗位需求不匹配导致的就业失衡问题可能会进一步加剧，不同行业、区域的结构性失业或局部性劳动力短缺问题更加凸显。因此，需要进一步挖掘劳动力供给的素质潜力，开发劳动力质量红利，通过加强劳动者技能培训与知识转换，增强劳动者自身素质与职业技能和岗位需求的匹配，减少结构性失业与局部劳动力短缺问题的出现。

3.3 进一步优化劳动力的空间结构，减少地区性劳动力供需失衡

我国区域经济发展水平具有明显的不均衡性，内部产业结构不同，对劳动力规模与类型的需求也存在较大差异。在信息不对称以及区域制度性分割等因素的影响下，我国不同地区劳动力资源在空间上难以实现优化配置。东南部及沿海地区尤其是特大城市劳动力集聚程度较高，但内部仍存在结构性失业问题，中西部地区以及中小城市就业机会较少、就业层次低，难以吸引高素质、高技能劳动力流入，地区间劳动力供需失衡问题始终存在。因此，未来要进一步优化劳动力空间结构，促进劳动力的合理空间流动，实现劳动力供需匹配，从而推动实现区域间协调发展，缩小地区间差异水平。

首都经济贸易大学人口经济研究所　刘志丽
首都经济贸易大学劳动经济学院　童玉芬
中国劳动和社会保障科学研究院　宫倩楠

人力资源对首都高质量发展的支撑作用研究

一、研究背景

党的十九大和中央经济工作会议做出了“中国特色社会主义进入了新时代，我国经济发展也进入了新时代”的重大论断，指出新时代我国经济发展的基本特征，就是由高速增长阶段转向高质量发展阶段。高质量发展是生产要素投入少、资源配置效率高、资源环境成本低、经济社会效益好的发展。高质量发展的含义丰富，但其根本在于提高劳动生产率和全要素生产率，在于将原有的依赖于自然、劳动力资源和资本投资为主的发展方式，向人力资本积累和技术创新驱动增长方式转型。

《北京市国民经济和社会发展第十四年规划和二〇三五年远景目标纲要》中提出，“坚持以首都发展为统领，更加突出创新发展、京津冀协同发展、开放发展、绿色发展、以人民为中心的发展、安全发展”“立足新发展阶段，贯彻新发展理念，构建新发展格局”。在这些新的发展理念的指导下，围绕着高质量发展，北京市提出了一系列建设的目标和措施，包括“持续强化国际交往中心功能”“加快建设国际科技创新中心”“纵深推动京津冀协同发展”“构建特色与活动兼备的现代化经济体系”“推进高水平改革开放”等。这些目标的提出，对北京市的人力资源提出了更高的要求。

那么，北京市人力资源的发展状况如何？目前的人力资源能否支撑北京高质量发展的要求？在首都经济从高速发展向高质量发展转变的阶段，应如何实现人力资源与其协调发展？这一系列问题都亟须得到回答。本研究将以围绕“首都高质量发展”所提出的一系列重要政策目标为出发点（包括建设国际科技创新中心、建设全球数字经济标杆城市、国际消费中心城市建设、“两区”建设、京津冀协同发展），深入分析首都高质量发展的人力资源支撑状况如何，存在什么优势和问题，从而为首都人力资源相关政策提供政策建议。

二、北京市人力资源的基本状况

本研究对 2021—2029 年北京市劳动年龄人口的变动情况进行预测；然后基于 2020 年第七次人口普查数据分析了当前北京市劳动年龄人口和就业人口的状况，并与 2010 年第六次人口普查、2015 年 1%人口抽样调查中的对应数据进行一定的对比分析，以综合反映首都过去、现在及未来的人力资源状况。

主要发现包括以下两个方面：

第一，从劳动年龄人口方面来看，未来十年北京市劳动年龄人口将持续减少，农村地区减幅更大；从整体还是分城乡来看，15—59 岁劳动年龄人口都将进入持续负增长的阶段；劳动年龄人口的年龄结构正在趋向老龄化；首都功能核心区和城市功能拓展区这两大中心城区的劳动年龄人口在全市的占比呈逐渐减少的趋势；劳动年龄人口中流动人口的占比在逐渐提升；劳动年龄人口的受教育程度在逐渐提升。

第二，从就业人口方面来看，流动人口的就业人口比高于非流动人口；就业人口比随受教育程度的提高基本呈逐步上升趋势；就业人口的行业集中度在逐渐下降，但人数较多的行业门类基本一致，且在信息技术相关产业和商务服务相关产业就业的人数比例逐步上升，在制造业就业的人数比例在逐渐下降；占比最多的三个职业大类分别是社会生产服务和生活服务人员，专业技术人员，办事人员和有关人员。

三、首都高质量发展在人力资源支撑方面存在的优势和不足

基于北京市人力资源的现状，本研究以“首都高质量发展”提出的一系列重要政策目标为出发点（包括建设国际科技创新中心、建设全球数字经济标杆城市、国际消费中心城市建设、“两区”建设、京津冀协同发展），深入分析这些政策目标与人力资源之间的联系。通过构建相应的指标体系并对各指标现状进行分析，

从而回答在这些目标的指引下，首都高质量发展的人力资源支撑状况如何，存在什么优势和问题，从而为首都人力资源相关政策提供政策建议。

（一）建设国际科技创新中心和数字经济标杆城市方面

北京市在建设国际科技创新中心过程中，聚集了众多的优秀人才和科研机构，在科技投入和创新产出方面都具备一定的优势。

第一，科技创新人力资源丰富。科技人才数量众多，高层次人才集聚。从人口规模来看，2020 年北京市常住人口为 2189 万，与其他国际大都市相比，北京超过了 2020 年的纽约（880 万人）、东京（1398 万人）、伦敦（900 万人）。无论是研究与试验发展（R&D）人员折合全时当量，还是高新技术企业中留学归国人员数量，还是高新技术企业中大专及以上学历人员数量，北京的增长都是非常快的，一直在国内保持领先地位。北京市拥有的“两院”院士占了全国的近一半，“千人计划”专家占全国的四分之一，“万人计划”专家占三分之一。这些都为科技创新提供了充足而高质量的人才资源保障。

第二，创新人才培育平台集聚。在地区的三大创新主体中，企业是技术创新主体，科研机构是知识创新主体，而高校是人才培养的创新主体。在作为创新人才重要培养阵地的高校资源方面，北京已达到世界一流水平。高等院校数量与国内其他地区相比，存在着明显的优势。而且，北京的高等院校中顶尖大学的数量也是处于世界一流水平，所拥有的 QS 世界排名前 1000 大学数量仅次于英国伦敦，较波士顿、纽约、上海、香港等其他国际教育中心城市有明显优势。

第三，科技创新投入强度大。研发投入强度大，基础建设全国领先是北京的另一明显优势。在相关经费投入及配套设施建设方面，北京进行了具有前瞻性的投入。北京研究与试验发展经费内部支出占 GDP 比例在一线城市中高居第一，基础性投入为科研人员提供了优质的创新环境和创新条件，从长远来看有着极高的回报率。而且，北京形成了以政府为主体的多元化资金供给体系，资金来源比较稳定。大约一半的 R&D 经费来自政府性资金，而其中中央财政的比例超过 90%。

第四，科技创新产出成果丰硕。北京高校科技论文发表数量庞大，保持在每年 10 万篇以上的体量，呈现出平稳增长的趋势，在全国甚至全球都处于领先地位。技术市场输出合同数方面，北京也长期保持着绝对领先的地位，且增速较快。这些都说明丰富的人力资源形成了丰硕的科技成果，并对经济发展和科技创新形成了有力的支撑。

但是，北京在人才保持、创新主体、基础研究、创新转化和创新国际化方面也仍然存在着一些不足之处。

第一，对人才的吸引和保持能力有待加强。北京对外籍人才吸引力不够，相较上海、深圳而言，对海外科研人才及团队的引进还有待加强。一方面，市场导向的创新人才配置机制还需进一步健全；另一方面，城市的宜居仍需进一步提高。

第二，企业创新活力相对不足。创新主体应该包括科研机构、高校和企业，但目前企业创新活力没有被充分发挥出来。创业活力相对不足。北京是传统的高新产业创业热点地区，拥有像中关村这样历史悠久的创业集聚地，然而与深圳、上海相比，创业活跃度存在一定差距。同时，创新人才、项目和资金的使用更多都集中在科研机构和高校。

第三，基础研究能力仍有提高空间。尽管北京的基础研究经费占比大约为 15%左右，处于全国领先的地位，但是与美国、英国、法国等国相比，还有一定的提高空间。从美国等主要创新型国家来看，他们的基础研究经费占比一般为 20%—25%左右。

第四，创新成果产业转化能力需要加强。科技成果的供给与市场需求有一定偏差，导致创新成果的产业转化能力不强。高校和科研机构是北京科技成果的主要创新主体，但是这些机构的考核评价体系多体现在科研立项级别、经费额度、论文数和获奖数等，并没有将市场需求纳入其中。

第五，科技创新的国际化有待继续。全球知名高校、科研院所和科技服务机构在京设立分支机构的数量不足，在北京高新技术企业常住的外籍人才数量低于上海和深圳。

（二）建设国际消费中心城市方面

通过与其他城市比较以及自身发展变化看，北京市在人口发展潜力、消费潜力以及服务水平方面有领先之处。

第一，常住人口规模稳定，为市场发展奠定基础。在人口潜力方面，北京市在国内城市的吸引力较大，境内旅游人数高于其他城市，只是略低于上海市。常住人口规模稳定，为国际消费中心城市建设奠定了足够的人口规模基础,有利于消费资源的集聚,从而推动大型中心城市消费市场的繁荣扩张,进而助力消费中心城市的形成。

第二,收入逐步提高,助力消费升级。在消费潜力方面,北京市从业人员平均工资和城镇居民的人均可支配收入都在全国处于较高水平,而且呈现出逐年提高的趋势。这反映了北京市人口的购买力、消费力在不断提高。较高的收入水平有助于居民支出结构向发展型、享受型消费升级。

第三,从业人员充足,保障服务供给。国际消费中心的建设依赖于消费行业的发展,而消费行业的发展离不开行业从业人员的增加。从服务供给来看,北京市第三产业人员规模相较于其他城市较高,第三产业从业人员比例也最高。通过对比可以发现,北京市服务业人力资源供给是比较充足的,这为国际消费中心城市建设提供了充足的服务保障。

然而,在建设国际消费中心城市背景下,北京市相应的人力资源支撑在游客吸引、消费潜力和服务业内部结构等方面还存在一些待改进的空间。

第一,对国外游客的吸引力有待提高。在人口潜力方面,北京市对国外游客的吸引力与上海、广州、深圳等城市相比,还有一定差距,与国际其他知名城市也有差距。2019 年,伦敦、巴黎的入境游客数量均超过 1900 万人,纽约的入境游客数量为 1360 万人,东京的入境游客数量为 1293 万人,首尔的入境游客数量为 1125 万人,而北京市入境游客数量仅为 368 万人。

第二,消费潜力需要进一步挖掘。在消费潜力方面,尽管北京市从业人员平均工资及城镇居民人均可支配收入较高,但人均 GDP 消费支出的绝对值较低,且 2020 年甚至有所下降。同国际领先城市相比,差距还很大.国际领先城市人均 GDP 水平是北京的 3 倍—8 倍。同时,城乡居民的消费支出仍存在差距。

第三,中高端消费供给仍是不足。北京的文化消费占居民消费的比重为 10%,低于上海的相应比例(11.6%)。主要原因在于北京文化产品与服务的供给不足。此外,高端医疗、国际教育、高端商业等消费供给与城市空间的、居住设施的匹配度有待提高。

(三)"两区"建设方面

目前,服务业扩大开放综合试点示范区和北京自贸区的"两区"政策红利叠加,为首都高质量建设发展带来难得的历史机遇。而在北京的人力资源对"两区"建设过程中,形成了有力的支撑,但是在创新能力方面也存在着不足。

第一,第三产业人力资源支撑作用日益突出。第三产业支撑作用日益突出,从业人员和企业数量持续扩大。北京是全国服务业、服务贸易最发达的城市,服务业占 GDP 的比重超过了 80%。新兴服务业增势强劲,经济增长活力不断增加,用人数量的增加不断向两区建设注入动力和源泉。

第二,高端技术人才聚集。北京集中了很多高端的科技研究人才,科技人力资源总量持续增长,医疗基础支撑不断增强,科研教育稳步发展,这都为"两区"建设创设了良好的基础环境,为北京服务业发展提供了巨大的潜力。北京作为全国的科技创新中心,创新主体密度高,各类高校和科研院所的数量居全国首位。"两院"院士近一半在北京,集聚了 4000 多家地区总部和研发中心,国家级高新技术企业超过 2.5 万家,在京独角兽企业是全球最多的。

第三,服务业质量和对外开放水平持续提升。北京陆续启动了三轮服务业扩大开放综合试点建设,在科技、金融、文化、旅游等领域进行了一系列改革。服务业占 GDP 比重比全国平均水平高 30 个百分点,以金融、信息服务、科技服务为代表的现代服务业对全市经济增长的贡献和对外劳务合作水平都在持续增长。这表明北京市的劳务开放度不断提升,服务业的对外开放水平有所提高。服务业的开放具有引领作用,将进一步释放北京的发展动能,提高北京对全球资源的集聚和整合能力。

北京在"两区"建设方面的人力资源支撑与其他领先国际城市和地区相比,不足之处主要体现在人力资源创新能力上。而"两区"建设恰恰需要深入探索具有较强国际市场竞争力的开放政策和制度,逐步形成与国际高标准经贸规则衔接的制度创新和要素供给体系。所以人力资源创新能力的不足将对此形成一定的制约。

(四)京津冀协同发展方面

第一,北京核心地位突出,但对城市群带动作用需要进一步增强。城市群就业规模的比较能在一定程度上反映京津冀城市群的发展问题,京津冀城市群就业规模齐普夫指数低于 1,说明京津冀城市群的中小城市就业规模小于合理规模,而中心城市就业规模超出了合理规模。这也反映出北京市对京津冀城市群的其他城市带动作用还需要增强。

第二,劳动力流动活跃,但流入劳动力文化素质需要进一步提升。

京津冀地区整体与邻近省份的劳动力往来较为密切,跨区域劳动力流动以地缘关系为主。从京津冀三地来看,劳动力主要流向是从河北流向北京、天津,表明京津冀地区区域内部的劳动力流动非常活跃。

流入的劳动力虽然在年龄结构上起到了延缓北京劳动年龄人口老龄化的作用,但是在受教育程度上呈现两极分化的状况,初中文化程度占了约三分之一。

四、对策与建议

基于前文的分析和首都高质量发展在人力资源支撑方面存在的不足,本研究提出以下政策建议。

(一)建设国际科技创新中心和数字经济标杆城市方面

建设国际科技创新中心、打造全球数字经济标杆城市离不开创新型人才,高端人力资源在其中起着基础性、决定性的作用,人才竞争已经成为国家与区域间竞争的焦点。在推进国际科技创新中心建设的过程中,如何吸纳人才、激发人才的创新活力、为人才创造更好的科创环境和氛围是需要着重考虑的。

1. 打造宜居宜业的城市引才环境

创新人才的吸引和保持离不开舒适的生活和工作环境。北京未来的城市建设需要重视城市内部单元功能的多样性、生态性,促使工作与居住空间平衡、绿色发展。需要加大公共交通及路网的规划建设力度,同时,还要形成更为合理的公共服务设施体系,满足科技创新人才多样化的公共服务设施需求。

2. 改善创新创业环境,激发企业创新创业活力

采取政府引导、税收杠杆等方式,激励企业和社会力量的科研创新投入。引导资本向创新领域流动,建立适应创新规律的金融产品和服务。鼓励建立面向科技创新的保险体系。引导和鼓励资本设立新型专业孵化平台,完善创业孵化、创业投资、营销管理等相关服务,为创业人才提供集约化、专业化的创新创业环境。面向企业创新需求,充分发挥企业在科技创新任务布局中的作用,进一步优化支持企业创新的政策环境。

3. 激发基础领域人才创新能力

结合世界一流的重大科技基础设施和国家实验室的建设,瞄准世界科技前沿,强化基础研究的布局,围绕国家发展战略和首都定位,布局一批未来十年可能产生变革性技术的前瞻性科学研究。在这些领域,通过科技成果产权制度改革强化知识价值为导向的收入分配,通过科研项目和科研人才评价体系改革强化目标导向,通过创新创业培养体系改革建立创新复合人才培养机制,激发人才创新活力,夯实基础领域研究基础。

4. 促进创新成果和产业链的融合

推动基础研究、应用研究和产业化的对接融通,鼓励加强企业与高校和科研机构的交流合作,鼓励科研人员创业,提高科技投入转化率,促进产学研有效结合。打破人才流动的体制障碍,逐步缩小体制内外的待遇差别,鼓励人才在不同创新主体之间有序流动。培养一批国际化、专业化的技术经理人,将技术经理人纳入专业人才培养体系,将高水平的技术经理人纳入人才支持计划,实现该行业人才的职业化发展,以推动创新成果的市场转化。

5. 吸引全球创新人才汇聚北京

制定并实施更有吸引力的海内外人才吸纳政策。引进海外顶尖的科学家及其科研团队,聚集一批从事国际前沿科学技术研究、有助于带动新兴学科发展的海外科研团队,引进掌握国际领先技术、能够提升我国相关技术领域发展话语权的高端人才,建设世界一流的人才发展平台。围绕前沿的科学问题,吸引海内外科研机构、非政府组织等开展合作研究。

(二)建设国际消费中心城市方面

国际消费中心城市的建设将引领产业升级,促进与需求相适配的供给体系的构建,促进首都高质量发展。人力资源要素为国际消费中心城市建设带来了规模效应、消费力及服务人员保障。同时,他们也是国际消费中心城市建设的受益者。一方面,可以在国际消费中心城市的建设过程中实现全球化的消费,打破时空阻隔,降低消费成本,多元的消费需求得到满足。另一方面,人们也可以在为国际消费中心城市建设中

通过提供服务，从而获得报酬，提升自身的消费力。

1. 提升国际消费吸引力

应借鉴其他城市发展经验，出台多行业一体化、多元化发展支持政策，营造多行业融合互动的消费生态，改善服务水平，加大宣传力度，从而吸引更多国际游客。打造城市形象，通过打造多业态活动，提升城市知名度，加大城市在国外的吸引力。目前，北京的旅游业正在以打造国际旅游目的地城市为目标。应顺应国家全域旅游发展趋势，立足国际交往中心功能，努力将北京建设成为服务全球旅客的国际旅游枢纽城市，全力推动旅游业向高质量发展转型。此外，从服务端出发，应尽可能提供国际游客更多舒心的、便捷的服务，从而吸引更多的入境旅游量。

2. 提高居民收入，增加消费预期

第一，要持续发展经济，多途径提高居民人均收入水平。如通过税收、转移支付等途径，降低个人所得税率及商品关税等，提高居民最低工资水平等。第二，应进一步刺激消费，挖掘消费潜力，提升人均消费水平。如通过给予企业和消费者消费补贴、津贴等，引导并扩大居民消费支出。第三，严格落实职工的带薪休假制度，让中等收入群体“钱闲结合”，推动旅游、文化、娱乐休闲等服务业的发展。

3. 多样化、多层次地增加中高端服务行业的供给

利用闲置的工业厂区等场所建设文化时尚中心、健康管理中心、养生养老中心、消费体验中心等新型沉浸式、体验式消费场景，培养消费打卡新地标。吸引社会资本提供差异化、多样性消费供给，重点培育千亿级服务业龙头产业的发展。特别是要结合新技术革命推动服务消费国际化、数字化。加快建设5G、人工智能、大数据、云计算等新技术的基础设施建设，促进服务消费的网络化、差异化、数字化发展，推动线上线下消费相结合。

4. 提升消费行业从业者的素质

为了吸引更多的优质劳动力的集聚，要提高消费行业从业人员的待遇和社会尊重。应制定行业标准，实行服务业标准化工程，树立标杆企业，并促进标准与国际接轨，提高服务行业的国际竞争力。应以全面统筹的视角出发，合理规范各行各业工资水平，优化服务人员结构，通过培训等方式提高服务业从业人员的基本素质和专业化能力，提高全行业的劳动生产率，进而提高整体服务水平，助力国际消费中心城市建设。

（三）“两区”建设方面

在北京建设服务业扩大开放综合示范区和设立中国（北京）自由贸易试验区，是党中央和国务院着眼于构建以国内大循环为主体的、国内国际双循环互相促进的新发展格局做出的重大战略决策。“两区”建设有利于发挥首都的资源优势，是推动首都高质量发展的重要抓手。在“两区”建设过程中，创新是第一动力，人才是第一资源，要不断加强人力资源对“两区”建设的支撑作用。

1. 加大力度吸引集聚海内外优秀创新人才

推进政府与社会共建“两区”，探索政府市场化用人机制、国内外顶级专家兼职聘用机制、国际化智库运行服务机制等举措。推进重点园区人才体制机制改革和制度创新。试点开展外籍人员配额管理制度，探索制定分层分类的人才吸引政策，探索建立过往资历认可机制，为研发、执业、参展、交流、培训等高端人才提供签证便利

2. 加强对知识产权的保护和科技成果的市场化

加强对知识产权的保护，建立与国际接轨的知识产权机制。探索建立知识产权的评估机制，完善知识产权质押登记制度、知识产权质押融资风险分担机制。建立知识产权交易中心和知识产权的证券化。开展国际专利代理机构设立常驻机构的试点工作，探索国际数字产品专利、版权等知识产权的保护制度。加大科研人员职务科技成果市场化赋权、技术转移税收优惠等方面的改革。支持企业数字化赋能，推动大数据、物联网、人工智能等技术的落地应用，为企业技术创新提供更多高含金量的应用场景。

3. 做好国际交流工作，借鉴世界智慧

通过设立专项项目的方式，汇聚专家智慧。围绕离岸贸易、文化贸易、商务服务业走出去等组织开展重点领域“政策会诊”，梳理行业、企业发展的痛点、堵点和难点问题。坚持国际视野，强化国际交流，建立和培育多样化伙伴关系，引进一批专业性国际机构。拓展与国际友城交往，加强与世界著名文化旅游城市、世界知名金融城的交流互访，深化民间交往合作。拓展学术交流、商务交流、会议展览等多种国际交流活动，形成国际影响力，推动北京规则、北京标准“走出去”。

(四)京津冀协同发展方面

在京津冀城市群发展方面,北京作为核心城市应发挥更大的带动作用,实现经济与就业的溢出,促进京津冀城市群协同发展。优化城市内部产业结构,通过产业结构的提升来实现就业结构的优化。

1. 实现北京空间溢出效应

京津冀城市群的中等城市人口规模增长缓慢是影响城市群协同发展的重要因素。因此,应通过合理的产业布局实现就业机会的增长,通过高质量公共服务与普惠政策吸引劳动力。提高北京市的空间溢出能力,通过产业疏解带动就业,实现劳动力的合理分布,强化北京对其他城市的辐射能力,实现京津冀城市群的协同发展。

2. 根据城市发展目标做好人力资源规划

要对标首都发展目标,梳理所需的行业、受教育水平等人才需求,做好人力资源规划。利用人才引进、居住证、积分落户、政策性住房等政策手段,有序引入与首都发展目标相匹配、相适应的劳动力队伍。

3. 做好流入人口公共服务

一是要加大户籍制度改革,减少与户籍相挂钩的福利待遇差别,实现公共服务均等化。二是以积分落户制度改革为抓手,围绕首都发展所亟须的人才,加大行业考量权重。三是通过与高等院校建立合作机制、优化税收政策、提供创业金融支持等多种方式,吸引优秀人才来北京发展。

4. 将人口优势转化成人才优势

北京地区并不缺少劳动力,而是缺乏高素质、与首都发展需求相匹配的劳动力。一方面,应当根据城市发展目标和行业需求,对一些受教育水平较低的劳动力加强培训,以提高其人力资本。另一方面,要探索人才培养新模式,建立产教融合的劳动技能人才培养模式。以全市产业发展和企业用人需求为导向,调整优化职业院校专业设置,企业和院校共建实习基地,共享行业最新动态和技术标准,形成互利共赢的培养同盟体。

北京市统计局 庞江倩 李维莎
中国人民大学人口与发展研究中心 杨凡 李竞博 任亚琴 彭兰凌
齐婧含 孙青 邹泽宇 周雅文

新时期适应人口变动的教育资源供需耦合研究

人口变动直接关系到人们对各学段教育资源的需求,涉及人、财、物等多种教育资源的配置问题。科学合理的教育资源配置并非越多越好,而是指在一定社会经济条件下,教育资源的供给能满足和适应因人口变动而带来的需求变化,进而更为高效地培养人才,实现教育的高质量发展。换言之,协调教育资源供给与需求的关系问题实际上是一个“耦合”的问题,是指在一定的社会经济条件下,教育资源的配置和使用与人口变化之间是否合适、是否形成良性互动关系。在这过程中,人口的变动首先从需求端对教育资源供需提出了新的要求,教育系统对于人口变动的反应主要表现在教育资源供给总量与结构的调整。但对于社会经济系统而言,教育系统又是需求端,社会经济的发展,尤其是公共财政的保障对于教育系统而言是供给侧。因此,在这样的一个系统中,教育系统的供需角色及关系由其和人口及社会经济系统的关系决定。要理顺与优化教育资源的供给与需求关系,就需要将其置于人口变动及社会经济发展的过程中做系统性考察。

基于此,本研究以“耦合”来定义人口、社会经济、教育之间的发展关系,以期对全国各省份、各学段的教育—人口—社会经济资源供需耦合度指数进行测算,立足中国国情和教情,回应教育改革与发展过程中的难点和重点问题,归纳优化教育资源配置的典型经验与案例,为全国与地方教育主管部门进行教育资源配置和制定教育发展规划提供参考。

一、研究问题和研究思路

本研究要重点解决以下几个相互关联的问题:第一,我国各省份教育—人口—社会经济资源供需耦合度现状如何?即人口变动的背景下教育资源供需耦合“是什么”和“怎么样”的问题。前者是在理论分析的基础之上,界定新时期适应人口变动的教育资源供需耦合的概念与内涵,并构建教育—人口—社会经济资源供需耦合度的指标体系;后者是通过测算指标,在时间和空间维度上,刻画全国及各省份教育—人口—社会经济资源供需耦合度的变化趋势和现状。对这个问题的回答,是整个研究的基础,借助于所构建的评价工具,可以准确地了解和分析社会经济发展及人口变动对教育资源供需关系的影响,呈现当前教育资源配置和使用过程中存在的突出问题和困难,为精准定位研究方向和研究重点提供依据。

第二,在人口变动的背景下教育资源供需耦合的机制是什么?即“为什么”的问题。我国作为一个人口大国,不但内部差异性较大,且在人口政策方面采取过强力的干预措施,这使得中国的人口变化和教育资源配置问题都具有自身的独特性。若要回答为何全国各省份在人口变动背景下教育资源配置存在不同的现状,面临不同的问题,须立足本土实际,细致解释或分析其中的机制和规律。基于此,这部分研究将在教育资源供需构型研究的基础上,根据教育—人口—社会经济资源供需耦合的不同状况,通过组态分析,力图回答影响各省份教育资源配置效果的因素及其作用机制是什么。由于疫情防控的原因,本研究在实施过程中,不具备大范围实地调研的条件。为此,我们采取文本调研和政策分析的方法,结合远程访谈的方式来获得调研材料。基于此,力图打开人口变动背景下影响教育资源配置效果的“黑箱”,剖析其影响因素和作用机制。

第三,适应人口变化优化教育资源配置的举措有哪些?这部分内容主要回答,可以通过哪些举措来优化教育资源的配置,以满足人口变化对教育发展提出的新要求,即要解决“怎么做”的问题。这部分研究中,不但要解决一般性问题,还要从一般性规律出发,提出优化教育资源配置的对策;还需回应一些难点、热点问题,如调整教育资源配置策略以应对人口政策变动、人口流动等所带来的影响。在充分了解现状和问题,剖析相关影响因素和作用机制的基础上,提高政策建议的针对性、有效性和科学性。

基于这样的研究设计,本研究其后的研究主要分为如下几个部分:在理论分析的基础上,搭建指标体系,通过对人口及相关数据的分析,定量描述各省人口、社会经济及教育发展的状况,计算出教育—人口—社会经济资源供需的耦合指标,评估各省教育资源配置的合理性。在此基础上,运用定性比较分析,获得不同耦合协调结果的组态，归纳适应人口变动的教育资源供需耦合的一般性规律，在此基础上提出政策建议。

二、教育、人口与社会经济耦合协调的定量评估

我们在参考相关研究的基础上，构建了“教育－人口－社会经济资源供需耦合度”评价指标体系。首先，对既往研究文献及政策文本进行学理分析，经多轮一致性检和学理讨论，确定初步的指标体系内容维度和指标。其次，通过课题组集体讨论和多轮专家咨询评估对拟纳入指标和指标框架进行评判，评估指标的内容效度。课题组根据专家效度评价的结果，对指标进行进一步的调整。再次，课题组根据初步确定的指标体系，收集数据对指标进行初步的计算。在这一过程中，课题组删除了部分数据采集难度过大、变动幅度过小、统计口径模糊的指标，补充或替换了一些更具针对性与代表性的指标。最后，对指标进行赋权。为尽量排除主观因素的影响，本研究使用主成分分析赋权，对教育－人口－社会经济资源供需耦合体系中各维度指标进行赋权。指标构建及赋权结果如下表1所示：

表1　教育－人口－社会经济资源供需耦合体系各维度指标赋权结果

耦合维度	一级指标	总指标体系权重	二级指标	维度内权重	总指标体系权重	三级指标	维度内权重	总指标体系权重
教育	学生	0.176	毛入学率	1.000	0.176	学前入学率	0.282	0.050
						义务教育入学率	0.126	0.022
						高中入学率	0.321	0.056
						高等教育入学率	0.270	0.048
	教师	0.449	师生比	0.743	0.333	学前教育阶段师生比	0.248	0.083
						义务教育阶段师生比	0.210	0.070
						高中阶段教育师生比	0.315	0.105
						高等教育阶段师生比	0.226	0.075
			教师职称	0.257	0.115	学前教育高级教师比例	0.201	0.023
						义务教育高级教师比例	0.199	0.023
						高中阶段教育高级教师比例	0.279	0.032
						高等教育阶段高级教师比例	0.320	0.037
	学校	0.376	每万人学校数	0.565	0.212	学前每万人学校数	0.300	0.064
						义务教育阶段每万人学校数	0.145	0.031
						高中阶段每万人学校数	0.282	0.060
						高等教育每万人学校数	0.274	0.058
			每万人班级数	0.435	0.163	学前每万人班级数	0.456	0.075
						义务教育阶段每万人班级数	0.116	0.019
						普通高中每万人班级数	0.428	0.070
人口	人口总量	0.402	人口总量	1.000	0.402	人口总量	1.000	0.402
	人口质量	0.251	15岁及以上人口的受教育年限	0.500	0.126	劳动人口平均受教育年限	1.000	0.126
			预期寿命	0.500	0.126	预期寿命	1.000	0.126
	人口结构	0.347	人口城镇化率	0.703	0.244	人口城镇化率	1.000	0.244
			学龄人口占比	0.297	0.103	3－6岁人口占比	0.228	0.024
						6－15岁人口占比	0.227	0.023
						15－18岁人口占比	0.271	0.028
						18－22岁人口占比	0.273	0.028

续表

耦合维度	一级指标	总指标体系权重	二级指标	维度内权重	总指标体系权重	三级指标	维度内权重	总指标体系权重
社会经济	经济总量	0.403	GDP	0.500	0.201	GDP	1.000	0.201
			财政收入	0.500	0.201	财政收入	1.000	0.201
	经济发展质量	0.271	人均 GDP	0.184	0.050	人均 GDP	1.000	0.050
			人均可支配收入	0.184	0.050	人均可支配收入	1.000	0.050
			城乡居民(人均)可支配收入比	0.092	0.025	城乡居民(人均)可支配收入比	1.000	0.025
			城镇人口就业率	0.156	0.042	城镇人口就业率	1.000	0.042
			R&D 经费占 GDP 比重	0.186	0.050	R&D 经费占 GDP 比重	1.000	0.050
			第三产业在地区 GDP 中占比	0.197	0.053	第三产业在地区 GDP 中占比	1.000	0.053
	公共服务	0.327	人均拥有道路面积	0.144	0.047	人均拥有道路面积	1.000	0.047
			每百万人拥有病床数	0.223	0.073	每百万人拥有病床数	1.000	0.073
			人均图书占有量	0.333	0.109	人均图书占有量	1.000	0.109
			人均教育投入	0.300	0.098	基础教育人均投入	0.500	0.049
						高等教育人均投入	0.500	0.049

指标计算所需数据均来自权威统计数据，其中，人口数据主要来自第六次、第七次全国人口普查数据，其他数据主要来自各类统计年鉴和统计公报。为简化表述，本研究在此统一说明。下文如无特殊说明，所用数据均来自以上数据来源。基于此，课题组计算量计算了 2010 年和 2020 年教育—人口—社会经济耦合度和耦合协调度。计算结果见表 2。

表 2 的计算结果表明，2010 年除西藏自治区教育—人口—社会经济三系统耦合度在 0.214 水平之外，其他各省三系统耦合度均在 0.8 以上。其中，北京市、上海市、江苏省以及浙江省三系统耦合度分别在 0.988、0.982、0.963、0.950，处于高耦合水平。到 2020 年，除甘肃省三系统耦合度小幅降低之外，其他各省三系统耦合度均有不同程度的增长。西藏自治区增幅最大，增长 285%，北京市与青海省增幅较小，分别增长 0.8%与 0.6%，各省三系统耦合度平均增长 13.9%，至 2020 年我国各省三系统耦合度均在 0.8 以上，其中上海市、江苏省、浙江省三系统耦合度更是高达 0.99 以上。

耦合协调度方面，2010 年各省耦合协调度水平并不高，各省平均三系统耦合协调度在 0.505，仅处于勉强协调水平。其中，北京市、上海市、江苏省、浙江省三系统耦合协调度水平较高，处于初级协调水平。而西藏自治区耦合协调度在 0.124，处于严重失调水平，其他省份均在 0.4—0.6 之间，处在濒临失调与勉强协调水平。2020 年各省耦合协调度均有不同程度的增长，西藏自治区增长最多，增幅为 300%，由严重失调上升至濒临失调水平。贵州省、云南省以及青海省增幅也较大，分别增长 46.5%、43.2%、38.3%。北京市、江苏省、广东省三系统耦合协调度较高，分别达到 0.767、0.768、0.764，处在中级协调水平。

表 2　教育—人口—社会经济系统耦合协调

省份	耦合度			耦合协调度		
	2010	2020	增幅	2010	2020	增幅
北 京	0.988	0.996	0.008	0.650	0.767	0.179
天 津	0.912	0.959	0.051	0.571	0.670	0.172
河 北	0.894	0.965	0.079	0.531	0.683	0.287
山 西	0.886	0.934	0.055	0.489	0.641	0.312
内蒙古	0.914	0.925	0.012	0.511	0.658	0.287
辽 宁	0.908	0.930	0.025	0.580	0.692	0.195

续表

省份	耦合度			耦合协调度		
	2010	2020	增幅	2010	2020	增幅
吉 林	0.875	0.892	0.019	0.508	0.638	0.254
黑龙江	0.838	0.899	0.073	0.492	0.632	0.285
上 海	0.982	1.000	0.018	0.627	0.746	0.190
江 苏	0.963	0.996	0.034	0.619	0.768	0.241
浙 江	0.950	0.999	0.051	0.612	0.737	0.203
安 徽	0.905	0.981	0.083	0.496	0.670	0.350
福 建	0.896	0.979	0.093	0.542	0.672	0.239
江 西	0.875	0.966	0.104	0.488	0.639	0.308
山 东	0.938	0.989	0.054	0.600	0.744	0.241
河 南	0.874	0.971	0.111	0.525	0.693	0.319
湖 北	0.893	0.976	0.093	0.522	0.678	0.299
湖 南	0.895	0.982	0.097	0.510	0.670	0.314
广 东	0.905	0.961	0.062	0.597	0.764	0.280
广 西	0.906	0.958	0.057	0.476	0.624	0.310
海 南	0.920	0.935	0.016	0.450	0.600	0.332
重 庆	0.903	0.954	0.057	0.490	0.628	0.282
四 川	0.903	0.986	0.092	0.510	0.680	0.332
贵 州	0.936	0.955	0.021	0.404	0.591	0.465
云 南	0.941	0.954	0.014	0.428	0.613	0.432
西 藏	0.214	0.826	2.850	0.124	0.495	3.000
陕 西	0.904	0.947	0.047	0.520	0.660	0.268
甘 肃	0.919	0.899	−0.022	0.450	0.611	0.358
青 海	0.917	0.923	0.006	0.419	0.579	0.383
宁 夏	0.922	0.936	0.015	0.439	0.585	0.333
新 疆	0.924	0.957	0.036	0.464	0.598	0.290
平均值	0.890	0.953	0.139	0.505	0.659	0.379
最大值	0.988	1.000	2.850	0.650	0.768	3.000
最小值	0.214	0.826	−0.022	0.124	0.495	0.172

三、各省市耦合协调度的定性比较分析

本研究在定量描述各省市教育一人口一社会经济资源供需耦合协调程度的基础上，需进一步分析各省市为何在这一指标上存在差异。我们采用定性比较分析，以各个省市作为案例，通过组态分析，归纳影响教育一人口一社会经济资源供需耦合协调度的因素及组态。为此，本研究重点关注政策举措，收集整理了31个省市区“十二五”至“十四五”教育事业发展规划政策文件，并在文献回顾的基础上，经过课题组专家背靠背评估并作一致性检验后，选取了加大学位供给、建设高质量师资队伍、促进省内教育协调发展、促进省际教育协调发展、改善办学条件以及促进欠发达地区教育发展为条件变量，考察我国各省市教育一经济一人口三系统耦合协调度与增幅的政策组合路径。

为更为细致地刻画条件变量对教育一人口一社会经济资源供需耦合协调程度的影响，我们将分别讨论形成2020年高、低耦合协调度的组态及2010年到2020年高、低增幅的组态。参考既往研究，用●表示条件变量存在，用○表示条件变量缺乏。其中，大圈表示核心条件，小圈表示边缘条件，空格表示条件变量无关紧要。经数据校准及必要性检验后，得到以下组态。

(一)高耦合协调度组态分析

表 3 高耦合协调度组态分析结果

条件变量	H_{12}		H_1	H_2
	H_{12a}	H_{12b}		
加大学位供给	◯	◯	◯	●
建设高质量师资队伍	◯	◯	●	◯
促进省内教育协调发展	○	●	○	●
促进省际教育协调发展	⬤	⬤	⬤	⬤
改善办学条件	○	●	●	○
促进欠发达地区教育发展	○	●	●	●
一致性	0.941	0.991	0.987	0.987
原始覆盖度	0.182	0.206	0.141	0.140
唯一覆盖度	0.057	0.071	0.035	0.020
解的一致性	0.965			
解的覆盖度	0.319			
典型样本	四川	河南	上海	安徽

由表 3 可知,组态分析得出了形成高耦合协调度的四个组态,一致性指标都在 0.9 以上,解的一致性为 0.965,说明四个组态是形成高耦合协调度的充分条件。模型解的覆盖度为 0.319,意味着这些组态解释了生成高三系统耦合协调度 31.9%的成因。从各个组态本身看,最优的两个组态分别是 H_{12a} 和 H_{12b},原始覆盖度分别达到 0.182 和 0.206,表明有接近两成的案例分别与这两个组态匹配,对应的典型样本分别为四川省和河南省。其余两个组态为 H_1 和 H_2,原始覆盖度为 0.141 和 0.140,对应的典型样本为上海市和安徽省。

(二)低耦合协调度组态分析

表 4 低耦合协调度组态分析结果

条件变量	$N-H_1$	$N-H_2$
加大学位供给	⬤	○
建设高质量师资队伍	●	○
促进省内教育协调发展	◯	○
促进省际教育协调发展	●	○
改善办学条件	⬤	⬤
促进欠发达地区教育发展	●	◯
一致性	0.945	0.951
原始覆盖度	0.170	0.264
唯一覆盖度	0.066	0.160
解的一致性	0.937	
解的覆盖度	0.330	
典型样本	海南	甘肃

由表 4 可知,组态分析得出了形成低耦合协调度的两个组态,其一致性指标值均接近或达 0.9 以上,且解的一致性达到 0.937,说明这两个组态是生成低耦合协调度的充分条件。模型解的覆盖度为 0.330,意味着这些组态解释了生成低耦合协调度 33.0%的原因。

从各个组态本身看,最优的两个组态分别是 H_1 和 H_2,一致性分别达到 0.945 和 0.951,原始覆盖度分别达到 0.170 和 0.264,唯一覆盖度分别达到 0.066 和 0.160,表明接近二成的案例在此条件组态中与结果匹配,对应的典型样本分别为甘肃省和海南省。

(三)高耦合协调度增幅组态分析

表5　高耦合协调度增幅组态分析

条件变量	H1	H2		H3		H23
		H2a	H2b	H_3a	H3b	
加大学位供给	⬤	○	●	○	●	○
建设高质量教师队伍	●	◯	◯	◯	◯	◯
促进省内教育协调发展	◯	○	●	○	●	●
促进省际教育协调发展	●	⬤	⬤	○	○	⬤
改善办学条件		○	○	⬤	⬤	⬤
促进欠发达地区教育发展	●	○	●	○	●	●
一致性	0.98	0.96	0.996	0.996	0.996	0.997
原始覆盖度	0.311	0.188	0.143	0.177	0.181	0.21
唯一覆盖度	0.202	0.039	0.021	0.026	0.021	0.028
解的一致性	0.976					
解的覆盖度	0.548					
典型样本	山西	四川	安徽	甘肃	湖北	河南

由表5可得,整体覆盖率和整体一致性分别达到0.548和0.976,表明所有条件组合能够解释约55%的案例,且具有较高的必要性解释力度。

具体来看,共有六种条件组合路径且一致性得分均大于0.9,表示这六条组合路径均具备较强解释力。其中,较优的组态为H_1,一致性为0.980,原始覆盖率为0.311。不难发现高增幅典型案例均为非经济发达省份,虽无法组建高质量教师队伍,但只要加大学位供给、关注省际教育协调发展依旧可以获得较大的耦合协调度增长。

(四)低耦合协调度增幅组态分析

表6　低耦合协调度增幅组态分析

条件变量	$N-H_1$
加大学位供给	◯
建设高质量教师队伍	⬤
促进省内教育协调发展	○
促进省际教育协调发展	●
改善办学条件	●
促进欠发达地区教育发展	●
一致性	0.973
原始覆盖度	0.141
唯一覆盖度	0.141
解的一致性	0.973
解的覆盖度	0.141
典型样本	上海

由表6可知,组态分析发现造成低耦合协调度增幅的组态有一条,模型解的覆盖率为0.141,说明该组态解释了导致低耦合协调度增幅14.1%的原因,典型样本为上海市。根据2010年及2020年三系统耦合协调度状况来看,上海市的三系统耦合协调度2010年与2020年均处于较高水平,可能存在的"天花板效应",导致增幅偏小。

综合以上通过组态分析我们发现,在无法加大学位供给或者建设高质量师资队伍时,若省份能够促进省际教育协调发展、促进欠发达地区教育发展,教育—人口—社会经济的耦合协调度也有可能达到较高水平;仅关注改善办学条件可能会更易导致低耦合协调度;在探究产生高耦合协调度增幅的影响因素中,核心条件为加大学位供给,在不注重学位供给的情况下,着重促进省际教育协调发展、加强教育基础设施建设,也会对高耦合协调度的增幅的产生造成较大影响;而部分省份三系统耦合协调度增幅可能存在"天花板效应”，例如上海市。

四、政策建议

基于以上研究发现，我们提出以下优化教育资源配置和使用，满足人民群众需求，促进教育—人口—社会经济资源供需协调耦合的建议：

第一，完善教育优先发展的保障制度体系。首先，要进一步转变政府职能，强调其在公共服务方面的主体责任，不宜过度强调政府的经济建设职能，强化对各级政府教育资源保障的问责与追责，确保责任到位，保障有力。其次，要进一步理顺教育财政与公共财政之间的关系，赋予教育财政更大的“话语权”。在加大教育资源投入力度的同时，给予教育财政更为稳定、充足的收入来源，并在制度及执行方面予以保障，从而使教育资源的分配在“分蛋糕”的过程中有更大的主动性和决定权。再次，充分调动地方政府教育资源供给的积极性。推动组织人事制度在内的更为综合全面的制度改革，遏制地方政府在教育资源供给过程中的机会主义行为，强化人民群众对教育发展的监督，提高教育发展的考核权重，以真正确保教育优先发展落实到位。

第二，进一步加大教育财政投入力度，优化教育经费的分配结构和方式。首先，在教育财政投入的指导思想方面，应从“以收定支”转向结果导向的“充足保障”。这种转向意味着应逐步放弃简单的成本补偿式的投入思路，而是在一定的社会经济条件下，根据办学实绩及学生发展可能，即根据教育的结果来决定经费投入。其次，进一步加大教育资源投入力度。本研究发现，尽管我国的教育与人口、社会经济发展的耦合度在不断提高，但在很多地方依然存在教育落后于人口、社会经济发展的情况。针对于此，除了加大财政性教育经费投入外，还应在规范办学行为的基础上，吸纳社会办学力量，采取多元化的教育资源投入方式，确保教育充足保障。再次，优化教育资源投入结构。这里除了优化上述经费使用途径的结构外，还包括根据人口、社会经济发展情况，调整和优化教育资源在不同学段、不同地区以及城乡之间的分配。通过这样的结构调整，从而在“存量改革”的框架内，提高经费使用效率，增强教育资源配置对相应教育需求和社会关切的能力。

第三，针对各区域差异，采取更为合理与灵活的教育资源供给策略。首先，应当在综合考虑各地方人口、社会经济、教育供需的情况下，更为细致地区分经费管理类型。在对人口变动趋势进行评估的基础上，进行教育资源供给时要避免“一刀切”的情况，教育资源供给以及教育优惠政策应向欠发达地区倾斜，逐步建立以省为单位的，“人口总量调控、人口素质提高、人口年龄结构优化、人口布局合理和人口综合管理”为主要内容的区域人口综合调控政策体系。其次，适当向地方放权，发挥集权与分权的优势，发挥地方在资源配置方面的优势。可在准确核算教育需求的基础上，通过强化预决算管理、经费总额包干、项目制管理等方式，下放资源配置和使用权限，充分发挥地方政府的信息和管理优势，提高资源配置和使用效率。再次，强化教育标准化管理，在考虑区域差别的基础上，确保底线不断提高，提升教育保障水平。为避免区域差距过大和分权后“一放就乱”的情况，教育主管部门应进一步强化教育标准化管理，确保各地区能够根据自身情况灵活配置教育资源的同时，维持并不断提升教育基本保障的水平和质量。

第四，改进工作方式，提升教育资源配置与使用的科学化、法治化水平。一方面，在坚定树立科学管理理念的基础上，开发和运用科学决策工具，提高管理效率。另一方面，强化数据基础建设和智库建设，充分利用专业力量提高科学决策水平。在这一过程中，应充分重视现代信息技术的应用，借助大数据、人工智能、计量分析技术，提高分析精度。

南京师范大学教育科学学院　姚继军　王维昊

浙江人口与环境的“时间历经”和“空间遍历”

本文拟对浙江人口与环境演变中环境对人口冲击量在“时间历经”、“空间遍历”情景下“关联”与“脱钩”的不同“响应”及原因做简要讨论。

一、人口与环境演变

1990－2020 年浙江人口与环境演变的基本特征是，能源、农业机械投入、工业废气和固体废物、废水排放与人口、经济、消费同步增加；人均耕地、水资源，化肥、农药用量、二氧化硫排放、化学需氧量显著减少；PM_{10}、酸雨率，河流水系、平原河网、近岸海域水质的变化，则各自经历了以 2002－2009 年不同年份为界，先上升/变差到下降/改善两个阶段。

表 1　1990－2020 年浙江省人口、资源、能源、经济、消费和农业投入

年份	常住人口	人口密度	人均耕地	水资源	GDP	人均 GDP	消费水平	能源消费	农机总动力	化肥	农药
	10^4 人	人/km^2	hm^2/人	m^3/人	1978 年＝100			10^4 t 标煤	10^4 kw	10^4 t	
1990	4238	402	0.041	2218	379	334	298	2733	1216	94.64	5.33
1991	4270	405	0.040	2201	446	392	318	3123	1266	96.97	5.87
1992	4304	408	0.039	2185	530	463	336	3484	1352	94.84	5.75
1993	4335	411	0.038	2168	647	560	351	4044	1418	83.68	4.81
1994	4364	414	0.037	2154	776	668	389	4497	1497	87.45	5.42
1995	4389	416	0.037	2142	908	776	423	4851	1640	97.52	5.89
1996	4413	418	0.037	2130	1024	870	474	5165	1708	98.30	6.34
1997	4435	420	0.036	2120	1138	962	497	5447	1733	98.98	6.52
1998	4456	422	0.036	2110	1254	1055	515	5657	1799	90.78	6.59
1999	4475	424	0.036	2101	1381	1156	535	5960	1913	92.68	6.70
2000	4680	444	0.034	2009	1534	1254	588	6560	1990	89.72	6.53
2001	4729	448	0.034	1988	1698	1350	641	7253	2016	90.32	6.63
2002	4776	453	0.033	1968	1913	1506	712	8280—	1990	91.91	6.39
2003	4857	460	0.033	1935	2195	1705	811	9523	2017	90.38	6.17
2004	4925	467	0.032	1909	2483	1899	912	10825	2027	93.34	6.34
2005	4991	473	0.032	1883	2804	2116	1025	12032	2111	94.27	6.56
2006	5072	481	0.038	1853	3195	2377	1161	13219	2293	93.98	6.62
2007	5155	489	0.037	1823	3658	2676	1295	14524	2332	92.82	6.49
2008	5212	494	0.037	1804	4027	2906	1413	15107	2331	92.98	6.58
2009	5276	500	0.038	1782	4390	3131	1589	15567	2451	93.60	6.55
2010	5447	516	0.036	1726	4910	3426	1755	16865	2500	92.20	6.51
2011	5570	528	0.036	1688	5350	3634	1943	17827	2542	92.05	6.39
2012	5685	539	0.035	1653	5782	3844	2060	18076	2588	92.15	6.29
2013	5784	548	0.034	1625	6264	4086	2211	18640	2471	92.43	6.22
2014	5890	558	0.034	1596	6745	4323	2373	18826	2437	89.62	5.87
2015	5985	567	0.033	1571	7287	4591	2516	19610	2393	87.52	5.65
2016	6072	576	0.033	1548	7835	4862	2651	20278	2327	84.48	4.95
2017	6170	585	0.032	1524	8444	5161	2842	21030	2095	82.63	4.63
2018	6273	595	0.021	1498	9047	5440	3053	21675	2039	77.76	4.37
2019	6375	604	0.020	1475	9658	5714	3235	22393	1946	72.50	3.86
2020	6468	613	0.020	1453	10001	5827	—	24660	1812	69.61	3.66

表 2　1990—2020 年浙江省污染物排放与大气、地表水和近岸海域水质变化

年份	工业废气		废水排放	固体废物	化学需氧量	PM_{10}	酸雨率	地表水水质	水系水质	平原河网水质	近岸海域水质
	总量	SO_2									
	10^8 m^3	10^4 t	10^6 t	t	10^4 t	μg/m^3	%	≤Ⅲ,%	≥Ⅴ,%	≥四,%	
1990	2538	44	146236	848			34		83		
1991	2524	42	136689	888			41		91		
1992	2809	51	176011	945			49		72		
1993	2878	54	171748	949			59		86		
1994	2996	54	167200	953			61		78		
1995	3198	54	173589	1030			45		71		
1996	3279	40	151325	1027			46	74	73	50	434
1997	4884	63	186000	1326	60		55	77	80	63	54
1998	5016	62	180938	1390	71		56	71	76	59	82
1999	5417	61	192150	1362	59		56	74	79	47	69
2000	8450	59	213316	1577	59		68	78	83	66	74
2001	8530	56	242570	1603	63	102	76	69	74	81	79
2002	8532	59	259099	1778	58	102	84	66	74	69	88
2003	10432	71	270262	1976	56	111	84	63	72	69	68
2004	11750	79	281326	2318	56	99	90	52	58	79	64
2005	13026	83	313196	2514	59	90	92	65	70	75	62
2006	14702	83	330694	3096	59	92	85	42	68	81	54
2007	17476	77	338101	3613	56	88	84	47	72	87	72
2008	17633	72	350377	3785	54	84	88	49	73	84	44
2009	18860	68	365017	3910	51	77	86	54	69	94	53
2010	20434	68	394828	4268	49	78	86	58	69	75	66
2011	25025	66	420400	4451	82	81	82	63	73	52	57
2012	24098	63	420900	4461	79	72	84	64	76	55	59
2013	24703	59	419100	4300	76	83	79	64	77	48	59
2014	26958	56	418300	4700	73	77	79	64	76	45	64
2015	26841	52	433800	4678	68	68	73	73	85	31	59
2016	22185	25	430900	4496	46	56	70	77	92	29	51
2017	31310	18	453900	4828	42	53	63	83	95	18	51
2018	28498	13	463900	5134	39	40	59	85	95	9	43
2019	32834	9	476700	5315	36	49	57	91	100	2	57
2020	38753	5	412100	5035	—	42	53	95	100	0	31

(一)人口、资源和经济

——常住人口和人口密度。

1990—2020 年浙江常住人口由 4233 万人升至 6468 万人,增 52.63%、2230 万人;人口密度(人/km^2)由 416 升至 613,增 47.36%、197 人。

——耕地和水资源。

浙江耕地由 1990 年的 1723.53×10^3hm^2 减至 2018/2019 年的 1290.47×10^3hm^2,幅度为 25.13%、433.06×10^3hm^2;人均耕地同期由 0.041 hm^2 减至 0.021 hm^2,幅度达 48.78%、0.020 hm^2。人均水资源(按多年平均 955.41×10^8m^3 计)由 1990 年的 2218m^3 降至 2020 年的 1453m^3,减 34.49%、765m^3。

——经济与居民消费。

1990—2020 年(按 1978 年不变价)经济密度(1 万元/km^2)增 24.49 倍、1126.86 万元达 1172.87 万元;人均 GDP 增 16.42 倍、18035 元达 19345 元;居民消费水平指数(1978 年=100)由 298 升至 3235,增 9.87 倍。

(二)环境冲击量

——能源、农业机械总动力、化肥和农药。

1990－2020 年，浙江能源消费总量(标煤)增 8.02 倍、21927.14×10^4t 达

24660.00×104t；农业机械总动力增 49.01%、596×104Kw 达 1812×104Kw；化肥(折纯)、农药施用量虽有显著减少，但仍保持着 69.61×10^4t、3.66×10^4t 的高位和 6.6t/Km^2，345Kg/Km^2 的高强度。

——工业废气、固体废物、废水和化学需氧量。

1990－2020 年，工业废气增 14.27 倍、36215×10^4m^3 达 38753×10^4m^3，其中所含 SO_2、粉尘、烟尘显著而大幅度减少；工业固体废物增 4.94 倍、4187×10^4t 达 5035×10^4t；废水排放增 1.82 倍、265864×10^4t 达 412100×10^4t——工业废水首末期基本持平而以生活废水增长为主：增 6.98 倍、272011×10^4t 达 311000×10^4t。化学需氧量，从总量到工业、生活皆大幅度减少：工业化学需氧量在 1990－2019 年由 30.866×10^4t 降至 4.90×10^4t，减 84.12%、25.96×10^4t；生活化学需氧量在 1997－2019 年由 27.71×10^4t 降至 15.40×10^4t，减 44.42%、12.31×10^4t；总化学需氧量由 60.23×10^4t 降至 36.35×10^4t，减 39.65%、23.88×10^4t。

(三)环境变化

——城市空气污染物和酸雨。

浙江省控城市空气中的主要污染物，20 世纪 90 年代主要是 SO_2、TSP(总悬浮颗粒物)和 NO_X(氮氧化合物)；2000 年以降变为 SO_2、NO_2 和 PM_{10}；2015 年以来变为 O_3(臭氧)PM_{10}、$PM_{2.5}$ 和 NO_2——总体呈 SO_2 持续减少、NOx 为 NO_2 替代和 TSP 微粒化过程。其中 PM_{10}(mg/m^3)由 2003 年 111 的峰值降至 2020 内的 42。

1990 年以来，降水 PH 值、酸雨率变化的总趋势是，降水 PH 值在波动中先降后升，变化幅度较小；酸雨率在波动中先升后降，变化幅度大。PH 值由 1990 年的 5.04 降至 2009 年的 4.33，减幅为 14.09%、0.71，之后上升，2020 年达 5.16，增幅为 19.17%、0.83；酸雨率由 1990 年的 35.8%升至 2005 年的 91.9%，增 56.1 个百分点，之后下降，2020 年 52.6%，减 39.3 个百分点。

——水环境演变。

浙江地表水(河流水系、平原河网、湖泊、水库)水环境总体呈先变差后显著改善态。其中，河流水系≤Ⅲ类水水质在前期(1990－2004)由 83.3%降至 58.4%，减 29.89%、24.9 个百分点；后期(2004－2020)由 58.4%升至 100.0%，增 71.23%、41.6 个百分点；平原河网水环境变化剧烈，以 2009 年为界，≥Ⅴ类水水质在前期(1996－2009)由 50.0%升至 93.9%，增 87.60%、43.9 个百分点；后期(2009－2020)由 93.8%降至 0，减 93.8 个百分点。

近岸海域水环境同样经历了由变差到改善的过程。以 2002 年为界，≥四类水在前期(1996－2002)由 43.6%升至 88.1%，增 1.02 倍、44.5 个百分点；后期(2002—2020)由 88.1%降至 30.6，减 65.27%、57.5 个百分点。

二、浙江人口与环境的“时间历经”和“空间遍历”

(一)遍历性，“时间历经”和“空间遍历”

系统的遍历性亦称各态历经(ergodic hypothesis)，是玻尔兹曼在 1871 年提出的一个假说。指统计结果在时间和空间上的统一性，表现为时间均值等于空间均值①。对浙江人口与环境的变化，可从“时间历经”、“空间遍历”两个方面去考察。

就方法论而言，“时间历经－空间遍历”分析的意义或价值在于，在揭示历史以“以史为鉴”的同时，再现历史被荫蔽、误读的部分以还原其全貌。

(二)“时间历经”下的“环境响应”：从关联到“脱钩”

在“时间历经”情景下(1990－2020)，环境演变对人口/环境冲击量增长的“响应”呈以下特征而经历了由关联到 “脱钩”的变化(见表 1、2、3、4、5)。

---

① 在不那么严格的意义上可简单通俗地表述为：随时间发生的各种事件/现象在空间的重演，即统计结果在时间和空间上的统一性。这是一个存在于从自然界到人类社会的普遍现象，如，生命表对出生－死亡生命周期的遍历；生物“垂直地带性”与“水平地带性”的相互展现……

——耕地、水资源随人口数量的增加持续而显著地减少。

——经济活动对人口增长反应强烈，但由于人为控制而存在例外。

国内生产总值、人均 DGP、消费水平、能源消费、农业机械总动力与人口密度极显著正相关，生产、消费、投入等经济活动对人口增长反应强烈。

化肥、农药的施用，则由于人为控制而与人口增长脱钩。

——废物排放是人口、经济增长的函数，但由于节能减排技术进步而存在例外。

工业废气、固体废物和废水排放与人口密度、生产总值、消费水平、能源消费极显著正相关，随人口、经济、消费、能源增长而增加。

二氧化硫、化学需氧量的排放，则由于减排的努力而与废气、废水增长脱钩。

——环境反应与人口、经济增长和废物排放在第二阶段脱钩。

化肥、农药投放与人口、经济，二氧化硫排放与工业废气、化学需氧量排放与废水的脱钩带来的，是环境反应在很大程度上不再与人口、经济增长、部分废物排放相关联：以 PM_{10}、酸雨率体现的空气质量，以水系水质、河网水质、近岸海域水质体现的水环境在第二阶段显著改善而与在人口、经济、消费、能源增长“脱钩”。

表 3　人口密度、经济反应、消费水平与经济活动(1990—2020)

项目	生产总值	人均 GDP	消费水平	能源消费	农机动力	化肥	农药
人口密度	0.993**	0.998*	0.819**	0.987**	0.644**	−0.694**	−0.522**
生产总值		0.996**	0.805**	0.973**	0.573**	−0.731**	
人均 GDP			0.823**	—	—	—	
消费水平				0.805**	0.662**	−0.403*	
能源消费					0.722**	−0.622**	
农机动力						−0.053	
化肥						0.849**	

资料来源：表 1；** a=0.01 时显著。

表 4　人口密度、经济反应、经济活动、能源消费与废物排放(1990/1996—2020)

项目	生产总值	消费水平	能源消费	工业废气	二氧化硫	固体废物	废水排放	化学需氧量
人口密度	0.993**	0.819**	0.987**	0.985**	0.483**	0.972**	0.965**	−0.434*
生产总值		0.805**	0.973**	0.977**	0.560**	0.956**	0.938**	
消费水平			0.805**	0.764**	−0.303	0.844**	0.872**	
能源消费				0.986**	−0.367*	0.990**	0.982**	
工业废气					−0.430*	0.974**	0.957**	
二氧化硫						−0.323	−0.275	
固体废物							0.987**	
废水排放								

资料来源：表 1、2；** a=0.01 时显著

表 5　废物排放、空气环境、地表水和近岸海域水质(1990/1996/2000—2020)

项目	生产总值	消费水平	能源消费	PM_{10}	酸雨率	水系水质	河网水质	近岸海域水质
人口密度	0.993**	0.819**	0.987**	−0.947**	0.319	0.481**	−0.709**	−0.185
生产总值		0.805**	0.973**	−0.962**	0.220	0.551**	−0.761**	−0.210
消费水平			0.805**	−0.593**	0.347	0.319	−0.469*	−0.153
能源消费				−0.932**	0.417*	0.375*	−0.599**	−0.178
PM_{10}					0.831**	−0.873**	0.846**	0.318
酸雨率						−0.518**	0.662**	0.280
水系水质							−0.898**	−.430*
河网水质								0.239

资料来源：表 1、2；** a=0.01 时显著。

(三)“空间遍历”下的“环境响应”:“再关联”

在“空间遍历”(全省 84 县、区、市,2020)情景下,“时间历经”中已“脱钩”的浙江环境与人口、经济、消费增长“再关联”并呈以下特征。(表 6)

——人均资源量随人口数量的增加而显著减少。

人均耕地与人口密度极显著负相关(R=−0.625 * *)。

——经济与能源消费正相关,对人口增长反应强烈并规定着消费。

相关系数 R,地均 GDP 与用电量、人口密度、人均消费为 0.871 * *、0.900 * * 和 0.585 * *;用电量与人口密度、人均消费为 0.727 * * 和 0.371 * *。

——废物排放与经济、能源、消费正相关。

相关系数 R,工业废气排放与地均 GDP、用电量为 0.412 * * 和 0.551 * *;废水排放与地均 GDP、用电量为 0.283 * * 和 0.614 * *;$PM_{2.5}$ 与用电量、工业废气排放为 0.299 * * 和 0.290 * *。

表 6 浙江省各县、区、市人口密度与经济反应、消费、废物排放和污染(2020)

项目	人均耕地	地均 GDP	人均 GDP	人均消费	用电量	工业废气	废水排放	$PM_{2.5}$
	n=84					n=57		n=66
人口密度	−0.625 * *	0.900 * *	0.386 * *	0.586 * *	0.727 * *	0.199	0.161	0.081
人均耕地		−0.578 * *	−0.419 * *	−0.419 * *	−0.413 * *	—	—	—
地均 GDP			0.687 * *	0.585 * *	0.871 * *	0.412 * *	0.283 * *	0.131
人均 GDP				0.429 * *	0.682 * *	0.553 * *	0.399 * *	—
人均消费					0.371 * *	0.097	0.063	—
用电量						0.551 * *	0.614 * *	0.299 * *
工业废气							0.746 * *	0.290 * *
废水排放								—

三、环境冲击量和技术的本质

(一)环境冲击量:人口、消费和技术

按公式 $l=PAT$(式中 P 为人口、A 为消费,T 为技术对环境的破坏指数),“环境冲击量”表达和应当表达的,一是人类活动对还记得扰动力与人口规模、消费水平正相关,一是技术进步(改进)在推动扰动力(本质上的物质、能量耗散指向)的同时对扰动力环境后果的消减——以原有技术为参照,技术进步对物质的节约、能源利用率的提高,或相应对废物、废热排放的减少。

“时间历经”的特质是历时性,“空间遍历”的特质是同时性。在历时性情境下,环境冲击量、技术进步的变化大、阶段差异突出,当技术进步/环保投入增长大于环境冲击量时,人口与环境关系会被“掩蔽”而出现由关联向“脱钩”的变化;在同时性情境下,地区间技术差异小而人口、消费差异凸显,环境对冲击量响应积极而显著关联。

(二)技术的本质和“软肋”

——技术的本质:物质、能量耗散指向和“时间节约”。

技术在本质上指向物质、能量耗散和时间节约,技术愈是进步,耗散的物质、能量,进而节约的时间便愈多。由是,人们才能凭借技术进步,在更短的时间里耗散更多的物质和能量——1 天中将过去可维持 20 年生存的“自然物”转化为“人工物”(“一天等于二十年”既是一种发展速度,也是技术的一种耗散能力),将“人口—经济—环境”系统推向越来越高的均衡态而达成文明的辉煌。

——技术的“软肋”:资源利用率的“天花板”

技术对物质、能量的节约,是通过在生产中提高转换/利用率实现的,而热力学第二定律的存在,则为资源利用率的提高设置了“天花板”——利用率可以不断提高,但永远<100%。技术对物质、能量的耗散是个“大数”——自然赋予资源以有限性,但并未为技术耗散设置“上限”;技术对物质、能量的节约,则因利用率“天花板”的存在而是个“小数”。

——启迪:环境与冲击量关联是一种普遍性存在。

基于技术本质上的物质、能量耗散指向和资源利用率的“天花板”限制，环境与冲击量的关联是一种普遍性的存在；“时间历经”中环境与冲击量的阶段性“脱钩”，并不能构成对“环境倒U型曲线”的支持。

浙江大学人口与发展研究所　原华荣
浙江省生态环境监测中心　俞洁
浙江省统计研究与信息发布中心　黄洪琳
杭州师范大学　张祥晶
浙江省社会保险和就业服务中心　孙胜梅
湖州师范大学　李骅
浙江科技学院　徐晓秋
浙江省生态环境监测中心　沈俏会

人口变动背景下的基础教育资源优化配置：面向2035年的预测研究

一、问题的提出

根据国家统计局数据，2022年末我国人口比上年末减少85万人，出现了61年来的首次人口负增长，由此正式开启负增长时代。2020年，我国育龄妇女总和生育率仅为1.3，义务教育阶段的学龄人口总量未来持续负增长的态势已不可避免。2023年5月，习近平主持召开二十届中央财经委员会第一次会议指出，“当前我国人口发展呈现少子化、老龄化、区域人口增减分化的趋势性特征，必须全面认识、正确看待我国人口发展新形势……以人口高质量发展支撑中国式现代化”。会议强调，“要深化教育卫生事业改革创新，把教育强国建设作为人口高质量发展的战略工程，全面提高人口科学文化素质、健康素质、思想道德素质”。《中华人民共和国国民经济和社会发展第十四个五年规划和2035年远景目标》提出，“展望2035年，我国将基本实现社会主义现代化”，建成“教育强国、人才强国”。中共中央、国务院印发的《中国教育现代化2035》也对教育事业发展提出了新的要求。从现在到2035年，将会是优化调整教育资源配置、推进新时代教育事业区域和城乡高质量均衡发展的关键时期。义务教育需求取决于国家对教育的需求和受教育的适龄人口数量。自2011年全国统一的九年义务教育实现全面普及以来，6－14岁的义务教育阶段适龄儿童的教育需求要首先得到保证。在可预见的生育率长期处于低水平的背景下，亟须对未来义务教育阶段学龄人口规模和结构的变化进行预测和分析，提前做好教育资源规划，以保障教育资源供求匹配。

学龄人口的状况对义务教育资源的影响主要表现为学龄人口规模变动及其空间分布上。换言之，义务教育资源空间配置必须适应学龄人口的规模及空间分布的变化(张文新，2004)。学界已有大量研究基于多孩政策预测学龄人口变化趋势，并分析对未来教育资源的影响。受到“二孩”政策影响，义务教育阶段的学龄人口还会有一段的增长期，但是并不可持续(李玲等，2019；赵佳音，2016)；“三孩”政策较“全面二孩”政策提升了约8%的规模体量(王传毅等，2022)；小学、初中教育的学龄人口将分别在2023年、2026年达到峰值，之后呈现快速减少趋势(张立龙，2022)。从更长时间序列看，2020－2050年，中国学龄人口总量将波动状地进入持续负增长，主要可分为两个阶段：前15年各级学龄人口变化跌宕起伏，15年转入各级学龄人口全面(不同程度)负增长时期(吴瑞君，2019)。未来专任教师的需求也在下降，至2035年，小学教师将过剩150万，初中则过剩约37万(乔锦忠等，2021)。

我国学者在不同的生育政策背景下围绕学龄人口预测和教育资源配置进行了研究，为本课题提供了有益借鉴，但仍存在不足。首先，相关研究在学龄人口城乡结构变动对教育发展的影响方面关注不足。目前农村学校学龄人口持续减少，而城区学校学龄人口则还在不断增加；由此造成了81.91%的义务教育城镇化率(邬志辉，2022)，远高于常住人口城镇化率，应以在校生城镇化率作为教育资源配置的重要依据。其次，相关研究所使用的人口预测模型对生育率等重要参数的设定依据比较含糊。相关研究并未从生育转变模式的国际经验的高度把握我国生育水平变动的未来趋势，甚至部分研究未能明确生育率。最后，基于人口预测结果对学校师资配置的讨论还不够充分。《关于统一城乡中小学教职工编制标准的通知》印发已近10年，相关的预测研究还缺乏结合调研实际对城乡中小学编制展开讨论，尤其是未能结合现有专任教师的年龄结构，对各个时点的存量展开分析，存在的问题也尚待明确。

鉴于此，本文在对2022－2035年我国学龄人口预测的基础上，通过马尔科夫链预测义务教育阶段学龄人口在城、镇、乡的分布情况，以期探索建立更加有效的教师编制管理体制，促进学龄人口布局与城乡教育资源配置的协同。

二、预测模型和方案

本文借鉴了中国人口与发展研究中心的人口预测结果①，该预测以国家统计局发布的第七次全国人口普查数据以及多源人口数据为基础，得到预测基年分性别、分单岁组人口数据，设置生育、死亡、迁移等预测参数，基于队列要素预测原理，对我国人口变动趋势进行预测。本文主要使用了 2021—2035 年分年龄人口预测结果（6—14 岁单岁组），并利用马尔可夫链分析学龄人口的城乡结构变动。

本文将马尔可夫链引入到学龄人口在城镇乡分布的结构预测，马尔可夫链（Markov Chain）是指如果一类随机过程的未来状态仅与现在的状态有关，而与以前的状态无关，即具有"无后效性"特点，那么这类随机过程就称为马尔可夫链。马尔可夫链预测就是根据某些变量的现在状态及其变化趋向，预测其在未来某一特定期间内可能出现的状态。本文认为学龄人口在城镇乡分布结构的变动是一个马尔可夫过程，设在 n 时刻，中国义务教育阶段学龄人口城镇乡结构状态向量为 $S(n)$：

$$S(n)=\{S_u(n), S_t(n), S_v(n)\}$$

其中，$S_u(n)$，$S_t(n)$，$S_v(n)$ 分别表示学龄人口在城、镇、乡中的比重。

设中国学龄人口城镇乡结构从 n 时刻到 n+1 时刻的转移概率矩阵为：

$$\mathrm{P}(n)=\begin{bmatrix} P_{u\to u}(n) & P_{u\to t}(n) & P_{u\to v}(n) \\ P_{t\to u}(n) & P_{t\to t}(n) & P_{t\to v}(n) \\ P_{v\to u}(n) & P_{v\to t}(n) & P_{v\to v}(n) \end{bmatrix}$$

在概率矩阵 P 中，主对角线上的元素表示保持原有份额的概率；主对角线以外的概率元素为转移概率：其中行元素表示该类份额向其他转化的概率，列元素表示该类吸收其他类份额的概率；而且转移矩阵的每一行之和等于 1。用马尔可夫链预测模型进行预测，关键在于确定转移概率矩阵。

设从初始时刻到 n 时刻，城镇乡结构在每时刻的转移概率矩阵分别为 $P(1)$，$P(2)$，$P(3)\cdots P(n)$，则平均转移概率矩阵②为：

$$P=[P(1)*P(2)*P(3)\cdots P(n)]^{\frac{1}{n}}$$

根据 n 时刻的城镇乡结构及平均转移概率矩阵，就可以预测出 n+m 时刻的城镇乡结构：

$$S(n+m)=S(n)*P^m$$

三、在校生规模、城乡结构的变动和教师资源配置

（一）适龄人口与在校学生规模

《义务教育法》规定，儿童入学年龄一般为 6 周岁。本文在预测义务教育阶段学龄人口时，将当年 6—11 周岁儿童划为小学预测年龄段、12—14 周岁儿童划为初中预测年龄段③。在 2022—2035 年间的义务教育适龄人口中，6—14 周岁学生对应的最大出生年份区间为 2008—2029 年，7—15 周岁学生对应的最大出生年份为 2007—2028 年。图 1、图 2 为利用人口预测模型对 2022—2035 年间义务教育阶段适龄人口总数和 6 岁适龄儿童数（即一年级招生数）④进行预测的结果。其中，受二孩政策影响，2022 年和 2023 年⑤的一年级招生数将分别达到 1791 万和 1787 万，自此以后小学招生数急速下滑，直到 2028 年趋于稳定；小学招生数在"T+6"年后传递给初中招生数，后者在 2029 年后开始下滑，2034 年趋于稳定。

---

① 参见贺丹主编：《中国人口展望（2022）：迈向高质量发展的未来，促进人的全面发展》，福建人民出版社 2023 年版。

② 计算每年的转移概率矩阵公式较多，限于篇幅，本文不再一一列出，详见王峰著：中国碳排放增长的驱动因素及减排政策评价，经济科学出版社 2011 年版，第 37—39 页。

③ 考虑到学年制中的跨学龄因素，实际上应以前一年 9 月到后一年 8 月间出生的作为 6 年后入学的人口数，即对应的小学招生年龄应为 6 岁或 7 岁，基本等同于两岁人口的平均值。但本文作为长时间序列的预测，同时也为了方便表示，仍以 6 岁作为对应一年级的招生数。

④ 据历年全国教育事业发展统计公报，小学学龄儿童净入学率由 2010 年的 99.70%稳步提升至 2020 年的 99.96%；因此本文中的小学适龄人口入学率按 100%计。初中阶段 2018—2020 年的毛入学率分别为 100.9%、102.6%、102.5%。故本文中的初中适龄儿童入学率也以 100%计。

⑤ 准确地说，应该是 2022—2023 学年度和 2023—2024 学年度，招生对象原则上为 2015 年 9 月 1 日至 2017 年 8 月 31 日之间出生的儿童，基本对应二孩政策实施后的生育高峰。由于全面二孩政策是在 2016 年 1 月正式发布，孩子多于 9 月以后出生；如果按照学年度换算对应的年龄，将更集中于 2023—2024 学年度入学。

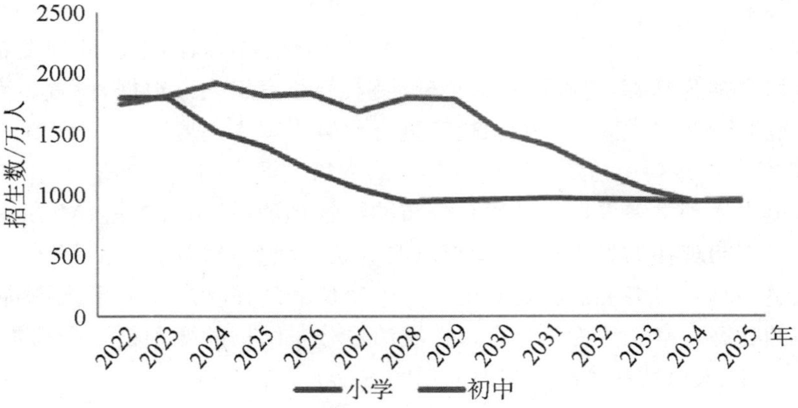

图 1　2022—2035 年小学和初中招生数的变化

招生数的变化在很大程度上决定了义务教育阶段在校生数的变化，由于招生数的锐减，小学在校生数很快下滑，而初中阶段则相对稳定，直到 2029 年后因招生锐减而开始缓慢减少。从整个义务教育阶段在校生数的变化看，其于 2023 年达到峰值，由于小学在校生数规模巨大，在 2029 年前的变化基本与小学阶段一致，即呈快速下滑的态势；在 2029 年以后，由于小学阶段保持稳定而初中阶段开始下滑，故其变化趋势和初中阶段趋同。意即，义务教育阶段在校生数自 2024 年起开始了长期下降的过程。到 2035 年，义务教育阶段在校生数将比 2023 年将减少近 7500 万(图 2)。其最高峰出现在 2023 年，规模为 1.61 亿；后开始加速下降，由每年减少两百多万(2024 年)加速至每年减少近九百万(2027 年)，并稳定在每年减少七八百万的规模，直至 2033 年起下降速率放缓(仅约 500 万)，此后继续放缓，到 2035 年减少规模已经降至 200 万左右，适龄人口总数将在 9000 万左右趋于稳定。分学段看，小学、初中阶段的在校生数将分别在 2023 年①、2026 年迎来峰值，之后呈现减少趋势；至 2035 年，小学阶段、初中阶段的在校生数分别相对于高峰期减少了 47.14% 和 46.35%。

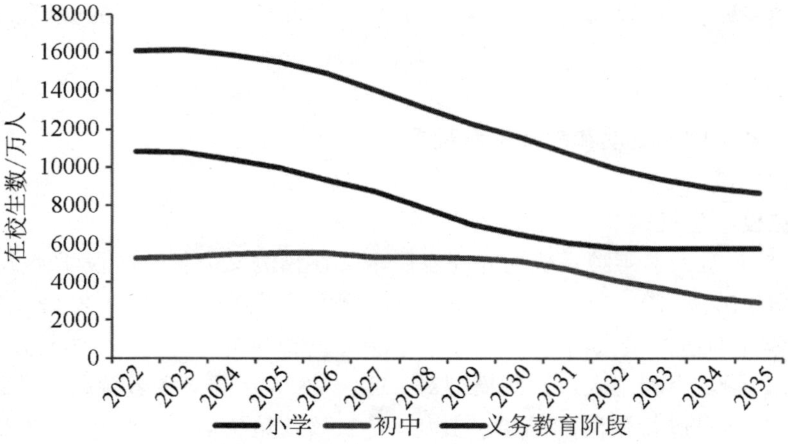

图 2　2022—2035 年义务教育阶段在校生数的变化

(二)在校生规模的城乡结构变化

如果暂不考虑各种政策的影响，而仅基于过去的城镇乡的演变规律来预测其在未来的自发变动状态，根据马尔科夫链模型，可以在 2020 年义务教育阶段在校生城镇乡结构向量及 2011－2020 年近十年平均转移概率矩阵的基础上，预测得到 2021－2035 年的义务教育阶段在校生城镇乡结构。结果如图 3 所示，小学阶段和初中阶段在校生的城镇化率将一直保持上升的态势，小学阶段在 2035 年将达到 91.36%，初中阶段

① 如按照本文实际预测结果，应为 2022 年。但本文中由于采用自然年来计算年龄，而实际 2023 年入学的适龄儿童为 2016 年 9 月以后，这刚好为二孩政策全面实施后的第九个月，实为出生人口的高峰；故本文将小学在校生数最多的一年调整为 2023 年。本文所预测 2022 年和 2023 年的小学在校生数分别为 10811 万和 10793 万人，也仅差了 182 万人。

则达到 93.72%；再进一步细分城区化率和镇区化率看，初中阶段的镇区化率保持缓慢的下滑态势，并于 2033 年被城区化率赶上，小学阶段的城区化率和镇区化率都在上升，但后者的上升明显较慢，二者的差距逐渐拉大；农村在校生数逐渐萎缩，到了 2035 年，小学阶段和初中阶段的占比仅有 8.64%和 5.02%。义务教育阶段总体的城镇化率于 2031 年超过 90%，达到了 90.47%，义务教育由此进入了城镇教育为绝对主导的时代。

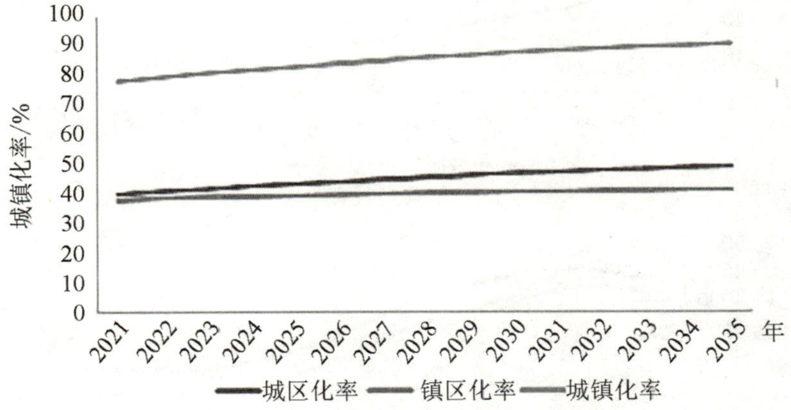

(a, 小学)

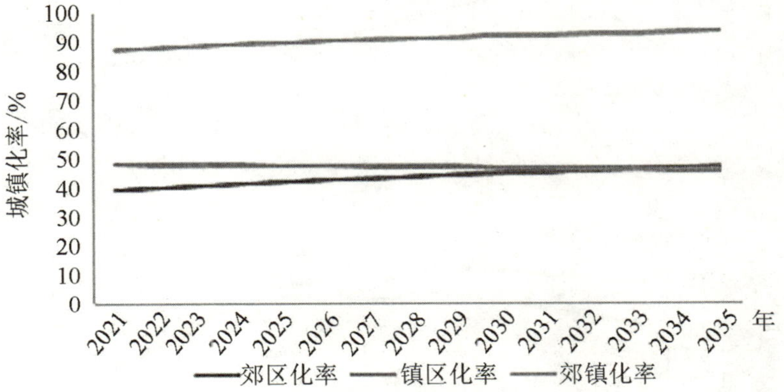

(b, 初中)

图 3　2021—2035 年义务教育阶段在校生城镇化率预测

根据义务教育阶段在校生城镇化率及其规模，即可获得 2022—2035 年义务教育阶段在校生在城镇乡的分布，结果如图 4 所示。由于受到城镇化尤其是城区化的影响，义务教育阶段城区的在校生数降幅较缓慢，镇区在校生数降幅次之，最快的是农村的在校生数。义务教育阶段城区的在校生数的达峰时间为 2024 年，规模为 6740.29 万人，比总体时间滞后一年，同年在校生数超过镇区；镇区在校生数的达峰时间仍为 2023 年，规模为 6765.31 万人；而农村在校生数则由 2022 年的 2769.48 万人一直下滑，至 2035 年，仅存 640.37 万人，为 2022 年规模的三成不到。

进一步分学段看，小学城区和镇区在校生数于 2023 年达峰，规模分别为 4544.76 万人和 4218.23 万人；后开启了长期的下滑，直至 2032 年才开始趋于稳定，规模从 2026 年的 8763 万骤减至 2032 年的 5199 万，降幅逾四成。初中阶段城镇地区的在校生数波动上升，在 2026 年达到顶峰后镇区缓慢回落，城区则保持平稳；2030 年是个关键节点，二者的在校生数差距缩小到 100 万并开始急速下滑，其间二者的差距进一步缩小，到了 2035 年，二者基本稳定在 1400 万左右。农村地区的在校生则一直下滑，到了 2035 年，仅剩下不到 150 万。

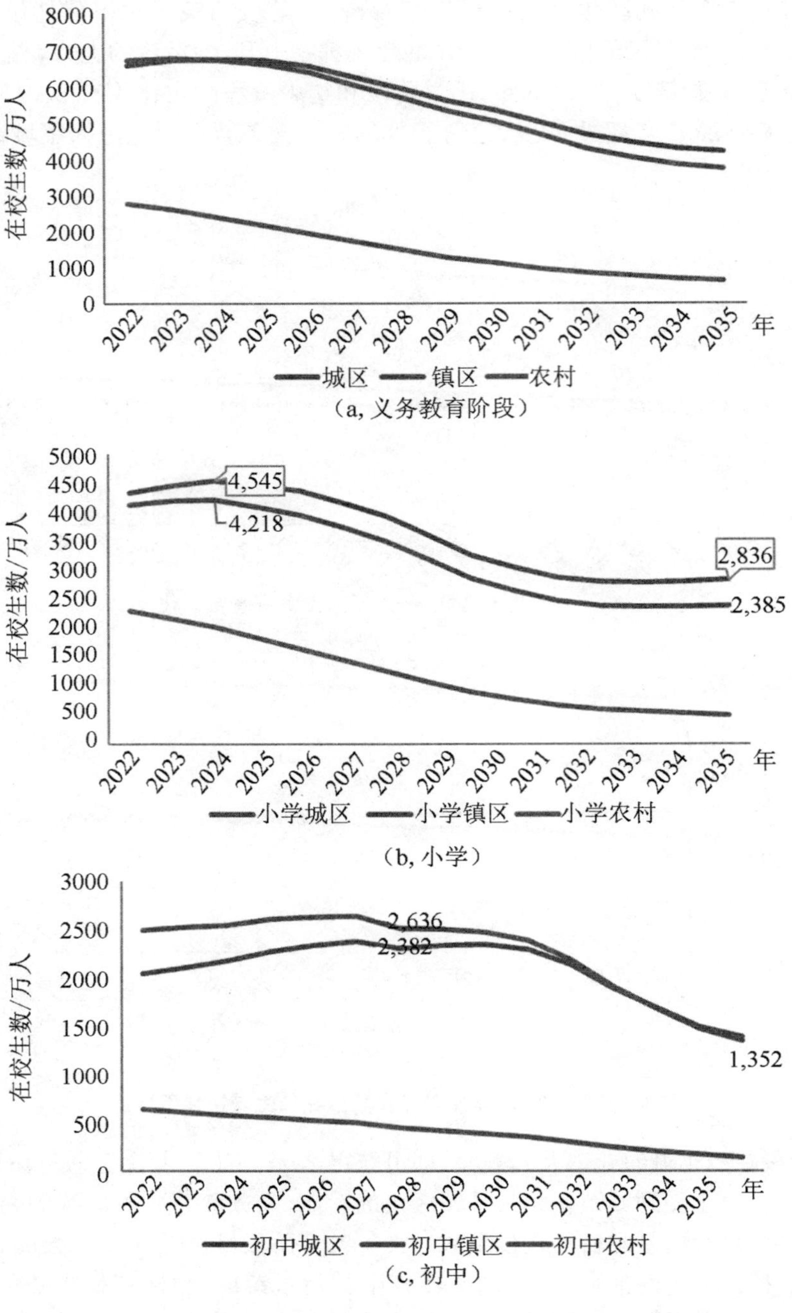

图4　2022—2035 年义务教育阶段在校生在城镇乡的分布变化

(三)教师资源的动态配置

教育公平在新时代有了新内涵,教育公平不仅仅注重起点公平,更注重过程公平,过程公平最重要的衡量标准之一就是教育资源的配置情况。本文以师资配置为例,对未来教育需求做预测。国际上普遍运用师生比对教师需求进行预测(Urata, 1999);本位将生师比标准确定为小学 17.29∶1,初中 11.48∶1[①]。在义务教育阶段生师比保持不变的既定假设基础上,本文分别对 2022—2035 年小学与初中阶段的专任教师,以及城区、镇区和农村的专任教师规模做出预测,结果如图 5 和图 6 所示。

① 据中央编办、教育部、财政部联合发布的《关于统一城乡中小学教职工编制标准的通知》中央编办发〔2014〕72 号,将县镇、农村中小学教职工编制标准统一到城市标准,即高中教职工与学生比为 1∶12.5、初中为 1∶13.5、小学为 1∶19。再结合《关于制定中小学教职工编制标准的意见》中"配备职员、教学辅助人员和工勤人员的,其占教职工的比例……初中一般不超过 15%、小学一般不超过 9%"的要求,联合确定该标准。

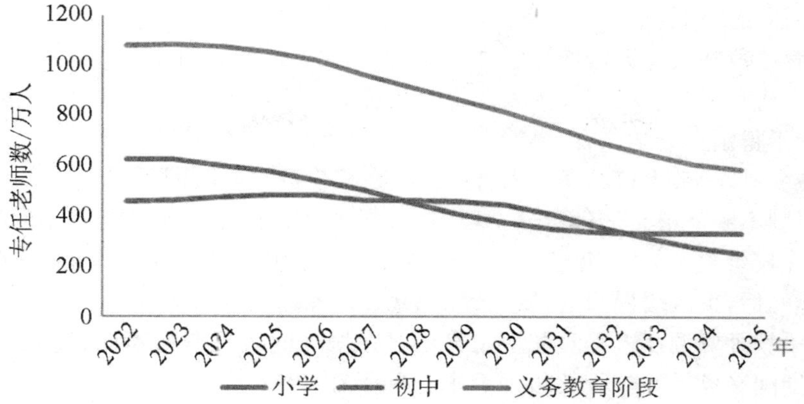

图 5　2022—2035 年义务教育阶段专任教师需求数变化

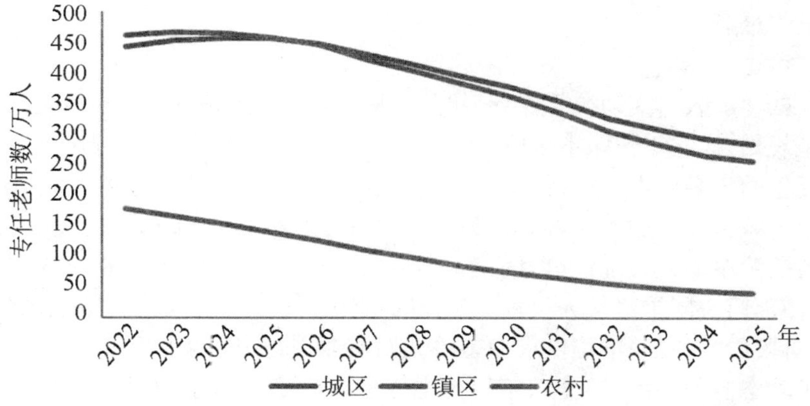

图 6　2022—2035 年义务教育阶段专任教师需求数在城镇乡的分布变化

由于小学在校生数的下滑，其教师需求数也一直下滑，甚至在 2028 年降至初中教师需求数之下；后由于初中在校生数也开始下滑，小学教师需求数又于 2033 年超过初中教师需求数。总体而言，预测期间义务教育阶段的教师需求数除了在起始阶段，即 2022—2023 年有所增加，其余时期都在下滑。分城乡看，由于学龄人口的大量流出，农村地区教师需求下滑最快，其次为镇区，城区由于学龄人口净流入，其教师需求下滑速率最慢。

结合目前的专任教师存量，即小学阶段 660.08 万人，初中阶段 397.11 万人；小学阶段的教师已经饱和且将严重过剩，而初中阶段的教师在 2031 年(含)前将供不应求，而后也将饱和。整个义务教育阶段在 2025 年(含)前将供不应求，而后将逐渐饱和并趋于过剩，至 2035 年大约仅需要 585.60 万的教师数，而在假定预测期间不再招录新教师的前提下，彼时的教师存量仍有 626.55 万人①，供给依然大于需求②，处于饱和的状态。

四、结论与讨论

(一)主要结论

本研究基于中国人口与发展研究中心发布的人口预测结果分析义务教育阶段学龄人口的规模变动，再利用马尔可夫链分析其城乡结构变动；发现近年来优化生育政策的施行在短期内通过补偿性生育作用提升了出生人口，促进人口长期均衡发展，为各级教育规模增长提供了有力支撑。但由于政策的在时间上释放效应较为短促，也造成了不同年份入学的学龄人口变化较快。这对教育资源配置提出了更高的要求，但也

① 据 2020 年教育统计数据中的专任教师年龄结构情况推算，以女 55 岁、男 60 岁的方式计算，自 2021 年起至 2035 年退休的专任教师将达 430.64 万。

② 按照上述相同方式可以计算出 2025 年和 2030 年的教师存量 937.49 万人和 797.65 万人，少于需求数 1058.57 万人和 817.34 万人，故应该适当招录新教师以解决教师队伍老化问题，同时为将来小班化教学打下基础。

更加凸显了学龄人口预测工作的重要性。本文主要结论如下：

一、未来义务教育阶段在校生数增长趋缓并将转变为持续负增长，不同学段在城镇间的转变时间节点不同，但农村地区则一直在减少。我国义务教育阶段在校生最高峰出现在2023年，规模为1.61亿；后不断下降，直至2033年趋于稳定。分学段看，小学、初中阶段的在校生数将分别于2023年、2026年迎来峰值，之后呈减少趋势。分城乡看，学龄人口的净流入将使城区在校生数达峰时间推迟至2024年；镇区的达峰时间仍为2023年；而农村则不断下滑。进一步分学段看，农村地区无论是小学还是初中阶段，其在校生都在下滑；小学城区和镇区在校生数于2023年达峰后下滑，直至2032年才趋于稳定。初中城镇地区的在校生数波动上升，在2026年达峰后，镇区缓慢回落，城区保持平稳，二者差距不断缩小并于2030年同步下滑。

二、义务教育阶段教师资源供求不匹配现象突出且在城乡间表现有所不同，过剩和不足在不同学段并存。总体而言，预测期间义务教育阶段的教师需求数除了在2022—2023年有所增加，其余时期都在下滑。从分学段看，小学阶段的教师将严重过剩，而初中阶段的教师在2031年后也将饱和。从分城乡看，农村地区将很快面临教师过剩的情况，其次为镇区，最后才是城区。整个义务教育阶段将在2025年(含)前供不应求，而后将逐渐饱和并最终过剩。

(二)政策建议与讨论

一、因地制宜，根据学龄人口变动统筹谋划、超前布局。2022—2035年，各学段学龄人口起伏较大，应统筹各学段的教育设施规划、设立工作账本分阶段落实以保障学位，增强基础教育设施容量弹性，如多设立九年一贯制学校。在招生的年龄要求上亦可灵活：在小学有空余学位的情况下，可以适当放宽至12月31日年满6周岁的儿童。由于城区人口的净流入导致其在校生高峰迟滞，整合多部门的人口统计信息资源，补充教育部门所缺少的学龄前阶段的人口统计信息，建立学龄人口动态监测系统，根据供求平衡、适度超前的原则配置义务教育资源，多部门协同构建义务教育资源保障机制。为了应对初中城镇地区学龄人口持续增长的情况，应将原本小学阶段的“六三一学位供求动态协调新机制”推广至初中阶段(深圳市教育局，2016)向初中阶段延伸。立足于动态监测系统，推算六年后初中一年级的学位需求数、按学位需求提前三年规划学位供给、提前一年保障学位落实，形成多部门动态协调机制，不断优化义务教育学位建设。在此过程中，财政、编办、规划等部门应深化与教育部门的协同联动，根据预测结果在教育经费划拨、教师编制统筹、学校规划布局等方面进行动态调整。

二、加快推进农村教育提质发展，稳定农村生源。学龄人口变动在城乡和学段间的异化使教师资源配置面临新机遇和新挑战。机遇在于，城区学龄人口的减少或有助于在教育资源配置结构调整的契机下加快实现学校优质教育资源配置的均衡化；充分利用出生人口下降这一契机化解大班额，实行小班化教学。然而，挑战则在于，若没有政策干预，广大农村地区学龄人口急剧流失的态势将不可避免，这也增加了教育资源配置的难度。始于21世纪初以“撤点并校”为主要形式的农村中小学布局调整已导致义务教育学校布局向县镇集中。随着城市落户限制的放宽，城乡教育均衡化发展会不会陷入停滞？应如何振兴乡村教育？成为必须要思考的一个重大问题。此外，中小学教师队伍超编与缺编并存，结构性矛盾仍然突出由来已久，有可能随着教育城镇化的推进而凸显。城镇学校编制紧缺，农村从数据上看似超编，但实际上小规模学校已难以按目前国家规定的生师比配齐教师，音乐、体育、美术等学科门类的教师更是紧缺(柳丽娜和朱家存，2009；韩小雨等，2010；赵静和唐筠，2016)。总体而言，应更为审慎地对待当下农村地区义务教育的撤并问题，推进县域义务教育优质均衡发展，全面提升乡村教育质量水平。

三、继续深化户籍制度改革，促进人口流动与教育资源配置协同。在新的人口形势下，要充分认识到学龄人口的流入对流入地生源的改善作用，让更多的人通过流迁的方式获得原本难以获得的优质公共服务，以促进教育公平。各级政府应在户籍制度改革等基础上进一步鼓励有序的人口流迁，在放宽落户的同时逐渐将逐步剥离附加在户籍上的基础教育公共服务，并通过居住证制度实现教育公共服务的均等化；通过人口的流迁助力基础教育均衡化配置，同时持续优化农村和边远地区基础教育薄弱地区的资源配置，减少因教育空间失衡而导致的反常的人口流迁现象。

福建师范大学人口与发展中心　程顺祺
中山大学地理科学与规划学院　王少谷

中国受教育程度的地区与性别差异研究

——基于“七普”数据分析

一、研究背景

党的二十大报告指出，教育是国之大计、党之大计，教育、科技、人才是全面建设社会主义现代化国家的基础性、战略性支撑。首次把教育、科技、人才这一统一辩证整体进行“三位一体”的统筹安排、系统部署，其导向鲜明、意义深远，充分体现了新征程上党和国家事业发展对教育工作寄予了更高期待、提出了更高要求。在中国甚至全世界，教育公平问题一直受到社会各界的广泛关注与重视。一般来说，女性在教育中总是相对劣势的一方，女性教育机会的获得更易于受到其他因素的局限。

2020 年第七次人口普查数据(以下简称“七普”)显示，全国 3 岁及以上人口中受教育程度为小学及以下有 45161 万人，其中男性 20721 万人，与比 45.88%，女性 24439 万人，占比 54.12%，女性比男性多 3718 万人，高出男性 8.23 个百分点；大学专科及以上有 21722 万人，其中男性 11185 万人，占比 51.50%；女性 10536 万人，占比 48.50%，比男性低 2.99 个百分点[①]，两性间教育不平等状况依然显著。影响女性受教育程度的原因有很多，在关注家庭经济状况、父辈职业、父母受教育程度和兄弟姐妹数量等因素的同时，不能忽视地区差异的作用。

全国上下在深入学习领会、全面贯彻落实党的二十大精神时，应深刻领会把握在推进中国式现代化全局中进行上述“三位一体”总体部署的宏观逻辑，全面把握教育、科技、人才相互联系、相互促进的协同逻辑，以及教育自身改革发展的内在逻辑，以落实好本职工作为基点，切实把学习领会的新体会新认识转化为推动工作的新任务新举措，开辟发展的新领域新赛道[②]。从受教育程度与教育水平来看，中国女性受教育程度与水平整体偏低，提高女性教育地位，是实现教育公平中十分重要的一环。促进全面教育的整体发展与转化为人才资源优势，女性是重点关注与帮扶对象，关注女性受教育状况、助力女性综合实力提升，有助于实现经济社会发展和人的全面进步。

二、文献回顾

人口的教育状况是人口学研究的重要内容，教育问题一直受到学者的广泛与持续关注。教育机会在人口中的分配形态，极大程度地决定了社会分层的基本特征和社会不平等的程度。“七普”数据显示中国人口受教育状况相较“六普”有着长足与巨大进步。关注分地区、分性别的人口教育状况，有利于进一步提升中国人口的教育水平。

(一)关于两性教育不平等的研究

新中国成立以来女性人口教育水平有了明显提高。从动态上看女性受教育人口数量高速增长，文盲半文盲人数迅速降低，特别是高学历人口所占比重提高幅度最大。但从横向比较与空间对比角度看，女性与男性受教育机会的非均等性仍未从根本上得到改变，女性人口加入文盲的概率在加大，教育层次越高性别差异越大。无论省区或城乡差距女性的教育差异均大于男性，表明女性受教育机会非均等性高于男性，经济越发达的地区性别差异越小(聂江，2007)。

---

① 数据来源：国家统计局官网：中国人口普查年鉴 2020，教育，http://www.stats.gov.cn/tjsj/pcsj/rkpc/7rp/zk/indexch.htm

② 中国教育报，深入贯彻落实党的二十大精神 高质量推进教育发展规划工作，http://paper.jyb.cn/zgjyb../html/2022－11/08/content_616080.htm? div＝－1

吴洁等学者(2020)发现性别变量对人们的教育获得有显著的正向影响,男性受教育程度比女性受教育程度高。中国女性的受教育程度的不平等程度比男性大。女性人口的文盲和小学比重比男性高,而初中以上各级文化程度的人口比例中男性都比女性高。女性低文化程度的人口比例特别是文盲人口比例含量过重,而中高级文化程度的人口比例偏低,反映出女性受教育机会的严重不平等以及对女性教育的歧视程度仍然很高(范方仕,2004)。

(二)关于地区教育不平等的研究

20 世纪九十年代,景跃军(1992)就提出一个地区的文化程度较高的人口所占的比重,要受各地区的地理、经济、社会发展等因素的制约。一个地区社会经济发展水平越高,人口文化程度也越高;一个地区社会经济发展水平越低,人口文化程度越低。西部地区人口文化素质虽然有了不同程度的提高,但与东部地区乃至全国平均水平仍存在较大的差距,主要原因包括自然地理区位因素、社会经济历史因素和人们的观念因素(李振、周春山,2003)。

从全国整体来看,东北、华北地区人口受教育水平最高而西南地区人口受教育水平最低,人口受教育水平呈现东北高、西南低的态势(黄维海、袁连生,2014)。

(三)地区差异对女性受教育程度的影响研究

国内学者一直重视研究地区和性别对于人口的受教育程度的影响作用。郑真真和牛瑞琴(2008)把中国分为东部和西部,发现农村青少年受教育的东西部差距以初中入学的地区差距和性别差距最为显著。在高中入学阶段男生的东西部差距不大,西部的女生高中入学率高于东部,可能是由于西部有更多的女生在初中即退出。

有学者关注到中国西部地区的女性受教育状况。在中国的西部地区除新疆、重庆、四川和陕西外,其余省区的文盲半文盲和不识字或识字很少的比例均高于全国平均水平,反映出西部地区人口的文化素质较低,文盲半文盲所占比例过高。西部地区人口的受教育程度远低于全国平均水平,文盲半文盲比例过高,女性的受教育程度与男性相比有较大差距(盛朗,2000)。张咏梅(2009)通过研究发现西部地区女性教育相对落后的现象是在多方面因素共同作用下所导致的,性别的差异受到区域、城乡、民族、家庭收入以及年龄差异等多种因素的相互作用和加强。西部地区的女性作为经济社会发展相对滞后地区的弱势群体,她们首先受到落后地区因教育资源匮乏的影响,其次又受到性别因素的影响,因此她们必然成为首要匮乏者。

三、中国受教育程度的地区差异分析

本文利用国家统计局 2020 年中国人口普查年鉴数据和 2020 年中国教育经费统计数据进行描述性统计分析。将中国大陆的 31 个省级行政区划单位①划分为六个地区②,通过对比人口受教育程度的分地区、分性别差异以及各地区教育经费投入,进一步探究其内在关系。

(一)各地区受教育状况

由图 1 可知,全国 3 岁及以上人口中受教育程度为初中占比最高(35.6%),其次是小学(25.56%),这反映出目前中国整体教育水平不高,人口素质还有待提高。

1. 西部地区文盲率居全国前列

全国 3 岁及以上人口中,西南地区受教育程度为未上过学和学前教育的占比最高,分别为 5.55%、3.92%;西北地区第二,分别为 4.90%、4.43%;东北地区最低,分别为 1.75%、2.01%。西部地区依然是全国文盲率最高的地区。

2. 西南地区义务教育发展落后

3 岁及以上人口中,受教育程度为小学的西南地区最高,达 33.30%,比最低的东北地区(21.04%)高

① 包括省、自治区和直辖市,不含港澳台地区。

② 六个地区依据地理位置进行划分,具体分为:华北地区包括北京市、天津市、河北省、山西省和内蒙古自治区,东北地区包括辽宁省、吉林省和黑龙江省,华东地区包括上海市、江苏省、浙江省、安徽省、福建省、江西省和山东省,中南地区包括河南省、湖北省、湖南省、广东省、广西壮族自治区和海南省,西南地区包括重庆市、四川省、贵州省、云南省和西藏自治区,西北地区包括陕西省、甘肃省、青海省、宁夏回族自治区和新疆维吾尔自治区。

12.26个百分点。初中则情况相反，东北地区最高(42.38%)，比最低的西南地区(31.35%)高11.03个百分点。义务教育阶段是各地区受教育人数占比差距最大的阶段，东北地区发展良好，西南地区有所欠缺。

3. 高中地区差距相对较小

3岁及以上人口中，中南地区受教育程度在高中占比最高，达17.17%，比最低的西南地区(12.70%)高4.47个百分点。相较于义务教育阶段，地区差异在高中缩小。

4. 高等教育阶段华北地区领先优势明显

3岁及以上总人口中，西北地区大学专科占比最高，为9.35%，西南地区最低仅6.99%，两地区相差2.36个百分点；华北地区在大学本科、硕士研究生和博士研究生占比最高，分别为9.07%、1.28%和0.19%，而中南地区大学本科占比最低，仅5.64%，西南地区的硕士研究生(0.42%)和博士研究生(0.05%)占比最低，三个阶段的占比最高值和最低值差距为3.43、0.86和0.14个百分点。地区差异在大学本科略有扩大，后又缩小。

总体上中国各地区的人口受教育程度，呈现出北方地区优于南方地区、东部地区优于西部地区的特点。西南地区是教育发展最落后的地区。

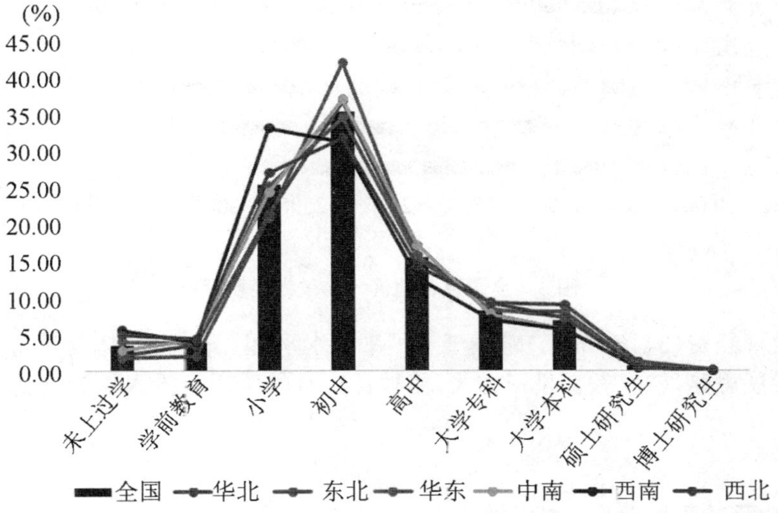

图1　全国3岁及以上人口受教育状况

(二)各地区教育经费投入比较

1. 教育总经费地区差距较大

从图2看到，2020年中国教育总经费为48966亿元，其中华东(31.74%)和中南(28.10%)两地区经费占比最高，合计59.84%，因为两个地区的人口数量多(华东地区人口占全国的30.04%，中南地区29.07%，合计59.11%)。东北地区教育经费占比最低，为5.44%，这与东北地区人口流失以及人口数量少(占比6.99%)有着一定的关联性。

2. 东北地区人均教育经费最低①

图3反映了全国及各地区人均教育经费情况。2020年全国人均教育经费为3473.34元，其中西北地区最高，为3705.59元，比全国平均水平多232.25元；东北地区最少，为2701.73元，比全国该值少771.61元。东北地区人均教育经费和全国人均水平差距最大，远落后于全国。实际上东北地区整体受教育状况因原来底子较厚发展不算差，但如果长此以往，该地区受教育水平必然会受到较大影响，需引起各界与各级政府的高度重视。

① 人均教育经费是使用2020年各地区教育经费情况和2020年“七普”数据各地区总人口数计算。

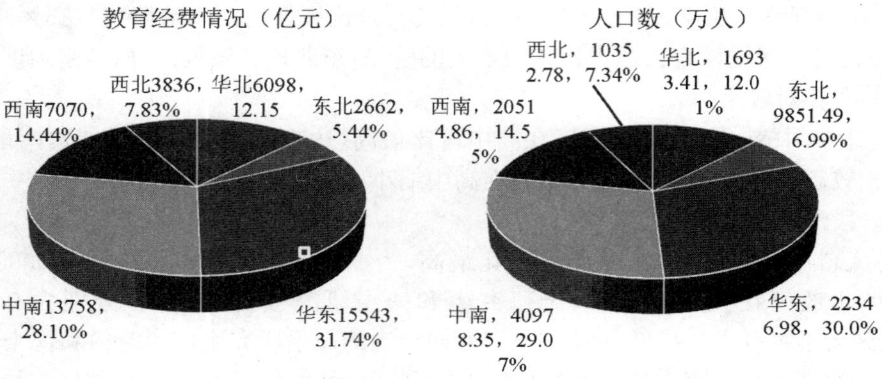

图 2　2020 年全国分地区教育经费及人口状况①

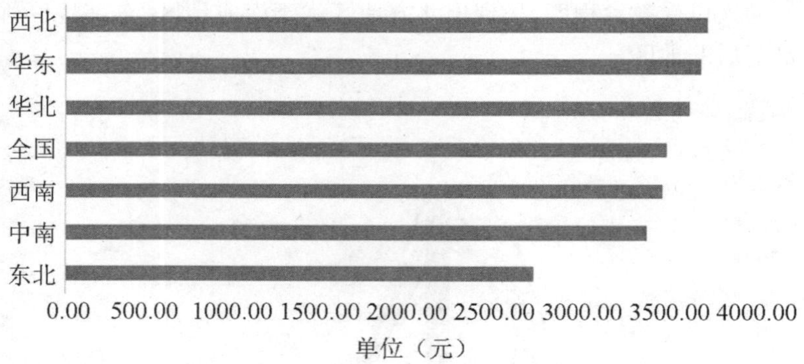

图 3　全国及各地区人均教育经费状况

西南地区人均教育经费(3446.26 元)略低于全国平均水平，但该地区整体受教育情况不太乐观，说明政府应积极调整教育发展思路，转变教育投资方式，使教育经费的使用与投入更为有益，尽快提高地区整体受教育水平。

四、中国受教育水平的性别差异分析

2020 年中国 3 岁及以上人口共计 136814 万人，其中男性 69952 万人，占比 51.13%；女性 66862 万人，占比 48.87%。“七普”数据显示女性在未上过学、小学和硕士研究生的占比均高于男性，并且低学历阶段(未上过学和小学)女性占比远高于男性、高学历阶段(硕士研究生)女性略高于男性。可见女性受教育水平整体提升很快，但与男性相比仍然有一定差距。

(一)低学历女性比重高于男性

由图 4 可知，中国女性中的低学历者占比高于男性。3 岁及以上人口中未上过学的有 4860 万人，其中男性 1446 万人，占比 29.75%；女性 3414 万人，占比高达 70.25%，女性比男性多 1968 万人，高 40.5 个百分点。学前教育有 5336 万人，男性 2787 万人，占比 52.23%；女性 2549 万人，占比 47.77%，比男性低 4.46 个百分点。小学有 34966 万人，男性 16489 万人，占比 47.16%；女性 18477 万人，占比 52.84%，比男性高 5.68 个百分点。低学历阶段中女性仅在学前教育的占比略低于男性，未上过学的女性人口占比远高于男性。总体上低学历女性人口远多于男性。

(二)中高学历女性比重低于男性

女性中的中高学历者(初中、高中与大学专科)占比低于男性。受教育程度在初中的有 48710 万人，其中男性 26345 万人，占比 54.09%；女性 22365 万人，占比 45.91%，比男性低 8.18 个百分点。高中的有 21221 万人，男性 11700 万人，占比 55.13%；女性 9521 万人，占比 44.87%，比男性低 10.26 个百分点。大学专科的有 11230 万人，男性 5873 万人，占比 52.29%；女性 5358 万人，占比 47.71%，比男性低 4.58 个百分点。

① 数据来源：国家统计局：年度数据，教育，教育经费情况，https://data.stats.gov.cn/easyquery.htm? cn=E0103

从初中到大学专科的女性占比都比男性低，可见教育的性别不平等较为突出。女性人口在低学历占比高、中高学历占比少，说明在低学历阶段女性更可能失学辍学。

(三)高学历女性比重低于男性

中国3岁及以上人口中有9416万人接受了大学本科教育，其中男性4764万人，占比50.59%；女性4652万人，占比49.41%，女性比男性少112万人，低1.18个百分点。硕士研究生有949万人，男性472万人，占比49.76%；女性477万人，占比50.24%，女性比男性多5万人，高0.48个百分点。博士研究生有128万人，男性77万人，占比60.60%；女性50万人，占比39.40%，女性比男性少27万人，低21.2个百分点。大学本科两性差距较小，硕士研究生女性略多于男性，也是唯一女性占比高于男性的高学历层次，博士研究生男性比例远超女性。女性硕士研究生占比更高可能是因为在本科阶段其就业压力高于男性。

中国两性的教育不平等问题依然存在，女性在低学历层次与低教育程度阶段面临失学辍学的概率高于男性。而大学本科男女占比较为平衡，甚至硕士研究生教育程度的女性比例高于男性，说明女性并非在升学和教育方面的能力、智力不如男性，拥有受教育机会的女性最终能够达到和男性相同的受教育程度，甚至比男性更为优秀。博士研究生男性比例大于女性，可能是受到社会观念和婚育压力的影响，女性在硕士毕业后可能会停止继续深造学习。

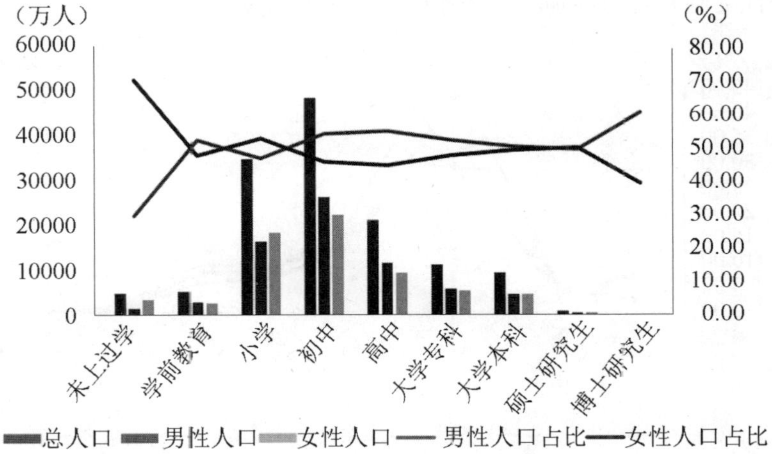

图4　3岁及以上人口受教育程度

五、女性受教育程度的地区差异分析

图5是各地区3岁及以上女性受教育程度状况。未上过学阶段西南地区比重(7.82%)最高，东北地区(2.25%)最低；学前教育阶段西北地区比重(4.39%)最高，东北地区(1.95%)最低；小学阶段西南地区比重(34.69%)最高，东北地区(22.46%)最低；初中阶段东北地区比重(41.12%)最高，西南地区(28.56%)最低；高中阶段中南地区比重(15.65%)最高，西南地区(11.83%)最低；大学专科阶段华北地区比重(9.23%)最高，西南地区(6.95%)最低；大学本科阶段华北地区比重(9.44%)最高，中南地区(5.71%)最低；硕士研究生和博士研究生阶段华北地区比重最高(1.38%，0.16%)，西南地区最低(0.43%，0.04%)。

(一)低学历阶段东北地区发展最佳，西南地区落后

东北地区在小学及以下阶段中占比最低，初中占比最高，这得益于20世纪东北发达的工业水平和经济优势，地区教育发展起步早义务教育更完善。西南地区在未上过学和小学占比最高，特别是小学人口比重远多于其他地区，初中占比最低，说明西南地区3岁及以上女性未能完成义务教育的情况较严重。地区间经济社会发展的不平等导致了教育的不平等，低水平的人口素质不利于西南地区实现高质量发展，影响了经济发展和社会进步，影响现代化建设进程中人的全面发展。

(二)中高学历阶段西部地区分化明显

3岁及以上女性人口受教育程度，中南地区在高中比重最高，华北地区在大学专科比重最高，最低的均为西南地区。同时西北地区在大学专科占比位列全国第二(9.14%)，仅比华北地区少0.09个百分点，说明西北地区的最高教育经费投入已得到了看得见的回报与价值。

(三)高学历阶段华北地区占比最高,中南和西南地区发展落后

3岁及以上女性受教育程度从大学本科到博士研究生,华北地区占比最高,因为一方面该地区高校数量多、质量高,高等教育发达;另一方面北京作为中国首都,全国的政治、文化和教育的中心,吸引了众多高素质人才聚集。占比最低的是中南地区,其本科、硕士研究生与博士研究生比重分别为5.71%、0.49%和0.05%,合计6.25%,而西南地区上述三项值分别为5.81%、0.43%和0.04%,合计6.27%。可见西南地区女性高学历比重并不比中南地区低。

(四)义务教育阶段,女性受教育程度的地区差异最大

3岁及以上女性受教育程度的地区差异在小学和初中最大,自初中后逐渐缩小。一方面主要是高学历阶段比重在降低,故差值在缩小;另一方面说明随着教育程度提高,女性接受中高等教育的概率更大。

华北地区从大学专科到博士研究生占比均为全国第一,是全国高等教育最发达的地区。西南地区在低受教育阶段比重在全国靠前,而高受教育阶段比重靠后,是唯一一个3岁及以上女性受教育程度占比最高是在小学而不是初中的地区,受教育情况最不乐观,教育发展还任重道远。

总体而言,中国各地区的女性人口受教育程度同样表现为北方地区优于南方地区、东部地区优于西部地区。西南地区的女性受到教育的性别不平等和地区不平等两重压迫。

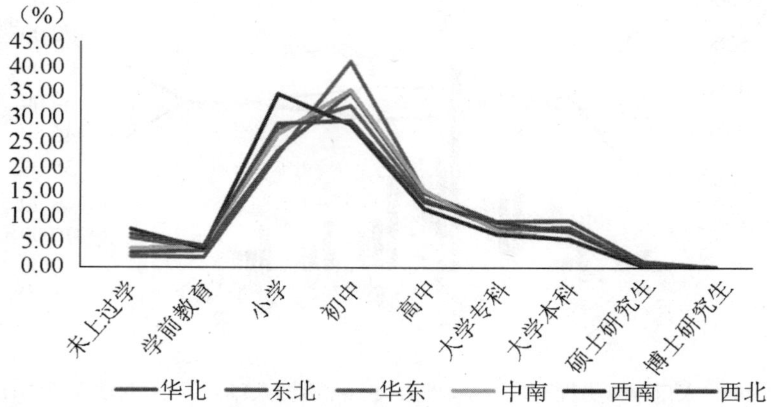

图5　各地区3岁及以上女性受教育程度占比

六、分地区分性别平均受教育年限①

(一)分地区看,各地区受教育年限存在差距

图6显示了3岁及以上人口的人均受教育年限,华北地区为9.66年、东北地区9.64年、华东地区9.12年,3个地区均高于全国平均水平(9.08年);中南地区(9.06年)、西北地区(8.91年)和西南地区(8.40年)均低于全国平均水平。

华北地区人均受教育年限最高,比全国多0.58年,西南地区最低,比全国少0.68年,两地区差距1.26年。

(二)分性别看,女性人均受教育年限低于男性

2020年中国3岁及以上人口平均受教育年限整体为9.08年,男性9.31年,女性8.85年,比男性低0.47年。其中东北地区(9.54年)和华北地区(9.53年)高于全国平均水平(8.85年);中南地区(8.84年)、华东地区(8.80年)、西北地区(8.66年)和西南地区(8.14年)都低于全国平均水平。西南地区比全国平均少0.71年,比东北地区少1.4年。说明西南地区更应重视女性群体的受教育状况,保障女性受教育均等的权利。

① 平均受教育年限由各种受教育程度折算成受教育年限,计算平均数得出,具体折算标准:未上过学、学前教育=0年,小学=6年,初中=9年,高中=12年,大学专科=15年,大学本科=16年,硕士研究生=19年,博士研究生=23年。

(三)分地区的两性差异看,华东地区差距最大

整体上各地区的男性平均受教育年限均高于女性。华东地区平均受教育年限 9.12 年,其中男性 9.43 年,女性 8.80 年,比男性低 0.63 年,是全国差距最大的地区;东北地区平均受教育年限 9.64 年,男性 9.74 年,女性 9.54 年,比男性低 0.20 年,差距最小。虽然华东地区整体受教育水平较高,但性别差距非常大。同时两性教育不平等现象在全国广泛存在。

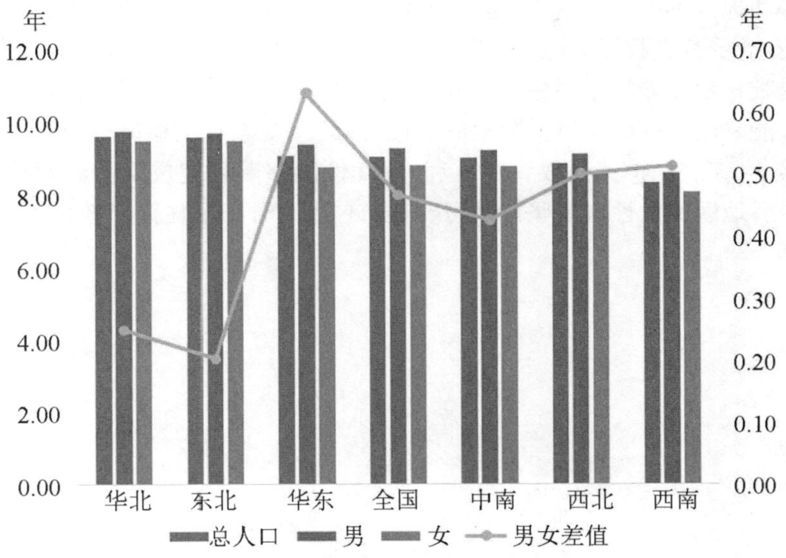

图 6　分地区分性别 3 岁及以上人口平均受教育年限

七、结论与启示

(一)全国整体受教育水平较低

新中国成立以来,中国社会发生了翻天覆地的变化,教育事业也迎来前所未有的进步。新中国成立之初,全国人均受教育年限仅 1.6 年①,2020 年全国 3 岁及以上人口的平均受教育年限比新中国成立初期提高了 7.48 年,人口教育文化素质得到了巨大提升,但是和发达国家相比仍存在一定差距,据联合国开发计划署人类发展中心数据显示,2021 年,新加坡人均受教育年限为 11.9 年,韩国为 12.5 年,日本为 13.4 年,美国为 13.7 年②。可见中国整体受教育程度与建设社会主义现代化强国还有一定差距。高素质发展需要高素质人才,提升中国人口受教育水平已刻不容缓。

(二)两性受教育水平差异较大,女性应得到更多关爱

新中国成立以来女性地位不断提高,受教育程度不断增加,女性得到了前所未有的解放,但男女不平等的现象依旧存在。受到重男轻女、男尊女卑等传统观念与社会发展不均等等因素影响,女性在达到劳动年龄后容易被迫放弃受教育的权利,提前进入社会工作或结婚生育,男女教育的不平等是男女地位不平等的具体表现。实现中华民族伟大复兴的中国梦,需要所有中华儿女的共同努力和奋斗,需要更多发掘人口的经济增长潜能,就要求不断提高劳动力素质,提高人口整体受教育水平。女性受教育程度不高影响了中国性别红利的开发利用,提升人口素质应该重点关注女性,以女性受教育程度的提升带动全民族整体受教育程度的提升。

(三)地区差异显著,西南地区教育发展任重道远

地区因素对于 3 岁及以上女性人口的受教育程度影响显著。经济越发达的地区,女性低受教育程度的占比越低,高受教育程度的占比越高。1978 年中国实行改革开放,东部地区率先开放发展。由于自然地理

① 中华人民共和国教育部,夯实千秋基业 聚力学有所教——新中国 70 年基础教育改革发展历程,http://www.moe.gov.cn/jyb_xwfb/s5147/201909/t20190926_401046.html

② 数据来源:联合国开发计划署人类发展数据中心:《人类发展指数及其组成部分》,https://hdr.undp.org/data－center/human－development－index#/indicies/HDI

条件、历史沿革和发展基础等原因，中国形成了东中西部阶梯式的发展格局。西部地区一直在经济、文化和教育等各方面与东中部地区存在显著差异，西部地区发展的难度大、速度慢、时间长，发展的不足也反映在人口受教育程度上。通过“七普”数据分析发现，西北地区 3 岁及以上总人口和女性人口的受教育程度都要好于西南地区，过去普遍认为西部地区整体落后于东中部地区，现在应该更加细致地看待问题。西南地区教育发展情况与全国存在差距，具体体现为低学历人口占比最多而高学历人口占比最少。西南地区的女性集教育的性别不平等和地区不平等于一身，是教育发展中的最弱势群体。西南地区应加大对教育投入尤其重点关注女性，提高女性受教育程度，让女性能够为经济发展和社会进步做出更大贡献。

地区与性别的受教育程度差异主要集中在小学和初中，这是因为经济贫困、家庭支持不足的女性更容易在小学、初中辍学，能够读到高中及以上阶段的女性，继续接受教育的概率也更高。政府应尽可能减少义务教育阶段的女性辍学情况，保护其受教育的权利，使女性能够顺利完成义务教育后继续升学。同时广大经济社会发展较为滞后地区的女性也要坚持学习、自强自立，充分把握住接受教育的各项权益。

云南大学人口研究所　晏月平　徐阳

深圳市水、电消耗与人口数量关系研究

一、研究背景及意义

人口问题一直是中国社会经济发展的关键问题。近年来，我国人口发展面临数量压力和结构转变挑战。人口普查是把握人口变化趋势的重要手段，为制定政策和规划提供支持。但十年一次的普查存在局限性，如数据不连续、周期过长、耗费巨大、流动人口统计不明确等。为实现人口和经济、社会、资源、环境的可持续发展，科学有效解决人口问题，探寻新的统计方法亟待解决。

城市居民用水量和用电量与人口数量密切相关，可作为人口数量的重要指标。本课题旨在通过水电用量与人口普查数据相匹配，探究水电用量与人口结构之间的相关性，并尝试使用集成学习建模、模型对抗验证、多框架性能比对，推断过往非普查年的深圳市人口数据，构造模型预测未来深圳市的人口走向。研究意义和价值包括：丰富人口统计方式，实时监管全市人口数据；通过机器学习建模预测常住人口数据；创新性地使用数据驱动解决人口预测问题。

二、研究内容及技术路线

本课题在“六普”“七普”的基础上，结合水电消耗等多因素构建数据集，通过多集成学习算法、时序模型的对抗验证，寻找城市水电消耗量与深圳市人口的关系，构建一个深圳市人口预测模型，并对未来深圳市人口增长进行预测。研究内容包括：

1. 相关性研究：分析历年城市水电消耗量与人口数据的相关性，筛选出模型建立的关键特征。

2. 数据补充：针对人口统计数据缺失，运用线性插值法、模型 Embedding、滑动平均法、赋值法对水电数据进行补充，再基于修复后的水电数据，通过半监督集成学习模型 XGBoost，迭代推导出 2010—2022 年深圳市常住人口数据。

3. 深圳市未来常住人口数量预测：通过时间序列模型 LSTM，预测 2022 年至 2035 年的深圳市常住人口，并总结数据输出对应政策结论。

研究技术路线如图 1 所示：

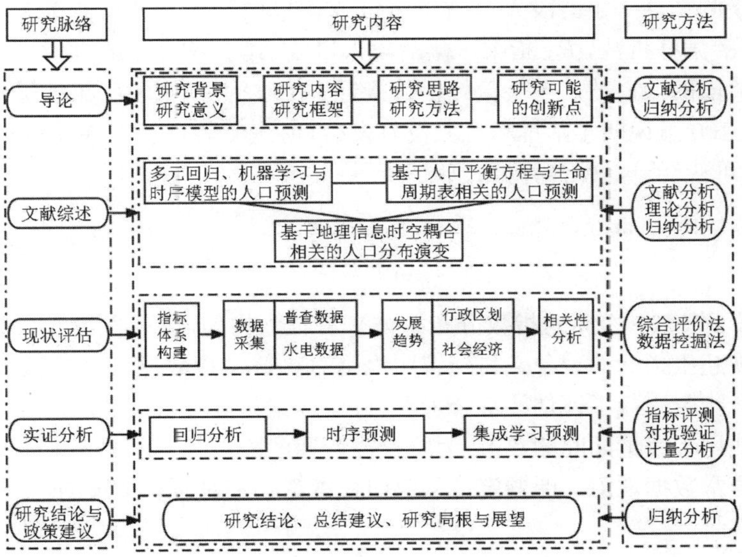

图 1　研究技术路线图

具体技术路线如图 2 所示：

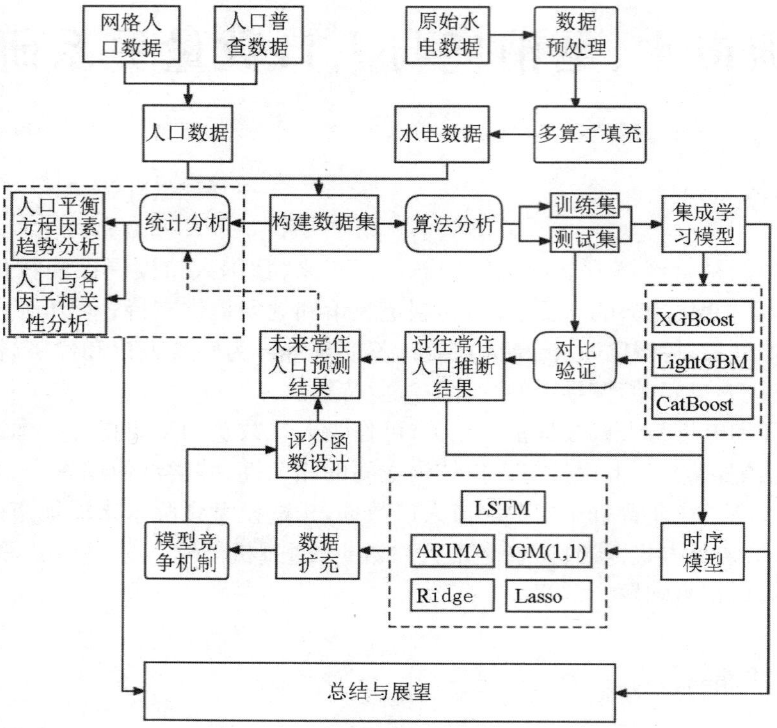

图 2　具体技术路线图

三、数据质量检验与预处理

本文主要基于深圳市用水量、用电量规律的因子进行研究人口动态模拟预测。其中人口数据来源于深圳市统计局颁布第六次及第七次人口普查结果；用水量数据通过深圳水务集团获取，收集整理 2010—2020 近十年水务运营相关数据；用电量数据来源于深圳市统计局统计年鉴（http://www.zgtjcbs.com）。

人口模型预测的首要条件取决于所采用的原始数据来源的可靠性和假设条件的合理性，因此必须对所采用的数据进行完成性、可靠性和一致性评估。在本文中，通过各项指标对于人口数据质量进行检验。我们制定深圳市第七次人口普查的队列数据计算年龄偏好指数 AP 分布表，如下表所示：

年龄偏好指数用于测算某一年龄段人口由于多报或少报而导致的人口年龄是否出现偏离真实年龄的倾向。式中 LAP 指年龄偏好指数，P_a 指某一年龄段人口数，其中 P_{a+1}、P_{a-1}、P_{a+2} 和 P_{a-2} 分别指该年龄组人口的前后两位年龄段的人口数。年龄偏好指数接近于 100 为好，则说明年龄层未出现明显偏好，没有明显年龄堆积现象；小于 100 虽说明年龄堆积现象没有发生，但该年龄可能存在回避现象；小于 110 为可接受的范围，大于 110 为不可接受。具体计算公式如下所示：

$$LAP=\frac{P_a}{\frac{1}{5}(P_{a-2}+P_{a-1}+P_a+P_{a+1}+P_{a+2})}\times 100$$

按公式计算的 2 岁到 98 岁之间的指数分布总体来看较为均匀，仅 3 岁、8 岁、30 岁、57 岁、62 岁、63 岁组的年龄偏好指数出现超出指标的现象。另外课题组也对惠普尔指数、迈耶尔指数、年龄准确性指数、联合国性别年龄准确性综合指数进行了评估。综合来看，人口数据质量可以接受。

由于本次实验中使用了疫情期间的数据，为防止疫情期间隔过长时间抄表和部分街道隔月抄表导致的不符月份实际用水的异常数据现象。课题定义了双向检索算子来对所有街道的每月用水进行异常检索。

表 1　2020 深圳市人口分性别年龄偏好指数表

年龄	2	3	4	5	6	7	8	9	10
男性	104.33	108.29	105.94	99.19	96.32	96.80	111.61	97.94	97.45
女性	104.58	110.22	106.29	98.50	95.27	96.41	112.24	99.30	95.39
年龄	11	12	13	14	15	16	17	18	19
男性	104.58	101.76	95.56	88.50	83.44	99.15	98.66	90.50	97.92
女性	104.49	102.22	94.99	89.71	89.42	101.89	95.45	85.89	93.60
年龄	20	21	22	23	24	25	26	27	28
男性	95.92	94.08	105.06	102.45	102.87	105.29	97.33	101.12	97.64
女性	92.61	92.49	104.85	103.67	105.55	106.49	98.40	101.75	96.90
年龄	29	30	31	32	33	34	35	36	37
男性	96.17	112.46	102.76	95.37	108.23	100.40	93.18	98.12	96.49
女性	94.97	111.80	103.09	95.31	107.20	100.31	93.50	97.82	95.88
年龄	38	39	40	41	42	43	44	45	46
男性	109.34	99.35	91.85	105.36	98.32	90.06	99.23	98.30	104.56
女性	109.40	99.35	92.07	104.70	97.44	90.23	99.13	98.79	106.19
年龄	47	48	49	50	51	52	53	54	55
男性	103.29	99.57	99.95	102.39	98.45	109.01	88.93	100.47	100.23
女性	103.27	99.61	99.60	102.69	97.54	108.79	89.65	99.36	98.84
年龄	56	57	58	59	60	61	62	63	64
男性	97.40	121.90	108.04	63.35	79.01	92.23	110.80	116.39	94.40
女性	98.39	122.89	109.39	67.67	83.40	90.93	108.51	116.19	96.24
年龄	65	66	67	68	69	70	71	72	73
男性	99.55	105.04	97.13	100.56	93.39	97.94	104.35	94.12	93.60
女性	99.52	105.57	99.03	100.75	93.07	96.52	100.51	93.57	95.00
年龄	74	75	76	77	78	79	80	81	82
男性	98.63	96.51	97.24	93.88	96.00	100.41	103.75	93.12	102.45
女性	96.68	97.56	95.90	98.03	99.57	101.86	98.68	97.15	102.93
年龄	83	84	85	86	87	88	89	90	91
男性	103.85	101.06	90.30	100.54	108.05	94.08	92.76	95.20	88.97
女性	99.70	101.98	98.64	97.11	103.12	92.71	95.47	101.15	89.76
年龄	92	93	94	95	96	97	98		
男性	95.02	93.91	93.13	84.85	89.80	93.84	95.16		
女性	89.23	95.02	91.30	104.28	90.69	88.37	70.90		

以居民用水为例，首先第一轮先正向进行遍历，若某个街道的居民用水隔月出现超过 50%以上的数值变化，则记录该两个月份的时间戳，直到数据全集被遍历完毕。为防止出现端点部分的遗漏，再对逆向进行一次遍历。之后将收集的月份进行去重，作为异常月份集合。并根据该集合的补集，也即正常的月份时间戳集合所体现出来的每月用水占全年占比，将异常部分的水量按照比值进行平滑处理。

在完成水量数据平滑处理后，我们针对后续四类缺失值情况，分别进行了多算子缺失值填补。

对于布吉水司下辖的四个街道数据缺失：四个街道均隶属于深圳市龙岗区，故本课题决定使用其余的龙岗区街道用水状态对该部分进行近似。以布吉街道为例，假设龙岗区第 i 年第 j 月的居民用水为 w_{ij}，"七普"时期布吉街道常住人口占龙岗区常住人口占比为 k，故该街道第 i 年第 j 月的居民用水量 W_{ij} 可通过下式计算：

$$W_{ij} = \frac{w_{ij} \times k}{1-k}$$

同理，除居民用水外，其他特征用水也可通过该方式计算。

深汕合作区操作方式类似，假设该地区某月居民用水量为 W_i，该月份所在年份的居民用水占 2010 年至 2021 年所有年份居民用水的比例 β_i，该月份居民用水占全年居民用水的用水比例 α_i，该街道"七普"时期常住人口比上全市常住人口的比值为 k，该年所有街道的总用水为 W，i 作为月份的时间戳。那么该月份该街道的居民用水如下式：

$$W_i = \beta_i \times \alpha_i \times k \times W$$

对于其他区域水表缺失值填充，则为了充分利用数据信息，构造了多算子执行。

(1)滑动平均法：平移量设置为1个月，滑动窗口大小设置为3个月，对缺失值数据部分执行均值填充。。

(2)LightGBM嵌入法填充：使用集成学习方法中的LightGBM模型对缺失值部分进行预测，根据其他已知如时间中抽取的年、月，行政区以及其他用水、用电特征进行预测。该方法成功将所有缺失值填充完毕，但由于部分数据特征存在大量异常或缺失，部分用水特征的预测值出现负值和零值。这和实际显然不符，需要将其再次转换为缺失值进行额外处理。

(3)线性插值法：用上一个非空时序数据和下一个非空时序数据中的百分位数来线性替代该缺失值部分。

(4)赋值法：经过上述三个算子仍然未填充完毕的少量缺失值，考虑到可能早期该街道关于这类用水特征几乎可以忽略不计，故在模型嵌入式预测时会被预测为负值，故我们将其赋值为0，以便后续进行常住人口预测模型实验。

四、人口与水电量相关性分析

人口、水电的数据预处理和特征工程在整个课题流程中非常重要，前期的多算子处理为后续在模型中的部署训练降低了误差，序列数据的自相关性和人口数据的质量检验则确保了过程的严谨性。人口数据与水电消耗量的相关性分析如下图所示：

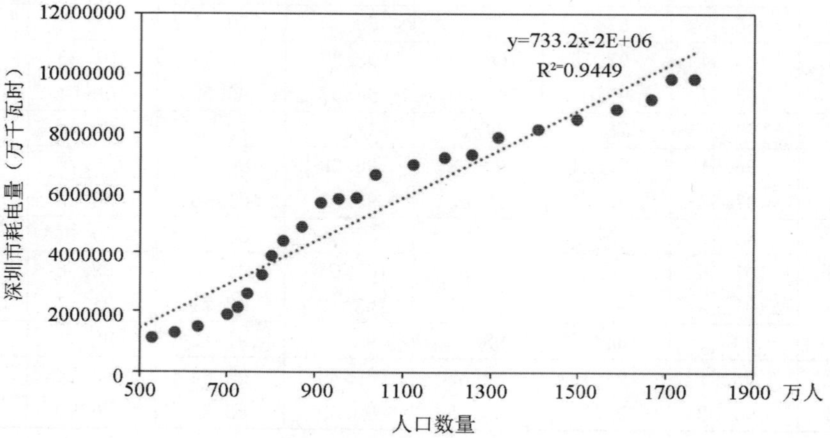

图3　深圳市常住人口与用电量关系图

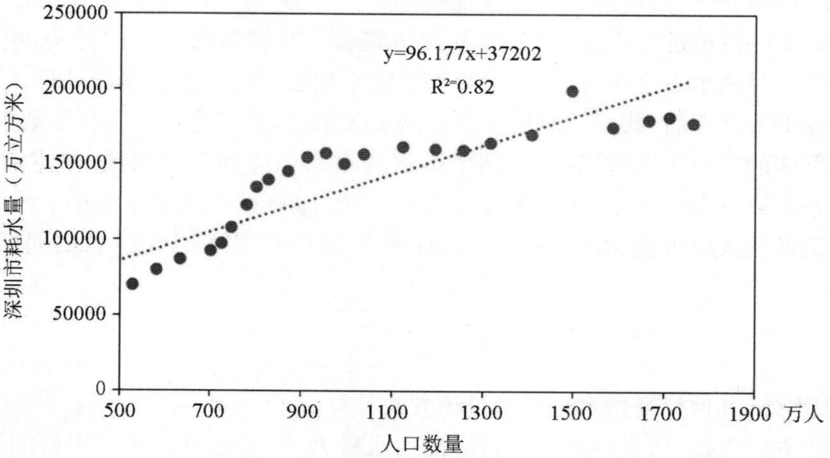

图4　深圳市常住人口与用水量关系图

从图 3 和图 4 分析可以得出，深圳市人口数量与水电消耗量的 R^2 分别为 0.944 和 0.82，从而计算出两组数据的 *Pearson* 相关性系数 r_1 和 r_2 和 0.955，均大于 0.8，说明人口数量与水电消耗量有强相关性。

根据上述步骤对人口数量与用水量的 Pearson 相关性系数 r_2 进行同样的操作步骤，最终可得表 3.1 深圳市人口数量与水电消耗量的相关性矩阵：

表 2　深圳市常住人口数量与水电消耗量矩阵

指标	常住人口	总用水	总用电
常住人口	1.000（＊＊＊）	C.906（＊＊＊）	0.811（＊＊＊）
总用水	0.906（＊＊＊）	1.000（＊＊＊）	0.773（＊＊＊）
总用电	0.811（＊＊＊）	C.773（＊＊＊）	1.000（＊＊＊）

注：＊＊＊代表 1%的显著性水平

在此基础上，结合深圳市水务集团 2010 年—2020 年具体水量数据进一步分析，其中水量种类可细分为居民用水、集体用水、行政用水、工业月水、建筑用水、商业用水和特种用水，经过热力图可视化，可得热力图 5：

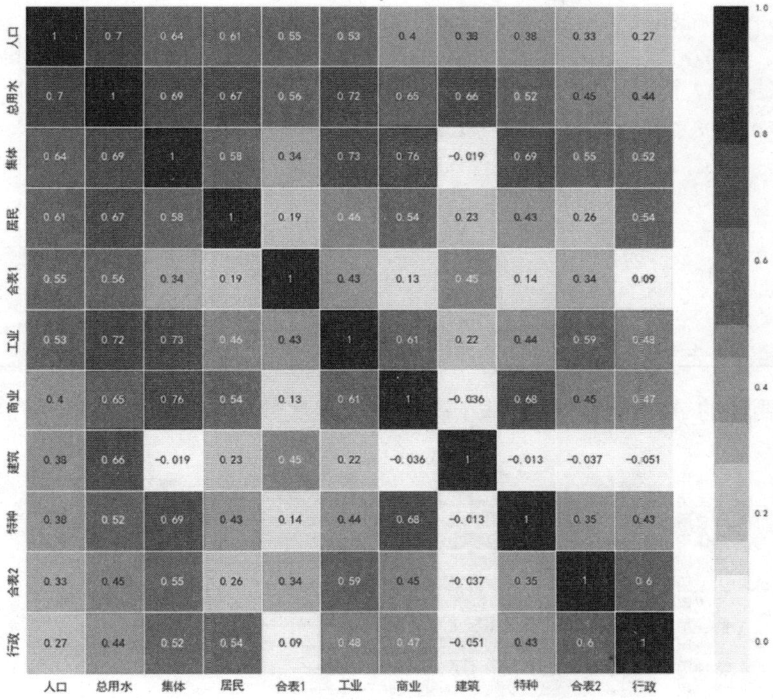

图 5　人口数据与水量相关系数热力图

五、基于集成学习的过往常住人口推断

常住人口数据部分仅依靠极为稀疏的人口普查数据作为特征，缺少大量非人口普查年月的数据。故课题设计了基于集成学习模型的半监督学习，利用多时间步递归、盖帽法、权重衰减等算子补充了过往常住人口数据，在一定程度上缓解了人口数据稀疏的问题。本课题集成模型均结合了 Bagging 与 Boosting 的算法理念，相应逻辑大致如下图所示：

基于集成学习的过往常住人口推断部分主要解决了过去人口预测研究中普遍缺乏有效实验数据，使得后续时序模型无从开展的问题。本文对比了 XGBoost、LightGBM、CatBoost 模型的验证集实验结果后，综合考虑选择了 XGBoost。基于 XGBoost，使用多时间步分段迭代，并在每次迭代过程中使用了盖帽法和指数平滑法有效削弱了模型的过拟合特性和水电季节性异常波动，使得孤立的人口普查数据能够作为基础，不断以半监督学习的方式，逐渐衍生扩充，直到 2010 年 1 月至 2022 年 5 月的所有时序数据被填充完毕。

我们将数据进行聚合处理，最终得出关于修正后的 2010 年至 2021 年的年末（12 月）常住人口预测表 3：

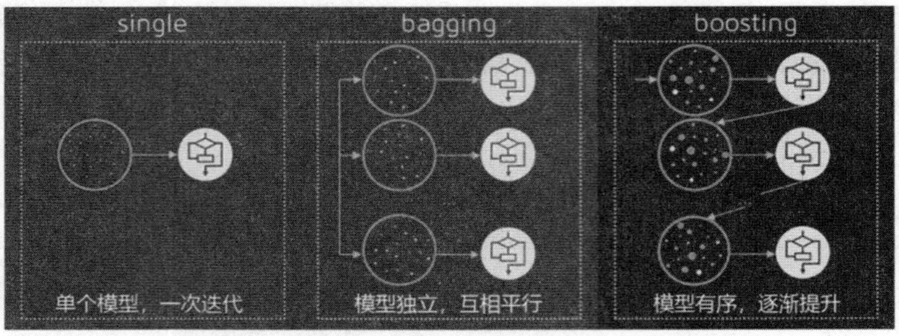

图 6　集成学习简介图

表 3　2010—2021 年年末常住人口预测表

单位:万人

年份	实际值	预测值	残差	相对误差(%)
2010	1043.76	1265.19	221.43	21.21
2011	1122.94	1325.25	202.31	18.02
2012	1195.85	1376.32	180.47	15.09
2013	1257.17	1419.28	162.11	12.89
2014	1317.86	1461.79	143.93	10.92
2015	1408.05	1524.97	116.92	8.30
2016	1495.35	1586.12	90.77	6.07
2017	1587.31	1650.53	63.22	3.98
2018	1666.12	1705.74	39.62	2.38
2019	1710.4	1736.76	26.36	1.54
2020	1763.38	1775.97	12.59	0.71
2021	1768.16	1791.4	23.24	1.31

调用模型特征重要性的 API 接口,绘制基于决策树切分次数的特征重要性降序柱状图,如图 7 所示。

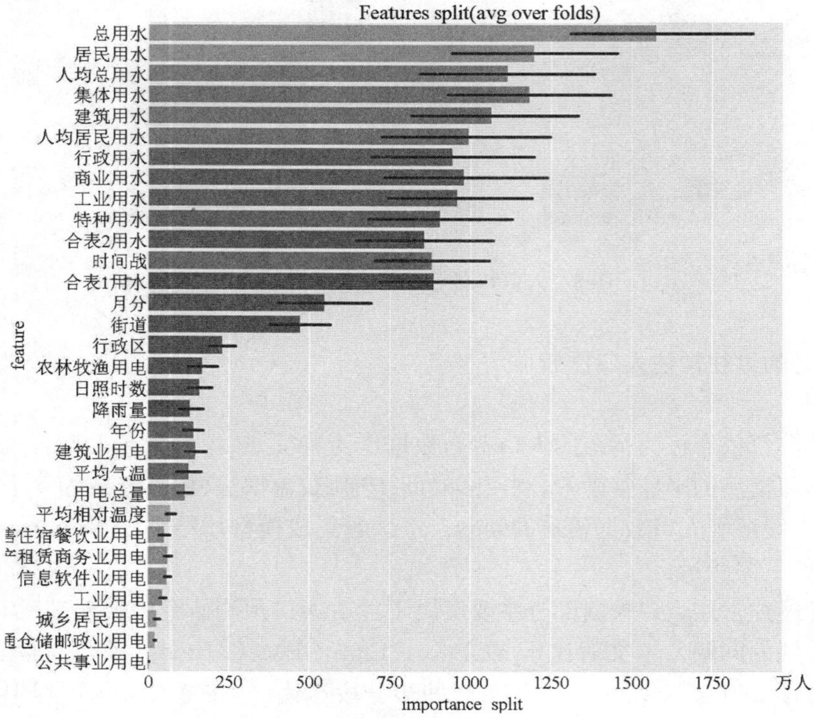

图 7　特征重要性降序图

总用水、居民用水等水量特征的特征重要性在 XGBoost 模型中相对较高，而用电总量等相关特征的特征重要性普遍较低，对模型的贡献也呈现“泾渭分明”。这种现象其实际是因为电量特征数据粒度不够小所导致，不能直接得出水量特征比电量特征对于常住人口的推断要更有效的结论。

六、基于时序模型的常住人口预测

表 4　2022—2035 年深圳市年末常住人口预测表

年份	年末常住人口(万人)	人口增长率(%)
2022	1770.34	−1.18
2023	1740.26	−1.70
2024	1720.59	−1.13
2025	1715.61	−0.29
2026	1730.81	0.89
2027	1748.91	1.05
2028	1769.62	1.18
2029	1772.75	0.18
2030	1789.63	0.95
2031	1802.70	0.73
2032	1819.45	0.93
2033	1815.04	−0.23
2034	1825.65	0.57
2035	1834.69	0.49

基于时序模型的常住人口预测部分则创新地加入了标准 RMSE、加权 RMSE 等评价指标，并从 3 组实验和 5 个模型中通过模型竞争机制选取了最优的实验组合。本课题最终选取 XGBoost-LSTM 的人口及水电时空耦合预测模型进行了 2010 年到 2035 年人口推断及预测。随着时间推移，期间深圳市常住人口呈现“先下降再回升最终稳定增长”的趋势。常住人口预测和结果分析如下表所示：

表 5　2010—2035 年深圳市年末常住人口总表

年份	年末常住人口(万人)	人口增长率(%)
2010	1265.19	—
2011	1325.25	4.74
2012	1376.32	3.85
2013	1419.28	3.12
2014	1461.79	3.00
2015	1524.97	4.32
2016	1586.12	4.01
2017	1650.53	4.06
2018	1705.74	3.35
2019	1736.76	1.82
2020	1775.97	2.26
2021	1791.40	0.87
2022	1770.34	−1.18
2023	1740.26	−1.70
2024	1720.59	−1.13
2025	1715.61	−0.29
2026	1730.81	0.89
2027	1748.91	1.05
2028	1769.62	1.18
2029	1772.75	0.18
2030	1789.63	0.95
2031	1802.70	0.73
2032	1819.45	0.93
2033	1815.24	−0.23
2034	1825.65	0.57
2035	1834.69	0.49

结合集成学习的2010－2022年年末常住人口推断数据和LSTM预测的2022年－2035年年末常住人口预测数据，绘制下表：

综上所述，2010年至2035年深圳市人口数量具体变化趋势如图8所示：

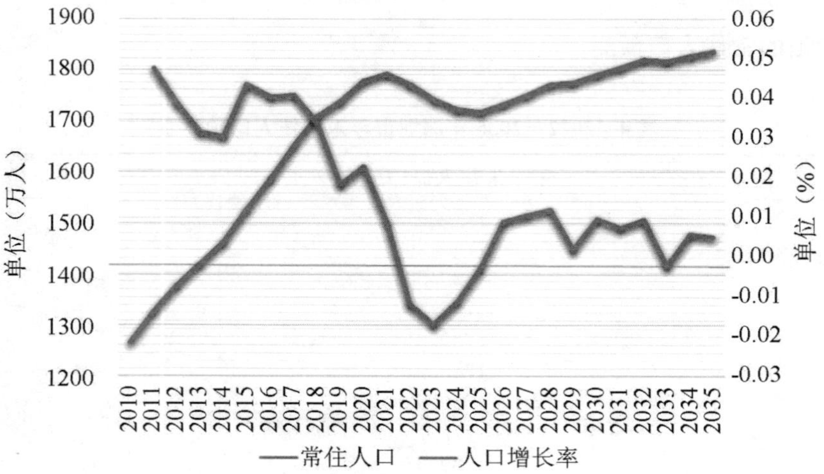

图8　2010－2035年深圳市年末常住人口趋势图

深圳市规划和自然资源局公示了《深圳市国土空间总体规划（2020－2035年）》（草案）（简称“总体规划”），并面向社会公众公开征询意见。其中颇受关注的一点是，到2035年，深圳的常住人口或将控制在1900万。《总体规划》提出，基于资源环境紧约束的现实状况，综合考虑城市宜居水平，按照1900万常住人口规模配置较高品质住房以及基础教育设施；按照2300万实际服务管理人口规模配置行政管理、医疗等公共服务和交通、市政等基础设施。

自2022年始深圳市年末常住人口预计首度出现小幅度下降的趋势，人口增长率呈现负数值－1.18%。这个人口下降趋势会在2023年进一步扩大到－1.70%，之后人口下降趋势会逐渐缓解，到2025年年末已基本与人口增长零线持平。之后在2026年后常住人口增长率由负转正逐步抬升，除2029年和2033年有小幅异常震荡外，整体处于人口稳步上升态势，这段人口平稳提升期中，人口增长率基本维持在[0.5%，1%]的区间内上下波动，在2035年深圳年末常住人口预计达到1834.69万，未抵达1900万的常住人口红线。

（一）政策建议

在“六普”到“七普”的10年期间，深圳的人口净流入量位列全国城市第一。这得益于深圳相对宽松的落户政策和就业机会，其吸引了大量外来人员，使得人口规模增长进入了快车道，人口密度急剧拉升，对于城市资源的需求逐步加大。深圳人口增速快且密度大，是制约城市人口容纳量的关键因素，而引导高密度区域人口逐步向城市外围“平摊”是提升深圳人口容纳量的重要方面。

基于预测结果来看，深圳市的“人口红利”也在自“七普”时期之后的疫情期间不断稀释。一方面可能是源于疫情管控特殊期间所导致的人口暂时外流，另一方面也可能是资源挤兑，触达人口密度与公共资源配置的上限壁垒所导致的阶段性反弹。长期来看，深圳市更多追求的是对于经济的快速发展和城市建设规模扩张，一定程度上加大了生态环境和公共资源的承载压力。资源短缺、资源利用率边际效益递减、污染严重等一系列问题也逐步出现。虽然今年国家出台一系列保护生态环境的政策后，深圳市开始注重“碳中和”等问题，但生态环境在短期内无法得到快速的改善，这也是导致环境限制人口规模增长的一部分原因。

深圳人口密度过大造成其对各类资源的需求都比较大，因此应重点降低密集城区人口密度。健全城市公共设施建设，促进公共服务的均等化分配；对各类旧区进行综合整治，推进城中村、旧工业区拆除重建，引导城市结构更新；加快深汕特别合作区建设，完善深圳、飞地及周围地区之间的轨道交通建设，扩大人口社会经济活动半径，缓解深圳产业用地压力，通过企业和新技术的流入带动汕尾发展，为飞地及周边地区创造更多的就业机会，从而解决深圳人口众多、住房压力大等问题。

北京市出台《北京市引进毕业生管理办法》，随后北京市发改委也计划择机适度提高年度落户规模。而深圳则是收缩阵线出台新规，将学历落户门槛从大专升级到了本科，并且将入户年龄限制向下调整，进一步提高了入户门槛。随着疫情逐渐的回暖，武汉等大型中部城市的常住人口也在逐步回流。而大环境下，全国出生人口持续下行，抢人大战在最终将会落地为“存量博弈”的竞争，城市人口增长必然带来的是近乎零和博弈下的其他城市流失。从这样的角度上来看，虽然部分大城市人口仍呈现扩张趋势，但扩张速度、人口增量必然受到极大影响，如深圳特区等中心城市对周边人口的吸引能力也会逐渐减弱。对此政府需要提前筹备远期规划，在全国领先的人口红利褪去时依然能够稳步发展。

水电用量，作为人口变化的结果，而非人口变化的原因，在一定程度上几乎无法左右人口变动，而是只能通过水电用量的变化，窥见人口变动的趋势。故对于第二部分的预测实验结果，我们也应保持谨慎观望的态度。真正影响到未来人口变化的核心要素，依然在于疫情形势变化、产业结构、政策调整、适龄妇女生育倾向、房价趋势、公共资源承载力和人才引进政策等宏观因素，相对而言水电用量是在因果顺序之后的表征。

七、下一步展望

本课题构建“XGBoost-LSTM”模型来实现基于水电和人口普查数据对过去非普查年的人口推断以及未来常住人口的模拟预测。实验过程完备，误差合理，预测结果符合人口客观规律。课题过程中可以改进的地方如下：

1. 本课题大部分数据依据皆来自深圳市智能水表数据，缺乏粒度精细的深圳市用电数据。另外，早期智能水表采集设备并未普及，采集精度也相对较差，数据中存在较多噪声、缺失值、异常值，对实验效果造成了一定的影响。由于后续数据治理相较过往更加完善，如果基于更优质、更全面的用水用电数据，按照近似方式开展课题实验会取得更好地实验效果。

2. 缺乏疫情封控期间所对应的人口相关数据。这使得模型无法完全学习到疫情管控时期的特殊状态。该时期水电用量呈现极端异常，居家相关用水用电特征出现激增，而集体类型特征如建筑用水、集体用水则出现大幅骤减。此时模型预测结果发生较大偏移。但按照基本逻辑推断，常住人口作为为期六个月的时延变量，很可能没有立刻发生过激变化。如若能够了解到疫情时期的具体常住人口数据，作为模型的训练依据，则能够更好的拟合未来的类似状态。

3. 水电用量处于人口变化因果推断的末端位，即先有人口变化，才有水电变化。通过水电特征去预测未来常住人口的实验策略不具备优良解释性，而通过已知的水电特征去推断现有或过去的常住人口的实验策略是更为完备的。故不建议仅使用能源去逆推未来的人口趋势，而更多建议将水电用量作为推断过去或者现在的常住人口数量的一种手段。

4. 常住人口作为时延变量，和水电用量口径并不相符，水电用量匹配的人口口径是“现有人口”。如果未来条件允许，可通过其他方式收集到近似的现有人口数据，作为水电模型的输入端进行训练，模型泛化能力会显著提升。

信息中心副主任、国家首批系统分析师　郭颂明
课题组主要成员：
信息中心算法工程师　伍驰中
信息中心数据管理工程师　卢子川
信息中心数据管理工程师　梁金花
技术部副经理、《水务技术》副主编　卢小艳
信息中心数据管理工程师　张兵荣

北上广深城镇家庭住房状况变迁

——基于三次人口普查数据的比较

居民住房状况是考察民生的重要内容之一，居住质量的提高也体现了人民对美好生活的向往和追求。为有效把握我国居民的居住水平，自2000年第五次全国人口普查开始，国家统计局在调查问卷中设置了居住相关的系列指标，主要包括居住状况、产权状况、生活设施等与居民住房相关的问题。本文基于第五、第六和第七次全国人口普查数据，对住房供求矛盾最为突出的四个一线城市，从其人口与家庭结构出发，对北上广深城市居民近年的居住空间状况、住房设施水平和产权情况进行了分析比较。旨在有效把握一线城市居民住房状况发展趋势，为差别化的住房市场调控提供合理化建议。

一、人口与家庭视角下的住房需求

家庭是住房消费的基本主体，基于城市人口与家庭变动情况能有效判断未来住房市场发展方向。表1数据显示，"六普"至"七普"间全国人口年均增长率放缓至0.53%，而北上广深总人口以全国人口增速的1.5—10倍稳健增长。其中，北京、上海增速明显放缓，年均增长率由3%以上降低至1%左右。但由于人口基数大，人口增量十分可观(北京增加228万人，上海增加185万人)。广州、深圳总人口年均增长率继续攀升至3.93%、5.35%，分别增长714万和598万人，成为"七普"中总人口增量最大的城市。

表1　全国及北上广深总人口与增速变化

地区	总人口数(亿人)			总人口年均增长率(%)	
	2000年	2010年	2020年	2000—2010年	2010—2020年
全国	12.42612	13.32811	14.09779	0.57	0.53
北京	0.105225	0.168587	0.191664	3.80	1.10
上海	0.144899	0.205551	0.222094	3.24	0.80
广州	0.08091	0.106414	0.160967	2.48	3.93
深圳	0.064803	0.103584	0.174446	4.05	5.35

其中流动人口占比居高位且持续流入，对人口增长贡献明显。表2数据显示，至2020年北上广深分别拥有842万、1048万、938万、1244万流动人口，占总人口的比重高达38.50%、42.10%、61.70%、80.33%。2010—2020年间，四城均实现百万级人口流入，其中北京、上海对流动人口吸力减弱，但仍保持15%以上增长率。而广州、深圳流动人口增长率超50%，尤其广州市近十年流动人口增长近一倍。相较于人口自然增长，流动人口规模的增加带来新市民群体的住房需求快速增长，对住房销售市场和住房租赁市场都形成了一定的需求支撑。

从家庭数量与结构看，家庭①总户数增加，家庭结构小型化明显。通过表3数据可知，2010—2020年北京、上海、深圳增加约140万户城镇家庭，深圳增长最多达214.86万户；从户均人数看，北上广深城市家庭平均人数进一步减少至2.30、2.38、2.15、2.25人/户，低于全国2.49人/户；同时，同辈或单身独居的一代户家庭结构成为当前主流模式。2020年北上广深一代户家庭占比分别为57.72%、55.99%、65.43%、65.13%，家庭居住模式由"五普"中二代户占主导逐渐转换到一代户占比居多，并明显高于全国平均值52.17%；其

① 家庭指城市家庭，不包含乡村家庭。

表 2　北上广深流动人口占比与增长情况

地区	流动人口数(人)		增加人数(人)	占总人口比重	流动人口增长率
	2010 年	2020 年			
北京	7,044,533	8,418,418	1,373,885	38.50%	19.50%
上海	8,977,000	10,479,652	1,502,652	42.10%	16.70%
广州	4,760,825	9,378,825	4,618,000	61.70%	97.00%
深圳	8,221,754	12,438,738	4,216,984	80.33%	51.29%

中,一人户的占比极高,尤其广州、深圳二城一人户占比超 40%。张翼(2022)指出“空巢老人”和“独居青年”增加是一人户占比增加的重要原因。这一状况对房地产市场发展需求变动影响体现在:一方面居家养老社区、康养度假需求扩大,预期将成为未来住房市场的蓝海领域,也会加快城市社区适老化建筑改造的步伐;另一方面是独居青年住房需求机会增加。独居青年住房支付能力相对较弱,更偏好小户型住房,同时对于设施、配套、物业等方面要求更高,未来这一需求会持续上升,因此住宅开发要注重年轻群体关注的各项配套和商业设施,有效解决城市新青年的住房问题,使得青年人能在城市安居乐业。

表 3　全国及北上广深城镇家庭结构变动情况

地区	年份	家庭总户数(万户)	平均每户人数(人)	一代户占比(%)	二代户占比(%)	三代户占比(%)	四代户及以上占比(%)	其中:一人户占比(%)
全国	2000	9105.25	3.03	28.38	58.13	13.16	0.34	10.68
	2010	13924.41	2.71	41.17	47.16	11.43	0.24	17.95
	2020	22132.08	2.49	52.17	36.52	11.04	0.27	27.53
北京	2000	318.31	2.79	32.90	54.35	12.58	0.16	13.50
	2010	594.29	2.40	51.44	39.24	9.21	0.11	25.97
	2020	743.96	2.30	57.72	32.24	9.91	0.13	29.67
上海	2000	436.77	2.78	33.51	51.69	14.47	0.33	13.64
	2010	674.13	2.52	47.04	42.20	10.55	0.21	19.25
	2020	816.58	2.38	55.99	32.86	10.94	0.22	26.79
广州	2000	213.57	3.03	33.53	52.62	13.63	0.23	15.85
	2010	348.22	2.56	47.67	41.55	10.68	0.11	27.49
	2020	563.08	2.15	65.43	26.84	7.59	0.15	41.84
深圳	2000	163.12	2.61	53.73	40.29	5.88	0.09	25.36
	2010	453.09	2.11	69.75	25.79	4.42	0.04	37.24
	2020	595.89	2.25	65.13	26.28	8.47	0.12	40.15

人口与家庭户数持续增长,加之家庭规模趋小型化促使住房市场释放出旺盛需求,进一步推高一线城市房价。2010 年至 2020 年间,北京、上海、广州商品住宅的销售价格上涨约 1.5 倍,深圳房价实现翻倍增加。截至 2020 年底,四城商品住宅售价均在 2.7 万/㎡以上。根据人口与家庭结构变化趋势,未来一线城市住房需求仍将处于持续增长阶段,住房可支付性低,居民存在住房经济压力。此外即使在一线城市内部,同样存在住房需求增速与偏好两方面的分化。广州、深圳相较北京、上海具有更强人口增长潜力,同时小型化家庭趋势更为明显。未来住房开发应更多依据目标市场特点,把握细分人群需求,保证住房数量、质量供应满足市场实际需求。

二、北上广深居民居住空间状况变化趋势分析

根据三次人口普查数据显示,不同城市居民居住空间变动存在一定差异。如表 4 所示,北京户均①住房间数最多,近十年增加至 2.11 间/户,而上海、广州、深圳三地户均住房间数仅存在小幅度波动,都保持在 2

① 特指城市家庭,后文所使用的数据均为城市家庭数据。

间/户以下；同期北京、上海、深圳、广州人均住房建筑面积分别为33.41m^2、30.58m^2、27.46m^2、21.47m^2，较2010年分别增长20.14%、21.78%、19.17%、5.76%。一线城市的住房建筑面积有所增加，但总体低于全国平均水平。探究原因，住房间数变动一方面受家庭小型化趋势影响，另一方面住房改善需求又使房间数有增大趋势。综合两方面影响，不同城市展现出不同的变化趋势。但随着一线城市经济发展，人均住房建筑面积不断提升。值得注意的是，深圳户均住房间数和人均住房建筑面积都远低于全国和其他一线城市水平，且建筑面积在20年间几乎没有明显增长，未来深圳住房空间的扩展具有较大潜力和需求。

表4　全国及北上广深住房间数与建筑面积

地区	户均住房间数(间/户)			人均住房建筑面积(m^2/人)		
	2000年	2010年	2020年	2000年	2010年	2020年
全国	2.28	2.37	2.50	21.81	29.15	36.52
北京	2.21	2.04	2.11	19.57	27.81	33.41
上海	1.83	1.86	1.98	19.85	25.11	30.58
广州	2.03	2.06	1.95	20.05	25.3	27.46
深圳	1.92	1.63	1.78	21.39	21.35	21.47

进一步探究城镇家庭拥有住房间数的各部分占比情况。如表5显示，北京、上海、深圳拥有2—4间住房的城镇家庭比例增加，拥有1间及以下、5间及以上住房家庭占比减少。而广州仅拥有1间及以下家庭户占比增加。结合前文人口变动数据，流动人口增速最快的广州，住房支付能力更弱，更小型化的家庭结构促使其选择小户型住房。

表5　按拥有不同住房间数的城镇家庭户占比

单位：%

地区	一间及以下			二间			三间			四间			五间及以上		
	2000年	2010年	2020年	2000年	2010年	2020年	2000年	2010年	2020年	2000年	2010年	2020年	2000年	2010年	2020年
全国	25.58	24.71	17.96	42.86	38.37	37.18	21.16	25.34	33.76	5.73	6.19	6.55	4.66	5.39	4.55
北京	28.90	34.16	26.64	44.42	40.37	45.32	18.34	20.22	23.11	3.75	3.11	3.35	4.59	2.14	1.59
上海	44.25	41.49	33.77	40.47	38.95	41.77	9.98	15.91	20.23	2.49	2.04	2.87	2.80	1.61	1.36
广州	36.10	37.10	44.39	36.53	31.72	26.98	20.57	23.55	22.07	4.20	4.81	4.53	2.61	2.82	2.03
深圳	45.75	61.10	54.33	25.21	19.34	21.68	23.56	15.48	17.82	3.34	3.08	4.74	1.86	1.06	1.43

从表6所反映的人均住房建筑面积不同区间占比的数据来看，一线城市人均住房建筑面积主要集中在20—39m^2，但在19m^2以下的家庭占比显著高于全国平均水平。从变动趋势看，北上广三城人均建筑面积在19m^2以下区间占比明显减小，而深圳变动趋势与之相反。综上，在家庭小型化、住房压力等多重作用下，我国一线城市住房面积总体偏小，其中深圳住房压力最大。根据人口变化趋势，小户型、更高建筑面积这一发展趋势仍将继续延续。并且随着收入水平提高和住房改善，未来居民对于改善住房空间需求会继续增长，一线城市大户型新房存在市场。

表6　按不同人均住房建筑面积段的城镇家庭户占比

单位：%

地区	12m^2及以下			13m^2—19m^2			20m^2—39m^2			40m^2—49m^2			50m^2及以上		
	2000年	2010年	2020年	2000年	2010年	2020年	2000年	2010年	2020年	2000年	2010年	2020年	2000年	2010年	2020年
全国	24.9	16.4	6.89	23.60	15.34	10.5	37.8	40.2	39.69	5.63	10.3	13.3	8.00	17.55	29.52
北京	30.0	24.60	10.60	23.58	13.85	13.16	34.70	34.07	38.29	4.51	8.98	12.1	7.18	18.50	25.81
上海	33.3	24.6	12.19	23.02	17.28	15.65	31.10	36.51	41.58	5.03	9.27	11.7	7.47	12.33	18.80
广州	30.89	21.23	16.31	22.27	18.73	18.44	33.69	38.81	41.72	5.02	7.49	8.53	8.13	13.73	15.00
深圳	31.85	31.51	31.74	15.19	20.42	20.79	36.22	33.79	33.57	6.46	5.52	5.37	10.29	8.75	8.54

三、北上广深居民住房设施状况变化趋势分析

除通过住房间数、人均建筑面积等基本数量指标反映家庭住房状况外，房屋楼层、厨卫配套等指标也反

映居民住房使用的效用。

(一)住房建筑楼层

住房建筑楼层反映城市住房对于土地的利用程度。从"六普"数据可知,北京、上海与全国平均情况类似,住房以6层及以下楼房为主。而广州、深圳住房对于土地利用度更高,更多集中在7层及以上楼房,占比分别达到48.37%和57.60%。

表7　2010年不同建筑层段城镇家庭户占比

单位:%

地区	平房	6层及以下楼房	7层及以上楼房
全国	15.01	59.78	25.21
北京	24.36	43.20	32.44
上海	9.84	68.59	21.56
广州	4.51	47.12	48.37
深圳	3.53	38.87	57.60

第七次人口普查将建筑层数的划分进一步细化为平房、多层(7层及以下)、高层(8—33层)、超高层(34层及以上)。数据显示北京、上海、广州住宅多层家庭户占比大,达46.14%、62.42%、60.33%。而深圳8—33层高层建筑更多,家庭户占比超50.45%,同期北上广这一比例在30%—45%之间;平房占比迅速降低,除北京平房住户占比9.21%超全国平均6.07%,上海、广州、深圳平房住户仅占比3.01%、1.69%、1.40%。

表8　2020年不同建筑层段城镇家庭户占比

单位:%

地区	平房	多层(7层及以下)	高层(8—33层)	超高层(34层及以上)
全国	6.07	56.98	35.55	1.40
北京	9.21	46.14	44.43	0.22
上海	3.01	62.42	33.90	0.68
广州	1.69	60.33	36.61	1.37
深圳	1.40	45.47	50.45	2.68

鉴于两次人口普查中建筑层数划分标准不同,难以直接对指标增长幅度进行测算。但比较平房住户(2010年、2020年)、6层及以上楼房住户(2010年)和多层住户(2020年)数据,可知一线城市用地紧张,为提升用地效率平房比例不断收缩而高层住宅占比将进一步扩大,未来这一趋势将继续持续;横向对比一线城市中,深圳在高楼层分布比例最大,说明深圳市土地利用效率最高。而北京平房占比大,随着城市翻新改造,北京市住房供给存在一定潜力。未来一线城市土地利用规划中值得注意的是,一方面高楼层虽然意味着对土地更为集约的利用,但另一方面建筑后期维护费用较高,发生意外风险带来的损失也较大,而且过高容积率会降低居民的居住效用。因此在住宅楼层的规划上,应建立更为科学合理的标准。

(二)住房配套设施

三次人口普查中,根据厨房、厕所、炊事燃料、管道水、洗澡设备五方面对住房的配套设施进行分析。厨卫是住房功能完整性的体现,本文合并不同类型厨房、厕所计算城镇家庭厨卫拥有率。其中,配备厨房的家庭户数比例上升。但北京、深圳厨房拥有率仅为94.31%、92.33%远低于全国水平;北上两城厕所拥有率相对较低,至2020年6.50%的北京城镇家庭、3.00%的上海城镇家庭住房没有安装厕所,而对比广州、深圳这一比例仅为0.30%、0.25%;管道水的覆盖范围持续扩大至95%以上。至2020年除北京(95.83%)管道自来水覆盖率低于全国平均(97.8%)水平外,其余三城管道水覆盖率超98%,能保证较高住房舒适度。

除此以外,表10数据显示洗澡设备问题在北京、深圳较为严重,低于全国平均水平。截至2020年,仍有5.65%的北京家庭、6.48%的深圳家庭住房内未配备洗澡设备;燃气为住房主要炊事燃料、使用率均较高,一线城市炊事燃料使用电力的家庭占比迅速增加。

表 9　全国及北上广深厨房、厕所、管道水情况占比

单位：%

地区	年份	住房中有无厨房			住房中有无厕所		住房内有无管道自来水	
		本户独立使用	与其他户合用	无	是	否	是	否
全国	2000	85.37	2.86	11.77	77.47	22.53	87.46	12.54
	2010	88.75	3.05	8.20	89.08	10.92	93.18	6.82
	2020	95.54	1.40	3.06	98.22	1.78	97.80	2.20
北京	2000	77.57	2.85	19.59	69.34	30.66	99.41	0.59
	2010	79.36	3.97	16.67	79.10	20.90	88.07	11.93
	2020	91.19	3.12	5.69	93.50	6.50	95.83	4.17
上海	2000	76.48	9.51	14.01	78.02	21.98	99.55	0.45
	2010	78.98	7.03	14.00	83.72	16.28	93.49	6.51
	2020	89.47	6.96	3.57	97.00	3.00	98.98	1.02
广州	2000	89.39	5.22	5.39	90.19	9.81	97.10	2.90
	2010	95.14	2.00	2.86	98.23	1.77	99.18	0.82
	2020	96.16	0.74	3.10	99.70	0.30	98.93	1.07
深圳	2000	80.49	5.94	13.57	88.39	11.61	94.46	5.54
	2010	90.12	2.69	7.19	98.53	1.47	98.59	1.41
	2020	91.41	0.92	7.67	99.75	0.25	99.44	0.56

表 10　全国及北上广深洗澡设备、主要炊事燃料情况占比

单位：%

地区	年份	住房内有无洗澡设施				主要炊事燃料				
		统一供热水	家庭自装热水器	其他	无	燃气	电	煤炭	柴草	其他
全国	2000	2.44	40.57	7.41	49.58	69.93	1.89	20.54	6.66	0.99
	2010	3.05	68.12	6.38	22.45	80.69	9.57	6.23	1.96	1.55
	2020	3.17	90.28	1.75	4.80	85.70	11.61	0.69	0.40	1.60
北京	2000	2.66	58.51	1.46	37.37	89.69	0.30	9.21	0.11	0.68
	2010	6.99	68.49	1.49	23.03	89.62	6.16	1.97	0.03	2.22
	2020	7.29	86.29	0.73	5.68	89.55	8.76	0.04	0.00	1.65
上海	2000	0.69	60.84	5.54	32.93	95.17	1.05	1.18	1.08	1.53
	2010	0.80	74.83	1.82	22.55	95.38	3.12	0.08	0.05	1.37
	2020	1.76	93.57	0.45	4.23	93.46	5.69	0.01	0.02	0.82
广州	2000	1.38	73.87	12.67	12.08	94.81	1.06	0.77	2.21	1.14
	2010	2.10	84.99	9.54	3.36	91.11	7.65	0.17	0.25	0.81
	2020	2.26	93.67	1.98	2.08	76.39	21.01	0.08	0.02	2.50%
深圳	2000	2.89	69.77	12.96	14.39	92.19	1.42	0.46	1.39	4.53
	2010	4.20	70.80	17.23	7.77	86.11	9.36	0.17	0.10	4.27
	2020	6.75	81.35	5.42	6.48	71.90	21.70	0.14	0.00	6.26

基于上述分析可以看到，一线城市中广州市的住房配套措施相对较好，而北京市在厨卫覆盖率和管道自来水等配套措施上仍有较大改善空间。同时，深圳近十年来住房设施改善幅度不大，城镇家庭厨房、厕所、管道水、洗澡设备四项平均拥有率仅提升了 0.96%，拥有率改善位居全国倒数。该结果一定程度上与深圳城中村小产权住房占比大有关。随着深圳城市更新速度的进一步加快，未来深圳市住房设施配套条件将迎来极大改善空间。

四、北上广深居民住房产权状况变化趋势分析

从四个城市城镇家庭住房自有化率[①]水平看，2020 年北上广深城镇家庭住房自有率分别为 56.30%、61.59%、37.78%、19.35%，明显低于全国平均，其中广州、深圳二城自有率低尤为突出；从 2000—2020 年变动情况看，上海涨幅最大、北京小幅增长，而广州、深圳自有化率下降超过 20%。

表 11　2000—2020 年全国及北上广深城镇家庭住房自有化率

单位：%

地区	2000	2010	2020 年
全国	71.98	69.78	69.24
北京	55.12	56.88	56.30
上海	55.70	59.47	61.59
广州	63.72	52.44	37.78
深圳	39.56	21.43	19.35

从租房角度考虑，租赁住房来源主要包括保障性住房和其他住房。其中，保障性住房由政府提供政策、资金支持，作为保障中低收入家庭、新市民群体基本住房需求的重要途径。从表 12 数据可知，2010—2020 年间，北上广深租赁廉租房和公租房群体占比显著增加，至 2020 年分别达到 5.76%、3.97%、5.25%、5.15%；而租赁其他住房的群体仍占绝大多数，是一线城市获取住房的最主要方式，2020 年北上广深这一比例分别为 29.55%、31.91%、53.71%、71.70%。

从购房角度看，2010—2020 年北上广深购买新建商品房的家庭占比变化与全国变动趋势不同，反而下降 1%—8%；购买经济适用房或两限房的比例增长 1%以内，而全国下降超 1%。除北京该群体占比达 6.96%高于全国水平外，其他三城占比保持在 2%以下；同时注意到，购买二手房的家庭占比实现成倍上升。2020 年，北上广深购买二手房的家庭比例分别达 12.34%、20.21%、9.18%、6.44%。随着新建住房供给减少，购买二手房逐渐成为一线城市家庭获取住房重要途径。政策方面，2022 年，已有超过百城出台“带押过户”细则，能有效促使二手房房源进一步释放，帮助实现交易的达成。未来四大一线城市二手房市场在“带押过户”政策推动下，将进一步活跃。同时针对二手房信息市场不对称等问题，需要政府积极监督引导、规范中介服务机构行为，防止“一房二卖”、防范抵押权悬空等市场风险。

表 12　全国及北上广深住房来源

单位：%

地区	年份	自建住房	购买新建商品房	购买二手房	购买经济适用房/两限房	购买原公有住房	租赁廉租住房/公租房	租赁其他住房	其他
全国	2010	16.43	26.02	4.98	5.05	17.30	2.66	23.11	4.46
	2020	10.06	34.36	12.10	4.07	7.83	3.74	21.83	6.01
北京	2010	5.55	20.24	3.47	6.09	21.52	1.61	35.57	5.94
	2020	2.74	18.99	12.34	6.96	14.21	5.76	29.55	9.45
上海	2010	4.12	29.14	7.48	0.29	18.45	1.71	36.58	2.24
	2020	2.01	27.30	20.21	0.97	10.75	3.97	31.91	2.88
广州	2010	11.33	22.73	4.71	1.60	12.07	3.48	39.73	4.35
	2020	6.43	15.19	9.18	0.91	5.38	5.25	53.71	3.94
深圳	2010	2.79	14.00	1.93	1.42	1.30	11.45	61.98	5.14
	2020	1.97	8.98	6.44	0.93	0.77	5.15	71.70	4.06

① 住房自有化率计算公式为：住房自有化率=(自建+购买商品房+购买二手房+购买经济适用房或两限房城镇家庭户数)/城镇家庭总户数*100%

五、结论与建议

综合以上对北上广深2000—2020年三次人口普查信息数据的分析，得出以下结论：

(1)北上广深人口增长趋势持续，其中2010—2020年实现百万级流动人口增加，带来新市民的迅速增长。伴随家庭数量增加、家庭结构小型化，一线城市持续释放旺盛住房需求。未来住房需求将进一步增长，一线城市住房紧张基本现状仍将延续。住宅产品应注重适用小型化家庭需求，同时兼顾改善性住房需求。

(2)2000—2020年间，北上广深城镇家庭基本居住水平有所改善，但各城市居住空间和配套设施的改善情况有所分化。其中北京、上海城镇家庭住房空间更大且增速快，住房以多层为主，土地利用效率低于深圳、广州。同时北京配套设施相较落后，有较大改善空间；深圳、广州住房空间相对狭小，以高层住房为主。其中广州配套设施相对完善，整体住房质量优异。深圳近二十年住房空间与配套设施无明显改善，需重点解决城中村小产权房问题。

(3)北上广深城镇家庭住房自有率低，租房群体占比最高，租赁其他住房为最主要方式，租赁保障性住房群体占比不高但增速快；购买新房群体占比下降，而购房二手房家庭比例成倍增长。一线城市居民住房消费趋向多元化，未来应继续推进住房多主体供应、多渠道供给。需进一步建立完善住房保障体系和租赁体系，坚持租售并举，注重发展机构租赁和租赁型保障住房。重视盘活存量房，完善二手房交易体系。推动“带押过户”政策有效实现，促进二手房交易稳健增长。

中南财经政法大学金融学院　杨巧　邱钰琪

影响北京老年人住房状况的重要因素

——基于第七次人口普查的研究

一、引言

确保老年人在城市环境中的健康和福祉已成为发达国家和发展中国家的优先问题。许多研究表明，老年人通常希望尽可能长时间待在自己的家里。面对老年人身体功能、反应和行动能力的恶化，以及家庭结构和生活方式的变化，他们用于长期居住的旧住房已经无法满足他们老化过程的一些实际需求。然而，身体和经济限制、社会孤立、健康问题和年龄歧视等都可能给老年人在寻找合适住房、获得独立生活、维持生活质量带来挑战，即在获得适当的住房和服务方面，老年人被视为弱势群体。

人口老龄化的加重导致人们对老年人住房政策越来越感兴趣。考虑到中国老年人口众多且增长迅速，这一点可能尤其值得注意。根据北京市统计局的数据，60 岁及以上常住人口的比例从 2010 年的 12.5%上升到 2020 年的 19.6%；2010 年至 2020 年，北京 60 岁及以上老年人比例上升 7.1 个百分点，高于全国平均水平。北京已经进入严重老龄化状态。同时，北京作为中国的首都和特大城市，具有人口多、流动频繁、人口结构复杂、人口和功能集聚等特点，使北京的住房问题更加复杂。

北京市与老年人有关的住房政策主要包括四个方面：一是北京市住房保障政策向老年人家庭倾斜，老年人在公租房分配以及市场租房补贴享受更多的优待；二是在建设、分配廉租住房、公共租赁住房等保障性住房时，统筹考虑家庭成员照顾老年人需求，通过规划开发老年宜居住宅和代际亲情住宅工程，鼓励家庭成员与老年人共同生活或就近居住；三是北京于 2016 年开始对经济困难老年人实施居家适老化改造；四是符合一定条件（如无产权和 60 岁以上）的老年人享受低首付和低利率贷款购房优惠政策，以实现中心城区老年人搬迁的政策目标。

为老年人设计有效住房政策的关键挑战之一是老年人的异质性。老年人有不同的需求和偏好，在制定政策时必须考虑到这一点。然而，据我们所知，对中国老年人住房政策的研究相对较少。因此，如何为不同的老年人制定不同的住房政策是当前需要研究的关键问题。本文的目的是以北京为例，探讨为老年人创造友好生活环境的影响因素，并确定其中的关键因素。最终目标是为北京乃至中国老年人住房政策的发展和完善提供依据。

二、文献综述

与老年人住房相关内容的研究主要包括老年人住房政策研究、老年人住房环境内涵研究以及老年人住房状况及其影响因素研究。

（一）老年人住房政策研究

为吸纳先进经验，许多学者研究了美国（刘治平，2019）、日本（黎鑫，2010）、英国（周春发，朱海龙，2008；赵建彬，2012）、香港（陈理力，胡惠琴，2009）等发达国家和地区老年住房政策的创新举措，并通过与中国老年住房政策对比，讨论了中国老年住房政策存在的缺陷。

（二）老年人住房环境的内涵研究

人口老龄化提出了提供适当住房的问题，使老年人能够在不失去自主权和独立性的情况下就地养老。联合国 2030 年可持续发展议程提出了老年友好型城市建立目标，该目标旨在“所有人都能获得充足、安全和住房”。这意味着老年人住房不仅仅停留在物理环境的无障碍层面，还包括非物理环境的内容。总结起来，老年人友好住房环境包含三方面内容。一是住房可负担性，主要指住房支出占可支配收入的占比在合理的范围内(WHO,2015;Vega & Wallace;2016;AARP,2017);二是居住环境,包括居住空间(Oswald et al.,2011;Ahrentzen & Tural,2015),房间布局(Burton et al.,2015;Van Hoof & Kort,2009),屋内基础设施(Van Hoof et al.,2009;Leung,et al.,2016),无障碍设施(Brookfield et al.,2015;Lu et al.,2019)、相关公共设施的可达性(Loo et al.,2017)等;三是社区联系,例如社区交往环境(WHO ,2007;郑振华,彭希哲,2019)、社区参与(Ervet ,2007)。

(三)老年人住房状况及其影响因素研究

与全人群相比,仅针对老年群体住房状况的国内研究不多,丁志宏和姜向群(2014)使用北京市海淀区2010年调查数据从住房产权、内环境和外环境三方面分析了老年人住房状况。更多的学者从建筑学角度讨论了老年人住房物理环境现状和需求(姚栋,2005;高子悦,2017)。老年人住房状况影响因素主要聚焦于老年人住房产权的影响因素研究,包括年龄(Li & Yi,2007;Census Bureau,2012),性别(Segal & Sullivan,1998; Darab et al., 2018)、婚姻状况(Huang & Yi,2010)、户口类型(尹银等,2019)收入水平(Sato et al.,2013)、受教育水平(Oldman, Mean,2002)等。

综上,从过去的文献来看,虽然对住房的研究较多,但聚焦于中国老年人住房问题的研究仍是屈指可数,定量角度系统性探讨老年人住房状况影响因素的研究更是少之又少,而这方面研究对于住房政策的制定具有重要参考意义。

三、研究设计

本文在充分掌握北京现行老年群体住房政策的基础上,结合北京市第七次全国人口普查长表数据,选取428002名60岁及以上老年人作为研究对象,从住房产权、住房内环境和住房外环境三个方面考察老年人的住房状况及其重要影响因素。其中,住房产权情况包括是否住房自有、是否租赁保障性住房、是否购买保障性住房三方面;住房外环境包括住房总层数、承重类型、建成年代、有无电梯;住房内环境包括人均住房建筑面积,人均住房间数,炊事燃料使用、自来水、厕所、厨房、淋浴设施状况。

本文运用Stata16.0对数据进行整理和分析。首先采用频数、频率等考察北京市老年人住房状况的人口结构差异问题,确定影响老年人住房的全部因素。然后,采用主成分回归和标准化系数进行北京老年人群住房状况重点因素识别。

主成分回归中,考虑到内、外环境包含变量众多,分别使用主成分分析法确定两者的综合指标。其中,住房外环境仅产生一个因子,由住房总层数、承重类型、建成年代和有无电梯构成,分数越高表示住房总层数越低、承重类型更加坚固(钢结构)、建成年代靠近现代、有电梯,简言之,分数越高意味着住房外环境越好;住房内环境产生两个因子,根据因子载荷图可以发现,炊事燃料使用、自来水、厕所、厨房、淋浴设施在第一个因子上负载最高,人均住房建筑面积和人均住房间数在第二个因子上负载最高,因此,将第一个因子称为"住房设施"指标,分数越高意味着设施越好,将第二个因子称为"住房空间"指标,分数越高意味着住房空间越大。

为了确定影响被解释变量的关键解释变量。通过适当的回归模型并计算标准化回归系数[①]用以对比各解释变量对被解释变量的影响大小,确定关键影响变量。其中,是否住房自有、是否租赁保障性住房、是否购买保障性住房三个因变量采用二元Logit模型进行回归,并采用稳健标准误进行Logit估计确定模型设定是否合理。住房外环境因子和住房内环境因子采用多元线性回归模型进行分析,由于通过怀特检验确定各模型存在异方差,因此,使用"OLS+稳健标准误"进行回归[②];各模型均通过多重共线性检验(方差膨胀因子均小于10)。

北京市60岁及以上常住老年人基本情况见表1。60—84岁老年人占比较高的人口学特征为女性、有配偶、初中及以下学历、与配偶同住、身体健康;85岁及以上老年人占比较高的人口学特征为女性、丧偶、小学及以下学历、与子女同住、身体基本健康。

---

① 标准化回归系数绝对值越大,说明相应变量的影响越大。

② Stock J H , Watson M W . Introduction to Econometrics[M]. Pearson, 2011. 注:Stock and Watson(2011)指出在处理异方差情况时,由于FGLS的性能在某些情况下不如OLS,因此多数情况下推荐"OLS+稳健标准误"处理异方差问题。

表 1　2020 年北京市 60 岁及以上常住老年人基本情况

单位：%

变量名称		60—74 年	75—84 年	85 岁及以上
性别	男	47.51	10.15	3.58
	女	52.49	12.68	4.42
婚姻状况	未婚	0.97	0.44	0.32
	有配偶	87.42	66.34	39.41
	离婚	3.21	0.99	0.49
	丧偶	8.41	32.23	59.77
教育水平	小学及以下	14.69	32.51	52.36
	初中	35.78	24.43	15.72
	高中	27.73	17.59	10.98
	大学	20.73	24.95	20.09
	研究生	1.07	0.51	0.84
居住状况	与配偶和子女同住	34.92	21.45	11.99
	与配偶同住	41.93	38.54	21.66
	与子女同住	12.40	23.53	40.84
	独居(有保姆)	0.12	1.13	5.10
	独居(无保姆)	7.29	12.19	13.71
	养老机构	0.13	1.14	3.36
	其他	3.20	2.02	3.33
健康状况	健康	69.28	42.80	24.74
	基本健康	25.49	40.02	39.21
	不健康，但生活能自理	4.20	12.26	19.94
	不健康，生活不能自理	1.03	4.92	16.12

四、分析结果

(一)北京老年人住房基本状况

1. 老年人住房产权现状

分年龄、性别、婚姻状况、教育水平老年人住房产权状况见表 2。与其他年龄段相比，60—74 岁老年人购买住房比重最低；老年人住房购买与租赁状况的性别差异不明显；与其他婚姻状态相比，未婚老人购买住房比重最低；老年人住房拥有率随着受教育水平的提高而提高。

表 2　分年龄、性别、婚姻状况、教育水平老年人住房购买与租赁状况

单位：%

分组变量		租赁住房			购买住房				
		合计	租赁廉租房/公租房	租赁其他住房	合计	购买新建商品房	购买二手房	购买原公有住房	购买经济适用房/两限房
年龄	60—74 岁	15.98	5.78	10.21	62.87	21.29	11.94	20.77	8.87
	75—84 岁	10.05	3.89	6.16	70.05	19.17	7.59	34.78	8.50
	85 岁及以上	11.69	5.74	5.95	71.94	15.22	5.97	43.21	7.53
性别	男	14.86	5.54	9.32	64.09	20.57	10.48	24.32	8.73
	女	14.54	5.36	9.18	65.17	20.54	11.12	24.78	8.72

续表

分组变量		租赁住房			购买住房				
		合计	租赁廉租房/公租房	租赁其他住房	合计	购买新建商品房	购买二手房	购买原公有住房	购买经济适用房/两限房
婚姻状态	未婚	22.25	11.27	10.98	47.94	10.00	5.10	25.92	6.92
	有配偶	14.20	4.98	9.23	65.85	21.71	11.42	23.73	8.98
	离婚	28.09	16.12	11.98	60.49	15.29	9.78	26.18	9.24
	丧偶	14.55	5.76	8.78	60.10	15.99	8.18	28.52	7.40
教育水平	小学及以下	15.08	4.10	10.98	40.33	13.59	7.01	14.39	5.34
	初中	15.91	5.98	9.92	56.69	18.01	9.70	20.85	8.13
	高中	16.93	7.47	9.45	73.96	22.17	13.24	28.44	10.12
	大学	10.24	3.68	6.55	87.35	28.44	13.27	34.67	10.97
	研究生	6.77	1.78	4.99	92.38	33.74	10.33	35.42	12.88

分居住状况、健康状况、收入来源、工作类型老年人住房购买与租赁状况见表3。独居(无保姆)购买住房比重最低,租赁廉租房/公租房比重较高;与健康老人相比,身体不健康的老年人购买住房比重相对较小;收入来源为离退休金/养老金老年人的购买住房比重显著高于其他收入来源类型;从事个体经营户、自由职业/灵活就业老年人租赁住房占比较高。

表3　分居住状况、健康状况、收入来源、工作类型老年人住房购买与租赁状况

单位:%

分组变量		租赁住房			购买住房				
		合计	租赁廉租房/公租房	租赁其他住房	合计	购买新建商品房	购买二手房	购买原公有住房	购买经济适用房/两限房
居住状况	与配偶和子女同住	13.78	5.31	8.46	66.69	21.14	13.66	22.69	9.20
	与配偶同住	11.91	4.29	7.61	65.63	22.17	8.91	25.56	9.00
	与子女同住	18.67	6.65	12.02	62.62	19.00	12.84	22.71	8.07
	独居(有保姆)	12.86	3.94	8.92	77.40	19.65	7.36	43.77	6.62
	独居(无保姆)	19.99	8.05	11.94	56.87	15.44	6.92	27.25	7.25
	养老机构	46.85	7.12	39.74	38.25	9.77	2.98	21.19	4.30
	其他	24.16	8.75	15.41	62.44	16.32	7.91	29.76	8.44
健康状况	健康	15.40	5.15	10.25	68.21	24.01	12.44	22.36	9.39
	基本健康	13.55	5.60	7.95	61.20	15.97	8.94	28.21	8.08
	不健康,但生活能自理	13.10	6.99	6.11	49.87	10.95	5.67	27.36	5.89
	不健康,生活不能自理	14.52	7.07	7.45	55.28	12.88	5.70	29.69	7.01
收入来源	劳动收入	28.31	2.13	26.18	19.90	8.37	3.46	6.03	2.03
	离退休金/养老金	13.62	5.84	7.79	71.50	22.22	11.33	28.22	9.73
	最低生活保障金	13.31	8.78	4.53	14.71	4.78	2.93	4.32	2.68
	财产性收入	11.45	1.10	10.35	20.51	13.04	3.06	1.53	2.88
	家庭其他成员供养	19.83	2.96	16.87	33.38	13.55	11.34	4.67	3.82
	其他	16.26	3.83	12.43	29.90	13.49	6.60	5.85	3.94
工作类型	企业、事业、机关或社会团体等法人单位	25.92	2.84	23.08	31.02	12.66	4.72	10.28	3.36
	个体经营户	48.15	2.40	45.76	15.07	7.81	3.38	2.46	1.41
	家庭农林牧渔生产经营活动(数量非常少)	1.73	0.07	1.66	1.20	0.49	0.63	0.04	0.04
	自由职业/灵活就业	41.70	1.95	39.76	15.48	5.43	3.02	5.70	1.34

注:由于60岁以上老人以失业保险金为主要生活来源的人数很少,本表将其删除。

2. 老年人住房外环境现状

分年龄、京籍、居住状况、健康状况老年人的住房建设年代见表 4。高龄、京籍、独居、身体不健康老人居住在老旧小区(2000 年以前建成)的比重相对较高。

表 4　分年龄、京籍、居住状况、健康状况老年人的住房建设年代

单位:%

分组变量		住房建成年代									
		1949 年前	1949～1959 年	1960～1969 年	1970～1979 年	1980～1989 年	1990～1999 年	2000～2009 年	2010～2014 年	2015 年后	2000 年以前
年龄组	60—74 岁	0.90	1.52	1.32	3.64	16.44	24.46	32.82	11.79	7.11	48.29
	75—84 岁	0.64	1.51	1.95	4.84	22.47	24.44	29.82	8.73	5.60	55.85
	85 岁及以上	1.20	2.97	2.99	6.28	26.27	23.17	24.96	7.25	4.91	62.87
是否京籍	京籍	0.94	1.69	1.63	4.13	18.29	24.46	29.77	12.08	7.01	51.14
	非京籍	0.24	0.78	0.75	2.03	9.16	19.37	43.20	17.28	7.19	32.33
居住状况	与配偶和子女同住	0.94	1.46	1.27	3.21	15.82	24.65	35.62	10.69	6.33	47.35
	与配偶同住	0.67	1.30	1.34	4.04	18.64	25.21	31.25	10.94	6.62	51.20
	与子女同住	0.95	1.92	1.78	4.16	18.41	22.87	30.88	11.87	7.16	50.09
	独居(有保姆)	0.61	2.86	2.03	5.89	24.55	25.37	26.49	8.31	3.90	61.30
	独居(无保姆)	1.26	2.44	2.43	5.85	21.96	23.19	24.12	10.74	7.99	57.14
	养老机构	0.50	1.16	1.66	4.97	14.40	18.21	27.98	25.17	5.96	40.89
	其他	1.33	3.16	2.74	5.66	20.68	22.35	27.58	10.36	6.15	55.92
健康状况	健康	0.74	1.40	1.28	3.26	14.71	23.45	34.55	13.73	6.88	44.84
	基本健康	0.92	1.71	1.76	4.48	20.07	24.80	28.01	11.28	6.98	53.73
	不健康,但生活能自理	1.23	2.06	2.27	5.97	23.62	22.29	22.75	11.20	8.62	57.43
	不健康,生活不能自理	1.58	2.47	2.34	5.38	21.90	22.41	24.63	11.89	7.41	56.08

分健康状况、居住状况老年人的所在建筑总楼层见表 5。与健康老人相比,不健康老人居住在平层住房的比重较高;与其他居住状况相比,独居(有保姆)老年人居住在多层(7 层及以下)比重更高。

表 5　分健康状况、居住状况老年人的所在建筑总楼层

单位:%

健康状况	居住状况	住房所在楼层			
		平层	多层(7 层及以下)	高层(8—33 层)	超高层(34 层及以上)
健康	与配偶和子女同住	15.41	42.34	42.08	0.16
	与配偶同住	18.65	42.39	38.82	0.14
	与子女同住	13.58	43.10	43.08	0.25
	独居(有保姆)	7.37	47.16	45.26	0.21
	独居(无保姆)	21.84	41.22	36.76	0.18
	养老机构	12.40	20.66	66.94	0.00
	其他	15.58	44.76	39.59	0.07
基本健康	与配偶和子女同住	24.43	41.84	33.67	0.06
	与配偶同住	27.01	40.88	32.04	0.08
	与子女同住	23.41	43.67	32.86	0.06
	独居(有保姆)	6.40	48.82	44.65	0.14
	独居(无保姆)	29.16	41.75	29.01	0.08
	养老机构	9.04	46.89	44.07	0.00
	其他	21.31	46.99	31.66	0.03

续表

健康状况	居住状况	住房所在楼层			
		平层	多层（7层及以下）	高层（8—33层）	超高层（34层及以上）
不健康，但生活能自理	与配偶和子女同住	37.87	36.59	25.42	0.13
	与配偶同住	38.39	36.13	25.38	0.11
	与子女同住	36.20	39.55	24.18	0.07
	独居（有保姆）	9.62	55.65	34.73	0.00
	独居（无保姆）	40.76	36.97	22.27	0.00
	养老机构	27.41	53.33	19.26	0.00
	其他	31.30	42.02	26.68	0.00
不健康，生活不能自理	与配偶和子女同住	34.46	37.14	28.24	0.16
	与配偶同住	34.12	37.27	28.46	0.15
	与子女同住	31.12	43.11	25.68	0.09
	独居（有保姆）	13.48	47.81	38.71	0.00
	独居（无保姆）	40.48	39.52	20.00	0.00
	养老机构	22.81	54.97	22.22	0.00
	其他	23.35	44.42	32.23	0.00

3. 老年人住房内环境现状

分年龄、性别、婚姻状况教育水平老年人人均住房建筑面积分布如表6所示。不同年龄段和性别的老年人人均住房建筑面积差别不明显；而随着教育水平提高，较大的人均住房建筑面积区间具有较高的老年人比重。

表6 分年龄、性别、婚姻状况、教育水平老年人人均住房建筑面积

单位：平方米、%

分组变量		人均住房建筑面积									
		<8	9—12	13—16	17—19	20—29	30—39	40—49	50—59	60—69	70+
年龄组	60—74岁	3.73	6.10	10.36	8.67	24.96	15.74	11.60	6.03	4.38	8.42
	75—84岁	2.88	6.15	9.57	7.32	23.72	16.63	11.73	6.64	4.68	10.67
	85岁及以上	4.46	7.24	10.82	7.65	23.19	15.92	9.51	5.89	4.38	10.92
性别	男	3.77	6.34	10.25	8.31	24.35	15.96	11.76	6.11	4.40	8.76
	女	3.51	6.04	10.25	8.43	24.89	15.86	11.26	6.15	4.46	9.16
年龄组	未婚	3.74	5.65	6.27	4.68	14.82	12.23	10.79	7.92	8.27	25.64
	有配偶	3.56	6.36	10.57	8.72	25.19	16.23	12.04	5.94	4.13	7.26
	离婚	5.94	6.12	8.01	5.88	20.17	13.79	10.05	7.86	6.20	15.98
	丧偶	3.57	5.31	9.18	7.21	23.07	14.81	8.98	6.71	5.47	15.69
教育水平	小学及以下	3.99	6.80	11.25	8.22	23.90	14.94	10.96	5.82	4.18	9.94
	初中	4.21	6.84	10.97	8.74	25.37	15.75	11.36	5.58	3.93	7.24
	高中	4.44	6.77	11.39	9.68	26.08	15.75	10.40	5.27	3.63	6.59
	大学	1.61	4.09	7.20	6.63	22.89	17.18	13.35	8.08	6.19	12.79
	研究生	0.46	1.79	3.50	3.85	16.80	16.77	14.65	9.93	8.33	23.91

分居住状况、健康状况、收入来源、工作类型老年人人均住房建筑面积分布如表7所示。人均住房建筑面积小于16平方米（含）的占比中，分居住状况来看，与配偶同住、居住养老机构的占比最高；分健康状况来看，不健康且生活不能自理的老人占比最高；分收入来源来看，家庭其他成员供养的老人占比最高；分工作类型来看，自由职业/灵活就业老年人占比最高，近4成。人均住房建筑面积大于40平方米（含）的占比中，分居住状况来看，与配偶同住、居住养老机构的占比最低；分健康状况来看，不健康但生活能自理的老人占

比最低；分收入来源来看，家庭其他成员供养的老人占比最低；分工作类型来看，自由职业/灵活就业老年人占比最高，为26.5%。

表7　分居住状况、健康状况、收入来源、工作类型老年人人均住房建筑面积

单位：%

分组变量		人均住房建筑面积（平方米）									
		<8	9—12	13—16	17—19	20—29	30—39	40—49	50—59	60—69	70+
居住状况	与配偶和子女同住	3.13	4.25	6.25	4.98	20.68	19.45	17.70	8.45	6.08	9.02
	与配偶同住	4.37	6.55	12.47	10.37	30.47	16.73	8.51	4.08	2.43	4.01
	与子女同住	2.71	4.99	7.15	6.03	21.65	20.96	13.04	7.49	5.21	10.76
	独居（有保姆）	2.10	4.22	5.25	2.76	9.69	7.37	8.64	11.16	11.10	37.72
	独居（无保姆）	1.87	2.39	2.65	2.29	6.13	7.64	1.40	1.92	1.87	71.83
	养老机构	6.22	7.53	9.19	6.67	21.20	14.53	8.99	5.44	4.22	16.02
	其他	3.45	5.97	10.25	8.64	24.86	15.82	11.81	6.13	4.42	8.65
健康状况	健康	3.76	6.43	10.21	7.99	24.34	16.11	11.22	6.17	4.56	9.20
	基本健康	4.23	6.53	10.24	7.51	23.69	15.99	10.50	6.31	4.37	10.62
	不健康，但生活能自理	4.90	7.37	10.70	8.41	25.20	15.48	9.65	5.14	3.41	9.73
	不健康，生活不能自理	7.53	8.49	8.99	5.44	20.30	12.75	10.00	6.02	4.11	16.38
收入来源	劳动收入	3.53	6.06	10.10	8.40	24.85	16.24	11.72	6.14	4.46	8.49
	离退休金/养老金	2.72	4.12	7.81	6.52	23.27	17.09	13.13	7.79	5.38	12.16
	财产性收入	3.59	4.56	9.98	5.60	19.95	15.09	13.56	6.81	5.78	15.09
	家庭其他成员供养	3.22	6.81	12.51	9.89	25.29	13.89	9.55	5.73	4.02	9.08
	其他	3.05	5.85	10.59	7.93	22.78	15.71	11.70	6.27	4.59	11.52
工作类型	企业、事业、机关或社会团体等法人单位	7.21	7.17	6.94	4.76	18.31	12.38	10.45	6.98	4.73	21.08
	个体经营户	10.56	12.08	10.45	3.43	19.38	11.18	7.58	4.66	3.82	16.85
	家庭农林牧渔生产经营活动（数量非常少）	0.91	3.35	9.88	6.99	27.94	17.08	13.24	6.50	4.65	9.47
	自由职业/灵活就业	11.55	12.72	12.24	5.83	18.95	12.21	8.17	4.69	3.19	10.45

分健康状况、居住状况老年人的厕所和厨房情况见表8。与健康老年人相比，对于不健康的老人来说，无论其和谁居住在一起，这部分老人的厕所条件和厨房状况的满足程度相对较低。

表8　分健康状况、居住状况老年人的厕所和厨房情况

单位：%

健康状况	居住状况	厕所情况					厨房情况		
		水冲式卫生厕所	水冲式非卫生厕所	卫生旱厕	普通旱厕	无	独立使用	与其他户合用	无
健康	与配偶和子女同住	95.71	0.66	0.57	0.24	2.82	98.84	0.30	0.86
	与配偶同住	94.46	0.81	0.96	0.54	3.23	97.86	0.55	1.59
	与子女同住	95.31	0.55	0.56	0.30	3.28	98.17	0.48	1.35
	独居（有保姆）	97.89	0.21	0.00	0.21	1.68	98.74	0.63	0.63
	独居（无保姆）	90.11	0.83	1.20	0.88	6.98	94.03	1.45	4.52
	养老机构	93.39	3.31	0.00	0.83	2.48	93.39	0.00	6.61
	其他	91.72	0.90	0.97	0.43	5.99	93.57	2.19	4.25
基本健康	与配偶和子女同住	92.90	1.24	1.38	0.44	4.04	98.16	0.41	1.43
	与配偶同住	91.52	1.79	2.11	1.01	3.57	97.56	0.53	1.91
	与子女同住	92.76	1.18	1.18	0.53	4.35	97.63	0.58	1.79
	独居（有保姆）	97.91	0.14	0.14	0.14	1.67	99.03	0.28	0.70
	独居（无保姆）	88.41	1.31	2.37	1.45	6.46	94.97	1.43	3.60
	养老机构	94.92	0.00	1.13	0.00	3.95	79.66	3.95	16.38
	其他	88.51	1.42	1.63	0.83	7.61	93.43	2.32	4.26

续表

健康状况	居住状况	厕所情况					厨房情况		
		水冲式卫生厕所	水冲式非卫生厕所	卫生旱厕	普通旱厕	无	独立使用	与其他户合用	无
不健康，但生活能自理	与配偶和子女同住	88.92	1.86	2.75	1.24	5.23	97.92	0.37	1.71
	与配偶同住	87.43	2.18	3.18	2.02	5.19	96.81	0.43	2.76
	与子女同住	89.82	1.78	1.85	1.30	5.26	97.20	0.82	1.98
	独居(有保姆)	97.49	0.42	0.42	0.21	1.46	98.12	0.63	1.26
	独居(无保姆)	83.61	2.33	4.35	2.88	6.84	94.13	1.36	4.51
	养老机构	93.33	0.74	1.48	1.48	2.96	65.93	0.74	33.33
	其他	84.79	2.24	1.87	2.99	8.10	94.64	0.87	4.49
不健康，生活不能自理	与配偶和子女同住	90.36	2.16	2.69	0.58	4.21	98.16	0.37	1.48
	与配偶同住	89.28	2.14	2.95	1.34	4.29	97.66	0.27	2.07
	与子女同住	90.40	1.25	1.54	0.87	5.93	96.51	0.73	2.76
	独居(有保姆)	95.61	0.63	0.78	0.00	2.98	97.96	0.47	1.57
	独居(无保姆)	79.52	2.62	2.62	2.62	12.62	91.43	1.67	6.90
	养老机构	92.40	1.75	0.00	1.17	4.68	72.51	5.26	22.22
	其他	89.26	1.45	1.24	0.83	7.23	94.63	1.24	4.13

(二)老年人住房状况的重要因素识别

1. 老年人住房产权状况的重要影响因素识别

是否住房自有回归中，通过比较标准化系数发现，是否具有京籍、受教育水平、几代户是影响老年群体住房是否住房自有的重要因素，即具有京籍、受教育水平越高、户代数越多，老年群体的住房自有概率更高；是否核心家庭和婚姻状况是相对影响较小的因素，未成年子女数和生育子女数是不显著因素(见表 9)。

表 9　老年群体的二元 Logit 回归结果

变量名称	是否自有住房	是否享有购买保障住房	是否享有租赁保障住房
	标准化系数(标准差)	标准化系数(标准差)	标准化系数(标准差)
户人数	0.112 * * * (0.047)	−0.123 * * (0.082)	0.034 (0.113)
户代数	0.240 * * * (0.094)	0.196 * * * (0.134)	−0.135 (0.234)
未成年子女数	0.042 (0.106)	0.000 (0.163)	0.025 (0.274)
核心家庭(0=否)	0.040 * (0.106)	0.143 * * * (0.147)	0.096 * * (0.232)
性别(0=女)	−0.143 * * * (0.075)	−0.199 * * * (0.102)	−0.075 (0.169)
城乡户口(0=农村)	0.048 * * * (0.094)	0.050 * * (0.166)	−0.037 (0.188)
常住地(0=农村)	0.053 * * * (0.093)	0.841 * * * (0.81)	0.116 * * (0.238)
受教育水平	0.260 * * * (0.035)	0.234 * * * (0.052)	−0.084 * * (0.072)
是否京籍(0=非京籍)	0.356 * * * (0.084)	0.229 * * * (0.124)	0.091 * * (0.194)
工作类型	0.124 * * * (0.029)	0.152 * * * (0.043)	−0.045 (0.069)

续表

变量名称	是否自有住房	是否享有购买保障住房	是否享有租赁保障住房
	标准化系数(标准差)	标准化系数(标准差)	标准化系数(标准差)
收入来源	0.120 * * * (0.054)	0.001 (0.082)	0.073 (0.125)
婚姻状况(0=未婚/离异/丧偶)	−0.045 * (0.111)	−0.074 * * (0.15)	0.076 (0.278)
生育子女数	−0.022 (0.034)	−0.005 (0.055)	−0.055 (0.077)
老年人数	0.137 * * * (0.063)	0.250 * * * (0.092)	−0.009 (0.157)
居住安排	0.082 * * * (0.018)	0.170 * * * (0.025)	0.007 (0.042)
健康状况(分越高代表健康状况越差)	−0.075 * * (0.092)	0.072 (0.136)	0.166 * * (0.169)

* * * p<0.01, * * p<0.05, * p<0.1

是否享有购买保障住房回归中,常住地是否城乡是影响老年群体购买保障住房最重要因素,家中老年人数、受教育水平和是否京籍是相对重要因素;未成年子女数、收入来源、生育子女数量和身体健康状况是不显著因素。

是否享有租赁保障住房回归中,身体健康状况和常住地是否城乡是影响老年群体租赁保障住房最重要因素,身体越不健康、居住在城镇的老年人租赁保障住房的概率越大。相对重要因素依次还有是否核心家庭、是否京籍和受教育水平,其中受教育水平越低,越有可能租赁保障住房,可见目前对低文化水平老年人住房租赁有一定程度的保障。剩余变量均是不显著因素。

2. 老年人住房内、外环境的重要影响因素识别

住房外环境回归中,通过比较标准化系数,受教育水平是影响老年群体住房外环境的重要因素,其次重要的因素是常住地城乡和是否京籍,即受教育水平越高、常住地在城镇、具有京籍的老年人住房外环境更好;家庭中未成年子女数、是否核心家庭、户口类型、婚姻状况、生育子女数和老年人口数是影响老年人住房外环境的不显著因素(见表10)。

表10 老年群体的OLS+稳健标准误回归结果

变量名称	住房外环境	住房内环境	
		"住房设施"指标	"住房空间"指标
	标准化系数(标准差)	标准化系数(标准差)	标准化系数(标准差)
户人数	0.052 * * * (0.016)	0.191 * * * (0.031)	−0.200 * * * (0.015)
户代数	0.066 * * * (0.032)	0.068 * * * (0.051)	0.043 * * (0.028)
未成年子女数	0.024 (0.038)	−0.002 (0.056)	0.008 (0.031)
核心家庭(0=否)	0.017 (0.039)	0.010 (0.056)	−0.041 * * * (0.035)
性别(0=女)	−0.066 * * * (0.026)	−0.074 * * * (0.049)	−0.066 * * * (0.027)
城乡户口(0=农村)	0.043 (0.030)	0.037 * * * (0.066)	0.042 * * * (0.029)
常住地(0=农村)	0.191 * * * (0.026)	−0.050 * * * (0.063)	−0.088 * * * (0.036)

续表

变量名称	住房外环境	住房内环境	
		“住房设施”指标	“住房空间”指标
	标准化系数(标准差)	标准化系数(标准差)	标准化系数(标准差)
受教育水平	0.283＊＊＊ (0.012)	0.241＊＊＊ (0.021)	0.308＊＊＊ (0.014)
是否京籍(0＝非京籍)	0.146＊＊＊ (0.031)	0.220＊＊＊ (0.047)	0.303＊＊＊ (0.035)
工作类型	－0.058＊＊＊ (0.009)	－0.021 (0.020)	0.029＊＊ (0.010)
收入来源	0.025＊＊ (0.021)	0.023＊＊ (0.045)	0.025＊＊ (0.023)
婚姻状况(0＝未婚/离异/丧偶)	0.016 (0.040)	－0.046＊＊＊ (0.071)	－0.042＊＊＊ (0.047)
生育子女数	0.003 (0.012)	0.002 (0.023)	0.005 (0.011)
老年人数	0.010 (0.020)	0.051＊＊＊ (0.033)	0.008 (0.017)
居住安排	0.072＊＊＊ (0.006)	0.081＊＊＊ (0.012)	0.117＊＊＊ (0.007)
健康状况(分越高代表健康状况越差)	－0.046＊＊＊ (0.031)	－0.040＊＊＊ (0.062)	0.012 (0.035)

＊＊＊ p＜0.01，＊＊ p＜0.05，＊ p＜0.1

“住房设施”指标回归中，受教育水平、是否京籍和家庭户人数依次是影响老年人住房设施好坏的重要因素，受教育水平越高，具有京籍、户人数越多的老年人住房设施越好；家庭中未成年子女数、是否核心家庭、工作类型和老年人口数是影响老年人住房设施的不显著因素。

“住房空间”指标回归中，受教育水平、是否京籍和家庭户人数是影响住房空间最重要的因素，即受教育水平越高、具有京籍、家庭中常住人数越少，住房空间越大；居住状况也是相对重要的因素。家庭中未成年子女数、生育子女数量和老年人口数是影响老年人住房空间大小的不显著。

综上，在住房产权方面，教育水平越高、拥有京籍的老年人，住房拥有率越高，其中常住地在城镇、家中老年人数越多的老年人，购买保障住房的概率越大；身体越不健康、居住在城镇的老年人租赁保障住房的概率越大，以上意味着目前住房政策对居住在城镇且具有一定脆弱性(例如家中老年人数多、健康状况不良)的老年人有一定的保障作用。但是，未成年子女数和居住安排尚不是影响老年人享有保障住房的关键因素。老年群体住房内外环境具有相同的重要影响因素：受教育水平和是否京籍，即受教育水平越高，具有京籍的老年人住房环境越好。常住城镇的老年人住房外环境优于农村，家庭户人数越多的老年人住房设施越好，但是住房空间越小。老年家庭中的未成年子女数并不是住房环境的显著因素，老年人的健康状况以及居住安排也不是住房环境相对重要因素。

五、结论与讨论

本文首先采用频数考察北京市老年人住房状况的人口结构差异问题，确定影响老年人住房的全部因素；然后采用主成分回归和标准化系数进行重点因素识别，得到以下主要结论：一是四分之三的北京老年人拥有住房产权，是否京籍、教育水平、代户数是影响老年群体拥有住房的重要因素，其中，常住地(城乡)和家庭中老年人数是影响购买保障住房的重要因素，健康状况和常住地(城乡)是影响租赁保障住房的重要因素；二是影响老年群体住房内、外环境的重要因素均包括受教育水平和是否京籍，受教育水平越高，具有京籍的老年人住房环境越好；三是常住城镇的老年人住房外环境优于农村，家庭户人数越多的老年人住房设施越好，但是住房空间越小；四是老年家庭中的未成年子女数并不是住房环境的显著因素，老年人的健康状况以及居住安排也不是住房环境相对重要因素。

上述结论一方面证明现有的老年人住房政策已经初见成效，例如家中老年人数越多的老年人购买保障住房的概率越大，体现了住房保障政策向老年人数多的家庭倾斜。另一方面也体现现有北京老年人住房状况存在需要进一步关注和改进的问题：

一是非京籍老年人在获得住房产权、购买保障性住房、租赁保障性住房等方面存在一定困难。首先，经适房、限价房和廉租房政策的保障对象仍是针对北京城镇户籍；其次，公租房于 2010 年开始面向非京籍人群，但是具体分配方式由各区县结合产业发展、人口资源环境承载力及住房保障能力等实际确定，这导致发展导向的分配原则倾向受教育水平较高的中低收入家庭，受教育水平较低的中低收入家庭较难获得公租房，而老年人口较多的家庭往往属于这类家庭；最后共有产权房是第二类针对非京籍的保障住房，但是其对保障对象有一定的收入要求，所以低收入的非京籍老年家庭被排除在外。

二是与户籍、受教育程度相比，老年人健康状况对住房内外部环境的重要程度相对较弱。实证分析显示健康状况越不好的老年人居住在较差的住房内、外部环境可能性更大，结合当前北京老年人住房政策来看，政策目前仅专注于老年人的经济状况，即对经济困难老年人实行居家适老化改造，并未将老年人的健康状况纳入居家适老化改造的条件考量。

三是从目前的住房保障政策来看，针对未成年子女和老年住房保障政策出现在不同的文件中，并未将两者统筹考虑，且与未成年子女家庭相比，未成年子女和老年人共存的家庭更具脆弱性。实证研究也间接证明了这一点，即老年人数越多，未成年子女家庭租赁保障住房的概率越小。因此，住房保障政策应统筹考虑家庭中未成年子女数和老年人数，将未成年子女数较多且有老人的家庭优先纳入配租配售范围，同时注意人数增加的住房空间损失，应对人数较多的家庭提供空间相对较大的住房。

四是老年友好视角下对老年人住房状况的调查和研究较少。发达国家的大城市经验表明住房需求调查与预测对于住房状况的研究、住房保障政策的实施与评估具有非常重要的作用。北京目前关于住房状况最全面、覆盖面最关的数据调查就是人口普查，然而人口普查 10 年举行一次，这对于老年人住房研究是远远不够的。其余与住房相关的数据可见于《北京建设年鉴》、北京市住建委网站，内容分布较为分散。北京缺少定期的、系统性的老年人住房调查。因此，为应对上述问题，应该：一是定期针对北京市住房开展住房拥有、住房环境的调查，尤其关注老年人、残疾人等不同的特殊群体的住房状况，并且在问卷设计时保持可对比性同时还应顺应经济社会发展，体现适老化改造等内容；二是可借助北京市住房租赁服务平台，收集市场住房和租户的相关数据，在建立老旧小区改造数据库基础上，逐步构建包含供需双方以及住房地理信息的全市统一住房数据平台；三是依托科研单位定期从老龄友好视角进行专业的老年住房需求的估算与预测。

北京市统计局　庞江倩　刘宇乾
北京大学人口研究所　陈功
北京大学人口研究所　张蕾
上海政法学院、北京大学人口研究所　孙晶晶

我国城市青年住房居住状况与存在问题研究

一、引言

青年群体是社会主义建设的主力军，是引领社会变革和创新的重要力量。青年群体的发展状况关系到中国式现代化的顺利推进。然而，由于高企的居住成本，以及收入的生命周期导致的青年群体居住需要与收入错位等因素，不少青年群体在城市定居还面临较大压力。在催生“逃离北上广”浪潮的诸多因素中，高居住成本就是重要构成。

居住状况是民生福祉的基础，是影响个体幸福感获得感最为重要的因素之一，同时还直接影响居民对社会的认同感与融入感。对于青年个人而言，居住状况关系到其在城市发展的稳定性与价值创造；对于城市来说，城市居住条件关系到城市对高质量人才的吸引力以及在人口负增长时代的竞争力和可持续性。改善城市青年群体居住状况，促进青年人在城市安居乐业，在当下尤为重要。

由于数据可得性的限制，关于城市青年群体居住状况的研究往往关注于个别城市，在样本覆盖面上存在较大局限，或调查数据存在较大的滞后性，无法精确及时反映城市青年群体的居住状况。本研究利用第七次全国人口普查数据中涉及城市青年居住状况的相关数据，兼具了及时性和覆盖面，从住房面积、住房来源及产权结构、租金负担水平等视角来考察全国各年龄段人群的住房基本情况，并以“21－35 岁的群体”（即“青年群体”）为重点考察内容。通过对比青年群体与其他年龄段群体的住房情况差别程度，来反映青年住房问题的相对劣势程度，以期为有关决策提供支持。

二、城市青年居住状况

（一）青年的定义及数量

关于“青年”的定义，目前并没有明确统一的定义。联合国将“青年”定义为年龄介于 15 岁与 24 岁之间的人。也有一些机构和专业报告将青年定义为 18－35 岁。2017 年 4 月中共中央、国务院印发的《中长期青年发展规划（2016－2025 年）》将“青年”界定为 15－35 周岁。考虑到我国绝大多数 15－20 岁人群还在校读书并与父母同住，属于“青少年”和“青年”的过渡范围，本文按照 21－35 周岁来定义狭义上的青年。同时考虑到一些人才计划的入选年龄限制放宽到 45 岁，所以将 21－45 岁界定为广义上的青年。

根据“七普”数据，2020 年我国 20－34 岁年龄段人口合计为 2.91 亿人，占比为 20.65％，而 35－44 岁年龄段人口合计为 1.92 亿人，占比为 13.61％，两个年龄段人口合计占比为 34.62％，仅占全国人口的三分之一多一些。在城市范围内，20－34 岁占比为 24.81％，35－44 岁占比为 15.71％，两个年龄段合计为 40.52％；在镇的范围内，20－34 岁占比为 19.76％，35－44 岁占比为 13.94％，合计为 33.70％。相比之下，在乡村范围内，20－34 岁占比为 16.48％，35－44 岁占比为 11.05％，合计为 27.53％，不足三成。

（二）城市青年居住面积现状

表 1 显示了全国分年龄段的户主人口与住房特征，基于住户视角，从全国来看，住户住房面积的均值为 109.8 平方米，中位数为 97 平方米，相当于均值的 88％，可见全国层面的住房面积分布还比较均匀。就住户住房面积而言，有 5％的住房低于 21 平方米，有 10％的住房低于 40 平方米，超过 25％的住房低于 67 平方米，同时只有 25％的住房超过了 130 平方米，有 10％的住房超过了 200 平方米，还有 5％的住房超过了 258 平方米。

表 1　全国分年龄段的户主人口与住房特征(2020)

变量	样本量(人)	均值	方差	p5	p10	p25	中位	p75	p90	p95
住房面积										
0—20 岁	2593	65.08	56.17	12	15	20	50	95	126	153
21—35 岁	77211	88.05	56.83	15	20	50	87	115	140	180
36—50 岁	137543	111.30	68.73	20	40	72	100	130	200	250
51—65 岁	129248	122.30	76.04	36	50	75	102	146	220	280
65 岁以上	89374	109.70	70.66	35	46	61	90	128	200	260
全部样本	435969	109.80	70.43	21	40	67	97	130	200	258
住户人数										
0—20 岁	7437	1.16	0.57	1	1	1	1	1	1	2
21—35 岁	85356	2.40	1.44	1	1	1	2	3	4	5
36—50 岁	144370	2.94	1.38	1	1	2	3	4	5	5
51—65 岁	133142	2.91	1.61	1	1	2	2	4	5	6
65 岁以上	91164	2.45	1.54	1	1	1	2	3	5	6
全部样本	461469	2.70	1.52	1	1	2	2	4	5	6
房间数										
0—20 岁	2593	2.02	1.43	1	1	1	2	3	3	4
21—35 岁	77211	2.51	1.48	1	1	2	2	3	4	5
36—50 岁	137543	3.13	1.83	1	1	2	3	4	5	6
51—65 岁	129248	3.48	2.02	1	2	2	3	4	6	8
65 岁以上	89374	3.23	1.92	1	1	2	3	4	6	7
全部样本	435969	3.14	1.88	1	1	2	3	4	5	6
未成年子女人数										
21—35 岁	85356	0.68	0.87	0	0	0	0	1	2	2
36—50 岁	144370	0.75	0.87	0	0	0	1	1	2	2
51—65 岁	133142	0.07	0.30	0	0	0	0	0	0	1
全部样本	461469	0.38	0.72	0	0	0	0	1	2	2

数据来源:国家统计局“七普”数据库—北大国家微观数据实验室。

2020 年我国青年(21—35 岁)为户主的住户,占全部户主的比例为 18%,这部分群体所居住的住房建筑面积平均只有 88 平方米,还不到中年(36—50 岁)户主住户住房平均建筑面积 111 平方米的 79%,更只有中老年(51—65 岁)为户主的住户住房平均建筑面积 122 平方米的 72%,显示了青年户主家庭在住房条件上较为中年和中老年有显著的差距。

另外还可以注意到,青年户主的住户住房中位数是 87 平方米,与均值 88.05 平方米十分接近;有 25% 的青年户主的住户住房面积低于 50 平方米,有 25%的青年户主的住户住房面积高于 115 平方米,后者与前者的比值是 2.3。而中年户主住户的住房面积中位数为 100 平方米,相当于均值的 88.5%;有 25%的中年户主的住户住房面积是低于 72 平方米,有 25%的中年户主的住户住房面积高于 130 平方米,后者与前者的比值是 1.8。总体来看,青年户主住户的住房面积不平等性,要高于中年户主家庭,也高于其他年龄段群体,如中老年户主住房面积的 75 分位数与 25 分位数的比值是 1.95,老年户主的相应比值为 2.10。这主要是青年户主住户的租房比重相对较高,而租房面积相对较小,住房面积特别困难群体的占比较大。

此外,青年户主家庭的住房房间平均数 2.51,也显著低于中年户主家庭的 3.13 和中老年户主家庭的 3.48。但考虑到青年户主家庭的住户规模也较小,平均为 2.40,低于中年户主家庭的 2.94 和中老年户主家庭的 2.90,人均住房面积的差距没有户均住房面积的差距那么大。

基于个体样本视角(表 2),从全国来看,2020 年人均住房建筑面积的均值为 39.69 平方米,但人均住房面积的中位数只有 31 平方米,只相当于均值的 78%。就人均住房面积而言,有 5%的居民低于 12 平方米,有10%的居民低于15平方米，超过25%的居民低于22平方米，但同时有25%的居民超过了48平方米，有10%多点的居民超过了72平方米，还有5%多点的居民超过了96平方米。

表2　2020年全国分年龄段的个体人均住房面积

单位：平方米

年龄组(岁)	样本量(人)	均值	方差	最小	p5	p10	p25	中位	p75	p90	p95	最大
20及以下	300162	33.47	23.28	1.25	11.43	14.75	20.00	28.00	40.00	60.00	75.00	855
21—35	263643	35.26	25.84	1.00	10.00	13.78	20.00	29.33	42.33	63.33	84.00	900
36—50	292997	39.00	29.04	1.00	11.33	15.00	21.75	30.77	46.67	70.00	93.00	666
51—65	255888	45.74	34.80	1.00	13.33	16.67	24.00	36.67	56.33	85.00	110.00	750
65以上	179181	49.11	37.98	1.25	15.00	18.00	25.00	40.00	60.00	90.00	120.00	630
全部	1291871	39.69	30.43	1.00	12.00	15.00	21.67	31.00	48.00	72.25	96.33	900

数据来源：国家统计局"七普"数据库—北大国家微观数据实验室。

分年龄段来看，全国21—35岁年龄段的青年人群体，占总人口比重约为20%，人均住房面积平均为35.26平方米，显著小于36—50岁中年群体的39平方米，更低于51—65岁中老年群体的45.74平方米、65岁以上老人群体的49.11平方米，与全部样本的均值39.69平方米有着4个多平方米的差距。人均住房面积总体上随着年龄增长而增长。

表3　2020年全国城镇分年龄段的个体人均住房面积

单位：平方米

年龄组(岁)	样本量(人)	均值	方差	p5	p10	p25	中位	p75	占总数比
20及以下	178249	30.71	19.3	10.33	14	20	26.67	36.25	22.31%
21—35	183576	34.28	24.93	10	13.2	20	28.33	40.5	22.98%
36—50	195921	36.91	26.67	10	15	21.25	30	44	24.52%
51—65	148153	42.16	31.44	12.5	16	22.6	33.67	50.5	18.55%
65以上	92980	45.31	33.99	14	17.33	24.25	36.67	55	11.64%
全部	798879	36.87	27.23	10.71	15	20.67	30	44	100.00%

数据来源：国家统计局"七普"数据库—北大国家微观数据实验室。

如果仅看城镇区域(表3)，全国城镇居民人均住房面积的中位数只有30平方米，相当于均值的81.4%。城镇居民样本中，就人均住房面积而言，有5%的居民低于11平方米，有10%的居民低于15平方米，超过25%的居民低于21平方米，只有25%的居民超过了44平方米。如果分年龄段来看，城镇居民的人均住房面积也是随着年龄段增长而增加，青年群体的住房劣势仍然明显存在，但相对中年群体的差距不是很大，同时分化程度较高。21—35岁城镇青年群体，占城镇总个体样本的比重为23%(高于全部人口中青年比重的20%)，这一群体的人均住房面积为34.28平方米，与36—50岁城镇中年群体的人均住房面积36.91平方米差别不大。但51—65岁的城镇中老年、65岁以上的城镇老年群体，人均住房面积分别达到了42.16平方米和45.31平方米。50岁以上群体与50岁以下群体在人均住房面积上有较大的差距。

(三)住房来源与产权状况

根据"七普"微观数据，聚焦城镇居民(表4)，可以看到2020年我国城镇居民的住房自有率达到了78.09%，低于全国水平。

2020年我国城镇自有住房中，自建住房占比只有24.77%，而通过购买新建商品住房占到33.02%，购买二手房占到10.39%，市场化比重合计达到43.41%，占到城镇自有住房的五成六，成为最主要来源。

分年龄段来看，2020年我国城镇(21—35岁)青年群体的住房自有率仍然较高，达到了68.48%(其中自建住房占比只有19.98%；通过购买新建商品住房占到31.96%，购买二手房占到9.87%，市场化比重合计达到41.83%，占到自有住房的六成，成为最主要来源)，不过还是比城镇中年群体住房自有率76.95%低了近7个百分点，比中老年户主家庭的住房自有率82.41%更是低了14个百分点，差别显著。

表 4　2020 年全国城镇居民的住房来源结构

单位：%

年龄组（岁）	租赁廉租房/公租房	租赁其他住房	购买新建商品房	购买二手房	购买原公有住房	购买经济适用房/两限房	自建住房	继承或赠予	其他
21—35	3.28	23.81	31.96	9.87	3.09	2.92	19.98	0.66	4.43
36—50	2.81	15.68	35.95	11.50	4.60	3.72	20.44	0.74	4.55
51—65	2.61	9.44	31.56	9.41	7.98	4.28	28.34	0.84	5.54
全样本	2.64	14.39	33.02	10.39	5.49	3.63	24.77	0.79	4.89

表 5　2020 年全国城镇居民的住房产权结构

单位：%

年龄组（岁）	租赁	自有	#市场化	#政策性	其　他	占全部居民比重
21—35	27.09	68.48	41.83	6.01	4.43	22.98
36—50	18.49	76.95	47.45	8.32	4.55	24.52
51—65	12.05	82.41	40.97	12.26	5.54	18.55
全样本	17.03	78.09	43.41	9.12	4.89	

（四）租金负担水平

针对租客来看，21—35 岁青年群体的租金支出水平高于其他群体（表 6）。青年租客群体中有 18.91% 的月租金高于 2000 元，而 36—50 岁中年租客的这个比例则只有 12.59%，51—65 岁中老年租客和 65 岁以上老年租客的这个比例分别为 12.30% 和 12.09%，全样本的比例为 15.03%。同时，青年租客月租金低于 1000 元的比例只有 54.58%，中年租客、中老年租客和老年租客的这个比例分别为 67.45%、69.45% 和 73.38%，全样本的比例为 62.47%。这从一个侧面说明青年租客是租赁住房市场上的主力，其对租房的品质要求较高。

表 6　2020 年全国按照年龄段分组的月租金分布情况

单位：%

年龄组（岁）	200 元以下	200—499 元	500—999 元	1000—1999 元	2000—2999 元	3000—3999 元	4000—5999 元	6000—9999 元	10000 元及以上
20 及以下	9.91	25.11	28.23	22.96	6.75	2.82	2.11	1.44	0.67
21—35	5.46	21.84	27.28	26.51	9.18	4.14	3.38	1.77	0.44
36—50	10.66	29.16	27.63	19.96	5.97	2.56	2.11	1.31	0.64
51—65	18.12	27.96	23.37	18.25	5.64	2.84	2.04	1.28	0.5
65 以上	28.9	22.64	19.84	16.53	5.52	2.26	2.15	1.35	0.81
全部	10.48	25.3	26.69	22.5	7.21	3.2	2.56	1.5	0.56

数据来源：国家统计局“七普”数据库—北大国家微观数据实验室。

租赁人群高度集中在一线城市，占全部租客比高达 35.53%，比一线城市的人口占比 6.22%、城镇人口占比 8.52%（见表 7）高出 4 倍—5 倍之多。一、二线租客合计占比达到了 51.11%，超过全部租客人群的一半还多，说明我国租赁人群高度集中在不到 30 个的一、二线大城市。反观三、四线城市，占了全国人口的 77% 和城镇人口的 70%，租赁人群占全部租客比不到 49%。

一、二线城市的租金水平明显较高。一线城市租客月租金超过 2000 元的比重达到了 34.69%。是二线城市 17.43% 的近两倍，是三线城市 8.0% 的 4 倍还多，四线城市租客支付月租金超过 2000 元的只有 4.76%，全体租客样本的比例是 15.03%。同时，一线租客月租金低于 1000 元的占比为 41.33%，二线城市为 52.29%，三线城市为 69.39%，四线城市为 80.39%，全部样本的比例为 62.47%。可见较高端租房市场（月租金超过 2000 元的租房）基本在一线城市和少数二线城市。这与之前业界分析报告的结论也是基本上一致的。

表7　2020年全国按照城市类型分组的月租金分布情况①

单位:%

城市类型	200元以下	200—499元	500—999元	1000—1999元	2000—2999元	3000—3999元	4000—5999元	6000—9999元	10000元及以上	占租客比重
一线城市	5.12	12.51	23.70	23.98	11.64	7.92	8.58	5.04	1.51	35.53
二线城市	6.89	20.95	24.45	30.28	11.10	3.73	1.80	0.62	0.18	15.58
三线城市	10.10	29.80	29.49	22.61	5.35	1.34	0.58	0.39	0.34	9.52
四线城市	17.36	34.49	28.54	14.85	2.28	0.90	0.53	0.66	0.39	6.43
全部	28.9	22.64	19.84	16.53	5.52	2.26	2.15	1.35	0.81	

数据来源:国家统计局"七普"数据库—北大国家微观数据实验室

三、城市青年居住状况的影响因素

(一)成为户主的影响因素

表8是对成为户主的影响因素的回归结果,数据显示,个体特征对成为住房自有者的影响效应在不同群体中作用不同。但家庭规模越大、教育程度越高,总是与高住房自有者概率相联系;属于流动人口尤其跨省流动的户主或个体,则始终预示着住房自有者的较低概率。女性在大多数情况下,也预示着住房自有者的较低概率,但在老年群体中则相反。有伴侣(结婚或同居),大多数情况下与较高住房自有者概率相联系,但在青年(21—35岁)个体群体中,则情况恰好相反,在大城市青年个体中更是如此。家里有未成年孩子对成为住房自有者的影响也很复杂,对户主而言,是正效应,但对个体而言,则一般而言是与负效应相关联,但对于大城市青年个体反而是正效应。

在其他条件相同的情况下,各年龄段中,31—40岁年龄段的群体始终是住房自有者概率最低的那组,然后概率随着年龄增长而依次增加。就城市效应而言,各线城市中,一线城市居民是住房自有者的概率最低,其次低的是二线城市,三线城市和四线城市之间则没有显著区别。

表8　成为户主的影响因素

被解释变量	房主(Y)	房主(Y)	房主(Y)	房主(Y)	房主(Y)	房主(Y)
女性	−0.144***	−0.042***	−0.089***	−0.124***	−0.135***	0.086***
	(0.011)	(0.007)	(0.009)	(0.011)	(0.016)	(0.017)
基准组	20—31岁					
31—40岁	−1.333***	−0.913***	−0.361***	−0.108***	−0.125***	
	(0.024)	(0.016)	(0.014)	(0.013)	(0.018)	
41—50岁	−1.014***	−0.790***	−0.216***			
	(0.023)	(0.016)	(0.012)			
51—60岁	−0.711***	−0.526***				
	(0.022)	(0.016)				基准组=60岁
61—70岁	−0.481***	−0.345***				−0.188***
	(0.022)	(0.016)				(0.037)
71岁+	−0.229***	−0.133***				−0.149***
	(0.024)	(0.018)				(0.018)
有伴侣	0.196***	0.077***	−0.016	−0.103***	−0.142***	0.157***
	(0.013)	(0.009)	(0.012)	(0.014)	(0.019)	(0.021)

① 一线城市包括"北上广深"。二线城市包括非一线城市的直辖市、计划单列市和东部(含东北)中部经济发达省区的省会城市、其他GDP规模2020年在全国前30同时人均GDP2020年在全国前50的城市,具体名单:天津市、沈阳市、大连市、长春市、哈尔滨市、南京市、无锡市、常州市、苏州市、杭州市、宁波市、合肥市、福州市、厦门市、济南市、青岛市、郑州市、武汉市、长沙市、佛山市、东莞市、重庆市、成都市、西安市;三线城市定义为:非一、二线的其余省会城市,GDP2020年规模在全国前80同时人均GDP2020年在全国前150的城市。四线城市为其他城市。

续表

被解释变量	房主(Y)	房主(Y)	房主(Y)	房主(Y)	房主(Y)	房主(Y)
有孩子	0.032**	−0.105***	−0.098***	−0.077***	0.051**	0.082**
	(0.015)	(0.009)	(0.011)	(0.014)	(0.022)	(0.032)
家庭规模	0.249***	0.254***	0.295***	0.308***	0.304***	0.161***
	(0.005)	(0.003)	(0.004)	(0.005)	(0.007)	(0.007)
高等教育	0.789***	0.721***	0.722***	0.700***	0.696***	0.651***
	(0.012)	(0.008)	(0.010)	(0.012)	(0.016)	(0.036)
流动人口	−1.311***	−1.099***	−1.086***	−1.034***	−1.124***	−0.849***
	(0.016)	(0.010)	(0.013)	(0.015)	(0.020)	(0.035)
跨省流动	−0.300***	−0.312***	−0.239***	−0.242***	−0.065***	−0.329***
	(0.018)	(0.011)	(0.014)	(0.016)	(0.020)	(0.044)
基准组	城市不明					
一线城市	−0.837***	−0.909***	−0.949***	−1.047***	−1.057***	−0.350**
	(0.098)	(0.068)	(0.088)	(0.111)	(0.110)	(0.173)
二线城市	−0.199**	−0.301***	−0.184**	−0.225**	−0.206*	−0.099
	(0.098)	(0.068)	(0.087)	(0.110)	(0.110)	(0.172)
三线城市	0.055	−0.006	0.075	0.080	−0.120	0.335*
	(0.098)	(0.068)	(0.087)	(0.110)	(0.111)	(0.172)
四线城市	0.091	0.053	0.143	0.145		0.333*
	(0.098)	(0.068)	(0.087)	(0.110)		(0.172)
常数项	1.408***	1.505***	0.808***	0.579***	0.579***	1.271***
	(0.100)	(0.069)	(0.089)	(0.111)	(0.113)	(0.173)
样本量	297,701	665,533	339,538	205,860	89,465	136,859
样本区间	大于21岁的户主	大于21岁的个体	21—45岁的个体	21—35岁的青年	大城市的青年	60岁以上老人群体

注：***统计显著性小于1%，**统计显著性小于5%，*统计显著性小于10%。

流动人口是指居住地与户籍地不在同一城市的居民，长途流动人口是指居住地与户籍地不在同一省份的居民。第5列的“大城市”包括一、二线城市和省会城市。后表同。

(二)住房面积的影响因素

表9报告了住房面积影响因素的实证分析。为纠正住房购买和租赁中的样本选择性偏误，我们在回归模型中加入了通过之前logit模型计算得到的逆米尔斯比值，通过Heckman两步法中来解决住房消费中的样本选择偏误。

研究发现，女性一直相对男性的住房面积要少，不管是作为户主还是作为个体，不管是在哪个年龄段、哪种住房类型和哪类城市。尤其女性作为房主户主时候，差距最大，与男性房主户主相差了5.8平方米，但作为租客户主时候，则基本上没有差距。但总体来看，女性与男性在住房面积上的差距不是很大。

从年龄段来看，41岁以上群体相对40岁以下群体，住房面积都有显著优势，但31—40岁这个群体相对21—30岁群体则只有作为户主才有优势，作为个体来看，则还存在劣势，尤其作为房主个体时候。

有伴侣情况下，一般住房面积都会更大，但在21—35岁青年个体中则存在负效应。拥有高等教育，总是伴随更高的住房面积，而且差别幅度很大，尤其在租客那里，差别幅度能高出近20平方米。但流动人口总是伴随着更低的住房面积，尤其那些跨省的长途流动人口，相较于本地户籍居民，住房面积的差别要高达20—30平方米。

各线城市来看，相对于小城市而言，一线城市的住房面积平均而言要少30—40平方米，并且购房和租房都有很大差别；二线城市的差距也存在，但少很多，主要体现在购房上的差别，租房差别不是很大；三线城市也仍然有差别，但仍然主要是购房上的差别，租房上的差别几乎没有了。

总体而言，租房者相对购房者在所居住的住房面积上有很大差距，平均差距为35平方米，这个差距在各个年龄段都比较稳定。

表 9　住房面积的影响因素

因变量 Y	住房面积(m^2)	住房面积(m^2)	住房面积(m^2)	住房面积(m^2)	住房面积(m^2)	住房面积(m^2)	住房面积(m^2)
女性	−3.43***	−5.82***	−0.01	−0.55***	−0.86***	−0.44**	−1.25***
	(0.220)	(0.299)	(0.306)	(0.156)	(0.191)	(0.224)	(0.290)
基准组	21—30 岁						
31—40 岁	−0.82**	1.98***	2.73***	−2.60***	−2.54***	0.27	−2.15***
	(0.363)	(0.546)	(0.522)	(0.266)	(0.351)	(0.353)	(0.316)
41—50 岁	6.68***	12.53***	6.98***	4.34***	6.85***	4.01***	
	(0.474)	(0.715)	(0.758)	(0.330)	(0.447)	(0.487)	
51—60 岁	9.11***	15.62***	10.67***	5.23***	7.80***	7.61***	
	(0.600)	(0.907)	(0.980)	(0.400)	(0.550)	(0.621)	
61—70 岁	6.13***	12.64***	12.90***	3.06***	5.83***	9.56***	
	(0.733)	(1.107)	(1.199)	(0.480)	(0.675)	(0.760)	
71 岁+	1.04	8.18***	14.29***	2.43***	5.98***	10.73***	
	(0.814)	(1.269)	(1.334)	(0.532)	(0.757)	(0.841)	
有伴侣	1.62***	4.09***	2.45***	0.01	1.53***	0.38	−2.94***
	(0.302)	(0.430)	(0.388)	(0.221)	(0.282)	(0.299)	(0.362)
有孩子	−9.19***	−10.21***	−0.08	−12.23***	−13.99***	−3.07***	−14.68***
	(0.334)	(0.409)	(0.495)	(0.206)	(0.244)	(0.340)	(0.346)
家庭规模	13.11***	14.52***	10.80***	14.69***	16.51***	10.52***	13.76***
	(0.167)	(0.238)	(0.276)	(0.127)	(0.187)	(0.233)	(0.260)
高等教育	8.43***	9.47***	19.71***	8.36***	9.51***	18.51***	3.09***
	(0.422)	(0.664)	(0.800)	(0.342)	(0.524)	(0.616)	(0.637)
流动人口	−16.67***	−26.24***	−23.25***	−20.03***	−29.48***	−20.48***	−11.49***
	(0.788)	(1.454)	(1.191)	(0.562)	(0.976)	(0.822)	(0.924)
跨省流动	−5.95***	1.71**	−8.50***	−5.64***	0.63	−9.29***	−3.08***
	(0.445)	(0.866)	(0.523)	(0.372)	(0.634)	(0.461)	(0.518)
基准组	城市不明						
一线城市	−29.11***	−36.31***	−23.32***	−35.84***	−43.53***	−25.05***	−35.22***
	(2.398)	(3.121)	(3.061)	(1.769)	(2.218)	(2.228)	(3.242)
二线城市	−17.36***	−20.62***	−7.42**	−19.91***	−24.66***	−6.31***	−22.80***
	(2.340)	(3.022)	(2.940)	(1.711)	(2.116)	(2.094)	(3.072)
三线城市	−8.86***	−8.20***	−4.92*	−8.84***	−9.33***	−3.30	−14.28***
	(2.340)	(3.021)	(2.942)	(1.710)	(2.110)	(2.090)	(3.076)
四线城市	−7.97***	−7.23**	−4.98*	−8.07***	−8.40***	−3.05	−14.54***
	(2.337)	(3.017)	(2.939)	(1.707)	(2.108)	(2.088)	(3.073)
住房自有	35.17***			35.37***			35.44***
	(0.223)			(0.165)			(0.294)
imr_h	−11.28***	−39.14***	−16.51***				
	(1.721)	(3.592)	(2.578)				
imr_p				−29.00***	−60.20***	−21.60***	
				(1.663)	(3.284)	(2.376)	
imr_y1							−7.75***
							(2.753)
常数项	47.49***	64.43***	38.45***	43.83***	64.11***	44.50***	62.95***
	(2.702)	(3.913)	(3.664)	(2.000)	(2.771)	(2.622)	(3.572)
样本量	282,055	206,735	75,320	620,630	479,599	141,031	183,576
R−平方	0.243	0.102	0.234	0.211	0.111	0.187	0.277
样本	大于 21 岁的户主	大于 21 岁的房主户主	大于 21 岁的租客户主	大于 21 岁的个体	大于 21 岁的房主个体	大于 21 岁的租客个体	青年个体

注：imr_h/imr_p/imr_ y1 为通过 logit 模型计算得到的逆米尔斯比值，通过 Heckman 两步法中来解决住房消费回归研究中的样本选择偏误(self-selection bias)。

四、结论和政策启示

本研究利用“七普”微观数据，及时、全面地展示了城市青年群体的居住状况，研究显示：在住房面积方面，青年群体相较年长者存在一定的劣势，其内部不平等性也较高。整体而言，青年群体的住房自有率较高，大城市的租住群体要多于中小城市，青年群体的租金支出要高于其他群体，显示了青年群体对居住品质的要求。

对成为户主及住房面积的影响因素方面，回归结果显示，在其他条件相同的情况下，各年龄段中，31—40 岁年龄段的群体始终是住房自有者概率最低的那组，然后概率随着年龄增长而依次增加。就城市效应而言，各线城市中，一线城市居民是住房自有者的概率最低，其次低的是二线城市，三线城市和四线城市之间则没有显著区别。住房面积方面，从年龄段来看，年长者相对年轻者，住房面积总体上有显著优势。流动人口总是伴随着更低的住房面积，尤其那些跨省的长途流动人口，相较于本地户籍居民，住房面积差别要高达 20—30 平方米。

鉴于青年群体居住状况在代际和空间上的较大差异，考虑到人口向大城市集中的趋势仍在继续，本文建议：建立分级、分阶段的青年群体住房保障体系，重点发展租赁式保障。面向应届大学毕业生、职校生等青年就业者，提供过渡性短租房，帮助其走好在城市就业的第一步；对于即将或已经组建家庭的青年群体，重点发展长期租赁保障，以更大面积、长期签约优惠等方式，帮助青年群体在城市长久扎根。

上海交通大学国际与公共事务学院住房与城乡建设研究中心　陈杰　张宇

人口变化对房地产市场的影响研究

——基于第七次人口普查数据

从第七次全国人口普查数据看，2020年我国常住人口城镇化率达63.89%，进入城镇化较快发展的中后期，流动人口达3.76亿，人口向经济发达地区和城市群集聚趋势明显；老龄化速度加快，2020年60岁及以上老年人口达到2.64亿人，占全部人口比重达到18.7%；家庭结构小型化趋势明显，2020年户均人口2.62人，比2010年减少0.48人，大城市出现单身化趋势。这些人口变化过程均对住房需求总量和结构产生突出影响。研究由人口变动引发的住房问题，有利于精准配置房地产资源、促进房地产市场平稳健康发展，尤其是对防止供需关系过于紧张或严重不足引起的房价大幅度波动，以及房地产供应结构与多元化需求不匹配造成的资源浪费有重要意义。基于此，本文利用第六、七次人口普查数据，简要分析人口和住房指标的变化情况和二者间的匹配情况，并利用计量经济模型分析各类人口变化过程对住房供给及价格的影响。以期为有效配置土地资源、优化住房供给结构提供参考，在满足人人住有所居的同时，减少房地产市场波动、防范房地产金融风险。

1 人口与住房需求的基本理论分析

住房是人类生存发展的必备物质条件，人口迁移、人口结构变化等均直接影响住房需求规模和结构。

1.1 人口迁移对住房需求的影响

人口迁入会增加住房需求，推动本地住房市场发展。这在研究中已得到证实(Wang et al.，2017；苏志勇，2021)。同时外来人口为满足居住需求，需在住房租赁、购买等形式间进行选择，这也直接影响住房租购结构(林赛南等，2021)。在影响机制上，人口流入不仅通过增加住房需求推动房价上升(陈志强，2017)，也可通过推动区域经济发展间接影响住房市场(Gonzalez et al.，2013)。人口流动对房地产市场的影响与流入人口的受教育程度(Wang et al.，2017)、家庭规模(冯长春等，2017)、迁出地(Sá，2015)等因素有关，也因不同地区、城市的不同规模等因素而异(Lin et al.，2018；夏薇，2020)。住房市场变化对人口迁移也存在反作用。过高的房价可能增加生活成本(杨扬长，2019)，进而抑制人口流入(Dalbis et al.，2019；Li et al.，2021)；也有研究发现房价对人口迁移的反作用呈倒U型(时满意，2020)。

1.2 人口结构对住房结构的影响

人口年龄结构尤其是老龄化对住房市场的影响受到大量关注，当前实证研究得出多种结论。一是认为老龄化促进房价上涨，这与我国房改市场化过程中的房地产增值效应、家庭养老背景下的代际收入转移有关(周建军等，2019；梁丽利，2020)；二是认为老龄化抑制房价增长，这在国外更为明显(Malmberg，2010；Takáts，2012；Simo-Kengne，2017)；三是认为该影响呈现先增后减的倒U型关系(Li et al.，2013；Zhou et al.，2022)；四是发现二者间关系不显著(Chen et al.，2013)。研究认为这一影响还与人口数量和迁移、离婚率、产业结构、外资进入(Simo-Kengne，2019；蔡幼阳，2020；曾燕妮等，2021)以及住房细分市场的不同(Hiller et al.，2016)等因素有关。部分研究也发现老龄化对住房类型结构存在影响，如可能增加对适老住宅的需求(王方兵，2016)。

人口家庭结构也影响住房需求。尤其是家庭规模小型化导致家庭数量增加，进而提高住房需求总量，特别是对小户型的需求(苏志勇，2021；王磊，2016)。同时，小规模家庭也可能成长为大规模家庭，进一步带来住房需求的增加(侯明慧，2018)。住房结构也对家庭规模存在反作用，如杜素珍(2018)发现房价上涨是造成家庭规模小型化的重要因素，而家庭经济状况的改善可减弱其影响。

参考以上理论分析和文献梳理，本文基于第六、七次人口普查数据和相关统计年鉴数据，分析全国近十年人口和住房变化及其相互关系。

2 数据来源与研究方法

2.1 数据来源与处理

本文主要使用全国第六、七次人口普查数据。在省(市)层面,除人口迁移指标外,其他指标均基于城镇数据计算,以准确反映城镇住房市场需求变动情况。由于城市和镇在“七普”中是分列的,故对两组数据进行合并处理,对于城镇户数、城镇人口数等指标,直接进行加总;对于城镇平均家庭户规模等指标,首先计算出城市和镇的家庭户规模之和,再除以城市和镇的家庭户数量之和。住房指标的计算同理。

省(市)层面的面板回归模型采用2010~2020年共11年的面板数据,来自各省统计年鉴。在城市层面的模型中,商品住房销售额、商品住房销售面积等房地产数据,来自《中国区域经济统计年鉴》,房价数据来自中国房价行情平台(www.creprice.cn);人均房地产开发投资额、城镇居民人均可支配收入、人均社会消费品零售总额、第三产业比例、人均金融机构贷款余额和人均金融机构存款余额等社会经济发展数据,来自各城市国民经济和社会发展统计公报;每万人小学数、每万人医疗机构床位数和每万人公共汽车数等公共服务水平数据,来自《中国城市统计年鉴》。

2.2 研究方法

本文使用空间统计、多元线性回归模型、面板回归模型和空间计量模型进行分析,其中空间计量模型包括空间滞后模型(SAR)和空间误差模型(SEM)。

空间滞后模型反映空间相邻的因变量之间存在空间扩散或溢出效应,计算公式为:

$$y=\rho Wy+\beta X+\mu \tag{1}$$

式中,y为被解释变量(即房地产市场需求或价格等),W为空间权重矩阵,p为空间相邻对象之间的空间扩散或溢出强度,X为包括人口结构特征的各种解释变量,μ为正态分布的随机误差项。

空间误差模型反映的是由于模型忽略某些变量而导致的空间误差之间存在空间自相关,计算公式为:

$$y=\beta X+\varepsilon,\text{其中}:\varepsilon=\lambda W\varepsilon+\mu \tag{2}$$

式中,ε为随机误差项,λ为误差项的空间相关系数,其他字母的含义同上。

空间计量模型的选择可以由拉格朗日乘数检验结果来判定,如果LMLAG较LMERR在统计上更加显著,则选择空间滞后模型;相反,如果LMERR比LMLAG在统计上更加显著,则选择空间误差模型;如果两个模型都不显著,就保留OLS回归结果。

3 “七普”全国人口和住房变化特征

3.1 人口指标变化情况

对比“六普”“七普”数据,显示各省(市)人口变化有以下特征:

(1)城镇常住人口数量增加快,但区域间不均衡。2020年全国城镇常住人口总量89999.12万,比2010年净增加22998.57万人,受经济发展水平和就业机会的差异影响,区域间人口变动呈现不平衡特征,如广东城镇常住人口净增加2440.58万,而黑龙江净减少42.60万。在城市层面,区域中心城市和西北边境城市人口快速增加,东北和中西部等地区则存在48个人口减少10%以上的收缩城市。

(2)跨省人口迁移规模增大,且各省(市)间人口净流入差距进一步拉大。2020年全国登记地在外省的人口净增加3896.09万人,各省人口总流出、流入量均上升。人口净流入省分呈现强者越强特征,如广东、浙江人口净流入从2010年的2061.72万人、997.00万人增长到2020年的2793.49万人、1382.42万人,总量和变化量均居全国前2位(表1);珠三角、长三角、京津冀三大城市群是主要人口流入地。人口净流出省份从2010年的17个上升为2020年的19个,主要集中于中部、西南等地区,其中河南、安徽、四川2020年人口净流出最多,分别为1482.72万人、997.00万人、776.81万人;人口净流出也存在加剧趋势,如河南2020年比2010年流出人口净增加679.31万人,增加幅度为全国第一,净流出量从2010年的第二位上升为2020年的第一位。

表 1　2020 年人口净流入量排名前 5 位和后 5 位的省市

单位：万人

序号	省份	"六普"	"七普"	变化量	序号	省份	"六普"	"七普"	变化量
1	广东	2061.72	2793.49	731.77	27	广西	−334.28	−674.97	−340.70
2	浙江	997.00	1382.42	385.42	28	贵州	−328.53	−730.82	−402.29
3	上海	872.67	1009.60	136.93	29	四川	−777.66	−776.81	0.84
4	北京	677.02	794.81	117.79	30	安徽	−890.51	−997.00	−106.49
5	江苏	432.04	595.65	163.62	31	河南	−803.41	−1482.7206	−679.31

(3)从增加人口结构分析，中青年人口的增加主要集中于珠三角，减少主要集中于东北地区，老年人口在各省份均大幅度增加，老龄化程度明显上升。全国城镇 20 至 49 岁人口从 2010 年的 36719.08 万人上升至 2020 年的 41641.70 万人，但区域间不平衡，广东省中青年数量始终位于第一，且上升幅度远高于其他省份，净增 949.21 万人。黑龙江、吉林、辽宁下降最为明显，下降幅度分别为 249.54 万人、123.05 万人、99.86 万人。在老龄化方面，全国 65 岁以上城镇人口从 2020 年的 5223.84 万上升至 9977.52 万，且在全部省份均有大幅度增加，全国平均增长率高达 93.46%。上海、辽宁、黑龙江、天津、吉林 2020 年城镇 65 岁以上人口占比最高，分别为 15.94%、15.64%、14.78%、14.17%、14.01%，老龄化问题最为突出。

第四，家庭规模小型化趋势明显，一人户数量和比重明显上升。2020 年全国城镇家庭平均规模为 2.57 人，比 2010 年下降 0.28 人，全部省份均存在小型化趋势。一人户数量在各省均出现大幅度上升，平均增长率高达 152.02%。广东一人户的增长最明显(669.29 万户)，其次是浙江(321.31 万户)、江苏(277.04 万户)，三者也是一人户数量最多的省份，可能与大量单身青年劳动力向珠三角和长三角的迁入有关。

3.2　住房指标变化情况

对比"六普""七普"资料，各省(市)住房状况指标主要有以下变化趋势：(1)人均住房水平大幅度提高，但地区间改善程度相异较大。2020 年全国城镇居民人均住房建筑面积是 38.62m^2，相比于 2010 年提高 8.29m^2，增长 27.33%，已达到发达国家在 20 世纪八十年代水平。中西部地区改善幅度绝对数值最大，而东部沿海外来人口增长快、城镇化水平较高且受城市土地开发限制，变化相对较小。(2)户均住房水平大幅度上升，2020 年全国城镇平均每户住房间数为 2.77 间，相比于 2010 年增长 0.11 间，28 个省份均出现上升。(3)住房自有化率略有下降，其中东部和南部沿海地区下降最为明显。"七普"全国城镇住房自有化率为 78.86%，比"六普"下降了 0.09 个百分点。广东、海南、浙江下降明显，主要原因在于人口流入量大、房价过高以及住房租赁市场的发展。

在城市层面，2020 年住房销售面积高值区向东南沿海地区和城市群地区进一步靠拢，销售面积在 2000 万 m^2 以上的城市共 6 个，如重庆、郑州、武汉等。从住房销售面积的变化比例上看，2010～2020 年除东北地区下降较明显外，其他地区整体上均出现较大增长。

2020 年城市房价呈现由东向西递减的变化规律，房价超过 37000 元/m^2 的城市包括深圳、北京、上海和厦门等一线城市或旅游城市；低于 7000 元/m^2 的城市共 154 个，在中西部地区分布最广泛。2010～2020 年变化幅度较大的城市主要分布在京津冀内部、中部地区以及西藏、云南等地区，主要是由于 2010 年房价基数较低，以及城镇化导致的房价快速上涨。

3.3　人口与住房的匹配情况

进一步比较 2010～2020 年各省(市)城镇新增常住人口占全国比重与新增商品房销售面积占全国比重的匹配情况，发现新增人口多的省市总体上新增住房也更多，两指标相关系数为 0.916。广东、河北、贵州等 18 个省(市)城镇新增常住人口占比高于新增商品房销售面积占比，即在假设全国供需基本平衡的前提下，这 18 个省份可能出现供给不足的情况。其中广东两指标差值为 2.32 个百分点，远高于其他省份；河北、贵州、新疆、浙江等城镇化快速发展或经济较为发达的省份商品房供给也滞后于城镇常住人口的增长。相比之下，辽宁、黑龙江、吉林城镇新增常住人口占比与新增商品房销售面积占比的差值为负，存在住房供大于求情况(表 2)。

表 2　2010～2020 年城镇新增常住人口占比与 2010～2020 年新增商品房销售面积占比的比较

省份	城镇新增常住人口占比(%)	新增商品房销售面积占比(%)	差值(百分点)
广东	10.61	8.29	2.32
河北	5.76	4.09	1.67
贵州	3.81	2.64	1.17
新疆	2.29	1.19	1.10
浙江	5.67	4.65	1.03
吉林	0.19	1.39	−1.20
湖北	3.42	4.67	−1.25
黑龙江	−0.19	1.67	−1.86
江苏	6.47	8.51	−2.04
辽宁	1.54	3.82	−2.28

注:差值为城镇新增常住人口占比减新增商品房销售面积占比;按差值排序后,仅保留前 5 位和后 5 位省区市。

4　人口变化对住房销售面积和住房价格的影响

为进一步揭示人口变化与房地产市场的关系,在省(区市)层面和城市层面,分别借助计量模型分析人口变化过程对住房供给总量和价格的影响。

4.1　省(区市)层面的模型结果

在省(区市)层面仅存在 31 个样本,而回归模型的样本个数一般应为自变量的 5 至 10 倍,不适合进行截面回归,故构建 2010～2020 年面板回归模型进行分析。因变量为各省(市)商品住房销售面积(万/m^2)和商品住房平均销售价格(元/m^2),自变量为老年人口抚养比(%)、平均家庭户规模(人/户)、总户数(户),控制变量为人均 GDP(万元/人)、城镇人口比重(%)、建成区面积(km^2)、在岗职工平均工资(元/人)。在所估计的 4 个模型中,模型 1、2 因变量为商品住房销售面积,模型 3、4 因变量为商品住房平均销售价格,其中模型 2、4 分别在模型 1、3 的基础上增加了控制变量。

根据模型结果(表 3),老年人口抚养比对商品住房销售面积和商品住房平均销售价格均存在显著的负向影响,增加控制变量后,对商品住房平均销售价格的影响仍显著为负向。表明老年人口抚养比越高的省份,商品住房销售量和价格水平越低,即对住房市场存在显著的抑制作用。

表 3　人口变化与住房销售面积、住房价格的面板回归结果

自变量	(1)	(2)	(3)	(4)
	商品住房销售面积	商品住房销售面积	商品住房平均销售价格	商品住房平均销售价格
老年人口抚养比	−220.58＊＊	118.06	−813.93＊＊＊	−177.06＊＊
平均家庭户规模	−1504.10＊＊	−366.17	−3378.26	−2695.44＊＊
总户数	−0.00028＊＊＊	−0.00005	−0.00017＊＊＊	0.00003
R^2	0.29	0.63	0.44	0.79

注:＊＊＊ p<.01,＊＊ p<.05,＊ p<.1;控制变量、常数项、不显著变量结果略,下同。

模型结果也表明平均家庭户规模对商品住房销售面积有显著的负向影响,但在加入控制变量后该影响不再显著。平均家庭户规模对商品住房平均销售价格的负向影响,在加入控制变量后由不显著变为显著,且在 4 个模型中其系数符号保持不变。这表明家庭规模小型化在省级尺度对房地产市场存在一定程度的促进作用,与部分文献(如苏志勇,2021)观点一致。总户数在模型 1、3 中对商品住房销售面积和商品住房平均销售价格均存在显著的负向影响,但在加入控制变量后该影响均不再显著。

4.2　城市层面的模型结果

在城市层面,参照供需理论和特征价格理论,除关注人口规模和结构特征外,还选取了供需特征、经济发展水平、金融条件和公共服务等 4 个维度的指标作为控制变量,最终将 20 个解释变量放入模型中,模型分别采用 OLS、SAR、SEM 进行估计。

从人口特征对住房销售面积的影响上看,基于"六普"数据的模型结果显示(表 4),仅城市人口规模对中

国城市住房销售面积有显著影响，回归系数为 0.884，而性别比、老龄化、家庭户规模等变量的影响并不显著。基于“七普”数据的模型结果显示（表 5），人口规模变量对住房销售面积有显著的正向影响，回归系数为 1.163；城镇化水平变量对住房销售面积有显著正向影响，回归系数为 9.408；省外人口占比对住房销售面积有显著的负向影响，回归系数为－7.572；而性别比、老龄化等变量的影响并不显著。

表 4　人口特征对 2010 年住房销售面积影响的回归结果

指标	(1)	(2)	(3)
变量	OLS	SAR	SEM
人口规模	.883＊＊＊	.884＊＊＊	.899＊＊＊
R^2	0.761	0.777	0.776

表 5　人口特征对 2020 年住房销售面积影响的回归结果

指标	(1)	(2)	(3)
变量	OLS	SAR	SEM
人口规模	1.167＊＊＊	1.163＊＊＊	1.151＊＊＊
城镇化水平	9.454＊＊＊	9.408＊＊＊	9.301＊＊＊
省外人口占比	－7.598＊＊＊	－7.572＊＊＊	－7.328＊＊＊
R^2	0.754	0.770	0.769

进一步分析人口特征对城市房价的影响。基于“六普”数据的模型结果表明（表 6），人口规模、一人户比例和外来人口占比对城市房价有显著的正向影响，回归系数分别为 2.795、82.780 和 32.982；少儿抚养比对城市房价具有显著的负向影响，回归系数为－34.917。基于“七普”数据的模型结果表明（表 7），人口规模变量对城市房价有显著的正向影响，回归系数为 15.385；一人户比例对城市房价具有显著的正向影响，回归系数为 246.117；城镇化水平对城市房价有负向的影响，回归系数为－152.589，这与预期符号相反，可能是受人均 GDP 等控制变量的影响。

表 6　人口特征对 2010 年中国城市房价影响的回归模型结果

指标	(1)	(2)	(3)
变量	OLS	SAR	SEM
人口规模	2.693＊＊＊	2.795＊＊＊	3.093＊＊＊
一人户比例	85.891＊＊＊	82.780＊＊＊	47.343
省外人口占比	31.046＊＊＊	32.982＊＊＊	20.721＊＊
少儿抚养比	－31.573	－34.917＊	－47.621＊＊
R^2	0.812	0.830	0.810

表 7　人口特征对 2020 年中国城市房价影响的回归模型结果

指标	(1)	(2)	(3)
变量	OLS	SAR	SEM
人口规模	15.621＊＊＊	15.385＊＊＊	14.994＊＊＊
性别比	－42.502	－41.736	－122.12＊
老龄化	－113.502	－143.579	－234.076＊＊
一人户比例	238.771＊＊＊	246.117＊＊＊	273.112＊＊
城镇化水平	－141.581＊＊＊	－152.589＊＊＊	－186.645＊＊＊
平均受教育年限	365.103	405.473	1485.716＊＊
R^2	0.822	0.836	0.824

5　结论与政策建议

本文主要结论如下：

(1)2010～2020 年全国人口变化呈现迁移规模增大、老龄化程度加深、家庭规模小型化等特征。城镇常住人口增加，但区域间不平衡；跨省人口迁移规模增大，但各省市人口净流入呈现强者越强特征；中青年绝对数量增加，但区域间不平衡，全国和各省市老龄化水平大幅度上升；家庭规模小型化趋势明显，一人户数量明显增长。

(2)2010～2020 年全国住房质量整体改善、住房自有化率下降，但地区间变化水平不均。人均住房水平改善幅度大，但地区间改善程度相异较大，经济发达省份因外来人口多，住房改善速度相对慢；全国城镇住房自有化率小幅度下降，沿海发达地区下降更明显。

(3)在人口与住房的匹配上，2010～2020 年总体呈现新增人口多的省市新增住房多的特点，但广东、河北、浙江等地商品房供给明显滞后于城镇常住人口增长，供需矛盾较突出。

(4)人口数量变化、老龄化、家庭规模小型化均影响住房销售面积和价格，其中老龄化对住房市场存在抑制作月、家庭规模小型化则对住房市场存在一定促进作用；人口规模对 2020 年各城市住房销售面积存在正向影响，人口规模和一人户比例对 2020 年各城市房价也存在正向影响。

据此提出如下政策建议：(1)根据城市人口变化特征，动态调整住房供给和房价水平，尤其是加大人口快速增长地区的住房供给力度，构建“人一地一房”匹配机制；(2)大力发展租赁住房市场，人口净流入的城市，应加大对租赁住房的用地支持、税收优惠等；(3)加大住房保障力度，以“体面”、“有尊严”居住、“住有宜居”为目标，完善以公租房、保障性租赁住房、共有产权房为主体的住房保障体系；(4)着力应对老年人住房问题，出台新建住宅适老化建设规划标准、全面推行无障碍、配齐配足社区服务设施，为居家养老和社区养老提供支持。

浙江工业大学中国住房和房地产研究院　虞晓芬　李鲁奇
浙江工业大学管理学院　湛东升

我国城市青年人住房问题与对策研究

1. 引言

自党的十八大以来，习近平总书记站在党和国家事业发展的高度，对青年给予极大的关心与重视，在一系列重要讲话和会议中都强调青年的重要性，并逐步形成了习近平青年观。2017 年中共中央、国务院印发《中长期青年发展规划（2016—2025 年）》确立了促进青年更好成长、更快发展是国家基础性、战略性工程。

《中华人民共和国国民经济和社会发展第十四个五年规划和 2035 年远景目标纲要》中提出了“尽最大努力帮助新市民、青年人等缓解住房困难”。当前城市青年面临着购房难、租房权益保障不到位等问题，伴随青年住房困难问题日益突出，城市青年住房保障政策从“边缘”逐渐走向政府决策的“中心”，引起了社会广泛关注。为青年提供有力的住房保障，则需要对青年的居住现状、特征以及居住痛点等问题进行深入研究，深入剖析青年的居住特征。

本研究将从现状出发，基于我国城市青年群体居住的真实现状刻画，深入研究我国城市青年的居住状况中所存在的普遍性问题，并从经济动因、群体特性、市场机制、制度根源等方面综合分析我国城市青年居住困难产生的根源，为我国住房供应侧结构优化提供对策建议。

本文的数据来源主要分为四类，第七次全国人口普查数据、国家统计局微观数据实验室数据、贝壳平台交易数据以及课题组开展的线上和线下调研数据。其中，贝壳平台交易数据租房交易分析数据总量 187.7 万组，购房类分析数据总量 63.9 万组；用户调研数据有效样本为 6240 个，包含对贝壳平台普租用户、机构化用户的线下深访与线上问卷回收得到的有效样本。

2. 我国城市青年人口与住房现状

2.1 “青年人”的概念及界定

“青年人”概念出现的是社会进步和社会文明的产物。我国近二十年来，对于青年人的研究不断深入，对于其定义也逐步向纵深、全面发展。但青年人的年龄界定标准目前尚未统一。

从国内看，《中国共产主义青年团章程》规定，年龄在 14—28 周岁的中国青年可以加入中国共青团，团员年满 28 周岁，没有担任团内职务，应办理离团手续。2017 年由中共中央、国务院印发的《中长期青年发展规划（2016—2025 年）》（下文简称《青年发展规划》）中所指青年是年龄范围是 14—35 周岁人群。

从国际组织的定义来看，在 2006 年 WHO 全球官网发布的《关于青少年健康管理手册》中，表示青年人的年龄界限为 15—24 岁。在世界卫生组织（2017）对青年人的定义是 15—44 周岁人群。联合国教科文组织的定义则是 16—45 周岁人群。相较而言，国际组织对青年人群体的定义更宽泛。

由于本文讨论青年人住房问题，根据贝壳平台 25 个典型城市二手房租赁人群年龄分布数据看，独立租房需求从 18 岁开始产生，到 35 岁时开始大幅下滑，以 35 岁为界生命周期及购买力发生了重大变化，结合《青年发展规划》，本文将青年人年龄段定为 18—35 周岁。

2.2 城市青年人口总量 1.67 亿

我国城市青年人口总量已达 1.67 亿，占城市人口总量 5.75 亿的 28.96%，占全国人口总量的 11.81%。伴随年龄提升的人口总量变化趋势来看，城市青年人群自 18 岁之后人口占比逐步上升，至 33 岁人口总量达到最高 1269 万人，占城市人口总量的 2.21%。

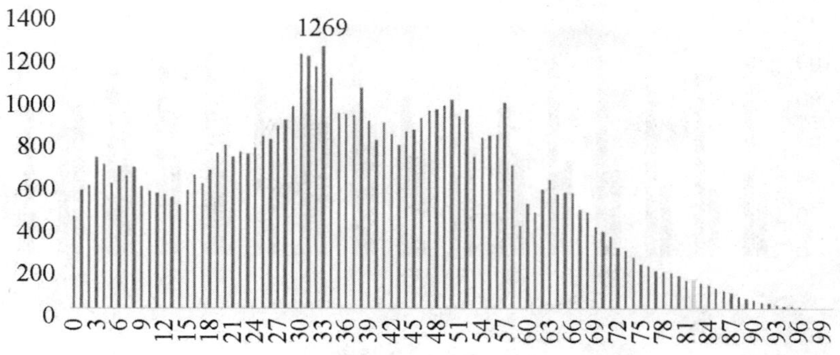

图 1　分年龄城市人口总量(万人)

数据来源:第七次人口普查数据

城市青年男多女少,从男女比例来看,城市青年人口男女比例(男性人口总量/女性人口总量 * 100)整体达到 105.55。受教育程度上,城市青年大学本科学历人口最多,随年龄提升专科本科占比下降、初中高中占比提升。人户分离情况上,城市青年人户分离的总量过亿。城市青年人口中按户口登记地的户口登记地在外乡镇街道人口总量达 1.17 亿,占全国人户分离总人口比重达 36.32%,青年成为城市流动人口的主力。

2.3　我国城市青年人住房状况

2.3.1　住房来源:购房比例快速上升

青年租房占比高于全龄段样本,购房居住的比例快速上升,购房居住仍是青年人居住的优先选项。租房青年占比超过两成,达 21.23%,比城市全样本平均水平高 9 个百分点,青年人群租房比例更高。动态来看,国家统计局微观数据实验室数据显示,2010 和 2020 年青年租房比例均保持在 20%左右,而 2020 年青年人购房居住的比例比 2010 年提升了 15.8 个百分点。一线城市北上广深,二线城市杭州、天津青年租房比例均显著下降。购房居住能为青年群体带来更强的安全感、归属感以及城市公共配套服务。

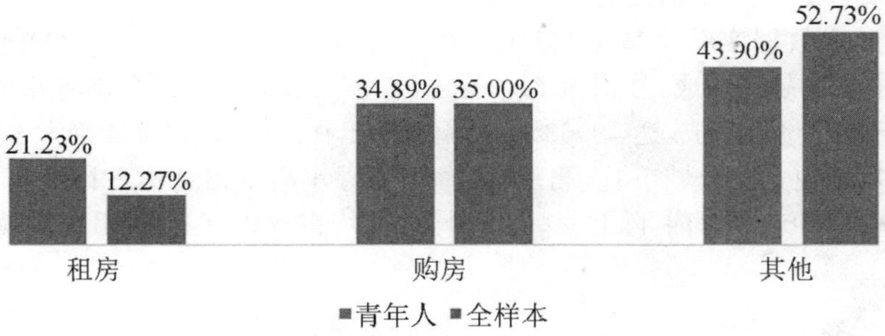

图 2　2020 年全样本与青年人住房来源结构对比

数据来源:国家统计局微观数据实验室

2.3.2　居住体验:租住体验亟待改善

依据国家统计局微观数据实验室数据,18—35 岁青年人本户住房建筑面积在 113.02—126.88 平方米之间,青年人各年龄本户平均建筑面积约 118.22 平方米,低于全年龄本户平均建筑面积的 122.37 平方米。

重点城市青年人租房面积普遍小于购房面积,青年人租住体验亟待改善。从重点城市青年人分租房、购房户均建筑面积统计数据来看,租房青年户均面积普遍低于购房面积,重点城市平均租住面积仅 62.33 平方米,购房面积为 100.72 平方米,面积差异达 38.39 平方米。其中差异最大城市为厦门市,租购面积差达到 70.23 平方米。

青年人租房居住体验较差,成为驱动购房的重要因素。青年租房居住面积远小于购房居住面积,租房居住房屋设施配置不足。国家统计局微观数据实验室数据显示,青年人租住的房屋中无洗澡设施占比为 8.10%,而在购房青年中仅有 1.23%,3.15%房屋未配备任何形式的厕所;超过七成租房青年住宅无电梯,较购房青年高出近 20 个百分点。租房者对于租住现状的不满必然促使其更换租住场所或者选择购房,成为青年群体选择购房居住的重要驱动因素。

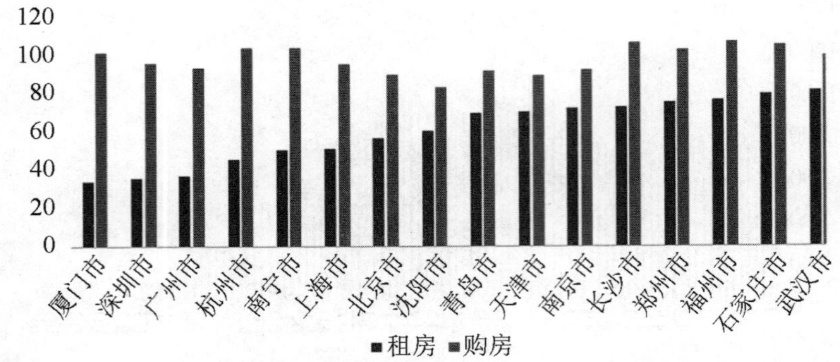

图 3　2020 年重点城市青年人租购住房平均面积(单位:平方米)

数据来源:国家统计局微观数据实验室

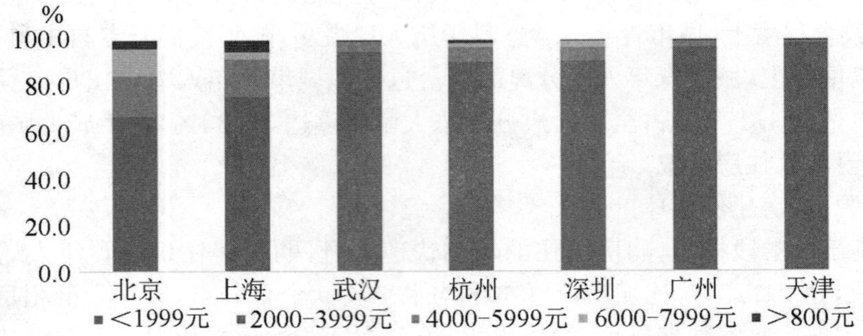

图 4　2020 年重点城市青年人租房支出结构

数据来源:国家统计局微观数据实验室

2.2.3　租金支出:2000 元以下占比近八成

依据国家统计局微观数据实验室数据,青年人租房月度租房支出集中在 200－499 元、500－999 元 1000－1999 元,人口占比均超过两成,分别为 21.51%、27.67%、25.92%。全国青年人整体支出情况来看,月租金在 2000 元以下人口量近八成,达 79.63%,月租金支出在 3000 元以下为绝大多数,占 89.19%。

高能级城市支付压力更大。分城市看,北京、上海租房青年高月租支出占比更高。从重点城市青年月租支出结构来看,普遍在 2000 元以内,除北京、上海外,占比均在六成以上,月租金 4000 以内占比除北京、上海外,均超过九成。

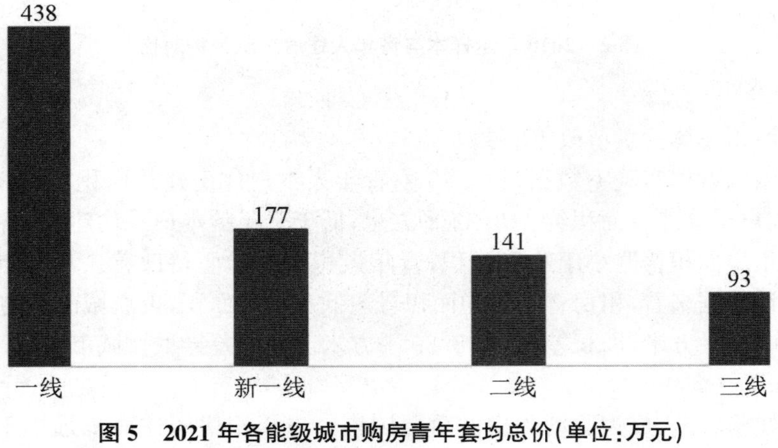

图 5　2021 年各能级城市购房青年套均总价(单位:万元)

数据来源:国家统计局微观数据实验室

租金向租房条件妥协成为新常态,很多青年人不愿意为品质居住而增加支出。租金的可支付是租赁群体在衡量收入、居住方式、通勤时间、居住品质、周边环境等各方面因素之间做出的妥协和权衡。国家统计局微观数据实验室数据显示,2020 年月租金支出在 2000 元以下的青年人占比达到 79.6%,对比 2010 年,有近九成的青年人租金在 1000 元以下,而 2020 年全国居民人均可支配收入比 2010 年增加了 1.6 倍,青年人愿意支付的租金增速远小于全国人均可支配收入增速。青年人压缩租金支出所带来的是对租住条件的妥协。

2.2.4　购房压力:房价与户均规模推高购房压力

不同能级城市间房价差异显著。一线城市套均总价 438 万,为新一线城市均价(177 万)的 2.48 倍,高于套均租金水平的城市能级间差异。同时低能级城市间差异同样显著。二线城市套均总价(141 万),为三线城市均价水平(93 万)的 1.53 倍。住房消费是区域经济、土地、人口三大核心要素相互影响结果。较大的住房消费差异,体现了城市能级间较大的经济发展水平、人口总量及吸引力水平、住宅用地供应与储备及住房供给水平差异。

房屋总价高、家庭户规模小共同推高支付压力。使用房价收入比[①]对青年购房可支付性进行衡量。测算发现,重点城市群核心城市、一线城市房价收入比较高,以深圳、北京为典型,房价收入比分别达到 28.08,24.71,全国重点城市中排名首位、二位。房价收入比及购房可支付性压力偏高的原因主要分两方面,一方面城市住房消费价格水平较高,北京住房交易总价中位数达 432 万/套,深圳 410 万/套,远高于其他能级城市住房消费水平。另一方面,核心城市常住家庭户规模更小,同时缩小趋势显著,以广州为例,第七次人口普查平均每个家庭户人口 2.22 人,比新一线城市郑州(2.82 人)少 0.6 人。

3. 城市青年居住特征与偏好

3.1　租赁住房来源多样,合租成为主流选择

青年租客除了租住在常规住宅中,在商办改建、城中村以及集体宿舍等物业形态中也有一定的占比。调研采集租房人群租住房屋用途类型,常规住宅为主要租住类型,占比 64%,此外,商办改建及城中村房屋同样为租赁住房的重要来源,占比分别达 18%、12%,租住于宿舍占比 3%。

超过半数的租赁群体选择合租的租赁方式。调研数据显示,57%租房青年选择合租方式,其中宿舍型,即按床位合租类型占比 17%、按间合租类型占比 41%。主要由于住宅供应主要以匹配当地家庭规模、家庭结构,户型以两居、三居为主,小户型比例较低,所以与租赁青年相匹配产品较少。随着家庭规模小型化、独居人群的增加,尤其是租赁群体中独居人群的增加,现有住宅户型和面积难以满足租赁人群的租住需求,同时出于降低租金负担的考虑,合租成为新市民选择的性价比较高的租赁方式。

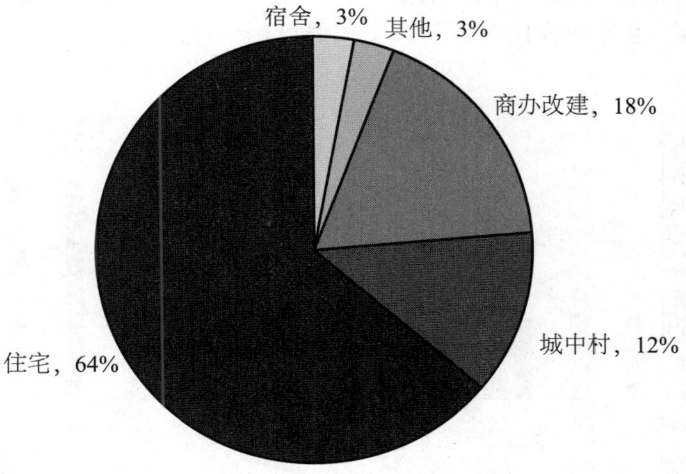

图 6　租房青年租住房屋来源分布

数据来源:贝壳研究院

① 由于城市青年统计数据获取难,本节针对全国重点城市,使用全市口径进行房价收入比代替。城市青年交易房屋总价较全市平均水平偏低,青年人均可支配收入较全市平均水平偏低,家庭户户均人口较全市平均水平同样偏低,各重点城市计算值应呈现同向偏差基本可替代,进行青年人群住房消费可支付性观察。

3.2 中小户型为青年租住主力户型

60平方米以下的小户型占比超三成。根据贝壳研究院监测的租赁交易数据，租赁住房成交面积来看，以60平方米以下、60－90平方米小户型为主，交易占比分别为34%、35%，其次为90－120平方米，成交占比21%，120平方米以上户型交易占比11%。

户型结构上以二居室小户型为主。根据贝壳研究院监测的租赁交易数据，二居户型成交占比41%，其次为一居户型，交易占比31%，三居户型成交占比24%，四居及以上户型交易占比较低，占比4%。分城市能级来看，城市能级越高，中小户型产品交易占比越高，随城市能级降低，大户型住宅成交占比逐步提升。一线城市一居、二居整体占比接近8成，达77%。其他能级城市三居及以上户型交易占比均在30%左右。

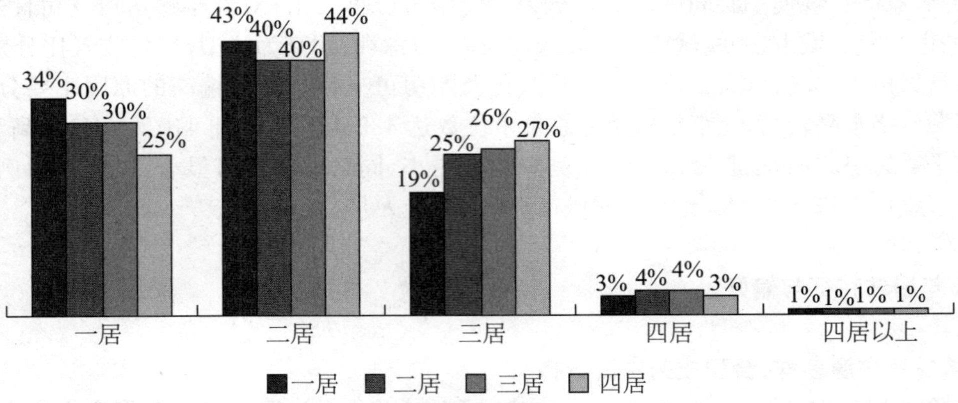

图7 租房青年租住房屋户型结构

数据来源：贝壳研究院

3.3 租金为租住满意度最敏感因素

租金因素是青年租住满意度影响因素中最敏感因素。依据调研数据，租房青年对租住体验表示满意占比为60.3%，与自有住房青年满意度(78.3%)对比低18个百分点。租购的居住体验差异较大，也体现了租赁市场主要针对暂时性、过渡性居住需求的特点。

使用由“非常不满意”、“不满意”、“一般”、“比较满意”、“满意”对应1－5分满意度量表，对各类租住感受影响要素进行打分。结果显示，租金依然是引起租客不满的最主要原因，同时随着租金收入比攀升，针对“租金”因素不满比例提高。租金收入比在50%以上人群，租金不满意比例高达39.8%。

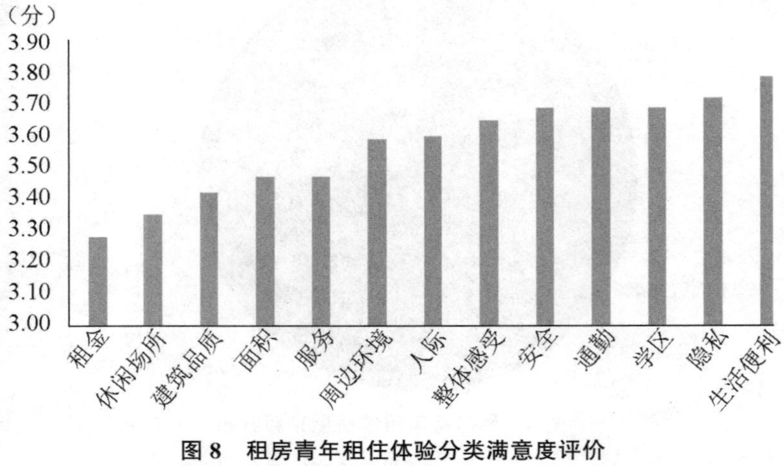

图8 租房青年租住体验分类满意度评价

数据来源：贝壳研究院

3.4 青年购房90平方米以下两居住房为主

从购房面积结构来看，根据贝壳研究院监测的存量市场交易数据，主力购房面积段以60－90平方米为主，交易占比40%，其次为90－120平方米、60平方米以下，交易占比分别为26%、19%。一线城市60平方米以下住房成交占比近3成。

从购房户型结构来看，根据贝壳研究院监测的存量市场交易数据，二居户型成交占比45%，其次为三居户型，占比36%。分城市能级来看，城市能级越高，中小户型产品交易占比越高，随城市能级降低，大户型住宅成交占比逐步提升。

3.5 住房消费决策超过半数计划中长期购房

住房消费主要是指购房决策和租房决策两类。购房影响因素涵盖宏观因素、住房特征因素、供给方因素、消费者购房能力因素、消费者个体特征因素。有国内研究认为，家庭总体收入是青年租购决策的核心影响因素。调研数据显示，超过半数青年选择中长期购房，不接受租房作为长期住房来源。可见租房仍主要作为青年人暂时性、过渡性居住需求。

购房偏好上，一是在配套层面，重点考虑城市级配套。城市级重要配套类型，包括医院、商业中心、学校、轨道交通为城市青年重点考虑的配套类型，选择率均在30%左右。二是在室内偏好层面，注重生活场景多样化，关注生活质量。调研数据结果显示，15.2%的受访者表示希望能扩展阳台功能，如"能放下洗衣机和绿植"，15%的受访者表示希望能改善卧室功能，特别是隔音功能，12.8%的受访者表示希望扩大储物空间，12.5%的受访者表示希望能扩大客厅空间，如"朋友聚会使用"的等场景，11.8%的受访者表示厨房空间关注电器及空间配置。

4. 青年人居住面临的主要问题

结合第七次全国人口普查数据、国家统计局微观数据实验室数据以及贝壳平台数据看，青年人居住存在六大主要问题。

核心城市租房支付压力大。城市青年特别是以应届毕业生为典型群体，收入普遍低于城市平均水平，以北京、深圳为例，市场化租赁房屋租金收入比或超过国际警戒线30%。但此类青年群体又不满足地方公租房保障标准。同时，各地人才住房补贴申请门槛普遍较高。人才住房保障政策对高质量人才，例如博士学位者、高级专业技术职称者、国家一级职业资格证书者保障力度更大，对大学本科及专科学历人员保障力度普遍较弱，相当一部分受聘于中小微企业的应届毕业生住房保障不足。

以一线城市为代表，住房消费存在阶梯断层的情况。一方面，"单中心"城市建设空间结构导致的空间维度住房消费断层，另一方面，伴随青年家庭生命周期逐渐成熟，高房价导致"由租到购"的住房消费断层，当前局部地区两方面断层同时存在。

局部区域租赁供需存在结构性错配。首先是户型存在结构性错配，房屋户型上，小户型、小面积房源供小于求，大户型、大面积房源供大于求。其次是租赁期限存在结构性错配。依据我们调研数据，88.9%的租赁合同签约租期为1年以内，而房屋供给方最期望的合同租期集中在1—3年，占比为64.0%，需求与供应的期限结构差异显著。

大城市青年人群住房保障不足。当前我国待保障青年人群规模大且集中在超大城市。超大城市符合标准的保障人群规模均超过200万。大城市保障性租赁住房供给目标远低于保障人群规模，对于大城市青年人的住房保障不足。

承租青年的合法权益保障缺失。高校毕业生群体初入社会，租房经验欠缺，通常难以识别租房过程中存在的虚假房源、克扣押金、合同陷阱等风险问题。初入职场青年人工作不稳定性也更高，也就呈现了高频换租需求，押金难退、赔付违约金的情况较为普遍，为青年人带来了不小的经济负担。

满足青年人租赁需求的专业化租赁机构数量不足。目前，在我国住房租赁领域专业化的租赁机构较少，针对青年人租赁需求的专业机构化供给更为缺乏，在相关建设和管理方面缺乏经验和品牌。轻资产住房租赁企业在资本助力下虽然得到快速生长，但没有进入规模效益带来的盈利阶段；中资产住房租赁企业因难以取得优质物业或者改建成本过高而难以盈利；重资产住房租赁企业因租金回报率过低而无法盈利，加之受到疫情冲击，住房租赁企业抗风险能力整体较弱，还未走上专业化、规模化、健康可持续运营管理的轨道。

5. 对策建议

针对以上问题，我们建议，进一步解决城市青年住房问题，可以考虑以下方向。

针对住房支付性问题，建议加强租金稳定性，提高青年人租房的可支付性。一是建立从小区到楼栋到套间的住房基础信息库，由政府、企业、房东、租客共同构建一个房源信息全公开、租金价格全透明、公共服务全覆盖的租赁服务平台；二是结合租赁平台对住房租赁市场运行进行动态监测，实施准确掌握租金变化情况；三是结合通货膨胀设立合理的租金涨幅，建立动态的租金管控目标，并出台租金管控与租金调整相关细则，提高租金的稳定性。在租赁的可支付性上，可对负担不起的重点人群、重点行业从业青年通过租金补贴的方式或者通过支持政策鼓励单位提供宿舍的方式提高租金可支付性。

针对住房消费断层问题，建议引导和建立青年住房租购并举的梯度消费体系。根据青年的年龄、婚姻状况以及收入状况，引导和建立适应不同阶段青年群体的住房梯度消费体系。依据收入、年龄、婚姻的梯度层级，建立从"一张床"—"一间房"—"改善房"的青年住房梯度消费体系，一方面符合青年自身生命周期的住房消费轨迹，另一方面也符合整个社会的青年人群结构。

针对局部供需结构性错配问题，租房方面鼓励多元化机构化建设促进面向青年人的租赁住房供应。政府应鼓励多元化的机构参与租赁住房供应，开放土地供给渠道，大力推进集体土地租赁住房入市，鼓励民营企业参与住房投资和建设，激活市场活力。购房方面加强对房地产开发企业的政策引导。引导房企调整住房产品的结构，合理规划住房使用面积，不断完善住宅小区配套设施，满足青年人的购房需求。

针对大城市青年住房保障不足问题，首先建议推动青年住房保障体系建设。适度拓宽青年住房的保障范围，制定明确的青年住房保障准入条件和退出机制，提高青年住房保障的精准化程度，同时推动青年住房保障方式多元化，坚持实物保障和货币补贴相结合，租赁保障和产权保障相结合。第二，通过租购联动政策鼓励向青年人提供保障性租赁住房。建议有序取消限购政策，允许多套房家庭在一定条件下购买多套住房，贷款首付比例在宏观审慎的原则下由银行竞争决定。限制条件为购买后 5—10 年纳入保障性租赁住房管理，约定租金涨幅不能超过一定的幅度，在履约期内可交易。第三，市场与保障结合，增加共有产权住房供给。逐步建立多层次的住房产权供给体系，在青年人没有能力购买住房的条件下，依据个人和政府的出资份额，一起拥有该套住房的产权。规定青年人购买达到一定年限后，可以依据市场价格或评估价格去购买政府拥有的产权进而得到全部产权，也可以把自身的产权售卖给政府或者其他符合资格的购买者。第四，扩大缴存对象，完善住房公积金制度。深化我国住房公积金制度的改革，扩大其覆盖范围，简化住房公积金的申请、缴存和提取的手续，降低公积金提取门槛。

针对青年人合法权益保障缺失问题，建议加强租赁关系稳定性和租赁方式灵活性，构建长期法律框架。首先是需逐步完善租赁相关的法律法规，保障租赁的基本居住权益和稳定的租赁关系；二是加强住房租赁市场主体管理，打击租赁市场乱象；三是明确规定房地产经纪机构和住房租赁企业的市场准入机制及从业人员资质要求，建立房地产经纪机构和住房租赁企业信用机制和评价机制；四借鉴国内外住房租赁的法律制度，建议加快推动租赁立法的进程，重点围绕出租人和承租人的权利义务、推动租赁赋权等方面进行明确规定。

针对服务青年人专业化租赁机构缺乏问题，建议提升租赁住房的品质和服务，鼓励住房租赁机构发展。住房品质和租赁服务的提升带来了更好的居住体验，对于租住满意度提升有积极作用，鼓励住房租赁机构发展，在公共服务供给和治理模式上创新。

贝壳研究院　黄卉　许小乐　杨琳琳　赵丹